民法講論 2

物 権 法

民法講論 2
物 権 法

石口 修 著

信山社

は し が き

　本書を民法講論の初刊として上梓する。本書には，物権法の総論（物権の意義，本質，効力），物権変動論，占有権と所有権，そして用益物権を収めている。

　本シリーズは『民法講論』と題する。本書は大学や大学院において法律学を専門とする学生に対する図書として提供するものである。法学部やその大学院においては，講義やゼミナールにおいて議論が闘わされることを常態とする。本書は，このような意味において，本書を用いて大いに議論して頂きたいという思いを込めて執筆を開始した。これが『民法講論』という名称の由来である。

　民法は，民法総則，物権法，担保物権法，債権法総論，契約法，事務管理・不当利得・不法行為法，親族法・相続法という7分野（あるいは親族法と相続法を分けて8分野）に分類されることが多い。私もご多分に漏れず，講義用のテキストとして1990（平成2）年の春頃から執筆を開始し，民法総則から順次執筆してきた。そして，民法の財産法分野を一通り執筆するにはしたが，それは講義用ノートの域を出るものではなかった。その後，2002（平成14）年頃から基本テキストブック（共著）の執筆を依頼され，物権法分野（『民法Ⅱ物権法』青林書院刊），担保物権法分野，不法行為法分野（いずれも『プログラム民法』酒井書店刊），そして，契約法分野の一部（『ブリッジブック商法』信山社刊）を執筆した。また，自分自身の研究の進展もあり，民法総則から債権法総論及び不法行為法までは何とか形になりつつあった。そのような折，全国農業協同組合（JA）中央会から民法の基本テキストブックの執筆を依頼され，2010（平成22）年に『基本レクチャー民法』として，民法総則から債権法総論までを2分冊にまとめて出版した。これが信山社の目に留まり，本書シリーズ執筆の運びと相成ったわけである。

　ところで，なぜ，本シリーズは物権法から刊行を開始したのか。その理由は，現在，わが国においては，債権法を中心とする民法の改正が企図され，大いに議論が展開され，漸く，法案提出という段階にまで進んでいるが，物権法分野は担保法を含めてこのたびの民法改正には関わっていないからである。また，自身のこれまでの研究業績は物権法分野が多いということもまた理由の一つである。今後は，前記7分野に従って，担保物権法（第3巻），民法総則（第1巻），債権法総論（第4巻），契約法（第5巻），事務管理・不当利得・不法行為法（第6巻）と順繰りに刊行することとし，最後に，親族法・相続法（第7巻）を手掛けていく所存である。

　さて，物権法はというと，実は学生にとって相当に厄介で難解な分野のようである。私は物権法が他分野と比べて格別に難解であるとは感じないのだが，どうやら今時の学生にとっては，物権法は判例と学説の理論において相反する論点が多く，また，各論点に関する学説も多岐にわたっているので，これらを理解するのに

v

手間がかかると思われるようである。そして，この点こそが，まさに物権法を敬遠する理由らしい。道理で，現在では大学院で専門的に物権法を専攻する学生の絶対数が少ないはずである。因みに，昔から債権法は世界各国でそれほど制度の間に差がなく，比較法研究に取り組みやすいという側面があった。ところが，周知のように，物権法は，物権変動論一つ取ってみても，ドイツ民法（形式主義）とフランス民法（意思主義・対抗要件主義）とで大いに法制度が異なり，解釈も種々異なっている。また，わが国では，ドイツ民法寄りの折衷説とでも言うべき「不完全（不確定）物権変動説」が「通説」を形成してきた。このような錯綜した理論体系が存在することから（まさに百花繚乱！），物権法は学生から敬遠されているのである。

　しかし，そもそも法解釈学とは，その対象となる法制度ならびにその内容が複雑怪奇であるからこそ，また，諸外国の法制度が大いに異なっているからこそ，その研究に生涯を捧げる気概と勇気が湧くのではないだろうか。私はこのような想いから，民法研究に勤しんできた次第である。そして，このような想いから，物権法の体系書たる本書においては，安易な論点主義に流されることなく，我妻博士に所謂「判例中心の考察方法」という民法解釈学の基本を堅持し，この基本を継承しつつ，解釈上の議論を喚起するという意味において，本格的な体系書を目指して執筆した次第である。もっとも，物権法を極めれば，その反対（裏側）に位置する債権法も極めざるを得ないのである。物権法と債権法とは互いに表裏一体的に存在する制度だからである。学生諸君には，この点を是非理解して頂きたい。

　次に，それでは本格的な体系書とは一体どのようなものなのであろうか。本書の構成ないし形態は，各分野における制度の沿革及びその趣旨を重視し，この点においてわが民法の手本たるドイツ法，フランス法を始めとして，スイス法，オーストリア法など諸外国の制度の沿革や立法例を確認しつつ，法解釈においては，現実の事件事実に即した判例・裁判例の解釈を中心としている。他方，学説については，これが特に重要性の高い論点は別として，類書のように学説を網羅することはせず，むしろ補完的な解釈規範として参照するに過ぎない。別に学説を軽視しているわけではないのだが，法律学の専門書において，学説を網羅的に紹介することにそれほどの意義を感じていないのである。この点において，専門家の「見る眼」を以てしては，本書は安易なテキストブックという評価を受けるかも知れない。しかし，そのような評価を受けたとしても，私は，この自身の民法解釈学の姿勢において『民法講論』全7巻の執筆を継続する姿勢に変わりはない。むしろ，我妻法学を継承する一人として，積極的に我妻博士の私法学研究の方法論を検証し，また判例を前提としてはいるが，そこから先は自由な解釈学の論証資料として世に問うたつもりである。然るに，法解釈というものは，多数の法学徒や研究者との議論の中で精査し，その精度を高めていくものである。したがって，本書の足りない部分は，まさに読者諸氏による「講論」によって補充されていくことであろう。これこそが筆者の狙

いであり，かつ，願いでもある。

　本書のような体系書は，テキストブックとしては些か内容が重いが，採算を度外視してまで専門書の発行に意欲を示して頂いた信山社の袖山貴社長と稲葉文子氏には，感謝の言葉を見いだせない程である。ここに改めて，感謝の意を申し上げる次第である。

　最後に，三校以降の校正と索引の作成は，妻である石口順子との協同作業となった。順子は，私の研究生活を今日まで支え続けている同志でもある。ここに記して感謝の意を伝えたい。そして，研究生活に協力を惜しまない妻子に感謝するとともに，今後も末永く応援してほしいと願うばかりである。

2015(平成27)年3月

品川・戸越の自宅にて

石　口　修

目　　次

はしがき

第1章　物権法総論 ……………………………………………………3

第1節　物権の意義 …………………………………………………3
第1款　物権という概念の意義と性質 …………………………3
第1項　物権の生成と発展 ……………………………………3
第2項　物権関係と債権関係の意義と相違点 ………………4
1　物権関係（4）
2　債権関係（5）
第3項　物権の性質 ……………………………………………7
1　物に対する支配性，排他性（7）
2　物の特定性と独立性（9）
第2款　物権の目的 ……………………………………………12
第1項　物権法定主義 ………………………………………12
1　物権法定主義の意義（12）
2　物権法定主義の内容（14）
第2項　一物一権主義 ………………………………………16
第3項　物権法の主要な法源 ………………………………17
1　民法の認める物権（17）
2　商法の認める物権（18）
3　特別法の認める主な物権（18）
第4項　民法の認める物権の類型 …………………………19
1　民法上の物権の種類（19）
2　不動産物権と動産物権（24）

第2節　物権の効力 ………………………………………………26
第1款　物権の効力とは何か …………………………………26
第2款　優先的効力 ……………………………………………27
第1項　物権相互間の優先的効力 …………………………27
第2項　債権に優先する効力 ………………………………28
1　物権優先の原則（28）
2　債権優先の例外（29）
3　債務者の破産または強制執行手続（29）
第3款　物権的請求権 …………………………………………31

ix

目　次

第1項　物権的請求権の意義 …………………………………………31
1　物権的請求権とは何か (31)
2　民法上の構成 (31)
3　物権的請求権の性質論 (34)
4　民法制度上の適用範囲 (40)
5　所有物妨害排除請求権の意味 (42)
6　所有物妨害予防請求権の意味 (43)
7　所有物返還請求権の意味 (44)

第2項　物権的請求権行使の前提要件 ……………………………45
1　妨害排除請求権行使の前提要件 (45)
2　妨害予防請求権行使の前提要件──不動産の譲渡 (49)
3　物権的請求権行使の相手方 (52)

第3項　物権的請求権の内容──費用負担の問題 ………………59
1　行為請求権説 (判例及び従来の通説) (59)
2　忍容請求権説 (純物権説) (60)
3　責　任　説 (61)
4　忍容請求的解釈に対する疑問 (63)
5　判例・学説に対する批判的検討 (63)

第4項　債権に基づく物権的請求権 ………………………………66
1　債権侵害の意義 (66)
2　債権侵害に基づく妨害排除請求の可否 (67)

第5項　物権的請求権と人格権の保護 ……………………………74
1　差止請求の意義 (74)
2　判例に現れた事案の考察 (74)
3　差止請求の法理 (98)

第2章　物権の変動 ……………………………………………………111

第1節　物権変動と第三者に対する対抗要件 ……………………111

第1款　物権変動の意義 …………………………………………111

第2款　物権取引における公示の原則と公信の原則 ……………112

第1項　公示の原則 ………………………………………………112

第2項　公信の原則 ………………………………………………115
1　公信原則の意義と系譜 (115)
2　即時取得制度との関係 (116)

第2節　物権変動を目的とする法律行為 …………………………118

第1款　意思主義・形式主義とは何か──立法上の差異 …………118

第2款　意思主義と形式主義との対立 ……………………………118

x

目　次

第1項　意思主義・対抗要件主義 ………………………………………118

第2項　形式主義 ………………………………………………………120

第3款　物権行為の独自性と無因性 ……………………………………121

第1項　ドイツ民法 ……………………………………………………121

第2項　スイス民法 ……………………………………………………122

第3項　フランス民法 …………………………………………………123

第4款　物権変動の効力発生時期 ………………………………………124

第1項　物権変動の発生要件——物権行為独自性との関係 …………124

1　法律行為による物権変動の要件——問題提起（124）

2　判例及び物権行為独自性否定説（通説）（124）

3　物権行為独自性説などからの批判（126）

4　小　括（130）

第2項　物権変動の効力発生時期に関する判例法理 …………………134

1　特定物の売買等，物権変動の発生要件を充足している場合（134）

2　不特定物の売買等，物権変動の発生要件を充足していない場合（146）

3　形成権の行使により物権変動の原因が消滅した場合（149）

第3節　不動産に関する物権変動と公示 …………………………………151

第1款　不動産物権変動における公示——不動産登記制度 ……………151

第1項　登記の意義 ……………………………………………………151

第2項　登記制度史概観 ………………………………………………151

第3項　登　記　簿 ……………………………………………………154

1　登記簿の意味（154）

2　登記簿の形式（154）

第4項　登　記　手　続 ………………………………………………155

1　登記申請一般（155）

2　権利に関する登記の特則（155）

3　形式的審査主義（156）

4　登記することができる権利（157）

5　仮　登　記（157）

6　付　記　登　記（163）

第5項　登記された権利の順位 ………………………………………163

第6項　登記事項証明書の交付 ………………………………………164

第7項　登記の有効要件 ………………………………………………164

1　登記の形式的要件（164）

2　登記の実質的要件（174）

第8項　登記請求権 ……………………………………………………190

xi

目　次

目　次

    1　登記請求権の意義（*190*）

    2　登記請求権の発生原因（*191*）

第2款　登記を必要とする物権変動 ………………………………………*197*

  第1項　総　　説 ……………………………………………………………*197*

  第2項　意思表示による物権変動と登記 ………………………………*199*

    1　総　　説（*199*）

    2　遡及効のある物権変動（*200*）

第3款　第177条各論〔1〕意思表示の失効に関連する物権変動 …………*203*

  第1項　法律行為の取消と登記 …………………………………………*203*

    1　問題の所在（*203*）

    2　取消権者の地位（*204*）

    3　詐欺による法律行為の取消における問題点（*212*）

  第2項　法律行為の解除または解除条件の成就による原状回復的
　　　　　　物権変動と登記 …………………………………………………*220*

    1　債務不履行を理由とする法定解除（第541条以下）の場合（*220*）

    2　転売後の合意解除（解除契約）と登記（*221*）

    3　意思表示による解除権の留保・解除条件付き法律行為（*224*）

第4款　第177条各論〔2〕相続と登記 …………………………………………*226*

  第1項　問題の所在 ………………………………………………………*226*

  第2項　相続開始前における物権行為の取扱い ………………………*277*

  第3項　共同相続開始後の物権変動と登記 ……………………………*277*

    1　遺産分割協議前の持分取得者との関係（*277*）

    2　遺産分割協議後の第三者との関係（*228*）

    3　他の相続人の同意なき単独相続登記と第三取得者との関係（*229*）

    4　学説における論争（*231*）

  第4項　遺贈と登記 ………………………………………………………*234*

    1　遺贈による物権変動と第三者（*234*）

    2　特定の相続人に「相続させる」と記載した遺言の趣旨（*237*）

    3　「相続させる」とされた特定の相続人が遺言者よりも先に死亡した
　　　　　　場合における遺言の効力（*240*）

  第5項　相続放棄，欠格，廃除の問題 …………………………………*244*

    1　相続の放棄と第三者（*244*）

    2　相続の欠格・廃除と第三者（*246*）

第5款　第177条各論〔3〕取得時効と登記 ……………………………………*247*

  第1項　問題の所在 ………………………………………………………*247*

  第2項　従来の判例法理——判例5準則 ………………………………*248*

目　　次

    1　取得時効の当事者 (*248*)

    2　取得時効の進行中における不動産の承継，譲渡 (*250*)

    3　取得時効完成後における不動産の譲渡 (*255*)

    4　時効の起算点 (*262*)

    5　第三者の登記後における再度の時効完成 (*262*)

第3項　学　　説 ……………………………………………………………*273*

    1　判例法理への批判 (*273*)

    2　登記による時効中断効理論 (*275*)

    3　時効取得者の援用等を基準とする説 (*276*)

    4　類型説の展開 (*277*)

    5　境界紛争類型における類型説の展開 (*278*)

第6款　第177条各論〔4〕公権力の関与する物権変動と登記 ……………*279*

 第1項　競売・公売 ……………………………………………………*279*

 第2項　公 用 徴 収 ……………………………………………………*280*

第7款　第177条各論〔5〕その他の物権変動と登記 ……………………*281*

 第1項　請負建物の新築 ………………………………………………*281*

    1　請負建物の所有権の帰属 (*281*)

    2　請負建物の登記 (*283*)

 第2項　処分権能の制限 ………………………………………………*284*

    1　物権の処分制限 (*284*)

    2　競売開始決定による処分制限 (*285*)

    3　処分禁止の仮処分命令に基づく登記・仮登記 (*286*)

 第3項　不動産物権の消滅 ……………………………………………*287*

第8款　民法第177条の「第三者」………………………………………*289*

 第1項　民法第177条における「第三者」の範囲 ……………………*289*

    1　第三者の意義 (*289*)

    2　民法第177条の「第三者」(*290*)

    3　対抗しえない「第三者」の類型 (*296*)

    4　「善意悪意不問説」と「悪意者排除説」──主観的要素の適否 (*301*)

    5　「対抗」の意義をめぐる学説の展開 (*305*)

    6　第三者からする「承認」の取扱い (*315*)

 第2項　登記なくして対抗しうる第三者 (第177条の適用外の者) ………*316*

    1　総　　説 (*316*)

    2　不登法第5条の「登記のないことを主張しえない第三者」と背信的
    悪意者 (*317*)

    3　実質的無権利者 (*334*)

    4　不法行為者 (*335*)

xiii

目　次

第4節　動産に関する物権変動と公示 ………………………… 337

　第1款　動産物権変動の対抗要件——動産の引渡し—— ………… 337

　　第1項　引渡しの意義 ……………………………………… 337

　　第2項　引渡し対抗要件主義の例外 ……………………… 338

　　第3項　対抗要件としての引渡し ………………………… 339

　　第4項　代理占有による引渡しの類型 ………………… 339

　　　1　簡易引渡 (*339*)

　　　2　占有改定 (*340*)

　　　3　指図による占有移転 (*340*)

　第2款　公信の原則と即時取得 ……………………………… 340

　　第1項　公信の原則との関係 …………………………… 340

　　第2項　即時取得制度の意義 …………………………… 341

　　第3項　即時取得の要件 ………………………………… 342

　　　1　目的物が動産であること (*342*)

　　　2　取引行為による取得であること (*345*)

　　　3　処分権限のない者からの取得であること (*346*)

　　　4　取引の当時，平穏・公然・善意・無過失であること (*347*)

　　　5　第三者自身も占有を取得すること (*349*)

　　第4項　代理占有による即時取得の成否 ……………… 349

　　　1　占有改定による即時取得の成否 (*349*)

　　　2　指図による占有移転と即時取得 (*357*)

　　第5項　即時取得の効果 ………………………………… 359

　　　1　動産の上の「権利」を取得する (*359*)

　　　2　原始取得 (*361*)

　　　3　不当利得の返還義務を負うか (*361*)

　　第6項　即時取得の制限規定——盗品・遺失物の特則 …… 362

　　　1　盗品・遺失物の回復請求権 (*362*)

　　　2　回復請求と代価の弁償 (*366*)

　　　3　代価の弁償に関する特別法の規定 (*373*)

第5節　明認方法による公示 ………………………………… 374

　第1款　問題の所在 …………………………………………… 374

　第2款　明認方法の意義と機能 …………………………… 375

　　第1項　明認方法の意義 ………………………………… 375

　　第2項　明認方法の機能 ………………………………… 375

　第3款　明認方法の効力とその存続要件 ………………… 375

　　第1項　総　説 …………………………………………… 375

目　次

　　第2項　明認方法の対抗要件──第三者の出現時における継続 ………… *375*

　　第3項　登記と明認方法との対抗関係──立木所有権の留保 ………… *381*

　　第4項　立木の二重譲渡 …………………………………………… *384*

　　第5項　未分離の果実の売買と明認方法 ………………………… *387*

　第6節　物権の消滅 ………………………………………………… *390*

　　第1款　物権の消滅原因 …………………………………………… *390*

　　第2款　目的物の滅失 ……………………………………………… *391*

　　第3款　消　滅　時　効 …………………………………………… *392*

　　第4款　放　　　棄 ………………………………………………… *392*

　　第5款　物権の混同 ………………………………………………… *393*

　　　第1項　混同の意義 ……………………………………………… *393*

　　　第2項　例外的存続〔1〕所有権と制限物権との混同 ………… *394*

　　　　1　物が第三者の権利の目的であるとき（*349*）

　　　　2　混同した制限物権が第三者の目的であるとき（*395*）

　　　　3　借地借家法第15条の例外的自己借地権（*395*）

　　　第3項　例外的存続〔2〕制限物権とこれを目的とする他の権利

　　　　　　との混同 ………………………………………………… *395*

　　　　1　制限物権が第三者の権利の目的であるとき（*395*）

　　　　2　混同した権利が第三者の権利の目的であるとき（*395*）

　　　第4項　権利の性質による混同の例外 ………………………… *396*

　　　　1　占　有　権（*396*）

　　　　2　鉱　業　権（*396*）

　　第6款　公　用　徴　収 …………………………………………… *396*

第3章　占有・所有関係 …………………………………………… *397*

　第1節　占　有　権 ………………………………………………… *397*

　　第1款　総　　説 …………………………………………………… *397*

　　　第1項　序　　説 ………………………………………………… *397*

　　　第2項　占有の性質と作用ないし機能──制度の沿革── ……… *397*

　　　　1　序　　　説（*397*）

　　　　2　ローマ法の体系における「ポッセッシオ」（*398*）

　　　　3　ゲルマン法の体系における「ゲヴェーレ」（*398*）

　　　　4　日本民法への継受（*399*）

　　　第3項　占有権の法的性質 ……………………………………… *400*

　　　第4項　占有権と関連して区別すべき概念 …………………… *401*

　　　　1　「所持」について（*401*）

xv

目　次

　　2　「占有」について（*401*）

　　3　「占有権」について（*401*）

　　4　「占有すべき権利」について（*401*）

　第2款　占有権の意義 ……………………………………………*402*

　　第1項　占有の意義 ……………………………………………*402*

　　第2項　民法上の占有と占有権 ………………………………*404*

　　　1　占有権の取得要件概観（*404*）

　　　2　「所持」について（*405*）

　　　3　「意思」について（*411*）

　　第3項　占有と登記との関係 …………………………………*413*

　第3款　占有の種類 ………………………………………………*414*

　　第1項　単独占有・共同占有 …………………………………*414*

　　第2項　自主占有・他主占有 …………………………………*415*

　　　1　意　　義（*415*）

　　　2　自主占有の取得要件と他主占有事情の判断（*416*）

　　　3　他主占有から自主占有への転換（*419*）

　　第3項　善意占有・悪意占有 …………………………………*424*

　　第4項　占有における過失の有無 ……………………………*425*

　　第5項　占有における瑕疵 ……………………………………*427*

　　第6項　自己占有・代理占有 …………………………………*427*

　　　1　代理占有の意義（*427*）

　　　2　代理占有の成立要件（*429*）

　　　3　代理占有の効果（*430*）

　　第7項　占有に関する推定 ……………………………………*431*

　　　1　所有の意思，善意・平穏・公然の推定（*431*）

　　　2　継続推定（*433*）

　　　3　「無過失」推定（*433*）

　第4款　占有権の取得（移転） …………………………………*434*

　　第1項　原始取得 ………………………………………………*434*

　　第2項　承継取得 ………………………………………………*435*

　　　1　占有譲渡の意義（*435*）

　　　2　占有権の譲渡（*435*）

　　　3　占有権の相続（*439*）

　　　4　占有権承継の効果（*440*）

　第5款　占有権の効力 ……………………………………………*443*

　　第1項　序　　説 ………………………………………………*443*

目　次

第2項　本権の適法推定 ……………………………………………… *444*

　　1　第188条の適用——動産に限るか（*444*）

　　2　権利推定の効果（*445*）

第3項　善意占有者の果実取得権 …………………………………… *449*

　　1　善意占有者の果実取得権（*449*）

　　2　悪意占有者の返還義務（*452*）

第4項　占有者による損害賠償責任と費用償還請求 ……………… *453*

　　1　占有者と回復者との関係（*453*）

　　2　占有物の滅失・損傷の責任（*454*）

　　3　費用償還請求権（*455*）

第5項　占有による家畜以外の動物の取得 ………………………… *456*

　　1　意義・制度趣旨（*456*）

　　2　要件・効果（*457*）

第6項　占　有　訴　権 ………………………………………………… *457*

　　1　占有訴権の意義（*457*）

　　2　占有訴権の性質（*460*）

　　3　占有訴権の当事者（*462*）

　　4　占有訴権の種類と内容（*463*）

　　5　占有訴権と本権の訴えとの関係（*471*）

第7項　占有権の消滅 ………………………………………………… *474*

　　1　占有権の消滅事由（*474*）

　　2　自己占有（直接占有）の消滅事由（*475*）

　　3　代理占有（間接占有）の消滅事由（*476*）

第6款　準　占　有 ……………………………………………………… *476*

第1項　準占有の意義 ………………………………………………… *476*

第2項　準占有の成立要件 …………………………………………… *477*

　　1　自己のためにする意思（*477*）

　　2　財産権の行使（*478*）

第3項　準占有の効果 ………………………………………………… *480*

　　1　準占有への準用規定（*480*）

　　2　公信原則の準用制限（*490*）

第2節　所　有　権 ……………………………………………………… *481*

第1款　総　　説 ………………………………………………………… *481*

第1項　「所有権とは何か」という問題について ………………… *481*

第2項　所有権の社会的作用 ………………………………………… *483*

　　1　前近代的所有権概念（*483*）

xvii

目　次

　　　2　ローマ法とゲルマン法の所有権概念（*484*）

　　　3　近代法への継受（*484*）

　　　4　近代の所有権概念とその社会的作用（*485*）

　第3項　所有権の性質 ……………………………………*487*

　　　1　分割所有権は認められない──全面的支配性──（*487*）

　　　2　内容の一体性（*488*）

　　　3　所有権の弾力性（*488*）

　　　4　所有権の恒久性（*488*）

　　　5　所有権の客体（*488*）

　　　6　制限付き絶対性（*489*）

第2款　所有権の内容 ……………………………………*489*

　第1項　序　　説 ………………………………………*489*

　　　1　所有権の内容概観（*489*）

　　　2　所有権の制限（*489*）

　第2項　土地所有権の範囲 ……………………………*490*

　第3項　相　隣　関　係 ………………………………*492*

　　　1　序　　説（*492*）

　　　2　隣地立入権（*493*）

　　　3　袋地所有者の囲繞地通行権（*494*）

　　　4　水に関する相隣関係（*502*）

　　　5　境界に関する相隣関係（*505*）

　　　6　竹木切除の相隣関係（*507*）

　　　7　境界線付近の工作物建造に関する相隣関係（*508*）

第3款　所有権の取得 ……………………………………*509*

　第1項　所有権の取得原因 ……………………………*509*

　第2項　無主物，遺失物，埋蔵物の取扱い …………*510*

　　　1　無主物の帰属（無主物先占）（*510*）

　　　2　遺失物の拾得（*511*）

　　　3　埋蔵物の発見（*513*）

　第3項　添付（付合・混和・加工） …………………*514*

　　　1　総　　説（*514*）

　　　2　付　　合（*516*）

　　　3　混　　和（*525*）

　　　4　加　　工（*526*）

　　　5　添　　付（付合・混和・加工）の効果（*530*）

第4款　共同所有関係 ……………………………………*531*

　第1項　共同所有の意義 ………………………………*531*

xviii

目　次

1　所有権の管理・収益権能と共同所有 (*531*)

2　共同所有の諸類型 (*532*)

3　共有及び持分の法的性質 (*535*)

第2項　共有の内部関係 …………………………………………536

1　共　有　持　分 (*536*)

2　共有物の利用関係 (*537*)

3　内部関係における持分権の主張 (*542*)

4　持分権譲渡の自由と効果 (*543*)

第3項　共有の対外的関係 …………………………………………543

1　持分権の対外的主張 (*543*)

2　共有関係の対外的主張 (*544*)

第4項　共有物の分割 ………………………………………………545

1　意　　義 (*545*)

2　分割の方法 (*545*)

3　分割の効果 (*555*)

第5項　準　共　有 …………………………………………………558

第5款　建物の区分所有 ……………………………………………559

第1項　「建物の区分所有」の意義と立法経過 …………………561

第2項　区分所有権の成立要件 ……………………………………561

1　序　　説 (*561*)

2　構造上の独立性 (*561*)

3　利用上の独立性（用途への適合性）(*564*)

第3項　区分所有建物の所有関係と敷地利用権 …………………568

1　専　有　部　分 (*568*)

2　共　用　部　分 (*569*)

3　敷地と敷地利用権 (*571*)

4　区分所有関係の登記 (*573*)

第4項　区分所有建物の管理 ………………………………………574

1　管　理　組　合 (*574*)

2　管理組合法人 (*578*)

3　義務違反者に対する措置 (*579*)

4　復旧及び建替え (*583*)

第5項　団　　地 ……………………………………………………586

1　団地建物所有者の団体 (*586*)

2　団地共用部分 (*587*)

3　規約設定の特例 (*587*)

4　団地内建物の建替え承認決議 (*588*)

xix

目 次

5 団地内建物の一括建替え決議（*589*）

第4章 用 益 物 権 ……………………………………………… *595*

総 節 ……………………………………………………………………… *595*

第1節 地 上 権 ……………………………………………………… *597*

第1款 意 義 ………………………………………………………… *597*

第1項 地上権の意義 ………………………………………………… *597*

第2項 土地賃借権（借地権）の変遷 …………………………… *599*

1 建物保護法の制定──借地権保護立法の端緒（*599*）

2 借地法の制定（*600*）

3 罹災（被災）地処理立法（*601*）

4 借地借家法の制定と改正（*601*）

第3項 地上権と賃借権との関係・相違点 ……………………… *602*

第4項 地上権の法的性質 …………………………………………… *603*

1 土地の一部に関する地上権の設定（*603*）

2 地上権の目的（*604*）

3 土地の使用権（*604*）

第2款 地上権の取得 ………………………………………………… *605*

第1項 地上権の取得事由 …………………………………………… *605*

第2項 法定地上権の成立 …………………………………………… *606*

第3款 地上権の存続期間 …………………………………………… *608*

第1項 民法上の地上権 ……………………………………………… *608*

1 設定契約により期間を定める場合（*608*）

2 設定契約により期間を定めない場合（*610*）

第2項 借地借家法による修正 …………………………………… *610*

1 存 続 期 間（*610*）

2 借地契約の更新等（*612*）

3 定期借地権等（*615*）

第4款 地上権の効力 ………………………………………………… *617*

第1項 地上権者の土地使用権 …………………………………… *617*

1 土地使用権（*617*）

2 地上権と相隣関係（*618*）

3 物権的請求権（*619*）

第2項 地上権の対抗力 ……………………………………………… *619*

1 地上権の登記（*619*）

2 借地権の対抗力（*621*）

xx

目　次

　　3　大規模な災害の被災地における借地借家に関する特別措置法（629）

　第3項　地上権者の投下資本の回収 ……………………………………631

　　1　地上権の処分（631）

　　2　地上物の収去権と買取請求権（634）

　　3　借地権者の建物買取請求権（635）

　　4　費用償還請求権（636）

　第4項　地上権と地代 ……………………………………………………636

　　1　地上権における地代の位置づけ（636）

　　2　土地所有権・地上権と地代債権・債務との関係（638）

　　3　権利の譲渡と地上権の権利・義務の帰趨（638）

　　4　地代の決定方法（641）

　　5　地代支払の特則（644）

　第5款　地上権の消滅 ………………………………………………………645

　第1項　消　滅　事　由 ……………………………………………………645

　第2項　土地所有者の消滅請求 …………………………………………645

　　1　地代の滞納（645）

　　2　消滅請求の性質（648）

　　3　義務違反による消滅請求（649）

　　4　強行規定か任意規定か（649）

　第3項　地上権の放棄 ……………………………………………………650

　第4項　約定消滅事由 ……………………………………………………650

　第5項　地上権消滅の効果 ………………………………………………651

　第6款　区分地上権（地下権・空中権） ……………………………………652

　第1項　区分地上権の意義 ………………………………………………652

　第2項　区分地上権の取得 ………………………………………………653

　第3項　区分地上権の効力 ………………………………………………654

第2節　永　小　作　権 …………………………………………………………655

　第1款　総　　説 ……………………………………………………………655

　第1項　永小作権の意義・沿革 …………………………………………655

　第2項　永小作権の法的性質 ……………………………………………657

　第2款　永小作権の取得 ……………………………………………………659

　第3款　永小作権の存続期間 ………………………………………………660

　第4款　永小作権の効力 ……………………………………………………660

　第1項　永小作権者の使用収益権 ………………………………………660

　第2項　投下資本の回収 …………………………………………………661

　第3項　永小作料支払義務 ………………………………………………661

xxi

目　次

　　第4項　賃貸借規定の準用 ……………………………………*663*

　第5款　永小作権の消滅 ………………………………………*663*

　　第1項　永小作権の消滅事由 …………………………………*663*

　　第2項　土地所有者の消滅請求 ………………………………*663*

　　第3項　放棄による消滅 ………………………………………*664*

第3節　地役権 ……………………………………………………*665*

　第1款　総　説 ……………………………………………………*665*

　　第1項　地役権の意義と機能 …………………………………*665*

　　　1　地役権の沿革（*665*）

　　　2　地役権の機能（*667*）

　　第2項　地役権の法的性質 ……………………………………*670*

　　　1　地役権の本質（*670*）

　　　2　利用権者による設定（*673*）

　　　3　付従性・随伴性（*675*）

　　　4　地役権の不可分性（*675*）

　　第3項　地役権の存続期間 ……………………………………*677*

　　第4項　地役権の態様 …………………………………………*678*

　　　1　作為地役権と不作為地役権（*678*）

　　　2　継続地役権と不継続地役権（*678*）

　　　3　表現地役権と不表現地役権（*679*）

　第2款　地役権の取得 ……………………………………………*679*

　　第1項　地役権の取得事由 ……………………………………*679*

　　第2項　時効による地役権の取得 ……………………………*685*

　　第3項　慣習による地役権の取得 ……………………………*689*

　第3款　地役権の効力 ……………………………………………*689*

　　第1項　地役権者の権能 ………………………………………*689*

　　第2項　承役地利用者の義務 …………………………………*690*

　　第3項　物権的請求権 …………………………………………*691*

　第4款　地役権の消滅 ……………………………………………*692*

　　第1項　地役権の消滅事由 ……………………………………*692*

　　第2項　承役地の時効取得による消滅 ………………………*692*

　　第3項　地役権の時効消滅 ……………………………………*693*

第4節　入会権 ……………………………………………………*694*

　第1款　総　説 ……………………………………………………*694*

　　第1項　入会権の意義と分類 …………………………………*694*

　　　1　入会権の意義（*694*）

xxii

目　次

　　2　入会権の種類（694）

　　3　入会権の利用内容（696）

　　4　入会権の利用形態の変化（696）

　第2項　入会権の法的性質 …………………………………………698

第2款　入会権の効力 ……………………………………………………700

　第1項　古典的入会権における共同収益関係 …………………………700

　　1　共同収益権の範囲（700）

　　2　収益権の差異（700）

　第2項　近代的利用形態における収益関係 …………………………700

　第3項　入会権の処分 ……………………………………………701

　第4項　入会権の侵害に対する効力 …………………………………708

第3款　入会権の取得 ……………………………………………………709

　第1項　団体による入会権の取得 …………………………………709

　第2項　構成員の入会収益権の取得 …………………………………709

　第3項　入会権と対抗問題 …………………………………………710

第4款　入会権の消滅・喪失 ……………………………………………711

　第1項　団体の有する入会権の消滅 …………………………………711

　第2項　構成員の有する入会収益権の喪失 …………………………713

　第3項　入会権の時効消滅 …………………………………………714

判例索引（717）

事項索引（725）

〈文献略語〉

（太字部分は引用略語）

我妻榮『物権法』（岩波書店，1935）

我妻榮＝有泉亨『新訂 物権法』（岩波書店，1983）

石田文次郎『物権法論』（有斐閣，1932）

石田穣『物権法』（信山社，2008）

近江幸治『民法**講義 II** 物権法（第 3 版）』（成文堂，2006）

川島武宜『**新版** 所有権法の**理論**』（岩波書店，1987）

末川博『物権法』（日本評論社，1956）

末弘嚴太郎『物権法 上巻』（有斐閣，1921）

鈴木禄彌『物権法**講義**（5 訂版）』（創文社，2007）

舟橋諄一『物権法』（有斐閣，1960）

〈法令等の表記〉

1 法令の表記

民法については，単に条文数のみを示した。その他法令については，『六法全書』（有斐閣）の略記に倣って示した。

2 判例（集）の表記

最判（決）　最高裁判所判決（決定）

最大判　最高裁判所大法廷判決

大判（決）　大審院判決（決定）

大連判　大審院連合部判決

高判　高等裁判所判決

控判　控訴院判決

地判　地方裁判所判決

民録　大審院民事判決録

民集　大審院・最高裁判所民事判例集

集民　最高裁判所裁判集民事

高民集　高等裁判所民事判例集

下民集　下級裁判所民事裁判例集

新聞　法律新聞

3 雑　　誌

判時　判例時報

判タ　判例タイムズ

法協　法学協会雑誌

民法講論 2

物 権 法

第1章　物権法総論

第1節　物権の意義

第1款　物権という概念の意義と性質

第1項　物権の生成と発展

物権は，物的財産（財貨）を支配するための権利関係である。財貨を支配することが許されなければ，人間は生きていくことができないか，あるいは生きる望みを享受しえないであろう。人間は，その起源である太古の時代から財貨を支配し，生活してきた。そこには，家計があり，市場があり，農場があり，家畜の飼育があった。これらは物的支配を許容する権利関係や法がなければ形成されえない。

近代国家の樹立に伴い，物権は，憲法秩序によって私有財産の保持が保障されているが，憲法秩序の許す範囲において（憲第29条，ドイツ基本法第14条[(1)]），また，その下における公法的秩序，私法的秩序の許す限りにおいて，その存在意義を見いだしてきた。例えば，人が自分の土地を所有することは私有財産制度の下で保障されたからこそ所有しうるのであり，また，自分の所有する土地に住宅を新築して居住する場合でも，自分の好き勝手に建築することは許されない。近隣住民の危険予防，安全の保障に資する限りにおいてのみ，建築することが許可されるのである（建築基準法上の各種規制ならびに建築確認制度〔建築基準第6条〕）。また，近隣住民の権利との衝突を予防するため，民法は，各種の相隣関係規定を設けている（第209条-第238条）。例えば，境界線付近に建物を建築する場合には，境界線から50 cm以上離れていなければならず（第234条），境界線から1 m以内に他人の宅地を見通すことができる窓，縁側，ベランダなどがある場合には，目隠しを付けなければならな

---

(1)　日本国憲法第29条は，「財産権は，これを侵してはならない。」（1項）と規定する一方で，「財産権の内容は，公共の福祉に適合するやうに，法律でこれを定める」ものとされ（2項），更に，「私有財産は，正当な補償の下に，これを公共のために用ひることができる」（3項）と規定する。

　　また，ドイツ基本法第14条は，ドイツ帝国憲法（いわゆる「ワイマール憲法」）第153条に倣った規定であり，「所有権は保障されるが，その内容及び制限は法律によって規定される。所有権は義務を伴う。その利用は，同時に，公共の福祉に資するべきものである。」と規定する。

　　更に，ヨーロッパ土地所有権憲章（Europäischer Grundrechtscharta）の第17条は，自由権の記述とならび，類似の類型で，公共の福祉による拘束を規定する。

い（第235条）。更に，生活妨害的な建物の設置にも制限が設けられている。それは，雨水を直接隣地上に注ぐ構造の屋根その他の工作物を設置することを禁止する旨の規定である（第218条）。つまり，物権は，国家による憲法秩序の下で保障される権利関係ではあるが，公共の福祉との関係において，正当と認められる範囲内の規制を受けるのである（憲第29条2項，3項，民第1条1項）。

公共の福祉や相隣関係法との関係においては，次の事例が参考になる。即ち，「居住地域における家屋の所有者は，隣人が蜂蜜を採取するために，蜂が庭のテラスを越えて飛び交い，蜂に刺される危険が発生するような蜜蜂小屋の建築を許容しなければならないのであろうか。」[2]

相隣関係法は，危険予防，紛争の未然防止，平穏な生活の確保といった観点から，個別具体的に代表的な類型を制度化したものである。この観点からは，いくら所有者といえども，住宅街において近隣住民を不安に陥れるような蜜蜂小屋を建築することは許されないであろう。

> ─ **point** ─
> 　私的所有権と公共の福祉との関係，及び相隣関係法の位置づけについて，理解しよう。

第2項　物権関係と債権関係の意義と相違点

次に，財産権を大きく分けると，物権と債権とに分けられるが，前者は物に関する権利であり，後者は人に対する権利であって，両者は本質的に異なる概念である。まず，両者の意義，制度上の比較検討を通じて，ともに財産権を構成する物権と債権について，理解しておく必要がある。これが民法の財産法を理解するために必要なことである。

1　物権関係

物権は，対物権ともいい，物の上に権利が成立し存在することを認め，人が物を排他的に支配することを根拠づける権利関係である。

まず，基本的な物権関係として，物（有体物〔第85条〕）としての動産，不動産の所有権をめぐる関係について考える。物権には，完全権（Vollrecht）としての所有権と，所有権ほどの完全な物権ではなく，物権としての効力が若干制限されている各種の制限物権（beschränkter dingliche Recht. 地上権，永小作権，地役権，入会権，留置権，先取特権，質権，抵当権）が存在する。これらの制限物権は，他人の所有権を媒介として，成立するものである。それゆえ，「他物権」とも称される。例えば，所有者が土地を他人に利用させようとする場合には，土地所有権の上に地上権が設定され，一筆の土地をめぐって，土地所有者と地上権者が共存する[3]。また，土地所有者

---

(2)　この事例については，Jürgen F. Baur= Rolf Stürner, Sachenrecht (begründet von Fritz Baur), 18. Aufl., 2009, S. 3 を参照。

4

が銀行等の金融機関から融資を受ける際には，所有者と銀行は，土地所有権の金銭
的な交換価値に着目し，この交換価値に応じて銀行が融資額を算出して金銭消費貸
借契約を締結し，この債権回収を保全する目的で，両者が共同して，土地所有権の
上に抵当権の設定を約定する（金融実務では，金銭消費貸借・抵当権設定契約として一体化
している）。そして，これら地上権者や抵当権者は，自分の権利を安全確実なものと
するために登記を経由する（第177条）[4]。

　後述するように，物権は，物に対する支配性・排他性が予定されており，所有権
を始めとする物権者，とりわけ，不動産に関する権利を有する物権者には，自分の
権利を誰に対してでも主張しうるように（排他性の確保），登記制度が用意されてい
る（不登第3条）。前記の制限物権者（登記権利者）には，所有者（登記義務者）に対し，
登記に協力するよう請求する権利（登記請求権）が用意されており（同法第60条〔共同
申請の原則〕，第65条，第89条1項，第95条2項〔共同申請〕からの帰結。），この点が，物
権の特質である。動産に関する権利を有する物権者には，原則として，登記制度は
用意されていないが，民法の制定後，資本主義経済の発展とともに必要とされる範
囲内において動産抵当制度が考案され（例えば，農業動産信用法，建設機械抵当法，自動
車抵当法など），近時は，動産譲渡担保に公示性を付与することを目的として，動産
譲渡登記制度が考案されるに至っている（動産・債権譲渡特例法）。

2　債権関係

　これに対して，債権は，対人権ともいい，人に対して，何らかの行為を請求する
ための権利関係である。

　まず，基本的な債権関係として，金銭債権について考える。金銭債権者は，履行
期（弁済期）において，債務者に対し，貸金の弁済という行為を請求し，債務者は，
借りた額の金銭を弁済するという行為を行う。これが利息付きであれば，約定の利
息を付して弁済する。まさに債権は行為請求権である。

　次に，売買契約をめぐる債権関係について考える。債権は，人に対してある行為
をさせることを内容とする権利関係であるところ，債権は，基本的に，契約の成立
によって発生する（契約以外では，事務管理，不当利得，不法行為により発生する）。例えば，
不動産売買の場合には，買主が売主の宣伝・提示した目的物について下見（現地検
分）をし，売主との価格交渉などを経て，合意に達した段階で契約書を作成し，互
いに1通ずつ保有する。この契約によって，両者は，履行期において，売主は売買

（3）　しかし，後述するように，土地の用益権については，通常は，賃貸借契約に基づく賃借
　　権の設定しか行われず，登記簿上で地上権が現れるのは，土地の強制競売や抵当権の実行に
　　よる競売に伴って成立したものとみなされる法定地上権（民第388条，民執第81条）がほ
　　とんどである。
（4）　わが民法上，不動産の登記は物権変動の対抗要件であるところ（第177条），登記をすれ
　　ば，不特定多数の誰に対してでも，自分の権利を対抗することができるので，登記は権利帰
　　属の確定機能ならびに権利の保全機能を有するということもできる。

第1章　物権法総論

目的物である不動産の引渡義務を負い，買主は代金支払義務を負う。双方が互いに債務を負担するので，この関係を「双務契約関係」という。そして，この場合の債権・債務は同時に履行すべき義務という関係なので（第533条〔同時履行の抗弁権〕），通常は，売主の引渡しと買主の代金完済とが同時に行われ（債権関係の履行の終了），これとほぼ同時に，売主が買主に所有権の登記を移転する（物権帰属関係の確定）。

　また，動産売買の場合には，買主の欲する商品を売主が所有するという状況において（家電量販店を想起してみよう），やはり，物の性質，性状・性能，数量などの確認と，これに応じた価格交渉などの結果，両者が合意に達すると，売買契約が成立し，あとは履行期に同時履行的に引渡しと代金支払とが行われ，債権関係の履行義務は終了する。

　このように，債権関係は，契約の成立と同時に発生し，その履行とともに終了する当事者関係であり，基本的に，契約当事者間における相対的な関係であって，契約当事者以外の第三者とは関係がない。

　同じ債権関係であっても，不動産賃貸借は物権類似の法律関係となる。しかし，債権の相対的効力という本質的な意味において，各種の制限がある。即ち，不動産の賃借人（賃借権者）は，賃貸人との関係においては，賃貸借の目的物である不動産を直接に支配するかのように見えるが（契約に基づく自由な使用権），原則として，賃借権の処分権（譲渡または質入れ権）または賃借物からの収益権（他人への転貸権）は与えられない（第612条参照）。この意味において，一見すると，賃借人には賃借不動産に関する物的支配権が存在するかのようであるが，実は，狭い意味での排他的な支配権はないのである。

　しかしながら，賃借権の登記を経由することによって，その後，その不動産について物権を取得した第三者に対しても，賃借権の効力を対抗することができる（第605条）。登記制度を利用した物権的効力の付与である。しかし，賃借権設定登記をするには土地所有者の協力が必要であるところ（「共同申請の原則」不登第60条），賃借人の権利を強化することに協力する土地賃貸人はほとんど存在しない。それゆえ，土地賃借人の地位は著しく脆弱かつ不安定な状況にさらされ，社会問題となった（いわゆる「地震売買」[5]）。

---

(5) 「地震売買」とは，土地賃借人が地上に家屋を建築し，居住しているところ，土地賃借権に対抗力がないことをいいことに，土地賃貸人（地主）が第三者に土地を売却してしまい，土地賃借人を簡単に追い出すことができるという状況が，まるで大地震が来て，家屋がつぶれるのと同じという意味から，このような名称が付せられたものである。実際に，土地賃貸人は，賃借人に対し，このようにして，地代の値上げ交渉に応じれば，第三者から土地を買い戻し，賃貸借関係を持続してやるという話を持って行き，この交渉を自分の思いのままに行っていたということである。
　　このような状況が社会問題になったことから，明治政府は，明治42年に「建物ノ保護ニ関スル法律（明治42年5月1日法律第40号）」を制定し，借地権の登記がなくとも，借地上に登記した建物を有するときには，借地権を第三者に対抗しうるものとしたのである。こ

第1節　物権の意義

　そこで，建物の所有を目的とする地上権もしくは土地賃借権は，借地権とされ（借地借家第2条1号），借地権の登記がなくとも，地上建物の登記を経由することによって，借地権を第三者に対抗することができるものとされた（同法第10条。当初は，建物保護第1条）。したがって，物権ではない賃借権としての借地権であっても，地上建物の登記により，物権的効力が付与される。いわゆる「賃借権の物権化現象」である。

　しかし，土地賃借権に物権的効力が与えられやすくなったとしても，土地賃借権それ自体が物権化したわけではない。「対抗力」との関係において「物権化」しただけであり，賃借権の性質それ自体は相対的効力をその本旨とする債権のままであり，債権として，民法上の拘束を受けるのである（例えば，第612条参照）。

　更に，債権は相対的効力をその本来的な姿とするところ，財産権としての性質から，その譲渡の自由が保障されなければならないので（第466条1項），ここにおいて，第三者を巻き込んだ権利変動が発生する。そうすると，当事者関係のみの相対的な関係から，第三者関係に発展するので，畢竟，不動産に関する物権変動と同様に，権利変動の公示が要求される。

　そこで，民法は，債権譲渡の対抗要件として，債務者への通知または債務者からの承諾を債務者ならびに第三者への対抗要件とし（第467条），この対抗要件の特例として，法人所有の債権を譲渡した場合には，債権譲渡の登記をもってその対抗要件としている（動産債権譲渡特例第4条）。したがって，債権関係も，債権の譲渡に至っては，不動産に関する物権変動と類似した関係を有することになる。

> ── *point* ─────────────────────
> 　物権関係の意味と債権関係の意味の違いについて，両者の意義，効力という観点から，比較検討してみよう。

第3項　物権の性質

1　物に対する支配性，排他性

(1)　支配性

　物権は，物を直接に支配する権利である。人は生まれながらにして権利を保有する資格を認められているが（権利能力〔第3条1項〕），これは当然のことであり，人の社会生活においては，何らかの物資を利用することが生きていく上での必須の事柄に属する。しかし，人が保有し利用しうる物資には限りがある。そこで，この限りある物資を直接かつ排他的に利用しうる権利を認めるとともに，この権利を互いに尊重し合い，物資を安全かつ確実に利用しうるように制度を整える必要がある。

れが現行の借地借家法第10条である。この地震売買に伴う建物保護法の立法問題に関しては，鳩山秀夫「借地権保護問題」『民法研究第二巻』（岩波書店，1930）255頁が詳しく伝えている。

7

ここに物権という考え方が生ずる。そして，物権は，私的所有物の排他的な支配を
その特徴とする権利として，古くから認められてきた権利である。

代表的な物権として所有権がある。所有権は，法令の制限内において，自己の所
有物を自由に使用し（自己使用），所有物から収益を上げ（賃貸），所有物を処分（売買，
抵当権設定）することができる権利である（第206条）。

地上権も，所有権と比較すると制限的ではあるが，同じ物権として，他人の所有
する土地をその地上に建物等の工作物または竹木を所有する目的で自由に使用し
（自己使用），その土地から収益を上げ（土地〔地上権〕・建物の賃貸），地上権を処分（地
上権付き建物の売買，抵当権設定）することができる。

更に，動産質権者が自己の被担保債権を満足するためには，質物を競売手続にか
ける必要があるが，正当な理由があれば，鑑定人の評価に従い，当該質物の交換価
値を直接的に優先弁済に充てることができる（第354条）。

このように，物権は，権利者が自己の権利を全うしようとする場合において，他
人の介在を必要としない。

これに対して，賃借権は，物権ではなく，物の所有者と賃借人との間において賃
貸借契約を締結するだけで効力が発生する債権である。それゆえ，賃借人が権利を
全うしようとする際には，賃貸人（債務者）の引渡し（給付）という履行行為を必要
とする。つまり，賃借人による物の支配は，賃貸人の債務履行の反射的効果に過ぎ
ない。

(2) 排 他 性

物権は，物を直接支配する権利であるから，他人を排除する権能もある。これを
排他性という。例えば，一筆の土地に複数の所有権は成立しない。地上権も同様で
ある。ただ，異なる種類の物権，例えば，所有権と地上権の同時成立は可能である。

排他性は一物一権主義ともいい，物権の特徴である。ただ，排他性も登記をし
ないと，第三者に対する効力がないことに注意する必要がある（第177条）。排他性
は，原則として，物権の特徴であるが，債権でも，何らかの公示方法を備えること
によって，排他性を具備するものがある。典型例として賃借権があるが（第605条
〔賃借権の登記〕，借地借家第10条〔借地権の対抗力〕，第31条〔借家権の対抗力〕，農地第16条
1項〔農地賃借権の対抗力〕），登記可能な権利の将来的な設定，移転，変更または消滅
請求権（不登第105条2号，第106条），譲渡された債権（第467条，動産債権譲渡特例第4
条）も，公示方法が予定されているので，これを備えれば，排他性を付与されたも
のと解してよい。つまり，物権でも債権でも，排他性は，原則として，公示方法
（対抗要件としての登記，引渡し）を具備するか否かで決せられる。ここで「原則とし
て」とは，「正当に権利を取得した者相互間においては」という意味であり，無権
利者や不当または不正に権利を取得した者に対しては，公示を備えなくとも，自分
の権利を対抗することができる（「民法第177条の第三者」に関して後述する）。

8

第1節　物権の意義

　債権は，同じ種類・内容の契約を複数締結することにより，複数成立する。履行可能性は別問題である。例えば，歌手が同じ時間帯に別々の会場でコンサートを開催するという契約も可能である。その契約を履行できないほうについて，債務不履行の問題が発生するだけである。そのため，債権は，原則として排他性を有せず，債権者・債務者間において，相対的効力を有するに過ぎない。

> ── **point** ──
> (1)　物権は目的物を直接に支配し，他人を排斥する効力（排他性）を有するが，なぜ，不動産賃借権にはこれが認められないのか，検討してみよう。
> (2)　不動産賃借権に排他性を得させる方法について理解しよう。

2　物の特定性と独立性

(1)　特　定　性

　物権の目的は，原則として，特定する独立の物でなければならない。物権の目的となる物は，物，即ち，有体物であることを要する（第85条，ドイツ民法〔BGB〕第90条）。債権は，その目的物が特定していなくとも，種類と数量を指定しただけで成立するが（第401条1項参照），物権は特定の物の上でなければ成立しない。例えば，米屋や酒屋にいつも頼んでいる米やビールの銘柄と数量を注文しただけで債権は成立するが，注文だけでは，店舗や倉庫に存在する米やビールのうち，どの米やビールが債権の目的物であるかは特定しない。債権の目的物として特定するには，債務者（給付者）が物の給付をするのに必要な行為を完了し，あるいは，債権者の同意を得て，その給付すべき物を指定しない限り，債権の目的物としても特定しない（同条2項参照）。ましてや，目的物が特定しない限り，その注文した米やビールの所有権が注文者に移転することはない。

　そこで，ある商品が債権の目的物となるとか，また，物権の目的物として，物権が成立し，または移転するなどといった，当事者間の目的を達成するためには，物の特定性と独立性が必要となる。前例のように，米やビールという物は代替品が存在することから，種類物（不特定物）といい，種類物が債権や物権の目的物として特定するには，債権者である買主がその商品を支配しうる状態にならなければならない（第401条2項参照）。簡単にいうと，米屋や酒屋が注文者の家に配達するという約束の場合には（これを「持参債務」という），注文者に商品を引き渡さないと，特定はしないことになる。つまり，不特定の商品の売買においては，引渡しと同時に債権の目的となり，注文者に商品の所有権が移転する（第176条）。この場合には，同時に対抗要件も具備することとなり（第178条），また，危険負担も注文者に帰属する（第534条〔2015年改正法により廃止〕）。

　このように，物権の設定・移転を目的とする契約などの法律行為は，特定された個別物件を指示していなければならない。種類等に応じて指定された物を指示する

9

債権（種類債権），例えば，上述の米やビールの注文のように，物の供給を指示する債権は成立するが，まだ個別的に全く特定されていない物の所有者となることはできない。単に観念されているに過ぎず，具体的に存在していない物に関する支配権というものは考えられないからである。この点は，特に，契約の目的物が在庫商品のような集合動産の場合において，その種類・所在場所・量的範囲を指定し，特定することによって，「集合物」という観念的な1個の物が成立し，その上に1個の物権（判例に現れた事案では譲渡担保権）が成立するかという問題に発展する[6]。

> ― **point** ―――――――――――――――――――――――――――――――
>
> 　物権の目的ないし目的物は，なぜ特定していなければならないのか。検討してみよう。

(2) 独 立 性

　独立性は，次段の一物一権主義とも関係するが，独立物でないと，1個の物権の客体にはならないという意味になる。物権の目的物は独立物でなければならないという意味は，特に，不動産，立木，未分離の果実・稲立毛などに関する物権関係において，問題となる。

　まず，土地は，無限に広がる大地であるが，個々の所有権の目的となる土地は，不動産登記法に所謂「筆数」によって定められる。即ち，登記所は，法務省令（不動産登記規則）で定めるところにより，土地について地番区域を定め，1筆の土地ごとに地番を付さなければならない（不登第35条）。しかし，1筆の土地の一部分でも占有していると，部分的な取得時効が可能である[7]。また，契約に際して，当事

---

(6)　最判昭和62年11月10日民集41巻8号1559頁：集合動産譲渡担保の目的物がその種類・所在場所・量的範囲の指定によって1個の集合物として特定した場合には，集合物の譲渡担保権者は，民法第333条の第三取得者に該当し，占有改定による引渡済を約定することによって対抗要件も具備しているので，譲渡担保権の設定契約後，設定者の倉庫に搬入された商品の上に動産売買先取特権を有する者に対しても，譲渡担保権を対抗することができ，動産先取特権者による競売申立てに対しても，譲渡担保権者は，第三者異議の訴えによって（民執法第38条），競売手続の不許を求めることができると判示した。

(7)　大連判大正13年10月7日民集3巻509頁：物の一部であっても，事実上支配しうべき限り，これを以て占有の目的とする事ができるものであり，如何なる部分に対し事実上の支配をなすことができるかは，取引通念に照らしてこれを判断する以外にない。

　土地は自然の状態においては一体を成しているものであるが，これを区分して数個の土地とすることができ，一旦区分された各個の土地も更にこれを細分することができるものであり，その区分もしくは細分によって土地の性質作用を失うに至ることはないものであるから，土地はその一部であってもこれを占有することができる。

　民法第162条は占有が物の全部について行われた場合と一部について行われた場合とを区別していないのであるから，物の一部を占有した場合を全然除外したものと解するに足らない。……同条は，土地については，その一部の占有があった場合においては，時効の完成と同時に，法律上その占有部分を区分して，一個の物として占有者にその所有権を賦与する趣旨である。

第 1 節 物権の意義

者間において土地の範囲を特定していれば，1 筆の土地の一部でも取引の目的となる[8]。

　次に，建物は，わが国独特の法制度によって，土地とは別個独立した不動産である（第 86 条）[9]。この制度から，土地所有者がその地上に所有する建物は，土地とは別個独立した所有権の目的となる。この独立した物権の目的となるという意味において，それでは，建築物は，どの程度まで工事が進行したら，物権の目的となるのかが問題となる。この問題について，判例は，工事中の建物であっても，既に屋根及び囲壁（外周壁）を有し，土地に定着した 1 個の建造物として存在するに至れば，不動産として登記しうる状態になるのであり，床及び天井のようなものは未だ備えていなくともよいとした[10]。

　次に，山林や庭に植えてある樹木は，土地に付合しているので（第 242 条），土地に植栽されている状態では，樹木それ自体の所有権は成立しない。しかし，立木法によって登記された立木は土地から独立した不動産とみなされ，独立した所有権の目的物となる（立木第 1 条 1 項，2 項）。立木法の登記をしていない樹木の集団は，原則として，土地の一部を構成するのであるが，土地から独立して取引の目的とされるときには，独立した不動産として取り扱われる。ただし，この場合には，第三者との関係において，所有権の移転を公示する立て看板を設置するなどの明認方法を要する。

　更に，果樹から分離されていない果実や，田地で成育中の稲立毛も，登記を経由

---

(8)　大連判大正 13 年 10 月 7 日民集 3 巻 476 頁：不動産登記法においては，一筆の不動産はこれを登記簿の一用紙に記載することを要すとしているから，既に一筆として登記された土地を右のように数個に分割して譲渡した場合において譲渡の登記をするには，まず分筆の手続をすることを要すべきといえども，契約の当事者間においては，その以前に既に権利移転の効力を生じたものというべきであり，また，土地台帳に一筆として登録された土地についても，登録の変更前，所有者はこれを数個に分割して譲渡することを妨げない。

　　最判昭和 30 年 6 月 24 日民集 9 巻 7 号 919 頁：「一筆の土地といえども，これを区分して，その「土地の一部」を売買の目的とすることはできる。そして「土地の一部」が，売買の当事者間において，具体的に特定しているかぎりは，分筆手続未了前においても，買主は，売買に因りその「土地の一部」につき所有権を取得することができるのである（大連判大正 13 年 10 月 7 日参照）。」

　　最判昭和 40 年 2 月 23 日判時 403 号 31 頁：「一筆の土地の一部についても，これを売買の取引などの対象としうることは当裁判所の判例とするところ（最判昭和 30 年 6 月 24 日民集 9 巻 7 号 919 頁）」である。

(9)　外国の法制は，不動産といえば土地のことを意味し，建物は土地に付合する本質的構成部分である。例えば，ドイツ民法（BGB）第 94 条は，土地と固く結合した物，特に，建物ならびに土地の産物は，土地と付着する間は，土地の本質的構成部分に属すると規定している（1 項 1 文）。

(10)　大判昭和 10 年 10 月 1 日民集 14 巻 1671 頁。本文に示したものは判旨後半部分であり，その前半部分においては，建物として不動産登記法により登記することができる状況に至ったときには，当該有体物は既に動産の領域を脱して不動産の部類に入ったといわなければならないと判示している。

II

していない立木と同様に扱われるようにも思われる。しかし，判例法上，稲立毛については，自分が生育させた農作物であるとして，農地の所有権移転登記を経由していなくとも，地上の稲立毛の所有権について，対抗力があるとされた[11]。この判例法理は，権利者が自ら植え付け生育させた農作物として，付合の例外規定（第242条ただし書）を類推適用したものであるが，この判例によると，いずれにせよ，稲立毛だけは例外的に取り扱われる（詳細は「第2章 物権の変動，第5節 明認方法による公示」において論ずる）。

---
point

物権の目的ないし目的物は，なぜ独立性がないといけないのか。検討してみよう。

第2款　物権の目的

第1項　物権法定主義

1　物権法定主義の意義

物権をめぐる法律関係については，広く社会一般に利害関係を有する可能性ある人々が無数に存在する。ある土地を誰が購入し，どこの銀行が誰の所有する不動産に抵当権の設定を受けるかは，契約するまでは決まっていない。ましてや，契約当事者間で勝手に物権を創られては，社会公共の利害に悪影響の出ることが予想される。それゆえ，物権は，民法その他の法律に定めるもののほか，創設することができないものとされる（第175条）。

物権法定主義という考え方は，物権の範囲を確定する意義をも有する。例えば，抵当権は，1個の不動産に複数成立しうる（順位の異なる抵当権の設定）。また，数個の不動産にまたがっても成立し（共同抵当権），この共同抵当権は，土地と建物にまたがっても成立しうる。これは，担保物権における抵当権の類型化の賜物である。また，抵当権の実行による競売における配当の順位は，民法，商法，その他の法律の定めるところによることとされているので（民執第85条2項），抵当権の順位は登記された順位によって決まる（第373条，不登第4条1項）。

次に，抵当権の実行・配当手続は，先順位抵当権者への完全配当を前提要件とし

---

(11)　大判昭和17年2月24日民集21巻151頁：XはAから農地を譲り受けたが，所有権移転登記を経由していなかったので，Aの債権者Yが，Xの生育させた稲立毛をAの所有物として差し押さえた。そこで，XはYの強制執行に対する異議の訴えを提起した。

大審院は，本件の立稲ならびに束稲は，Xがその所有権に基づき本件土地を耕作して得たものであり，あたかも，田地の所有者より適法にこれを賃借した者が賃貸借の登記がなくとも，その田地を耕作して得た立稲ならびに束稲の所有権を以て第三者に対抗しうるのと同様，Xが本件土地の所有権移転登記を受けなくとも，本件の立稲ならびに束稲の所有権を以てAに対する債務名義に基づき該物件の差押えをしたYに対抗しうるものであると判示した。

ている（担保物権の不可分性）。この観点から，抵当権の実行は，先順位抵当権者への弁済と手続費用をまかなえるものでなければならないという考え方がある。これを「剰余主義」という。後順位抵当権者が自由に抵当権を実行しうるとなると，先順位で抵当権の設定を受けている債権者が土地価格の上昇を期待して実行の頃合を計っていたにもかかわらず，後順位抵当権者によって実行されてしまい，その結果，先順位抵当権者の企図した満足な優先弁済が受けられなくなるという弊害が生じうる。したがって，後順位抵当権者からの実行は，先順位抵当権者への配当と手続費用を控除して，なお剰余が出る場合でなければ，これをなしえないという制限を受けることになる[12]。

　これらの場合において，それぞれの抵当権の意義と性質，範囲，そして，順位が法律によって決められていなければ，債権者は，抵当権の設定を受けたとしても，債権の回収にとって見当がつかず，危険きわまりない契約となる。そこで，物権法定主義に基づく範囲の設定ないし限定が必要となるのである。

　したがって，物権法定主義とは，

　第一に，法律による物権の固定化（物権類型の強制），であり，

　第二に，法律による内容の類型化，固定化（物権の内容の固定化），である[13]。

　したがって，この限りにおいて，契約自由の原則のうち，内容形成（決定）の自由は制限を受けることになる。

---
point

　物権はなぜ法律や慣習で定められた類型しか認められないのか。検討してみよう。

---

(12) 「剰余主義」の間接的保証規定である民事執行法第63条1項2号，同条2項によると，先順位担保権者の被担保債権，国税・地方税債権，社会保険料等の公課にかかる公共的債権，競売不動産の第三取得者の費用償還請求権など，優先債権がある場合には，手続費用及び優先債権の見込額の合計額以上の額（以上を「申出額」と称する。），を定めて，以下に掲げる申出及び保証の提供をしないときは，執行裁判所は，競売手続を取り消さなければならない（民執第63条2項本文）。即ち，

　①差押債権者が不動産の買受人になることができる場合において，申出額に達する買受けの申出がないときは，自ら申出額で不動産を買い受ける旨の申出，及び，申出額に相当する保証の提供をすること（民執第63条2項1号），

　②差押債権者が不動産の買受人になることができない場合において，買受けの申出の額が申出額に達しないときは，申出額と買受けの申出の額との差額を負担する旨の申出，及び，申出額と買受可能価額との差額に相当する保証の提供をすること（同条2項2号），ができなければ，同条2項本文による競売手続の取消となり，また，これらの申出及び保証の提供があった場合でも，買受可能価額以上の額の買受け申出がないときは，執行裁判所は，競売手続を取り消さなければならない（同条3項）。

(13) vgl. Baur= Stürner, Sachenrecht, S. 3-4. この物権内容の固定化について，バウアー＝シュテュルナーは，「可能な物権付与の内容は，少なくとも，その輪郭において，強制的に法律によって固定されなければならない」と述べている。

第1章　物権法総論

2　物権法定主義の内容

(1)　第175条と慣習法

まず，第175条は，「物権は，この法律その他の法律に定めるもの」以外は創設しえない旨を規定する。この規定の意義は，民法その他の法律に定める物権以外には物権の存在を認めないという宣言である。「法律」と限定しているので，政令・条例といった命令は除外される（通説）。物権のようなすべての人の権利・義務関係に影響を及ぼす権利を命令によって創設することは不適切であると同時に，立法方法として命令を含む場合には，「本法その他の法令」と規定するのを常とするからである（第2条，第206条参照）[14]。

次に，慣習法は，民法その他の法律に規定するものに該当するかが問題となる。かつては，民法施行前から存在する慣習法上の物権も，その施行後は民法その他の法律に定めるものでなければ物権たる効力を有しないという民法施行法第35条の文言から，第175条は慣習法を含まないと解する学説が多数存在した[15]。しかし，現在では，民法施行法第35条は，「慣熟した慣習によってその後に生ずる物権を否認するものと見る必要はない」と解され[16]，また，本条は民法施行前に慣習上成立し混乱していた物権関係を整理することを目的として制定されたに過ぎないものと解されているので[17]，否定する学説はない。しかし，問題はその構成にある。

まず，慣習法は，生きた社会生活から自然に生まれるものであるから，法例第2条（現行法上，法適用通則第3条。以下同じ。）や第175条のような一片の法規で阻止することは不可能であり，また，有害でもあるとして，それら法規を無視すべきであるという学説（法規不適用説）がある[18]。この説は，法社会学的な発想からの解釈であるが，慣習に法的効力を付与する法適用通則法第3条の位置づけとの関係上，この解釈を慣習法の認定基準と解するには無理がある。

次に，法例第2条は，「公の秩序又は善良の風俗に反しない慣習」のうち，「法令に規定されていない事項に関するもの」を，「法律と同一の効力を有する」ものと規定しているので，第175条の「法律」で認められたことになるものと解する学説（法適用通則第3条・第175条適用説）がある[19]。この説は，法解釈の技術としては傾聴に値するが，第175条の立法趣旨は民法施行法第35条の指向する慣習的権利の

---

(14)　我妻＝有泉26頁。

(15)　例えば，鳩山秀夫『物権法』（国文社，1928）11-12頁は，法例（現行「法適用通則法」）第2条（同・第3条）との関係に多少疑問が残るが，民法施行法第35条によると，民法施行前から存在する慣習上の物権も民法施行後はその効力を失うので，第175条は慣習法を含まないものと解さなければならないとしている。

(16)　我妻＝有泉27頁。

(17)　舟橋17頁ほか，通説である。

(18)　末弘42頁，石田40頁。

(19)　末川27頁以下など。

整理ないし排除と同一方向を示しており，法適用通則法第3条の趣旨と異なるという本質論を顧慮すると，解釈上の矛盾を来すので，やはり，採用には無理がある。

次に，法例第2条と民法第175条との論理解釈からは結論は出ないとして，法規不適用説と類似の考え方を示す我妻説（慣習法説）がある。即ち，我妻博士は，物権法定主義の欠陥として，①経済取引の進展に応じて社会が新しい物権を必要としても，第175条があるので，この需要に応じきれないこと，また，②土地の耕作関係は著しく錯綜しており，民法の規定する4種の制限物権だけで対応するには無理があることを挙げた上で，慣習法によって新たな公示方法が生成するのであれば，これと関連して新たな物権を認めても，公示の原則と牴触しないばかりか，前掲した物権法定主義の欠陥を補うことができるものと論じ，これらの理由と，土地利用者の立場を保護すべきものという観点から，民法施行後も絶滅せずに残存している慣行に基づいて，慣習法上の物権を認めるべきであると主張する[20]。

更に，慣習法上の物権が，自由な所有権を妨げるものではなく，何らかの公示方法を有するか，または，その地方に周知の権利となっている場合には，第175条の適用根拠を失い，もっぱら法例第2条の適用によって，慣習法による物権の成立が認められるものと解する学説（法適用通則第3条適用説）がある[21]。

この最後の考え方は，法適用通則法第3条が，法令に規定されていない慣習にも法的効力を付与していることから，民法第175条は適用されないことを理由として，物権法定主義との牴触は生じないと解するものである。そもそも，法適用通則法第3条は，法令に規定のあるなしにかかわらず，慣習に法的効力を付与するという規定であるから，これを根拠とするのであれば，民法規定とは無関係に慣習法の存在を認めうるのである。したがって，法律に基づいて慣習法を認定するのであれば，法適用通則法第3条に基づく解釈は論理必然的である。しかし，基本的な解釈としては，我妻博士の慣習法説と軌を一にするのではあるまいか。

> ### *point*
> 慣習法の認定は，物権法定主義と牴触しないのだろうか。検討してみよう。

(2) 第175条の効果

第175条の効果は，「創設することができない」である。この意味は，①法律が認めない新しい種類の物権を作ることができないことと，②法律の認めている物権に新しい意味を与えることができないことの両者を含む。前者は，土地所有権の上に，更に包括的な用益物権を認め，所有権を有名無実化するような物権の創設で

---

(20)　我妻23-24頁，我妻＝有泉25-27頁参照。

(21)　舟橋18頁，鈴木・講義436頁，近江・講義Ⅱ9頁。なお，川島武宜「近代法の体系と旧慣による温泉権」法協76巻4号（1960）426頁（436-437頁）（『川島武宜著作集第9巻慣習法上の権利2入会権・温泉権』所収）参照。

あり，後者は，譲渡性のない地上権，優先弁済権のない抵当権の創設などである。

　次に，第175条に違反した場合における法律行為の効果について，問題となる。この場合において，法律に規定のあるときには，当該規定に従えばよい。例えば，永小作権の存続期間は20年以上50年以下であるが，これより長い期間を定めたときでも，その期間は50年とされる（第278条1項）。不動産質権にも似たような規定がある（第360条1項〔10年を超えることができず，超えたときには10年とされる〕）。

　しかし，このような規定のない場合には，強行法規違反となる。民法第91条は，法律行為の当事者が法令中の公の秩序に関しない規定（任意規定）と異なる意思を表示したときには，その意思に従うと規定する。この規定は，公の秩序に関する規定，即ち，強行規定と異なる内容の契約をした場合には契約の効力が認められないという趣旨をも含むものと解されている（通説）。物権の内容は法定されており（前述した「内容の固定化」である。），その変更を許さないものが多いので，これを勝手に変更した場合には，強行規定違反となるのである。

> ### point
>
> 　契約で法定されている物権の内容を変更した場合には，その契約の内容はどのように取り扱われるのだろうか。検討してみよう。

第2項　一物一権主義

　1個の物の上には，1個の物権しか成立しない。これが一物一権主義という考え方であり，物権法の大原則である。

　この原則は，物権の支配性・排他性から導かれる。ただし，若干の例外がある。それは，まず，民法総則の「物」の箇所で説明される「1筆の土地」という概念についてである。既に「独立性」の箇所で説明したように，1筆の土地の一部でも，その譲渡行為は可能であり，部分的に占有し続けることによって，その土地について，部分的な時効取得が可能である。

　次に，従物は主物の処分に従うという規定がある（第87条2項）。例えば，物置は母屋から独立した「建物」であるが，通常，母屋が売却されれば，これと同時に物置も売却される。まるで，物置の所有権は独立しておらず，母屋の所有権の一部であるかのようである。これは，経済的な観点から，母屋を主物とし，物置を従物とするという原則が法定されており，また，社会通念上も同様に解されるからである。物置を独立した主たる建物として登記すれば，主物・従物関係は解消されるが，通常は，附属建物として登記される（不登第44条1項5号）。

　更に，「集合物（個別動産の集合体〔Sachgesamtheit〕，概念上の物〔Sachinbegriff〕）」という1個の物は，観念上の「もの」であり，本来は，有体物主義（第85条）の枠外に存在する。それゆえ，原則として，所有権や担保権は集合物を構成する個々の動産の上に存在するはずである（個別動産の譲渡，質権設定）。しかし，取引界は，そのよ

第1節　物権の意義

うな法制度上の要請から来る個別的な小規模取引の不便さを解消するため，即ち，取引上の便宜を図るという目的から，その集合体について，これを一定の価値を有する1個の物として取り扱い，1棟の倉庫内に存在する商品（在庫商品）の全体の価値を1つの譲渡担保権の目的物とする「集合（流動）動産譲渡担保権設定契約」を考案し，古くから，信用取引上，当然のように行われている。したがって，在庫商品を担保目的とする担保物権としては，物の直接占有の移転を要件とする質権設定（第344条，第345条，第352条）は用いられず，占有改定による占有の移転を要件とする譲渡担保権がこれに代わる便法として利用されているのである[22]。

このように，一物一権主義には重要な例外が存在する。

> ── **point**
> 　一物一権主義という考え方は，どのような意味があり，何のためにあるのか。検討してみよう。

第3項　物権法の主要な法源

1　民法の認める物権

民法は，占有権，所有権，地上権，永小作権，地役権，入会権，留置権，先取特権，質権，抵当権という物権を認める。

分類としては，まず，占有権とそれ以外とで分類される。これは，所有権以下の物権は，所謂「本権」として，占有権とは区別されるからである。占有権は，基本的には本権とともに併存し共存する。例えば，所有者は，原則として，占有権を有しており，地上権者は，所有者から媒介されて，占有権を取得する（他主占有）。ともに，物権的請求権，占有訴権の行使という局面において，その効力を発揮する。ただ，所有者が盗難に遭った場合には，盗人が占有権を取得し，所有者は占有権だけを失う。だからこそ，所有権に基づく物権的請求権が効果を発揮する。

次に，所有権と制限物権が区別され，制限物権は，更に用益物権と担保物権とに分類される。制限物権は，所有権の上に設定され，あるいは発生する物権だからで

---

(22) しかし，近時，フランスにおいては，民法（Code civil）改正の端緒として，2006年に担保法の全面的な改正が行われ，その一貫として，商法典（Code de commerce）において，在庫商品を目的物とする非占有の動産質権が制度化され，注目を集めている。この制度は，商法典第5編商事証券及び担保，第2章担保，第7節在庫商品の質権（Du gage des stocks）に規定されており，「金融機関により，私法人またはその事業活動の範囲内における自然人に対してなされた与信は，これらの者が保持している在庫商品の占有を奪わない質権によって担保することができる」とされ（L. 527-1条1項），「この在庫商品の質権設定は，私署証書によってなされる」（同条2項）というものであり，更に，有効要件として，①在庫商品質であることの表示，②当事者や被担保債権の確定，③現在及び将来の財産，その品質及び価値の記述，④保管場所の指定，⑤担保拘束の期間，⑥損害保証保険会社の表示，などが規定されている（同条3項）。在庫商品担保は，商事契約であるという理由から，この在庫商品に対する非占有質権は商法典に新設されたのである。

17

ある。また，制限物権のうち，用益物権は，その設定契約により，所有者からその自由な使用・収益権の全部または一部を付与され，担保物権は，原則として，債務者が債権者たる担保権者に対して，自己の所有物の上に債権担保（債務の弁済を保全する）という目的を負担する物権である。

2　商法の認める物権

商法上の物権は，いずれも担保物権であり，代理商の留置権（商第31条に規定し，第557条で問屋営業に準用する），商人間の留置権（商第521条），運送取扱人の留置権（商第562条），海運による船長の留置権（商第753条），商人間の質権（商第515条〔民第349条（流質契約の禁止）の不適用〕），船舶債権者の先取特権（商第842条），船舶抵当権（商第848条）がある。

3　特別法の認める主な物権

特別法で認める物権として，鉱業権（鉱業第5条，第12条〔物権とみなす。〕），租鉱権（同法第6条，第71条〔物権とみなす。〕），採石権（採石第4条），漁業権（漁業第6条，第23条〔物権とみなす。〕），入漁権（同法第7条，第43条〔物権とみなす。〕），鉄道財団抵当権（鉄道抵当第2条），工場財団抵当権（工場抵当第14条〔1個の不動産とみなす。〕），鉱業財団抵当権（鉱業抵当第3条〔工場抵当法（工場財団）の準用〕），軌道財団抵当権（軌道抵当第1条〔鉄道抵当法の準用〕），漁業財団抵当権（漁業抵当第1条），証券抵当権（抵当証券第1条），立木抵当権（立木第2条〔所有権保存登記後は不動産とみなし，譲渡可能であり，抵当権の目的となしうる。〕），農業経営資金貸付の先取特権（農業動産第4条），農業用動産の抵当権（同法第12条），自動車抵当権（自動車抵当第4条），道路交通事業財団抵当権（道路交通抵当第3条），航空機抵当権（航空抵当第3条），建設機械抵当権（建機抵当第3条），企業担保権（企業担保第1条以下），観光施設財団抵当権（観光抵当第3条），借地権（借地第1条，借地借家第2条）などがある。

これら特別法上の物権は，その多くが明治期終盤におけるわが国の資本主義経済の発展に伴って必要とされた金融の問題から，担保物権の拡張が図られ，各種財産を抵当権の目的とするという立法（明治38年3月13日の工場抵当法，鉄道抵当法など）を始めとして実現したものである。

用益物権については，建物保護法，借地法，借家法，借地借家法という建物の所有を目的とする土地賃貸借と，建物の賃貸借を保護する法制が整備されたという点が民法の賃貸借制度の拡張として，重要な法制であった。

また，旧来より多数存在していた小作関係は，第2次世界大戦後における自作農創設特別措置法など所謂「農地改革」法制により，小作人の多くが農地の所有権を取得することとなって激減し，更に，その改革が農地法に受け継がれて，今日に至っている。

更に，戦後，全面改正された漁業法によって，漁業権，入漁権，漁業組合員の漁業を営む権利関係などが明確化されたことを始めとして，漁業権の強化が図られ，

第1節　物権の意義

同様に，鉱業法が，租鉱権という他人の鉱区において鉱物を採掘する一種の用益物
権を創設し，採石法も，採石権という他人の所有する土地から岩石を採取する地上
権類似の物権を創設したという点において，用益物権の重要な拡張が図られ，実現
した。

　今後も，このように，担保物権と用益物権の拡張が見られる可能性があるが，こ
れら物権間の調和を考えることが重要な課題となって現れうる。

> ── *point* ─────────────────────
> 　物権の種類について，各種の法律ごとに理解しよう。

第4項　民法の認める物権の類型

1　民法上の物権の種類

(1)　占　有　権

　占有権は，物の占有という事実状態を保護するために，その事実状態に対して権
利としての法的効力が与えられ，これを物権として承認したという権利関係である。
占有権による占有の保護は，社会の平和を維持するという目的を有する。占有訴権
は，この目的に資するものである（第197条以下参照）。

　また，占有者は，善意・平穏・公然性が推定され（第186条1項），更に，占有者
が占有物について行使する権利は，適法に有するものと推定される（第188条）。こ
れらの推定規定により，占有関係の立証は大幅に緩和されている。

(2)　所　有　権

　所有権は，自己の所有物に関して，法令の制限内において，自由に使用，収益及
び処分をする権利であり（第206条），即ち，自己の所有物から生ずる利益のすべて
を享受しうる権利である。この「利益」とは，① 自己所有物の物質的・原始的利用，
② 所有物を他人に利用させ，対価を収受する商業的利用，③ 所有物を担保として
提供し，融資を受ける信用的利用，あるいは，売買によって換金する商品交換的利
用といった各種の自由な利用を意味する。これらの利益を完全に享受しうることか
ら，完全権ともいわれる。

　その反面，所有権，特に土地所有権は，近隣の土地所有権との間に牴触が発生し
うる。そのため，民法は，所有権相互間の平和的な共存を保護するために，種々の
制限規定を置いている（第209条以下参照）。これを相隣関係という。

　また，所有権は，その権利主体である人が存在することを前提とするが，自然界
に存在する動産には，所有者がいない動物その他の自然的埋設物や，所有者がある
ことは確実だが，それが誰だか分からない遺失物・埋蔵物などがあることから，民
法は，特別な法律とともに，これらの所有権の帰属先を定める（第239条−第241
条）。なお，所有者のいない不動産は国庫に帰属する（第239条2項）。

　更に，所有権の客体である物が合体し，あるいは混ざり合って，誰の所有物か分

19

からなくなると，そこに紛争が生ずる可能性があることから，民法は，付合・混和・加工（総称して「添付」。）という規定を設けて，所有権の帰属先を定めている（第242条−第247条）。しかし，付合などによって所有者と認定された者は，契約などの法律関係がないにもかかわらず，他人の所有物を取得することから，不当利得が生ずるので（第703条），「償金」という形で，利益の返還義務が規定されている（第248条）。

更にまた，所有権は，単独で取得し，保持することが原則ではあるが，高価な物の場合には，数人が資金を提供し合って，共同で購入しなければ，これを保持しえない物もあるので，民法は，「共有」という考え方を認めている。個人所有とは異なる所有形態であることから，民法は，起こりうべき法律問題を個別規定として置いている（第249条−第262条）。

なお，共有は，物に関して生ずるとは限らず，権利に関しても生じうるので，共同して権利を行使するという状況も共有に準じて取り扱うこととしている（第264条）。これを準共有という。

(3) 用 益 物 権

用益物権とは，他人の所有物を一定の範囲において使用・収益しうるという物権の総称である。民法は，用益物権として，地上権，永小作権，地役権，入会権を法定している。

まず，地上権とは，他人の土地において工作物または竹木を所有するため，その土地を使用・収益するという権利である（第265条）。しかし，所有権の範囲が法令の制限内において，その土地の上下に及ぶとされている関係上（第207条），土地所有権に基づいて設定される地上権も土地の上下に及ぶものと解されることから，民法上も，権利関係の明確さを期するため，1966(昭和41)年に，地下または空間を目的とする地上権として制度化された（第269条の2）。

次に，永小作権とは，小作料を支払って他人の土地において耕作または牧畜をするという権利である（第270条）。他人の所有地を使用・収益するという意味において，地上権と永小作権は類似する。また，これらの権利の内容・効力は，土地賃貸借契約によっても，十分その代替的な役割を果たすことから，従来，土地賃借権，農地賃借権として発展してきた。更に，賃借権であっても，登記をすることにより，第三者に対する対抗力を取得するが（第605条），賃借権の登記には土地所有者の協力が不可欠であるから（不登第60条），法律は，この点を緩和し，それぞれ，地上建物の登記（借地借家第10条），農地の引渡しにより（農地第16条1項），簡便に対抗力の取得を認めている。

次に，地役権とは，設定行為で定めた目的に従い，他人の土地（承役地）を自己の土地（要役地）の便益に供するという権利である（第280条）。地役権は，他人の土地を全面的に使用・収益する物権ではないが，例えば，他人の土地の一部を通行し

第1節 物権の意義

なければ，公道に通じない土地の所有者にとっては，その通路の存在は死活問題であるから，設定契約による他人の土地の利用権として，物権とされたのである。通行地役権は，所有権の効果としての「袋地所有者の囲続地通行権」（第210条）と類似するが，相隣者間の設定契約による用益物権として，明確化されたものといいうる。なお，地役権は，相隣者間の権利関係を規律する権利として，「第2編 物権，第3章 所有権，第1節 所有権の限界」の規定のうち，強行規定に違反しないものであることが求められている（第280条ただし書）。

最後に，入会権とは，旧来の村や集落単位で土地を共同利用するという権利関係である。入会権には，土地それ自体は村や集落で所有・管理するが，使用・収益権は，その構成員が全員で，あるいは個別に保有しうるものとされる場合があり，この関係を「共有の性質を有する入会権」（村中入会）といい，法律関係としては，各地方の慣習に従うほか，民法の共有規定を適用することとされる（第263条）。他方，村や集落が土地を所有せず，他の村や集落が所有する土地を借りて，その構成員が共同で利用するという入会権もあり，これを「共有の性質を有しない入会権」（他村持地入会）といい，この場合も，法律関係としては，各地方の慣習に従うほか，民法の地役権規定を準用することとされる（第294条）。

(4) 担保物権

担保物権とは，債務者に対する債権の回収を担保・保全するという目的を有し，この目的を達成するために，目的物の上に法律上当然に認められ，あるいは目的物の上に設定される物権の総称である。種類として，留置権，先取特権，質権，抵当権がある。

まず，留置権とは，他人の物を占有する者が，その物に関して生じた債権を有するときには，その債権の弁済を受けるまで，その物を留置することができるという物権である（第295条）。多くは，留置権者が債務者の所有物を保管し，債務の弁済について心理的圧迫を与えるという権利関係である。

次に，先取特権とは，民法その他の法律の規定に従い，その債務者の財産について，他の債権者に先立って自己の債権の弁済を受けるという権利である（第303条）。先取特権は種類が多いので，一義的な定義づけは難しいが，先取特権の目的物として法定されている債務者所有の財産に対して，優先弁済的効力を有する物権である。種類として，一般先取特権と特別の先取特権があり，後者は，動産と不動産とに分類される。

留置権と先取特権は，一定の要件を備えれば法律上当然に付与されるものであるから，法定担保物権といわれる。

次に，質権とは，債権の担保として債務者または第三者から受け取った物を占有し，かつ，その物について他の債権者に先立って自己の債権の弁済を受けるという権利である（第342条）。種類として，動産質権，不動産質権があり，そして債権質

権を始めとする各種の権利質権（各種の物権，無体財産権，株式〔株主権〕，その他譲渡可能な権利を目的とする質権〔第362条〕）がある。

次に，抵当権とは，債務者または第三者が占有を移転しないで債務の担保として提供した不動産について，他の債権者に先立って自己の債権の弁済を受けるという権利である（第369条）。抵当権の被担保債権の種類には制限はないが，その多くは，金融機関が融資の際に担保として不動産の提供を受け，その不動産所有権の上に設定される。設定者は，抵当権の設定後も，不動産の所有者として自由な使用・収益・処分権を有しているが，債務者が債務不履行など信用不安に陥ってから以後は，抵当権者が実行（競売）手続に入るので，所有権は制限を受ける（民執第46条による差押えの効力による）。

質権と抵当権は，設定当事者の契約によって設定されるものであるから，約定担保物権といわれる。

その他，特別法上の担保物権として仮登記担保権があり，慣習法上の担保物権として譲渡担保権がある。更に，譲渡担保権と類似する権利関係として所有権留保があるが，これを純然たる担保権として扱うか否かについては争いがある。ただ，所有権を担保的に利用するという意味において，物権であることには間違いはない。

> ─── **point** ───
> 民法の認める物権・担保物権について，それぞれの意味を理解しよう。

(5) 慣習法上の物権

前述したように，民法は物権法定主義を規定するので（第175条），慣習法上の物権を認めるか否か，また，その解釈上の構成はどのようにすべきかという点において争いがある。しかし，地方の慣習において，法的効力に関して争いが生じた場合には，民法には慣習法に関する規定が少ないので，対応することは難しい。そこで，慣習に法的効力を認める法的根拠としては，法適用通則法第3条によるべきものと解される。

ここでは，慣習上の権利といわれる流水利用権，温泉専用権について考えると，これらの権利は，それぞれ判例法上も排他的な効力を有するものと認められている[23]。それゆえ，判例の認めた慣習法上の物権ということができる[24]。

---

(23) 大判大正6年2月6日民録23輯202頁：他人の所有地より湧出する流水を永年自己の田地に灌漑するという慣行あるときは，これによってその田地所有者に流水使用権を生じ，水源地の所有者と雖も，これを侵すことのできないことは古来本邦の一般に認められた慣習法である。

大判昭和15年9月18日民集19巻1611頁（鷹ノ湯温泉事件）：本件の湯口権は自己所有の土地より湧出した温泉を自ら他の地点に引湯使用するものであり，所謂原泉権自体にほかならないところ，既に地方慣習法により如上の排他的支配権を肯認する以上，この種の権利の性質上民法第177条の規定を類推し，第三者にその権利の変動を明認させるに足るべき

第 1 節　物権の意義

---
point

慣習法上の物権について，その排他性とともに理解しよう。

---

(6)　物権取得権（物権的期待権）

　将来，一定の条件の下に動産や不動産を取得する権利は，「物権的期待（dingliche Anwartschaft）」もしくは「物権的期待権（dingliche Anwartschaftsrecht）」と称され，今日の法律実務では重要な役割を演ずる。物権的期待権に関する問題は，物権を取得するためのいくつかの独特な要件事実を実現する諸事案に関して現れる。

　わが民法上では，不動産の売買予約または再売買予約の完結権（第556条），買戻権（第579条以下），条件付不動産物権（第128条，第129条）などが物権的期待権であり，これらのうち，買戻権は付記登記で対抗力を取得し（不登第96条，不登規第3条，第148条），その他は仮登記で権利の順位を保全し，本登記を経由することによって，対抗力を取得する（不登第105条以下）。それゆえ，物権的期待権は排他性を有する。土地収用を受けた者が，その後，当該土地が公用廃止となったときに被収用地を買い受ける権利も，同様の性質を有する（土地収用第106条）。この買受権は，収用の登記がされたときには，第三者に対して対抗することができる（同法第106条4項）。

　この物権的期待権の理論が発展したドイツにおいては，物権的期待権は，売買代金の完済という停止条件が成就した場合において買主に所有権が移転するものとされる「所有権留保売買」（BGB第449条1項，第929条1文，第158条1項）において典型的に現れる[25]。この場合には，留保売主は，買主による最後の代金支払まで所

特殊の公示方法を講じなければこれを以て第三者に対抗しえないものと解すべきことは敢えて多言を俟たない。

(24)　我妻＝有泉35頁。

(25)　以下のドイツにおける期待権に関する叙述は，Baur = Stürner, Sachenrecht, §3 B Ⅲ Rdn. 44ff., S. 30ff. を参照。このバウアー＝シュテュルナーの物権法は，冒頭の物権法総論部分において，期待権の意義を紹介しており，そこでは，① 所有権留保売買における買主の地位，② 不動産を譲渡した後，登記前における取得者の地位，③ 被担保債権の発生前における抵当権者の地位を掲げて説明している。

　また，同様に，Westermann/ Grusky/ Eickmann, Sachenrecht(begründet von Harry Westermann), 8. Aufl., 2011, §4 Rdn. 10ff. においても，所有権留保が引き合いに出されており，この場合における買主の期待権について，物権に関する諸規定が準用されうるといい，経済的にも確定的な価値を現しており，究極的な権能（所有権）の一歩手前の状態（Vorstufe）の権利であるとして，その物権性を承認している。この期待権の物権性については，従来の判例・多数説の認めるところである。例えば，代表的な判例であるBGH, 24. 6. 1958, BGHZ28, S. 16 は，動産所有権の上の期待権を譲渡することは動産を譲渡することと同一の基準に服するということが判例及び通説によって承認されているので，この意味において，期待権とは，つまり所有権の単なる一歩手前の状況であり，所有権と比べて，「別の物（aliud）ではなく，本質を同じくするより小さきもの（minus）である」と解している。

　なお，物権的期待権については，少し古いが，Rolf Serick, Eigentumsvorbehalt und Sicherungsübertragung Band Ⅰ Der einfache Eigentumsvorbehalt, 1963, §11, S. 241ff. 及び

有者であり続けるが，買主は単なる占有者ではなく，その物の所有権移転を代金完
済という停止条件付で受けようと考えているので，買主は，「期待（Anwartschaft）」
と称される物権的な法的地位を有している。

　この期待権は，経済的な観点からは，買主の支払うべき残代金が僅少のときにお
いて，いっそうの価値を有する。買主が，かなりの割合で割賦弁済金の支払を終え，
ほとんど完全な所有者であるときには，自己の有する期待を他人に譲渡する（通常
は，譲渡担保の利用によるリファイナンス）という法律上の利益を有しており，買主の債
権者が自己の債権の満足を得るためにする期待権の差押えも，有意義なものとなる。
更に，買主が保有している期待権付の物が，第三者の故意または過失という責めに
帰すべき事由によって侵害された場合には，買主には，不法行為に基づく損害賠償
請求権（BGB 第 823 条 1 項，日民第 709 条）が認められなければならない。このように，
期待権を法的に規定する場合に特徴的に発生する実体法上の諸問題として，期待権
の譲渡ないし譲渡担保，期待権の差押え，そして，期待権の侵害に対する保護とい
う問題がある。

> *point*
>
> 　物権的期待権とはどのような権利なのか，なぜ，物権として扱われるべきな
> のかという点について，理解しよう。

2　不動産物権と動産物権

　不動産物権と動産物権は，通常は別々に考察するが，同時に考察した場合には，
以下の諸点において，両者は鮮やかなコントラストを示す。

　まず，公示方法は，不動産は登記（第 177 条）を，動産は引渡し（第 178 条）を予
定しており，それぞれ，物権変動（第 176 条）の対抗要件とされている。

　次に，物権の種類は，不動産についてはすべての物権が成立しうるのに対して，
動産については留置権，先取特権，質権に限定される。ただし，例外的に動産抵当
制度が存在する。

　次に，権利関係の推定機能は，不動産は登記が，動産は占有が，それぞれを果た
している。

　更に，時効取得との関係については，不動産について占有のみを基礎として時効
取得を認めるという制度は，登記という対抗要件制度との関係において，妥当性を
欠くものと解されているが，動産については，占有を基礎として時効取得を認める
ことは妥当と解されている[26]。

　Ludwig Raiser, Dingliche Anwartschaften, 1961. が詳しい。ゼーリック教授は，期待権は物
　権と債権の中間に位置する権利であるとして，物権的効力の承認について消極的であるが，
　ライザー教授は積極的である。しかし，近時の判例や文献からは，ドイツにおいては，期待
　権を物権（少なくとも物的権利）と称して差し支えないという結論を見いだすことができる。

24

第1節　物権の意義

　更にまた，公信力は，わが国の登記制度が公権力による実体的審査主義を採用せ
ず，形式的書面審査主義を採用しているという性格上，不動産の登記には認められ
ないが，動産の占有については，即時取得制度（第192条）がこれを認める。

---
point

　不動産物権と動産物権について，特に，物権変動，公信力，取得時効との関
係において，両者を対比しつつ，その内容の違いについて理解しよう。

---

(26)　我妻＝有泉37頁，113-114頁。

第1章 物権法総論

第2節　物権の効力

第1款　物権の効力とは何か

　物権の本質は，「一定の物を直接に支配して利益を受ける排他的な権利」という点にある。例えば，所有者は，自分の所有物を自由に使用し，収益を上げ，そして，処分することができる（第206条）。ここで，所有権を「自由に」行使しうるという意味において，物権の本質は「排他性」にあるということができる。

　地上権や抵当権といった制限物権についても同様であり，所有権でいうところの「排他性」が部分的にではあるが存在する。即ち，地上権者は他人の所有する土地の上に自由に建物その他の工作物を建築することができ，樹木を植栽することができる（第265条）。また，抵当権者は，抵当債務者が弁済しないことなどを停止条件として，自由に（任意に），抵当不動産を裁判所の競売手続や約定の任意売却によって換価し，その売却代金から優先的に弁済を受けることができる（第369条）。つまり，一定の条件下において，地上権者は使用権・収益権を自由に行使することができ，抵当権者は処分権を自由に行使することができるのである。

　この物権の排他性という本質的な性質から，物権の優先的効力と物権的請求権という2つの効力が認められる。

　しかし，これら以外に追及効（追及力・追及権）を物権の性質として認めるべきであると主張する学説もある[27]。

　追及効とは，目的物が権利者の手から離れて転々と譲渡され，何人の手に渡ったとしても，その物に追随して，物権を主張しうるという効力である。例えば，AがBに所有物を盗まれ，これをCが譲り受けた場合でも，Aは所有権に基づいて，Cに対し，その物の返還を請求することができるという趣旨である（ただし，盗品の即時取得に関する第193条及び第194条の問題は残る）。また，AがBに預けておいた物をBの債権者CがBの所有物として差し押さえたという場合に，Aが第三者異議の訴えによって競売手続の不許を求めることができる（民執第38条）というのも同様の趣旨である。

　この物権の効力については間違いないが，これらの場合における追及効は，前者（盗品の返還請求）は物権的請求権に，後者（預託品の差押えに対する異議）は優先的効力に，それぞれ包含されるので，特に別途の効力として位置づける意義に乏しい[28]。

　しかし，物権的請求権と優先的効力以外に追及効を観念すべきものと解する学説は，担保物権の追及効を問題として掲げる[29]。

---

(27)　近江・講義Ⅱ 20，36頁。
(28)　我妻 17頁，我妻＝有泉 19頁，末川 31頁。

第2節　物権の効力

　確かに，抵当権が設定され，その登記を経由した後に，目的物である抵当不動産が転々譲渡されたとしても，抵当権付きの不動産の譲渡であり，結局，抵当債務者の履行遅滞など，停止条件が成就すれば，実行手続はいつでも自由に行うことができるので，抵当権には追及効がある。しかし，抵当権の追及効は，登記制度の創設により，抵当権が登記によって公示されているからこそ，この公示によって換価権が保障されており，優先弁済権を確保しうるのである。それゆえ，この追及効をめぐる問題点は，制度としては後発的な対抗要件具備の効果と優先的効力との抵触問題に過ぎない。また，そもそも，物権の排他性でさえ，近代法における公示の原則との関係においては制限を受けるのであり，必然的に優先的効力も制限を受けるのである。

　次に，動産先取特権は，目的物が売却され，第三取得者に引き渡されると追及効を失う（第333条）。これは，物権でも追及効を失うことがあるという一例である。しかし，この場合でも，動産先取特権者には物上代位権が与えられており（第304条），事実上，追及効は確保されている。また，この物上代位の効力は，優先弁済効を伴う担保物権の性質から必然的に導かれる効果の問題であり，「物権の効力」一般の問題ではない。

　したがって，基本的に，物権一般の追及力は優先的効力や物権的請求権に帰着するという理論構成で差し支えないものと思われる。

---
point

　物権の効力には，どのような意味があるのだろうか。検討してみよう。

第2款　優先的効力

第1項　物権相互間の優先的効力

　物権には，一物一権主義があるから，原則として，1個の物の上に内容を同じくする物権が成立することはない。それゆえ，内容において衝突する物権相互間においては，物権成立時の順序に従い，先に成立した物権が他方に優先する。例えば，ある人の完全な所有権が存在する物の上には，他人の所有権は成立しえない。それゆえ，占有者において，取得時効（第162条以下）や即時取得（第192条）が成立し，占有者が所有権を取得した場合には，その効果として，原所有権は消滅する。

---

(29)　近江・講義II 36-37頁，同・「担保物権の追及効と物上代位」『解説 関連でみる民法I』（日本評論社，2007年）213頁以下所収。近江教授は，物権の優先的効力は「物権は債権に優先し，物権相互の優先は成立の先後による」ものであるが，担保物権の追及効は優先的効力とは無縁の「対抗要件主義」に基づいており，対抗要件の具備によって優先的効力の原則を覆すので，追及効は優先的効力とは関係がないという。しかし，対抗要件主義は登記制度の創出によって成立した考え方であり，物権の本来的な性質から導かれる効力とは関係ないので，追及効を独立した物権一般の効力と解する必然性はないものと思われる。

また，抵当権は成立した時の順序に従って順位が付せられるべきところ，その順位は登記の順位によると規定されているので（第373条），抵当権設定登記の順位に従って優先弁済の順序が決まる（不登第4条1項も参照）。また，抵当権設定登記後に設定された地上権などの物権や賃借権は，対抗要件を備えても，抵当権者等（抵当権者及び競売における買受人）に対抗しえないので，抵当権の実行による競売手続の終結により，原則として，すべて消滅する（これを「消除主義」という。民執第59条参照）。反対に，抵当権設定登記よりも前に設定登記のされた地上権等は，抵当権に対抗しうるので（第177条），抵当権実行後も存続する。それゆえ，この場合には，競売における買受人は，地上権等の負担付きで不動産を買い受けることになる。もちろん，負担のついた分，売却基準価額（買受け代金額）は下がる。

以上の効力は，すべて物権の排他性の直接的な効果である。それゆえ，物権でも，公示のない物権については優先的効力も認められない。例えば，不動産がAからBへと売買され，所有権移転登記を経由する前に，Aが同一不動産を重ねてCへ売買した場合において，Cも登記を経由しなければ，BとCは互いに対抗しえないが，Cが先に登記を経由すれば，CはBに対抗しうるので（第177条），優先的効力が認められる。つまり，所有権といえども，公示方法を備えた者に限り，優先的効力が認められるのである。これは抵当権の設定についても同様である。Aの所有する不動産に順位1番の抵当権（1番抵当権）の設定を受けた抵当権者Bでも，同人が登記なくして対抗しうるのは，原則として，その抵当権設定者たるAのみである。したがって，順位2番の抵当権者Cが先に登記を経由すれば，同人は順位1番の抵当権者として処遇される（第373条）。

次に，法律が特別な理由から物権相互間の順位を決めている場合には，成立の順位は関係なくなる。先取特権について，特別に公益的な理由から先取特権の種類に応じて優先順位が定められているのが適例である（第329条－第332条，第334条，第339条）。

このように，本権たる物権には順位がつくのだが，占有権には順位はつかない。占有権は，事実上の支配状態を保護するに過ぎないからである。

> ― *point* ―――――――――――――――――――――――――――――
> 物権相互間の優先的効力について，具体的に検討してみよう。

第2項　債権に優先する効力
1　物権優先の原則

次に，特定の物が債権の目的となっている場合でも，その物に物権が成立したときには，物権が債権に優先する。例えば，Aがその所有するブドウ畑のブドウを木についたままでBに売却したときには，BはAに対して相対的に引渡債権を取得す

るに過ぎず，AがCに同じブドウ畑のブドウを採取して売却したときには，Cがその所有権を取得するので（第176条，第401条2項），Cの所有権取得がBの債権に優先する。この場合には，AのBに対する契約上の責任が生ずるのはもちろんであるが，それは当事者間の問題に過ぎない。また，この状況においてBがCに優先するためには，Bが売買契約を締結し，目的物として特定した後に（第401条2項），ブドウ畑にBの所有権取得を公示するための明認方法（立て看板の設置など）を施すしかない。

　この物権の優先的効力は，物権の物に対する直接の支配関係から導かれる。債権は，債務者の行為を通じて間接的に物の上に支配力を及ぼすに過ぎないので，物権に劣後するのである。したがって，Bがブドウの取得に関する債権のみならず，所有権も取得したときには，BとCは，前段における物権取得者相互間の排他的な関係（対抗関係）となるので，対抗要件（Cは第178条の引渡し，Bは慣習法上の明認方法。）を具備しなければ，互いに対抗しえない関係となる。

> ─── *point* ─────────────────
> 物権の債権に対する原則的優先効について理解しよう。

2　債権優先の例外

　これらとは反対に，債権が物権に優先する例外も意外と多い。

　不動産の売買予約などに基づいて，将来の不動産物権変動に関する請求権を保全するために仮登記を備えれば（不登第105条2号），仮登記を本登記にする際に仮登記の順位が本登記の順位になるので（仮登記の「順位保全効」という。同法第106条），仮登記に遅れた物権変動は，すべて仮登記された権利を本登記にした際に，これに対抗しえなくなる。登記手続を通じての優先的効力である。

　同様のことは不動産賃借権についてもいえる。前述したように，不動産賃借権も登記することができ，この登記を経由すれば，その後，当該不動産について物権を取得した者に対抗することができる（第605条）。また，地上建物の登記によっても，土地賃借権を対抗することができる（借地借家第10条）。この「賃借権の物権化現象」による優先的効力によって，債権である不動産賃借権は物権に近い地位を確保しつつある。

> ─── *point* ─────────────────
> 債権が物権に優先する例外的な場合について，理解しよう。

3　債務者の破産または強制執行手続

　債務者が手形の不渡りを出して銀行取引が停止されるなど，信用危殆に陥り，債務者が所有する特定の財産が強制執行に付せられ，あるいは債務者の総財産について民事再生手続，破産手続が開始された場合には，手続上，担保物権を有する債権

者がその他の一般債権者に優先する。

　まず，特定の財産が債権者によって強制執行に付せられ，競売手続が開始された場合には，配当手続（配当表の作成）において，担保物権者が一般債権者に優先する（民執第85条など参照）。

　また，債務者の所有財産として強制執行手続が開始された財産の真の所有者は，第三者異議の訴えによって，その強制競売などの不許を求めることができる（民執第38条）。

　更に，債務者の財産について破産手続が開始された場合でも，担保物権者は，別除権者として，破産手続によらずに優先弁済を受けることができる（破産第65条）。同様に，破産手続において，債務者の総財産の中に自分の所有物があるときには，その所有者は，破産財団から取り戻すことができる（これを「取戻権」という。破産第62条以下）。どうして破産財団の中に他人の所有物が存在するのか，不思議に思うかも知れないが，売主が所有権を留保して売買したときには，そのような状況が発生し，特に，建設機械など，高価な機械，道具類には，第三者の物権関係が付着している可能性が高い。穿った見方をすれば，盗難品の可能性さえある。それゆえ，実務では，このような機械を中古で買い受ける際には，買主には，所有権など他人の権利に関する調査ないし問い合わせ義務が課されている[30]。

　話を元に戻すが，強制執行や破産手続などにおいても，担保物権は債権を凌駕しており，物権の排他性が活かされている。しかし，この物権の排他性も，民事再生や会社更生といった「企業再生手続」においては，担保権の執行制限や（民再第31条，会更第24条以下），場合によっては，担保権の消滅請求（民再第148条以下，会更第104条以下）といった憂き目に遭うこともある。担保権といえども，企業再生といった局面においては，万能ではないのである。

---

(30)　東京高判平成8年12月11日判タ955号174頁：高価な建設機械については，そのほとんどが所有権留保特約付きで取引されており，また，機械を転売する際にはメーカーの発行する譲渡証明書（〔一般社法〕日本建設機械工業会の統一譲渡証明書。再発行禁止〔筆者註〕。）を付けて取引される慣行となっていることを十分に認識していたものと推認されるという理由から，買主Yが売主Aに譲渡証明書の交付を要求せず，中間業者がどこのメーカーの代理店であるかも確認せず，延いては売主Aと会ったこともないなど，売主の確認さえしていないという場合には，買主Yには過失があるとして，留保売主Xの返還請求を認めた。
　大阪地判平成21年7月16日判タ1323号199頁：盗難品である中古建設機械（パワーショベル）の売買をめぐり，中古機械のブローカーを営む専門業者たる買主Xが，機械を直接見分けせずに売主Aからの電子メールの写真によって状態確認をしただけで，かつ，売主Aに対し譲渡証明書の有無，購入の経緯及び契約書の有無を確認するのを怠り，メーカーに対し盗難情報の有無を確認すべき義務を怠り，機械は古いのにネームが新しいなど，不審な点のある当該機械を購入している場合には，売主Aが無権利者でないと信じたことにつき買主Xには過失があり，同人による即時取得は成立していないから，買主Xは，警察から建設機械を返還された所有者Yに対して，その引渡しを請求しえない。

第2節　物権の効力

― **point** ―

　物権の債権に対する優先的効力，例外的に，債権の物権に対する優先的効力，更に，民事再生，会社更生，破産手続などにおける担保物権の取扱いなど，各種の場合に応じた優先的効力について，理解しよう。

第3款　物権的請求権

第1項　物権的請求権の意義

1　物権的請求権とは何か

　物権的請求権は，物権の，物に対する支配を確保するため，妨害者に対し，妨害の排除を請求することを内容とする物権の権能である[31]。即ち，物権の内容を完全に実現することが何らかの事情によって妨げられている場合には，物権者は，その妨害を生ぜしめる地位にある者に対して，その妨害を除去し，その物権の内容の完全な実現を可能ならしめる行為を請求することができる[32]。また，物権に対する妨害については，妨害前にそのおそれのある状態が見られる場合が多いので，物権的請求権の定義づけとしては，物権の円満な物支配の状態が妨害され，またはそのおそれのある場合には，その相手方に対して，あるべき物支配の状態の回復，またはその妨害の予防措置を求める請求権ということになる[33]。

　物権的請求権は，原則として，所有権を始めとする物権一般に認められ，①物権の「性質」からの論理的帰結として，また，②占有訴権に関する規定からの類推によって，解釈上これを認めることに異論を見ない[34]。

　その物権妨害の状態は，物権的請求権による保護が妥当視されるような客観的に違法なものでなければならないが，請求の相手方（妨害者）の故意・過失の存在は問わない。

2　民法上の構成

　物権的請求権は，ローマ法の時代から存在する訴権であるところ[35]，ローマ法を大筋において継受したフランス民法には規定されなかった[36]。しかし，フラン

---

(31)　川島武宜『所有権法の理論』（岩波書店，1949）123頁，同『新版所有権法の理論』（岩波書店，1987）112頁。以下においては，同書は原則として『新版』を引用する。

(32)　我妻＝有泉21頁。

(33)　舟橋諄一・徳本鎮編『新版注釈民法(6)物権(1)』〔好美清光〕（有斐閣，2009）113頁。

(34)　川島・新版理論112頁。

(35)　ローマ法においては，占有訴権とは別に所有物返還請求権（返還訴権 rei vindicatio）及び所有権に基づく妨害排除請求権（否認訴権 actio negatoria）があり，所有権の保護に利用された。

(36)　フランス民法典には物権的請求権に関する規定は存在しないが，学説においては，ローマ法由来の返還訴権と否認訴権が認められている。しかし，後者は，妨害者が地役権等の権利を主張（僭称）する場合における所有権侵害に限って認められるという考え方が強いため，

31

第1章　物権法総論

ス民法に倣ったボアソナード博士起草に係る旧民法は，物権的請求権に関して明文
規定を置いた（旧民法財産編第1部物権第36条〔所有権に基づく本権訴権〕，第67条〔用益者
による収益権の占有及び本権の物上訴権〕，第136条〔第67条の賃借人への準用〕）。しかしな
がら，現行民法典の起草に当たって，起草者たる梅謙次郎博士は，物権に物権的請
求権を付与すべきは自明のことであると解し，これを物権ごとに掲げるのは煩わし
いことであるとして，現行民法典においては物権的請求権に関する一般規定を省略
することとした[37]。それゆえ，わが民法には物権的請求権に関する一般的な規定
は置かれていないのである[38]。

　しかし，占有権に関しては，物権的請求権のそれぞれに類似し，対応する占有保
持の訴え（第198条。妨害排除請求権に対応。），占有保全の訴え（第199条。妨害予防請求
権に対応。），占有回収の訴え（第200条。返還請求権に対応。），という占有訴権（占有保

　　単純な妨害排除請求については，占有訴権（占有訴訟）が用いられている。この点について
　は，石田穣39頁，大塚直「生活妨害の差止に関する基礎的考察(5)」法協104巻2号（1987）
　315頁（364頁以下）を参照。
(37)　改正原案第209条の冒頭説明において，起草者である梅謙次郎博士は，本権の訴えは所
　有権に限るものではなく，すべての権利について存するものなので，もし，そういうことを
　書くならば，各権利の訴えについても本権の訴えを起こすことができるというように書か
　なければならないが，そういうことは実に煩わしいからして，省くことにしたと述べている。
　この点については，『法典調査会民法議事速記録一』744頁を参照。
(38)　次に示すように，ドイツ民法には，物権的請求権に関する明文規定がある。
　　BGB第985条（返還請求権）
　　所有者は，占有者に対して，物の返還を請求することができる。
　　BGB第1004条（妨害排除請求権，妨害停止〔Unterlassung〕請求権）
　　第1項第1文　所有権が，占有の侵奪（Entziehung）もしくは不適法留置（Vorenthaltung）
　以外の方法で侵害されたときには，所有者は，妨害者（Störer）に対して，侵害の排除を請
　求することができる。
　　同項第2文　反復して侵害されるおそれのあるときには，停止の訴えを提起することがで
　きる。
　　第2項　この請求は，所有者が受忍義務を負う場合には，することができない。
　　BGB第1005条（追及権〔Verfolgungsrecht〕）
　　物の所有者以外の者が占有する土地の上に物があるときには，その所有者は，土地の占有
　者に対して，第867条に規定された請求権（占有者の追及権）を有する。
　　また，スイス民法（ZGB）第641条（所有権の内容：通則）の第2項は，「物の所有者は，
　自己に引渡しをしないすべての者に対してその返還を請求し，すべての不当な作用に対して
　これを防ぐ権利を有する」と規定する。スイス民法においては，この第641条2項が物権的
　請求権を法定しており，所有権に基づく返還請求権，ならびに，所有権に基づく妨害排除・
　予防請求権を包括的に規定しているのである。
　　このように，ドイツ・スイスの民法典においては，物権的請求権の一般規定が存在するの
　である。なお，ドイツにおける物権的請求権に関する近時の著作として，堀田親臣「物権的
　請求権と費用負担の問題に関する一考察」広島法学22巻4号207頁，23巻1号（1999）141
　頁，同「物権的請求権の再検討」私法65号（2003）195頁，同「物権的請求権の相手方(1)
　(2・完)」広島法学31巻4号（2008）55頁，34巻4号（2011）37頁，川角由和「物権的請
　求権の独自性・序説」『市民法学の歴史的・思想的展開』（信山社，2006）397頁などがある。

32

第2節　物権の効力

護請求権）が法定されている。

　また，後述する「相隣関係」の個別規定においても，所有権の実現にとって必要な範囲において，相隣関係において許容されえない隣地侵害として，個々別々に物権的請求権類似の内容が法定されている（第216条〔水流工作物の修繕等〕，第218条〔注水工作物の設置禁止〕，第233条〔枝の切除・根の切り取り〕，第234条，第235条〔境界線付近の建築制限〕，第236条〔前2条と異なる慣習〕など）[39]。

　更に，物や権利の占有によってその存在価値ないし理由が認められる物権である留置権と質権については，その性質上，物権的請求権を否定し，占有訴権による保護に委ねている（占有の喪失によって留置権は消滅するが〔第302条〕，占有回収の訴えによって占有を回復すれば〔第200条，第203条〕，留置権は復活するものとされ〔第302条の反対解釈〕，また，質権者が質権を奪取された場合には，占有回収の訴えによってのみ占有を回復しうるものと規定され〔第353条〕，これによって質権も回復する）。

　このように，わが民法には物権的請求権に関する一般規定が設けられてはいないものの，個別規定の中には，物権的請求権が直接・間接に存在しており，また，物権の性質によっては，物権的請求権を活用するよりも権利の回復に効果的と解される占有訴権が有効に活用されている。

　しかし，民法の中に物権的請求権の一般規定が存在しないので，古い判例の中には，被害者が侵害者に対して不法行為の要件事実を立証し，この事実に基づいて物権的請求権を主張したという事案において，不法行為の効力は金銭賠償であるとして，物権的請求権の主張を排斥したものもあった[40]。しかしながら，前述した起草者の見解を顧慮し，また，第202条において規定された占有訴権と本権に基づく物権的請求権との関係における物権的請求権の存在を顧慮すれば，この判例の誤謬は一目瞭然であった。そのため，その後の学説は，この判例法理をただすため，物権の絶対性，排他性，制度・理論の沿革，ドイツなどの立法例を根拠として，物権的請求権の存在を強調せざるを得なくなった[41]。

---

(39)　好美・前掲書（『新版注釈民法(6)』）114頁，204頁参照。第234条から第236条の境界線付近の建築制限及び第237条の井戸・用水溜の設置制限などは，それ自体としては隣地所有権の侵害とはいえず，理論上当然には物権的請求権を生ずるとはいえない場面ではあるが，民法は，相隣関係における相互顧慮義務から，一定の要件の下に，相手方の所有権の自由な行使を制限するものであるから，相隣関係上の権利の侵害に対しては，その是正請求権を生ずるものと解してよい。この指摘については，好美・前掲書（本註）204頁を参照。なお，このほか，相隣関係法上の規定における物権的請求権規定の存在を指摘するものとして，河上正二『物権法講義』（日本評論社，2012）23頁がある。

(40)　大判明治37年12月19日民録10輯1641頁：鉱業業者が境界線を越えて坑路を侵掘したとして，土地所有者がその妨害排除を請求したのに対して，大審院は，不法行為による単純な損害賠償の請求である以上は，その賠償方法は必ず金銭の賠償によるべきものであり，その他本件のような金銭以外の給付によって賠償方法とすることを許さないのは，民法第722条，第417条の規定する所であるとして，これを認めなかった。

(41)　その試みの端緒として，鳩山秀夫「工業會社の營業行為に基く損害賠償請求權と不作為

第1章　物権法総論

その結果，実務上の理解が進み，判例においても，物権的請求権が物権の効力ない
し一作用であることを認め，少なくとも，物権的請求権の存在及び効力だけは認
めるようになった[42]。判例の基本的な考え方は，物権的請求権は物権の一作用に
過ぎず，独立した権利ではないという点に特徴があるので，講学上，「物権効力説」
として位置づけられる[43]。

3　物権的請求権の性質論

(1)　性質論に関する学説

学説は，古くから，一般に物権的妨害排除請求権，物権的妨害予防請求権，物権
的返還請求権を認めてきた。ただ，その性質については，学説ごとに理論構成を異
にする。

まず，前掲した判例法理と同様，物権的請求権を物権の一作用に過ぎないものと
解する学説（物権効力説）がある[44]。

次に，純粋に債権と解する説（債権説）[45]，及び債権に準ずる特殊な請求権であ

の請求権」『民法研究第四巻債権各論』（岩波書店，1930）308頁，同「所有権より生ずる物
上請求権」『民法研究第二巻物権』（岩波書店，1930）117頁がある。鳩山博士は，前者の論
文においては，「他人の権利を害しないように汝の権利を行使せよ」というイギリスの法格
言やドイツ民法の諸規定を掲げつつ，また，後者の論文においては，ローマ法，普通法，ド
イツ法などを通じて，物権的請求権が広く認められてきた旨を紹介している。なお，この時
代の状況について，詳細は，好美・前掲書（『新版注釈民法(6)』）114-115頁を参照。

(42)　大判大正4年12月2日民録21輯1965頁：所有権が侵害されたときには，不法行為に
関する原則に従い，損害の賠償を請求しうべきこともちろんであるが，その侵害された所有
権がなお依然として存在するときには，これに基づき所有物の取戻し，妨害排除その他一般
に所有権侵害の除却をも請求することができる。

　大判大正5年6月23日民録22輯1161頁：所有権に基づく所有物の返還請求権はその所
有権の一作用であり，これより発生する独立の権利ではないから，所有権自体と同じく消滅
時効によって消滅することなしと言わざるを得ない。

　大判大正6年3月23日民録23輯560頁：所有権に基づく物の返還請求権は，所有権の一
作用としてその内容を成す権利であり，所有権と離れて存在する独立の権利ではない。従っ
て斯かる権利は所有権に対する侵害の所在に追随して存在すべきものであるから，当初他人
の所有権を侵して物の占有をなしたものと雖も，既にその物の占有を他人に移転した場合に
おいては，その者に対し右請求権を行使する理由はない。

　大判昭和3年11月8日民集7巻970頁：物権的請求権は，事実上の状態が所有権その他
の物権の本来の内容に適しないためこれをその内容に適せしめることを目的とするものであ
り，物権の効力として発生し，物権の移転があるときにはこれに随伴して移転するものであ
るから，物権を有する者でなければ物権的請求権を有しないと同時に，その者が物権を他人
に譲渡するときには，これとともにその請求権を失うものである。

(43)　この位置づけ及び名称については，好美・前掲書（『新版注釈民法(6)』）117頁による。

(44)　前掲判例（大判大正5年6月23日など），中島玉吉『民法釈義巻之二物権篇上』（金刺
芳流堂，訂正九版，1920）15-17頁，三瀦信三『物権法提要第一冊』（有斐閣書房，1917）
14-17頁，石田穣56頁など参照。

(45)　川名兼四郎『物権法要論』（金刺芳流堂，1915）64頁，鳩山・前掲書（『民法研究第四
巻』）329頁。この説は，物権的請求権は絶対権である所有権の侵害に対する不作為請求権で
あり，これは債権と同一であると解するものである。なお，この鳩山博士の見解は旧説であ

34

ると解する説（準債権説）[46]がある。

　次に，物権的請求権とは，物権から独立した請求権ではあるが，純粋の債権ではなく，むしろ，物権と運命をともにし（物権との付従性），物権の存在する限り，不断にこれから派生する特色が強く現れる請求権であると解する説（物権的独立請求権説）がある[47]。

　更に，物権的請求権とは，物権を特定の人に対して主張する具体的な場面である訴訟という側面において捉えた概念であると解し，物権の機能的な効力であると解する説（物権機能説）がある[48]。

　これらの学説を通観すると，債権説・準債権説は，程度に差こそあれ，物権から発生する請求権を債権ないしこれに準ずる権利と解するという関係上，例えば，所有権から独立して所有権に基づく物権的請求権が時効消滅することも認めざるを得ないので（第167条参照）[49]，一般的には，この考え方には無理がある。

　また，物権効力説は，物権的請求権の独立性・債権性を否定するので，この考え方は物権という側面を強調しすぎている。それゆえ，性質の意味論としては，物権と付従的に併存するという物権的独立請求権説が妥当性を有する。

　しかし，これら物権的請求権の性質論は，その効力として，物権の保護を考える際の基準となるのであれば意味があるが，単に物権，債権，請求権という既成概念を用いて，抽象的に性質づけを行うに過ぎないのであれば，何ら意味のない議論である。この点は，畢竟，個別・具体的な問題において，この性質論がどのように適用されて物権が保護されるのかというプロセスを検討するという方向への契機とならなければならない[50]。

(2) 性質論からの派生問題

(ア) 債権規定の準用の可否

債権説・準債権説はもちろん，物権的独立請求権説でも，債権に準ずる効力を認めるので，履行遅滞以下の債務不履行に関する諸規定（第412条以下），債務の弁

　り，後に改説している。

(46) 鳩山秀夫「所有物返還請求権の消滅時効」前掲書（『民法研究第二巻』）180頁（181頁）。鳩山博士は，所有物返還請求権は所有権そのものの内容または作用ではなく，所有権から生ずる固有の請求権であると解するが，旧来採ってきた債権説は採らず，債権に準ずる特殊の請求権であるとして，改説した。

(47) 我妻21頁，我妻＝有泉23頁，末川35頁，舟橋40頁，近江・講義Ⅱ26頁など多数説である。

(48) 川島・新版理論115頁。

(49) しかし，後述するように，鳩山・前掲書（『民法研究第二巻』）183-184頁は，準債権説の立場から，物権的請求権だけが単独で時効消滅することに対しては，反対の立場を取っている。

(50) 物権的請求権の性質論を考える場合には，この問題をこのように効力面から捉えるべきであるという考え方が一般的である。例えば，末川36頁，舟橋40頁，好美・前掲書（『新版注釈民法(6)』）117-118頁などを参照。

35

済に関する諸規定（第474条以下），など，債権の効力に関する規定が準用される[51]。しかし，物権効力説は物権の一作用と解するので，債権規定の準用については無理がある。

　(イ)　請求権の譲渡

　物権的請求権は，常に物権と運命を共にし，その移転・消滅は，物権の移転・消滅に伴うものと解されるので[52]，所有物返還請求権の譲渡は所有権の移転によって行われるのであり，債権譲渡によるのではない[53]。これは請求権それ自体の移転ではなく，物権の移転に伴う請求権の移転であり，物権的請求権は，その時々における物権者の下で発生する請求権だからであり，物権と切り離して，債権譲渡によって請求権のみを移転するということは，本来的にありえない話だからである[54]。

　なぜなら，例えば，所有権に内在する物権的請求権だけを取り出して他人に包括的に譲渡することが可能であるとすると，所有権は何ら無防備な「裸の所有権」になってしまい，他方，物権的請求権を譲り受けた者も，所有権の実質的な権限を何ら伴わず，返還請求権の譲渡だけを受けたとしても，意味がないからである[55]。

　確かに，既に発生している物権的請求権をその物権者の債権者が行使しようという場合には，既発生の物権的請求権を物権から切り離して譲渡するという局面が現れうる。しかし，この場合には，特定物引渡請求権を保全するための債権者代位権の転用や（第423条），引渡請求権の差押えによる強制執行（民執第170条）によれば済む問題であるから，敢えて，債権譲渡による移転を考える必要性に乏しいものといえよう[56]。

　(ウ)　時効消滅の有無

　次に，物権的請求権は物権から独立して時効消滅するかという問題がある。前掲した学説のうち，債権説・準債権説であれば，債権の消滅時効として，物権から独立して時効消滅するであろう（第167条）。しかし，旧来の判例は，物権的請求権は所有権の一作用であり，独立した権利ではないという理由から，所有権自体と同じく消滅時効によって消滅しないものと判示している[57]。

　また，学説の多くも，判例法理を支持する。例えば，準債権説を主張する鳩山博士は，所有物返還請求権が時効消滅しても，所有権自体は残るのであり，その結果，

---

(51)　舟橋40頁。
(52)　川島武宜「物権的請求権」『法律学事典第四巻』（岩波書店，1930）2343頁。末川36頁。
(53)　舟橋40頁，好美・前掲書（『新版注釈民法(6)』）118頁。ただし，末弘54頁，川島・前掲書（『法律学事典』）2344頁は，債権譲渡による移転を説く。
(54)　前掲大判昭和3年11月8日，好美・前掲書（『新版注釈民法(6)』）118頁。
(55)　好美・前掲書（『新版注釈民法(6)』）118頁は，ドイツにおける議論をふまえつつ，このように説明する。
(56)　好美・前掲書（『新版注釈民法(6)』）118頁。
(57)　前掲大判大正5年6月23日，大判大正11年8月21日民集1巻493頁など。

この所有権は，物の返還を請求しえない所有権となり，占有者は無権利となっても，物の返還をしなくて済むといった変則的な状態を生じてしまい，時効制度の本旨である法律関係の安定を期しえなくなるとして，消滅説に反対している[58]。また，我妻博士も，所有権が時効消滅せず，かつ所有権は目的物の円満な支配を内容とするものである以上，この所有権の円満な状態を回復する作用を有する物権的請求権は，所有権の存在する限り，不断にそれから流出するものとして，時効にかからないと解することが穏当であると述べている[59]。

しかし，これに反対する有力説がある。即ち，川島博士は，時効制度をもっぱら裁判上の保護の請求に時間的制限をおくものであると解し，物権の裁判上の主張である物権的請求権もまた時効にかかると解することは何の妨げもなく，むしろ自然であり，所有権永久性の法理を貫徹する理由があるか否かは，論理の問題ではなく，政策問題に過ぎないと主張する[60]。

この川島博士の見解は，自身の法定証拠説を前提とし，また，ドイツでは，請求権概念が広く解されており，すべて時効消滅するものとされ（BGB 第194条），所有権その他の物権に基づく返還請求権は30年で時効消滅するものと規定され（BGB 第197条1項1号），また，親族・相続法上の請求権も30年で時効消滅するものと規定されている（同条同項2号）という立法例も顧慮した上での考察である。

しかし，ドイツにおいても，所有物返還請求権を土地登記簿に登記すれば，この返還請求権は時効消滅しない（BGB 第902条）。また，時効期間の起算点は，請求権の発生時である（BGB 第200条1文）。即ち，第一に，占有権原を有する請求相手方との関係においては，その占有権原の消滅時が起算点であり，第二に，その時々における返還義務ある保管者（BGB 第695条1文），もしくは，借主（BGB 第604条1項，3項），または，委任なき権限ある事務管理者などとの関係においては，最初から与えられている「潜在的な所有物返還請求権（latentes Vindikationsanspruch）」が顧慮されるのではなく，返還請求（Herausgabeverlangen）によって実現された所有物返還請求権が顧慮されるべきであると解されている[61]。

それゆえ，ドイツにおいて考えられている物権的請求権の時効消滅は，単なる時

---

(58)　鳩山・前掲書（『民法研究第二巻』）183-184 頁。

(59)　我妻栄『新訂民法總則』（岩波書店，1974）495 頁。

(60)　川島・新版理論 123 頁。また，舟橋 41 頁は，この川島博士の法定証拠説を支持しつつ，消滅時効制度の本旨が，期間の経過による権利消滅の証拠不明瞭という理由から，その証拠の提出に代えるという点にあるとすれば，物権に基づく請求権だけが時効消滅しないとする理由に乏しく，わが国においても，物権的請求権と同質の相続回復請求権は消滅時効が認められている（第884条）という理由から，川島説を支持している。ただし，舟橋博士は，所有権に基づく物権的請求権だけは所有権が残るという不都合を回避すべきであるとして，所有権以外の物権に関する時効消滅を主張する。

(61)　このドイツにおける解釈は，Westermann, Sachenrecht, a. a. O., §29 VI. Rdn. 34, S. 221. を参照。

の経過による包括的な時効消滅ではなく，特定行為者との関係において発生した物権的請求権が，その発生時から 30 年という長い年月の間中，ずっと行使されないことによる，いわばサンクションとして，発生するものということができる[62]。

したがって，所有権に基づく物権的請求権が所有権とは別個独立して時効消滅するという局面は，特定行為者との間において既に発生している物権的請求権に限るのであり，この意味において，所有権は残るが，物権的請求権は完全に時効消滅するという虚有権的な解釈はありえないということになる。

> ***point***
>
> 物権的請求権は物権から独立して時効消滅するかという問題について，検討してみよう。

㈡　権利失効の原則との関係

権利失効の原則（Grundsatz der Rechtsverwirkung）とは，権利者が，権利を長期にわたって行使せずに放置し，相手方において，もはやそのような権利は行使されないであろうと信頼すべき特段の事情が存在する場合において，権利者が突如として権利を行使したときには，信義則上，権利の行使自体が認められなくなるという考え方である[63]。

権利失効の原則は，わが国の判例においても，解除権の行使[64]，予約完結権の行使[65]をめぐって，判例上争われた問題であり，前者は傍論において，後者は判断の前提として，いずれもその存在を肯定する立場を明らかにした。また，判例によっては，権利失効の原則を直接適用して，これを認めたかのようなものも存在している[66]。

---

(62)　夙にこの点を指摘するものとして，好美・前掲書（『新版注釈民法(6)』）120-121 頁がある。

(63)　わが国に権利失効の原則を伝えたものとして，成富信夫『権利の自壊による失効の原則』（有斐閣，1957）がある。成富博士は，後掲最判昭和 30 年 11 月 22 日の上告理由において，自説を展開した弁護士でもある。

(64)　最判昭和 30 年 11 月 22 日民集 9 巻 12 号 1781 頁：「権利の行使は，信義誠実にこれをなすことを要し，その濫用の許されないことはいうまでもないので，解除権を有するものが，久しきに亘りこれを行使せず，相手方においてその権利はもはや行使せられないものと信頼すべき正当の事由を有するに至ったため，その後にこれを行使することが信義誠実に反すると認められるような特段の事由がある場合には，もはや右解除は許されない」。

(65)　最判昭和 40 年 4 月 6 日民集 19 巻 3 号 564 頁：「前記代物弁済予約完結権の行使は，通常予想される期間を遥かに経過した後に行使されたものということができるが，本件土地については右予約完結による所有権移転請求権保全の仮登記が依然として登記簿上存在していたのであるから，Y としては，本件土地の所有権取得に際し，右登記簿によって公示された代物弁済予約完結権がいずれ行使されるかも知れないことを予想すべきであったのであり，他に特段の事情の認められない事実関係の下においては，Y において右代物弁済予約完結権がもはや行使されないものと信頼すべき正当の理由があるとはいえない。」

(66)　最判昭和 51 年 4 月 23 日民集 30 巻 3 号 306 頁：X 医療財団法人は，Y₁（日本医療団）に対し，X の所有する土地・建物を売買したところ，本件売買は，X の寄附行為の目的の範

第2節　物権の効力

　しかし，判例は，所有権に基づく物権的請求権については，消滅時効にかからないことを理由として，権利失効の原則の適用を認めない[67]。

　この判例に対して，学説は，そもそも権利失効の原則は消滅時効ないし除斥期間を補充するという役割を有するのであり，民法が消滅時効を認めないとする所有権に基づく物権的請求権や同様の登記請求権，更には共有物分割請求権については，正に失効の原則が活躍すべきものと解しているので[68]，むしろ，前記判例の解釈は逆であるとして，非難している[69]。

> **point**
>
> 物権的請求権は権利失効の原則とどのように関わってくるのかという点について，検討してみよう。

囲外である事業のためにされた無効の行為であった。その後，Y_1 は本件土地・建物を X に買い戻してくれるよう打診したが，X はこれを拒絶したので，Y_1 は，Y_2（京都市）に本件土地・建物を転売し，所有権移転登記を経由した。

　X は，Y_1 との売買契約締結後 7 年 10 か月も経過してから，Y_1・Y_2 に対して原契約の無効を主張し，土地・建物の返還または返還に代わる損害賠償を求め，本訴を提起した。この請求に対して，Y_1・Y_2 は，このような X の行為は信義則違反であり，また，X の権利は権利失効の原則により失効した旨を主張した。

　第 1 審，原審ともに X の請求を棄却したので，X から上告。

　棄却。「右転売にあたり，Y_1 及び Y_2 は，X が後日に至り本件売買の無効を主張してこれに基づく権利行使をするようなことはないものと信じ，かく信ずるにつき正当の事由があったというべきであり，……X が本件売買の時から 7 年 10 か月余を経た後に本訴を提起し，右売買の無効を主張して売買物件の返還又は返還に代わる損害賠償を請求することは，信義則上許されないものと解するのが相当である（。）

　……Y_1 は，第 1 審以来本件につき信義則ないし権利失効の原則を適用すべき旨を必要かつ十分に主張し，X もそれに対する反論を繰り返してきたことは記録上明らかである。」

(67)　大阪高判昭和 39 年 7 月 15 日判時 384 号 34 頁：「失効の原則は信義則……を基盤に築かれたものであり，……例えば解除権を有する者が久しきに亘りこれを行使せず，相手方においてその権利はもはや行使せられないものと信頼すべき正当の事由を有するに至ったためその後にこれを行使することが信義誠実に反すると認められるような「特段の事由」がある場合にはもはや右解除は許されないものと解するを相当とする。

　ところで本件のような所有権より派生する物上請求権は所有権が存在する限り必ずこれに伴って存在する権利でこのような権利は所有権自体が取得時効にかかり，その反面旧所有者の権利が消滅する結果物上請求権も消滅することあるは格別それ自体消滅時効にかかることのない財産権であると解すべく，このような物上請求権については失効の原則の適用せられる余地もないものと解するを相当とする。」

(68)　我妻・前掲書（『新訂民法総則』）441 頁。

(69)　好美・前掲書（『新版注釈民法 (6)』）121 頁。好美博士は，ドイツにおいては形成権は時効消滅しないものと解されているが，そうであるからこそ，権利失効の原則が機能している旨を強調する。ただ，失効の原則は，信義則違反の局面において認められる考え方であるから，物権的請求権の当事者間に接触的関係が継続し，信義則の問題が生じうる相隣的共同関係など，特殊な場合に適用されうるに過ぎないという。

39

4 民法制度上の適用範囲

　所有権に基づく物権的請求権には，所有物の利用を妨害する者に対する妨害排除請求権，妨害するおそれのある者に対する妨害予防請求権，所有物を保有している者に対する返還請求権があるところ，物権的請求権は，所有権に基づくものに限らず，原則として，各種の物権に関して存在するという点に注意しなければならない。

　しかし，物権であっても，地役権，例えば，通行地役権は承役地に通路を開設して通行するという権利であり，土地を占有・支配する物権ではないことから，妨害排除・予防請求権は認められても，返還請求権は認められないものと解される[70]。また，流水地役権は水路を設けて流水を利用するという権利であり，観望・眺望地役権は観望・眺望の保護だけが目的であるから，やはり，返還請求権を認める余地はないであろう。

　同様に，留置権は，留置物の占有を失った場合には消滅するという性質を有するので（第302条本文），留置権には物権的請求権のうち留置物返還請求権は認められないものと解されている[71]。しかしながら，この場合には，占有訴権（占有回収の訴え）で保護されるべきものと解されている[72]。

　また，先取特権は，目的物を直接にも間接にも占有する権利ではないので，返還請求権は問題とならない。しかし，妨害排除・予防請求権は，交換価値侵害に基づく優先弁済効の妨害という意味において，認められる。しかしながら，動産先取特権は，目的物が第三取得者に引き渡された後は追及効を失う結果（第333条），妨害排除権能も失うことになるのか，それとも，先取特権が物上代位権に転化する関係上（第304条），妨害排除権能は物上代位権の行使によって差し押さえるべき債権の上に存続するのか，難解な問題ではあるが，少なくとも，物的妨害排除権能は失われることになろう[73]。なお，一般先取特権の目的物は債務者の総財産であり，特定されていないので，物権的請求権は問題とならない。

　更に，動産質権も直接占有が成立要件であり（第344条，第345条），対抗ないし存続要件でもあることから（第352条），物権的性格は弱い。それゆえ，動産質権者がその占有を侵奪された場合には，占有回収の訴えで保護されるに過ぎない（第200条，第353条）。

　しかし，不動産質権の場合には，その使用・収益権との関係から（第356条），物

---

(70)　好美・前掲書（『新版注釈民法(6)』）126頁，鈴木16頁など，通説である。

(71)　しかし，留置権においても，物権的妨害排除・予防請求権は肯定されている。好美・前掲書（『新版注釈民法(6)』）126頁参照。

(72)　留置権や動産質権には物権的返還請求権が認められないので，物権的請求権の代替手段である占有訴権を使って，これらの権利者は，奪取された目的物の返還請求をするのである。この点については，鈴木88頁を参照。

(73)　民法第333条を理由として，先取特権者が妨害排除・予防権能を失うものと解する見解として，好美・前掲書（『新版注釈民法(6)』）127頁，近江25頁がある。

第2節　物権の効力

権的返還請求権を認める実益があり，妨害排除・予防請求権も認められる。更に，債権質権の場合にも，債権証書が不当に侵奪されたときには，その返還請求権が認められる。

　最後に，抵当権に基づく物権的請求権については，学説上，影響力の強かった抵当権価値権説（我妻＝福島説）が「抵当権の支配権能は物の使用価値に直接交渉を有しない。抵当権者は自ら目的物を使用収益するものではなく，また，他人がこれを使用収益するに付いて干渉を加ええない。故に，交換価値に影響を与えるが如き使用価値の減損あれば格別，単に使用収益を何人がなすか，また目的物件の占拠が不法なりやというようなことは，決して抵当権侵害と直接の関係を持ちえない」と主張して以来[74]，判例も，抵当権者は抵当不動産の占有関係について干渉する余地がないので，第三者の不法占有があるというだけでは抵当権侵害とはいえず，また，不法占拠者は競売による買い受け後には排除されうるということを理由として（不動産引渡命令手続：民執第83条），不法占拠は抵当不動産の担保価値を下落させるものではない旨を判示し[75]，抵当権に基づく物権的請求権を否定してきた。

　しかし，多数説は，抵当権価値権説を価値権ドグマとして批判し，抵当不動産に対する価値的侵害に対しても，抵当権に基づく物権的請求権を認めるべきであるという見解が多数を占めていた。近時，この多数説を正面から認める判例が相次いだため[76]，現在ではこれが通説化している。なお，詳細は，担保物権法において論ずる。

---

(74)　我妻榮＝福島正夫「抵当権判例法」我妻榮『民法研究Ⅳ－2』（有斐閣，1967）203-204頁。

(75)　大判昭和9年6月15日民集13巻1164頁：抵当権は，その設定者が占有を移さずに債権の担保に供した不動産につき他の債権者に先んじて自己の債権の弁済を受ける一つの価格権たるに止まり，抵当不動産の使用収益はもちろんその占有をする権利をも包含しないから，たとえ何人かが無権原に当該不動産を占有し，その使用収益を為したりとて，これがため，例えば抵当物そのものを損壊しその価格を低減するおそれのあるような場合を外にして，抵当権は何等増損されることがないのは多言を俟たない。

　　最判平成3年3月22日民集45巻3号268頁：抵当権価値権説に従い，抵当権に基づく物権的請求権はおろか，所有者（設定者）の妨害排除請求権を抵当権者が第423条の転用により代位行使することさえ認めなかった。

(76)　最大判平成11年11月24日民集53巻8号1899頁：抵当権設定者には設定から実行までの間，抵当権者が交換価値を把握できるように抵当不動産を適切に維持・管理すべき義務があり，抵当権設定者がこの義務を怠り，抵当権者が把握すべき交換価値が下落し，優先弁済請求権の行使が困難となるような状態があるときには，抵当権者は，不法占有者を排除し，抵当不動産の価値を回復することができる旨を判示し，本訴の請求との関係上，傍論となるも，抵当権に基づく物権的請求権を認めた。

　　最判平成17年3月10日民集59巻2号356頁：平成11年大法廷判決とほぼ同趣旨を論じた後，その補足意見で認められた管理占有を正面から認めた。即ち，「抵当権に基づく妨害排除請求権の行使に当たり，抵当不動産の所有者において抵当権に対する侵害が生じないように抵当不動産を適切に維持管理することが期待できない場合には，抵当権者は，占有者に対し，直接自己への抵当不動産の明渡しを求めることができる」。

第1章　物権法総論

> ─ **point** ─
> (1) 民法上，なぜ物権的請求権に関する一般的な規定がないのだろうか。
> (2) 占有訴権には除斥期間があるが，なぜ物権的請求権には，解釈上，除斥期間がないのだろうか。
> (3) 留置権や動産質権には，なぜ，物権的返還請求権が認められないのだろうか。
> それぞれ，検討してみよう。

5　所有物妨害排除請求権の意味

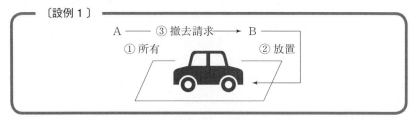

本段においては，所有権に基づく妨害排除請求権の意義について考察する。

まず，〔設例1〕のように，Aの所有する土地にBの所有する乗用車が放置されている場合には，通説である行為請求権説によれば，AはBに対して，土地から乗用車を撤去するよう請求することができる。この場合には，放置された乗用車が土地の利用を妨害しているからである。所有者Bが乗用車を盗まれ，犯人がAの土地に乗用車を放置した場合でも同様である。

これに対して，後掲する忍容請求権説などを妨害排除請求に適用すると，土地所有者Aは，乗用車の所有者Bに対して，Aの側で乗用車を撤去することをBに忍容してもらうことができるに過ぎないと解することになる（費用負担の問題が別に生ずる）。

あるいは，この問題をBからの返還請求権の問題として，B自身が乗用車の引取りをAに対して忍容させることができると解することになる（費用負担は原則としてBである。そもそも，忍容請求権説はこのケースを想定している。この問題に関して，詳細は後述する）。

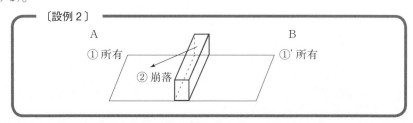

次に，〔設例2〕のように，Aの所有する土地に隣地所有者Bの所有する石垣やブロック塀が崩落してきた場合には，Aは，その石垣やブロック塀によって土地所有権の利用（使用・収益）を妨げられている。

この場合において，Aが土地を利用するためには，その石垣を除去する必要がある。ところが，Aは，このB所有の石垣を自ら除去し廃棄することはできない（所謂「自力救済の禁止」）。この場合には，Bに石垣やブロック塀の所有権があるからである。それゆえ，Aは，その石垣の除去をBに請求することになる。

前述したように，物権には物の直接的・排他的支配という特徴があるから，物の支配を妨げる者に対して妨害排除を請求することができるというのは，この物権の性質から導かれる当然の効力である。このような物権的請求権が認められなければ，物権の効力は非常に弱いものとなり，直接支配性（排他性）を認める意味がなくなるからである。

この問題の場合において，崩落の原因が自然災害（自然力）による場合など，当事者双方において，その責めに帰すべき事由がないときには，A・Bいずれが除去費用を負担すべきかという問題もあるといわれる。

しかし，B所有の石垣が崩落し，Aに迷惑をかけているという状態の除去は，第一義的には，石垣の所有者Bの責任の範疇に入るはずである。また，簡単には崩落しえないはずの石垣が崩落したというのであれば，第二に，石垣所有者Bの側に土地の設置物に関する管理上の責任がなかったのかという判断に入る（例えば，土地工作物の設置・保存上の瑕疵による責任に関する第717条を参照）。そして，Bに過失が認められれば，被害を受けているAが費用負担をするということはありえない話である（詳細は後述する）。

したがって，大規模な自然災害など不可抗力による石垣崩壊の場合以外には，原則として，崩落した石垣等の所有者が石垣の除去・土地復旧の費用を負担すべきである。

6　所有物妨害予防請求権の意味

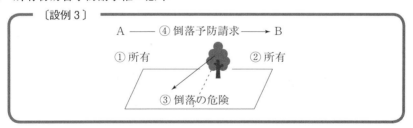

次に，〔設例3〕のように，Aの土地にBの土地からB所有の樹木が倒落するおそれのある場合には，Aは，Bに対して樹木の倒落を予防する措置を執るよう請求することができる。この妨害予防請求権は，樹木の所有者Bに対して，倒木を予防する工事を施すなど，危険防止措置を執るよう請求するものである。それゆえ，この場合には，樹木が倒れかかっている，あるいは，台風が差し迫っており，経験則上，倒木の危険性があると思われるときなど，あくまでも，「侵害されるおそれ」

43

がある場合というのが要件であり、現実に被害が発生している必要はない。

このような単純な危険防止措置のほか、建設や土木工事などによって、周辺住民が被害を受けるおそれのある場合において、所謂「差止請求」をする場合には、既に被害が発生している場合と、被害発生の予防との両方を含んでおり、民法上の妨害排除・予防請求という考え方が基本にある。

ただ、差止請求の目的は、広く環境権の保護、日照権の確保など、人格権的な見地からの保護請求が多く、民法上の物権的請求権の一歩先を行くものと考えられる。それゆえ、この点については、項目を変えて後述する。

7 所有物返還請求権の意味

〔設例4〕
A ── ③返還請求──▶ B
①所有　　　　　②不法占有？

次に、〔設例4〕のように、Aの所有するカメラをBが占有し、利用している場合には、AはBに対して、カメラの返還を要求する。この物権的返還請求権は、〔設例1〕における乗用車の所有者Bからの返還請求とは異なり、動産所有権の追及効の問題となる。

Aの請求が単純な所有物返還請求であり、Bが無権原者であれば、このAによる所有物返還請求は原則として認められるであろう。しかし、この場合においても、Bがカメラを占有しているからといって、Bを違法な占有者と決めつけて、Bから力尽くでカメラを取り上げてはならない。これも自力救済の禁止に触れるからである。しかも、Bが他者からカメラを買い求めていたとしたら、Bにも「所有者としての認識」がある。

したがって、この場合には、カメラの占有者Bは、少なくとも所有の意思を有し、善意、平穏かつ公然と占有しており（第186条1項）、適法な占有者としての推定を受ける（第188条）。更に、このBが過失なく他者から売買など取引行為によってカメラを取得した場合には、制度上、その売主もまた適法な占有者としての推定を受けるという関係上（第188条）、Bは、原則として、善意・無過失者とされるので、即時取得（第192条）による保護の可能性が十分にあるということに注意しなければならない。

ただし、Aがカメラを盗まれたという場合において、Bが盗品とは知らずに購入したときには、盗品の即時取得・回復請求という難しい問題へと論点が移ることになる（第193条、第194条）。

44

第2項　物権的請求権行使の前提要件
1　妨害排除請求権行使の前提要件

　まず，妨害排除請求権を行使するには，いかなる要件を充足しなければならないのかという問題点について考察する。物権的請求権は物権に基づく請求権であるから，法令上の制限に服することは明らかである（所有権に関する第206条参照）。問題はその内容である。まずは，代表的な判例からスタートする。

(1)　信義則・権利濫用との関係

〔判例1〕大判昭和10年10月5日民集14巻1965頁（宇奈月温泉事件）

【事実】

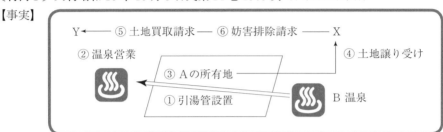

　Yは温泉旅館を営んでいた。Yは，自身で源泉を有しておらず，B温泉から引湯管で湯を引いて温泉を営業していた。ところが，Yの所有する引湯管が，偶然にも，A所有の土地3畝22歩（約112坪＝約370m^2）の一部（2坪＝約6.6m^2）を通過しており，その部分に関してAの許可を受けていなかった。

　この点に目をつけたXは，引湯管が通過している土地をAから買い受けた。Xは，Aから買い受けた土地と，隣接するX所有の土地を併せて計3,000坪（価格は時価約30円程度）を2万円で買い取るようYに請求したが，Yはこれを拒絶した。

　そこで，Xは，Yに対して，土地所有権に基づく妨害排除請求権の行使として，引湯管の撤去及び土地への立入禁止を訴求した。

　これに対して，Yは，引湯管の迂回工事には1万2千円もかかり，270日の休業を余儀なくされることを理由として，かかる請求は権利濫用である旨を抗弁として主張した。

【原審】請求棄却

　Xの請求は権利の濫用である。Xから上告。

【判旨】棄却

　所有権侵害による損失が言うに足りず，侵害の除去が著しく困難であり，その除去ができるとしても，莫大な費用を要すべき場合において，これを奇貨としてその侵害に関係ある物件を買い取り，所有者として，侵害者に侵害状態の除去を迫り，他面自己のその他の物件とともに巨額な代金によって買取請求をする行為は，専ら不当な利益の獲得を目的とするものであるから，所有権の目的に違背し，その機能として許されるべき範囲を超脱するものであって，権利の濫用に外ならない。

《問題点》

温泉営業用の源泉からの引湯管が他人の所有地を通過している場合において，引湯管通過地の所有者が，引湯管の所有者に対し，当該土地を高額で買い取るよう要求し，引湯管所有者がこれを断るや，引湯管の除去を請求したという場合には，これらの請求は認められるのか，それとも，権利の行使方法に問題があり，認められないのか。

端的には，所有権に基づく物権的請求権行使の要件は何か，法令の制限の範囲内で行使する（第206条）とは，いかなる意味なのかという点が，問題となる。

《分析》

このような問題について，本判決は，物権的請求権の行使については，侵害の程度の軽さと，270日間という温泉営業の休業期間の長さ，そして莫大な費用負担という妨害除去の困難さとの比較において認められないと判示し，高額買取請求については，専ら不当な利益の獲得を目的としたものであり，これら2つの請求は，いずれも所有権の目的に違背し，その機能として許されるべき範囲を超脱するものであって，権利の濫用に外ならないという理由から，物権的請求権の行使として認められないと判示した。

所有権に基づく物権的請求権の行使にあたっては，所有権の行使という意味において，法令上の制限に服するのであるが（第206条），本判決の構成は，私権の社会性，信義則，権利濫用という民法の一般原則（第1条）に基づいて解釈したものであり，このような問題について，特に具体的に適用する法条がないときには，一般原則を適用することを明らかにしたものである。

本件におけるXの請求は，土地所有権に基づく物権的妨害排除請求権の行使として，所有者であれば認められるべき権利の行使であるが，Yの無断使用によるXの損失は，わずか2坪程度の土地（しかも，山林）の所有権侵害であることから，Xの請求は所有権の正当な範囲内における行使を逸脱したものとして扱われたわけである。

ただ，権利濫用法理の適用に関しては，やや問題がある。それは，本判決が高額買取請求という不当な利益の獲得を目的とする請求を含めて信義則・権利濫用法理を適用している点である。周知のように，ドイツ民法は，権利濫用の要件として，「他人に損害を与えることのみを目的とする」行為という主観的要件を掲げているが（BGB第226条）[77]，わが民法には主観的要件はないことから，権利濫用の解釈と

───────────

(77)　しかし，ドイツにおいても，ライヒ裁判所の判例（RG. 26. 5. 1908, RGZ 68. S. 424〔425〕）から近時の通説・判例に至るまで，故意の良俗違反による不法行為規定（BGB第826条）と信義則（同第242条）との重畳適用から権利濫用法理を客観的に構成しており，BGB第226条の主観的要素を払拭している。この点をも含め，物権的妨害排除請求権の行使と原状回復不能法理，権利濫用法理との関係については，石口修「借家権・看板設置権と不動産所有権との関係について（前編）」法経論集（愛知大学）第199号（2014）35頁（51頁以下）を参照されたい。

しては，客観的に解すべきである。したがって，解釈論としては，本来的に不要と解される主観的要素を多分に考慮したという点において，本判決は妥当性を欠くものと思われる。

本件において，土地所有者Xの損失と不法占有者Yの侵害行為とを客観的かつ相関的に比較衡量してみれば，本来は，Yは，Xの土地を無断で使用しているとして，その分の不当利得もしくは不法行為による損害賠償（賃料相当損害金）をXに支払い，その後の使用については，YがXから賃借する旨の賃貸借契約を締結すれば済む問題である。本件においては，Xによる所有権行使におけるバランスの悪さから，Xの物権的請求権の行使が信義に反し，権利の濫用として，許されないものと解すべきである。

次の判例は，物権的請求権の関係を不当利得・不法行為の関係に移し替えた上で，金銭賠償による解決策を提示している。

(2) 差止請求の時期

〔判例2〕大判昭和11年7月10日民集15巻1481頁
【事実】

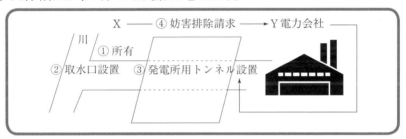

(1) Xは，川に隣接する土地を所有していた。
(2) Y電力会社は，水力発電所を建設するため，土地の払い下げを受け，川に取水口を設置し，発電所用のトンネル（幅4m，長さ616m余り）を設置したが，そのトンネルが隣接するXの所有地（1筆が原野，3筆が畑）の地下を通っていた。
(3) Xは，土地所有権が侵害されているとして，トンネルの除去請求をした。

【原審】請求棄却
取水口及び地下隧道の完成後の請求は許されない。Xは上告し，土地所有権の効力を主張した。

【判旨】棄却
およそ所有権に基づく返還請求権もしくは妨害排除請求権は，返還もしくは排除のなお可能な場合に限り存し，一旦その事が不能に帰した以上，不当利得あるいは不法行為に関する法規によって救済の方法を講ずる以外にない（大判大正5年2月16日[78]参照）。

---

(78) 大判大正5年2月16日民録22輯134頁：本件は，Y市がXの所有地を収用して公園としたが，その協議が不成立となったので，XがYに対し，土地の返還ならびに移転登記の抹消を請求したという事案である。

第1章　物権法総論

　既に当該工事が竣成した現在においてこれを撤去し，新たに水路を設けることは事実上または法律上もとより不能ではないが，その巨大な物資と労力の空費を来し，社会経済上の損失の少なくないことを顧みるときには，Xの所有権に基づく妨害排除はもはや不能に帰し，Xは，ただ損害賠償を得て甘んじなければならない。

《問題点》

　水力発電用の取水トンネルが他人の所有地を通過しているという場合において，当該通過地の所有者は，土地所有権に基づいて，完成した地下トンネルの除去請求をすることはできるのか。

　それとも，工作物の設置による土地利用妨害の除去請求は，工作物の完成前における差止請求に限られ，完成後は許されないのか。

《分析》

　このような問題について，本判決は，取水トンネル完成後における妨害物の除去請求は許されず，この場合には，不当利得の償還請求または不法行為に基づく損害賠償請求ができるに過ぎないと判示した。

　本件の事案は，Y電力会社が川に水力発電所用の取水口を設け，これを地下トンネルで発電所まで延ばして発電するという，いわば「公共財」ともいいうる工作物が，その完成後，たまたま私人Xの土地の地下を通っていることが判明したため，Xがトンネルの除去工事を請求したというものであり，既に工事は完成しており，おそらく発電所も稼働しうる状況にあったものといいうる。そうであるからこそ，本判決は，工作物の設置による土地利用妨害の除去請求は，工作物の撤去及び新たな工作物の設置工事という「物資及び費用の空費，社会経済上の損失」を招くということで，もはや「事実上・法律上の不能状況」にあるとして，工作物の完成後は許されないと判示したのである。

　実は，本件以前にも本件と全く同じ事案において，本判決と同様の判示をした判例がある(79)。これら2つの判例は，いずれも発電所用施設の設置という莫大な費

　　この事案において，大審院は，土地の所有者が有効な協議または土地収用審査会の裁決を予想してその土地を起業者に引き渡した場合でも，後に至りその協議または裁決が無効であり，またはその協議または裁決が後に失効したときには，土地の所有者は起業者に対しその土地を返還させて原状回復する権利を有するが，これら請求の目的を達するには，土地の返還が事実上法律上ともになお可能であることを必要とし，その返還が不能となったときには，不当利得または不法行為の原則に基づき利得の返還または損害の賠償を請求することを要し，原状回復の方法によってその返還を請求することはできないと判示した。公園は公の営造物として不融通物であるから，原状回復は法律上不能というのである。

(79)　大判昭和7年12月20日新聞3511号14頁：Y会社の発電事業は土地収用法第2条の電気装置に関する公益事業の性質を帯びるものであり，総工費約146万円という巨額の費用を投じて発電用の水路を完成したのであるから，Xの請求に従い係争隧道を撤去した上，発電事業を継続するため新たに他の土地に水路を設け，新水路の完成まで発電作業を中止することは公益事業たるY会社の発電事業に対し多大の損失を及ぼすに至る。

　　土地の所有者が起業者に対して土地の返還を請求し，これによって原状回復の目的を達す

用を投じた公共事業であり，しかも，この設置工作物による妨害が一私人に対する
ものに止まるからこそ，このような不当利得・不法行為に基づく金銭賠償で甘受せ
よという判示内容となったものと思われる。これらは，いずれも公共事業事案とし
ての先例である前掲大判大正5・2・16の原状回復不能法理を踏襲したものである。

本判決（大判昭和11年7月10日）には我妻榮博士の評釈があり，我妻博士は，所有
権に基づく妨害排除請求は，その内容が甚だしく形式的かつ硬直的であり，必ずし
も当事者の利害の対立にとって妥当な解決を図ることができないので，その解決策
を物権的請求権の範囲から駆逐して不当利得・不法行為の領域に入れることができ
れば，両当事者の主観的ならびに客観的事情を比較衡量して，能う限り妥当な金銭
的解決を図ることが可能となるのであり，本判決の採用した原状回復不能論は極め
て正当であると論じている[80]。

だが，もし，現代において，この工作物が広く社会公共に重大な被害を及ぼすよ
うなものであったという事案であれば，差止請求も認められるかも知れない。ただ，
被害の種類及びその被害発生の蓋然性との関係もあるが，一般的に，開発行為や，
その工事の許認可等が法律・命令・規則あるいは条例等に違反していない場合には，
工事の差止請求は難しいものと思われる。そうであるからこそ，本判決のような不
当利得・不法行為による解決という二次的な解決方法（金銭賠償による原状回復）が存
在するのである。なお，差止請求については，人格権侵害との関係において後述す
る。

2　妨害予防請求権行使の前提要件——不動産の譲渡

次に，妨害予防請求権を行使するには，いかなる要件を充足しなければならない
のかという問題点について考える。

るには，土地の返還が事実上法律上ともに尚可能であることを必要とし，その返還不能と
なったときは，他の事由に基づき，利得の返還もしくは損害の補償を求めるのは格別，原状
回復の方法によりその返還を求めえない。Xの要求する係争水路の撤去はY会社の事業に多
大の損失を被らせるから，Xの請求は，法律上履行不能に帰したものである。

なお，同様の原状回復不能論を展開した判例として，鉄道敷設事業に関する大判昭和13
年10月26日民集17巻2057頁（高知鉄道事件）がある。
(80)　我妻榮「評釈（大判昭和11年7月10日）」『判例民事法第十六巻（昭和十一年度）』（有
斐閣，1937）369頁（371頁）。

〔判例3〕大判昭和12年11月19日民集16巻1881頁
【事実】

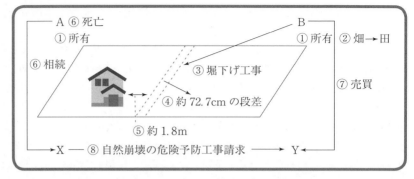

　Aの所有宅地はBの所有農地と隣接しており、Aの宅地には建物が存在する。Bは、畑を水田とした。その際、Bは、土地の掘り下げ工事を施工した。土地の掘り下げ工事の結果、Aの所有地との境界に約72.7cmの段差を生じた。

　Bは、Yに土地を売り渡し、登記を経由した。その後、Aが死亡し、XがAを相続した。その当時においても、両地の境界における段差は、その一部は斜面をなし、一部は却ってその下部において窪んで洞窟状をなし、この段差の状況は、過去においてX所有宅地の土砂がY所有の水田内へ崩落した結果であった。本件B所有地の段差とX所有の家屋とは約1.82ｍの距離しかなかった。しかも、この宅地の地質は砂地であるので、Xの宅地は将来この段差においてYの水田内へ自然崩壊する危険が生じていた。

　そこで、Xは、隣地の所有者であるYに対し、土地が自然崩壊する危険があるとして、土地所有権に基づいて、危険予防工事を求めるため、本訴を提起した。

　原審はXの請求を認容したので、Yは上告し、自分は直接の行為者ではないから責任はないなどと主張した。

【判旨】棄却

　「凡そ所有権の円満な状態が他から侵害されるおそれある状態に至ったときには、所有権の効力として所有権の円満な状態を保全するため、現にこの危険を生ぜしめつつある者に対してその危険の防止を請求しうるものと解さなければならない。

　土地の所有者は法令の範囲内において完全に土地を支配する権能を有する者であるが、その土地を占有保管するについては、特別の法令に基づく事由のない限り、隣地所有者に侵害または侵害の危険を与えないよう相当の注意をする必要があり、その所有にかかる土地の現状に基づき、隣地所有者の権利を侵害し、もしくは侵害の危険を発生させた場合にあっては、その侵害または危険が不可抗力に基因する場合、もしくは被害者自ら侵害を認容すべき義務を負う場合以外は、その侵害または危険が自己の行為に基づいていると否とを問わず、また自己に故意または過失の有無を問わず、この侵害を除去し、または侵害の危険を防止すべき義務を負担しなければならない。」

第 2 節　物権の効力

《問題点》
　(1)　妨害予防請求権を行使する場合の相手方は誰か（被告適格）。
　(2)　危険を生じさせている土地の現在の所有者は，前所有者の工事による危険に
　　　対する責任を負うのか。

《分析》
　このような問題について，本判決は，物権的妨害予防請求権の行使は，現にこの
危険を生ぜしめつつある者に対してその危険の防止を請求すること，つまり，請求
の相手方は現在の所有者でなければならないと判示した。

　その理由は，土地所有者が土地を占有し保管するについては，特別の法令に基づ
く事由のない限り，隣地所有者に侵害または侵害の危険を与えないよう相当の注
意をする必要があり（相隣関係的な安全配慮・保護義務），その侵害または危険が不可抗
力に基因する場合，もしくは被害者が自ら侵害を認容すべき義務を負う場合以外は，
その侵害または危険が自己の行為に基づいていると否とを問わず，また自己に故意
または過失の有無を問わず，この侵害を除去し，または侵害の危険を防止すべき義
務を負担すべきものだからである。

　本判決以前にも，本件と同様の事案が存在する。即ち，土砂の採掘によって隣地
に崩壊の危険が生じたので，その危険防止措置を請求したという事案において，大
審院は，その危険が誰の行為によって生じたかを問わず，現在の所有者に危険予防
措置を講ずる義務があると判示しており[81]，本判決はこれを踏襲したものである。
また，この先例は，危険状態が自然に存在するものであるときには危険予防義務は
ないという趣旨を論じており，この点についても，本判決は，不可抗力によって危
険が生じた場合を除外しているので，先例を踏襲しているということができる。

　このような判例法理により，侵害発生の危険が不可抗力によって生じた場合，も
しくは，被害者がこれを忍容すべき特段の事情のある場合以外は，現在の隣地所有
者が妨害予防工事をなすべき義務を負うという判例法理が確立した。そして，次な
る問題として，この判例法理は広く物権的請求権一般にも適用されるのかという問
題につながる。

　本判決には，川島武宜博士の評釈があり，川島博士は，忍容請求権説の立場から，

─────────────
(81)　大判昭和 7 年 11 月 9 日民集 11 巻 2277 頁：「土砂を掘採し隣地の崩壊を来す虞ある危険
　　な状態を作為したときは，その土砂の掘採が前所有者の時代に為されたと，将又現所有者の
　　時代に為されたとを問わず，またその掘採が現所有者によって為されたと将又前所有者その
　　他の第三者によって為されたとに論なく，現所有者がその危険な状態をそのままに放置して
　　顧みざるは隣地の所有権を侵害するものであるから，その予防に必要な設備を為すという義
　　務あるものといわなければならない。」
　　　「危険状態が自然に存在するものではなく，人工により作為されたものである以上，現所
　　有者がこれをそのままに放置するのは隣地の所有権を害するものにして，これが予防工事を
　　為す義務を負担し，その危険状態の発生につき故意または過失の存否はこれを問うべきもの
　　ではない。」

51

本判決のように，物権的請求権を客観的責任として行為請求権としている点は，これと同様に原状回復を目的とする不法行為制度が過失責任主義を要件とする点と矛盾しており，また，不可抗力に基因する場合には，結局，物権者には救済の道がないことになるので妥当ではないと主張し，結論として，支配権としての物権の性質に必然なのは，ただ，侵害行為の停止，あるいは物権者自らの行う妨害排除の受忍に止まるべきであると論じている(82)。

なお，これら物権的請求権の性質に基づく理論の検討については後述する。

3 物権的請求権行使の相手方

物権的請求権行使の相手方は，現に，他人の所有物または物権行使の目的物に対して，当該所有者など，物権者の占有を妨げている者である。自ら物権の妨害を発生させた者に限らず，前例の，他人の所有する土地に自分の所有する自動車を置き去りにされた盗難被害者のような，物権の妨害状況の渦中にある者をも広く含む。この意味において，相手方には，占有者のみならず，単なる所持人も含む。占有を妨害しているか否かは，請求権の存否を確定する時期，即ち，事実審の口頭弁論終結時を基準とする。

しかし，他人の所有する土地の使用を妨害している不動産（建物）を売却したなど，物権的請求権の当事者たる状況を脱した者は，他人の物権を現実に侵害しているという状態にはないので，その相手方でもなくなるのか否かが問題となる。

この問題については，既に前段において述べたように，隣地に危険を発生させた場合における妨害予防請求の相手方を「現在の所有者」とした判例法理があるところ，この考え方が他人の土地に建物を所有することによって，土地を不法占有している場合にも適用されるのかが問題となる。

(1) 現在の所有者

〔判例4〕大判昭和13年12月2日民集17巻2269頁

【事実】

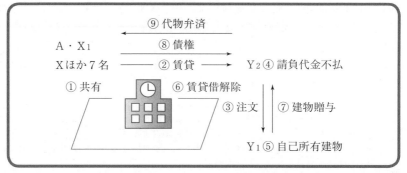

(1) Xほか7名は，畑（約509m^2）その他の本件土地の所有者であり，これらの土地をY2

---

(82) 川島武宜「評釈」『判例民事法第十七巻（昭和十二年度）』（有斐閣，1938）483頁（485頁）．

に賃貸した。Y2は，Y1をして，同地上に木造スレート葺平家建校舎（建坪196坪5合）を建築させたが，その請負代金を支払わないため，その建物をY1の所有としたところ，Xらは本件土地賃貸借を解除した。

(2) Y1は，本件建物を中学校校舎とし，本件土地をその敷地として占有使用してきたが，本件建物をY2に贈与し，同人はこれをA及びX1に対する債務の担保とした。しかし，その債務を弁済しないので，代物弁済として本件建物の所有権をA及びX1両名に移転した。

Xらは，Y1及びY2に対し，土地の不法占拠を理由として，損害金の支払を請求した。

これに対して，Y1は，本件建物は元Y1の所有に属したが，Y2にその所有権を移転し，これを引き渡したので，以降は本件土地を占有していないと主張した。

【原審】請求認容

原審は，Y1が，本件建物をY2に引き渡し，その所有権を移転したとしても，その登記がない以上，Y1はその所有権移転をXに対抗しえないので，Y1は，本件建物を所有し，本件土地を不法に占拠するものと判示して，Xの請求を認容した。Yらから上告。

【判旨】破棄差戻

「他人の所有地上に何らの権原なく建物を所有し，該土地を不法に占拠した者といえども，一旦地上建物の所有権を他に譲渡したときは，その移転登記の有無如何を問わず，建物の譲受人において該土地を占有するものであり，譲渡人は既に地上に建物を所有しない結果，土地を占有しないものというべきであり，したがって，土地所有者は，斯かる譲渡人，即ち地上に建物を所有しない者に対し，不法占有者としてその収去もしくは譲渡後における損害賠償の請求をすることができないのは論を俟たない。」

「故に，地上建物を譲渡し，土地を占有しないこととなった者は，たとえ，その所有権移転登記手続を完了しないときであっても，土地所有者に対し，譲渡により土地を占有していない事実を主張して，前示収去もしくは不法占有による損害賠償の義務を拒否しうべきものと解さなければならない（大正6年10月22日言渡当院判決参照[83]）。」

《問題点》

借地に建物を建築し所有していた者が土地賃貸借を解除されたという場合において，建物収去・土地明渡しを請求されたときには，建物所有者は，請求時現在において建物を他に譲渡しており，土地を占有していないということを抗弁として主張することができるか。

---

(83) 大判大正6年10月22日民録23輯1674頁：「民法第177条は不動産に関する物権の得喪または変更あるも，その登記をしなければ之を以て第三者に対抗しえないという規定であり，登記をしない限り，得喪または変更なしとするものではない。故に，建物を所有するため土地を賃借する者が，その建物を他人に売却した場合において，登記をしない限り，その売買による所有権の移転を以て第三者に対抗しえないのは勿論であるが，仮に，登記をしないにせよ，売買が成立していないものということはできない。そして，既に売買が成立し，買主において建物を占拠使用する以上は，特別の事由がなければ，賃借人において土地を使用する必要のない筋合であるから，単に建物売買の登記がないことを理由として，賃貸借期間経過後，なお賃借人が土地を使用するものと断言してはならない。」

53

《分析》
　このような問題について，本判決は，土地を不法に占有する建物所有者が，その後，当該建物を他に譲渡したときには，たとえ所有権移転登記を経由していなくとも，譲渡人は，既に第三者へ建物を譲渡したことにより，土地所有者の物権的請求権行使に対抗することができると判示し，その理由は，建物譲渡人が土地所有者に対抗しえないとすると，譲渡人は他人所有の建物を収去することになり，譲受人は建物収去・土地明渡し，ならびに損害賠償責任を免れることになるからであるとした。
　この判例法理は，常識的なことを述べたものであるが，その後も同様の問題が判例法上現れることになる。そして，本判決の解釈は，次の最高裁の解釈に影響を与えることとなった。

(2) 未登記建物の譲受人
〔判例5〕最判昭和35年6月17日民集14巻8号1396頁
【事実】

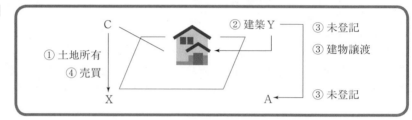

(1)　Yは，甲区乙町134番地において石鹸製造工場を経営し，権原なくして，同土地上に本件建物（所在地は同町136番地7）を倉庫として建築し，所有してきた。本件建物は所有権保存登記を経由していない。
(2)　Yは，Aからの借入金の支払ができないため，Aに対し，石鹸製造営業権等とともに本件建物を無償で譲渡し，Aは債権を放棄した。これ以後，YはAの使用人として石鹸製造に従事し，Aの死亡後は，Aの内縁の妻Bとも同様の関係にあった。
(3)　Xは，Cから本件土地（甲区乙町136番地7）を買い受け，所有権移転登記を経由した。
(4)　Xは，裁判所からYに対する本件建物の処分禁止の仮処分命令を取得し，裁判所の嘱託により，Y名義の所有権保存登記がなされた（甲区乙町136番地7所在，家屋番号同町136番の6）。
　そこで，Xは，Yに対し，Xの所有地にYが無権原で本件建物を建築し所有しており，本件土地を不法占拠しているとして，本件建物の収去・本件土地の明渡しと，賃料相当損害金の支払を求めるため，本訴を提起した。
　第1審は，Yは本件建物の所有者ないし占有者ではないとして，Xの請求を棄却した。
【原審】控訴棄却（請求棄却）
　Yは本件建物をAに譲渡し以後本件土地を占有していないのであるから，Yが本件土地を占有していることを前提とするXの本件建物収去及び損害賠償の請求はその理由がない。Xから上告。

第2節　物権の効力

【判旨】棄却

「土地の所有権に基づく物上請求権の訴訟においては，現実に家屋を所有することによって現実にその土地を占拠して土地の所有権を侵害しているものを被告としなければならないのである。Yは，かつて家屋の所有者ではあったが，Xが本件土地を買い取る以前に家屋を未登記のまま第三者に譲渡し現在は家屋の所有者ではない。すなわち，Yは現在においては家屋に対しては何等管理処分等の権能もなければ，事実上これを支配しているものでもなく，また，登記ある地上家屋の所有者というにもあたらない。（本件家屋にはY名義の保存登記が存在するが，これはYが本件家屋を未登記のまま譲渡した結果，Xの仮処分申請に基づく裁判所の嘱託によるものであり，Yの関知するところではない。）

従って，Yは現実にXの土地を占拠してXの土地の所有権を侵害しているものということはできないのであって，かかるYに対して，物上請求権を行使して地上建物の収去を求めることは許されない（大判昭和13年12月2日参照）。」

《問題点》

他人の所有する土地に無権原で建物を建築し，所有する者がおり，土地所有者が建物所有者を相手方（被告）として土地所有権に基づく物権的請求権を行使して，建物収去・土地明渡しを請求する場合において，当該建物が未登記であり，これが他人に譲渡されたときには，物権的請求権行使の相手方（被告）は，当初の土地の不法占拠者であり建物所有者であった建物譲渡人か，それとも，建物譲受人か。

また，裁判所の嘱託登記の前に建物が譲渡されていたときには，当該登記の効力はどうなるのか。

《分析》

このような問題について，本判決は，前掲大判昭13・12・2〔判例4〕を引用しつつ，土地の所有権に基づく物上請求権の訴訟においては，現実に家屋を所有することによって現実にその土地を占拠して土地の所有権を侵害している者を被告としなければならず，また，本件登記は，Xの仮処分申請に基づいて，裁判所の嘱託によってなされたものであり，Yの関知するところではないとして，Yは現実にXの土地を占拠してXの土地の所有権を侵害している者ということはできないから，かかるYに対して物上請求権を行使して地上建物の収去を求めることは許されないと判示した。

このように，最高裁は，土地所有権侵害に基づく建物所有者への物権的返還請求権の行使にあたっては，「現在の所有者」を相手方とすべきものという判例法理を提示した。この解釈は，土地の改良工事による隣地への危険防止措置を請求したという事案である前掲昭和12年大審院判決〔判例3〕及び本件と類似の事案である昭和13年大審院判決〔判例4〕と同様の解釈となっている。つまり，物権的請求権の行使は，現在の不動産所有者を相手方（被告）として提起するという判例法理が一般化されたということを意味する。この点において，本判決の意義は大きい。

しかし、「現在の所有者」を相手方として訴えを提起するという場合には、この「現在の所有者」を捜索するという点において、原告に困難を強いるのではないかという懸念が生ずる。被告の側で、建物収去・土地明渡請求を免れるために、未登記建物を転々譲渡してしまうという可能性があるからである。

もっとも、社会の仕組みに精通している者にとっては、未登記建物の所有関係を捜索することはそれほど困難なことでもない。それは、固定資産税の課税台帳上の所有者を捜索することによって、「現在の所有者」が判明するからである。固定資産税は、課税年度の賦課期日である1月1日現在の「所有者」に課税することとされている（地方税法第343条〔納税義務者〕、第359条〔賦課期日〕）。そこで、未登記建物の場合でも、ある程度、「所有者」を絞り込むことができる（ただし、登記簿と異なり、委任状でもない限り、閲覧はできず、評価証明書など課税資料の証明を申請することもできないので、このような障害を除去しない限り、現実には、所有者の捜索・調査は難しい）。

このように、登記以外にも所有者を確認する方法は存在するが、しかし、固定資産課税台帳における所有者の把握時期が毎年1月1日現在と規定されているので、リアルタイムでの所有者の特定は難しい。しかしながら、逆に考えると、未登記建物の場合において、簡単な申告でできる固定資産課税台帳上の所有者登録を変更せず、自らを「所有者」としたままでは、建物の譲渡を理由として、自らの建物所有権を否定し、物権的請求権行使の相手方たることを否定することは許されないのではないかという解釈も可能である。この所有者の変更登録申請は随時可能であり、受け付けられるからである。

この土地所有権の侵害者である建物所有者の公示という問題に関して、平成年代になって新しい判例が出るに至った。次に掲げて検討する。

(3) 登記名義人

〔判例6〕最判平成6年2月8日民集48巻2号373頁

【事実】

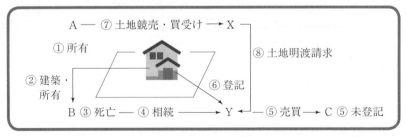

本件土地はAの所有であるところ、BはAの所有地上に建物を建築し、所有していた（借地等の事実は明らかではないが、対抗力はない）。昭和58年5月4日、Bが死亡し、その妻YがBの遺産を相続した。Yは、昭和58年5月17日、本件建物を未登記のまま代金250万円でCに売却した。Yは、同年12月2日、相続を原因として、本件未登記家屋を登記した。

第2節 物権の効力

　その後，A所有の土地が競売され，Xが買受人となった（競売の原因となる事実関係は不明）。

　そこでXは，Yに対し，Yには建物を所有するための土地の正権原（適法かつ対抗要件を備えた借地権など）がないなどの理由から（判例集には載っていない事実だが，これしか考えられない），建物の収去及び土地の明渡しを求め，本訴を提起した（土地所有権に基づく土地の返還請求）。

　第1審，原審ともに，Yは，昭和58年5月17日に本件建物をCに250万円で売渡したことが認められ，他に事実認定を左右するに足りる証拠はないとして，Xの請求を棄却した。Xから上告。

【判旨】破棄自判

　「1　土地所有権に基づく物上請求権を行使して建物収去・土地明渡しを請求するには，現実に建物を所有することによってその土地を占拠し，土地所有権を侵害している者を相手方とすべきである。したがって，未登記建物の所有者が未登記のままこれを第三者に譲渡した場合には，これにより確定的に所有権を失うことになるから，その後，その意思に基づかずに譲渡人名義に所有権取得の登記がされても，譲渡人は，土地所有者による建物収去・土地明渡しの請求につき，建物の所有権の喪失により土地を占有していないことを主張することができる（最判昭和35年6月17日民集14巻8号1396頁参照）。……

　2　もっとも，他人の土地上の建物の所有権を取得した者が自らの意思に基づいて所有権取得の登記を経由した場合には，たとえ建物を他に譲渡したとしても，引き続き登記名義を保有する限り，土地所有者に対し，譲渡による建物所有権の喪失を主張して建物収去・土地明渡しの義務を免れることはできない。

　土地所有者としては，地上建物の所有権の帰属につき重大な利害関係を有するのであって，土地所有者が建物譲渡人に対して所有権に基づき建物収去・土地明渡しを請求する場合の両者の関係は，土地所有者が地上建物の譲渡による所有権の喪失を否定してその帰属を争う点で，あたかも建物についての物権変動における対抗関係にも似た関係というべく，建物所有者は，自らの意思に基づいて自己所有の登記を経由し，これを保持する以上，土地所有者との関係においては，建物所有権の喪失を主張できないというべきだからである。

　もし，これを，登記の有無に関わりなく建物の「実質的所有者」をもって建物収去・土地明渡しの義務者を決すべきものとするならば，土地所有者は，その探求の困難を強いられることになり，また，相手方において，たやすく建物の所有権を移転して明渡しの義務を免れることが可能になるという不合理を生ずるおそれがある。他方，建物所有者が真実その所有権を他に譲渡したのであれば，その旨の登記を行うことは通常はさほど困難なこととはいえず，不動産取引に関する社会の慣行にも合致するから，登記を自己名義にしておきながら，自らの所有権の喪失を主張し，その建物の収去義務を否定することは，信義にもとり，公平の見地に照らして許されないものといわなければならない。」

《問題点》

　他人の所有する土地に建物を所有することによって当該土地を不法占有する者に

対し，土地所有者が物権的請求権を行使した場合において，建物所有者が未登記の建物を第三者に譲渡した後，自らの意思で建物の保存登記を経由したときには，土地明渡請求の相手方は，現在の未登記所有者か，それとも，売買の後，自ら建物の所有権保存登記を経由した登記名義人か。

《分析》

このような問題について，本判決は，当該建物収去・土地明渡請求の相手方は，原則として，現実に建物を所有することによってその土地を占拠し，土地所有権を侵害している者であると解しつつ，本件のように，他人の所有する土地の上に存在する建物の所有権を取得した者が自らの意思に基づいて所有権取得の登記を経由した場合には，当該登記名義人が，たとえ現在は建物を他に譲渡したとしても，引き続き登記名義を保有する限り，土地所有者に対し，譲渡による建物所有権の喪失を主張して，建物収去・土地明渡しの義務を免れることはできないと判示して，現在の建物登記名義人も物権的請求権行使の相手方となるということを認めた。その理由は，①土地所有者は建物の所有権帰属に関して重大な利害関係を有する，②土地所有者が建物所有権の譲渡による喪失を否定し，建物所有権の帰属を争う両者の関係が「対抗関係にも似た関係」であるという点に基づいて，その結果，当該建物所有者が自らの意思に基づいて自己所有の登記を経由し，これを保持する以上，土地所有者との関係においては，建物所有権の喪失を主張しえないと解すべきだからというのである。

本判決は，土地所有権の妨害となっている建物を収去させ，土地の明渡しを請求する相手方は誰かという問題に関して，前掲した判例法理を踏襲して，建物を現実に所有して土地を不法に占有している者に対して請求することを前提とするものの，他方では，現実の建物所有者と建物の登記名義人とが異なる場合には，建物の所有権を移転しておきながら，自らの意思で建物の登記名義を残しておいた登記名義人に対しても，建物収去・土地明渡請求をすることを妥当とした判例である。

この意味においては，第一に，土地所有者と建物所有者は物権変動の対抗関係には立たないという点，第二に，現在の建物所有者Cの立場を考えていないという批判が考えられる。しかし，第一の点は，本判決が登記名義人を基準としたのは，建物所有者の特定，即ち，物権的請求権の相手方を特定することだけを目的とするという考え方であり，第二の点は，建物譲渡人Yと譲受人Cとの関係は，登記名義を移転しなかった売主Yとの内部関係で処理させればよいという判断であるから，これらの点は批判に耐えうる。もっとも，本判決は，原則論として，現実の建物所有者に対して請求すべきであるという最判昭35・6・17（〔**判例5**〕）を維持しているので，本判決は，請求相手方の幅を拡張したものと解してよい。

いずれにしても，本判決は，土地所有者Xの立場を最優先した判決であるということができる。現在の建物所有者を捜し出すことの困難さと，詐害的に建物を転々

第2節　物権の効力

と譲渡することによって，建物収去・土地明渡請求を免れるという不当な対抗措置
を実質的に排除するという両面から考えた場合には，本判決の立場には妥当性があ
るということができる。

― point ―

(1)　物権的請求権の相手方という問題について，類型ごとに理解しよう。

(2)　特に，建物収去・土地明渡請求の相手方について，①現実の建物所有者の
　　探索困難性から，②現在の所有者ではない登記名義人への請求の可否という
　　問題について，検討してみよう。

第3項　物権的請求権の内容――費用負担の問題

1　行為請求権説（判例及び従来の通説）

(1)　内　　容

　次に，物権的請求権を行使するにあたっては，誰が返還または妨害の除去を行う
べきかという問題と同時に，誰が返還または妨害の除去費用を負担すべきかという
問題がある。

　この問題について，判例及び通説は，原則として，相手方である妨害作出者の費
用で妨害状況を除去させるべきだという考え方に立っている。これを行為請求権説
という。ただ，判例は，妨害が人の行為に基づかず，不可抗力（自然力）によって
発生した場合には，相手方に行為義務はないという解釈を示してきた[84]。

　学説の多数も，物権的請求権の内容である妨害状況の除去と費用負担は別問題で
あると解しているが，実務上，物の引渡しや妨害排除など，債務名義による強制執
行に際しては，執行費用は執行債務者が負担するという取扱いであるから（民執第
42条1項参照），費用負担込みの行為請求を妥当と解している[85]。

　ただ，行為請求権説に立つ学説においても，判例が傍論において述べたように，
妨害状態が不可抗力に基因して発生した場合には，相手方は費用を負担しないなど，
費用の問題を特別に顧慮するというものもある[86]。

(2)　行為請求権説への批判

　行為請求権説は，確かに，妨害状況の作出者イコール相手方である場合には妥当

---

(84)　前掲大判昭和7年11月9日，前掲大判昭和12年11月19日。ただし，いずれも傍論で
　　ある。

(85)　例えば，好美・前掲書（『新版注釈民法(6)』）176-179頁，三和一博・平井一雄編『物権
　　法要説』〔三和一博〕（青林書院，1989）18-19頁参照。

(86)　松坂佐一『民法提要物権法』（有斐閣，1955）9頁以下，船越隆司『物権法』（尚学社，
　　1998）34頁以下，山野目章夫『物権法』（日本評論社，第5版，2012）106頁など参照。ただ，
　　山野目教授は，建物や工作物が自然力によって傾いたというケースでは特別に考慮しないが，
　　自然力によって土地自体に生じた危険などについては，特別に配慮すべき場合がありうると
　　いう。

59

であるが，そうでない場合，例えば，Aの所有地に他人B所有の自動車が置き去り
にされた土地所有者Aが，自動車の所有者Bにその除去を請求するというケースで
は妥当性を欠くという批判がある。この場合には，自動車の所有者Bに帰責性（故
意・過失）がない場合が多いからである。また，この場合には，Bにも自動車の返
還請求権があり，両者の請求権が競合衝突するので，行為請求権説によると，いず
れも，原告として請求した方が，相手方に対して，費用を負担させることができて
しまうという収拾のつかないような不合理な結果をもたらすという[87]。この見解
は，行為請求権説によると，反対に，Bが返還請求した場合でも，Aの費用で返還
を義務づけることになり，逆にAに酷な結果をもたらすというものである。そこで，
以下の学説が登場した。

2　忍容請求権説（純物権説）

(1)　内　　容

　行為請求権説に対する批判から主張された学説として，第一に，忍容請求権説が
ある。この説は，物権的請求権は物権の一作用であり，物権者による回復行為を相
手方に受忍させるという意味において，物に対する追及権であり，人に対する追及
権ではないという考え方である。この考え方は，例えば，Bが自動車を盗まれ，こ
れがAの土地に置き去りにされた場合におけるBの返還請求権を中心に構成され，
返還請求する物権者B自身が回復行為をするときには，相手方Aはこの返還請求を
消極的に忍容すれば足りるという考え方である。

　しかし，この考え方を土地所有権に基づく妨害排除請求に置き換えると，土地所
有者たる請求者Aは，相手方Bに対して，請求者Aの側で妨害状況を除去すること
を忍容すべきことを請求しうるに過ぎない，つまり，「私（A）に，あなた（B）の所有
する障害物（自動車）を除去させてください」とお願いするということになる。こ
の状況は，通常では考えられないことであるから[88]，この論者は常にBからAに
対する返還請求（取戻受忍請求）として捉えているのである。

　また，この論者は，費用の問題は，原則として，返還請求という原状回復を請求
する物権者（請求者）が負担すべきであり，ただ，侵害惹起行為（例えば，B所有自動
車のAによる占有）が相手方Aの故意・過失による場合には，請求者Bは，相手方A
に対し，不法行為に基づく損害賠償請求の一部として，その費用を請求しうるもの
と解している[89]。ただし，忍容請求権説に立ちながらも，当事者双方に帰責事由

---

(87)　舟橋45頁，鈴木・講義21頁など参照。
(88)　水辺芳郎「物権的請求権と費用の負担」民法の争点（1978）80頁（81頁）は，この盗
　　品置き去り事案の場合には，所有者Bが侵害者であり，Bは自己の責任において妨害を除去
　　すべきであり，通常そのように処理されているという。
(89)　近藤英吉『物権法論』（弘文堂書房，1935）11頁，鈴木（禄）21-22頁。
　　鈴木博士は，この忍容請求権説に立つケースとして，B所有の動産をCが盗取してAの所
　　有地に置き去りにし，あるいは，Bのキャッチボールのボールが誤ってAの土地に入り込

のない場合には，共同で費用を負担すべきものという学説もある[90]。

しかし，この忍容請求権説は，それ自体，所有物返還請求を主体として考えているからこそ，このような理論構成になるのであり，妨害排除請求を主体として考えれば，忍容請求権説は機能しないのではないかという疑問が生ずる。即ち，この論者の掲げる場面において，B所有の妨害物が庭に飛び込んできた，いわば被害者であるAが，Bに対して妨害排除を請求する場合において，Aの側で妨害物を除去する旨をBに伝え，これをBに忍容してもらうという場面は，常識的に考えても逆の構成になり，妥当性を欠く。結局，忍容請求権説は，飛び込み物や置き去り物といった動産の物権的返還請求権を根拠づけるための立論でしかない。

(2) 行為請求権説からの反論

この忍容請求権説に対して，通説の立場からは，次のような批判がなされた。

(ア) 忍容請求権説は，物権的請求権は物権保護のための行為請求であるという歴史的事実や比較法の現実，及び民法上の占有訴権との整合性などを無視ないし軽視しており，説得力が薄い。

(イ) 法技術的にみても，物権的請求権を実現するための費用と，不法行為としての損害賠償請求権とを同一視しているという点において妥当性を欠く。なぜなら，その費用請求と損害賠償請求とは別個の原理に基づくものとして規定する現行の執行法体系と相容れないからである[91]。

3 責任説

そこで，次に，責任説が現れた。この説は，物権的請求権（物権保全機能）と費用負担（責任追及機能）の問題とを切り離し，費用負担の問題を第709条の過失責

んだ場合におけるBのAに対する所有物返還請求を念頭に置いている。それゆえ，行為請求権説によるのでは，Aの妨害排除請求とBの返還請求との牴触が生じて収拾がつかないことを根拠にしている。したがって，必然的に，動産の所有者Bによる自己所有物の返還請求について，所有者B自らが侵害状態を除去することを相手方Aに忍容してもらうことこそが物権的請求権だということになり（この意味において「所有物の取戻受忍請求権」であるという。），引取りの費用は，原則として引き取る側，即ち，所有者Bの負担になるものと論じている。このケースにおいては，全く問題のない立論であり，むしろ，Aの妨害排除請求権の行使に関する行為請求権説と同じ構成になる。

それゆえ，我妻169頁，我妻＝有泉265頁も，Bの返還請求権の行使については，占有者Aが目的物に対する自己の支配を解き，所有者Bが自分で当該目的物（置き去り自動車など）を持ち去ることを忍容しただけで所有者Bの目的を達成することができ，相手方Aもそれ以上の義務を負うことはないとして，この返還請求の場合における忍容請求権説の立論を認めている。同様の考え方は，柚木馨『判例物権法総論』（有斐閣，1955）418頁も示している。

この行為請求権説の代表的な論者が忍容請求権説を一部受け入れたという意味において，行為請求権説は修正されたという位置づけがなされている。例えば，舟橋45-46頁，近江33頁参照。

(90) 渡辺洋三「物権的返還請求権と妨害排除請求権」谷口知平＝加藤一郎編『民法演習Ⅱ』（有斐閣，1958）100頁以下。

(91) これらの批判については，好美・前掲書（『新版注釈民法(6)』）170頁を参照。

任主義によって決しようという考え方である(92)。この点は忍容請求権説と同様であるが，侵害者に責任要件がある場合には行為請求権と解し，責任要件がない場合には忍容請求権と解するという点において，単なる忍容請求権説とは異なる。これには2種類の考え方がある。

(1) 二 分 説

　二分説は，物権的請求権を返還請求の場合と妨害排除請求の場合とに分けて，各々の場合によって責任の内容が異なるという考え方を提示する。

　まず，返還請求権については，目的物が不動産である場合には，現存する場所で明け渡せば足りるという理由から（現行法では民執168条1項参照），相手方は物権者の占有回復行為を受忍すべき義務を負うだけであると解している。しかし，目的物が動産である場合には，相手方の善意・悪意を区別して，相手方が善意であれば，相手方は，物権者の取立てを忍容すべき義務を負うだけであるが，相手方が悪意であれば，相手方は，物権者の住所への持参または送付という積極的行為義務を負うべきであるという考え方を提示する(93)。

　また，妨害排除請求の場合には，この問題は不動産に特有のものとして，相手方の妨害除去義務の内容は，相手方に責任要件（故意または過失）がある場合には，相手方の費用による妨害の除去を請求しうるものと解し（行為請求権），相手方に責任要件がない場合には，妨害の停止または請求者自らが行う妨害除去行為の受忍という消極的な不作為義務を負うに過ぎない（忍容請求権）という考え方を提示する(94)。

(2) 責任要件説

　これに対して，責任要件説とは，上記のような返還請求と妨害排除請求という場合分けをせず，妨害状態が妨害者（相手方）の責めに帰すべき事由，即ち，故意または過失という責任要件によって生じた場合には，妨害者に，積極的な妨害排除行為を妨害者の費用負担をもって義務づけるべきであるとし（行為請求権），この責任

---

(92)　川島・新版理論116-117頁参照。川島博士は，ある行為から生じた損害を何人が負担すべきかという責任の問題は，現代の私法体系では，不法行為・契約法などの責任原理によって一般的に決めるべきであるという前提に立ち，物権的請求権は純粋に観念的な物権の効力として独立し，不法行為・契約などの社会・法律関係から分化したものである関係上，責任の問題も，分化した別の責任法の領域へと移行しているので，物権的請求権の内容は妨害除去の費用負担とは関係なく，妨害除去のための物権行使に対する一定の協力の請求に尽きるという。

　　この川島博士の見解に理解を示しつつ，しかし，物権的請求権それ自体は行為請求権説が妥当であり，費用負担は不法行為原理によって決すべきものと解する学説として，近江34-35頁がある。近江教授は，行為請求権説に立脚しながらも，費用負担の点は責任説によるべきものという考え方であるが，執行費用の負担という観点からは，行為請求権説には馴染まない立論である。

(93)　川島武宜『民法Ⅰ』（有斐閣，1960）105頁，同・前掲『法律学事典』2346頁，川島122頁。

(94)　川島・前掲書（『民法Ⅰ』）108頁，同・前掲『法律学事典』2346頁，川島117頁。

第 2 節　物権の効力

要件を欠く場合には，物権者（被侵害者かつ除去請求者）自身が妨害者に対して妨害排除行為をすることを忍容してもらうことになり（忍容請求権），その費用も物権者が負担すべきものと解すべきであるという考え方である[95]。

　しかし，この場合において，返還請求権と妨害排除請求権とが衝突して，いずれの請求権者にも責任要件が存在しないときには，先に権利の実現を欲した請求権者が自らの費用で請求権を実現することになるが，この論者は，このような結果はやむを得ないものと解している[96]。

4　忍容請求的解釈に対する疑問

　これら忍容請求権説・責任説は，前述したように，動産の返還請求権を根拠づけるには極めて精緻な理論である。しかし，その反面，妨害排除を伴う請求の場合には，妥当性を欠くといわれている。例えば，Aの所有する土地にCが無権原で建物を所有することによって，Aの土地所有権を侵害している場合において，忍容請求権説によると，①AのCに対する土地明渡請求権の内容が，A自身の費用で建物を除去することをCにおいて忍容することになり，あるいは，②CがAの費用で建物の除去をすることになる。

　しかし，このような所有権侵害において，被害者であるAがなにゆえに数百万円単位の除去費用を負担しなければならないのか，説明がつかない。むしろ，この場合には，Cが除去費用を負担すべきだということは，Cの建物所有者としての責任に基づくものと解することによって，その解釈の正当性・妥当性が保持されるのではないかと考えられる[97]。

　したがって，この妨害排除を伴う物権的請求権を基本と解する限り，行為請求権説が妥当性を有するものと解される。

---
point
　判例・通説（行為請求権説）と有力説（忍容請求権説・責任説）との理論上の争いについて理解しよう。

5　判例・学説に対する批判的検討

　忍容請求権説も責任説も，行為請求権説では以下の場合において説明が付かないか，あるいは不適切な結果を招来するということから生じた見解である。

(1)　返還請求権と妨害排除請求権が衝突するケース

　行為請求権説を批判する学説は，石垣が大雨のために隣地へ地崩れしたり，樹木が倒れたりした場合や[98]，干し物やボールが隣地に飛び込んできた場合[99]には，

---

(95)　末川 44 頁，舟橋 46 頁。
(96)　舟橋 46 頁。
(97)　我妻 168 頁，我妻＝有泉 264 頁。
(98)　川島・前掲書（『民法 I 』）108 頁，舟橋 45 頁。

63

判例・通説の考え方によると，石垣や樹木，あるいはボールの所有者は返還請求権を持ち，隣地所有者は妨害排除請求権を持つことになって，互いに請求権の衝突を生じ，結局，どちらでも原告になり，早く判決を得て執行した側が相手方に費用を負担させることができるという不合理な結果を生ずると主張する[100]。

しかし，このような場合には，ボールが隣地へ飛び込んだ（子どもＡが子どもＢの投げたボールを打ったような場合を想定する。）という行為自体によって隣地所有権（カミナリ親父の自宅）が侵害されたのであり，隣地所有者（カミナリ親父）が同時にボール等の所有権を侵害しているわけではないと評価するのが社会通念上の解釈である。

この場合には，ボールの所有者（例えば，子どもＣ）が隣地に立ち入ってボールの取戻行為をしようとするのを隣地所有者（カミナリ親父）が阻止し，自らその占有を取得したと評価されるような積極的な行為をして，初めて，隣地所有者（カミナリ親父）による飛び込み物所有者（子どもＣ）に対する所有権侵害があったことになる。そこで初めて評価が変わることになり，その時になって初めて飛び込み物所有者（子どもＣ）の返還請求権が問題になるのである。

また，この場合における取戻費用は，飛び込み物の返還を請求する者（子どもＣ）の負担と解すべきであるから，結局，妨害除去と返還という相互的な請求権競合の問題は起こりえない[101]。

(2) 不可抗力による石垣崩落等のケース

次に，忍容請求権説や責任説によると，自然災害や第三者の行為によって石垣等が崩落した場合には，隣地所有者自身の費用で妨害除去行為あるいは妨害予防のための補強工事をすべきであり，石垣所有者等は傍観していて差し支えないということになるが，このような解釈が果たして妥当性を有するのかという疑問が生ずる。

この場合には，一般不法行為の問題ではなく，土地工作物の占有者ないし所有者の責任という問題，即ち，第一義的に発生した損害については，占有者や所有者が賠償責任を負担し（第717条1項），他に損害の発生に関する責任者が存在する場合には，その占有者ないし所有者は，当該責任者に求償しうるに過ぎないという規定（同条3項）を類推適用するのが妥当なのではないかと解される[102]。

更に，物権的請求権は，物権の本来あるべき物支配状態を現在以降に確保しようとするものであり，また，その費用負担の問題であり，その請求の相手方も現在の本来あるべき状態を実現しうべき地位にある者であって，不法行為責任のような，過去の侵害行為を問題とするものではない。つまり，物権的請求権の責任原理は「状態責任」であり，「行為責任」ではない。

---

(99)　近藤・前掲書（『物権法論』）12頁，鈴木・講義21-22頁。

(100)　舟橋45頁。

(101)　判例及び学説の分類については，好美・前掲書（『新版注釈民法(6)』）171-172頁を参照。

(102)　好美・前掲書（『新版注釈民法(6)』）172頁。

第2節　物権の効力

したがって，物権的請求権が問題となる局面では，相手方の善意・悪意や過失責任原理の導入は，決して唯一絶対の基準とはなりえないのである[103]。

以上のような理由から，一見妥当な解決を図ることができる理論と評価されうる「責任説」においても，物権的請求権の本質論において矛盾を包含するものであり，妥当性を欠くことになる。したがって，現在においても，行為請求権説を基本に据える解釈が妥当性を有する。行為請求権を基軸とするといっても，これに尽きるという意味ではない。物権的請求権の類型に応じて，適切な構成を考えるべきである。

(3)　自然災害の場合における責任負担

他方，自然災害の場合には，反対に，すべて妨害者負担でもって妨害状況を除去させることは不当なのではないかという評価がなされうる。この説明を如何にして行うのかが問題となる。

しかし，この場合でも，例えば，石垣の崩落が果たして本当に自然災害の結果なのかどうかという検証が必要である。例えば，石垣を設置する工事中において，大雨のために石垣が崩落した場合には，確かに，直接の引き金を引いたのは大雨であるが，その原因は石垣の設置・保存状態にあるものと考えられる場合もある。したがって，このような場合には不可抗力の問題とはならず，石垣所有者の費用で妨害除去工事をさせるべきである[104]。

ただ，例外的に，妨害状況の作出が大規模震災といった自然災害に基因する場合には，個人間の民事的救済の可能性ないしその限界を超えるものと評価されるので，その場合には，災害の復興という事後処理ないし再開発は国家・社会の使命であり，個人間の物権的請求権の行使は問題とならず，むしろ，個人への請求は，場合によっては権利の濫用という問題にもなりうることが指摘されている[105]。この点にも注意を要する[106]。

---

(103)　好美・前掲書（『新版注釈民法(6)』）172頁及び引用諸掲論文参照。

(104)　好美・前掲書（『新版注釈民法(6)』）179頁以下参照。好美教授は，ドイツの理論を参考にして，例えば，土地に人の手が加わった場合には，原則として，その手を加えた者，またはその者からの取得者が妨害予防義務を負担すべきものと解し，このような場合において土地の所有者が予防措置を講じなかったときには，たとえ自然力によって妨害状況が生じたとしても，これは不可抗力によって生じた侵害状態ではないという解釈を提示する。

(105)　好美・前掲書（『新版注釈民法(6)』）183頁。

(106)　阪神淡路大震災（1995年1月17日）及び東日本大震災（2011年3月11日）の状況を見れば，この点は簡単に理解することができる。震災瓦礫の処理は地元の市町村が第一義的に負担し，処理しきれない場合には，地元の都道府県が負担すべきものであるが，大規模災害の場合には，もはや，地方公共団体の処理能力を超えるものと考えられるので，最終的には国が責任をもって処理すべきであろう。

ただし，東日本大震災による福島第一原子力発電所の事故も，第一義的には天災によるものであるが，これによって発生した被害が東京電力及び国の過失責任に基因するものという状況が明らかになれば，放射性物質に汚染された瓦礫の除去を含め，損害賠償責任という問題も，すべて国と東京電力が負担すべきものということになる。

65

第1章　物権法総論

---
point

　妨害状況の除去請求と費用負担請求との関係をどう解釈するかという観点から，判例・通説と有力説とを比較検討して，あるべき解釈について理解しよう。

第4項　債権に基づく物権的請求権

1　債権侵害の意義

　債権は特定の人（債務者）に対して一定の行為を請求する権利である。これに対して，物権は物に対する直接の支配権であることを通じて，世の中のすべての人に対して物権が物の支配権であることを公示し，すべての人がこれを侵害してはならないという義務を負う権利である。この意味において，物権は対世的な権利であり，絶対権と称されることもある。これに対して，債権は人と人との相対する関係であることから，相対権と称される。

　しかし，相対権と称される債権であっても，債務者が債権者に対して一定の給付を行うという債権・債務関係の内容が，法律上すべての人に対してその保護を要求すべき権利であるのか否か，即ち，世のすべての人は債権を侵害してはならないのかどうかが問題となる。権利はすべて不可侵性を有するということを前提とすれば，権利侵害は，物権のみならず，債権や身分法上の権利に至るまで成り立つであろう。

　この問題は，第三者による債権侵害の可否，不法行為の成否という形で幕を開け，当初は，債権の相対性（相対的効力）という観点から，第三者による債権侵害を認めず，その結果，不法行為さえ成立しないものと解されていた。しかし，末弘嚴太郎博士による権利不可侵性理論[107]を契機として，判例は，およそ権利は一般に侵害を許さないという意味において対世的効力を有し，債権を侵害された場合でも，不法行為を構成するものと判示するに至った[108]。学説は，その後もしばらくは論争

---

(107)　末弘嚴太郎「第三者ノ債権侵害ハ不法行為トナルカ」法曹記事第24巻3号47頁以下，5号27頁以下（1914〔大正3〕年）所収及び同「中島博士の新著に引用された余の所説に就いて」法協第39巻5号（1921）741頁（750頁以下）。末弘博士は，債権の第三者に対する権利性＝絶対性を論証しようとして，わが国における従来の肯定説とドイツのシュタウプ博士の見解（積極的債権侵害理論）を採り入れた結果，権利の性質を排他性と不可侵性とに分け，前者を物権に特有の性質として物権的請求権の根拠とし，後者を物権・債権を問わず，権利一般に当然伴う通有性であるとして，この不可侵性に対応する不可侵義務違反こそ，不法行為責任の根拠であるものと主張した。

(108)　大判大正4年3月10日刑録21輯279頁：事案は，立木売買における売主の代理人が売却代金を実際よりも廉価であるように装い，差額を横領したというものである。
　「およそ権利なるものは親族権たると財産権たるとを問わず，その権利の性質内容固より一ならずと雖も，何れもその権利を侵害させないという対世的効力を有し，何人たりともこれを侵害し得ないという消極的義務を負担するものであり，而してこの対世的権利不可侵の効力は実に権利の通有性にして独り債権においてのみ除外例をなすものではない。」
　「第三者が債務者を教唆しもしくは債務者と共同してその債務の全部または一部の履行を不能ならしめ，以て債権者の権利行使を妨げこれによって損害を生ぜしめた場合においては，

を継続したが，取引関係における信義則という理念が，一般人に対しても権利を侵害しないという義務を課し，また，不法行為の要件である権利侵害という概念が違法性という概念に置き換えられ，柔軟性をもって解されるようになったことなどから，肯定説が一般的となった[109]。

2　債権侵害に基づく妨害排除請求の可否

(1)　解釈の変遷

しかし，債権侵害に基づいて損害賠償請求をする場合であれば，不法行為の認定で事足りるが，同じ債権侵害でも，賃借権侵害の場合において，その妨害行為の差止めを求める訴訟の場合には，不法行為の認定では，その目的を達成することはできない。そこで，第三者による債権侵害に基づく妨害排除請求の可否という問題が現れた。

しかしながら，この問題においては，同様の場合において不法行為の成立を認めていた学説からも，妨害排除請求は物権の絶対性・排他性という性質から，物権に限定して認めるべきものであり，債権その他への拡張は認められないとして，これを否定する見解が主流であった[110]。

しかし，その後，判例は，この末弘博士の権利不可侵性説を拡張し，専用漁業権の賃借権侵害という事案において，「権利者が自己のために権利を行使するに際しこれを妨げるものあるときは，その妨害を排除することができるのは権利の性質上固より当然にして，その権利が物権であると債権であるとによってその適用を異にすべき理由はない」と判示した[111]。また，知事の許可による河川敷及び堤防の占

債権者は右第三者に係り不法行為に関する一般原則により損害賠償の請求をなし得る」。

大判大正4年3月20日民録21輯395頁：事案は，債権者Xが債務者Y1の動産類に対して仮差押えに着手したところ，Y1が第三者Y2及びY3と共謀して債権を偽装し，債権証書を公正証書として，Y3が債務者Y2の所有動産として差押えをしたので，XがY1，Y2，Y3に対し，損害賠償を請求したというものである。

「苟も権利の内容にして形成権の如く事実上他人において侵害を加えることのできない性質を有するものでない限り，その支配権たると請求権たるとを問わず，法律は他人においてこれを侵害することを許さないものといわなければならない。したがって，特定人の特定の行為を請求するを主たる内容とする債権と雖も，他人においてこれを侵害することは許されない。もし，故意過失に因り違法にこれを侵害したときは不法行為の責任を負う。」

本件においては，争点となった動産が差押え前に既に第三者Aに担保目的で譲渡されていたという事実関係から，Xの債権は侵害されていないものとされた。よって，この判旨部分は傍論である。

(109)　我妻榮『新訂債権総論』（岩波書店，新訂3刷，1971）76-77頁。我妻博士は，大正14年に鳩山博士が『債権総論』（岩波書店，1926）の新版において改説されたことが肯定説を通説化した契機と捉えている。

(110)　その代表格として，権利不可侵性説を唱えた末弘博士の見解があった。末弘19-20頁，49頁参照。末弘博士は，権利不可侵性説を唱えていたが，これは，権利の絶対性・不可侵性と排他性とは別の性質であり，物権的請求権は排他性から支配権，即ち，物権にのみ認められるという考え方を主張していた。

(111)　大判大正10年10月15日民録27輯1788頁。

第 1 章　物権法総論

用権の侵害についても，「苟も権利たる以上，反対の規定なき限り，その種類の如何を問わず，総て対世的性質を有するものであり，対世的性質を有するものはただ物権にのみ限るものではない」と判示して，妨害排除請求を認めるに至った[112]。

また，末弘博士は，前掲大正 10 年判決に対する評釈において，従来の排他性・不可侵性という概念の効力について理論構成を変更し，排他性は，同一物上に第二の相妨ぐべき権利内容を成立させない効力であり，事実上の侵害を排除する効力は権利の通有性である不可侵性から生ずるものであると主張した[113]。

そして，大審院は，この末弘改説に影響を受け，寺院境内地としての国有財産の無償使用権について，「この使用権は物権たると債権たるとを問わず不可侵性を有するものであるから，これを妨害する者に対しその妨害の排除を請求することができるものと言わざるを得ない」と判示して，初めて，「不可侵性」という文言を使用して，妨害排除請求を認めたのである[114]。

しかしまた他方，専用漁業権事案の直前の判例においては，土地の占有を得ていない土地賃借人が不法占有者に建物収去・土地明渡しを請求したという事案において，この場合には，賃借権に基づく引渡しを請求することはできないと判示していた[115]。

この一見すると矛盾を呈するかのような判例法理について，学説からは，これは矛盾ではなく，判例法理は，妨害排除請求権の前提について，権利を現実に行使している状態，即ち，準占有の状況にあったときには，賃借権に基づく妨害排除請求を認めるというものであり，その状況にないときには，これを認めないという考え方であると主張されている[116]。つまり，賃貸借契約を締結したが，未だ賃借権を

---

(112)　大判大正 11 年 5 月 4 日民集 1 巻 235 頁。

(113)　末弘嚴太郎「148 事件（大判大正 10 年 10 月 15 日）評釈」『判例民法大正十年度』（有斐閣，1932）499 頁以下，同「物権的請求権の再検討」『民法雑記帳』（日本評論社，1940）228 頁以下参照。

(114)　大判大正 12 年 4 月 14 日民集 2 巻 237 頁。

(115)　大判大正 10 年 2 月 17 日民録 27 輯 321 頁：X が A 市から土地を賃借したところ，同地上には Y が無権原で建物を所有し，土地を占有していたので，X は Y に対し，土地の明渡しを求め，本訴を提起した。原審が Y の行為は不法行為であるとして，X に損害賠償請求権と将来に向かっての侵害状態の除去請求を認めたので，Y から上告。

　　破棄自判。「故意または過失により他人の賃借権を侵害した者あるときは被害者たる賃借人はその不法行為者に対し損害の賠償を要求することができるが，損害の賠償は別段の意思表示のないときは金銭をもってその額を定めるべきこと民法第 417 条に規定する所であるから，賃借人はその占有に係る賃借権を他人のため不法に占有された場合においても，……賃借権もしくは損害賠償請求権により引渡しを請求することはできない。」

　　本判決は，専用漁業権の賃借権侵害事案（大判大正 10 年 10 月 15 日）より約 8 か月前の判例であるが，その理論構成及び結論において大きく異なるものである。

(116)　川島・新版理論 119 頁。そこで，この時代においても，占有取得以前からの賃借権妨害者に対する関係において，判例（大判大正 9 年 11 月 11 日民録 26 輯 1701 頁）は，債権者代位権（第 423 条）の転用，即ち，所有者の有する妨害排除請求権の賃借人による代位行使

68

行使していないという局面においては，占有訴権も妨害排除請求権も認められないということになる。

(2) 最高裁判決の変遷

しかし，この大審院時代における解釈は，その後は採用されていない。この点について，検討する。

そもそも，不動産賃借権は，その登記を経由すれば，それ以後に当該不動産に関して物権を取得した者に対しても，その効力を生ずるものと規定され（第605条），また，借地借家法においては，建物所有を目的とする地上権または土地賃借権（いずれも「借地権」）の登記に代わる地上建物の登記に借地権の対抗力を認め（借地借家第10条），また，建物賃借権の登記に代わる賃借建物の引渡しに建物賃借権（借家権）の対抗力を認め（同法第31条），更に，農地賃貸借の場合には，農地賃借権の登記に代わる農地の引渡しに対抗力を認めている（農地第16条1項）。これらは，不動産賃借権という債権が登記またはこれに代わる対抗要件を兼ね備えることによって，第三者に対する対抗力を取得するので，賃借権の物権化現象といわれている。

そこで，最高裁は，これらの制度に基づいて対抗力を具備した場合には，賃借権は物権的効力を有し，第三者に対抗しうるのみならず，その土地につき賃借権を取得した者にも対抗しうるものと判示した[117]。ただ，物権的請求権の行使につき，所有権を有する場合には，所有権保存または移転登記を経由していなくとも，不法行為者・不法占有者に対しては明渡請求をすることが認められており[118]，この点において均衡を欠くので，対抗力のない不動産賃借権であっても，不法占有者との関係においては物権的請求権を肯定してもよいのではないかという議論になる[119]。もっとも，後述するように，民法第177条の「第三者」の範囲に関しては，既に明治41年12月15日の大審院民事連合部判決（民録14輯1276頁）において制限説が採用され，同条の第三者は「登記の欠缺を主張するについて，正当な利益を有する者」に限定されているので，この判例の指示するような「不法行為者，不法占有

によって，賃借権の保全を認めていた。

(117) 最判昭和28年12月18日民集7巻12号1515頁：「（民法第605条，建物の保護に関する法律，罹災都市借地借家臨時処理法第10条）の規定により土地の賃借権をもってその土地につき権利を取得した第三者に対抗できる場合には，その賃借権はいわゆる物権的効力を有し，その土地につき物権を取得した第三者に対抗できるのみならずその土地につき賃借権を取得した者にも対抗できるのである。従って，第三者に対抗できる賃借権を有する者は爾後その土地につき賃借権を取得し，これにより地上に建物を建てて土地を使用する第三者に対し，直接にその建物の収去，土地の明渡を請求することができるわけである。」

(118) 最判昭和25年12月19日民集4巻12号660頁：家屋の不法占有者に対する明渡請求という事案において，最高裁は，不法占有者は民法第177条の登記の欠缺を主張するにつき正当の利益を有する第三者に該当しないという理由によって，未登記所有者からの明渡請求を認めた。

(119) 内田貴『民法III』（東京大学出版会，第3版，2005）179頁は，このように主張する。

者」を始めとする違法不当な占有者や，その後の判例法理によって指示された不動産登記法第5条に規定する者，そして，この規定の解釈から導き出された「背信的悪意者」などは，第177条の「第三者」から除外される。

したがって，この第177条の第三者の範囲という問題は，物権化した賃借権との関係においても同様に取り扱われるべきものである。

また，最高裁は，罹災都市借地借家臨時処理法第2条の優先賃借権[120]にも排他性を認め，物権と同一の効力を有するものとして，妨害排除請求を認めた[121]。

他方，最高裁は，債権に排他性が認められない場合には，妨害排除権能はないものと判示している[122]。

更に，判例は，既に大審院時代において，対抗力のない不動産賃借権の場合には，賃貸人（所有者）の有する妨害排除請求権を代位行使して（第423条），不法占有者を排除することができるものと判示していた[123]。この判断は，所謂「債権者代位権

---

(120) 罹災都市法第2条は，罹災建物の滅失当時における建物の借主から，借地権の存在しない土地所有者への土地賃借の申出による優先賃借権を規定し（1項，2項），土地所有者は，建物所有目的での自己使用その他正当な事由なくして申出の拒絶ができず（3項），対抗力のない借地権，一時使用目的の明らかな借地権は，1項の借地権とはみなさないと規定していた（4項）。この法律は，施行期日が適宜延長されており，最近では，新非訟事件手続法の施行の日から施行するとされた（附則：平成23年5月25日法律第53号）。しかし，東日本大震災を契機として見直しが図られ，現在では，「被災借地借家特別措置法（平成25年6月26日法律第61号）」が制定・施行されたので，罹災都市法は廃止となった。

(121) 最判昭和29年6月17日民集8巻6号1121頁，最判昭和30年2月18日民集9巻2号195頁。

(122) 最判昭和28年12月14日民集7巻12号1401頁：X会社は，石灰石山の使用収益権を得て石灰石採掘事業を経営していたところ，Xが使用収益権を有する部分にY会社が無断侵入して石灰石を採掘しているとして，Yに対し，妨害排除の仮処分を申請した。第1審はXの申請を却下し，原審はXの控訴を棄却したので，Xから上告。

棄却。「或る特定人間の債権契約は，その契約の当事者間において，債権者は債務者に対し或る一定の作為又は不作為の給付を請求しうる法律上の権利を取得するに過ぎないものであって，債権者は直接第三者に対して債権の内容に応ずる法律的効力を及ぼし第三者の行動の自由を制限しえないのを本則とする。」また，不法行為の認定は可能であるが，「これがために債権に排他性を認め第三者に対し直接妨害排除等の請求を為しうべきものとすることはできない。」

最判昭和29年7月20日民集8巻7号1408頁：「Yは本件バラックを所有することにより，その敷地たる本件X等の賃借地を占有し，よってX等の賃借権を侵害するものなること明らかであるから，YはX等に対してバラックを収去してその敷地を明け渡さなければならぬというにある……，しかし債権者は債務者に対して行為を請求しうるだけで第三者に対して給付（土地明渡しという）を請求しうる権利を有するものではない。（物権の如く物上請求権を有するものではない）。それ故Xは土地の賃借人であるというだけで（何等特別事由なく）当然Yに対し明渡しという行為を請求しうるものではない。」

(123) 大判昭和4年12月16日民集8巻944頁：Xの先代AはB所有の宅地を建物所有の目的で期間の定めなく賃借した。Aは，宅地上に家屋を建築し，これをCに賃貸していたところ，関東大震災時の火災により，家屋は焼失した。Cは，その焼け跡に無断で木造トタン葺平家建のバラックを築造し，これをDに売却した。その後，Yは，Dから本件バラック建物を買

第2節　物権の効力

の転用」であり，これは，明治43年7月6日の大審院判決(124)において登記請求権の代位を認めて以来，確定した判例法理として今日に至っている。

　対抗力のない土地賃借人が，自己の賃借権を保全するために，賃貸人である土地所有者の所有権に基づく妨害排除請求権を代位行使して，不法占有者を排除するという構成は，この大判昭4・12・16のように，占有権を失ったか，あるいは，占有権の存在について立証の難しいような場合には，占有訴権による賃借権保全が難しく，他に取るべき手段がないということから，債権者代位権の転用に反対する学説においても，この場合においては認めざるをえないであろう。

(3)　学説の展開

　次に，第三者の債権侵害に対して，債権者が妨害排除請求権を行使しうるかという問題に関する学説の変遷を概観する。

　学説は，排他性（対抗力）を有する賃借権に関して妨害排除権能を認めるという判例法理に賛意を表明するものが多数を占める一方で，他方，賃借人が占有を取得しても，登記その他の手段による排他性を有しない場合には，これを否定するというものもまた多数を占めてきた。

　また，占有を取得しない場合でも，債権者代位権構成を採らず，判例が妨害排除請求権の根拠を排他性に求めているという点に反対し，この場合には，違法な侵害

　い受け，不法に敷地を占拠し，Bの土地所有権を侵害し，Aの賃借権に基づく土地使用を不能とした。しかし，BはYに対して妨害の除去を請求しない。その後，Aが死亡し，Xが相続した。

　　Xは，自己の賃借権を保全するため，民法第423条により，BのYに対して有する所有権に基づく妨害排除請求権を代位行使し，Yに対し，本件バラック収去・土地明渡しを求め，本訴を提起した。第1審，原審ともにXの請求を認容したので，Yから上告。

　　棄却。「民法第423条は債務者が自己の有する権利を行使しないため，債権者をしてその債務者に対する債権の十分なる満足を得られない場合における救済方法を定めたものであり，債権者の行うべき債務者の権利につきその一身に専属するもののほかは何らの制限を設けず，また債務者の無資力たることを必要としないので，同条に所謂債権は必ずしも金銭上の債権たることを要せず，また所謂債務者の権利は一般債権者の共同担保となるべきものに限らず，ある債権者の特定債権を保全する必要ある場合においても同条の適用あるものと解するを相当とする。」

(124)　大判明治43年7月6日民録16輯537頁：本件土地は，YからAへ売買され，その翌年にAからXへと売買されたが，いずれも所有権移転登記を経由しなかった。その後，Yが本件土地の一部を第三者Bに売買し，また土地の立木をも売買し，代金を受領したので，XはYに対し，所有権移転登記と代金の引渡を求め，本訴を提起した。原審は，民法第423条により，AのYに対して有する登記請求権をXが代位行使しうるとしたので，Yから上告。

　　棄却。「Yは本件土地をAに売り渡し，Aは更にこれをXに売り渡したところ，その2個の売買による所有権移転登記はいずれも未だその手続をしないものである。故にAはYに対し，またXはAに対し，各売買による所有権移転登記手続を請求する権利を有するところ，後の売買による登記は登記法上前の売買による登記を経た後でなければこれをすることができないのであるから，X及びAがその両人間の売買による登記をしていないときには，Xは，民法第423条の規定により，Aに対する登記手続の請求権を保全するため，AのYに対する登記手続請求権を行使することができるものといわなければならない。」

第1章　物権法総論

行為そのものに根拠を求めるべきであるとし，ただ，その違法性の認定にあたっては，不法行為の成否を決する場合に比して一層慎重にすべきであるとして，賃借権の公示方法または認識可能性の存在を必要とし[125]，あるいは，妨害排除請求を認めることによって生ずべき侵害者の犠牲の程度と，これを否認することによって生ずべき被害者の不利益の程度とを相関的に判断すべきである[126]と主張していた。

これら判例・学説の立場に関して，我妻榮博士は，排他性ある賃借権に妨害排除権能を認める判例法理を肯定しつつ，物権的請求権の根拠は物権の直接支配性に存するが，排他性は両立しない権利の成立を否定する観念的なものであるから，排他性から直ちに妨害排除請求権を導くことは正確ではないと解し，しかし，物権の通有性として排他性が認められるということは，外界の物資の直接的な利用を一層強固にするものといえるので，不動産賃借権が一定の要件の下に排他性を認められる場合には，単にこれと両立しえない権利の成立を否定するのみならず，更にその目的物に対する直接的な利用権能についての妨害排除請求をも認められるに至ったと解している[127]。

ただ，我妻博士は，排他性の認められない場合には常に妨害排除請求を否定すべきだという理論にはならないはずであると解している。例えば，農地賃借権と建物賃借権が占有に対抗力を認め，土地賃借権が地上建物の登記に対抗力を認めているのは，不動産の権利関係はなるべく登記に反映させようという考慮に基づくものであるが，ここから，土地賃借権は「占有を取得しただけでは第三者の不法な侵害を排斥する力もないとすることは，不動産利用者の立場を保護しようとする近時の法理想に忠実なものとはいえまい」と主張し，「すべての土地の賃借権が目的物の占有を伴うようになった場合には，その目的物と緊密な事実上の関係を生じ，第三者からもこれを認識することができるようになるのだから，これを根拠として──排他性を認められなくとも──違法な侵害を排斥する力だけはこれを取得すると解することが，不動産利用権を保護する理想に適するというべきではあるまいか」と論じている[128]。つまり，土地賃借権の存在は，建物の存在や農耕・牧畜など，土地の利用状況から判明するはずであるという賃借権物権化現象の論拠を顧慮しつつ，妨害排除権能を考えるべきであると論じているのである。

更に，我妻博士は，占有を取得していない賃借人による不動産賃借権に基づく妨害排除請求は債権者代位権によるべきものと解している。その理由は，不法行為の成否は各場合における違法性の有無や強弱の判断により，その効果も柔軟性を有するが，妨害排除請求は認否いずれかに画一的に定めなければならず，同一に論ずる

---

(125)　柚木馨『判例債権法総論上巻』（有斐閣，1950）21頁以下。
(126)　舟橋36頁以下。
(127)　我妻・前掲書（『新訂債権』）85頁。
(128)　我妻・前掲書（『新訂債権』）85頁。

ことはできないからであると論じている。また，債権者代位権によるときには，賃借人は土地所有者との間における一切の債権的関係を主張することができるが，直接の妨害排除請求においては，土地所有者との関係を主張することはできず，第三者に対する影響は不法行為の成否と同一にはならないということも，債権者代位権という迂路を残す必要性の根拠としている[129]。

以上の通説的見解から総合的に判断すると，公示方法の具備などから排他性の認められる賃借人には妨害排除権能があり，排他性のない賃借人は占有訴権を行使し，占有していない賃借人は所有者の有する妨害排除請求権を代位行使すべきものということになる。それゆえ，債権者代位権を使う場合というのは，占有していない賃借人に限定され，既に占有し，賃借権を行使している賃借人は賃借権（または占有訴権）に基づいて不法占有者を排除することが認められるべきだということになる。

しかし，この通説的な見解に対しては，排他性は物権の優先的効力を導くものであり，そこで予定されているのは物権に関する取引関係であり，だからこそ，公示方法ないし対抗要件が問題となるものと解し，物権侵害者のような物権取引関係に立たない者に対しては，排他性，優先的効力，公示・対抗力の有無は適用されないはずであり，だからこそ，不法行為者に対しては対抗要件がなくとも対抗しうるのではないかと主張して，この理論構成は妨害排除請求の場合にもあてはまるのであり，通説・判例が対抗力・排他性の有無によって妨害排除請求権の存否を判別しているのは当を得ないとして，通説・判例を批判する有力説がある[130]。

最後に，以上の場合において，第三者が不法占有者ではなく，賃貸人との関係において占有権原を有する二重賃借人のときには厄介な問題となる。この場合には，所有者（賃貸人）は利用を妨害されているとはいえない関係上，妨害排除請求権を有しないので，賃借人は債権者代位権の転用も使えないのである。ましてや，二重賃貸借の場合において，互いに対抗力を備えていないときには，互いに賃借権の効力を対抗しえない立場にあることから，もはや解決方法はないようにも見える。

それでは，このような二重賃貸借の場合には，賃借人はどうすればよいのであろうか。

この場合において考えられる方策としては，背信的悪意者排除説などの類推適用がある。即ち，第一賃借人の存在について第二賃借人が悪意であり，しかも同人には第一賃借人に対して何らかの害意があると認められる場合には，信義則違反ないし権利濫用法理の適用により（第1条），第二賃借人の適法性を否定し（適法性の抗弁の否定），同人は第一賃借人に対抗しえない者として，第一賃借人の賃借権を優先させるという構成である。

そこで，結論としては，賃借人に対抗力も占有訴権もない場合，あるいは，二重

---

(129) 我妻・前掲書（『新訂債権』）86頁。
(130) 舟橋34頁。

賃貸借の場合において，第二賃借人に害意が認められないときには，賃借人相互間における紛争処理はできないということになり，この場合には，賃借人は賃貸人に対し，債務不履行に基づく損害賠償請求をするしか方法がないということになる（第415条）。

> **point**
> 　第三者による債権侵害，特に賃借権侵害について，(1)債権の相対的効力からの解決は可能か，その方法を検討した後，(2)賃借権に基づく妨害排除請求の可否という観点から，検討してみよう。

第5項　物権的請求権と人格権の保護

1　差止請求の意義

　いわゆる公害，日照・通風・景観など生活環境の悪化，騒音などの生活妨害，そして，名誉毀損など，我々の社会生活の平穏を害する事案は枚挙にいとまがないほど多い。そこで，工場の操業中止，建設工事・公共事業工事の中止，出版の中止などを求める必要が生ずる場合がある。これらは，いわゆる差止請求訴訟によって，行為の停止（不作為）を求めるという点において，従来は，物権的請求権の行使ないし類似の行為と目されてきた。

　しかし，物権的請求権の目的は，物権や不動産賃借権を侵害またはそのおそれから解放するという点にあるので，保護主体が人の権利ではなく，人の生命，身体，精神，健康，生活という「人それ自体」，あるいは，「人をめぐる環境」である場合には，端的に物権的請求権を根拠とする場合とは自ずと観点が異なってくる。

　そこで，公害・環境問題，生活妨害・被害，名誉毀損，景観利益の喪失などを理由とする差止請求の場合には，端的に「人格権の侵害」ととらえ，これを保護するための差止請求という法理を構築する必要が生じた。これが，現代における人格権ないし環境権の保護という問題である。そして，環境権を人格権の枠組みの中でとらえれば，端的に人格権の保護という枠組みになる。ここでは，この人格権の保護という問題について，まずは，判例の個別的な分析を試みる。

2　判例に現れた事案の考察

(1)　大阪空港騒音公害訴訟

〔判例7〕大阪高判昭和50年11月27日判時797号36頁

【事実】

　本件は，大阪（伊丹）空港の周辺住民Xらが，Y（国）を被告として，損害賠償，夜間ならびに早朝（毎日午後9時から翌午前7時まで）の飛行差止めなどを求め，訴えを提起したものである。

　これに対し，Yは，Xの請求を不適法として争った。即ち，

(1)　本件空港の設置者，管理者は，Y（国）ではなく，運輸大臣であり，このような営造

第2節 物権の効力

物の管理行為は公権力の行使，行政権の発動としてなされるものであって，本件空港をいかなる態様で何人に使用させるかは運輸大臣がその権限の範囲内で自由な裁量によりこれを決すべきものである．

(2) Xらの権利を侵害しているのは航空機ないし航空会社であり，Y（国）もしくは運輸大臣ではなく，航空会社等は本来何らの時間的制約なく空港を使用しうることになっており，本件差止請求が認容されると，運輸大臣は航空会社等に対し空港を一定時間内は使用させないための措置，即ち，空港管理権を発動しなければならないことになり，本件差止請求は単純な不作為請求とはいえないが，Y（国）には行為能力がないから，Y（国）に対し空港管理権の発動と同一内容の行為を請求することはできない，旨を主張した．

【判旨】 請求認容

大阪高裁は，差止請求の適法性について，次のような解釈を表明した．

まず，本件差止請求の相手方（被告適格）の問題については，「本件空港の設置・管理の法的主体は国であり」，「本件差止請求は，国が事業主体である本件空港の設置，管理上の瑕疵ないしその供用によって生じている事実状態が，その周辺の住民であるXらの私法上の権利を侵害しているとして，その侵害状態の排除を求めるものであって，このような場合における国とXらとの関係を専ら私法上の関係として把握し，Xらの請求を私法上の請求権の行使と解することに，何らの妨げはない」とし，また，「騒音，排気ガス，振動等を発するものが航空機ないし航空会社等であるとしても，それがXらの権利の侵害となるのは，専ら本件空港に航空機が離着陸する結果なのであり，Yがその管理主体として，本件空港の供用による公害の発生を防止すべき義務を負うことは」言うまでもないから，「侵害を除去するためには，Yにおいて，Xら主張の時間帯の間本件空港を航空機の離着陸に使用させることを止めるべく，かつ，それをもって足りる」として，結論として，「本件差止請求は，運輸大臣の特定の行政処分を求めるものではなく，Yに対し不作為を求める私法上の請求であることは明らかであり，なお，Yの行為能力の有無とも関係のないことというべきである」と判示して，Yが差止請求の相手方であることを認めた．

次に，人格権に基づく主張の当否については，「およそ，個人の生命・身体の安全，精神的自由は，人間の存在に最も基本的なことがらであって，法律上絶対的に保護されるべきものであることは疑いがなく，また，人間として生存する以上，平穏，自由で人間たる尊厳にふさわしい生活を営むことも，最大限度尊重されるべきもの」という前提に立ち，この法益は憲法第13条によって保障され，同第25条によって裏付けられているものと解した上で，「このような，個人の生命，身体，精神および生活に関する利益は，各人の人格に本質的なものであって，その総体を人格権ということができ，このような人格権は何人もみだりにこれを侵害することは許されず，その侵害に対してはこれを排除する権能が認められなければならない．すなわち，人は，疾病をもたらす等の身体侵害行為に対してはもとより，著しい精神的苦痛を被らせ，あるいは著しい生活上の妨害を来す行為に対しても，その侵害行為の排除を求めることができ，また，その被害が現実化していなくともその危険が切迫している場合には，あらかじめ侵害行為の禁止を求めることができるもの

75

第 1 章　物権法総論

と解すべきであって，このような人格権に基づく妨害排除および妨害予防請求権が私法上の差止請求の根拠となりうるものと」解し，本件差止請求権の行使は，人格権に基づく妨害排除ないし予防の意義を有するものと認めた。

　大阪高裁は，このような解釈を展開し，本件空港の供用によって生ずる航空機の騒音等は，Ｘら全員に著しい精神的苦痛と生活妨害をもたらし，身体被害をも一部の者にはすでに与え，他の者をも同様の危険に曝しているものと認定し，Ｘらの人格権は侵害されているものと判示し，その被害の重大性を考えると，その救済のためには，過去の損害の賠償を命ずるだけでは不十分であり，差止めの問題を十分検討しなければならないと判示した。

　そして，差止請求を許容する範囲として，本件空港の供用に対する差止請求が全面的もしくは昼間より夕刻にかけての相当長時間にわたるものであれば，利益衡量の上での重大な問題が避けられないところであるが，「午後 9 時から 10 時までが，一般に家庭における団らんや休息，読書，思索等の時間であり，人によってはすでに就寝の時間でもあって，誰しもその静穏を求めるのは当然のことである」として，Ｙが既に午後 10 時以降翌朝 7 時までの自主規制を実施していることと併せて，午後 9 時以降の飛行差止めを認めた。

> *point*
>
> 　空港周辺の住民は，航空機（ジェット機）の騒音等による苦痛が受忍限度を越えることを理由として，空港の夜間使用（離・着陸）の差止めを請求しうるか。

(2)　北方ジャーナル事件

〔判例 8〕最大判昭和 61 年 6 月 11 日民集 40 巻 4 号 872 頁

【事実】

(1)　Ｙ1 は，11 年 4 か月もの間市長職を務めた後，知事選挙に立候補する予定であった。

(2)　Ｘの代表者Ａは，本件記事の原稿を作成し，Ｘはこれを本件雑誌（予定発行部数第一刷 2 万 5,000 部）に掲載する予定であった。本件記事は，知事たる者は聡明で責任感が強く人格が清潔で円満でなければならないと立言したうえ，Ｙ1 はその適格要件を欠くという論旨を展開し，Ｙ1 の人物論について，Ｙ1 は，「嘘と，ハッタリと，カンニングの巧みな」少年であったとか，「言葉の魔術者であり，インチキ製品を叩き売っている（政治的な）大道ヤシ」「美しい仮面にひそむ，醜悪な性格」「Ｙ1 の素顔は，昼は人をたぶらかす詐欺師，夜は闇に乗ずる凶賊で，云うならばマムシの道三」などという表現でＹ1 の人格を評し，その私生活につき，「クラブのホステスをしていた新しい女を得るために，罪もない妻を卑劣な手段を用いて離別し，自殺せしめた」などと記し，その行動様式は「常に保身を考え，選挙を意識し，極端な人気とり政策を無計画に進め，市民への奉仕よりも自己宣伝に力を強め，利権漁りが巧みで，特定の業者とゆ着して私腹を肥やし，汚職を蔓延せしめ」ており，知事選立候補は「知事になり権勢をほしいままにするのが目的である。」旨を内容とするものであった。

(3)　Ｙ1 は，裁判所に対し，債権者をＹ1，債務者をＸ及びＢ印刷会社とし，名誉権の侵害を予防するとの理由で本件雑誌の執行官保管，その印刷，製本及び販売又は頒布の禁

76

第2節　物権の効力

止等を命ずる仮処分決定を求める仮処分申請をした。裁判官Cは，仮処分申請を相当と認め，仮処分決定をした。その後，執行官Dがこれを執行した。

そこで，Xは，本件仮処分の決定・執行により，Xの当該号は休刊のやむなきに至ったとして，Y₁に対し，民法第709条に基づき，また，Y₂（国）に対し，国家賠償法第1条に基づき，損害賠償を求め，本訴を提起した。

【事実審】

第1審，原審ともに，本件雑誌記事は，Y₁を中傷，誹謗しその名誉を明らかに毀損するものであり，しかも本件記事の内容が真実であることの証拠はなく，本件雑誌の頒布によって，Y₁の名誉は違法に毀損され明白に同人の名誉毀損状態が作出され，しかも名誉毀損によって同人はかなりの損失を受けること，その回復は極めて困難であることを理由として，本件出版差止めの仮処分を適法として，Xの請求を棄却した。Xから上告。

【判旨】棄却

「人の品性，徳行，名声，信用等の人格的価値について社会から受ける客観的評価である名誉を違法に侵害された者は，損害賠償（民法710条）又は名誉回復のための処分（同法723条）を求めることができるほか，人格権としての名誉権に基づき，加害者に対し，現に行われている侵害行為を排除し，又は将来生ずべき侵害を予防するため，侵害行為の差止めを求めることができるものと解するのが相当である。けだし，名誉は生命，身体とともに極めて重大な保護法益であり，人格権としての名誉権は，物権の場合と同様に排他性を有する権利というべきであるからである。」

「表現の自由，とりわけ，公共的事項に関する表現の自由は，特に重要な憲法上の権利として尊重されなければならないもの」であるが，「他人の名誉を害する表現は表現の自由の濫用であって，これを規制することを妨げない」。「刑事上及び民事上の名誉毀損に当たる行為についても，当該行為が公共の利害に関する事実にかかり，その目的が専ら公益を図るものである場合には，当該事実が真実であることの証明があれば，行為には違法性がなく，また，真実であることの証明がなくても，行為者がそれを事実であると誤信したことについて相当の理由があるときは，行為には故意又は過失がないと解すべく，これにより人格権としての個人の名誉の保護と表現の自由の保障との調和が図られているものである（最大判昭和44年6月25日刑集23巻7号975頁，最判昭和41年6月23日民集20巻5号1118頁参照）。」

「表現行為に対する事前抑制は，表現の自由を保障し検閲を禁止する憲法21条の趣旨に照らし，厳格かつ明確な要件のもとにおいてのみ許容されうるものといわなければならない。

出版物の頒布等の事前差止めは，このような事前抑制に該当するものであって，とりわけ，その対象が公務員又は公職選挙の候補者に対する評価，批判等の表現行為に関するものである場合には，そのこと自体から，一般にそれが公共の利害に関する事項であるということができ，憲法21条1項の趣旨に照らし，その表現が私人の名誉権に優先する社会的価値を含み憲法上特に保護されるべきであることにかんがみると，当該表現行為に対す

77

第1章　物権法総論

る事前差止めは，原則として許されないものといわなければならない。ただ，このような
場合においても，その表現内容が真実でなく，又はそれが専ら公益を図る目的のものでは
ないことが明白であって，かつ，被害者が重大にして著しく回復困難な損害を被る虞れが
あるときは，当該表現行為はその価値が被害者の名誉に劣後することが明らかであるうえ，
有効適切な救済方法としての差止めの必要性も肯定されるから，かかる実体的要件を具備
するときに限って，例外的に事前差止めが許されるものというべきであり，このように解
しても憲法の趣旨に反するものとはいえない。」

　最高裁大法廷は，このように判示して，原判決を支持した。

---

point

　選挙に立候補する特定の個人を誹謗・中傷する記事を掲載した出版物（雑誌）
に対し，名誉毀損を理由として，その出版差止めを請求しうるか。

---

(3)　「石に泳ぐ魚」事件
〔判例9〕最判平成14年9月24日判時1802号60頁
【事実】

　(1)　Xは，東京生まれの韓国人女性であり，11歳から韓国に居住したが，韓国ソウル
市内のA大学を卒業した後に来日し，B大学の大学院に在籍していた。Xは，幼少時に血
管奇形に属する静脈性血管腫に罹患し，多数回にわたる手術でも完治せず，その血管奇形
が外貌に現れている。また，Xの父Cは，日本国内の大学で国際政治学の教授であったが，
講演先の韓国においてスパイ容疑で逮捕され，投獄された経歴を有する。

　Y1は，著名な小説家であり，芥川賞を受賞するなどしている。XとY1は，Y1が訪韓
した際に知り合い，交友関係を持ち，Y1が日本に帰国した後も手紙等のやり取りをして
いた。

　(2)　Y1は，「石に泳ぐ魚」と題する本件小説を執筆し，これを，Y3が編集兼発行者で，
Y2社が発行する雑誌で公表した。本件小説には，Xをモデルとする「朴里花」なる人物
が全編にわたって登場する。「朴里花」の特徴・経歴及びその父の経歴は，Xの特徴・経
歴及びその父の経歴とほぼ一致していた。

　他方，本件小説中には，高額の寄附を募る新興宗教に「朴里花」が入信したという虚構
の事実が述べられている。更に，本件小説には，「朴里花」の顔面の腫瘍につき，通常人
が嫌う生物や原形を残さない水死体の顔などに例えて描写するなど，異様なもの，悲劇的
なもの，気味の悪いものなどと受け取られる苛烈な表現がされている。

　(3)　Xは，本件小説の公表を知り，これを読むまでは，Y1による本件小説の執筆を知ら
ず，その公表を知った後も，Y1に対し，本件小説の公表を承諾したことはなかった。X
は，本件小説を読み，「朴里花」のモデルが自分であることを知るとともに，Y1を信頼
して話した私的な事柄が多く記述されていることに激しい憤りを感じ，これにより，自分
がこれまでの人生で形成してきた人格がすべて否定されたような衝撃を覚えた。

　(4)　Y2社は，本件小説の日本語版の販売等を行う権利を有している。

78

そこで，Xは，Y1，Y2社及びY3に対して，慰謝料の請求，ならびに，出版の差止めを求めるため，本訴を提起した。

これに対して，Yらは，①本件小説の主題は，「困難に満ちた〈生〉をいかに生き抜くか」という人間にとって普遍的かつ重要なものであり，「朴里花」は「困難に満ちた〈生〉」と直面しながらも，強く生き抜いている人物として描かれているので，Y1は本件小説により「朴里花」を侮辱する意図を有していない，②表現の自由は，憲法の定める基本的人権の中で優越的地位を占めるので，表現行為が，(a) 社会の正当な関心事に関するものであり，(b) その内容及び方法が不当なものでない場合には，表現の自由との調整の法理により，当該表現行為は違法性ないし有責性を欠く，③プライバシー及び名誉感情は排他性を有する権利ではないから，これらの侵害を理由として公表の差止めを求めることはできない，などと主張した。

【原審】

原審は，次のように判示し，Xの請求を認容した。

「(1) 本件小説中の「朴里花」とXとは容易に同定可能であり，本件小説の公表により，Xの名誉が毀損され，プライバシー及び名誉感情が侵害されたものと認められる。

(2) 本件小説の公表により，Xは精神的苦痛を被ったものと認められる。

(3) 人格的価値を侵害された者は，人格権に基づき，加害者に対し，現に行われている侵害行為を排除し，又は将来生ずべき侵害を予防するため，侵害行為の差止めを求めることができるものと解するのが相当である。どのような場合に侵害行為の差止めが認められるかは，侵害行為の対象となった人物の社会的地位や侵害行為の性質に留意しつつ，予想される侵害行為によって受ける被害者側の不利益と侵害行為を差し止めることによって受ける侵害者側の不利益とを比較衡量して決すべきである。そして，侵害行為が明らかに予想され，その侵害行為によって被害者が重大な損失を受けるおそれがあり，かつ，その回復を事後に図るのが不可能ないし著しく困難になると認められるときは侵害行為の差止めを肯認すべきである。」

Yらから上告受理申立て。

【判旨】棄却

「原審の確定した事実関係によれば，公共の利益に係わらないXのプライバシーにわたる事項を表現内容に含む本件小説の公表により公的立場にないXの名誉，プライバシー，名誉感情が侵害されたものであって，本件小説の出版等によりXに重大で回復困難な損害を被らせるおそれがあるというべきである。したがって，人格権としての名誉権等に基づくXの各請求を認容した判断に違法はなく，この判断が憲法第21条1項に違反するものでないことは，当裁判所の判例（最大判昭和44年6月25日刑集23巻7号975頁，最大判昭和61年6月11日民集40巻4号872頁）の趣旨に照らして明らかである。」

《問題点》

ある特定の個人をモデルとした小説において，顔面に完治の見込みのない腫瘍があるという特徴について，異様なもの，悲劇的なもの，気味の悪いものなどと受け

取られる苛烈な表現をし，また，父親の逮捕歴など，特定の個人の知られたくない周辺事情について，事実を誇張し，更に，本人が入信した事実のない新興宗教に，小説のモデルが入信したなど，虚構の事実まで織り交ぜた場合には，人格権の侵害といえるか。

　出版による人格権の侵害に対する保護は，いかなる態様によって行われるのか。
《分析》

　このような問題について，本判決は，公共の利益に係わらない個人のプライバシーにわたる事項を表現内容に含む小説の公表は，公的立場にない特定の個人の名誉，プライバシー，名誉感情を侵害するものであり，小説の出版等により特定の個人に重大で回復困難な損害を被らせるおそれがあるとして，原審が，人格的価値を侵害された者は，人格権に基づき，加害者に対し，現に行われている侵害行為を排除し，または将来生ずべき侵害を予防するため，侵害行為の差止めを求めることができるとした判断を適法と判示した。

　本判決は，人格権の存在を認めている従来の判例法理を一歩進め，人格権的利益の侵害に対する保護手段として，出版という行為の差止めを認めたものとして位置づけられる判例である。この構成と結論は，前掲した北方ジャーナル事件を踏襲したものではあるが，北方ジャーナル事件が知事選挙の候補者，即ち，公人に属する人物に対する侮辱ないし名誉毀損事案であるのに対して，本件は，公共の利益と関わらない一般私人の名誉・プライバシー権など，一般的人格権に基づくモデル小説の出版差止請求を認めたという点において，意義ある判例である。

　次の事案も人格権的利益の侵害に関する事案であるが，道路通行権の侵害という問題であり，この意味において，個人の人格権侵害というよりは，むしろ，広域的な人格権侵害というべき事案である。

　(4)　位置指定道路（建築基準第42条）の通行妨害と妨害排除請求権
〔判例10〕最判平成9年12月18日民集51巻10号4241頁
【事実】
　(1)　本件土地は，その周辺が大規模な分譲住宅団地として開発された際，各分譲地に至る通路として開設された幅員4mの道路であり，市長から道路位置指定を受けている。
　(2)　本件土地は，道路位置指定以後30年以上にわたり，Xらを含む近隣住民らの徒歩及び自動車による通行の用に供されている。
　(3)　Xらがその居住地から自動車で公道に出るには，公道に通じる他の道路が階段状であり，自動車による通行ができないため，本件土地を道路として利用することが不可欠であった。
　(4)　Yらは，贈与により本件土地の所有権（持分各2分の1）を取得した。
　(5)　Yらは，Xらを含む本件土地近辺の住民に対し，Yらと本件土地の通行に関する契約を締結しない車両等の通行を禁止するという趣旨のビラをまいた。Yらは，このビラま

きと前後して，専らＸらの自動車通行をやめさせる意図の下に，本件土地に簡易ゲート等を設置した。その結果，Ｘらは，自動車で本件土地を通行するたびに，一旦下車して簡易ゲートを取り除かなければならなくなった。その後，Ｙらは，Ｘらの所属する自治会に対し，本件土地の通行を不可能にする工事を施工する旨を通知した。

（6）そこで，Ｘらは，道路位置指定処分を受けた本件土地の所有者Ｙらが，Ｘらの自由な通行を否認し，妨害しているとして，その妨害の排除を求めるため，本訴を提起した。

これに対して，Ｙらは，妨害行為それ自体を否認し，また，本件土地につき，Ｘらが危険な通行をし，Ｙらの平穏な生活を脅かしていると主張した。

【事実審】

第1審は，ゲートの設置等によるＹらの妨害行為を認定し，Ｘらが30年以上にわたり，本件土地を自動車で通行していること，一旦，自動車を降り，ゲートを除去して再び通行することにより，交通事故につながるおそれがあることを認定し，Ｘらの請求を認めた。Ｙらは，これを不服として控訴した。

原審も，Ｘらは本件土地につき自動車通行を含む通行の自由権を有し，これを妨害するＹらに対して妨害排除，妨害予防を請求しうると判示し，Ｙらの控訴を棄却した。Ｙらから上告。

【判旨】棄却

「建築基準法42条1項5号の規定による位置の指定（以下「道路位置指定」という。）を受け現実に開設されている道路を通行することについて日常生活上不可欠の利益を有する者は，右道路の通行をその敷地の所有者によって妨害され，又は妨害されるおそれがあるときは，敷地所有者が右通行を受忍することによって通行者の通行利益を上回る著しい損害を被るなどの特段の事情のない限り，敷地所有者に対して右妨害行為の排除及び将来の妨害行為の禁止を求める権利（人格権的権利）を有する。」

「Ｘらは本件土地を自動車で通行することについて日常生活上不可欠の利益を有しており，また，本件土地の所有者であるＹらは，Ｘらが本件土地を通行することを妨害し，かつ，将来もこれを妨害するおそれがある一方で，他方，ＹらがＸらの通行利益を上回る著しい損害を被るなどの特段の事情があるということはできず，他にこの特段の事情に係る主張立証もないから，Ｘらの妨害排除・予防請求は認められる。」

《問題点》

建築基準法42条1項5号による道路位置の指定を受け現実に開設されている道路の通行について日常生活上不可欠の利益を有する者が，道路の通行をその敷地所有者によって妨害され，または妨害されるおそれがあるときには，敷地所有者に対して妨害行為の排除及び将来の妨害行為の禁止を求める権利を有するか。

《分析》

(ア) 位置指定道路の通行妨害

このような問題について，本判決は，道路の通行について日常生活上不可欠の利益を有する者は，敷地所有者が通行を受忍することによって通行者の通行利益を上

第1章 物権法総論

回る著しい損害を被るなど，特段の事情のない限り，通行者は，敷地所有者に対し，妨害行為の排除及び将来の妨害行為の禁止を求める権利（人格権的権利）を有するものと判示した。

その理由は，①本件のような道路通行権は，道路位置指定に伴う反射的利益に過ぎず，その通行が妨害されても，道路敷地所有者に対する妨害排除等の請求権を有しないのが原則であるが，生活の本拠と外部との交通は人間の基本的生活利益に属し，これが阻害された場合の不利益は甚だしく，外部との交通に関する代替手段を欠くなどの理由により日常生活上不可欠なものとなった通行に関する利益は私法上も保護に値するものであり，他方，②道路敷地所有者は，この通行利益を上回る損害を被るなど，特段の事情のない限り，私法上の通行受忍義務を負うべきものだからである。

本判決は，土地所有者による位置指定道路通行権の妨害について，土地所有者の被る損害と通行利益とを比較衡量しつつ，前者の損害が後者の利益を上回らないことを要件とし，また，生活の本拠と外部との通行に関して，他に代替的な手段を欠くという必要不可欠性を要件として，日常通行している地域住民にはその妨害排除・予防請求権という人格権的権利があるとした。

本件土地は，市長から道路位置指定を受けたとはいえ，個人の所有地としての私道であり，この所有者による通行妨害について，通行者がその排除・予防の請求権を有するか否かが争点となった。この争点については，通行者が長年生活用道路として通行してきたという事実があれば，通行地役権の時効取得（第283条）も俎上に上ってくるが，それとは別に，通行者は妨害排除請求権を有するのか，有するとしても，それはどのような権利に基づく請求権なのかという点は判例上明らかにされてこなかった。本判決は，日常生活において不可欠な通行利益を被保全利益として，この法益を守る請求権自体を人格権的権利として位置づけ，この権利を通行者に認めるという解釈手法を採ったものである。

本件と類似の問題について，判例は，道路位置指定がなされた道路であっても，現実に道路として共用されていない部分については，土地所有者以外に自由な通行権はないとして，妨害排除請求権を否定しており[131]，また，土地所有者が道路位置指定内にブロック塀を設置したとしても，塀の内側の部分は現実に道路が開設されず，通行の用に供されていないので，その部分については，自由に通行するという反射的利益自体が生じておらず，また，ブロック塀の設置により既存の通路の幅員が狭められた範囲はブロック2枚分程度にとどまり，ブロック塀の外側には公道に通ずる通路があるという理由から，通行人の日常生活に支障が生じたとはいえないとして，妨害排除請求を否定してきた[132]。

(131) 最判平成3年4月19日金融商事872号42頁。
(132) 最判平成5年11月26日判時1502号89頁。

第2節　物権の効力

　これらの判例は，現実には道路として供用されていない場合の判例であり，道路として供用されていた場合の事案としては，本件が最初の判断である。

　㈡　公道の通行妨害と通行の自由権

　もっとも，公道の通行に対する妨害事案としては，既に最判昭39・1・16があり，最高裁は，住民は「道路に対して有する利益ないし自由を侵害しない程度において，自己の生活上必須の行動を自由に行い得べき使用の自由権（民法710条）」を有しており，これは公法に由来するものではあるが，その妨害が不法行為に該当するものであれば，妨害排除も請求しうるものと判示している(133)。理論構成としては，公道の通行権を不法行為から保護されるべき法益として位置づけ，これを「通行の自由権」として，通行者は侵害者に対して妨害排除請求権を有するというものである。しかし，物権的請求権は妨害行為の停止という不作為を求める請求権であることから，不法行為の要件である故意・過失を不要とする。そこで，この判例が「妨害が不法行為に該当するもの」という要件づけをしている点は，「法益侵害」という趣旨と解すべきであり，このように解すると，本件〔**判例10**〕（最判平9・12・18）と軌を一にする判例法理ということになる。

　他方，学説は，既に公道の通行妨害事案（最判昭39・1・16）について，その利用が妨げられ，生活上著しい支障を被ったという場合において，その生活妨害の程度・態様が一定の限度を超えたときには，人格権ないし生活権侵害に基づく道路通行の妨害排除請求権が生ずるものという考え方を示していた(134)。また，その後の学説は，建築基準法で認められた道路については，通行者の人格権的な通行権と土地所有者の事情とを比較衡量して，妨害排除・予防請求の肯否を決めるという解釈を提示し，本件〔**判例10**〕の示した解釈と同様の考え方を示してきた(135)。

　本件〔**判例10**〕は，このような最判昭39・1・16以降の判例法理，ならびに多数学説による人格権的通行権の承認という解釈の流れにおいて，必然的に生じた判例である。いずれにせよ，私道といえども，建築基準法によってその道路としての位置が指定され，現実に周辺住民の通行の用に供されている限り，たとえ土地所有者であっても，通行の妨害をしてはならないという当たり前の命題について，本件〔**判例10**〕は，通行者に人格権的通行権の存在を明文で認めたのであるから，通行利益それ自体を人格権的利益として認めたものということができよう。

　なお，以後の判例も，本件〔**判例10**〕と同様の事案において，同様の人格権的

---

(133)　最判昭和39年1月16日民集18巻1号1頁。

(134)　原田尚彦「判解」行政判例百選〔新版，1970〕20頁（21頁），同・行政判例百選Ⅰ（1979）26頁（27頁）。

(135)　石田喜久夫「判解」判タ314号（1975）129頁（133頁以下），沢井裕「隣地通行権」『叢書民法総合判例研究⑩』（一粒社，第2〔増補〕版，1987）185頁（192-193頁），瀬木比呂志「私道の通行権ないし通行の自由について」判タ939号（1997）4頁（14頁以下）など参照。

第 1 章　物権法総論

通行権の存在自体は認めている⁽¹³⁶⁾。

(5)　小田急線連続立体交差事業認可処分取消請求事件

〔判例 11〕最大判平成 17 年 12 月 7 日民集 59 巻 10 号 2645 頁

【事実】

(1)　建設大臣は，東京都に対し，小田急小田原線の連続立体交差化を内容とする都市計画事業を認可し，これを告示した。本件鉄道事業認可は，建設大臣が昭和 39 年に決定し，Ｚ（参加人。東京都知事）が平成 5 年 2 月 1 日付けで変更を告示した東京都市計画高速鉄道第 9 号線に係る都市計画を基礎とするものであり，本件区間の鉄道の構造は，嵩上式（一部掘割式）とされている。

(2)　建設大臣は，同様に，東京都に対し，本件区間の一部に係る付属街路の設置を内容とする各都市計画事業を認可し，これを告示した。本件付属街路は，本件鉄道事業による小田急小田原線の連続立体交差化に当たり，環境に配慮して沿線の日照への影響軽減を主目的とし，また，沿線地域内の交通の処理や災害時の緊急車両の通行に供すること，地域の街づくりのために役立てること等をも目的として設置することとされたものである。

(3)　Ｘらの多くは，本件鉄道事業の事業地の周辺地域に居住するにとどまり，同事業地内の不動産につき権利を有しない者である。ただ，Ｘらのうち，Ｘ1 は，付属街路第 9 号線事業の事業地内に土地を所有し，Ｘ2 は，同事業地内に存する建物の共有持分権を有し，その敷地につき利用権の設定を受けており，上告人目録 3 記載のＸらは，付属街路第 10 号線事業の事業地内にそれぞれ土地を所有している。

東京都環境影響評価条例は，鉄道の新設または改良など同条例別表に掲げる事業でその実施が環境に著しい影響を及ぼすおそれのあるものとして東京都規則で定める要件に該当するものを「対象事業」とした上で（2 条 3 号），Ｚにおいて，「事業者が対象事業を実施しようとする地域及びその周辺地域で当該対象事業の実施が環境に著しい影響を及ぼすおそれがある地域」として，当該対象事業に係る関係地域を定めなければならないとしている（2 条 5 号，13 条 1 項）。

---

(136)　最判平成 12 年 1 月 27 日判時 1703 号 13 頁：本件は，Ｘらの母ＡがＹらから黙示による通行地役権の設定を受け，主に徒歩で利用する通路を設けてこれを利用していたところ，Ａが死亡し，その相続人Ｘらが，Ｙらに対し，Ｙらが所有する私道上に設置した金属製ポール（車止めポール）がＸらの自動車の通行を妨害しているとして，ポールの撤去を求めたという事案である。原審がＸらの通行の自由権（人格権）を認め，Ｙらにポールの撤去を命じたので，Ｙらが上告した。

　　最高裁は，平成 9 年最判を引用し，この法理は建築基準法第 42 条 2 項による指定を受け現実に開設されている道路の場合であっても，何ら異なるものではないと判示した上で，Ｘらに自由な通行権（人格権）のあることを認めたが，「本件私道は，専ら徒歩または二輪車による通行に供されてきた未舗装の道路であり，Ｙらの承諾を受けた請負業者が建築工事のため 1 年間本件私道を自動車で通行したことがあるほかには，自動車が通行したことはなく，Ｘらは，Ａが死亡した……以降，その共有地を利用していないのみならず，右共有地を居住用としてではなく，単に賃貸駐車場として利用する目的で本件ポールの撤去を求めているにすぎないというのであるから，Ｘらが本件私道を自動車で通行することについて日常生活上不可欠の利益を有しているとはいえない」として，原判決を破棄した上で，自判した。

第2節　物権の効力

本件は，Xらが，本件鉄道事業認可及び本件各付属街路事業認可がいずれも違法であると主張して，建設大臣の事務承継者であるYに対し，これらの各認可の取消を求めたという事案である。

【事実審】

第1審は，都市計画事業地内の不動産について権利を有する者は当該認可の取消に係る訴えの原告適格を有するが，事業地の周辺地域に居住するに止まる者はこれを有しないとした最判平成11年11月25日（判時1698号66頁）を引用しつつ，本件各事業地内の不動産について権利を有しないと認定された者の訴えを却下した。しかし，本件付属街路事業のいずれかの事業地内の不動産について権利を有すると認定された者については，本件事業対象地の全体を1個の事業地と解し，本件事業の各認可取消の原告適格を有するとした。そして，本件鉄道事業認可は都市計画法61条に適合せず，また，本件各認可の前提となるZによる都市計画決定は，考慮要素や判断内容に著しい過誤，欠落があり，裁量権の範囲を逸脱し違法であって，本件各認可も違法である旨を判示した。

原審も，平成11年最判を引用しつつ，次のように判示し，Xらの一部は，付属街路事業認可の取消を求める原告適格を有するが，本件鉄道事業認可の取消を求める原告適格については，全員がこれを有しないものとした。

(1) 事業地内の不動産につき権利を有しない者については，事業の認可によりその権利もしくは法律上保護された利益が侵害されまたは必然的に侵害されるおそれがあると解する根拠が認められないから，Xらは，本件鉄道事業認可の取消を求める原告適格を有しない。

(2) ア　都市計画事業地内の不動産につき権利を有する者は，違法な事業認可によって自己の権利を侵害されまたは必然的に侵害されるおそれが生ずるから，上告人目録2及び3記載のXらは，上記各認可の各取消を求める原告適格を有する。

イ　Xらは，いずれも本件各付属街路事業地内の不動産につき権利を有しないから，上記アのほかに本件各付属街路事業認可の取消を求める原告適格を有しない。

Xらは，この原審判決を不服として，上告受理申立てをした。

【判旨】一部認容，一部棄却

最高裁は，原判決のうち，上告人目録1ないし3記載の各Xらにつき本件鉄道事業認可の取消を求める原告適格を否定した部分（判旨(1)）については是認しえないとして，まず，次のように論じている。

「(1)　行政事件訴訟法9条……1項にいう当該処分の取消しを求めるにつき「法律上の利益を有する者」とは，当該処分により自己の権利若しくは法律上保護された利益を侵害され，又は必然的に侵害されるおそれのある者をいうのであり，当該処分を定めた行政法規が，不特定多数者の具体的利益を専ら一般的公益の中に吸収解消させるにとどめず，それが帰属する個々人の個別的利益としてもこれを保護すべきものとする趣旨を含むと解される場合には，このような利益もここにいう法律上保護された利益に当たり，当該処分によりこれを侵害され又は必然的に侵害されるおそれのある者は，当該処分の取消訴訟にお

85

ける原告適格を有するものである。」

　最高裁は，このような見地から，Ｘらの本件鉄道事業認可取消しを求める原告適格の有無について検討し，次のように判示した。

① 都市計画法その他の法令に違反した違法な都市計画の決定又は変更を基礎として都市計画事業の認可がされた場合に，そのような事業に起因する騒音，振動等による被害を直接的に受けるのは，事業地周辺の一定範囲の地域に居住する住民に限られ，その被害の程度は，居住地が事業地に接近するにつれて増大する。

② その事業地周辺の地域に居住する住民が，当該地域に居住し続けることにより上記の被害を反復，継続して受けた場合には，その被害は，これら住民の健康や生活環境に係る著しい被害にも至りかねない。

③ 都市計画事業の認可に関する規定の趣旨及び目的は，事業地の周辺地域に居住する住民に対し，違法な事業に起因する騒音，振動等により，健康又は生活環境に係る著しい被害を受けないという具体的利益を保護しようとするものであり，その被害の内容，性質，程度等に照らせば，この具体的利益は，一般的公益の中に吸収解消させることは困難である。

④ 都市計画法は，都市の健全な発展と秩序ある整備を図るという公益的見地から，都市計画施設の整備事業を規制するとともに，騒音，振動等による健康又は生活環境に係る著しい被害を直接的に受けるおそれのある個々の住民に対し，そのような被害を受けないという利益を個々人の個別的利益としても保護すべきものという趣旨を含んでいる。

⑤ したがって，都市計画事業地の周辺に居住する住民のうち当該事業が実施されることにより，騒音，振動等による健康又は生活環境に係る著しい被害を直接的に受けるおそれのある者は，当該事業の認可取消を求めるにつき法律上の利益を有する者として，その取消訴訟における原告適格を有する。最高裁平成 11 年 11 月 25 日第一小法廷判決・裁判集民事 195 号 387 頁は，以上と牴触する限度において，これを変更すべきである。

《問題点》

(1) 都市計画事業の認可の取消訴訟と事業地の周辺住民の原告適格

(2) 鉄道の連続立体交差化を内容とする都市計画事業地の周辺住民は，同事業の認可の取消訴訟の原告適格を有するか（事業地域内の居住者につき肯定）。

(3) 鉄道の連続立体交差化に当たり，付属街路を設置することを内容とする都市計画事業の事業地の周辺住民は，同事業の認可の取消訴訟の原告適格を有するか（各々個別に肯定・否定）。

《分析》

　本件の問題点は，処分取消訴訟の原告適格者が「当該処分又は裁決の取消しを求めるにつき法律上の利益を有する者」に限られているので（行訴第 9 条），この「法律上の利益を有する者」とはいかなる者をいうのか，また，処分または裁決の名宛

第 2 節　物権の効力

人以外の者には原告適格はないのかという解釈に関するものである。

　この前提問題について，従来の判例は，「法律上保護された利益」を有する者であれば，直接の名宛人以外の者でも，訴えを提起することができるものと解してきた。例えば，所謂「長沼ナイキ基地訴訟」においては，保安林の指定処分の解除請求権者として森林法第 27 条 1 項が「直接の利害関係を有する者」と規定している点が問題となったのであるが，最高裁は，一般に，「公益保護のための私権制限に関する措置についての行政庁の処分が法律の規定に違反し，法の保護する公益を違法に侵害するものであっても，そこに包含される不特定多数者の個別的利益の侵害は単なる法の反射的利益の侵害にとどまり，かかる侵害を受けたにすぎない者は，右処分の取消しを求めるについて行政事件訴訟法 9 条に定める法律上の利益を有する者には該当しない」が，法律が，「それらの利益の全部又は一部につきそれが帰属する個々人の個別的利益としてもこれを保護すべきものとすることももとより可能であって，特定の法律の規定がこのような趣旨を含むものと解されるときは，右法律の規定に違反してされた行政庁の処分に対し，これらの利益を害されたとする個々人においてその処分の取消しを訴求する原告適格を有する」と判示し，法律が社会一般の法益のみならず，個人の法益をも保護すべきものという趣旨を含むものであれば，行政処分の直接の名宛人でなくとも，処分の取消等を求める原告適格を有するものとしている(137)。

　そこで，本件最大判平 17・12・7 においても，都市計画事業に関する直接の名宛人ではない周辺住民でも取消訴訟を提起しうるかが問題となったのである。

　本件の問題について，本判決は，(1) の争点である認可取消訴訟に関する周辺住民の一般的な原告適格について，都市計画事業の認可に関する都市計画法の趣旨及び目的に鑑みると，一方では，都市の健全な発展と秩序ある整備を図るなどの公益的見地から都市計画施設の整備に関する事業を規制するとともに，他方では，騒音，振動等によって健康または生活環境に係る著しい被害を直接的に受けるおそれのある個々の住民に対して，そのような被害を受けないという利益を個々人の個別的利益としても保護すべきものとする趣旨を含むものと解し，事業地の周辺に居住する住民のうち，当該事業が実施されることによって，騒音，振動等による健康または生活環境に係る著しい被害を直接的に受けるおそれのある者は，当該事業認可の取消しを求めるにつき法律上の利益を有する者として，その取消訴訟における原告適格を有するものと判示した。

　次に，このような一般的な法理に立脚し，(2) の争点について，本件鉄道事業に係る関係地域内である本件各目録記載の各住所地に居住している住民については，本件鉄道事業が実施されることにより，騒音，振動等による健康または生活環境に

───────────
(137)　最判昭和 57 年 9 月 9 日民集 39 巻 9 号 1679 頁。この判示内容は一般的な解釈論，即ち傍論ではあるが，解釈指針となりうるものである。

係る著しい被害を直接的に受けるおそれのある者に該当することを認め，本件鉄道事業認可の取消しを求める原告適格を有するものと判示し，その反面，本件鉄道事業地域内に居住していない住民については，原告適格を有しないものと判示し，これらの点において，事実審判決で引用された最判平11・11・25を変更した。

　更に，(3)の争点については，本件各付属街路事業は，本件鉄道事業と密接な関連を有するものの，これとは別個独立した都市計画事業であることは明らかであるから，個々の事業認可ごとに認可取消訴訟の原告適格の有無を検討すべきであるという前提に立脚し，本件各付属街路事業に係る付属街路が，小田急小田原線の連続立体交差化に当たり，環境に配慮して日照への影響を軽減することを主たる目的として設置されるものであることに加え，これらの付属街路の規模等に照らせば，本件各付属街路事業の事業地内の不動産につき権利を有しない者については，本件各付属街路事業が実施されることにより健康または生活環境に係る著しい被害を直接的に受けるおそれがあると認めることはできないとして，本件付属街路事業地域内の不動産に関して権利を有しない者については，原告適格を有しないと判示した。

　以上をまとめると，(1)都市計画事業の認可取消訴訟の原告適格者は，事業地周辺の住民のうち，当該事業が実施されることによって，騒音，振動等による健康または生活環境に係る著しい被害を直接的に受けるおそれのある者であるから，(2)本件鉄道高架化事業認可の取消訴訟については，騒音，振動等による直接的な健康ないし生活被害を受けうる周辺住民について，その原告適格を認め，(3)本件鉄道高架化事業に付随する街路事業については，元々，鉄道の高架化事業による日照妨害を緩和するという目的があり，また，その比較的小規模であるという実情に照らし合わせて，都市計画事業の関係地域内の不動産に関して権利を有する者に限り，認可取消訴訟の原告適格を認めたということになる。

　したがって，都市計画事業認可の取消訴訟においては，従来の判例法理の示した「事業地内に不動産を有する者」という枠組みではなく，「当該事業の実施に伴う騒音，振動等によって直接的な健康被害・生活被害を受けうる住民」という枠組みによって，原告適格が決められるという判例法理が新たに成立したことになる。この点において，本判決には大きな意義がある。

(6) 国立市景観訴訟
〔判例12〕最判平成18年3月30日民集60巻3号948頁
【事実】

　(1)　本件の原告は，学校法人X1学園，また，その児童・生徒，教職員などX2ら17名，また，本件建物（鉄骨鉄筋コンクリート造，地下1階付き14階建て。最高地点の高さ43.65mのマンション。）の敷地境界線から本件建物の高さの2倍の水平距離の範囲内に居住し，本件建物の建築に反対する者の有志D会の構成員，その他，国立市の環境を守ろうとする者の有志で組織されたE会の構成員22名（以下，全員を表す場合は「Xら」という。）である。

Xらは，本件建物の建築主・販売事業者であるY1地所株式会社，本件訴訟の提起後にY1から本件建物を買い受けたマンションの区分所有者Y3ら220名（以下「本件区分所有者ら」という。），そして，本件建物の設計及び施工（共同企業体で施工）をしたY2建設株式会社に対し，Xらは大学通り周辺の景観について景観権ないし景観利益を有しているところ，本件建物の建築により受忍限度を超える被害を受け，景観権ないし景観利益を違法に侵害されているなどと主張し，上記の侵害による不法行為に基づき，〔1〕Y1及び本件区分所有者らに対し本件建物のうち高さ20mを超える部分の撤去を，〔2〕Yらに対し慰謝料などの支払をそれぞれ求めるため，本訴を提起した。

(2) 「大学通り」とは，国立駅南口ロータリーから南に向かう公道であり，そのうち江戸街道までの延長約1.2kmの道路の通称であって，そのほぼ中央付近の両側に一橋大学の敷地が接している。大学通りは，歩道を含めると幅員が約44mあり，車道のほか，約1.7mの自転車レーン，約9mの緑地及び約3.6mの歩道が配置され，緑地部分には171本の桜，117本のいちょう等が植樹され，これらの木々が連なる並木道になっている。

この地域のうち，一橋大学より南の地域は，X1学園や本件建物の敷地を除き，大部分が都市計画法上の第1種低層住居専用地域に指定され，建築物の高さを10mまでとする制限があり，低層住宅群を形成している。そのため，この地域では，本件建物を除き，街路樹と周囲の建物とが高さにおいて連続性を有し，調和のとれた景観を呈している。

(3) 大学通り周辺の地区は，東京商科大学（現一橋大学）の誘致を前提として開発され，学園都市の建設を計画し，大正15年には，国立駅が開設され，東京商科大学が移転し，教育施設を中心とした閑静な住宅地を目指して地域の整備が行われた。昭和27年1月，東京都文教地区建築条例に基き，本件土地を除くその北側及び東側の土地が文教地区の指定を受けた。

大学通りの景観は，昭和57年に東京都選定の「新東京百景」に選ばれ，平成6年には，新聞社の「新・東京街路樹10景」，「新・日本街路樹100景」に選ばれるなど，優れた街路の景観として紹介された。

平成10年3月，国立市都市景観形成条例が制定された（同年4月1日施行）。景観条例は，都市景観の形成に関する基本事項を定めることにより，文教都市にふさわしい美しい都市景観を守り，育て，作ることを目的とする行政活動の指針等を定めている。国立市長は，景観条例に基づき，大規模行為景観形成基準を定め，高さ10mを超える建物の新築工事を欲する建築主は，高さについて，町並みとしての連続性，共通性を持たせ，周囲の建築物等との調和を図るよう配慮すべき旨を規定した。

(4) 本件土地は，元Aの所有であるところ，平成8年5月に，ごく一部を除き第2種中高層住居専用地域に指定され，建ぺい率60％，容積率200％と定められ，また，文教地区の地区外とされた。

Y1は，平成11年7月，本件土地をAから買い受け，同年8月18日，国立市へ同市指導要領に基づく事業計画事前協議書を提出し，受理された。また，同月27日，Y1は，国立市長に対し，景観条例26条1項に基づく大規模行為届出書を提出し，本件土地に建

第1章　物権法総論

築予定の建物は，高さ55 m，地上18階建て（地下1階付き）とされた。国立市長は，同年10月8日，Y1に対し，景観条例に基づき，書面により，周辺の建築物や高さ20 mのいちょう並木と調和するよう，計画建物の高さを低くし，ゆとりのある歩行空間を確保し，既存の植栽帯を保全するため，敷地東側（大学通り側）の壁面を後退させるよう指導した。

Y1は，国立市に対し，建物を14階建てと低くし，セットバックも大きくしたと報告した後，大規模行為変更届出書を提出し，構造を地上14階建て（地下1階付き）とし，高さを最高43.65 mとする旨届け出た。Y1は，東京都建築指導事務所に対して本件建物の建築確認申請をし，平成12年1月5日，建築主事から建築確認を得て，同日，建築工事に着手し，同事務所に着工届を提出した。

(5)　国立市は，本件地区につき，都市計画法に基づく地区計画や地区整備計画を定めておらず，また，建築基準法に基づく建築物の高さ等を制限する条例も定めていなかったが，Y1が本件建物の建築工事に着手した後である平成12年1月24日，本件地区について都市計画法上の地区計画を告示した。本件地区計画は，その地区整備計画において，本件地区を低層住宅地区1と2，中層住宅地区及び学園地区に区分し，各地区における建築物の高さを，低層住宅地区2について10 m以下，中層住宅地区及び学園地区のうち第1種低層住居専用地域を除く地区について20 m以下としたので，本件土地は中層住宅地区として建築物の高さ20 m以下の地区となった。

国立市は，地区計画区域内の建築物の制限に関する条例を制定し，同条例は，平成12年1月1日に施行されたが，その規制対象区域に本件地区の地区整備計画区域を加えるという改正条例が可決され，同年2月1日に公布・施行された。本件改正条例によると，本件土地上の建築物の高さ制限は20 m以下となるが，本件土地は，この条例の対象外とされた。本件改正条例が施行された当時，本件建物は，まだ根伐（基礎）工事の段階であった。その後，本件建物の建築が進み，Y1は，平成13年12月20日，本件建物の完成に伴い，検査済証の交付を受け，平成14年2月9日から分譲を開始した。

【事実審】

第1審は，Y1は公法上の規制がないことに目を付け，景観と全く調和しない本件建物を完成させ，販売したものであり，本件建物が公法上違法建築物ではないこと等を考慮しても，本件建物の建築はXら3名の景観利益を受忍限度を超えて侵害するものであるとして，Xらの請求を一部認容した。しかし，原審は，大学通りの景観権ないし景観利益は，特定の場所から大学通りを眺望する利益をいうものではないとし，Xらには個別具体的な権利・利益があるとは認められず，本件建物によるXらの景観被害を認めることはできないとして，Xらの請求をすべて棄却した。

Xらは，この原審判決を不服として，上告受理申立てをした。

【判旨】棄却

「3　都市の景観は，良好な風景として，人々の歴史的又は文化的環境を形作り，豊かな生活環境を構成する場合には，客観的価値を有するものというべきである。

Y1が本件建物の建築に着手した……時点において，国立市の景観条例と同様に，……

第2節　物権の効力

東京都も，景観条例（平成9年東京都条例第89号。同年12月24日施行）を既に制定し，景観作り（良好な景観を保全し，修復し又は創造すること。2条1号）に関する必要な事項として，都の責務，都民の責務，事業者の責務，知事が行うべき行為などを定めていた。また，……景観法（平成16年法律第110号。同年12月17日施行）は，……良好な景観が有する価値を保護することを目的とするものである。そうすると，良好な景観に近接する地域内に居住し，その恵沢を日常的に享受している者は，良好な景観が有する客観的な価値の侵害に対して密接な利害関係を有するものというべきであり，これらの者が有する良好な景観の恵沢を享受する利益（以下「景観利益」という。）は，法律上保護に値するものと解するのが相当である。

　もっとも，この景観利益の内容は，景観の性質，態様等によって異なり得るものであり，社会の変化に伴って変化する可能性のあるものでもあるところ，現時点においては，私法上の権利といい得るような明確な実体を有するものとは認められず，景観利益を超えて「景観権」という権利性を有するものを認めることはできない。

　4　ところで，民法上の不法行為は，私法上の権利が侵害された場合だけではなく，法律上保護される利益が侵害された場合にも成立し得るものである（民法709条）が，本件におけるように建物の建築が第三者に対する関係において景観利益の違法な侵害となるかどうかは，被侵害利益である景観利益の性質と内容，当該景観の所在地の地域環境，侵害行為の態様，程度，侵害の経過等を総合的に考察して判断すべきである。そして，景観利益は，これが侵害された場合に被侵害者の生活妨害や健康被害を生じさせるという性質のものではないこと，景観利益の保護は，一方において当該地域における土地・建物の財産権に制限を加えることとなり，その範囲・内容等をめぐって周辺の住民相互間や財産権者との間で意見の対立が生ずることも予想されるのであるから，景観利益の保護とこれに伴う財産権等の規制は，第一次的には，民主的手続により定められた行政法規や当該地域の条例等によってなされることが予定されているものということができることなどからすれば，ある行為が景観利益に対する違法な侵害に当たるといえるためには，少なくとも，その侵害行為が刑罰法規や行政法規の規制に違反するものであり，公序良俗違反や権利の濫用に該当するものであるなど，侵害行為の態様や程度の面において社会的に容認された行為としての相当性を欠くことが求められると解するのが相当である。」

　「大学通り周辺の景観は，良好な風景として，人々の歴史的又は文化的環境を形作り，豊かな生活環境を構成するものであって，少なくともこの景観に近接する地域内の居住者は，上記景観の恵沢を日常的に享受しており，上記景観について景観利益を有するものというべきである。」

　「本件建物の建築は，行為の態様その他の面において社会的に容認された行為としての相当性を欠くものとは認め難く，Xらの景観利益を違法に侵害する行為に当たるということはできない。」

《問題点》

(1)　良好な景観の恵沢を享受する利益は法律上保護されるか。

第1章　物権法総論

(2)　良好な景観の恵沢を享受する利益に対する違法な侵害に当たるといえるために
　　必要な要件は何か。

(3)　直線状に延びた公道の街路樹と周囲の建物とが高さにおいて連続性を有し調和
　　がとれた良好な景観を呈している地域において，地上14階建ての建物を建築す
　　ることは，良好な景観の恵沢を享受する利益を違法に侵害する行為に当たるか。

《分析》

　これらの問題について，本判決は，(1)の争点については，景観法に基づき，良好
な景観に近接する地域内に居住し，その恵沢を日常的に享受している者は，良好な
景観が有する客観的な価値の侵害に対して密接な利害関係を有しており，これらの
者が有する「景観利益」は，法律上保護に値するものと認めた。

　次に，(2)の争点については，ある行為が景観利益に対する違法な侵害に当たると
いうためには，少なくとも，その侵害行為が刑罰法規や行政法規の規制に違反して
おり，公序良俗違反や権利の濫用に該当するなど，侵害行為の態様や程度の面にお
いて社会的に容認された行為としての相当性を欠くことが求められるとした。

　更に，(3)の争点については，本件大学通り周辺の景観は，良好な風景として，
人々の歴史的又は文化的環境を形作り，豊かな生活環境を構成しており，少なくと
もこの景観に近接する地域内の居住者は，上記景観の恵沢を日常的に享受しており，
上記景観について景観利益を有するという点については認めたものの，本件建物に
ついては，(2)の基準のいずれにも該当しないとして，Xらの上告を棄却した。

　所謂「景観利益」の認定に関して，本判決以前は，最高裁において問題となる事
案はなかったが，下級審の裁判例においては，これを積極的に認めるべきものとす
る解釈と[138]，消極的に取り扱うべきであるとする解釈[139]とに分かれていた。本

---

(138)　東京地判平成14年12月18日判時1829号36頁（国立景観訴訟第1審判決）。

　　　　名古屋地決平成15年3月31日判タ1119号278頁：町並み保存地区内のマンション建築
　　　に関し，その周辺住民が，景観利益等を根拠とする高さ20メートルを超える部分の建築を
　　　差し止める旨の仮処分を申し立てたという事案において，名古屋地裁は，本件町並み保存地
　　　区に指定された白壁地区内の住民は，その所有する土地所有権から派生するものとして，形
　　　成された良好な景観を自ら維持する義務を負い，かつその維持を相互に求める利益（景観利
　　　益）を有すると認めるのが相当であるとして，その申立てを認容した。

(139)　京都地決平成4年8月6日判時1432号125頁：古都の宗教的・歴史的文化環境権（景
　　　観権）の侵害を理由とする高層ホテルの建築工事中止の仮処分申請が，被保全権利の疎明を
　　　欠くとして却下されたものである。

　　　　和歌山地判平成6年11月30日判例地方自治145号36頁（和歌浦景観訴訟）：Xら（県
　　　民）は，Y（県知事）に対し，Yが行う都市計画道路敷設計画のうち，橋梁建設を含む道路
　　　建設（本件工事）は歴史的景観権を侵害するものであり，また，文化財保護法，都市計画法
　　　に違反するものであって違憲・違法であるから，本件工事のための支出も違法であるなどと
　　　主張して，本件支出相当額の金員を県に支払うよう求めたという事案において，社会通念上，
　　　権利内容が成熟し，一義的かつ明確にまとまっているとはいえないため，原告らが主張する
　　　「歴史的景観権」を法的な権利として認めることは困難であるなどとして，Xらの請求を棄
　　　却したものである。

92

判決は，景観法の成立に影響を受けたとはいえ，景観利益を正面から取り上げ，これを法律上保護に値するものと認め，景観利益に対する不当な干渉に対しては，当該侵害行為が刑罰法規・行政法規に違反し，または公序良俗違反や権利の濫用に該当するなど，社会的に容認された行為としての相当性を欠くものであれば，その差止めを請求しうるものという方向性を示したという点において，重要な意義を有する判例である。しかし，本判決は，景観利益の法益性は認めたものの，これが私法上の保護を受けうる「権利」であるかどうかについては，「私法上の権利といい得るような明確な実体」が認められないとして，景観権それ自体については否定した。しかしながら，私法上の保護を受けうる利益であり，侵害を許さない性質のものであれば，権利性を有するものといってよい。

　また，景観利益の保護が問題となった本判決以後の裁判例を概観すると，マンションの建設により，景観利益を含む法益（日照，眺望，静謐かつ清浄な居住環境，プライバシーなど）が受忍限度を超えて侵害されているという理由により，不法行為に基づく原状回復措置としてのマンションの一部撤去を求めたという事案において，東京地裁は，当該マンションが建設法規などに違反しておらず，住民の景観利益と比較衡量しても，住民の権利ないし利益を受忍限度を超えて侵害するものではなく，違法性がないなどとして，請求を棄却している(140)。

　国立景観訴訟最高裁判決が示した景観利益保護の基準は，法令違反行為を指示しているだけであり，具体的にどの程度の違法性を指すのかは明らかではなく，また，公序良俗違反，権利濫用の基準も明確にしていないので，今後は，具体的な基準をめぐっての争いとなるものと思われる。しかし，法律上，景観利益の保護を求めるには，少なくとも，民法を始めとする私法上の規制，また，建築基準法，都市計画法を始めとする公法上の規制，そして，条例を含むその他の法令に違反していることが前提要件とされており，この前提を欠くような場合には，適法性原理が働くので，たとえ景観利益の存在が認められたとしても，保護されるには至らないものと

　東京高判平成13年6月7日判時1758号46頁：鎌倉市の第1種中高層住居専用地域に長年居住してきた住民Ｘが，鎌倉市の古都景観地域の建物所有・居住者が隣接地に4階建てマンションを建築した業者Ｙに対し，古都鎌倉の景観，自宅からの眺望が侵害されたとして損害賠償を求めたという事案において，東京高裁は，本件マンションは，都市計画法，建築基準法等の関係法令に従い，かつ，鎌倉市の指導等に従って建築されたものであり，その過程で，Ｙは，本件地域住民との間で説明会を開催し，計画の縮小変更にも応じるなど，マンション建築によりＸら近隣住民の眺望利益を阻害することについて害意は認められないから，Ｘの眺望利益との関係で，一般的に是認しうる程度を超えて不当にこれを侵害するものとは到底いえないとして，Ｘの請求を棄却した。

　東京高判平成16年10月27日判時1877号40頁（国立景観訴訟控訴審判決）。

(140)　東京地判平成19年10月23日判タ1285号176頁（町田市玉川学園景観訴訟第1審判決）。本件は原告たる住民らが控訴したが，東京高裁は，これを棄却した（東京高判平成20年8月28日判例集未登載，裁判所ウェブサイト参照）。

思われる。この意味において，上記東京地判平 19・10・23 の結論は，やむを得ない
ものといえよう。

更に，そもそも，「良好な景観」とは多分に主観的であり，最高裁がどのような
基準でこの用語を使っているのかも明らかではないところ，おそらくは，人たるも
のが「良好」ないし「好感を持つ」度合いがかなりの割合で生ずるような景観がこ
れに該当するのであろう。しかし，これも都市空間において普遍性をもって表れる
感覚かどうかは，極めて難しいように思われる。

そこで，次に，このような「良好な景観」という感覚が表れやすい事例として，
「名勝景観」の事例について考えてみることとする。

(7) 鞆の浦埋立・架橋事業差止訴訟

〔判例 13〕広島地判平成 21 年 10 月 1 日判時 2060 号 3 頁

【事実】

(1) Y（広島県）及び Z（補助参加人，福山市）は，広島県福山市の南端に位置する港町
の「鞆の浦」において，鞆地区道路港湾整備事業を企図した。本件事業の内容は，鞆の浦
の公有水面，即ち，湾の中を埋め立てて土地を造成し，道路用地，駐車場用地，フェリー
埠頭用地，小型船だまり埠頭用地，港湾管理施設用地，そして，緑地の整備を行い，鞆の
浦内に橋梁を設置して，湾を東西に分断するかのように架橋し，道路を開通させるという
ものであった。

(2) Xらは，Y及び Z からなされた鞆の浦に関する本件公有水面の埋立免許の出願につ
いて，広島県知事が公有水面埋立法第 2 条所定の免許をすべきでないことは，同法の規定
から明らかであり，または，広島県知事が上記各免許をすることは，その裁量権の範囲を
超え，もしくは，その濫用に該当するとして，行政事件訴訟法第 37 条の 4 第 5 項に基づ
き，上記各免許処分の差止めを求めるため，本訴を提起した。

鞆の浦は，大正 14 年に名勝として指定され，平成 19 年には「美しい日本の歴史的風土
百選」にも選定されたほど，卓越した景観を有しており，また，鞆町自体，歴史的にも有
名なところである。

(3) Xらは，景観利益を享受する者として，行訴法第 9 条の「法律上の利益」を有する
とし，その理由を次のように主張した。

(ア) 景観利益

国立マンション事件最高裁判決（最判平成 18 年 3 月 30 日民集 60 巻 3 号 948 頁）は，景観
利益に対する侵害が民法上不法行為を構成する場合があり得ることを認め，景観利益が一
般的公益と区別される個別的利益としての性質を持つことを認めた。

鞆の浦には，多数の島しょ，港，歴史的港湾施設，伝統的建造物群，背後の山並みが一
体となった歴史的・文化的・自然的諸価値を伴う良好な景観価値が認められる。Xらは，
いずれも，上記価値を理解して，生業や生活を通じてその価値の再生・保全・維持に貢献
してきたと同時に，これらが持つ貴重恵沢を日常的に享受してきたものであるから，法
的に保護されるべき景観利益を有する。

94

そして，公水法並びに関連法規である環境基本法，自然公園法，文化財保護法，瀬戸内海環境保全特別措置法（瀬戸内法），景観法及び環境影響評価法は，Xらが有する景観利益を個別的利益として保護する趣旨であると解すべきであるから，Xら全員が行訴法所定の法律上の利益を有する。

　(イ)　鞆の歴史的・文化的価値

　Xらは，鞆の歴史的・文化的価値として，ａ）歴史的土木建築遺産港湾としての価値，ｂ）名勝「鞆公園」としての価値，ｃ）瀬戸内海国立公園としての価値，ｄ）建造物としての価値，ｅ）史跡としての価値，ｆ）伝統的建造物群としての価値，ｇ）文化的景観としての価値，そして，ｈ）文化的創造力をかきたてる美的価値を掲げ，これらを景観利益の根拠とした。

　(ウ)　景観利益の性質

　Xらは，上記(イ)のとおり，鞆の歴史的・文化的価値からすれば，鞆町の居住者は，客観的な価値を有する良好な景観に隣接する地域内の居住者として，鞆の浦の良好な景観を享受する利益を有していると主張した。

【判旨】請求一部認容

　「鞆の景観の価値は，景観利益が法律上の利益といえるか否かの点の判断において説示したところや……摘示した法令に照らし，私法上保護されるべき利益であるだけでなく，瀬戸内海における美的景観を構成するものとして，また，文化的，歴史的価値を有する景観として，いわば国民の財産ともいうべき公益である。しかも，本件事業が完成した後にこれを復元することはまず不可能となる性質のものである。これらの点にかんがみれば，本件埋立及びこれに伴う架橋を含む本件事業が鞆の景観に及ぼす影響は，決して軽視できない重大なものであり，瀬戸内法等が公益として保護しようとしている景観を侵害するものといえるから，これについての政策判断は慎重になされるべきであり，その拠り所とした調査及び検討が不十分なものであったり，その判断内容が不合理なものである場合には，本件埋立免許は，合理性を欠くものとして，行訴法37条の4第5項にいう裁量権の範囲を超えた場合に当たるというべきである。」

《問題点》

　所謂「名勝」に指定されている良好な景観を有する地域の住民は，県及び市から申請された公有水面（海面）の埋立免許の付与について，県知事た対し，公有水面埋立法第2条に基づく免許付与の差止めを請求することができるか。

《分析》

　このような問題について，本判決は，前掲最判平18・3・30〔**判例12**〕（国立景観訴訟）が認めたのと同様，所謂「景観利益」が法的保護に値することを前提とし，鞆の浦を含む鞆地域全体の景観価値が私法上保護される利益であるのみならず，瀬戸内海における美的景観を構成するものとして，また，文化的・歴史的価値を有する景観として，いわば国民の財産ともいうべき公益であることを認めたものである。

　本判決は，このような解釈を基調として，本件鞆の浦埋立・架橋事業について，

この事業が鞆の景観に及ぼす影響は軽視できない程重大なものであり，瀬戸内法等が公益として保護しようとしている景観を侵害するものであるという理由から，事業策定の拠り所とした調査及び検討が不十分なものであり，その判断内容が不合理なものである場合には，本件埋立免許は合理性を欠くものであり，行訴法第37条の4第5項にいう裁量権の範囲を超えた場合に当たるとして，広島県知事は本件埋立を免許する処分をしてはならないと判示した。

行訴法第37条の4は，行政庁の処分または裁決に関する差止訴訟の要件と効果に関する規定である。同条は，差止訴訟の要件として，「一定の処分又は裁決がされることにより重大な損害を生ずるおそれがある場合に限り，提起することができる」として，要件を限定しており，また，「ただし，その損害を避けるため他に適当な方法があるときは，この限りでない」として（同条1項），損害回避方法の存在を除外要件としている。また，訴訟提起後は，裁判所は，重大な損害を生ずるか否かを判断するに当たっては，損害を回復することの困難の程度を考慮するものとし，損害の性質及び程度，ならびに処分または裁決の内容及び性質をも勘案するものとされている（同条2項）。更に，差止めの訴えは，行政庁が一定の処分または裁決をしてはならない旨を命ずることを求めるにつき法律上の利益を有する者に限り，提起することができるとして（同条3項），原告適格者を差止めについて法律上の利益を有する者に限定している。

そして，これらの要件に該当し，行政庁が当該処分・裁決をすべきでないことが法令上の規定から明らかであるか，または，当該処分・裁決が当該行政庁の裁量権の範囲を超え，もしくはその濫用となると認められるとときは，裁判所は，行政庁がその処分または裁決をしてはならない旨を命ずる判決をする（同条5項）。

本件は，これらの規定に基づいて，広島県知事に対し，本件埋立免許処分の不許を命じたものである。

本判決は，地域住民の景観利益を尊重したものではあるが，所謂「景観権」を保護したものであるかどうかは，明文を欠くため，明らかではない。

景観利益の保護要件については，既に前掲〔**判例12**〕が述べているところである。即ち，①景観は，これが良好な風景として，人々の歴史的または文化的環境を形作り，豊かな生活環境を構成する場合には，客観的価値を有するものとされ，また，②良好な景観を享受する利益は法律上保護に値するものであり，③この景観利益侵害行為の認定は，景観利益の性質と内容，当該景観の所在地の地域環境，侵害行為の態様・程度，侵害の経過等を総合的に考慮して判断すべきものとされている。そして，この要件③は，具体的には，少なくとも，侵害行為が刑罰法規や行政法規の規制に違反し，公序良俗違反（第90条）や権利の濫用（第1条3項）に該当するなど，侵害行為の態様や程度の面において社会的に容認された行為としての相当性を欠くことが必要とされている。前掲〔**判例12**〕は，この要件に該当しないという

判断から，住民の景観利益の保護を認めなかったのである。

それでは，本判決と前掲〔**判例12**〕との間には，どのような相違点があるのであろうか。

第一に，本件は，鞆の浦という歴史的かつ名勝としての景観が保護されたという事案であるが，前掲〔**判例12**〕は，都市景観の保護が問題となったという事案である。

第二に，本件は，瀬戸内海環境保全特別措置法（昭和48年10月2日法律第110号）が保護の対象とする瀬戸内海の景観の一部であり，この点において，本件埋立事業は，「国民の財産ともいうべき公益」を侵害する行為であり，開発後は復元が不可能とされている。これに対して，前掲〔**判例12**〕は，マンションの建築が行為の態様その他の面において社会的に容認された行為としての相当性を欠くものではなく，原告の景観利益を違法に侵害する行為に該当しないとした。

このような相違点の存在によって，両判決は，結論において正反対の結果となったものと思われる。つまり，前掲③の景観利益侵害行為の要件該当性の有無によって，景観利益の保護・非保護が決まるということになる。

次に，本判決においては，瀬戸内海における美的景観，ならびに文化的・歴史的景観としての利益を保護するという観点から，景観利益が保護されたわけであるが，前掲したように，類似事案における従来の裁判例においては，権利内容が成熟しておらず，意義が明確ではないという理由から，「歴史的景観権」を法的な権利として認めることは困難であるとして，本件と同様の景観利益の保護を否定していたことと比べれば，格段の違いがある[141]。

このように，景観利益の保護については，景観法の制定・施行，国立景観訴訟最高裁判決，そして，本件鞆の浦景観訴訟，その他，数々の景観訴訟の集積によって，その保護要件が次第に明らかになってきており，また，本判決の内容を吟味すると，景観権を私益というよりは，むしろ公益として扱っていることから，景観利益の保護を求める訴えは，認められやすくなってきたと思われる反面，私的な権利としては，むしろ認められにくくなってきたのではないかと思われる。

しかし，本件のような景観利益が公益として位置づけられれば，周辺住民のみならず，誰でも都市計画事業等の差止めを求める権利を有することになるので，景観利益を保護することを目的とする差止請求権は，誰にでも与えられるべきであろう。

この意味において，単なる生活環境に対する侵害という意味における景観利益と，本件のような文化的・歴史的景観利益とは，区別して扱われるべきものであり，国立景観訴訟は，前者に近い景観利益の保護を求めたという点において，認められにくいものとなったのである。

---

(141)　前掲和歌山地判平成6年11月30日（和歌浦景観訴訟）。

第1章　物権法総論

3　差止請求の法理

(1)　判例法理の検討

(ア)　人格権ないし人格的利益の保護に基づく差止請求の意義

前段において論じてきた判例・裁判例の法理から，人格権の意義と差止請求の必要性及び許容性について検討する。

人格権は，個人の生命，身体，精神及び生活に関する利益という，個人の人格にとって本質的な利益であり，何人もみだりにこれを侵害することは許されず，その侵害に対しては，これを排除する権能が認められなければならない。

また，人は，このような意味において，「人格権ないし人格的利益」を有しており，他人からの，疾病をもたらす等の身体侵害行為に対してはもちろんのこと，著しい精神的苦痛を被らせ，あるいは著しい生活上の妨害を来す行為に対しても，その侵害行為の排除を求めることができ，また，その被害が未だ現実化していない場合でも，その危険が切迫しているときには，予め侵害行為の禁止を求めることができ，これを人格権ないし人格的利益に基づく妨害排除・予防請求権と構成しうる。

そして，このような妨害排除ないし妨害予防請求権は，人にとって本質的な利益の総体であることから，私法上の差止請求の根拠となりうるものである。したがって，差止請求権の行使は，人格権ないし人格的利益に基づく妨害排除・予防請求という類型となって現れる（〔**判例7**〕大阪空港騒音訴訟控訴審判決を参照）。

(イ)　都市計画事業と生活妨害

次に，この大阪空港騒音訴訟控訴審判決（〔**判例7**〕）を前提として，都市計画事業の実施によって発生しうべき，周辺住民が被りうる生活妨害を予防するために，周辺住民が提起する事業認可取消訴訟に関する原告適格者は，事業地周辺の住民のうち，当該事業が実施されることによって，騒音，振動等による健康または生活環境に係る著しい被害を直接的に受けるおそれのある者であるから，この基準に該当する周辺住民は，認可取消訴訟を提起することができ，騒音，振動等による健康または生活環境に係る著しい被害を直接的に受けるおそれがあると認定されれば，既に認可された都市計画事業についても，これに対する取消判決が出されることになる（〔**判例11**〕小田急線連続立体交差事業認可処分取消請求事件）。

(ウ)　人格権に基づく出版の差止請求

次に，この人格権に基づく妨害排除・予防請求が，名誉権を侵害する内容を有する著作物の出版差止めの請求である場合には，憲法で保障されている表現の自由，即ち，「自由権」との関係においては許されないものと解する余地はあるが，当該出版物における表現内容が，真実ではなく，また，それが真実であったとしても，専ら公益を図る目的で出版されたものではないことが明白であり，かつ，被害者において，その被害が重大であり，著しく回復困難ないし不能となるような損害を被るおそれがあるときには，利益衡量の問題とすべきである（〔**判例9**〕「石に泳ぐ魚」事

件)。

したがって，当該出版物における表現行為が，その価値において，被害者の名誉に劣後することが明らかである場合には，名誉権侵害を構成し，その回復・保全を目的とする有効かつ適切な救済方法として，差止請求を認めるべきであるという必要性が肯定されるので，このような実体的要件を具備する場合に限り，例外的に出版物の事前差止めが許されるものと解すべきである（〔**判例8**〕北方ジャーナル事件，及び〔**判例9**〕「石に泳ぐ魚」事件を参照）。

㊁　人格権としての景観権

(a)　景観権の意義と景観法

更に，この人格権概念は，人が日々の生活の中で享受することのできる良好な景色を享受しうる利益の保全，即ち，景観権の保護へと発展する。

景観権とは，良好な景観の恵沢を享受する利益（景観利益）という法的保護に値する利益を保全する権利であり，この権利は，良好な景観に近接する地域内に居住し，その恵沢を日常的に享受している者について認められるべきものである。前述したように，判例は，「景観利益」を認めたが，いまだに「景観権」としては認めていない（〔**判例12**〕国立景観訴訟及び〔**判例13**〕鞆の浦埋立・架橋事業差止訴訟などを参照）。

近時，景観権の保護が叫ばれた結果であるかどうかは定かではないが，景観法が制定・施行された。そこで，まずは景観法の総論的な諸規定を概観する。

(b)　景観法の目的

まず，景観法の目的は，わが国の都市，農山漁村等における良好な景観の形成を促進するため，景観計画の策定その他の施策を総合的に講ずることにより，美しく風格のある国土の形成，潤いのある豊かな生活環境の創造及び個性的で活力ある地域社会の実現を図り，もって国民生活の向上ならびに国民経済及び地域社会の健全な発展に寄与することとされる（景観第1条）。

この景観法の目的を分析すると，第一に，日本国内における良好な景色の形成を促進するという目的を有する（良好な景観形成の促進）。第二に，この目的を達成するため，景観計画の策定などの施策が必要とされる。そして，第三に，この計画策定及びその他の施策（景観政策）によって，①美しく風格ある国土の形成，②潤いある豊かな生活環境の創造，③個性的かつ活力ある地域社会の実現，その結果，④国民生活の向上，国民経済・地域社会の健全な発展に寄与することを目的とするものと規定されている。つまり，景観法によると，良好な景観形成を促進するような景観政策が必要とされ，この政策は，上記①から④までを達成することに寄与すべきものとされており，景観法は，この目的を達成するために制定された法律だということである。

これをより集約すると，美しさと風格を有する街作り・国作りが，豊かな生活環境を作り，これによって，都市においてはもちろん，田舎でも個性と活力を実現し，

生活を向上させ，経済・社会を発展させるという帰結となるが，この目的を分析する限り，景観を保全することによって地域住民の生活環境を保全するという景観権の本来的な意義が前面に見えてこない。むしろ，国民経済と地域社会の発展こそが景観法の目的であると宣言しているようにしか見えてこない。ここからは，むしろ，観光地ないし観光産業の保護による経済・社会の発展という具体的な目的が見えてくる。ただ，国土交通省関係の法律であるから，景観地区を指定し，建物の高さ制限などを行うことによって，景観のでこぼこを是正するといった取り組みであることは，間違いないはずである（例えば，京都の市街地を見れば一目瞭然である。この景観を地方自治体の条例ではなく，国の法律によって規制対象とするということである）。

(c) 景観利益の確保とその目的

次に，法律によって保護されるべき景観利益の確保，即ち，良好な景観の形成，整備，そして保全に関して，景観法は次のように定めている。

第一に，良好な景観は，美しく風格のある国土の形成と潤いのある豊かな生活環境の創造に不可欠なものであることに鑑み，国民共通の資産として，現在及び将来の国民がその恵沢を享受できるよう，その整備及び保全が図られなければならない（同法第2条1項）。

第二に，良好な景観は，地域の自然，歴史，文化等と人々の生活，経済活動等との調和により形成されるものであることに鑑み，適正な制限の下にこれらが調和した土地利用がなされること等を通じて，その整備及び保全が図られなければならない（同条2項）。

第三に，良好な景観は，地域の固有の特性と密接に関連するものであることに鑑み，地域住民の意向を踏まえ，それぞれの地域の個性及び特色の伸長に資するよう，その多様な形成が図られなければならない（同条3項）。

第四に，良好な景観は，観光その他の地域間の交流の促進に大きな役割を担うものであることに鑑み，地域の活性化に資するよう，地方公共団体，事業者及び住民により，その形成に向けて一体的な取組がなされなければならない（同条4項）。

そして，第五に，良好な景観の形成は，現に存する良好な景観を保全することのみならず，新たに良好な景観を創出することを含むものであることを旨として，行われなければならない（同条5項）。

この景観法第2条は，①良好な景観が国民共通の資産であることを宣言し，②良好な景観の整備・保全は，自然・歴史・文化と人々の生活・経済活動との調和を考慮しつつ，土地利用に関して適正な制限を課しつつ行われるべきものであることを宣言し，また，③良好な景観が地域密着性を有することを前提として，地域住民の意向を踏まえつつ，地域の個性・特性の伸長に役立ちうるものとして，多様な形成を企図すべきものと宣言し，更に，④良好な景観は観光その他地域間交流の促進という役割を担うものという観点から，地域の活性化に役立つため，地方自治体・事

業者・住民が一体的に取り組むべきものと宣言し，更にまた，⑤良好な景観の形成は，現在の良好な景観を保全するのみならず，将来新たに良好な景観を創出することをも併せ考えるべきものであることを宣言している。

この規定は，第1条の目的を詳細に言い換えたに過ぎない。そして，第2条4項に「観光の促進」という文言が明記されている。観光地は田舎に多いので，景観の維持・創造が地域社会を活性化し，観光産業を伸ばすことによって，経済と社会を発展させようという宣言である。

(d) 国の責務，国民に理解させる努力義務

次に，国は，景観法第2条に定める基本理念に則り，良好な景観の形成に関する施策を総合的に策定し，実施する責務を有するものとされ（同法第3条1項），また，国は，良好な景観の形成に関する啓発及び知識の普及等を通じて，基本理念に対する国民の理解を深めるよう努めなければならない（同条2項）。

この規定は，良好な景観の形成に関する施策の策定とその実施が国の責務であることを宣言し，また，良好な景観の形成に関する啓発活動及び知識の普及活動によって，前段において宣言した基本理念について，国民がこれに対して理解を深めるよう，国が努力すべき義務を負うことを宣言したものである。この規定によって，新たな景観利益を創出することは国の責務であり，国民は，この国の責務の実現について理解すべきものとされる。

この第3条を文言解釈すると，国が新たな景観利益を創出するという事業計画，即ち，一定の開発計画を打ち出したときには，国民はこれに協力すべきことが求められるということであり，私的所有権に対する国家による干渉を例外的に認める日本国憲法第29条2項（公共の福祉），同条3項（正当な補償による収用），民法第1条1項（公共の福祉）の文言を変えてここに挿入したに過ぎないようにも見える。極端な話をすれば，地域住民が生活し，生業を営んでいる地域について，国や地方公共団体が突如として国家プロジェクトとしての観光地ないし観光産業の創出をもくろみ，開発計画を立案した場合には，地域住民は土地を明け渡し，あるいは貸し出して，自らは他の地域に移動することを強いられるという話にならないかが懸念される。

しかし，国土交通省による景観法の説明を見る限り，そのような話ではなく，これまで実施されてきた地方自治体の景観条例では限界があり，その結果，地域住民から景観訴訟が多数提起され，また，景観を整備・保全するための国民共通の基本理念が未確立であり，地方公共団体による自主的取組みに対する国としての税や財政上の支援が不十分であったので，2003年7月，国土交通省が「美しい国づくり政策大綱」を打ち出し，また，同年同月，政府・観光立国関係閣僚会議も「観光立国行動計画」を発表し，更に，全国景観会議や景観形成推進協議会等による要望もあって，景観を正面から捉えた立法を企図したとされる。そのためには，国，地方公共団体，事業者，住民が一体となって良好な景観の維持・保存，形成，そのため

の環境の整備などを実現する必要があり，このような立法となったといわれている[142]。

(e)　地方自治体，事業者，住民の責務

次に，地方公共団体は，前述した基本理念にのっとり，良好な景観の形成の促進に関し，国との適切な役割分担を踏まえて，その区域の自然的社会的諸条件に応じた施策を策定し，及び実施する責務を有する（景観第4条）。この規定は，県知事，市町村長が開発計画を策定・実施する場合には，国との役割分担を踏まえ，また，その区域の自然的・社会的諸条件を顧慮しつつ，行わなければならないといった内容の規定である。

また，事業者は，基本理念にのっとり，土地の利用等の事業活動に関し，良好な景観の形成に自ら努めるとともに，国または地方公共団体が実施する良好な景観の形成に関する施策に協力しなければならない（同法第5条）。

更に，住民は，基本理念にのっとり，良好な景観の形成に関する理解を深め，良好な景観の形成に積極的な役割を果たすよう努めるとともに，国または地方公共団体が実施する良好な景観の形成に関する施策に協力しなければならない（同法第6条）。

これらの規定は，景観法第2条4項に規定されている「良好な景観形成に向けての一体的な取組み」という点を，地方公共団体，事業者，そして住民の「責務」として位置づけている。これも，前述したような景観法制定の経緯や目的から理解しうる。

(f)　景観法と景観権との関係

それでは，これまで概観した景観法の目的などから，同法と景観権とはどのような関わりがあるのだろうか。この点について，検討する。

景観法は，良好な景観の形成，即ち，美しさと風格を有する街作り・国作りをテーマとしているが，ここからは，観光政策を推進したいという思惑が見て取れる。この良好な景観の形成は，従前の良好な景観を維持するとともに，新たに良好な景観を創出するという点も政策として位置づけている。しかし，わが国には既に所謂「古都」，「名勝」と称される町並みや公園を有する各地域において「良好な景観」が存在しており，こちらを守ることが優先されるべきである。この点から，景観権の確保につながる。

また，観光地としての「古都」のみならず，都市においても，良好な景観はいくらでもあるところ，都市においては，大規模なビル開発によって，良好な景観が失われてしまった地域もある。例としては，東京都中央区の月島・佃島・晴海から港区の芝浦・台場あたりの東京湾岸沿い，所謂ベイエリアなどがあげられよう。ただ，

(142)　国土交通省都市・地域整備局都市計画課「景観法の概要」（平成17年9月）を参照。
　　　http://www.mlit.go.jp/crd/townscape/keikan/pdf/keikanhou-gaiyou050901.pdf

この地域においても，レインボーブリッジが架設され，また，東京ゲートブリッジが架設されるなど，新たな景観の創出により，一部観光地化しつつあるという点は，まさに，景観法の目的と合致する。しかし，古き良き景観と新しい価値観から創出される新たな景観との調和は保たれなければならない。

　このように，景観法は，従前の景観権を保護するという面と，都市計画によっては従前の景観権を侵害ないし破壊するという面を併せ持つ危険をはらんでいる法律である。この法律の運用による開発行為に当たっては，国や地方自治体は慎重にも慎重を重ねた上で，開発に関する許認可・免許などを行う必要がある。

　しかし，景観法が施行された後においても，鞆の浦埋立・架橋事業の差止訴訟が提起され，差止請求が認められるような違法・不当な開発事業がなされようとしていたという事実があり，このような事態は，国土交通省が考えているような慎重な姿勢とは程遠いように思われる。

(g) 景観権に基づく差止訴訟

　前述したように，景観利益の保護を求めるための差止訴訟が地域住民から提起されている。一方では，都市景観の保護を求めてマンション建築の差止めを求めた国立景観訴訟があり，他方では，歴史的・名勝景観の保護を求めて海面の埋立・架橋事業の免許不許を求めた鞆の浦景観訴訟がある。前者は日々の生活環境の悪化を恐れた地域住民などが提起した訴訟であり，後者は名勝景観の破壊を恐れた地域住民などが提起した訴訟である。

　国立景観訴訟は，第1審では住民らが勝訴したが，事業者側が控訴した結果，住民らが敗訴し，最高裁まで上告されて争った結果，マンション建築行為が違法性を欠くとして，住民らが敗訴した。

　他方，鞆の浦景観訴訟は，広島地裁の判決ではあるが，鞆の浦の景観が歴史的・名勝景観であり，現に瀬戸内法によって保護しようとしている瀬戸内海の景観の一部であるという理由から，この景観は国民の財産であるとして，住民らが勝訴したのである。

　この両者の相違点については既に解説したが，国立景観訴訟においては，都市景観権の保護を求める訴訟の難しさを世間に知らしめたという結果に終わり，反対に，鞆の浦景観訴訟においては，歴史的・名勝景観の保護を求める訴訟については，積極的に保護を求めるべきであるという意識を世の人々に植え付けたものといえるであろう。

---

point

　保護法益としての景観利益，人格権としての差止請求権について理解するとともに，景観権という権利構成が必要か否かについても検討してみよう。

第1章 物権法総論

(2) 判例法理から見た差止請求の法理

(ア) 人格権に基づく物権的請求権

まず，大阪空港騒音訴訟控訴審判決（〔**判例7**〕）は，空港を離着陸する航空機の騒音が受忍限度を超える場合には，人格権の侵害であり，この侵害に対しては，人格権に基づく妨害排除・予防請求が私法上の差止請求の根拠となりうると明言して，騒音被害を受ける地域住民は，人格権に基づく妨害排除ないし予防請求権を有するものと認めた。この判例法理からは，差止請求は，人格権に基づく物権的請求権の行使ということになる。

判例においては，この構成が主流であり，例えば，出版物の差止めに関する北方ジャーナル事件大法廷判決（〔**判例8**〕）においては，名誉毀損事案という特殊性はあるが，出版物の表現内容が真実ではなく，または専ら公益を図る目的ではないことが明白であり，かつ，被害者が重大にして著しく回復困難な損害を被るおそれがあるときには，当該表現行為は，その価値が被害者の名誉に劣後し，有効適切な救済方法としての差止めの必要性も肯定されるとして，このような実体的要件を具備するときに限り，例外的に事前差止めが許されるという構成を採っており，この内容からは，名誉権を物権的権利としての人格権として位置づけ，差止め請求は，その侵害排除・予防と解されているものといいうる。

従来，この北方ジャーナル事件は，人格権に基づく物権的請求権構成として位置づけられてきたが[143]，この分類が適切かどうかはやや微妙であり，次段において述べるように，名誉権侵害を理由とする不法行為ないし違法行為として排除するという構成（違法侵害説）として分類するほうが適切かも知れない。即ち，この大法廷判決の示した要件として，「公益目的があれば違法性がない」というものがあり，そうであれば，「公益目的がなければ違法性がある」といいうるのであり，このように解すると，故意・過失を要しないという物権的請求権構成というよりは，むしろ，違法・不当な行為を排除し，名誉権という物権的権利を保全するという意味において，そのような侵害のおそれを予防するという構成になるのではないかと思わ

---

[143]　北方ジャーナル事件大法廷判決の解説を概観すると，人格権に基づく物権的請求権構成として位置づけているようである。例えば，山本敬三「人格権──北方ジャーナル事件」民法判例百選Ⅰ〔第4版〕14頁（15頁），同第5版新法対応補正版16頁（17頁）は，「本判決は，物権については妨害予防・妨害排除が認められることを前提とし，「排他性」を媒介としてこれを人格権に類推している」ものとして位置づけている。

　　また，本判決の調査官解説（加藤和夫『最高裁判所判例解説民事篇（昭和61年度）』278頁〔287-288頁〕）も同様な位置づけを行っている。

　　なお，山本（敬）教授は，民法判例百選Ⅰ〔第6版〕10頁（11頁）では，「判例の基礎にあるのは，人格権を物権と同じような支配権とみる考え方である。……人格権も支配権にほかならない。したがって，人格権も，物権と同じく，排他性を持った権利であり，差止請求を基礎づける根拠になると考えるわけである。」と表現を若干改めているが，意味は同じであろう。

104

れる。したがって，北方ジャーナル事件大法廷判決は，単なる物権的請求権構成とは異なるものと思われる。

次に，前掲した「石に泳ぐ魚」事件（〔**判例9**〕）の原審においては，「人格的価値を侵害された者は，人格権に基づき，加害者に対し，現に行われている侵害行為を排除し，又は将来生ずべき侵害を予防するため，侵害行為の差止めを求めることができる」として，人格権に基づく物権的請求権構成（侵害行為の除去・予防）を採っている。最高裁もこの原審判決を受け入れているので，同様の考え方である。

更に，前掲した小田急線立体交差事業の認可取消請求事件大法廷判決（〔**判例11**〕）も，事業の実施によって「騒音，振動等による健康又は生活環境に係る著しい被害を直接的に受けるおそれのある」ことを，差止請求の要件としており，その差止めについて，「法律上の利益を有する者」が原告適格者であると判示しているのであって[144]，健康・生活環境被害の事案においても，そのような被害を直接的に受けるおそれのある周辺住民は，妨害予防請求権の行使として，差止請求をすることができるという構成を採っている。

このように，最高裁は，人格権侵害の事案について，従来，物権的請求権構成ないし類似の構成を採用してきた。

（イ）不法行為・違法行為排除構成

これに対して，近時の最高裁判決（前掲〔**判例12**〕国立景観訴訟）においては，差止め請求の根拠について，これを不法行為の成立要件である法益侵害（第709条）に求めるものが現れた[145]。この判決は，前述したように，景観利益に対する侵害を認定するための要件として，①刑罰法規・行政法規の規制に違反すること，②公序良俗違反・権利の濫用に該当するなど，侵害行為の態様や程度が，社会的に容認された行為としての相当性を欠くことを掲げており，不法行為の要件該当性のみならず，公序良俗違反（第90条），権利濫用（第1条3項），などを含め，景観利益に対する違法・不当な侵害行為のあることが，差止請求の要件であると判示したものである。

従来の物権的請求権構成であれば，不法行為の要件である違法性ないし帰責性，即ち，故意・過失は不要であり，妨害状態の発生，またはその発生のおそれという状態の是正責任をその妨害もしくはその危険作出者またはその承継人に求めるのであるから，この判例の構成は，明らかに前掲した人格権侵害事案とは構成を異にする[146]。

---

(144) 「小田急線連続立体交差事業認可処分取消請求事件大法廷判決」最大判平成17年12月7日民集59巻10号2645頁。

(145) 「国立景観訴訟最高裁判決」最判平成18年3月30日民集60巻3号948頁

(146) ただ，ドイツにおいて過渡的な解釈として主張された「不法行為的妨害排除請求権」から，故意・過失や損害の現存を必要としない物権的妨害排除・予防請求権を承認し，現在では人格権に基づく妨害排除概念の確立にまで至ったという理論構成の変遷があり，近時，

第1章　物権法総論

　この構成は，端的に不法行為の要件該当性から，不法行為の効果である損害賠償請求という構成を導かず，違法性・不当性の根拠として不法行為の要件のみを取り出し，また，強行法規違反その他の違法行為要素をも勘案して，侵害排除の根拠とするというものである。近時有力に主張されている「違法侵害説」と称される学説と軌を一にする考え方である[147]。

　㈥　利益衡量的構成

　他方，人格権的利益の侵害として，「自由な通行権の侵害」がある。前掲最判平9・12・18〔判例10〕は，建築基準法第42条による位置指定がなされた私道の土地所有者が周辺住民の通行を妨害したという事案において，日常生活上，必要不可欠な居住地と外部との交通が人格権的利益であることを認め，この周辺住民の通行利益と土地所有者の利用利益とを比較衡量して，土地所有者の損失・損害が周辺住民の通行利益を上回るような特段の事情のない限り，土地所有者は住民の通行を受忍すべき義務を負うとして，自由な通行権を有する住民による土地所有者への妨害排除請求と将来の妨害予防請求を認めている。

　この事案においては，土地所有権が道路交通という公共の利益との関係において制限を甘受すべきものとされたのであるが，理論構成として，土地所有者の損害と住民の通行利益とを比較衡量し，原則として，後者を優先すべきものと解している。この点は，受忍限度を考慮要素としている大阪空港騒音訴訟控訴審判決と相通ずるものがある。私道といえども，建築基準法という公法上の制限に服すべき事案であり，公共財の運用利益と私的所有権との牴触，あるいは居住権ないし居住環境相互間における牴触という問題で括ることが可能だからである。この意味において，この問題は，通行利益とその受忍義務という法益相互間の調整事案として位置づけることができる。

　㈦　公益保護構成

　更に，前掲した鞆の浦景観訴訟広島地裁判決（〔判例13〕）は，「鞆の景観の価値は，……私法上保護されるべき利益であるだけでなく，瀬戸内海における美的景観を構成するものとして，また，文化的，歴史的価値を有する景観として，いわば国民の財産ともいうべき公益」であり，「しかも，本件事業が完成した後にこれを復元することはまず不可能となる性質のもの」であって，「本件埋立及びこれに伴う架橋を含む本件事業が鞆の景観に及ぼす影響は，決して軽視できない重大なものであり，

　　　わが国の学説においても，不法行為的な構成を採るものが多くなったという点を考慮すると，このような理論の判例への影響も考えられる。この点については，好美・前掲書（『新版注釈民法(6)』）207-208頁参照。
　(147)　根本尚徳『差止請求権の理論』（有斐閣，2011）95頁以下参照。同書は，わが国とドイツの学説の詳細な分析を踏まえた上で差止請求権の本質論を提唱するものである。根本准教授は，違法侵害説について，前述した末弘嚴太郎博士の権利不可侵性理論からの発展と明確に位置づけている。

瀬戸内法等が公益として保護しようとしている景観を侵害するものといえる」として，「政策判断は慎重になされるべきであり，その拠り所とした調査及び検討が不十分なものであったり，その判断内容が不合理なものである場合には，本件埋立免許は，合理性を欠くもの」として認められないと判示したものである。

この判示内容からは，歴史的・名勝景観の保護については，その景観としての価値が，私法上の利益と公法上の利益といった全体的な法益保護という観点から考慮されなければならないと論じていることが分かる。そして，この場合における都市計画事業の事前差止めは，私法上の景観利益の保護としての侵害の排除・予防というよりは，むしろ，公益的な観点から法益保護を唱えているように思われる。そのため，ここでは，公益保護という新たな分類がなされるべきである。

---
point

判例法理において現れた差止請求に関する各種の構成について，その事案とともに理解しよう。

---

(3) 差止請求の理論——学説の展開

学説は，従来，人格権侵害行為に対しては，物権的請求権の行使，即ち，妨害排除・予防請求権の行使という観点から，差止訴訟を認めてきた[148]。この点は，前掲した大阪空港騒音訴訟控訴審判決（**判例7**）や北方ジャーナル事件（**判例8**）など，判例法理と同様である。また，従来の学説としては，公害の差止めの根拠として，その被害者は居住者であり，公害の差止めは快適な生活を享受するという人格的な権利の侵害に対する妨害排除請求権と構成するのが適切であるという人格権説[149]，そして公害による環境破壊行為を深刻に受け止め，このような環境破壊を許すことは人類の生存を危機に追いやるという認識を強く主張し，良好な環境の保全こそ，如何なる価値にも絶対的に優先する権利であると主張する環境権説[150]が提唱された。

---

(148)　我妻榮『事務管理・不当利得・不法行為』（日本評論社，1937）198頁，好美・前掲書（『新版注釈民法(6)』）207-212頁，東孝行『公害訴訟の理論と実務』（有信堂，1971）90頁以下など参照。

(149)　好美清光「日照権の法的構造（下）」ジュリスト494号（1971）113頁以下，加藤一郎「公害法の現状と展望」『公害法の生成と展開』（岩波書店，1968）20頁以下，森島昭夫「差止請求」『新版民法演習』（有斐閣，1979）102頁（104頁）など参照。

(150)　大阪弁護士会環境権研究会編『環境権』（日本評論社，1973）50頁以下など参照。この説は，環境権を絶対的な権利として捉え，利益衡量を一切排除し，侵害に対する絶対的な差止めを提唱したため，学説からは，理念的に過ぎるなどの批判を受けた（加藤一郎「『環境権』の概念をめぐって」『民法における論理と利益考量』（有斐閣，1974）113頁以下参照）。その後，環境権説は，他の学説によって，生命・健康被害のケースでは利益考量を排除する反面，その他のケースでは利益考量を許すケースなどが提示され，類型別に弾力的な考え方を取り入れて，徐々にその硬直性を避ける工夫がなされていった。この点については，沢井裕『公害差止の法理』（日本評論社，1976）28頁など参照。

第 1 章　物権法総論

　これらに対して，近時は，物権的請求権説と人格権説について，特定の権利侵害
を問題とするのでは硬直的に過ぎるとしてこれを批判し，端的に不法行為があれば
損害賠償とならんで当該不法行為をも排除すべきものと解し，不法行為的な構成か
ら物権的妨害排除・予防請求権を構成し，差止請求権の根拠とする学説も有力に存
在する。この理論の方向性は，前述した「債権に基づく物権的請求権」という問題
について，末弘厳太郎博士によって提唱された権利不可侵性理論を判例が応用して
物権的妨害排除請求権を認めた「専用漁業権の賃借権侵害事案(151)」に端を発する
理論構成からの流れとして存在する。賃借権侵害行為が不法行為を構成するという
理論構成はよく理解できるが，不法行為の効果は「金銭賠償」であるから，ここか
ら如何にして「差止請求」という効果を理論づけるのかという点が焦点となる。

　そもそも，末弘理論は，積極的債権侵害説から不法行為の効果を導いたものであ
り，当初は，物権的請求権は排他性からのみ導かれるとして，これを否定していた。
また，その後の末弘改説においても，妨害排除・差止請求は，すべての権利に対す
る保護手段であり，その保護法益が物権であると債権であるとに関係なく，被害者
の救済のために必要であり，また，法律的正義という観点から妥当性を有するとし
て(152)，いわば後付け的に解釈したに過ぎない。ただ，末弘改説は，妨害排除・差
止命令の要件として，権利の種類，権利の目的物，侵害の種類・態様，侵害の結果
被害者が被るべき損害の程度・態様，妨害排除を実現するため加害者に要求される
犠牲の程度等に応じていろいろに定められるべきものという考え方を提示したとい
う点において(153)，正に先駆け的な解釈であった。

　この先駆け的な理論は，その後，舟橋諄一博士に継承され，好意的に解釈されて
いる。舟橋博士は，① 不法行為の被侵害利益は，権利のみならず，法的保護に値
する利益であればよく，② 違法性の有無は，被侵害利益の強固さの程度と，侵害
行為の悪性の程度との相関関係によって判定されるべきであり，被侵害利益の種
類・性質と侵害行為の態様との両面から相関的に判断されるべきであるところ（通
説），この解釈は妨害排除請求にも適用されるべきものという前提に立脚し，妨害
排除の実現を認めることによって生ずべき侵害者の犠牲の程度と，妨害排除を否認
することによって生ずべき被害者の不利益の程度なども相関的に考慮して，妨害排
除請求権の存否を決定すべきものと解している(154)。

---

(151)　大判大正 10 年 10 月 15 日民録 27 輯 1788 頁：「権利者が自己のために権利を行使する
　　に際しこれを妨げるものあるときは，その妨害を排除することができるのは，権利の性質上
　　固より当然にして，その権利が物権であると債権であるとによってその適用を異にすべき理
　　由はない」。権利不可侵性説を唱えつつ，差止め請求は物権の排他性からのみ認められると
　　していた末弘博士がこの判例法理を追認し（『判例民法大正十年度』499 頁以下など），その
　　後，これを理論構成したものが「末弘改説」である。
(152)　末弘・前掲書（『雑記帳』）232 頁。
(153)　末弘「妨害排除請求権の問題」前掲書（『雑記帳』）236 頁（238 頁）。

108

第2節　物権の効力

　これらの先駆け的な理論構成は，不法行為による権利侵害を念頭に置いているが，その内容からは，もはや権利侵害のみならず，法益侵害行為全般に対する妨害排除・差止請求に関する理論構成となっている。そして，その法益侵害行為を停止させるための要件として，「権利の種類，権利の目的物，侵害の種類・態様，侵害の結果被害者が被るべき損害の程度態様，妨害排除を実現するため加害者に要求される犠牲の程度」を掲げ，差止めの許否の判断に当たっては，行為の停止による加害者の犠牲と被害者の法益保護との相関関係，反対に，停止の否認による加害者の利益と被害者の不利益との相関関係を顧慮した上で決定すべきものと主張している(155)。

　更に，舟橋博士は，不法行為に基づく損害賠償請求は過去の侵害行為によって生じた損害の塡補としての原状回復請求であり，妨害排除・予防請求は現在または将来の侵害排除・予防請求であって，両者は区別されるべきものと論じているので，法益侵害という不法行為の要件，即ち，その外形のみを適用し，その効果については妨害排除・予防という物権的請求権固有の効果を適用するという構成である。

　この構成は，不法行為的物権的請求権の承認に始まり，最終的には人格権に基づく妨害排除請求へと発展したドイツ法学者の構成と類似するものである。現在では，所有権に基づく妨害の除去・不作為請求権に関するドイツ民法第1004条の適用範囲は，他物権その他の絶対的な権利に準用しうるものとされ，人格権，営業権，個人の名誉，仕事上の名誉，信用（Kredit）など，すべての絶対的な権利及び法律上保護されている地位の保護にまで類推適用されている(156)。

　この類推適用事例として，ドイツの判例を参照すると，他人の所有するアパートの敷地にあるアーチ状の門をくぐる徒歩通路（Fußweg）を通る以外に公道に出る方法のない土地の所有者Xが，その徒歩私道を長年にわたって通行し，映画館営業を継続してきたところ，通路の土地所有者Yが鍵のついた金属製の門扉をアーチ状の門の中に設置し，通行止めをしたことによって，X及び来客等が公道へ抜けられなくなったので，その通行者Xが門扉の撤去を請求したという事案において，連邦通常裁判所（BGH）は，公衆用道路における通行権の侵害など，公衆の利用の侵害に対して，通行者は，他の共同の通行者や来客のためにも，BGB第1004条を準用し

---

(154)　舟橋36-37頁。舟橋博士は，この解釈こそ，末弘改説の趣旨であると述べている（同・37頁）。この構成は，従来，不法行為説と称されてきたが，被害者の被害の種類及び程度と加害者の事情とを相関的に利益考量するという点において，単純に不法行為として構成するものではないので，むしろ，「違法ないし不法侵害排除説」と称するのが妥当である。なお，民法第709条を差止請求の根拠とする純粋な不法行為説もあるが（例えば，伊藤進・判評177号（1973）22頁（判時715号136頁）参照），少数説である。

(155)　舟橋博士がこのように解する背景として，電力会社が発電所用地下水路を作った際に他人の私有地を通過していたという場合（前掲大判昭和11年7月10日など）のように，侵害行為が強い公共性を有するときには，妨害排除請求が否定されるという考え方がある。

(156)　vgl., Baur=Stürner, Sachenrecht, §12 I Rdn. 3, S. 138.

109

第 1 章　物権法総論

て，自己の権利に基づいて妨害を排除することができるものと判示した。その理由
づけは，BGB 第 1004 条の適用は，所有権侵害に限定されず，特定の制限物権の侵
害を明文によって指示する規範によって拡張されており（例えば，BGB 第 1027 条〔地
役権侵害〕，第 1090 条 2 項〔制限的人役権に対する前条の準用〕，第 1065 条〔用益権侵害〕，第
1227 条〔動産質権の侵害〕），妨害に対する保護（negatorisches Schutz）は，すべての絶
対的な権利にも認められており，また，それ以上に，不法行為法において保護され
ているすべての法益にまで拡張されているからであると論じている(157)。

　このように，ドイツにおいては，不法行為法において保護されている法益侵害に
基づく差止請求は，広く一般的に認められている。この理論構成は，不法行為法的
な構成ではなく，あくまでも，違法・不当な法益侵害に対する差止請求による保護
という構成であるから，誤解のないよう，注意する必要がある。

　近時，わが国の学説においても，このような解釈が広く普及しており，基本的に
は，権利侵害という枠組みではなく，法益侵害という枠組みによって差止請求を認
めるという解釈が一般的となっているといってもよいであろう(158)。

> **point**
> 　差止請求権における権利侵害構成と法益侵害構成との違いについて，その適
> 用範囲という観点から理解しよう。

---

(157)　BGH, Urteil vom 13.3.1988, NJW1998, S. 2058. 本 判 決 は，Staudinger-Gursky, BGB,
　　1993, §1004 Rdn. 15, 16, 及び Medicus, in: MümchKomm, 3. Aufl., §1004 Rdn. 6 を引用指
　　示しつつ，このように論じたものである。
(158)　この点に関しては，根本・前掲書（『差止請求権』）が優れた分析を行っている。根本
　　准教授の「違法侵害説」に関する理論的根拠づけに関しては，同書の 388 頁以下においてま
　　とめられており，そこでは，権利として熟していない「法益」が侵害された場合における差
　　止請求が如何にして理論づけられるのかという構成を明快に示しており，極めて示唆に富む。
　　　また，これ以前には，差止請求に関する近時の代表的な著作として，大塚直「生活妨害
　　の差止請求に関する基礎的考察(1)〜（8・完）」法協 103 巻 4 号 595 頁，103 巻 6 号 1112 頁，
　　103 巻 8 号 1528 頁，103 巻 11 号 2200 頁（以上，1986 年），104 巻 2 号 315 頁，104 巻 9 号
　　1249 頁（以上，1987 年），107 巻 3 号 408 頁，107 巻 4 号 517 頁（以上，1990 年）があり，
　　従来の理論について，様々な角度から実によくまとめられている。大塚教授は，侵害を積極
　　的侵害（生命・健康被害，精神的侵害など）と消極的侵害（日照・眺望の妨害，地下水の利
　　用妨害など）とに分類し，前者においては，人格権的構成や物権的構成から，差止請求を認
　　めるべき場合が多いとし，後者においては，眺望侵害以外は人格権的侵害として，不法行為
　　として排除するために差止請求を容認し，眺望侵害は，要保護性が強くないので，権利濫用
　　がある場合に限り，差止請求を認めるという判断を示している（107 巻 4 号 538 頁）。
　　　このように，近時は，法益に対する違法な侵害の排除か，人格権的利益に対する侵害の排
　　除かという理論上の争いはあるものの，侵害を類型別に整理し，それぞれに応じた理論構成
　　を適用すべきものと思われる。

第2章　物権の変動

第1節　物権変動と第三者に対する対抗要件

第1款　物権変動の意義

　物権の変動とは，物権の発生（絶対的発生，既存物権の原始取得〔設定・時効取得〕及び承継取得〔移転〕），変更（物権の内容または作用の変更），消滅（目的物の滅失，消滅時効，放棄，混同，公用徴収）という現象の総称である。

　物権の変動は，物権的法律効果を発生させることであり，これを生ずる法律要件を物権法上の法律要件という。この法律要件の主なものとして，法律行為（契約及び単独行為〔放棄・遺贈〕），時効（取得時効〔第162条以下〕，消滅時効〔第166条以下〕，地役権関係〔第283条，第289条〕），混同（第179条），先占（第239条），遺失物拾得（第240条），埋蔵物発見（第241条），付合（第242条以下）・混和（第245条）・加工（第246条），公用徴収（土地収用法第1条〜第7条），没収（刑法第19条）などがある。

　契約は，当事者間の意思表示によって成立する法律行為である。これによって，債権・債務関係が発生する。この場合において，土地や建物といった原始的特定物に関する売買契約を締結するときには，契約締結時に目的物が特定しているので，最初から債権の目的となる（種類物〔不特定物〕の場合には，「特定」して初めて債権の目的となる〔第401条2項〕）。

　次に，物権の設定及び移転は，当事者の意思表示のみによってその効力が発生する（第176条）。これを所有権の移転という物権変動に置き換えてみると，所有権の移転は，当事者の意思表示，即ち，契約だけで発生するということになる。つまり，民法第176条の意味は，債権の目的と所有権移転の双方から，特定物（種類物は特定した後）に関する物権の設定及び移転に限定される。即ち，物権の変動とは，「物権の設定及び移転」（第176条），「不動産に関する物権の得喪及び変更」（第177条），「動産に関する物権の譲渡」（第178条）などの文言で規定されているように，物権（物権と同視される物権的権利を含む。）という権利の発生などによる取得，消滅などによる喪失，他人への変動，既存物権における内容の変更のことをいう。

　更に，この所有権の移転等の「物権変動」は，その物権変動を行った当事者にとっては自明の事柄であるが，当事者以外の，いわゆる第三者からは物権変動という事実の存在を容易に知ることができない。しかし，物的財産は自己使用のみなら

ず，他人に賃貸し，担保に供し，あるいは売買により，他の財貨に変わることが予定されるものである。それゆえ，第三者の利害に関わる場合が非常に多い。そこで，近代法においては，これら利害関係を有する，あるいは新たに利害関係に入る第三者との関係において，取引の安全を確保することが要請され，物権の変動を確定し，あるいは当事者以外の第三者に対抗するために，何らかの公示方法（公示手続）が必要であるとされた。この考え方を物権法における公示の原則という。わが民法は，不動産物権変動の対抗要件として登記を予定し（第177条），また動産物権変動の対抗要件として引渡しを予定している（第178条）。

> ─ **point** ─────────────────
> 物権が変動するとは，どのような意味であり，どのような現象であるかについて，理解しよう。

第2款　物権取引における公示の原則と公信の原則

第1項　公示の原則

公示の原則（Publizitätsprinzip）とは，物権の変動には常に外界から認識しうる何らかの表象（＝公示）を伴うことを必要とし，現在の権利状態として公示された状況と両立しえない物権変動は，それが公示されない限り，その物に関して取引関係に入ろうとする者に対して主張（対抗）しえないという原則である。

では，このような公示の原則がなぜ必要とされるのか。その理由は，物権には排他性があり，物権変動は排他的な効果が与えられるものであるところ，物権変動に関して何らかの外部的な表象を与えることを制度化し，物権の所在，物権相互間における権利関係の所在，ならびにその内容を明らかにしなければ，不動産取引に関して不安を抱えることとなり，新たに権利関係に入ろうとする者に不測の損害を与えかねず，これでは，近代物権取引法に対して要請される取引の安全という理想を達成することができないからである。

この公示の原則の歴史をひもとくと，当初は，直接的な不動産取引というよりも，むしろ，抵当権を公示するための原則として樹立された。即ち，近代資本主義国家が樹立された17世紀後半から18世紀前半にかけて，資本家が生産設備を拡充する必要から，金融資本たる銀行（与信の端緒）が登場し，徐々に金融取引が盛んになり，不動産抵当が経済組織の中心的な役割を果たすようになったが，公示制度が存在しないので，未登記の，しかも排他的な抵当権が横行するようになった。これでは金融取引に支障を来すことになるので，抵当制度における取引の安全が声高に叫ばれるに至った。そこで，まず，抵当権を公示するために登記制度が考案され，これによって未登記抵当権を排除することができ，債権者相互間の利益を調和させ，不動産の担保価値を十分に活用しうるようにしたのである。したがって，近代法におけ

る登記制度の考案は，まさに，抵当権を公示することによる債権者相互間における
取引安全のための制度設計として登場したのである(1)。

しかし，近代法に対する経済界からの要請は抵当権の公示に止まらなかった。それは，不動産所有権それ自体の資本としての利用であり，不動産取引の頻繁化による取引安全という要請である。そこで，近代法は，抵当権に関して考案された登記制度を不動産所有権ならびに不動産に関する制限物権にまで拡張することとした(2)。

わが国において，明治19(1886)年に地券制度（明治5〔1872〕年）を改めて登記制度（旧登記法。その後，明治32〔1899〕年旧不動産登記法，平成16〔2004〕年現行不動産登記法）に移行したのも，このヨーロッパの趨勢によるものである。

公示の原則には，その立法主義として，意思主義・対抗要件主義と成立要件主義（形式主義）とがある。わが民法とフランス民法（Code civil. 以下，「CC」と称する。）は前者を採用し（意思表示〔契約行為〕による物権変動），ドイツ民法（Bürgerliches Gesetz Buch. 以下，「BGB」と称する。）は後者を採用した（意思表示〔物権的合意 Einigung〕と登記（Eintragung）〔不動産物権変動〕，または引渡し（Übergabe）〔動産物権変動〕がセットになって物権が変動する(3)）。

────────────

(1)　その先駆けは，ドイツにおいては，1722年のプロイセンの抵当ならびに破産法，1783年の一般抵当法，フランスにおいては，1795年の抵当法であるとされている。この点については，我妻＝有泉41頁参照。

(2)　前掲プロイセン法は，プロイセン普通法（Gemeinesrecht），オーストリア民法（ABGB），ドイツ民法（BGB），スイス民法（ZGB）に承継された。また，フランスにおいては，1795年6月27日の「抵当権法」により登記（inscription）制度が創設され，1798年11月1日の「抵当貸付法」により，謄記（transcription）が所有権及び抵当目的となる不動産物権にまで拡張され，1855年の抵当登記法により，謄記制度がすべての不動産物権に拡張された。この点については，星野英一「フランスにおける不動産物権公示制度の沿革の概観」『民法論集第2巻』（有斐閣，1970）1頁以下，我妻＝有泉41頁参照。

　　　このフランス法における法改正の変遷については，星野・前掲論文『民法論集第2巻』1頁以下（現行規定については，特に41頁以下）に詳細に論じられている。従来，フランスの登記制度は，先取特権及び抵当権以外の公示制度は，原因証書を謄写し，また，公正証書を添付して行われてきたので，わが国では，これを「謄記（transcription）」と表記してきた（先取特権及び抵当権は抵当権保存吏の帳簿への「登記（inscription）」である〔先取特権につき CC 第2377条以下，抵当権の順位につき第2425条，登記につき第2426条〕）。

　　　しかし，後述するように，フランスにおいても，現行制度上は，登記吏が登記帳簿へ直接謄写する制度ではないので，「登記」といってもよいように思われる。

(3)　BGB 第873条（物権的合意と登記による取得）

　　　1項　土地の所有権を譲渡し，または，ある権利を以て土地の負担とし，もしくは，設定された権利を譲渡し，またはこれに物的負担を設定するためには，権利変動の発生に関する権利者と相手方との物権的合意及びその権利変動の土地登記簿への登記を要する。ただし，法律に別段の定めのあるときはこの限りではない。

　　　2項　その意思表示が公証人により公証され，または，登記所の面前で表明され，もしくは，登記所に申請された場合，または，権利者が相手方に対し，土地登記法の定めるところに従い，登記許諾を与えた場合に限り，当事者は，登記の前であっても，その物権的合意に拘束される。

第 2 章 物権の変動

　わが民法は，不動産物権変動については登記を対抗要件とし（第 177 条），動産物権変動については引渡しを対抗要件としている（第 178 条）。例えば，従来の通説・判例によると，不動産が二重譲渡された場合には，二重譲受人の所有権取得は互いに両立しえない物権変動であるから，それらは対抗関係に立ち，登記をしなければ，互いに所有権の取得を対抗しえない（ただし，この解釈については大いに争いがある）。

　次に，動産物権変動について，売買や贈与など，正当な原因（iusta causa）があり，この原因に基づいて引渡し（traditio）をすることによって所有権移転の根拠とする制度は，古代ローマ法制の時代から存在した（Gaius. inst. 2, 19-20; Paulus D. 41, 1, 31）。しかし，占有はその時々における権利の状況を公示する力はあっても，登記（フランス法では謄記〔transcription〕）とは異なり，永続的に権利の所在やその内容を公示する力はない。また，動産取引の頻繁化に伴い，商品の所在場所を移転せずに取引し（他人に寄託中の商品の取引による指図による占有移転），あるいは，担保物提供者の手許にある状態で在庫商品に譲渡担保権を設定する必要が出てきた（担保権者への占有改定による引渡し）。そこで，動産取引の場合には，取引の頻繁さから，現実の引渡しに対する不便感が生じたために，近代法は簡易の引渡方法を承認したのである（第 182 条以下の代理占有制度の考案）。この法制により，動産取引における公示力の弱体化現象が発生するに至った。

　確かに，近代法においても，質権の設定には現実の占有移転を要件化し，公示の原則を維持しているが（第 345 条，第 352 条），転々流通を予定する商品については，そのような質権設定を利用するのは不便であり，実用的ではないので，古くから質権設定の代わりに動産の譲渡担保が頻繁に利用されてきた。これにより，動産取引においては，公示の原則は有名無実化している。

　そこで，近代法においては，動産取引に関して，占有によって公示の原則を貫徹することを断念し，一方では，当該商品の所在を確認しうるように有価証券を発行し（船荷証券，貨物引換証，倉庫証券の発行），あるいは，動産抵当制度を創出し（農業動産信用法，自動車抵当法，建設機械抵当法など），更に，動産譲渡登記制度を創出して（動産・債権譲渡特例法），公示の原則に近い制度設計をし，あるいは公示の原則を維持

　BGB 第 925 条（不動産譲渡の物権的合意：Auflassung）
　1 項　第 873 条により，土地の所有権を譲渡するために必要な譲渡人と取得者との物権的合意（Auflassung）は，所轄の登記所に当事者双方が出頭して，表示しなければならない。不動産譲渡の物権的合意の受領権限は，他の登記所の管轄は別として，すべて公証人が有する。不動産譲渡の物権的合意は，裁判上の和解もしくは既判力をもって追認された倒産計画においても表示することができる。
　2 項　条件付もしくは期限付でなされた不動産譲渡の物権的合意は無効（unwirksam）とする。
　BGB 第 929 条（物権的合意及び引渡し：Einigung und Übergabe）
　動産の所有権を譲渡するためには，その所有者が取得者に対し，その物を引き渡し，双方がこれに関して物権的合意をすることを要する。取得者がその物を占有しているときは，所有権の譲渡に関する物権的合意があれば足りる。

するための努力を傾注するとともに，他方では，動産取引においては，公示の原則に代わり，公信の原則を用いて，取引の安全を保護することとしたのである（即時取得〔第192条〕）。

---
point
(1) 物権の変動と公示との関係について，理解しよう。
(2) 登記制度の意義，変遷について，理解しよう。
(3) 公示の原則と各種公示制度について，理解しよう。

第2項　公信の原則

1　公信原則の意義と系譜

公信の原則（Prinzip des öffentlichen Glaubens）とは，取引の相手方において当該物権の保有を示す何らかの表象がある場合において，その表象を信頼して取引に入った者は，たとえその表象が真実の権利関係を反映したものではなく，当該相手方が無権利であったとしても，この表見的な信頼は保護されなければならないという原則である。

前述した公示の原則が貫徹されており，これが絶対的なものであれば，物権取引においては，公示のない者から物権を主張されることがないのはもちろん，公示があれば，必ず，物権は存在するものと信じて差し支えないであろう。しかし，現実には，公示があっても，物権が存在するとは限らないケースが出てくる。不動産所有権の登記がAからBに移転し，現在の所有者はBであると思っていても，Bが偽造文書により登記し，現実には無権利であったという場合もある。ましてや，動産の所持人が果たして所有者であるかどうかは，分からない。これでは，物権取引は危険に過ぎ，また，この危険を回避するために常に実質的な権利関係の審査を要するというのでは，迅速な取引という要請に支障が出る。そこで，このような場合に，取引による取得者を救済しようという考え方が必然的に現れる。これが公信の原則である。

公信の原則は，近代法において，動産物権取引について認められた概念である。古代ローマ法時代は，「何人も自分の有する以上の権利を他人に与えることはできない（Nemo plus juris ad alium transferre potest quam ipse habet.）」という原則が支配していたので，公信の原則が現れる余地はなかった。

しかし，その後のゲルマン法においては，「人が任意に信頼を置いた場合には（Wo man seinem Glauben gelassen hat,），その人はその信頼のみを求めるべきである（da muss man ihn suchen.）」という原則（Hand wahre Hand〔手が手を保障する〕の原則）が採用されたので，寄託，預託，そして貸与のように，他人を信頼してその者に動産の占有を与えたときには，その者に対してだけは当該動産の返還を請求することができた。もちろん，盗品や遺失品の場合には，誰の手に渡ったとしても，無限に追及

することができた。

フランス固有法においても，「動産は追及を許さない（Meubles n'ont pas de suite）」という原則があったが，これは，ゲルマン法とほぼ同様の結果を認めていたとされる[4]。

近代法は，取引安全の原則を標榜する必要から，ローマ法の原則を捨て，ゲルマン法及びフランス固有法の原則を採用し，占有者の占有状態を信頼して取引した者は，当該占有者が無権利者であったとしても，その物権を取得しうるものとしたのである。ゲルマン法のゲヴェーレ体系においては，外形上明白な現実的支配という事実（占有）と所有とは密接不可分に結合していたので，真実の権利と権利の外観との分離は起こりえなかった。即ち，権利の外形たる現実的支配があるところには，たとえその占有に瑕疵があったとしても，全くの無権利者ではなく，それゆえ，同人から権利を承継した取得者もまた，その法体系が認めた要件を充足している限りにおいて，全くの無権利者ではないので，取得者に対する旧所有者からの追及は制限されたのである。このような経緯から，その後，近代法における公信の原則に至り，新所有者の前占有者（譲渡人）に対する外観信頼の保護という観点が要件化されたのである[5]。

2 即時取得制度との関係

公信の原則をわが国の現行法に適用して考えてみる。契約関係においては，互いに相手方の信頼を尊重しなければならず，契約上の信義に従い，誠実に契約を履行すべき義務を負う（信義誠実の原則〔第1条2項〕）。この信義誠実の原則（信義則）に支配される契約関係においては，必然的に取引相手方を保護すべきだということにつながる（取引安全の保護）。

したがって，契約当事者が，契約締結に伴う当初の期待である法律行為による効果発生に反する出来事に遭遇した場合でも，当初の期待は保護されるべきだということになるのである。

具体例を挙げると，カメラの売主Bが，真正所有者Aからそのカメラを預かっていたなど，自己の所有物ではないにもかかわらず，所有者であるかのような顔をし

---

(4)　我妻＝有泉44頁。

(5)　川島・新版理論248頁以下参照。

　　川島博士は，ゲヴェーレの体系からは本来ならば承継取得となるはずであるが，公信の原則からは，無権利者から完全権利者への転化，即ち原始取得という権利関係の突然の転換が生ずるのであり，これは新所有者による所有権取得，旧所有者の所有権喪失という構成に理由があり，新所有者が譲渡人の権利外観を信頼したことによる取得であるという点に権利取得の基礎が存在するからであるという。そして，これは，既に中世都市において，「Hand wahre Hand（手が手を保障する）」の原則が制限され，第三取得者の善意がその要件とされるという形式で，近代的な善意取得制度への萌芽が生じていたと論じている（『新版所有権法』250頁註(76)）。なお，公信の原則と即時取得について，詳細は，川島・川井編『新版注釈民法(7)物権(2)〔好美清光〕』124頁以下を参照。

て買主Ｃに売却したとする。この場合において，ＣがＢの占有状態から，Ｂの所有物であると信頼して売買契約を締結したときには，Ｃには所有権取得の期待があり，この信頼に基づく期待は保護されるべきものであるという要請が法律上当然に導かれる。これを「取引安全の保護」（「動的安全の保護」ともいう。）といい，近代法における解釈原理となっている。

　そして，この考え方を一歩進めると，真正所有者Ａに所有権があるとしても，第三者Ｃの所有権取得を認め，その結果として，Ａは所有権を失うという結果となる（静的安全の犠牲）。つまり，公信の原則は，真正所有者Ａと取得者Ｃとを天秤に掛けて，いずれを重く取り扱うべきかを決したものであり，この無権利処分者Ｂの占有状態に対する第三取得者Ｃの信頼を保護するというものである。これが動産取引における即時取得制度（第192条以下）として具体化されている。

　この場合には，真正所有者Ａから所有権を剥奪して，取引による取得者Ｃにその所有権を与えることになるわけであるから，Ｃには他に所有者がいたということに気づかず，しかも，気づかないという点に過失のないことを要する（善意・無過失）。民法第192条においては，① 取引行為による取得であること，② 引渡しを受けて占有すること，③ 平穏・公然性，④ 善意・無過失が要求されるが，善意・平穏・公然性は第186条において明文で推定され，また，無過失は第188条の解釈において認められる。即ち，譲渡人Ｂが無権利の占有者であっても，占有者が行使する権利は適法であると推定されるので（第188条），そのような者からの譲受人である取得者Ｃは無過失者と解されるのである（詳細は，後掲「第3節　動産に関する物権変動」「第1款　動産の引渡し」「第2項　公信の原則と即時取得」で論ずる）。このような解釈により，善意の動産取得者は，著しく立証が容易になっている。

　不動産物権変動の公示である登記に公信力を与えるか否かは，各国の法制度によって異なる。ドイツの登記制度は，当事者の物権的合意（通常の物権変動はEinigung。不動産譲渡の物権変動は Auflassung）に基づいて，この物権的合意が公証人によって公証されたものを登記所である区裁判所（Amtsgericht）に当事者双方が出頭して申請し，この登記所において形式的な審査が行われ，登記が実行される。このような厳格な制度に基づいて登記手続が行われるので，ドイツにおいては，登記に公信力が与えられている（BGB 第891条，第892条）。これに対して，フランス民法やわが国の民法，ならびに登記制度においては，登記に公信力が与えられていない。この点については，項目を変えて検討する。

---

point

(1) 公信の原則とは，どのような意味を有するかについて理解しよう。

(2) 公信の原則の具体的な適用について，理解しよう。

(3) 公示の原則と公信の原則との関係について，理解しよう。

第2章　物権の変動

第2節　物権変動を目的とする法律行為

第1款　意思主義・形式主義とは何か──立法上の差異──

物権変動の中心は法律行為による物権変動である（第176条）。

法律行為による物権変動の意味については，わが国と同じ大陸法に属するフランス法とドイツ法において，その取扱いを異にする。いわゆる意思主義・対抗要件主義と形式主義との違いである。前者は登記に公信力を認めず，後者はこれを認めるという法制度である。登記に公信力を認めるか否かは，明確な基準設定が必要であり，単に意思主義・対抗要件主義だから認めないとか，形式主義だから認めるというものではない。この点は，わが国における法解釈についても大変重要な問題であるから，まずは，各国の制度について概観する。

第2款　意思主義と形式主義との対立

第1項　意思主義・対抗要件主義

フランス民法の採用する意思主義とは，所有権の移転や抵当権の設定という物権変動を発生させる意思表示が，債権を発生させる意思表示と同じであり，この間に区別はないという制度である[6]。それゆえ，抵当権設定契約のように物権変動のみを発生させる契約も，雇用契約のように債権のみを発生させる契約も，ともに，意思表示のみで成立する。したがって，売買も，種類物売買のように債権のみを発生させる場合でも，特定物売買のように物権変動をも発生させる場合でも，いずれも形式上の区別はなく，ともに，債権契約の効果として，権利変動が発生する（CC第711条〔明文で「所有権は，……債権の効果として取得され，移転する」と規定する。〕，第1138条〔物の引渡債務は契約当事者の合意のみによって完了する〕）。

では，フランス法の意思主義の下で，第三者関係はどのように決するのであろうか。動産の譲渡には公信の原則が適用され，第一の売買があって所有権が完全に移転しても，なお売主が占有している場合において，第二の売買がなされ，第二の取得者が善意者であるときには，この者が所有権を取得する（CC第1141条，第2279条）。つまり，動産取引には対抗要件主義は存在しない（対抗は意思表示のみで足りる）。し

---

(6)　以下のフランス民法及びその改正法や政令による登記制度については，主として，星野・前掲『民法論集第2巻』41頁以下，滝沢聿代『物権変動の理論』64頁以下，我妻＝有泉48頁以下，石田穣118頁以下，近江・講義Ⅱ45-46頁，法務大臣官房司法法制調査部編『フランス民法典：物権・債権関係』（法曹会，1982），平野裕之・片山直也「フランス担保法改正オルドナンス（担保に関する2006年3月23日のオルドナンス2006-346）による民法典等の改正及びその報告書」慶應法学第8号（2007）163頁，同「フランス担保法改正予備草案」慶應法学第9号（2008）203頁，を参照した。

118

第2節　物権変動を目的とする法律行為

たがって，動産の二重譲渡の場合には，第一の売買で売主は無権利者となるが，第二の売買で買主が善意であれば，善意取得の効果によって所有権を取得し，そうでなければ，所有権を取得しえない。よって，わが国におけるような二重譲渡の問題は起こりえない。

　ところが，フランスにおいても，不動産取引には公信の原則が適用されない。では，どうするのか。元々，フランス民法においては，意思主義が貫徹されているので，第一の売買によって売主は完全に無権利者となり，第二の買主は所有権を取得しえなかった。この意味において，不動産においても，二重譲渡は起こりえないという制度であった。

　しかし，民法の改正（1855年3月23日法）により，広範囲な謄記制度が採用されたことにより，謄記の対象となる権利が「所有権及び抵当権の目的となりうる物権のすべて」と規定され（第1条1号），また，「不動産質権，地役権，使用権，住居権，期間18年以上の賃借権」も謄記の対象として規定され（第2条1号），これらの権利が意思表示によって変動すれば，謄記が必要とされ，謄記をしなければ，「当該不動産について権利を取得し，かつ法律の規定に従いこれを保持する第三者には対抗しえない」と規定された（第3条1項）。それゆえ，第一の買主が謄記をしないでいるうちに第二の買主が謄記を経由してしまうと，第一の買主は第二の買主に対抗しえないという意味において，二重譲渡を許す法制度となってしまった。

　しかし，その後，1955年の改正法（同年1月4日の土地公示を改革するデクレ〔政令〕ほか）により，1855年法を廃止し，登記制度は大幅に改善された。その中でも，特に重要なのが，公正証書による公示制度の採用である。即ち，公示される証書類はすべて公正証書の形式によらなければならないと規定されたのである（第4条1項）。その結果，公正証書によらない証書の公示（謄記）申請は拒否されることになった。

　そこで，フランスにおける謄記ないし登記制度の概要をまとめることとする。

　まず，抵当権保存所（以下，「保存所」という。）という登記所の抵当権保存吏という登記吏（判事ではない。以下，「登記吏」という。）が登記及び謄記を司る。

　次に，登記申請は，当事者が，公証人が公正証書とした（これを公証人による公示という。）契約証書の原本もしくは抄本，または判決の原本もしくは謄本，抵当権については，明細書という設定証書の抄本で[7]，保存所で販売する所定の用紙に記入したものを登記吏に提出し，これを受け付け，登記吏が受付簿に記入して，登記の順位を確定する。

　最後に，登記吏が，これらの用紙を，① 先取特権・抵当権明細書編綴簿（CC第2428条），② 不動産物権に関する証書・判決編綴簿（CC第929条，1855年3月23日法

---

[7]　先取特権・抵当権については，明細書のほか，当事者間の法律行為による証書または判決の原本もしくは謄本を提出する必要があるが，これら原因証書等が登記されることはない。この点については，星野・前掲書（『民法論集第2巻』）113頁を参照。

119

第13条），③差押え判決編綴簿（1855年3月23日法第13条），という帳簿にそれぞれ編綴し，その他，証書・判決等の当事者が分かるようにしている人名見出帳（帳簿の索引），があるほか，更に，これをより分かりやすくした人名帳が作成される。これがフランスにおける登記実行手続の概略である。

当初は，原因証書・判決，ならびに先取特権・抵当権明細書をそのままそれぞれの帳簿に筆写していたが（それゆえ，「謄記（transcription）」と称された。），原因証書等の筆写謄記は，1921年7月24日法によって現行制度に改められ，また，担保権明細書の登記は，1918年3月1日法によって現行制度に改められたのである[8]。

登記に公正証書が必要とされるという点において，フランスの登記制度はわが国の登記制度よりも進んでおり，実質的にドイツ方式に近い制度ということができる。しかし，フランスの登記吏は，単に申請された書面を編綴簿に編綴するだけであるから，登記原因に関する実質的審査権を有しない[9]。この点が，フランス法において，意思主義・対抗要件主義が堅持されているゆえんである。

> ── **point** ──────────────────
> 　物権変動における意思主義・対抗要件主義の意義，わが国が導入したフランスの制度について，理解しよう。

第2項　形　式　主　義

ドイツ民法の採用する形式主義とは，物権変動を発生させる意思表示は債権を発生させる意思表示とは常に別個のものであり，前者は物権変動のみを目的とする行為，即ち，物権（的法律）行為（dingliches Rechtsgeschäft）であって，物権変動を発生させるためには，不動産取引では物権的合意（dingliche Einigung）と登記（Eintragung）を必要とし（BGB第873条〔物権的合意（Einigung）による取得と登記〕），動産取引では物権的合意と引渡し（Übergabe）を必要とする（BGB第929条〔物権的合意と引渡し〕）という制度である。

---

(8)　また，周知のように，フランス民法は，2006年3月23日のオルドナンス（委任立法）によって，「第4編担保」（第2284条−第2488条）を創設し，この改正法によって担保法の内容は大きく変わり，その結果，民法の条数も変更されている。また，担保法の改正着手にやや遅れて（ほぼ同時期ではあるが），債務法改正にも着手されており，こちらの動向にも注目される。なお，フランス民法の改正については，金山直樹「フランス民法典改正の動向」ジュリスト1294号（2005）92頁，平野・片山・前掲「フランス担保法改正オルドナンスによる民法典等の改正及びその報告書」慶應法学第8号163頁，同「フランス担保法改正予備草案」慶應法学第9号203頁のほか，山野目・平野・片山「2006年フランス担保法改正の概要」ジュリスト1335号（2007）32頁を参照。

(9)　登記吏に実質的審査権が認められていないのは，フランスにおいては，伝統的に私権の審査・確認（vérification）に対する反情があるからであり，また，契約証書の真実性，適法性が，古くから公証人によって慣行的に担保されてきているからであるという。この点に関しては，滝沢（聿）・前掲書（『物権変動』）129頁の註(15)を参照。

第 2 節　物権変動を目的とする法律行為

　不動産所有権を譲渡するという物権的合意は，特にアウフラッスンク（Auflassung）
という（BGB 第 925 条）。ドイツの登記制度は，当事者の物権的合意（通常の物権変動
は Einigung。不動産譲渡の物権変動は Auflassung）に基づいて，この物権的合意が公証人
によって公証されたものを登記所である区裁判所（Amtsgericht）に当事者双方が出
頭して申請し，この登記所において形式的な審査が行われ，登記が実行される（実
質審査は公証制度によって担保される）。そして，この登記により，公信的効力をもって，
物権変動が生ずるのである（BGB 第 891 条，第 892 条[10]）。

> ── **point** ──────────────
> 　物権変動における形式主義の意義について，理解しよう。

第 3 款　物権行為の独自性と無因性

第 1 項　ドイツ民法

　ドイツ民法における法制度では，物権変動を目的とする「物権（的法律）行為」は，
債権の発生を目的とする「債権（的法律）行為」とは，常に別個独立の存在である。
それゆえ，両者は合体して 1 つの法律行為とはされえない。これを物権行為の独自
性という。したがって，登記さえ調えれば，その原因である売買や贈与などが無効で
あったとしても，物権行為の効力はその影響を受けずに，有効に成立する。これを
物権行為の無因性という。

　例えば，不動産の売買が代金額の錯誤を理由として売主によって取り消されても
（BGB 第 119 条），買主の所有権取得の効力に影響はない。この場合には，買主は売
主に対し，不当利得の返還債務を負うだけである。それゆえ，買主からの転得者は，
無権利者からの取得にならない。この転得者は，登記さえ取得していれば，土地所

───────────────────
(10)　BGB 第 891 条（法律上の推定）
　　第 1 項　ある人のために土地登記簿上に権利が登記されたときは，その権利はその者に帰属
　　　するものと推定される。
　　第 2 項　登記された権利が登記簿からなくなったときは，その権利は存在しないものと推定
　　　される。
　　BGB 第 892 条（土地登記簿の公信：Öffentlicher Glaube des Grundbuchs）
　　第 1 項
　　　1 文　ある土地の権利または土地の権利上の権利を法律行為によって取得した者のために，
　　　土地登記簿の内容は真正であるものとみなす。ただし，その真正であることに対する異議
　　　が登記され，または，取得者が真正でないことを自認したときは，この限りではない。
　　　2 文　土地登記簿に登記された権利について，権利者が一定の者のためにその処分権を制
　　　限されるときは，その取得者に対する制限は，その制度が土地登記簿から明らかである場
　　　合，または取得者が認識した場合にのみ効力を有する。
　　第 2 項　権利の取得について登記を必要とするときは，登記を申請した時点，または，第
　　　873 条から必要とされる物権的合意が事後に成立した場合には，物権的合意の時点が基準
　　　時となる。

有権の取得が認められる。しかし，翻って考えてみると，ドイツにおいては，物権的合意と登記または引渡しを経由すれば，所有権の取得が認められるのであり，また，登記に公信力が認められる法制度であるから，いずれにせよ，転得者にとっては，無因性はそれ程大きな意味はないものと思われる。

　また，物権行為の無因性といっても，物権行為それ自体に制限行為能力，無権代理，詐欺・強迫，あるいは目的物の錯誤などの瑕疵があった場合には，物権行為の効力は完全には生じないものと解され，原因行為にこのような瑕疵があるときには，物権行為も無効・取消の対象となるという解釈がなされるのであれば，登記や引渡しを経由しても，物権変動は生じない[11]。しかしながら，このような場合においても，転得者は公信の原則によって保護されうるので，やはり，ドイツにおいては，物権行為の無因性という問題は，さほどの意味を有しないであろう。

> **point**
> ドイツ民法における物権行為の独自性・無因性について，理解しよう。

第2項　スイス民法

　スイス民法（ZGB）には，ドイツ民法の Auflassung のような制度はないが，ドイツと類似の形式主義を採用している。

　まず，売買を原因とする不動産所有権の移転については，売買契約を締結し（スイス債務法〔OR〕第184条1項[12]），登記を経由しなければならない（ZGB 第656条[13]）。また，動産の譲渡については，売買契約締結後，引渡しをしなければならない（ZGB 第714条1項[14]）。つまり，いずれも登記や引渡しが物権変動の効力発生要件である。また，登記に公信力が認められている点もドイツ民法と同じであり，善意で土地登記簿の登記を信頼し，これに基づいて所有権またはその他の物権を取得した者は，

---

(11)　我妻49頁。
(12)　OR 第184条（一般的な権利及び義務）
　　1項　売買契約により，売主は，買主に対し，目的物を引き渡し，所有権を調達すべき義務を負担し，買主は，売主に対し，売買代金を支払うべき義務を負担する。
　　2項　合意もしくは慣習に反しない限り，売主と買主は同時に履行すべきである。
　　3項　代金が状況に従って定めうるときは，その代金は十分に定められている。
(13)　ZGB 第656条（取得・登記）
　　1項　土地所有権を取得するためには，登記簿に登記することを要する。
　　2項　先占，相続，公用徴収（Enteignung），強制執行もしくは判決の場合において，取得者が，登記をする前に既に所有権を取得し，登記がなされて初めて，登記簿上，その土地を処分することができる。
(14)　ZGB 第714条（譲渡・占有移転）
　　1項　動産の所有権を譲渡するためには，取得者に占有を移転することを要する。
　　2項　所有権について，善意で動産を譲り受けて，保持する者は，譲渡人が所有権の譲渡権限を有していなくとも，その者が，占有の規定に従い，物の占有を保護されれば，即時に所有者となる。

122

その取得を保護される（ZGB第973条）。

　スイス法上，物権的合意という文言はどこにも出てこないが，学説では，不動産でも動産でも，所有権移転の際には，売買契約とは別個の物権的合意が存在し，不動産の場合には，売主の登記所に対する意思表示の中に見られるものと解されている[15]。

　しかし，スイス民法上は，物権行為の無因性は存在しない。即ち，物権の登記が不正によってなされたときは，その瑕疵を知り，または知り得べき第三者は，登記を援用しえず（ZGB第974条1項），また，法律上の原因なくして，または，有効ではない法律行為に基づいてなされた登記は，真正ではないとされるので（同条2項），有因主義である。

> **point**
>
> 　ドイツと同様の形式主義を採用したスイスの民法においては，なぜ，無因性という考え方がないのだろうか。検討してみよう。

第3項　フランス民法

　前述したように，フランス民法には，そもそも，物権行為という考え方それ自体が存在しない。それゆえ，債権行為，即ち，契約により，物権変動の効果が発生する。これは，債権行為の効力によって物権変動が発生するということである。このように，フランスにおいては意思主義が貫徹されているので，論理必然的に有因主義となるようにも思われる。

　しかし，わが国の学説における理解は，少し異なり，フランスにおいて，所有権が債権の効力として移転・取得されるということは，所有権移転行為が観念的な債権契約に吸収され，単に債権の効果として構成されるということなので，フランスにおいては，債権契約から分化独立した物権取引行為は存在せず，そのまま一個の契約（債権的合意）に包摂されるので[16]，そもそも，有因・無因ということが問題として存在しえないものと捉えられてきた[17]。

　しかしながら，物権的合意が債権的合意の中に包摂され，一体化しているということは，無因性がありえないだけであり，その結果，有因主義が貫徹されているといってもよいのではないだろうか。

> **point**
>
> 　物権行為の独自性，無因性（抽象性）は，どのような法制度から発生したのか。わが国の意思主義・対抗要件主義との関係はどのように考えられるのか。

---

(15)　石田穣112頁を参照。

(16)　川島・新版理論199-201頁。

(17)　川島・新版理論207頁。

第2章 物権の変動

第4款 物権変動の効力発生時期

第1項 物権変動の発生要件──物権行為独自性との関係

1 法律行為による物権変動の要件──問題提起

法律行為によって所有権を移転し，あるいは抵当権を設定するなど，物権変動を発生させるための要件としては，以下の3つが考えられる。

①　当事者が物権変動を生じさせようとする意思表示をしたこと，

②　目的物が現存し，かつ特定した物であること，

③　当事者に物権変動を生じさせる権限があるなど，物権変動の発生について，法律上の障碍がないこと，

このうち，②と③は客観的に判断しうるが，①の意思表示は，目的物が不動産であるか動産であるか，物権変動の内容が所有権の移転であるか制限物権の設定であるかなどによって差異があり，容易に判断しうる場合と判断しえない場合とがある。

例えば，抵当権設定契約の場合には，何らかの原因によって発生した債権（種類は問わない。）が存在し，当事者が抵当権設定の意思表示を行えば，それだけで物権変動が発生する（第176条）。

しかし，後述するように，不動産の売買など，所有権を移転する契約の場合には，実務上の問題があるとされる。例えば，分譲住宅の販売において，契約締結と同時に，同時履行関係である目的物の引渡しと代金の支払とが完了した場合には，その売買契約によって所有権の移転が発生したことが分かる。

しかしながら，代金支払，引渡し，登記などが契約締結と同時に行われず，後日に留保された場合には，問題となる。

この場合には，

①　契約締結時に所有権を移転するという意思表示なのか，

②　後日行われる登記や引渡し，代金完済まで所有権移転は留保されるのか，

といった場合分けが可能である。

更に，②は，

ア）その引渡しや代金支払の時点において，改めて物権の移転だけを行う意思なのか，

イ）その引渡し等の事実が発生した段階において，改めて何らの行為をすることなく，当然に所有権移転が行われるのか，

といった場合分けが可能である[18]。

2 判例及び物権行為独自性否定説（通説）

そこで，この場合分けに応じた解釈問題が発生する。

---

(18)　以上の問題提起については，我妻＝有泉59-60頁を参照。

124

第2節　物権変動を目的とする法律行為

　物権変動の時期について，民法制定当初は，フランス民法の考え方と同様，別段の形式を踏むことなくして，単に当事者の意思を重んじ，引渡しをも要することなく[19]，その意思表示のみによって物権の設定・移転の効力を生ずるものと解していた[20]。

　しかし，その後，ドイツ法系の学者から，物権を設定・移転するためには物権的意思表示を必要とし，これは債権的意思表示とは異なるものであると主張され[21]，あるいは，物権行為独自性説を強硬に主張する学説の影響力が強かったため[22]，物権行為独自性説が通説化していった。

　しかし，その後，末弘嚴太郎博士が，意思主義は形式主義に対する反動として生まれた主義であり，実際上，公示を物権変動の要件としないならば，特別の物権行為を要求する必要は少しもないと主張し[23]，我妻榮博士がこれを追認したことによって[24]，物権行為独自性否定説が通説となった。

　後述するように，判例[25]は，原則として，物権変動に関する意思表示の時点に

---

(19)　ここになぜ「引渡し」が出てくるのかというと，ローマ法の時代においては，売買においては目的物の引渡しによって所有権を移転するというのが所有者の意思であるという考え方があり（Gaius D. 4, 1, 1, 9, 3），フランス民法は，このローマ法の制度を直接継受し，売買は引渡債務と代金支払債務とで構成され（CC 第1582条），本来は，この債務関係の履行によって所有権が移転するものとされるべきであるから，所有権の移転においては，必然的に「引渡し」が中心に置かれるのである。

　　　しかし，この売買契約における引渡義務はフランス民法第1583条によって緩和され，「売買は，引渡し・代金支払義務の履行がなくとも，物及び代金の合意によって当事者間では完全であり，買主を所有者とする」と規定している。また，同法第1138条が「物の引渡債務は契約当事者の合意のみによって完了する」と規定していることもあり，売買契約時に「引渡済み条項」によって既に合意による引渡しが完了するという商慣習がある。そこで，フランス民法においては，不動産売買の場合においても，「当事者間の契約のみで所有権が確定的に移転する」という法制度となったのである。このような意味において，ボアソナード博士を介して，フランス民法典がわが国に継受されたときには，所有権移転の要件として，引渡しという形式的な要件は不要とされたのである。

(20)　梅・前掲書（『民法要義物権編』）6頁。また，岡松参太郎『註釈民法理由（中巻）』14頁も，ドイツ法の形式主義は種々不便な点があるので，本法は，フランス法の意思主義を採用し，当事者の便宜を図り，当事者の意思のみによって物権を設定・移転しうることとするのを原則としたと述べている。

(21)　川名兼四郎『物権法要論』7頁以下。

(22)　石坂音四郎「物権ノ設定移転ニ関スル我國法ノ主義」『民法研究第二巻』15-29頁，中島玉吉『民法釈義巻之二物権篇上』32頁は，わが民法は意思主義を採るが，この意思表示とは，債権的意思表示ではなく，物権的意思表示のことであると述べている。また，石田文次郎『物権法論』40頁以下は，第176条の意思表示がそのまま物権的意思表示と解することはできないとするが，当事者の契約内容が物権の設定・移転請求権ではなく，物権の設定・移転を直接の内容とする場合には，これが物権的意思表示としての物権行為であると述べ，債権行為からの独立性を論じている。

(23)　末弘86頁。

(24)　我妻＝有泉60頁。

(25)　判例は，民法施行前の時代から，既にフランス法系の解釈を採用していた。即ち，大判

125

おいて物権変動の効力が発生し（第176条），その時点において物権変動の効果を生ずるのに何らかの法律上の障碍（不特定物売買，条件付売買，他人物売買など）があるときには，その法律上の障碍がなくなったときにその効力が発生するものと解している。また，例外として，当事者の別段の意思表示（世間では一般に「特約」という。）が明らかな場合には，その意思に従うものと解している。

この判例・通説の見解は，わが民法における意思主義に適した解釈として評価されている[26]。しかし，次段において述べるように，物権行為独自性説からの巻き返しに始まり，物権行為独自性否定説の立場からも，通説・判例に対して批判が展開され，再度，一大論争となったのである。

---
point

わが国において，物権行為独自性説が一時隆盛を奮った原因について，検討してみよう。

---

3 物権行為独自性説などからの批判

(1) 取引慣行に基づく批判

前段において論じた通説・判例である「原則として，契約時に所有権が移転する」という解釈に対しては，わが国古来の取引慣行などから考えると，現実離れしている解釈であるという批判がある。その理由は，現実にわが国において行われている不動産売買の実務においては，登記もしくは引渡し，代金支払等の行為が行われたときに所有権が移転するという取引慣行ないし取引界の一般的な社会通念が存在するというのである[27]。

明治28年11月7日民録1輯4巻28頁は，特定物を目的とする単純なる売買にして結約者間に特約なき限りは，売買契約の成立すると同時にその所有権は直ちに売主より買主に移転するを以て普通売買の法則とし，故に代金の支払，目的物件の引渡しの如きは毫もその所有権の移転に関係を有しないとして，未必条件付売買は条件の成就すると同時に売買契約が有効に成立すべきものであるから，条件が成就すれば，その目的物件の所有権が直ちに売主より買主に移転すべきは言を俟たないと判示していた。

また，その後，大判明治30年6月7日民録3輯6巻25頁は，売買契約は代価の全部もしくは一部の支払をしない間は完成しないものとする慣習・法理は存しないものとし，不動産の売買はその登記をしなければ第三者に対抗することはできないが，当事者間にあっては売買契約の完結と同時にその目的物の所有権は買主に移転するとした。

判例は，このようにフランス流の意思主義からスタートし，後掲する大判大正2年10月25日民録19輯857頁へと繋がるのである。

(26) 我妻＝有泉60頁。

(27) 末川66頁以下は，物権行為独自性説の立場から，登記，引渡し，代金支払という外部的徴表を物権行為の内容として，所有権移転の原因として理論構成した。

次に，川島・新版理論222-224頁は，物権行為独自性説を唱えるものではないが，江戸徳川時代からの旧慣を尊重する考え方であり，この旧慣が代金の支払を中心に考えていたことから，これが実務界の常識的な取扱いであることを主張する。本書においては，この川島博士の理論を「対価的牽連関係説」という。この川島説とほぼ同じ考え方を示すものとして，

第2節 物権変動を目的とする法律行為

　まず，末川博博士は，物権行為独自性説の立場から，所有権の移転は売主・買主間に何らかの外部的徴表のあったときにみられるといい，その代表として，代金支払，登記，引渡しを掲げる。そして，当事者間においてこのような行為が約定されたときには，これを物権行為と称するといい，これが第176条において予定されている行為であるという。更に，この物権行為は，売買契約とともになされるのではなく，外部的徴表を伴う行為とともになされるのを原則とするという。ここに売買契約（債権契約）から別個独立した物権契約という概念を認める。

　次に，川島武宜博士は，物権行為独自性説について，物権行為の存在ということの理論的意義を理解していないものとして，これを否定した上で，同時履行関係（第533条）を重視する理論構成によって，自説を展開する。

　川島博士の理論の内容は，物権変動は当事者の債権契約的関係の一部分に過ぎず，物権行為は独立の存在性を持たず，「物権変動の内容は，契約上の債権関係によって定まる（より正確に言えば債権関係はすなわち物権関係である）」と構成し，有償契約の最も本質的な内容は，対価的給付の相互規定的牽連関係，即ち「同時履行の抗弁権」（第533条）であるとして，取引界では代金の支払と登記または引渡しとが同時に交換されるのを常とするが，同時履行の原則が支配する限り，登記または引渡しがなくても，代金支払があれば売買目的物の所有権は移転するものと主張しており，それが徳川時代以来のわが国の取引慣行であるという。

　ただ，この対価的牽連関係説に対しては，有償性原理に該当するのは，代金支払の部分のみであり，代金支払がなされず，引渡しや登記がなされた場合において所有権の移転を認めるのは，有償性原理に基づくとはいえず，これは与信行為に基づく所有権移転であるという批判がある[28]。また，引渡しが先履行された場合には説明がつかず，同時履行関係は，請求権の履行関係に牽連性を持たせるだけで，物権変動とは無関係であり，この点は理論の混同であるとして，批判されている[29]。また，そもそも，第176条がフランス民法第1138条等を継受したものであるとすれば，原則として契約と同時に所有権が移転するものとし，また，不特定物の売買など，所有権移転について障碍があれば，その障碍がなくなったときに移転するとし，更に，当事者間の特約や慣習の存在により，所有権移転の時期を変えることも可能なはずであり（CC第1138条は強行規定ではない。），なにゆえに有償性原理を持ち出してまで物権行為独自性説とは理論構成を異にする必要があるのか理解に苦しむという批判もある[30]。

　　舟橋86-87頁がある。
(28)　原島重義「特定物売買と所有権移転時期」民法の判例（有斐閣，第3版，1979）51頁
　　（55頁）。
(29)　近江・講義Ⅱ 59-61頁。
(30)　滝沢（聿）・前掲（『物権変動』）182頁以下，同『物権変動の理論Ⅱ』（有斐閣，2009）
　　79頁以下。滝沢博士は，このような原則に対する修正説を論ずるのであれば，解釈論上は，

127

確かに，引渡しを先履行するという慣行は，一般社会では数回の分割払いとともに行われてきたところ，この場合は所有権留保売買であるため，所有権は代金完済とともに移転するので，問題はない。ただ，所有権を売主が留保せず，危険を承知の上で，引渡しを先履行するというケースはありうる。

しかし，このケースでも，登記まで移転するのはほとんどないであろう。現実に，不動産取引の実務においては，当然のこととして，対価的牽連関係を重視し，①代金支払による引渡しが履行され，売主側がこの引渡前に代金支払済（銀行振込）を確認し，引渡しを履行した時点において，次に，②登記を実行するという順番であるから，所有権移転時期は①の履行時である。

しかしながら，いずれの場合においても，判例・通説が論じているように，「特約（合意）」に基づく所有権移転時期の変更とみれば，敢えて通説を批判して，意思表示による所有権移転を否定してまで理論構成する必要はない。

(2) 物権変動の時期確定不要説

次に，通説・判例への批判として，所有権移転の時期を確定することの意義を疑問視し，そもそも理論的にその確定が可能であるのかという疑問を提起する「物権変動の時期確定不要論」まで現れた[31]。

この考え方を主張する鈴木禄彌博士は，まず，この問題に関する理論の実益に関する疑問点を提起しており，例えば，AからBに不動産が売買され，これが完全に履行されるまでの間は，所有権がAにあるかBにあるかは重要な問題ではないという。その理由は，

① 当事者間において問題となる危険負担（第534条）や果実収取権（第575条）の移転は契約によって定まり，AまたはBの債権者との関係は対抗要件の有無によって定まるとし，

むしろ，ドイツ法からの解釈として，物権行為独自性説を唱える末川説のほうが，正当であると述べている。

(31) 鈴木禄彌「特定物売買における所有権移転の時期」『契約法大系II贈与・売買』（有斐閣，1962）96頁，同『物権法の研究』（創文社，1976）109頁。同様の見解として，林良平「動産売買における所有権移転の時期」私法24号（1965）27頁，柚木馨編『注釈民法(14)債権(5)〔柚木馨〕』（有斐閣，1966）84-86頁がある。

この段階的移転説を妥当と評価する学説として，星野英一『民法概論II』（良書普及会，1976）37頁がある。星野博士は，わが民法その他の法律には明文の規定がかなりあるから，基本的にはこの説が妥当であり，各具体的な効果について判断するのがよいと述べる。そして，物権変動と一口にいっても，契約の態様により，また，目的物の種類，当事者の職業等によって分けて考える必要があり，多くの場合には，法律行為の解釈の問題であるという。

これに対して，原島博士は，個別的な解決処理方法によっても万全ではないので，これで処理しきれない問題への対策として，予備的・一括的処理基準を設ける必要はあり，これが所有権移転時期の問題であるという。また，段階的移転説は，所有権のみならず，すべての物権について適用するという考え方であり，これでは，いたずらに概念の混乱を招くものと批判している。舟橋諄一編『注釈民法(6)物権(1)〔原島重義〕』（有斐閣，1967）137頁参照。

第2節　物権変動を目的とする法律行為

② 買主Bから転得したCは，Bを経由して所有権を取得したといわなくとも，Bの請求権を代位行使しうるのであり（第423条），また，有効な取引関係に立たない第三者に対する関係においても，買主Bは，損害賠償と妨害排除を請求することができ，まだ登記の残っているAも返還請求できる，というのである。

それゆえ，いずれに所有権があっても，AとBは，各々自己の利益保全が可能になるという。

また，理論上においても，所有権移転時期の確定は物権と債権とを峻別せず，登記を成立要件としていないわが民法の下においては，不可能であるという。

そして，鈴木（禄）博士は，所有権の法的効果と考えられる各種の機能は，時を異にして売主から買主に移行するものと解し，強いて所有権移転を問題とするならば，売買契約締結・代金支払・引渡し・登記等の過程を通じて，「所有権がなし崩し的に売主から買主へと移っていくものということができる」と結論づける[32]。

この物権変動の時期確定不要説は，実用法学的意味からは，筋の通っているかのような考え方であるが，所有権移転時期の確定という問題は，全く意味がないともいえない。例えば，危険負担（第534条以下）の問題は，売主が所有権留保をしている場合には適用がなく，果実収取権の問題は，買主が代金を支払った場合には，未引渡目的物から発生した果実が売主に帰属する旨の民法第575条1項は適用されないものと解されている。

また，この所有権移転時期の確定には意味がないという鈴木（禄）博士の見解に対して，原島重義博士は，次のような批判を展開する（記号は本書の表記にあわせた）[33]。即ち，

① AがBに物を売買した場合において，BがCに質入れや賃貸ができるか否かは，Bにその権限があるか否か，即ち，所有権があるか否かに関わってくるのではないか，

② BがCに動産を転売し，CがDへ転売した場合において，原所有者AがCを

---

(32) この鈴木（禄）博士が主張した「段階的所有権移転説」は，夙にデンマークの法学者クルーセ教授が論じた「相対的所有権移転説」とほぼ同一に帰する。

クルーセ教授は，所有権の移転は，口頭の契約，公の文書の作成その他公の手続，代金支払，目的物の引渡しなど，一連の手続のすべてから発生し，他方，この移転について利害関係を有する者は，譲渡人，譲受人，二重譲受人，譲渡人・譲受人の債権者，表見所有者からの譲受人等，相異なる立場にある多数の者に上るので，上述した手続の各個の点についてそれぞれの利害関係人に対する相対的な移転を認めることがもっとも問題を円満に解決するものと主張している。ただし，クルーセ教授は，多くの段階に分けるのではなく，①契約書における不動産登記の申請時期，②登記と公告による公信的効力の発生時期，③登記に与えられる権利行使の権能証憑の効力発生時期，程度である。要するに，クルーセ教授の意図は，所有権の移転時期について確定を要求するドイツ主義に反対するというものである。この点については，我妻榮「クルーセ著『所有権論』」『民法研究Ⅲ物権』」（有斐閣，1966）231頁（245-246頁）参照。

(33) 原島・前掲『民法の判例』53頁。

129

相手方として，所有権がBに移転していないことを理由として，所有権侵害に基づく損害賠償を請求するときには，CがA・B間の取引の事情を知っており，Cが善意取得（即時取得）しないとすれば，AからBへ所有権が移転したか否かが結果を左右する決め手になるのではないか，

③　不法行為における工作物所有者責任（第717条），物権的請求権の行使者の問題などにおいては，所有権の所在が全く無意味だとはいえないのではないか，

などである。

したがって，所有権移転の時期という問題は，所有権取得の問題と全く関係がないということはできない。

以上については，今後更に検討されるべき問題ではあろうが，前述したように，フランス民法の各規定を参考にして，わが国における解釈論を展開し，発展させることが，より適切な姿勢であるといえよう。

---
point
(1)　物権変動の意思表示と物権の移転，設定という効果発生のプロセスを理解しよう。
(2)　物権行為の独自性とはいかなる考え方か。
(3)　この考え方を否定する判例・通説は，何を根拠とするのかについて考察し，理解しよう。
(4)　物権行為の独自性及び類似の考え方は，取引の実情に合致しているか。
(5)　これが取引の実情と合致していると解するとして，では，なぜ，判例・通説はこの考え方を採用しないのか。

4　小　　括

それでは，物権変動の時期という問題に関して，これまで掲げてきた判例や学説の見解のうち，いずれの立場が妥当性を有するのであろうか。

実は，究極的には，いずれの見解が正しいとか，妥当性を有するとかは，明確に判断することができないという理論状況にある。それは以下の理由による。

まず，代金支払の完了によって所有権が移転するというように，契約によって当事者の意思が明らかな場合には，その意思によるのが妥当であり（私的自治の原則），当事者の意思が明らかでない場合には，業界における取引慣行を重視する必要がある（商慣習法の尊重）。

次に，当事者の別段の意思表示も取引慣行もない場合には，民法の制度に戻って（第176条），当事者双方の意思表示の合致した時，即ち，契約締結時に所有権移転が行われたと見るのが妥当な考え方であると思われる（意思表示の補完）。

つまり，通説・判例の解するところを弾力的に運用すれば，従来の物権行為独自性説や対価的牽連関係説から強烈に浴びせられた批判は，何ら批判すべき事柄にはあたらないものということができる。これらの学説が述べたところは，「契約によ

第 2 節　物権変動を目的とする法律行為

る所有権移転」の範疇に入るべきものだからである。即ち，所有権は原則として契約時に移転し，当事者間の合意がある場合に限り，別の時期に移転するものと解するのであれば，これで十分である。

次に，物権行為独自性説については，売買契約は，債権契約の中に既に物権的合意が含まれている，いわば複合的な契約と解されるので，売買契約においてはこれを考慮する必要はないが，抵当権設定契約の場合には，例えば，債権的合意（債権契約）である金銭消費貸借契約とは別の抵当権設定契約という物権的合意（物権契約）を締結するのであるから（ただし，付従性があり，独立性はないが），この場合には，形式的には，物権行為は独自に締結されるということになり，契約類型によって，物権行為の独自性が肯定されるべき場合というのは，結局，否定することができないという評価が与えられる。しかし，この点は，所有権移転時期の問題とは別問題である。

更に，物権変動時期の確定不要説については，特に結論部分である「なし崩し的に移転」という部分に関しては，物権法の大原則である一物一権主義，物権法定主義との関係において問題があり，この点は容認しえない。この理論構成は，所有権の分割を認めるという見解に基づいている[34]。即ち，ライザー博士は，ドイツの通説である所有権留保売買における留保買主の期待権理論を前提とし，期待権とは，体系上権利に分類すべき物権であり，この物権は，物権の取得をその目的とし，完全権である所有権取得の「前段階（Vorstufe）」であると主張する[35]。また，ライザー博士は，留保売主の権利と留保買主の権利が全体的に見て完全な所有権を生み出す場合には，両者は共に「所有者」であり，譲渡人である売主の法的地位は，既に予め取得者に譲渡されている権限によって弱められているものと解し，留保売主は，所有権の一部，即ち，期間的な所有権（zeitliches Eigentum）を有しているに過ぎないとして，結局，所有権留保売買の当事者は，「事前の所有者と事後の所有者」になるものと主張する[36]。

しかし，この分割所有権という概念が発祥した地であるドイツにおいても，一個の所有権が数人に分属されることはありえないという理由により，分割所有権理論は否定されており[37]，理論的な根拠に薄い。

---

(34)　例えば，Ludwig Raiser，『物権的期待（Dingliche Anwartschaften)』（1961）など。

(35)　Raiser, a. a. O., S.64.

(36)　Raiser, a. a. O., S. 53-54. ライザー博士は，一応，物権法定主義（種類限定主義）にも言及するなど，他の研究者から批判された場合に備えてあらゆる準備を整えた上で，取得者の手中にある「多かれ少なかれ重要な所有権の断片（Eigentumsfragment)」という言葉を用いている。Raiser, a. a. O., S. 66-67. しかし，ライザー博士は，一物一権主義，物権法定主義に関する問題点を論証するには至っていない。

(37)　例えば，W.Flume，「留保買主の法的地位（Die Rechtsstellung des Vorbehaltskäufers)」AcP161, S. 385ff(S. 391, S. 394-395)，及び A. Blomeyer, Die Rechtsstellung des Vorbehalts-käufers, AcP162(1963), S. 193ff(S. 194).は，ライザー博士のいう「所有権の一部」という点

また，後述するように（「第3章 所有・占有関係」），所有権の権能である使用権，収益権，処分権は，あくまでも所有権に内在する権能であり，言うなれば，所有権を構成する諸要素であって，これらを分割して所有権を移転した，あるいは所有権が分属したなどということができないのはもちろん，ましてや所有権が少しずつ移転するなど，ありえない話なのである[38]。例えば，所有者が地上権を設定するという行為は，所有者が所有権に基づいて土地の利用権能を地上権者に与えるのであり，所有権のうち使用権を分割して付与するのではない。抵当権の場合にはより顕著であり，所有者が金融を得てその担保として融資者に抵当権を設定する行為は，所有者が抵当権者に処分権を与えるのではなく，設定者との約定における債務不履行，信用危殆状況などの停止条件が成就したときに，抵当権者が抵当不動産の処分権能（競売申立権，あるいは特約による任意売却権）を取得するのであり，この行為には，どこにも所有者が処分権を分割して抵当権者に与えるという行為態様は出てこない。

では，譲渡担保の設定についてはどうかという議論があるが，譲渡担保は，設定者が担保目的物の所有権を担保権者に提供する行為であるところ，この担保物提供行為は，「担保所有権（Sicherungseigentum）の移転」であり，設定者は，担保権者から使用・収益権を付与される，言うなれば，設定者には担保提供物の使用賃借権（Miete）と類似した使用権能が与えられるのみであり，ただ，債務を完済するという解除条件の成就によって，付従性により譲渡担保権が消滅することにより，担保所有権が真正所有権（echtes Eigentum）となって，設定者に戻ってくるに過ぎない。この設定者の最終弁済（債務の完済）は，これによって解除条件の成就をもたらすが，同時に，受戻権の行使でもある。

これに対して，現在の通説的見解である設定者留保権説によると，譲渡担保権の設定契約により，設定者の提供した目的物の所有権のうち，担保権者には担保部分が移転し，設定者にはその他の部分が留保され，この留保された権利は設定者留保権という慣習法上の物権であるといい[39]，あたかも所有権の分属を認めるかのようであるが，この考え方は，そもそも所有権の意味を正確に捉えていないものとい

を批判し，留保買主の期待権は，条件成就前における条件付所有権取得の先行的効力（Vorwirkung）を抽象的に要約したものにほかならず，その法的地位は，物に関する所有者の現在の支配権能と同一の尺度では測れないという。要するに，期待権は部分的にでも所有権ではないのであり，それゆえ所有権の分属などありえないと主張しているのである。なお，ライザー博士の分割所有権理論とその批判的考察に関しては，石口修「留保所有権の譲渡と譲受人の法的地位」千葉大学法学論集第28巻1・2号（2013）（39）頁〔〔67〕頁以下〕における留保買主の期待権に関する論述を参照されたい。

(38) 同様の見解として，鷹巣信孝「物権変動論の法理的検討・上」佐賀大学経済論集22巻4号（1989）111頁（132頁）がある。また，宮崎俊行「物権変動の時期」『民法の争点』（1978）82頁（83頁）は，段階的移転説は民法第176条及びその背後にある法意識とかけ離れたものであり，そこでの所有権とこの説のいう所有権とは異質なものであり，現行法の下では無理な説であると評している。

(39) 道垣内弘人『担保物権法』（有斐閣，第3版，2008）299-301頁。

第2節　物権変動を目的とする法律行為

いうる。

　私見によれば，この設定者留保権説が念頭に置く設定契約時の状況は，設定者に担保以外の所有権部分が留保されるのではなく，設定契約時において，設定者には受戻権（第三者との関係においてのみ物権的効力を有する期待権）という権利が設定されるものと解する(40)。つまり，譲渡担保権の設定前に設定者が有していた真正所有権は，譲渡担保権の設定契約締結時に担保所有権（Sicherungseigentum：所有権プラス担保権）に転化して担保権者に移転し，担保権者が設定者に受戻権（容仮占有〔precarium〕に伴う使用賃借権をその内容に含む権利。）を設定するのである。この容仮占有（担保権者の間接占有）の状況によって，譲渡担保権者が間接自主占有者となり，設定者が直接他主占有者となる。したがって，譲渡担保権の設定により，「真正所有権」は旧来の信託目的となった所有権と同様，担保目的によって制限を受けた状況（所有権＋担保権）で，譲渡担保権者に移転し，債務者が借入金を完済することにより，担保部分が付従性によって消滅するので，これと同時に「真正ないし完全所有権」となって設定者に戻るのである。

　これが，信託的譲渡を用いた譲渡担保の意味であるところ，現代においては，伝統的な信託（fiducia）のように，内容を詳らかにしない所有権移転とはせず，この伝統的な方法を現代的に変更して，譲渡担保の目的物であることをむしろ積極的に公示すべきである（この意味において，動産譲渡担保においても，動産・債権譲渡特例法の登記制度を積極的に活用すべきである）。従来，譲渡担保権の公示は，設定者の信用危殆状況を公示するようなものとして忌避されてきたが（例えば，集合動産譲渡担保におけるネームプレート説への批判を想起されたい。），現代では，担保権の設定その他の方法によって，金融市場その他の市場全体から事業資金を多く調達しうる企業がむしろ優良企業であるといいうる。

　また，従来，譲渡担保権の対抗要件として，動産譲渡担保では設定時に占有改定による引渡しが行われ，不動産譲渡担保では登記が行われるのであるが，私見によれば，不動産の場合でも，占有改定のような状況が作出されるのである(41)。担保

---

(40)　この設定者の権利を物権的期待権といってもよいが，期待権概念は設定者のみならず，譲渡担保権者も有しており，曖昧なので，敢えて受戻権を物権的効力を有する権利と解している。敢えていうならば，設定者の有する復帰的所有期待権である。譲渡担保権者が設定によって移転を受ける「所有権」は，この復帰的所有期待権によって処分を制限されるので，担保所有権（Sicherungseigentum）というのである。ただ，この期待権の物権的効果は，第三者との間においてのみ機能するに過ぎない。これが物権とは言えないが，第三者効を有する「期待権」の真の姿なのである。

(41)　別に占有改定をしてもよいが，登記簿の甲区に登記原因を譲渡担保と明記し，譲渡担保権の設定に基づく所有権移転登記をして担保所有権の移転を公示し，また，乙区に賃借権を設定登記するのであれば，占有改定による引渡行為には意味がない。できれば，制度上は，第三者に対抗しうる停止条件付受戻権（復帰的所有期待権）の登記方法を考案したほうがよい。この場合に考えうる登記は，買戻しと同様，甲区において付記登記として実行されるこ

133

所有権は真正所有権ではなく，担保目的によって制限を受けるという意味におい
て，債務不履行などの停止条件が成就するまでは，担保権者は処分権能を有しない
（目的物の譲渡や担保権設定は可能であるが，設定者の受戻権が有効に存在する間は，設定者には
対抗しえない）。この点は，設定者の受戻権も同様であり，弁済等によって債務の消
滅という解除条件が成就するまでは真正所有権の復帰とはならない。譲渡担保権は，
債権との付従性を有する担保物権だからである。

以上のような意味において，譲渡担保権の設定や所有権留保特約付き売買の場合
にも，所有権の分属状態などありえないのである。

> ── *point* ─────────────────────────
>
> 　物権変動の時期確定不要説の論拠である「なし崩し的所有権の移転」とは，
> どのような意義を有する考え方であるのか，また，分割所有権説との関係につ
> いても，理解しよう。

第2項　物権変動の効力発生時期に関する判例法理

1　特定物の売買等，物権変動の発生要件を充足している場合

この場合には，意思表示の時（最初の契約時）に物権変動の効力が発生するという
のが原則である。

(1)　特定物売買

特定物を目的物とする売買契約の場合には，所有権移転登記と代金完済を後日に
留保しても，所有権の移転それ自体を後日に留保しない限り，所有権は契約締結時
に買主に移転するという判例法理がある（大判大正2年10月25日民録19輯857頁。後
掲大判大正10年6月9日民録27輯1122頁，及び最判昭和33年6月20日民集12巻10号1585
頁が，この大正2年判決を引用している）。

最高裁の判例法理は，次に示す大正2年の大審院判決を引用しているが，既に明
治時代に前掲した大審院判例（大判明治28年11月7日民録1輯4巻28頁など）が存在す
るので，先例としては，明治期の判例を引用すべきものと思われる。

とになろう。
　特に，殆ど弁済が完了した場合には，設定者の物権的受戻権は財産的価値を有するので，
信用手段にも用いることが可能となると同時に，設定者の債権者から見れば，差し押さえ
る価値が十分存在する財産権であるといいうる。しかし，現行法上は，再売買予約の仮登記
を利用するくらいしかない。しかしながら，これは物権ではなく，予約完結権という債権的
形成権である。そして，もし，再売買予約を利用するとしたら，再譲渡予約の仮登記である。
いずれにせよ，現行の登記制度上では，不備な点が多い。

〔判例14〕再売買の予約：大判大正2年10月25日民録19輯857頁
【事実】

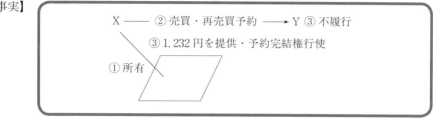

(1) Xは本件土地の所有者であった。
(2) Xは，Yに対し，本件土地を売却したが，Yとの間において，再売買の予約を締結し，「約定の期間内にXが自ら1,232円を働き出したときは予約を完結できる」旨を約定した。
(3) Xは，Yに対し，約定の1232円を自ら働き出した上で，これを提供したが，Yが履行しないので，同金員を銀行に預け入れた。
　そして，Xは，Yに対して土地所有権移転登記を求め，本訴を提起した。
　これに対して，Yは，本件の予約は債権契約であり，物権契約ではないので，物権は移転しないなどと主張した。

【原審】
　原審は，本件予約が債権契約である場合には物権変動は起こりえないが，本件売買は特定物に関する売買であるから，その債務は即時に履行されたこととなり，直ちに，財産権移転の効果を生ずるものであるとして，Xの請求を認容した。Yから上告。

【判旨】棄却
　「特定物を目的とする売買は特に将来その物の所有権を移転すべき約旨に出ない限りは即時にその物の所有権を移転する意思表示にほかならないので，前示法条（民法第176条）の規定により直ちに所有権移転の効力を生ずるものとする。
　民法第555条には売買は当事者の一方がある財産権を相手方に移転することを約し云々とあるも，その趣旨は啻に将来に財産権を移転すべきことを約する場合のみならず，当事者の一方が直ちに特定物の所有権を相手方に移転する対価として相手方がこれにその代金を支払うべきことを約する場合の如きも広くこれを包含する法意に出でたるものにして，従って売買の約旨によってはこれに第176条の規定の適用を妨げないものと解するを相当とする。」

《問題点》
　特定物（不動産）の売買当事者が再売買予約を締結した場合において，原売主（再売買の買主）が予約完結権を行使したが，原買主（再売買の売主）が履行しないときは，再売買の買主は売主に対して，いかなる請求をしたらよいか。
　再売買の買主が行使した予約完結権の行使により，再売買の売主から買主に不動産の所有権が移転するか。

《分析》

このような問題について，本判決は，特定物を目的とする売買は即時にその物の所有権を移転する意思表示にほかならないとして，直ちに所有権移転の効力を生ずると判示し，ただし，特に将来その物の所有権を移転すべき特約があれば，その特約に従うものと判示した。

本件は，再売買予約の事案であるが，再売買の買主が予約完結権を行使すると同時に売買契約が成立するので，その目的物が特定物であり，所有権移転時期について特約のないときには，売買契約の成立と同時に，所有権が買主に移転するものという判断である。

〔判例15〕特定物の売買：最判昭和33年6月20日民集12巻10号1585頁

【事実】

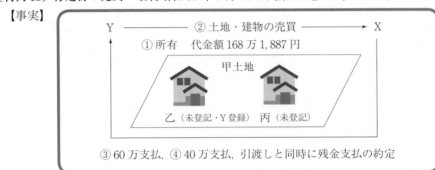

(1) Xは，Yとの間において，Y所有の甲土地ほかの売買契約を締結した。本件売買契約は，Y所有の甲土地と「右宅地内に建設しある建物一切並びに諸式一切現状の侭付」での売買である。また，代金の定め及びその支払方法は，代金額を163万1,887円とし，契約締結時に60万円を支払い，その後40万円を支払い，残代金は，履行期に，家屋の引渡しと同時に支払うという約定であった。
(2) Xは約定に従い，まず60万円を支払い，その後，40万円を支払った。
(3) Xは履行期にY方に残代金を持参して，履行を請求したが，Yは履行の準備をしていなかった。
(4) Xは，Yに対して2回目の履行請求をしたところ，Yは1か月の猶予を申し出た。
(5) その後，Yは，Xに対し，20万円都合して欲しいといい，Xは代金の一部として支払った（計120万円支払）。
(6) Yは，履行期の5か月後，Xに対して残代金の支払を請求した（通知）。その内容は，通知到達後7日の徒過により，契約を解除するというものであった。しかし，Xは住所地に不在であったため，上記期間を経過した。

Xは，Yに対し，甲土地，乙建物の所有権移転登記手続を求め，また，乙建物，丙建物の明渡しを求め，更に，丙建物の所有権確認を求めて本訴を提起した。

なお，本訴の提起当時，丙建物は未登記・未登録であったが，その後，Yは，A名義と

第2節　物権変動を目的とする法律行為

して，家屋台帳に登録した。

【原審】請求認容

(1)　X・Yの義務は同時履行関係に立つ。

(2)　丙建物は2階建の家屋であり，甲土地上で最も目立つ建物である。売買から除外する旨の意思表示がない本件においては，売買契約に含まれる。

(3)　本件における不履行の責任はYにある。Yには解除権はない。

(4)　本件各不動産の所有権はXに存在する。

(5)　ゆえに，Yは，残代金の支払を受けると同時に登記し，引渡しをしなければならない。

【上告理由】

　　Yは上告し，売買契約は債権契約であり，物権契約ではないのであり，売買契約によって，必然的に所有権移転の効力を生ずるものではないと主張した。

【判旨】棄却

　　「売主の所有に属する特定物を目的とする売買においては，特にその所有権の移転が将来なされるべき約旨に出たものでないかぎり，買主に対し直ちに所有権移転の効力を生ずるものと解するを相当とする（大判大正2年10月25日，民録857頁参照）。

　　そして，原審は，所論の建物については，売主（上告人Y）の引渡義務と買主（被上告人X）の代金支払義務とは同時履行の関係にある旨を判示しているだけであって，右建物の所有権自体の移転が，代金の支払又は登記と同時になさるべき約旨であったような事実を認めていないことは，原判文上明白である。それ故，原判決には，所論のような違法はない。」

《問題点》

　　土地及び「右宅地内に建設しある建物一切並びに諸式一切現状の侭付」という売買契約が締結された場合には，所有権はいつ買主に移転するのか。

《分析》

　　このような問題について，本判決は，特定物を目的とする売買契約においては，将来において所有権を移転するという特約のない限り，契約締結と同時に所有権移転の効力を生ずると判示した。

　　特定物に関する法律行為における物権変動の時期に関しては，既に明治時代の大審院判例（大判明治28年11月7日民録1輯4巻28頁など）及び前掲大判大正2年10月25日において，同旨の判例法理が存在していたところ，本判決は，大審院時代に続き，最高裁においても，所有権移転時期の約定のないときには，第176条の意思表示，即ち，売買契約時に所有権が移転するものと解するという判断を示したのである。そして，以下の論点においても，基本的にこの判例法理に基づいている。

　　本件の争点について考えてみると，本件売買契約は，Y所有の甲土地と「右宅地内に建設しある建物一切並びに諸式一切現状の侭付」での売買であり，他に何ら特約はない。それゆえ，契約締結時に土地及びこれら地上物の全部の所有権が買主X

137

に移転しており（第176条），売主Ｙは買主Ｘの所有物を占有する者となるので，Ｙは，引渡しまでの間，善管注意義務を負う（第400条）。これより後は，代金支払と不動産の引渡しという同時履行関係が残るのみである。しかし，Ｘが残代金の履行を提供しても（第493条），Ｙは言を左右にして引渡しを先延ばしにしており，履行遅滞の状況にあるといいうる（第415条）。

したがって，Ｘには履行遅滞に基づく解除権（第541条）や損害賠償請求権（第415条）が発生するが，Ｙにはもはや同時履行の抗弁権（第533条）さえ存在しない。よって，Ｙは残代金と引き換えに不動産を引き渡さなければならない。

> ### *point*
> (1) 特定物売買における所有権移転時期と第176条との関係について，理解しよう。
> (2) 第176条は任意規定であるが，その意義について，理解しよう。

(2) 特定物の遺贈

遺言は，遺言者の死亡の時からその効力を生ずる（第985条）。それゆえ，特定物の遺贈については，遺言が効力を生ずる遺言者の死亡時に所有権移転の意思が表示されたものとされ，所有権移転の効果を生ずる[42]。

(3) 売 買 予 約

売買予約については，予約時においては，将来の予約完結に関する権利関係，即ち，所有権移転請求権が発生するだけであり，物権変動の効果は何ら発生しない。敢えて発生するとすれば，この予約完結権を物権的期待権として，物権に準ずる法的地位を与えるという程度である。このような意味において，予約の場合には，将来，予約完結の意思を表示することによって売買の本契約が成立すると同時に，所有権も移転する[43]。この判断は，前掲大判大正2年10月25日においても確認されている。ただし，予約時に仮登記を経由しておけば，既に，第三者との関係は決しているので，対抗要件の問題は生じない。

---

(42) 大判大正5年11月8日民録22輯2078頁，大判大正10年5月30日民録27輯983頁：これらの判例は，いずれも特定の債権の遺贈に関するものであるが，遺贈の目的である債権が特定されていれば，特定物に関する物権の移転と意味は変わらない。

(43) 大判大正7年9月16日民録24輯1699頁：この場合には，相手方が右売買の意思を表示するにあたり，必ずしも売買代金の提供をすることを要せず，ただ，予約者において相手方のする所有権移転登記または物件引渡しの請求に対して同時履行の抗弁権を有するに過ぎないとした。

第 2 節　物権変動を目的とする法律行為

> ***point***
> (1)　売買予約における予約完結権者の地位，第三者との問題について，検討してみよう。
> (2)　(1)の問題は，予約完結権者が仮登記を経由すると，どうして生じないのか，検討してみよう。

(4)　他人所有特定物売買

〔判例 16〕最判昭和 40 年 11 月 19 日民集 19 巻 8 号 2003 頁
【事実】

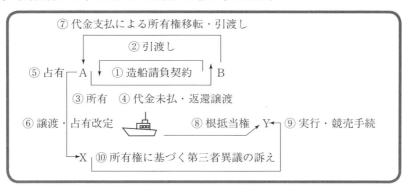

(1)　A汽船会社はB造船所と造船請負契約を締結した。
(2)　Aは，Bから汽船（以下，「本件船舶」という。）の引渡しを受けてその所有権を取得し，所有権移転登記を経由した。
(3)　Aは，本件船舶の建造代金を支払わないので，本件船舶を再びBに返還譲渡し，Bに所有権移転登記をして，B所在のK市に本件船舶を回航させた。
(4)　その後，Aは，Xに対し，本件船舶をAの所有物として譲り渡し，かつAにおいてXのため本件船舶を占有する旨を約した。しかし，その当時，Aは本件船舶の所有権を失っていたので，Xは，この譲渡によっては直ちに本件船舶の所有権を取得しなかった。
(5)　その後，BとAとの間で代金の支払について話し合いがつき，改めて本件船舶及び本件備付物件の所有権をAに戻し，Aは本件船舶等の引渡しを受け，その占有を取得し，所有権の登記は，Bへの所有権移転登記を抹消するという方法で，Aに戻した。
(6)　Yは，Aの所有船舶という認識の下で，本件船舶に根抵当権の設定を受け，その旨の登記を経由した。
(7)　Yは，本件船舶根抵当権の実行による競売手続を申し立て，その開始決定がなされた。そこで，Xは，本件船舶は自己の所有物である旨を理由として，第三者異議の訴えを提起した。Xは，本件物件は，いずれもXの所有物であり，執行を受けるいわれはないと主張し，その理由は，XはAに対し，金 50 万円を貸与するにあたり，右貸金の担保として，Aの所有する本件船舶等の譲渡を受け，これをAに貸与したものであるとした。
　第 1 審，原審ともにXの訴えを認め，競売手続の不許を認めたので，Yから上告。

第2章　物権の変動

【判旨】棄却

「B造船よりXへの本件物件の所有権及び占有移転の時期，方法につき特段の約定ない
し意思表示がない限り，A汽船が……B造船より本件物件の所有権を取得すると同時にX
がA汽船より本件物件の所有権を取得し，また，A汽船の占有取得と同時にXが……占有
改定の方法によりA汽船よりその所有権を取得するに至ったものと解すべきである（Xの
所有権取得につき，大判大正8年7月5日民録25輯1258頁参照）。」

《問題点》

他人の所有に係る特定物の売買における所有権移転時期はいつか。

《分析》

このような問題について，本判決は，特定物の売主が売買契約の当時所有権を有
していなかった場合において，その後，その所有権を取得したときには，売主の所
有権取得と同時に買主に所有権が移転するものと判示した[44]。

本件の事実関係から所有関係を整理すると，まず，BからAへの所有権移転が
あったが，Aの不履行のため，AからBに返還譲渡され，この次にAからXへの譲
渡と占有改定による引渡しがあり，これが他人物売買（正確には，他人物譲渡担保）と
なっている。その後，AがBから再度所有権の移転を受け，Aに船舶登記があった
ので，Yが根抵当権の設定を受けたものと解される。

しかし，本判決は，登記はAにあったが，Bの所有権登記を抹消する前に，Aが
Xに本件船舶を譲渡しており，BからAに所有権が復帰すると同時に，既にXに所
有権が移転しているので，Xの所有船舶について，Yの抵当権の実行がなされたと
いう意味において，第三者異議の訴え（現行民執第38条）が認められるとして，X
を勝訴させた。

しかしながら，判旨（及び原審判旨）を見ると，登記の関係は問題とせず，動産物
権変動の対抗要件である引渡しの対抗力（第178条）を重視し，Xが譲り受けと同
時に占有改定による引渡しを受けているとして，この対抗力を認めて，Xを勝訴さ
せているようにも見える。この点は，船舶抵当権の登記は船舶所有権の登記を前提
とするので，登記を対抗要件と解すべきであるところ，本判決においては「占有の
移転」による対抗としている。

この関係において，本件は分かりにくい事案となっているが，判決理由としては，
第1審判決のように，Yの根抵当権設定登記があるとしても，これは原因関係を欠
く無効な登記であるとして，実質的所有者Xからの第三者異議を認めたという事案
として理解すべきである。

---

(44)　本判決の引用する大判大正8年7月5日民録25輯1258頁は，後掲するように，誤信に
よる他人所有物売買の事案である。

140

第2節　物権変動を目的とする法律行為

> **point**
>
> 　予め締結された他人の所有物に関する売買について，目的物が特定していると，
> どのようなプロセスで買主に所有権が移転するのか，検討してみよう。

(5) 形 成 権

　旧借地法第10条（現行借地借家第13条，第14条）の借地権者等の建物買取請求権
のように，形成権の行使については，権利者がその請求権を行使した時，即ち，権
利者が土地所有者に一方的に意思表示をした時に，請求者と土地所有者との間に履
行期の定めのない売買契約が成立するので，これと同時に建物の所有権移転の効力
が生ずる[45]。

> **point**
>
> 　借地借家法第13条の規定する借地権者の建物買取請求権とその効果に基づく
> 特別な所有権移転のプロセスについて，理解しよう。

(6) 第三者のためにする契約

　契約当事者が第三者に受益させるという意味における第三者のためにする契約を
締結したときには（第537条1項），当該第三者が受益の意思を表示することによっ
て（同条2項），その時期において所有権移転の効果を生ずる[46]。

---

[45]　大判昭和7年1月26日民集11巻169頁：賃借権の目的たる土地の上に存する建物その
　　他借地権者が権原によって土地に附属させたものを取得した第三者が借地法第10条の規定
　　により賃貸人に対し右物件の買取請求をしたときは，買取請求の意思表示により当然第三者
　　と賃貸人との間に地上物件につき時価による売買契約が成立したと同一の効果を生ずるもの
　　であるから，売主たる第三者は地上物件を賃貸人に移転する債務を有すると同時に，買主た
　　る賃貸人は時価に相当する代金債務を負担し，右物件の時価につき当事者間に争いある場合
　　でも，両債務はその履行期につき別段の定めのない限り，買取請求の意思表示と同時に履行
　　期が到来するものと解すべきであるから，当事者間においては互いに同時履行の抗弁権を有
　　するものである。

[46]　大判明治41年9月22日民録14輯907頁：YはAとの間において，Yの所有する土地・
　　家屋をAの子Xに贈与する旨を約定し，XはYに対し，受益の意思表示をした。しかし，Y
　　が履行しないので，XはYに対し，その履行を求めるため，本訴を提起した。原審は，Xの
　　請求を認めたので，Yから上告。
　　　棄却。「物権の移転は，当事者の意思表示のみによりその効力を生ずることは同第176条
　　に規定する所にして，……もし，その契約にして，債務者が己れに属する特定物に関する物
　　権を第三者に移転すべきことを約したものであったときは，物権はその第三者が債務者に対
　　して契約の利益を享受する意思を表示した時に移転するもので，物権移転のためには，第三
　　者と債務者との間において更に契約を締結することを要しないことは多言を俟たない。」
　　　大判昭和5年10月2日民集9巻930頁：民法第537条は，契約により当事者の一方が第
　　三者をして直接に物権を取得させることができる旨を規定していないが，債権契約に関する
　　規定は反対の事情のない限り，物権契約にもまたこれを準用しうるを原則とし，かつ右の場
　　合において何らその準用を妨げるべき事情を認めることができないから，前記法条は物権
　　契約についてもまた第三者のためにする契約の効力を是認する趣旨である。

第 2 章　物権の変動

> ─ *point* ─────────────
> 　第三者のためにする契約と所有権移転時期との関係について，受益の意思表示の意味とともに，理解しよう。

(7)　別段の意思表示＝特約がある場合

　例えば，売買契約の当事者が，特に登記または代金支払時に所有権移転の効力を発生させる旨を約定したときには，その意思に従う[47]。

　特約のある場合における問題点として，その時点において改めて物権変動を目的とする意思表示をする趣旨であるのか，それとも特約の時期を停止条件として当然に物権変動を生じさせる趣旨であるのかという問題がある。

　この問題について，通説は，場合に応じて決定すべきであるが，停止条件的に解すべきであるという[48]。

> ─ *point* ─────────────
> 　物権変動の時期と特約との関係について，旧来の判例法理とともに理解しよう。

(8)　荷為替付きの商品売買

　荷為替付で物品を発送した売買においては，特殊の事情がない限り，買主が貨物引換証と引き換えに代金を支払うまでは目的物の所有権は依然として売主にあるものとされる。

〔判例 17〕大判昭和 3 年 10 月 11 日民集 7 巻 903 頁
【事実】

　(1)　X は Y₁ との間において，本件物品につき売買契約を締結し，売主 X は A を運送人，Y₁ を荷受人とし，運送人 A に貨物引換証を発行させ，これとともに，自己において為替手形を振り出し，荷為替附で物品を発送したところ，着荷取扱人たる Y₂ 及び荷受人 Y₁ は貨物引換証によらずに物品の受け渡しを完了し，これを他に処分してしまった。

　(2)　X は，本件売買契約を解除し，所有権侵害による損害の賠償として，本件物品の価額に相当する損害金及び遅延損害金を共同不法行為者たる Y らにおいて連帯して X に支払

---

(47)　大判明治 37 年 10 月 28 日民録 10 輯 1309 頁：当事者がある物権を設定するにあたり，その取得者の権利の安全を期し，これが登記の手続を完了した上でなければ，その設定に関する契約は完結しないものと特に約するようなことは，毫も違法ではないので，原院が本件の地上権につき，その設定者たる上告人は単にその目的たる土地を地上権者たる被上告人に使用させたのみでは足らず，登記手続を完了するか，もしくはその登記義務を履行すべき旨の提供をした上でなければ，上告人は未だ以て本件の地上権の設定につき特に約した義務を尽くしていないと判示したのは相当である。
　　大判大正 7 年 9 月 11 日民録 24 輯 1675 頁：本件和解契約は，代金支払の義務と所有権移転の登記手続をなすべき義務とを同時に交換的に履行し，以て本契約たる売買を完結させるべきことを予約したものと認めたものであり，当事者は予約を以て代金支払と同時に登記手続が完了しなければ，本契約たる売買が成立しないことを特約することを妨げない。
(48)　我妻＝有泉 62 頁。

142

第2節 物権変動を目的とする法律行為

うべきことを求めるとして，本訴を提起した。

これに対して，Y₁は，本件物品は元来Y₁の所有に属するものであるから，所有者ではないXの本訴請求は，その前提において失当であり，なお本件貨物引換証は法律上無効のものであると主張した。

【事実審】

第1審は，特約のない限り，本件においては，代金支払と同時に所有権が買主に移転する旨を理由として，Yらの共同不法行為が成立するとして，Yらに損害賠償を命じた。

原審は，代金支払と同時にY₁に所有権が移転しているので，Xに所有権があることを前提とする本訴は失当であること，また，XはY₁に対して代金請求しうるも，Y₂の行為により損害を被ってはいないことを理由として，Xの請求を棄却した。Xから上告。

【判旨】破棄差戻

「右のように貨物引換証を発行し，荷為替附にて物品を発送した場合には，特段の事情がない限り，買主において貨物引換証と引き換えに代金の支払をして物品を受領するまでは，その所有権は依然として売主に存するものというべきもの，即ち，荷為替附の発送は，売主において物品の所有権を保留する所以に外ならないものと観なければならない。」

《問題点》

貨物引換証を荷為替として発行し，物品を売買し発送した場合には，いつ，買主に物品の所有権が移転するのか。

《分析》

このような問題について，本判決は，買主が貨物引換証と引き換えに代金を支払った時に，買主に所有権が移転するものと判示した。

これは，買主の代金支払と貨物引換証の交付とが同時履行関係に立ち，その履行があって初めて買主に所有権が移転するという趣旨であり，このように解さなければ，荷為替制度自体の存在価値を没却することになるからである。それゆえ，代金を支払った買主は，貨物引換証により，商品を受領しうるのである。

したがって，本件においては，XからY₁に所有権が移転していないので，YらのXに対する不法行為が成立する。

荷為替とは，売主が遠方の得意先に向けて発送した商品の代金を早期に回収するため，その商品を担保として売主自身が発行した為替手形を取り込み，これを売主が自ら銀行で割り引いて（銀行に割引手数料を払って換金する行為を「手形割引」という。）換金するという一連の行為に使用する有価証券である。

この場合には，業者の発行する貨物引換証，倉庫証券，船荷証券に売主の発行した自己引受の為替手形をセットするという方法を採るので，「荷為替（荷付為替手形，略して荷為替手形）」という。この荷為替を利用する法律関係と物権変動の時期という問題については，荷為替とはどのような制度であるのか，また，現代においては，荷為替を利用する法律関係とはどのようなものであるのかについて理解する必要が

143

ある。以下に示して，少し解説することとする。

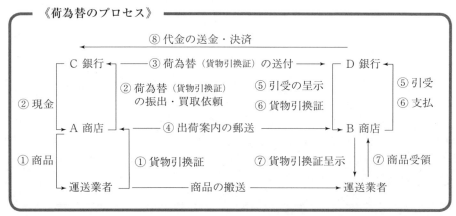

《解説》
　①②商品の売主A商店は，代金を取得するため，商品の運送を託した運送業者が発行した貨物引換証（商第571条以下）を受領すると同時にこれを荷為替として振り出し，これを即座に自己の取引銀行であるC銀行で手形割引を依頼し，代金を取得する（国内取引の場合）。

　輸出取引の場合には，この手形の買取を依頼する。この買取は手形割引と同じである。A商店に信用不安があれば，C銀行は買取を拒否しうる。それでは困るので，この場合には，通常，海外の買主B商店が信用状（Letter of Credit〔L/C〕代金支払の担保証書）をD銀行に開設し，これをC銀行に送付する。C銀行は，売主A商店に信用状が届いた旨を連絡し，A商店は信用状の内容に基づいて船荷証券，荷物に関する損害保険証券，その他の商品輸出取引に関する証書類を作成して，荷為替手形の買取をC銀行に依頼するのが一般的である。

　③C銀行は，買主B商店の取引銀行であるD銀行に荷為替を送付し，D銀行はこれを保管する。

　④A商店は，買主B商店に出荷案内を通知する。

　⑤B商店は，D銀行に行き，D銀行は支払を引き受けるかどうかをB商店に聞く（引受の呈示）。

　⑥B商店はもちろんこれを引き受け，現金を支払う。これと引き換えに，D銀行はB商店に貨物引換証や船荷証券を手渡す。

　⑦B商店は，運送業者に貨物引換証などを呈示し，商品を受領する。

　⑧D銀行からC銀行にB商店から受領した代金額を送金し，C銀行はこれを受領して無事に手形決済となる。

　これが遠隔地に商品を送付する場合における売買の実際である。貨物引換証は広く物品運送（商第8章第2節）に用いられ，海運では船荷証券（商第767条以下）が用

いられる。古くは，大阪の商人が江戸の商人に商品を売買するなどに用いられたが，現在では，信用状付き船荷証券として，海外貿易で用いられている。

> **point**
> 荷為替を利用する取引の流れについて理解しよう。

(9) 倉庫業者に寄託してある商品の売買
〔判例18〕最判昭和35年3月22日民集14巻4号501頁

【事実】

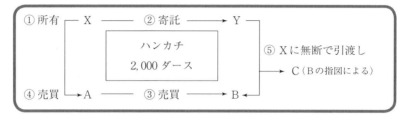

(1) Xは，Y会社との間において，その所有に係る人絹ハンカチーフ2,000ダース（以下「本件物品」と称する。）の寄託契約を締結し，Yは本件物品をその神戸支店の倉庫に保管した。

(2) Aは，これより前B（補助参加人〔控訴審まで〕）との間においてハンカチ2,000ダースの売買契約（不特定物売買）を締結した。

(3) Xは，Aとの間において，本件物品につき，「代金を契約成立の日から約3日後の午後4時限り支払うこと，右約定日時までに代金を支払わないときには契約は失効する」という解除条件付き売買契約を締結し，本件物品につき，Y宛て，Bを荷渡し先とする荷渡し依頼書を発行してAに交付し，AはこれをBに交付した。このX・A間の売買は特定物売買とされた。しかし，本件売買契約は，Aの債務不履行により解除条件が成就し，契約は失効した。

(4) Xは，Yに対し，電話及び書面により，Aとの契約は解除により失効し，前記荷渡依頼書を取り消したので，その所持人たるBに対して引渡しをしないよう通告し，Yもこれを承諾した。

(5) ところが，Yは，Xに無断で，本件物品を，Bの指図によってCに引き渡した。
そこで，Xは，Yに対して，Yの債務不履行（寄託商品の返還不能）に基づく損害賠償を求め，本訴を提起した。
このXの請求に対して，Yは，荷渡依頼書の授受のあった時は記載物品の所有権移転を認めるという商慣習があり，Yは，荷渡依頼書の正当所持人であるBの出庫請求に応じて本件物品を引き渡したのであるから，Yには何ら物品保管及びその引渡しにつき過失はないと主張した。

【原審】請求認容
原審は，本件契約の失効により，本件物品の所有権はXに復帰したので，Bには移転し

ない，また，荷渡し依頼書には物権的効力も債権の効力もないと判示し，Xの請求を認容した。

Yは上告し，XのYに対する取消の意思表示はBには及ばない，また，商品は荷渡し依頼書により特定したから，その時に所有権が移転するなどと主張した。

【判旨】棄却

「このような書面が荷渡し先として指定されたBに交付された後においては，BはこれをYに呈示して本件商品を受領し得べきであるけれども，右呈示前に，XにおいてYに対する通知により前記依頼を撤回することを妨げないものと解するのが相当である。

Xと訴外A会社間の本件ハンカチーフ売買契約は特定物の売買契約であり，同訴外A会社とB間の売買契約は不特定物の売買契約であったというのである。

次に，Xと訴外A会社間の右記売買契約には，これが代金を契約成立の日から約3日後の午後4時限り支払うこと，右約定日時までに代金を支払わないときには契約は失効する旨の解除条件が付されていた。

それ故に，右売買の目的物たる本件ハンカチーフの所有権は右契約により当然同訴外A会社に移転することはなかったものと解するのが相当である。」

《問題点》

(1) 売主が第三者に寄託してある商品の売買において，いつ買主に所有権が移転するのか。

(2) 所有権移転時期に関して特約があった場合には，その特約の効力はどうなるか。

《分析》

このような問題について，本判決は，売主が受寄者宛の荷渡し依頼書を買主に交付した場合でも，一定期間内に代金の支払がなければ契約は失効する旨の解除条件付売買のときは，売買契約があったというだけでは，所有権は当然には買主に移転しないものと判示した。

本件は，AからBは他人所有の不特定物売買であり，この場合における所有権移転時期は，目的物が特定し，売主Aに所有権が帰属した時であるところ，商品所有者XとAとの売買は解除条件の成就によって失効したので，買主Bに所有権が移転しないということになる。それゆえ，本来は，本件商品の所有権はXにあるので，YはXの指示に従い，BやCへ引き渡してはいけないということになる。しかし，YはCへ引き渡してしまった。

したがって，通常は，最終取得者Cは即時取得するので，XのYに対する寄託商品の代金相当額の損害賠償請求権が発生し，YはXに損害賠償責任を負うということになる。

2　不特定物の売買等，物権変動の発生要件を充足していない場合

この場合には，契約した後に，物権変動の効力発生要件を充足したときに，物権変動の効果が発生する。各ケースにおいて検討してみよう。

146

(1) **不特定物の売買**

売買契約時に契約目的として特定していないときには，目的物が特定した時に買主に所有権が当然に移転する（最判昭和35年6月24日民集14巻8号1528頁）。

〔判例19〕最判昭和35年6月24日民集14巻8号1528頁
【事実】

(1) Xは亜鉛華（不特定物）の製造販売会社である。
(2) XはAに亜鉛華を売買し，Aと取引関係にあったYに直送した。
(3) この契約上，代金支払のため，Y振出の約束手形での支払を合意した。
(4) YはBに亜鉛華を転売した。
(5) Yの手形ではAの代金債務の一部に過ぎず，Aが無資力に陥った。

そこで，Xは，Yに対し，代金支払がない以上，亜鉛華の所有権はなおXにあり，Yは転売行為により，Xの所有権を侵害した旨を理由として，残代金相当額の損害賠償を求め，本訴を提起した。

【原審】請求棄却

原審は，不特定物が特定した時に所有権が移転しているとして，Xの請求を棄却したので，Xから上告。

【判旨】棄却

「不特定物の売買においては原則として目的物が特定した時（民法第401条2項参照）に所有権は当然に買主に移転するものと解すべきであるから，（原判決は正当であり）所論は採用できない。」

《問題点》

不特定物売買における所有権移転時期はいつか。

《分析》

このような問題について，本判決は，不特定物を売買契約の目的とした場合において，目的物が第三者Yへ直送されたときには，その直送時に目的物が特定し，所有権が買主に移転するものと判示した。つまり，不特定物が債権の目的として特定した時に，物権の目的としても特定し，所有権が買主に移転するということである。

既に何回も出てきたので詳しい説明は省略するが，種類物（不特定物）は，特定しないと，債権の目的にならず（第401条2項），延いては物権の目的にもならない。したがって，所有権が移転するのは，種類債権の特定の時期と一致する。

第2章 物権の変動

(2) 選択によって目的物が定まる物の売買等

売買契約の目的を数個の給付の中から当事者の選択によって定める選択債権の場合には（第406条），その選択時に所有権が買主に移転するものと解されている（判例は，不特定物の遺贈について選択債権を適用すべき制限種類債権のケースである）(49)。

┌─ point ────────────────────────────────
│ 選択債権における特殊な所有権移転の効力発生について，理解しよう。
└──────────────────────────────────────

(3) 誤信による他人所有物の売買など

わが国においては，売買の当事者間において，第三者である他人の所有物を売買の目的とすることができるが（第560条），売主が，自己の所有物と誤信したような場合でも，他人物売買であることに変わりはないので，売買契約としては有効に成立する（第562条）。

この場合には，売主が，目的物の所有権など，処分権を取得した時に，所有権が買主に当然に移転するものと解されている(50)。

---

(49) 東京高判昭和23年3月26日高民集1巻1号78頁：特定物の給付を目的とする遺贈において，遺言者の意思がいずれの効果を生ぜしめるにあるか不明な場合には，民法第176条の適用上，遺言の効力発生と同時に物権的効果を生ずるものと解すべきであるが，これに反し，本件のような不特定物の給付を目的とする遺贈にあっては，相続人は，遺言者死亡の結果，遺言の効力として，その不特定物を特定し，受遺者に完全な所有権を移転する義務を負うとともに，他面，受遺者はその給付に対する債権的請求権を有するに至るもので，この種の遺贈の効果は純粋に債権的であると解すべきであり，従って，遺言執行者が相続人に課せられた遺贈義務の履行として目的物を特定した時に初めて，その所有権が受遺者に移転するものと考えるのを至当とする。

遺贈における受遺者の権利は，所謂限定種類債権と目すべきであるが，限定種類債権もまた種類債権に外ならないから，その特定の効果は将来に向ってのみ発生し，既往に遡ることはない。尤も，限定種類債権に対しては，選択債権における選択権の行使及び移転に関する民法第406条以下の規定が準用されるのであるが（大判大正5年5月20日），限定種類債権にあっては，給付の目的物は一定の範囲のものであって，その個性は何等顧慮すべきでないから，これについては特定の効果を既往に遡らしめる必要がなく，民法第411条は限定種類債権の特定の場合に準用されないものといわなければならない。

(50) 大判大正8年7月5日民録25輯1258頁：本件は，僭称（というか誤信）相続人A（Xの実母）が相続登記をした土地をAがYに売却し，所有権移転登記を経由したところ，その後，Aが死亡し，真正相続人Xが，僭称相続人Aをも相続し，その後，XがYに対して抹消登記手続を請求したという事案である。原審ではXが勝訴したので，Yから上告。

破棄差戻。「他人の物を自己の所有に属するものと誤信し，これを第三者に売却した場合は，民法第562条に規定する売主が契約の当時その売却した権利の自己に属しないことを知らなかった場合に該当するので，同法第560条に従い，売主はその権利を取得してこれを買主に移転する義務を有するものであり，而して，その売買の目的たる物が他人所有の特定物である場合に，売主が後日その物の所有権を取得するに至ったときは，当事者において更に何らの意思表示をすることを要せず，その物は当然直ちに買主の所有に帰するものである。」

本件においては，XはAのYに対する所有権移転義務を相続しているので，Xが土地所有権を取得すると同時にYが所有権を取得したと判示したが，ただXがAを単純相続したか否かを審理させるとして，破棄差戻とした。

148

第 2 節　物権変動を目的とする法律行為

(4)　代理権のない委任

委任契約の受任者が，受任事務の履行として不動産を購入した場合において，代金分の金銭を受任者が委任者から受け取っていたときには，委任者は所有権移転の物権的意思表示を予め行ったものと推定され，受任者の所有権取得と同時に，右所有権は委任者に移転するものと解されている[51]。

3　形成権の行使により物権変動の原因が消滅した場合

当事者において，一度有効に締結された契約であっても，物権変動の原因に取消や解除の事由があるときには，取消や解除によって，その効力は遡及的に消滅する（第 121 条）。

この場合には，一度も物権変動が行われなかったと解するのか，それとも，一度は買主に所有権が移転し，取消や解除の意思表示があったときに物権変動の原因を失うので，買主から売主に所有権が復帰するものと解するのか，という問題がある。

この問題について，通説は，取消によって買主から売主への復帰的物権変動が生ずるという考え方を採っている。また，解除による売買契約の遡及的消滅の場合には，民法第 545 条の原状回復義務にその根拠が求められるが，この場合にも解除による所有権の復帰と解されている[52]。

これらの点は，第 177 条に関するいわば各論に該当するので，「意思表示の失効による物権変動と登記」の項において詳説する。

それでは，次段においては，意思表示によって物権変動が生じても，不動産登記法により登記を経由しなければ，その物権変動を第三者に対抗しえないという意味

　　大判大正 4 年 10 月 23 日民録 21 輯 1755 頁：債務者の将来取得する財産を目的物とする抵当権設定の事案において，大審院は，不動産の所有権を有しない債務者がその不動産の上に抵当権を設定することは法律上不可能なようであるが，債務者が不動産を他より買得しようとするに際し，その所有権を取得するに先だって債権者に対して予めその不動産の上に抵当権を設定すべき物権的意思表示をし，金員消費貸借契約を締結することを妨げないのはもちろん，これを無効とする必要は毫もないとし，その理由は，この場合には，抵当権は債務者が他日不動産の所有権を取得すると同時に設定されるべきであるから，債務者が既に所有権を有する不動産の上に抵当権を設定するのと，当事者の利害において何ら択ぶ所はないからであるとした。

(51)　大判大正 4 年 10 月 16 日民録 21 輯 1705 頁：代理権を伴わない委任において受任者が委任者のために自己の名を以て第三者より買い受けた物の所有権は，一旦受任者に帰属するものであり，第三者より直接に委任者に移転するものではない。この場合において，受任者が委任者に対して第三者との売買以前に予め目的物の所有権を移転するという物権的意思表示をしたときには，委任者は受任者が第三者より所有権を取得すると同時に，その物の所有権を取得するものとする。

(52)　大判大正 10 年 5 月 17 日民録 27 輯 929 頁：特定物を目的とする売買契約の場合において当事者の意思が即時にその所有権を移転させるという点にあるときには，その売買契約の効力として売主より買主に所有権を移転するものであるから，その売買契約を解除したときには，該解除の効力として買主は初めより所有権を取得したことのないものとみなされ，所有権は当然売主に帰属するに至るものと解すべきものである（大判大正 6 年 12 月 27 日，大判大正 8 年 4 月 7 日参照）。

における登記制度について概観する。

---
point

(1) 取消権や解除権の行使によって契約が遡及的に失効する場合と物権変動との関係について，通説・判例の見解を理解しよう。
(2) 物権変動の効力発生時期に関する判例法理を類型別に整理して，理解しよう。

第3節　不動産に関する物権変動と公示

第3節　不動産に関する物権変動と公示

第1款　不動産物権変動における公示──不動産登記制度──────

第1項　登記の意義

　登記とは，一定の物権的法律事実（土地・建物の発生・完成など）や，物権的法律行為による権利の変動（売買・贈与，地上権や抵当権の設定，遺贈等）を，登記簿上に公示する手段である。登記制度は，この登記という公示方法を用いて，物権取引の安全に寄与することを目的として創出されたものである。

　民法第177条は，「不動産に関する物権の得喪及び変更は，不動産登記法（平成16年法律第123号）その他の登記に関する法律の定める所に従いその登記をしなければ，第三者に対抗することができない」と規定し，この規定を受けて，不動産登記法に手続上の定めがある。

第2項　登記制度史概観

　わが国における登記制度は，当初，地租（現在の固定資産税）を徴収する目的から，土地の所有者を確定する必要があり，そのため，1872(明治5)年，江戸徳川時代の寛永土地永代売買禁止令を解いたのとほぼ同時に，地券制度が創設されたことに端を発している。

　しかし，地券はあくまでも所有者が誰であるかを表象する証券であったため，土地を担保に入れる際には，地券を預け入れる必要があった。しかしながら，これでは，土地所有権を預け入れるのと同じこととなり，信託的譲渡となってしまう。そこで，本来的な担保という意味に符合させるため，明治政府は，1873(明治6)年，フランス抵当法理論に倣った「地所質入書入規則」(太政官布告第18号)を制定した[53]。

---

(53)　地券制度に関しては，近江幸治『担保制度の研究』42頁以下を参照。
　　地所質入書入規則〔明治6年(1873年)1月17日太政官布告第18号〕（毛塚五郎編『近代土地所有権』〔日本加除出版，1984年〕336頁）
　　第一条　金穀ノ借主地主ヨリ返済スヘキ証拠トシテ貸主金主ニ地所ト証文トヲ渡シ貸主其作徳米ヲ以テ貸高ノ利息ニ充候ヲ地所ノ質入ト云フ
　　第二条　金穀ノ借主地主ヨリ返済スヘキ証拠トシテ貸主金主ニ地所引当ノ証文ノミヲ渡シ借主ヨリ作徳米ノ全部又ハ一部ヲ貸主ニ渡シ利息ニ充候ヲ書入ト云フ
　　第三条　金穀ノ借主地主ヨリ返済スヘキ証拠トシテ貸主金主ニ地所引当ノ証文ノミヲ渡シ借主ヨリ其利息トシテ米又ハ金ヲ払ヒ候ヲモ亦タ書入ト云フ
　　これらは規定の一部であるが，第1条は質入れ，即ち，質権の設定を定義づけた規定である。また，第2条及第3条は，抵当権の設定を定義づけた規定である。
　　第九条　質入又ハ書入証文ニハ必ス其村町戸長ノ奥書証印ヲ取ル可シ其村町戸長ノ役場ニハ奥書割印帳ヲ備ヘ置キ証文ノ奥書割印ヲ願出ル時ハ帳面ト証文トニ番号ヲ朱書シ割印ヲ押シ奥書ヲ為ス可シ

151

第2章　物権の変動

　他方，明治初年以来，地券・公証制度が採用され，不動産に関する権利関係を把握していたのであるが，この制度には欠陥が多かった。例えば，公証簿は戸長（町村の管理者）が管理していたが，当時の町村は部落的であり，役場さえ完備していない状況であったので，不動産の権利を公示する書類が虫に喰われ，ネズミにかじられ，火災・水難・盗難に遭い，編綴が散乱して利用不能になるといったような事故が多く，そのたびに，権利者に権利の催告がなされるといった状況にあった。また，公証担当の公吏，戸長や筆生（「ひっせい」筆写する書記のこと。）による犯罪も多かった。つまり，旧幕府以来の「生きた登記簿」，即ち，名主奥印を多少改良したに過ぎない公証制度によるのでは，近代的な不動産権利関係の公示方法としては，もはや全く不十分な状況に至ったのである[54]。

　そこで，登記制度の根本的な欠陥是正と本格的な抵当権創設の要請もあり，1881（明治14）年から登記法に関する調査が政府において行われた。当初は，内務省が担当していたが，1884（明治17）年から司法省に移管され，司法省は完全に公証を離れ，西欧の登記制度のうち，プロイセンの不動産登記条例を参酌していた[55]。そして，土地台帳を基本とした登記制度の創設が急がれ，1886（明治19）年，旧登記法[56]が制定された。

　登記法は，対象物件及び取引の種類によって分かれていた各種公証制度を一本化し，近代的な構造の登記簿を創設して，これに不動産に関する物権変動を登記することとした。従来の奥書割印帳は各個別の取引を謄写記録もしくは抄記していたが，登記法は物的編成による登記簿制度を創出した。従前の公証制度は，公証とは名ばかりで，取引の記録を年月日順に整理するのみであり，編綴さえなされないこともあったので，かなりの進歩である。登記法は，更に，原則として一筆一用紙主義を採りつつ，例外としての合録を広汎に認めていた。

　登記事項については，旧公証制度を継承し，売買譲渡及び質入書入とし，新たに「執行上の抵当」（差押え，仮差押え等）を加えただけで，用益物権は含まれていなかった。そして，登記簿は，地所登記簿，建物登記簿，船舶登記簿の3種とした。

　　　若シ奥書並ニ割印ナキ証文ハ質入又ハ書入ノ証拠ニハ不相成ニ付右証文ヲ以テ訴出ルニ
　　於テハ負債主財産分散ノ時債主他ノ債主ニ対シ先キ取リノ特権ヲ失ヒ独リ質入又ハ書入ナ
　　キ金穀貸借ノ処分ヲ可受事但戸長不在ノ節ハ其旨ヲ記シ副戸長奥書調印ス可シ
　　　この規定は，質入・書入の手続を定めたものである。これを奥書割印制度という。このように，形式的には，フランスの担保制度・公示方法を模倣した登記制度が発足した。
(54)　福島正夫『日本資本主義の発達と私法』225頁。同「旧登記法の制定とその意義(1)」法協57巻8号（1939）85頁以下。
(55)　福島・前掲書（前註）同頁。同・前註論文及び「日本における不動産登記制度の歴史」法時24巻3号（1952）11頁。
(56)　明治19年8月11日法律第1号。内閣制の創設，公文式制定後における最初の法律である。民法が現代語化される前の第177条に所謂「登記法ノ定ムル所ニ従ヒ」の登記法は，この旧登記法を指している。

第3節　不動産に関する物権変動と公示

　更にまた，登記事務を町村戸長から登記官吏に移管し，治安裁判所ならびに司法
大臣の指定する所を登記所とし，政府所管は内務行政から司法行政に転換し，登記
税を伴っていた[57]。

　その後，1896(明治29)年，現行民法典が制定されたことに伴い，1899(明治32)年，
不動産登記法が制定され，今日の改正法に至っている[58]。

　明治32年の不動産登記法は，旧登記法の欠陥を是正すべく，一不動産一登記用
紙主義を徹底したが，一つの登記用紙の区分が四区ないし五区となっており，不便
であった。その後，1913(大正2)年に表題部・甲区・乙区という制度に改正された。
この不動産登記法も幾たびかの重要な改正を経た。

　改正の最も大きなものは，1960(昭和35)年法律第14号による台帳と登記簿の一
元化である。これは，建物の登記に主眼が置かれていた。

　建物の登記制度は旧登記法時代にも存在したが，その実効性はなく，1940(昭和
15)年の家屋税法の制定による税務署における家屋台帳の作成（昭和17年）によって
一般的に行われるようになった。これは，家屋税の徴収目的のための台帳であり，
新築時に一度登録すればよかったので，その後に増築や改築などがあったとしても，
変更の登録をする者は少数にとどまり，建物が滅失しても登録はそのまま残ってい
るというような有様であり，建物の公示は非常に不備であった。その後，家屋台帳
の管轄も登記所に移管された。しかし，台帳には登録しても，登記簿に登記しない
者が多かったので，公示の機能は非常に不十分であった。

　そこで，以上の不備解消のため，昭和35年に土地台帳・家屋台帳制度を廃止し
て，登記簿に一元化し，台帳を登記簿の表題部に移転したので，不動産登記簿を見
れば土地・建物の物理的状況ならびに権利の状況は一目瞭然となった。ただ，公示
機能が不十分な家屋台帳がそのまま移記されたので，現実には建物の公示は不十分
であり，これは元々不動産公示制度の端緒に欠陥があったことの後遺症であるとい
われている。

　土地台帳・家屋台帳は，現在，固定資産税を賦課・徴収する市区町村に置かれ，
課税台帳とされている。そのため，市町村が家屋の現地調査をするたびに固定資産
課税台帳上の図面を修正してきたという事実がある。したがって，古い建物につ
いては，市区町村の台帳面積と登記簿の面積とは一致しないというのが実情である。
なお，現在では，固定資産課税台帳も電磁記録とされている（地方税第380条）。

---
　point
　　わが国における登記制度の沿革について，理解しよう。

――――――――――――――――
(57)　以上，旧登記法の内容に関しては，福島・前掲書（『日本資本主義』）226頁参照。

(58)　近江・講義Ⅱ 123-124頁参照。

153

第3項　登　記　簿

1　登記簿の意味

　平成16年改正前の不動産登記法による「登記簿」は，登記用紙をバインダー式の「簿冊」に編綴する記録方式であったが，現行不動産登記法において，登記とは，相対する契約当事者（代理人・承継人を含む）以外の第三者に対抗するための権利公示方法として，登記所（法務局，地方法務局またはその支局，出張所）備え付けの登記簿（磁気ディスク）に記録することである（不登第2条9号参照）。つまり，現在は，登記簿といっても，登記用紙はなくなり，電磁記録のことをいうのであり，帳簿は原則として使われない。

　この制度改正は，2004(平成16)年の法改正により，登記の申請方式が原則として電子申請とされたことから，登記簿も電磁記録とされたのである。電磁記録とされたことによって，原則として，土地登記簿と建物登記簿という簿冊特有の区別もなくなった[59]。しかし，オンライン化されていない登記所（非オンライン庁）もあり，その中でも，コンピューターで業務を行っている登記所（コンピューター庁）とそうではない登記所（ブック庁）もまだ存在している。そして，ブック庁には従来どおり土地登記簿と建物登記簿が備え付けられており，書面申請，バインダー式登記簿への登記がなされている。

> ─── *point* ───
> 　登記簿の意義について理解しよう。

2　登記簿の形式

　登記簿は，表題部（不登第2条7号）と権利部（同条8号）に分かれている。登記の内容を登記記録といい，この区分に応じて作成される（不登第12条）。

(1)　表　題　部

　表題部は，登記記録のうち，表示に関する登記が記録される部分であり（不登第2条7号，第27条），土地及び建物の物理的状況（所在，地番などから，土地の分・合筆，建物の合体など，ならびにそれらの変更・更正を含む。）を表示する登記である。

　具体的には，土地については，土地の所在（市区郡町村，字），地番，地目，地積が表示され（不登第34条1項），建物については，建物の所在及び地番，家屋番号，種類・構造・床面積，建物の名称（マンションなど，名称のあるとき），附属建物（あるときは，所在から床面積までの項目を入れる），建物が共用部分・団地共用部分であるか否か，建物が区分建物であるときにはこれが属する1棟の建物の構造・床面積，同様に1棟の建物の名称（名称のあるとき），そして，区分建物の敷地権が表示される（不登第44条）。

---

(59)　近江・講義Ⅱ124頁。

第3節　不動産に関する物権変動と公示

表示に関する登記は，登記官の職権でもすることができ（不登第28条），また，表示登記の申請もしくは職権登記の場合において，必要と認めるときには，登記官は，その事項に関して調査することができる（同法第29条）。

(2)　権利部

権利部は，登記記録のうち，権利に関する登記が記録される部分であり（不登第2条8号，第59条），「権利部（甲区）」と「権利部（乙区）」とに分けられており，前者には所有権に関する事項（買戻特約を含む。）が，後者には所有権以外の権利（用益権〔賃借権，採石権を含む。〕，担保権など。）に関する事項が記録される（不登規第4条4項）。

権利に関する登記の登記事項は，登記の目的，受付年月日及び受付番号，登記原因及びその日付，権利者の氏名または名称及び住所，登記名義人が2人以上あるときには名義人ごとの持分，登記の目的である権利の消滅に関する定めがあるときにはその定め，共有物分割禁止の定め（共有物不分割特約〔民第256条1項ただし書〕，遺言による分割禁止〔民第908条〕，家庭裁判所による分割禁止〔民第907条3項〕）があるときにはその定め，債権者代位権（第423条）による代位申請の場合には代位者の氏名または名称及び住所ならびに代位原因などである。

なお，所有権の保存の登記については，表題部所有者またはその相続人など一般承継人，確認判決によって所有権を確認された者，収容による所有権取得者などでなければ，申請することができない（不登第74条）。

---
point

「登記簿」の形式，内容について理解しよう。

第4項　登記手続

1　登記申請一般

登記は，法令に別段の定めがある場合を除き，当事者の申請または官庁もしくは公署の嘱託がなければ，することができない（不登第16条）。

委任による代理人によって申請する場合において，本人が死亡し，本人である法人が合併により消滅し，本人である受託者が信託の任務を終了しても，登記申請代理権は消滅せず，また，法定代理人の死亡または代理権の消滅・変更によっても消滅しない（不登第17条）。

登記申請は，電子情報処理組織を使用する電子申請か，または，登記の申請に必要な情報（申請情報）を記載した書面（磁気ディスクを含む）を提出する書面申請の方法により，不動産を識別するために必要な事項，申請人の氏名または名称，登記の目的，その他の申請情報を登記所に提供してしなければならない（不登第18条）。

2　権利に関する登記の特則

権利に関する登記の申請は，法令に別段の定めがある場合を除き，登記権利者及び登記義務者が共同してしなければならない（不登第60条）。これを共同申請の原則

という。この共同申請の原則の例外として，登記手続を命じる確定判決による登記申請，相続または法人の合併による権利移転の登記申請は，登記権利者が単独で申請することができる（不登第63条）。

　権利に関する登記の申請において，申請人は，法令に別段の定めがある場合を除き，その申請情報と併せて，登記原因を証する情報（「登記原因証明情報」といい，契約書などのことである。）を提供しなければならない（不登第61条）。従来は，登記原因を証する書面（登記原因証書）の提出は任意であり，その代わりに申請書副本を提出し，これに「登記済」印が押印され，登記済証とされていたが，虚偽表示による登記申請を防止するために，2004年の改正法によって，登記原因証明情報の添付が義務づけられたのである。

　また，権利に関する登記を共同申請する場合には，原則として，その申請情報と併せて，登記義務者の登記識別情報（従前の「登記済証」である。）を提供しなければならない（不登第22条本文）。本人の意思確認のため，従前から登記済証（通称では「権利証」といわれる。）の添付が義務づけられていたが，電子申請に鑑み，登記識別情報と，名称が変更されたのである。

　また，申請人が正当な理由により登記識別情報を提供することができないときには，登記官は，法務省令で定める方法により，登記義務者に対し，当該申請があった旨，及び当該申請の内容が真実であると思量するときは法務省令で定める期間内に法務省令で定めるところによりその旨の申出をすべき旨を通知しなければならず，当該期間内は，この申出がない限り，登記官は登記することができない（不登第23条1項）。従前の「保証書による登記申請」制度が廃止され，この事前通知制度に変わっただけである。

　また，申請人が自ら登記権利者になる場合において，登記が完了したときには，原則として，登記官は，速やかに申請人に対し，当該権利の登記に関する登記識別情報を通知しなければならない（不登第21条本文）。

---

point

　所謂「共同申請の原則」について，理解しよう。

3　形式的審査主義

　前述したように，権利に関する登記は当事者の申請または官公署の嘱託がなければすることができず，職権による権利の登記はすることができない。しかし，申請がなされたものを無条件に受理して登記手続をすることもまた妥当ではない。それゆえ，ここに登記官による審査が必要になる。

　この登記官による審査は，本人確認（不登第24条），申請却下事由の確認（不登第25条1号〜13号），があるだけであり，これらは，表示登記に関する調査以外，登記官が窓口で審査することができるものばかりである。つまり，登記申請の内容であ

る権利変動が真実実体関係に符合しているか否かの審査は行っていない。判例は，審査事項に牴触していない限り，登記官は申請を受理しなければならないと判示している[60]。したがって，わが国の登記官による審査は形式審査に過ぎない。

　もっとも，前述したように，2004(平成16)年の改正不動産登記法は，登記原因証明情報の提供を義務づけたので，虚偽登記の防止という点においてのみ，一歩進んだものと評価することができる。しかし，登記の信頼性確保，取引安全の保護のためには，やはり，実質審査主義を採用し，公証登記の導入も図られるべきである。

> ─ *point* ─
>
> 　登記手続における形式的審査主義について，実質的審査主義との対比において理解しよう。

4　登記することができる権利

　不動産登記法第3条は，登記することができる権利として，所有権，地上権，永小作権，地役権，先取特権，質権，抵当権，賃借権，採石権を限定して列挙している。登記は，不動産の表示，または不動産に関するこれら列挙された権利の保存，設定，移転，変更，処分の制限または消滅について行われる（不登第3条本文）。

5　仮　登　記

(1)　仮登記の意義

　登記をする場合において，現在の物権変動ではなく，将来，一定の条件が成就することによって物権変動の効力が生ずる場合には，「仮登記」という公示方法によって，将来発生する物権変動の効力を予め保全することができる（不登第105条1号，2号）。

(2)　仮登記をすることができる場合

(ア)　1号仮登記

　不登法第3条に列挙された権利の保存等がされている場合において，当該保存等に係る登記の申請をするために登記所に対し提供しなければならない情報であって，不登法第25条9号の申請情報，即ち，登記識別情報（不登第22条本文）もしくは登記原因証明情報（不登第61条），または不登法に基づく命令もしくはその他の法令の規定により，申請情報と併せて提供しなければならない情報のうち，法務省令で定めるものを提供することができないときには，仮登記をすることができる。

　1号仮登記は，例えば，農地の売買に関する農地法所定の知事の許可を要する場合において（農地第3条〔農地の処分〕，第5条〔農地転用と処分〕），売買契約は締結したものの，知事の許可証が下りない間における買主の権利保全のために仮登記が行われる。

---

(60)　最判昭和35年4月21日民集14巻6号963頁。

(イ) 2号仮登記

不登法第3条に列挙された権利の設定，移転，変更または消滅に関して，始期付または停止条件付のもの，その他将来確定することが見込まれるものを含む請求権を保全しようとするときにも，仮登記をすることができる。

2号仮登記は，例えば，

1) 不動産物権の変動を目的とする請求権を保全するとき，その他その請求権が将来において確定すべきものであるとき（例えば売買予約完結権），

2) 請求権が始期付きまたは停止条件付きであるとき（例えば消費貸借の予約をした場合において，金銭授受により生ずるべき債権担保のための抵当権設定請求権），

3) その他，将来確定すべき権利を保全するとき（例えば選択債権の場合において選択権を有する買主の選択前における所有権移転請求権），など，将来，本契約を予定している場合において，この所有権移転請求権を保全するために仮登記が行われる。

ただ，代物弁済予約や停止条件付代物弁済契約など，仮登記担保法の適用がある契約類型の場合には，対抗力などの点において，不動産登記法とは異なる扱いを受けることに注意が必要である。

---
point

仮登記の意義，類型について，理解しよう。

---

(3) **仮登記の申請**

仮登記は，仮登記義務者の承諾があるとき，及び仮登記を命ずる処分があるときは，権利者が単独で申請することができる（不登第107条1項）。この仮登記を命ずる処分は，仮登記権利者の申立てにより，裁判所が行うこととされ（不登第108条1項），この申立てをするときには，仮登記権利者は，仮登記の原因となる事実を疎明しなければならない（同条2項）。

また，仮登記を権利者と義務者が共同で申請する場合には，登記識別情報は不要となる（不登第107条2項）。

(4) **仮登記の効力**

いずれも，本契約後，仮登記を本登記にすることによって，仮登記の順位が本登記の順位とされることから（不登第106条），仮登記後における権利変動の権利者に対抗することができる。これを仮登記の「順位保全機能」といい，その効力を「順位保全効」という。

また，所有権に関する仮登記を本登記にする場合において，登記上利害関係を有する第三者が存在するときには，この第三者から承諾を得なければ，本登記手続をすることができない（不登第109条1項）。そして，この本登記がされる場合には，登記官は職権で第三者の権利に関する登記を抹消しなければならない（同条2項）。

なお，保全されるのは順位のみであり，抹消される権利のうち，用益権や担保権

第3節　不動産に関する物権変動と公示

を有する者は，抹消されるまでの権利関係を有効に主張することができる。したがって，用益権者などに不当利得は成立しない。

〔判例20〕最判昭和38年10月8日民集17巻9号1182頁

【事実】

　Xは，A会社との間において債権極度額70万円などの約旨で本件土地・建物を共同担保とする根抵当権設定契約ならびに代物弁済予約を締結し，その設定登記及び所有権移転請求権保全の仮登記をした。Xは，Aに対し，前記契約締結と同時に45万円，その後，5万円をそれぞれ貸与した。その後，Aは，本件不動産を国税滞納処分により差し押さえられ，その公売処分の結果，Y会社が，本件不動産のうち建物のみを買い受け，所有権移転登記を経由した。

　そこで，Xは，Aに対し，前記債権に基づき，本件土地建物について，本訴の訴状において代物弁済予約完結の意思表示をし，仮登記に基づく所有権移転の本登記手続を求めると同時に，本件土地の引渡しを求め，またYに対し，Yの本件建物所有権の取得は仮登記により順位の保全されたXの代物弁済による所有権取得に対抗しえず，かつ，Yの登記はXの本登記手続の障害になるとして，その抹消登記手続を求め，更に，Yは本件建物の所有権を主張して現に自ら占有しているので，これを真の所有権者であるXに明け渡すべき義務があるとして，建物の明渡しを求め，本訴を提起した。

【事実審】

　第1審・原審ともに，Xは予約完結の意思表示により本件不動産につき所有権を取得し，しかも仮登記によりその本登記の順位は仮登記時に遡って保全されるので，仮登記後にされたYの登記はXに対抗しえないとして，Xの請求をすべて認容した。

【上告理由】

　Yは上告し，次のように主張した。

　(1)　判例（最判昭和31年6月28日民集10巻6号754頁）によると，所有権移転請求権保全の仮登記によって移転登記の順位が保全される所有権は条件成就によって移転し，その条件成就の日以後その所有権の取得を第三者に対抗しうるものであり，この仮登記の効力は仮登記の日まで遡るのではなく，条件成就の日まで遡るに過ぎない。

　(2)　常に仮登記の時まで遡るのではなく，その請求権の発生し現実化する義務履行期までである。Yは，本件国税滞納処分による公売により，本件建物の所有権を取得し，登記を経由した。差押えの効果として処分禁止の効果を生ずる。差押え後に初めて効力を生ずべき代物弁済の予約完結による効果は，差押えに対抗しえないので，XはYに対抗しえない。

　(3)　第1審判決は，仮登記権利者が本登記をした場合に後順位者に対してその登記の抹消を求める権利があることを判示したに過ぎず，YがXに対して本件建物の明渡しをする義務があるかは明らかにしていない。原判決は，XがYのした本登記の抹消を求めうる立場にある以上，明渡しをも求めうると速断したものであろうが，仮登記の効力として，抹消登記を求めることはできるとしても，明渡しを求めることはできない。

159

第2章　物権の変動

【判旨】上告理由(1), (2)棄却, (3)認容, 破棄差戻。

(1)(2)「代物弁済の予約の仮登記を経由した場合に, 債権者が所有権を取得するのは予約完結の意思表示をしたときであって, 仮登記を経由したときに遡るのではないこと勿論であるが, 本登記の順位は仮登記の順位による（不動産登記法7条2項〔現行106条〕）のであるから, 仮登記権利者は, 本登記を経由し, または本登記をなすに必要な要件を具備するに至ったときは, 仮登記によって保全された権利に牴触する仮登記後の物権変動を, それが仮登記権利者の所有権取得の時期の前であっても, すべて否認し, その登記の抹消を請求しうるものと解すべきである。」

(3)「仮登記は本登記の順位を保全する効力があるに止まり仮登記のままで本登記を経由したのと同一の効力があるとはいえない。したがって, 本登記手続が終わるまでは, YはXの登記の欠缺を主張しうる第三者に該当し, XはYに対しその所有権の取得を対抗しえない筋合である（最判昭和32年6月18日民集11巻6号1081頁参照）。」

《問題点》

不動産に代物弁済予約に基づく所有権移転請求権保全仮登記を経由した後, 当該不動産について国税滞納処分による差押えがされ, 公売処分された場合において, 仮登記権利者が予約完結の意思表示をして, 本登記を経由したときには, この所有者は, 公売による買主に対し, 抹消登記請求及び不動産明渡請求をすることができるか。

《分析》

(ア)　本判決から導かれる判例法理

このような問題について, 本判決は, 仮登記の効力について, 第一に, 仮登記に基づく本登記の順位は仮登記の順位によるのであるから（不登第106条）, 仮登記権利者は, 本登記を経由し, または本登記をするのに必要な要件を具備するに至ったときには, 仮登記によって保全された権利に牴触する仮登記後の物権変動について, それが仮登記権利者の所有権取得の時期の前であっても, すべて否認し, その登記の抹消を請求しうるものと判示した。

しかし, 第二に, 仮登記は本登記の順位を保全する効力があるにとどまり, 仮登記のままで本登記をしたと同一の効力を有するものではないので, 仮登記権利者は, 本登記手続を完了するまでは, 所有権の取得を第三者に対抗することはできないと判示した。

本件において, 最高裁はこのように判示して, Yの上告理由(1), (2)を棄却し, 同(3)を容れて, 原判決中Xの建物明渡請求を認容した部分を破棄し, 本件建物の明渡しを命じた部分を原裁判所に差し戻したのである。

(イ)　仮登記に「対抗力」はあるのか

この判旨第二の箇所（上告理由〔3〕）において引用された判例法理は[61], XとAと

_____

(61)　最判昭和32年6月18日民集11巻6号1081頁:「所有権移転請求権保全の仮登記は本

第3節　不動産に関する物権変動と公示

の間における停止条件付代物弁済契約に基づいてXに所有権移転請求権保全の仮登記がなされた不動産について，第三者Yのための所有権取得の登記がなされた場合においても，仮登記権利者Xは，本登記をするのに必要な要件を具備したときには，仮登記義務者Aに対しては本登記請求を，第三者Yに対しては抹消登記請求をすることができるものと判示したが，この場合でも，仮登記権利者Xが第三取得者Yに対して不動産所有権の確認を求めることは許されないと判示している。その理由は，仮登記義務者は仮登記権利者の権利行使を妨げない範囲で処分行為を許されているに過ぎず，この処分行為に基づいて所有権を取得した第三取得者は，本登記の目的である仮登記権利者の権利と相容れない限度において，その権利取得を対抗することができないからである。

　この意味において，Xは，Yに対して抹消登記請求をすることはできる。しかし，この権利行使は，仮登記のままでの対抗力を認めるものではないので，Xは，Yに対して所有権確認の訴えを提起することはできないのである。本判決も，この昭和32年最判の判例法理を踏襲して，仮登記権利者Xの建物明渡請求を否定したのである。

　しかしながら，本昭和38年判決は，Xの建物明渡請求を完全に否定したのではない。原審判決に対し，「明渡請求が本登記を経由することを条件とする将来の履行を求める趣旨であるならば，その点を明確ならしめた上判断すべき」旨を要求し，差し戻しているからである。

　したがって，本判決は，即時明渡請求は対抗力のない仮登記のままでは認められないが，本登記経由を条件とする将来の明渡請求であれば，認容しうるという余地を残したものということができる。

　(ウ)　本登記の効力は仮登記時にまで遡及するか

　次に，仮登記に基づく本登記の効力は仮登記時にまで遡及するかという問題もある。

　登記のために順位を保存する効力を有するものであり，仮登記権利者が本登記をなすに必要な要件を具備するに至ったときは，仮登記後本登記をするまでに，仮登記義務者により本登記の目的たる権利と相容れない処分が行われ，これに基づく第三者の権利取得の登記がなされた場合においても，仮登記権利者は仮登記義務者に対し本登記を請求することを妨げるものではなく，又第三取得者に対しては，その権利取得を否認しその登記の抹消を請求し得る……。けだし，仮登記義務者は，仮登記があった後においては，仮登記権利者の権利行使を妨げない限度においてのみ処分行為を許されているのであり，従って仮登記権利者が，仮登記義務者に対し本登記の請求をなし得る関係においては，仮登記義務者は依然登記名義人の地位に在るものと解すべきであり，又第三取得者は，仮登記権利者に対し，本登記の目的たる権利と相容れない限度においてその権利取得を主張し得ないものと解すべきだからである。」

　本判決は，このように解し，XはYに対し，抹消登記請求をすることができるが，所有権の確認を求めることはできないと判示した。

161

この問題について，本判決以後の判例は，遡及効を否定している。即ち，Ｘが所有権移転仮登記を経由しているＡ所有の土地についてＹがＡからの代物弁済を原因として所有権移転登記を経由して占有を開始した後，Ｘが仮登記に基づく本登記を経由した場合には，Ｙは本登記経由の時以前の占有についてもＸに対し不法占有を理由とする損害賠償責任を負担するかという事案において，最高裁は，「Ｘが停止条件付代物弁済契約に基づき本件土地の所有権を取得し，本件仮登記に基づく本登記を経由しても，これによって，Ｙは遡って本登記以前の権原に基づく土地占有につきＸに対し不法占有者としての損害賠償責任を負うものではない」と判示し，対抗力の遡及効を否定している[62]。

この法理は，仮登記には本来的に対抗力はないので[63]，対抗力の発生は本登記経由時からの将来効を有するに過ぎないということを示したものである。売買予約や代物弁済予約を原因として発生した所有権移転請求権という債権を仮登記によって保全するという意味は，自分の将来における条件付所有権取得権（期待権）を保全するという意味合いを有するに過ぎない。ここでいう「保全」という意味は，仮登記以後の将来において取得すべき所有権と相容れない（矛盾抵触する）権利の存在を許さないという意味において，確かに，対抗力の前倒しという感は否めない。しかしまた他方，仮登記権利者に後れて所有権や用益物権，あるいは担保物権を取得した第三者も，それらの物権を正当に取得しているのであり，仮登記権利者が本登記を経由せずに権利関係が終焉を迎えれば，それら物権の効果を正当に取得する地

---

(62)　最判昭和 54 年 9 月 11 日判時 944 号 52 頁。

(63)　最判昭和 63 年 12 月 1 日民集 42 巻 10 号 719 頁：Ｘは，抵当権の設定された不動産の買主たる地位を譲り受け，売買予約を原因とする所有権移転請求権仮登記を経由したが，その後，Ｙ信用金庫のために抵当権が設定された。その後，先順位の抵当権が実行され，競売手続においてＸの仮登記が抹消されたため（民執法第 59 条 2 項参照），Ｘは，売買契約の相手方に対して契約の履行不能による損害賠償等を求めるとともに，後順位抵当権者Ｙに対し，主位的に不法行為に基づき，予備的に不当利得返還請求権に基づき，競売手続によってＹが交付を受けた金員の支払を求め，本訴を提起した。

　第 1 審，原審ともにＹに対する請求を認めないので，Ｘから上告。

　棄却。「不動産が競売手続において競落され，所有権に関する仮登記が，先に登記された抵当権に対抗することができないために抹消された場合において，右仮登記の権利者は，所有権を取得していたときであっても，仮登記後に登記を経由した抵当権者に対して，不当利得を理由として，その者が競売手続において交付を受けた代価の返還を請求することはできないと解するのが相当である。

　けだし，仮登記は本登記の順位を保全する効力を有するにとどまり，仮登記の権利者は仮登記に係る権利を第三者に対抗することができず，所有権に関する仮登記の権利者には，本登記を経由するまでの手続として，仮登記のままでその権利を主張することが認められる場合があるが（不動産登記法 105 条 1 項，146 条 1 項〔ともに現行第 109 条 1 項〕，仮登記担保契約に関する法律 15 条 2 項参照），この場合であっても，当該手続を離れて仮登記の権利者が本登記を経由したのと同一の効力又は法的利益の帰属を主張することが認められるものではないので，所有権に関する仮登記の権利者は仮登記後に登記を経由した抵当権者に対して優先して代価の交付を受ける権利を主張することはできないからである。」

第3節　不動産に関する物権変動と公示

位を有する者である。この意味において，これらの物権取得者は，仮登記に後れるとはいえ，通常は正当な所有者であり，正当な制限物権者なのである。そうであるにもかかわらず，仮登記権利者が本登記を経由することによって，仮登記時にまで対抗力が遡及して発生するとなれば，正当な権利関係による物権取得者において不当利得や不法行為が成立することとなる。しかし，この点は甘受しえない法律効果である。したがって，仮登記に基づく本登記を経由した場合でも，対抗力は遡及せず，将来効を有するに過ぎないのである。

---

point

(1) 仮登記の効力について理解しよう。

(2) 仮登記のままで何か効力があるか，仮登記を本登記にしたときに本登記の効力（対抗力）が遡及するのかなど，検討してみよう。

6　付記登記

付記登記とは，本登記の順位番号を与えられない登記について，主登記の順位番号に「付記何号」を付加する方法によって記録される登記である（不登規則第148条）。

付記登記は，①登記名義人の氏名・名称，住所の変更または更正の登記，②各種権利の変更・更正登記，③登記事項の一部が抹消されている場合の抹消の回復登記，④所有権以外の権利を目的とする権利に関する登記（処分制限の登記を含む），⑤所有権以外の権利の移転登記，⑥登記の目的である権利の消滅に関する定めの登記，⑦共同抵当において異時配当をした場合において，民法第393条の規定により先順位抵当権者に代位する後順位抵当権者の代位の登記，⑧抵当証券の交付・作成の登記，⑨買戻特約の登記について，なされる（不登規則第3条）。

つまり，付記登記とは，権利に関する登記のうち，既になされた登記に関して，変更または更正，所有権以外の権利の移転，この権利を目的とする権利の保存等をする場合において，既になされた権利の登記と一体をなすものとして公示する必要がある登記のことをいう（不登第4条2項参照）。

---

point

登記手続の意味，登記の種類について理解しよう。特に，本登記，仮登記，付記登記の意味について，まとめて理解しよう。

第5項　登記された権利の順位

同一の不動産について登記した権利の順位は，法令に別段の定めがある場合を除き，登記の前後による（不登第4条1項）。

この場合における登記の前後は，登記記録の同一の区にした登記相互間については順位番号，別の区にした登記相互間については受付番号による（不登規則第2条1項）。例えば，Aの土地にBのために地上権設定登記がされ，このAの土地がAか

163

らCに売却され，所有権移転登記がされたとしよう。これらの登記は，前者が乙区，後者が甲区である。いずれの登記が先になされたかは，登記の日付で明らかであるが，登記簿上の権利の順位は，明瞭を期するため，別の区の登記相互間においては，通し番号である受付番号の順としたのである。

ただし，この受付番号は1年ごとに更新されるので（不登規則第56条3項），正確には，受付年月日と受付番号の順である。

付記登記の順位は主登記の順位により，同一の主登記に係る付記登記の順位はその前後による（不登第4条2項）。

> ─ *point* ─────────────────────
> 登記の順位は何のためにあるのかという観点から，登記制度について理解しよう。

第6項　登記事項証明書の交付

何人も，登記官に対し，手数料を納付して，登記記録に記録されている事項の全部または一部を証明した書面（登記事項証明書）の交付を請求することができ（不登第119条1項），同様に，登記事項の概要を記載した書面の交付を請求することができる（同条2項）。これら登記事項証明書の交付請求は，原則として，当該不動産の管轄登記所以外の登記所の登記官に対してもすることができる（同条5項）。

登記所に備え付けられている地図，建物所在図または地図に準ずる図面の交付請求（不登第120条），あるいは，登記簿の附属書類の交付請求（不登第120条）についても，同様の手続で行うことができる。

しかし，地図や登記簿附属書類の交付請求は，別管轄の登記所の登記官に交付請求することはできない（不登第119条5項は同法第120条，第121条に準用されていない）。

> ─ *point* ─────────────────────
> 登記事項証明書の意味，目的について，理解しよう。

第7項　登記の有効要件
1　登記の形式的要件
(1)　総　説

わが民法上，登記は第一義的には第三者への対抗要件であるから（第177条），登記が有効であり，権利に対抗力その他の効力が認められるためには，第一に，その登記が不動産登記法の手続に適合していなければならない。これを登記の形式的要件という。

登記をしたというためには，磁気ディスクによって調整された「登記簿」（不登第2条9号）に記録されなければならない。適法に登記申請をしても，登記官が登記簿に記録しない限り，登記したことにはならない。一度登記されれば，後に何ら

第3節　不動産に関する物権変動と公示

かの理由によって抹消されてしまったとしても，有効な抹消手続によるのでなければ，その抹消は無効であるから，登記の回復手続を取ることができる。権利に関する登記の抹消を回復するときには，利害関係人の承諾を得なければならないが（不登第72条），第三者によって違法・不当に抹消された場合の登記回復請求のときには，登記上の利害関係人は承諾を拒むことができない[64]。

この解釈は，第三者によって不当に抹消されなければ，登記は継続して存在しており，その結果，対抗力も存続しているという意味から当然に導かれる。それゆえ，登記抹消に関して権利者に帰責事由があるときには，対抗力も消滅する[65]。

次に，登記簿が火災等によって滅失した場合には，改正前の不動産登記法には「登記官による滅失回復登記」という制度があったが（不登旧第23条），平成16年の

---

[64]　最大判昭和43年12月4日民集22巻13号2855頁：仮登記の不法抹消の事案において，最高裁は，登記は物権変動の対抗力発生の要件であり，この対抗力は法律上消滅事由の発生しない限り消滅しないので，適法にされた本登記が権利者不知の間に不法に抹消された場合でも，その物権の対抗力が失われないから，一旦適法にされた本登記の権利者は，その物権に基づき，不法に抹消された本登記の回復登記が許されるとともに，登記上利害関係ある第三者に対して本登記の回復登記手続につき承諾を与えるべき旨を請求することができるという判例（最判昭和36年6月16日民集15巻6号1592頁）を引用しつつ，以下のような理由から，仮登記の登記回復請求の場合も同様に解すべきであるとした。
　「仮登記は，本登記の順位保全の効力を有するとともに，この順位保全を公示して一般に警告することを目的とするものであるから，右の趣旨に照らせば，本登記の不法抹消について回復登記を許すのに準じて，仮登記の不法抹消についても，その回復登記を許すのが相当であり，したがって，仮登記が不法に抹消された場合には，仮登記権利者は，登記上利害の関係ある第三者に対して回復登記手続につき承諾を与えるべき旨を請求することができるものというべく，この場合，第三者の善意悪意，回復登記により受ける損害の有無，程度は，右判断を左右するものではない，と解するのが相当である。」
[65]　最判昭和42年9月1日民集21巻7号1755頁：XはA所有の本件不動産（宅地・建物）及び山林について順位2番の抵当権を有し，その設定登記を経由した。その後，Xは，Aから，抵当物件である山林を処分して1番抵当権者BとXとに一部弁済する旨の申し入れを受け，この山林の売却代金の一部を受領し，Xはこの山林の抵当権登記の抹消登記手続をするため，司法書士Cにその手続を依頼した。ところが，Cは誤って本件不動産の抵当権設定登記抹消をも申請したため，Xの登記は抹消された。その後，Yが本件不動産について順位2番の抵当権設定登記を受けた。本件は，Xが配当表に異議を述べ，従前の順位2番の抵当権者の地位を主張し，Yを被告として配当表の更正を求めたという事案である。原審はXの請求を認めたので，Yから上告。
　破棄自判。「登記が初めから全然ない場合と，一旦正当にされた登記が後に抹消された場合とでは，第三者対抗力の点において区別して考えるべきである（大判大正12年7月7日民集2巻448頁参照）。しかし，本件においては，登記権利者であるXが委任した司法書士の錯誤による申請によって登記が抹消されたのであって，登記官吏の過誤によって抹消された場合や，登記権利者以外の者が擅にした申請によって抹消された場合と同一に論じるのは相当ではない。けだし，後者の二つの場合には登記権利者に関係なく不法に抹消されたのであるが，本件においては，登記権利者が自ら委任した司法書士の申請によって抹消されたのであるから，他の二つの場合と同視することはできないからである。」そして，本件のような場合には，取引の安全を保護するため，Xは第三者対抗力を喪失するものとした（大判昭和15年6月29日民集19巻1118頁を引用）。

改正により，登記記録の全部または一部が滅失したときには，法務大臣が一定の期間を定めて登記官に必要な処分を命じることができるという制度になった（不登第13条）。制度としては大した違いはないが，この「一定の期間」を徒過した場合の取扱いについて従前から問題があり，判例は，この期間の徒過によって対抗力が失われることはないと判示した[66]。

しかし，この判例法理に対しては，「登記は不動産の権利状態を不断に公示するところに長所があるのだから，現に効力を持っている登記簿の記載面に現れていない事項は，——たといその登記の記載をたどって他の部分の記載や閉鎖された登記簿などを調べれば分かるものであっても——なお対抗力を失うものと解すべきものではあるまいか」という我妻榮博士の反対説がある[67]。

なお，不動産登記法の認めない事項は，実体法上は有効と見られる特約であっても，登記法で認められていないのであるから，登記しても無効である[68]。

---
point

登記の違法・不当抹消や，登記簿の火災・天災による滅失の場合には，登記の効力はどのように扱われるのか。

---

(2) 二重登記

(ア) 総説

土地は古くから租税の目的物とされ，登記されてきたので（地租徴収を目的とした地券制度。前掲「登記制度史概観」参照），あまり二重登記という問題は起こらない。しかし，建物は建築が終わる頃に不動産となり，建物所有権が新たに発生するので，ここで初めて登記簿が作成され，表題部に建物として表示登記される。そこで，例えば，従前から建物が同一土地上に存在し，これに大改造を施し，あたかも新築であるかのように見えたため，しかも，従前の建物の滅失登記もされないために見過ごしてしまい，二重登記の状況を作出してしまうことがある。

この場合でも，新築時における表示登記の申請に係る登記官の現地調査，あるいは，所有権保存登記申請前にする固定資産課税担当吏員による現地調査（租税特別措置法による登録免許税の減額証明書の発行に必要な調査）において現地をよく確認すればよいのだが，現地確認が綿密に行われないと，この点は見過ごされがちである。この場合には，登記実務としては，新築の登記を活かし，従前の建物は滅失登記申請

---

(66) 最判昭和34年7月24日民集13巻8号1196頁。

(67) 我妻＝有泉124頁。

(68) 例えば，地上権設定登記に「譲渡・転貸を禁ずる」，あるいは「譲渡・転貸は所有者の承諾を要する」など，処分を禁止・制限する特約を登記したような場合である。永小作権に関する民法第272条ただし書には，その処分を禁止する特約を有効とする旨が規定され，不動産登記法にも同条を受けた規定があるが（不登第79条3号），地上権にはこのような規定がないので，たとえ登記がなされたとしても，無効登記であり，認められないのである。

をして片付けることができる（減失による登記簿の閉鎖）。

　二重登記の作出後であっても，従前の建物に表示登記だけが存在しており，現地と登記の現況とが大きく異なっている場合において，従前の表示登記が更正の許されない程度であるときには，その表示登記は無効登記となる。この場合には，新たに表示登記からやり直すことになるのだが，二重登記がされているので，後から申請したほうを活かすことになる。これに対して，先行表示登記の更正が許される範囲であれば，後からの表示登記は無効登記として処理される（登記の先占的効力）。

　⑷　個別問題

　では，本題に移ろう。二重登記において，権利者相互間の権利関係の有無が問題となるケースは，形式的に見て，(1)別人の表示登記の二重登記，(2)別人の表示と権利保存の二重登記，(3)別人の権利保存の二重登記，(4)同一人の権利保存の二重登記，である。これらの場合には，従来は，(1)，(3)，(4)は先に登記がなされた方，(2)は権利登記を経由した方，を有効な登記とし，他方を無効の登記として職権で抹消すべきであると説かれていた[69]。これは，原則として，登記における形式審査主義を重視した解釈である。

　しかし，権利に関しては，実体法的に見て，真実，権利者と思しき証拠を有する者が権利者であるから，形式審査だけで処理することは妥当ではない。したがって，実体法上の権利関係を踏まえ，実質的に審査して処理すべきである。

　そこで，近時の判例を見る。

〔判例21〕最判平成3年7月18日判時1395号63頁
【事実】

⑴　Xは，Y銀行の勧めにより，Yの所有する土地上に，Yが請負契約の保証人となる等その全面的な協力のもとに，両者共同経営の貸しビルにする目的で本件建物〔1〕を建築し，表示登記ならびにX名義の所有権保存登記がなされた。

⑵　ところが，本件建物〔1〕は，建築確認申請が無効であるなどの理由で使用禁止通知を受け，違反建築物とされたので，XとYは話合いの上，Yにおいて本件建物〔1〕を規制に適合するように改築するため，建築確認を出し直すこととした。

⑶　その後，Yは，新たな建築確認を受け，自ら改築費用を負担して，4階建ての本件建物〔1〕の4階部分を撤去し，2階の床を抜いて2階建てとし，屋根をコンクリートから瓦ぶきにし，外装を全面的に変更する等の改築工事を行った。しかし，改築にあたり本件建物〔1〕の柱，壁等の主要な構造部分にはほとんど手をつけていない。

⑷　XとYの間では，⑵の通知等のあった直後から，Xが上記ビル経営に対する熱意を

---

[69]　この考え方は，「手続法主義」とでもいうべき登記実務が，二重の表示登記の場合は先にされた方が有効であり，後の方を無効として職権で抹消すべきだという見解に立っており（昭和37年10月4日民事甲第2820号民事局長通達・登記関係先例集追加編Ⅲ994頁），先例のない場合には，民法第177条から実体法的に見て，権利登記のある方を有効視したという結果にほかならない。この点については，幾代通『不動産登記法』480頁以下参照。

167

第2章　物権の変動

失い，Yにおいて本件建物〔1〕ないし再改築前の本件建物〔2〕を買い取る話が進められていたが，Yの出捐に絡んで売買代金額が折り合わず，結局，最終的に本件売買契約が締結されたのは，昭和51年9月であった。

(5)　本件売買においては，所有権の移転時期を売買代金の完済時と一致させるなど，所有権移転時期に関する特別の合意はなされなかった。

(6)　ところが，Yは，売買契約の成立をまたず，(3)の改築直後の昭和50年5月に再改築前の本件建物〔2〕について表示登記の申請をし，同月17日には前記の再改築前の2階建て建物の表示登記が，更に同月22日にはこれを前提としてY名義の後続保存登記が各経由された。なお，Yは，(4)の同人の建物取得後，この建物について，改築時に取りはらった床を再度入れて3階建てにする等の若干の改築を行い，これに伴い再改築前にした表示登記を変更して，後続表示登記とした。

(7)　また，Yは，その後，再改築前の本件建物〔2〕に入居したが，Xはこれについて特に異議を述べなかった。

Xは，Yに対し，改築前の本件建物〔1〕が自己の所有であるとして所有権の確認を求め，また，所有権に基づき，Y名義の後続保存登記の抹消登記手続を求め，本訴を提起した。

第1審において，Xは敗訴した。Xは控訴し，後続表示登記及び保存登記は，旧不動産登記法第15条（1筆の土地または1棟の建物における一登記用紙主義。現行法にはない）に違反する無効な登記であると主張し，先行表示登記の申請者かつ保存登記の登記名義人としての地位に基づいて，後続表示登記及び保存登記の各登記の抹消登記請求を追加した。

【原審】一部棄却，一部却下

「二重表示登記の抹消については，職権で抹消がなされるべきものではあるが，……登記官の実体調査には現実には制度上の限界があり，建物の同一性に問題があり，二重登記であるか否かが明確でない等の事情がある事案については，いずれかの表示登記に後続する所有権保存登記名義人の申立てにかかる表示登記の抹消の職権発動を促す申出のない限り，職権による抹消は期待できず，他方，このことにより，いずれかの表示登記がいずれは抹消される可能性があるまま存続するという不安定な状態におかれ，ために，建物の所有権者にとっては，二重の表示登記の存在自体が取引の障害となる等円満な権利行使の妨害となっているという状態があるものというべきであるから，このような場合には，現存建物の所有権者は一種の物上請求（妨害排除請求）として，他方の二重表示登記に後続する所有権保存登記の名義人に対し，同表示登記の抹消を請求する登記請求権を有するというべきである。」

原審は，このように，物権的請求権の一種として抹消登記請求を認めるという考えを示した。しかし，本件において，Xは，既に売買によって本件建物の所有権を喪失しているから，Xについて表示登記の抹消等の請求権を考える余地は既にこの点において存在せず，Xの各訴えは，いずれも権利保護の利益を欠くものであるとして，既に所有権のないXから所有権者であるYに対する抹消登記請求は許されないとした。Xから上告。

第 3 節　不動産に関する物権変動と公示

【判旨】棄却

　最高裁は，前記原審判決を受け，本件の場合には，「同一の建物に二重の表示登記がされた場合において，先行の表示登記の申請人ないしその登記に基づく所有権保存登記の名義人が，その地位に基づいて，後行の表示登記ないしその登記に基づく所有権保存登記の抹消を求めることはできないと解するのが相当である」と判示した。

《問題点》

　同一の建物に二重の表示登記がされた場合において，先行する表示登記の申請人ないしその登記を基礎とする所有権保存登記の名義人は，その地位に基づいて，後続の表示登記ないしその登記を基礎とする所有権保存登記の抹消登記を請求することができるか。

《分析》

　このような問題について，本判決は，原審が二重表示登記の場合でも登記官の職権調査・抹消（不登第28条，第29条参照）には限界があり，また，本件のように，建物の同一性に問題があって，二重登記か否かが明確ではないという事情の存するときには，いずれかの表示登記に後続する保存登記名義人からの申立てに基づく職権抹消があるが，これがなされない限り，職権抹消は期待できないので，建物の所有者にとっては，取引の障害となりうる他方の表示登記及び保存登記の抹消登記請求を物権的請求権類似の権利の行使として認める余地はあるが，本件のＸは既にＹに所有権を移転しているので，この抹消登記請求を認める余地はないと判示したのを受けて，同一の建物に二重の表示登記がされた場合において，先行する表示登記の申請人ないしその登記を基礎とする所有権保存登記の名義人は，その地位に基づいて，後続の表示登記ないしその登記を基礎とする所有権保存登記の抹消登記を請求することはできないと判示した。

　要するに，本判決は，必ずしも表示登記の先後により，先行する登記名義人が後続する登記名義人の登記抹消を請求することができるとは限らないと判示したものということができる。

　また，判例は，甲建物に抵当権を設定した後，設定者が勝手に滅失による抹消登記を経由し，別の乙建物として登記したという事案において，乙建物の登記が甲建物の抵当権にとって妨害となっているとして，抵当権者からの甲建物の滅失登記の抹消と乙建物の抹消登記請求を認めている[70]。

（70）　最判平成6年5月12日民集48巻4号1005頁：Ｘ銀行は，登記された2個の区分所有建物（Ｙ1会社所有のＡ建物及びＹ2所有のＢ建物）から成る1棟の甲建物について根抵当権の設定を受け，登記を経由した。その後，Ａ建物及びＢ建物の区分所有消滅の事実がないのに，これを原因とする滅失登記がされ，1棟の両建物の登記用紙が閉鎖され，Ｘ銀行の共同根抵当権設定登記が登記簿上公示されない結果となった。その後，甲建物は，Ｙ1会社を所有者とする別の乙建物として表示登記及び所有権保存登記がなされた。

　　そこで，Ｘ銀行は，Ｙらに対し，Ａ・Ｂ両建物の滅失登記及び乙建物の表示登記及び所有

第2章　物権の変動

これらの判例法理は，いずれも実体的な権利関係の存否を判断材料としているのであり，このような意味において，近時の判例は実体法主義に傾いているといってもよいであろう[71]。

---
point

二重登記の登記としての有効性は，何を基準として判断されるのだろうか。

---

(3) 表題部「所有者」が真の「所有者」ではない場合

次に，表題部には「所有者欄」があり，ここに「所有者何某」と記載された者が所有権保存登記の申請者となる（不登第74条1項1号）。しかし，これが真実の所有者と異なる場合には問題が生ずる。この場合でも，登記実務では，表題部に表示された内容が「事実」として処理されるので，たとえ真実の所有者であっても，表題部に所有者と記載されていない者からの所有権保存登記の申請は不適法として却下される。

この場合において，登記実務上，当該表題部所有者が取引関係に全く関与したことのない者であるときには，更正登記が許されるが，同人が従前の所有者であったようなときには，当該表題部所有者の名義で保存登記をした上で，移転登記をすべきものとされている[72]。

(4) 登記手続の瑕疵

(ア) 総　説

登記手続は，不動産登記法の規定に従った適法のものでなければならない。しかし，この点は，手続上の瑕疵の程度にもより，手続上瑕疵のある登記はすべて無効の登記であり，対抗力を認めることはできないとしてしまうのは早計である。この

権保存登記の抹消登記を請求した。

第1審，原審ともにX銀行の請求を認容した。Yらは上告し，本件抹消登記請求は，登記官を相手方とする行政訴訟で決着を付けるべきものであり，私人に対する請求は，訴えの利益を欠くところ，原審が訴えの利益ありとした点には解釈上の誤りがあるなどと主張した。

棄却。「登記された甲建物について，滅失の事実がないのにその旨の登記がされて登記用紙が閉鎖された場合には，甲建物に設定され，その旨の登記を経由していた根抵当権が登記簿上公示されないこととなるから，右滅失の登記は根抵当権に対する妨害となっている。そして，右建物につき別の乙建物として表示登記及び所有権保存登記がされている場合には，直ちに右滅失登記の抹消登記申請をしても，その抹消登記によって甲建物の表示登記及び所有権保存登記が回復すれば，それらの登記と乙建物としてされた表示登記及び所有権保存登記とが併存する二重登記となるため，右の申請は却下されることとなるから，乙建物の表示登記及び所有権保存登記も，根抵当権に対する妨害となっているということができる。」

したがって，本件のような場合には，根抵当権者は，根抵当権に基づく妨害排除請求として，乙建物の所有名義人に対し，乙建物の表示登記及び所有権保存登記の抹消登記手続を，甲建物の所有名義人であった者に対し，甲建物の滅失登記の抹消登記手続をそれぞれ請求することができる。

(71)　同旨の見解として，山野目章夫『不動産登記法』390-391頁がある。

(72)　『不動産登記書式精義（上巻）』156頁参照。

170

第3節　不動産に関する物権変動と公示

場合でも，既に申請され，受理された登記については，実体的な権利関係に一致しているか否かで判断すべきである（通説[73]）。

　しかし，いくら実体関係に符合した登記であっても，登記意思の存在は必要である。それゆえ，偽造文書による登記（登記意思の欠缺），無権代理，制限行為能力などの場合において，登記をしないことについて，正当な理由があるときには，当事者間においては抹消登記を請求することができ，この限りにおいて，実体関係に符合する登記であっても，無効とすることができる[74]。

> ─ **point**
>
> 登記手続の瑕疵（欠陥）の意味について，理解しよう。

（イ）　登記情報（旧法の書面）の瑕疵

　代理人による登記申請の場合における代理権限証明情報（不登令第7条1項2号），未成年者からの登記申請の場合における親権者の同意情報（同令同条5号ハ）などが欠けていたのに，登記申請が受理され，登記された場合における登記の効力について，旧法下の判例は，登記が実際の権利関係と符合する限りにおいて有効であり，抹消登記請求をすることはできないとした[75]。また，印鑑証明書の日付が変造された場合でも，結論は変わらない[76]。

---

(73)　我妻＝有泉127頁以下，舟橋116頁，同『不動産登記法』148頁，柚木馨『判例物権法総論』136頁，幾代通『不動産登記法』179頁，杉之原舜一『不動産登記法』65頁以下など。

(74)　舟橋116頁。

(75)　大判昭和3年5月25日新聞2876号9頁：本件は，代理権限証書の添付を欠き，また，申請書の記載にも瑕疵があったという事案である。
　　最判昭和37年3月16日民集16巻3号567頁：親権者の同意書を欠く登記について，最高裁は，登記申請が申請却下事由に該当する場合には，登記官吏は決定で申請を却下すべきであるが，かかる申請も受理されて登記が完了したときには，登記官吏は職権をもってこれを抹消しえないとし，その法意は，登記手続の形式的違法性からその登記を抹消すると，かかる登記を信頼して取引をした第三者の利益を害し，不動産取引の安全を害するおそれがあるからであるとした。
　　また，登記が実質的に権利関係の実体と合致する以上，申請手続上，形式的な瑕疵があるからといって当然に無効となるものではなく，たとえ訴えをもってしても，かかる登記の抹消を請求することはできないとした（最判昭和31年7月17日民集10巻7号856頁，最判昭和31年7月27日民集10巻8号1122頁）。
　　更に，登記官吏は実体的な権利関係の存否について審査権限を有しないから（最判昭和35年4月21日民集14巻6号963頁参照），登記完了後は，登記官吏の処分はもはや不動産登記法152条以下所定の異議の申立て（審査請求〔現行不登法第156条〕）の対象にはならないとした（大決大正12年3月28日民集2巻4号185頁，大決大正13年11月14日民集3巻11号499頁参照）。

(76)　最判昭和34年7月14日民集13巻7号1005頁：登記申請の際に添付された印鑑証明書の日付が昭和23年を25年と変造したものであったという事案において，登記申請の瑕疵を認定したが，印鑑証明は文書に押した印影が本人のものであること，即ち，その文書の作成者が本人に相違ないことを証明するものにほかならず，このように変造されても，登記申請が申請者の意思に基づくものであることに変わりはないので，その瑕疵が軽微な方式に違反

171

第2章　物権の変動

つまり，手続上の軽微な瑕疵があり，これが見落とされ，登記されてしまった場合でも，登記と実体とが符合するときには不問に付するということである。

― *point* ―

登記情報の瑕疵とは何か。検討してみよう。

(ウ)　申請人の権限・能力上の瑕疵

登記を申請した代理人に代理権がなかった場合はどうであろうか。この問題について，判例は，実体的な権利関係が本人の意思に基づいて有効に成立し，登記がこれに符合するときには，当該登記は有効であり，対抗力を有すると判示した[77]。

また，実体的な権利関係が表見代理等の理論によって相手方がその有効性を主張しうる場合には，その実体関係に符合する登記は有効になるものと判示した[78]。

───────

するに過ぎない場合には，登記の効力を妨げないものとした。

(77)　大判昭和18年1月29日民集22巻1頁：登記当時には代理権が消滅していたとしても，登記された事項は真実に合するものであるから，その抹消を請求しえない。

最判昭和31年7月27日民集10巻8号1122頁：Aは自己の所有する宅地3筆につき，Y1には贈与，Y2及びY3には売買により，それぞれ所有権を移転し，引渡しも了した上で，Bに登記申請を委任したところ，Aが死亡し，それでもBは登記を申請し，Yらへの所有権移転登記を了した。そこで，Aの相続人Xらは，登記原因の欠缺，AのBへの代理権限授与を争い，Yらへの登記の抹消を求め，本訴を提起した。

第1審はXらの請求を棄却した。原審は，本件各登記のなされた当時既に登記名義人Aは死亡しており，その代理権は本人の死亡によって消滅するので，登記法の定める形式的要件を欠く不適法の申請となり，本件各土地につき実体上の権利変動の事実があるとしても，登記における形式上の欠缺を不問にしえないので，Aの一般承継人たるXらは，Yらの本件各土地所有権取得の有無に関係なく，Yらに対し本件各登記の抹消登記手続を請求しうべきものと判示し，Xらの本訴請求を認容した。Yらから上告。

破棄差戻。「本件各登記は，登記法の定めに適合しない申請手続によってなされたものではあるが，登記手続の瑕疵の態様如何にかかわりなく直ちに無効ということはできないのであって，その対抗力の有無については，登記によって公示せられるところが現在の真実な権利状態に符合するものであるかどうかによって決すべきものとするを相当とする。」

(78)　最判昭和37年5月24日民集16巻7号1251頁：AはXに物上保証を依頼し，Xは自己所有の未登記建物をY銀行に担保提供し，AがXの代理人として登記手続等一切の手続を行い，Y銀行から融資を受け，Yのために根抵当権を設定し，その登記を経由した。その後，Aが弁済せず，Yが根抵当権を実行しようとしたので，XはYに弁済し，根抵当権の抹消登記をするよう，Aに依頼した。しかし，Aは抹消登記をせず，Yと交渉し，Xの代理人として新たに融資を受け，Xから預かっていた印鑑と印鑑証明書を冒用して，根抵当権を設定し，登記を経由した。

そこで，Xは，Yに対し，根抵当権の抹消登記を求め，本訴を提起した。原審がXの請求を認めたので，Yから上告。

破棄自判。「不動産登記法が登記申請についての形式的要件（特に，同法35条1項5号〔現行不登令第3条〕）を定めている主要な目的は，登記義務者の意思に基づかない虚偽の登記申請による登記がなされることにより，実体上の権利関係と登記上の権利関係との不合致を生ずることを防止し，公示制度としての登記の目的を達成せしめようとするにある」。本件根抵当権設定契約は表見代理の規定により実体上の効力を生じており，その設定登記も実体上の権利関係に符合しているから，登記権利者が登記義務者に登記申請を請求する場合に

172

第3節　不動産に関する物権変動と公示

更に，無権代理行為を本人が追認した場合にも，既に行われた登記がそのまま有効となる[79]。

次に，制限行為能力者の単独で行った登記の効力について，判例は，取り消しうべき行為でも取り消さなければ有効であるという前提に立ち，既に登記官吏に受理され，登記された以上，無効ということはできないと判示している[80]。

> **point**
>
> 登記を申請した代理人に代理権がなかったというケースについて，その登記の効力とともに検討してみよう。

㈢　偽造文書による登記

次に偽造文書によって登記申請され，登記が完了した場合における登記の効力に

は，Ｘは登記協力義務を免れず，この関係は私法関係である。それ故，Ａがなした本件根抵当権設定登記申請行為については，民法第110条による表見代理の成立を認めて妨げず，たとえＸに登記意思がなかったとしても，表見代理人Ａに登記意思が存した以上，登記に伴う私法上の法律効果はＸに帰属する。したがって，一般偽造文書による登記の場合とは異なり，Ｘは，本件根抵当権設定登記の無効を主張してその抹消を請求することは許されない。

[79]　最判昭和42年10月27日民集21巻8号2136頁：ＡはＢ組合（理事長Ｙ）との山林の売買代金の一部500万円を準消費貸借とし，Ｘの金庫から持ち出した印顆を使用して，Ｘ所有の不動産につきＹのために抵当権を設定し，その旨の登記を経由した。Ａの行為は無権代理であるところ，Ｙ，Ｘらが集って協議した結果，Ｘは，ＹないしＢ組合に対し金480万円の支払義務のあることを認め，もしその支払のないときには，ＡがＸらに無断で設定した抵当権を認め，その実行がされても異議なきことを約して，ＸはＡの無権代理行為を追認した。その後，Ｘは，抵当権設定登記はＡがＸに無断で行った行為であるとして，その抹消登記を求め，本訴を提起した。
　　　第1審は，Ｘの請求を認容したが，原審は，Ａの行為は無権代理行為であり無効と認定したものの，ＸのＹらに対する追認を認め，Ｘは登記の無効を主張しえないとして，第1審判決を取り消し，Ｘの請求を棄却した。Ｘから上告。
　　　棄却。「本人名義の偽造文書によって無権代理人が抵当権設定登記手続をし，その旨の登記がされたとしても，本人たる登記義務者において，その抵当権設定行為を追認したことにより，抵当権の設定登記の記載が実体上の権利関係と符合するようになったときには，その結果，登記義務者は，その登記をすることを拒みうるような事情がなくなったものというべきであって，その抵当権設定登記の無効を主張することができない。」

[80]　大判昭和10年2月25日民集14巻226頁：未成年者Ｘは，親権者Ａから地上の立稲とともに本件土地を買い受けたが，民法第826条の特別代理人を選任せずに，Ｘの単独申請で登記した。その後，Ａの債権者Ｙが，本件立稲を差し押さえたので，Ｘが第三者異議の訴えを提起した。ＹはＸの登記の瑕疵を争った。
　　　第1審ではＸが敗訴したが，原審ではＸが勝訴したので，Ｙから上告。
　　　棄却。「当時16歳の年少者といえども，必ずしも普通一般に不動産売買に関する意思能力を有しないものと断じがたいのみならず……Ｘは，本件売買当時，意思能力を具有した事実を認めることができないでもない。」「民法第888条違反の行為は法律上当然無効のものではなく，単に未成年者においてこれを取消し得べきものに過ぎないのであるから，その取消のない限り有効のものと解するを相当とする。」「登記申請がＸの特別代理人によらずに，自らこれをしたとしても，既に登記官吏においてこれを受理しその登記が完了された以上，当然無効のものということはできない。」

173

ついてはどのように解すべきであろうか。

　この問題について，判例は，「その登記の記載が実体的法律関係に符合し，かつ，登記義務者においてその登記を拒みうる特段の事情がなく，登記権利者において当該登記申請が適法であると信ずるにつき正当の事由があるときは，登記義務者は右登記の無効を主張することができない」と判示している[81]。判例は，ここでもまた登記と実体との符合を登記の有効性を認める要件としている。

　以上から，登記申請に形式上の不備があっても，これが受理され，登記されてしまった場合には，登記が実体と符合している限り，その抹消登記を請求することはできないということになる。

---
point

　偽造文書による登記でも有効とされることはあるか。検討してみよう。

2　登記の実質的要件

(1)　総　　説

　登記が有効であるためには，登記に表示される不動産が現存し，かつ，登記に符合する実体上の権利関係ないし権利変動が存在しなければならない。これを登記の実質的要件という。

　不動産に関する物権の得喪（取得と喪失）及び変更は，不動産登記法その他の登記に関する法律の定めるところに従い，その登記をしなければ，第三者に対抗することができない（第177条）。不動産登記関係法令は，個々の不動産を正確に表示し（不登第27条〜第58条〔表示に関する登記〕），その物権変動の過程（例えば，所有権がAからB，BからCへと移転した旨）と物権変動の態様（贈与か，売買か，解除による復帰かなど）をそのままの形で登記することを理想としている（不登令第3条〔申請情報〕，不登第29条〔登記官の調査権〕）。

　しかし，従来，わが国においては，登録免許税や贈与税の税率が高額となること，

---

(81)　最判昭和41年11月18日民集20巻9号1827頁：Yは，Aに対する貸金債権を有しており，Xがその連帯保証人であるとして，X所有の不動産につき強制競売を申し立てた。Xは，AのYに対する債務につき連帯保証及び根抵当権設定契約をしたことはなく，Xに関する一連の法律行為は偽造文書によるものであり全部無効であると主張し，根抵当権設定登記の抹消登記手続を求め，本訴を提起した。

　　第1審はXの請求を認めたが，原審は，民法第110条の表見代理の成立を認め，第1審判決を取り消し，Xの請求を棄却した。Xから上告。

　　棄却。「偽造文書による登記申請は不適法であり（不動産登記法第26条〔現行第60条など〕，35条1項5号〔現行不登令第3条〕），公法上の行為である登記申請行為自体に表見代理に関する民法の規定の適用のないことは，所論のとおりである。しかしながら，偽造文書による登記申請が受理されて登記を経由した場合に，その登記の記載が実体的法律関係に符合し，かつ，登記義務者においてその登記を拒みうる特段の事情がなく，登記権利者において当該登記申請が適法であると信ずるにつき正当の事由があるときは，登記義務者は右登記の無効を主張することができない」。

174

第3節　不動産に関する物権変動と公示

信用不安を覆い隠すこと，登記手続が煩雑であること，登記官は登記に関する実質的な審査権を有せず，形式が調っていさえすれば必ず受理しなければならないこと（不登第25条〔申請却下事由〕）などの理由から，物権変動の事実を省略したり（冒頭省略登記，中間省略登記，登記の流用など），物権変動の態様を故意に違うものとしたり（贈与や譲渡担保を売買とするなど）する登記が多かった。

このような事態は，不動産登記関係法令の意図するところとかけ離れていることはいうまでもない。また，登記制度の作用ないし機能を著しく低下させる。なぜなら，不動産登記に公信力の認められないわが国の法制においては，不動産取引に入ろうとする者は，登記簿上の記載をそのまま信じることなく，実体関係を調べることになるのだが，登記簿に記載されている登記原因それ自体さえ真実の権利内容を公示していないのでは，この調査自体が著しく困難になるおそれがあるからである。

そのため，判例は，古くから，不動産に関する権利の得喪変更につきなすべき登記事項は不動産登記法の定めに従うべきものであると同時に，登記関係もまた事実に適合することを要するものと解し，不動産の所有権が甲より乙に，乙よりXに移転したという事実があっても，その登記が甲に存するときには，Xは乙に登記請求しうるのみであり，甲やその相続人Yに直接所有権移転登記を請求することは，事実に適合しない登記請求であって，到底これを許容しえないものと判示した[(82)]。

また，その後も，そのような真実の権利関係を如実に反映していない登記は一切無効であり，対抗力を生じないものと解していた[(83)]。

---

(82)　大判明治44年12月22日民録17輯877頁：不動産に関する権利の得喪変更につきなすべき登記事項は不動産登記法の定める所に従いなし得るものであることは勿論，その登記関係もまた事実に適合することを要する。Xは係争山林が甲（Y先代）より乙に，乙よりXに移転したという事実を主張し，甲またはYとX間には直接所有権移転の行為が存在しないにかかわらず，Yに対しXに直接所有権移転の登記をなすことを請求するものであり，事実に適合しない登記請求であるから，たとえ確認の請求と併せてしたとしても，その請求は到底これを許容することを得ないものである。

(83)　大判大正5年2月2日民録22輯74頁：Xは，Yの債務者Aから本件未登記建物を買い受け，自ら所有権保存登記を経由したところ，Yが本件建物をA所有の建物として差し押さえたので，Xは第三者異議の訴えを提起した。

　　原審はXが敗訴した。Xは上告し，本件建物はXが自ら保存登記をしたものであり，もはやAが保存登記をした上でXに移転登記をすることはできないと主張した。

　　棄却。「権利につき動的状態を生じたことは容易にこれを知るという途はないので，……取引の安全はこのために著しく害せられるに至るべきものであるから，民法（第177条）は不動産に関する権利につき動的状態を生じたときは，その登記をしてこれを公示すべく，もし登記をしてこれを公示しないときは，その動的状態を生じたという事実を第三者に対抗しえないものとし，以て取引の安全を保護することを期したのである。この必要は，不動産が既登記であると未登記であるとによってその間に径庭を観ることはない」。大審院は，このように解して，未登記建物は，売主Aが所有権の登記をした後に，買主Xが売買による所有権の取得を登記しなければ，その取得を第三者Yに対抗しえないと判示し，その理由は，このような登記をしなければ，不動産に関する権利の動的状態を公示する登記をしたということができないからであるとした。

しかし，その後，この厳格な態度は，違法であるにも関わらず，登記されてしまった中間省略登記の効力に関して緩和され，登記は不動産に関する現在の真実の権利状態を公示していれば，そこに至るまでの過程や態様を如実に反映していなくとも，なお制度の目的を達するものとして許容されるという判断を示し[84]，今日に至っている。

この判例法理の変遷に対して，学説は，このような登記であっても，これを無効とすることによって生ずる取引の不安は耐えられないとして，これを容認してきた。しかし，このような登記は本来的に好ましいものではないのだから，たとえ，登記の公示内容が権利変動の過程または態様について真実と異なるが，これが現在の権利状況と符合するために有効とみなされたとしても，当事者が真実の権利変動の過程または態様について，これと符合しない登記を改めるよう請求するときには，当事者の合意ある場合を除き，常にこの請求を認めるべきであろう[85]。

したがって，中間省略登記の請求は，原則として認められないものである。

このような学説に呼応してか，2004年の不動産登記法の改正時に，それまでは登記申請時において登記原因を証する書面の添付を必ずしも要しないとしていた（旧不登第40条）のを改め，登記原因証明情報の提供を義務づけた（不登第61条）。これによって，中間省略登記は事実上封じられたものと解される[86]。

つまり，不動産がA・B・Cと転々売買されたときには，それぞれの売買契約書を添付しなければならないので，AからCへの所有権移転登記の申請は，虚偽の申請となり，事実上，できないのである。

ただ，中間省略登記と同様の効果を得るための便法として，第三者Cのためにする所有権移転登記申請（第三者のためにする契約類型），または，買主Bの地位をCに

　　このように，大審院は，少なくとも，本判決までは厳格な態度を示していた。この点の指摘については，我妻＝有泉130頁を参照。

(84)　大判大正5年9月12日民録22輯1702頁：XはYからA所有の不動産を買い受け，代金の一部を支払い，登記は残代金の支払とともにAからXへ中間省略の方法により移転する旨の合意をした。YはXに対して履行の準備を整えた旨を通知した上で，履行期日に登記所に出頭したが，Xは代金を調達できないため，出頭しなかった。そこで，Yが契約を解除し，違約金の支払を請求した。

　　Xは，中間省略により，「登記官吏を欺瞞して之をしたとしても，その登記は事実に適わない登記として無効である」と主張し，Yに対し，契約の不能・無効を主張して，既払い代金の返還を求め，本訴を提起した。第1審，原審ともにXの請求を棄却した。Xから上告。

　　棄却。「所有者乙より丙に不動産を譲渡したるも，その登記名義者は旧所有者甲なる場合において，当事者間の特約に基づき甲より直接に丙に不動産を譲渡したる旨の所有権移転の登記をしても，その登記は真実の事実に適合しない登記であるとしてこれを無効であるということはできない。蓋し，かかる登記といえども，不動産に関する現在の真実なる権利状態を公示し登記の立法上の目的を達するに足りるのであるから，法律の許すところなることは明瞭だからである。」

(85)　我妻＝有泉131頁。

(86)　近江・講義II 132頁参照。

第3節　不動産に関する物権変動と公示

譲渡するという所有権移転登記申請（契約上の地位の譲渡類型）を認める登記先例が出された[87]。なお，このほか，売買予約をして，その予約完結権を最終譲受人に譲渡するという方法も考えられるが，いずれにせよ，従来型の中間省略登記はなくなるであろう。

> ─ **point** ─
> 　登記原因を真実とは異なるものとして登記した場合における登記の効力について，検討してみよう。また，そのような登記はどうして行われるのかについても，検討してみよう。

(2)　登記と一致する不動産の不存在

建物が実在しないか，まだ完成していないのに，所有権保存登記が存在しても，その登記は無効である[88]。しかし，建物の所有権保存登記及び抵当権設定登記の当時は未完成であっても，その当時，客観的に建物と認定しうる程度に達していれば，これらの登記は有効とされた[89]。

次に，登記の表示と不動産の現状とが一致しない場合が問題となる。判例は，その表示が大体において事実と一致し，事実を彷彿させるに足りるものであれば，更正登記をすることができるものとして有効であるが，反対に，事実を彷彿することさえ不能である程事実と懸隔した登記では，その後補正して事実と一致したとしても，無効であると判示している[90]。

---

(87)　平成19年1月12日法務省民二第52号民事局民事第二課長通知：民事月報第62巻第2号（2007年）193頁など。

(88)　大判昭和3年7月3日大審院裁判例（民事）2巻44頁：Aは，本件建物の建築準備中，予定建物の殆どが千代松原1119番地上所在となるのに，同所1112番地上に所在するものとして所有権保存登記を経由し，その1か月余り後に，建物が完成した。その後，本件建物は競売にかかり，Xが競落し，所有権移転登記を経由した。ところが，Aは，これより前，Bから融資を受け，その債務を担保するため，本件建物を売渡担保に供しており，Aが期限に弁済できないため，Bは，本件建物が1119番及び1112番地上に所在するものとして所有権保存登記を経由した上，これをYに売却し，所有権移転登記を経由した。
　　そこで，XはYに対して本件建物の明渡しを求め，本訴を提起した。原審は，Yの取得した登記は無効であるとして，Xの請求を認容した。Yから上告。
　　破棄差戻。「Aのした保存登記は係争建物の建築準備中にされたものであり，全然虚無の建物に対してされたものに外ならない。しかも，後に完成した建物は大部分1119番地上に存在し僅少部分のみ1112番地に跨がり，かつその建坪をも異にするものであるから，前示保存登記は係争建物の保存登記として全然無効である」。それゆえ，係争建物完成後，Xが裁判所の競落許可決定によりこれを買い受け，Aの保存登記に基づき所有権取得の登記を受けたとしても，その基本となる保存登記が全然無効である場合には，所有権取得の点において事実に符号することを理由として，これを有効適法と解することはできない。

(89)　大判昭和10年1月17日新聞3800号11頁：建物が実在しないにもかかわらず，実在するものとして保存登記の上抵当権設定登記をしても，その登記は孰れも無効のものであり，後日，更正登記をするという余地もないが，その登記の当時，仮に建物が完成しないにもせよ，客観的に建物として認めうべき程度に建築された以上，右登記は有効のものである。

177

第2章　物権の変動

　この点について，学説は，表示内容と実際との齟齬がどの程度に達すれば同一性を損ね，登記が無効になるかは，社会通念によって決する[91]ほかはないと解しつつ，土地については地番と地積が決定的な事項と考えられるが，建物については，所在，種類，構造，床面積などの諸因子を総合して考えることになるものと解している[92]。

　また，判例も，諸般の事情を調査して初めてこれを決することのできる具体的な事案であると解している[93]。

　判例は，具体的には，建物の所在地番が多少違っていたという事案において，この程度の誤謬は軽微な誤りであり，更正登記を施せば足りるとして，更正登記前でも第三者に対する対抗力に変わりはないと判示している[94]。

---

(90)　大判昭和4年4月6日民集8巻384頁。

(91)　我妻＝有泉132頁，舟橋106頁。

(92)　我妻＝有泉132頁。

(93)　大判昭和10年10月1日民集14巻1671頁：建物の保存登記がある場合に，その建物の表示がその敷地の地番及び建坪において実在の物と多少相違するも，なおその物の登記であることを認めるに足り，かつ，申請人がその物につき，保存登記をする意思でこれを申請した場合には，当該保存登記は初めよりその建物の登記として効力を有すべく，右の相違を是正するには別に更正登記をすれば足りるが，右の相違あるがために，登記簿上の建物の表示が実在の建物を指すものとは到底認め難い場合には，申請人がその物につき保存登記をする意思でこれを申請したと否とを問わず，その建物の登記たる効力を有するものではない。そうして，右の如き相違が存するにかかわらず，登記簿上の建物の表示が実在の建物を指すものと認め得るや否やは，その相違の程度ならびに実在の建物以外に敷地の地番及び建坪とも登記簿の表示に該当する建物が別に存在するか否かなど，諸般の事情を調査して初めてこれを決することを得べき具体的の事案に外ならない。

(94)　大判明治38年12月18日民録11輯1772頁：本件は，本件建物はXが他より取得した家屋であるとして，XがYに対して所有権確認訴訟を提起したのに対し，Yが本件建物はYがAより取得したものであり，Xの取得した建物は所在地番が異なると抗弁したという事案である。原審はXの請求を認容した。Yから上告。

　　棄却。「係争建物の所在地は大阪市西区境川町796番，797番合併の2であり，その建物はXが取得したと主張するものに該当し，YがAより買い取った建物は係争物に該当しないことが明瞭である。而して係争物の保存登記は公簿上796番，797番合併の1として登記してあるが，その合併の1とあるのは2の誤謬であり，その誤謬は更正しうべきものである」として，その誤謬を更正しうる以上，未だその更正を経ていなくとも，その無効を来すものではないとした。

　　大判昭和2年6月30日新聞2744号12頁：「家屋の所有者が保存登記をする目的で申請をし登記をした以上は，縦令その家屋所在の地番の表示に多少の誤謬があったとしても，このようなことは後日更正登記の方法により更正すれば足りるものであるから，その地番の表示に誤謬があったとして直ちにこれをもってその家屋につき登記なきものということはできない」。

　　最高裁も，この判例法理を踏襲しており，最判昭和40年3月17日民集19巻2号453頁は，「借地権のある土地の上の建物についてなされた登記が，錯誤または遺漏により，建物所在の地番の表示において実際と多少相違していても，建物の種類，構造，床面積等の記載と相まち，その登記の表示全体において，当該建物の同一性を認識し得る程度の軽微な誤りであり，殊にたやすく更正登記ができるような場合には，同法（建物保護法）1条1項にいう「登記シタル建物ヲ有スル」場合にあたるものというべく，当該借地権は対抗力を有するものと

第3節　不動産に関する物権変動と公示

　また，判例は，建物の移築・改造事案，即ち，建物が同一地番の敷地上の約4ないし5間（7.2〜9.1m）西方に牽引・移動され，その外部周壁の一部たる腰板を外し，屋根上まで突き抜けてあった1間（1.82m）角位の空気抜の穴に屋根瓦を葺き，西側入口を拡大し，壁の一部を塗り替え，内部は，階上階下との間仕切を作り，西南隅階段を東に移したほか，屋内トイレを屋外東側に移し，また，改装の際に生じた古材木等を使って東側裏に6畳1室位の附属建物を増築したという事案においては，社会通念上，従前の建物との同一性を失わないものと解し，建物が移築改造等によって構造坪数等に変更を生じたためその登記簿上の表示と符合しなくなった場合においても，移築改造後の建物が登記簿上の地番と同一の地番に存し，かつ，従前の建物との同一性が認められ，登記簿上の表示が移築改造後の建物の表示と認められれば，この建物について有効な登記が存在するものと判示している[95]。

　しかし，判例は，滅失した建物の登記を新築の建物の登記として流用することはできないと判示している[96]。ただし，ここで述べた建物所有権の登記を流用することの無効と，後述する抵当権登記の流用とは別個の問題であるから，注意を要する。

　解するのが相当である。もともと土地を買い受けようとする第三者は現地を検分して建物の所在を知り，ひいて賃借権等の土地使用権原の存在を推知することができるのが通例であるから，右のように解しても，借地権者と敷地の第三取得者との利益の調整において，必ずしも後者の利益を不当に害するものとはいえず，また，取引の安全を不当にそこなうものとも認められないからである」と論じている。

(95)　最判昭和31年7月20日民集10巻8号1045頁。

(96)　最判昭和40年5月4日民集19巻4号797頁：本件建物は，Aが所有する従前の建物を取り壊し，その跡地に建築した新建物であるところ，Aは取り壊した旧建物について滅失登記をせず，旧建物の登記をそのまま新築した本件建物に流用して，Xのため，停止条件付代物弁済契約に基づく所有権移転請求権保全の仮登記の後，右仮登記に基づく本登記を経由した。Yは，Xに後れて停止条件付代物弁済契約に基づく所有権移転請求権保全仮登記，また，抵当権設定登記の各登記を有する。

　そこで，Xは，Yに対し，Yの各登記はXの仮登記後に登記されたものであり，Xの所有権取得の本登記は仮登記の時に遡って効力を有すると主張し，Yの各登記はXに対抗しえないとして，その各抹消登記を求め，本訴を提起した。これに対して，Yは，Xの登記はAの所有権登記の流用に基づくものであり無効であると抗弁した。

　原審は，Yの抗弁を認め，Xの請求を棄却したので，Xから上告。

　棄却。「建物が滅失した後，その跡地に同様の建物が新築された場合には，旧建物の登記簿は滅失登記により閉鎖され，新建物についてその所有者から新たな所有権保存登記がなさるべきものであって，旧建物の既存の登記を新建物の保存登記に流用することは許されず，かかる流用された登記は，新建物の登記としては無効と解するを相当とする。けだし，旧建物が滅失した以上，その後の登記は真実に符合しないだけでなく，新建物についてその後新たな保存登記がなされて，一個の不動産に二重の登記が存在するに至るとか，その他登記簿上の権利関係の錯雑・不明確をきたす等不動産登記の公示性をみだすおそれがあり，制度の本質に反するからである。」

第 2 章 物権の変動

---
point

(1) 建物の所在地番，構造・床面積など，建物の表題部登記における表示と実際とが一致しない場合における登記の効力について，検討してみよう。

(2) また，そのような場合には，登記官はどのような対応をするべきだろうか。併せて，検討してみよう。

---

(3) 登記と一致する権利または権利変動の不存在

まず，権利主体の不存在という問題がある。権利能力なき社団名義の登記は法律上は虚無人名義の登記であり，無効である[97]。したがって，この場合には，代表者個人名義または代表役員数名の共有などで登記されていことが多い[98]。

次に，登記名義人として登記された名義人が実は無権利者であったという場合には，その登記は無効である[99]。

更に，権利内容につき，登記と実際との間に不合致があっても，登記の誤記に出でたことが登記簿の別の記載から明らかであるときには，その登記は実際どおりの効力を有する[100]。

---

(97) 東京高判昭和 27 年 1 月 28 日高民集 5 巻 9 号 353 頁：土地の所有者 X が Y 協会に本件土地を贈与し，Y 協会名義の登記が経由されたが，X は，Y 協会には法人格がないことを理由として，所有権移転登記の抹消登記を求め，本訴を提起した。

この事案において，東京高裁は，Y 協会は法人格を有しない社団であるから，Y 協会は私法上の権利の主体とはなりえず，本件不動産について，自己の名を以てその所有権を取得しえないものと解し，不動産登記は，物権の得喪変更を第三者に対抗する要件に過ぎないのであるから，実体上の権利を取得しえない Y 協会が，登記権利者となりえないことは明らかであり，Y 協会を登記権利者とする所有権移転登記は無効のものであると判示した。

(98) 最判昭和 39 年 10 月 15 日民集 18 巻 8 号 1671 頁：権利能力のない社団の資産は構成員に総有的に帰属する。そして権利能力のない社団は「権利能力のない」社団でありながら，その代表者によってその社団の名において構成員全体のため権利を取得し，義務を負担するのであるが，社団の名において行なわれるのは，一々すべての構成員の氏名を列挙することの煩を避けるために外ならない（従って登記の場合，権利者自体の名を登記することを要し，権利能力なき社団においては，その実質的権利者たる構成員全部の名を登記できない結果として，その代表者名義をもって不動産登記簿に登記するよりほかに方法がないのである。）。

(99) 大判昭和 7 年 9 月 27 日法学 2 巻 470 頁：本件は，注文者 X が請負人 Y1 に対して所有権の確認を求め，また，Y1 が Y2 のためにした抵当権設定登記の抹消登記手続を求めたという事案である。原審は X の請求を認めた。Y らから上告。

棄却。「X（注文者）は係争建物成立の当初より引き続きその所有権を有する者であり，Y1 はその所有権を取得したことはない。従って仮令 Y1 がこれを自己所有であるとして所有権保存登記をし，Y2 のため抵当権設定を約しその登記をしたとしても，Y2 は抵当権を取得すべきものではない。常時 Y2 が善意無過失であり，抵当権設定契約ならびにその登記が平穏且公然にされたとしても，そのために Y2 が抵当権を取得したものとすることはできない。」

(100) 大判大正 14 年 12 月 21 日民集 4 巻 723 頁：X は Y 会社に対して 2 万 8,407 円を貸し付け，これを担保するため，Y 会社所有の建物について抵当権の設定を受けたところ，登記官吏の過誤により，債権額が 8,407 円と登記された。そこで，X は Y に対して，抵当債権額確認の訴えを提起した。Y から上告。

棄却。「本件抵当権設定の登記は不完全という譏りを免れないが，叙上のように元金 2 万

180

第3節　不動産に関する物権変動と公示

　最後に，抵当権設定登記の流用について述べておく。被担保債権が弁済されると，抵当権は付従性によって消滅する。したがって，抵当権設定登記は空虚なものとなり，この意味において，無効である。しかし，この登記をそのままにしておき，次に融資を受ける際に，金融機関が同一の条件で融資し，そのまま登記を利用し，金融機関が別の場合には，旧抵当権者から新抵当権者への抵当権の移転付記登記を利用することがある。

　この場合における登記の効力について，判例は，当初，原則どおり無効と判示していたが(101)，登記流用後に抵当不動産について利害関係を有するに至った第三者との関係においては，この第三者からの抹消登記請求を認めない，つまり，登記の有効性を認めている(102)。最高裁には，抵当権登記の流用事案はないが，仮登記担保における担保仮登記の流用事案について，同様の判例法理を展開する(103)。

　円と元金 8,407 円について利息の割合を異にし，この事項については全部登記があったことにより，本件建物について Y 会社が X に対して設定した第一順位の抵当権を以て担保される債権額は 2 万 8,407 円であり，従って登記簿上債権額 8,407 円とあるのは誤記に係るものであることを容易に看取することができると同時に，2 万 8,407 円なる債権額は登記簿上これを明認することができることにより，X は該金額を担保する抵当権をもって第三者に対抗することができるものといわなければならない。」

(101)　大判昭和 6 年 8 月 7 日民集 10 巻 875 頁：登記は真正の事実に合することを要するので，本件抵当権の基本たる債権が弁済により消滅する限り，抵当権は同時に消滅に帰するので，当事者は該登記の抹消手続をすべきものであり，右債権の消滅後，偶々同一金額の債権が右当事者間に発生したからといって，既に消滅した抵当権の登記を利用しその効力を維持すべきこととし，改めて同一目的物件に同額の債権担保のために抵当権の設定があったとする契約が無効であることは言うまでもない。

(102)　大判昭和 11 年 1 月 14 日民集 15 巻 89 頁：新抵当権者 Y が旧抵当権者 A から流用登記の移転付記登記を得た後，抵当権を実行したのに対して，抵当不動産の第三取得者 X が債権及び抵当権の不存在確認ならびに付記登記の抹消を求め，本訴を提起した。

　この訴えに対し，大審院は，X は抵当権の存在を了知しつつ，本件不動産を買い受けたのであり，この場合，X は，被担保債権額を控除して買い受けたものと推認しうるのであり，その上，抵当権の抹消を請求するのは適切ではない旨を理由として，X は，抵当権の登記の欠缺を主張するにつき，正当の利益を有する第三者ではないとして，X の請求を認めなかった（本件訴えは A を被告とすべきものとして，破棄差戻）。

(103)　最判昭和 49 年 12 月 24 日民集 28 巻 10 号 2117 頁：A は，本件土地につき，B のために担保目的の売買予約を設定し，仮登記を経由した後，B への債務を完済し，B から登記抹消のために預かっていた権利証，印鑑証明書，白紙委任状を利用して，本件土地につき Y への債務を担保するため，旧担保仮登記の移転付記登記により，Y への仮登記移転をした。

　X は，B の担保仮登記にも Y の付記登記にも劣後する者であるところ，仮登記担保権者 B の仮登記担保が弁済消滅したという事実を主張し，Y の付記登記の抹消登記を求め，本訴を提起した。第 1 審は X の抹消登記請求を認容したが，原審は，実体上の権利関係との一致を理由として，X の請求を棄却した。X から上告。

　棄却。「このような経緯及び内容をもった事案にあっては，たとえ不動産物権変動の過程を如実に反映していなくとも，仮登記移転の附記登記が現実の状態に符合するかぎり，当事者間における当事者はもちろん，付記登記後にその不動産上に利害関係を取得した第三者は，特別の事情のないかぎり，付記登記の無効を主張するにつき正当な利益を有しない。」

第2章　物権の変動

　ただ，この担保権の登記流用については，被担保債権の弁済消滅後，流用前に当該担保不動産について利害の関係を有するに至った第三者（物上保証人，第三取得者など）に対しては，これを対抗することができないものと解すべきである[104]。

　更に，当初から存在する後順位抵当権者との関係が問題となる。この場合には，元々，後順位抵当権者となることを甘受して抵当権の設定を受けたのだから，登記の流用も甘受すべきだという考え方もあるが，順位上昇の期待を保護すべきだという要請も強い。例えば，1番抵当権の消滅を知り，2番根抵当権者が追加融資を決めて，極度額を増額変更するなど，大いに利害関係を有する場合もあることを考慮すると，後順位抵当権者との関係においても，登記流用を対抗することができないものと解すべきであろう[105]。

> ─ **point** ─
> 　登記はあるが，実際には権利や物権変動が存在しない場合における登記の効力，また，既存登記の流用の有効性について，検討してみよう。

(4)　登記が権利変動の過程または態様と一致しない場合

(ア)　中間省略登記

　A・B・Cと所有権が移転したにも関わらず，登記はAからCへと移転するという中間省略登記の場合には，現在の所有権登記は現在の所有者Cと符合するが，AからB，BからCへという物権変動の過程は正しく公示されていない。この違法ではあるが，現在の権利状態を正しく表している登記の効力は，有効とされる。民法第177条が登記をしなければ物権変動を第三者に対抗することはできないとする理想からいえば，物権変動の過程もそのまま正しく登記に反映されるべきである。しかし，この既になされた中間省略登記を無効とすることにより，真実の権利者やその後の譲受人の利益を侵害することになると，登記制度の目的である取引の安全が脅かされてしまう。

　そこで，問題は，物権変動の過程をありのままに反映するという登記制度の理想を貫徹するのか，それとも，この理想を貫徹せず，現在の権利状況が正しく反映されていれば足りるということで妥協するのかということになる。

　前述したように，現行不動産登記制度は，ある程度任意であった「登記原因を証する書面の添付」について，申請情報としての登記原因証明情報の提供として義務づけたので（不登第61条），もはや，中間省略登記の効力に関する判例法理の探究など不要になったともいえるが，従来の理論状況の確認として，考察する意義はある。

---

(104)　我妻＝有泉134頁，我妻榮『新訂擔保物權法』232-234頁，舟橋110頁，近江・講義Ⅱ136頁。

(105)　我妻榮博士は，このような理由から，後順位者には登記流用を対抗しうるという従来の見解を改められた。この点については，我妻・前掲書（『新訂擔保』）232頁参照。

第 3 節　不動産に関する物権変動と公示

　この問題について，判例は，当初こそ，中間省略登記を無効と解していたが，比較的古くから，「不動産ニ関スル現在ノ真実ナル権利状態ヲ公示シ登記ノ立法上ノ目的ヲ達スルニ足ルヲ以テ法律ノ許ス所ナルコト明瞭」であるとして，その有効性を強調してきた[106]。また。判例は，甲・乙・丙三者の合意，特に中間者乙の同意を有効要件としており[107]，その同意があれば，比較的容易にこの登記名義人甲への登記請求を認めてきた[108]。

　しかし，最高裁は，中間者乙の同意がなかった場合でも，乙において，自分を経由せよと請求することにつき，客観的な利益がないときには，既になされた中間省略登記の抹消登記請求をすることはできないと判示した[109]。

---

(106)　前掲大判大正 5 年 9 月 12 日。

(107)　前掲大判大正 5 年 9 月 12 日。
　　大判昭和 8 年 3 月 15 日民集 12 巻 366 頁：乙が甲所有の不動産を甲より譲り受け，これを丙に譲渡した場合において，その中間登記を省略し，甲より丙に直接所有権移転登記をするには，各当事者間に同意あることを要し，斯かる場合，乙の同意を得ずに擅に甲より丙に直接所有権移転登記をすることは無効である。蓋し，もし乙の承諾を得ずに直接登記しうるものとすれば，この乙の有する権利を害することがあり，殊に右譲渡が売買契約であり，乙が丙より売買代金を受領していないため，丙との売買契約を解除した場合には，乙は不動産の所有権を回復したにもかかわらず，直ちに甲に対して所有権移転登記手続を請求しえないという不利益を被るに至るからである。

(108)　大判大正 8 年 5 月 16 日民録 25 輯 776 頁：X は，B の所有する本件土地を売買により買い受けたが，その際，所有権の登記名義は Y の先代 A にあったので，登記名義人 A との間において中間省略登記の合意をしたとして，X はその相続人 Y に対し，登記請求権を行使した。原審は X の請求を認めないので，X から上告。
　　破棄差戻。「法律上登記義務を負担する者は権利者に対して直接権利を設定しまたは移転する等の行為をした者であるが，不動産の所有者として登記された者がその者より直接に不動産を取得したのではない現所有者に対し売買その他の名義を以て直接に所有権移転登記をすべきことを約したような場合においては，その契約を有効として登記義務を負担させることを妨げない。なぜなら，現所有者を所有権取得者として登記することは事実に符合し登記の目的に反する所はないからである。売買その他の名義を用いることは真実に合致しないが，権利者が真実権利者である以上は事に害はないので，そのために契約を無効とすべきではない。」大審院は，このように判示して，中間省略登記の契約が成立している以上，その登記請求もまたこれを認めなければならないとした。
　　また，大判大正 11 年 3 月 25 日民集 1 巻 130 頁も，中間省略登記には中間者乙の同意が必要であり，乙の同意のない中間省略登記は無効であるとした。

(109)　最判昭和 35 年 4 月 21 日民集 14 巻 6 号 946 頁：本件建物は A 住宅組合が建築し，その組合員 B は分割払掛金の支払中に死亡したので，相続人 X が B の地位を承継して掛金を完納し，本件建物の所有権を取得した。C は，X から本件建物を買い受け，D のために建物を譲渡担保に供した。C が D に弁済しないので，本件建物の所有権は D に帰属したが，C は，Y にも借入債務があり，担保目的で本件建物を Y に二重に譲渡した。本件建物は当時未登記だったので，A 組合が保存登記をし，Y への売買による所有権移転登記をした際，X と C に対する各中間の所有権移転登記が省略された。A 組合理事 E と Y は中間省略登記につき合意したが，X と C がこれにつき明示の同意をしたという事実はない。
　　そこで，X は，中間省略登記への不同意を理由として，本件登記の無効を主張し，本件登記の抹消登記を求め，本訴を提起した。

第2章 物権の変動

　しかしながら，この判例は，中間者乙に客観的な登記の利益が存在しない場合のことを述べただけであり，同意を不要としたわけではない。現に，その後，最高裁は，中間省略登記請求は原則として許されないものと解し，例外的に，登記名義人甲と中間者乙の同意を中間省略登記の「有効要件」としており，それらの者の同意がないときには，債権者代位権により中間者乙への移転登記を訴求し，その後，乙から丙への移転登記を申請すべきものであり，これは，物権変動の経過をそのまま登記簿に反映させようとする不動産登記法の建前に照らし当然のことであるという原則論を展開した(110)。

　学説は，これらの判例法理に賛意を表明するものの，中間者の同意という要件については，そのような同意がなくとも，「実態上の権利変動がある限りその登記はなお対抗力を持ち，これに基づいてなされた第三者の登記もまた有効であると解すべきである」(111)という。

　しかし，登記は取引の安全を担保するものであるから，中間省略登記後において，登記上利害関係を有する第三者が現れた後は，中間者の同意のない中間省略登記であっても，第三者保護という観点から，現在の権利状態に符合する登記として，その効力を認めるべきであると解する見解(112)も有力である。

　　原審は，中間省略登記でも，登記が物権の実質的権利者を表示していれば一応有効であるところ，省略された中間者の利益を不当に侵害しないよう配慮すべきであり，中間者の同意を得ることは，同人の利益を害しないことの確認方法としては適切であるが，中間者が不動産の譲渡にあたり，省略の同意も不同意の意思も表明した事実がなく，客観的に登記の省略によって害されるべき利益が毫も存在せず，かつ中間者がその前者に対して有する登記権利者としての権利を保全するに適切な方法を講じないで譲渡したときには，その後に至り，自己の同意又は承認のないことを理由として中間省略登記の抹消を請求しえないとして，Xの請求を棄却した。Xから上告。

　　棄却。「原審が，YとDといずれが法律上の保護に値するかどうかは同人らの訴訟の結果によるべきであり，Xには本件登記の抹消を訴求するについての法律上の利益を認めがたく，本訴請求は失当であると判示したことは正当である。」

(110)　最判昭和40年9月21日民集19巻6号1560頁：建物がYからA，AからXへと売買されたが，所有権の登記がYに存していたので，XがYに対し，直接所有権移転登記を請求したという事案である。原審はXの請求を棄却したので，Xから上告。

　　棄却。「実体的な権利変動の過程と異なる移転登記を請求する権利は，当然には発生しないと解すべきであるから，甲乙丙と順次に所有権が移転したのに登記名義は依然として甲にあるような場合に，現に所有権を有する丙は，甲に対し直接自己に移転登記すべき旨を請求することは許されないというべきである。ただし，中間省略登記をするについて登記名義人および中間者の同意ある場合は別である。……また，登記名義人や中間者の同意がない以上，債権者代位権によって先ず中間者への移転登記を訴求し，その後中間者から現所有者への移転登記を履践しなければならないのは，物権変動の経過をそのまま登記簿に反映させようとする不動産登記法の建前に照らし当然のことであって，中間省略登記こそが例外的な便法である。」

(111)　我妻＝有泉135頁。

(112)　舟橋111-113頁参照。舟橋博士は，中間者乙が同意した場合には，乙は中間省略登記の無効を主張する権利を放棄した者であり，また，丙も違法な行為を自らした者なので，無

184

第3節　不動産に関する物権変動と公示

　旧来の通説を概観した限りにおいては，中間省略登記（手続）は原則として無効であるが，既になされてしまった中間省略登記の場合には，諸般の事情を考慮して，登記と実体とが一致しているときには，敢えて無効とはしないという取扱いが定着していたといえよう。この点は，判例と学説との一致を見ているといってよい。即ち，中間省略登記請求は原則としてなしえず，登記名義人甲と中間者乙の同意があれば，請求は可能であり，同意が得られない場合には，甲に対しては乙の有する登記請求権を債権者代位権の行使で請求し，乙に対しては丙の有する登記請求権を行使するということである。

　ただ，中間者乙の同意の要否という問題について，近時の学説は，乙の同意を得るのが著しく困難である場合には，中間者の同意なき中間省略登記の有効性を示唆するものがある[113]。

> **point**
> (1)　所謂「中間省略登記」の有効性について，検討してみよう。
> (2)　また，このような登記は，現行の不動産登記法においても可能かどうかについても，検討してみよう。

(イ)　冒頭省略登記

　未登記不動産の譲受人は，自己の名で表示登記，保存登記をすることができるであろうか。つまり，旧所有者の氏名が登記簿上に現れることのない冒頭省略登記は登記としての効力を有するのか。中古住宅のみならず，新築住宅でも起こりうる問題である。

　判例は，古くから，この譲受人のする冒頭省略登記の有効性を認めている[114]。また，既に表示の登記を経由している場合には，所有権保存登記の申請は表題部に所有者と備忘記録的に表示された者，またはその相続人その他の一般承継人に限られるが（不登第74条1項1号），何も登記手続をしていない未登記建物の場合には，

　　効を主張する権利を有しないか，これを放棄した者であり，甲も無効を主張するについて正当な利益を有しないので，無効を主張する権利がないとして，その結果，中間省略登記は有効なものと同様に取り扱われるのだと主張する。更に，丙からの転得者丁は，登記上利害関係を有するに至った者であるから，この丁を保護するためにも，中間省略登記は有効として取り扱われなければならないと主張する。この限りにおいて，正論といういう。

(113)　中間者乙の同意を得るのが困難な場合とは，例えば，乙について相続が発生し，それから長い年月が経過して，関係者が多数に及び，関係者の全部が登記記録画面に登場するような登記手続を経由することが著しく煩瑣であり，また，登記記録の一覧性を害するような場合が想定されている。この点については，谷口知平「判評」判例評論37号（1961年）8-9頁，山野目章夫『不動産登記法』302-303頁参照。

(114)　大判明治37年9月21日民録10輯1136頁：大審院は，「未登記の建物につき所有権を取得した者は，仮令その取得の権原が譲渡であっても，移転登記を受けずに直ちに保存登記をすることを妨げない」という。この判例法理を踏襲したものとして，大判大正8年2月6日民録25輯68頁など多数の判例がある。

第 2 章　物権の変動

現在の所有者であれば，自ら表示登記をして保存登記をすることができるのである。

---
point

　冒頭省略登記とはどのような登記なのか，また，どのような目的で行われるのか，検討してみよう。

(ウ)　相続の介在

　まず，被相続人から不動産を譲り受けたが，所有権移転登記前に譲渡人が死亡したので，相続人が相続登記を経由した後に，譲受人が相続人に対して，所有権移転登記を求めたという事案において，判例は，譲受人は相続人に対し相続登記の抹消を求める必要はなく，相続人において，直接，譲受人に所有権移転登記をすべきものと判示した[115]。

　また，相続開始後，相続人が相続不動産を譲渡し，被相続人名義のまま，譲受人に所有権移転登記をしたという事案において，判例は，この登記の有効性を認めた[116]。

---

(115)　大判大正 15 年 4 月 30 日民集 5 巻 344 頁：被相続人 A（父）と相続人 X 先代（娘）との間において，A の生前に本件土地 8 筆の贈与契約を締結し，引渡しをした翌日，A は死亡した。そのため，Y（X 先代の兄）が家督を相続し，X 先代に贈与され移転登記を経由していない本件土地についても，Y が家督相続による相続登記をした。その後，X 先代も死亡した。
　　そこで，相続人 X は，Y に対し，X 先代が亡 A から贈与を受けた本件土地の所有権移転登記手続を求め，本訴を提起した。原審は，X の請求を一部認容したので，Y から上告。
　　棄却。「相続人は被相続人の法律上の地位の承継者としてその権利義務を包括的に承継する者であるから，被相続人が不動産を他人に譲渡し未だその登記義務を履行しない間に相続が開始した場合には，相続人は被相続人の登記義務をも承継し，譲受人に対し所有権移転登記手続をすべき義務を負担するものであるから，相続人が該不動産につき既に相続登記をした場合には，譲受人は直ちに相続人に対し譲渡の登記手続を求めうるものと解すべきである。」
　　大審院は，このように判示して，相続が介在した場合における中間省略登記を認めた。その理由は，相続登記は必ずしも無効の登記ではなく，譲受人が所有権移転登記義務の承継人たる相続人より移転登記を受けるにあたり，相続人を登記名義人として登記を受けると，被相続人を登記名義人として登記を受けるとは，その権利の取得を公示する目的を達するにおいて何らの違いはないからである。

(116)　大判昭和 15 年 6 月 1 日民集 19 巻 944 頁：A の死亡後，その家督相続人 B（未成年）が Y に本件土地を売却し，相続登記を経由せずに直接 Y に所有権移転登記をしたところ，A の親族 X が，この B・Y 間の売買は親族会の同意を得ていないとして取消を主張し，所有権確認，移転登記の抹消を求め，本訴を提起した。原審は X が敗訴したので，X から上告。
　　棄却。「既に A の死亡後，同人の家督相続人たる B より本件山林を Y に売り渡し，その所有権を移転した……以上，右 B において一旦自己名義に相続登記をすることを省略し，便宜上……，当時その登記簿上の所有名義人であった A より直接 Y 名義に所有権移転登記の形式を取ったからといって，これを無効であると解することはできない。蓋し如上の登記は結局現所有者 Y を所有権取得者として公示するものにほかならないので，素より事実に符合し毫も登記の目的に背馳するところはないからである。」
　　最判昭和 29 年 12 月 24 日民集 8 巻 12 号 2292 頁：本件家屋の元所有者 A は戦死し，その長男 B が家督相続によってその所有権を取得したところ，その母 C が親権者として未成年者

186

第3節　不動産に関する物権変動と公示

いずれの事案も，判例自身，一種の中間省略登記を認めたわけであるが，登記が現在の権利状態を正確に反映している以上，当該登記は有効であるという判例法理がここでもまた踏襲されている。

(エ)　権利変動の態様と異なる登記

(a)　抹消登記に代わる所有権移転登記

例えば，虚偽表示その他の無効な原因に基づいてなされた登記は無効であり，本来は，抹消登記をすべきであるところ，これをせずに移転登記をした場合における登記の効力はどのように解すべきであろうか。

判例は，この場合においても，現在の権利状態との一致を理由として，登記の有効性を認めてきた[117]。そして，この判例法理は，買戻しを原因とする物権の遡及的復帰についても，同様に解されてきた[118]。

　Bを代表し，Xとの間で本件家屋の売買契約を締結し，所有権移転登記は中間省略によって亡Aから直接Xに対してなされた。

　本件建物には賃借人Yが居住していたところ，Xは，自己使用目的を主張し，Yとの賃貸借の解約を申し入れ，契約を解除したとして，Yに対し，家屋の明渡しを求め，本訴を提起した。これに対して，Yは，Xの所有権取得登記の無効を主張して争った。

　原審は，前掲大判昭和15年6月1日を引用しつつ，家督相続人が被相続人死亡後その相続した不動産を他に売り渡した場合において，相続人が自ら相続登記をせず，相続後の日付で被相続人名義で買受人に所有権移転登記をしても，それは結局現在の所有者を取得者として公示するものに外ならず，もとより事実に符合し，登記の目的に悖るところがないから，既になされた登記は有効と解すべきものであると判示し，Xの請求を容認した。Yから上告。

　棄却。「本件不動産の所有権は真実Xに移転されたものであるから，此点において所論登記は真実の権利関係に合致するものである。さればこれを有効なりとした原判旨は相当である。」

(117)　大判明治38年6月16日民録11輯975頁：本件は，通謀虚偽表示の当事者である売主Xらから買主Yに対する登記回復のためにする所有権移転登記請求事件である。原審はXらの請求を認めたので，Yから上告。

　棄却。「実際所有権を移転することなく表面のみ不動産の所有名義を他人に移しその登記を得た者が旧に復するため自己の所有名義に書き換えを請求するは，即ち，登記簿上所有権移転の登記を求めるものであるから，是等もまた不動産登記法第1条（現行法第3条）所有権移転の項に包含させる法意である。」

　大判大正8年9月1日民録25輯1548頁：表面上のみ他人の所有名義とするため所有権移転登記をした者が，その名義を回復するため更に所有権移転登記をすることができるというのは本院判例の認める所である（大判明治38年6月16日参照）。蓋し，登記官吏は，申請人が登記法の規定に従って申請するときには，登記原因の真否にかかわらず登記すべきものであるから，単に名義回復の目的を以てする所有権移転登記の申請があった場合でも登記することができ，その登記も新名義人に所有権のあることを公示する効用をなすものであり，全然無効ではないからである。

(118)　大判大正5年4月11日民録22輯691頁：「不動産の買戻しがあったことを原因とする登記は再売買の登記と同じく所有権移転の登記をすべきものとする。是れ本院判例の示す所である（大判明治37年6月15日参看）。

　蓋し，買戻権は売主が買主の支払った代金及び契約の費用を返還して売買契約を解除する権利にほかならないので，これを行使した実体上の効果は再売買と同じではないとしても，不動産登記法は権利の得喪変更等の関係を公示するを主眼とし，その公示の目的を達するに

187

第2章　物権の変動

　従来の通説も，本来は抹消登記請求をすべきであるが，移転登記請求をしても，有効であるとして，この判例法理を認め，買戻しのみならず，解除・取消の場合も同様に解すべきであるという[119]。

　更に，判例は，贈与による所有権移転登記について，売買を原因としてなされた登記の効力についても，所有権移転という効果を生じている点において変わりはなく，根本の点において符合しているとして，このような登記を有効としている[120]。

　思うに，虚偽登記を抹消して，原所有者に登記を戻し，更に，真正な登記名義人に移転登記をするということは，迂路であり，それならば，移転登記の方法によって，事案の一回的な解決を図ったほうが，真正な登記名義人の保護にも資するので，「真正な登記名義の回復」という登記原因によって，移転登記をするという便法が採用されているのであろう。これも法律の解釈と実務との齟齬であるが，これで問題が生じないのであれば，特に差し支えはない。

　(b)　「真正な登記名義の回復」による登記の問題点

　しかし，この問題はそう単純ではない。確かに，判例に現れた事案のように，やむをえない場合には，これを認める実益がある。

　しかしながら，登記実務は，判決や和解調書に基づかない共同申請による真正な登記名義の回復を登記原因とする所有権移転登記の申請を認め[121]，また，甲名義に所有権保存登記が経由されている建物について，甲・乙双方からの，登記原因を真正な登記名義の回復とする所有権移転登記の申請までも認めている[122]。これは，ある意味において，虚偽登記を助長する手段にもなりうる。例えば，甲から乙，乙

　は必ずしも実体法上の理論のみに拘わらないものであり，登記上所有権の登記名義者が売買により売主より買主となり，買戻しにより更に買主より売主となるその登記名義者移動の関係は再売買の場合と同様であるから，いずれも所有権移転の登記を以て公示の目的を達するに足りるべく，その実体上の差異は各登記原因を異にするによって明らかにこれを区別することができるので，不動産登記法第1条に所謂権利の移転を広義に解して買戻しのあった場合においても，所有権移転の登記をすべきものとするのを相当とするからである。」

(119)　我妻＝有泉135-136頁，舟橋115頁。

(120)　大判大正5年12月13日民録22輯2411頁：本件は，土地の二重譲受人であるXがY₂に対して所有権移転登記の抹消登記手続を求めるとともに，Y₁に対して自身への所有権移転登記を求めたという事案である。原審はXが敗訴したので，Xから上告。

　棄却。「Y₁は明治45年6月中本訴係争不動産をY₂に贈与し，同年7月15日売買名義を以て所有権移転登記手続をしたということにより，本訴係争不動産の所有権は，XがY₁より売買によりこれを取得したと主張する大正元年10月16日以前において既にY₁よりY₂に移転したものであり，唯其の移転登記の原因を売買名義にしたに過ぎない。

　然らば，Y₂は，本訴係争不動産上の権利の移転につき正当の利益を有する第三者であるから，Xが自己の所有権取得を以てY₂に対抗するには，その所有権取得の登記を経由しなければならない。然るに，Xが未だ所有権取得の登記を経由していないことは本訴旨に照らし明らかであるから，原審がY₂に対するXの請求を排斥したのは元より相当である。」

(121)　昭和39年2月17日民三発第125号民事局第三課長回答・先例集追Ⅳ10頁。

(122)　昭和39年4月9日民事甲第1505号民事局長回答・先例集追Ⅳ106頁。

188

第3節　不動産に関する物権変動と公示

から丙へという転々譲渡があっても，乙・丙間の所有権移転について甲が異議を述べないという合意をして，丙が甲から丙へという事実上の中間省略登記を「真正な登記名義の回復」を原因として登記申請することが認められるということを意味する。これは，中間者乙の同意書を添付してなされる甲・丙間の中間省略登記の申請について，申請情報と原因証明情報との不一致を理由として却下する（不登第25条8号）という登記実務(123)に対する潜脱手段として用いられる。それゆえ，判決による真正な登記名義の回復を認めるのはともかく，当事者による任意共同申請の場合にもこの登記申請を認めるのは行き過ぎであるとして，登記実務を批判する学説もある(124)。

　今後，この中間省略登記を野放しにするような登記先例については見直すべきであるが，近時，判例は，真正な登記名義の回復を登記原因としてする中間省略登記請求を否定した(125)。真正な登記名義の回復による登記の部分的な制限である。

> *point*
>
> 　虚偽表示など，無効な原因によって登記が行われた場合において，これを回復する手段として，抹消登記ではなく，所有権移転登記をするという判例及び登記実務について，その理由を検討してみよう。

---

(123)　山本進一「解説」不動産登記先例百選（有斐閣，第2版，1982）44頁。また，近時の裁判例（東京高判平成20年3月27日平成19年（行コ）第234号裁判所ウェブサイト掲載）も，この考え方を維持している。即ち，東京高裁は，「権利に関する登記を申請する場合には，申請人は，法令に別段の定めがある場合を除き，その申請情報と併せて登記原因を証する情報を提供しなければならないこととして，申請人に対し，当該申請に係る権利に関する登記に係る登記義務者と登記権利者の間の登記原因及びその日付を証する情報を提供することを義務付け，これにより，権利に関する登記の登記事項である登記原因及びその日付が客観的な裏付けのあるものであることを確保し，もって，不動産の物権変動を公示するため権利の変動に逐一対応する登記をすることとし，申請情報と登記原因証明情報とを合致させて登記内容に物権変動の過程を正確に反映させようとすることを制度の趣旨とするものである」と判示し，申請情報と原因証明情報との不一致を申請却下事由（不登第25条8号）とすることを追認した。

(124)　石田喜久夫『物権変動論』（有斐閣，1979）154頁以下は，この点を痛烈に批判する。また，七戸克彦「不動産物権変動における公示の原則の動揺(2)」民事研修605号（2007）2頁（16頁以下）も多分に批判的である。

(125)　最判平成22年12月16日民集64巻8号2050頁：「不動産の所有権が，元の所有者から中間者に，次いで中間者から現在の所有者に，順次移転したにもかかわらず，登記名義がなお元の所有者の下に残っている場合において，現在の所有者が元の所有者に対し，元の所有者から現在の所有者に対する真正な登記名義の回復を原因とする所有権移転登記手続を請求することは，物権変動の過程を忠実に登記記録に反映させようとする不動産登記法の原則に照らし，許されないものというべきである。」最高裁は，このように判示して，真正な登記名義の回復という登記原因を利用した中間省略登記請求を否定した。この問題について，詳細は，石口修「『真正な登記名義の回復』による中間省略登記」法経論集（愛知大学）第192号（2012）85頁以下を参照。

189

第2章　物権の変動

第8項　登記請求権

1　登記請求権の意義

　不動産に関する物権変動は，登記をして権利関係を確定し，あるいは保全しておかないと，権利関係が不安定になり，第三者の権利を害することにもつながる。不動産を購入したが所有権移転登記を経由していないとか，自宅を新築したが，建築業者等が表示の登記をしてしまい，建築主が所有権保存登記をすることができないとか（不登第74条），売却した不動産の所有権移転登記をしないでいたら，固定資産税が賦課されたとか，である。このように，不動産登記は，積極・消極に利害関係を醸し出す。

　したがって，権利変動に関して登記に協力すべき契約上の債務があり，あるいは，その債務者が，登記に関して障害があることを承知していながら，その障害の除去に協力すべき義務を果たさない場合には，権利者には，積極的に登記への協力を求める権利が認められてしかるべきである。このような権利を実体法上の登記請求権ないし登記協力請求権といい，これに対応する相手方の義務を実体法上の登記義務ないし登記協力義務という。

　もっとも，登記請求権の性質については，契約上の債務（債権的請求権）と解したり，物権変動の効果実現のための請求権（物権的請求権）と解したり，あるいは，その効果実現を阻む障害の除去請求権（準物権的請求権）と解したりするなど，その法的構成は種々考えられる。

　このような実体法上の登記請求権を登記記録として実現するためには，登記法上の手続を通さなければならない。前述したように，登記は，権利部の相当区への登記記録上の利益（プラスの権利変動）を受ける登記権利者と，登記記録上の不利益（マイナスの権利変動）を受ける登記義務者との共同申請が原則である（不登第60条）。つまり，登記義務者の権利が登記されていなければならない。

　例えば，不動産がAからB，BからCへと譲渡されたが，登記がAにある場合には，転得者Cは取得者Bに対して実体法上の登記請求権を有するが，Bは未登記であり，登記義務者としての資格を欠いているので，CはBに対して登記法上の登記請求権を有しないといわれる。

　したがって，登記請求権は，実体法上の裏付けが必要であるとともに，不動産登記法の考え方と登記実務に則して認められ，あるいは制約を受けるのである。

> ***pont***
>
> 　登記請求権とはどのような意義を有するのか。実体法上の意義と手続上の意義の両面から考えてみよう。

第3節　不動産に関する物権変動と公示

2　登記請求権の発生原因

(1)　一元的構成・多元的構成

　登記請求権の性質及び態様は種々構成されるが，従来から，その意味を一元的に
とらえようとする考え方と，多元的にとらえようとする考え方との対立があった。

　判例は，事案に応じて多元的な説明を行っている。即ち，①実体的な権利変動に
応じて登記請求権が発生する[126]，②当事者間の特約によっても登記請求権が発生
する[127]，③実体上の権利関係と登記簿上の権利関係とが符合しない場合に，これ
を符合させるため，実体上の権利の効力として登記請求権が発生する[128]（一種の物
権的請求権であり，時効消滅しない。）といった具合である。

　また，従来の多数説である一元的構成説にも，①実体的な権利の効力として生ず
る一種の物権的請求権と解する説（判例の③と同じ）と，②実体的な権利変動に応じ
て生ずる請求権（債権的登記請求権）と解する説（判例の①と同じ）との対立があった。

　登記を対抗要件とするわが民法の構成に忠実な解釈を展開すれば，不動産の二重
譲渡の場合には，いずれの取得者も実体的な権利を有しているのであるが，このい
ずれをも同時に実現することは不可能である。したがって，後者（判例の①と学説の
②）の考え方が正しい方向性を有していた。

　しかし，この登記請求権を実体的な権利変動に応じて生ずる請求権と解する考え
方（判例の①と学説の②）を主張する我妻＝有泉博士自身，「登記請求権は，実体的な

---

(126)　最判昭和36年4月28日民集15巻4号1230頁：「不動産につき甲，乙，丙と順次所有
　　権が移転したものとして順次所有権移転登記がなされた場合において，各所有権移転行為が
　　無効であるときは，甲が乙，丙に対し各所有権移転登記の抹消登記請求権を有するほか，乙
　　もまた丙に対し所有権移転登記の抹消登記請求権を有する。」

(127)　大判大正10年4月12日民録27輯703頁：「甲が自己所有の不動産を乙に譲渡し，乙
　　は更にこれを丙に移転した場合において，甲より乙，乙より丙に順次所有権の移転登記をす
　　るという手続を省略し，当事者間の特約に基づき，甲より直接に丙に移転登記をしても，そ
　　の登記たるや不動産に関する現在の真実なる権利状態を公示し，登記の立法上の目的を達す
　　るに足りるものであるから，これを無効であるということができないのみならず，このよう
　　な登記をすることを目的とする契約は，法令の規定に反せず，公の秩序または善良の風俗に
　　反するものでもないので，有効である。」

(128)　大判大正7年5月13日民録24輯957頁：「買主より売主に対する土地所有権移転登記
　　請求権は普通の債権のように消滅時効の適用を受けるべきものでない（大判大正5年4月1
　　日参照）」。「登記請求権は所有権の効力として当然所有者に属するものであり，換言すれば
　　該請求権は不動産の所有権と運命をともにするものと解する」。

　　これは，登記請求権が他の債権のように時効により消滅するものとすれば，買主は一方に
　　おいて所有権を取得しながら，他方において所有者であるという登記を受けることができな
　　くなるような不合理に陥るのを免れないので，這般の結果を回避せんとする特殊の理由に基
　　づいたものであり，該判例の趣旨を拡張して，売主の負担する売買登記及び引渡義務の不履
　　行より生ずる損害賠償請求権にまでこれを適用すべきものではない。したがって，本件のよ
　　うに，売主甲が売買の目的物である不動産を丙に贈与し，かつ登記をしたため，買主である
　　乙に対する売買登記及び引渡義務の履行を不能としたことを原因とする損害賠償の請求につ
　　いては，消滅時効に関する民法第167条を適用すべきである。

191

権利関係と登記の上の権利関係とが符合しない場合，すなわち，実体的な権利の変動を生じたのにもかかわらず，それに応じた登記がなされていない場合に，登記を実体的な権利変動の過程と態様とに符合させるために，および，実体的な権利の変動が生じていないにもかかわらず，生じたような登記がある場合に登記を実体的な権利関係に符合させるために，登記制度の理想と技術的制約の下に認められる権利である」と解しつつも，一元的説明，多元的説明自体からは必ずしも大きな差を生じないと論じて，「登記請求権が実体的な審査を経た判決によってその存否が判断される場合と，形式的な審査しかうけない申請手続の中で判断される場合との差異に注目しながら，類型的な整理をすることが肝要である」[129]と主張して以来，類型的に考察する説が通説となっている。

登記請求権がいかなる類型のケースにおいて認められるのか，その類型別において，登記請求権はいかなる性質を有するのかという考え方は，畢竟，登記請求権の性質を多元的に構成することにつながる。したがって，通説たる類型説とは，実は，多元的構成に帰するのである。

---

point

登記請求権の発生原因に関する一元説・多元説には，どのような意味があるのだろうか。検討してみよう。

---

(2) 登記請求権の発生類型

(ア) 実体的な物権変動が発生したのにこれに応じた登記がない場合

(a) 不動産売買による所有権移転

例えば，Ａ・Ｂ間で不動産の売買契約を締結したという事実があれば，ＢはＡに対して所有権移転登記請求権を取得する。この場合における売主Ａの登記協力ないし移転義務は，買主Ｂの取得した所有権を第三者に対抗しうる完全な権利にするという義務である。それゆえ，登記協力義務は売主Ａの債務と構成してよい。したがって，この場合において，売主Ａが代金を受領していないときには，売主Ａは，買主Ｂに対し，登記に協力するのと引き換えに代金を支払えと請求することができる。この意味において，代金の完済を得ていない売主Ａは，買主Ｂに対し，同時履行の抗弁権（第533条）を有するといってよい[130]。そして，この抗弁権は時効消滅しない（抗弁権の永久性）。

この場合には，不動産が買主Ｂから第三者Ｃへ転売されても，Ｂの登記請求権は存続する。Ａ・Ｃ間には直接の契約関係がないので，ＣはＡに対して登記請求権を有しない。つまり，実体的な権利変動の過程と異なる登記を請求する権利は，原則

---

(129) 我妻＝有泉139頁は，星野英一『民法概論Ⅱ』49頁を引用しつつ，このように主張する。現在では，この類型的考察に対しては異論を見ない。

(130) 我妻＝有泉139頁。

第3節　不動産に関する物権変動と公示

としては認められない。

　しかし，前述したように，Ａ・Ｂ・Ｃの合意の下で従来行われた中間省略登記，あるいは，これに替わり，改正不登法の下で考案された手続（第三者ＣのためにするＡ・Ｂによる登記申請，もしくはＢの買主という地位のＣへの移転による登記申請など）をする場合には，実体的な権利変動の過程と異なる登記も認められる場合がある。この点については，既に論じたので再論しない。

　(b)　被相続人からの譲受人

　ＢがＡから不動産を買い受けたが，売主Ａが死亡したので，まだＢが登記を受けていない場合には，買主Ｂは，亡Ａの相続人Ｃに対し，所有権移転登記請求権を有する。相続人Ｃは被相続人Ａの地位を包括的に承継するからである。しかし，相続人Ｃが当該不動産について相続登記をしてしまった場合にはどうなるのであろうか。本来は，Ｃに相続登記を抹消させた上で，Ｂへの移転登記をせよというべきものである。相続人Ｃから直接移転登記を受けるのではない。

　しかし，この場合において，判例は，相続人Ｃから買主Ｂへの直接の移転登記を認めている(131)。その理由は，譲受人Ｂが相続人Ｃから移転登記を受けるのと，被相続人Ａから移転登記を受けるのとで，権利取得を公示する上では，何ら変わりがないからであるという。

　また，この場合における譲渡の目的物が未登記不動産であった場合において，相続人Ｃが自ら所有権保存登記を経由してしまったときには，買主Ｂは相続人Ｃから移転登記を受けるのみであるという(132)。

────────────

(131)　大判大正15年4月30日民集5巻344頁：「相続人は被相続人の登記義務をも承継し譲
　　受人に対し所有権移転の登記手続をすべき義務を負担するものであるから，相続人が該不動
　　産につき既に相続登記をした場合においては，譲受人は直ちに相続人に対し譲渡の登記手続
　　を求めうる」。その理由は，譲受人が所有権移転登記義務の承継人たる相続人より移転登記
　　を受けるにあたり，相続人を登記名義人として登記を受けるのと，被相続人を登記名義人と
　　して登記を受けるのとは，その権利の取得を公示する目的を達するにおいて何ら遺憾を見な
　　いからである。
(132)　大判大正7年6月18日民録24輯1185頁：未登記の土地を他人に贈与した者がその所
　　有権移転登記をする前に死亡したときには，その相続人は被相続人の登記義務の承継者とし
　　て，受贈者またはその相続人に対し，所有権移転登記手続をすべき義務を負担するのはもち
　　ろん，この場合において所有権移転登記をするには，登記法上，所有権保存登記をすること
　　を要し，その保存登記は死亡した被相続人の名義ではなしえないので，相続人は自分名義の
　　保存登記をし，然る後に相続人より受贈者またはその相続人に所有権を移転した形式におい
　　て移転登記をするほかはない。
　　　その理由は，被相続人が既に他人に贈与した土地につき相続人がその所有者として保存登
　　記をし，移転登記をするのは，実質上より論ずれば真実に符合しないが，実際に処する適当
　　の方法としてこれを是認しなければならず，これを登記当事者の利害の上より見ても，この
　　ような方法により所有権移転登記をするのは，贈与者と受贈者との間に移転登記をしたのと
　　経済上の効果においては異なる所がなく，このために当事者に何らの不利益を来すことはな
　　いからである。

193

第2章　物権の変動

(c)　未登記家屋の売買

次に，未登記家屋を売買した場合には，どのように解すべきであろうか。この場合には，買主は，売主に対し，所有権保存登記をし，移転登記をするよう請求することができる。しかし，買主は，所有権を有することの確定判決により（不登第74条2号），自ら表示登記と保存登記を申請することもできる（同第75条，不登規第157条）。この場合の判決は，確認または給付の確定判決である[133]。

(d)　抵当権の消滅など

抵当権が債務者の弁済その他の事由によって消滅した場合には，原則として，抵当権設定者に設定登記の抹消登記請求権が発生する。形式的に見たときには，所有者（設定者）が登記権利者であり，一番抵当権者が登記義務者となるからである。

しかし，この場合において，抵当権が複数設定されていたときには，後順位抵当権者にも先順位抵当権の消滅に伴う順位上昇という抹消登記請求の実益があるので，後順位抵当権者に抵当権設定登記の抹消登記請求権を認めるべきである[134]。

(e)　抵当権設定登記後における抵当権設定契約の取消

また，所有者が抵当権を設定した後に，何らかの取消原因に基づいて，抵当権の設定行為を取り消した場合には，抵当権者に対し，その抹消登記を請求することができる。また，この請求権は，抵当不動産を第三者に譲渡した後の取消の場合でも，失われない[135]。

> ― **point** ―
> 　民法上の物権変動があったにもかかわらず，これと対応した登記がない場合における登記請求権の存否について，類型別に整理し，理解しよう。

(イ)　実体的な物権変動が発生していないのに発生したかのような登記がある場合

(a)　非所有者による所有権登記

Aが所有しているはずの不動産について，何ら物権変動がないのに，Bに所有権移転登記が経由されている場合には，AはBに対して登記請求権を有する。これは，Bの偽造文書による登記，虚偽表示による登記，登記官の過誤などによって生ずる。これらの場合には，登記が実体と一致していないので，当然の措置である。

この場合における登記請求の内容は，通常は，現在の形式的な登記名義人に対する抹消登記請求であろう[136]。判例は，抹消登記でも移転登記でもよいと解してい

---

(133)　大判大正15年6月23日民集5巻536頁。

(134)　昭和31年12月24日民事甲2916号民事局長電報回答参照。

(135)　大判明治39年6月1日民録12輯893頁：抵当記の抹消を請求し得べき者は独り抵当不動産の所有者に止まり，その所有者でない者はその抹消を請求することができない者と断定することはできない。抵当権を設定した債務者が抵当不動産を他に売り度したときには，その買主に対して不動産を負担のない状態に至らせるべき責任があり，抵当権者に対し抵当登記抹消の請求をするにつき正当な利益を有する者であるから，抵当登記抹消の請求をする権利がある。

194

第3節　不動産に関する物権変動と公示

るが[137]，正しいとはいえない。

　しかし，A・B間の通謀虚偽表示に基づいてBに所有権移転登記が経由された後
に，Bが善意のC銀行から融資を受け，Cのために抵当権設定登記を経由した場合
において，Cが善意であれば，Cの抵当権設定登記は保護されるので（第94条2項），
AはCの抵当権の負担付きでBから移転登記で所有権を戻すしかなくなる。これは，
実体法上の制度との関連において，また，登記法の手続上，やむを得ない措置であ
る[138]。

　(b)　非権利者による制限物権の登記

　Aの所有する土地に，何ら原因なく，B名義の地上権設定登記が経由されている
場合には，AはBに対して抹消登記請求権を有する。

　また，AがB銀行から融資を受け，抵当権の設定登記を経由した後に，Aが借入
金を完済した場合には，AはB銀行に対し，抵当権設定登記の抹消登記請求権を有
する。しかし，実務上，この場合には，BはAに対し，債権証書と抵当権設定登記
の登記済証を交付し，A自身に抵当権設定登記の抹消登記手続をさせることが多い
ようである。

　(c)　登記の不法抹消

　AがBとの設定契約により，Aの所有する土地に地上権を設定し，登記を経由し
た後に，設定者Aまたは第三者CがBの地上権設定登記を不法に抹消した場合には，
BはAに登記の回復を請求することができる。

　第三者Cによる不法抹消の場合には，Cに回復行為をさせるべきであるかのよう
であるが，登記手続上の登記権利者Bは登記手続上の登記義務者Aに登記をさせる
しかない。しかし，この手続に要した費用については，AはCに損害賠償として請

（136）　我妻＝有泉144頁は，この場合における請求権の内容は，原則として抹消請求であって，
　　移転登記を請求することはできないと解すべきであるとして，判例法理に反対する。

（137）　大判大正10年6月13日民録27輯1155頁：「虚偽の意思表示により登記簿上不動産を
　　他人の所有名義とした場合において，真正なる所有者がその所有名義を回復するには，必ず
　　しもその所有権登記の抹消登記手続をすることを要せず，所有権移転の登記手続をするに
　　よってもこれをなしうる。何となれば，この登記もまた新名義人に所有権あることを公示す
　　る効力を生ずるのみならず，不動産登記法における所有権移転登記は広義に解すべきもので
　　あり，権利の承継移転があった場合のみに制限すべきものではないので，斯かる場合におい
　　て所有名義を他人より真正なる所有者に復帰するにもその登記によることができるものと解
　　するを相当とするからである。」
　　　本判決以後の判例は，抹消登記でも移転登記でもよいと解しているが，むしろ，移転登記
　　を積極的に肯定してきた。例えば，大判昭和16年6月20日民集20巻888頁は，登記協力
　　義務の履行として，移転登記でも抹消登記でもよいとする。また，最判昭和30年7月5日
　　民集9巻9号1002頁，最判昭和34年2月12日民集13巻2号91頁は，いずれも，「不動産
　　の登記簿上の所有名義人は真正の所有者に対しその所有権の公示に協力すべき義務を有する
　　ものであるから，真正の所有者は所有権に基づき所有名義人に対し所有権移転登記の請求を
　　なしうるものと解するのが相当である」としている。

（138）　我妻＝有泉144頁。

求することができる。

　この場合における登記の回復については，登記上利害関係を有する第三者の存在が考えられるので，登記回復請求をする際には，当該第三者の承諾があるときに限り，申請することができるとされる（不登第72条）。つまり，当該第三者から承諾書をもらわなければ，登記を回復することができない。しかし，これでは不都合なので，判例は，抵当権設定登記が抵当権者の知らない間に不法に抹消された場合には，登記上利害関係を有する第三者は，抵当権者のする回復登記手続に必要な承諾を拒むことはできないとしている[139]。

　登記が不法に抹消された場合における回復手続は，抹消登記の抹消登記請求ではない。この場合には，抹消登記の回復登記制度が用意されている。抹消回復登記申請を受けた登記官は，回復登記をするとともに，次に，抹消に係る登記と同一の登記をしなければならない（不登規第155条）。この条文は分かりにくいが，例えば，抵当権の登記が2件存在する場合において，順位1番の抵当権設定登記が不法に抹消されたときには，まず，乙区3番の位置に回復登記をする（「順位番号1番の抵当権の回復」と記入する。原因は「錯誤」とする）。そして，次に，抹消された順位1番の抵当権設定登記をそのままその3番の位置に移記することにより，不法抹消された順位1番の抵当権設定登記が回復されたという登記記録が事実として残るのである。

> **point**
> 民法上の物権変動がないにもかかわらず，これと対応したかのような登記がある場合における登記請求権の存否について，類型別に整理し，理解しよう。

(ウ)　登記簿の滅失による回復登記

　登記簿が火災や地震などにより滅失した場合の措置としては，滅失回復登記がある。法務大臣は，登記記録の全部または一部が滅失したときには，登記官に対し，

---

(139)　最判昭和36年6月16日民集15巻6号1592頁：Xは，A組合のY1に対する手形貸付債権をA組合から譲り受けたが，Y1がA組合のために設定した抵当権の設定登記がY2らによって抹消されていたので，Y1に対しては債務の履行を請求し，Y2らに対しては抵当権設定登記を抹消した不法行為に基づく損害賠償を請求するため本訴を提起した。原審は，A組合の抵当権設定登記が回復されれば，Xには損害は生じないとして，Xの請求を棄却した。Xから上告。
　　棄却。「登記は物権の対抗力発生の要件であって，この対抗力は法律上消滅事由の発生しないかぎり消滅するものではないと解すべきである。したがって抵当権設定登記が抵当権者不知の間に不法に抹消された場合には，抵当権者は対抗力を喪失するものでないから，登記上利害の関係ある第三者に対しても回復登記手続につき承諾を与うべき旨を請求することができるものといわなければならない。」
　　「抹消登記が不法に行われたものである以上，その回復登記の有無にかかわらず第三者は抵当権登記の対抗力を否認することができない立場にあり，回復登記がなされることによって何等実体上の損失を被むることにはならないから，実体関係に符合させるための回復登記手続に対する承諾を拒み得ない」。

第3節　不動産に関する物権変動と公示

一定の期間（3か月を下回らない期間）を定めて，当該登記記録の回復に必要な処分を命ずることができる（不登第13条）。

　ただ，このような不測の事態に備えて，法務大臣は，登記記録に記録されている事項（共同担保目録及び信託目録に記録されている事項を含む。）と同一の事項を記録する副登記記録を調整するものとされている（不登規第9条1項）。それゆえ，この滅失回復登記は，この副登記記録も失われたような事態の際に行われる。しかし，これは電磁記録化された登記所における話であり，従前のままの登記所において副登記記録がないときには，不測の事態となる。

　登記官は，登記記録または地図等が滅失したときには，速やかに，その状況を調査し，当該登記官を監督する法務局または地方法務局の長に報告しなければならない（不登規第30条1項）。この報告を受けた法務局長などは，相当の調査をし，法務大臣に対し，意見を述べなければならない（同条2項）。また，これら登記官による調査・報告，法務局長等による調査・法務大臣に対する意見は，登記記録，地図等または登記簿の附属書類が滅失するおそれあるときについても準用されている（同条3項）。

> **point**
>
> 　登記簿が火災によって焼失し，水害によって流失し，登記簿が滅失した場合における登記簿・登記記録の回復方法について，不登法改正前の「簿冊登記簿の回復」とは全く異なるという点について理解しよう。

第2款　登記を必要とする物権変動

第1項　総　　説

　近代法は，不動産に関する物権変動をすべて登記に反映させようという理想に基づいて立法されているので，この公示の原則に基づいて，あらゆる種類の物権変動について登記を必要とすることが望ましい。不動産物権の現状がすべて登記簿に反映されることにより，不特定多数人の関与を予定する不動産取引の円滑な発展に寄与するからである。ただ，登記を第三者に対する「対抗要件」とするわが民法の法形式からは，物権変動の発生と登記との関係をどのように見るかによって，自ずと限界を画し，その結果，除外例を認めることとなる。

　立法例を参照すると，ドイツにおいては，物権的合意と登記を不動産に関する物権変動の効力発生要件とするという原則（形式主義）があるところ，この原則が適用されるのは，意思表示による物権変動（不動産及び不動産上の権利の処分，変更）に限られる（BGB第873条1項）。即ち，法律行為による物権変動は，すべて登記をしなければその効力を生じない。しかし，相続，公用徴収，その他法律上当然に生ずる物権変動については，登記がなくとも，その物権変動の効力を生ずる（例えば，放棄

197

に関するBGB第875条[140]，第876条[141]，変更に関する第877条[142]を参照）。ただし，これらの場合においても，その後の処分行為によって発生する物権変動については，登記をしなければその効力が生じないので，結局，物権変動は登記と一致することになる。

　わが民法の解釈としても，当初は，物権の変動を第三者に対抗するためには，登記を必要とするも，それは，意思表示による物権変動に限定されるべきものと解されていた。しかし，旧法制度における隠居や入夫婚姻[143]など，生前相続を認めていた時代の制度を妥当に処理するという必要性から，大審院は，明治41(1908)年の連合部判決によって，この点を改め，すべての不動産物権変動に関して登記を必要とするものと解するに至った[144]。

---

(140)　BGB第875条（権利の放棄〔Aufhebung〕）
　　　第1項：土地の権利を放棄するには，権利者が権利を放棄するという権利者の意思表示及び登記簿上の権利抹消を要する。ただし，法律に別段の定めがあるときはこの限りではない。この意思表示は，登記所またはそのためにその意思表示がなされる者に対してしなければならない。
　　　第2項：権利者がその意思表示を登記所もしくはそのためになされる者に対してなし，不動産登記法の定めるところに従い抹消許諾をなした場合にのみ，権利者は，抹消の前であっても，その意思表示に拘束される。
　　　本条1項は，不動産物権を放棄するには権利者からの一方的な放棄の意思表示（Aufhebungserklärung）と，不動産登記の抹消（Löschung）を要するという規定である。この規定は，不動産及び不動産類似の権利（地上権など）についての制限物権を法律行為によって放棄する場合に適用されるが，仮登記の放棄にも準用される。
　　　また，不動産担保権の放棄（BGB第1183条〔抵当権の放棄〕，第1192条〔土地債務への準用〕，第1200条〔定期土地債務への準用〕）または地上権の放棄（地上権法第26条），ならびに第三権利者の放棄（BGB第876条）の場合には，前掲した要件とならんで，土地所有者の同意が必要である。
(141)　BGB第876条（負担となる権利の放棄）
　　　第三者の権利をもって不動産の負担を引き受けている場合において，その負担となっている権利を放棄するには，第三者の同意を要する。放棄される権利が他の不動産の所有者に属している場合において，この不動産が第三者の権利をもって負担を引き受けているときは，その第三者の同意を要する。ただし，その放棄によって，この権利と関わらないときは，この限りではない。
(142)　BGB第877条（権利の変更）
　　　第873条，第874条，第876条の規定は，不動産の権利内容の変更にも適用される。
(143)　民法旧第736条
　　　女戸主カ入夫婚姻ヲ為シタルトキハ入夫ハ其家ノ戸主トナル　但当事者カ婚姻ノ当時反対ノ意思ヲ表示シタルトキハ此限ニ在ラス
　　　民法旧第788条
　　　妻ハ婚姻ニ因リテ夫ノ家ニ入ル　入夫及ヒ婿養子ハ妻ノ家ニ入ル
　　　民法旧第964条
　　　家督相続ハ左ノ事由ニ因リテ生ス
　　　一　戸主ノ死亡，隠居又ハ国籍喪失
　　　二　戸主カ婚姻又ハ養子縁組ノ取消ニ因リテ其家ヲ去ルタルトキ
　　　三　女戸主ノ入夫婚姻又ハ入夫ノ離婚

第3節　不動産に関する物権変動と公示

　その反面，後述するように，大審院は，民法第177条の「登記をしなければ対抗することができない第三者」の範囲について，同日の連合部判決によって，「不動産に関する物権の得喪及び変更の登記欠缺を主張するにつき正当の利益を有する者に限る」という制限説を採用した[145]。

　この解釈は，一方では，不動産に関する物権変動のすべてを登記に反映させようという理想を追求しながら（登記法上の理想），他方では，登記がなければ対抗しえない第三者（第177条）を妥当な範囲に制限しようとすることに決したということであり（実体法上の妥当性），これは，物権法における理想と現実との調整を図った解釈ということができる[146]。

第2項　意思表示による物権変動と登記

1　総　説

　贈与，売買，地上権や抵当権の設定，遺贈などのように，物権の設定または移転に関する意思表示があれば，その時点から物権変動の効果が発生し（第176条）[147]，

（144）　大連判明治41年12月15日民録14輯1301頁：民法第176条は，当事者間にあっては動産たると不動産たるとを問わず，物権の設定及び移転は単に意思表示のみによってその効力を生じ，他に登記または引渡し等何らの形式を要しないことを規定したにとどまり，また，第177条は，不動産に関する物権の得喪及び変更はその原因の如何を問わず，すべて登記法の定める所に従い，その登記をしなければこれを以て第三者に対抗しえないことを規定したものであり，両条は全く別異の関係を規定したものである。これを換言すれば，前者は物権の設定及び移転における当事者間の関係を規定し，後者は物権の得喪及び変更における当事者とその得喪及び変更に関与しない第三者との関係を規定したものである。
　　故に，偶々第177条が第176条の次条にあるとの一事を以て，第177条は第176条の意思表示のみによる物権の設定及び移転の場合のみに限りこれを適用すべきものであり，その他の場合，即ち意思表示によらずして物権を移転する場合においてこれを適用しないものとすることはできない。何となれば，第177条の規定は，同一の不動産に関して正当の権利もしくは利益を有する第三者をして登記によって物権の得喪及び変更の事情を知悉し，以て不慮の損害を免れさせるために存するものであり，畢竟，第三者保護の規定であることはその法意に徴して毫も疑いを容れず，右第三者にあっては，物権の得喪及び変更が当事者の意思表示により生じたと，またこれによらずに家督相続の如き法律の規定により生じたとは，毫も異なる所はないから，その間に区別を設け，前者の場合にはこれに対抗するには登記を要するものとし，後者の場合には登記を要しないものとする理由はないからである。
（145）　大連判明治41年12月15日民録14輯1276頁。
（146）　以上，我妻＝有泉92-93頁参照。
（147）　わが民法が物権変動における意思主義を継受したフランス民法には，意思表示による物権変動規定が各種用意されており，その中でも，本段の考察に不可欠な規定として，いくつかの規定がある。
　　まず，フランス民法第1138条がある。この規定は，所有権の移転と危険移転時期に関する一般原則であり，その第1項は，「物を引き渡す債務は，契約当事者の合意のみによって完了する」ものと規定する。また，第2項本文は，「その債務は，引渡しが全く行われなくとも，その物が引き渡されるべき時から，直ちに債権者を所有権者とし，この者に物の危険を負担させる」と規定する。
　　次に，フランス民法第1582条及び第1583条がある。前者は，売買契約の意義ないし当事

この物権変動の効果を第三者に対抗するためには，登記を必要とする（第177条）。

他方，これらの法律行為が将来の一定の条件成就に係らしめられ，その成就の時点からその効力が発生する場合には，予め，仮登記を経由することによって，その仮登記以後，条件成就の前に利害関係に入った第三者に対抗するための効果を生じさせることができる（第129条，不登第105条）。ただし，対抗の効果を生じさせるには，仮登記に基づく本登記を経由しなければならない（不登第106条，第109条）。仮登記のままでは，対抗力のある登記にならないのである。この仮登記とその効力については，前述した（「第1款 不動産物権変動における公示——不動産登記制度」，「第4項 登記手続」，「5 仮登記」参照）。

次段においては，契約締結時までの遡及効を生じさせる物権変動と第三者との関係について，概観する。

2　遡及効のある物権変動

例えば，当事者の意思表示による停止条件の遡及効（第127条3項），無権代理行為における追認の遡及効（第116条），選択債権における選択の遡及効（第411条）などは，意思表示によって物権変動の効果を遡及的に生じさせることができるが，これらの物権変動については，登記や仮登記を経由することによって，第三者に対抗することができる（仮登記は本登記時から対抗力を取得する）。もちろん，登記をしなければ，第三者に対抗することはできない。

民法は，これらのうち，無権代理行為の追認と選択債権の選択は，第三者の権利を害することができないものと規定する（第116条ただし書，第411条ただし書）。これらの規定の解釈について，通説は，不動産物権変動に関する限り，その権利関係に関する優劣は登記によって決すべきものと解している[148]。

者の義務に関する規定であり，後者は，売買による所有権移転の時期に関する規定である。第1582条は，「売買は一方が物を引き渡す義務を負い，他方が代金を支払う義務を負う契約である」と規定し，第1583条は，「売買は，物が未だ引き渡されず，代金が未だ支払われなかったとしても，その物及び代金について合意が成立すれば当事者間では完了し，所有権は売主に対する関係では当然に買主に取得される」ものと規定する。即ち，売買契約後，引渡しや代金支払がない状況においても，合意（契約書）の中に引渡しと代金が明記されていれば，買主が所有者とみなされる。また，そもそも，フランスにおいては，ローマ法時代の慣行を継受した「引渡済み条項」が公正証書中に規定されていることから，引渡しは形骸化・観念化しているので，予め合意されたこととされる。これらの点については，滝沢（聿）・前掲書（『物権変動』）95頁以下を参照。

したがって，これらの規定や慣行から，原則として，フランス民法においては，売買契約の締結により所有権が移転するのであり，前述したように，わが国で大論争となった「物権変動（特に売買）における所有権移転の時期」が問題となることはないと思われる。

(148)　我妻＝有泉95頁参照。なお，以下の問題についても，同書同頁以下を参照。

(1) 無権代理行為の追認による遡及効

〔設例1〕

A所有の不動産が無権代理人BによってCに売却されたが，他方，A自身も同一の不動産をDに売却した。この場合において，AがBの行為を追認すると，いずれの売買が優先するだろうか。

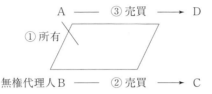

このケースにおいては，AがBの無権代理行為を追認することにより，二重譲渡と同じ状態が生ずる。無権代理人Bの相手方Cが登記を取得したときには，CがDに優先する。他方，Dが登記したときには，DがCに優先する。そして，いずれも登記のないうちは，先に登記を備えた者が他方に優先する。

〔設例2〕

次に，CとDがともに対抗要件を備えたというケースについて考える。

〔設例1〕において，B・C間の売買目的物が不動産ではなく，立木であり，B・C間の立木売買について，Cが明認方法を施し，その後，AがDに立木とともに土地（山林）を売却し，所有権移転登記を経由したという場合には，CとDとの関係は，どのように考えるべきであろうか。

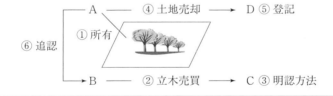

このケースにおいては，AがDに土地を売却し，所有権移転登記を経由した後に，AがBの無権代理行為を追認すると，立木については，Bの相手方Cが先に対抗要件を備えたことになる。

しかし，この場合には，追認の遡及効を制限する第116条ただし書が適用され，第三者Dの権利を害するような追認をすることはできないので，土地の所有権移転登記を経由したDが優先することになる。

(2) 選択債権における目的物選択の遡及効

──〔設例３〕──────────────────────
　Ａ・Ｃ間において，甲と乙という２個の不動産のうち，選択によって定まる１個を給付するという売買契約（選択債権）をした後，所有者Ａが甲土地をＤに売却した。この場合には，Ｃは甲土地を選択することができるだろうか。

　選択債権とは，債権の目的が数個の給付中から選択によって定まるときの債権・債務関係のことをいい，選択権は債務者（本件では売主Ａ）に属する（第406条）。

　このケースにおいて，Ａ・Ｃ間で甲不動産が選択されたときには，この選択債権の相手方Ｃと選択以前に甲不動産につき所有権を取得した第三者Ｄとの関係も登記の先後によるべきものと解されている。

　ただ，このケースのように，Ｃが選択債権をＤの土地取得よりも前に取得している場合には，Ｃは選択債権（将来所有権を取得するという請求権）を保全するために仮登記をしておくことによって（不登第105条2号），順位を保全することができる（同法第106条）。この仮登記があれば，選択債権の存在を公示するので，遡及効制限規定（第411条ただし書）の適用はない。

　Ｃが選択債権を保全するための仮登記を経由していないときには，第411条ただし書が適用され，Ｃの選択の効果は，その前に第三者Ｄが登記を経由することによって制限されるので，Ｄに選択の効果を主張することはできない。もちろん，Ｄの登記がＣの仮登記に遅れれば，Ｃは本登記を経由することによって，Ｄに対抗することができる。

　このように，遡及効を伴う物権変動に関しては，利害関係を有する第三者との間において，その遡及効を制限する必要性があり（「ただし，第三者の権利を害することはできない」という条文がある。），ただ，利害関係ある第三者の側でも，自己の物権変動について，対抗力を備える必要があり（講学上，「権利保護資格要件としての登記」と称される。），遡及効の制限と登記との間において，バランスのとれた解釈が展開されている。

　意思表示の遡及効を制限する規定は，詐欺による法律行為の取消においても見られるが（第96条3項），この場合には，第三者の物権取得に関する利害関係のみを考慮すべき遡及効制限規定とは異なり，その前提として，瑕疵ある意思表示における表意者本人の事情と善意の第三者との関係という特別な解釈が必要となるので，次

第3節　不動産に関する物権変動と公示

段において，別途の問題として論ずる必要がある。

> ― *point*
>
> 　遡及効を伴う物権変動と第三者の登記との関係，特に，「ただし，第三者の権利を害することはできない」型の単純遡及効制限規定との関係について理解しよう。

第3款　第177条各論〔1〕　意思表示の失効に関連する物権変動――

第1項　法律行為の取消と登記

1　問題の所在

> 　未成年者Ａが自らの意思でＢから借金をして，それ以前に相続によって自分の所有名義になっていた土地に抵当権を設定した場合，あるいは，自分の所有名義の土地を自らの意思でＢに売って代金を取得した場合には，これらの契約は取り消すことができる法律行為である（第5条2項）。
>
> 　取り消すことができる法律行為は，取り消すまでは有効に成立しているが，取り消されると，締結時に遡って「無効」という取扱いを受ける（第121条）。
>
> 　そうすると，法律行為が取り消される前，あるいは取り消された後に，前記Ｂから更に物権変動を受けた第三者Ｃと取消権者Ａとの法律関係はどのように処理されるのかが問題となる。

　民法上，制限行為能力，詐欺・強迫（瑕疵ある意思表示）を原因として法律行為が取り消されると，契約関係及び物権変動は，遡及的に無効となる（第121条）。この場合の無効は，本来的な「無効」とは異なり，取消によって法律行為が遡及的に失効するという意味である。例えば，4月1日に売買契約を締結したが，これが上記の理由で5月1日に取り消されたときには，売買契約は，その締結日である4月1日に遡って効力を失う。この場合には，4月1日から5月1日に取り消されるまでは法律行為が「有効」であることから，取得者から更に物権を転得する者が現れる可能性がある。つまり，「第三者関係」が発生する。

　この取消の効果による法律関係は，意思表示による物権変動（第176条）となるのか，また，登記との関係は通常の意思表示による物権変動の場合と区別する必要があるのかが問題となる。ここでは，取消権者と第三者との関係について，取消権者の側から考察する。

　具体的な問題としては，第三者が取消前に現れた場合と，第三者が取消後に現れた場合とに分けて考える。前者の問題は，取消権者Ａがとの契約を取り消す前に，第三者Ｃが取得者Ｂから物権を転得した場合であり，この場合に取消があると，その遡及効によって，第三者Ｃの物権取得に直接的な影響を及ぼす。また，後者の問

203

題は，取消権者Aが取得者Bとの契約を取り消した後に，第三者CがBから物権を取得した場合であり，この場合には，取消後にもかかわらず，Bに何らかの物権者らしい外観（登記による物権の公示）が残っている場合もあり（登記を元に戻さなければ，物権の名義はBのままである。），この点において，取消権者Aと転得者Cとの法律関係が問題となるのである。

> ― **point** ―
>
> 「法律行為の取消と登記」という問題の前提には，どのような問題があるのだろうか。検討してみよう。

2　取消権者の地位

(1)　取消前における取消権者の地位

法律行為を取り消す前の取消権者は，将来，法律行為を取り消すことによって，その締結時にまで遡及して物権を取得するという意味において，停止条件付の権利を有する者と類似している。

しかし，取消による物権変動は，買戻しなどと異なり[149]，予め登記することができない。それゆえ，取消の意思表示より前の法律関係は，取消の遡及効の範囲によって決せられる。つまり，詐欺のように，遡及効が制限される場合（第96条3項）以外は，一般的に，遡及効が絶対的効力をもって貫徹される[150]。したがって，取り消されると，契約は遡及的に消滅し，当事者間においては，取消による物権の復帰を登記なくして対抗することができる。

> ― 〔設例1〕 ―
>
> まず，AがBの所有地上に有する1番抵当権を放棄して，抵当権設定登記も抹消した後に，第三者Cが当該土地に1番抵当権設定登記を経由したという場合において，その後，Aが放棄を取り消したというケースについて考える。

このケースにおいて，Aが抵当権の放棄をBの詐欺を理由として取り消した場合には，その取消の効果は善意の第三者に対抗することができない（第96条3項）。そ

---

(149)　買戻権は売主が将来の解除権を留保するという意味を有しており，一種の解除権であるから，買戻権者から買戻義務者に対する意思表示によって行使される（第540条）。買戻しは，原売買契約を事後の意思表示によって解除し，原所有者に所有権を復帰させる制度であるから，解除を伴うものの，意思表示による物権変動である。

　　買戻し制度は，売買契約に付随する特約であるから，買戻権の登記を売買契約による所有権移転登記と同時に行うことによって，第三者に対抗することができる（第581条1項）。

(150)　大判昭和10年11月14日新聞3922号8頁：未成年者Xの親権者AがBとの間において，Xの所有不動産をBに譲渡する旨の訴訟上の和解をしたが，これは親族会の同意を得ずに行ったものとして，特別代理人CがXを代理してこの和解を取り消したところ，本件不動産は既にYが転得していたので，XがYに対し，所有権移転登記を請求したという事案において，大審院は，取消の遡及効を認め，訴訟上の和解が法律行為として取り消されたときには，訴訟行為としても効力を失うものと判示して，Xの請求を認めた。

れゆえ，AはCが善意の場合にはCに優先することはできず，Aの抵当権は2番抵当権として復活しうるに過ぎない。

　しかし，Aが制限行為能力や強迫を理由として取り消した場合には，AはCに優先する（第96条3項の反対解釈）。つまり，Aの1番抵当権が復活することの効果として，Cの抵当権設定登記は2番に格下げとなる。

　この第96条3項の立法趣旨は，被詐欺者は，通常，多少なりとも何らかの過失によって欺されることが多く，この場合に取消が自由に行われてしまうと，詐欺の事情を知らない第三者に多大な損失を被らせる結果となり妥当ではないところ，反対に，第三者の立場を尊重すると，被詐欺者は多大な損失を被るが，善意の第三者と過失ある被詐欺者とを比較衡量すると，善意者を保護すべきであるという理由から，民法は，詐欺による意思表示の取消による無効をもって，善意の第三者には対抗しえないとしたのである[151]。

――　〔設例2〕　――

　次に，不動産がAからBへ，BからCへと転々譲渡され，各人に所有権移転登記が経由された後に，AがBとの売買契約を取り消したというケースについて考える。

　このケースにおいて，AがBとの間の譲渡行為を詐欺以外の理由で取り消すと，遡及効を制限する規定がないので，Bは遡及的に無権利者となる（第121条）。それゆえ，Cは所有権を取得しなかったことになる。したがって，転得者Cは，Aの所有権に基づく返還請求に応じるしかない。これは，Cから更に転々と譲渡行為があり，それぞれの取得者が，所有権移転登記を経由した場合でも，何ら変わりはない。

　以上が，取消前に現れた第三者と取消権者との典型的なケースである。ここで，取消前の第三者との関係に関する判例を1つ確認しておく。

〔判例22〕　強迫による行為の取消のケース：大判昭和4年2月20日民集8巻59頁

【事実】

　(1)　Xは，Aに対して融資し，A所有の本件不動産につき第1順位の抵当権設定を受け，その登記を経由した。

　(2)　Xは，弁済による債権消滅を理由として，抵当権設定登記の抹消登記手続をした。しかし，この登記抹消は，債務者Aの強迫によって行ったXの債権及び抵当権放棄の意思表示によるものであった。

　(3)　Xは，Aに対し，強迫を理由としてその意思表示の取消をするとともに，Aを被告として抹消登記回復請求の訴えを提起し，X勝訴の確定判決を得た。

　(4)　そこで，Xは，当該判決に基づき，抹消した登記の回復を申請しようとしたところ，前記抹消登記後の日付けで，BがAに対する貸金債権につき抵当権の設定及びその登記を経由し，同様に，Cも抵当権の設定登記を経由しており，Yが，これらの者から各々その

――――――――――

(151)　梅謙次郎『民法要義総則編』235頁。

債権とともに抵当権の譲渡を受け，その抵当権譲渡の付記登記を経由していた。

　(5)　Ｘは，Ｙが登記上利害関係を有する第三者であるため，前記登記回復についての承諾を求めたが，Ｙはこれに応じない。そこで，Ｘは，Ｙに対して，抵当権設定登記の回復登記手続への承諾を求め，本訴を提起した。

　原審は次のように判示して，Ｘの請求を棄却した。

　(1)　強迫による意思表示の取消は詐欺による意思表示の取消と異なり，善意悪意を問わず，第三者に対抗しうるが，その対抗を受ける第三者の範囲は，取消行為があった日以前に既に利害関係を設定した第三者に限られる。

　(2)　このような第三者に対して取消を主張するためには，抵当権抹消登記の回復登記をすることを要する。その理由は，抵当権の放棄行為が強迫に基づくことを理由としてこれを取り消す行為も民法第177条にいわゆる不動産に関する物権変動の行為に該当するからである。Ｘから上告。

【判旨】破棄差戻

　「Ｘが本件抹消登記の原因であるＡに対する債権及び抵当権の放棄行為を強迫による意思表示として適法に取り消したとすれば，その効力として放棄行為は始めより無効となり，嘗て放棄行為がなかったと同一に帰する結果，ＸがＡに対して有した債権及び抵当権は始めより消滅しなかったこととなるのであり，しかも，上叙取消の効力は第三者の善意悪意を問わず，これに対抗し得べきであるから，Ｘは，本件抹消登記後に抵当権の設定を受け，その登記を経たＹの前主Ｂ及びＣに対し第1順位の抵当権を以て対抗し得べきであり，その特定承継人たるＹが前主より以上の権利を有し得ないことは勿論であるから，ＸがＹに対しても第1順位の抵当権を以て対抗し得べきであり，Ｙが登記上利害関係を有するに至った日（抵当権譲渡登記のあった日）が前記取消のあった日の前であると後であるとによってその結果を異にすべきでないことは取消の効力より観て当然のことに属する」

《問題点》

　抵当権設定者の強迫によって順位1番の抵当権を放棄し，登記を抹消した場合において，この強迫による意思表示を取り消す前に既に順位1番，順位2番の抵当権が設定され，登記されており，これらが第三者に譲渡され，移転付記登記を経由したときには，取消権者は，この抵当権者に取消の効果である順位1番の抵当権の復活を対抗することができるか。

《分析》

　(ア)　判例分析と従来の通説

　このような問題について，本判決は，強迫による意思表示の取消は，第三者の出現が取消の前後を問わず，また第三者の善意・悪意を問わず，当該第三者に対抗することができるものと判示した。

　このように，詐欺以外の事由による取消は，第三者に対抗することができるという判例法理が形成された。ただ，本件は，取消の遡及効に対して絶対的効力を与え，「Ｙが登記上利害関係を有するに至った日（抵当権譲渡登記のあった日）が前記取消の

第3節　不動産に関する物権変動と公示

あった日の前であると後であるとによってその結果を異にすべきでないことは前記
取消の効力より観て当然のことに属する」と解している点だけが，取消後は対抗関
係と解する従来の通説と異なっている。

　ところで，判例は，「対抗」という用語を使っているところ，これは第96条3項
がそのように規定していることもあるが，そもそも，取消は法律行為の遡及的消滅
を意味することから（第121条本文），「物権の復帰を対抗することができる」のであ
る。このような意味において，判例は基本的に復帰的物権変動説に立脚しているこ
とになる。そして，判例の立場は，詐欺取消の場合には，基本的に，取消時以後に
物権を取得した第三者との関係は公示の原則に従うという通説(152)の立場と軌を一
にしているが（後掲大判昭和17年9月30日など），本判決は取消の遡及効を徹底すると
いう見解を示している。

　この点について，近時の学説の中には，本判決の見解（遡及効貫徹説）が判例の基
本的な立場であり，詐欺の場合には例外的に，取消前に利害関係に立った善意の第
三者について遡及効を制限する第96条3項を適用し，取消後に利害関係に立った
第三者には復帰的物権変動との対抗関係（第177条）が適用されていると解するも
のがある(153)。

　(イ)　有力説の出現

　しかし，従来の判例・通説については，これに反対する見解が対峙し，これが二
大双璧となった。それは取消の遡及効を貫徹する解釈を正当とする立場である。即
ち，取消は法律行為を意思表示日に遡って失わせるものであり，取得者Bは遡及的
に無権利となるので，取消権者Aと第三者Cとの「対抗関係」は発生しえないとい
う論理構成を基本とする見解である。この無権利構成説に立脚すると，第三者Cの
保護は専ら「善意」もしくは「善意・無過失」を基準として決せられる。この学説
の状況については後述する。

　第94条2項と第96条3項の「善意の第三者保護規定」の制度趣旨を考慮すると，
復帰的物権変動説が正当と解される一方で，他方，取消の遡及効制度の趣旨を考慮
すると，無権利構成説が正当と解される。

　また，そもそも，二重譲渡における第176条の物権変動とこれを第三者に対抗す
るという第177条の対抗要件の構造について，第一の物権変動だけが有効で，後の
物権変動は無権利者からの取得になるので起こりえず，ただ，譲渡人との関係にお
ける「第二取得者」が登記を経由すると，その者の登記に「権利取得資格」が付与
され，第一取得者の物権は登記を経由した第二取得者との関係において消滅するも
のと解するのであれば，なおさら，無権利構成説の正当性がクローズアップされる。

---

(152)　我妻＝有泉96-97頁。

(153)　松尾弘「物権変動における『対抗の法理』と『無権利の法理』との間（4・完）」慶應
　　　法学第13号（2009年）187頁（196-197頁）。

207

第2章　物権の変動

それゆえ，いずれの考え方が妥当性を有するかという問いかけにはいささか抵抗感を覚える。一応，判例・通説は復帰的物権変動説を堅持している。

(2)　取消後における取消権者の地位——対抗関係の成否

〔問題提起〕

取消後は，取消権者は，登記がなければ，取消以後に取引関係に入った第三者には対抗することができないのかという問題がある。

> ─〔設例〕─
>
> 　ＡがＢとの間の不動産売買契約を取り消しただけで，所有権の登記を回復しない間に，ＣがＢからその不動産を買い受け，所有権移転登記を取得した場合には，ＡはＣに対して所有権の復活を対抗することはできないのか。

(ア)　対抗関係説（基本的通説）

この問題について，従来の通説は，取消は無効の場合と異なり，物権変動のあったことは事実であり，それが遡及効によって初めからなかったかのように扱われるだけであるという見地から，取消の効果として発生した「復帰的物権変動」を登記しえたにもかかわらず，登記をそのままにしておいた（登記懈怠の）状態で，取消後に当該不動産に関して新たに取引関係に立った第三者に対抗しうると解することは，あまりにも第三者の権利を害するものであって是認しえないと解しており，この場合におけるＡとＣとの関係は対抗関係になると主張した。それゆえ，この「通説」によると，取消権者Ａは先に登記したＣに対抗しえないこととなる[154]。

この問題に関して，従来，学説が紛糾してきた。

《通説への批判》

有力説は，従来の通説に対する反論という形で現れ，

(a)　①対抗関係説を支持するが，遡及効に関して疑問を提起するもの，②取消の前後を問わず対抗関係になると解するもの，③対抗関係となる時期を取消権覚知時と解するもの（以上，対抗関係説を補充する学説），という立場と，

(b)　遡及効を徹底して主張するもの（無権利構成説），という立場に分かれている。

(イ)　対抗関係説（取消の前後不問説）

(a)　舟 橋 説

まず，舟橋諄一博士の通説に対する疑問から出発する。

舟橋博士は，通説は，取消の遡及効を解して，物権変動は事実として存在するが，取消によって遡及的に初めからなかったかのように（つまり擬制的に）取り扱われるものとし，これを根拠として，物権の復元について登記を要するものと解しているが，「この理論を徹底させると，取消の時から変動が生ずるものとするのだから，取消以後のみならず，取消以前に利害関係を有するに至った第三者に対する関

---

(154)　我妻73頁，我妻＝有泉97頁，末川121-122頁，柚木馨『判例物権法總論』118頁。

係でも，同じ理屈によって登記を要することになり，第三者との関係では，いずれ
か先に登記したほうが勝つという結論になりそうである」が，「もし，取消以前の
第三者についてだけ右の「擬制的」遡及効が及ぶと主張するならば，さらに別の理
由を必要とするであろう」という疑問を提起する。

　また，「通説によれば，何ら公示されない一片の意思表示たる『取消』の前後に
よって第三者に対する効果を峻別しているが，これが果たして妥当かどうかは問題
であろう」と論じている[155]。

　これらの疑問点から，舟橋博士は，通説が取消の前後によって区別し，「取消前
の第三者」は取消の遡及効（遡及的無効：第 121 条）によって，たとえ登記を得てい
ても，無権利者からの譲り受けであり，「無効（取消による失効)」と解していながら，
「取消後の第三者」は「有効」に所有権を取得し，旧所有者とは対抗関係に立つも
のと解する点には合理性がない（つまり，取消の遡及効が徹底されていない）と論じてい
ることになる。

　この舟橋博士の疑問を現実に理論化したのが廣中俊雄博士である。

（b）　廣　中　説

　廣中博士は，第三者の登場が取消前でも取消後でも対抗問題として処理すべきで
あるという前提に立ち，取消権者が取り消しうべき行為に基づく物権変動の有効性
を解消するか維持するかの選択の自由を現実に有するに至った時点，即ち，強迫を
免れ，詐欺を発見し，制限行為能力者が追認しうる状態になった時以後に，取引に
よって物権を取得した者と取消権者とは，取消権の行使がその第三者の出現の前後
を問わず対抗関係に立つものと解している。しかし，この場合でも，背信的悪意者
は排除すべきものと解している[156]。

（c）　鈴木（禄）説

　この廣中説と類似する考え方として，鈴木禄彌博士の見解がある。鈴木博士は，
取消権発生の原因が止み，かつ，取消権者が取消事由のあることを知った時以後に
取引関係に入った第三者との関係においては，取消による物権の復帰を対抗するた
めには，登記を要するものと解している[157]。

　これらの考え方は，いずれも，第 121 条の「無効」の擬制は，取消権者と取得者
との間における原状回復を律するための規定であり，取消権者が物権の回復を確保
するための登記を懈怠している状況で登場した第三者との関係では，第 177 条によ
る制限を考えるべきだというのである。

---

(155)　舟橋 162-163 頁。舟橋教授は，このように疑いを抱きながらも通説を支持する理由と
　　　して，「通説の立場は，本来相容れない取消の遡及効と公示の原則について，やむなく，そ
　　　の妥協を，取消ないし返還請求の時の前後によって区別するという点に求めたにすぎないの
　　　であって，この意味で，通説の結論を是認するわけである」と述べている。

(156)　廣中俊雄『物権法』128 頁以下。

(157)　鈴木・講義 126-127 頁。

以上の復帰的物権変動を基調とする考え方に対峙する考え方として，取消の遡及効を貫徹すべきだと解する無権利構成説がある。

(ウ)　無権利構成説

(a)　川　島　説

「法律行為の取消と登記」という問題に関して，川島武宜博士は，当初から，無権利構成説に立脚しつつ，問題を捉えていた。

川島博士は，現行民法は旧民法の訴権法的構成（時効，債権者取消権をあげる。）から脱却しきれていないという立場から，そもそもこのような場合には，第177条の問題ではなく，詐欺被害者の取消権は実質的な返還請求権（及び履行請求権）そのものと解すべきであるとし，公示されない取消の前後によって第三者に対する効果を峻別するのではなく，取消後における給付物の返還請求（及び将来の給付の拒絶），登記抹消請求（原状回復請求）と一体化して考える必要があるものと解し，取消，即ち，訴えによる返還請求権行使の時点の前後を基準として第三者に対する効果を峻別すべきものと解している(158)。

この考え方によると，第96条3項は，給付物の返還請求権の行使を制限する規定ということになり，「第三者」は，取消，即ち，返還請求の時までに利害関係を生じたすべての第三者だということになる(159)。そして，その後，川島博士は，第96条3項は，取消の前後を問わず，詐欺による意思表示があったことを知らないすべての第三者を保護する趣旨と解すべきではないかと述べている(160)。

(b)　四　宮　説

次に，四宮和夫博士も，詳細に無権利構成説を唱えている。

四宮博士は，制限行為能力，詐欺・強迫を理由とする取消の遡及効は，当初の意思表示に瑕疵があるためであって，解除とは異なり，取り消された場合には初めから無効である（第121条）という前提に立ち，したがって，当該行為が錯誤等によって当初から無効である場合と同じく，取り消された行為は，取消前の第三者はもちろん，取消後の第三者との関係でも無効であるものと解し，登記がなくとも，取消の効果を主張することができるものと解して，通説がこの場合を対抗問題だと解している点を批判し，これを否定している(161)。

四宮博士は，この見解により，第94条2項類推適用説へと発展させている(162)。即ち，四宮博士は，取消前の第三者は民法の用意した第三者保護規定（第96条3項）

---

(158)　川島武宜「判評〔大判昭和17年9月30日〕」『判例民事法昭和17年度』（有斐閣，1949）199頁（203-204頁），同・『民法総則』（有斐閣，1965）301頁。

(159)　川島博士は，取消の効力を更に登記の有無によって区別するという複雑な構成は民法の予想するところではないという（前掲「判評」『判例民事法昭和17年度』203頁参照）。

(160)　川島・前掲書『民法総則』301頁。

(161)　四宮和夫「遡及効と対抗要件」法政理論（新潟大学）9巻3号（1977）1頁（8-10頁）。

(162)　四宮「前掲論文」法政理論9巻3号11頁。

で処理し，取消後の第三者は第94条2項類推適用説で処理すべきものと解してい
るのである(163)。

(c) 幾 代 説

次に，幾代通博士は，無権利説に立脚しつつ，「取り消しうべき行為の外形たる
登記を有効に除去しうる状態になりながら，なおそれを除去せずに放置することは，
虚偽表示に準ずる容態である」と解し，「取消権者が自己の行為を取り消しうるも
のであることを知り，その追認を有効になしうる状況に入った」後に登場し，かつ
登記を備えた第三者は，すべて第94条2項の類推適用によって保護すべきものと
主張している(164)。

(d) 下 森 説

更に，下森定教授は，取消前は実体的判断（第三者保護規定の有無）の問題であり，
取消後は公信問題であると解し，いずれにしても，対抗問題は生じないものと解し，
むしろ，対抗問題と捉えるのは不当であると主張する。

下森教授は，このような立場において，公信力欠如の修正原理としては，本人の
帰責事由と第三者の善意（無過失）のあわせて一本で取引安全を保護しようとする
第94条2項類推適用論が民法典の価値判断の体系及び技術構造からみて，もっと
も妥当であるとし，その適用基準時は原則として取消時であるが，第三者が，取消
権者の取消懈怠を主張し立証しえたときには，取消権を行使すべきであった時期を
基準時とすべきであるとして，結論として，取消前は第96条3項を適用し，取消
後は第94条2項を類推適用すべきものと主張する(165)。

このように，学説は大いに分かれており，枚挙にいとまがないほどである。

㈤ 対抗関係・取消懈怠第94条2項類推適用

更に，取消後の第三者との関係を対抗関係と解する一方で，取消前の第三者との
関係においては，第94条2項類推適用を主張する説がある。例えば，制限行為能
力者や被強迫者が，能力者となり，または強迫を免れた後に，取り消さずに相当期
間が経過した後，第三者が現れてから取り消したという場合には，詐欺取消の善意
者保護規定である第96条3項と同様の効果を与えようというのである(166)。

このように，判例・通説から有力説，そしてまた通説の側からの修正説というよ
うに，理論は錯綜しているが，取消の効果は法律行為の遡及的失効と原状回復であ
るから，意思表示による物権変動（第176条）を採用するわが民法の下においては，
復帰的物権変動説を基調とする考え方になお分があると解しうる一方で，他方，取

---

(163) 四宮和夫『民法総則』172-173頁。
(164) 幾代通「法律行為の取消と登記」『民法学の基礎的課題上巻』（有斐閣，1971）61頁以
　　下（その後，幾代『不動産物権変動と登記』〔一粒社，1986〕32頁以下に所収）。
(165) 下森定『民法96条3項にいう第三者と登記』再論」『民事法学の諸問題』（総合労働
　　研究所，1977）99頁（136頁）。
(166) 我妻＝有泉〔有泉亨〕101頁。

第 2 章　物権の変動

消の遡及効を徹底するという原則に立ち帰る無権利構成説の正当性もまた無視することはできない。そして，前掲した物権変動論全般における解釈論を踏まえて考察すると，現在では，無権利構成説が主流派ということになろう。

> ── **point** ──
>
> 「法律行為の取消と登記」について，取消の前後で取扱いを異にする通説・判例と，これを批判する有力説との対立点について，検討してみよう。また，通説・判例と「無権利構成説」との対立点についても，検討してみよう。

3　詐欺による法律行為の取消における問題点

取消のうち，詐欺を原因とする場合だけは，被詐欺者の帰責性を考慮し，また，取引の安全をも考慮して，法律行為の取消を善意の第三者に対抗することはできないとされている（遡及効の制限：第 96 条 3 項）。

例えば，A 所有の不動産が，B の詐欺により，A から B，B から C へと転々譲渡された場合がこれに該当するが，第 96 条 3 項の適用に関して，善意の第三者 C の登記の要否をめぐり，従来，判例・通説とその他の学説との間に争いがある。

(1)　A の取消前に B から譲り受けた第三者 C と A との関係

(ア)　判例・通説

この問題について，判例は，A の取消前に現れた善意の第三者 C には第 96 条 3 項を適用するが，この善意第三者保護規定の適用に関しては，この第三者 C が同条同項の適用を受けるためには対抗要件を必要とするものと解しており[167]，従来の通説もこれを後押ししていた。この判例法理は，第 94 条 2 項の「第三者」には登

---

[167]　大判昭和 7 年 3 月 18 日民集 11 巻 327 頁：A が詐欺による売買契約で Y_1 から清酒を買い受け，これを X に転売し，A は Y_2 に運送を委託したが，Y_1 が詐欺に気づき，A との売買を取り消した上で，Y_2 から清酒を取り戻し，他に売却したので，X は Y らに対し，自分は善意の第三者であり，Y らの行為によって清酒の引渡請求権を侵害されたとして，不法行為に基づき損害賠償を求めたという事案である。

　この事案において，大審院は，X の善意・悪意及び Y_2 の注意義務違反の有無について審究せよとして，原判決を破棄し，差し戻した。大審院は，動産の引渡請求権者にも第 96 条 3 項の善意の第三者資格を付与したのである。

　本件では，種類物が売買目的物であり，送付売買であることから，A が Y_2 に運送を託した時点で目的物は特定し，その効果として X に所有権が移転しているものと解される。そして，X が善意であれば，第 96 条 3 項の「第三者」になるので，「引渡し」があれば，対抗要件を満たすところ，本件では，現実の引渡しはまだ行われていないので，占有改定による引渡しなど，占有移転があったと見られる行為が対抗要件として考えられる。

　しかし，本件は，取消権者 Y_1 と転得者 X との関係であるから，厳密な意味での対抗関係ではないので，この対抗要件具備の有無は問題にならないのか，それとも対抗要件を備える必要があるのかが論争となった。

　然るに，本判決当時の通説は，債権的請求権取得者でも所有権取得者でも善意の第三者資格はあるが，対抗要件を備えないうちは保護されないものと解していた（吾妻光俊「本件判批」法協 52 巻 7 号〔1934〕1368 頁〔1371 頁〕，我妻榮『新訂民法総則』312 頁）。しかし，その後は反対有力説である対抗要件不要説が多数を占めた。

212

第3節　不動産に関する物権変動と公示

記は不要であるという一般的な判例法理（大審院[168]，最高裁[169]）とは見解を異にする。

　(イ)　反対有力説

　しかし，有力説は，被詐欺者（取消権者）Aと善意の第三者Cとは，転々譲渡の前主と後主との関係に立つという理由から，この場合には，善意の第三者Cには登記は不要であると主張してきた[170]。

　そして，この登記必要説と不要説との争いについて，あたかも，火に油を注ぐかのような判例が現れたのである（最判昭和49年9月26日民集28巻6号1213頁）。次に掲げて検討する。

〔判例23〕最判昭和49年9月26日民集28巻6号1213頁
【事実】

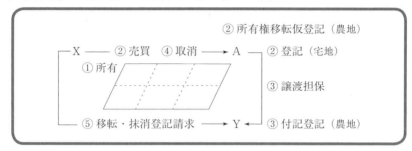

----

(168)　大判昭和10年5月31日民集14巻1220頁：不動産の仮装譲受人Aの相続人A'が善意の第三者であるYのために抵当権を設定し，登記を経由したが，この登記は，先代とその相続人（2代目）の姓名が同一であったため，相続登記を省略して行った登記であったので，仮装譲渡人Xが抵当権者Y（及び抵当権の譲受人）に対し，登記の無効を主張したという事案である。この事案において，大審院は，仮装譲渡人XはYとの関係においては登記の無効を主張する利益を有しないと判示した。

(169)　最判昭和44年5月27日民集23巻6号998頁：Xらは，その先代Aが，自己の所有する本件土地が抵当権の実行によって失われることを防止するため，Bの承諾のもとに，B名義で本件土地を競落し，本件土地の登記簿上の所有者はBとしていたが，A・B間の特約によって生じた債務が完済されたとして，Bの三代後の相続人Yらに対し，本件土地の所有権移転登記手続を求めたところ，本件登記を信頼してYらから本件土地を取得した第三者Zが訴訟参加したという事案である。

　この事案において，最高裁は，民法第94条1項が相手方と通じてした虚偽の意思表示を無効としながら，その2項においてその無効をもって善意の第三者に対抗しえない旨規定しているのは，外形を信頼した者の権利を保護し，もって取引の安全を図ることにある旨を理由として，民法第94条2項を類推適用し，このような外形を作出した仮装行為者自身が一般の取引における当事者に比べて不利益を被ることがあるのは当然の結果であるとして，第三者Zの所有権取得を認めた。

(170)　川島・前掲「評釈」『判例民事法昭和十七年度』203-204頁，下森・前掲論文『民事法学の諸問題』99頁，同『注釈民法(3)』230頁，四宮・前掲書（『民法総則』）188頁など。

　四宮博士は，民法第96条3項は，この第三者Cとの関係では，Aの意思表示は取り消されず，Bは有効に権利を取得したものとみなす趣旨であり，取消権者Aと第三者Cとの関係は対抗問題ではないと明言している（四宮＝能見『民法総則』237頁では，この表現は採っていない）。

213

第2章　物権の変動

(1)　Xは，自己の所有する本件土地（宅地及び農地）を代金600万円でA建設に売り渡した。しかし，A建設は，その直後に約束手形が不渡りとなり，事実上倒産した。

(2)　A建設の代表者Bは，Xとの土地売買契約に際し，当時のA建設の経営状態では代金を現金で支払えないので，約束手形の振出で支払に代えたいと述べ，手形決済資金は，本件土地に建売住宅を建築し，これを売却して調達するが，そのために必要な銀行ローンの手続上，直ちに所有名義を変えてもらいたい旨依頼した。Xは代金の支払を信じて売買に応じ，Bは，約束手形を3通振り出し，Xはこの手形を受け取り，A建設名義に本件宅地については所有権移転登記を，本件農地（畑）については農地法第5条の許可を条件とする所有権移転仮登記を経由した。

(3)　Bは建売住宅の建設・販売について何ら具体的な事業計画を立てておらず，それに必要な資金も単にY会社の代表者Cから融資を受けたいと考えていたに過ぎない。

(4)　Bは，かねてよりY会社から融資を受け，その債務総額は既に千数百万円に達していた。そこで，Y会社からの強い要求でY会社に担保を提供することになり，A建設は，本件土地について，Y会社との間で譲渡担保権を設定し，本件宅地については所有権移転登記を，本件農地については仮登記移転の付記登記を経由した。

(5)　XはA建設に対し，内容証明郵便により，詐欺を理由として本件売買契約を取り消す旨，または代金支払不能を理由として売買契約を解除する旨の意思表示をし，同内容証明郵便は，その翌日にA建設に到達した。その上で，Xは，Yに対し，本件宅地につき所有権移転登記手続を，また，本件農地につき条件付所有権移転仮登記の抹消登記手続を求め，本訴を提起した。

これに対して，Yは，Aの詐欺の事実は知らずにAと取引し，現に登記を得ている旨を抗弁とした。

【事実審】

第1審はXの請求を棄却したが，原審は，AもYも所有権移転請求権を取得したに過ぎず，仮に所有権を取得したとしても，Yには農地について対抗力がないので，Xに対抗しえない（所有権移転仮登記権利者から譲渡されただけでは，未登記と同じ）として，Xの請求を認容した。Yから上告。

【判旨】破棄自判

「民法第96条1項，3項は，詐欺による意思表示をした者に対し，その意思表示の取消権を与えることによって詐欺被害者の救済をはかるとともに，他方その取消の効果を『善意の第三者』との関係において制限することにより，当該意思表示の有効なことを信頼して新たに利害関係を有するに至った者の地位を保護しようとする趣旨の規定である。右第三者の範囲は，同条の斯様な立法趣旨に照らして合理的に画定されるべきであって，必ずしも，所有権その他の物権の転得者で，かつ，これにつき対抗要件を備えた者に限定しなければならない理由は見出し難い。

本件農地については，知事の許可がない限り所有権移転の効力を生じないが，本件売買契約はなんらの効力を有しないものではなく，特段の事情のない限り，売主であるXは，

214

買主であるＡのため，知事に対し所定の許可申請手続をなすべき義務を負い，もしその許可があったときには所有権移転登記手続をなすべき義務を負うに至る。これに対応して，買主は売主に対し，斯様な条件付の権利を取得し，かつ，この権利を所有権移転請求権保全の仮登記によって保全できるのである。

　本件売渡担保（譲渡担保〔筆者注〕）契約により，Ｙ会社は，Ａが本件農地について取得した右の権利を譲り受け，仮登記移転の付記登記を経由したというのであり，これにつきＸ会社が承諾を与えた事実が確定されていない以上は，Ｙ会社がＸに対し，直接，本件農地の買主としての権利主張をすることは許されないとしても，本件売渡担保契約は当事者間においては有効と解しうるのであって，これにより，Ｙ会社は，もし本件売買契約について農地法５条の許可がありＡが本件農地の所有権を取得した場合には，その所有権を正当に転得することのできる地位を得たものということができる。それ故，Ｙ会社は，本件売買契約から発生した法律関係について新たに利害関係を有するに至った者というべきであって，民法96条３項の第三者にあたる。」

《問題点》

　詐欺による法律行為によって土地を取得し，所有権移転仮登記を経由した者が，善意の債権者のために譲渡担保権を設定し，仮登記移転の付記登記を経由した後，売主が詐欺を理由として売買を取り消したときには，売主は，善意の譲渡担保権者に対抗することができるか。

　この場合，善意の譲渡担保権者は，本登記を経由していないが，売主に対抗することができるか。

《分析》

　このような問題について，本判決は，詐欺による契約の目的物の中に農地法第５条の許可を要する農地があり，この農地につき所有権移転の仮登記を経由した後，その契約取消前に，当該農地に譲渡担保権が設定され，仮登記移転の付記登記がなされた場合には，たとえ当該譲渡担保に対抗力がなくとも，農地売買の許可に基づく本登記経由後は所有権を取得すべき地位にある以上，民法第96条３項の善意の第三者に該当するものと判示した。

　本判決を契機として，この問題について，登記不要説が多数学説を形成したが，その反面，従来の通説は，登記必要説を唱えていた。

　(ウ)　通説からの反論

　当時の通説は，登記不要説のいうように，善意の第三者Ｃの保護を全く登記から切り離して考えると，ＡがＢから登記を回復した場合にも，更に遡って，Ｂの詐欺を媒介としてＡ→Ｂ→Ｃと転売されたが，登記は終始Ａにある場合にも，常にＣが優先し，ＣからＡへの登記請求権を認めることになってしまい，妥当ではないものと解しており[171]，真っ向から対立していた。

第2章　物権の変動

しかし，この考え方に対しては，次のように考えることができる。即ち，

まず，AがBから登記を回復した場合でも，善意の第三者CがAの取消前に現れていることから，Cは，通常，Bの登記を信頼したはずだという点に着目し，この事実を重視して，善意の第三者Cは取消権者Aに対し，登記なくして対抗しうる地位を与えられている者といいうる。つまり，第94条2項の類推適用である。そして，第94条2項の類推適用で保護されるべき善意の第三者であるならば，同じく権利外観法理の現れと解される第96条3項でも保護するに値する者ということができよう。

次に，登記が終始Aにある場合には，Bの権利者らしい外観は元々存在せず，Cがなにゆえに第96条3項の「善意の第三者」として扱われるのかという点に疑問が生ずる。そこで，以下，この問題について考察する。

第三者CはA・B間の売買が詐欺によるものという事実を知らず（善意），BがAから売買によって取得したという事実を信じて，Bと取引関係に入った者である。この場合，Bに登記がなくとも，引渡しがあれば，Aからの登記待ちということで，何とかBには所有者としての外観があるので，第96条3項の前提要件を充たしているものといえよう。しかし，Bに引渡しも登記もなければ，A・B間の売買契約書だけであり，Bに所有者らしい外観を認めることが難しいように思われる。むしろ，Cにおいて，A・B間の詐欺の事実を知りうべき事情があったかも知れない。

しかしながら，第96条3項の善意の第三者は善意であれば保護される。詐欺の事実を調査したり，知りうべき状況にあったりしたことを求められていない（ドイツ民法では，知りうべき事情があれば，保護されない者とされる）。翻って考えてみると，CもまたBに欺されているのかも知れない。そうすると，Aも過失によって欺され，Cも過失によって欺されたことになる。然るに，第96条3項は，詐欺者Bと被詐欺者Aとの間における不法行為の処理（取消と原状回復）という問題について，善意の第三者Cとの関係においては不問に付する（善意第三者に迷惑を掛けてはいけない。）というのが制度趣旨である（旧民法財産編第312条〔原案第333条〕，ボアソナード博士の『註釈民法草案財産編』〔プロジェ初版〕第333条の注釈も参照）。それゆえ，Cには過失があっても構わないのである。そして，第96条3項は，事象に多少の相違点はあっても，虚偽表示者Aが自分で種を播いた問題について，その効力を善意の第三者Cに及ぼすことを許さないという第94条2項と同様の過失責任主義に立脚した制度なのである。したがって，この過失責任主義を用いた権利外観法理が両法案の制度趣旨だと言ってもよい。

以上の理由から，登記必要説からのいずれの反論に対しても，これに対する登記不要説からの再反論が成り立ちうる。

(171)　我妻＝有泉102頁，加藤一郎「取消解除と第三者」法学教室7号65頁。同様の見解として，山田卓生「法律行為の取消と登記」『民法の争点』99頁（100頁）がある。

216

第3節　不動産に関する物権変動と公示

(エ)　論点のまとめ

ところで，この場合において，善意の第三者に登記を求めようとする考え方は，いかなる理由に基づいているのであろうか。

善意の第三者Cは，取消前に何かしらの譲渡行為によって所有権を取得しており，ただ，取消の遡及効の影響を受け，所有権を取得しえない状況に追い込まれるべき立場にいる者であるが，詐欺を原因とする取消の場合には，その他の場合と異なり，取消権者Aにも，欺されたという落ち度があるために，取消の効果に一定の制限が設けられているのである。つまり，第三者Cの保護という取引安全法理と，被詐欺者Aの落ち度という帰責事由との双方を踏まえて考察すべき問題であり，いわば第94条2項の問題とパラレルに考えるべき問題である。

元々，善意の第三者Cと取消権者Aとの関係は，連続した物権変動の前主と後主との関係であり，そもそも対抗関係に立たないはずであるから，AとCとの関係においては，第177条の予定する「対抗要件としての登記」は不要なのではないかという解釈が可能である。それとも，大審院の判例や舟橋説・廣中説のように，取消前の物権変動が先に発生しており，取消による原所有者Aへの所有権復帰を第二の物権変動と解して，取消前の第三者との関係においても，二重譲渡類似の関係と解し，登記を必要と解するのであろうか。

しかし，その反面，第177条によると，「物権変動は登記をしなければ第三者に対抗することができない」ので，自己の物権変動を「第三者」に対抗するため，つまり，取消によって権利を保全した取消権者が，自己の権利を第三者に主張し，あるいは，第三者の主張から権利を保全するためにも登記を必要とするものと構成し，従来の通説が掲げた反論問題における取消以後の取消権者Aや，それ以外の第三者との関係においては，善意の第三者Cにも登記が必要となるという理論が考えられる[172]。

しかしながら，この後者の見解は，本来，取消権者と善意の第三者との問題ではなく，一般的な物権変動と不特定多数の第三者との対抗問題に帰着する。また，前掲した通説からの反論も，第96条3項が「善意第三者保護規定」であるにもかかわらず，通常の遡及効を制限するだけの「第三者保護規定」（無権代理：第116条，選択債権：第411条，解除：第545条1項，遺産分割：第909条の各ただし書を参照）と同一レベルで考えているように思われる。

単なる遡及効制限規定は，一方では第三者Cが既に取得した物権の効力を遡及効によって覆滅させてはならないという趣旨の規定である。しかしまた他方，この第三者Cによる物権取得の効力を対抗要件具備によって原所有者Aに対して公示し，

---

(172)　星野英一教授によると，「権利主張要件ないし保護要件としての登記」という。「判研（最判昭和49年9月26日）」法協93巻5号（1976）813頁（821頁以下において主張している）参照。

物権の取得を保全した第三者だけを保護しようという趣旨から，判例・通説は，この第三者Cに対抗要件の具備を求めているに過ぎない。この意味において，真の権利者の帰責事由（故意または過失）と第三者の取引安全保護とをその要件として解釈されている善意第三者保護規定（第94条2項，第96条3項）とは制度趣旨が全く異なっている。

したがって，本論点について，取消の前後を問わず対抗関係と解する見解に立たない場合には，一般的には登記不要説が妥当ということになる。

> **point**
> 第96条3項の善意の第三者に登記を必要と解する従来の通説と，登記を不要と解する有力説との対立点を明らかにするとともに，それぞれの立場から，相手の立論に対して，反論してみよう。

(2) Aの取消後にBから譲り受けたCとAとの関係

このいわゆる「取消後の第三者」の場合には，第96条3項の問題ではなく，Aへの所有権の復帰と，第三者Cへの物権変動とが対抗関係となり，Bを起点とする二重の物権変動があったものと解するのが，従来の通説・判例である[173]。しかし，前述したように，この場合には，第三者Cは法律行為を取り消された無権利者Bからの転得者であることから，「対抗関係」にはならないという無権利構成説からの反論を許す。

〔判例24〕詐欺取消と善意の第三者：大判昭和17年9月30日民集21巻911頁
【事実】

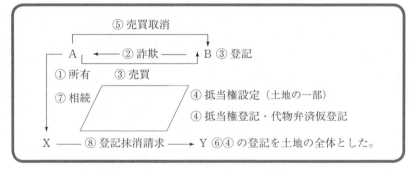

(1) Aは本件土地の所有者である。

(2) Aは，Bとの間において，BがAに売買代金を完済する資力がないのに，Bの「登記済みとともに代金全額を支払う」という言葉を信じて，本件土地をBに売却し，所有権移転登記を経由した。ところが，Bは，代金の一部を支払っただけで，登記済証を受領するや否や帰宅してしまった。

(3) Bは，Yに対する債務を担保するために，本件土地のうち一部の土地につき抵当権

---

(173) 我妻＝有泉96-97頁などの学説と，大判昭和17年9月30日民集21巻911頁を参照。

第3節　不動産に関する物権変動と公示

を設定するとともに，代物弁済予約を締結し，抵当権設定登記ならびに所有権移転請求権保全仮登記を経由した。また，Ｂは，弁済期に弁済しないことを停止条件とする条件付賃借権を設定し，賃借権設定請求権保全仮登記を経由した。

　(4)　その後，Ａは，Ｂに対して，詐欺を理由として，売買契約を取り消した。

　(5)　Ｂは，Ｙから追加融資を受け，その債務の担保として，残部の土地につき抵当権を設定し，前同様の代物弁済予約，条件付賃借権設定契約を締結して，これらの登記・仮登記を経由した。

　(6)　Ｙは，本件土地の売買がＢの詐欺によるものであることを知らない第三者であった。

　(7)　そこで，Ａは，Ｂ及びＹに対して，抵当権等の登記の抹消手続を求め，本訴を提起した。その後，Ａが死亡し，Ｘが相続した。

【事実審】

　第1審は，Ｂについては，本件すべての土地所有権取得登記の抹消登記手続を命じ，Ｙについては，取消後に設定された土地に関する権利の登記の抹消登記手続を命じた。

　原審は，第96条3項の善意の第三者は，詐欺による意思表示の取消前の権利取得者であり，取消後の権利取得者を含まないとして，Ｙに対し，土地に関するすべての登記抹消手続を命じた。Ｙから上告。

【判旨】破棄差戻

　「民法第96条第3項において詐欺による意思表示の取消はこれを以て善意の第三者に対抗することができない旨規定しているのは，取消によりその行為が初めから無効であったものと見なされる効果，即ち取消の遡及効を制限する趣旨であるから，ここに所謂第三者とは，取消の遡及効により影響を受けるべき第三者，即ち取消前より既にその行為の効力につき利害関係を有する第三者に限定して解すべきであり，取消以後において初めて利害関係を有するに至った第三者は，たとえ利害関係発生当時詐欺及び取消の事実を知らないとしても，右条項の適用を受けない。しかし，右条項の適用がないからといって，直ちにかかる第三者に対しては取消の結果を無条件に対抗しうるものとすることはできない。

　本件売買の取消により土地所有権はＸに復帰し，初めからＢに移転しなかったものとなるが，この物権変動は，民法第177条により，登記をしなければ，これを以て第三者に対抗することができないことを本則とする以上，取消後，Ｂとの契約により権利取得の登記をなしたＹにこれを対抗しうるものとするには，取消による権利変動の登記がないことが明らかである本件においては，その登記がなくてもこれをＹに対抗しうべき理由を説明しなければならない。」

　大審院は，以上の理由により，原判決を理由不備として破棄し，原審に差し戻した。

《問題点》

　詐欺による売買契約により土地の所有権を取得した者が第三者に抵当権等を設定し，登記した後，売買契約が取り消されたが，原所有者が登記を戻さないうちに再び第三者に抵当権等が設定され，登記が経由されたときは，原所有者と第三者との関係は，第96条3項で決するのか，それとも第177条で決するのか。そこで，問

219

題点としては,

(1) 第96条3項の意義・適用範囲
(2) 詐欺取消後の第三取得者と取消権者（所有者）との対抗関係，となる。

《分析》

このような問題について，本判決は，第96条3項は，取消の遡及効を制限する趣旨であるから，同条同項の善意の第三者とは，取消の遡及効により影響を受けるべき第三者，即ち取消前より既にその行為の効力につき利害関係を有する第三者に限定して解すべきであり，取消以後において初めて利害関係を有するに至った第三者は，たとえ利害関係発生当時において詐欺及び取消の事実を知らないとしても，同条項の適用を受けないものと判示した。また，取消後の第三者との関係については，売買の取消により土地所有権は原所有者に復帰し，初めから取得者に移転しなかったものとなるが，この物権変動は，第177条により登記をしなければ第三者に対抗することができないとして，両者は対抗関係にあるものと判示した。要するに，

(1) 詐欺による意思表示の取消は，当該取消前に新たに取引関係に入った善意の第三者（利害関係人）には対抗することはできない（第96条3項の適用事案），
(2) 当該意思表示の取消後に新たに取引関係に入った第三者は，善意・悪意を問わず，取消権者と対抗関係に立つ，ということになる。

このように，判例・通説は，詐欺を原因とする法律行為の取消事案について，取消後は，被詐欺者の復帰的物権変動と詐欺者から転得した第三者の物権変動とを対抗関係として処理している。

これに対して，対抗関係説を修正する学説や無権利構成説を主張する学説が対立していることについては既に論じたので，重ねて論じない。

第2項　法律行為の解除または解除条件の成就による原状回復的物権変動と登記
1　債務不履行を理由とする法定解除（第541条以下）の場合

取消の場合と同様，相手方の債務不履行に基づく法定解除に伴う物権変動も予め登記することはできない。解除されるまでに生じた第三者との関係は，解除の遡及効の範囲によって決せられる[174]。

例えば，物権の設定や移転を目的とする契約によって，AからBへの物権変動が生じた場合でも，契約を解除することによって，物権は復帰する。しかし，解除によって第三者の権利を害することはできない（第545条1項ただし書）。

通説・判例によると，この場合における第三者Cは，解除の遡及効を受ける者であることを理由として，解除前に現れた第三者に限定されている。また，第三者の善意・悪意は不問と解されているが，物権取得者で，かつ対抗要件を備えた者に限定されている[175]。

---

(174) 我妻＝有泉 102頁。

これに対して，解除後の第三者との関係は，対抗要件の問題であり，登記を標準として決しなければならないものと解されている(176)。

2 転売後の合意解除（解除契約）と登記

─〔設例〕──────────────────────────────
　不動産がA→B→Cというように転々と売買されたが，登記がまだAにある場合において，AB間で遡及効を有する合意解除をしたときには，この合意解除の効力は転得者Cに及ぶだろうか。
─────────────────────────────────────

このケースにおいては，Cは，Bに代位して，Aに対して所有権移転登記を請求することができないとされた(177)。

〔判例25〕最判昭和33年6月14日民集12巻9号1449頁
【事実】

(1)　Y1は，本件土地の所有者であり，登記名義人である。
(2)　Y1は，本件土地をY2に売却し，代金を受領するとともに，Y2に本件土地を引き渡し，同時に土地売渡証及び委任状を交付したが，登記を経由していない。

---

(175)　大判大正10年5月17日民録27輯929頁：Xは，Y1との間において立木の売買契約を締結し，同日，Y1とY2木材会社との間に右立木から産出すべき木材の売買契約が成立した。その後，XとY1との間の売買契約は解除されたが，Y1にもY2にも立木や木材の引渡しはなされていなかった。そこで，Xは，Y1・Y2に対して立木の所有権確認を訴求した。
　　大審院は，特定物を目的とする売買契約において当事者の意思が即時にその所有権を移転させるものであるときには，その売買契約の効力として売主から買主に所有権が移転するから，その売買契約を解除したときには，解除の効力として，買主は始めから所有権を取得しないものとみなされ，所有権は売主に帰属する（大判大正6年12月27日，大判大正8年4月7日参照）と判示し，解除前，既にY2会社の所有に帰した木材といえども，未だ引渡しを終えていない間は，その所有権移転を第三者Xに対抗することはできず，Xは，該木材の所有権は依然としてY1に属するものと見なすことができるから，解除の効力として，その所有権もまたXに復帰し，Xが，Y2会社に先んじて木材の占有を有するに至ったときには，完全にその所有権を回復すると判示した。
　　本判決は，解除の遡及効による原契約の消滅と復帰的物権変動を認定し，転得者が対抗要件を具備していないときには，原所有者と転得者との対抗関係を擬制するという趣旨となる。つまり，先に買主から転得者への所有権取得があり，対抗要件を具備しないうちに売主から解除され，ここに買主から売主への第二の所有権取得があったものと見るので，二重譲渡類似の関係となるという見解である。
(176)　大判明治42年10月22日刑録15輯1433頁，大判昭和14年7月7日民集18巻748頁。我妻＝有泉103頁。
(177)　最判昭和33年6月14日民集12巻9号1449頁：解除前に譲渡されながら未登記の者は第545条1項但書にいう第三者ではないという。

第2章　物権の変動

(3)　Y2は，本件土地をXに転売し，代金を受領するとともに，本件土地を引き渡した。Y2は，当時右土地の譲渡につき所轄官庁の認可を要するものと信じていたため，Xに対し，認可を得たらすぐに本件土地につき所有権移転登記手続をすることを約したが，その登記を経るに先立ちXの要求に応じて前示書類を交付した。それゆえ，Xはそれ以来本件土地を占有使用して来たが，未登記である。

(4)　その後，Y1・Y2間で売買契約が合意解除された。

(5)　Xは，Y2に代位して，Y1に対し，Y2への所有権移転登記を求めるとともに，Y2に対し，当該請求が認められることを前提として，Xへの所有権移転登記を求め，本訴を提起した。

第1審は，Xの請求を認容した。Yらが控訴した結果，第2審は，第1審判決を取り消し，Xの請求を棄却した。Xから上告したところ，上告審は，第2審判決を破棄し，原審に差し戻した。

【差戻原審】

差戻原審は，本件Y1・Y2間での契約解除は合意に基づくものであるが，民法第545条1項ただし書により，第三者の権利を害することができないから，既に取得しているXの所有権を害することはできないとして，XがY2に代位してY1に対しY2名義に本件土地の所有権移転登記手続請求及びこの請求が是認されることを前提としたXのY2に対する所有権移転登記手続請求をそれぞれ認容し，Yらの控訴を棄却した。Yらから上告。

【判旨】破棄差戻

「思うに，いわゆる遡及効を有する契約の解除が第三者の権利を害することを得ないものであることは民法545条1項但書の明定するところである。合意解除は右にいう契約の解除ではないが，それが契約の時に遡って効力を有する趣旨であるときは，契約解除の場合と別異に考うべき何らの理由もないから，合意解除についても第三者の権利を害することを得ないものと解するを相当とする。

しかし，いずれの場合においても，その第三者が本件のように不動産の所有権を取得した場合には，その所有権について不動産登記の経由されていることを必要とするものであって，もし登記を経由していないときは，第三者として保護するを得ないものと解すべきである。蓋し，第三者を民法177条にいわゆる第三者の範囲から除外し，これを特に別異に遇すべき何らの理由もないからである。」

《問題点》

土地がAからB，BからCへと転々譲渡されたが，所有権の登記がまだAにある場合において，A・B間の売買が合意解除されたときでも，CはBに代位して，Aに所有権移転登記手続を請求することができるか。

つまり，土地の売買がなされ，これが転売されたが，所有権移転登記は経由されず，原所有者に登記名義が残存する場合において，転買主が転売主に代位して，原所有者に対し，転売主への所有権移転登記を訴求し，これが認容されることを条件として，自己への所有権移転登記を訴求したところ，その前に原売買契約が当事者

間において合意解除されていたときには，この転買主の登記請求は奏功するかという問題である。

《分析》

（ア）判例分析と従来の判例・通説

このような問題について，本判決は，合意解除は第545条1項ただし書の契約解除ではないが，合意解除が契約締結時に遡って効力を有する場合には，解除権に基づく解除（法定解除）と同一の効力を有するとし，それゆえ，第三者の権利を害することはできないとした。

また，不動産物権の得喪・変更にかかるときには，第177条の規定を適用する（第三者は登記を要する）という前提に立脚し，転買主による登記請求と原売買契約の合意解除による遡及的消滅との関係について，この解除を制限する第545条1項ただし書を転買主に適用するには，転買主が所有権移転登記を経由している場合に限られると判示し，合意解除の場合にも，法定解除と同様の解釈により，解除の遡及効を受ける第三者が自己の権利を保全するには対抗要件を備えている必要があるとした。

この判例法理は，無権代理行為の追認による遡及効の制限（第116条ただし書），選択債権の遡及効の制限（第411条ただし書），遺産分割協議の遡及効の制限（第909条ただし書），と同様，「ただし，第三者の権利を害することはできない」という遡及効制限規定の適用について，登記による不動産物権の確定を要件とすることを明らかにしたものである。この処理方法は，「第三者保護規定」について，遡及効を有する権利行使を制限することにより，その遡及効を生ずる行為の前に既に物権を取得していた第三取得者を保護するための権利調整規定と解すべきものとした前掲通説の考え方に基づいている。

本判決は，この考え方を契約解除の場合にも適用するという判例法理を明確にしたものとして理解されている。したがって，契約解除による契約の遡及的消滅と解する「直接効果説」からの帰結である。

（イ）学説の展開

しかし，解除に関しては，この考え方を始めとして，かなり考え方が錯綜しており，整理のつきにくい状況となっている。

学説を大きく分類すると，直接効果説（遡及効説）と非遡及的構成の各説（間接効果・折衷説，契約関係転換説）との対立であるが，他にも存在する。

しかし，登記で問題を決するにあたっては，遡及効を制限するからこそ登記による権利確定を要件とするのであり，非遡及的構成であるとしたら，登記を何のために第三取得者に要求するのかが分かりにくい。敢えていえば，解除の前後を問わず，解除の効果，即ち，原所有者への所有権の復帰と第三取得者の所有権取得との対抗と解するしかない（前掲大判大正10年5月17日参照）。つまり，解除前に転得者への物

権変動が先にあり，その後，解除され，原所有者に所有権が復帰する関係を二重譲渡類似の関係と構成すれば，「対抗要件としての登記」を要する関係となり，第177条の第三者関係と構成しうる。

これに対して，解除前の第三者は遡及効の制限規定で処理し，解除後の第三者は対抗関係で処理するという立場から考えると，解除前は，本来対抗関係にないものと解される関係に関して，殊更に対抗関係を擬制することになり，大いに疑問である（この意味において，制度趣旨は異なるが，形式面からいえば，第96条3項の解釈における取消前の善意の第三者にも登記は不要である）。

この場合の登記を権利保護（資格）要件としてとらえるという立論もあるが，これは，元々，広く一般に登記の対第三者効という意味からくる当然の考え方であり（登記による権利確定・保全的機能），この論者が前提とする解除前の第三者や取消前の善意の第三者に特化して具備すべき登記という意味にはならないであろう。

したがって，この解除の効果に関する限り，旧来の通説である直接効果説と復帰的物権変動，そして，第三者の保護は解除権者に対する公示または対抗という意味における権利保全機能としての登記具備（権利保護要件ではない）を要件とするという考え方が現行制度に馴染む立論である。

> ── **point** ──
> 　「法律行為の解除と登記」という問題は，「法律行為の取消と登記」と異なるところがあるだろうか。また，第三者の登記の要否という問題は，両者において異なるだろうか。検討してみよう。

3　意思表示による解除権の留保・解除条件付き法律行為

(1)　総　　説

原状回復的物権変動の効果を生ずる原因が当事者の意思表示に存する場合には，予め登記する方法がある（不登第96条）。それゆえ，解除の効果を第三者に主張するには登記を要する（買戻しにつき，民第581条参照）。ここでは買戻しを例として掲げて考察する。

(2)　買戻特約の問題点

買戻特約は，不動産の売主は買主が支払った代金及び契約の費用を返還して，売買契約を解除することができるという効力を定めるので（第579条前段），いわば売買契約が解除権の制限を受けているという状況，つまり，売主のために解除権が留保されているという状況にある。買主にとっては，所有権の帰属が不安定になるという意味において不利な特約であるから，契約と特約との同時性が要求される。つまり，「特約の追加」では，民法上の買戻しの要件は充たさない。したがって，買戻しの登記は売買の登記と同時に申請されることを要し，追加的な買戻特約のみの登記申請は許されない[178]。

第 3 節　不動産に関する物権変動と公示

このように，買戻しには不安定要素があるという理由から，厳格な制限が加えられているので，金融界の要請に背く結果となった。そこで，これに代わる方法によって担保の実をあげることが要請された。即ち，契約の当事者間において買戻しを追加したいという要求がある場合において，いちいち売買契約を解除し，あるいは更改契約をしなければならないというのでは，あまり合理的ではない。そこで，この場合には，売買の予約形式を利用することがある。いわゆる「再売買の予約」である。

(3)　再売買予約の利用

再売買予約とは，これも実は売却物の取り戻しであるが，買戻しとは異なり，再度，買主から売主へ売却されるという形式を取る。民法では，売買一方の予約として規定されているが（第 556 条），実質的には買戻しの効果があるので，厳格な買戻しの規定を回避する目的で使われることが多い。

再売買予約においては，売買代金その他の条件を買戻しと同一に定めることができ，予約完結権について，これを保全するための仮登記をすれば（不登第 105 条 2 号），本登記による順位保全の効力によって，買戻しの登記とほぼ同様の効果を発揮させることができる。

再売買予約は包括的な規定であることから，買戻し概念を包含する。したがって，買戻しの効果を追加したい場合には，この脱法行為的な方法を用いることが多い。

以上のように，意思表示による解除権の留保などは，登記や仮登記が認められているので，取消や解除のような問題は起こらないといえよう。

> ― *point*
>
> 　解除権を留保した契約（買戻特約付売買）や解除条件付契約における解除においては，前段と同様の遡及効とその制限に関する問題は生ずるであろうか。検討してみよう。

---

(178)　大判明治 33 年 10 月 5 日民録 6 輯 26 頁：本件は，不動産の売主が，当事者間において追加的に約定した「買戻約款」に基づいて，買主に対し，登記を請求したという事案である。大審院は，不動産の買戻しは広い意味を有するものではなく，売主のため後日に至りその契約を解除しうべきことを売買の当時約した所謂解除条件付きの売買に限るものと解し，単純の売買をした後，更に契約を締結し，売主の随意により一定の期間に同一の物件を買い戻しうべきことを約したものは，再売買の予約に過ぎないのであるから，法律上これを買戻しとは称しないと解している。

　また，本件において売主が請求するのは，不動産売買の後に至って約定した買戻約款の登記の請求であり，売買後に至り，単に買い戻すことを約した売買予約は，登記法中，登記すべき規定がないのであるから，買主が売主の請求の中で認諾したものがあっても，売主の請求に従い，買主に登記させることはできないと判示した。

225

第4款　第177条各論〔2〕　相続と登記

第1項　問題の所在

　相続は人の死亡によって開始し（第882条），第一義的に被相続人の子，及び配偶者が相続人となり（第887条1項），これら数人の相続人は共同相続人となり，相続財産はその共有に属する（第898条）。通常，共有財産を分割するには，共有物分割の手続（第256条以下）が必要であるところ，遺産については，特別に遺産分割協議という手続が予定されており（第906条以下），その法律的効力として，遺産の分割は，相続開始の時点に遡ってその効力を生ずるものと規定されている（第909条本文）。

　相続は意思表示による物権変動ではないが[179]，遺産分割協議は，共有物である遺産を個人の所有物として分けるという話し合いであるから，相続による物権変動後における意思表示による物権変動である。この場合において，遺産分割前に，相続財産に関して物権を取得した第三者が存在するときには，遺産分割協議の遡及効を受けることにより，遺産分割の効果が被相続人の死亡時にまで遡ることによって，被相続人死亡後の物権変動が否定されてしまえば，第三者が取得したはずの物権は取得しえないという結果となる。

　そこで，民法は，この遺産分割協議の遡及効を制限する規定として，「ただし，第三者の権利を害することはできない」とした（第909条ただし書）。この形式の遡及効制限規定は，前述したように，ほかにも，無権代理行為の追認（第116条ただし書），選択債権の遡及効（第411条ただし書），解除の遡及効（第545条1項ただし書），があり，そのすべてにおいて，不動産の物権変動との関係においては，第三取得者の対抗ないし権利保全要件として，当該物権変動に関して登記を必要とするものと解されている（通説・判例）。

　この通説・判例の立場によるときには，本款における問題点についても，遺産分割協議との関係においては，第909条ただし書の第三者として保護されるためには，登記を必要とすることになる。

> **point**
>
> 　民法第177条は，第176条の意思表示による物権変動を受けて，その物権変動を確定させるという効果を有するが，相続による物権変動も，第177条の第三者になるのだろうか。検討してみよう。

---

(179)　周知のように，戦後に改正される前の旧規定においては，生前相続制度（隠居による家督相続）が存在しており（旧規定第986条「家督相続人ハ相続開始ノ時ヨリ前戸主ノ有セシ権利義務ヲ承継ス」），このため，隠居し，子に相続させた被相続人から，相続財産を二重に譲渡された第三者と相続人との訴訟が存在したが，判例は，この場合には二重譲渡関係が成立し，両者は対抗関係になるとしていた（大連判明治41年12月15日民録14輯1301頁）。したがって，旧制度下においては，相続も意思表示による物権変動となりえたのである。

第2項　相続開始前における物権行為の取扱い

── 〔設例1〕 ──
　被相続人甲が，生前に，その所有する不動産を乙に売却し，または特定の不動産を丙から購入したが，登記をしないうちに死亡した場合について，
　(1)相続人Aが単独で相続した包括承継人の場合と，(2)相続人がA・B・Cという共同相続の場合とでは，法律関係は異なるだろうか。

　相続開始前に，被相続人が他人と締結した売買契約については，相続人は，その売主や買主としての法的地位を，そのまま承継することになる。それゆえ，相続人は，法律上，包括承継人と称される。
　(1)の場合には，単独の包括承継人Aは，当該物権変動の当事者として，乙から履行を求められ，丙に対して引渡しを請求する立場にある。それゆえ，いずれの場合においても，対抗要件の有無は問題にならない。
　(2)の場合には，遺産分割協議の前であれば，(1)と同様の結論，即ち，包括承継人である3人が平等の割合において物権変動の当事者となる。このケースにおいて，相続開始後，3人が遺産分割協議をしたときには，それぞれ分割した財産について，各々に権利義務関係が帰属する（第909条本文：遺産分割協議の遡及効）。
　それゆえ，購入した不動産の所有権をAに帰属させるという協議が成立した後は，Aだけが，不動産の売主丙に対して登記請求権を有することになる。

第3項　共同相続開始後の物権変動と登記
1　遺産分割協議前の持分取得者との関係
　次に，共同相続人A・B・Cが相続した後に，そのうちの誰かが自己の相続分を処分し，あるいは遺産分割，相続放棄，相続人の欠格・廃除などがあると，物権関係に変化が生ずる。

── 〔設例2〕 ──
　土地所有者甲が死亡し，A・B・Cが不動産を共同相続した後，遺産分割協議前に，Cが自己の持分権を第三者Dに譲渡し，その後に遺産分割協議が行われ，Aが単独でその不動産を承継取得した。
　Aは，CからDへ譲渡された持分を取り戻すことができるだろうか。

　この場合において，Aが単独で相続することとなったときには，Aは相続開始の時に遡って土地の単独所有権を取得する（第909条本文）。この遺産分割協議の遡及

効により，第三者Ｄは無権利者であるＣから持分権を譲り受けたことになり，せっかく取得した持分権を失う。

しかし，これでは，第三者Ｄに不測の損害をもたらすことになり，また，取引の安全を害することにもなって，大変不合理な結果をもたらす。それゆえ，制度上は，第三者Ｄとの関係においては，遡及効が制限を受けることになっている（同条ただし書：第三者の権利を害することはできない。相続法改正前は，遺産の共同所有は合有であり，持分権を処分できないものと解されていた）。通説・判例によると，この場合には，第三者Ｄには対抗要件（登記）が必要となるが，Ｄが登記を経由するには，その前に，Ａらの共同相続登記が必要である。

ＤがＣの債権者である場合には，ＤがＣに代位して（第423条），共同相続登記をした上で，Ｃの持分権について，強制競売の申立てによる差押登記（民執第46条1項）や，処分禁止の仮処分手続による登記（不登第111条関連）がなされることになる。

> **point**
> 遺産分割協議の遡及効を制限する第909条ただし書の適用について理解しよう。

2　遺産分割協議後の第三者との関係

〔設例3〕
〔設例2〕において，その不動産をＡが単独相続するという遺産分割協議がなされた後において，その登記をしないうちに，Ｃの債権者Ｄが共同相続登記の手続を執り，Ｃの持分に対して差押えや仮処分を行った。
ＡはＤに対して対抗することができるだろうか。

このケースでは，ＡはＤに対して単独相続の事実を対抗することができない。確かに，Ａは，遺産分割協議の遡及効により，被相続人甲から直接に単独相続をしたことになる（第909条本文）。この場合には，一度Ａ・Ｂ・Ｃの共同相続が行われ，共同所有状態となった後に，遺産分割協議によって，ＢとＣの持分権がＡに承継取得されたものと考えられる。遺産分割協議は，相続開始後における相続人相互間の意思表示による物権変動と解されるからである。

このように解すると，遺産分割協議の効果としての所有権移転は，登記を経由しないうちは遺産の帰属が確定せず，その結果，この場合には，単独相続人Ａと第三取得者Ｄとは対抗関係にあるものと解される[180]。判例も同旨である[181]。した

がって，未登記のAは，登記を経由したDに対抗しえないこととなる。

> ***point***
> 遺産分割協議前に相続人の1人から土地を取得した第三者と，分割協議後に同様に土地を取得した第三者の立場はどのように異なるのか。

3 他の相続人の同意なき単独相続登記と第三取得者との関係

〔設例4〕

特定の不動産について，共同相続人の1人Aがほしいままに単独相続の登記をした後，この不動産を第三者Dに譲渡し，登記も経由した場合において，他の共同相続人BとCは，それぞれ登記なくして自己の持分権をDに対抗することができるだろうか。

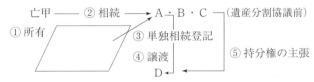

この場合には，
① 相続には第三者が介入する余地はないから，各相続人は共同相続の状態への復帰を請求することができるのか，
② 共同相続状態への復帰は無理だが，共同相続人の各持分権は，相続人各人が自然承継する固有の相続権（固有の所有権）であるから，登記なくして第三者に対抗することができるのか，が問題となる。

〔判例26〕最判昭和38年2月22日民集17巻1号235頁

【事実】

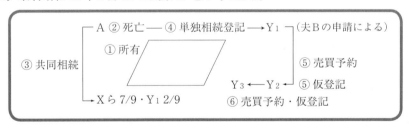

(1) Aは本件土地の所有者であった。Aが死亡し，Xら（持分はX1が3/9，X2，X3が2/9）及びY1（第1審被告。持分2/9）が共同相続した（遺産分割協議前なので，当時の法定相続分で認定されている）。相続人相互間における遺産分割協議は行われていない。

(2) Y1の夫Bは，何らの権限なくXらの名義を冒用して作成した偽造の相続放棄等に関する書面を用いて，Y1に単独相続の登記をした。この書面はいずれも家庭裁判所に提出されたことはなく，その他正規の申述が行われた形跡もなかった。また，Y1の夫Bは，

---

(180) 我妻＝有泉108頁。
(181) 最判昭和46年1月26日民集25巻1号90頁。

Y₁の名で，Y₂との間において本件土地の売買予約を締結し，所有権移転請求権保全仮登記を経由した。

(3) Bは，最初はほしいままに本件不動産を担保としてY₂から金融を受けようと企て，その意味で本件不動産についてY₂との間に売買予約を締結したが，その前にY₁の単独相続登記がしてあったので，Y₁の名義を用いて売買予約を締結したのであり，当初，売買予約につきY₁の同意を得ていなかったが，その後，Y₁から金銭借入及び担保目的の売買予約について同意を得た。

(4) その後，Y₂は，Y₃との間においても本件土地を売買予約し，所有権移転請求権保全仮登記の移転付記登記を経由した。

そこでXらは，Y₁・Y₂・Y₃に対して，本件不動産の所有権（共有権）に基づいて，本件各登記の抹消を求め，本訴を提起した。

これに対して，Yらは，本件不動産がXらとY₁との共有であるとしても，Y₁は，本件不動産について共有持分を有するから，BがY₁の同意を得てY₂との間に本件売買予約を締結した以上，それはY₁の共有持分の限度で有効であるから，Xらが各自共有持分権を有するという更正登記手続を求めるのは格別，本件売買予約に基づく仮登記の全部抹消を求めるXらの本訴請求は失当である，と主張した。

第1審は，Xらの請求を認め，Yらに各登記の抹消登記手続を命じた。

原審は，XらはY₁の持分を含めた本件不動産全体について仮登記の抹消を請求することはできないとし，抹消登記ではなく，更正登記を命ずる限度において相当であると認め，その余を失当として棄却した。Xらはこれを不服として上告した。

【判旨】棄却

「相続財産に属する不動産につき単独所有権移転の登記をした共同相続人中の乙（Y₁）ならびに乙（Y₁）から単独所有権移転の登記を受けた第三取得者丙（Y₂）に対し，他の共同相続人甲（Xら）は自己の持分を登記なくして対抗しうる。けだし乙（Y₁）の登記は甲（Xら）の持分に関する限り無権利の登記であり，登記に公信力なき結果丙も甲（Xら）の持分に関する限りその権利を取得するに由ないからである（大判大正8年11月3日民録25輯1944頁参照）。

この場合に甲（Xら）がその共有権に対する妨害排除として登記を実体的権利に合致させるため，乙（Y₁），丙（Y₂）に対し請求できるのは，各所有権取得登記の全部抹消登記手続ではなくして，甲（Xら）の持分についてのみの一部抹消（更正）登記手続でなければならない（大判大正10年10月27日民録27輯2040頁，最判昭和37年5月24日裁判集60巻767頁参照）。けだし，この各移転登記は乙（Y₁）の持分に関する限り実体関係に符合しており，また甲（Xら）は自己の持分についてのみ妨害排除の請求権を有するに過ぎないからである。」

《問題点》

共同相続開始後，相続人の1人が単独相続登記をし，この立場を利用して，第三者に相続財産を処分した場合において，他の相続人と第三取得者との権利関係はど

のように決せられるのか。

《分析》

このような問題について，本判決は，共同相続開始後，相続人の1人が相続財産である土地につき単独相続の登記をし，これを第三者に譲渡した場合には，他の共同相続人は，自己の土地共有持分権の範囲内でのみ，登記なくして第三取得者に対抗することができると判示した。

また，他の相続人が共有権に対する妨害排除請求として登記を実体的権利に合致させるための請求は，登記の全部抹消手続ではなく，一部抹消（更正）登記手続であると判示した。

本件における相続による共有持分権の主張をしたXらは，各人の固有の所有権部分に関して，それぞれが所有権に基づく妨害排除請求権を有しているという状況である。それゆえ，原審及び最高裁は，Xらが第三取得者Y₂らに対して請求しうるのは，Y₂らが正当に権利を取得しうるY₁からの持分移転部分を除いた部分ということで，登記の一部抹消，即ち，登記の更生手続を請求しうるに止まるものと判示したのである。

4 学説における論争

(1) 我妻説

我妻榮博士は，共同相続を共有と見る考え方を採っていた。即ち，共有は，数個の所有権が互いに制限しあって存在する状態であり，各自の所有権は他の共有者の同じ権利によって縮減されているに過ぎず，その1つが欠けるときには，他の共有持分権が全部について拡張する性質を持っているので，共有不動産について単独登記がなされ，他の共有者の持分権の登記がないときには，所有権について存在する制限物権について登記がなかった場合と同様，対第三者関係においては，その者の持分権が拡張している（所有権の弾力性理論から共有弾力性説といわれる）。

それゆえ，共同相続人の1人Aがほしいままに単独相続登記をした場合には，他の共同相続人BとCは，持分権の登記がなくても，Aに対抗することができるが，Aからの譲受人Dとの関係では登記を必要とすると主張した[182]。

この我妻説に対しては，各方面から痛烈な批判が寄せられた。

(2) 我妻説に対する批判

〈批判1〉

共有の弾力性もさることながら（第255条参照），他の共同相続人B・Cの持分権はそれ自体各々独立した物権である。

したがって，無権利者がほしいままに他人の不動産につき自己名義に単独所有の登記をし，これを第三者に譲渡して登記を移転しても，その登記は無効であり，対

---

(182) 我妻75-76頁。我妻＝有泉111頁。なお，この問題については。我妻榮＝幾代通『民法案内3－1物権法上』（一粒社，1981）91-106頁に詳しい。

抗問題は生じないという大原則が，3分の1の共有持分権者Aのほしいままにした単独相続（所有）登記についても適用され，第三者Dは，Aの持分権以上の権利を取得することはできない。

〈批判2〉

Bの単独所有地につき，2分の1の共有持分権を譲り受けたAが，勝手に不動産全部を譲り受けた旨の登記をして，第三者Dに譲渡しても，共有者Bは，自己の持分権2分の1をDに対抗することができるはずであり，そのための登記は必要ないはずである。

〈批判3〉

我妻説の「持分権を制限物権と同様である」と解する説明をとらえて，それでは，制限物権者Aが所有権取得の登記をして，不動産を第三者Dに譲渡し，登記を移転した場合には，Dが完全な所有権を取得することになってしまい，不当であるという。

(3) 我妻説からの回答

上記の批判について，我妻＝有泉博士は，**批判2と3**については当を得ていないとして，先に反論し，**批判1**について，最後に言及している[183]。

(ア) 批判2について

共同相続人は，共同で遺産である不動産を承継し，遺産分割前には共同でこれを管理すべき地位に立つ者であり（共同相続登記は単独ですることができる。），AはBから2分の1の持分権を譲り受けた者ではない。むしろ，被相続人甲からの承継者のうち，Aだけが登記をし，Bは怠ったのであり，Aが共有持分権の登記ではなく，単独で所有権移転登記をしたという点が異常なのであり，そのような異常な状況の発生を防止するために，現実には遺産を被相続人名義のままにしておく場合が多いとしても，同じく管理権を有するBに一応相続による遺産共有の登記を要求すべきかどうかの問題であるとする。

(イ) 批判3について

共有の持分権相互の関係と，所有権と制限物権との関係は同じではない。前者は対等関係にあるが，後者は主従の関係にある。

前者の場合には，持分権が放棄等によって主体がなくなれば他の共有者に帰属するが（第255条），後者の場合には，所有権が主体を失っても，制限物権者に帰属することはない。**批判2**と同様，当を得ていない反論であるとする。

(ウ) 批判1について

共有の持分権を独立の物権と見る限り，第255条という特則はあるが，**批判1**の持分権の範囲に限りAの登記は有効であるという点は一応もっともであるとして，

---

(183) 我妻＝有泉112-113頁。

これを認めている。

しかし，我妻＝有泉博士は，遺産の共有が分割のための，かつ分割までの合有であること，共同相続人の1人Aの行った相続登記は遺産の共同管理における越権であるという面（表見代理ないし表見代表という要素があるという面）と，他の共同相続人の側に単独で容易にできる遺産分割前の共同相続登記の懈怠という面（第94条2項の拡張適用論）とを併せ考えると，従来の結論も捨て難く，第三者Dの善意を条件として，これを維持したいとする[184]。

(4) 論争の意義と発展的解釈

要するに，我妻＝有泉説は，「相続と登記」に関しても対抗関係説を採りつつ，第三者の善意を要求するという考え方を採っている。相続による共有持分権は各相続人の固有の権利であり，善意の第三者の保護をも併せ考えると，我妻＝有泉博士のいわれるように，対抗問題プラス第三者の善意で決するのが妥当であるのかも知れない。

しかし，元来，この我妻説を始めとする通説及び判例は，対抗問題については，背信的悪意は別として，第三者の善意・悪意は問題にならないと解しており（善意・悪意不問説），そうすると，我妻＝有泉博士の示した第94条2項類推適用説に類似した考え方は理論的整合性を欠いてしまう。

また，第三者DがAの持分権以上の権利を取得することはないものと解する**批判1**の考え方は，共同相続による持分権という固有の権利を有する相続人の保護を唱えるものであり，この考え方は尊重されるべきである。

確かに，我妻＝有泉博士が主張されたように，登記手続上は簡単にできる共同相続登記を怠ったという一面もあるかも知れないが，他の共同相続人B・Cとしては，土地の共同相続登記をするものと思っていたところ，Aから提示された単独相続登記の書類に押印してしまい（この点に確認ミスという過失はあるが一般人にその能力があるか否かは疑問である。），そのままAに単独相続の登記をされ，すぐに善意の第三者Dへと転売され，所有権移転登記を経由されてしまったという場合には，我妻＝有泉説に所謂「共同相続人の登記懈怠」という理論構成が果たして妥当するのかという疑問が生ずる。また，そもそも，遺産分割協議前にする「共同相続登記」それ自体，一般的に認識されているのかどうかさえ疑わしい。もし，共同相続登記の懈怠あるいは単独相続登記の見過ごしという点に帰責事由概念を持ち込むという理論構成を採ろうとするのであれば，もはや第177条の対抗関係から脱却し，表見法理ないし権利外観法理という取引安全法理による解決策として，解釈すべきである。

この学説における論争と判例法理に基づいて，最判昭和38年2月22日のような問題に関する解決策について考察すると，本件の他の相続人には帰責事由があると

---

(184)　我妻＝有泉113頁。

まではいえないので，仮に，真正権利者による不実登記への意思的関与（明示また
は黙示の承認）があるという事案であるとすると，この点を考慮して第94条2項類
推適用説を採ることも可能である。あるいは，相続人全員が共同生活者であり，そ
の中の1人が財産の保存行為としての共同相続登記をすべきところ，越権によって
単独相続登記をしたという点を重視すれば，第94条2項とともに第110条を重畳
ないし類推適用し，このような場合には，他の相続人には不実登記への関与の度合
いが小さいということを顧慮しつつ，第三取得者の側にこの共同生活者の1人によ
る財産管理行為という外形を信頼したという正当事由を認めて，第三者Dに善意か
つ無過失まで要求するという理論構成を採ることも可能である。このように解する
のであれば，共同相続人と第三取得者との権衡を失することはないと思われる。

　なお，共同相続人の1人Aがほしいままに単独相続登記をして，第三者Dから金
員を借り入れ，Dのために抵当権を設定し，その設定登記をした後，Aが自らDに
対し，他の相続人Bの持分権については抵当権は無効だと主張することは，信義則
に反し，許されないとされている[185]。

> ── **point** ─────────────────────────
>
> 　「共同相続と登記」，「遺産分割と登記」における通説・判例とこれに対する批
> 判には，どのような意味があるのか。検討してみよう。

第4項　遺贈と登記

1　遺贈による物権変動と第三者

　遺贈は，遺言者が遺言により包括または特定の名義でその財産の全部または一部
を処分する行為である（第964条）。この制度上の意味において，遺贈は遺言者の意
思表示による処分，即ち，法律行為であり，遺言の効力発生時，即ち，遺言者の死
亡と同時に，第176条に所謂「意思表示による物権変動」の効果が生ずる。しかし，
包括遺贈の場合には，受遺者は相続人と同一の権利・義務を有するものとされ（第

---

(185)　最判昭和42年4月7日民集21巻3号551頁：Xはその子らとともに未登記家屋及び
　　　農地（田）を共同相続し，その持分を取得したが，家屋につき自己名義の保存登記を，農地
　　　につき自己の単独相続による所有権移転登記を経由し，これを前提として，Yのために，右
　　　家屋及び農地に抵当権を設定し，その登記を経由した後，子らと遺産分割協議をして，家屋
　　　はXの単独所有，農地は子らの共有とする旨の協議が成立した。本件は，XがYに対して農
　　　地についての抵当権設定登記の抹消登記手続を訴求したという事案である。
　　　　最高裁は，遺産分割の遡及効は第三者の既得の権利を害し得ないから，本件農地について
　　　の遺産分割によって，Yは，Xがその分割前に共同相続によって取得した農地の持分につい
　　　ての抵当権を失わず，しかも，Xは，本件農地について，共同相続によって持分しか取得し
　　　ないのに，自己が単独相続したとして，その旨の所有権移転登記を経由し，これを前提とし
　　　て，Yと抵当権設定契約を締結し，その登記を経由したのであるから，Xが，Yに対し，そ
　　　の分割前に取得した本件農地の持分を越える持分につき，抵当権の無効を主張し，その抹消
　　　（更正）登記手続を請求することは，信義則に照して許されないと判示した。

234

第 3 節　不動産に関する物権変動と公示

990 条)，その結果，受遺者は，相続開始時から被相続人(遺言者)の財産に属した一
切の権利・義務を承継することになる(第 896 条本文)。そうすると，前段の「相続
と登記」において論じたことと同様に解釈すればよいので，「遺贈による物権変動
と第三者」という問題が生ずるのは，特定遺贈の場合のみとなる。

　遺言は，遺言者の死亡時からその効力を生じ(第 985 条 1 項)，遺言の内容は死亡
時から実現されるが，遺贈は，あくまでも遺言という意思表示による物権変動であ
り，相続ではないから，受遺者と第三者とは，物権変動に関して対抗関係に立つ(186)。

〔判例 27〕最判昭和 39 年 3 月 6 日民集 18 巻 3 号 437 頁
【事実】

　(1)　本件不動産はBの父Aの所有であった。Aは，遺言書によりその所有にかかる本件
不動産をB以外の他の相続人であるC，D，E，F，G，Hの 6 名に遺贈し，死亡した。

　(2)　Y会社は，債務名義に基づき，Bに代位して，Bが相続によって取得した本件不動
産の 4 分の 1 の持分権について所有権移転登記を経由した上で，Bに対する強制執行とし
て競売手続を申し立て，その開始決定がなされ，本件不動産に対するBの 4 分の 1 の持分
権に対して差押登記が経由された。

　(3)　Xは，家庭裁判所において遺言者A(Bの亡父)の遺言執行者に選任された。Cら
6 名は本件不動産に対する遺贈による所有権取得の登記を経由していない。

　本件は，XがYに対し，強制執行の排除を求めた第三者異議事件である。

　Xは，特定物の遺贈にあっては遺言の効力発生と同時に所有権移転の効果が生じ，受遺
者はこれにより物権的に所有権を取得するという前提に立ち，Bは相続により本件不動産
の所有権を取得しないので，たとえBのために相続登記がされたとしても，Yは登記の欠
缺を主張しうる第三者に該当しないと主張した。

　これに対して，Yは，遺贈による特定不動産の所有権取得についても，受遺者において
登記がない以上，その所有権取得をもって第三者であるYに対抗しえないと主張した。

　第 1 審，原審ともに，遺贈による特定不動産の所有権取得についても，不動産取引の安
全を保護する見地から，登記を経なければその所有権取得をもって第三者に対抗しえない
として，Xの請求を棄却した。Xから上告。

【判旨】棄却

　「不動産の所有者が不動産を他人に贈与しても，その旨の登記手続をしない間は完全に
排他性ある権利変動を生ぜず，所有者は全くの無権利者とはならないと解すべきところ
(最判昭和 33 年 10 月 14 日民集 12 巻 14 号 3111 頁参照)，遺贈は遺言によって受遺者に財産権
を与える遺言者の意思表示にほかならず，遺言者の死亡を不確定期限とするものではある
が，意思表示によって物権変動の効果を生ずる点においては贈与と異なるところはないの
であるから，遺贈が効力を生じた場合においても，遺贈を原因とする所有権移転登記のな
されない間は，完全に排他的な権利変動を生じないものと解すべきである。そして，民法

――――――――――――
(186)　最判昭和 39 年 3 月 6 日民集 18 巻 3 号 437 頁。

235

177 条が広く物権の得喪変更について登記をもって対抗要件としているところから見れば，遺贈をもってその例外とする理由はないから，遺贈の場合においても不動産の二重譲渡等における場合と同様，登記をもって物権変動の対抗要件とするものと解すべきである。

《問題点》

　特定遺贈による相続財産の受遺者が所有権移転登記を経由しない間に，他の相続人の債権者が債権者代位権（第 423 条）を行使して，共同相続の登記をすると同時に，債務者である相続人の持分権について強制競売を申し立て，これを差し押さえたときには，当該不動産の受遺者は，第三者異議の訴えによって強制執行の不許を求めることができるか。

《分析》

　このような問題について，本判決は，遺贈は遺言によって受遺者に財産権を与える遺言者の意思表示にほかならず，遺言者の死亡を不確定期限とするものではあるが，意思表示によって物権変動の効果を生ずる点においては贈与と異なるところはないとして，遺贈が効力を生じた場合においても，遺贈を原因とする所有権移転登記のなされない間は，完全に排他的な権利変動を生じないという理由から，登記を経由した第三者に対しては遺贈の効果を対抗することはできないと判示して，未登記の受遺者は差押債権者に対抗しえないものとした。

　本件は，不完全物権変動理論を前提としつつ，遺贈を遺言による贈与類似の行為と解し，法律行為による贈与と同様の行為であるとして，第 176 条の意思表示による物権変動として取り扱うべきものと構成したので，第 177 条の対抗問題とされたのである。

　しかし，遺言の内容が，遺言者による相続人に対する相続分の指定（第 902 条）や遺産分割方法の指定（第 908 条）と解される場合には，問題状況が異なる。

　遺言は遺言者の死亡の時からその効力を生ずるところ（第 985 条 1 項），遺言の内容が相続人以外の特定の者に対する遺贈である場合には，意思表示による物権変動として，その対抗要件を具備するまでは財産の帰属が確定しない。これに対して，相続人に対する相続分の指定や遺産分割方法の指定の場合には，遺留分を侵害しない限り（第 902 条ただし書），遺言の効力発生と同時に，遺産の帰属先が確定するのであり（第 985 条 1 項），その限りにおいて，第三者の干渉を許さないものと解されるからである。

　本件の事実関係を分析すると，C らは被相続人 A の相続人である。それゆえ，C らへの遺言による遺産の分割は，原則として，相続分の指定ないし遺産分割方法の指定と解される。したがって，本件は，遺贈の効果としての解釈は妥当であるが，相続人への遺言による財産分与行為を遺贈と解した，即ち，所謂「遺贈説」を採用したという点において，妥当ではないという評価が下される。しかし，従前の実務においては，「相続」という文言が明確に遺言書に記されていない限り，「遺贈」と

第3節　不動産に関する物権変動と公示

して取り扱うという慣行があったとされる。そして，遺贈と相続との間において，登記の際に納付される登録免許税の税率が異なっていたので（平成15年3月31日までは，相続が評価額の1000分の6，遺贈が1000分の25であった。現在はいずれも「相続」扱いである。），公証人の実務においては，遺言者の意思が相続人への財産の処分である限り（遺言全体の90パーセント以上とされる。），「相続とする」という文言に書き換えたようである[187]。このような理由を併せて考えると，本件の事実審において，被相続人は「遺贈した」という事実認定を行ったという点も理解することができる。

　以下においては，この遺言書の文言に関する解釈について，近時の判例を分析しつつ，検証する。

2　特定の相続人に「相続させる」と記載した遺言の趣旨

〔判例28〕最判平成3年4月19日民集45巻4号477頁

【事実】

(1)　Bは亡Aの夫であり，YはAの長女であり，XはAの二女であり，CはAの三女であり，いずれもAの相続人である。また，DはXの夫である。

(2)　亡Aは，本件物件目録記載の1ないし8の土地（ただし，8の土地については4分の1の共有持分）を所有していたが，次のような各遺言をして死亡した。即ち，

　①　自筆証書により，物件目録3ないし6の土地について「X一家の相続とする」旨の遺言，

　②　自筆証書により，物件目録1及び2の土地について「Xの相続とする」旨の遺言，

　③　自筆証書により，物件目録7の土地について「Dに譲る」旨の遺言，

　④　自筆証書により，物件目録8の土地のAの持分4分の1について「Cに相続させて下さい」旨の遺言をした。

(3)　本件各遺言書は，家庭裁判所において検認を受けたが，これら遺言のうち，①の遺言は，Xとその夫Dに各2分の1の持分を与える趣旨であり，②の遺言の「X」はX自身を，④の遺言の「C（苗字のみ）」はCをそれぞれ指すものであるとされた。なお，Cは，本件8の土地についてAの持分とは別に4分の1の共有持分を有していた。

　本件は，上記遺言に基づき，Xらが共同原告として，Yに対し，①Xが遺言①，②記載の土地につき所有権を有することを確認する，②Dが遺言③記載の土地につき所有権を有することを確認する，③Cが遺言④記載の土地につき2分の1の共有持分権を有することを確認する，ことを求めたものである。

　これに対して，Yは，遺産分割方法の指定ないし相続分の指定をする遺言自体では，相続人は当該不動産の所有権を取得しえず，遺産分割の協議，調停が成立し，または審判がなされ，遺産の分割が実施されて，初めて相続開始時に遡って当該不動産の所有権取得の効果が付与され，権利の帰属が具体化されるとして，未だ遺産分割の手続をしていない本件においては，Xら主張の各不動産は遺産共有の状態にあるに過ぎないと主張した。

---

(187)　倉田卓次「判評（最判平成3年4月19日）」判タ756号（1991）101頁（102-103頁）。

第2章　物権の変動

【事実審】

第1審は，Xらの請求を一部認容した。原審は，遺言①，③におけるAの相続人でないDに対する「相続とする」「譲る」という趣旨は，遺贈と解すべきであるが，①におけるXに対する「相続とする」との遺言，②の「相続とする」との遺言及び④の「相続させて下さい」との遺言の趣旨は，民法第908条に規定する遺産分割の方法を指定したものと解すべきであるとして，Xの請求を容認した。Yから上告。

【判旨】棄却

「被相続人の遺産の承継関係に関する遺言については，遺言書において表明されている遺言者の意思を尊重して合理的にその趣旨を解釈すべきものであるところ，遺言者は，各相続人との関係にあっては，その者と各相続人との身分関係及び生活関係，各相続人の現在及び将来の生活状況及び資力その他の経済関係，特定の不動産その他の遺産についての特定の相続人のかかわりあいの関係等各般の事情を配慮して遺言をするのであるから，遺言書において特定の遺産を特定の相続人に「相続させる」趣旨の遺言者の意思が表明されている場合，当該相続人も当該遺産を他の共同相続人と共にではあるが当然相続する地位にあることにかんがみれば，遺言者の意思は，各般の事情を配慮して，当該遺産を当該相続人をして，……単独で相続させようとする趣旨のものと解するのが当然の合理的な意思解釈というべきであり，<u>遺言書の記載から，その趣旨が遺贈であることが明らかであるか又は遺贈と解すべき特段の事情がない限り，遺贈と解すべきではない。</u>

そして，「相続させる」趣旨の……遺言は，前記の各般の事情を配慮しての被相続人の意思として当然あり得る<u>合理的な遺産の分割の方法を定めるもの</u>であって，民法第908条において被相続人が遺言で遺産の分割の方法を定めることができるとしているのも，遺産の分割の方法として，このような特定の遺産を特定の相続人に単独で相続により承継させることをも遺言で定めることを可能にするために外ならない。

したがって，右の「相続させる」趣旨の遺言は，<u>正に同条にいう遺産の分割の方法を定めた遺言であり，他の共同相続人も右の遺言に拘束され，これと異なる遺産分割の協議，さらには審判もなし得ないのであるから，このような遺言にあっては，遺言者の意思に合致するものとして，遺産の一部である当該遺産を当該相続人に帰属させる遺産の一部の分割がなされたのと同様の遺産の承継関係を生ぜしめるものであり，当該遺言において相続による承継を当該相続人の受諾の意思表示にかからせたなどの特段の事情のない限り，何らの行為を要せずして，被相続人の死亡の時（遺言の効力の生じた時）に直ちに当該遺産が当該相続人に相続により承継されるものと解すべきである。</u>」

《問題点》

(1) 特定の遺産を特定の相続人に「相続させる」趣旨の遺言の解釈

(2) 特定の遺産を特定の相続人に「相続させる」趣旨の遺言があった場合における当該遺産の承継

遺言者が，相続人以外の者に「某に譲る」と記載し，特定の相続人に「某の相続とする」と記載した自筆証書遺言を作成した場合には，遺贈になるのか（第964条），

238

第3節　不動産に関する物権変動と公示

それとも特定の相続財産に関する遺産分割の方法を指定した書面になるのか（第908条）。

《分析》

　このような問題について，本判決は，相続人以外の者に対して，「某に譲る」と記載した遺言は遺贈であるが，特定の相続人に対して，「某の相続とする」と記載した遺言は遺産分割の方法の指定に該当するものと解し，この場合には，他の共同相続人も右の遺言に拘束され，これと異なる遺産分割の協議，更には審判もなしえないとして，その効力については，何らの行為を要せずして，被相続人の死亡の時（遺言の効力の生じた時）に直ちに当該遺産が当該相続人に相続により承継されるものと解すべきであると判示した。

　この本判決の解釈は，前掲昭和39年最判が遺贈説に立脚した解釈を採用したのとは異なり，非遺贈説を採用したものということができる。この解釈によれば，遺言者の相続財産に関する処分の意思が重視されることになるので，本判決は，従来の判例法理から一歩進んだものということができる。したがって，最高裁の解釈からは，遺言による遺産分割方法の指定は絶対的効力を有するものという解釈も可能である。そして，この解釈を推し進めた判例として，法定相続分を下回る相続分の指定を受けた相続人が，法定相続分に当たる持分を第三者に譲渡したとしても，指定相続分を上回る持分の譲渡は無効と解するものがある[188]。

　そして，その後の判例は，この趣旨を更に推し進めて，本件のような遺言による遺産分割の指定を受けた相続人（X）は，当該相続財産に関しては，登記なくして，第三者に対抗することができるとした[189]。

---

(188)　最判平成5年7月19日家裁月報46巻5号23頁：本件土地の所有者Aが死亡し，相続人である二男Y，二女B子，三女C子及び三男Dの4名が共同相続人として本件土地を相続し，同土地について，相続を原因として，各共同相続人の持分を各4分の1とする所有権移転登記（共同相続登記）を経由した。しかし，Aは遺言により相続分を指定しており，各相続人の持分は，B子が80分の13，Yが80分の21，C子が80分の37，Dが80分の9とされた。Aの死亡後，本件土地について，本件共同相続人の相続税申告・修正申告及び延納許可申請に基づく相続税等の延納担保手続として，共同相続人を債務者，大蔵省（現，財務省）を債権者とする抵当権設定登記が経由された。X（代表取締役D）は，B子との間に同人の本件土地を含む7筆の宅地と3棟の建物の各持分4分の1について売買契約を締結し，持分移転登記を経由した。その後，本件土地は共同相続人の一人Yの相続税滞納を原因として公売され，残余金が配当されたが，Xに対する配当金が持分割合に満たなかったので，XはYに対して求償するため，本訴を提起した。

　　　第1審はXの請求を認容したが，原審はXの請求を棄却した。Xから上告。

　　　棄却。「右の事実関係の下においては，B子の登記は持分80分の13を超える部分については無権利の登記であり，登記に公信力がない結果，Xが取得した持分は80分の13にとどまるというべきである（最判昭和38年2月22日民集17巻1号235頁参照）。これと同旨の原審の判断は，正当として是認することができる。」

(189)　最判平成14年6月10日家裁月報55巻1号77頁：Xは，夫である被相続人Aがした，本件不動産の権利一切をXに相続させる旨の遺言によって，本件不動産ないしその共有持分

239

しかし，判例は，「相続させる」趣旨の遺言をした後，当該推定相続人が被相続人よりも先に死亡したときには，この遺言は効力を失い，当該遺言に基づく代襲相続も認められないと判示した。次に掲げて検討する。

3 「相続させる」とされた特定の相続人が遺言者よりも先に死亡した場合における遺言の効力

〔判例29〕最判平成23年2月22日民集65巻2号699頁

【事実】

(1) 本件土地・建物は元甲の所有であるところ，甲が死亡したので，甲の妻A，長女X，及び長男Bが共同相続したが，遺産分割協議はしていない。

(2) Aは，Aの所有に係る財産全部をBに相続させる旨を記載した条項及び遺言執行者の指定に係る条項の2か条から成る公正証書遺言をした（以下，この遺言を「本件遺言」といい，本件遺言に係る公正証書を「本件遺言書」という）。本件遺言は，Aの遺産全部をBに単独で相続させる旨の遺産分割の方法を指定するもので，当該遺産がAの死亡の時に直ちに相続によりBに承継される効力を有するものである。

(3) しかし，受遺者Bは，平成18年6月21日に死亡し，その後，Aが同年9月23日に死亡した。Aは，その死亡時において，本件土地・建物につき2分の1の持分権を有していた。

Xは，Bの相続人であるYらに対し，BがAよりも先に死亡したことにより本件遺言は失効したと主張し，Xは本件土地・建物に関して共有持分権を有することの確認を求めるとして，本訴を提起した。

これに対して，Yらは，遺言は有効であり，Bの子であるYら3名が代襲相続した旨を主張した。

【原審】

原審は，本件遺言は，BがAより先に死亡したことによって効力を生じないと判示して，Xの請求を認容した。

権を取得した。法定相続人の一人であるBの債権者であるYらは，Bに代位してBが法定相続分により本件不動産及び共有持分権を相続した旨の登記を経由した上，Bの持分に対する仮差押え及び強制競売を申し立て，これに対する仮差押え及び差押えがされた。そこで，Xは，この仮差押えの執行及び強制執行の不許を求めるため，第三者異議訴訟を提起した。

第1審，原審ともにXの請求を認めた。Yらから上告。

棄却。「特定の遺産を特定の相続人に「相続させる」趣旨の遺言は，特段の事情のない限り，何らの行為を要せずに，被相続人の死亡の時に直ちに当該遺産が当該相続人に相続により承継される（最判平成3年4月19日民集45巻4号477頁参照）。このように，「相続させる」趣旨の遺言による権利の移転は，法定相続分又は指定相続分の相続の場合と本質において異なるところはない。そして，法定相続分又は指定相続分の相続による不動産の権利の取得については，登記なくしてその権利を第三者に対抗することができる（最判昭和38年2月22日民集17巻1号235頁，最判平成5年7月19日裁判集民事169号243頁参照）。したがって，本件において，Xは，本件遺言によって取得した不動産又は共有持分権を，登記なくしてYらに対抗することができる。」

240

第3節　不動産に関する物権変動と公示

　Yらは上告受理申立てをし，Bの代襲者であるYらが本件遺言に基づきAの遺産を代襲
相続する旨を主張した。

【判旨】棄却

　最高裁は，平成3年判決と同様，遺言者が遺言をする理由について説明した上で，「こ
のような「相続させる」旨の遺言をした遺言者は，通常，遺言時における特定の推定相続
人に当該遺産を取得させる意思を有するにとどまるものと解される。

　したがって，上記のような「相続させる」旨の遺言は，当該遺言により遺産を相続させ
るものとされた推定相続人が遺言者の死亡以前に死亡した場合には，当該「相続させる」
旨の遺言に係る条項と遺言書の他の記載との関係，遺言書作成当時の事情及び遺言者の置
かれていた状況などから，遺言者が，上記の場合には，当該推定相続人の代襲者その他の
者に遺産を相続させる旨の意思を有していたとみるべき特段の事情のない限り，その効力
を生ずることはないと解するのが相当である。」と判示した。

《問題点》

　「相続させる」趣旨の遺言により遺産を相続させるものとされた推定相続人が遺
言者の死亡以前に死亡した場合でも，当該遺言の効力は発生するのか。

《分析》

　このような問題について，本判決は，当該遺言により遺産を相続させるものとさ
れた推定相続人が遺言者の死亡以前に死亡した場合には，当該「相続させる」旨の
遺言に係る条項と遺言書の他の記載との関係，遺言書作成当時の事情及び遺言者の
置かれていた状況などから，遺言者が，当該推定相続人の代襲者その他の者に遺産
を相続させる旨の意思を有していたとみるべき特段の事情のない限り，その効力を
生ずることはないと判示し，本件の場合には，遺言中に遺産をB以外の者に承継さ
せる意思を推知させる条項はないこと，また，AがBからの遺産承継人について考
慮していなかったという事情から，前記のような特段の事情は認められないとした。

　遺贈は，遺言者の死亡以前に受遺者が死亡したときには，その効力を生じない
（第994条1項）。つまり，当該受遺者に関する限りにおいて，遺言は失効する。確か
に，遺言によって相続人以外の者に遺産を分け与えることは，相続人の遺留分を侵
害しない限りにおいて，自由に行うことができ（第964条），しかも，相続に関する
胎児の権利能力の特則（第886条），ならびに相続人の欠格事由に関する規定（第891
条）が受遺者について準用され（第965条），また，受遺者は，遺言者の死亡による
遺贈の効力発生後は（第985条1項），いつでも遺贈を放棄することができるとされ
（第986条1項），更に，包括遺贈による受遺者は相続人と同一の権利義務を有すると
されており（第990条），これらの規定から，受遺者と相続人の地位とは同一に帰す
るかのようである。

　しかし，特定遺贈は，あくまでも遺言者の意思表示による遺産の贈与行為である。
そうであるからこそ，相続人等，遺贈義務者その他の利害関係人は，相続関係を速

241

やかに確定させるため，受遺者に対し，相当の期間を定めて，その期間内に遺贈を承認するか放棄するかを催告することができ（第987条前段），受遺者がその期間内にいずれかの意思を表示しないときには，遺贈を承認したものとみなすが（同条後段），受遺者が遺贈を放棄したときには，遺言者の死亡時に遡って放棄の効果が発生するので（第986条2項），受遺者が受けるべきであった遺産は，相続人に帰属する（第965条本文）。

　これらの規定から，やはり，特定遺贈は，被相続人の死亡を原因として遺産が包括的に相続人に帰属するという相続法原理に対する例外的な処分行為であるということができる。したがって，相続人と受遺者とは，遺贈がその効力を生ずる場合にのみ，同一の法原理の下に包摂されるべきものであり，原則としては別のものと解すべきである。

　このように解すると，遺贈という相続財産に関する例外的な処分行為について，受遺者が相続人よりも先に死亡したときには失効する旨の規定（第994条1項）は，論理必然的に導かれるべきものである。

　しかし，前述したように，「相続させる」趣旨の遺言は，遺贈ではなく，相続分の指定，あるいは遺産分割方法の指定である。つまり，最初から相続人相互間における問題であり，しかも，これは遺言という被相続人の最終意思による遺産分割であるから，何人に対しても有効であり，その効力を否定されるべきいわれはない。それゆえ，「相続させる」趣旨の遺言は相続法原理内の事象であり，その原理に服すべき筋合いのものである。

　しかしまた他方，代襲相続もまた，被相続人よりも先に推定相続人が死亡し，あるいは相続欠格者となり，または廃除されたことにより，相続財産の推定的な帰属先がなくなった場合において，他の共同相続人に遺産を帰属させず，死亡，欠格，廃除となった相続人自身に代わり，その直系卑属に相続させる（第887条2項）という緊急避難的な措置である。

　この代襲相続制度は，わが国では律令時代からその存在が確認されており，外国ではローマ法にその源流を見いだすことができるという大変古くから存在する制度である。代襲相続の法的根拠は，ローマ法時代からの所謂「衡平の原則」にあるといわれる。即ち，相続人が被相続人より先に死亡し，あるいは何らかの理由により相続権を失った場合でも，その死亡・失権者の相続人が財産を承継しえないというのでは，衡平の原則（一般的普遍的な原理・原則）に反するというのである[190]。即ち，この代襲相続という制度は，相続人の死亡，欠格，廃除があった場合には，他の共同相続人に帰属させるよりも，当該死亡または失権相続人の承継人である直系卑属の福祉を考慮したという制度設計であり，相続制度の本流を行くものである。

---

　(190)　中川善之助編『注釈民法⒁相続⑴〔阿部浩二〕』182頁以下参照。

第3節　不動産に関する物権変動と公示

　しかし，本件の事実関係においては，遺産分割方法の指定により，事実上，Bが
単独相続のような形となり，遺言により，他の相続人Xを廃除するかのような形に
なる。ここまでは，遺留分（第1028条以下）との関係は残るにせよ，遺言者の最終
意思の尊重という観点から，許さざるをえないであろう。しかしながら，本件の場
合において，指定相続人Bの死亡後においてもなお遺言の効力を認めるということ
になると，衡平の原則に基づいて認められる代襲相続により，逆に衡平の原則に反
するかのような解釈を認めることになってしまい，妥当性を欠く結果を招く。

　したがって，本件のように，遺言により遺産分割方法の指定を受けた者が単独相
続人となる場合において，この相続人が遺言者よりも先に死亡したときには，本来
の共同相続の形に戻すべきであるという配慮が働く。このような配慮からは，あた
かも，受遺者が遺言者よりも先に死亡したことによる遺贈の失効と同様の法律効果
をもたらす。しかしながら，この結果から，本判決が昭和39年最判のような遺贈
説に立ち帰ったものと解すべきではない。本判決は，あくまでも，遺言による単独
相続の指定を共同相続の原則に復帰させたに過ぎないのである。それゆえ，本件の
事案が，指定相続人が複数人存在しており，その中の1人が遺言者より先に死亡し
た場合であれば，代襲相続を認めても，何ら差し支えないものと思量する。

　ちなみに，本件と類似の事案において，遺言失効後の代襲相続を認めた下級審の
裁判例がある[191]。この裁判例は，相続財産の一部について相続分の指定がなされ

─────────────
（191）　東京高判平成18年6月29日判時1949号34頁：亡A子は，子である亡B子に対し，
　相続財産の一部について「相続させる」旨の遺言をしたが，B子がA子より先に死亡したこ
　とから，亡B子の子であるXは，これは相続分の指定であり，同相続分について代襲相続し
　たと主張して，亡A子の他の相続人であるYら（Y₁〜Y₅）に対して指定相続分の確認を求
　め，本訴を提起した。これに対して，YらのうちY_1とY_5はその主張について争った（他の
　相続人は争っていない）。
　　第1審は，上記遺言は遺産分割方法の指定であり，指定された亡B子の相続の内容を定め
　たにすぎず，代襲相続人に新たに分割方法の指定をするといった事情がない限り，代襲相続
　人が当然に承継することはないとして，本件確認請求を棄却した。
　　Xは控訴し，本件遺言が遺産分割方法の指定であることを前提とし，代襲相続人であるX
　が亡A子から本件遺言によって相続したとして，相続財産について相続した共有持分の確認
　を求める訴えに訴えの交換的変更をした。
　　控訴（請求）認容。「相続人に対し遺産分割方法の指定がされることによって，当該相続
　人は，相続の内容として，特定の遺産を取得することができる地位を取得することになり，
　その効果として被相続人の死亡とともに当該財産を取得することになる。そして，当該相続
　人が相続開始時に死亡していた時は，その子が代襲相続によりその地位を相続するものとい
　うべきである。
　　すなわち，代襲相続は，被相続人が死亡する前に相続人に死亡や廃除・欠格といった代襲
　原因が発生した場合，相続における衡平の観点から相続人の有していた相続分と同じ割合の
　相続分を代襲相続人に取得させるのであり，代襲相続人が取得する相続分は相続人から承継
　して取得するものではなく，直接被相続人に対する代襲相続人の相続分として取得するもの
　である。そうすると，相続人に対する遺産分割方法の指定による相続がされる場合において
　も，この指定により同相続人の相続の内容が定められたにすぎず，その相続は法定相続分に

243

たという事案であり，また，遺言者が指定相続人の相続人に代襲相続させる意思を有していたという書証もあったという事実があり，代襲相続を否定する根拠のない事案であるから[192]，代襲相続を認めた判旨は妥当性を有しており，かつ，平成23年最判と矛盾するものではない。

第5項　相続放棄，欠格，廃除の問題
1　相続の放棄と第三者

共同相続人A・B・Cのうち，Aが相続を放棄すると，相続開始時に遡って共同相続財産に関するAの持分権はなくなり（第939条参照），BとCの持分権が各々2分の1となる。

この相続放棄による共有持分権の物権変動も，登記をしないと第三者に対抗することができないのかが問題となる。

〔判例30〕最判昭和42年1月20日民集21巻1号16頁
【事実】

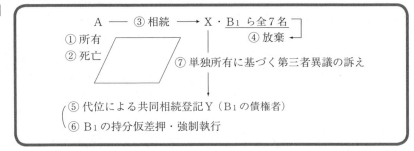

(1)　本件土地は元Aの所有地であったが，Aが死亡し，X及びB_1を含む7名が共同相続した。その後，X及びB_2以外の相続人は，家庭裁判所に相続放棄の申述をし，受理され，その旨の登記がなされ，当初は放棄しなかったB_2も，本件物件に対する相続による持分を放棄し，その旨の登記を経由したので，結局，Xの単独所有となった。

(2)　相続放棄をしたB_1の債権者Yは，B_1が相続放棄の結果を登記する前に，債権者代位権を行使して，本件土地につき，共同相続の登記を経由した。Yは，B_1が持分9分の1を有することを前提として，この持分につき裁判所に仮差押えを申し立て，仮差押命

　　　よる相続と性質が異なるものではなく，代襲相続人に相続させるとする規定が適用ないし準用されると解するのが相当である。」

　　そして，本件においては，B子の死後，A子の未完成に終わった自筆証書遺言があり，これには，Xに他の子らと同じく遺産の6分の1を与えるという記載があり，亡A子が亡B子の死亡後にXを本件遺言による相続から排除する意思を有していたとは考えられないとして，Xの請求を容認した。

(192)　平成23年最判の前に，同様に，原則否定，特段の事情のある場合に肯定という判示をした裁判例として，東京地判平成21年11月26日判時2066号74頁がある。また，平成23年最判後の裁判例として，東京地判平成24年11月8日（判例集ほか未公表。TKCを参照。）があり，同判決も，やはり「特段の事情」について詳細に検討している（結論は特段の事情なしとして代襲相続を否定した）。

第3節　不動産に関する物権変動と公示

令を得た。Yは，本件仮差押命令に基づいて，強制執行手続を申し立て，本件土地について競売手続が開始された。

　Xは，本件土地はB₁の所有ではなくXの所有であるから，この仮差押えは不当であるとして，第三者異議の訴えを提起し，本件強制執行の不許を求めた（民執第38条参照）。

　第1審，原審ともに，相続放棄の結果が登記されておらず，その間にYが仮差押命令を得て，強制執行手続が開始されたので，XはYに対抗することができないとして，Xの請求を棄却した。

【上告理由】

　Xは上告し，B₁らは相続放棄をしているから，相続する権利はないので，Yの代位による共同相続登記は無効であると主張した。

【判旨】破棄自判

　「民法第939条1項（改正前）『放棄は，相続開始の時にさかのぼってその効果を生ずる』の規定は，相続放棄者に対する関係では，右改正後の『相続の放棄をした者は，その相続に関しては，初めから相続人とならなかったものとみなす。』と同趣旨と解すべきであり，民法が承認，放棄をなすべき期間（915条）を定めたのは，相続人に権利義務を無条件に承継することを強制しないこととして，相続人の利益を保護しようとしたものであり，同条所定期間内に家庭裁判所に放棄の申述をすると（938条），相続人は相続開始時に遡って相続開始がなかったと同じ地位におかれることになり，この効力は絶対的で，何人に対しても，登記なくしてその効力を生ずると解すべきである。」

《問題点》

　相続開始後，相続人の一部の者が適法に家庭裁判所に相続放棄を申述し，これが受理されたが，相続財産である不動産につき登記を経由しないうちに，相続放棄をした相続人の債権者が共同相続登記を代位申請によって行うとともに，裁判所に持分権の仮差押えを申し立て，仮差押命令に基づいて強制競売が開始されたときには，他の共同相続人の放棄によって単独相続人となった者は，第三者異議の訴えにより，強制執行の不許を求めることができるか。

　つまり，相続放棄の効力と第三者による差押えとの関係が問題となる。

《分析》

　このような問題について，本判決は，民法が承認，放棄をなすべき期間（第915条）を定めたのは，相続人に権利義務を無条件に承継することを強制しないこととして，相続人の利益を保護しようとしたものであり，同条所定期間内に家庭裁判所に放棄の申述をすると（第938条），相続人は相続開始時に遡って相続開始がなかったと同じ地位におかれることになり，この効力は絶対的で，何人に対しても，登記なくしてその効力を生ずるものと判示して，未登記の単独相続人からの第三者異議の訴えを認めた。

　このように，相続放棄に関しては，遺産分割協議とは異なり，「絶対的効力」を

245

与え，その意思表示を保護している。相続の承認及び放棄の自由は相続人に認められた固有の権利であり，これを害する解釈は許されないとされたのである。

この点に関しては，通説も，適法に相続放棄をした者は，全く相続人として現れることはないので，遺産分割協議とはその性質を異にすべきものと解し，相続人の欠格・廃除の場合も放棄と同様の結論になるとしている[193]。ただ，若干の問題があるので，次段において考察する。

2 相続の欠格・廃除と第三者

相続欠格は，故意に被相続人または先順位の相続人を死亡させるなどして，刑に処せられた者など，一定の欠格事由に該当する者につき，当該事由の発生によって当然に相続人から除外され，特別の手続を要しないという制度である（第891条参照）。相続欠格事由は，相続開始の前後を問わず発生しうる。遺言書の偽造などによる相続は，後発的に判明する事由であるから（第891条5号），その判明時から相続開始時に遡って欠格の効力が発生する。

このような欠格事由が判明しないまま欠格者が相続し，相続不動産に関して登記を経由し，これを第三者に譲渡して，登記を移転しても，無権利者の処分であり，譲受人は有効に権利を取得することはできない。欠格者は相続人ではないから，他の相続人は，登記がなくとも，欠格者の処分行為を否定し，登記の抹消を求めることができる[194]。

しかし，欠格事由が相続開始後に生じた場合において，それ以前に欠格者が行った相続財産に関する処分行為については，失踪宣告の取消前に失踪者の表見相続人がした行為に関する民法第32条1項後段を類推適用し，善意の相手方を保護すべきものと解されている[195]。

---

[193]　我妻＝有泉110-111頁。

[194]　大判大正3年12月1日民録20輯1019頁：本件土地は元Aの所有であるところ，Aは子であるBに殺害され，当初はこれが判明せず，BがAの財産を家督相続して登記した後，本件土地をYに売却したが，その後，Bが逮捕され，刑に処せられたことから，他の相続人であるXがYに対して所有権移転登記の抹消登記手続を訴求したという事案である。

　　大審院は，「民法第969条（現行第891条。以下同じ）の規定はその各号に掲げた原因の一つある者は当然家督相続人たる資格を欠くものとし，その原因たる事実発生の時よりこれを欠格者として相続より除斥する旨を定めた法意である」から，「本件事実の如く故意に被相続人を死に致したる者がその犯罪により刑に処せられた場合においては，その処刑以前既に家督相続をした事実ありとしても，処刑の原因たる犯罪の当時より家督相続の欠格者なるを以て，その相続は当初より相続人たる資格なき者のしたものに属し，全然無効である」とした。

　　そして，この効力については，「民法第969条規定の趣旨は，苟もその各号に掲げた原因の一つあるにおいては，その原因たる事実発生の時より相続欠格の効力を生ずるものとし，その原因ある者を当然相続より除斥するにあって，特にその欠格の第三者に対する効力を制限した規定は存しないから，第三者に対しても欠格の原因が生じた時より当然欠格の効力を及ぼすものにして，その効力につき，第三者の意思の善悪もしくは過失の有無を問わないものと解せざるを得ない」として，善意・無過失の第三者に対してもその効力を及ぼすとした。

第3節　不動産に関する物権変動と公示

　次に，推定相続人が被相続人の生前，同人を虐待し，もしくは重大な侮辱を加えたとき，または推定相続人にその他の著しい非行があったときには，被相続人は，その推定相続人を相続から廃除することを家庭裁判所に請求することができる（第892条）。また，相続人の廃除は，生前の請求以外に，遺言による廃除も認められている。この場合には，遺言執行者は，遺言の効力発生後，遅滞なく，その推定相続人の廃除を家庭裁判所に請求しなければならず，この請求があれば，廃除は，被相続人の死亡時に遡ってその効力を生ずる（第893条）。

　善意の第三者との関係については，相続人の廃除の場合にも，欠格の場合と同様に解釈する必要があるだろう。ましてや，遺言による廃除については，第三者には知る術もない。

　したがって，廃除者による処分行為を事後に失効させるときにも，やはり，善意の相手方を保護する必要がある。

> ― **point**
>
> 　相続の放棄，欠格，相続人の廃除と第三者との関係について，それぞれの制度の特色と第177条の適用可能性という観点から検討してみよう。

第5款　第177条各論〔3〕　取得時効と登記

第1項　問題の所在

　近代法は，所有権と占有権とを分離し，ともに物権として認めている。また，不動産に関する物権変動は，登記によって公示されるべきものとされているので，不動産物権の存在については，登記を尊重しなければならないという原則が生ずる（公示の原則）。

　登記を有する不動産所有者は，土地に関する税金を支払い，土地を他人に賃貸して地代を徴収し，銀行から融資を受け，銀行に抵当権を設定するなどして，所有者として平穏無事に権利を行使している。ところが，この土地を第三者が占有し，一定の期間使用していると，所有権を時効取得してしまう（第162条）。また，不動産の所有権を取得し，登記を経由しながら，占有していないがために，他人が占有したとすると，これまた同様の事態が発生し，その所有者は所有権を失うという事態に陥る。

　不動産物権変動における公示の原則を徹底しようという理想からは，不動産の占有のみによって時効による不動産の所有権取得を認めている，わが民法の取得時効制度（第162条，第163条）は妥当なものとはいえないであろう[196]。そのため，取

（195）　我妻＝有泉110頁及び引用文献参照。

（196）　ドイツ民法第900条1項1文は，所有権を獲得していなくとも，およそ登記簿上，土地の所有者として，登記を30年間存続させ，その間，土地を自主占有してきた者は，所有

得時効の基礎たる自主占有と物権変動の対抗要件である登記との間に，ある種のずれを生じさせ，解釈上の難問を呈している。この占有と登記との矛盾・衝突によって，不動産物権変動を目的とする取引に混乱を生じないよう，また，社会的公平を欠くことのないように解釈しなければならない。

また，第 176 条は，「意思表示による物権変動」を予定しており，第 177 条は同条を承けている関係上，時効取得による物権変動は第 177 条の埒外のようにも見える。しかしまた他方，判例は，第 177 条の物権変動はすべての物権変動を指すものと解しており(197)，制度上及び判例法上の問題点を提示している。

本款においても，従来の判例法理が示してきた解釈についての検討から始める。

― ***point*** ―
「取得時効と登記」という問題の前提について，理解しよう。

第 2 項　従来の判例法理――判例 5 準則

「取得時効と登記」という問題において，従来の判例法理が示してきた基準は，講学上，確定した準則として位置づけられている。この判例準則は，①取得時効の当事者の認定基準，②取得時効の進行中における不動産の譲渡，③取得時効完成後における不動産の譲渡（対抗関係），④時効の起算点（任意起算の禁止），⑤再度の時効完成及び登記後の時効完成，という 5 つに分類されている。まずは，これらの準則を紹介しつつ，種々の問題点に関して検討を加える。

1　取得時効の当事者（第 1 準則）

まず，登記簿上は A の所有名義になっている不動産につき，B に取得時効が完成した場合には，B はその時効完成時の所有者である A に対して時効による物権（所有権）の取得を主張し，その所有権移転登記を請求することができる。この点につき，判例は，両者は物権変動の当事者であることを理由としている。

〔判例 31〕大判大正 7 年 3 月 2 日民録 24 輯 423 頁
【事実】

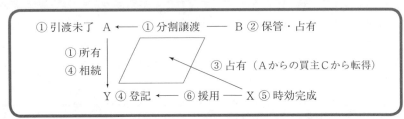

権を取得すると規定しており，自主占有と登記とを併有することにより，無権利者であっても，所有権を時効取得する。
(197)　大連判明治 41 年 12 月 15 日民録 14 輯 1301 頁。

第3節　不動産に関する物権変動と公示

　(1)　本件土地は，元々，Bほか30余名の共有地の一部であった。Bらは本件土地をA
に分割譲渡し，Aの所有地としたが，引渡しを完了せず，Bが保管していた。

　(2)　明治34(1901)年（月日不明），CがAから本件土地を買い受けて占有を開始し，その
後，Cから転々譲渡され，明治45(1912)年2月1日，Xが買い受けて占有を継続している
（事実関係は占有の事実だけ認定）。

　(3)　大正4(1915)年2月10日，Aが死亡したので，家督相続によりYが相続し，所有
権移転登記を経由した。その後，Xに取得時効が完成した。

　そこで，XはYに対して，取得時効の完成に基づき，所有権確認・登記抹消を訴求した。
Xは，Aの買主から転得した旨を主張したが，立証不足で認定されず，ただ，第1審より
一貫して取得時効を援用している。

　原審は，Xに登記がない以上Yに対抗しえないとして，請求を棄却した。Xから上告。

【判旨】破棄差戻

　「民法第177条を適用するには，その対抗を受ける者が所謂第三者に該当するか否かを
確定しなければならない。

　時効による不動産所有権の取得は原始取得であるから，法律行為における意義の当事者
なる者はないのであるが，時効により不動産の所有者がその所有権を取得するのは，その
時効完成の時期にあって，一方では占有者が所有権を取得する結果，その時期において目
的たる不動産の所有者であった者の所有権は消滅するのであるから，時効完成当時の所有
者は，その取得者に対する関係においては，あたかも，伝来取得における当事者たる地位
にある者と見なすべきものである。したがって，時効による不動産の所有権の取得につき，
これを第三者に対抗するために登記を必要とするも，時効完成の時期における所有者に対
しては，完全に所有権を取得するのであり，あえて登記を必要とするものではない。」

《問題点》

　取得時効と民法第177条との関係。取得時効完成時の不動産所有者と時効取得者
との関係は，対抗関係となるのか。

《分析》

　このような問題について，本判決は，時効による所有権取得は原始取得であり，
法律行為におけると同様の「当事者」はいないが，時効完成当時の所有者は，伝来
取得（承継取得）における当事者であるものとみなすとした。それゆえ，時効完成
当時の所有者Yは，時効の当事者であり，XがYに対して時効取得を対抗するには
登記は不要であるとした。また，本判決は，時効取得者は，取得した物権を第三者
に対抗するには登記を要するとした。

　要するに，本判決の位置づけとしては，時効取得者Xが時効完成当時の所有者Y
に対して時効を援用する場合には，登記は不要であるが，時効完成後の第三者との
間においては，登記を対抗要件とするということである。

249

2 取得時効の進行中における不動産の承継，譲渡（第2準則）

　例えば，無権利者Bが，A所有の土地を自主占有して，時効期間が進行中に，その土地がAからCへと譲渡され，AからCへの所有権移転登記が経由された場合でも，Bの占有・取得時効の進行につき，Cの側から何ら時効中断の措置（第147条以下）が講じられておらず，Bの側に承認（第156条）もしくは自主占有の喪失といった時効中断事由（第164条）もなければ，取得時効はそのまま進行し，所定の期間経過により取得時効が完成すれば，Bは所有権を取得するという。

〔判例32〕最判昭和35年7月27日民集14巻10号1871頁
【事実】

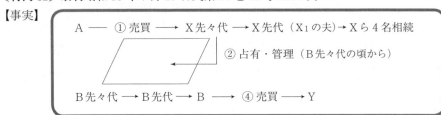

　(1)　本件土地甲は，元Aの所有地であり，明治40(1907)年11月29日，X先々代がAより買い受け，これをXら先代（X₁の夫）が相続により取得したものである。

　(2)　Xら先代は，昭和22(1947)年5月19日に死亡し，Xら4名が相続した。

　(3)　Xら先々代は，関東大震災（大正12〔1923〕年9月1日）の2，3年後には，本件土地乙を含む土地をも自己の所有地として，ここに檜苗を植え，以来これを管理し，昭和28年9月，Yが本件土地乙を買い受けるまで平穏かつ公然と自己の所有地として同地を占有してきたので，遅くとも大正15(1926)年9月1日以降20年の経過により，昭和21(1946)年8月31日限りで，Xら先代は本件土地乙を時効により取得した。

　(4)　Xら先代や同人を相続したXらが時効取得による所有権取得登記を経由しないうちに，Yが，昭和28(1953)年9月10日，元の所有者Bから本件土地乙を買い受け，同月18日，その旨の所有権移転登記を経由した。

　Xは，Yを被告として本件甲・乙土地間の境界確定（現行法上は「筆界特定」）訴訟を提起し，争点となっている本件土地部分につき，取得時効を援用したものの，その起算点を昭和28年10月6日とし，同日から遡って20年間の占有により取得時効が完成したとして，時効の当事者であるYに時効を対抗しうるものと主張した。

　これに対して，Yは，Xらは，本件土地甲につき，明治40(1907)年11月29日以降平穏・公然に占有してきたのであるから，昭和2(1927)年11月29日の満了により取得時効が完成し，その所有権を取得したはずであるが，その旨の登記を経由しないうちに，Yが昭和28年9月18日にBから本件土地乙を買い受け，その旨の登記を経由したので，Xらは，第三者たるYに対し，時効による所有権取得を対抗しえないと主張した。

　原審は，時効の起算点は任意に選択しえず，Xらには，遅くとも昭和21(1946)年に時効が完成している，また，時効完成後，目的不動産につき登記を取得した者には対抗しえず（大連判大正14年7月8日民集4巻412頁），XとYとは対抗関係に立つから，Xは登記をし

第3節　不動産に関する物権変動と公示

なければYに対抗しえないとして，Xの請求を棄却した。Xから上告。

【判旨】棄却

「時効が完成しても，その登記がなければ，その後に登記を経由した第三者に対しては時効による権利の取得を対抗しえない（民法177条）のに反し，第三者のなした登記後に時効が完成した場合においては，その第三者に対しては，登記を経由しなくとも時効取得をもってこれに対抗しうることとなると解すべきである。

しからば，結局取得時効完成の時期を定めるにあたっては，取得時効の基礎たる事実が法律に定めた時効期間以上に継続した場合においても，必ず時効の基礎たる事実の開始した時を起算点として時効完成の時期を決定すべきものであって，取得時効を援用する者において任意にその起算点を選択し，時効完成の時期を或いは早め或いは遅らせることはできないものと解すべきである。」

《問題点》

自己の所有地とともに他人の土地をも占有してきた者が境界確定（現行法上は「筆界特定」）訴訟を提起し，その予備的請求において，取得時効完成後，時効取得者が完成時から遡って20年間の取得時効が完成したとして，土地所有者に対し，所有権の取得を対抗することができるか。要するに，本件においては，

(1)　取得時効の完成と不動産の第三取得者との関係，

(2)　取得時効の起算点，が問題となる。

《分析》

このような問題について，本判決は，争点(1)については，取得時効の基礎たる占有継続中に不動産の原所有者から第三者に所有権が移転し，登記が経由されても，時効は進行し，時効期間満了と同時に時効が完成すると判示した。

また，争点(2)については，争点(1)との関係において，時効の起算点は，時効の基礎たる事実の開始した時点であり，時効援用権者において任意に起算点を選択し，時効完成の時期を変動させることはできないと判示した。

前例に戻るが，この場合でも，判例によれば，Aの所有する土地の時効援用権者Bは，時効による所有権の取得をもって，時効完成前の第三取得者Cに対抗することができ，Cに対して所有権移転登記手続に協力するよう請求することができる。Cは取得時効による物権変動の当事者になるからである。

この判例法理（第2準則）は，売買契約等，AからBへの有効な譲渡行為があり，未登記ではあるが，Bが引渡しを受け，自主占有している間に，Aがその不動産をCに二重譲渡し，AからCへの所有権移転登記が行われた場合においても，その後のBの取得時効に関しては同様に扱われるものと解されてきた。また，Bがそのまま自主占有を続け，Cから時効中断に該当する権利の主張がないときには，AからBへの引渡時から起算される取得時効が進行し，完成しうる。したがって，Bは時効完成時の所有者であるCに対して所有権移転登記を請求することができるという

帰結である。

　この場合には，Ｂは，Ｃが所有権を取得し，登記を経由した時点までは，「他人の物」ではなく，自己の所有物を占有していたことになるが，この点につき，判例は，取得時効の完成の妨げにはならないものと解している[198]。

　また，後掲するように，判例は，Ｃの所有権取得がＢの取得時効の完成前であれば，Ｂの取得時効完成後にＡからＣへの所有権移転登記が行われた場合でも，Ｂは登記なくしてＣに対抗しうるものと判示している[199]。

〔判例33〕　取得時効完成前に第三者が建物の所有権を競売により取得し，その登記
　　　　　後に時効が完成した場合：最判昭和42年7月21日民集21巻6号1643頁

【事実】

　(1)　Ｙ₁の実兄Ａは，Ｙ₁に対し，結婚すれば分家料として本件家屋を贈与する旨話していたが，Ｙらが結婚し，本件家屋に居住するに至っても，Ｙ₁への贈与が判然としなかったので，Ｙ₁は媒酌人であるＢに本件家屋の贈与につき交渉方を依頼し，交渉したところ，昭和27年11月，Ａは本件家屋をＹ₁に贈与することを承諾した。

　(2)　その後，ＡはＹらに対し，本件家屋は贈与したのだからその修繕は自分でしろと言うので，Ｙらは自己の費用で修繕し管理していた。ところがＡは，本件家屋の所有権移転登記を経由していないのを奇貨として，Ｙらに無断で本件家屋に抵当権を設定し，その旨の登記を経由した。

　(3)　その後，本件家屋は競売に付され，Ｘがこれを競落し，代金を支払い，昭和37年10月29日，Ｘにその所有権移転登記がなされた。

　そこで，Ｘは，Ｙらに対し，本件家屋はＸの競落前はＹ₁の兄Ａの所有に属し，Ｙ₁とその妻Ｙ₂は，Ｘに対して何らの権限もなく家屋を占有しているとして，所有権に基づき，本件家屋の明渡しを求め，本訴を提起した。

　これに対して，Ｙらは，兄Ａが本件建物とその敷地を贈与すると言ったので，それ以来，Ｙらは Ｙ₁の所有として本件家屋に居住し，管理，修繕，改造，増築を行い，世間も Ｙ₁の所有であることに疑いを持たず，このような経過から，Ｙ₁は本件建物を自己の所有として平穏，公然，善意，無過失に占有を継続し，満10年を経た昭和37年11月をもって時効により本件家屋の所有権を取得したのであり，仮に，時効の抗弁が採用されなくとも，Ｘの明渡請求は権利の濫用であるなどと主張した。

【事実審】

　第1審は，Ｘの請求を認容した。Ｙらは控訴し，第1審と同様の主張をした。

　原審は，次のように判示して，Ｙらの控訴を棄却した。

　物権の変動は意思表示のみによりその効力を生ずる。Ｙ₁は昭和27年11月兄Ａより本件家屋の贈与を受け，その所有権を取得したが，その登記を経ないうちに，Ｘが競売手続

---

(198)　最判昭和42年7月21日民集21巻6号1643頁（後掲〔判例33〕），最判昭和46年11月5日民集25巻8号1087頁を参照。

(199)　最判昭和42年7月21日民集21巻6号1653頁（後掲〔判例34〕）。

252

第3節　不動産に関する物権変動と公示

によりAからその所有権を取得したため，二重譲渡の結果になったところ，Y₁はXより先にAから贈与を受けているが，登記がないので，その所有権取得をもって登記を経たXに対抗しえない。Yらから上告。

【判旨】破棄差戻

「民法162条所定の占有者には，権利なくして占有をした者のほか，所有権に基づいて占有をした者をも包含するものと解するのを相当とする（大判昭和9年5月28日民集13巻857頁参照）。すなわち，所有権に基づいて不動産を占有する者についても，民法162条の適用があるものと解すべきである。

　けだし，取得時効は，当該物件を永続して占有するという事実状態を，一定の場合に，権利関係にまで高めようとする制度であるから，所有権に基づいて不動産を永く占有する者であっても，その登記を経由していない等のために所有権取得の立証が困難であったり，または所有権の取得を第三者に対抗することができない等の場合において，取得時効による権利取得を主張できると解することが制度本来の趣旨に合致するものというべきであり，民法162条が時効取得の対象物を他人の物としたのは，通常の場合において，自己の物について取得時効を援用することは無意味であるからにほかならないのであって，同条は，自己の物について取得時効の援用を許さない趣旨ではないからである。」

《問題点》

　取得時効の完成前に競売によって建物の所有権を取得し，その登記後に取得時効が完成した場合には，時効の当事者（時効完成前の第三者）関係を重視すべきか，それとも第177条の第三者関係を重視すべきか。

《分析》

　このような問題について，本判決は，自己の所有物についても取得時効が成立するという前提に立脚し，競売手続による第三取得者Xの所有権移転登記後に，建物の所有者かつ占有者Y₁に取得時効が完成したときには，両者は時効の当事者であるかのように判示している。それは，Yらの取得時効の抗弁の成否についてさらに審理を尽くす必要があるとして，原判決を破棄し，差し戻したという点に表れている。

　本件においては，取得時効の完成前にXが不動産の所有権を取得し，その登記後にY₁に時効が完成した場合には，不動産取得者と時効取得者との関係は，時効の当事者関係を重視すべきなのか，それとも，第177条の第三者たるべく登記を経由した第三取得者の立場を尊重すべきなのかという点が問題となる。

　本判決は，明確な判示を行っていないが，Y₁の時効取得に関して原判決を破棄し，差し戻しているので，取得時効完成前の第三者の問題として，時効の当事者関係の問題と解しているものと思われる。そうすると，Xは時効完成前の第三者として，実質的に時効完成時の所有者となるので，Y₁に対抗することができず，Y₁は登記なくしてXに時効取得を対抗しうることになる。しかし，このように解すると，

253

第 2 章　物権の変動

取得者Ｘの取引安全が著しく害されるという理由から，学説は，登記を尊重すべきだとして，判例法理を批判するものが多い。

〔判例 34〕　取得時効完成前に第三者が所有権を取得したが，時効完成後に登記がなされた場合：最判昭和 42 年 7 月 21 日民集 21 巻 6 号 1653 頁

【事実】

　(1)　Ａは，本件土地と，Ｂから買い受けた甲土地を，昭和 13 年 3 月 21 日頃以降，Ｙに売り渡した昭和 17 年 9 月頃まではＣに，Ｃの死亡後はその子Ｄに賃貸し耕作させていた。つまり，この期間，ＡはＣ・Ｄを占有代理人として本件土地を占有していた。

　(2)　また，昭和 17 年 9 月頃，Ｙは，Ａから甲土地とともに本件土地を買い受けてから間もなく，土地を耕作していたＤからその引渡しを受け，本件土地上に家屋を建築し，本件土地を占有して，現在に至っている。

　(3)　ところが，本件土地の真の所有者はＥであり，同人死亡による家督相続によりＦが本件土地の所有権を取得したところ，Ｘは，昭和 33 年 2 月頃，Ｆから本件土地を買い受け，同年 12 月 8 日に所有権移転登記を済ませた。

　そこで，Ｘは，本件土地の所有権を取得したとして，Ｙに対して，建物収去及び土地明渡しを求め，本訴を提起した。

【事実審】

　第 1 審はＸの請求を棄却した。Ｘは控訴し，第 1 審同様の主張をした。他方，Ｙは，Ａが昭和 13 年 3 月 21 日以来Ｙに本件土地を売り渡すまで自己の所有地としてこれを占有支配していたから，Ｙは，前主Ａの占有と自己の占有とを合わせて，昭和 33 年 3 月 21 日の経過により 20 年の取得時効が完成し，本件土地の所有権を取得したと主張した。

　原審は，Ａの占有が悪意であったとしても，ＹはＡの占有を併せ主張することにより，Ａが本件土地の占有をＣの代理占有により開始した昭和 13 年 3 月 21 日より起算し，20 年目の昭和 33 年 3 月 21 日に本件土地の所有権を取得したとして，Ｘの請求をすべて棄却した。Ｘから上告。

【判旨】棄却

　「原判決の確定した事実によると，Ｙは，本件土地の占有により，昭和 33 年 3 月 21 日に 20 年の取得時効が完成したところ，Ｘは，本件土地の前主Ｆから昭和 33 年 2 月に本件土地を買い受けてその所有者となり，同年 12 月 8 日，所有権取得登記を経由したというのである。されば，Ｙの取得時効完成当時の本件土地の所有者はＸであり，したがって，Ｘは，本件土地所有権の得喪のいわば当事者の立場に立つのであるから，Ｙはその時効取得を登記なくしてＸに対抗できる筋合であり，このことは，Ｘが，その後所有権取得登記を経由することによって消長を来さないものというべきである。」

《問題点》

　土地の第一買主Ｙに取得時効が完成する前において，Ｘが真の所有者から土地を譲り受けたが，未登記の間に，当該土地にＹの取得時効が完成し，その後，Ｘが所有権移転登記を経由したときには，Ｘは時効の当事者（時効完成前の第三者）か，そ

第3節　不動産に関する物権変動と公示

れとも，時効に関する対抗関係者となるべき第三者（時効完成後の第三者）か。

《分析》

　このような問題について，本判決は，本件土地の取得者Xが，本件土地の占有者Yの取得時効完成前に真の所有者から土地を購入し，その後，しばらくしてから登記を経由したのであるが，この購入後，登記までの間において，土地の占有者Yに取得時効が完成した場合には，この購入取得者Xを時効の当事者と認定し，時効援用権者Yは，登記なくして，この購入取得者Xに対抗することができると判示した。

　時効の当事者を不動産の登記名義人と解するのであれば，本件の事案においては，時効完成時の登記名義人は真正所有者Fであるから，時効取得者YとFからの承継取得者Xとは対抗関係に立ち，XはYの時効完成後に登記を経由しているので，XはYに対抗することができるようにも思われる。他方，所有権の取得という実体法上の観点からは，登記の有無はさておき，XがFから所有権を取得したのは，Yの時効完成前である。したがって，Xが登記を経由していなくとも，Yの時効完成時の所有者はXであるから，Xは時効の当事者となる（第1準則，第2準則）。

　本判決は，後者，即ち，実体法上の観点に立ち，Xが未登記であっても，時効完成前において既に実体上FからXへの所有権移転がなされたことを重視して，Xを時効の当事者と認定し，たとえ，Xが時効完成後に登記を経由したとしても，YはXに登記なくして時効取得を対抗することができると判示したのである。

　しかしながら，この解釈は，物権変動の当事者という点に拘泥して登記を軽視し過ぎているという批判を免れない。また，仮に，Yが平穏・公然，善意・無過失であり，10年の取得時効の主張さえ思いつきえない状況であり，保護に値するという場合である一方で，他方，取得者Xが，時効取得者Yの存在を知り，殊更に真の所有者Fから土地を買い受けた上で，登記時期をずらし，時効完成後の第三者関係を作出したという場合であれば，そのような意図的な作為をした取得者を背信的悪意者と認定するなど，別の解釈による対応を考えるべきものと思われる。

3　取得時効完成後における不動産の譲渡（第3準則）

　次に，土地の占有者Bに取得時効が完成した後，Bが所有者Aから登記を取得しない間に，AからCへの譲渡行為があり，Cが所有権移転登記を経由すれば，BはCに時効取得を対抗しえなくなる。この場合には，取得時効完成時にAからBへの所有権移転が発生したものとみなし，その後，AからCへの譲渡行為，即ち，所有権移転があったのであり，あたかも二重譲渡の観を呈するものだからである[200]。

----

(200)　大連判大正14年7月8日民集4巻412頁：Y_1の先々代Aは，国有未開地かつ未登記である本件土地に建物を建築所有し，明治21年4月中，これをXの先代Bに売却し，明治29年にBが死亡した後も，Xが未登記のまま本件土地・建物を占有し続けていた。他方，本件土地は，明治32年にAの相続人Cが国から所有権を付与され，大正5年4月，保存登記を経由した後，Cは本件土地をY_2へ，Y_2はY_3へと売り渡し，所有権移転登記を経由した。その後，Y_1がCを相続した。

ただ，この場合でも，BがAから売買によって土地を取得し，引渡しを受けて占有していたところ，AからCへの二重譲渡があったが，その際に，Bに時効が完成していたという事案の場合には，二重譲渡と時効取得とが競合しているので，解釈上，後述するような「第177条の第三者と対抗の意義」という難問を呈することになる（本節第8款 民法第177条の第三者を参照）。昭和35年最判が引用する大連判大正14年7月8日は，まさにこの問題であった。まず，不動産の第一買主Xの未登記に対する非難可能性と（だが，土地も未開地のため，未登記という特殊事情があった。），Xの時効取得時以後の未登記に対する非難不可能性（通常，自己の購入不動産に関する取得時効の完成は認識しない。），次に，土地所有権の名義人C＝Y_1と，Y_2・Y_3という転得者における現地検分の義務との関係，このような関係から，結局は，登記を経由したYらの勝訴という結果に対する検証が問題となる。しかし，無権利法理からの批判や帰結を顧慮したとしても，この問題は，やはりYらの登記経由による所有権の付与・確定の問題として処理すべきものであろう。結局，結論としては，判旨妥当ということになる。

次に示す判例は，比較的新しいものであり，譲渡行為と時効取得者の土地利用状況との関係が問題となっている。

〔判例35〕最判平成18年1月17日民集60巻1号27頁
【事実】

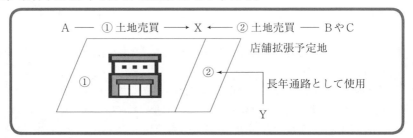

Xは，Yらに対し，時効取得を主張して，各所有権登記の抹消を求め，本訴を提起した。原審はXの請求を容認したので，Yらから上告。

破棄自判。「時効による不動産の所有権取得は移転登記の方法によりこれを登記すべきものであるから，その不動産が未登記である場合には，時効完成後に従来の所有者が自己名義に保存登記を受けても，その登記は叙上の場合における保存登記とその取扱いを異にすべき理由はないから，これまた有効である。……Xが該登記を基礎とし，時効による所有権取得の登記を受けない間にY_2及びY_3が売買による所有権移転の登記を受けたのは，二重売買のあった場合に，後の買主が前の買主に先んじて登記を受け，更に他人に登記手続をした場合と同一に論ずべく，何らこれを区別すべき理由はないから，Yらの受けた登記もまた有効であると論断すべきものである。」

最判昭和57年2月18日判時1036号68頁：「私権の目的となりうる不動産の取得については，右不動産が未登記であっても，民法177条の適用があり，取得者は，その旨の登記を経なければ，取得後に当該不動産につき権利を取得した第三者に対し，自己の権利の取得を対抗することができないものと解される」。

第3節　不動産に関する物権変動と公示

(1)　Xらは，鮮魚店を開業する目的で，平成7年10月26日，A会社からT県N市231番2，232番3及び275番1の各土地を購入し，所有権移転登記を経由した。Xらは，開業資金の融資を受ける取引銀行から，上記各土地の公道に面する間口が狭いとの指摘を受けたため，その間口を広げる目的で，平成8年2月6日，Bから同所234番の土地（地目ため池，地積52 m²。以下「本件土地」といい，上記各土地と併せて「本件土地等」という。）を購入し，所有権移転登記を経由した。また，同年4月18日，Cから同所274番2の土地を購入し，所有権移転登記を経由した。

(2)　Yは，本件土地の西側に位置する同所231番1，232番1，232番2，233番2及び235番3の各土地を所有し，同所231番1及び232番1の各土地上に「D会館」と呼ばれる本件建物を所有している。

(3)　本件通路部分は，本件建物のための専用進入路であり，Yの前々主及び前主が占有し利用していた通路である。本件通路部分のうち，一部はXら所有の232番3の土地の一部であるが，一部（本件通路部分A）はY所有の232番2及び233番2の各土地の一部である。

(4)　Xらは，Yに対し，本件通路部分の大部分がXらの購入した本件土地に該当するとして，その所有権の確認を求めるとともに，本件係争地のうち，指定部分内のコンクリート舗装の収去を求め，本訴を提起した。

　これに対し，Yは，(ア)本件通路部分の一部は，Yの所有地である，(イ)Yは，20年間本件通路部分を占有したことにより，所有権または通行地役権を時効取得した，(ウ)XらはYを困惑させる目的で本件土地を廉価で購入したものであるから，Xらの請求は権利の濫用に当たる，などと主張した。

(5)　また，Yは，Xらに対し，(ア)本件通路部分のうち本件通路部分Aを除く本件通路部分Āは，Yの所有地である，(イ)Yは，20年間本件通路部分Āを占有したことにより，所有権または通行地役権を時効取得したなどと主張し，主位的に，Yが本件通路部分Āにつき所有権を有することの確認を求め，予備的に，Yが本件通路部分Āにつき通行地役権を有することの確認を求め，反訴を提起した。

　Xらは，Yの(4)(イ)及び(5)(イ)の各主張に対して登記の欠缺を主張したが，Yは，Xらは背信的悪意者に当たると主張した。

【事実審】

　第1審は，Yらには，取得時効は成立せず，また，Yの所有地は袋地ではないとして，囲繞地通行権は成立しないとした。

　Yは控訴し，主位的請求として本件通路部分の時効取得を主張し，予備的請求として本件通路部分の通行地役権の時効取得を主張した。

　原審は，次のとおり判示し，Xらの本訴請求を本件係争地のうち本件通路部分を除いた土地がXらの所有に属することの確認を求める限度で認容し，その余を棄却して，Yの反訴請求（主位的請求）を全部認容した。

①　Yの前々主及び前主は，本件通路部分Āを所有の意思をもって占有し，Yが引き続

257

き所有の意思をもって占有を継続したから，Yは，20年の経過により，本件通路部
分Aの所有権を時効取得した。

② Xらは，上記各土地の購入時において，(ア)Y所有の各土地上に従前建物と本件建
物が建っており，Yが本件土地の大部分と重なる本件通路部分Aをその専用進入路と
してコンクリート舗装した状態で利用していること，(イ)Yが本件通路部分を利用で
きないとすると，公道からの進入路を確保することが著しく困難となることを知っ
ており，……，(ウ)Xらは，調査すれば，Yが本件通路部分Aを時効取得したことを容
易に知り得たから，Xらは，Yが時効取得した所有権について登記の欠缺を主張す
る正当な利益を有しない。そこで，Xらから上告受理申立てがなされた。

【判旨】一部棄却，一部破棄差戻

「(1) 時効により不動産の所有権を取得した者は，<u>時効完成前に当該不動産を譲り受け</u>
<u>て所有権移転登記を了した者に対しては，時効取得した所有権を対抗することができるが，</u>
<u>時効完成後に当該不動産を譲り受けて所有権移転登記を了した者に対しては，特段の事情</u>
<u>のない限り，これを対抗することができない</u>と解すべきである。

Xらは，Yによる取得時効の完成した後に本件通路部分Aを買い受けて所有権移転登記
を了したというのであるから，Yは，特段の事情のない限り，時効取得した所有権をXら
に対抗することができない。

(2) 民法177条にいう第三者については，一般的にはその善意・悪意を問わないもので
あるが，実体上物権変動があった事実を知る者において，同物権変動についての登記の欠
缺を主張することが信義に反するものと認められる事情がある場合には，登記の欠缺を
主張するについて正当な利益を有しないものであって，このような背信的悪意者は，民法
177条にいう第三者に当たらないものと解すべきである（最判昭和40年12月21日民集19
巻9号2221頁，最判昭和43年8月2日民集22巻8号1571頁，最判昭和43年11月15日民集22
巻12号2671頁，最判昭和44年1月16日民集23巻1号18頁参照）。

そして，甲が時効取得した不動産について，その取得時効完成後に乙が当該不動産の譲
渡を受けて所有権移転登記を了した場合において，乙が，当該不動産の譲渡を受けた時点
において，<u>甲が多年にわたり当該不動産を占有している事実を認識しており，甲の登記の</u>
<u>欠缺を主張することが信義に反するものと認められる事情が存在するときは，乙は背信的</u>
<u>悪意者に当たる</u>というべきである。取得時効の成否については，その要件の充足の有無が
容易に認識・判断することができないものであることにかんがみると，乙において，甲が
取得時効の成立要件を充足していることをすべて具体的に認識していなくても，背信的悪
意者と認められる場合があるというべきであるが，その場合であっても，<u>少なくとも，乙</u>
<u>が甲による多年にわたる占有継続の事実を認識している必要がある</u>と解すべきであるから
である。」

《問題点》

甲（Y）が自己の土地・建物を所有した当時，通路として購入した土地のうち，
何らかの原因により，購入漏れないし登記漏れが生じており，甲（Y）は，そのま

まそれらの土地を含めて通路として使用し，20年以上が経過して，取得時効が完成した後，乙（Xら）が，その甲の取得漏れした土地を含めて購入し，登記を経由した場合において，乙（Xら）に背信的悪意者を認定することができるか。

《分析》

　(ア)　本判決から導かれる判例法理

　このような問題について，本判決は，甲（Y）が時効取得した不動産について，その取得時効完成後，乙が当該不動産の譲渡を受けて所有権移転登記を完了した場合において，乙（Xら）が，当該不動産の譲渡を受けた時点において，甲（Y）が多年にわたり当該不動産を占有している事実を認識しており，甲（Y）の登記の欠缺を主張することが信義に反するものと認められる事情が存在するときには，乙（Xら）は背信的悪意者に当たるというべきであると判示した。

　その理由は，取得時効の成否については，その要件充足の有無を容易に認識・判断しえないものであることに鑑みると，乙（Xら）において，甲（Y）が取得時効の成立要件を充足していることをすべて具体的に認識していなくても，背信的悪意者と認められる場合があるとし，その場合には，少なくとも，乙（Xら）が甲（Y）による多年にわたる占有継続の事実を認識している必要があると解すべきだからであるという。

　(イ)　取得時効と登記

　時効により不動産の所有権を取得した者は，時効完成前に当該不動産を譲り受けて所有権移転登記を完了した者に対しては，時効取得した所有権を対抗することができる。しかし，時効完成後に当該不動産を譲り受けて所有権移転登記を完了した者に対しては，特段の事情のない限り，これを対抗することができないという判例法理がある（第3準則）。この二重譲渡のような関係を対抗関係と解する準則を本件に適用すると，本件のXらは時効完成後の第三取得者であるから，先に登記を経由したXらに対し，Yは時効取得を対抗することができないということになる。

　(ウ)　背信的悪意者の認定基準

　次に，この問題を民法第177条の枠内で解決しようとする場合には，同条にいう第三者については，一般的にはその善意・悪意を問わないという判例法理がある（善意・悪意不問説）。ただ，この考え方を採った場合でも，実体上物権変動があった事実を知る者において，当該物権変動についての登記の欠缺を主張することが信義に反するものと認められる事情がある場合には，登記の欠缺を主張するについて正当な利益を有しないものとされ，このような背信的悪意者は，民法第177条にいう第三者に当たらないという判例法理がある（背信的悪意者排除理論）。

　本件は，このような判断基準を前提として，即ち，全ての解決策を民法第177条の枠内で解決しようとするものである。

259

㈣　通行地役権の時効取得との関係

　次に，本件においては，Yが通行地役権の時効取得を主張しているので，この論点についても言及する。この論点に関する近時の判例として，最判平成10年2月13日（民集52巻1号65頁）がある。

　平成10年最判の事案は，土地の売主Aと買主Xとの間において黙示的に通行地役権を合意したところ，Aが承役地をBに売り渡し，Bが地役権設定者の地位を承継したが，この承役地を更にBがYに売り渡したときには，当事者間において地役権のことを考慮せず，合意に含まれていなかったという場合においても，XがYに対し通行地役権を対抗しうるか否かが争われたというものである。

　この事案において，最高裁は，①承役地が譲渡された場合において，譲渡の時に，承役地が要役地の所有者によって継続的に通路として使用されていることがその位置，形状，構造等の物理的状況から客観的に明らかであり，かつ，譲受人がそのことを認識していたか，または認識することが可能であったときには，譲受人は，通行地役権が設定されていることを知らなかったとしても，特段の事情がない限り，地役権設定登記の欠缺を主張するについて正当な利益を有する第三者に当たらないと判示した。また，最高裁は，②そして，①の場合には，譲受人は，要役地の所有者が承役地について通行地役権その他の何らかの通行権を有していることを容易に推認することができ，また，要役地の所有者に照会するなどして通行権の有無，内容を容易に調査することができるので，譲受人は，通行地役権が設定されていることを知らずに承役地を譲り受けた場合であっても，何らかの通行権の負担のあるものとしてこれを譲り受けたものというべきであって，この譲受人が地役権者に対して地役権設定登記の欠缺を主張することは，通常は信義に反するものと判示した。

　つまり，簡単に平成10年最判のポイントを指摘すると，①黙示的に設定された未登記地役権と，承役地譲受人との関係はどのようにして決するのか，②承役地譲受人が未登記地役権を否定しえなくなる場合，とその理由，である。

　そして，このような場合には，承役地の譲受人は，当該土地が地役権の目的となっているということを知らなかったとしても，簡単に調査することによって知ることができるという理由により，信義則上，地役権設定登記の欠缺を主張して，地役権の存在を否定することはできないと解されたのである。

　平成10年最判は，承役地の取得者Yが背信的悪意者に該当するか否かを問わず，Xの地役権の存在を容易に推認しうる場合には，地役権の存在を知らなかったとしても，その存在を否定することが信義則違反に該当し許されないという点を明らかにした事案として，注目すべき判例である。ただ，この信義則違反が何を意味しているのかは明らかではない。簡単な調査をすることで知り得たはずという理由付けから解すると，重過失者排除か，善意・有過失者排除という構成となろう。あたかも，後述するフランス法におけるフォートの理論を採用したかのようでもある。

第3節　不動産に関する物権変動と公示

　この平成10年最判は，承役地の譲受人Yが承役地であるという事実を認識していなくとも，「土地譲渡時に，承役地が要役地の所有者によって継続的に通路として使用されていることがその位置，形状，構造等の物理的状況から客観的に明らかであり，かつ，譲受人がそのことを認識していたか又は認識することが可能であった」ということを要件として，通行地役権という用益物権の存在を否定することはできないとして，その根拠を信義則に求めている。

　他方，平成18年最判は，「甲が時効取得した不動産について，その取得時効完成後，乙が当該不動産の譲渡を受けて所有権移転登記を完了した場合において，乙が，当該不動産の譲渡を受けた時点において，甲が多年にわたり当該不動産を占有し，継続して使用している事実を認識しており，甲の登記の欠缺を主張することが信義に反するものと認められる事情が存在」することを要件として，乙は背信的悪意者に当たるとした。

　この両者の共通テーゼとして，①土地の譲り受け時に当該土地に他人の未登記通行地役権が存在していた，②この通行地役権は客観的に見て明らかである，③利用者による多年にわたる占有継続の事実を土地の譲受人が認識し，または認識すべき状況である，という事実の存在を前提要件として，通行地役権の存在を否定することは信義則に反し許されない，という点が認められる。ただ，平成10年最判は，最終的には背信的悪意者の認定事実を採用せずに判断したのに対して，平成18年最判は，「土地利用者の多年にわたる占有継続の事実の認識」を理由として，背信的悪意者と認定し，登記欠缺の主張を退けたという点が異なる。

　この両判決の構成を考えると，いずれも，既存の通行地役権について，継続的な使用を根拠として，その権利存続性を認め，承役地の譲受人がこの通行地役権を否定することは信義則上許されないとしたのであり，特に，その背信性の判断が難しいときには，このような解決方法によることが，結果的妥当性を導くこととなるという点が特徴的である。結論としては，通行地役権の存続を認めることが妥当な判断となるのであるから，特に背信的悪意者の認定基準を考える必要はなくなる。

　㈹　結　　論

　したがって，平成18年最判としても，本来ならば，平成10年最判のような構成ができたはずであるところ，平成18年最判の事案においては，Yの反訴請求のうち，主位的請求が係争地所有権の時効取得であり，時効取得者には登記請求権が発生し，この登記請求権と，第三取得者Xの登記ならびにXによる時効取得者Yの登記欠缺の主張が争点となるので，この場合には，単なる信義則上の問題に一歩上乗せして，背信的悪意者排除基準の適用を問題とせざるを得なかったものと思われる（予備的請求ならば，平成10年最判と同じでよかったのかも知れない。そうすると，継続的な通行地役権の存在の主張だけで足り，あえて「時効取得」という必要もなくなる）。

　よって，差戻控訴審の判断としては，XらにおいてYの多年にわたる通路部分の

第2章 物権の変動

専有利用状況に関する認識があったかどうかを認定事実から調べ直した上で，背信的悪意者の認定をして，Ｘらの請求を棄却し，Ｙの通路部分の取得時効もしくは通行地役権の取得時効を認めることになるであろう。

ただ，背信的悪意者排除理論を用いると，ＹはＸらとの間においてのみ相対的に取得時効の援用権が認められるに過ぎない。したがって，Ｙは，Ｘらにおいて土地が処分されないような措置を講じつつ（処分禁止の仮処分〔民保第23条1項，第53条〕），通行地役権の登記を施す必要がある。そうでなければ，Ｙが勝訴したとしても，Ｙの全面的かつ排他的な通路の専用使用権という権利を確保することは難しくなる。

さて，話を戻すと，これまで述べてきた「取得時効と登記」に関する判例理論によれば，取得時効による物権変動にも登記を必要とするが，時効期間の進行中に現れた同一不動産の譲受人Ｃとの関係においては，Ｃが取得時効完成前に登記を経由しても，Ｂが自主占有を継続すれば，取得時効が完成するものとされ，時効完成時の所有者Ｃに対して，登記なくして取得時効の完成を主張することができてしまう。

この問題は，第三者Ｃとの関係において，時効の起算点を変更することが許されるかという問題とも関連する。

4　時効の起算点（第4準則）

時効の完成は，時効期間の起算点によって左右されるので，占有者Ｂにおいて，時効の完成が第三者Ｃの登記後になるように起算点を自由に選択することができれば，時効取得者Ｂは，時効の完成を常にＣに対抗することができる。

しかし，これを認めると，取得時効による物権の取得は全て登記を必要としないということになり，第177条の趣旨に反する。

そこで，判例は，取得時効の起算点を自由に選択することは許されないものと解している[201]。

5　第三者の登記後における再度の時効完成（第5準則）

(1)　総　説

更に，判例によると，不動産の占有者Ｂの取得時効完成後，第三者Ｃが当該不動産を原所有者Ａから譲り受け，所有権移転登記を経由して，対抗要件を充足したが（この時点でＢの取得時効はＣに対抗しえなくなるが），第三取得者Ｃがその後もＢの自主占有を放置し，Ｃの登記時から，Ｂが改めて取得時効の完成に必要とされる期間，占有を継続した場合には，Ｃは時効による物権変動の当事者になり，ＢはＣに対し

---

(201)　大判昭和14年7月19日民集18巻856頁：「時効完成の時期を定める際には，取得時効の基礎たる事実が法律に定めた時効期間以上に継続した場合においても，必ず時効の基礎たる事実の開始された時を起算点として計算して，この完成の時期を決定すべきものであり，取得時効を援用した者において任意にその起算点を選択し時効完成の時期をあるいは早くあるいは遅くし，もって対抗要件の存在を不必要とさせることができないのは，これまた当院の判例とする所である（大判昭和13年5月7日参照）。」前掲最判昭和35年7月27日も同様の判示をしている。

262

て，時効取得を主張しうるものと解されている[202]。

また，不動産の二重譲渡の第二買主Cが，第一買主であり占有者であるBの取得時効完成前に所有者Aと売買契約を締結したが，所有権移転登記前に第一買主Bに取得時効が完成し，その後，Cが登記を経由した場合でも，Bは登記なくしてCに対して時効取得をもって対抗しうるものと解されている[203]。

後者の事案においては，第二買主の登記時を基準とすれば，Cは時効完成後の第三者であるようにも見えるが，判例は，登記の前後を問わず，実質的に所有者となった時点において当事者関係を確定させているので，Cの登記が時効完成後であっても，Cは時効完成前の第三者として扱われている（第2準則を参照）。

(2) 再度の時効完成

〔判例36〕最判昭和36年7月20日民集15巻7号1903頁
【事実】

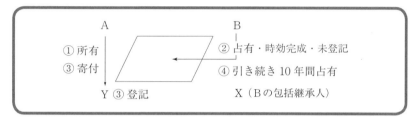

(1) A村は，明治38(1905)年4月20日，村会の決議をもって，もとA集落有財産であった本件山林を維持基本財産としてB₁神社に寄附することとし，同年5月29日に山林の引渡しを了したが，分筆及び所有権移転登記を経由しなかった。B₁神社は，明治39年11月21日，社号をB₂神社と改め，その後宗教法人法の施行により，昭和27年12月18日，宗教法人X神社となり，Xは，本件山林の所有権を承継取得した。

(2) Xの被承継人B₁・B₂神社は，明治38(1905)年5月29日より大正4(1915)年5月29日までの10年間，本件山林を所有の意思をもって平穏，公然，善意，無過失で占有を継続し，大正4年5月29日に取得時効が完成したものの，その登記を経由することなく経過した。

(3) その後，A村内の集落有財産を村有に統合することとなり，大正13年7月18日，村会の決議をもって，本件山林は依然としてA集落有であるとして，これをYに寄附する旨の決議をし，大正15(1926)年8月26日，Yへの所有権移転登記を経由した。

(4) B₂神社は，Yの登記の日から昭和11(1936)年8月26日までの10年間，引き続き所有の意思をもって平穏，公然，善意，無過失で占有を継続した。

そこで，B₂神社の包括承継人Xは，Yを被告として，所有権確認ならびに取得時効の完成による所有権移転登記を求め，本訴を提起した。

このXの請求に対して，Yは，①B₁神社，B₂神社及びXは，Xが時効期間の起算点

---

[202] 最判昭和36年7月20日民集15巻7号1903頁。
[203] 最判昭和42年7月21日民集21巻6号1653頁（前掲〔判例34〕）。

第2章　物権の変動

として主張する大正15年8月26日以降は本件山林を占有した事実はなく，Yが占有して来た，②Xもしくはその前主らは本件山林の公租公課を負担した事実がなく，神社所有財産台帳に山林を登録せず，また宗教法人法施行後も神社財産として届出をしていない，③Xが，前主の時効完成後，包括承継により本件山林の所有権を取得したとしても，登記をしていないから，第三者たるYに対抗しえないなどと主張した。

【事実審】

　第1審は，Xの請求を棄却した。

　Xは控訴し，①土地所有権の承継取得，②Yの登記後，B₁神社が所有の意思をもって平穏公然，かつ占有の始め善意無過失で山林の占有を継続し，これより10年経過後の昭和11年8月26日または20年経過後の昭和21年8月26日に，取得時効の完成により所有権を取得したので，時効取得につき登記なくしてYに対抗しうるなどと主張した。

　原審は，Yの登記によってXの取得時効は中断したが，登記時から起算して再度の時効が完成しているとして，Xの請求を認容した。Yから上告。

【判旨】棄却

　最高裁は，前掲最判昭和35年7月27日〔**判例27**〕を引用しつつ，次のように判示した。

　「本件山林は，もとA部落の所有するところであったが，Xの被承継人B₁・B₂神社は，明治38年5月29日より大正4年5月29日まで10年間これを所有の意思をもって平穏，公然，善意，無過失に占有を継続し，ために大正4年5月29日に取得時効が完成したものの，その登記を経ることなく経過するうち，同15年8月26日，YがA部落より山林の寄附をうけてその旨の登記を経由するに至ったところ，B₂神社は，更に登記の日より昭和11年8月26日まで10年間引き続き所有の意思をもって平穏，公然，善意，無過失に占有を継続したというのである。されば，B₂神社は時効による所有権の取得をその旨の登記を経由することなくてもYに対抗することができ……，従って，B₂神社の包括承継人であるXもまた同一の主張をなしうること論を待たない。原判決は，Yの前記登記によって時効が中断されるものと判示したのは失当たるを免れないが，結局その結論において正当である。」

《問題点》

　土地の第一譲受人たる占有者に取得時効が完成した後に第三者が土地所有権を取得し，所有権移転登記を経由したが，その後も時効取得者が占有を継続した場合には，再度の時効取得はありうるのか。

《分析》

　このような問題について，本判決は，，第一譲受人の取得時効が完成した後，所有権移転登記を経由しない（もちろん，時効の援用はない）間において，原所有者が第三者（第二譲受人）に売買により所有権を移転し，その登記が経由され，所有権取得の対抗関係に決着がついた場合でも，その後も第一譲受人が占有を継続しているときには，第二譲受人の所有権移転登記の時点から更に取得時効期間が進行し，時効期間が満了すれば，第一譲受人に再び取得時効が完成するものと判示した（最判昭

第3節　不動産に関する物権変動と公示

和35年7月27日と矛盾する点）。

　本判決の事案によると，最初の占有時から起算して時効期間を算定すると，30年以上が経過しており，占有者が占有開始時において善意・無過失であることから，第三取得者の登記よりも先に一度10年の取得時効が完成したにもかかわらず，登記名義を有する第二譲受人が敗訴している。それは，土地の第三取得者（第二譲受人）Yの登記時から新たに取得時効が進行し，その期間中，占有者（Xの前主B₂及びX）が善意・無過失で占有を継続したことから，時効取得の要件である10年の経過によって，再度，時効完成を認めるという理由付けによる。

　これは，本判決が判旨の前半部分で引用した前掲最判昭和35年7月27日と比較すると，矛盾した内容となっている。それは，最判昭和35年7月27日の判例法理によって示された，①最初の占有時から継続した占有による時効の完成，②起算点の任意選択の不可といった点においてである。そうすると，本判決は，実質的に起算点を移動することを認めたことにならないのであろうか。それとも，第三取得者の登記によって，取得時効の援用権を対抗しえなくなるので，新たな時効期間の開始となり，新たな時効の完成を導くという構成であろうか。このように解すると，前掲判例（最判昭和35年7月27日）の示した判例法理とは異なり，むしろ，後継する我妻説（登記時効中断説）を採用したに等しくなっている。しかし，本判決は，登記時効中断説を採った原審の解釈を「失当たるを免れない」として，解釈論としては排斥しているので，従来は，一体いかなる理論構成なのか分からないとさえいわれてきた[204]。

　本判決は，本当に，単純に，第二譲受人Yの経由した登記時から時効期間を再起算し，再度の時効の完成をもって，第三者を時効の当事者とみなしたのであろうか。そうすると，最高裁が自ら時効の起算点をずらす結果を認めたことになるのであり，過去の判例法理と牴触することになる。

　しかし，翻って考えてみると，本件の事案は，「二重譲渡事案」であり，第一譲受人の所有権が第二譲受人の登記経由によって喪失させられる関係上，この登記時点から他人の物の占有者となるのであり，第二譲受人の出現について善意・無過失であれば，10年の短期取得時効が成立することになるので（第162条2項），単純に考えれば，納得することができる。ここに，第一の取得時効の完成を入れて考えるからこそ，分かりにくくなるに過ぎない。

　判例の時効準則の流れからは，本判決の理論構成を理解することは難しいのであるが，理論構成を逐っていくと，おそらくは，後述する星野博士の提唱に係る「類

（204）　本判決に対する右田堯雄調査官の解説『最高裁判所判例解説（民事篇）昭和36年度』280頁以下所収も同様の意見であり，また，山田卓生「判解（最判昭和46年11月5日）」『民法判例百選Ⅰ〔第5版〕』116頁〔117頁〕も，起算点を動かしえないとする最判昭和35年7月27日との整合性を問題視している。

型説」における「有効・未登記型の二重譲渡類型」に関する解釈論と大筋では符合するものと思われる（後掲「第3項　学説」を参照）。いずれにせよ，この最判昭和36・7・20〔**判例36**〕は，従来の判例法理から外れるからこそ，第5準則と称されているのである。

(3)　再度の時効完成の成否

(ア)　時効援用後は再時効取得しない

〔判例 37〕 最判平成 15 年 10 月 31 日判時 1846 号 7 頁

【事実】

(1)　Aは本件土地を所有していた。

(2)　Xは，昭和 37(1962)年 2 月 17 日に本件土地の占有を開始し，20 年後の同 57(1982)年 2 月 17 日以降も本件土地の占有を継続していた。

(3)　Aは，昭和 58(1983)年 12 月 13 日，B会社との間において，本件土地につき，Bを抵当権者とし，債務者をCとする債権額 1,100 万円の本件抵当権を設定し，その旨の登記を経由した。

(4)　Y（整理回収機構）は，平成 8 (1996)年 10 月 1 日，Bから，本件抵当権をその被担保債権とともに譲り受け，同 9 (1997)年 3 月 26 日，本件抵当権の設定登記につき，抵当権移転の付記登記を経由した。

(5)　Xは，昭和 37 年 2 月 17 日を起算点として 20 年間本件土地の占有を継続したことにより，同 57 年 2 月 17 日に取得時効が完成したとして，Aに対し，所有権の取得時効を援用した。

(6)　Xは，平成 11 年 6 月 15 日，本件土地につき「昭和 37 年 2 月 17 日時効取得」を原因とする所有権移転登記を経由した。

(7)　Xは，平成 11 年 10 月 6 日，Yに対し，本件抵当権の設定登記の日である昭和 58 (1983)年 12 月 13 日から更に 10 年間本件土地の占有を継続したことにより，平成 5 (1993)年 12 月 13 日に時効が完成したとして，再度，取得時効を援用するという意思表示をした。

そこで，Xは，上記再度の時効完成により，Yの有する本件抵当権は消滅したと主張して，Yに対し，本件抵当権設定登記の抹消登記手続を求めるため，本訴を提起した。

第 1 審，原審ともにXに再度の時効完成を認定し，Xの請求を認容した。

【原審判旨】

Xが本件土地を時効取得したが，その所有権移転登記をしないうちに，Bによる本件抵当権の設定登記がされた場合において，Xが，本件抵当権の設定登記の日である昭和 58 年 12 月 13 日から更に時効取得に必要な期間，本件土地の占有を継続したときには，Xは，その旨の所有権移転登記を有しなくても，時効による所有権の取得をもって本件抵当権の設定登記を有するBに対抗することができ，時効取得の効果として本件抵当権は消滅するから，その抹消登記手続を請求することができる。

Xは，本件抵当権の設定登記の日から善意・無過失で 10 年間占有を継続したことにより，時効が完成し，再度，取得時効を援用して，本件土地を更に時効取得し，これに伴い

第3節　不動産に関する物権変動と公示

本件抵当権は消滅したものというべきであるから，Xは，Yに対し，本件抵当権の設定登記の抹消登記手続を求めることができる。

【上告受理申立理由】

　Yは原判決を不服として上告受理を申し立て，本件抵当権設定登記日において，Xは悪意または有過失であったとして，20年の取得時効として考えるべきであるなどと主張した。

【判旨】破棄自判

　「前記の事実関係によれば，Xは，前記(5)の時効の援用により，占有開始時の昭和37年2月17日にさかのぼって本件土地を原始取得し，その旨の登記を有している。Xは，上記時効の援用により確定的に本件土地の所有権を取得したのであるから，このような場合に，起算点を後の時点にずらせて，再度，取得時効の完成を主張し，これを援用することはできないものというべきである。そうすると，Xは，上記時効の完成後に設定された本件抵当権を譲り受けたYに対し，本件抵当権の設定登記の抹消登記手続を請求することはできない。」

《問題点》

　取得時効の完成及びその援用による所有権取得登記後であっても，占有者が更に土地の占有を継続し，取得時効の要件を充足したと主張して，再度，取得時効を援用し，最初の時効完成から所有権取得登記までの間に設定された抵当権設定登記の抹消登記手続を請求することができるか。

《分析》

　(a)　判例分析と問題点

　このような問題について，本判決は，最初の時効完成及びその援用によって所有権取得登記を経由した場合には，時効援用権者は確定的に所有者になるという理由により，再度の時効完成及びその援用を否定した。

　本件は，土地の取得時効完成後，その援用前に設定され登記された抵当権者と時効取得者との争いである。従来の判例によると，この抵当権者は，「時効完成後の第三者」であるから，両者の関係は対抗関係となり（第3準則），先に登記を経由した抵当権者が優先する（第177条）。その結果，時効取得者の所有となった土地は，抵当権の負担を受ける。

　しかし，抵当権設定登記後も時効取得者による土地の占有が継続されたので，その抵当権設定登記時から再度の時効完成を主張することができるか否かが争点となったのである（第5準則の適用の可否）。

　この問題について，本判決は，原審が昭和36年7月20日の最高裁判決〔**判例31**〕に従って再度の時効完成を認めたのに対して，この時効の援用を否定した。

　なぜ，本判決は，Xの再度の取得時効の完成を否定したのであろうか。直接の理由は，①一度取得時効を援用して不動産を原始取得し，登記を取得すると，不動産所有権を確定的に取得するということと，②その理由から，起算点を後にずらし

267

て時効の完成を主張することはできない，とされている。①の理由は，時効の援用及び所有権移転登記によって確定的に所有者になるということであり，②の理由は，一度時効を援用し，所有権の帰属が確定した後に，起算点をシフトして再び時効が完成したとして，これを援用することは認められないということである。

本件において，Ｘは「再度の」時効完成を主張しているのであるが，結果として，起算点を後の時点にシフトして今一度時効完成を主張したものと見られるのであろう。ただ，実質的には起算点をずらして時効取得を主張していることになるのであるが，形式的には，起算点をずらすという表現は適切ではない。この最高裁の理由づけは分かりにくいのであるが，要するに，時効取得者が，一旦，取得時効を援用し，確定的に所有権を原始取得した以上，その登記前に，第三者が物権を取得し登記を経由して，第177条との関係上，時効取得者に対抗しうる地位にあるときには，その第三者の登記時から再度の時効期間は進行しないということの理由づけに外ならないのである。

(b) 再度の時効完成の成否

それでは，本件の場合には，なぜ，再度の取得時効が成立しないとされたのであろうか。事実関係からは，Ｘは，土地を時効取得したが，その所有権取得登記前に抵当権が設定登記されたのであるから，Ｘは，抵当権者Ｙには対抗することができない。つまり，Ｙは時効完成後の第三者であるから，ＸはＹに対抗しえず，抵当権付きの土地を所有していることになる。そこで，Ｘは，この抵当権を排除するため，再度の取得時効完成を援用するという手段を執ったのである。

従来の判例法理によると，自己の所有する不動産についても取得時効は成立しうる(205)。この判例法理によれば，Ｘには再度の時効が完成しそうである。そして，時効が完成し，これを援用すれば，その反射的効果として，抵当権は消滅することになる（第397条参照）。抵当権の消滅に関する民法第397条は，その前の第396条と関連している。即ち，抵当権は，債務者及び抵当権設定者に対しては，その担保する債権と同時でなければ，時効によって消滅しない（第396条）という意味は，債権が時効消滅しない以上，抵当権も消滅しないという原則を規定したものである。次に，その例外として，債務者又は抵当権設定者でない者が抵当不動産について取得時効に必要な要件を具備する占有をしたときは，抵当権は，これによって消滅する（第397条）として，第三占有者による抵当不動産の取得時効の完成により（第162条），被担保債権とは切り離して抵当権が消滅すると規定したのである(206)。

もっとも，第397条を適用する場合には，抵当不動産の第三取得者や後順位抵当権者は抵当権設定者ではないので，このような第三取得者等との関係においては，

---

(205) 最判昭和42年7月21日民集21巻6号1643頁〔判例33〕。

(206) この立法上の沿革については，梅・前掲書（『民法要義巻之二物権編』）588-591頁。来栖三郎「判評」『判例民事法昭和15年度』302頁（303-304頁），466頁を参照。

被担保債権とは無関係に抵当権は消滅する[207]とか，第三取得者は抵当権設定者からの譲受人であるから，設定者と同視すべきであり，第397条の適用はない[208]などという理論上の争いはある。

ここでの直接の問題は，①Ｘの取得時効援用及び登記による所有権取得の確定効と，②Ｘの取得時効を争う相手方が土地所有者ではなく，土地所有権と併存しうる（両立しうる）土地抵当権者だということである。事案を分析すると，Ｘが土地を時効取得した当時（1982年2月）は抵当権は設定されておらず，Ｘが時効取得した後，所有権移転登記を取得する前（1983年12月）にＹの抵当権が設定され，登記されたのであるから，ＸはＹに対抗しえない（第177条）。つまり，取得時効によって土地所有者となったＸの土地にＹの抵当権が成立してしまったのである。それゆえ，この状況においては，土地所有権の登記を経由したＸに重ねて所有権に関する取得時効が完成する余地はないとも考えられる（所有権取得の確定）。即ち，本件の状況は，おそらく無権利占有者Ｘによる時効取得事案であり，第一譲受人において自己の所有物（だが，所有権の帰属は確定していない状況）にも取得時効が完成しうるという局面である「有効・未登記型の二重譲渡における対抗関係」とは異なるものと解される。

したがって，本判決がＸに再度の取得時効を認めなかったのは，Ｘが取得時効の完成及びその援用に基づいて所有権移転登記を経由し，所有権の取得が確定したが（周知のように，判例は，時効の援用を停止条件として時効援用者に確定的に時効の効果が帰属するものと解している[209]。），その際には既にＢ（その後Ｙ）の抵当権が登記されてお

---

(207)　来栖・前掲評釈『判例民事法昭和15年度』304-306頁，星野英一『民法概論Ⅱ』293頁，内田貴『民法Ⅲ』474頁，道垣内・前掲書（『担保物権法』）230-231頁。

(208)　大判昭和15年11月26日民集19巻2100頁は，第396条の文言に忠実な反対解釈により，後順位抵当権者及び抵当不動産の第三取得者には同条は適用されないので，第396条から離れ，単独に20年の消滅時効（第167条2項）によって抵当権が消滅するものと解し，また，同年8月12日民集19巻1338頁は，その反面，第三取得者には第397条が適用されないと解している。

　　　判例は基本的にこの考え方に立っており，我妻榮『新訂擔保物權法』422-423頁は，この解釈について，「簡便な処理である」として，この判例法理を支持する。この考え方によれば，第397条の意味は，債務者及び抵当権設定者が取得時効に必要な期間占有しても抵当権は消滅しないという意味に過ぎないことになる。それゆえ，第396条は，債務者及び抵当権設定者との関係における付従性規定であり，第397条は，債務者，抵当権設定者及び抵当不動産の第三取得者，そして，後順位抵当権者との関係においては，被担保債権の時効消滅を顧慮した上での抵当権消滅規定ということになるのであり，両規定は別々に理解されることになる。

(209)　大判昭和10年12月24日民集14巻2096頁は，取得時効の事案において，直接的な時効利益享受者であれば，裁判上であると裁判外であるとを問わず何時でも時効を援用することができ，一旦この取得時効の援用があった場合には，時効による権利の取得は確定不動のものとなると判示し，最判昭和61年3月17日民集40巻2号420頁は，消滅時効の事案において，「時効による債権消滅の効果は，時効期間の経過とともに確定的に生ずるものではなく，時効が援用されたときにはじめて確定的に生ずるもの」と判示している。このように，現在では，判例は，時効援用の意義について，不確定効果説のうち，停止条件説に基づいて

り，Xは，この抵当権の存在を認識しうる地位にあり，その負担を引き受けるべき地位にあるにもかかわらず，所有権に関する再度の時効完成及びその援用など許されるはずもないという点が，真の理由づけとして必要だったのではないかと思われる。この時効取得者の土地負担に関する認識という問題点は，従来の判例・学説の明らかにするところであり[210]，本判決は，この理由づけを明らかにして，明確を期すべきであった[211]。この点において不明確という批判を免れない。そして，次に現れた判例によって，この点が明らかとなる。

　(イ)　時効不援用の場合には再時効取得する

〔判例38〕最判平成24年3月16日民集66巻5号2321頁

【事実】

　(1)　Aは，昭和45(1970)年3月当時，平成17年3月に本件各土地に換地がされる前の従前の土地（以下「本件旧土地」という。）を所有していた。Aは，昭和45年3月，Xに対し，本件旧土地を売り渡したが，所有権移転登記を経由していない。Xは，遅くとも同月31日から，本件旧土地につき占有を開始し，サトウキビ畑として耕作していた。

　(2)　Aの子であるBは，昭和57年1月13日，本件旧土地につき，相続を原因として，Aからの所有権移転登記を了した。また，Bは，昭和59(1984)年4月19日，本件旧土地につき，Yのために，本件抵当権を設定し，その登記を経由した。また，Bは，昭和61(1986)年10月24日にも同様に抵当権を設定し，その登記を経由した。

　しかし，Xは，これらの事実を知らないまま，上記換地の前後を通じて，本件旧土地又

いる。

(210)　大判大正9年7月16日民録26輯1108頁：大審院は，民法第162条が「不動産の所有権を取得する」と規定するのは，必ずしも「常ニ不動産ニ関シ完全ナル所有権ヲ取得スト謂フ意義ニアラス」，如何なる範囲の所有権を取得すべきであるかという問題は，「其所有権取得ノ前提タル占有ノ範囲如何ニ依リテ決定セラルルモノトス」と解しており，例えば，不動産全部を占有したときには，全部の所有権を取得すべきものであるが，一部を占有したときには，一部の所有権を取得するに過ぎず，また，不動産を完全に占有したときには，完全な所有権を取得すべきものであるが，「第三者ノ権利ヲ認メ制限的ニ不動産ヲ占有シタルトキハ第三者ノ権利附著ノ儘制限的所有権ヲ取得スルニ過キサルモノ」と解している。

　本判決は，原審が「占有者カ抵当権ノ存在ヲ認識セルト否トハ唯時効完成後モ尚ホ其抵当権カ存続スヘキヤ否ヤヲ決スル標準ト為ル」と判示した点を上記と同様の趣旨と判示しているので，時効取得者による制限物権の認識とは，抵当権を含むものと解していることは明らかである。

　この点は，我妻榮『新訂民法總則』（岩波書店，1965）481頁，我妻＝有泉425頁，末川360頁，舟橋435頁も支持しており，従来の通説である。ただ，この通説の論じている制限物権とは，地役権のことであり，担保物権に関して直接言及したものではないが，射程は及ぶものと解してよい。

(211)　内田貴『民法Ⅲ』475頁は，平成15年最判を評して，抵当権者は時効完成後の第三者に該当するので，時効取得者は同人に対抗しえないものとして，抵当権の負担付の所有権を取得すべきものであると理由づけるべきであるとして，同判決を批判するが，同時に，同判決は，抵当権設定登記時を起算点とする第397条の適用を否定したものと見ることもできると解している。

第3節　不動産に関する物権変動と公示

は本件各土地を耕作し，その占有を継続した。また，Ｘは，本件抵当権の設定登記時において，本件旧土地を所有すると信ずるにつき善意かつ無過失であった。

（3）Ｙは，本件各土地を目的とする本件抵当権の実行としての競売を申し立て，平成18年9月29日，競売開始決定を得た。これに対し，Ｘは，本件各土地を時効取得したと主張し，第三者異議訴訟を提起して，本件競売手続の不許を求めた。なお，本件競売手続については，Ｘの申立てにより，平成20年7月31日，停止決定がなされた。

（4）Ｘは，平成20（2008）年8月9日，Ｂに対し，本件各土地につき，所有権の取得時効を援用する旨の意思表示をした。

【事実審】いずれも請求認容

第1審は，Ｘは本件土地所有権を時効取得したが，時効を援用せず，善意・無過失のまま，本件土地の占有を継続し，また，Ｂ・Ｙ間の抵当権設定についても，善意・無過失であったとして，Ｙの最後の抵当権設定登記時から10年で取得時効が完成したとして，ＸのＢに対して行った時効の援用によって，Ｘが本件土地を原始取得することから，Ｙの抵当権は消滅すると判示した。そして，この場合における判例の適用は，昭和36年判決（前掲最判昭和36年7月20日）であり，Ｙの主張する平成15年判決（前掲最判平成15年10月31日）は本件とは事案が異なるとした。

原審も第1審とほぼ同様であるが，次の理由を付加した。

「確かに所有権と抵当権は両立するものの，第三者が所有権者であろうと抵当権者であろうと，時効取得者と対抗関係に立つことには変わりがない（時効取得者が抵当権の負担の付いた所有権を取得するか否かでは，大きな違いがある。）。Ｙの主張によれば，第三者が（より制限された物権である）抵当権を取得する方が所有権を取得するよりも有利に扱われる結果となるが，これではかえって不均衡といわざるを得ない。」Ｙから上告受理申立て。

【判旨】棄却

「時効取得者と取得時効の完成後に抵当権の設定を受けてその設定登記をした者との関係が対抗問題となることは，所論のとおりである。しかし，不動産の取得時効の完成後，所有権移転登記がされることのないまま，第三者が原所有者から抵当権の設定を受けて抵当権設定登記を了した場合において，上記不動産の時効取得者である占有者が，その後引き続き時効取得に必要な期間占有を継続したときは，上記占有者が上記抵当権の存在を容認していたなど抵当権の消滅を妨げる特段の事情がない限り，上記占有者は，上記不動産を時効取得し，その結果，上記抵当権は消滅すると解するのが相当である。」

最高裁は，このように判示し，その理由は，第1審・原審と同様の事柄を述べた上で，Ｘは，本件抵当権の設定登記の日を起算点として，本件旧土地を時効取得し，その結果，本件抵当権は消滅したというべきであるとした。

《問題点》

土地の買主が引渡しを受け，占有を継続して10年の取得時効が完成した後，時効が援用されないまま，原所有者によって当該土地に抵当権が設定され，その設定登記が経由された後も，当該買主が善意・無過失で当該土地を占有し，更に10年

271

が経過した場合には，抵当権設定登記時から再度の取得時効が完成するのか。

《分析》

　このような問題について，本判決は，本件抵当権設定登記時から再度の時効期間が経過し，買主たる占有者が善意・無過失で10年間継続して占有した場合には，当該占有者に再度の取得時効が完成し，その援用によって，抵当権は消滅するものと判示した。

　本件平成24年最判の事案と平成15年最判の事案との相違点は，本件においては，最初の時効完成後に時効を援用していないが，平成15年最判においては，最初の時効完成後に時効を援用したという点に尽きる。この点から，本件においては，前掲昭和36年最判を適用し，時効取得者が最初の時効完成後に時効を援用せず，所有権移転登記も経由せずにいたところ，抵当権設定登記が経由されたことにより，時効取得者は抵当権者に対抗しえないという立場になるが（第177条），時効取得者は，抵当権設定登記時においても，なお，抵当権設定に関して善意・無過失であったという理由から，その設定登記時から更に取得時効期間が進行し，10年で再度時効が完成して（第162条2項），その援用により（第145条），土地を原始取得したという理由から，時効取得者は，第三者異議の訴え（民執第38条）を提起して，抵当権の実行による任意競売手続の不許を求めることができると判示したのである。

　本判決は，昭和36年最判を適用して，再度の取得時効完成を認定したのであるが，本件の事案は，所謂「有効・未登型の二重譲渡事案」であり，第一譲受人Ｘが未登記ではあるが，長年土地の占有を継続してきたという事実があり，第二の物権者Ｙ（抵当権者）の登記によって，ＸがＹに対抗しえない状況となっており（第177条），この状況においてもなおＸが時効を援用していないという点において，両判決は事案において共通点がある。ただ，ＸがＹに対抗しえないという状況は両判決に共通しているが，昭和36年最判のＹは土地所有権を取得しているのに対して，平成24年最判のＹは抵当権の設定を受けた抵当権者であるという点において，両判決は事案を異にする。しかしながら，抵当権の設定も，これが実行された場合には，不動産の現実の処分と解されるので，所有権の取得と軌を一にするといってもよいという考え方が導かれうる(212)。

　したがって，時効取得者が時効の援用をする時期によっては，それ以前に所有権や抵当権を取得した第三者は，この第5準則の適用を受けるおそれがあるので，不動産の占有状況を常に確認する必要がある。これが再時効取得に関する判例法理の

---

(212)　本判決における古田佑紀判事の補足意見及び河上正二『物権法講義』128頁はこのように解している。これに対して，内田貴『民法Ｉ〔第4版〕』454頁は，抵当権の場合には，時効取得者の所有権と両立するので，昭和36年最判の第5準則は適用されえないとして，反対の立場を取っている。なお，平成24年最判に関して，詳細は，石口修「取得時効完成後の抵当権設定と再取得時効の成否」法経論集（愛知大学）第194号（2013）71頁以下所収を参照されたい。

到達点である。

いずれにせよ，従来は，昭和36年最判だけが第5準則として占有尊重説と登記尊重説との中間において折衷的に存在していたのであるが，本判決の出現によって，有効・未登記型の二重譲渡事案においては，最初の時効期間が登記後も継続するという第2準則は修正され，今後は，第5準則が適用されるということになる。この意味において，第2準則は終焉を迎えたといってもよいであろう。なお，取得時効と抵当権の消滅に関する論点については，『担保物権法——民法講論第3巻——』において論ずる。

第3項　学　　説

1　判例法理への批判

「取得時効と登記」に関する判例法理（判例5準則）に対する学説からの批判は，第一に，判例が時効の基礎たる占有開始時を起算点として固定している点に関する時効期間逆算説ならびに起算点任意選択説からのもの（第4準則への批判），第二に，判例が占有を尊重し，登記を軽視しているという点において，判例法理による不均衡を指摘するもの（第2準則への批判）とに分かれている。以下，これら学説からの批判について検討を加える。

（1）　第4準則への批判

(ア)　時効期間逆算説からの批判

まず，時効期間逆算説は，時効制度は本来的に時効援用の時点から遡って時効期間を計算して法定証拠を作るという点にその本来の意義を有するとし，この点は，判例が前主の占有を合わせて主張するときにはどの前主からの占有継続を主張するかという選択の自由を認めていることから，既に承認されているものと解し，期間の逆算を否定する判例法理（前掲最判昭和35年7月27日など）を批判する[213]。

しかし，この説によると，時効期間を超えて自主占有するBは，援用の時期によっては，何人に対しても登記なくして取得時効を対抗しうることになってしまい，登記制度の理想の一端を崩すという批判を免れない。ただ，後述するように，境界紛争型のケースにおいては，この見解が妥当性を持つことがありうる。

> ― **point**
> 　時効期間逆算説からの判例法理への批判について，理解しよう。

(イ)　起算点任意選択説からの批判

次に，判例が時効の基礎たる占有開始時を起算点として固定している点を批判し，占有が法定の時効期間よりも長く継続した場合には，時効取得者は，時効の起算点

---

(213)　川島・前掲書（『民法総則』）572頁。時効期間逆算説は，元々，末弘嚴太郎『民法雑記帳上巻』186頁以下において展開され，これを川島博士が法定証拠説の根拠付けとして発展させた理論である。

を比較的近くに選択し，これによって，第三者の登記以後に時効が完成したというような主張を許すべきだという考え方がある[214]。

このように解すると，占有のみを尊重し，時効取得者は占有を継続する限り，登記不要となるという時効期間逆算説と同じになるという批判が考えられるが，柚木博士は，あくまでも，登記制度を尊重するという通説の立場に通ずるものと主張する[215]。

---

point

起算点任意選択説からの判例法理への批判について，理解しよう。

---

(2) 第2準則への批判──判例法理による不均衡

(ア) 判例は登記を軽視しすぎる

次に，判例理論によると，不動産の所有者Aと第三取得者Cとの間において，占有者Bの存在に気づき，その取得時効完成の時期を見計らった上で，AからCへ登記することを阻止することができない。学説は，この点から，判例は時効完成前に売買によってCが所有権を取得していれば，登記が時効完成後であっても，Cが実質的に所有者であるとして，Cは時効取得者Bに対抗しえないという取扱いをしているのではないかとして，これではあまりにも物権変動の当事者という点に拘泥し，登記を軽視する解釈であるとして，判例を批判している[216]。

更に，判例理論によれば，第162条2項との関係において，次のような不均衡が生ずるとされる。例えば，Bが不動産を18年間自主占有し，これを継続した時点において，所有者Aから第三取得者Cへの所有権移転登記が経由され，その2年後，即ち，20年が経過した後に，Bの時効取得が争われたというケースについて考える。この場合には，Bが占有開始時に善意・無過失であれば，10年の取得時効完成後の登記となり，第177条により，Bは取得時効をCに対抗しえない。これに対して，Bが悪意または有過失であれば，Cの所有権取得及びその登記は20年の取得時効完成前の物権変動となるので，BはCに対して取得時効を主張しうることになってしまう[217]。それゆえ，この判例法理からの帰結については，その妥当性において疑わしいとされる[218]。

---

(214)　柚木・前掲書（『判例物権法總論』）127頁。

(215)　柚木馨「時効取得と登記」『判例演習（物権法）』28頁（32頁）。

(216)　我妻＝有泉117頁は，前掲最判昭和42年7月21日民集21巻6号1653頁への批判として，このように述べている。

(217)　大判昭和15年11月20日新聞4646号10頁：10年の取得時効と20年の取得時効の両方ともに要件を充足している場合には，取得時効援用権者であるBにとって有利な方を選択して援用しうる。

(218)　我妻＝有泉117頁。

第3節 不動産に関する物権変動と公示

(イ) 二重譲渡における不均衡

前段のような不均衡は，Bの占有がAからBへの取引によって開始した場合には更に際立ってくるという批判がある。例えば，不動産がAからBへと譲渡され，引渡しも済んでいるが，所有権移転登記を経由しない間に9年が経過した時点において，AからCへと二重に譲渡され，登記を経由したとすると，この時点でCは完全な所有者となり，Bは完全に無権利者となる。しかし，判例法理によると，もう1年Bの占有が続くとBに取得時効が完成し，Cに対抗しうることになる。つまり，判例によると，二重譲渡により先に登記を経由したCが，Bの取得時効に敗れるという結果を招く。これでは，取引安全の原則から登記制度を確立したという立法の趣旨・目的が無視される結果となり，第177条の存在意義が没却されてしまう。この点において，ますます，判例法理の妥当性は疑わしいとされる[219]。

---

point

学説は，「判例法理では登記制度を軽視することになり，妥当ではない」と主張するが，判例法理はどのように登記を軽視し，その結果，どのように妥当性を欠くというのだろうか。検討してみよう。

---

2 登記による時効中断効理論

そこで，我妻榮博士は，占有者Bの取得時効完成前に，第三者Cが当該不動産について所有権を取得し，その登記を経由すれば，Bが，そのCの登記後において，更に時効による取得にとって充分な期間だけ占有を継続した場合でなければ，時効による所有権取得の効力を生じないものと主張した（登記時効中断説）[220]。その理由は，判例法理によると，あまりにも占有を重んずることとなり，登記制度の趣旨に反すると解したからである。

この見解によると，前例で第二買主Cの登記に第一買主Bの取得時効の中断効を認めるのと同様の結果を招き，第147条と第164条が時効の中断事由を制限列挙している趣旨と牴触・矛盾するという難点がある。また，アプローチは異なるものの，結論として登記時効中断説と同じこととなる見解もある[221]。

結論として，判例法理によれば，第177条により，登記によって一旦決着を見た

---

(219) 我妻＝有泉117-118頁。

(220) 我妻77頁。

(221) 安達三季生「取得時効と登記」法学志林65巻3号（1968）1頁以下。安達教授は，このような二重譲渡関係において登記を経由した者は，権利取得の法定証拠を取得した者であり，裁判所はこの証拠力に拘束されるので，時効援用権者はその時効の効力を失うものと解するのであり，安達教授の法定証拠説からの帰結である。したがって，登記時効中断説と結果としては同じであるが，立論は異なる。

また，良永和隆「取得時効と登記」『現代判例民法学の課題』（法学書院，1988）264頁は，この場合における第二買主Cの登記による権利保護機能に着目し，Cの登記が機能している間は，Bはこれと相反する取得時効の主張をすることはできないという。

275

物権変動における対抗関係が，占有者である第一買主Bに取得時効が完成すると，一度は対抗関係において決した所有関係が完全に覆ってしまうという関係を作り出すので，登記を対抗要件とする不動産物権変動における基本原則を根本から揺るがすことになってしまい，妥当性を欠き，採ることはできない。

　したがって，二重譲渡事案においては，その譲渡行為が適法である限り，やはり当初の物権変動における登記の先後によって，優劣を決するべきであるから，第二買主の登記によって取得時効の中断効を認めるべきだという我妻説には，なお，先行学説としての存在意義がある。

> ── **point** ──────────
> 　第三者の登記に時効中断の効力を与えるという理論構成にはどのようなメリットがあるのだろうか。検討してみよう。

3　時効取得者の援用等を基準とする説

(1)　判決確定時基準説

　次に，時効完成後における時効取得者Bと第三取得者Cとの関係について，取得時効の完成時（時効期間経過時）を基準とする第2準則を修正し，裁判上，時効取得者Bが時効を援用する時（事実審の口頭弁論終結時）までに時効が完成していることを要件として，Bに対する勝訴判決が確定した時を基準として，BとCとを対抗関係とするという考え方がある[222]。即ち，占有のみを理由として，時効取得者は占有に裏付けられた所有権（ゲヴェーレ的所有権）を取得するところ（第162条），時効の効果は時効の援用を停止条件として獲得しうるのであり（第145条，第144条），時効援用権を裁判上で行使し，勝訴判決を獲得して初めて時効取得者と認定されるのであるが，この時点において，ゲヴェーレ的所有権が近代的所有権に転化して，この時以後，第三取得者との間に対抗関係が生ずるものと解するのである。

　この考え方は，占有尊重説と登記尊重説との中間に位置するかのようである。しかし，時効期間の経過によるゲヴェーレ的所有権の取得と，これが時効の援用によって近代的所有権へ転化するという構成が批判を呼ぶこととなった。

(2)　時効援用時基準説

　次に，舟橋博士の説と類似の見解として，時効援用の効果として所有権を取得してから以後は，第三取得者との間において対抗関係が発生するものと解する考え方がある[223]。

　この説も，占有のみを尊重する判例の考え方を修正するという意図を有する。半

---

(222)　舟橋 172-173 頁。

(223)　半田正夫「民法177条における第三者の範囲」『叢書民法総合判例研究⑦』（一粒社，第2版，1982）1頁（特に61頁以下）。同様の見解として，滝沢（聿）・前掲書（『物権変動Ⅱ』）284頁，297頁以下がある。

第3節　不動産に関する物権変動と公示

田(正)教授は，時効の援用による所有権移転と解し，ここから対抗関係が生ずるものと主張し[224]，滝沢(聿)教授は，未登記所有者Bに時効援用によって再度の登記取得の機会が与えられるが，時効援用後も未登記のまま更に占有を継続すると，第三取得者への譲渡・登記移転によって，同人との間に再び二重譲渡に準ずる関係が生じ，これに第177条を適用すべき状況が生じて，時効取得者に再度の時効援用を許すことも必要になるという[225]。そして，いずれの見解も，裁判外での援用を認める。

---
point

　時効取得者の時効の援用を基準時として第三取得者との対抗関係が発生するという学説は，判例法理のどのような部分を修正しようというのだろうか。検討してみよう。

4　類型説の展開

　しかし，判例は，以上のような学説からの批判に呼応せず，前掲した最判昭和36年7月20日は，その原審が我妻説（登記時効中断説）を採用した上で再度の時効取得を認定したのに対して，この原審の理由づけを失当であるとして，これを批判し，結論としては我妻説を採ったのと同様の効果，即ち，登記によって第三者Cの確定的所有権取得を認め，時効取得者Bは，この時点においては，Cの登記に劣後する関係上，時効取得をCに対抗しえないものと解するが，第三取得者Cの登記時から再度時効期間を起算し，再度の取得時効が完成すれば，この時効取得の抗弁を認めるという姿勢を示した。

　この判例法理は，他の判例法理とは若干異なり，登記尊重説に与するかのようであるが，登記に対して，取得時効の進行を中断する効力を与えたのではないと明言していることから，登記時効中断説とは異なる解釈を展開するものである。

　この判例法理に対する疑問に応える解釈として，次に示す星野英一教授の類型説がある。この類型説とは，取得時効に関する紛争を類型別に分けると，二重譲渡ケース（第一譲渡は有効だが，未登記という類型。以下，「有効・未登記型」と称する。）が多いという点に鑑み，第一譲受人Bの取得から相当年数を経て第二譲受人Cが登記を経由したという場合において，第一譲受人Bの時効期間満了後であっても，時効期間満了前であっても，第一譲受人Bは，登記なくして第二譲受人Cに対抗しえないと解する考え方である。

　この考え方は，①判例法理（第2準則）によると，登記を経由した第二譲受人は未登記の第一譲受人を無視することができるという第177条の考え方と矛盾してしまうという点，ならびに，②第二譲受人が常に目的物の占有状況を調査して取引関

---

(224)　半田(正)・前掲書（『叢書民法総合判例⑦』）63頁。
(225)　滝沢(聿)・前掲書（『物権変動Ⅱ』）284頁。

係に入らなければならないとすると、第二譲受人に酷であるという理由付けに基づいており、そこで、第一譲受人Bは、第二譲受人Cが登記を経由した後10年または20年間（過失の有無による区別〔第162条参照〕）更に占有を継続したという場合に限り、第二譲受人Cに対して取得時効を援用しうる地位に立つと主張するものである(226)。

この考え方は、登記の取引安全機能を重視し、二重譲渡類型においては、時効取得者は登記なくして第三取得者に対抗することができず、第三取得者は、登記を経由すれば、時効取得者の時効完成の前後を問わず、これに対抗することができると解するものであり、この考え方は昭和36年7月20日の最高裁判決を理論づけるものということができる。

更に、この類型説は、境界紛争類型の場合には全く別の解釈を展開しており、この類型の場合には、反対に、時効取得者を保護すべきだという解釈を展開している。次段において、設例を示して解説する。

― ***point*** ―
「取得時効と登記」の二重譲渡類型における類型説は、判例法理のどのような部分を修正しようというのだろうか。検討してみよう。

5 境界紛争類型における類型説の展開

〔設例〕

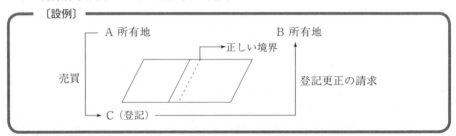

例えば、図のように、Aの所有地の一部が永年Bの所有地の一部とされ、Bが一筆ないし一区画の土地として占有し利用してきたという場合について考える。

この場合において、Aの所有地の一部がBによって占有されたまま、このAの所有地がAからCへと譲渡され、Cが所有権移転登記を経由した後に、Cが境界線の誤りに気づき、Bに対して筆界の確認と登記の更正を求めてきたときには、前掲し

---

(226) 星野英一「取得時効と登記」『民法論集第4巻』315頁（337-338頁）。この星野教授の類型説以外に、山田卓生教授の類型説もある。即ち、未登記の第一譲受人は取得から20年間継続して占有をすることにより（第162条の類推）、その時点での所有者に対し、時効を援用しうるという考え方である（山田卓生「取得時効と登記」『民法学の現代的課題』〔岩波書店、1972〕103頁〔133頁以下〕）。しかし、この説によると、第三取得者Cにとって、不意打ち的に時効の援用がなされ、所有権を失うという結果となりかねず、疑問であるとして、星野教授は、上記のような類型説を主張したのである。

た我妻説によると，Ｃの登記以後，従前からのＢの占有継続により，Ｂにおいて取得時効の完成に必要な期間が経過していたとしても，このＣの登記によって既に時効中断効が生じているため，Ｂは，Ｃの登記時から改めて時効期間を経過しないと，取得時効が完成しないことになってしまう。

　しかし，この場合に登記時効中断説を適用すると，平穏無事に生活してきたＢの生活環境を壊す結果となり，反対に，第三取得者Ｃに棚ぼた式の利益を獲得させることとなる。これでは，時効制度の存在理由の一つである法律関係の安定に反する結果を招き，また，民法の根底に横たわる公平の原則に反する結果ともなり，妥当性を欠く。この事は，土地の一部にＢの取得時効が完成した後に，ＡからＣへの譲渡と登記がなされた場合でも同様の結果を招く。

　このような第三取得者からの，ある意味，不当な要求に対する防禦方法として，目的不動産が独立の取引の対象とならないような事案においては，学説の冒頭に掲げた時効期間逆算説が妥当であるものと解されており[227]，その結果，時効取得者Ｂは，第三者Ｃが時効完成時の所有者となるように，時効の起算点を算定して差し支えないものと解されている。

　この考え方は，境界紛争類型においては，時効取得者に登記のないことについての怠慢もなく，また，第三取得者の側に当該土地部分が買受地に含まれているという信頼もない場合が多いので，この場合には，時効取得者の長期の占有を優先させるのが妥当ではないかという星野英一教授の見解[228]が発表されてから広まり，近時は，このように二重譲渡類型と境界紛争類型とに分けて考える理論構成（類型説）が一般的となっており，広く支持されている[229]。

> **point**
>
> 「取得時効と登記」の境界紛争類型における類型説は，判例法理のどのような部分を修正しようというのだろうか。その有用性とともに検討してみよう。

第６款　第177条各論〔4〕　公権力の関与する物権変動と登記

第１項　競売・公売

　競売は，債権者または担保権者が執行裁判所に強制競売または任意競売の手続を申し立て，これに基づいて執行裁判所が競売開始を決定し（民執第45条），申し立てられた財産について，執行裁判所が換価して，その換価金（売却代金）を配当要求権者に配当するという民事執行手続である（強制競売につき民執第45条以下，担保権の実行による競売（任意競売）につき同法第180条以下を参照）。この手続の詳細は『担保物

---

(227)　我妻＝有泉119頁。
(228)　星野・前掲「取得時効と登記」『民法論集第4巻』338-339頁。
(229)　内田貴『民法Ⅰ』449頁，近江・講義Ⅱ112頁など。

権法──民法講論 第3巻』で解説する。

不動産に関する競売手続は，裁判所で行われる売買であるから，通常の市場における売買による所有権移転という物権変動と同様，第三者に対抗するには登記を必要とする（民執第82条，第188条。旧民訴第700条，旧競売第33条）[230]。現行手続上は，執行裁判所が買受申出人に対して売却許可決定を与えると（民執第69条以下），買受人は期限までに裁判所書記官に代金を納付しなければならず（同法第78条），この代金納付と同時に買受人は不動産を取得し（同法第79条），裁判所書記官は所有権移転登記を登記所に嘱託する（同法第82条）。

競売による売却は，裁判所の手続であるから，本来は，所有権移転時期は売却許可決定時となるべきものと解されるが[231]，不動産売買の実務では「代金支払による所有権移転」であることから，民事執行法の立法にあたっては，代金納付時に権利を取得するものと規定されたのである。ただし，競売においても，対抗力は登記時から生ずるものと解すべきであるから[232]，代金納付時に対抗力が生ずるのではないことに注意する必要がある。

裁判所における競売手続による物権変動についてはこのような状況であるが，税務署における国税滞納処分，都道府県・市町村における地方税滞納処分としての不動産の公売による物権変動についても，競売に準じて解してよい。登記をしなければ第三者に対抗しえないという点は，全く同じである。なお，公売処分による権利取得者（登記権利者）が官庁または公署に登記の請求をしたときには，官庁または公署は，遅滞なく，登記所に登記を嘱託しなければならない旨が不動産登記法に規定されている（不登第115条1号）。

─ *point* ─────────────────────
　裁判所で行われる競売手続や税務署で行われる公売手続における「不動産の売却」は，民法第177条の予定する物権変動（所有権移転行為）と同じだろうか。検討してみよう。
──────────────────────────

第2項　公用徴収

公用徴収とは，国や地方公共団体が公益事業を行うために，正当な補償を支払っ

---

[230]　大判大正8年6月23日民録25輯1090頁：民法第177条の規定は登記をもって第三者に対する権利得喪変更の絶対的対抗条件となしたものであり，権利取得者が自由意思を以て代金を支払った上登記手続をなし得べき場合であると，裁判所の代金納付の通知を待って代金を納入した後登記手続をなし得べき場合であるとを問わない。

[231]　大判明治39年5月11日民録12輯744頁は，強制競売の事案について，競落許可決定時に所有権を取得し，登記を経由することにより，取得時に遡って対抗力を取得するものと判示している。また，大判昭和12年5月22日民集16巻723頁は，抵当権の実行による競売について，競落許可決定時に所有権を取得し，対抗力を取得すると判示している。昭和12年大判は，明治39年大判を引用しているので，同じ趣旨である。

[232]　我妻＝有泉104頁。

280

て，個人の財産権を強制的に取得することである。日本国憲法は，私有財産権を侵してはならないとし，私有財産権を保障しているが，その反面，正当な補償をすれば，私有財産権を公共のために用いることができると規定し（憲第29条1項，3項），国が公共のために私的所有権を強制的に収用しうることを憲法上の要請として明記している。

　具体的には，土地収用法は，公共の利益となる事業の用に供するため土地を必要とする場合において，その土地を当該事業の用に供することが土地の利用上適正かつ合理的であるときには，同法の規定により，当該土地を収用し，または使用しうるものと規定する（土地収用第2条）。

　この場合には，個人の所有する土地を国や地方公共団体が「補償」という形で対価を提供し，個人がこれを収受して，土地所有権を移転するので，売買のような印象を受けるが，性質としては，国などが個人から土地を召し上げる代償として賠償金を支払うという行為なので，時効取得などと同様，原始取得であると解されている（通説）。

　しかし，土地の所有名義が変わるという意味において，物権変動に変わりはないので，土地収用による物権変動も第三者に対抗するためには登記を必要とする。不動産登記法には，不動産の収用による所有権の移転の登記は，共同申請（不登第60条）の例外として，起業者が単独で申請することができると規定する（同法第118条1項）。民法上は，原始取得と解されているが，登記は所有権移転登記を用いるのである。また，国または地方公共団体が起業者であるときには，官庁または公署は，遅滞なく，所有権移転登記を登記所に嘱託しなければならず（同法同条2項），更に，土地の収用によって，当該不動産に関する所有権以外の権利は消滅することになるので，前2項の登記手続が収用される土地の所有権以外の権利の抹消登記について準用する旨が規定されている（同条3項）。

　土地収用法以外には，かつて自作農創設特別措置法による農地買収処分に関する問題もあったが，現在では，論ずる意味はないであろう。

---
point

　土地収用法による収用は，民法第177条の予定する物権変動と同じだろうか。検討してみよう。

第7款　第177条各論〔5〕　その他の物権変動と登記

第1項　請負建物の新築

1　請負建物の所有権の帰属

　自己の所有する土地または借地上に建物を自ら新築する行為は，建物の所有権を原始取得するという意味になる。では，他人の労力によって新築させる場合，即ち，

請負の場合にも，自ら建築した場合と同様に，注文者が建物を原始取得するのだろうか。請負建物の所有権帰属の問題として，古くから議論されてきた問題である。

この問題について，判例は，請負人が主たる材料を供給して工事を請け負う場合には，完成した建物の所有権は原則として請負人に帰属し，引渡しによって注文者に移転するものと解している（請負人帰属説）[233]。つまり，この場合には，一旦，請負人に所有権が原始的に帰属し，完成物の引渡時に注文者に所有権が移転するという構成である。

しかし，この場合でも，当事者の特約により，その他の時期に所有権が移転するものと定めることは自由である。例えば，注文者が予め代金全額を支払ったというケースでは，建物の完成と同時に注文者に所有権が移転するという暗黙の合意があったものと判示した判例があり[234]，また，完成・引渡前に所有権を移転させる旨の特約を認めた判例もある[235]。更に，当事者の意思解釈や建築請負契約の現実から，棟上げ時までに工事代金の半額以上が支払われた場合には，完成建物の所有権は，引渡しを待つまでもなく，完成と同時に注文者に原始的に帰属するものと解する判例もある[236]。また他方，請負人が約束手形の全部の交付を受け，建築確認通知書を注文者に交付した場合には，その時点で注文者に所有権を帰属させる旨の合意が成立したものと（黙示の特約が成立したと）認めた判例もある[237]。

これらの判例法理は，民法の物権理論と矛盾せず，当事者意思にも適するものと解されている[238]。また，この請負建物の所有権が材料供給者へ帰属するという理論構成は，請負人の報酬請求権を担保するためには，大変有用な考え方であり，事実上，不動産工事や保存の先取特権の欠陥を補充するという作用を有する。しかし，建物の完成後，一度でも請負人の所有建物として取り扱うと，税法上，請負人に不動産取得税が課税される[239]。請負人帰属説によると，この地方税法の規定が適用

---

(233)　大判明治37年6月22日民録10輯861頁：請負人が自己の材料を以て他人の土地に建物その他工作物を設ける請負をなした場合において，仕事の結果その材料を土地に附着させるや否や当然その所有権が土地の上に権利を有する者に移転するものではなく，建物または工作物の所有権はその引渡しを要し，請負人より注文者にこれを引き渡すによって初めて移転すべきことは民法第637条第1項に目的物を引き渡した時より云々とあるによるも明瞭である。

　　　大判大正3年12月26日民録20輯1208頁：請負人が自己の材料を以て注文者の土地に建物を築造した場合においては，当事者間に別段の意思表示のない限りは，その建物の所有権は材料を土地に付着させるに従い当然注文者の取得に帰するものではなく，請負人が建物を注文者に引き渡した時において初めて注文者に移転するものとする。

　　　大判大正4年5月24日民録21輯803頁も同旨。

(234)　大判昭和18年7月20日民集22巻660頁。

(235)　大判大正5年12月13日民録22輯2417頁，最判昭和46年3月5日判時628号48頁。

(236)　最判昭和44年9月12日判時572号25頁。

(237)　前掲最判昭和46年3月5日。

(238)　我妻榮『債権各論中巻二』617頁，近江幸治『民法講義V契約法』247-249頁。

されるので，請負人に不利益として作用する。

そこで，請負代金を確保するための手段としては，請負人に留置権を認定すれば足りるという理論が出てくる。しかし，留置権に基づく建物の占有を正当な権利として認めると，建物の占有にとって必要な範囲で土地の占有を認めることになるので，土地に抵当権が設定されている場合には，その実行手続等に支障が生ずる（特に，商事留置権〔商第521条〕について問題が生ずる）。したがって，安易に留置権を認めるべきではないという利益衡量的な考え方が浮上する。

2　請負建物の登記

いずれにせよ，請負建物が不動産として認められ，所有権が生じた場合において，この建物所有権が，一旦請負人に帰属した後に注文者に移転するという考え方を採る場合には，物権変動として，登記をしなければ第三者に対抗しえない（第177条）。しかし，この登記手続においても問題が生ずる。

平成16年改正前の不動産登記法によると，表題部の登記を経由する前に所有者が変わった場合には，表題部の登記義務者の変更を理由として，新所有者は1か月以内に表題部の登記を申請しなければならない旨が規定され（旧不登第93条3項，第80条3項），請負人から所有権を取得した注文者が表題部の登記（表示登記）をすることが認められていた。改正後の不動産登記法においては，新築した建物の所有権を取得した者は，その取得の日から1か月以内に表題登記を申請しなければならないと改正された（不登第47条1項）。この新法の規定によって条文は若干変更されたが，解釈としては変わりはない。

しかし，いずれにせよ，この場合には，登記簿上は注文者が原始取得者として扱われ，そのまま所有権保存登記をすることになるので（不登第74条1項1号），請負人の所有の事実は登記に反映されない。また，表題登記を経由していない者は，原則として，所有権保存登記をすることができないので（不登第74条1項1号），請負人には対抗力取得の途がなくなる。

では，その対抗策として，請負人が表題登記をした場合はどうであろうか。この場合には，請負人の表題登記を使って，注文者（譲受人）名義の所有権保存登記をすることは認められない（不登第74条1項1号）。

しかしながら，これらの登記上の問題は，請負代金が支払われないという状況においてのみ問題となるのであり，請負人としては，請負代金を回収すること以外には興味はないので，代金が完済された場合には，登記の有無はもはや重要ではない。

（239）　地方税法73条の2第2項（不動産取得税）
　　　家屋が新築された場合には，当該家屋について最初の使用または譲渡が行われた日において，家屋の取得がなされたものとみなし，不動産取得税を課税する。ただし，家屋が新築されてから6か月を経過して，なお当該家屋について最初の使用または譲渡が行われない場合には，当該家屋が新築された日から6か月を経過した日において家屋の取得がなされたものとみなし，当該家屋の所有者を取得者とみなして不動産取得税を課税する。

第2章　物権の変動

そこで，建築実務では，代金が完済されたときには，表題登記から注文者を所有者として登記手続を行い，注文者の所有権保存登記を申請するというやり方が常識的な手続となっている（冒頭省略登記）。前記の不動産登記法の規定も，冒頭省略登記の慣例を予定しているものということができる。

なお，本項の問題について，請負人帰属説と注文者帰属説との争いがあり，近時は後者が優勢であるが[240]，請負制度の沿革が製作物供給契約からの発展類型であり，完成物の売買的な要素があるという点を顧慮すると，法理論的には，材料代金の負担を中心に考えるべきであろう[241]。更に，注文者が材料を提供し，または代金をある程度支払っているという状況において，注文者に所有権が原始的に帰属しているという場合には，もちろん，注文者が建物の原始的所有者であるから，登記を経由しなくとも第三者に対抗しうるものと考えられる[242]。しかし，その後，所有権の帰属に関して争いがあることも予想されうるので，やはり，自己防衛的に登記をしておく必要がある。

> **point**
>
> 　請負人が新築した建物の所有権は誰に帰属するのかという問題を理解するとともに，民法第177条の予定する物権変動とどのように関わってくるのかを理解しよう。

第2項　処分権能の制限

1　物権の処分制限

不動産に関する物権がその処分を禁じられている場合には，その旨を登記しなければ，第三者にその禁止を対抗することはできない。処分権能が禁止されている場

---

(240) 注文者帰属説を採る鈴木禄彌『債権法講義』（創文社，4訂版，2001）659頁，北川善太郎『債権各論』（有斐閣，第3版，2003）82頁は建物完成時に帰属するとし，水本浩『契約法』（有斐閣，1995）314頁は不動産として認定される時期に帰属するとし，石田穣240頁は時期とは無関係に帰属するなど，理論構成はそれぞれ異なるものの，注文者帰属説としては一致している。詳細は契約法において論ずる。

(241) 近江幸治『民法講義Ⅴ契約法』249頁，内田貴『民法Ⅱ債権各論』（東京大学出版会，第3版，2011）278頁も同様の考え方を示している。このように考えれば，出来形払い特約付の建築請負においては，その時々における出来形という材料ないし有形動産の所有権移転ということになるので，完成ないし不動産として認定される時において，注文者が原始的に所有者となる。この論点に関する判例である最判平成5年10月19日（民集47巻8号5061頁）は，出来形払い特約がある場合において，元請負人の事実上の倒産により注文者が請負契約を解除したときには，たとえ，下請負人が材料を提供していたとしても，下請負人は請負人の履行補助者的な地位にあるに過ぎず，また，注文者は出来形に応じて既に代金を支払っている旨を理由として，当該出来形部分の所有権は注文者に帰属するものと判示している。なお，詳細は，契約法において論ずる。

(242) 我妻＝有泉93頁，120頁，舟橋174頁は，全く新たに生じた不動産について原始的に取得した所有権には第177条の取引またはこれに準ずる得喪変更がないとして，このように論じている。

第3節　不動産に関する物権変動と公示

合の代表例として，共有物に関する不分割特約（第256条1項ただし書，第908条，不登第59条6号），永小作権の譲渡または賃貸の禁止規定（第272条ただし書，不登第79条3号）がある。

　しかし，地上権の譲渡等を禁止する旨の特約を当事者間で合意したとしても，登記をする方法がないので，この場合には，債権的効力しかなく，元々，第三者には対抗しえないものと解される。反対に，処分権能を付与する場合，例えば，賃借人に譲渡・転貸を許す旨の特約をしたときには，これを登記することにより，第三者に対抗することができる（第612条，不登第81条3号）。これらは，登記の方法が定められている場合における対抗力有無の例である。

　他方，処分制限が法律上当然に規定されている場合，例えば，遺言執行者が遺言によって指定された場合における相続人の処分制限（第1013条）は，登記の方法がないが，絶対的効力が認められている[243]。したがって，この場合において，相続人が第三者のために相続財産について抵当権を設定し登記を経由したとしても，その設定契約も登記も無効とされ，受遺者は，遺贈による目的不動産の所有権移転登記を経由しなくとも，その所有権の取得を第三者に対抗することができる[244]。また，共有持分の譲受人が共有物に関する債務を承継すると解されている点も（第254条参照），これに類似するとされている。これらは，処分制限の登記方法が定められていなくとも，対抗力があるとされた例である。

---
point

　物権の処分権能の制限と民法第177条の予定する物権変動との関わり合いについて，検討してみよう。

2　競売開始決定による処分制限

　前述した不動産競売手続においては，競売開始決定がなされると，裁判所書記官は差押登記を嘱託しなければならず（民執第48条1項），差押登記が実行されると，登記官は裁判所に差押登記の登記事項証明書を送付しなければならない（同条2項）。そして，競売開始決定の送達または差押登記のいずれか早い時期に差押えの効力が発生することから（同法第46条1項），債務者や担保権の設定者といった執行不動産の所有者に処分禁止の効力が生ずる（同条2項）。

　この強制競売の開始決定等による処分禁止効に関する民事執行法第46条2項は，差押えは，債務者が通常の用法に従って不動産を使用し，または収益することを妨げないと規定するが，この規定は裏読みすることが予定されており，債務者たる不動産所有者は処分権を失うが，通常の使用・収益権は認められるというものである。この場合には，競売開始決定，差押登記の嘱託から登記の実行までの間に数日間の

---

(243)　大判昭和5年6月16日民集9巻550頁。
(244)　最判昭和62年4月23日民集41巻3号474頁。

タイムラグが生ずることから，登記前に執行不動産の所有者からその所有権を譲り受けた第三者に対しても差押えによる処分禁止効が有効に作用するのかが問題となる。

この問題については，差押登記は裁判所書記官から登記所への嘱託という形で行われることから，執行債権者には登記懈怠という事態は生じえない。しかし，競売開始決定の送達もなく，差押登記もなされていない間は，執行債務者も，またその処分の相手方も，競売開始決定という事実を知らないということは十分ありうるので，この間における執行不動産の売買などの処分は，執行債権者に対抗しうるものと解される。ただし，執行債務者や処分の相手方，特に処分の相手方が既に強制執行の事実を知っているという場合には，そのような処分を保護する必要はないので，競売開始決定後，その送達前または差押登記前における処分行為は，その処分の相手方が悪意の場合には，差押債権者に対抗しえないものと解される[245]。

> **point**
>
> 競売開始決定による執行不動産の処分制限と民法第177条の予定する物権変動との関わり合いについて，検討してみよう。

3 処分禁止の仮処分命令に基づく登記・仮登記

更に，処分禁止の仮処分命令に基づく処分禁止の登記にも対抗力がある。

処分禁止の仮処分命令とは，係争物に関する仮処分命令の一種であり，その現状の変更により，債権者が権利を実行することができなくなるおそれがあるとき，または権利を実行するのに著しい困難を生ずるおそれがあるときに発することができるものとされる（民保第23条1項）。例えば，不動産売買において，買主の売主に対する登記協力請求権を保全するため（二重譲渡の防止），土地を無権原で占有し建物を所有する者に対する建物収去・土地明渡請求権を保全するため，そして，強制執行を免れるための所有名義の変更を阻止するため（以上，被告適格の固定化）など，種々のケースにおいて，債務者を相手方として申し立てるのである。係争物は不動産であると，動産であるとを問わない。処分禁止の仮処分は占有移転禁止の仮処分と一緒に申し立てることが多い。

仮処分の方法として，裁判所は，仮処分命令の申立ての目的を達するため，債務者に対し一定の行為を命じ，もしくは禁止し，もしくは給付を命じ，または保管人に目的物を保管させる処分その他の必要な処分をすることができる（同法第24条）。仮処分は種々のケースがあるので，一括して抽象的な規定となっている。処分の禁

---

(245) 鈴木・講義147-148頁は，競売開始決定後の処分行為は，原則として差押債権者，ひいては競売による買受人には対抗しえないが，この原則を無条件に貫徹せしめると，取引安全を害するおそれがあるとして，処分の相手方が善意の場合には，取引安全を考慮して，この処分を差押債権者等に対抗しうる，即ち，善意の譲受人はこの不動産を取得しうるものと解している。

止もこの中に含まれている。そして，係争物が不動産である場合には，仮処分命令に対抗力を付与し，実効性の高いものとするために，登記手続が用意されているのである。

　不動産所有権に関する登記請求権を保全する目的で申請する処分禁止の登記，また，所有権以外の権利に関する登記請求権を保全する目的で申請する保全仮登記（仮処分による仮登記）（民保第 53 条 1 項，2 項，不登第 111 条以下）によっても，対抗力が認められている。即ち，処分禁止の登記（民保第 53 条 1 項）の後にされた登記に係る権利の取得または処分の制限がなされた場合においても，この仮処分の債権者が保全すべき登記請求権に係る登記をするときには，その登記に係る権利の取得または消滅と抵触する限度において，その仮処分債権者に対抗することができない（民保第 58 条 1 項）。

　したがって，仮処分債権者が勝訴して，債務者を登記義務者とする所有権移転登記を申請する場合において，処分禁止の登記に遅れる登記があるときには，仮処分債権者は，その抹消登記を単独で請求することができる（不登第 111 条 1 項）。また，保全仮登記に基づいて本登記をした場合には，当該本登記の順位は，当該保全仮登記の順位による（不登第 112 条）。

　この処分禁止の登記は，時効取得者が所有者に対して所有権移転登記を請求する場合において，当該所有者と争うときに，当該所有者が不動産を処分してしまうことを阻止するためにも有用であるといわれている[246]。

---
point

　不動産に関する処分禁止の仮処分命令の意義と，その実効性を担保するための登記制度について，理解しよう。

第 3 項　不動産物権の消滅

　不動産に関する物権が消滅するという事案も，原則として，登記を必要とする物権変動である。物権の消滅は，意思表示による場合もあれば，解除条件の成就による場合もある。いずれの場合でも，消滅を第三者に対抗するためには抹消登記を必要とする。判例に現れた事案としては，抵当権の放棄[247]，買戻権の合意による消滅[248]，そして，解除条件の成就による抵当権の消滅[249]などがある。

---

(246)　我妻＝有泉 121 頁。

(247)　大決大正 10 年 3 月 4 日民録 27 輯 404 頁：「抵当権者が単純にその抵当権を放棄した場合においても抵当権の登記につき放棄に基づく抹消登記をしなければ，その放棄を以て第三者に対抗することができないことは，民法第 177 条及び不動産登記法の各規定に徴し明らかである。然るに本件抵当権の放棄について登記をしていないことは抵当権設定者たる抗告人の認める所であるから，抗告人は，抵当権の放棄を以て，抵当権は尚存するものとしこれと債権とを譲り受けその登記を経由した第三者に対抗することができない。」

(248)　大判大正 13 年 4 月 21 日民集 3 巻 191 頁：不動産の買戻権はこれを登記することに

第2章　物権の変動

　また，物権ではないが，登記された土地賃借権（借地権）において，譲渡・転貸の許可が登記されているときには，賃借権が消滅していても，賃貸人がその抹消登記をしないうちは，第三者に対抗しえない[250]。

　しかし，抵当債権が消滅した場合には，債権と抵当権との付従性によって抵当権は絶対的に消滅するので，この場合には，抵当権の抹消登記をしなくとも第三者に対抗することができる。この点は，不動産物権の目的物が滅失した場合も同様であり，物権は絶対的に消滅する。したがって，これらの場合には，第三者に対して対抗するための滅失登記を必要としない。

　次に，所有者が地上権者を相続した場合のように，物権が混同によって消滅するという事案も，やはり物権変動であるから，原則として，登記をしなければ，第三者に対抗しえない[251]。しかし，抵当権者が抵当不動産の所有権を取得し，所有権と抵当権が同一人に帰属した場合において，所有権移転登記を経由したときには，登記簿の記録上，混同の発生が明らかであるから，抵当権については，抹消登記を経由しなくとも，第三者に対抗しうるものとされている[252]。

　　よって物権的効力を生ずるので，登記した買戻権の消滅もまたこれを登記しなければ第三者に対抗することができない。故に登記した買戻権が実体上消滅した場合において，その登記をしない間に当該買戻権を取得しその登記をした第三者に対してはその消滅を対抗することができないことにより，第三者は有効に買戻権を取得しうるものと解すべきであるから，単に買戻権が先に実体上消滅したとの理由を以て直ちに第三者の買戻権の取得を否定すべきではない。

(249)　大判昭和4年2月23日新聞2957号13頁：「抵当権設定契約に解除条件の附款があり，その条件の成就により当該契約がその効力を失い，抵当権が消滅した場合において，右条件の登記がないときには，その消滅を以て第三者に対抗することはできないものと解するを相当とする」として，抵当債権を譲り受け，抵当権の移転付記登記を経由した者に対しては，解除条件の成就による抵当権の消滅を対抗しえないものと判示した。

(250)　最判昭和43年10月31日民集22巻10号2350頁：「建物所有を目的とする土地の賃貸借において，賃借人は賃借権を譲渡しまたは賃貸物を転貸することができる旨の特約が成立し，かつ，その賃借権の設定および特約の双方について登記がされているときは，賃貸人が，その賃借権を譲り受けた者またはその賃貸借につき利害関係を有するに至った者に対し，賃借権の消滅をもって対抗するためには，民法177条の規定を類推適用して，その旨の登記を経ることを要するものと解すべきである。」そして，本件においては，賃貸借契約の解除後に賃借人から賃借権の一部譲渡を受け，賃借権持分移転登記を経由した第三者に対しては，登記をしなければ対抗しえないと判示した。

(251)　大決昭和7年7月19日新聞3452号16頁：「土地所有者が地上権者を相続したため地上権が混同により消滅する場合と雖も，その消滅はこれを登記しなければ第三者に対抗しえないのであるから，その登記のない限り，第三者は地上権が存在するものとしてこれに対し差押えをすることができ，この差押えに対し地上権消滅を理由として異議を主張することはできない。本件において抗告人は土地の所有者がその地上権の共有者の1人を相続したため同人の持分に属する地上権は混同により消滅した旨を主張するが，その登記のなされた事実につき何らの主張及び立証をなしていないことは記録上明らかであるから，その消滅を理由として該地上権持分に対する本件差押命令に対する異議の申立ては結局失当である。」

(252)　大判大正11年12月28日民集1巻865頁：大審院は「係争不動産の所有権とこれを目的とする第一順位の抵当権とがYの先代Aに帰属し，その旨の登記を為したのであるから，

288

第3節　不動産に関する物権変動と公示

　次に，不動産質権のように（第360条により10年と法定されている。），不動産物権の存続期間が法令に規定されている場合において，その存続期間の満了によって物権が消滅した場合には，登記をしなくとも第三者に対抗しうる。判例は，不動産質権の事案において，公益上の理由から，期間の経過による絶対的消滅を認めているが[253]，このような場合には，期間の経過による消滅が予め登記されており，一般に了知されているからという理由のほうが妥当である[254]。

　更に，根抵当権の元本確定期日のように（第398条の6，不登第88条2項3号），不動産物権の存続期間が契約によって定められた場合において，これが登記されているときには，約定どおりの根抵当関係の解消という効果が発生するだけであり，登記も経由されているので，同様に，登記（この場合には根抵当権確定の登記）は不要と解されている[255]。

---

point

　物権の消滅も物権変動であることを理解し，また，登記の要否についても理解しよう。

第8款　民法第177条の「第三者」

第1項　民法第177条における「第三者」の範囲

1　第三者の意義

　一般に，「第三者」とは，当事者及びその包括承継人（相続人・相続財産法人〔第951条〕）以外の者のことをいう。それゆえ，第177条にいわゆる「第三者」についても，第一義的には，当該物権変動の当事者及びその包括承継人以外の者を指していう文言と解してよい。したがって，第三者に該当しない者に対しては，物権変動を対抗するに際しても，登記は不要である。

　また，不動産登記法第5条は「登記がないことを主張することができない第三者」を法定している。それゆえ，これに該当する者に対しても，物権変動を対抗す

　その抵当権は混同によって消滅したものというべく，その消滅を第三者に対抗するには混同による抹消の登記を為す必要はない。なぜなら，その所有権と抵当権とが同一人に帰属したことは登記簿上明白であるから，その抵当権が混同により消滅したことは第三者と雖も当然推知しうべき事項だからである」と判示して，後順位抵当権者Xから請求された第392条2項による1番抵当権者に対する代位について，当該1番抵当権は混同により消滅したので，代位しえないと判示した。

(253)　大判大正6年11月3日民録23輯1875頁：「不動産質権が存続期間の経過によって消滅するが如きは……該質権の設定登記を抹消しなくとも第三者に対して質権が存続すべきものとはならない。何となれば，不動産質権の存続期間を10年に制限しているのは，公益上の理由に基づくものであり，その期間を経過するときは質権は何人に対しても消滅すべきものだからである。」

(254)　我妻＝有泉122頁，舟橋175頁。

(255)　我妻＝有泉122頁，舟橋175頁。

289

るに際して登記は不要である。この点は，「背信的悪意者」の箇所で詳述する。

　それでは，上掲した者以外にもこの「第三者」から除外すべき者，即ち，「登記がなくとも対抗しうる者」を認めるべきか否か，この問題について考えてみよう。

2　民法第177条の「第三者」

(1)　起草者及び初期の学説・判例──無制限説

　起草者[256]及び初期の学説[257]は，第177条の形式的な文理解釈により，同条には第三者の範囲について何ら制限する字句のないことを理由として，無制限説を唱えており，判例もまた同様の立場であった。

(ア)　不法行為（犯罪行為）による物権取得者：大判明治38年10月20日民録11
　　輯1374頁

【事実】

　Y1が所有する不動産をXに売却した後，その未登記に乗じて，Y2にも二重に売却して，所有権移転登記を経由したところ，Xは，そのような売買は（旧）刑法第393条の冒認罪[258]（詐欺罪の一種）に該当するとし，当該行為は犯罪であると同時に何らの効力も発生しないとして，所有権移転登記の抹消と自己への所有権移転登記手続を訴求したという事案である。

---

(256)　梅謙次郎『民法要義巻之二物権編』（訂正増補復刻版，1984）17頁以下。

　　　梅博士は，当事者及びその包括承継人を除外した後，特定承継人については，全く無関係の第三者及び権利の得喪変更の関係以外において，これを第三者に包含することは固より疑いを容れないと述べ，その理由は，甲が自己の所有する不動産の所有権を乙に譲渡した場合において，その譲渡前に，甲が丙のために地上権を設定したときは，所有権の関係では，乙は甲の特定承継人であるところ，甲・丙間の地上権設定行為より観れば，乙は第三者であり，それゆえ，丙は，地上権の登記を経由しなければ，乙に対抗しえないと述べている（同書18頁）。そして，「我民法ハ單ニ不動産ニ付キ権利ヲ有スル第三者ノミナラズ一切ノ第三者ヲシテ皆登記ニ由リテ不動産上ノ権利ノ状態ヲ詳カニスルコトヲ得セシメンコトヲ欲シタルナリ故ニ若シ登記ヲ怠レバ一切ノ第三者ニ對シテ皆権利ヲ援用スルコトヲ得サルモノトス」と述べている。

(257)　富井政章『民法原論第二巻物権』（大正12年合冊版復刻，1985）61-62頁。

　　　富井博士は，梅博士と同様，第三者とは当事者及びその包括承継人以外の者をいうとし，一般債権者，制限物権（地上権，永小作権等）の設定者たる土地所有者とその制限物権の譲受人らはすべて「第三者」であるとし，最後に，不法に目的物を占有する不法行為者，または故意・過失によって物権の目的物を滅失・毀損した者は「第三者」に含まれるかについて，登記または引渡しのない間は，不動産の譲受人は，不法行為者に対し，損害賠償を請求しえないものと解するのが妥当であるとして，立法から相当年月を経た大正12年の時点においても，後掲する明治41年の連合部判決に反対している。

　　　また，岡松參太郎『註釈民法理由中巻』（第4版，1908）16頁も，当事者及びこれと同一視すべき者（例として相続人）以外の者を第三者として，広く解している。

(258)　旧刑法第393条（冒認罪）

　　　第1項　他人ノ動産不動産ヲ冒認シテ販賣交換シ又ハ抵當典物ト爲シタル者ハ詐欺取財ヲ以テ論ス

　　　第2項　自己ノ不動産ト雖モ已ニ抵當典物ト爲シタルヲ欺隱シテ他人ニ賣與シ又ハ重ネテ抵當典物ト爲シタル者亦同シ

290

原審は，Xの所有権取得につき登記がない以上は，第三者たるY₂に対し所有権取得を対抗しえないと判示して，Xの請求を棄却した。

この原審判決を不服として，Xは上告し，真の所有者たるXが係争不動産の所有権を失却し，Y₂が犯罪行為により所有権を取得すべきものと判定したのは法則に違反した不法の判決であると主張した。

【判旨】棄却

民法第177条は，第三者を保護し，かつ，一般取引の安全を確保するための規定であり，物権の得喪を生ぜしめた法律行為が，犯罪に原因したと否と，また，第三者が善意であると悪意であるとを区別していないのであり，その法律行為が当然無効でない以上は，該規定の適用を妨げることはないとして，「Y₁が係争不動産をXに売り渡した後，これを冒認して更にY₂に売り渡したとするも，Xがその所有権取得につき未だ登記を経ない限りは，右法条の規定により，その取得を以て既に登記を経たY₂に対抗しえないものであり，Y₁・Y₂両名間の売買はその効力を有するものというべきである。」と判示した。

《問題点》

不動産の二重譲渡がなされ，一方の法律行為が不法行為を原因とするものであっても，他方の譲受人は，登記がなければ，不法行為による譲受人に対して対抗することができないのか。

《分析》

このような問題について，本判決は，民法第177条は第三者を保護し，かつ，一般取引の安全を確保するための規定であり，物権的法律行為が，犯罪に原因したか否か，また，第三者が善意である悪意であるかを区別せず，その法律行為が当然に無効でない限り適用されるとして，不法行為を原因とする取得者に対しても，登記がなければ対抗しえないとした。

冒認罪とは，他人の動産不動産を冒認して販売交換しまたは抵当典物とした者は詐欺取財を以て論ずるという犯罪行為であり（旧刑第393条1項），この犯罪行為は，当時のフランス民法系の解釈によると，第一の売買によって原売主は当然に無権利者となるので，第一買主の所有物を第二の買主に売買するという行為が詐欺に該当するという趣旨である（後述するように，フランス民法では，他人物売買を禁止する）。

したがって，民法の解釈に沿って解釈しても，このような行為は不法行為に該当する。しかし，本判決は，この不法行為による買主でも，登記を経由すれば，第一買主に物権変動を主張することができるとした。もっとも，この解釈は，この行為が犯罪行為に該当しなくなれば，第一義的には不法行為を論ずる必要はないので（解釈上はありうるが，それは後述する。），現代における解釈上は，一般的な判例法理となる。

第 2 章　物権の変動

　(イ)　通謀虚偽表示による物権取得者：大判明治 40 年 2 月 27 日民録 13 輯 188 頁
【事実】
　本件土地（山林）は元Ａの所有であるところ，Ａは，これをＸに売却したが，所有権移
転登記を経由しなかった。その後，Ａは，Ｙらに本件土地を売却したものとし，Ｙらはい
つでも登記名義をＡに移転する旨を約束した上で，ＡからＹらに所有権移転登記をなした。
　Ｘは，ＡのＹらに対して有する移転登記請求権を譲り受けた上で（ＡからＹらに対する
譲渡通知済），Ｙらに対して，所有権移転登記を訴求するとともに，Ｙらの登記は虚偽表示
に基づくものであって，無効であると主張した。
　原審は，譲渡により土地の所有権を取得した者は，その譲渡による所有権取得の登記を
受けない限りは，現実に土地所有者として登記された者に対してその所有権を主張するこ
とができず，これは民法第 177 条の規定に照らして明らかであるから，Ｘが本訴山林の所
有権を根拠として現実その所有者として登記されたＹらに対し名義書き換えの手続を請求
するのは不当であるとして，Ｘの請求を棄却した。Ｘから上告。

【判旨】棄却
　ＸがＡより譲り受けた係争不動産の所有名義書換えの権利は，民法第 177 条に所謂不動
産に関する物権の取得に該当するものであるから，Ｘはその取得の登記をしなくても，譲
受人たるＡ及びその一般の承継人に対してはその権利を主張することができると雖も，同
一不動産につき利害の関係を有する者，即ち，第三者に対しては先ず自己の権利を登記し
た上でなければ，対抗することはできないものであり，同条の規定は不動産上の権利の譲
渡人と他の者とが同一不動産につきなした行為が真実である場合と，虚偽である場合とに
よって区別されることはない。

《問題点》
　土地の第一譲受人が未登記であったところ，第二の譲渡がなされ，所有権移転登
記が経由されたが，第二の譲渡が通謀虚偽表示であった場合でも，第一譲受人は登
記がなければ，第二譲受人に対抗することはできないのか。

《分析》
　このような問題について，本判決は，民法第 177 条の適用は，不動産上の権利の
譲渡人と他の者とが同一不動産につきなした行為が真実である場合と，虚偽である
場合とによって区別されることはないとして，虚偽表示行為者に対してでも，登記
がなければ所有権を対抗することができないとした。
　民法第 94 条は，通謀を含む虚偽表示は，一般に，法律行為としては無効である
が（同条 1 項），ただし，その後，この虚偽表示について善意で新たに取引関係に
入ってきた第三者に対しては，虚偽表示者は行為の無効を主張しえないという構成
である（同条 2 項）。
　したがって，本来，第二の買主が虚偽表示による買主であれば，売買は無効であ
るから，第一買主はその無効を主張しさえすればよいはずである。しかし，本判決
は，未登記の第一買主は，虚偽表示による取得者である第二買主に対し，登記がな

第3節　不動産に関する物権変動と公示

ければ対抗しえないと判示した。

　本判決は，元々，物権変動の効力について対抗関係に立たない者を対抗関係に立つ者としたという点において，判断を誤った判例であるかのようにも見える。しかし，前述したように，物権行為の独自性・無因性（抽象性）の立場に立脚すれば，このような判断になるであろう。即ち，物権的意思表示は，債権的意思表示とは別個独立した存在であり，原因行為の有効・無効を問わず，つまり，契約が無効であったとしても，登記を経由しさえすれば，物権の取得が認められるという理論構成である。本判決は，紛れもなく，このドイツ民法的な解釈に立脚している。

　このように，大審院は，民法第177条の規定は，不法行為者に対しても，虚偽表示行為者に対しても，登記がなければ対抗することはできないと判示した。

　ただ，後者の明治40年判決は，その前提として，同一の不動産につき利害関係を有する者，即ち第三者に対しては，まず自己の権利を登記した上でなければ，対抗することはできないと判示していたので，若干制限的に解していたようにも見える。そして，このおよそ1年10か月後に，有名な第三者制限連合部判決の登場を見ることになる。

(2)　明治41年連合部判決――制限説

〔判例39〕大連判明治41年12月15日民録14輯1276頁

【事実】

　(1)　Aは，自己の所有する未登記建物をXに売却したが，当該建物につき，第三者Yが，本件家屋はY自身が建築した建物であると主張し，その所有権を主張するので，XがYに対して所有権の確認を求めるため，本訴を提起した。

　(2)　Xは，Yは本件建物につきXの所有権を承認したので，XはYに対しては登記なくして所有権を対抗しうるものであると主張した。

　(3)　これに対してYは，Xは未だ嘗てYに対し本件建物の所有権設定もしくは移転の意思表示をしたことはない，Yは，単に本件建物がXの所有であるという事実を是認したに過ぎず，これを以て民法第176条の物権設定もしくは移転の意思表示があるとはなしえないと主張した。

　第1審は，Xの請求を認容したが，原審は，YはXに対し本訴家屋の所有権を是認したが，これによってXがその所有権を第三者であるYに対抗しうるものとすると，物権変動の効力を第三者の認否に係らしめることとなり，物権の効力は相対的となり，その本質を壊す結果を生ずるという理由により，Xは未登記ゆえに，その権利をYに対抗しえないと判示した。Xから上告。

【判旨】破棄差戻

　「本条（民法第177条）の規定は，同一の不動産に関して正当の権利もしくは利益を有する第三者に対し，登記によって物権の得喪及び変更の事情を知悉させ，これにより，不慮の損害を免れさせるために存するものであるから，その条文には特に第三者の意義を制限

293

する文言がない。とはいえ，その自ずから多少の制限あるべきことは，これを字句以外に求めることは難しいというべきであろう。なぜなら，対抗とは，かれこれ利害が相反するときにおいて，初めて発生する事項であるから，不動産に関する物権の得喪及び変更について利害関係のない者は，本条の第三者に該当しないことが明らかだからである。

　また，本条制定の理由から見て，その規定した保障を享受するにつき，直接利害関係を有しないものは除外すべきことは，これまた疑いを入れるべきではない。本条に所謂第三者とは，当事者もしくはその包括承継人ではなく，不動産に関する物権の得喪及び変更の登記欠缺を主張する正当の利益を有する者を指称するものと定めることができる。即ち，同一の不動産に関する所有権・抵当権等の物権または賃借権を正当な権原によって取得した者，また，同一の不動産を差し押さえた債権者もしくはその差押えについて配当加入を申し立てた債権者のような者は，皆均しく所謂第三者である。これに反して，同一の不動産に関し，正当の権原によらないで権利を主張し，あるいは，不法行為によって損害を加えた者の類は，皆第三者と称することはできない。」

《問題点》

　未登記家屋の買主に対して所有権を主張する者が存在している場合には，未登記家屋の買主は，全く所有権を対抗することができないのだろうか。

《分析》

　このような問題について，本判決は，民法第177条に所謂「第三者」とは，当事者もしくはその包括承継人ではなく，不動産に関する物権の得喪及び変更の登記欠缺を主張する正当の利益を有する者と定めることができるとして，その範囲を限定し，正当な権原によらず権利を主張する無権利者や不法行為者は民法第177条の第三者から除外すると判示した。

　前掲した無制限説を採る参考判例(ア)は犯罪行為による物権変動，参考判例(イ)は虚偽表示による物権変動であり，これらでさえ，民法第177条の適用を受け，不法行為者や虚偽表示の当事者に対しても，登記がなければ物権変動を対抗することはできないものと解していた。

　しかし，既に述べたように，物権変動の原因行為が「無効」であり，物権取得者が無権利者の場合でも第177条の適用を受けるという話はどう考えてもおかしな話である。これはおそらく，ドイツ民法における物権行為の独自性・無因性という考え方に影響を受け過ぎた結果であろう。

　本判決は，このような不合理な状況に終止符を打った判例である。そして，この制限説に立脚すると，所有者のような物権取得者であれば，登記なくして対抗しうる第三者の範囲が決められることになる。

　本判決にも示されているように，不法行為者や不法占有者はもちろんのこと，虚偽表示の当事者のような無権利者に対しても，物権取得者は，登記なくして対抗しうることになる。

第3節　不動産に関する物権変動と公示

(3)　明治 41 年連合部判決以後の学説

しかし，判例法により制限説が確定した後も，今度は，実質的な理由から，無制限説を主張する学説（鳩山説）が現れた。それは，例えば，建物が譲渡されたが，譲受人Ｂが未登記の間に当該建物が第三者Ｃの故意・過失によって滅失・毀損させられた場合には，制限説によると，未登記の譲受人Ｂは不法行為者Ｃに対し，損害賠償を請求しうることになるが，不法行為者Ｃが登記名義を有する譲渡人Ａを真正所有者と誤信して同人に損害賠償金を支払ったときには，Ｂへの賠償義務が残ることから，不法行為者Ｃに二重弁済の危険が生じてしまうとして，実際的な考慮と画一性の要求という理論的な考慮から，旧来の無制限説もなお捨てがたいという説である(259)。

しかしながら，その後，1921(大正 10)年に末弘厳太郎博士が制限説を強力に主張して以来(260)，制限説は徐々に通説化し，また，上記のような疑問を呈して無制限説に未練を残した学説を振り払うかのように，上記のような二重弁済の危険に対しては，債権の準占有者に対する弁済（第 478 条）を適用することによって不法行為者Ｃを救済すれば足りるという学説(261)が現れるや，制限説が通説化し，無制限説

---

(259)　鳩山秀夫「不動産物権の取喪変更に関する公信主義及び公示主義を論ず」法協第 33 巻 7 号，9 号，12 号（1915）所収，同『民法研究第二巻（物権）』（岩波書店，1930）1 頁以下（特に 24 頁以下〔公示主義の理由〕，42 頁以下〔第三者の意義〕，57 頁以下〔本稿の引用部分〕）を参照。我妻榮博士も旧来はこの考え方に立っていた（我妻『物権法（現代法学全集 21 巻）』〔日本評論社，1929〕124 頁以下）。

　　しかし，翻って考えてみると，無制限説を貫徹すると，家屋の所有者ＡがＢに売買により所有権を移転したが，所有権の保存登記や移転登記を経由する前に，第三者Ｃが当該家屋を滅失または損傷した場合において，Ｂが未登記所有者であれば，ＢからＣに対する損害賠償請求に対し，相手方Ｃから，未登記のＢは登記を欠缺しているので，ＢはＣに対し，所有権に基づく家屋の修繕等，損害賠償請求権を有しない旨の主張を許す結果となる。この結論は，到底甘受しえないものである。したがって，不法行為を念頭においてこの問題を考察すると，その解決に際しては，収拾の付かないことになりうる。

(260)　末弘厳太郎『物権法』（有斐閣，1921）159 頁以下（特に 165 頁以下で明治 41 年連合部判決を正当として承認する）。なお，その後も無制限説を主張した学説として，前掲鳩山博士，我妻博士のほか，石田文次郎『物権法論』（有斐閣，1932）117 頁以下（特に 121 頁以下）がある。

　　石田（文）博士は，物権それ自体の効力の主張問題と対抗問題とを切り離して考えるべきであると主張し，判例・通説はこの問題を混同しているとして，これらを批判する。石田（文）博士は，その具体例として，新築家屋の所有権の主張と，不法行為者に対する未登記所有者からの権利主張とを掲げ，これらはいずれも所有権それ自体の主張であり，前者については，原始取得の問題であり，所有権取得の主張ではないので対抗問題ではないとし，後者については，物権的請求権や不法行為に基づく損害賠償請求の問題であり，これまた対抗問題ではないので，第 177 条の枠外の問題であえるとして，判例・通説が，不法占有や不法行為者を第 177 条の第三者ではないとした上で，対抗問題の枠内での解釈問題として扱っている点を批判している。のみならず，前掲した鳩山説に対しても，登記がなければ，不法行為者に対しても損害賠償請求権を対抗しえなくなるとして，これを批判する。要するに，この問題は，完全に第 177 条の対抗問題から切り離さなければならないという見解である。

第2章　物権の変動

を唱える学説はなくなっていった[262]。

> **point**
>
> 　第177条の第三者の範囲について，無制限説を採った場合と，制限説を採った場合とでは，どのような点において，「第三者」の取扱いが異なるのか。検討してみよう。

3　対抗しえない「第三者」の類型

(1)　互いに両立しえない権利者相互間

(ア)　物権を取得した者

(a)　所有権の取得　例えば，Aの所有する土地をBが売買によって取得したが，所有権移転登記を経由しないうちに，第三者CがAから当該土地に関する物権を取得し，登記を経由した場合には，BはCに所有権の取得を対抗しえない。Cも登記を経由していない場合には，BとCは，互いに物権の取得を対抗しえない者となる。

　Cが登記を経由した場合において，Cの取得した物権が所有権であるときには，Bはもはや所有権を取得する見込みはなくなる。しかし，Cの取得した物権が制限物権（地上権，抵当権など）であるときには，Bはまだ所有権の登記を取得しうるが，この取得をCに対抗しえない結果，Cの制限物権の負担を甘受しなければならない。

(b)　制限物権の取得　次に，BがAから取得した物権が地上権や抵当権などの制限物権であったという場合において，CがAから所有権を取得して，登記を経由したときには，未登記のBは当該制限物権を取得しえなくなる。CはAから何ら制限のない所有権を取得したのであり，未登記であったBの制限物権の負担を受けるいわれはないからである。

　また，CがAから制限物権，例えば，Bと同じ地上権の設定を受け，登記を経由したときには，Cが地上権者となり，未登記のBは地上権者となりえない。同一土地上に二重に地上権は成立しえないからである。

　また，Cが地上権者として登記した場合において，Bが従前に抵当権を取得して

---

(261)　舟橋諄一「登記の欠缺を主張しうべき『第三者』について」『加藤先生還暦祝賀論文集』（有斐閣，1932）639頁（662頁以下）。舟橋博士は，所有権登記の存在は不法行為に基づく損害賠償請求権を有することの「権利者らしき外形」（債権の準占有者）であるとして，この外観を信じて（善意で）弁済した者は保護に値すると主張する。ただ，「自己のためにする意思」（第180条）の存在について問題となるが，舟橋博士は，客観説を採るので問題はないということである。

(262)　以上の学説の変遷については，舟橋・前掲「論文」641頁以下，舟橋178-179頁，我妻96-97頁，その他適宜論文等を参照した。なお，我妻博士は，制限説に与した後も，「この標準だけで正確に範囲を決定し得るとは思っていない。この大きな標準の下に，できるだけ類型的な場合についての規準を示すことが必要である」と論じ，続けて，「多くの学説は，判例の標準を肯認した上で，一層具体的な規準を示そうとしているといってよかろう」と述べ，その例として，柚木，末弘両博士の文献を引用指示している。そして，ご自身も，第177条の第三者の類型化を試みている（我妻・同書97頁以下）。

296

いたとしても，Ｂが未登記のときには，Ｂは，Ｃの地上権という負担付きで，Ａの土地に抵当権の設定を受けたということになる。

更に，Ｃが取得した物権が抵当権であり，Ｂも従前に抵当権の設定を受けていたが，未登記の場合において，Ｃが抵当権設定登記を経由したときには，Ｃが第１順位，Ｂはその後に登記しても，第２順位の抵当権者となるに過ぎない。

更にまた，Ｃが取得し，登記した物権が抵当権であり，Ｂが所有権や地上権を取得して，登記していなかった場合には，Ａの所有する土地にＣの抵当権が設定されており，Ｂはその後に登記を経由しても，Ｃの抵当権の負担を直接に受ける形となるので，Ｃが抵当権を実行することによって，Ｂは物権を失う結果となる。

物権が地役権の場合には，更に複雑になる。ＢがＡから地役権の設定を受けたが，未登記である場合には，Ｂから要役地の所有権を取得したＤは，承役地所有者であるＡやその承継人Ｃに対し，原則として，地役権を対抗しえない。しかし，通行地役権が設定された場合において，地役権の行使が継続的になされていたときには，地役権の行使の状況がその外観によって明らかであるから，承役地所有者であるＡはもちろんのこと，その承継人Ｃも，Ｄの通行地役権の存在を否定することは許されないものと解されている[263]。通行地役権は，元々，相隣関係としての囲繞地通行権を地役権という約定の物権にまで高めたという制度であり，通路の開設と通行という事実が公示性を有するので，このような解釈が成り立つものと思量する。

(c) **物権の二重譲渡・設定の間に相続が関わる場合**　例えば，ＢがＡから物権を取得した後に，ＣがＡの相続人から物権を取得した場合でも，前段の内容は全く変わらない。即ち，ＢとＣは対抗関係になる。相続は包括承継であり，相続人は被相続人の地位をそのまま承継するのを原則とするからである。

(d) **未登記建物の譲渡の場合**　Ａが自己の所有する未登記の建物をＢに売買し，

---

(263)　最判平成10年2月13日民集52巻1号65頁：最高裁は，「通行地役権（通行を目的とする地役権）の承役地が譲渡された場合において，譲渡の時に，承役地が要役地の所有者によって継続的に通路として使用されていることがその位置，形状，構造等の物理的状況から客観的に明らかであり，かつ，譲受人がそのことを認識していたか又は認識することが可能であったときは，譲受人は，通行地役権が設定されていることを知らなかったとしても，特段の事情がない限り，地役権設定登記の欠缺を主張するについて正当な利益を有する第三者に当たらないと」した。

　また，最判平成10年12月18日民集52巻9号1975頁も，同様の理由から未登記通行地役権の対抗力を認めている。

　更に，この点は，競売による売却の場合でも同様であり，最判平成25年2月26日民集67巻2号297頁は，「通行地役権の承役地が担保不動産競売により売却された場合において，最先順位の抵当権の設定時に，既に設定されている通行地役権に係る承役地が要役地の所有者によって継続的に通路として使用されていることがその位置，形状，構造等の物理的状況から客観的に明らかであり，かつ，上記抵当権の抵当権者がそのことを認識していたか又は認識することが可能であったときは，特段の事情がない限り，登記がなくとも，通行地役権は上記の売却によっては消滅せず，通行地役権者は，買受人に対し，当該通行地役権を主張することができる」ものと判示した。

第2章 物権の変動

Bに所有権を移転したが，Bが所有権保存登記を経由しないうちに，Aが所有権保存登記をして，Cに二重譲渡し，あるいは，Cに抵当権を設定し，Cが登記を経由した場合には，未登記のBはCに対抗しえない。Bは，引渡し前であれば，売買の当事者であるAに対して債務不履行に基づく損害賠償を請求し，引渡し後であれば，不法行為に基づく損害賠償を請求するくらいしかできない。

(e) 「善意の第三者」保護制度が適用される場合　　物権の譲渡人Aが無権利者である場合には，BがAから物権を取得しても，Bは原則として物権を取得しえない。しかし，Bが善意の第三者であるときには，真正所有者Cは，Bの物権取得を甘受しなければならない場合がある。

　これは，A・C間に虚偽表示ないしこれに類似する状況があった場合，あるいは，A・C間に詐欺の事実があった場合において，Bは，Aが虚偽表示による取得者（無効な法律行為による取得者で無権利者）であり，あるいは，詐欺者で，法律行為を取り消される者であるという事情を知らずに（善意で），Aと物権変動を生ずる行為をした者であるときには，Bは善意の第三者保護規定により，制度上の保護を受けるからである（第94条2項，第96条3項）。

> ─ *point* ─
>
> 　物権取得者相互間において，対抗関係はどのように発生するのだろうか。類型毎に検討してみよう。

(ｲ) 物権変動の発生後，未登記の間に同一不動産につき賃借権などを取得した者
　Aが自己の所有する土地をCに賃貸中にBに売却した場合において，Cが土地賃借権の登記も建物の登記も経由しておらず，Bに対抗しえない状況のときでも，Bが登記を経由していなければ，BもまたCに対抗しえない。それゆえ，Bが登記を経由する前に，借地権者Cが地上建物の登記を経由すれば，CはBに借地権を対抗することができる（借地借家第10条）。したがって，この場合にも，最初から，BとCは対抗関係にある。

　次に，この場合において，Cの権利が，将来所有権を取得することを予定する債権であるときでも，類似の問題として処理することができる。

　例えば，CがAから売買予約や停止条件付き代物弁済契約をしたときである。Cが仮登記を経由しておらず，土地の買主Bも登記を経由していないときには，いずれも他方に権利を主張することはできない。しかし，CがBよりも先に仮登記を経由すれば，仮登記の順位保全効により，本登記をした時点から，Cは，仮登記の順位によって，Bに対抗することができる（不登第106条）。この場合も，賃借権と同様，債権が物権関係に影響を及ぼすというケースの一つである。

298

第3節　不動産に関する物権変動と公示

━━ *point* ━━━━━━━━━━━━━━━━━━━━━━━━━━

　　物権取得者と，これと対抗的に債権を取得した者との間に，物権取得者相互
間と同様の「対抗関係」は発生するのだろうか。検討してみよう。

━━━━━━━━━━━━━━━━━━━━━━━━━━━━━━━━━━━━━━

㈬　物権変動の発生による未登記権利者と一般債権者との関係

　Aの所有する不動産について，Bが物権を取得しても，登記を経由しないと，B
はAの一般債権者に対してでさえ，対抗しえない。

　例えば，Bが抵当権の設定を受けて，その登記を経由していない場合でも，Bは，
当事者間においては抵当権者であるから，登記がなくとも，抵当権の存在が確定判
決により，あるいは，公証人の公証によって証明されれば，抵当権の実行による競
売手続を申し立てることができる（民執第 181 条 1 項 1 号，同項 2 号）。

　しかし，抵当権の優先弁済効は，登記によって公示されるので，その優先弁済の
順位は登記の順位による（第 373 条）。したがって，未登記抵当権者は，他の抵当権
者には対抗しえない。のみならず，この未登記抵当権者は，一般債権者にも対抗し
えない。もし，未登記抵当権者が登記なくして一般債権者に対抗しうるものとする
と，取引の安全を害することになるからである。

　判例はかつて，物権取得者であっても，未登記の間は，当該不動産を差し押さえ，
あるいは配当加入した一般債権者には登記なくして対抗しえないが，それら以外の
一般債権者には登記なくして対抗しうるものとした[264]。しかし，差押債権者の債
権の効力がそれ以外の一般債権者よりも強力になるわけではないので[265]，この解
釈には無理があった。そのため，その後，判例は，未登記抵当権者は一般債権者に
対しても対抗しえないと判示し，従前の判例を改めたのである[266]。

───────────────

[264]　大判大正 4 年 7 月 12 日民録 21 輯 1126 頁：未だ差押えまたは配当加入をせずに，単に
　　　債権者たるに過ぎない者は民法第 177 条にいわゆる第三者ではないという。

[265]　我妻＝有泉 158 頁。

[266]　大判昭和 11 年 7 月 31 日民集 15 巻 1587 頁：Xは，AがB及びCを連帯債務者とする
　　　金 270 円の債権をAより譲り受け，債権譲渡の対抗要件を具備した。Yは，これより前，B
　　　に金 450 円を貸与し，Cの所有する本件不動産について抵当権の設定（未登記）を受けてい
　　　たことから，本件不動産を相当価額である金 500 円でCより買い受け，その代金を貸付元利
　　　金の一部と相殺した。
　　　　そこで，Xは，このC・Y間の行為が詐害行為であるとして，Yに対し，本件不動産売買
　　　契約の取消と登記の抹消を求め，本訴を提起した。原審は，従来の判例を踏襲し，「単に債
　　　務者B及びCの債権者にすぎないXは本件Yの抵当権取得登記の欠缺を主張しうべき正当な
　　　利益を有する第三者ではない」と判示して，Xの請求を棄却したので，Xから上告。
　　　　破棄差戻。「およそ，債務者のある財産に対し物上担保権を有する者が相当の価格で目的
　　　物を買い取り，その代金と自己の債権とを決済することは，特別の事情のない限り，詐害行
　　　為を目的としたことにならない。しかし，これはもとより，その担保物権につき対抗要件を
　　　具備する場合に限る。」
　　　　大審院は，原審がXを以て所謂第三者に該当しないとし，Yの未登記抵当権をXに対抗さ
　　　せ，「本件不動産の売買行為は債権者の一般担保を減少する行為ではない」と判示し，たや

299

第 2 章　物権の変動

> ── *point*
>
> 　物権取得者が，登記をしなければ，一般債権者にも対抗しえないという状況
> はあるのか。この状況について，検討してみよう。

(2)　特定の物権者に対し，契約上の地位を有する者

　このケースは，Ａの所有する土地について，Ｂが土地賃借権（借地権）を有する
場合である。この場合において，Ｂは，土地賃借権の登記（第 605 条），または地
上建物の登記（借地借家第 10 条）を有するときには，Ａに対抗しうる。のみならず，
Ｂは，Ａから土地を譲り受けたＣにも対抗しうる。

　それでは，最初から土地にＢの借地権という負担を引き受けているＣは，賃貸人
としての権利をＢに対して主張し，行使することができるだろうか。そのためには，
Ｃは土地所有者としての地位を確実なものとするために，所有権移転登記を必要と
するであろうか。

　賃貸人の地位の移転[267]は，賃貸人の義務の内容に変化がないから，賃借人の承
諾（同意）は不要と解されている[268]。賃借人としては，目的物の使用・収益が保
全されれば何ら問題はなく，この意味において，賃貸人の債務には個人的色彩は弱
く，所有者が誰であっても，その債務を履行することができるからである。

　しかし，賃貸人の地位の移転でも，経済取引の客観化という意味において，契約
の個人的色彩よりも，契約における経済的基礎を重視して，相手方である賃借人に
不利益を与えない限りでの自由移転を認めるという観点が重要なのではないだろう
か。この意味において，賃借人の承認程度は求めるべきものと思われる[269]。特に，
新賃貸人による不当な地代・家賃の値上げ，対抗力のない賃貸借を排除する目的で
の売買[270]などを考慮すると，対抗力のない賃借権の場合には，賃貸人の地位の移
転にも賃借人の承認程度は要するものと解すべきであろう[271]。

　　すくＸの本訴請求を排斥したことは失当であるとして，破棄差戻とした。
(267)　最判昭和 46 年 4 月 23 日民集 25 巻 3 号 388 頁：土地の賃貸借契約における賃貸人の地
　　位の譲渡は，賃貸人の義務の移転を伴なうものではあるけれども，賃貸人の義務は賃貸人
　　が何びとであるかによって履行方法が特に異なるわけではなく，また，土地所有権の移転が
　　あったときに新所有者にその義務の承継を認めることがむしろ賃借人にとって有利であるか
　　ら，一般の債務の引受の場合と異なり，特段の事情のある場合を除き，新所有者が旧所有者
　　の賃貸人としての権利義務を承継するには，賃借人の承諾を必要とせず，旧所有者と新所有
　　者間の契約をもってこれをなすことができると解するのが相当である。
(268)　近江幸治『民法講義Ⅳ』284-285 頁，内田貴『民法Ⅲ〔第 3 版〕』245 頁。
(269)　我妻榮『新訂債権総論』581 頁。
(270)　最後の所有者が賃貸人の地位の移転を受けなければ，賃借権は消滅する。前掲最判昭
　　和 46 年 4 月 23 日は，対抗力なき賃借権の事案においてこの結論を認めてしまっているが，
　　このような結論は不当である。
(271)　学説には，新旧所有者の賃貸借引受けの合意はあるも，賃借人の同意を得られなかっ
　　た場合につき，賃借人の意思を尊重し，賃貸人の地位は移転せず，この場合には，新所有
　　者は，旧所有者に代位して，賃借人に賃料を請求すればよく，賃借人も旧所有者に代位して，

第3節　不動産に関する物権変動と公示

　結局，賃借人の承認さえ得られないような新旧所有者間の合意の効果を賃借人に対して強制すべきではなく，賃借人が承諾を拒んだ場合でも，賃借人を強制的に排除し，あるいは，強制的に新所有者との賃貸借関係を受けさせるなどということは，信頼関係を旨とする賃貸借契約の本旨にもとり，信義則上，許されないものと解すべきである。

　次に，賃貸人の地位の移転に関する対抗要件は，登記（第177条）とされており[272]，債権譲渡の対抗要件（第467条）は適用されない。しかし，この場合における登記の意味は，対抗要件としての登記ではない。借地権者Bが対抗要件を充たしている場合には（第605条または借地借家第10条），Bと土地の新所有者Cとの対抗関係は既に決しているからである。したがって，Cが賃貸人としての地位をBに対して「対抗する」というが，これは，Cへの所有権の帰属ならびに賃貸人としての地位を確定するという意味での登記である（学説に所謂「権利保護資格要件としての登記」）。そして，この場合において，Cに登記を要求する理由は，不動産物権がAからCに移転したという確実な事実の証明であり，賃料など，債務負担の相手方を確定するという意味では，Bの立場を確実にするためでもある[273]。

> ── ***point***
> 　物権取得者と，当該物権の目的物について賃借権を有する者との間における関係は，「対抗関係」といえるだろうか。検討してみよう。

4　「善意悪意不問説」と「悪意者排除説」——主観的要素の適否

　旧来の通説によると，第177条の第三者は，物権変動について対抗要件を具備していれば，善意・悪意を問わないとされるが，元々，ボアソナード博士による旧民法においては，登記によって保護される第三者は善意者に限るという資格限定がなされていた（財産編第350条）[274]。この規定によると，悪意者は第177条の第三者で

　新所有者に使用収益請求権を行使すればよいという考え方もある（加藤雅信『新民法大系Ⅳ契約法』346-347頁参照）。この場合には，賃借人に対抗力の有無を問わないと解している。賃借人が望まない新所有者との賃貸借関係を強制することは妥当ではないという見解である。

（272）　最判昭和49年3月19日民集28巻2号325頁：本件は，AがYに賃貸中の宅地をXが譲り受けたが，Xは，当該宅地の所有権移転登記を経由しないまま，Yに対し，賃料支払など，賃貸人としての権利を主張したという事案である。
　　　最高裁は，宅地の賃借人としてその賃借地上に登記ある建物を所有するYは，本件宅地の所有権の得喪につき利害関係を有する第三者であるから，民法第177条の規定上，Xとしては，Yに対し，本件宅地の所有権の移転につきその登記を経由しなければこれをYに対抗することができず，したがってまた，賃貸人たる地位を主張することができないとした。

（273）　我妻＝有泉159頁。

（274）　この規定はフランス民法（の解釈？）からの帰結である。ボアソナード博士のプロジェ（初版）の翻訳書であるボアソナード氏起稿『註釈民法草案財産編・人権之部（三）』（出版年不明）における「第三百六十八條ヨリ第三百七十八條迄ノ註釈ノ續キ」27頁以下（特に31頁以下）の第370条（財産編第350条の第一草案）註釈によると，本条は第一の譲渡に

301

第 2 章　物権の変動

はないということになる。

　しかし，現行民法の起草過程においてはこの考え方を採用しなかった。即ち，第177 条は第 176 条の意思表示による物権変動の原則を制限する規定であり，登記によって公示手続を尽くした以上は，「第三者カ善意タルト悪意タルトヲ問ワズ總テ之ヲ以テ有効ニ對抗スルコトヲ得ヘシトス」[275]とされた（善意・悪意不問説の端緒）。その理由は，必ずしも明らかではないが，他の起草者は，①善意・悪意の区別は難しい，②法律関係が錯雑となる，③登記によって権利確定と思いきや悪意認定により逆戻りでは法律関係が錯雑となる，などと説明しており[276]，このような理由から，善意・悪意を不問とするかのような現行民法第 177 条が成立したのである。この考え方から，判例は，既に明治期から，形式的な文言解釈によって第三者の善意・悪意不問を表明し，今日に至っている[277]。

　しかしながら，旧民法以来の「対抗関係プラス善意者のみの保護」という立法以来の伝統があり，また，抑も不動産物権変動の対抗要件たる登記制度が取引の安全を標榜し，第三者保護に資するという制度設計であるならば，抑も論として，第一

　　　　よって既に無権利者となった譲渡人（外見ノ所有者＝外見ノ本主）との間において「善意で」合意し，証書を取得した承継人（第二譲受人）を念頭に置いているということである。では，なぜ，この善意の第二譲受人が登記によって保護されるのかというと，占有を有する者から取得したからであるとされる。即ち，占有は性質上登記しえないが，「占有ノ公ケナルハ有益ニ登記ノ式ニ代ハルモノト看做スコトヲ得ヘシ」と解されていたのである（同・32-33 頁）。

(275)　廣中俊雄編著『民法修正案（前三編）の理由書』（有斐閣，1987）219 頁参照。また，本条の起草委員である穂積陳重博士は，登記をすることで物権変動に絶対的な効力を付与するために，第三者の善意とか悪意とかは規定しなかったと述べている（『法典調査会民法議事速記録一』〔商事法務研究会，1982〕584 頁）。

(276)　この理由づけについては，前掲『民法議事速記録一』583 頁以下には現れていないが，梅謙次郎『民法要義巻之二物権編』（和仏法律学校，初版，1900）では，このような説明がなされている。同様に，富井・前掲書（『原論第二巻』）63 頁も，第三者の善意を要件とすると，善悪に関して争議を生じ，挙証が困難であるため，善意者であっても悪意者と認定されるかも知れないので，法律は，第三者の利益とともに取引安全を保障するために，善意・悪意の区別を採用しなかったのであると述べている。富井博士は続けて，しかし，この理由は充分の価値あるものと言うことはできないとし，その理由は，登記も引渡しも受けていない権利者は第三者の悪意を証明することが当然であり，そのために第三者に損害を来す危険はほとんどないからであると論じた上で，立法論としては非難を免れないと述べている。この意味において，富井博士は，悪意者排除説に理解を示していたということができる。

(277)　判例は，大判明治 33 年 7 月 9 日（民録 6 輯 7 巻 31 頁〔33 頁〕）が，民法第 177 条の「法意ハ第三者ノ意思善意ニ出テタルヤ否ヤヲ問フヘキ精神ニ非サルニテ善意ノ第三者ト云ハスシテ単ニ第三者トノミアルヲ以テ之ヲ推知スヘシ」と判示して以来，善意・悪意不問説を維持してきた（無制限説に立つ前掲大判明治 38 年 10 月 20 日や，連合部判決後の大判明治 43 年 1 月 24 日民録 6 輯 1 頁も同じである）。教科書などにおいてよく引用される大判明治 45 年 6 月 1 日（民録 18 輯 569 頁）は，不動産に関する物権の得喪変更は登記をしなければこれをもって第三者に対抗することができないことは，民法第 177 条に規定する所にして，第三者の意思の善悪に拘らないという。最高裁は，最判昭和 35 年 11 月 29 日（民集 14 巻 13 号 2869 頁）が善意・悪意不問を大審院以来の判例法理として踏襲して以来，これを踏襲し続けている。

302

第3節 不動産に関する物権変動と公示

譲受人の登記欠缺を理由として，同人の所有権取得を否認する第三者には，「善意」が要求されてしかるべきである。このような理由から，必然的に「悪意者排除説」もまた有力説として存続してきた[278]。

だが，このような見解は，次第に，第177条の趣旨は取引による権利変動の明確性を期し，これによって取引の安全と敏活化を図るという点にあり，このような観点から，資本主義経済社会における自由競争の尊重という思想ないし発想（自由競争原理）から，経済活動であるならば，先行契約の存在について単に知っているという程度の単純悪意者は不問に付するという新たな「善意・悪意不問説」が通説化していった[279]。

その後，判例には，第三者Cが，借地上に借地権者Bの所有する建物があることを知りながら，Bが借地権の対抗要件を具備していないことを奇貨として，土地所有者Aから土地を買い受け，所有権移転登記を経由した上で，Bに対して，建物収去・土地明渡しを請求することは権利の濫用にあたり許されないと解するものが現れた[280]。また，二重譲渡の事案において，第二譲受人が第一譲受人に対して恨

---

(278) 柚木馨『判例物権法總論（旧版）』（巌松堂書店，1934）128頁は，大審院41年連合部判決が「仰も同條の規定を以て『同一ノ不動産ニ關シテ正當ノ權利若クハ利益ヲ有スル第三者ヲシテ登記ニ依リテ物權ノ得喪及ヒ變更ノ事状ヲ知悉シ以テ不慮ノ損害ヲ免ルルコトヲ得セシメンカ為メニ存スルモノ』なりと解する以上，苟も同一不動産上に既に物権の得喪及び変更ありし事状を知悉せる第三者に本條による保護を興ふべき理由を認め得ない」と論じていた（戦後の新版〔有斐閣，1955〕200頁では善意・悪意不問説に改説）。

　　また，岡村玄治「民法第百七十七条ニ所謂第三者ノ意義ヲ論シ債権ノ不可侵性排他性ニ及フ」法学志林17巻6号（1915）1頁（11頁）も，同様に，悪意の第三者が不測の損害を被るということはあり得ないという理由から，悪意者排除説を展開していた。

　　更に，石本雅男「二重売買における対抗の問題——忘れられた根本の理論——」『末川先生追悼論集 法と権利1』（民商法雑誌第78巻臨時増刊号，有斐閣，1978）156頁以下所収は，第177条の立法趣旨について，梅博士の見解（『訂正増補民法要義巻之二物権編』）を引き合いに出しつつ，悪意者排除説を展開している。

(279) 有泉亨「民法第一七七條と悪意の第三者」法協第56巻8号（1938）1577頁（1586頁以下）は権利変動の明確性を確保し，取引の安全と敏活化を図るという目的のためには，画一的・形式的な取扱いが必要であり，その結果，悪意の第三者が保護されてもやむをえないという。また，第177条の評価は，画一的・形式的に行うべきものであり，個別行為の違法性に着目して不法行為の成否を問題とすることは不法行為法独自の問題であるとして，両者は別問題として処理すべきことを論じた上で，なお，第177条の第三者は悪意であっても不法行為は成立しない（違法性はない）ものと論じている（同・1593頁以下）。

(280) 最判昭和38年5月24日民集17巻5号639頁：最高裁は，①X会社がYの土地賃借権の存在を知悉しながら，Yを立ち退かせることを企図して本件土地を買い受けたものであること，②Yが本件建物の保存登記をする前提として建物の申告書を敷地所有者Aの証明印のないまま登記所に提出したため，登記所が敷地所有者Aに証明欄の押印を求めたところ，Aは申告書に記載されている建物がAの承諾のもとに建築されたものであるにも拘らず，右の押印をすればYを立ち退かせることができなくなると考え，「印鑑を司法書士のところに預けてあるから申告書を一時貸してくれ」といって出張所より申告書を持ち帰ったまま遂にこれを返還せず，Yの本件建物の保存登記を妨げるような行為をしているなど，諸般の事情を考慮して，Xが土地所有者（X会社の経営者）から土地を譲り受けて借地権者Yに建物収

第 2 章　物権の変動

みを晴らすためという認識をもって土地を横領する意図に基づいて譲り受けた場合
には，公序良俗違反を理由として，そのような第二譲受人を第 177 条の第三者から
排除するという判例も現れた[281]。後掲する近時の学説は，これらの判例を含む背
信的悪意者排除に関する判例は，実質的に悪意者排除と何ら区別がつかないとして，
敢えて背信的悪意という必要がないなどという。

　確かに，判例は，昭和 30 年代において既に不動産登記法第 5 条（当時は同法第 4 条，
第 5 条）の「登記欠缺を主張しえない第三者」を援用し，悪意者のうち，特に背信
性を有するものについては，第 177 条の第三者から除外してきたという実績を有し
ている。しかし，不登法第 5 条の「登記欠缺を主張しえない第三者」から，「背信
的悪意者排除」への過程は若干の期間を経ており，その過程における，いわば過渡
的な理論として，判例が，本来的に背信的悪意者として認定されるべきものについ
て，「権利濫用法理」を用いて，権利行使者を排除してきたという評価もなされて
いる[282]。

　この点について，判例法理を類型別に考察すると，この時期における権利濫用法
理の適用は，必ずしも背信的悪意者排除理論への橋渡し役などではないということ
が分かる。判例においては，公序良俗違反は別として，背信的悪意者に該当するか

去・土地明渡しを請求した行為を権利濫用であるとした。
　　最判昭和 43 年 9 月 3 日民集 22 巻 9 号 1817 頁：最高裁は，原審が「X は，単に Y が本件
(イ)の土地を賃借し，同地上に建物を所有して営業している事実を知って本件土地を買い受け
たものであるに止まらず，時価よりも著しく低廉な，しかも賃借権付評価で取得した土地に
つき，たまたま Y の賃借権が対抗力を欠如していることを発見し，これを奇貨として予想外
の新たな利益を収めようとするものであり，その方法としては事前に何らの交渉もしないで
抜打的に本訴を提起し，その反面，相手方に予期しない不利益を与えるもの，即ち正当な賃
借権に基づき地上に建物を所有して平穏に営業し来った Y 側の営業ならびに生活に多大の損
失と脅威を与えることを意に介せず，敢えて彼我の利益の均衡を破壊して巨利を博する結果
を招来せんとするもの」とし，X の Y に対する本件建物収去・土地明渡の請求は権利の濫用
として許されないと判断したのを正当として是認しうるものとした。
(281)　最判昭和 36 年 4 月 27 日民集 15 巻 4 号 901 頁：Y₁ は，X が既に本件山林を Y₂ の先代
A より買い受けたことを知っていたが，X に対する怨恨の念より復讐の意図を以て本件山林
の所有権を自分が取得しようと企て，A の家督相続人である Y₂ に対し本件山林の売却方を
懇請し，時価 150 万円に比し 13 万円という極めて低廉な価格で Y₂ との間において売買契約
を締結し，所有権移転登記を経由した。
　　X は，Y₂ に対して所有権移転登記を求め，また，Y₁ に対して所有権取得登記の抹消登記
手続を求め，本訴を提起した。これに対して，Y らは，反訴を提起し，Y₁ への所有権移転
は適法な行為であると主張した。第 1 審，原審ともに X の請求を認容したので，Y らから上告。
　　棄却。「Y₁ が Y₂ と通謀の上本件不動産の横領を企てたものというべく，本件山林につき
Y₁ と Y₂ の間に締結された売買契約は，公の秩序，善良の風俗に反する行為であって無効な
るを免れない旨，並びに，従って，Y₁ は，民法 177 条にいわゆる「第三者」に該当しない
旨の原判決の判断は，いずれもこれを正当として是認することができる。」
(282)　星野英一「判評（最判昭和 43 年 9 月 3 日）」法協第 87 巻 1 号（1970）100 頁（103-104
頁）は，この理論上の変遷は，背信的悪意者排除理論が確立されるまでの過渡的な理論であ
ると指摘している。

否かが微妙なケースや，これに該当しないと思しきケースについて，権利濫用法理（客観的構成説）が用いられているのである[283]。

したがって，「権利濫用法理」を使った事案は，単なる過渡的な理論構成などではなく，背信的悪意者排除理論と両立するものと思われる。

その他，学説は，公信力説，重過失者排除説，第94条2項類推適用説などがあるが，これらについては後述する。

> ─ **point** ─────────
> 判例・通説である「善意・悪意不問説」と，有力説である「悪意者排除説」とは，どのように関わっているのだろうか。検討してみよう。

5 「対抗」の意義をめぐる学説の展開

(1) 総　　説

民法第177条の対抗要件制度をめぐって，従来，学説は紛糾を極めてきた。本段においては，その問題点を掲げた上で，従来の学説を掲げ，検討する[284]。

前述したように，わが民法は，1855年3月23日法による改正後のフランス民法の法制度を承継し，第176条においては意思表示による物権変動を規定し，第177条においては，その物権変動について，不動産登記法などによる登記をしなければ第三者に対抗しえないという対抗要件主義を規定する。この考え方によると，基本的に，物権変動，例えば，不動産に関する所有権の移転が行われれば，譲渡人Aは所有権を失い，譲受人Bが所有権を取得するので，譲渡人Aは無権利者となる。しかし，この第一譲受人Bが登記を経由せずに不動産を使用・収益していたところ，第二譲受人Cが現れ，所有権移転登記を経由してしまったという場合において，この第二譲受人Cが所有権を取得しうるという地位は，一体，どのような理論によって説明されるのかという問題が生ずる。

この問題について，従来のフランス民法上の通説的解釈によると，譲渡人Aと第一譲受人Bとの意思表示によって，Bに確定的に所有権が移転するが，Bが未登記の間において，第二譲受人Cが登記を経由したことにより，譲渡人Aの無権利が治癒され，Cが所有者として扱われる。このような考え方が基本にあり，特に近時，わが国の学説は，第176条を意識して，この「無権利の法理」に基づく構成に立ち，

---

(283)　例えば，借地権の対抗要件を充たしていない借地権者に対する所有者からの土地明渡請求であっても権利濫用となりうるものと判示した最判平成9年7月1日（民集51巻6号2251頁）などがこれに該当する。この点について，詳細は，石口修「借家権・看板設置権と不動産所有権との関係について（前編）」法経論集（愛知大学）第199号（2014）35頁（90頁以下）を参照されたい。

(284)　学説の分類及び紹介について，詳細は，舟橋141頁以下，原島・前掲書（『注釈民法(6)』）245頁以下，舟橋・徳本編『新版注釈民法(6)物権(1)〔原島・児玉〕』502頁以下，近江・講義II 69-73頁，松尾・古積『物権・担保物権法〔松尾弘〕』77-78頁などを参照。

305

フランス民法の解釈を意識しつつ，理論構成を行う学説が現れてきた。むしろ，近時はこちらの構成を採用する学説のほうが多い。

　他方，わが国の通説・判例（特に最高裁以降）は，ドイツの形式主義，即ち，不動産に関する物権変動は，登記を経由しなければ，所有権移転という物権変動の効果が発生しないという考え方をわが国の対抗要件主義の中に一部採り入れ，第176条によって所有権は移転するが（あるいは，完全には移転せず），第177条によって登記をしなければ，所有権の帰属が確定しないという理論（不完全物権変動説）を構成し，ドイツにおいてはありえない多重譲渡の物権的な有効性を力説してきた。

　わが国の学説においては，この二大潮流があり，概ね，ここから派生している。以下，フランス法系からの解釈をＡ説，ドイツ法系からの解釈をＢ説とし，更に，訴訟法的観点からの解釈をＣ説として，それぞれを分類しつつ，論じていくこととする。

(2)　学説の分類

(ア)　フランス法系（無権利の法理）からの解釈（Ａ説）

(a)　**公信力説（Ａ－１説）**　この説は，第一譲受人Ｂが所有権を取得するので，譲渡人Ａは無権利者となるものと解することから出発する考え方である。第二譲受人Ｃの地位は，Ａの登記を信頼し，このＣが善意・無過失で登記を取得した時点において，取引安全の保護を目的とする登記制度への信頼を公信力をもって保護し，例外的にＣに所有権を取得させるべきものと解するのである[285]。

　この公信力説に基づく近時の代表的な見解は，第一譲受人Ｂの登記欠缺を帰責事由と見て，第二譲受人Ｃの善意・無過失との比較衡量により，登記を獲得したＣを所有者としている[286]。他方，この考え方を多少修正し，Ｃは登記を経由しなくとも善意・無過失で所有権を取得するが，ＢとＣの排他性に基づく主張は全く同等の力を持ち（Ｂは承継取得者，Ｃは原始取得者），その間に優劣をつけられないので，登記を善意で取得したＣを保護するという一風変わった対抗問題として捉える考え方がある[287]。

　公信力説に対しては，わが登記制度には公信力は認められないという点から，ま

---

(285)　古くは，岡村(玄)・前掲「論文」法学志林17巻6号1頁以下が，この立場から，登記の公信力による承継的原始取得を論じていた。

(286)　篠塚昭次「物権の二重譲渡」『論争民法学1』14頁（24-26頁）参照。また，石田喜久夫「対抗問題から公信力へ」『物権変動論』（有斐閣，1979）175頁以下は，公信力説に積極的に賛同し，結論としては，公信の原則の適用として，第192条と同様に解すべきであると述べている。

(287)　半田正夫『不動産取引法の研究』3頁（特に16頁以下）参照。半田(正)教授は，動産における即時取得制度を念頭に置いているようであるが，教授に所謂「命題Ⅱ」において「善意者保護」と唱えており（同書15頁），「無過失」と明言していないところから判断するに，ドイツ民法の「善意取得制度」（BGB第932条以下）を念頭に置いているようである。

(288)　近江・講義Ⅱ72頁。

た，公信的な効果というにしては，登記を要するとし，あるいは別の論者が譲受人相互間を対抗関係と見ると解しているという点において，公示に対する信頼（公信的信頼）の効果（保護）となっていないという批判がある[288]。また，権利者Aからの取得者である第一譲受人Bと無権利者Aからの取得者である第二譲受人Cとを同列に論ずるという点において，権利移転の経緯を軽視するものである[289]，という批判もある。

しかし，この考え方は，旧来のフランス民法の解釈と類似の歩調を取っており，また，第二譲受人Cの登記取得の効果として，第三者との関係において公信的に所有者とみなされるという意味であれば，それほど批判するに及ばない。ただ，第二譲受人C自身を保護する要件として，主観的要素である善意・無過失を入れて，公信力で保護するという点は，批判の対象となる。即ち，通説的な考え方からは，むしろ，善意・悪意を不問と解すべきである（というか，主観的要素は別問題である）と解される結果として，公信力説は妥当性を欠くものとされる。

(b) 第三者主張説

i) 否認権説（A－2説）　　この説は，第二譲受人Cが登記を取得した時点において，第一譲受人Bの所有権取得を否認する地位を第二譲受人Cに与え，Cがこの否認権を行使すると，その反射的効果として，Bは，いわば相対的に所有権を失い，Cだけが所有者になるという考え方である[290]。明治期末期から大正期（一部昭和期も）にかけて，判例もこの説に拠っていた[291]。

---

[289]　松尾・古積・前掲書（松尾）78頁。

[290]　中島玉吉『民法釈義巻之二物權篇上』65-67頁，柚木馨『判例物權法總論』178-180頁参照。柚木博士以前の学説においても，石田文次郎『物權法論』110頁以下などは，登記をしなければ対抗しえないという意味は，登記を経由しないうちは，互いに物権変動の事実を否認しうるという意味であると論じていた。柚木博士は，中島博士の説に倣い，更に理論化したものである。

　　近時では，加賀山茂「対抗不能の一般理論について」判タ618号（1986）6頁以下，浜上則雄「不動産の二重譲渡と対抗要件」阪大法学145＝146号（1988）15頁以下が，D. バスティアン（D. Bastian）の「対抗不能テーゼの一般理論」（1929）を引き合いに出して，この否認権説を論じている。しかし，バスティアンの理論構成に基づくと，第二譲受人による第一譲受人への対抗不能の援用権として，いわば抗弁権として位置づけられるはずであるが，いずれの論者もこの点を明らかにしていない。この指摘については，夙に，滝沢（聿）・前掲書（『物権変動Ⅱ』）123頁以下（特に125-127頁）が明快に行っている。

[291]　大判明治45年6月28日民録18輯670頁：「民法第177条の規定は不動産に関する物権の得喪変更があった場合にその登記の欠缺を主張する正当の利益を有する第三者を保護するために設けたものであるから，その登記の欠缺につき利益を有する第三者は同条の保護を受けんと欲する趣旨を主張しなければ，同条の適用を受けることはできない。蓋し，物権の得喪変更は，その登記の欠缺を主張する第三者に対しては同条の規定により効力を及ぼさないことができるが，第三者が特にこれを主張せずに実際の事実に基づきその得喪変更を論争する場合においてなお同条を適用すべき理由は存しないからである。」

　　この文言からすると，反対事実主張説とも取りうるが，舟橋143頁は，否認権説と解している。

第2章 物権の変動

　この考え方は，明確には無権利構成を採っていないものの，前述したフランス民法の解釈と類似する。しかし，そもそも，第二譲受人Ｃは第一譲受人Ｂの存在を知らないのが普通であることから，この否認権の行使という点は，第一譲受人Ｂからの権利主張に対し，いわば抗弁的に行使されるに過ぎず，所有権取得のための積極的な権利ではないという批判が考えられる[292]。

　否認権説は，訴訟上の防御方法としての価値はあるが，第一譲受人Ｂから訴訟を提起された場合における第二譲受人Ｃからの登記欠缺の抗弁（裁判外で第一譲受人から請求を受けた場合には，所有権確認の訴えを提起してもよい。）は，第177条の適用関係においては，むしろ当然の前提であるから[293]，Ｂの所有権取得を否認するまでもなく，Ｃが登記を経由することによって，反射的かつ相対的に所有権の取得が認められ，確定するものと解したほうが，むしろ理論構成としては明確である。このように解するのであれば，第二譲受人Ｃから第一譲受人Ｂに対する所有権の否認という構成は妥当である。

　ただ，私見は，第二譲受人Ｃは，平常の取引によって登記を経由したという事実により，第三者との関係からいわば法定的に所有権が付与されるものと解するので，俗に言われている否認権説とは異なる。このように解すると，第176条との抵触が生ずるという批判を受けるかも知れないが，第二譲受人Ｃは無権利者となった（が，通常は登記と占有をも有する）Ａからの取得者である以上，Ｃは，当事者間における意思表示（契約締結）の時点で所有権を取得する余地があり，登記の効力によって所有権の取得が確定するものと解するほかはない。この意味において，私見は，むしろ，後掲する「法定取得──失権説」に近い。このような意味において，通常の物権変動と二重譲渡的物権変動とは，物権変動の時期という点において，若干のタイムラグが生じてもやむをえない。むしろ，わが国の登記制度が公証制度さえも採り

　　　大判大正7年11月14日民録24輯2178頁：「地所建物の売買を第三者に対して主張するには登記法の定める所に従い登記をすることを要するものとした法規はその登記の欠缺を主張することができる第三者の利益を保護するという趣旨に出たものであるから，第三者において該法規の保護を受けんとするには右対抗条件の欠缺を主張する所がなければならない。」この文言は，明らかに否認権説である。

(292)　夙に，中島(玉)博士は，この否認権を抗弁権と解しており，その行使により，物権の効力を阻却しうるものとする。この点については，中島(玉)・前掲書（『民法釈義物権篇上』）67-68頁を参照。

　　　また，積極的な権利ではないという批判を予想してか，柚木博士（前掲『判例物権法』178頁以下）は，登記を経由した第三者は，この登記により，自己の利益取得行為と牴触するすべての者の物権変動を否認する意思を表示したものと解するのだといい，必ずしも，第三者が特定の物権変動の存在を知り，これを否認することを要するものではないと論じている。つまり，登記が否認の意思表示であることから，積極的な否認行為を予想してはいないというのである。

(293)　そもそも，前掲大連判明治41年12月15日が，第177条の第三者の意義において，「不動産物権変動に関する登記の欠缺を主張するについて正当の利益を有する者」と解している点から考えても，このような否認権という構成になる。

308

入れておらず，その結果，登記に公信力が付与されないという欠陥制度となっていることのほうが深刻である。

ⅱ）反対事実主張説（A－3説）　　この説は，物権変動は，その当事者間においては完全に有効であるが，登記を経由した第二譲受人Ｃが未登記の第一譲受人Ｂの物権変動とは両立しえないこと（反対または相容れない事実）を主張した場合には，Ｂの所有権取得はその効力を失う（物権変動がなかったことになる。）と解するものである[294]。判例もこの説を採ったものがあるといわれる[295]。

この説に対しては，双方未登記の間は意味がないという批判が考えられる。しかし，この説を支持する論者からは，双方未登記の場合には，共に主張しえないのだから，「対抗」とは無関係であり，そもそも，対抗要件主義とは，意思主義の下での理論的な不都合を回避するための法技術であり，この説のような考え方の上に成り立つものだという[296]。

（c）　**法定取得——失権説**（A－4説）　　この説は，第一譲受人Ｂは売買によって所有権を取得するが，第二譲受人Ｃが登記を経由したことにより，譲渡人Ａの無権利は治癒され，Ｃが法定承継取得し，その効果として，Ｂは所有権を失うものと構成する[297]。この考え方は，フランス民法の1855年3月23日法による改正により，登記をしなければ第三者に対抗しえない（改正法第3条）という制度となってから以後のフランス民法の解釈から必然的に生じた理論構成である。

この論者は，第一譲渡による譲渡人の無権利という状況が第二譲受人の登記によって治癒されるものと解することによって，無権利の法理からの脱却を図っている。ただ，論者も，第二譲渡行為は無効と解していたようである[298]。

しかし，「無効」と言い切ってしまうと，当事者間においても履行請求権が生じ

---

(294)　末弘154頁，舟橋146頁以下参照。

(295)　大判大正5年12月25日民録22輯2504頁：「民法第177条は第三者に抗弁権を与える趣旨ではない。苟も，登記なしとの事実ある以上，第三者に対し権利の得喪変更を主張することができないというのであり，第三者が登記欠缺を主張するに及んで初めてこの点について判断すべしというのではない。」

　　本判決について，末弘博士は，当事者が反対事実を主張している以上，殊更に登記欠缺の事実を主張する必要はないと判示していることから，反対事実主張説に拠っているという。末弘154-155頁の註49参照。

(296)　近江・講義Ⅱ71頁。同様の考え方を示すものとして，松尾・古積・前掲書（松尾）79頁がある（松尾教授は，「優先的効力説」と称する）。

(297)　滝沢（聿）・前掲書（『物権変動』）122頁以下，130頁以下を参照。

(298)　滝沢（聿）・前掲書（『物権変動』）140-141頁参照。ここでは，第二譲受人の登記は，二重譲渡による譲渡人の無権利という契約の無効原因を不問にする効果を持つと明言する。しかし，その後，この点に関する批判を受けたものの，無権利譲渡人には二重譲渡の権限がないが，無権利者からの取得が生じうるという趣旨であるとした（同書223頁註(a)参照）。しかし，その後は，実質的に無効に近いという表現を採用している。この点を明確に表したものとして，滝沢（聿）・前掲書（『物権変動Ⅱ』）112頁参照。後著は，前著の理論的説明と理論の変遷過程を明確にするとともに，その後の理論の進展をまとめたものである。

309

第 2 章　物権の変動

ないので，登記請求権も生じないことになり，第二譲受人は，かなり不安定な地位に置かれることになる。したがって，この場合には，わが国では他人物売買として有効と解するか（フランス民法では「意思表示による物権変動」が厳格であるため，他人の所有物を売買することはできない。ある意味，ローマ法の「Nemo plus...」原則が厳格に適用されている。），または，第二譲受人との物権的合意部分は第三者（第一譲受人）との関係において相対的に無効であるが，債権的合意部分は有効，即ち，契約は全体として一部有効であり，登記の権利確定的効力によって無効部分の瑕疵が治癒されて，第二譲受人が晴れて所有者となるものと解すべきである。しかし，論者は，フランス法の正権原理論を引き合いに出し，第二譲受人Cには譲渡人Aと契約を締結するという権限があり，登記はこの履行であるという。

　私見は，この「法定取得——失権説」に概ね賛同するが，ただ，この説の論者である滝沢聿代教授が，譲受人双方が未登記の際は，第一譲受人Bに優先的な効力を与える[299]と論じている点には賛同しえない[300]。「登記をしなければ対抗しえない」という制度上，いかなる優先権を与えるのか明らかにしていないが，おそらくは，第二譲受人Cが登記を経由するまでの，Bの所有者としての地位・効力は保全されるという意味であろう。しかし，このように解すると，例えば，DがBから不動産を賃借し，EがCから同じ不動産を賃借した場合には，Dの賃借権を優先的に取り扱うというのであろうか。Dの賃借権は所有権において優先権を有するBから取得したものだからである。しかしながら，現実には，Eが先に賃借権について対抗要件を充たした場合には，EがDに優先するものと解されるであろう。このように，対抗関係にあるものについて，ことさらに優劣関係を擬制すると，その後の関係にまで影響を及ぼすので，妥当ではないのである。

　したがって，やはり，このBとCとの関係もまた，互いに優劣関係はないものとして扱うべきである。この説自体，登記後の優先効を第二譲受人Cに与えるに過ぎないからである。論者の主張するフランス法流の，第一譲受人は完全に有効な契約による取得者であり，第二譲受人は無効な契約による取得者であるので，原則として，前者が本来的所有者であり，後者は無権利者であるという位置づけは理解しうる。しかし，第二譲受人は通常は善意であり（この意味において，契約は無効とは解されない。）また，同人にも登記請求権を認めるのであれば[301]，登記までは互いに優先権を保有しないものと解するのが基本である。論者も，このような批判に応え，近時，両者未登記の場合には，権利の確定を留保するといい，改説というか，柔軟な姿勢を示した[302]。

----

(299)　滝沢（聿）・前掲書（『物権変動』）265頁。
(300)　同様の批判をするものとして，松尾・古積・前掲書（松尾）79頁がある。
(301)　滝沢（聿）・前掲書（『物権変動』）266頁。
(302)　滝沢（聿）・前掲書（『物権変動Ⅱ』）114頁，200頁。

310

第3節　不動産に関する物権変動と公示

　法定取得──失権説に対しては，種々の批判があるものの[303]，私見としては，基本的な理論構成としては，この説の妥当性は高いものと見ている。

---
point

　　第177条の「対抗」の意義をめぐるフランス法系の解釈は，「対抗」をどのように捉えるのであろうか。検討してみよう。

（イ）　ドイツ法系からの解釈（B説）

　では，次に，ドイツ法系からの解釈について，検討する。ドイツ法系からの解釈といっても，その形式主義を採用する学説は限られる。なぜなら，わが国の制度である意思主義・対抗要件主義と相反するからである。しかし，対抗要件である登記の効力を重視すると，第176条の意思主義は，第177条の対抗要件主義によって制限を受けるという意味になるので，ここに，登記の権利確定機能という概念が生ずる。そして，登記が物権変動の効力を制限するということは，これを徹底すると，登記による物権変動の効力発生という形式主義の解釈となりうるのである。それゆえ，ここでは，ドイツ法系からの解釈と位置づけた次第である。

　（a）　債権的効果説（B−1説）　　この説は，ドイツ民法の形式主義そのままの考え方を採用し，登記をしなければ，物権変動の効力が発生しないと解するものである[304]。

　しかし，この考え方は，意思主義・対抗要件主義の法制を採っているわが民法第176条，第177条の体系に反するという批判を免れない。ただ，この考え方から，登記の権利確定機能が導かれており，後述する不完全物権変動理論へと発展したということは否めない。

　（b）　相対的無効説（B−2説）　　この説は種々に分かれるが，概ね，登記がなくとも当事者間では物権変動の効力が生ずるが，第三者との関係では効力が生じないというものである。古くは，判例もこの解釈を採用していた[305]。

　ⅰ）川名説　　この説は，第177条の趣旨は，第三者BとCとは，いずれも登記をしなければ物権変動の効力が生じないと解すべきであり，このように解さな

（303）　「法定取得──失権説」に対する批判とこれに対する回答に関しては，滝沢（聿）・前掲書（『物権変動』）268頁以下，同・前掲書（『物権変動Ⅱ』）105頁以下に詳細に掲げられている。

（304）　吾妻光俊「意思表示による物権変動の効力」東京商大法研2号230頁以下，山中康雄「権利変動論」名大法政1巻3号（1951）288頁以下，川島・前掲書（『民法1』）166頁。現代でも，石田穣137頁以下がこの考え方を採っている。

（305）　大判明治34年2月22日民録7輯2巻101頁：売買により不動産を取得するも，登記を経由しないものは，その効力は単に売買当事者間の関係に止まり，これを以て第三者に対抗することはできない。大判明治39年4月25日民録12輯660頁も同様の文言である。
　　大判明治42年10月22日刑録15輯1433頁：「不動産に関する物権の得喪変更は当事者間においては意思表示のみによりその効力を生ずと雖も，第三者に対してその効力を有せしむるには，必ずこれが登記をしなければならない。その登記なき以上は，第三者はその得喪変更なきものとみなし，前権利者との間に有効に得喪変更の意思表示をすることができる。」

311

第2章 物権の変動

ければ，AがBに不動産を譲渡した後，未登記の間に，AがCに二重譲渡した場合には，CにはBの所有権が移転することとなり，この結果はいかにもおかしいからであるという趣旨を述べ，更に，通説（後掲ⅱ富井説を指していう。）は，Bが未登記の場合に，Cに対して自分が所有者であると主張しえないところ，第三者CがBを所有者と主張することはかまわないと述べているが，この点にも疑問があると論じている[306]。

ⅱ）富 井 説　　川名説の箇所で説明したとおり，登記または引渡しを怠ると，第三者との関係においては物権変動の効力が生じないが，第三者の側からこれを主張（承認）することはできるとする。富井博士は，この関係について，AがBに不動産を譲渡した後，未登記の間に，Aが当該不動産をCに賃貸し，賃借権を登記したという事案を想定しており，この場合には，BはCに対抗しえない（明渡しを請求しえない）が，Cの側からはBの所有権を認め，Aに対して借賃の支払を拒否しうるものと論じている[307]。

ⅲ）末 川 説　　この説は，物権行為独自性説に立脚する末川博博士の理論である。末川博士は，物権変動は意思表示のみでその効力が生ずるが，その確定は，登記または引渡しによるものという前提に立っており，この制限により，物権変動は，いわば相対的効力しか生じないという。そして，第177条の意味は，当事者間において意思表示のみで生じた物権変動も，登記または引渡しがなければ，第三者に対する関係においては，その効力を否定するという意味であると解している[308]。つまり，第三者相互間においては，物権変動は相対的に無効という取扱いであるという。ただ，富井説と同様，Cの側から，A・B間の物権変動を承認することはかまわないという。

ⅳ）関係的所有権説

この説は，物権変動は当事者間では完全に有効であり，第三者に対しては無効であるが，これは，譲渡人Aの地位が，譲受人Bに対する内部関係では無権利者であるのに対して，第三者Cに対する外部関係においては，関係的所有権という物権を保有するものと解することにより，Cが所有権を取得しうるものと説明する[309]。次に掲げる不完全物権変動説と似ているが，当事者間における物権変動の有効を説くところだけが異なる。この説に依拠した判例もある[310]。

---

(306)　川名兼四郎『物権法要論』14-15頁。ほかに，松波・仁保・仁井田『帝國民法正解第弐巻』145-147頁がある。

(307)　富井・前掲書（『民法原論第二巻』）59頁。

(308)　末川90頁以下（95頁）参照。

(309)　中川善之助「相続と登記」『相続法の諸問題』166頁以下。

(310)　大判大正15年2月1日民集5巻44頁：被相続人が不動産を甲に譲渡し未登記の間に相続が開始し，相続人が同一不動産を更に乙に譲渡しその登記をしたという事案において，大審院は，被相続人は甲との関係においては該不動産の所有者ではないが，譲渡の登記がな

第3節　不動産に関する物権変動と公示

(c)　**不完全物権変動説**（B−3説）　　これまで論じてきたように，フランス法系からの解釈も，ドイツ法系からの解釈も，純形式主義的な考え方は別として，少なくとも，物権変動の当事者間においては，当該物権変動の効力は当事者の意思表示によって有効に発生するものと解されてきた。

しかし，これらの考え方に対して，我妻博士は，登記のない限り，当事者間においても物権変動は完全な効力を生じないという考え方を打ち出した。即ち，およそ権利の帰属というものは，必ずしも物権に限らず，債権でも，本来は排他的であるはずだが，公示の原則の適用として対抗要件制度が採られている限り，完全に排他的な物権変動を生ぜず，したがって，譲渡人も完全な無権利者にはならない。つまり，第176条は意思表示のみによって所有権の移転を生ずると定めるが，その効力は第177条及び第178条によって制限されるのであり，対抗要件（登記または引渡し）を備えることによって，初めて，物権は排他的に譲受人に帰属するものと主張する[311]。この意味において，譲渡人は第一譲渡によっても無権利者にはならず，二重譲渡はいずれも完全に有効に成立するが，対抗要件を具備しない間は，その譲受人のいずれもが，完全には物権を取得していないことになる。このように，物権取得者が登記または引渡しを経由するまでは有効に物権を取得していないという意味において，この説は，不完全物権変動説といわれてきた。

この説は，ドイツの形式主義に依拠してはいるが，登記の効力を権利確定機能として捉え，たとえ，当事者間においても，第176条の意思表示だけでは物権変動の効力が完遂されていないものと解するのである。しかし，登記をするまでは当事者間においても物権変動が確定的には発生していないというのであれば，むしろ，登記をするまでは物権変動の効力発生が停止している，即ち，登記が効力発生の停止条件となっていると，明確に論じたほうが分かりやすい（実質的には停止条件付物権変動という意味と遠くはないであろう）。このように解するのであれば，ドイツの形式主義と同様の理論構成となる。

この説は，意思表示により物権変動の効力が発生すると規定する第176条の解釈としては妥当ではないが，最高裁の判例は，基本的にこの説に依拠している[312]。

いから，甲はその所有権取得をもって甲と反対もしくは相容れない権利を取得しその登記をした第三者乙に対抗しえないので，被相続人が相続開始前，同一不動産を更に乙に譲渡し登記をしたとすれば，乙は完全な所有権を取得するので，乙は甲の登記欠缺を主張する正当の利益を有する第三者であるとして，右の被相続人は譲渡の登記がない結果，甲に対する譲渡によって全く不動産の所有権を失った者ではなく，乙に対する関係においては，依然所有者であり，所謂関係的所有権を有するものであると判示した。

(311)　我妻＝有泉149頁。

(312)　最判昭和33年10月14日民集12巻14号3111頁：Aは自己の所有する本件宅地をBに贈与し，その後，Y₁，B，C三者の協議により本件宅地はBよりY₁に贈与された。B及びY₁は，いずれも贈与による所有権移転登記を経ていない。Aは，これより前に死亡し，その家督相続人たるCが本件宅地について相続による所有権取得の登記手続を経た。他方，

第2章　物権の変動

このように，不動産物権変動における「対抗」の意義については，古くから，フランス法系の解釈とドイツ法系の解釈とが対立関係にあり，互いに一歩も引かない対立構造を形成してきた。しかも，第176条と第177条とは連動して一体化している制度であると理解されているものの，最高裁は，第176条の文言解釈にさえ反する不完全物権変動説に依拠し続けてきた。言うなれば，不完全物権変動説が判例に取り込まれ，実務上でも機能してきたことによって，意思表示による物権変動の効力発生と対抗との関係をめぐり，わが国の解釈は混迷を極めてきたのである。

しかし，近時は，無権利的な構成が脚光を浴びており，学説上は多数説を形成しているという状況にあるものといいうる。

> ─ *point* ─
> 　第177条の「対抗」の意義をめぐるドイツ法系の解釈は，「対抗」をどのように捉えるのであろうか。検討してみよう。

(ウ)　訴訟法的解釈（C説）

では，最後に，訴訟法的な観点からの解釈を掲げ，検討する。この解釈は，実体法である民法について，これは裁判規範であるという観点から，第176条と第177条との関係を説明しようという考え方である。民法を裁判規範として捉える場合には，第三者相互間の争いは，すべて裁判を通じて解決されるので，裁判を離れて物権の所在を論ずる意味はないという。

(a)　**裁判規範説（C−1説）**　　この説は，第176条は当事者間の裁判における物権の帰属に関する争いに適用され，第177条は第三者との争いに適用される規範であり，この制度の目的は，個別具体的な訴訟の解決を図るという点に尽きるのであり，理論的な問題については，一切捨象されるという考え方である[313]。

この説に対しては，裁判規範というだけで，個々の法規の具体的説明を回避する

　Xは，本件宅地について，Cとの売買による所有権移転登記を経た。その後，Y₁は，Y₂に本件宅地を賃貸し，Y₂が地上に建物を建築・所有し，Y₁が建物を賃借して，居住している。

　Xは，Y₂に対し，建物収去・土地明渡を求め，Y₁に対し，建物退去・土地明渡を求めるため，本訴を提起した。原審は，Xの請求を認めたので，Yらから上告。

　棄却。「本件土地の元所有者Aが本件土地をBに贈与しても，その旨の登記手続をしない間は完全に排他性ある権利変動を生ぜず，Aも完全な無権利者とはならないのであるから，Aと法律上同一の地位にあるものといえる相続人Cから本件土地を買受けその旨の登記を得たXは，民法177条にいわゆる第三者に該当するものというべく（大連判大正15年2月1日民集5巻44頁参照），前記Bから更に本件土地の贈与を受けたY₁はその登記がない以上所有権取得をXに対抗しえない」。

　本判決は，大正15年連合部判決を引用しており，学説上の分類であれば，同判決は関係的所有権説であるが，本判決の理論構成は，不完全物権変動説である。それゆえ，厳密に言えば，引用誤りである。いずれにせよ，本判決以後，最高裁は我妻説に拠っている。

(313)　宮崎俊行「不動産物権二重譲渡の理論」法学研究（慶応義塾大学）27巻1号（1954）30頁以下。

第3節　不動産に関する物権変動と公示

ことはできないはずであるという批判がある[314]。

　(b)　**法定証拠説**（C－2説）　　この説は，民法が裁判規範であるという観点から，第177条を裁判所が判決の基礎である事実認定をするに際して，第三者に一定の法定証拠を与えた規定であると解し，登記は，内容上両立しえない物権変動行為において，いずれの物権変動行為が先になされたかを証明するための法定証拠であるという考え方である。この考え方を適用する結果，第一譲受人Bと第二譲受人Cとの間で訴訟になった場合において，登記を経由したCが所有権の譲受人であると主張するときには，自ら登記を経由したことを主張・立証するか否かにかかわらず，Cが譲受人であることを主張・立証する以上，裁判所は，自由心証主義により，Cを譲受人と認めてよいということになる[315]。

　この説に対しては，両者が未登記の場合には，先に譲り受けたBが勝つという結論を採ることになり[316]，通説・判例と全く異なる構成となるところに重大な問題点があるという批判がある[317]。

　以上のように，第177条の「対抗」の意義に関しては，様々な理論構成が可能であるが，現在においてもなお，それぞれ一長一短という状況であり，まさに百花繚乱の観があり続ける問題であるといえよう。

> ***point***
>
> 　第177条の「対抗」の意義をめぐる訴訟法的構成の解釈は，「対抗」をどのように捉えるのであろうか。検討してみよう。

6　第三者からする「承認」の取扱い

　第177条の「対抗」の意義に関する最後の問題として，二重譲渡の場合における第二譲受人Cなど，登記を経由した第三者が，未登記の第一譲受人Bの取得した所有権の効力について，これを承認した場合の取扱いについて検討する。

　この問題の状況は，二重の物権変動が生じた場合において，物権取得者のいずれもが登記を経由していない場合にも生ずるが，上記のように，第一譲受人Bが所有権を取得した旨を第二譲受人Cに対して主張した場合において，登記を経由したCが自己の所有権取得を抗弁として主張せず，反対に，Bの所有権取得を承認する場合が典型的と解されるので，このような問題状況とした次第である。

---

(314)　滝沢・前掲書（『物権変動』）30頁。
(315)　安達三季生「177条の第三者」柚木・谷口・加藤『判例演習物権法』45頁（50-51頁）。古くは，石坂音四郎「意思表示以外ノ原因ニ基ク不動産物権変動ト登記（二）」法協35巻3号（1917）61頁以下があるが，ここでは，安達教授の説を掲げた。安達教授によると，この登記法定証拠説の意味合いは，時効学説のうち，時効援用の意義における一定期間の経過を法定証拠とする見解と軌を一にするものだという。
(316)　安達・前掲『判例演習物権法』52頁参照。
(317)　原島・前掲書（『注釈民法(6)』）249頁。

第2章　物権の変動

　そして,「承認」の意義については,学説においても様々であるが,承認の効力については,ほとんどの学説がこれを肯定してきた[318]。学説においては,概ね,この場合における承認は利益の放棄と捉えられているようである[319]。この点は,夙に大審院の古い判例が示したところであり[320],多くの学説は,これに追随したものといえよう。

> ── *point* ─────────────────
> 　第177条の「対抗」の意義について,第三者(例えば,第二譲受人)が最初の取得者(第一譲受人)の物権取得を承認する行為をどのように捉えるのであろうか。検討してみよう。

第2項　登記なくして対抗しうる第三者 (第177条の適用外の者)

1　総　　説

民法第177条の「第三者」について述べてきたところで,次に,その第三者から除外された者について類型別に見ていくこととしたい。

　前掲判例(明治41年大審院連合部判決)が掲げた基準によると,除外類型として,①実質的無権利者,②不法行為者(不法占有者を含む。),があり,また,不動産登記法第5条によると,③「登記のないことを主張しえない第三者」として,登記受託者と詐欺・強迫による登記妨害者が掲げられている。そして,この不動産登記法に掲げられた者のうち,登記受託者は,不動産登記の当事者(登記権利者・義務者)から登記を依頼された者であるにも関わらず,その依頼者の期待を裏切り,自ら当該不動産の登記を取得したという点において,背信性ある者と指定され,形式上,対抗関係にあるような地位にある者に対して,「登記のないことを主張しえない者」とされているのである。そしてまた,判例は,このような背信性ある者を類型化して,④背信的悪意者と称してきたのである。

　ところで,旧来の通説・判例によると,多少狡猾的な手段で不動産を取得し,所有権移転登記を経由した者であっても,契約自由の原則の下における自由な経済活動の一環の末の行為であるとして,第177条の第三者に該当させ,二重譲渡における単純悪意者たる譲受人を放任してきた。この点は,次の事例で簡単に確認する。

---

(318)　原島・前掲書(『注釈民法(6)』)254頁,原島・児玉・前掲書(『新版注釈民法(6)』)518頁以下,中島(玉)・前掲書(『民法釈義物権篇上』)65頁,末弘155頁,末川97頁,我妻95頁,舟橋148頁など通説である。

(319)　原島・前掲書(『注釈民法(6)』)254頁,原島・児玉・前掲書(『新版注釈民法(6)』)518頁以下参照。

(320)　大判明治39年10月10日民録12輯1219頁:民法第177条に無効なる旨を規定せずして単に対抗を為すを得ずと規定している。故に,この規定は暗に第三者が対抗する権利を放棄するときは物権の得喪変更は其の第三者に対して効力あることを示すものにして,第三者は,その意思表示のみにて対抗の権利を放棄するもまた,特にその物権の得喪及び変更につき利害関係を有する者と契約を為してこれを承認するも妨げない。

316

第3節　不動産に関する物権変動と公示

〔設例〕

(1) Aは自己の所有する不動産を売買によりBに譲渡し，Bが不動産の所有権を取得
したが，Bは所有権移転登記を経由していない。

(2) AがCと売買契約を締結することにより，この第二買主Cも不動産の所有権を取
得するのだろうか。

(3) Cは所有権移転登記を経由した。Cは所有権を取得するのだろうか。いずれにせ
よ，Cは登記を経由したので，Bに対抗しうる。

　それでは，この場合には，常に，BはCに対抗しえないのだろうか。

　この場合には，第二買主Cは登記を経由しているので，第一買主Bに対して所有
権の取得を対抗することができる（第177条）。従来の通説・判例（不完全物権変動説）
によると，売主Aとの関係において，両者ともに所有者となるが，Bの所有権は未
登記であり，対抗力なき所有権である。したがって，第三取得者Cとの間において
は排他性を有しない。そうすると，Bは，もはや売主Aに対して債務不履行（履行
不能）の責任を問うことができるに過ぎない。

　次に，この関係に善意・悪意という主観的要素を入れて考えてみよう。Cが単純
悪意，即ち，A・B間の売買という事情を知っていたとしても，結論に変わりはな
い（前掲した「善意・悪意不問説」：判例・通説）。このような単純な二重譲渡ケースにお
いては，契約自由の原則が働くので，この程度では違法ではないとされ，その理由
は，上記通説によると，通常の自由な経済的行為の範囲内と認定されるからである。

　それでは，先に登記を経由したCが，実は，Bから登記手続を依頼された代理人
である司法書士であるとしたら，前記設例はいかなる問題になるだろうか。これが
不登法第5条の「登記のないことを主張しえない第三者」である。まずは，この問
題からスタートし，実質的無権利者と不法行為者については，その後で確認的に検
討する。

2　不登法第5条の「登記のないことを主張しえない第三者」と背信的悪意者

(1) 問題の所在

〔設例〕

　Cは，A・B間の土地売買について，所有権移転登記を依頼されたが，この依頼
されたはずのAからBへの登記をせずに，自らもAから所有権を取得して，C自身への
登記をしてしまい，Bに対し，自分が所有者だと主張している。このようなCの主張
は許されるだろうか。

　Cは，依頼されたはずのAからBへの登記をせずに，AからCへの登記，即ち，
Bに対する背信的な裏切り行為をした者である。この場合には，Cは，Bに対して，
Bに登記のないこと（登記の欠缺）を理由として，自己の所有権取得を主張すること

317

はできない（不登第5条2項）。

また，Cが，Bに対して，詐欺・強迫によって登記申請を妨害した場合も同様である（同法同条1項）。

更に，Bが未登記であることに乗じて，Bに高値で買い取らせることを目的として，AからCに売買して登記し，CがBに高値で買取請求をしたり，物権的請求権を行使したりする場合も同様となる（後掲最判昭和43年8月2日など判例法理）。

これら一連の行為において登記を経由した第三者Cは，「背信的悪意者」として，民法第177条の「第三者」から除外される。この意味において，Cは，登記を経由していても，形式的には対抗関係に立つ第三者に対して，自己の所有権取得を対抗することはできない，つまり，権利取得行為自体は無効ではないが，その対抗力が否定されるのである。

(2) 背信的悪意者の認定に関する判例法理

〔判例40〕**最判昭和43年8月2日民集22巻8号1571頁**
【事実】

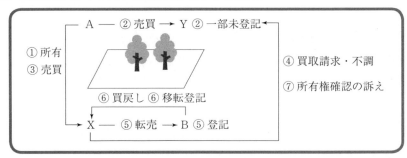

(1) Aは本件山林の所有者であった。YはAとの山林の売買に基づいて所有権移転登記を経由したが，一部登記漏れの本件土地があったため，その部分が未登記のまま25年余りが経過した。山林は，その全体をYが継続して占有し，管理している。

(2) Aは，Xに前記登記漏れの本件土地を売買し，所有権移転登記を経由した。Xは，Yが未登記であることを奇貨として，Yに高く売りつけようとして，評価額でも120万円の本件土地をAから3万5,000円という安値で購入した。しかし，X・Y間の売買交渉は不調に終わった。

(3) その後，Xは，本件土地をBに110万円で転売し，所有権移転登記を経由した。その後，XはBから本件土地を30万円で買い戻し，所有権移転登記を経由した。この点に関しては，BがYに対して所有権確認訴訟を提起したので，Xはこれに慌てて買い戻したという事情がある。

そこで，Xは，Yに対し，BがYに対して提起した所有権確認訴訟に参加し，所有権の確認を求めた（Xの訴訟参加に伴い，Bは脱退した）。

これに対して，Yは，XがYに高値で売りつけようとした本件土地は，その所在が不明な土地であり，Xの主張する地域にはないこと，仮にその地域にあるとしても，山林は全

第3節　不動産に関する物権変動と公示

体としてYが永年管理してきたので，その一部である本件山林について取得時効が成立し
ている旨を抗弁として主張した。

【事実審】

　第1審は，本件のような不明な土地を高値で売りつけようとするXの行為は信義則に照
らし，民法第177条にいわゆる登記の欠缺を主張しうる第三者にはあたらないものであり，
Yは登記なくして本件係争地域中本件山林3筆部分の所有権をXに対抗することができる
として，Xの請求を棄却した。原審も，取得時効の判断には及ばず，Xを背信的悪意者と
して，Xの請求を棄却した。Xから上告。

【判旨】棄却

　「実体上，物権変動があった事実を知る者において右物権変動についての登記の欠缺を
主張することが信義に反するものと認められる事情がある場合には，かかる背信的悪意者
は，登記の欠缺を主張するについて正当な利益を有しないものであって，民法第177条に
いう第三者に当たらないものと解すべきところ，……XがYの所有権取得についてその登
記の欠缺を主張することは信義に反するものというべきであって，Xは，右登記の欠缺を
主張する正当の利益を有する第三者にあたらないものと解するのが相当である。」

《問題点》

　ある土地が甲から乙に売買されたところ，登記漏れの土地があることに気づいた
丙が，当該土地を売主甲から安価で買い受け，所有権移転登記を経由した上で，こ
れを買主乙に高額で売りつけようとしたが断られたので，丙が所有権の確認を訴求
したという場合には，乙には登記がないので，丙に対抗することはできないのか。

《分析》

　このような問題について，本判決は，実体上，物権変動があった事実を知る者に
おいて，この物権変動についての登記の欠缺を主張することが信義に反するものと
認められるような事情がある場合には，かかる背信的悪意者は，登記の欠缺を主張
するについて正当な利益を有しない者であるから，民法第177条にいう第三者に当
たらないとして，所在不明で未登記となった本件山林を購入し，これを未登記の所
有者である第一買主に高値で買取請求をした第二買主を背信的悪意者として排除し
た。

　本判決も述べているように，背信的悪意者排除理論とは，形式的に対抗要件を具
備している第二取得者が，形式的に対抗関係に立つ第一取得者の対抗要件である登
記の欠缺を知りつつ，原権利者から二重に権利を取得し，第一取得者に対して高値
買取りを要求するなど，違法・不当な請求をしたという場合において，この請求が
信義則に反し，または権利濫用に該当するようなときには，第二取得者の対抗力を
切断し，第一取得者に対して登記の欠缺を主張し，自己の物権変動の対抗力を主張
することを許さないとする考え方である。法律上の制度としては，前述したように，
不動産登記法第5条に現れており，判例及び学説によって発展した理論である。

319

第 2 章　物権の変動

　背信的悪意者の認定基準として，既に本判決以前の判例は，「第三者が登記の欠
缺を主張するにつき正当な利益を有しない場合とは，当該第三者に，不動産登記
法第 4 条，第 5 条（いずれも旧規定。現行は不登第 5 条のみ。以下同様〔筆者註〕）により登
記の欠缺を主張することの許されない事由がある場合，その他これに類するような，
登記の欠缺を主張することが信義に反すると認められる事由がある場合に限るも
の」と判示し[321]，その後も，「不動産登記法 4 条または 5 条のような明文に該当
する事由がなくても，少なくともこれに類する程度の背信的悪意者は民法 177 条の
第三者から除外さるべきである」と判示し[322]，そして，本判決（昭和 43 年最判）に

（321）　最判昭和 31 年 4 月 24 日民集 10 巻 4 号 417 頁：X が A から本件土地を購入したが，未
　　登記であった。X は，Y 税務署長に対し，土地を購入したとして財産税の申告・納税を行っ
　　た。Y は本件土地の名義が A であったので，A に対する国税滞納処分により，本件土地を公
　　売に付した。そこで，X は，Y（国）に対し，所有権確認の訴えを提起した。第 1 審は X が
　　敗訴したが，原審は X の請求を認容した。Y から上告。
　　　破棄差戻。「国税滞納処分において……滞納者の財産を差し押えた国の地位は，あたかも，
　　民事訴訟法上の強制執行における差押債権者の地位に類するものであ（る）。それ故，滞納処
　　分による差押の関係においても，民法 177 条の適用がある」。
　　　「第三者が登記の欠缺を主張するにつき正当な利益を有しない場合とは，当該第三者に，
　　不動産登記法 4 条，5 条により登記の欠缺を主張することの許されない事由がある場合，そ
　　の他これに類するような，登記の欠缺を主張することが信義に反すると認められる事由があ
　　る場合に限る。」
　　　「国が登記の欠缺を主張するにつき正当の利益を有する第三者に当たらないというために
　　は，財産税の徴収に関し，……所轄税務署長が特に X の意に反して積極的に本件不動産を X
　　の所有と認定し，あるいは，土地が X の所有であることを前提として徴税を実施する等，X
　　において本件土地が所轄税務署長から X の所有として取り扱わるべきことを更に強く期待
　　することがもっともと思われるような特段の事情がなければならない。」
　　　次の差戻控訴審で X は敗訴したので，X は上告した。
　　　再上告審である最判昭和 35 年 3 月 31 日民集 14 巻 4 号 663 頁は，差戻控訴審で，X が公
　　売処分取消申請書を提出したところ，Y の係員は申請書を正式に受理しながら，書類箱に放
　　置したまま失念し，本件訴え提起後も，しばらくその存在に気づかず，約 1 年半を経過する
　　に至り（差押登記後約 3 年を経過），結局，差押え当時における X の登記欠缺を理由として
　　申請を棄却したという事実が判明したということで，次のように判示した。
　　　破棄自判。「X において，本件土地が所轄税務署長から X の所有として取り扱われるべき
　　ことを強く期待することが，もっともと思われる事情があったものと認めるを相当と考える。
　　……Y は X の本件土地の所有権取得に対し登記の欠缺を主張するについて正当の利益を有す
　　る第三者に該当しない（から），Y のなした……本件公売処分は滞納者の所有に属しない目
　　的物件を対象としてなされたものとして……無効となり，（買受人の）所有権取得登記も抹
　　消を免れない。」
（322）　最判昭和 40 年 12 月 21 日民集 19 巻 9 号 2221 頁：Y₁ は Y₂ 所有の土地を賃借し，地上
　　に本件建物を建築して，これを X₁ に賃貸した。Y₁ は X₂ に賃貸中の家屋を明け渡してもら
　　う代わりに X₁ と X₂ の同居を条件として本件建物を X₁ と X₂ に贈与することとし，X らは
　　これを了承した。この贈与による本件家屋の所有権移転に関する登記費用は X らが負担する
　　こととし，これを Y₁ に支払うまでは登記をしない旨を約した。しかし，X らは 9 年以上も
　　Y₁ に登記費用を支払わずに放置し，X らは Y₂ に地代さえ支払わなかった。そこで，Y₁ は
　　Y₂ に事情を打ち明けた。Y₂ は Y₁ に同情し，本件建物を購入して代金を支払い，所有権移
　　転登記を経由した。

より，前述したような判示内容に至った。

本判決は，山林の所有者Yが未登記であることを奇貨として，Yに高額で売りつけようという不当な動機（主観的な要素）で土地を購入したXが，Yの所有権取得について，その登記の欠缺を主張することは信義に反しており，Xは，登記の欠缺を主張する正当な利益を有する第三者にあたらないものと判示している。この判例法理について若干説明を加える。

民法第177条は，その立法趣旨からも明らかなように，二重譲渡による紛争解決にあたり，対抗関係にある当事者間においては，その優劣関係の解決について，登記の有無という基準を用いている。そのため，第三者の善意・悪意という主観的要素については，特に問題としていない（善意・悪意不問説）。しかし，この立法趣旨は，必ずしも公平の原則に適うものではない。そこで，前述したような悪意者排除説との論争が展開されたのである。

このような状況において，判例の背信的悪意者排除理論に先立ち，学説から，牧野英一博士が信義則に基づく悪意者排除説を唱えた[323]。また，当初は完全なる「悪意者排除説」[324]に与していた舟橋諄一博士が，この牧野博士の信義則説に影響を受け，「信義則適用・悪意者排除説」を唱え，程なく「背信的悪意者排除説」を

　　Xらは，本件建物の所有権確認とY₂の所有権取得登記の抹消を求め，本訴を提起した。第1審はXらが勝訴したが，原審はXらの請求を棄却したので，Xらから上告。
　　一部棄却，一部破棄差戻。「民法177条にいう第三者については，一般的にはその善意・悪意を問わないものであるが，不動産登記法4条または5条のような明文に該当する事由がなくても，少なくともこれに類する程度の背信的悪意者は民法177条の第三者から除外されるべきである（最判昭和31年4月24日民集10巻4号417頁参照）。」
　　本件においては，Y₂は，本件家屋がY₁からXらに贈与された事実を前提としてXらと本件土地の賃貸借契約を締結し，9年余にわたりその関係を継続してきたが，Y₂がY₁に同情して本件家屋を買い受けたという事実を顧慮すると，Y₂を背信的悪意者とすることはできない。
(323)　牧野英一『民法の基本問題第四編――信義則に関する若干の考察――』（有斐閣，1936）196頁以下（「第六章　信義則と第三者」，特に226頁以下）は，自由競争原理を前提とすると，悪意者でも登記を経由すれば法律の保護を受けるのであるが，第二取得者が第一取得者を害するという目的をもって事を進めた場合には，信義誠実の原則を前提とする権利濫用法理を適用すべきものと主張している。また，不登法が登記の欠缺を主張しえない第三者を法定している理由は，登記欠缺の主張が信義誠実の原則上許されないことが特に顕著な場合なのであると主張している（同・229頁）。
　　したがって，牧野博士は，自由競争原理は信義則の制限の下において機能するに過ぎないものと論じているのであり，悪意者のうち，信義則・権利濫用法理の適用を受ける者は第177条の第三者から排除されるが，それ以外の悪意者はなお第177条の第三者として保護されるべきものと論じているのである。
(324)　舟橋博士は，「登記の欠缺を主張しうべき『第三者』について」『加藤先生還暦祝賀論文集』（有斐閣，1932）639頁（682頁以下）においては悪意者排除説を唱えていた。舟橋博士は，登記は一般取引安全のための制度であるものと解し，登記を信頼して法律関係を成立させた者のみを保護すべきものと解して，この観点から，「現実に之に信頼せざる――即ち悪意の――第三者を保護すべき理由なしと考へる」と主張していた。

321

唱えた結果(325)，昭和30年代に至り，この理論構成が最高裁でも採用されるようになった。本判決もその1つである。

前述したように，この法理は，不動産登記法第5条（改正前第4条，第5条）に掲げられているような不法行為者（詐欺・強迫による登記妨害者）ないし背信者（登記受託者）に関する規定を類推適用し，あるいは，信義則（第1条2項）違反，公序良俗違反（第90条），権利濫用（第1条3項）といった一般基準を適用して，徐々に形成されていった。

そして，上記昭和43年最判は，客観的・形式的に見て第177条の第三者に該当する資格を備えている登記保有者であっても，自分より前の物権変動の存在とその物権変動における登記欠缺の事実を知っており（悪意），しかも，第一譲受人の登記の欠缺を主張するにつき，信義則に反するような事情があれば，当該第二譲受人が，たとえ登記を経由していたとしても，同人は第177条の第三者から排除されるという法理を確立したのである。

その具体的な事案は，第一譲受人が既に土地の引渡しを受け，占有・使用しているという一方で，他方，第一譲受人に日頃から怨みを持っており，それを晴らそうという動機に基づいて行動したり，本件や前掲した宇奈月温泉事件(326)のように，土地を廉価で買って，第一譲受人に高く売りつけようとし，それが奏功しない場合には立ち退き請求をするといった信義則ないし権利濫用に該当するような違法性ある動機をもって行動したケースである。

しかし，この背信的悪意者排除説は，二重譲渡によって2つの物権変動が発生し，第177条の対抗関係者相互間においては善意・悪意を不問とするという前提に立ち，第177条の枠内で処理しようとする二段物権変動説ないし不完全物権変動説を前提としていることから，批判もある。この判例・通説を批判する代表的な学説として，判例の認定基準は実質的には「悪意」であると解する悪意者排除説や，有過失者を保護する必要はないという観点から，第三者に善意・無過失を要求する公信力説ないし過失者排除説などがある。

(3) 背信的悪意者排除論に関連する学説

背信的悪意者排除説に対して異論を述べる学説については，随所に出てくるので，ここでまとめて掲げ，検討する。

(ア) 自由競争原理説への批判　背信的悪意者排除理論は，第177条の第三者に

---

(325) 舟橋博士は，ご本人曰く牧野博士の説に影響された結果，『不動産登記法（新法学全集）』（日本評論社，1937）75頁において改説され，悪意者排除説を原則とするも，「ただ，その行動が具体的事情との関連において，社会生活上一般に許容せられるものと認められるかぎり——すなはちその行動が誠実信義の原則に反せぬと認められるかぎり——悪意なるものなほ第三者に該当しうる」と論じ，更に，前掲書（『物権法』182頁以下）においては，より明確に背信的悪意者排除説を唱えるに至った。

(326) 大判昭和10年10月5日民集14巻1965頁。

第3節　不動産に関する物権変動と公示

は善意・悪意（主観的要素）が不問であるという前提（立法趣旨）があり，また，自由競争原理という，本来的に第177条の立法趣旨とは無関係なはずの仮装原理をも前提としている。それゆえ，多くの学説は，これらの考え方について批判してきた。

特に近時は自由競争原理への批判について，その論調が厳しくなっている。例えば，第三者による債権侵害の一例として不動産の二重譲渡事案を掲げ，第二買主Ｃは第一買主Ｂの債権（給付請求権）を侵害している不法行為者であると断定し，その理由として，売主Ａの債務履行を債務不履行へと導く行為をしているからであるとして，自由競争原理を鋭く批判する学説があり(327)，少なからず賛同を得ている。

確かに，資本主義経済社会においては契約における自由競争原理が働くので，その名の下での経済活動であれば何をしても許されるというのは行き過ぎた議論である。また，「自由競争はフェアーに行われなければならず，神の前で良心に恥じないやり方で競争すべきであるというのが，資本主義の倫理ではないのか」という傾聴すべき批判もある(328)。更に，譲渡人Ａを「占有者（占有代理人）」，第一譲受人Ｂを「所有者」とするならば，第二譲受人Ｃは，「横領罪」（刑法第252条）の成立要件さえ満たすことにもなる(329)。

しかし，不動産売買の実務では，第一に代金完済，第二に引渡し（この時点で所有権が移転する。），そして，第三に所有権移転登記をして，履行行為が完了する。Ａ・Ｂ間で売買契約を締結し，手付金を授受したに過ぎず，ＢがＡに売買代金を提供しておらず，ＡがＢに土地を引き渡してもおらず，まだＡが占有しているときには，第三者Ｃにとっては有利に展開する。この場合には，ＡがＢに違約金を支払って（手付金の倍返しをして），第三者Ｃと取引するというのは，相手方選択の自由の範囲内での経済活動として許されるべき行動である（第557条参照）。したがって，不動産売買など，物権変動の局面においては，譲渡人Ａからすれば，なお自由競争原理は働いているものと思われる(330)。

以上の意味において，安易な自由競争原理否定説は，積極的な不動産取引の否定につながるおそれさえある。やはり，物権取引の関係に不法行為理論を採り入れる

---

(327)　潮見佳男『プラクティス民法債権総論』（信山社，第4版，2012）542-544頁。これに対して，佐久間毅『民法の基礎2物権』（有斐閣，第8版，2010）79頁は，自由競争原理とその限界を論じつつも，だからこそ，不登法第5条や背信的悪意者排除理論があるとして，判例法理を支持している。

(328)　石田（喜）・前掲『物権変動論』182頁。

(329)　内田・前掲書（『民法Ⅰ』）458頁。

(330)　現に判例は，潮見教授が不法行為の成立を強く主張する二重譲渡の第二買主でさえ，善意・悪意不問説に基づき，第一買主に対する不法行為の成立を否定している（最判昭和30年5月31日民集9巻6号774頁以来，これに反する判例は現れていない）。この点は，有泉・前掲「論文」法協第56巻8号1577頁（1593頁以下）が，第177条の評価は画一的・形式的に行うべきものであり，不法行為の成否は別問題として処理すべきであるとして，第177条の第三者は悪意でも不法行為は成立しないと論じていたことと軌を一にしている。

323

第2章 物権の変動

には，その前提において無理があるのではないだろうか。

　(イ)　悪意者排除説　　この説は，これまで判例法理において確立されてきたといわれる背信的悪意者排除理論は実際の基準として機能していないという前提に立っている。即ち，判例に現れた事案は，①第二譲受人が当事者に準ずる地位にあるケース（当事者に準じて給付義務に服する者〔承継人または履行補助者〕か，または不登第5条のような第三者資格を欠く者という準当事者類型），②第二譲受人の取得時における行為態様が不当であるケース（第二譲受人に故意・過失という違法性がある不当競争類型）に大別しうるものと解し，前者の場合には，第二譲受人は当事者または第三者から除外されるので，善意・悪意は問題とならずに第一譲受人が優先し，後者の場合には，前主の処分権限の欠缺について第二譲受人が善意か悪意かが実質的判断基準になっていると分析した上で，実質的に悪意者排除説となっているものと主張する[331]。

　しかし，話はそう単純ではない。例えば，この説が分類する不当競争型の判例である前掲最判昭和40年12月21日を1つ採ってみても，第二譲受人Y_2が悪意であった（契約時にY_1の言動からY_1の所有と誤信したに過ぎない。）が，契約に入る動機が「Y_1に同情した」ということから，「背信的悪意ではない」と認定され，登記のあるY_2が第一譲受人であるXらに勝訴している。X_1が家屋から退去しなくてもよかったのは，家屋の前所有者Y_1との賃貸借契約がY_2との関係において復活するという反射的効果に過ぎない。

　そして，判例・裁判例は，悪意のみを理由として判断を下しているという事案もあるように見えるが，その多くは信義則違反，権利濫用，公序良俗違反，違法・不当な動機など，他の考慮要素を判断材料としつつ，最終的な判断を下しているのであり[332]，概ね悪意のみを基準として判断を下していると断ずるのは，妥当ではない。

　(ウ)　公信力説（過失者排除説）　　前述したように，公信力説は，原所有者Aから最初に取得したBが完全に所有者であるが，原所有者Aから二重に取得した第三者Cが善意・無過失である場合には，例外的にCを所有者とするか，または，Cが善意・無過失で登記を経由した時に，Cを所有者とするという考え方であり，Cが軽

----

(331)　松岡久和「判例における背信的悪意者排除論の実相」奥田昌道編『現代私法学の課題と展望・中』（有斐閣，1982）65頁（特に113頁以下），同「民法一七七条の第三者・再論」前田達明編『民事法理論の諸問題・下巻』（成文堂，1995）185頁（特に202頁以下），同「物権法講義――8」法セミ678号（2011）85-86頁参照。ほぼ同様の立論として，石田（喜）・前掲『物権変動論』175頁以下，半田吉信「背信的悪意者排除論の再検討」ジュリスト813号（1984）81頁以下がある。これらの見解は，従来の悪意者排除説とは異なり，背信的悪意者排除説の存在意義に対して切り込むものである。

(332)　佐久間・前掲書（『基礎2』）83-84頁は，判例を示しつつ，類型別に考察している。佐久間教授によると，第三者Cの主観的事情だけで判断するのではなく，取得者Bの客観的事情とこれに対するCの認識可能性の程度を勘案して，Cの主張の当否を判断すべきだということになる。

第3節　不動産に関する物権変動と公示

過失者であっても保護に値しないという立場である[333]。それゆえ，背信的悪意者という概念とは相容れない過失者排除説となる。ただ，半田（正）教授は，善意者保護という立場であることから，「公信力説に基づく悪意者排除説」である[334]。

　近時，善意転得者保護という観点から，公信力説を擁護する説が唱えられている。即ち，公示（外観）を信頼した者は保護に値すると解する反面，悪意者は保護に値しない，特に，フランス法に所謂「フロード（fraude）」を行った者は悪意プラスアルファの「害意」があるということで，このような意味における「悪意者排除説」を展開する[335]。しかし，フロード行為であれば，むしろ，背信的悪意者排除理論であり，悪意者排除を標榜するのであれば，フォート（faute）の理論（過失責任主義）による主張だけを行うべきである。

　しかし，そもそも，このような対抗要件レベルの判断について，善意・悪意，過失責任概念という当事者の主観的要素及び不法行為概念を差し挟むこと自体，資本主義経済社会における自由競争[336]を完全に封鎖する議論であり，妥当ではない。フォートの理論は不法行為理論であり，物権行為に不法行為理論を持ち込むのは，適切とはいえない[337]。確かに，背信的悪意者排除理論においても，不登法第5条

---

(333)　篠塚・前掲書（『論争民法学1』）24-26頁。

(334)　半田（正）・前掲書（『不動産取引法』）25頁以下。

(335)　鎌田薫「不動産二重売買における第二買主の悪意と取引の安全」比較法学9巻2号（1974）31頁（118頁以下）。
　　フランスでは，破棄院1968年3月22日判決以降，フロード（背信的悪意者排除）理論よりも，むしろ「フォート（過失責任）理論」（CC第1382条）によって，悪意・有過失の第二買主の権利取得を認めていないのであるが（悪意者排除），鎌田教授によると，従来の判例が第二買主固有のフロードを重視していたのに対し，この破棄院1968年判決により，民事責任説（過失責任主義）へと転換したものと解されている。この点については，鎌田・前掲論文・比較法学9巻2号91-94頁参照。ただ，鎌田教授は，フロードもフォートも個々人において相対的に判断されるべきものと主張し，これによって，善意転得者は保護されるべきものと主張する（同論文・95頁以下）。ちなみに，従来の判例である破棄院1949年5月10日判決は，フロード理論により，フロード行為者からの転得者は，無権利のフロード行為者の地位を承継するものと解しており（フロードの協同），「絶対的構成説」を採っていた。その後の判例については，鎌田「二重売買における買主の注意義務」判タ422号（1980）36頁以下，滝沢（聿）・前掲書（『物権変動II』）176頁以下を参照。
　　なお，滝沢聿代教授は，破棄院1992年5月11日判決を引用しつつ，フランスの背信的悪意者排除理論から悪意者排除理論への転換について批判しており，フランスの判例が物権変動にフォートの理論を採り入れた点について，これは仮装の理論に過ぎず，権利承継の論理を放棄しているために，物権法の理論となりえていないという点に根本的な問題があるものと指摘している。滝沢（聿）・前掲書（『物権変動II』）183頁参照。

(336)　半田正夫教授は，二重譲渡の第一譲受人Bが既に引渡しを受けた後は，二重債権契約の範疇に入らず，Bは完全に所有者であるから，自由競争原理の名の下に第二譲受人の存在を合法的に取り扱うのは誤りであると主張される（半田・前掲書『不動産取引法』29-30,35-36頁）。しかし，Bが登記を経由しないうちは，完全にA・B間の債権・債務関係は終了しておらず，まだAに登記の履行義務が残っている。このように解するのであれば，AがBに違約金を支払ってまでCと取引することは許されるものと思われる。

325

の「詐欺・強迫による登記妨害者」という不法行為者を念頭に置いてはいるが，これは背信性を基礎づけるための一要件に過ぎず，真正面から不法行為の成否を判断するものではない。もっとも，論者は，対抗要件レベルの議論を通り越して，公信力レベルで話をしているのだというのであるが，そうなると，制度を度外視した議論となるので，意味がない。更に，そもそも，たとえフォート理論を説いたとしても，公信力説は「登記に対する信頼の保護」を標榜するという点において，公証制度に基づく登記という制度上の要請から登記に公信力を認めるという本来的な公信力とは意味が異なる。この点においても妥当性を欠く。

　㈢　重過失者排除説　　この説は，基本的に悪意者排除説に立つ論者が，登記に公信力を与えるという公信力説への疑問から，第二譲受人が第一譲受人による物権取得を知りつつ，二重に物権を取得するという行為それ自体は通常は悪意に起因するが，仮に第一譲受人の存在を知らない場合でも，現地検分等の懈怠など，不動産に関する取引秩序に反するような重大な過失に起因するような場合には，単純な過失と区別するという意味において，登記欠缺の主張を許すべきではないという[338]。

　㈣　過失者排除説　　次に，近時，急速に有力化している「過失者排除説」がある。前述したように，公信力説を標榜してきた研究者のうち，少なからざる者が，フランスの判例法理の変遷に応じてフロード理論やフォート理論に傾倒し，過失者排除説に移行している。ここで紹介する説は，真正面からそのようなフランスの理論を引き合いに出していないので，別掲している。

　まず，第二譲受人は，原則として，第一譲受人の地位を譲渡人との契約締結により侵害しているとして，この第二譲受人が保護されるためには，第一譲受人の存在について，善意・無過失の立場に限られるという説がある。この見解は，自由競争原理を否定し，また，判例の立場は実質的には悪意者排除あるという前提において，通常，第二譲受人は，登記簿を確認し，現地検分をした上で，契約に臨むものであり，このような調査をすれば，第一譲受人の存在を確認しうるのであり，このような合理的な調査を怠った第二譲受人は保護に値しないというのである。つまり，第一譲受人の存在について，悪意者はおろか，善意者であっても，前記のような調査をしない者には過失を認定し，そのような者は正常な取引者ではないという位置づ

---

(337)　近江・前掲書（『講義Ⅱ』）86頁は，「民法不動産法においては，『悪意』を問題とする理論性は存在しない」と主張している。

(338)　半田（吉）・前掲論文・ジュリスト813号85頁。しかし，半田教授は，単純な調査義務違反という意味での過失責任は不問とされる点において，いかなる行動を悪意と同視するのかという点において疑問である。ただ，調査義務違反でも，これが業者の場合には重過失とされることが多いので，不動産業者が関係するような事案における現地検分の懈怠を重過失と解するのであろうか。あるいは，前述したフランス法のフロード理論，フォート理論を参考にしているのであろうか，この点は定かではないが，半田教授も，破棄院1979年5月28日判決を引き合いに出しており，同判決は，フォート理論を理由として，第二譲受人を排除しているので，この点を顧慮しているのかも知れない。

けを行っている(339)。

　また同様に，自由競争原理は，売主が第一譲受人に売るか，第二譲受人に売るかという局面においてのみ機能するのであり，第一譲受人に売った後で第二譲受人に売るなどというのは，横領を奨励するのに等しいとして，第二譲受人が悪意者や過失者である場合には，これを排除すべきものと解する説がある(340)。

　しかし，前述したように，登記簿を確認し，現地調査をした上で，第一譲受人の未登記を知り，どうしても当該不動産が欲しいと思う者が譲渡人に働きかけ，譲渡人が第一譲受人に対して違約金を支払うだけの金額を上乗せし，更に高額で購入するとして取引に臨む姿勢は自由競争原理という名の下に許される行為である。制度上でも，当事者の一方が売買契約の履行に着手する前であれば，売主は手付倍返しによる解除が認められている（第557条1項）。私見によれば，不動産に関して所有権を始めとする物権を取得しておきながら，未登記のまま放置している状況こそ，正常な取引ではないものと思量する（売主の登記移転義務は債務を構成する）。この意味において，第二譲受人が排除されるのは，やはり，その物権取得後の行為が広い意味での「背信性」に基づく場合に限られるものと思量する。

　(カ)　第94条2項類推適用説　　次に，無権利説を徹底すると，第一譲受人Bが完全所有者であり，原権利者Aからの第二譲受人Cは所有者とはなりえない。しかし，Bに登記がなく，無権利者となった譲渡人Aに登記があるという状況は，虚偽表示に準ずる状況であるとして，第三者Cが善意もしくは善意・無過失である場合に限り，Cが保護されるという。第94条2項を類推するということは，公信力説とは異なり，本来は登記の有無とは無関係にCが保護されるはずである。しかし，論者は，この問題について，本来は第177条の問題として処理すべきであるが，第177条の問題とすると，判例法上，第三者に善意・無過失を求めえないので，敢えて，第94条2項を類推適用するのだという(341)。

　だが，この説によると，反対に，Cが悪意もしくは有過失であるときには保護されないということになる。仮に，第三者保護基準として善意のみを顧慮したときで

───────────────

(339)　松岡・前掲「物権法講義」法セミ678号86頁，682号93頁。
(340)　内田・前掲書（『民法Ⅰ』）458-459頁。
(341)　川井健『不動産物権変動の公示と公信』（日本評論社，1990）28頁以下参照。川井博士は，背信的悪意者排除説の登場により従来の悪意者排除説は存在意義を失い，制限説の不徹底により悪意者を保護したことの不都合を解消したものと解している。しかし，川井博士は，それでもなお悪意者や過失者を保護してしまうのは不適切であるという理由から，第94条2項類推適用で解決するというのである。しかしながら，川井博士の立論は，結局のところ，過失者排除説と何ら変わりはないことに帰着する。
　　なお，公信力説に理解を示しつつ，第94条2項類推適用説を採用し，重過失者排除（善意・無重過失者保護）説を唱える学説として，米倉明「債権譲渡禁止特約の効力に関する一疑問(3)」北大法学論集第23巻3号（1973）540頁（582頁以下）がある。米倉博士は，登記簿検査と現況調査の両方とも怠った者は重過失者であると論じている。

も，その場合には悪意者排除説と同様となり，悪意が認定されにくいとなれば，重過失者排除説と同様となるので，結論から考えた場合には，あまり意味のある立論ではない。そうすると，この場合に第94条2項類推適用を持ち込むのは，単に第177条の問題から切り離すという意味において存在価値があるに過ぎない。

しかしながら，敢えて重ねて批判すると，善意・悪意，過失という主観的な要素と対抗という局面は，そもそも，場面が異なるというべきである。いうなれば，第177条のレベルで考察する限り，主観的な要素を入れる余地はないというべきであろう。主観的な要素を入れるとすれば，それは，背信的悪意者排除という場合において，悪意者に「背信性」，即ち，信義則違反・権利濫用法理の適用という局面における，またその限りでの「客観的違法性」を根拠づけるために入れられる一つの要素に過ぎず，またそれで十分である。

> ― **point** ―
> 判例は，善意・悪意不問説に立脚し，ただし，第三者が背信的悪意者であるときには，当該第三者は第177条の第三者から除外するという構成であるが，この解釈に反対する学説は，どのような立場から判例を批判しているのだろうか。検討してみよう。

(4) 背信的悪意者からの転得者の地位――排除基準の相対性

次に，背信的悪意者Cから不動産を転得したDの地位について考察する。

判例の背信的悪意者認定基準は，「信義則違反」が中心となっており，この考え方から判断すると，信義則違反により，背信的悪意者である第二譲受人Cには所有権の取得を認めないかのような印象を受ける。

確かに，第二の売買を公序良俗違反によって絶対無効とするという取扱いをすれば（第90条参照），第二譲受人Cは完全に無権利者である（絶対的無効構成）。しかし，信義則違反を理由として，単に対抗力のみを認めないとする取扱いであれば，第二の売買は一応有効なものとして扱われ，背信的悪意者である第二譲受人Cにも所有権の取得を認めるという取扱いになる（相対的無効構成）。実は，この問題は，背信的悪意者からの転得者という事案について，大変大きな問題なのである。この場合において，背信的悪意者である第二譲受人Cにおいて所有権の取得が認められなければ，同人からの転得者Dに何ら非難されるような事由がなくとも，無権者からの転得となり，このような転得者に承継による所有権取得を認めることはできない（認める根拠を見出しがたい）からである。

しかし，背信的悪意を相対的に，即ち，個々人の属性と見て個別に判断するという相対的構成を採れば，個別契約の有効性は担保されるので，背信的悪意者からの転得者の法的保護が図られる。

背信的悪意者に関する判例法上，相対的構成が採用されたものとしては，平成8

第3節　不動産に関する物権変動と公示

年最判の前までは存在せず，わずかに高裁レベルの裁判例（背信的悪意者が取得する前に，善意の中間取得者を介在させたという事案）が存在していたに過ぎない[342]。しかし，虚偽表示に関する最高裁の判例において，相対的構成を採った判例がある。事案は，Xが，強制買収を回避する目的で自己の所有する山林を弟Aへ贈与したこととし，次に，相続税を回避する目的で，Xが，Aから子Bへ売却したこととして，それぞれ所有権移転登記を経由したところ，Bが悪意のY1へ転売して登記を経由し，更にその一部をY1からY2，Y3へと転売したというものである。この事案において，最高裁は，民法第94条2項の類推適用に際して，Y2らの善意・悪意を認定させるために，高裁へ破棄差戻としたのである[343]。もっとも，第94条には善意の第三者を保護する規定があり（同条2項），そのため，最終取得者Y2，Y3を同条同項によって保護するために，同人らの善意・悪意を認定すべきことは当然の前提である。

しかしながら，背信的悪意者を排除するという事案において，最終取得者が背信的悪意者ではないとしたら，状況はほぼ同じとなる。

この問題について，判例は，近時，相対的構成説を採用するに至った（最判平成8年10月29日民集50巻9号2506頁）。

これに対して，前掲した判例による背信的悪意者排除説に反対する学説からは，背信的悪意者を無権利者として扱い，第三者保護法理としては，公信の原則や民法第94条2項類推適用説によることとし，善意ないし善意・無過失の転得者を保護すればよいなどと主張されている。

---

(342)　東京高判昭和57年8月31日下民集33巻5〜8号968頁：A会社は自己の所有する本件土地をB会社に売却し，同時に，B会社はX会社にこれを転売したが，所有権移転登記を経ていない。他方，X会社の従業員であるYは本件土地を分筆し，これをAから善意のCへと売却し，YがCから売買によって取得するという方法で所有権移転登記を経由した。

　　　そこで，Xは，Yに対し，所有権移転登記を求め，本訴を提起した。第1審はYを背信的悪意者と認定してXの請求を認容した。Yは控訴し，Yが取得する前に善意の第三者Cが中間取得者として介在しているので，本件土地取得については，悪意が遮断され，背信的悪意の理論を適用する余地はないと主張した。

　　　控訴棄却（請求認容）。「背信的悪意論は，……信義則の理念に基づいて背信的悪意者を登記制度の庇護の下から排斥せんとする法理であるから，登記欠缺者と当該背信的悪意者間の法律関係について相対的に適用されるべきものであり，善意の中間取得者の介在によって，その適用が左右される性質のものではないと解するのが相当である。蓋し，……悪意の遮断を認めると，善意の第三者を介在させることにより背信的悪意者が免責されるという不当な結果を認めることになるからである。」

　　　なお，本判決以前においても，学説の中には，背信的悪意者の認定については相対的に決すべきものと解し，同人からの転得者についても同様に相対的にのみ決すべきものと主張するものがあった。例えば，舟橋185-186頁参照。

(343)　最判昭和45年7月24日民集24巻7号1116頁：「民法94条2項にいう第三者とは，虚偽の意思表示の当事者またはその一般承継人以外の者であって，その表示の目的につき法律上利害関係を有するに至った者をいい……，虚偽表示の相手方との間で表示の目的につき直接取引関係に立った者のみならず，その者からの転得者もまた同条項にいう第三者にあたる者と解するのが相当である。」

329

〔判例41〕最判平成8年10月29日民集50巻9号2506頁
【事実】

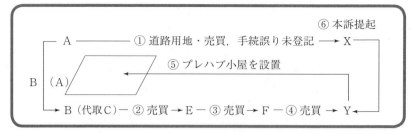

(1) 本件土地は，もとAが所有していたM市361番，363番合併1の土地の一部である。X（市）は，駅前整備事業の一環として，Aから本件土地を買い受けた。XとAは，Xが買い受ける本件土地を合併1の土地から分筆して合併6の土地とすることにしたが，分筆登記手続に手違いが生じ，実際に合併1の土地から分筆された土地は合併7の土地として表示され，登記簿や土地台帳上は合併7の土地ができ，合併6の土地は公簿上作られなかった。合併6の土地として登記される予定の本件土地には，X所有名義の登記がなされないままであった。

(2) Xは，本件土地を公衆用道路に造成するために整備し，本件土地の全体をアスファルトで舗装し，道路として整備した（市道金属標を設置）。本件土地は市道として一般市民の通行の用に供された。その後，Xは，道路法18条に基づき，本件土地及びこれに接続する土地を「市道新玉286-1号線」として，その旨の公示をした。

(3) Bは，Aから，登記簿上Aの所有となっており，固定資産税が賦課されている所在不明の土地（前記合併7）があるので，これを処分して500万円を得たい旨の相談を受けた。このため，Bは，知人のCにこの話を伝え，協力を求めた。Bは，本件土地は駅前付近にあると思ったが，必ずしも明らかでなかったので，その旨をCに説明した。

(4) Cは，D産興，E不動産及びFビジネスセンター各会社の実質的経営者である。Cは，Bから話を聞き，土地登記簿謄本，野取図等に基づいて本件土地の所在場所を確認し，現地を見た上で本件土地を購入することにし，Dを代理して，Aとの間で，代金を500万円とする売買契約を締結し，D名義で所有権移転登記を経由した。Dは，本件土地に関し市道の廃止を求めるため付近住民から同意書を徴するなどしたが，その後，本件土地は，DからEに，次いでEからFに，それぞれ売却され，所有権移転登記が経由された。

(5) Yは，Fから本件土地を買い受けて所有権移転登記を経由し，本件土地は市道ではない旨を主張して，本件土地上にプレハブ建物2棟及びバリケードを設置した。

そこで，Xは，本件土地について所有権及び道路管理権を有すると主張し，Yに対し，所有権に基づき真正な登記名義の回復を原因とする所有権移転登記手続を求め，また，道路管理権に基づき本件土地が市道の敷地であることの確認を求めるとともに，所有権または道路管理権に基づき本件土地上に設置されたプレハブ建物及びバリケード等の撤去を求めるため，本訴を提起した。

第3節　不動産に関する物権変動と公示

【原審】

　原審は，(1)Dを代理したCは，本件土地が既にXに売り渡され，事実上市道となり，長年一般市民の通行の用に供されていたことを知りながら，Xに登記がないことを奇貨としてこれを買い受け，道路を廃止して自己の利益を計ろうとしたものであるから，Dは背信的悪意者であり，Xは登記なくして本件土地の取得をDに対抗しうる，(2)E及びFはいずれもCが実質上の経営者であり，Yは，Fから本件土地を買い受けたが，Dが背信的悪意者でありXに対抗しえない以上，YもXに対抗しえないとして，Xの所有権移転登記手続請求を認容した。Yから上告。

【判旨】一部破棄差戻，一部棄却

　「所有者甲から乙が不動産を買い受け，その登記が未了の間に丙が当該不動産を甲から二重に買い受け，更に丙から転得者丁が買い受けて登記を完了した場合に，たとい丙が背信的悪意者にあたるとしても，丁は，乙に対する関係で丁自身が背信的悪意者と評価されるのでない限り，当該不動産の所有権取得をもって乙に対抗することができる。

　丙が背信的悪意者であるがゆえに登記の欠缺を主張する正当な利益を有する第三者に当たらないとされる場合であっても，乙は，丙が登記を経由した権利を乙に対抗することができないことの反面として，登記なくして所有権取得を丙に対抗することができるというにとどまり，甲丙間の売買自体の無効を来すものではなく，したがって，丁は無権利者から当該不動産を買い受けたことにはならない。

　背信的悪意者が正当な利益を有する第三者に当たらないとして民法第177条の第三者から排除される所以は，第一譲受人の売買等に遅れて不動産を取得し登記を経由した者が，登記を経ていない第一譲受人に対してその登記の欠缺を主張することが，その取得の経緯等に照らし，信義則に反して許されないということにあるのであって，登記を経由した者が，この法理によって「第三者」から排除されるどうかは，その者と第一譲受人との間で相対的に判断されるべき事柄だからである。」

　「本件土地は市道として適法に供用の開始がされたものということができ，仮にその後Yが本件土地を取得し，Xが登記を欠くためYに所有権取得を対抗できなくなったとしても，Yは道路敷地として道路法所定の制限が加えられたものを取得したにすぎないものというべきであるから（最判昭和44年12月4日民集23巻12号2407頁参照），Xは，道路管理者としての本件土地の管理権に基づき本件土地が市道の敷地であることの確認を求めるとともに，本件土地上にYが設置したプレハブ建物及びバリケード等の撤去を求めることができるものというべきである。」

《問題点》

（1）　背信的悪意者と第一譲受人との関係が対抗関係である場合において，背信的悪意者が第一譲受人の登記のないことを主張して，自己の所有権取得を対抗することができないときにおける背信的悪意者の地位は無権利者となるのか，それとも，第一譲受人との関係において，対抗力を失うに過ぎないのか。

（2）　背信的悪意者からの転得者は，無権利者からの転得者か，それとも，権利者

からの特定承継による転得者として，第一譲受人と対抗関係に立つ者か。

《分析》

　このような問題について，本判決は，背信的悪意者は第一譲受人との関係において，第一譲受人の登記の欠缺を主張する正当な利益を有しない者に過ぎず，第二譲受人を背信的悪意者であると認定しても，これによって原所有者と背信的悪意者との間における売買を無効とするものではないと判示して，背信的悪意者からの転得者の取得を有効としている。その上で，本判決は，背信的悪意者と第一譲受人との関係を形式的には対抗関係としつつ，背信的悪意者を第 177 条の第三者から除外し，その転得者もまた同様の対抗関係に立ち，転得者自身が背信的悪意者として認定されない限り，登記を経由した転得者は第一譲受人に対抗することができると判示した。

　この平成 8 年判決は，原所有者Ａと背信的悪意者Ｄとの契約関係について，Ｄは第一譲受人Ｘに対抗することができず，ＸはＤに登記なくして対抗することができるものと解し，Ａ・Ｄ間の売買を無効とはしていない。つまり，最高裁は，ここに至って，転得者Ｙの物権取得を有効とするために，背信的悪意者の物権取得行為を絶対的に無効とするという絶対的効力構成を採用せず，背信的悪意者Ｄは，登記を有していても，第一譲受人Ｘに対抗しえないという相対的効力構成を明確に採用するに至った。それゆえ，転得者Ｙが第一譲受人Ｘとの関係上，相対的に見て，背信的悪意者にあたるものと認定されない限り，両者は対抗関係に立つということになる。

　しかし，本件土地は既に道路指定がなされており，道路として供用されているので，Ｙが背信的悪意者ではないとしても，Ｙは，既に道路となっている土地を負担付で取得するということになる[344]。それゆえ，本判決においても，Ｙは道路負担付の土地を取得しうるに過ぎないということが明らかにされた。

　この平成 8 年判決が登場して以来，学説は，相対的効力構成説が主流になっているといってよいであろう[345]。

---

[344]　最判昭和 44 年 12 月 4 日民集 23 巻 12 号 2407 頁：「道路として使用が開始された以上，当該道路敷地については公物たる道路の構成部分として道路法所定（道路法 4 条，旧道路法 6 条）の制限が加えられることとなる。そして，その制限は，当該道路敷地が公の用に供せられた結果発生するものであって，道路敷地使用の権原に基づくものではないから，その後に至って，道路管理者が対抗要件を欠くため道路敷地の使用権原をもって後に敷地の所有権を取得した第三者に対抗しえないこととなっても，当該道路の廃止がなされないかぎり，敷地所有権に加えられた制限は消滅するものではない。したがって，その後に当該敷地の所有権を取得した第三者は，上記の制限の加わった状態における土地所有権を取得するにすぎないものと解すべきであり，道路管理者に対し，当該道路敷地たる土地についてその使用収益権の行使が妨げられていることを理由として，損害賠償を求めることはできない」

[345]　近江・講義Ⅱ 87-88 頁，内田貴『民法Ⅰ（第 3 版）』456 頁，同『民法Ⅰ（第 4 版）』462 頁は好意的である。

第3節　不動産に関する物権変動と公示

　次に，この相対的効力構成を決定づける要因として，背信的悪意者の前取得者が善意者である場合という問題がある。従前は，このような善意者が介在した場合には，善意者からの転得者である背信的悪意者の物権取得及び対抗力を認めないと，善意者に売主の担保責任が及んでしまうという理由から（第561条参照），この場合には背信的悪意者の物権取得を容認するという解釈があった。

　しかし，元々，この帰結は妥当性を欠く。背信的悪意者は第一譲受人との関係において対抗力を認められない地位にあるのに，善意者が介在したからといって，この結論が変わるわけではないからである。それゆえ，背信的悪意者の認定は，あくまでも，対抗関係者である第一譲受人との間において相対的にのみ決するべきであり，この場合でも，相対的効力構成説が妥当であると解されている(346)。また，そもそも，このような背信的悪意者は，善意の売主に対し，担保責任を追及する権利を有しないものと見るべきである。善意の売主は自身のなすべき義務を果たしており，背信的悪意者が結果として物権を取得しえなかったのは，同人が背信性を有することの効果だからであり，民法の予定する追奪担保責任の範疇から外れるものと解すべきである。

　いずれにしても，平成8年判決の事案のように，第一買主Xと背信的悪意者Dとの関係は，Dが登記を経由していても，同人は登記の欠缺を主張する正当な利益を有しない者として，Xには対抗することができず，また，転得者Yが登記を経由していても，Yが背信的悪意者であれば，やはり，YはXに対抗することはできないものと解すべきである。もちろん，Yが背信的悪意者ではなく，Yに登記があれば，Xに対抗することができる。

　前述したように，この問題については，近時，悪意者排除説が有力に主張されているところ(347)，背信的悪意者排除理論は信義則違反を根拠として，背信的悪意者の登記から相対的に対抗力だけを失わせるという構成であると解すれば，基本的に善意・悪意不問説を踏襲しつつも，信義則と相対的効力で構成する判例法理に敢えて反対する理由はないものと思量する。

　また，背信的悪意者を無権利者として扱い，第三者保護法理としては，民法第94条2項類推適用説によることとし，善意ないし善意無過失の転得者を保護すればよいという主張もあるが，この理論も妥当ではないということは既に述べた。更に，悪意者排除説を主張する学説は，この考え方に呼応して，第一譲受人が建物の敷地として利用しているならば，第二譲受人の悪意が推定されるので，第一譲受人

────────────

(346)　近江・講義II 88頁。なお，この問題について，善意者の介在によっても，背信的悪意は遮断されないものと解し，背信的悪意は相対的にのみ判断すべきものと明確に判示した前掲東京高判昭和57年8月31日を参照。

(347)　内田・前掲書（『民法I（第3版）』）454-455頁は，公示は，利害関係を持つ他人に権利の存在を知らせるためにするものだから，権利の存在を知っている悪意の第三者には，公示の必要はないので，悪意の第三者は第177条の第三者から外れるという。

333

が優先するところ，第二譲受人からの転得者が善意・無過失であれば，第94条2項で保護されるという[348]。

第一の所有権移転行為によって既に所有権は完全に第一譲受人に移転しており，もはや原所有者には所有権はないという理論（無権利構成説）を貫徹すれば，この場合における第94条2項類推適用説も妥当であるかのように見える。しかし，判例は，第177条の立法趣旨に忠実であり，一貫して善意・悪意不問説を前提とし，背信者から対抗力を喪失させるという意味において，第177条の適用を柔軟にして対応している。そして，これまた前述したように，第94条2項類推適用説は，元々，無権利構成説の立場から第177条の対抗関係を否定し，無権利者となった原所有者からの取得者である善意ないし善意・無過失の第三者を保護するという構成であるから，第177条の枠内で用いることは，その理論構成において難点があろう。したがって，今後も，無権利構成説に立脚する多数学説と第177条の枠内での解釈に固執する判例法理との理論的な争いが継続することになる。もっとも，無権利構成説に立脚したとしても，二重譲渡構成を否定するだけであり，転得者の登記による所有権取得を認めるという理論構成は可能であるから（反対事実主張説，法定取得——失権説など），いずれの理論構成を採るにせよ，柔軟に対応することはできるものと思われる。

> **point**
> 背信的悪意者から不動産所有権を転得した第三者の地位について理解するとともに，背信的悪意者を排除しうる者との関係について，その優劣関係を検討してみよう。

3　実質的無権利者

更に，第177条の第三者から除外される類型として，当該不動産に関して実質的に権利を有しない第三者がある。類型的には，これを実質的無権利者という。

例えば，Aの所有する不動産について，Bが勝手に物権変動があったとする書類を偽造して，Bに所有権移転登記を経由しても，そもそも原因関係を欠く行為であり，無効な登記である。それゆえ，このような行為を経て登記を経由したBは，「実質的無権利者」として，第177条の第三者から除外される。この点は，虚偽表示（第94条）の当事者として，所有者Aから所有権移転登記を受けた仮装買主Bの場合も同様である。いずれの場合においても，中間者Bの取得原因も登記も無効であるから，所有者Aは，転得者Cへの所有権移転登記について抹消登記を請求するか，または，「真正な登記名義の回復」を登記原因として，Cに対し，所有権移転登記を請求するということになる。ただし，この場合において，AにBの不実登記の作出に関して帰責性（故意・過失による関与，承認・放置による意思的関与など）があり，

---

(348)　内田・前掲書（『民法 I（第3版）』）455頁。

Cが善意もしくは善意・無過失であるときには，第94条2項を類推適用して，Cの所有権取得を認めることになる。

4　不法行為者

第177条の第三者から除外される最後の類型として，不法行為者がある。

例えば，Bが詐欺または強迫行為によって不動産の所有者Aから物権変動を導き，所有権移転登記を経由したとしても，原所有者Aにおいて法律行為を取り消すことができ（第96条），また，そもそも，このような不法な原因によってBが登記を保有するに至ったとしても，原所有者Aに対し，登記の欠缺を主張するについて正当な利益を有しないことは明らかであるから，この登記名義人Bは第177条の第三者から除外される。

前述したように，不動産登記法第5条1項は「詐欺または強迫によって登記の申請を妨げた第三者はその登記がないことを主張することができない」と明文で規定するが，この規定は，その解釈として，前例の原所有者Aから詐欺または強迫によって登記名義を取得したBにも拡張適用すべきであり，また，このような者を含めた不法行為者一般について，第177条の第三者から除外すべきである。

このように解すると，例えば，BがAから土地を買い受けたが，まだ所有権移転登記を取得していないときでも，取得者Bは，土地を不法占拠するCに対しては，登記がなくとも，土地の明渡しや損害賠償（賃料相当損害金の支払）を請求することができる。また，土地所有者のみならず，その土地について物権を有する者，ならびに，賃借権を有するに過ぎない者であっても，不法占拠者Cを排除する際には，対抗要件を備える必要はないものと解すべきである（ただし，賃借権については，債権の相対的効力という性質上の問題があるので，注意を要する）。

更に，このように解してくると，BがAから建物を取得したが，所有権移転登記を経由しないうちに，第三者Cによって放火され，建物が全焼した場合でも，取得者Bは，Cに対して損害賠償を請求しうることになり，CはBに登記のないことを主張する正当な利益を有しない第三者であるから，「Bには登記がないので所有者ではない」とは主張しえないこととなる。

もっとも，この点は，未登記建物を購入したBが放火者Cに対して損害賠償を請求しうることと対比して考えれば，至極当然のことである。この場合において，取得者が複数人の可能性があり，所有者を確定しえないときには，Cが誰に損害を賠償したらよいのか分からないという問題もあろうが，その場合には，Cは債権者不確知を理由として法務局に供託すれば済む問題であり，不法行為者に対して何らかの請求をする場合において，敢えて所有者に登記を要求する理由にはならない。

第 2 章　物権の変動

---
point

　前掲した明治 41 年の第三者制限連合部判決以来，判例上，第 177 条の第三者から除外される者（登記がなくとも対抗しうる第三者）が類型化されているが，この除外例について，類型別に整理し，理解しよう。

第4節　動産に関する物権変動と公示

第1款　動産物権変動の対抗要件——動産の引渡し——

第1項　引渡しの意義

　動産に関する物権の譲渡は，その動産の引渡しがなければ，第三者に対抗することができない（第178条）。この動産物権の譲渡の対抗要件である引渡しとは，占有の移転を意味する。占有とは，自己のためにする意思をもって物を所持することである（第180条）。

　民法は，動産物権の譲渡と規定しているので，第178条は広く物権の譲渡に適用されるかのようであるが，実際上は，「所有権の移転（取消または解除による所有権の復帰を含む。）」に限定される。その理由は，動産に関する物権のうち，占有権（第182条以下，第203条参照），留置権（第295条，第302条参照），質権（第344条，第352条，第345条参照）は，占有が権利の成立ないし存続の要件とされており，これらの譲渡については，第178条の予定する占有の移転よりも厳格に占有が必要とされるのであって，これらについては，目的物の引渡しを対抗要件とする余地はないからである（例えば，質権を譲渡または転貸する場合には，質物を直接に引き渡す必要がある〔第344条，第345条〕）。また，動産先取特権は対抗要件を必要としないからである（第306条，第311条参照）。ただ，先取特権の即時取得に関する第319条の適用には「占有」を必要とするが，これは即時取得規定の準用要件であり，動産物権譲渡の対抗要件ではない。

　ところで，「引渡し」という行為は，文字通り，現実の占有移転（第182条1項）を指すものであることは言うまでもないが，さりとて物権取引の頻繁さは言うに及ばず，その結果，後述するような代理占有（第181条以下）といった観念的な引渡しが認められてきた。代理占有制度は，ローマ法にその淵源を見るものであり，それが中世から近代法へと受け継がれ，公示手段として制度化されたものである[349]。本来，代理占有は，従前の占有状態に何ら変更を見ないものであるから，実際上の公示力はないものと解される。しかし，取引の現場において，①簡易引渡を回避するために，一旦占有を戻してから再び現実に引き渡し，②占有改定を回避するために，現実の引渡しをする一方で，その瞬間に元の占有状態に戻すことは無意味であることから，簡易引渡や代理占有が便法として利用されてきたのである。しかしながら，これらの制度が適用されることによって，第三者からは，その外観上，占有の移転は見受けられないのであるから，結局，動産取引の安全は，公示の原則から

---

(349) この点に関しては，川島・新版理論240頁，原田慶吉『ローマ法上巻』140頁などを参照。

は確保されえず，公信の原則，即ち，即時取得制度（第192条以下）に頼る以外にはないのである。

第2項　引渡し対抗要件主義の例外

動産物権の変動（譲渡）に関する第三者対抗要件は，原則として，「引渡し」とされている（第178条）。ここで，「原則として」とは，例外の存在を意味する。例えば，金銭は，これが通貨として利用されるものであれば，抽象的には物の価値（交換価値）として体現される。金銭は物質的には有体物であるが，同時に交換価値それ自体でもあるので，物権取引法における「物」ではないともいいうる。そして，金銭それ自体の価値を把握するのは，まさにその占有者であり，占有者が金銭の所有者として扱われる。したがって，金銭所有権の移転に関しては対抗要件というものを観念することはできず，引渡しは金銭所有権移転の成立要件（効力発生要件）となる[350]。

また，動産であっても，登記または登録を対抗要件として予定する物については，引渡しは対抗要件にはならない。例えば，登記を必要とする船舶（商第684条，第686条），登記済の建設機械（建設機械抵当第7条）は登記が対抗要件であり，登録済の自動車（道路運送車両第5条），登録済の航空機（航空第3条の3）は登録が対抗要件である。同様に，特別法上の動産抵当権，例えば，農業用動産（農業動産信用第13条），自動車（自動車抵当第5条），航空機（航空機抵当第5条），建設機械（建設機械抵当第7条）の上に設定される抵当権は，登記または登録がその抵当権に関する対抗要件とされている。

更に，解釈上，抵当権の設定された不動産上に存在する従物たる動産についても，抵当権の効力の及ぶ目的物の範囲内に属するものと認められる限り（第87条2項，第371条参照），従物の上に抵当権が存在することになるので，当該不動産に関する抵当権設定登記が，従物に関しても間接的には対抗要件となる[351]。

更に，無記名債権は動産とみなされる（第86条3項）。これは，無記名の公債・社債，入場券など，無形の財産に証券という形を与え，これを動産として扱うこととし，証券の所有権の帰属によって証券上の権利帰属を決定することとして，その取引の安全と迅速性を図ろうとしたのであるが[352]，引渡しを譲渡の対抗要件とする民法第178条によるのでは，有価証券の特殊性に対応しえない。そこで，後述する貨物引換証などが証券の引渡しを譲渡の効力発生要件としているという点を重視して，証券に化体された無記名債権についても，証券の引渡しによって，権利譲渡の

---

(350)　我妻＝有泉 185-186頁，川島・新版理論 178-180頁，舟橋 224頁，内田・前掲書（『民法I〔第4版〕』）471頁など，従来の通説である。また，最判昭和39年1月24日判時365号26頁も，金銭を現実に支配する占有者は，その取得理由や占有を正当づける権利の有無を問わず，価値の帰属者（金銭の所有者）とみるべきものと判示している。

(351)　我妻＝有泉 184頁，末川 160-161頁，舟橋 223頁参照。

(352)　我妻＝有泉 183頁，鈴木・講義 192頁。

効力発生要件とすべきものと解されている[353]。

更にまた，貨物引換証，倉庫証券，船荷証券によって表象される商品については，証券の交付が商品の引渡しと同一の効力を有するものとされ（商第575条〔貨物引換証〕，同法第604条〔倉庫証券としての預証券，質入証券〕，同法第627条〔倉荷証券〕，同法第776条〔船荷証券〕），証券の引渡し（裏書交付）が動産物権変動の対抗要件にとどまらず，効力発生要件にもなるという点において，民法の原則に対する重要な例外となっている（商第574条，同法第607条，同法第627条2項，同法第776条）。

第3項　対抗要件としての引渡し

動産に関する物権の譲渡は，その動産の引渡しがなければ，第三者に対抗することができない（第178条）。しかし，動産取引の場合には，取引の頻繁さという理由から，現実の引渡しに対する不便感が生じたため，簡易の引渡方法が承認されている（簡易引渡〔第182条2項〕，占有改定〔第183条〕，指図による占有移転〔第184条〕）。そして，これらの引渡方法は，動産物権変動の対抗要件として承認されてきた[354]。

〔設例〕

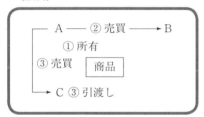

Aが動産たる商品をBに売却したが，Bに引渡しをしていないことを奇貨として，Cにも同一の商品を売却し，Cに引き渡した。

この場合には，動産の引渡しが対抗要件であるから，BはCに対して所有権の取得を対抗することができない。

BはAに債務不履行の責任を問う以外に，自己の損害を填補する方法はない。この引渡しは代理占有でもよい。

第4項　代理占有による引渡しの類型

1　簡易引渡

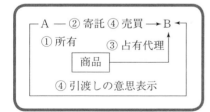

AがBに寄託中の商品をBに売却した場合には，AがBに引渡しの意思を表示しただけで対抗要件としての引渡行為が完了する。これが簡易の引渡しである（第182条2項）。これは，AがBに賃貸している商品をBに売却し，引渡しの意思表示をしたという場合でも同様である。

---

(353)　我妻＝有泉183-184頁，末川161頁，舟橋224頁，鈴木・講義192頁。
(354)　大判明治43年2月25日民録16輯153頁，最判昭和30年6月2日民集9巻7号855頁など多数の判例が，第178条の引渡しは占有改定の方法による引渡しで足りるものと判示してきた。

それゆえ、これらの場合には、Bは、占有代理人（他主占有）から、所有者（自主占有）へと転換する（第185条）。

2　占有改定

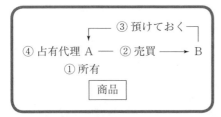

Aが商品をBに売却したが、Bがその商品をAに預けたり、賃貸したりする場合がある。また、譲渡担保権の設定契約は、Aが所有する倉庫内や店舗内の商品の一定量または全部について、Bに所有権を移転し、対抗要件として占有改定による引渡しを用いるという担保権設定行為である。この場合には、譲渡担保の目的物となる商品は、設定者Aが担保権者Bの代理人として直接占有し、一定の価値保存（補充義務）を条件として、BがAの通常の営業の範囲内（営業の常態）においてその商品の販売を許す旨が約定される（転売授権）。

占有改定においては、譲渡人Aと譲受人Bとの間において引渡しの意思表示がなされるとBが占有権を取得するので（第183条）、第178条の「引渡し」をしたことになる。

3　指図による占有移転

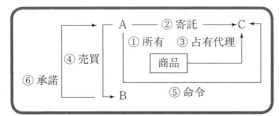

AがCに寄託中の商品を、Cに寄託したままBに売却し、AがCに対して、以後Bの占有代理人となるよう命じ、買主Bが売主Aにこれを承諾すれば、AからBに対する引渡しは完了する（第184条）。この場合には、占有改定とは異なり、受寄者Cが第三者からの問い合わせに応じるという役割を果たすので、公示機能を有する。

> ─ *point* ─
> 動産物権変動の対抗要件である「引渡し」と各種の簡易な引渡方法との関係について理解しよう。

第2款　公信の原則と即時取得

第1項　公信の原則との関係

公信の原則とは、契約相手方の権利者らしい外観を信頼して善意・無過失で取引した者は、たとえ、その契約相手方が無権利者であっても、その表見的信頼は保護に値するものという考え方である。契約関係においては、互いに相手方の信頼を尊重しなければならず、信義則の要請に従い、取引相手方を保護しなければならない。

第4節　動産に関する物権変動と公示

それゆえ，契約当事者が，当初の期待に反する出来事に遭遇した場合でも，当初の期待は保護されるべきである。

公信の原則は，動産物権変動については採用されたが，不動産物権変動については採用されていない。例えば，Aが自分の所有財産をBに売却し，Bは不動産については登記を，動産については引渡しを得たとする。Bはこれら財産をCに転売し，Cが同様に登記・引渡しを得たとする。その後，AがA・B間の売買について錯誤を理由として無効とし（第95条），あるいは制限行為能力を理由として取り消した（第121条）場合には，Bは所有権を取得しえない。しかし，第三者Cの立場は制度によっては保護されうる。即ち，Cは，動産については取得しうるが，不動産については取得しえない。動産については占有への信頼に基づく即時取得制度があるが（第192条参照），不動産については，登記への信頼に基づいて信頼者を保護すべき制度がないからである。

動産については，Bが，自分の所有物ではないのに，所有者であるかのような顔をしてCに売却した場合において，CがBの占有を信じて，Bの所有物と信頼して購入したときには，Cから見た場合にはBが所有者であり，Cには所有権取得の期待があるので，この信頼を保護しなければならない。これを「取引安全の保護」（「動的安全の保護」ともいう。）といい，近代法における解釈原理となっている。そして，この考え方を一歩進めると，真実の所有者Aに所有権があるとしても，第三取得者Cの所有権取得を認め，その結果，Aは所有権を失うこととなる（静的安全の犠牲）。このように，公信の原則は，動産取引において，原所有者Aと第三取得者Cとを天秤に掛けて，Cの信頼を保護しているのである。

この場合には，真実の所有者Aから所有権を剥奪して，Cに与える格好となるわけであるから（Cは原始取得する。），Cには他に所有者がいたなどということには気づかず，しかも，気づかないという点に過失もないという「善意・無過失」が要求される（第192条参照）。

第2項　即時取得制度の意義

前例で，買主Cが，取引行為による取得によって，平穏かつ公然と占有を開始し，占有開始時に善意・無過失であったという場合には，Cは動産の所有権を取得する（第192条）。これを即時取得または善意取得という。

この制度は，表見代理（第109条，第112条。ただし，第110条については解釈上の争いがある。），債権の準占有者に対する弁済（第478条）などとともに，公信の原則を具体化した制度である。

学説によっては，虚偽表示規定（第94条2項）の類推適用もまた，公信の原則の具体化だと解するものもある[355]。しかし，この点については争いがあり，判例は，

---

(355)　内田貴『民法Ⅰ』53頁以下参照。内田教授は，同書62頁においては，即時取得と同一

第2章　物権の変動

不実登記を真実の登記と信頼して取引に入った転得者あるいは抵当権者の事案において，真正所有者が不実登記作出に関与したという帰責事由（故意または過失という責任原理）と第三者の善意を要件としているので，即時取得などと第94条2項の類推適用は，別の制度として扱われている（即時取得には原所有者の帰責事由は関係ない）。

学説においても，第94条2項，第96条3項，第110条は外観信頼法理だとして，真の権利者の権利行使を否定した結果，その反射的効果として，善意者の権利取得が認められるものであり，これらは第192条に代表される「権利取得法理」としての公信の原則による制度ではないと解するものもある[356]。この意味において，即時取得などを「狭義の表見法理」と称する場合がある。

それでは，なぜ即時取得が公信の原則の具体化と称されるのであろうか。それは，第三取得者において，動産の譲渡人が所有者らしい外観を呈しており，第三取得者が譲渡人の占有状態を信頼して取引関係に入り，当該動産を取得したからにほかならない。つまり，即時取得とは，動産譲渡人の占有に対する信頼の保護であり，これを信頼した第三取得者に所有権や質権などの取得を認める制度だということになる。

> **point**
>
> 　即時取得制度の意義について，他の公信原則具体化規定との対比において理解しよう。

第3項　即時取得の要件

第192条の要件としては，第三者Cが，①動産を，②取引行為により，③当該動産の処分権限のない者であるBから占有を承継し，④平穏・公然・善意・無過失で，⑤相手方（譲渡人）Bの占有を信頼し，第三者C自身も占有を取得することが必要である。この最後の要件については，代理占有による占有取得でもよいかという大きな問題があるが，その問題については，項を変えて論ずることとする。

1　目的物が動産であること

一般の動産は，すべて即時取得の目的となる。しかし，土地や建物に付合し（第242条），その一部とみなされるものは，もはや動産ではないので，即時取得の問題から外れる。

まず，登記・登録制度の適用下にある動産は，すべて即時取得の目的から外れるのかが問題となる。

　平面上で論じている。

(356)　近江・講義Ⅱ151頁は，第94条2項，第96条3項，第110条は外観信頼保護ないし善意者保護制度であり，これらは一定の事情が存在するために，真の権利者の権利行使が否定され，その反射として，善意者の権利取得が認められるのであって，公信の原則とは異なる法理なのであると主張する。この見解が妥当である。

(1) 立木法の登記ある立木

この立木は伐採されても抵当権の効力が維持されるが（立木第4条1項），伐採されて土地から分離された樹木は即時取得の目的となる（同法同条5項）。

(2) 工場抵当法により登記された工場備え付け動産

同様に，工場抵当権の効力の及ぶ工場備え付け動産も即時取得の目的となる（工場抵当第5条）。この規定の趣旨から，同様の制度である財団抵当一般における財団目録記載動産も即時取得の目的になるものと解されている[357]。

(3) 建物の従物

建物の従物（畳，建具，その他の付属設備）は，一応当該建物から独立した物と認められるが，建物の効用を高め，また，経済的に一体を成す物として，その譲渡に際しては，建物の登記によって対抗要件を充たすものである。しかし，従物が建物から分離して取引された場合はもちろんのこと，建物と一緒に譲り受けて引渡しを受けた場合でも，建物所有権移転の対抗要件である登記とは関係なく，即時取得の目的となる[358]。

(4) 農業動産信用法によって登記された動産

農業動産信用法によって登記された農業用の動産類は，この登記が対抗要件である。しかし，これらの動産と登記との関係はあまり緊密なものとは考えられていないので，即時取得の目的となる（農動産第13条2項）。即ち，農業用動産の抵当権の得喪及び変更は，その登記をしなければこれをもって善意の第三者に対抗することができないが（同条1項），しかし，その登記の後でも，即時取得規定の適用は妨げられない（同条2項）。

(5) 貨物引換証などの証券に化体された商品

この商品についても，証券によらずに，その運送あるいは寄託されたという関係の外に離脱した場合には，即時取得の目的となるものと解されている[359]。

---

[357]　我妻＝有泉215頁。

　　判例は，まず，大判昭和8年5月24日民集12巻1565頁が，工場財団を目的とする抵当権はその財団に属する建物に附加して一体を成した物に及び，その物が工場財団目録に記載あると否とを問わないが，当該動産を買い受けた者が善意・無過失であれば，第192条の適用がありうると判示した。

　　また，最判昭和36年9月15日民集15巻8号2172頁は，「工場財団は1個の不動産と看做され，工場財団に属する動産はその譲渡を禁止されているのであるが，かかる動産といえども右財団から分離され第三者に譲渡，引き渡された場合，たとえその処分が不当であってもその譲渡引渡を受けた第三者に公然，平穏，善意，無過失の要件が具備するときはこれを保護すべきであるから，特に工場抵当法にその旨の明文がなくとも民法第192条の適用があるものと」判示している。

[358]　我妻＝有泉215頁。我妻博士は，抵当権の効力の及ぶ抵当不動産の従物の場合にも同様に解すべきであるという。

[359]　我妻＝有泉215-216頁。

(6) 登記船舶，既登記の建設機械など

登記を対抗要件とする船舶や，既に登記された建設機械については，即時取得の目的にはならない。なぜなら，これらは完全に登記によって権利関係が公示されるので，占有を信頼した第三者を保護する必要がないからである。この意味において，登録された自動車や航空機も即時取得の目的にはならない。

しかし，まだ登録のされていない自動車や[360]，比較的小型の船舶[361]については，即時取得の目的となることが認められている。

(7) 立木，未分離の果実

これらはその権利変動において明認方法をもって対抗要件とされるが，分離を前提として取引された場合でも，未分離の状況では土地の一部であるから，即時取得の目的にはならない。しかし，伐採等により動産となった場合には，即時取得の目的となる。

(8) 無記名債権

無記名債権は動産であるが（第86条3項），これが有価証券化されている場合には商事法規の適用を受けるので（善意取得に関する商第519条2項，小切手第21条参照），民法の即時取得規定は適用されない。しかし，有価証券ではない入場券や切符，劇場観覧券などは，民法の即時取得の目的となる。

(9) 金　　銭

金銭の占有に公信力を認めるべきであるという要請は一層強いものがある。ドイツ及びスイスの民法は，金銭と無記名有価証券について盗品・遺失物に関する例外から除外する（BGB第935条2項[362]，ZGB第935条[363]）。この規定の趣旨は，盗品や遺失物については，善意取得は成立せず，所有者（被害者または遺失主）は占有者に対して回復請求しうるが，当該占有物が金銭や無記名有価証券であるときには，所有者は回復請求しえないということである。その理由は，金銭が盗難に遭ったときに，被害者が金銭の善意取得者に対して無償で返還請求するということは，いかに

---

(360)　最判昭和45年12月4日民集24巻13号1987頁：「道路運送車両法による登録を受けていない自動車は，同法5条1項および自動車抵当法5条（昭和44年法律第68号による改正前のもの）の規定により所有権の得喪ならびに抵当権の得喪および変更につき登録を対抗要件とするものではなく，また同法20条により質権の設定を禁じられるものではないから，取引保護の要請により，一般の動産として民法192条の規定の適用を受ける」。

(361)　最判昭和41年6月9日民集20巻5号1011頁：総トン数20トン未満の船舶について即時取得の目的となることを認めた上で，占有権原に関する適法推定規定である第188条を適用して無過失まで推定し，占有取得者は無過失の立証を要しないと判示した。

(362)　BGB第935条1項は，盗難品，遺失物，その他の占有離脱物に関する善意取得（第932条－第934条）の適用除外規定であるところ，同条2項は，「この規定は，金銭または無記名有価証券，ならびに公の競売で譲渡された物については適用しない」と規定する。それゆえ，金銭に関しては，善意取得が適用される。

(363)　ZGB第935条は，「金銭及び無記名有価証券が，その占有者の意思に反して紛失された場合であっても，善意取得者に対しては請求しえない」と規定する。

も不合理だからである。むしろ，善意取得の対象となるとするほうが常識にかなう。わが民法にはこのような規定がないが，同様に解すべきであろう。

　もっとも，金銭所有権は抽象的な価値それ自体の化現物であり，物としての個性はない。それゆえ，金銭については所有権を意識することなく，金銭の価値によって化現される価値が金銭の占有とともに移転するものと解してよい。したがって，返還請求についても，特定の金銭の返還請求を認めるのではなく，不当利得の返還請求で解決すべきものと解されている[364]。

　従来の判例は[365]，「金銭の所有権は特段の事情のない限り金銭の占有の移転とともに移転する」，つまり，金銭が騙取された場合でも，当該金銭は騙取者の所有になるとされている。その後，この判例法理は，民事事件においても踏襲されている[366]。

2　取引行為による取得であること

　即時取得は，動産取引の安全を保護する制度である。それゆえ，動産について取引行為をして，その結果，占有者から，その動産の占有を取得することが必要である。ここで取引行為というのは，所有権または質権の取得を目的とする行為であるが，意味としては広くとらえられる概念である。例えば，贈与[367]，売買はもちろんのこと，代物弁済，通常の弁済給付，消費貸借が成立するための給付を含む[368]。

---

[364]　我妻＝有泉236頁。

[365]　最判昭和29年11月5日刑集8巻11号1675頁：背任罪に関する刑事事件。「金銭は通常物としての個性を有せず，単なる価値そのものと考えるべきであり，価値は金銭の所在に随伴するものであるから，金銭の所有権は特段の事情のないかぎり金銭の占有の移転と共に移転するものと解すべきであって，金銭の占有が移転した以上，たとえ，その占有移転の原由たる契約が法律上無効であっても，その金銭の所有権は占有と同時に相手方に移転するのであって，ここに不当利得返還債権関係を生ずるに過ぎないものと解する」。

[366]　最判昭和39年1月24日判時365号26頁：「金銭は，特別の場合を除いては，物としての個性を有せず，単なる価値そのものと考えるべきであり，価値は金銭の所在に随伴するものであるから，金銭の所有権者は，特段の事情のないかぎり，その占有者と一致すると解すべきであり，また金銭を現実に支配して占有する者は，それをいかなる理由によって取得したか，またその占有を正当づける権利を有するか否かに拘わりなく，価値の帰属者即ち金銭の所有者とみるべきものである」。

　　なお，最判平成15年2月21日民集57巻2号95頁は，「受任者が委任契約によって委任者から代理権を授与されている場合，受任者が受け取った物の所有権は当然に委任者に移転するが，金銭については，占有と所有とが結合しているため，金銭の所有権は常に金銭の受領者（占有者）である受任者に帰属し，受任者は同額の金銭を委任者に支払うべき義務を負うことになるにすぎない」と判示している。

[367]　近江・講義II 153-154頁は，所謂「取引」とは対価的牽連関係にある行為をいい，無償行為である贈与は，負担付き贈与を含めて，取引行為にあたらないので，即時取得規定は無償行為には適用されないと主張する。

　　これに対して，我妻＝有泉227-228頁は，即時取得は成立するものの，無償取得の場合には，即時取得者は原所有者に対して不当利得返還義務を負担すべきものと解している。

[368]　大判昭和9年4月6日民集13巻492頁は，消費貸借の目的である金銭が貸主の所有に属していなくとも，これを受け取った借主が即時取得によりその所有権を取得したときには，

また，競売による売却手続における買受けを含む。

これに対して，他人の山林を自分のものと誤信して伐採し，動産となった伐木を取得する場合のように，動産を原始的に占有する場合には，取引行為がないので，即時取得は適用されない。また，偶然，相続財産の中に他人の所有する動産がある場合において，これを相続人が相続によって包括承継した場合にも，同様に取引行為がないので，即時取得は成立しない。

3 処分権限のない者からの取得であること

次に，処分権限のない者からの取得，即ち，無権利者からの取得であることが必要である。この要件は，処分権限ある者からの取得であれば，動産物権の取得に関して何ら問題は生じないから，付せられるものである。ドイツ民法においても，「無権利者からの善意取得 (Gutgläubiger Erwerb vom Nichtberechtigte)」ということで，善意取得が構成されている[369]。

善意取得者の相手方（譲渡人）が無権限者の場合とは，単なる借主，質権者，受寄者などが考えられ，あるいは，売買の買主ではあるが，その売買が無効であり，単なる占有者に過ぎないときなどもそうであり，取得者Cが，これらの者が無権限であることを知らずに取引したという場合が多い。例えば，AがBに動産を譲渡し，占有改定によって引渡しを済ませ，無権利者となった後，Aが自分に当該動産の直接占有があるのを利用して，これを第三者Cに譲渡し，現実の引渡しを済ませたという場合には，判例によると，対抗要件の問題ではなく，即時取得の問題になるとされる[370]。

消費貸借は成立するものと判示した。

　他方，学説は，この場合において，盗取され，あるいは騙取された金銭が給付されたときには，給付された金銭の即時取得という問題になるので，第192条以下の規定は適用せず，商法第519条，小切手法第21条の善意取得規定を類推適用すべきものと解するものがある。しかし，むしろ，貨幣については，物としての個性が全く存在せず，単に交換価値が化現されたものに過ぎないので，貨幣所有権を問題とせず，もっぱら，不当利得返還請求で問題を決するべきである。この点については，我妻＝有泉235-236頁参照。

(369)　BGB第932条（無権利者からの善意取得）

　第1項　物が譲渡人の所有に属していない場合であっても，取得者は，第929条によってなされた譲渡によって所有者になる。ただし，その取得者が，本条により所有権を取得した当時，善意でない場合は，この限りではない。しかしながら，第929条2文の場合（取得者が既に物を占有している場合〔筆者註〕）には，取得者が，譲渡人から占有を得ている場合に限り，これを適用する。

　第2項　その物が譲渡人の所有に属しないことを知り，もしくは重過失で知らない場合には，取得者は善意ではない。

(370)　大判昭和19年2月8日新聞4898号2頁：Xからの所有権確認請求事件において，原審が先に材木を買い受け，占有改定による引渡しを受けたXへの所有権帰属を認め，後から同一木材を買い受けて現実に引渡しを受けたYの所有権帰属を排斥したので，Yが上告し，即時取得を主張したという事案において，大審院は，Yへの即時取得規定適用事案であることを認め，破棄差戻とした。

次に，問屋，質権者，執行官など，他人の動産を処分する権限を有する者がした取引において，当該動産の処分権限が欠けているのに，これを処分する権限があるものと誤信して取引した場合にも，即時取得の適用がある。ドイツでも，商法（HGB）においてこのような場合における拡張適用を認める[371]。

更に，代理人Bが自己の権限に基づいて処分した動産が，本人Aの所有物ではなかったという場合においても，相手方Cに即時取得が成立しうる。

しかし，処分者Bが制限行為能力者，錯誤者，無権代理人であった場合には，取得者Cが，これらの事実について善意無過失であったとしても，即時取得の適用はない。この場合に即時取得を認めると，制限行為能力者保護規定，意思の欠缺，無権代理制度がその存在意義を失うからである。

しかしながら，この取得者Cから更に瑕疵のない法律行為によって譲り受けた第三者Dは，即時取得規定の適用を受けうる[372]。

4 取引の当時，平穏・公然・善意・無過失であること

次に，取得者Cが，譲渡人Bの占有を信頼し，この点について過失のないことが必要である。取引は平穏かつ公然と行われることを要するが，この要件は，占有承継時に存在すれば足り，後に悪意となっても即時取得の成否に影響はない。

また，占有者は，「善意・平穏・公然」が推定される（第186条1項）。それゆえ，平穏・公然・善意を覆すべき立証責任は原所有者Aにある。

また，占有者が占有物について行使する権利は，適法に有するものと推定される（第188条）。これを即時取得の要件に適用すると，譲渡人Bが占有者であり，処分権限のない占有者Bが処分した結果，その者の占有を誤信した取得者Cは，適法な権利行使者（例えば，所有者）と推定される占有者Bから取引行為によって取得したのであるから，この状況をそのまま信頼した取得者Cには過失がないものということができる。そうすると，即時取得の場合には，第188条によって，第三者Cに無過失まで推定されることになる。それゆえ，過失の立証責任まで原所有者Aにあ

---

[371] HGB第366条（動産の善意取得）
　　第1項　商業経営において，商人が，自己の所有でない動産を譲渡し又は質入れした場合において，取得者の善意が，所有者のためにその物を処分するという譲渡人又は質権設定者の権限に関する場合でも，その権利が無権利者に由来する者のためにするBGBの規定を適用する。
　　第2項　物が第三者の権利の負担となっているときは，善意が，権利を留保せずに物を処分するという譲渡人もしくは質権設定者の権能に関するものである場合でも，その権利が無権利者に由来する者のためにするBGBの規定を適用する。
　　第3項　問屋，運送人，運送代理店，そして倉庫業者の法定質権は，善意の保護に関して，第1項により契約によって取得した質権と同等であり，契約の目的となっていない財産に関する運送人，運送代理店，そして倉庫業者の法定質権は，質権の被担保債権をそこから導く。ただし，取得者の善意が，契約相手方の所有権に関するものである場合に限る。
[372]　我妻＝有泉220頁。

347

第2章　物権の変動

るということができる[373]。

　したがって，即時取得の場合には，立証という点において，譲受人Cがかなり有利な地位に置かれることになる。判例において過失が認定された事案は，①立木を買い受ける際に，土地の所有権に関して登記簿の調査を怠った取得者[374]，②運送人から玄米を代物弁済として受領した債権者[375]，③運転手仲間からまだ割賦代金が完済されていない中古自動車を買った者（自動車には所有権留保やこれに類するリースが利用されることが多い。）[376]，④紺屋から白木綿を質物として取った質屋（紺屋の白木綿は染め物のために預かっている物であるのが通例である。）[377]，などのケースがあり，近時では，⑤建設機械の流通に関して比較的詳しい古物商が，高額な建設機械を新品

---

[373] 前掲最判昭和41年6月9日：Xが総トン数20トン未満の船舶をAに所有権留保特約付きで売買したが，Aの未払いの間に，Aの債権者Bがこの船舶を強制競売にかけ，Cがこれを買い受けた後，Yに売却した。
　　　この事案において，最高裁は，本件Yの取得物が即時取得の目的となることを認めた上で，占有権原に関する適法推定規定である第188条を適用し，無過失まで推定して，占有取得者Yは無過失の立証を要しないと判示し，Yの即時取得を認めた。

[374] 大判大正10年2月17日民録27輯329頁：立木法の適用を受けない立木は独立の不動産として登記の目的とすることができないので，立木の所有権が何人に属するかに関し一般的公示の方法を欠いていても，特別の場合でない限り，立木の所有権は，その地盤の所有者に属するのが普通である。地盤の所有権は登記簿を調査することにより容易にこれを知りうると同時に，この調査をすることは，取引上必要な注意といわなければならない。したがって，この調査を怠った場合には，立木の所有権が地盤の所有者以外の者に属するものであると信じたとしても，その善意であることにつき過失あるものといわなければならない。

[375] 大判昭和5年5月10日新聞3145号12頁：大審院は，ともに運送店を経営している甲が乙に対する債務の代物弁済として処分する権限がないのに，その占有する玄米を乙の代理人（乙の店員）に引き渡した場合に，代理人が少しの思慮をめぐらせれば，運送店経営の普通の業態にかんがみ，特別の事情のないかぎり玄米が甲の所有品でないという消息は容易に知りうると認められるから，乙の無過失を認定したのは審理不尽であると判示した。

[376] 大判昭和10年7月9日大審院判決全集1輯20号13頁：Aが自販業者Bに自動車を持ち込んで買い取りを申し入れたので，Bは運転手業者Yに売却を斡旋した。Yはこの自動車を買い受け，占有していたところ，真実の所有者Xが，Yに対し，自動車の引渡しを訴求したので，Yが即時取得を抗弁とした。原審は，Yの無過失を認定したので，Xから上告。
　　　破棄差戻。「自動車販売者がタクシー業者又は運転手業者等に自動車を販売する場合には，一定の期間賃貸借をし，代金を賃貸期間中の賃料に割り当て，これを完納したときにおいて初めて所有権を移転する販売方法によることが多く，運転手業に従事するYは這般の消息に通じている。然らば，Yが本件自動車を買い受けるに当たっては，一応Aに処分権限があるか否かについて調査をするのは通常の事例に属するから，Yが何等の疑念を差し挟むことなく直ちに全幅の信用を措いたことは必ずしもYに過失の責めなしと判断することはできない。」

[377] 大判大正7年11月8日民録24輯2138頁：紺屋業者Aが顧客Xから染色加工のために預かっていた木綿類数10疋を質屋営業者Yに質入れしたので，XがYにその返還を求めたのに対して，Yは即時取得を抗弁とした。原審は，YはAが紺屋業者であることを知っており，紺屋業者が注文者の提供する材料について染色加工するに過ぎず，原料を請け負うことのないのを通常とするものと認定し，Yには過失があると判示したので，Yから上告。
　　　棄却。「質屋を営業とするYが，Aが紺屋業者であることを知りながら，その染色加工の材料であるべき木綿類数10疋をAより質に取るに当たり，その物件はAが単に染色加工の

348

で購入した場合に，所有権に関する調査義務を怠ったとされたケースがある[378]。

5　第三者自身も占有を取得すること

　第三者Ｃが自分への譲渡人である相手方Ｂの占有を信頼し，Ｂから占有を承継することが，即時取得の最後の要件である。この場合において，第三取得者Ｃの占有が現実の占有であるときには，そのまま即時取得が成立するだけであるから，格別問題にならない。

　しかし，第三取得者Ｃの占有が現実の占有ではなく，占有改定による引渡しの場合には，大いに問題となる。即ち，Ａの所有する動産をＢが賃借し，このＢがその動産を第三者Ｃに譲渡し，ＣがＢの占有を信頼し，Ｂが所有者であると誤信して譲り受け，引き続きＢに賃貸している場合に問題となる。この問題は，占有改定による引渡しでも即時取得が成立するかという問題である。これは古くから争われている重要な問題でもあるので，次に掲げて検討する。

---

point

即時取得の成立要件のそれぞれについて，判例法理を踏まえて検討してみよう。

第4項　代理占有による即時取得の成否

1　占有改定による即時取得の成否

　原所有者ＡがＢに商品を売り，Ｂに占有改定による引渡しが成立すれば，所有権移転の対抗要件を充たす（第178条，第183条）。しかし，その後，第三者Ｃが平穏，公然，善意，無過失で原所有者Ａから商品を購入し，現実の引渡しを得た場合には，第三者Ｃは，所有者Ｂに対し，即時取得を主張して，所有権の取得を対抗することができる（第192条）。

　この場合における第三者Ｃの占有取得も占有改定で差し支えないかどうか，即ち，占有改定による引渡しでも即時取得は成立するかという問題がある。この問題について，従来の判例法理は，これを否定してきた[379]。

　その理由は，前段において示した例のように，原所有者Ａが自分の所有する動産

ために他人より委託を受けたに過ぎないものでないか否か，従って同人が果たしてこれを入質することのできる権利を有するか否かにつき相当の注意を加えるは，斯かる場合における状況に照らし当然のことであるから，Ｙがその注意をしなかったことには過失がある」。

（378）　最判昭和42年4月27日判時492号55頁：Ｙは古物商であるが，土木建設機械をも扱っていたから，Ｙが本件物件を買い受けるに当たっては，売主がいかなる事情で新品である土木建設の用に供する本件物件を処分するのか，また，その所有権を有しているのかどうかについて，疑念をはさみ，売主についてその調査をすべきであり，少し調査をすると，Ａ建設会社が本件物件を処分しようとした経緯，本件物件に対する所有権の有無を容易に知りえたものであり，したがって，このような措置をとらなかったＹには，本件物件の占有を始めるについて過失がある。

（379）　後掲大判大正5年5月16日，同最判昭和32年12月27日，同最判昭和35年2月11日等参照。

349

第2章　物権の変動

をBに賃貸し，BがこれをCに譲渡し，BがCから賃借して引き続き使用している
ときには，Bが直接占有しているという意味において，占有の外観に変化はないの
で，占有関係において，AとBとの間における賃貸借という信頼関係は裏切られて
おらず，B・C間で譲渡と賃貸借が行われても，A・B間の賃貸借は存続し，Bに
よるAのための代理占有は消滅しないので，そもそも，B・C間に占有改定さえ成
立しないと考えられるからである。ドイツ民法においては，明文で，占有改定によ
る即時取得が否定されている[380]。

　そこで，次にわが国の判例法理を概観する。

〔判例42〕即時取得と占有改定：大判大正5年5月16日民録22輯961頁
【事実】

　Yは自己の所有する動産をAに保管させ，AがYの承諾を得てBにこの動産を使用させ
ていたところ，Bは，本件動産を自己の所有物としてXに売り渡し，現実の引渡しをせず
に直ちに借り受けて使用していた（占有改定）。その後，Bは，Yとの間において，同一物
をYから賃借したものとした。

　Xは，本件動産の所有権を主張して，Yに対し本件動産の引渡しを求め，本訴を提起し
た。原審は，Xの請求を棄却したので，Xから上告。

【判旨】棄却

　「BとXとの間においては恰もその所有のためにする占有の改定があったようでも，そ
の当時Yはなお依然として本件動産をAに保管させ，かつBに使用させていたために，そ
の関係においてもまたBは依然としてこれを所持していたものであり，BとXとの間に如
上の意思表示があったほかには，一般の外観上従来の占有事実の状態に何等変更があった
ことはないので，Xは民法第192条に所謂占有を始めたものということはできない」

〈本判決の理由づけ〉

　①　第192条の立法趣旨は，一般動産取引の安全を維持するという目的により，

（380）　BGB第933条（占有改定の場合における善意取得）
　　　　第930条に従って譲渡された物が譲渡人の所有に属しない場合において，その物が譲渡人
　　から取得者に引き渡されたときは，取得者は所有者になる。ただし，その当時，取得者が善
　　意でないときは，この限りではない。
　　【解説】
　　　本条は，占有改定による引渡しを用いて物が譲渡された場合には，取得者が無権利者であ
　　る譲渡人から「引渡し」を受けなければ，善意取得が成立しないという規定である。引用条
　　文である第930条は，占有改定（Besitzkonstitut）の規定であり，同条によると，「所有者が
　　物を占有しているときは，引渡しは，所有者と取得者との間において，取得者が間接占有を
　　得るという権利関係が合意されることによって，これに代えることができる。」とされている。
　　この場合には，最初から「引渡し」は，占有改定で充たされているので，譲渡人が無権利者
　　であれば，そのまま善意取得が成立しそうであるが，敢えて譲渡人から取得者への「引渡し」
　　を求めていることから見て，第933条は，取得者への「現実の引渡し」を求めた規定と解さ
　　れている。したがって，占有改定による引渡しでは，善意取得は認められない。この点につ
　　いては，Baur = Stürner, Sachenrecht, §52 Rdn. 1ff., S. 662f.（663f.）を参照。

350

従前占有を他人に任せておいた権利者よりも，むしろその他人から正当に占有を得て権利を取得したと信ずる者を保護するというものである。

② この趣旨を貫徹するためには，一般外観上従来の占有事実の状態に変更を生じ，一般取引を害する虞れなくして従前の権利者の追及権を顧みないのを相当とする場合においては，現在占有を始めた者を保護する必要がある。

③ しかし，かかる状況が存しない場合にまで，他の利害関係人，殊に従前占有を他人に委ねた権利者等の利害を全然顧慮しないかのような法意ではない。

《分析》

本件は，他人Yの所有する動産を占有し使用を許されていたBが，その借用物を第三者Xに売却し，Xから引き続き賃借し使用していた場合において，この第三取得者Xが所有者Yに所有物の返還を請求したという事案である。

この事案において，本判決は，第192条の立法趣旨について，この制度は動産取引の安全を維持することを目的とするので，動産の占有を他人に委ねた真の所有者よりも，その他人から正当に占有を得て権利を取得したものと信ずる者を保護するという制度であるから，この考え方を貫徹するために，一般外観上，従来の占有事実の状態に変更を生じた場合には，従前の権利者（原所有者）の追及権を顧慮せずに，現在の占有者を保護する必要があるが，従来の占有事実の状態に変更を生じない場合にまで，原所有者の追及権を顧慮しないという制度ではないとして，「占有改定では，一般外観上，従来の占有事実の状態に何ら変更はないので，第192条の占有を開始したことにならない」旨を判示した。本判決を始めとして，判例は，占有改定による引渡しでは即時取得は成立しないという否定説で確定している。

〔判例43〕最判昭和32年12月27日民集11巻14号2485頁
【事実】

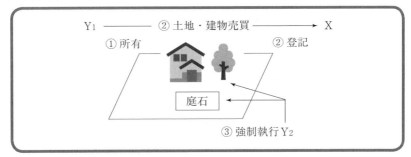

(1) 本件土地及び建物は，Y1の所有不動産であった。Y1は，Xとの間において，自己の所有する土地・建物の売買契約を締結した。本件売買契約書には，売買の目的物として，「宅地建物並びに附帯設備一切（但し同地上に存する事務所物置及びその敷地を除外する）」と記載されていたので，本件売買契約は，本件庭石，庭木，石灯籠など，庭園設備を備え付けたままの売買であった。

(2) Y1は，期限に本件土地・建物の引渡しならびに所有権移転登記手続をしないので，

Xは裁判所に調停の申立てをし，両名間に調停が成立した。しかし，Y₁は調停の内容を履行しないので，Xは，調停調書によって本件不動産の所有権移転登記手続をし，次いで，建物引渡しの強制執行をして，Xがその占有を取得した。

(3) 他方，Y₂は，Y₁に対して売掛代金債権を有しており，執行力ある公正証書により，本件庭木・庭石・石灯篭などを現状のまま動産として差し押さえ，Y₂自らこれを競落し，Y₂は執行官から競落物件を現状のまま引渡しを受けた。

そこで，Xは，Y₁及びY₂に対し，本件庭石，庭木等に関する所有権の確認を求めるため，また，Y₂に対し，同物件の処分禁止，同所への立入禁止を求めるため，本訴を提起した。

これに対して，Y₂は，抗弁として，本件動産類は，Y₂が強制競売手続で競落し，所有権を取得して引渡しを受けたので，平穏・公然・善意・無過失であるとして，即時取得を主張した。

【事実審】

第1審は，Xの所有権確認のみを認容したが，原審は，本件動産類の一部について，Y₂への競落による引渡しを正当と認定し，土地に付合している庭木全部及び石橋1個がXの所有であることを確認するとし，Xのその余の本件動産類に関する請求を棄却した。Xから上告。

【判旨】破棄差戻

「無権利者から動産の譲渡を受けた場合において，譲受人が民法第192条によりその所有権を取得しうるためには，譲受人はその占有を取得することを要し，しかもその占有の取得は占有改定の方法による取得をもっては足らないものといわなければならない。」

Y₂は競落により本件物件の引渡しを受けたが，本件物件は本件宅地に設営された庭園設備の一部であり，執行官はこれを現状のまま差し押さえて競落に付し，競落人たるY₂に対してもこれを現状のまま引き渡したものであるから，その引渡しは特段の事情のない限り占有改定による引渡しと認めるべきである。したがって，本件物件が動産であり，かつY₂が平穏・公然，善意・無過失にその占有を始めたとしても，Y₂はこれによりその所有権を取得する理由はない。

《問題点》

(1) 裁判所の執行官が庭に備え付けのまま差し押さえた庭木等について，そのまま引　渡しを受けた競落人（買受人）の占有は占有改定による引渡しか。

(2) 占有改定による引渡しでは即時取得しないという大審院の判例（大判大正5年5月16日民録22輯961頁）は，最高裁でも維持されるのか。

《分析》

このような問題について，本判決は，(1)については，競売による買受人への占有移転を占有改定によるものと認め，(2)については，大審院時代の判例法理である「一般外観上，従来の占有事実の状態に変更なし」という解釈を踏襲し，このような占有改定による引渡しでは即時取得は成立しないと判示した。そして，本判決の

結論は，その後の判例（最判昭和35年2月11日民集14巻2号168頁）においても維持され，今日に至っている。

これら一連の判例法理に対して，学説は，次のように，占有改定肯定説，占有改定否定説，そして，肯定説を修正した折衷説に分かれており，更に，譲渡担保の場合を顧慮して，類型別に考察する類型説もある。

以下においては，学説を掲げつつ，その適否について，検討する。

(1) 占有改定肯定説

まず，肯定説は，Bが占有するA所有の動産が，Bの占有するままで善意取得者Cの所有に変わっても，第三者Dが更にBから善意で取得すれば，Dもまた即時取得の保護を受けるだけであり，何ら一般取引の安全を害することはないと主張した[381]。この見解は，判例と真っ向から対峙する考え方である。

(2) 占有改定否定説

次に，否定説は，基本的に判例法理に与するものであるが，それに止まらず，肯定説の示した理論構成に分析を加え，その欠陥を明らかにしたという点において，重要性が高い。

《否定説の理論構成[382]》

(ア) 原所有者Aとの関係

まず，動産の原所有者Aが現在の動産の占有者Bにその返還を請求した場合において，これ以前に，Bが，取引によって，平穏・公然，善意・無過失のCに譲渡し，占有改定の方法によって引渡しをしていたときに，肯定説を適用すると，Bは，Cの即時取得を理由として，Aに対して目的動産の返還を拒絶しうることになり，不合理である。

また，AがBから現実に目的動産の返還を受けたとしても，それ以前に，占有改定によってその動産を即時取得したCからの引渡請求に応じなければならないとすると，これまた不当な結果となる[383]。

(イ) 二重譲渡の場合

次に，無権利者BからCとDに二重譲渡がなされ，いずれも占有改定によって引渡しを受けた場合において，第一の即時取得者Cが，その占有者Bに引渡しを請求したときに，肯定説を適用すると，譲渡人かつ現実の占有者である無権利者Bが，第二の即時取得者Dの存在を理由として，Cに対して引渡しを拒絶しうるものと解するのは妥当ではない。

---

(381) 我妻栄「占有改定は民法第一九二条の要件を充たすか」『民法研究Ⅲ』148頁（156頁以下），柚木馨『判例物権法総論』348頁以下など参照。

(382) 中島（玉）・前掲書（『民法釈義物権篇上』）184頁，三潴信三『全訂物権法提要』296頁，末川234頁以下，舟橋245頁以下，好美清光「即時取得と占有改定〔判批〕」一橋論叢41巻2号（1959）186頁，近江・講義Ⅱ158頁など，従来からの有力な多数説である。

(383) 末川235頁，好美・前掲「判批」一橋論叢41巻2号193頁。

また，第一の即時取得者Cが現実の引渡しを受けた後に，占有改定による第二の即時取得者Dからの引渡請求に応じなければならないとすると，これまた妥当ではない[384]。即時取得は，第192条の要件を充たした第三取得者が現れるたびごとに成立するので，占有改定肯定説を適用すると，このような不合理な結果が現れるのである。

（ウ）　占有改定の非公示性

更に，占有改定は，外部には何ら取引行為の存在を表示しないので，真に善意取得行為が行われたか否かの判定が困難であり，このような不確かな行為によって原権利者Aの権利を剥奪するのは，いかに取引の安全のためであるとはいえ，原権利者Aにとっては，あまりにも酷であって妥当ではない。

したがって，善意取得者が現実の占有を取得する場合に限り，即時取得の成立を認めるべきである[385]。

(3)　折　衷　説

しかし，これら占有改定否定説からの反論があってもなお，折衷説は，次のように主張する。即ち，

肯定説によると，Aの所有する動産の受託占有者Bが，預かった動産をCに譲渡して占有改定による引渡しを行うと，この事情を知らない原所有者AがBから動産の返還（現実の引渡し）を受けたときでも，即時取得者Cの所有権に基づく返還請求に敗れることになる。なぜなら，AとBとの間にはBからAへの権利変動に関する取引関係がなく，Aは第192条を援用することができないからである。のみならず，B・C間に共謀があれば，たやすくB・C間に譲渡と占有改定の事実を作り出せる。

それゆえ，Cは占有改定によって所有権を即時取得するが，これは確定的なものではなく，後に現実に引渡しを受けたときに確定的に所有権を取得する[386]。

この考え方は，肯定説の論者である我妻榮博士が否定説からの批判に応え，肯定説を改めたものである。我妻博士がこのように解しているのは，物権変動理論における不完全物権変動説と軌を一にするものといいうる。

なお，折衷説の立場に依拠しながら，取得者相互間に共有的な発想を入れる学説もある。即ち，複数の取得者がともに善意無過失で，しかも，全員が占有改定による引渡しを受けていれば，対抗要件を備えており，この意味において皆平等であり，取得者が二人であれば，理念的には2分の1の持分を有しているものと解し，そのいずれに属するとしても，帰属を得たほうが他方に対して持分の価格を返還する責任を負うべきものと解する学説である。また，この論者は，一方が所有権の取

---

(384)　好美・前掲「判批」一橋論叢41巻2号193頁。
(385)　舟橋247頁。
(386)　所謂「我妻改説」である。我妻137-138頁，我妻＝有泉223-224頁，鈴木・講義213-214頁，同『抵当制度の研究』415頁，内田貴『民法Ⅰ』470頁など。

得，他方が譲渡担保権の取得の場合において，後者が優先するときには，所有者は価格の半分の求償権を有するものと解し，両者ともに譲渡担保権者の場合においては，やはり2分の1ずつの権利取得と解するものである（弁済を受け得なかった分は双方で損失を分担する）[387]。

しかし，このような解釈は，そもそも当事者の合理的意思解釈と相容れないであろう。

(4) 類 型 説

占有改定と即時取得が問題となるケースを類型別に見ると，二重譲渡担保設定の事案が多いという点に着目し，この原所有者からの二重譲渡担保類型と占有受託者処分類型とを切り離し，後者の類型は否定説を採るという説がある。この学説は2つに分かれる。前提の事例としては，原所有者AがBとCへ，順次，動産を譲渡担保の目的物として提供し，占有改定による引渡しを行ったというケース（譲渡担保の二重設定）を念頭に置いている。

《類型説の理論構成》

(ア) 廣 中 説　　第二譲受人Cは，本来は第2順位の譲渡担保権者であるところ，Cが現実の引渡しを受けた時点においてもなお善意・無過失であれば，Cは第1順位者となるが，Bも第2順位者として保護すべきであるという[388]。

(イ) 槇　　説　　担保のための譲受人BとCは，同順位の関係に立つが，善意で自ら客観的な公示方法を獲得し，他方の公示手段を覆したとき，即ち，実行のために善意・無過失で現実の引渡しを受けたときに，その者が初めて即時取得によって優先権を取得するという[389]。

この2つの考え方は，前者が設定の順序を顧慮するという考え方であり，後者は公示の原則を重視するという考え方である。

(5) 解釈の適否

このように，判例・学説上の論争はあるが，今日では肯定説を採る学説はなく，折衷説は，否定説からの批判に応えたものである。しかし，折衷説が否定説を論破するには至っていないように思われる。ただ，折衷説を積極的に支持する学説もある[390]。

即時取得制度は，公信の原則の具体化であり，無権利処分者Bの占有に公信力を認めるという考え方ではあるが，それは，現実の占有移転に公信力を付与した結果に過ぎず，それゆえ，占有改定による隠れた占有移転に公信力を認めるという帰結

---

(387)　谷口知平「占有改定と即時取得」『判例演習〔物権法〕』93頁（98-99頁）。

(388)　廣中・前掲書（『物権法』）192頁。

(389)　槇悌次「即時取得」星野編『民法講座2物権(1)』299頁（325頁）。

(390)　内田貴『民法I』470-471頁は，一応即時取得を認め，各譲受人を対等の立場で扱い，後は現実の占有を得たか否かで決するという。

第2章　物権の変動

は出てこない。

　また，譲渡担保の場合において占有改定による引渡しに対抗力を付与しているのは，あくまでも「担保のためにする所有権移転（Sicherungsübereignung）ないし担保のためにする譲渡（Sicherungsübertragung）」という設定行為に対して対抗力を与えているからにほかならない。そして，譲渡担保は，質権の設定について，現実の占有移転（直接占有の移転）という引渡行為をしなければその効力を生じない（第344条，第345条参照）とされている制度上の不便さを回避するために，商慣習上，占有改定による引渡しを利用するという類型の担保権として考案されたものである。したがって，占有改定による所有権の即時取得の成否という問題については，基本的には占有改定否定説が正しい解釈論である。しかし，譲渡担保の場合には，所有権の即時取得という占有の外形に対する信頼保護制度の適用ではなく，あくまでも，譲渡担保権設定契約上の占有改定による引渡しという設定における対抗要件の問題である(391)。

　この意味において，複数の者が順次に譲渡担保権の設定を受けたとしても，それは単なる無権利者からの二重設定の問題であり，ここに即時取得という制度を適用するとしても，それは複数の譲渡担保権を認定することにほかならない。いわば，この場合には，「譲渡担保権の即時取得」という問題になるのである。しかし，所有権の即時取得に特有な「直近取得者の優先」ではなく，あくまでも，その優先順位は，設定の順序で決すべきである。つまり，譲渡担保権を念頭に置いたときには，基本的に類型説が妥当性ある解釈であると思われる。

　しかし，そうであるとはいえ，前掲した前提事案において，善意・無過失の第2順位者Ｃが先に現実の引渡しを受け，譲渡担保権を実行し，目的物を換価処分した場合には，同じく善意・無過失の第1順位者Ｂは，Ｃに対し，不意打ち的に不当利得の返還を請求しうるのか，それとも，現実の引渡しを受けた第2順位者Ｃに特別に，優先効を付与するのかという難問は残る。

　この場合には，即時取得の原則には反するけれども，一応，設定の順序で譲渡担保権の取得だけは認めるものの，実行における優先順位は，換価のために現実の引

---

(391)　近江・講義Ⅱ158-159頁は，占有改定の対抗要件性を否定するが，譲渡担保権の設定要件としての占有改定を否定するものではない。この点には十分注意しなければならない。
　　　近江教授は，占有改定による引渡しを対抗要件（第178条）として扱うことを否定する立場なので，現実の引渡しを受けた者が他方に優先するという前掲の槇説を妥当ではないという。また，設定の順序で決するという考えを採るのであれば，設定契約において占有改定による引渡しを受けた順によるというべきであるところ，近江教授は，廣中説を引き合いに出し，譲渡担保権者が善意・無過失であるときには，第1順位になるか否かの問題が生ずるという。しかし，これは，譲渡担保権の場合には，即時取得とは切り離して考えるべきであるという近江教授自身の考え方と矛盾するのではないだろうか。ただし，類型説の議論が譲渡担保権の即時取得ではなく，優先的換価・弁済受領権の即時取得と解するのであれば理解しうる。

356

渡しを受けた者を優先させるべきであろう（それゆえ，優先的に換価処分して弁済を受けうるのである）。しかし，即時取得の外形を適用するのであれば，現実の引渡しを受ける際にまで善意・無過失である必要はなく，占有改定による引渡時に善意・無過失であれば足り，その後は善意・悪意を問わず，現実の引渡しを受けた譲渡担保権者が優先するものと解すべきである。ただし，権利濫用ないし背信的悪意者に該当するような事由があるときには，たとえ，現実の引渡しを受けたとしても，優先権を剥奪されるものと解すべきである。

---
point

占有改定による引渡しで即時取得は成立するのかという問題について，①通常の譲渡の事案について検討し，②譲渡担保の事案とどのような点において問題状況が異なるのかという点について，検討してみよう。

2　指図による占有移転と即時取得

〔設例〕

AがBに寄託している商品をCに売却し，BにCへの売却を通知した場合において，CがそのままBを占有代理人として承諾したときには，Cは，その商品の自主占有権を取得する（第184条〔指図による占有移転〕）。

この場合において，AのBへの寄託商品中に第三者Dの商品が紛れ込んでいたときには，これを購入したCに即時取得の可能性が出てくる。

本段においては，指図による占有移転と即時取得の成否という問題について考察する。この事例では，A・B間において寄託契約を締結し（第657条），BがAの所有する商品を預かっているという状況にある。この商品をAが他へ売却したときには，AはBに対し，売却の事実を通知する。また，Aは，買主Cに対しても，Bに寄託中の商品であることを告げ，Cは通常これを承諾する。民法は，この状況のことを「指図による占有移転」といい（第184条），Cの承諾時から，当該商品に限り，BはCの占有代理人となる。それゆえ，CがBに商品の引渡しを請求してきたら，BはCに引き渡さなければならない。

ところで，このAがCに売却した商品の中に第三者Dの所有する商品が紛れ込んでいた場合には，どのような法律構成が考えられるであろうか。

Cは，通常，占有代理人BをAの受寄者であると信じており，Aから善意・無過失で購入した以上，当然，自分は商品を無事に仕入れたと考える。そして，この期待は保護に値する。そうすると，前述した即時取得（第192条）の可能性が十分に考えられる。次に，この問題点に関する判例を分析する。

357

〔判例44〕最判昭和 57 年 9 月 7 日民集 36 巻 8 号 1527 頁
【事実】

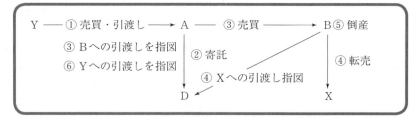

　(1)　AがYを通じて輸入した本件豚肉は，横浜入港の船舶に積載されていたが，Aは，この入港に先立ち，本件豚肉をB商店に売却した。

　(2)　Aは，Yから本件豚肉を買い入れ，その引渡しを受けた。本件豚肉は未通関の冷凍肉であるため，D水産（保税上屋）に搬入して寄託した。その後，B商店との売買契約の履行として目的物を引き渡すため，D水産に対し，本件豚肉のB商店への引渡しを依頼する旨の荷渡指図書を発行した。

　(3)　D水産は，荷渡指図書の正本を受け取り，かつAからの依頼により，本件豚肉の寄託者台帳上の寄託者名義をAからB商店に変更した。一方，荷渡指図書副本をAより受け取ったB商店は，転売先のXから売買代金の支払を受けたので，目的物引渡の手段として，D水産宛てに本件豚肉のXへの引渡しを依頼する旨の荷渡指図書を発行し，その正・副 2 通及びAの発行した前示荷渡指図書副本をXに交付した。Xは，B商店から交付を受けた各荷渡指図書をD水産に手交したので，D水産は，本件豚肉の寄託者台帳上の寄託者名義をB商店からXに変更した。

　(4)　B商店は，本件豚肉の売買代金としてAに対し，額面各金 500 万円の約束手形 3 通，額面各金 250 万円の約束手形 2 通を交付したが，額面金 500 万円の約束手形 1 通が期日に決済されないまま，B商店は事実上倒産した。Aは，B商店との売買契約を解除し，D水産に対し，先に発行した荷渡指図書を撤回するため，赤字の荷渡指図書を発行し交付した。

　(5)　他方，Aは，船荷証券を回収したYの要求により，D水産宛てに本件豚肉のYへの引渡しを指図した荷渡指図書を発行し，そのころ荷渡指図書の正本がD水産に送付されたが，D水産は，これら荷渡指図書について何らの措置も講じなかった。

　本件は，Xが本件豚肉の所有権，その換価後はその換価代金の所有権を有すると主張するところ，Yがこれを争うので，Xがその所有権の確認を求めて本訴を提起したという事案である。その中で，Xは，①B商店からの売買による所有権取得を主張し，②仮に，AやB商店が無権利者であっても，B商店もしくはXが即時取得していると主張した。

　このXの訴えに対して，Yは，即時取得の要件とされる占有の承継は指図による占有移転では足りず，現実の引渡しを要するものと主張した。

【事実審】
　第 1 審は，B商店の即時取得を認め，XはB商店から即時取得にかかる所有権を売買により承継し取得したものと認めるとして，Xの請求を認容した。

第4節　動産に関する物権変動と公示

　原審は，XはD水産を占有代理人とする本件豚肉に対する占有を取得し，この占有移転は，占有改定の場合とは異なり，寄託者台帳上の寄託者名義の変更という一定の書面上の処理を伴い客観的に認識が可能であり，善意の第三者の利益を犠牲にして取引の安全を害することはないから，Xは，本件豚肉につき，民法第192条の「占有」を取得したとして，Xの請求を認容した。Yから上告。

【判旨】棄却

　「本件の事実関係において，Xが寄託者台帳上の寄託者名義の変更によりB商店から本件豚肉につき占有代理人をD水産とする指図による占有移転を受けることによって民法第192条にいう占有を取得したものであるとした原審の判断は，正当として是認することができる。」

《問題点》

　AがDに寄託中の商品をBに転売し，荷渡指図書によりBへの引渡しを指示し，BがXに転売したときも同様にXへの引渡しを指示したが，Bが倒産したため，AはBとの売買契約を解除した上，DにAへの売主Yへの引渡しをDに指示したが，Dが何らの措置も講じなかった場合において，Xが第192条の要件を充足したときには，指図による占有移転を受けたXは，第192条の要件である「引渡し」を受けたことになるのか。

《分析》

　このような問題について，本判決は，この場合には指図による占有移転により，即時取得の成立にとって必要な引渡しを受けたことになるものと判示した。

　前述した占有改定による引渡しでは，代理人による占有といっても，外部からは直接占有者が占有代理人であるという公示は見られない。そこで，占有改定による引渡しの場合において，判例は即時取得の成否に関して反対し続け，学説は紛糾してきた。

　指図による占有移転は，第三者に寄託中の動産というケースを典型例としており，この場合には，所有者かつ間接自主占有者である寄託者から受寄者に対して売却の通知を出し，以後，受寄者は買主のために占有することを約するのである。それゆえ，この受寄者は，所有者と取得者との中間に位置するインフォメーションセンターとして，公示機能を果たしている。

　したがって，占有改定による引渡しの場合とは異なり，指図による占有移転に基づく即時取得は有効に成立するのである。

第5項　即時取得の効果

1　動産の上の「権利」を取得する

　即時取得の効果は，「即時にその動産について行使する権利を取得する」ことである（第192条）。この場合における「権利」とは，取得者がその動産の上に外形上

359

取得する物権である。このように法文だけを見ると，広く物権を取得するように思われるが，実際上は，所有権と質権に限定されるものと解されている。以下，この点について述べる。

まず，動産上の物権としては，留置権と先取特権とが考えられる。

留置権は，物と債権との牽連性により，法律上当然に成立する担保物権であり（第295条1項），しかも，目的物が債務者の所有に属する物か否かによって影響を受けない権利であるから，占有を信頼するという即時取得には馴染まない。

次に，先取特権は，当事者の意思に基づいて成立する物権ではない。ある一定の場合において，先取特権を即時取得しうる旨の規定があるが（第319条），この規定は，不動産の賃貸人，旅館の主人，そして運送人に，その占有下にある賃借人や顧客の所有物について，法定質権を認めるという趣旨の規定であることから，これまた法律上特別に認められたものである。それゆえ，この場合には，質権の場合に含めて考えられる。

更に，質権類似の権利として，譲渡担保権の設定がある。無権利者BがAの所有物をCに担保目的で譲渡し，また，Dにも担保目的で譲渡して，両者ともに，占有改定によって引渡しを受けた場合には，設定行為が占有改定による引渡しで，直接占有の移転が義務づけられる質権設定を回避しているので，CとDがともに第192条の要件を充たしていれば，原所有者Aとの関係において，両人ともに譲渡担保権者となる（Aは物上保証人と同じ地位となる）。

前述したように，この場合におけるCとDの順位は，設定の順序によると解するのが，近時の譲渡担保権の性質，及び設定の趣旨から見て妥当である。

旧来の所有権的構成の解釈を適用すると，あるいは占有改定の対抗力によって最初に設定を受けたCのみが譲渡担保権者となり，あるいは即時取得の効力によって直近のDのみが譲渡担保権者になる。また，担保権的構成説の解釈を適用し，ここで担保権者間に順位をつけるとしても，即時取得によれば，直近の権利者DがCに優先することになるが，この順位は担保権の設定としてはどう見ても不合理である。

そこで，譲渡担保の場合には，無権利者からの設定であるとして，即時取得（公信の原則）を適用するとしても，譲渡担保権の即時取得ということで，その設定行為により対抗要件（占有改定による引渡し）を備えた順序に従って，優劣を決めるべきものと解する一方で，他方，実行の局面においては，現実の引渡しを受けた譲渡担保権者による私的実行手続を優先させるべきだという政策的考慮も働く。前述したように，この場合には，現実の引渡しを受けて私的実行を行った譲渡担保権者を優先させるべきものと思われる。

更に，債権である賃借権について即時取得が成立するか否かが問題となる。即ち，無権利者BがCに動産を賃貸した場合には，Cには，Bが所有者という外観を有していたからこそ借り受けたという正当な理由があるようにも思われる。

しかし，判例はこれを否定する[392]。通説も，動産賃借権については，それほど取引安全を保護する必要もないとして，判例を支持する[393]。

> **point**
> 即時取得によって取得される「権利」には，どのようなものがあるのか，検討してみよう。

2　原始取得

即時取得者が取得する所有権または質権は，原始取得である。占有は承継取得であるが，占有に基づいて取得される本権は原始取得となる。その理由は，即時取得者は権利を有する譲渡人からの譲渡行為による取得ではなく，無権利者からの取得であり，本来は権利を取得しえないにもかかわらず，公信の原則からの要請により，権利を取得するからである。それゆえ，即時取得者の権利取得と同時に，原権利者の権利は消滅する。この関係は，時効取得者と原権利者との関係と同じ扱いである。

この意味において，第192条の要件を充たした即時取得者が取得した権利の上に思いも寄らない負担がついていたとすると，取得者の期待に反して不適切な状況を呈するので，原始取得でなければ困るわけである（自分の購入した商品に担保権がついていたという場合を想定してみよう）。ただ，即時取得者において動産上の制限物権に気づいていた（悪意である）場合には，制限付きの所有権を取得するに過ぎない。例えば，当該動産が抵当権の効力の及ぶ目的物に含まれる従物であった場合や（第370条，第87条2項参照），当該動産が既に差し押さえられていたものであった場合などが，例として考えられる[394]。

> **point**
> 即時取得は，売買など特定の承継行為の中から導かれるのに，どうして，承継取得ではなく，原始取得と解されるのか。検討してみよう。

3　不当利得の返還義務を負うか

即時取得者Ｃが所有権を取得すると，その反射的効果として，原所有者Ａは所有権を喪失する。この場合において，ＣがＡとの関係において「法律上の原因なく」利得していれば，不当利得の問題が発生しうる（第703条参照）。

しかし，この場合において，Ｂ・Ｃ間に売買契約があれば，Ｃは無権利者であるＢに対して代金を支払い，Ｂが代金を収受しているのであるから，Ｃは有償取得で

---

(392)　大判昭和13年1月28日民集17巻1頁：「動産の賃貸借契約に基づく賃借人の権利は民法第192条に「その動産の上に行使する権利」というに当たらないと解するを相当とする」。
(393)　我妻＝有泉226頁。
(394)　我妻＝有泉227頁，鈴木（禄）『物権法の研究』287頁。鈴木禄彌博士は，ドイツ民法第936条2項の「善意取得者がその取得の当時，第三者の権利の存在について善意でないときには，第三者の権利は消滅しない」という規定を引用しつつ，このように主張している。

あり，法律上の原因を有する。そうすると，この場合には，Aとの関係においては，即時取得者Cではなく，無権原で譲渡し，代金を収受した譲渡人Bが侵害不当利得の返還義務を負うものと解することができる。

それでは，CがBから贈与など，無償で取得した場合には，どのように解すべきであろうか。不当利得は，原則として，関係当事者間の財産的価値の移動を公平の原則に基づいて調整しようという趣旨及び目的を有する。他方，即時取得は，「取引の安全保護」のみを目的とする制度である。このように解すると，無償取得者Cの保護を図る必要はなくなる。したがって，たとえCに即時取得の成立を認めたとしても，無償取得者Cの取得は原所有者Aとの関係においては法律上の原因を欠くものと見て，不当利得の返還義務を負担すべきものと解するのが正当である[395]。

次に，B・C間の売買契約があり，その履行として，たまたまBが占有していたAの所有動産をCに引き渡したという場合において，このB・C間の売買が無効であるときには，即時取得は適用されない。Bが有権利者であったとしても，契約が無効では，Cは当該動産を取得しえないからである。

しかし，BがCに対して債務を有しないのに，Cに対し，債務の弁済としてA所有の動産を引き渡した場合には，一応，Cは即時取得しうるが，非債弁済として，Bに対し，不当利得の返還義務を負う（BもAに対して同様の義務を負うことはもちろんである）。これは，Bの非債弁済行為が無因行為であるからこそ生ずる問題である。

> **point**
>
> 即時取得の効果として，原所有者などは所有権を失うのであるが，取引安全のためとはいえ，所有権を剥奪されるに等しい原所有者の損失において，即時取得者は利得しているのに，原則として，不当利得にはならないと解される。この意味について，検討してみよう。

第6項　即時取得の制限規定──盗品・遺失物の特則

1　盗品・遺失物の回復請求権

(1)　回復請求制度の意義

即時取得の目的物が盗品または遺失物である場合には，原所有者Aの追及力は即時には消滅しない。無権利者Bからの取得者Cが即時取得の要件を充足した場合において，占有物が盗品または遺失物であるときには，被害者または遺失者は，盗難または遺失の時から2年間，占有者に対して，その物の回復を請求することができるからである（第193条）。

この規定は，フランス民法に由来するものであり（CC第2276条2項は，3年間の追及権と規定する。），他の立法例，例えば，ドイツ民法は，盗品・遺失物等，所有者

---

(395)　我妻＝有泉227-228頁。

362

の意思によらない占有離脱の場合には，善意取得は成立しない旨を規定する（BGB
第935条）。それゆえ，ドイツ民法では，盗難被害者等は，盗品等の占有者に対して，
どこまでも追及し，返還請求することができる。この点は，任意占有離脱の場合に
は追及しえないが，意思によらない占有離脱の場合には追及しうるというゲルマン
法的な考え方の直接的な影響である。

わが民法第193条の回復請求期間である2年間の起算点は，原所有者が占有を喪
失した日と解されている（通説）。また，期間の性質は除斥期間と解する学説が多数
説であるが[396]，回復請求権を「請求権」と解するのであれば，時効期間であると
解する学説もある[397]。更に，返還請求の相手方は，盗難等の後，2年以内に盗品
等を現に占有している者であり，即時取得者のみならず，即時取得者からの特定承
継人を含む（通説）。そして，第193条の要件からは「無償返還」が導かれるが，多
くは商人からの取得であろうから，第194条が適用され，「代価弁償返還」となる。

この回復請求制度は，取得者Cの取得した動産が盗品または遺失物の場合に限り，
即時取得の効果，即ち，公信力を弱めるという趣旨の規定である。その趣旨は，既
に述べたように，所有者の意思に基づいて占有を与えた場合には，即時取得の適用
があり，所有者の追及権は制限されるが，所有者の意思に基づかない占有移転に対
しては，所有者はどこまでも追及しうるというゲルマン法的な考え方に基づいてい
る（ただ，わが民法の制度は，ドイツ民法のような追及権の完全保障ではなく，フランス民法の
弱い保障を継承したものである）。しかし，公信の原則を適用するならば，盗品・遺失
物の場合にのみ公信力を弱くして静的安全を保護するという理由は強くないものと
思われる。むしろ，このような規定によって，取引の安全が害される結果を招くと
いう可能性さえある[398]。

しかし，盗品・遺失物の特則は，公信原則を適用された場合における原権利者の
権利消滅という効果との比較衡量の下に存在する規定として捉えれば，なお合理性
を有するものとも解しうる[399]。

(2) 回復請求権の性質と所有権の帰属

この盗難被害者等の返還請求権の性質については争いがある。

この問題は，所有権の帰属という問題とも関係する。盗品・遺失物の特則が典型
的に現れる事例は，AがBに機械など所有動産を盗まれ，Bまたはその特定承継人
がこれをCに売り捌いて，Cが占有して使用しているという場合が多く想定される。
この場合において，この特則を適用すると，機械等の原所有者Aは，即時取得者C

(396) 我妻＝有泉234頁。
(397) 舟橋253頁。
(398) 我妻＝有泉229頁など，従来の学説の多くは，このように主張し，この制限により，
取引安全を強く要求する有価証券の場合には特に不当な規定になると主張する。
(399) 舟橋250頁。ただ舟橋博士も，他の学説と同様，有価証券の場合には，盗品・遺失物
の特則を認めないほうがよいという。

363

に対して，2年間はその返還を請求しうるのだが（第193条），①Aは所有者として返還を請求しうるのか，それとも，②即時取得によってCに所有権が移転しているが，盗品または遺失物ということで，特別に2年間だけ返還請求しうるのかという問題が生ずる。前者の考え方を肯定する学説を「原所有者帰属説」といい，後者の考え方を肯定する学説を「取得者帰属説」という。

判例は，大審院時代は，原所有者帰属説を採っていた[400]。原所有者が返還請求する場合において，自分が有していない所有権等の権利に基づいて返還請求するというのは不合理だからである。しかし，最高裁は，所有権の所在には触れず，原所有者Aには第193条に基づく回復請求権があるという理由から，たとえ中間に盗取者から善意で取得した者があっても，なお贓物性は失われず，それゆえ，善意取得者から事情を知りつつ盗品を転売によって取得した者には贓物故買罪（現在は盗品の譲り受け等による罪〔刑法第256条〕）が成立するとしたので[401]，いずれの説に拠っているのかは明らかではない。

学説においても，大審院の判例と同様，古くから原所有者帰属説が有力に展開され[402]，原所有者Aが返還請求権を行使すると，2年間は所有権を失わない（即時取得の成立が2年間は猶予される。）ものと解されてきた。しかしまた他方，学説においては，取得者帰属説も有力に展開され[403]，第一に，第192条によって即時取得が成立するが，第二に，第193条によって盗難等による占有喪失から2年間は原所有者に特別の返還請求権が与えられているという両者の権衡を顧慮する考え方が展開されてきた。

---

(400)　大判大正10年7月8日民録27輯1373頁：「民法第193条は平穏公然善意無過失に動産の占有を始めた場合……と雖も，もし，その物が盗品または遺失物であるときは，占有者は盗難または遺失の時より2年内に被害者または遺失主より回復の請求を受けないときに限り，初めてその物の上に行使する権利を取得するという趣旨であり，従って，また回復というのは，占有者が一旦その物につき即時に取得した所有権その他の本権を回復するという意味ではなく，単に占有物の返還ということを意味するものにほかならない。」

(401)　最決昭和34年2月9日刑集13巻1号76頁：本最高裁決定は，原審が，「民法第192条の規定によって第三者が所有権を取得した後は当然に贓物性は失われる（中断ではない）。しかし同法第193条によると，盗品については所有者は盗難の時より2年間占有者に対しその物の回復を請求する権利があることを規定しているので，たとえ第三者が善意にこれを取得したとしても，それが窃取のときから2年内であるならば，所論のように直ちに贓物たるの性質を失うものではない」とした点を正当として認めたものである。

(402)　川名・前掲書（『物権法要論』）37頁，富井・前掲書（『民法原論第二巻』）707-708頁，石田（文）364頁，廣中・前掲書（『物権法』）199頁，石田喜久夫『口述物権法』147頁，石田穰286頁，内田貴『民法Ⅰ』478-479頁，山野目・前掲書（『物権法』）80頁，松尾・前掲書（松尾・古積『物権担保物権』）126頁など，近時，再び原所有者帰属説が増えている。松尾教授に至っては，即時取得者の2年間の使用・収益権について，所有者の回復請求を解除条件とする所有権であるとして，所有権の分属を認めている。

(403)　末弘272頁，我妻＝有泉232頁，舟橋274頁，末川242頁，川井・前掲書（『民法概論2』）99頁，近江・講義Ⅱ161頁など。

第4節　動産に関する物権変動と公示

この所有権の帰属という問題から，回復請求権の性質が決められる。

原所有者帰属説を採る場合には，回復請求は原所有者の所有権に基づく返還請求権の行使ということになる。この意味において，回復請求権は請求権だということになる。

これに対して，取得者帰属説を採る場合には，第193条による回復請求権の行使による占有の回復と同時に本権も回復するという構成になる。この意味において，回復請求権は実体法上の形成権だということになる。このように解すると，取得物が第三者に転売され，あるいはそれ自体が消費されるなどして，即時取得者の手元に存在しないか，あるいは消滅したときには，原所有者には回復請求権も，代償請求権もないものと解され[404]，また，即時取得者が破産した場合でも，原所有者には取戻権は認められないという妥当な解釈が導かれる[405]。

他方，原所有者帰属説を採ると，権利の性質が請求権であるという構成だけは単純明快であるが，取得者は，2年間は他人の所有物を占有していたことになり，この点は，第192条を無視する解釈となる（第193条は，「前条の場合において」と規定する）。なおかつ，所有権の取得時期が明確ではなくなるという不可解な結果も生ずる。

もっとも，取得者が当該取得物を消費した場合でも，善意占有者の果実収取権により（第189条1項），侵害不当利得は成立しないので，取得者帰属説を採らなくとも，取得者は保護される。それゆえ，いずれの説を採ったとしても，解釈上は殆ど変わらないという近時の有力説の見解にも説得力がある。また，この有力説が，原所有者からの賃借人や受寄者が盗難被害者である場合には，賃借人らが自分の権利回復のために返還請求するのであるが，この場合に，一度取得者に所有権が帰属するとすれば，賃借人らは，占有物の回復を請求するのに，自分が持っていなかった権利である所有権まで回復させることになり，奇異であると述べ[406]，取得者帰属説を批判している点にも一応の説得力がある。ただ，この有力説からの批判に対しては，賃借人らは占有代理人であるから，賃借人らが回復によって保全するのは自己の利用権であり，この回復により，原所有者の間接占有権が回復されるとともに，所有権も回復されるものと解するのであれば，何ら問題はないという反論が考えられる。

いずれにしても，取得者帰属説に対しては上述したような有力な批判がなされた

---

(404)　最判昭和26年11月27日民集5巻13号775頁：被害者が回復請求した際には，既に盗品が加工のために消費され，消滅していたという事案において，民法第194条により被害者が盗品を回復しうる場合において，その回復請求前その物が滅失したときには，右の回復請求権は消滅するのみならず，被害者は回復に代わる損害賠償をも請求することはできないとした。

(405)　我妻＝有泉232頁。

(406)　川島編・前掲書（『注釈民法(7)〔好美清光〕』）156-158頁，川島・川井編・前掲書（『新版注釈民法(7)』）217-220頁は，いずれの見解を採ったとしても，実質的には何ら変わりはないという見解の先駆けをなすものである。

365

第2章　物権の変動

こともあり，近時は，いずれの説を採っても，実質的には殆ど同じであるという見解が有力に唱えられている。そして，この見解の中からは，第193条と第194条を切り離して，第193条の要件のみの場合には，法律構成の複雑さを避けるために原所有者帰属説を妥当とし，第194条の要件を充足した場合には，取得者は所有権を取得するものという解釈が提示されている[407]。

この学説は，第194条の規定する「市場における買主」と「競売による買主」，そして，「その物と同種の物を販売する商人から」の取得者を例外的に捉えるという考え方である。しかしながら，取得者の多くは商人から取得したものと思われ，事実上，第193条（第192条）の「取引行為」による取得の場合と区別されるケースは極めて限られるように思われる。それゆえ，このように第193条と第194条とを区別する解釈に実益があるのかという疑問も生ずる。

> ── **point** ──────────────
> 第193条の回復請求権の意義・要件・効果について，理解しよう。

2　回復請求と代価の弁償

第194条は，「占有者が盗品または遺失物を競売もしくは公の市場において，または，その物と同種の物を販売する商人から，善意で買い受けたときは，被害者または遺失者は，占有者が支払った代価を弁償しなければ，その物を回復することができない。」と規定する。この規定もフランス民法に由来するものである（CC第2277条1項と殆ど同一の規定内容である）。

この規定は，例えば，盗品の被害者Aが，現在の占有者かつ即時取得者Cに対し，CがBに支払った代価を弁償することを返還請求の要件としており，Cは，Aから代価の弁償を受けるまでは，Bから取得した機械のAへの返還を拒絶することができる。つまり，AとCは同時履行の関係に立つ（第533条参照）。この意味において，大審院の判例は，原所有者帰属説に立脚しつつ，Cの代価請求権を抗弁権として把握していた[408]。

しかし，学説は，原所有者Aが盗品等の返還を請求する場合には，第194条により，必ず代価を償還しなければならないのであるから，たとえ取得者Cが任意に盗難品等を返還した場合でも，Cは，Aに対して，代価の償還をするか，これを欲しないならば，返還した動産を引き渡すよう請求しうるものと解しており[409]，Cの

---

(407)　内田貴『民法Ⅰ』478-479頁，山野目・前掲書（『物権法』）80頁は，いずれも第193条の局面では原所有者帰属説に立ち，第194条の局面では取得者帰属説に立つという見解である。

(408)　大判昭和4年12月11日民集8巻923頁は，第194条は占有者に代価弁償の抗弁権を付与するのみであり，その請求権を付与するものではないと明言していた。。この抗弁権説を正面から支持する学説として，鈴木（禄）・前掲書（『物権法の研究』）311頁があり，類似の学説として，松尾・前掲書（松尾・古積『物権担保物権』）126頁がある。

366

権利は代価の償還請求権として把握されている。

また，取得者Cの原所有者Aに対する代価償還請求に対して，Aは，Cが占有し利用していた期間に応じて当該動産の使用利益として，その対価の償還を請求しうるのかという問題も発生する。次に，この点に関する判例を分析する。

〔判例45〕最判平成12年6月27日民集54巻5号1737頁

【事実】

(1) Xは，本件土木機械（以下「本件バックホー」という。）を所有していたが，Aほか1名にこれを盗取された。

(2) Yは，無店舗で中古土木機械の販売業等を営むBから，本件バックホーを300万円で購入し，その代金を支払って引渡しを受けた。この購入の際，Yは，Bに本件バックホーの処分権限があると信じ，かつ，そのように信ずるにつき過失がなかった。

(3) Xは，Yに対して本件訴訟を提起し，所有権に基づき本件バックホーの引渡しを求めるとともに，本件バックホーの使用利益相当額として訴状送達の日の翌日から引渡済みまで1か月45万円の割合による金員の支払を求めた。

Yは，この金員の支払義務を争うとともに，第194条に基づき，Xが300万円の代価の弁償をしない限り，本件バックホーは引き渡さないと主張した。

(4) 第1審は，Yに対し，①Xから300万円の支払を受けるのと引き換えに本件バックホーをXに引き渡すよう命じ，②Yには本件訴え提起時から物の使用利益を不当利得としてXに返還すべき義務があるとして，1か月30万円の割合による金員の支払を命じた。

(5) Yは第1審判決を不服として控訴し，Xも附帯控訴したが，第1審判決によって本件バックホーの引渡済みまで1か月30万円の割合による金員の支払を命じられたYは，その負担の増大を避けるため，本件が原審に係属中に，代価の支払を受けないまま本件バックホーをXに引き渡し，Xはこれを受領した。その結果，Xは引渡請求に係る訴えを取り下げた上，請求額を変更し，他方，Yは反訴を提起した。

本件は，①XがYに対して，不当利得返還請求権に基づく本件バックホーの使用利益の返還請求または不法行為による損害賠償請求権に基づく賃料相当損害金を求める本訴請求事件と，②YがXに対して，第194条に基づく代価弁償として300万円の支払と，遅延損害金等の支払を求める反訴請求事件である。

---

(409) 我妻＝有泉233頁，末川244頁，舟橋256-257頁。

第 2 章　物権の変動

【原審】

　原審は，次の理由により，①Xの本訴請求を一部認容し，②Yの反訴請求を 300 万円及び遅延損害金の限度で認容した。

　(1)　Bは第 194 条にいう「商人」に当たり，Yは第 192 条所定の要件を備えているから，Yは，Xの本件バックホーの引渡請求に対し，第 194 条に基づき代価の弁償がない限りこれを引き渡さない旨を主張することができる。

　(2)　占有者が代価弁償を請求しうる場合でも，代価が弁償されると物を返還しなければならない。それゆえ，本権者から提起された返還請求訴訟において本権者に返還請求権があると判断されたときには，占有者は，第 189 条 2 項により本権の訴え提起時から悪意の占有者とみなされ，第 190 条 1 項に基づき果実を返還しなければならない。Xは本件バックホーの引渡請求に係る訴えを取り下げたが，Yが本件バックホーを占有していれば，Xの請求が認容される場合に当たるから，Yは，本件訴え提起時から引渡日までの本件バックホーの使用利益返還義務を負う。

　Yは，原審判決を不服として，上告受理申立てをした。

【判旨】一部破棄自判，一部棄却

　「1　盗品又は遺失物（以下「盗品等」という。）の被害者又は遺失主（以下「被害者等」という。）が盗品等の占有者に対してその物の回復を求めたのに対し，占有者が民法第 194 条に基づき支払った代価の弁償があるまで盗品等の引渡しを拒むことができる場合には，占有者は，弁償の提供があるまで盗品等の使用収益を行う権限を有すると解するのが相当である。けだし，民法第 194 条は，……占有者と被害者等との保護の均衡を図った規定であるところ，被害者等の回復請求に対し占有者が民法 194 条に基づき盗品等の引渡しを拒む場合には，被害者等は，代価を弁償して盗品等を回復するか，盗品等の回復をあきらめるかを選択することができるのに対し，占有者は，被害者等が盗品等の回復をあきらめた場合には盗品等の所有者として占有取得後の使用利益を享受し得ると解されるのに，被害者等が代価の弁償を選択した場合には代価弁償以前の使用利益を喪失するというのでは，占有者の地位が不安定になること甚だしく，両者の保護の均衡を図った同条の趣旨に反する結果となるからである。また，弁償される代価には利息は含まれないと解されるところ，それとの均衡上占有者の使用収益を認めることが両者の公平に適うというべきである。」

　「Yは，民法第 194 条に基づき代価の弁償があるまで本件バックホーを占有することができ，これを使用収益する権限を有していたものと解される。したがって，不当利得返還請求権又は不法行為による損害賠償請求権に基づくXの本訴請求には理由がない。」

　「2　本件において，YがXに対して本件バックホーを返還した経緯……からすると，Xは，本件バックホーの回復をあきらめるか，代価の弁償をしてこれを回復するかを選択し得る状況下において，後者を選択し，本件バックホーの引渡しを受けたものと解すべきである。このような事情にかんがみると，Yは，本件バックホーの返還後においても，なお民法第 194 条に基づきXに対して代価の弁償を請求することができるものと解するのが相当である。大審院昭和 4 年(オ)第 634 号同年 12 月 11 日判決・民集 8 巻 923 頁は，右と

368

抵触する限度で変更すべきものである。」

　最高裁は，このように判示して，原判決のうち，Ｘの本訴請求に関するＹ敗訴部分及び
Ｙの代価弁償請求に関するＹ敗訴部分を破棄し，Ｘの本訴請求を棄却して，Ｙの代価弁償
に関する反訴請求を認容すべきものとした。

《問題点》

　(1)　盗品の回復請求において，即時取得者は，所有者なのか，それとも使用収益
　　　権を有する占有者に過ぎないのか。

　(2)　回復請求者たる原所有者は，即時取得者が占有していた期間に応じて，盗難
　　　品の使用料相当分の利得償還請求権を有するのか。

　(3)　即時取得者が原所有者に盗難品を返還した場合には，代価弁償の請求権はど
　　　うなるのか。

《分析》

　(ア)　本判決から導かれる判例法理

　これらの問題について，本判決は，論点(1)については，いずれが所有者であるか
という判断は避け，占有者は，代価の弁償を受けるまで，目的物の使用収益権を有
するとした。この論点(1)の結論により，占有者には不当利得も不法行為も成立しな
いので，論点(2)については，回復請求権者には，占有期間中の使用料相当分の利得
償還請求権はないということになる。

　そして，論点(3)については，占有者は，原所有者に盗難品を任意に返還した後に
おいても，なお，代価弁償請求権を有するとした（抗弁権説を展開した大判昭和4年12
月11日民集8巻923頁を変更した）。この点は，前述した従来の通説に従ったものであ
る。

　(イ)　所有権帰属問題

　前述したように，学説は，所有権の帰属について，取得者帰属説と原所有者帰属
説とに分かれており，判例法上，本判決において，返還後の代価請求権に関して判
例変更された昭和4年12月11日の大審院判決は，原所有者帰属説を採っていた。

　第193条は，即時取得に関して，盗難・遺失物の特則を設け，原所有者は2年間
だけは返還請求しうると規定しただけであり，第194条は，原所有者が回復請求す
るために代価弁償を要件としたに過ぎないと解するのであれば，第192条の本則か
ら，即時取得者が所有者だということになる。また，即時取得者たる占有者が所有
者であれば，回復請求期間中も使用・収益権を有することもまた当然の帰結であり，
その結果，不当利得も生じない。

　しかし，本判決は，所有権がいずれの者に帰属するのかという点については明言
を避けている。即ち，即時取得者は，第194条の効果面から，原所有者が返還請求
を諦めたときには取得者が所有者であり，完全に使用利益を享受するという点と，
反対に，原所有者が返還請求するときには，代価弁償以前の使用利益を喪失すると

いう点とを対比しつつ，前者の解釈と比較して，後者は回復請求者と取得者との保護の均衡を図った第194条の趣旨に反する結果となり，取得者たる占有者の地位が不安定になるとして，第194条の要件である原所有者から弁償金を提示しての返還請求を受けるまでは，取得者は善意占有者であり，使用・収益権を有するとして，原所有者からの使用料相当分の不当利得返還請求を排除したのである。

この点は，即時取得の効果のみを認めたものであり，所有権がいずれにあるのかという判断に近くもあるが，明確ではない。強いていえば，使用利益としての使用収益権を即時取得したことになる。しかし，このような解釈は，前述したように，所有権の分割概念を認めることに等しくなるので，妥当ではない。

したがって，本判決においては，本来は，即時取得者Ｙを所有者と認定しても差し支えなかったのである。しかし，本判決は，所有者の認定をせずに取得者Ｙに使用利益の享受を認めるという解釈手法を用いて解決するという判断を示した。この意味において，本判決は，恰も使用利益を一人歩きさせるかのような解釈を採用しており，このような点において，批判を免れない。

(ｳ) 占有者の善意・悪意と使用利益

本件の原審においては，まず第189条2項を適用し，善意占有者でも本権の訴えで敗訴したときには，訴え提起時から悪意の占有者とみなされるとし，次に第190条1項を適用して，悪意の占有者は果実の返還義務を負い，かつ，既に消費し，過失によって損傷したなどの果実の代価を償還すべき義務を負うとして，本件のような第193条によって盗品の回復を請求される占有者も，本権の訴えにおける敗訴者と同様に，使用利益の対価を返還すべき義務を負うとした。しかし，最高裁は，実質的な利益衡量的な判断から，占有者Ｙの即時取得の効果を重視して，反対に，Ｙに使用利益が属するとした。

この原審の解釈と最高裁の解釈について，検討する。

第189条1項の善意占有者とは，占有者が所有の意思をもって占有していたところ，実は，真の所有者が別に存在していたという場合の占有者のことである。この場合には，本来は，占有すべき権利（所有権を始めとする本権）は否定され，果実を収取するための本権を有せず，占有物に関しても無権利者とされるので，法律上の原因を欠き，収取した果実は給付不当利得を構成するはずである（第703条参照）。

しかし，善意占有者は，自分が所有者であると信じているので，元物から分離した賃料や収穫物といった果実を消費することが容易に予想される。そうであるにもかかわらず，後になってから，占有期間中の果実の返還請求，不当利得の償還請求を受けるべきものとすると，この占有者にとっては，はなはだ酷な結果となるので，せめて善意の間だけは果実の取得を認めてやることとしたのである（第189条1項）(410)。

この意味における果実には，物の利用も含まれる。それゆえ，利用権を含む本権

第4節　動産に関する物権変動と公示

を有するものと誤信した善意占有者は，善意の間だけは利用の対価である使用利益を返還すべき義務はないのだが，「果実収取権」の意義に関しては争いがある。

学説上は，既に消費してしまった果実の返還義務を免れるだけであり，収取した後，手許に残存している果実については本権者に返還すべきだと解する説[411]と，手許にある果実についても収取権があるものと解する説[412]とがある。

第189条の制度趣旨は，善意占有者が後に本権者から占有物の返還を迫られたときに，既に消費した果実までを含めて返還義務ありとすると，善意占有者にとって極めて酷な結果になるので，善意者に限ってこれを免除するものである。また，同時に第190条1項の趣旨をも考慮すると，善意占有者は，既に消費し，あるいは損傷または取り損なって無駄になった分の果実返還義務を免れるものと解される。それゆえ，取得して手許に残存する果実については，これを本権者に返還すべきだということになる。

しかしまた他方，善意占有者が本権者から訴えられて敗訴すると，悪意の占有者とされ（第189条2項），果実を返還すべき義務を負い，かつ，既に消費し，過失によって損傷し，または収取を怠った果実の代価を償還する義務を負う（第190条1項）。

この規定を本件のような盗品等の取得者に適用すると，第193条，第194条の場合には，原所有者が欲すれば，代価との同時履行関係という条件付ではあるが，必ず，通常の返還請求の敗訴と同様の効果である返還義務が生ずるので，訴訟が提起され，取得者に訴状が送達された段階で，悪意占有者に関する第189条2項が準用されるという解釈が可能である。このように解すると，本件の原審のように，第189条2項を準用して，取得者には訴え提起時以後の使用利益返還義務が生ずるものと解することができる。この点について，ドイツ民法には明文規定がある[413]。

この意味において，有償取得者が善意占有者として保護されるのは，訴訟係属前

---

(410)　ドイツ民法第988条は「自己の所有として，または，実際には自分に現存しない物の使用収益権を行使するために，物を占有する占有者が，無償で占有を取得したときには，所有者に対して，不当利得の返還に関する規定に従い，訴訟係属の発生前に抜き取った使用利益を返還すべき義務を負う」と規定し，無償取得者の不当利得返還義務を規定する。しかし，これを反対文言解釈をすると，善意の有償取得者は訴訟係属までの使用利益の返還義務を負わないことになる。

(411)　末弘厳太郎『民法雑記帳』252頁以下，末弘256頁，舟橋309-310頁（積極的に果実収取権が認められたわけではないという。），石田穣548頁（未消費分の返還を認めても占有者にとって全く酷ではないという。），近江・講義Ⅱ206頁（第191条の善意占有者の現存利益返還義務の趣旨から，返還させるべきだという）。

(412)　我妻＝有泉494頁（この限りにおいて，不当利得の成立を否定する「法律上の原因」になるという。），鈴木・講義23-24頁。

(413)　ドイツ民法第987条1項は，「占有者は，所有者に対して，訴訟係属の発生後に抜き取った使用利益を返還しなければならない」と規定する。この規定と前掲した第988条の規定を併せ考察すると，善意の有償取得者であっても，原所有者からの物の返還請求訴訟係属後に生じている使用利益については，これを所有者に返還すべきものということになる。

371

第2章　物権の変動

までの使用利益の返還が免除されるだけであり，訴訟係属後の使用利益は，これを回復者に返還すべきだということになる。この点は，単純に計算しても分かることである。即ち，本件のように，第194条が適用されると，取得者Yが盗品の対価として支払った代価（本件では300万円）を原所有者Xに対して全額返還請求しうるのであり，この代価返還は原所有者Xの義務である。XはYが使用していた期間（本件では2年10か月）は使用できず，他の機械を借りていたか，あるいは別の機械を購入するなどして，何とか凌いできたのに，である。しかも，戻ってくる機械は，Yが2年10か月も使用して古くなった機械であり，その価値は減耗している。それゆえ，Xに300万円の支払を命じた本最高裁判決は不当であると解されている[414]。

　したがって，本件のような第194条の返還請求と代価返還という事案においては，本来ならば，第703条と第190条によって，使用利益の返還という結論が導き出されるべきである。しかし，本判決は，訴え提起後の使用利益の返還請求をも否定した。その理由は，偏に，原所有者Xが返還請求を諦めた場合には取得者Yは完全に使用利益を得られたはずだという論理である。つまり，Yは第192条で即時取得しており，たまたま第194条の適用により，返還請求を受けるに至ったので，ここで，高額なリース料と同じ使用料をYに支払わせるのは，あまりにも酷な結果だというのである。Yは，代価300万円をXから完全に回復し，2年10か月も機械を無償で使用したのと同じ利益を得られるのに，である。

　それゆえ，本判決の論理は，Yは第192条によって「所有権」を取得したという点を中心に置いているとしか言いようのないものである。そして，どのような「理論構成」を用いたとしても，「純理論」的に考察した結果は，「判例法理への批判」しか出てこないのである。

　このような意味において，本件の中心論点である使用利益の返還請求に関する判示部分に関しては，批判が投げ掛けられているのである。

> **point**
>
> 　第194条における原所有者の動産返還請求と即時取得者の代価返還請求には，どのような意味があるのか，検討してみよう。

（414）　好美清光「本件判批」民商法雑誌124巻4・5号（2001年）723頁（732-734頁）は，以上の点について，このような解釈では，取得者Yは丸儲けである反面，原所有者Xは大損であるとして，本判決を痛烈に批判している。

　また，鳥谷部茂「本件判評」判評505号（2001年）7頁（9頁）は，本判決は両者の保護の均衡と公平を根拠としているが，そうであれば，使用利益の取得範囲は両当事者の利益が釣り合う一定範囲に限定されるはずであり，善意占有者というだけで，一定の範囲（占有者が負担する債務）を超える利益をすべて取得しうる理由はなく，この意味において，本判決には問題があると批判している。

第4節　動産に関する物権変動と公示

3　代価の弁償に関する特別法の規定

　民法の盗品・遺失物の特則に関しては，古物営業法，質屋営業法において，更に特則がある。これらの特別法においては，古物営業者または質屋営業者が盗品等を即時取得した場合でも，被害者等，回復請求権者は1年間は無償で返還請求しうるという規定がある（古物営業第20条，質屋営業第22条）。

　したがって，この場合には，盗難被害者等は，その占有を喪失した時から1年間だけは無償で返還請求することができ，それ以後は民法の規定に戻るので，第193条所定の2年間のうち，後半1年間は有償での返還請求（第194条）ということになる。

---
point

　第193条，第194条と，古物商または営業質屋が即時取得者である場合における特則との関係について，理解しよう。

第5節　明認方法による公示

第1款　問題の所在

〔設例〕

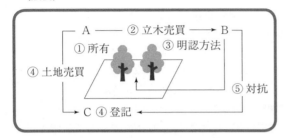

　Aが所有する山林の雑木林だけをBに売買した場合には，立木法による登記のない立木の売買による所有権の公示方法が問題となる。

　立木法とは，山林の立木を目的物として抵当権を設定し，金融を獲得するための手段として，制定された法律である。山林の立木を担保にして金融を受ける場合の方法がなかったため，立木が土地に生立したままで金融の目的とするには，立木を不動産として取り扱い，その所有権の保存登記を認めた上で，抵当権の設定を認めるという方法が最適と考えられたのである。

《立木登記の要件》

　(ア)　一筆の土地またはその一部分に植栽によって生立した立木であること（当初，自然林は適用外であった）。
　(イ)　樹木の集団であること，
　(ウ)　立木所有権の保存登記をしたものであること，
　その後，(ア)の要件を緩和するために改正し，「植栽による」を削除して，自然林にも適用することとした（立木第1条）。

　立木所有権の保存登記をすると，立木は独立した不動産とみなされるので，土地の所有者は，土地と分離して立木を譲渡し，または立木それ自体を抵当権の目的とすることができるようになり，土地所有権または地上権を処分しても，その効力は立木には及ばなくなった（同法第2条）。

　また，立木の採取については，立木が直接に抵当目的物となった後においても，当事者の協定した施業方法によって，その樹木の採取を妨げないこととされた（同法第3条）。

　しかし，材木業界における取引の慣行においては，立木登記の慣行がなく，「明認方法」が慣行とされ，普及していた。

　そこで，立木法の登記のない，つまり，同法の適用されない立木に関する事案が裁判上現れることとなった。

第5節　明認方法による公示

第2款　明認方法の意義と機能

第1項　明認方法の意義

〔設例〕のように，山林の立木のみを売買の目的物とした場合には，売買した樹木に標識を付し，あるいは木の皮を削って，そこに所有者の住所・氏名を明記するか，あるいは，木の幹に焼き印を入れるといった伝統的な公示方法がある。これを明認方法といい，登記と同様の効力が認められる。

それゆえ，〔設例〕の場合には，AからCへの土地売買の前にBが立木の売買を公示するための明認方法を施すことにより，第三者Cへの対抗力が発生する。Cが土地と立木を譲り受けた場合でも，Bの明認方法があれば，Bの立木所有権はCに対抗することができる(415)。

第2項　明認方法の機能

明認方法は，本来は土地に付合している生育物が，取引上その土地から分離した存在であることを表示するものである。したがって，明認方法は，土地に生育する樹木や果実の権利変動の公示及び対抗要件ないし手段であり，この意味において，不動産物権変動における登記と同様の機能を営む。

第3款　明認方法の効力とその存続要件

第1項　総　説

明認方法は，土地の生育物に対する支配を表象するための手段であり，この意味において，立木の所有権移転に関する意思表示の表れという意味にもつながる。そうすると，明認方法を施すことによって，意思表示による物権変動があり，また，これを公示したことによって，対抗力が発生することになる。

そうすると，明認方法は，これが存続する限りにおいて効力を有するという意味合いを有することになる。そこで，判例においては，明認方法は継続している必要があるかという問題が必然的に現れたのである。

第2項　明認方法の対抗要件——第三者の出現時における継続

〔判例46〕最判昭和35年3月1日民集14巻3号307頁

【事実】

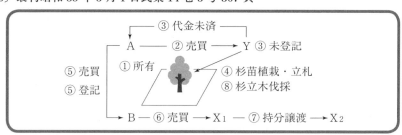

第2章　物権の変動

(1)　Yは，Aから本件山林を買い受け，代金を一部支払っただけで，完済しなかった。そのため，Yは，山林の所有権移転登記を経由していないが，本件山林の引渡しだけは受けていた。Yは，本件山林の大部分の地域に自ら若干の杉苗を植栽した。Yは，植林直後，表面には「火の用心，……」と，裏面には「Y所有」と書いた三寸角の立札2本を，うち1本は道路近くの入口に，他の1本は中央辺りに建て，明認方法を講じたが，入口の立札は2，3年でなくなり，その後，中央辺りの立札もなくなった。

(2)　Yが代金を支払わないので，AはBに対し，本件山林を売り渡した。

(3)　その後，Bは，X₁に本件山林を売却し，所有権移転登記を経由した。しかし，Aが本件山林をBに売り渡した際も，またBがこれをX₁に売り渡した際も，特に立木を除外する旨の意思表示をしていない。更に，X₁は，X₂に本件山林の持分2分の1を譲渡し，共有として，持分移転登記を経由した。

(4)　その後，Yが，本件山林の杉立木伐採を開始したので，Xらは，伐採ならびに搬出等一切の処分禁止の仮処分命令を受け，これを執行したが，Yは，仮処分執行前，既に本件土地上より杉立木168本を伐採していた。

そこでX₁・X₂は，Yに対し，伐採はYの不法行為であるとして，山林の所有権確認及び立木伐採による損害賠償を求め，本訴を提起した。これに対して，Yは，本件山林の地盤につきYの所有権がないとしても，地上の杉立木はYの所有であると主張して，所有権確認の反訴を提起した。

第1審，原審ともに，本件明認方法は昭和7，8年頃までに止まり，Xらが本件山林の所有権等を取得した昭和10年頃以降は存在しなかったなどとして，Xらの請求を認容した。Yから上告。

【判旨】棄却

「本件立木はYが権限に基づいて植栽したものであるから，民法第242条但書を類推すれば，この場合，B・X₁らの地盤所有権に対する関係では，本件立木の地盤への附合は遡って否定せられ，立木はYの独立の所有権の客体となりえたわけである。

しかし，かかる立木所有権の地盤所有権からの分離は，立木が地盤に附合したまま移転する物権変動の効果を立木について制限することになるのであるから，その物権的効果を第三者に対抗するためには，少なくとも立木所有権を公示する対抗要件を必要とする。……Xらの山林取得当時にはYの施した立木の明認方法は既に消滅していたというのであるから，Yの本件立木所有権は結局Xらに対抗しえないものと言わなければならない。……なお，所論引用の大審院判例（大判昭和17年2月24日民集21巻151頁）の事案は，未登記の田地所有権に基づき耕作して得た立稲および束稲の所有権の差押債権者への対抗力に関するものであるが，稲は，植栽から収穫まで僅々数ケ月を出でず，その間耕作者の不断の管理を必要として占有の帰属するところが比較的明らかである点で，成育に数十年を予想し，占有状態も右の意味では通常明白でない山林の立木とは，おのずから事情を異にするものというべく，右判例も必ずしも植栽物の所有権を第三者に対抗するにつき公示方

(415)　大判大正10年4月14日民録27輯732頁。

第5節　明認方法による公示

法を要しないとした趣旨ではない，と解されるから，本件の前記判示に牴触するものではない。」

《問題点》

　明認方法には継続性を要するか。

《分析》

　本件は，山林の第一買主が占有していたが，未登記であったので，山林が二重譲渡され，登記を経由した第二買主と第一買主との間において，第一買主が自ら植栽した樹木に関する所有権の帰属が争われたという事案である。

　このような問題について，本判決は，第一買主が施した明認方法が第二買主の山林取得時には消滅していたとして，第一買主の権利を認めなかったものである。

　本判決は，明認方法を第三者に対抗するためには，当該第三者の出現する時まで継続していなければならないと判示したものであるが，不動産の付合についても言及している。

　民法第242条によると，不動産所有者は自己の不動産に従として付合した物の所有権を取得する旨規定されている。この規定は，ある不動産を「主物」と見て，この主物に合体して構成部分となった物（これを「付合物」という。）は，主物の所有権に吸収されるという考え方となっている。しかし，権原によってその物を附属させた他人の権利を妨げないという規定がある（同条ただし書）。

　この規定は，例えば，土地の用益権に基づいて土地に農作物等を播種し，生育させた場合には，当該農作物等は土地の構成部分とはならず，土地所有権から独立したものとして取り扱うという趣旨である。本判決に引用された昭和17年の大審院判決は，農地の未登記所有者が生育させた稲の所有権を第三者に対抗しうるものと判示した。他方，本件の場合には，山林の第一買主Ｙは自己所有の杉苗を植栽し，成育させ，伐採したものである。これもまた正当な権利の行使に外ならない。だが，杉苗所有権は土地所有権に付合するという。この点について，本判決は，僅か数ヶ月で成育する農作物（立稲）とは異なり，立木は成育に数十年を必要として，その占有・管理状態も通常は農作物ほど明白ではないという理由づけにより，第242条ただし書の類推適用を否定した。つまり，農作物の管理に伴う農地の占有状況と，立木の管理に伴う山林の占有状況との違いによって，結論を異にしている（だからこそ，農地賃貸借の対抗要件として，引渡しが法定されているのである〔農地調整第8条，農地第16条〕）。このような理由から，山林（土地）の二重譲渡を受けたＢ及びその転得者Ｘらに土地所有権を対抗しえないＹは，杉苗及び立木に関する明認方法がなくては，Ｘらに全く対抗しえなくなるのである。

　なお，明認方法の継続性要件については，次の判例も明言している。

377

〔判例47〕最判昭和36年5月4日民集15巻5号1253頁
【事実】

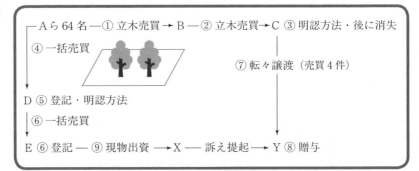

(1) 本件山林及びその地上に生立する立木は，もとAほか64名の共有であった。本件山林は，共有者らからDに，DからE製紙会社に順次売り渡され，いずれも所有権移転登記がなされ，更に，E会社よりX製紙会社に対し現物出資として譲渡され，所有権移転登記が経由された。

(2) 本件山林の立木は，Dの取得より26年前に地盤である土地を離れ，前記共有者らからBほか2名に伐採期間を満20年と定めて売り渡され，更に，同人らからそのままC木材会社に売り渡された。その後，20年の伐採期間が切れたので，共有者らは，本件山林の残存立木の所有権は自分らに帰属したものと考え，その後，前記のようにこれをDに売り渡すに至った。

(3) C木材では，本件山林の立木買受け当初，本件山林中に事務所及び工場を建設し，伐採事業に取り掛かり，山中の相当箇所に同会社を表示した刻印または焼印を直接立木に押し，あるいは板に押したものを立木に釘づけにして，買受立木の権利関係を示した。その後，Cの工場が焼失し，C会社の権利関係の標示も既にその頃は見られなくなっていた。そして，Dが本件山林の立木を買い受けた当時も，立木につきC木材のため権利取得を公示するに足りる明認方法は存在しなかった。

(4) しかし，本件山林の立木につきC木材に所有権のあることを前提とし，同立木がFへ，それより順次G，H，Iへと譲渡された上，YがIから贈与によりその所有権を取得した。

Xが業者に伐採させていたところ，Yも立木伐採のため山林に立ち入ってきたので，Xは，Yに対し，所有権の確認と，山林への立ち入り・立木伐採及び搬出禁止を求め，本訴を提起した。このXの訴えに対して，Yも，所有権確認の訴え等を提起して争った。

【事実審】
第1審は，本件土地の立木がXの所有であることを確認し，Yに対し，本件土地に立入り，立木を伐採搬出してはならないと判示して，Yの請求を棄却した。Yから控訴。

原審は，本件立木については，AらからC会社へと，また，AらからDへと，二重譲渡が成立し，C会社とDとは対抗関係に立つが，Cの明認方法はDの取得当時すでに消滅していたので，本件土地所有権取得登記を経由したDの所有権取得が優先するとして，Xの請求を認容した。Yから上告。

378

第 5 節　明認方法による公示

【判旨】棄却

「明認方法は，立木に関する法律の適用を受けない立木の物権変動の公示方法として是認されているものであるから，それは，登記に代わるものとして第三者が容易に所有権を認識することができる手段で，しかも，第三者が利害関係を取得する当時にもそれだけの効果をもって存在するものでなければならず，従って，たとい権利の変動の際一旦明認方法が行われたとしても問題の生じた当時消失その他の事由で公示として働きをなさなくなっているとすれば明認方法ありとして当該第三者に対抗できないものといわなければならない（大判大正 6 年 11 月 10 日民録 23 輯 1955 頁，大判昭和 6 年 7 月 22 日民集 10 巻 593 頁，最判昭和 35 年 3 月 1 日民集 14 巻 3 号 307 頁参照）。」

《問題点》

明認方法の意義と継続性要件，即ち，物権変動の対抗要件としての明認方法は，第三者が利害関係を取得した当時にも存在するものでなければ，これをもって当該第三者に対抗することはできないのか。

《分析》

本件は，立木のみの売却に伴い，買主により明認方法が施された後に，原所有者が山林と立木とを一括して売却したところ，その時には，既に山林の第一買主の明認方法は消失しており，第二買主が登記と明認方法を施したという場合において，第一買主からの転得者と第二買主からの転得者との間において，立木所有権の帰属が争われたという事案である。

このような問題について，本判決は，従来の判例法理にならい，立木所有権の移転を第三者に対抗するためには明認方法を講ずる必要があり，その明認方法は，当該第三者が権利を取得するまで継続していなければならないと判示した。本判決は，その理由付けに際して，大正 6 年及び昭和 6 年の大審院判決，そして，昭和 35 年最高裁判決を引用しつつ，判決理由を構成しているので，これらの判例法理を概観する。

まず，大正 6 年判決[416]は，特定の立木が土地から分離されて譲渡されたか否かが争われたという事案において，立木を土地から分離するためには，立木の主たる根（大根）を切断しなければならず，これを切断していない状態では土地に定着したままであるとして，このような状態で立木の所有権取得をもって第三者に対抗するためには，公示方法である明認方法を継続して施すことを要すると判示したもの

──────────

(416)　大判大正 6 年 11 月 10 日 23 輯 1955 頁：事案はよくわからないが，第三者から，立木の買受人に対する損害賠償請求訴訟において，買受人が既に動産となった立木の引渡しを受けているので，その所有権取得を対抗しうると主張したという記述がある。原審は，買受人の主張を認めた。

大審院は，「立木は移植のため周囲の土を堀り去って荒根小根を切断し土砂を入れ替えただけで，大根を切断しない状態ではなお土地の定着物たるを失わない……から，その所有権の取得を以て第三者に対抗するには第三者の明認し得べき公示方法を継続して施すを要する」と判示して，原判決を破棄し差し戻した。

379

である。

次に，昭和6年判決[417]は，山林所有者から雑立木を譲り受けた者が明認方法を施したが，その後，山林に抵当権が設定された時には明認方法が消失していたという事案において，抵当権設定前に雑立木の所有権を取得したとしても，明認方法が消失していた以上，競売による買受人には対抗しえないと判示したものである。

更に，昭和35年判決は，前掲したように，山林の第一買主が未登記のままで山林を占有し植栽していたところ，山林が二重譲渡され，第二買主が登記を経由したので，山林所有権について対抗力のない第一買主が自ら植栽した樹木に関する所有権の帰属が争われたという事案において，第一買主が施した明認方法が第二買主の山林取得時には消失していたとして，第一買主の立木所有権の対抗を認めなかったものである。

これらは，明認方法が立木所有権の対抗要件であることを前提とし，いずれも先行取得者の立木所有権を第三者に対抗するためには，当該第三者の立木所有権取得時における明認方法の存続を要求するものである。これらのうち，本件の事案に適合的であるのは，昭和6年判決のみであり，ほかは，その趣旨を援用したに過ぎない。

判例は，明認方法をもって，独立した取引の客体としての対抗力を付与しているように見えるが，明認方法を立木登記と同視するならば，明認方法によって，立木は独立した不動産になるものとみるべきではないのかという有力説がある[418]。

しかし，明認方法は，立木を土地から分離独立して取引の目的としたという当事者の意思表示を公示することによって，立木所有権の移転を第三者に対抗するという手段・方法であるから，明認方法によって，立木法の適用のない立木が不動産化したものとみるのは行き過ぎであろう。

> ── *point* ──
> 明認方法の継続性要件における諸問題について，検討し，理解しよう。

---

(417) 大判昭和6年7月22日民集10巻593頁：Aは，本件山林上に生立する雑立木全部をBに売り渡し，Bの家督相続人Cは，更にこれをYに売り渡した。立木の売買後，AはD銀行のために本件山林に抵当権を設定し，その実行に基づく競売によりXらが本件山林を競落し，その所有権を取得した。

Xらは，自己の所有物である地上の雑立木をYが伐採し搬出するので，その禁止を命ずる判決を求め，本訴を提起した。他方，Yは，Yの前所有者Bが該立木の所有権取得を第三者に対抗するため，樹皮を削って刻印を打ち，または立札を立てる等の公示方法を施したから，Yはその所有権をXに対抗しうると主張した。

大審院は，「一団の樹木として登記を経ていない立木については……樹皮を削ってこれに墨書することによってその権利を公示することができなくはない。その方法たるや2，3にとどまらないが，孰れも第三者が権利を取得した当時においてこの公示方法は存在していないので，当該第三者に対抗することができないのは論を俟たない」と判示した。

(418) 松井宏興「本件評釈」『民法判例百選I〔第6版〕』126頁（127頁）。

380

第5節　明認方法による公示

第3項　登記と明認方法との対抗関係──立木所有権の留保

　次に，山林を売却した場合には，登記が対抗要件であるところ（第177条），山林を立木とともに売却した場合において，立木法による登記を経由していないときには，立木は山林に付合しているので（第242条），山林の登記がそのまま立木所有権移転の対抗要件にもなる。

　したがって，次に示す判例のように，立木所有権を留保して土地を売却する場合には，その旨の特約が必要であり，第三者に対してこれを対抗するためには，やはり，公示手段として，明認方法が必要となろう。

〔判例48〕最判昭和34年8月7日民集13巻10号1223頁

【事実】

　(1)　本件3筆の山林はもとY₁の所有であり，Aは本件山林を買い受けるべく，Y₁と交渉したところ，立木を含めた価格なら5万円では買えないので，Y₁は，その地上立木の所有権を自己に留保し，地盤たる土地のみを代金2万円でAに売却した。

　(2)　Aの息子Bは，Aが本件山林を買い受けたことを知らず，Aの死亡後に初めて本件山林の買受けを知ったが，その地上立木の除外には気づかなかった。

　(3)　その後，XがB方を訪れ，本件山林の売買を申し入れたので，Bは，地上立木をも含め代金9万円で売り渡すことを承諾し，Bは，本件山林を立木をも含めた一体としてXに売り渡し，所有権移転登記を経由した。

　(4)　Y₁は，本件立木所有権の留保に際し，留保に関する明認方法を施さなかった。

　(5)　その後，Y₁は，本件山林上の立木は自分の所有であるとして，同地上の立木全部をY₂に売買し，Y₂は立木を伐採処分したので，Xはその価格相当の損害を受けた。

　そこで，Xは，Yらに対し，本件山林所有権の確認を求め，Y₁に対して，不法行為に基づく損害賠償を求めるため本訴を提起した。

　これに対して，Yらは，Y₁からAへの売買は本件土地のみであり，その地上立木は含んでいないのであるから，本件立木はY₁の所有であり，Xの所有ではないと主張した。

　第1審は，留保された立木所有権もこれを第三者に対抗するためには公示方法を要するものと解し，Y₁には立木所有権について明認方法が存在せず，Xは土地所有権につき登記を経由したので，その地上立木所有権についての対抗要件をも具備したことになるとして，Xの請求を認容した。Yらから控訴。

【原審】控訴認容・請求棄却

　原審は，Y₁の留保により，本件立木所有権はAに移転していないのであるから，Xが立木の無権利者たるAより立木を含めて本件土地を買い受け，その土地につき所有権取得の登記を経由しても，立木については，Xは権利を取得する理由はなく，Y₁が立木留保に関しその明認方法を施したと否とにかかわりなく，なおXに対して立木所有権を主張しうるとして，Xの本訴請求を棄却した。Xから上告。

【判旨】破棄差戻

　「立木は本来土地の一部として一個の土地所有権の内容をなすものであるが，土地の所

有権を移転するに当たり，特に当事者間の合意によって立木の所有権を留保した場合は，立木は土地と独立して所有権の目的となるものであるが，留保もまた物権変動の一場合と解すべきであるから，この場合には立木につき立木法による登記をするか，または該留保を公示するに足る明認方法を講じない以上，第三者は全然立木についての所有権留保の事実を知るに由ないものであるから，登記または明認方法を施さない限り，立木所有権の留保をもってその地盤である土地の権利を取得した第三者に対抗し得ないものと解するを相当とする。」

《問題点》

　地上立木の所有権を留保して山林のみを売買したところ，買主が山林を転売し，所有権移転登記を経由した場合には，立木の留保所有者は，所有権留保を対抗することができるか。

《分析》

　このような問題について，本判決は，土地の所有権を移転するにあたり，当事者間の合意によって地上の立木所有権を留保して山林を売却した場合には，立木につき立木法による登記をするか，または当該留保を公示するに足りる明認方法を講じない以上，立木所有権の留保をもってその地盤である土地の権利を取得した第三者に対抗しえないと判示した。その理由は，留保もまた物権変動の一場合と解すべきであるところ，留保の公示がなければ，第三者は立木所有権留保の事実を知りえないからであるという。

　所有権留保は，通常，代金完済まで売買目的物の所有権を売主に留保するという売買契約の附款（特約）として利用されるものであり，法的構成としては，停止条件付の所有権移転契約である。本件はこれとは異なり，単に立木を売買の目的から除外するという特約である。本判決は，この除外を物権変動の一場合であると解している。

　立木登記をしていない立木は土地に付合しており（第242条），土地所有権の一構成部分となっている。この意味において，土地の売買は立木を伴うものとなる。したがって，土地の取得者は登記によって立木所有権をも第三者に対抗することができる(419)。それゆえ，土地と地上立木が売買され，買主Xに所有権移転登記がなさ

---

(419)　大判明治39年1月29日民録12輯76頁：Xは，Aから係争山林の立木のみを買い受け，その引渡しを受けたが，特別の徴標を付しておらず，反対に，Yは係争山林の立木全部を土地とともに買い受け，その登記を経由した。XはYに対して立木所有権の確認を訴求した。原審がXの請求を認めないので，Xから上告。
　　大審院は，「およそ立木はその存する土地に定着してこれと一体を成すものであるから，立木が土地に存立する間は，如何なる場合においても土地とともに不動産であり，特に建物のように土地に定着するにもかかわらず別個独立の不動産たる存在を認める慣習もしくは法令は存在しない。故に，係争山林についても立木のみを買い受け，なお不動産としてその所有権を取得したと主張するXは，その登記をなすべく，その他は土地に対し地上権もしくは賃借権等を設定しその登記をなし以て立木の所有権を保存しなければならない。立木のみに

第 5 節　明認方法による公示

れた後に，売主Ａの債権者Ｙが，裁判所に対し，立木に関する抵当権設定請求権保
全の仮登記処分を申請し，その前提として，裁判所の職権により立木保存登記が経
由され，債権者Ｙが競売手続を経て立木所有者となり，所有権移転登記を経由した
としても，この立木登記は無効である[420]。

　しかし，土地の利用権者が「権原」によって立木を植栽した場合はどうか。この
場合には，土地と立木とはその帰属権利者を異にし，立木は植栽者の所有物となる
（第 242 条ただし書）。

　判例は，Ａから農地を譲り受けた未登記所有者Ｘが植栽した農作物である稲立毛
をＡの債権者Ｙが差し押されたという事案において，民法第 242 条ただし書の「権
原」には対抗要件は不要と解して，この考え方は農地の所有者が未登記の場合にも
適用されるべきものと判示した[421]。しかし，他方，山林の第一買主が未登記のま
ま山林を利用し杉苗を植栽した後に山林が二重譲渡され，第二買主が登記を経由し，
対抗要件を具備したところ，山林所有権を対抗しえない第一買主が，自己の権原に
よる植栽を理由として立木の所有権を争ったという事案においては，前記昭和 17
年大判を引用しつつ，「稲は，植栽から収穫まで僅々数ケ月を出でず，その間耕作
者の不断の管理を必要として占有の帰属するところが比較的明らかである点で，成
育に数十年を予想し，占有状態も右の意味では通常明白でない山林の立木とは，お
のずから事情を異にする」という理由から，立木所有権について公示のない第一買
主の対抗力を否定した[422]。しかし，稲立毛も山林の立木も直裁物であることに変

　ついて登記することは許されないので，Ｘは，土地とともに立木を買い受け，その登記を経
　由したＹに対抗することができない」と判示して，上告を棄却した。
（420）　最判昭和 30 年 9 月 23 日民集 9 巻 10 号 1376 頁：最高裁は，「立木とその地盤とが同一
　　人の所有に属するときは，立木の所有権は地盤の所有権に包含せられて，立木と地盤とは一
　　箇の土地所有権の目的となるものであるから，立木と地盤との所有権を同時に移転する場合
　　は，土地所有権の移転登記をなせば，これにより地盤ばかりでなく，立木についても所有権
　　の移転を第三者に対抗できるのである（大判大正 9 年 1 月 20 日民録 26 輯 4 頁参照）。しか
　　るに原判決は本件立木と地盤との所有権は，Ｘに譲渡され且つ地盤についてはＸ名義に所有
　　権移転登記がなされたことを確定したのであるから，これによりＸは，地盤のみならず立木
　　についても，その所有権の取得を以て第三者に対抗しうるに至ったことが明らかである。さ
　　ればその後に至り右立木につきＡの名義に保存登記がなされたとしても，該登記はすでに対
　　抗要件を備えたものにつき重ねてなされた登記に外ならず，無効である。従って，ＹがＡに
　　対する強制競売手続において本件立木を競落したからといって，Ａは当時本件立木の所有者
　　でなかったのであるから，……右競落を原因として本件立木についてなされたＹ名義の所有
　　権移転登記は事実に吻合しない無効のものである」と判示して，ＸのＹに対する立木所有権
　　登記の抹消手続請求を認めた。
（421）　大判昭和 17 年 2 月 24 日民集 21 巻 151 頁：本件の立稲ならびに束稲は，Ｘがその所有
　　権に基づき本件土地を耕作して得たものであり，あたかも，田地の所有者より適法にこれを
　　賃借した者が賃貸借の登記がなくとも，その田地を耕作して得た立稲ならびに束稲の所有権
　　を以て第三者に対抗しうると同様，Ｘが本件土地の所有権移転登記を受けなくとも，本件の
　　立稲ならびに束稲の所有権を以てＡに対する債務名義に基づき該物件の差押えをしたＹに対
　　抗しうるものである。

383

第2章　物権の変動

わりはなく，第242条ただし書の「権原」によってという要件の下で直裁された以上，解釈を異にするのは論理的ではない。それとも，他人の土地上の立木所有権と稲立毛の所有権との間には，物の所有権の独立性という点において，慣習法的な規範的意識でもあるというのであろうか。

　この場合の解釈であるが，稲立毛の事案（大判昭和17年2月24日）は農地であり，稲の植栽から収穫までは数か月という短期間で行われ，その間における占有・管理（いわば，「支配」）の強さから，収穫後の束稲は言うに及ばず，土地に生育中の立稲のままでも，その土地からの独立性を認めたものと思われる（第242条ただし書の類推適用）。他方，山林の立木は，その成育に数十年もかかるので，立木に対する支配力が農作物に対するよりも弱いものと解された結果，原則のとおりに，土地の所有権に関する対抗要件は登記であり，ほかに別段の対抗要件が定められていない以上，山林に付合している立木についても，特別の慣習法上の対抗要件とされる明認方法が施されていない以上，立木所有権を第三者には対抗しえないものと解されたのである。

　本件は昭和35年最判よりも少し前の判例であるが，同様の解釈から，当事者において立木所有権を売主に留保して立木を売買目的物から除外したとしても，これを土地の第三取得者などの第三者に対抗するためには，対抗要件としての明認方法を施しておかなければならないと判示した。売主Yは明認方法を怠り，その間に土地所有者BがXに土地を立木とともに売却し，登記を経由したというのであるから，YがXに立木所有権を対抗することができないのは論理必然というべきであろう。

> ― ***point*** ―――――――――――――――――――――――――――――
> 　登記と明認方法とが対抗関係において牴触する場合における諸問題について，検討し，理解しよう。

第4項　立木の二重譲渡

〔判例49〕最判昭和37年6月22日民集16巻7号1374頁

【事実】

　(1)　Aは，B集落との間で，栗立木のうち枕木適材全部を代金27万円で買い受ける旨の契約をしようとしたが，Bの代表者からの申し入れにより，CはAとともに共同買受人となった。

　(2)　A，C両名は買受代金の調達に努めたが，約定の期日までに調達できなかった。そこで，Cは，Aから栗立木の売却に関する代理権の授与を受け，Yに対し，前示栗立木を代金28万円で売り渡し，即日，Yから内金14万円の交付を受け，この代金からBの代表者に対し残代金を支払い，栗立木の引渡しを受けるとともに，Yから残代金14万円の支払を受けた。

――――――――――――
(422)　前掲最判昭和35年3月1日民集14巻3号307頁〔判例46〕。

第5節　明認方法による公示

(3)　他方，Aは，Xとの間で，栗立木より生産する枕木4,000挺以上につき，売買契約を締結し，同時に，XはAに対し枕木代金の前渡金として金20万円を支払うこと，Aは契約不履行により生ずべき前渡金の返還債務を担保するため，栗立木のうち枕木原木適材全部を代金20万円とする売買形式でXに所有権を譲渡すること，などの特約をして，その頃2回にわたり合計金20万円をXから受け取った。その後，Xが直接枕木の生産をする旨の契約に変更し，栗立木のうち枕木原木適材全部をXに引き渡した。Xは，立木所在の現場入口付近に「X合資会社枕木生産作業場」と記載した公示札を立てるとともに，作業小屋を建設し，Dに栗枕木約1,200本，栗枕木原木約600本を生産させた。

そこでXは，Yに対し，本件栗立木のうち，枕木原本適材全部，ならびに栗枕木約1,200本，同枕木原木約600本はXの所有に属することの確認を求め，本訴を提起した。

第1審は，本件栗立木はAとCの共有に属し，その持分は，各自平等であると認定し，Aは，栗立木全部をXに売り渡したが，Cの承諾を得たことの主張，立証がないので，XはAの持分相当である2分の1を取得するに過ぎないとし，また，Cも，Aの代理人を兼ねて前記栗立木全部をYに売り渡したものであるから，本件栗立木のうち，その2分の1に関する限りでは，二重に売買されたことになると判示した。

【原審】Xの控訴棄却，第1審判決変更

原審は，Xは未だ本件立木の所有権取得を公示する明認方法を施していないので，立木の所有権を第三者に対抗しうべき要件を具備していないが，Xが伐採し，枕木または枕木原木としたものについては，Xを表示するための刻印が認められ，その部分に限り，立木のままの状態で対抗方法を講じた場合と異別に解する理由はないとして，その部分の所有権取得をYに対抗しうるものと解し，本件栗枕木のうち，2分の1の持分については，所有権の確認を求めるXの本訴請求を認容すべきものと判示した。Yから上告。

【判旨】一部棄却，一部破棄自判

「立木法の適用を受けない立木の所有者が明認方法を施さないうちに，伐採その他の事由により立木が動産たる伐木倒木等となった場合には，立木当時既に明認方法の欠缺を主張する正当な利益を有していた第三者に対する関係においては，伐木等の所有権をもって対抗し得ないものと解すべきである（最判昭和33年7月29日民集12巻12号1879頁参照）。」Yは立木当時既に明認方法の欠缺を主張する正当な利益を有する者であることは明白であるから，伐採後動産となった伐木について，たとえXが自己を表示するための刻印を施したとしても，Xは，その所有権をYに対抗しえない。

《問題点》

立木法の適用を受けない立木の買受人が明認方法を施さないうちに，立木が伐採等によって伐木となった場合において，買受人が，伐木に自己を表示するための刻印を施したときには，第三者に対し，伐木所有権を対抗することができるか。

《分析》

このような問題について，本判決は，立木法の適用を受けない立木の買受人Xが明認方法を施さないうちに，伐採等によって立木が伐木となった場合には，買受人

385

が伐木に自己を表示するための刻印を施したとしても，立木当時既に公示方法の欠缺を主張する正当な利益を有していた第三者Yに対しては，伐木所有権を対抗できないものと解すべきであると判示した。

本判決の引用する判例法理は，X会社とYが，ともにAから立木法の適用を受けない立木所有権を二重に譲渡された場合において，両人ともに明認方法を施さないうちに，Aが立木を伐採したという事案において，両人は互いに所有権を取得するものの，これを互いに対抗しえない地位にあるものと認定し(423)，立木当時既に明認方法の欠缺を主張する正当な利益を有していた第三者に対する関係においては，伐木等を自ら占有すると否とに関わらず，伐木等の所有権をもって対抗しえないものと判示した。その理由は，その伐木等の所有権は，伐採その他の事実によって立木が伐木等の動産となったことに伴い，立木所有権に基づいて生じたものであり，いわばその延長に過ぎないものであって，立木の所有権取得をもって対抗しえない第三者に対しては，伐木の所有権をもってしても対抗しえない筋合だからである(424)。つまり，最高裁の判例法理は，立木当時の対抗要件である明認方法が講じられていない場合には，伐木となってからも，対抗要件が具備されていないというものである。

この判例法理は，土地に付合して不動産化した立木所有権の対抗要件がそのまま伐木所有権の対抗要件に繋がると解するものであるが，この判例法理を文字通りに解すると，立木が伐採され，動産となってからでも，動産所有権移転の対抗要件たる引渡し（第178条）は使えないということになる。

他方，立木が伐採され，伐木となったときには，伐木の所有権関係は動産の対抗要件によるという有力説がある(425)。

確かに，伐木は不動産化した立木が形を変えて存在するに過ぎず，また，立木所有権が二重譲渡され，譲渡人自身が伐採したときには，まだ伐木の引渡しは行われておらず，また，譲受人が伐採したときには，伐木の引渡しは介在しないので，立木所有権の対抗要件がそのまま引き続いているものと解して差し支えない。

しかし，譲渡人が伐採して譲受人に引き渡したときには，動産としての伐木の引渡しがあるので，引渡しに対抗力を認めるか，あるいは，本判決が否定した原判決のように，譲受人が伐木に所有権を示す刻印を施したときには，立木に明認方法を施したものと同視して差し支えないように思われる。

---

(423) 先例として大判大正8年5月26日民録25輯892頁がある。
(424) 最判昭和33年7月29日民集12巻12号1879頁。
(425) 舟橋265頁。ただ，舟橋教授は，譲受人の一方が自ら伐採して占有したとしても，その占有取得が譲渡人との間における占有移転行為に基づかない限り，引渡しがあったとはいえないということに注意すべきであると指摘する。そして，この意味において，昭和33年判決が明認方法を備えない限り，「伐木等を自ら占有すると否とを問わず」第三者に対抗しえないといっていることは立言自体としては正当であるという。

386

したがって，本判決を含めた判例法理が妥当するのは，譲渡人が伐採して引渡しをしていない場合と，立木のまま譲り受けた譲受人が明認方法を施さないまま自ら伐採し，伐採後も明認方法を施さない場合に限られるものと思われる。

> **point**
> 立木所有権の二重譲渡をめぐる法律問題について，検討し，理解しよう。

第5項　未分離の果実の売買と明認方法

次に，リンゴや蜜柑のような天然果実がその幹から分離される前に売買の目的となったという場合において，買主が第三者に果実所有権を対抗するときにも，立木と同様，買主の明認方法を要するのかという問題がある。この点について，判例を分析しつつ，考えてみよう。

〔判例50〕大判大正5年9月20日民録22輯1440頁（温州蜜柑事件）
【事実】

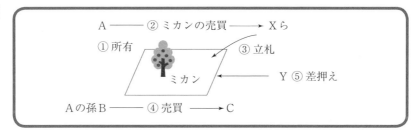

(1)　Aは本件果樹園を経営していた。後記の本件執行目的物となった雲洲密柑は，Aの所有地上にある同人所有の密柑樹に生じた果実である。
(2)　Xらは，右果実を樹木にあるまま買い受け，同時に第三者に対し，立札を以て明認させるに足りる行為を行い，その所有権の移転を受けた。
(3)　その後，Aの孫Bが，Aの承諾なくしてCに蜜柑を売却した。
(4)　その後，Cの債権者Yが，C所有の蜜柑として差し押さえた。
そこでXは，Yの強制執行に対して，第三者異議の訴えを提起した。

【原審】
未分離果実の売買による所有権移転の意思表示は，法律上不能の事項を目的とする無効の行為であり，果実がいまだ元物より分離していない以前である時には，これに対し独立の物権を認めることはできないとし，Xの請求を棄却した。Xから上告。

【判旨】破棄差戻
「果実はその物理性においては土地または草木に定着してこれと一体をなし，草木はまた土地に定着してこれと一体をなすを以て，土地または草木を目的とする所の法律関係はこれに定着する果実に及ぶを以て通則とするも，果実が土地または草木と分離し独立して法律関係の目的たり得るや否やは別に考究すべき問題に属する。……我が民法は，その第89条において，天然果実は元物より分離した時を以てこれを収取する権利を有する者に

第2章　物権の変動

帰属することを規定している以上，果実は元物に定着する限りは元物の所有者の所有に属し，他人の所有に帰することを許さないと同時に，元物より分離することによって独立性を取得し，この瞬間において初めて格段の権利の目的となり得ることを明示したものと解することができるのであるが，この原則が絶対的であり例外を許さないものであるか否かは，果実に関する我が民法の規定と社会観念に照らして解決しなければならない。

果実は，その物理性及び経済性において，土地または草木の材幹と分別してこれを観察することができ……，また，実際取引上これを分別する必要があるにも関わらず，ただ物理性において土地または草木に定着していることの一事のみによって，これに対する買主の権利を否定することは，我が国において行われている社会観念に反するものといわなければならない。

しかしながら，果実の買主は，売主との契約により絶対的に果実に関する所有権を主張することはできない。その権利を第三者に対抗するためには，常に必ずその果実が定着する地盤または草木の引渡を受け，もしくは，売主の承諾を得て，何時でもその果実を収去し得べき事実上の状態を作為すると同時に，その状態が外部より明認され得べき手段方法を講ずることを要することは，伐採のためにする立木の売渡におけると同一であり，この方法により果実の所有権を買主に移転することは買主の権利を鞏固ならしめると同時に第三者の利益を保護し，もって実際取引上の安全と便益を増進するために必要である。」

《問題点》

明認方法は，未分離の果実の売買による所有権取得の対抗要件になるか。

《分析》

このような問題について，本判決は，未分離の果実の売買は有効であり，この売買においても，立木の場合と同様，果実の所有権取得を第三者に対抗するには，明認方法を要すると判示した。

契約当事者の意思表示により，果実のみを売買目的物とした場合には，将来動産となる予定の下に，独立した売買目的物と考える関係上，その所有権移転行為は第三者には全く分からない事柄に属する。それゆえ，二重譲受人や差押債権者等の第三者に対抗するためには，引渡しに代わる明認方法を要するのである。

ところで，そもそも，果樹という樹木から生ずる果実が未分離の状態である時期に売買の目的になるというのは，法律上どのように説明したらよいのだろうか。

立木は，土地に付合しているので，土地の一部として構成してもよいが，果実は果樹とともに土地に付合しているのであろうか。それとも，将来分離されることを予定している商品であるから，動産予定物として，動産の売買と解して差し支えないのであろうか。

この点について，古い裁判例は，蜜柑が未分離である状態のときには，性質上不動産の一部であると解し，その独立処分を認容することは経済状態上きわめて必要なだけでなく，法令中，その独立処分を禁止していないので，「独立処分ノ有効ナ

第5節 明認方法による公示

ルコトハ明カナリ」と解していた[426]。この考え方は，本判決にも引用されている。

　他方，学説は，この判例法理を認める立場と[427]，反対に，独立の動産に準ずべきものと解する立場[428]とに分かれている。しかし，いずれにせよ，未分離果実の独立処分性を否定するという考え方は見られない。

　それでは，その理由付けであるが，本判決から読み取る限りでは，次のようにまとめることができる。即ち，

① 土地の永小作人や賃借人は，果実の産出と同時に自由に任意処分しうる全権を有しており，この経済性があるからこそ，果樹園（土地）所有者の債権者は果実を差し押さえることはできない，

② 果実の土地または草木に対する定着性という物理性により否定すると，取引上の社会観念性に反する，

③ しかし，買主の取得は絶対的ではなく，引渡しを受けるか，売主の承諾を得て，いつでもその果実を収取することができるという事実上の状態を作為すると同時に，明認方法を必要とするということになる。

　この判例法理について，我妻博士は，判例が引渡しや引渡しに関する明認方法を求めている点については，「動産であることに拘われたものであって無用のことと思う」と主張している[429]。この意味においては，引渡しを前提とすることなく，売買による物権変動とその明認方法で足りるということになる[430]。未分離果実を独立処分の客体として認める以上，物権変動とその対抗要件として捉えることになるので，こちらの解釈のほうが正当である。

┌─ *point* ─────────────────────────────┐
　果樹の枝から分離させないままで，果実を売却した場合における対抗関係について理解しよう。
└──────────────────────────────────────┘

---

(426)　大阪地判明治44年月日不詳新聞779号21頁。
(427)　舟橋266頁。
(428)　我妻126頁，柚木馨『判例物権法總論』267頁。
(429)　我妻126頁。
(430)　我妻126頁，我妻＝有泉209頁，末川172頁，舟橋266頁，河上・前掲書（『物権法講義』）161頁，山野目・前掲書（『物権法』）93頁など，学説の多数は，いずれも，明認方法は所有権移転の前提であり，引渡しを前提としていないとして，判例法理に反対している。

389

第2章 物権の変動

第6節　物権の消滅

第1款　物権の消滅原因

　物権が消滅するとは，物権そのものがその存在を失うことである。物権を有する者が物権を他に譲渡した場合には，それは新権利者への物権の移転であり，旧権利者において物権の消滅を来すわけではない。それでは，物権が消滅するとは，どのような状況下において生ずるのだろうか。

　まず，物権の目的となっている物が火災焼失，取り壊しなどで滅失すれば，その物の上に存在する物権も消滅することは当然である。のみならず，添附（付合，混和，加工）によって，その独立存在を失う場合にも，その物の物権としては消滅する。

　次に，所有権は消滅時効に服さないが，その他の物権は，消滅時効の対象とされ，時効によって消滅する（第167条2項）。

　次に，取得時効や即時取得の効果は，取得者における原始取得とされ，この反射的効果として，現在の物権者は物権を失う。この場合における旧物権と新物権との間に同一性がないことから，「消滅」と称される[431]。

　次に，物権が，その保有者によって放棄された場合には，無主物ないし国有財産にはなっても（第239条），当該保有者自身の物権は消滅する。

　次に，土地所有者が地上権者を相続した場合，あるいは，地上権者が土地所有者から土地を譲り受けた場合のように，所有権と制限物権が同一人に帰属した場合には，制限物権が所有権に吸収され，当面は不要になる。この意味において，制限物権は消滅に帰する。これを物権の混同という（第179条）。

　最後に，個人が所有する土地を公共の利益となる事業のために利用するということで，国や地方公共団体が強制的に土地を収用し，または使用することが土地収用法などによって認められている。この手続において収用された土地については，原始取得扱いになり，個人の所有権は消滅する。

　民法は，これらのうち，物権編に混同を規定し，総則編に消滅時効を規定した。その他，必要に応じて，個別に規定したものもある。例えば，地役権に関して，承役地の時効取得に伴う地役権の消滅（第289条），抵当権に関しては，債権との付従性による抵当権の消滅（第396条），抵当不動産が債務者または設定者以外の者によって時効取得されたことに伴う抵当権の消滅（第397条），そして，抵当権の目的となっている地上権または永小作権を放棄しても，抵当権者には対抗しえない（第398条）などの規定である。

---

(431)　我妻＝有泉247頁。

390

第2款　目的物の滅失

建物が地震で倒壊し，あるいは，火災で焼失して，復元できない場合には，社会通念上，建物の滅失として，「建物という不動産の」所有権は消滅する。しかし，建物が倒壊して，不動産としては滅失したとしても，破片や残骸は，なお，動産として，所有権の客体となる。

また，同様に建物が倒壊して従前の古材を使って復元されたとしても，全く別の建物として復元された場合には，元の建物所有権としては復活しない。同一の特定物として評価することができないからである。なお，抵当権や質権の目的となっていた建物が滅失した場合には，交換価値として把握すべき目的がなくなったという意味において，抵当権や質権は消滅するが，火災保険や地震保険に加入しているときには，担保物権の物上代位性によって，保険金請求権に対して物上代位することができる（第372条，第350条，第304条。ただし，学説上の争いはある）。

次に，土地についても，大地震によって地盤がなくなれば，当該の土地所有権は消滅するが，土を持ってきて復元できた暁には，同一の土地として復活する。しかし，土地の水没については法律の規定や判例によって，その取り扱いに差異がある。

河川の敷地であっても，流水地以外は私権の目的となるところ（河川第2条2項は「河川の流水は，私権の目的となることができない」と規定する。），この敷地が常時水面下にある流水地（「流水敷」と称されることが多い。）と化した場合には，所有権の客体としては「滅失」扱いとなる。河川法は，「河川の流水が継続して存する土地及び地形，草木の生茂の状況その他その状況が河川の流水が継続して存する土地に類する状況を呈している土地（河岸の土地を含み，洪水その他異常な天然現象により一時的に当該状況を呈している土地を除く。）の区域」（同法第6条1項1号）等を「河川区域」と称し，この区域に指定されると，「河川区域内の土地」として，私権の目的から離れ，河川管理者の土地となるので，その旨の登記が経由される（不登第43条2項：河川管理者は遅滞なく登記を嘱託しなければならない。）。この場合には，私権の目的から離れるので，表題部から改められ，土地の一部が河川区域等になったときには，分筆登記によって処理される（同条4項）。その後，河川区域等の土地とならなくなったときには，河川区域内の土地の登記について，河川管理者は，その抹消を嘱託しなければならない（同条3項）。なお，不登法には，「河川区域内の土地が全部滅失した」場合という規定があるが，これは，土地の全部が水没した（流水敷になった）ときのことであるとされ[432]，この場合には，河川管理者は遅滞なく土地の滅失登記を嘱託しなければならない（同条5項）。

他方，河川の場合とは異なり，自然力によって海面下の土地となった場合には，

---

(432)　山野目章夫『不動産登記法』190頁。

所有者が当該土地に関して，社会通念上，自然の状態において支配可能性を有しており，かつ，財産的な価値を有するときには，滅失にあたらないとされる[433]。

第3款 消滅時効

所有権以外の財産権は，20年間行使しないことによって，時効消滅する（第167条2項）。占有権はそれ自体としては時効消滅しない。占有権は所有権や地上権などの本権に備わっている権利であり，平常時において，占有権の不行使という事実状態が観念されないためである。しかし，本権が時効消滅することにより，占有権もこれに伴って消滅する。

担保物権は債権との付従性により，債権が消滅すれば，担保物権も消滅する（例えば，第396条参照）。しかし，付従性のない担保物権，例えば，根抵当権など，根担保は，債権が弁済により消滅しても，元本確定期日その他確定事由に該当せず，しかも根担保関係の必要性が存続しているのであれば，その限りにおいて存続する。

第4款 放 棄

物権の放棄とは，物権の消滅を目的とする法律行為（単独行為）である。

所有者及び占有者は，所有権や占有権を放棄するという意思を表示することによって放棄の効果を生ずる。この意思表示は，特定人に対して向けられる必要はない。しかし，所有権及び占有権以外の物権の放棄については，当該物権に関して利害の関係を有する者に対し，放棄の意思を表示することによって，その効果を生ず

---

(433)　鹿児島地判昭和51年3月31日判時816号12頁：「自然現象により私人の所有する土地が海没した場合であっても，所有者が当該土地に対して社会通念上自然な状態で支配可能性を有し且つ財産的価値があると認められるような場合には，当該土地に対する私人の所有権はなお失われないものと解するのが相当である。」

　　最判昭和61年12月16日民集40巻7号1236頁：「海は，古来より自然の状態のままで一般公衆の共同使用に供されてきたところのいわゆる公共用物であって，国の直接の公法的支配管理に服し，特定人による排他的支配の許されないものであるから，そのままの状態においては，所有権の客体たる土地に当たらないというべきである。」

　　「海も，およそ人の支配の及ばない深海を除き，その性質上当然に私法上の所有権の客体となりえないというものではなく，国が行政行為などによって一定範囲を区画し，他の海面から区別してこれに対する排他的支配を可能にした上で，その公用を廃止して私人の所有に帰属させる……かどうかは立法政策の問題であって，かかる措置をとった場合の当該区画部分は所有権の客体たる土地に当たると解することができる。」

　　名古屋高判昭和55年8月29日（最判昭和61年12月16日の控訴審）：「海面下の土地も，単に海面下にあることの故に私権の対象とならないということはできない。それは，常時自然公物たる海水によって覆われることにより一種の公用負担を負う土地であり，あるいは，海岸法により海岸管理上の規制を受ける場合もある土地であるにしても，支配可能性と経済的価値とを備える限り，私権の客体となりうるものと解すべきである。」

　　「土地が海没によって，滅失したと見るべきか否かは，……，当該土地が海面下になった経緯，現状，当事者の意図，科学的技術水準などを勘案して，その支配可能性及び経済的価値の有無を判断することによって決めなければならない。」

る。例えば、地上権を放棄する場合には、当該土地の所有者に対して放棄の意思を表示するがごときである。この場合における効果とは、物権の消滅に関してであり、この効果を第三者に対して対抗するためには登記（抹消登記）を必要とする（第177条）。

物権の放棄というと、権利者の自由裁量で行うことができるかのようであるが、実はそうではない。民法の規定ひとつ取ってみても、地上権の放棄は、①存続期間の定めがなく、②別段の慣習もなければ、いつでも放棄しうるものとされるが、これは無償の場合であって、地代支払の合意があるときには、③1年前に予告し、または期限到来前の1年分の地代支払を要件として、漸く放棄が許される（第268条1項）。

また、地上権または永小作権を抵当権の目的としたという場合において、その地上権または永小作権を放棄したとしても、抵当権者に対しては、その放棄の効果を対抗しえない（第398条）。この場合の放棄は抵当目的の毀滅行為となるので、もとより許されないのである（同様の趣旨の規定として、立木第8条、工場抵当第16条3項がある）。のみならず、前述した地上権の放棄規定を含め、これらの規定の趣旨は、広く権利の放棄一般に適用されるべきである。例えば、借地上の建物に抵当権を設定した場合において、借地権者が借地権自体を放棄することは、建物の存続に支障を来す行為であるから、許されない[434]。借地権は、地上建物の抵当権にとって、従たる権利として、抵当権の目的の範囲に属するものと解されるので、その放棄は許されないのである。

> ─ *point* ─────────
> 物権の放棄による消滅について、理解しよう。

第5款　物権の混同

第1項　混同の意義

混同とは、例えば、土地の所有者AがBに地上権を設定していたところ、AがBを相続し、あるいは、BがAから土地を買い受けた場合のように、所有権と他の物権とが同一人に帰属したときには、原則として、両者を併存させておく必要はないので、他方を消滅扱いにするという制度である。この場合には、所有権を消滅させ

---

(434)　大判大正11年11月24日民集1巻738頁：「権利がその性質上放棄できないものでない限り、権利者においてこれを放棄することは原則として自由であるが、今もし、この権利を基本として初めて存立することができ、もしくはその相当価額を保有することができる権利を第三者が有する場合においてもまた放棄は絶対有効であるとすると、第三者の権利はその基本を失う結果、全く存立することができなくなるか、もしくは著しくその価額を減じ、そのために不測の損害を第三者に蒙らせるに至るのであるから、かかる場合には、権利者のなした放棄は、何人もこれを以て右の第三者に対抗することはできない。民法第398条の如きは、この一適用に外ならない。」

るわけにはいかないので，地上権を消滅させる（第179条1項本文）。所有権はいわば完全権であり，地上権は制限物権であるから，地上権が所有権に吸収される形になるのである。

　しかし，この制度には重要な例外がある。即ち，その物（前例の土地），または当該他の物権（前例の地上権）が第三者の権利の目的であるときには，当該他の物権は消滅しないものとされるのである（同条1項ただし書）。

　以下，この例外の場合について，詳細に検討する。

第2項　例外的存続〔1〕　所有権と制限物権との混同

1　物が第三者の権利の権利の目的であるとき

　「その物が第三者の権利の目的であるとき」とは，例えば，Cの所有する土地にA・Bが借地権を共有している場合において，Aが土地所有権をCから取得したときである。この場合には，Aは土地所有者となって，借地権はAには不要と解されるが，Aの借地権の共有持分権を消滅させず，借地権は全体として存続する[435]。

　また，AがBの所有する土地に抵当権の設定を受け，Cが同一の土地に後順位の抵当権の設定を受け，いずれも登記を経由している場合において，Aがその土地所有権を取得したときには，Aの抵当権は消滅せず，自分の所有する土地に自分の抵当権を有することになる。その結果，Cが抵当権を実行したときには，AはCに優先して弁済を受けることができる。

　この規定は混同の例外ではあるが，これはAの1番抵当権を消滅させる理由がないからである（Aは1番抵当権を有することによって，いわば所有権の価値を保全しうる。）。仮に，Aが土地所有権を取得する際に，抵当権設定者Bから代物弁済として取得したときには，Aの抵当債権が消滅しているので，付従性により，抵当権は消滅する。この場合には，被担保債権がないので，抵当権を保留する意味がないからだというが[436]，そもそも，この場合には混同の例外にならないと解するのが正当である。

　更に，AがBの所有する土地に借地権を有しており，Cが同一土地上に抵当権を有する場合において，Aがその土地所有権を取得したときに，その借地権がCの抵当権に対抗しうるものであるとすると，Aの借地権は，Cが抵当権を実行したときでも，存続する権利となる[437]。

---

(435)　東京高判昭和30年12月24日高民集8巻10号739頁（上告事件）：「借地権及びその目的たる土地の所有権が同一人に帰属したときでも他に借地権の共有者の存する場合にはその借地権は消滅を免れるべきものと解するを相当とすることは，民法第179条1項ただし書，第520条ただし書，等の規定の精神に照し疑を容れないから，本件においてかかる消滅を免れた借地権者……は，自己の所有に帰属した本件土地ではあるが，借地権を保全するため，他の借地権共有者と共に所有者たる自己に代位して自己の有する所有権に基づく土地返還請求権を行使し得るものといわざるを得ない。」

(436)　我妻＝有泉250頁，近江・講義Ⅱ171頁。

(437)　最判昭和46年10月14日民集25巻7号933頁：「特定の土地につき所有権と賃借権と

394

第6節　物権の消滅

2　混同した制限物権が第三者の目的であるとき

これは，例えば，Ｂの所有する土地についてＡが抵当権の設定を受け，Ａがこの抵当権をＣのために転抵当権の目的としたというケース，あるいは，被担保債権とともに，Ｃに質権を設定したというケースが考えられる。この場合において，ＡがＢから土地所有権を取得しても，第三者Ｃの利益を顧慮しなければならないので，やはり，混同の例外として，抵当権は消滅しない。

Ａが地上権者で，この地上権にＣのために抵当権を設定した場合でも，全く同様である。

3　借地借家法第15条の例外的自己借地権

借地権を設定する場合においては，他の者と共に有することとなるときに限り，借地権設定者が自らその借地権を有することを妨げない（借地借家法第15条1項）。例えば，土地所有者が土地を借地権の目的として不動産事業者に提供し，事業者がその地上に分譲マンションを建設した場合において，土地所有者がその専有部分の所有者にもなるときが，これに該当する。

また，この場合においても，他の者と共にその借地権を有するときには，その借地権は消滅しない（同条2項）。

第3項　例外的存続〔2〕　制限物権とこれを目的とする他の権利との混同

1　制限物権が第三者の権利の目的であるとき

Ｄの所有する土地について，Ｂが地上権を有しており，Ａがこの地上権について抵当権の設定を受けており，更に，この地上権についてＣが後順位の抵当権の設定を受けたという場合において，Ａが土地所有権を取得したときがこれに該当し，この場合には，やはり，混同の例外として，Ａの抵当権は消滅しない。

また，ＡがＢの地上権について賃借権を有し，その後，Ｃがこの地上権について抵当権の設定を受けたときに，Ａが地上権を取得しても，Ａの賃借権は消滅しない。

2　混同した権利が第三者の権利の目的であるとき

Ｂの地上権についてＡが抵当権の設定を受け，Ａがこの抵当権をＣの転抵当権または質権の目的とした場合がこれに該当する。この場合において，Ａがこの地上権を取得しても，Ａの抵当権は消滅しない。

また，Ｂの地上権についてＡが賃借権を有し，この賃借権がＣの質権の目的となっている場合において，Ａが地上権を取得しても，Ａの賃借権は消滅しない。

が同一人に帰属するに至った場合であっても，その賃借権が対抗要件を具備したものであり，かつ，その対抗要件を具備した後に右土地に抵当権が設定されていたときは，民法179条1項ただし書の準用により，賃借権は消滅しないものと解すべきである。そして，これは，賃借権の対抗要件が建物保護に関する法律1条（現行借地借家第10条〔筆者註〕）によるものであるときであっても同様である。」

395

第2章　物権の変動

第4項　権利の性質による混同の例外
1　占　有　権
占有権については，混同の規定を適用しない（第179条3項）。

占有権は，物の占有や権利の行使（準占有）という事実状態を尊重し，これを法的に保護すために，占有権という権利概念を認めたものであり，所有権を始めとする本権には原則として存在し，これと併有することを本則とする権利であるから，そもそも，混同という制度に馴染まない。

2　鉱　業　権
鉱業権は土地所有権から完全に独立した権利であることから，このような特殊な用益権は混同によって消滅しないとされる[438]（旧鉱業法第15条但書）。

> ─ *point* ─
> 　物権の混同による消滅の有無について，特に，例外的に存続させる場合について，各制度ごとに理解しよう。

第6款　公 用 徴 収

　公用徴収とは，憲法（第29条）及び公法上の要請によって，正当な補償という前提の下で，国や地方公共団体が公益事業を行うといった公共の利益のために，個人の土地所有権その他の財産権を強制的に取り上げ，取得するという制度である。この場合には，国や地方公共団体は個人の財産権を原始取得し，その効果として，個人の私有財産権は消滅する。

　例えば，土地収用法は，「公共の利益となる事業の用に供するため土地を必要とする場合において，その土地を当該事業の用に供することが土地の利用上適正且つ合理的であるときは，この法律の定めるところにより，これを収用し，又は使用することができる」と規定する（同法第2条）。

　また，土地を収用し，または使用することによって土地所有者及び関係人が受ける損失は，起業者が補償しなければならないとされ（同法第68条），この補償は，金銭賠償とされるが（同法第70条），替地による補償の場合もある（同法同条但書，同法第82条以下）。

　なお，収用制度は，土地収用法のほか，農地法や鉱業法においても規定がある（農地法第7条〔農業生産法人が農業生産法人でなくなった場合における買収〕，鉱業法第5章土地の使用及び収用〔第101条−第108条〕）。

> ─ *point* ─
> 　公用徴収によって，物権が消滅するという理由について理解しよう。

---

(438)　我妻＝有泉252頁。現行鉱業法にはこのような規定はないが，「当然のことである」という。

第3章 占有・所有関係

第1節 占有権

第1款 総　説

第1項 序　説

占有とは，物を所持すること，即ち，ある物を持っているという事実状態を意味するが，わが民法は，自己のためにする意思をもって物を所持することにより，占有権を取得すると規定している（第180条）。この規定から，わが民法は，占有という事実状態に対して権利としての性格を与え，占有権という物権として扱っているということができる。

占有権の法律効果は，占有制度上，①本権が適法に存在することの推定（第188条），②善意占有者の果実収取権（第189条，第190条），③善意占有者の占有物に関する滅失・損傷についての責任軽減（第191条），④即時取得（第192条以下），⑤必要費・有益費の償還請求権（第196条），⑥占有訴権（第197条以下），などとして現れ，その他の制度上は，⑦時効取得（第162条，第163条），⑧動産物権変動の対抗要件（第178条），⑨無主物先占（第239条），⑩遺失物拾得（第240条），⑪埋蔵物発見（第241条）などとして現れる。

このような法律効果は，一面，有体物の占有もしくは財産に関する権利の行使（準占有）という事実的関係，即ち，物や権利を事実上支配するという状態について，これが占有権という物権として認められたことから発生する社会的な作用である。それでは，この占有権の社会的作用とはいかなる意義を有するのかという点が問題となる。まずは，占有制度の沿革からみていくこととする。

第2項 占有の性質と作用ないし機能——制度の沿革——

1 序　説

現代法における占有制度は，ローマ法のポッセッシオ（possessio.「占有」の意）とゲルマン法のゲヴェーレ（Gewere.「物の外部的支配」の意。原意は，「着物を着せる」から，「権利の衣」とされる。）という2つの源流を有するといわれる。所有権の項でも詳述するが，ローマ法の体系とゲルマン法の体系とは大きく異なっており，そのため，このポッセッシオとゲヴェーレについても，その意義，性質，そして効力は，部分

397

的に共通する点もあるが，基本的には大きく異なっている。

2 ローマ法の体系における「ポッセッシオ（possessio）」

ローマ法の体系においては，所有権（dominium）と占有（possessio）とは，前者が物の法律的な支配であるのに対して，後者は物の事実的な支配として完全に切り離されており，占有は所有権その他の本権の有無とは関係なく，それ自体，保護の対象とされていた[1]。

ポッセッシオの性質・機能については，19世紀の始めから終わりにかけて，ドイツの法学者による分析が行われ，それは，①占有者の人格保護，②所有者の保護，③物の利用それ自体の保護，④社会の平和維持，などとされ，この順番で推移していった。

現代においては，これらのうち，最後の「社会の平和維持」という目的が占有制度の作用ないし機能といわれる。即ち，物が個人の事実的な支配下にある場合には，たとえ，この事実状態が真実の権利関係と異なっているとしても，この状況における占有を一応認め，真実の権利者による自力救済を許さず，妨害排除請求などを通じて，その物のあるべき占有状態を回復させることを認めるというのが，占有制度の作用ないし機能であるとされ，これは，物の所有権を立証するのが困難な場合に資するとともに，債権に基づく物の利用権原の保護に資する制度であるとされる。したがって，ポッセッシオは社会の平和維持に資する制度だという考え方からは，畢竟，占有制度は占有訴権を中心として構成される[2]。

3 ゲルマン法の体系における「ゲヴェーレ（Gewere）」

次に，ゲルマン法の体系におけるゲヴェーレは，所有権を始めとする本権の外部的表象であり，物（動産・不動産のほか，僕婢，官職を含む。）に対する支配権の表象であって，ローマ法のように，本権と占有とを区別してはいなかった。即ち，ゲルマン法体系における物に対する支配は，これが現実の支配として現れる限りにおいて法的に保護されており，物の支配権は，所有権を始めとする物権の種類に応じて，外部に現れた支配状態ごとに，即ち，ゲヴェーレの態様に応じて，その体系が立てられていたのである[3]。もちろん，ゲヴェーレが真実の支配権を伴わない場合には，当該権利関係は真実の支配権によって破られるのだが，これが破られるまでは一応の保護を受けることができた。

次に，ゲヴェーレの効力として，通常，次の3つがあげられる。即ち，①ゲヴェーレを伴う物的支配は，裁判上の証拠によって破られるまでは正当なものとされるという「権利防衛的機能」，②ゲヴェーレを伴う物的支配が侵害されたときには，その侵害を排除し，ゲヴェーレが表象する支配権に適する状態を回復ないし実

---

(1)　舟橋272頁。
(2)　我妻＝有泉458頁。
(3)　我妻＝有泉458頁，舟橋272頁，山田晟『ドイツ法律用語辞典』284頁。

現するという「権利実現的機能」，そして，③物の支配権の移転には必ずゲヴェー
レの移転を伴わなければならないという「権利移転的機能」，である[4]。

例えば，物の貸主が貸借期間満了時に目的物の返還を請求すること，また，物の
所有者が盗人に盗品の返還を請求することなどは，ゲヴェーレの権利実現的機能で
ある。

また，権利の外部的表象という側面から，不動産登記制度は，ゲヴェーレの影響
であるとされ，更に，所有者が他人に賃貸した場合にも，所有者には観念上のゲ
ヴェーレ（Ideelle Gewere）が残っているとされ，これが現代の間接占有という考え
方につながったとされる[5]。

4 日本民法への継受

民法の占有制度と，ポッセッシオ及びゲヴェーレとを比較してみると，次のよ
うな制度上の継受がみられる。即ち，①本権の推定（第188条）は，紛れもなくゲ
ヴェーレの権利防衛的機能であり，社会の平和とともに，取引の安全をも保護する
ものであるとされ，②果実収取権（第189条，第190条）と費用償還請求権（第196条）
は，主としてローマ法体系からの継受であるとされるが，ゲルマン法体系にも，そ
の生産者本位の立場から，類似の観念が認められていたとされ，主として占有者個
人を保護するものとされている[6]。

また，③即時取得（第192条以下）は，所有者が相手方を信頼して任意に占有を与
えた場合には，その相手方に対してのみ返還請求しうるに過ぎず，相手方からの譲
受人に対しては返還請求しえないが，盗取または遺失の場合にはどこまでも追求し
て返還請求しえたというゲルマン法体系の理論，即ち，ゲヴェーレの機能を発展さ
せた制度であり，占有という外形，即ち表象に対する信頼を保護する制度であると
され，④占有訴権（第197条以下）は，ポッセッシオの理論を継受した最も主要な制
度であり，外形に基づく社会の平和と秩序を保護するものとされる[7]。

しかし，この通説の見解に対して，有力説は，ローマ法体系は，奴隷制社会にお
ける商品交換関係を規律の対象とする法体系であるのに対して，ゲルマン法体系は，
封建制社会における自給自足的農業経済関係を規律の対象とする法体系であること
から，現代法の体系を商品交換関係法として位置づける限り，ローマ法体系からの
継受は認めて差し支えないが，ゲルマン法体系からの継受を考える際には，これを
そのまま現代法が継受したのではなく，ゲルマン法の類似した制度を，現代法の理
論に基づいて，いわば選択的・発展的に採用したに過ぎないので，法の継受を考え
る際には，主として近代法的・ローマ法的立場に立つことが必要であり，即時取得

---

(4) 我妻＝有泉458頁，舟橋273頁。
(5) 山田・前掲書（『ドイツ法律用語辞典』）284頁。
(6) 我妻＝有泉459頁。
(7) 我妻＝有泉459-460頁。

などはその典型例であると主張する[8]。

第3項　占有権の法的性質

　次に，占有は権利なのか，それとも単なる事実に過ぎないのかという問題がある。この問題は，19世紀の初期から終わりにかけてのドイツ普通法時代の法学者の間において大いに争われたものであるが，わが国の通説は，民法においては，占有権は占有という事実，即ち，自己のためにする意思をもって物を所持するという事実を法律要件として生ずる1つの物権であることは疑いがないので，この議論は実益が少ないという[9]。

　この立場からは，占有権は，他の物権のように，外界の物資の利用を確保するという内容を有してはいないが，物資の事実的支配をそれ自体一応正当な支配として認められるところの1個の権利であり，ここから，占有制度上の各種の法律的効果が流出するとされる。

　しかし，この通説の考え方に対しては，一般に近代法における物権は，物を現実に支配しているかどうかを問わず，「現実支配をなし・う・る・観念的な権利である」という点においてその本質を有するものであるところ，占有権は，現に事実上の支配をしていることから生じ，その反面，「事実上の支配を失えば消滅するものであって，支配し・う・る・権利だとはいえない」旨を理由として，占有権は物権ではないと主張する有力説がある[10]。

　民法上の構成としては，物権編各論の冒頭において「第二章占有権」として位置づけられ，占有権を取得した者を「占有者」として処遇しているので，物権としての位置づけが正しい方向性であると思われる一方で，他方，占有者に対して与えられる各種の法律的効果は，すべて，占有という事実状態から認められ，発生するものであることからは，敢えて「物権」といわなくても足りるといえそうである。しかし，占有権の物権性を否定したとしても，ことさらに法律的効果の発生に影響が出るわけではないということを併せ考えると，やはり，このような議論の実益はないものといえよう。

---

(8)　舟橋 273-274 頁。舟橋博士は次のように主張する。確かに，即時取得制度の源流はゲルマン法のゲヴェーレにあり，フランスにおいて「動産は追求を許さない」という制度になったのも，ゲヴェーレを失った所有者の請求権を制限する規定である。しかし，わが民法第192条は旧民法証拠編第144条の修正であり，その母法はフランス民法第2229条であって，同条は「動産については，占有は権原に値する」と規定する。この規定の趣旨は，原所有者の追求権の制限ではなく，現在の占有者である取得者の保護にあるので，これは近代法における取引安全法理からの帰結であって，わが即時取得制度は，ここから発展して，取得者の善意を保護する規定になったのである。舟橋博士は，ここにゲヴェーレ的な構成からの転換が図られたのだとして，即時取得制度のゲルマン法からの継受に対しては，これを否定的に解している。この点に関しては，舟橋 231-232 頁を参照。

(9)　我妻＝有泉 460 頁。

(10)　舟橋 277-278 頁。

第1節　占　有　権

第4項　占有権と関連して区別すべき概念

通説は，占有制度を理解するためには，占有と区別すべき4つの概念があり，これらを混同しないよう注意しなければならないというので[11]，本書においても，ここに記して若干の検討を加えておく。

1　「所持」について

所持とは，ある物体が特定人の事実上の支配関係の中にあると認められる客観的関係である。所持という客観的関係のみで占有が成立するという立法例（客観主義）と，所持以外に何らかの意思を要件とするという立法例（主観主義）とがあり，わが民法は後者を採用したので，所持がそのまま占有ないし占有権となるわけではなく，所持は占有の一要素に過ぎない。この点については，後に詳しく述べる。

所持とは，通常，物を持っているという状況を意味するが，現実に持っていなくとも，例えば，郵便受けに投函された郵便物，留守宅の宅配ロッカーに入れられた宅配小包などについて，所持が認められる。この点についても，後に詳しく述べる。

2　「占有」について

占有とは，占有権の基礎となる事実のことである。わが民法は，占有の要件として，「所持」と「自己のためにする意思」を掲げている（第180条）。前述した主観主義を採用したわけであるが，解釈上，客観主義的に解し，要件としての意思を不要とする学説もある。

「自己のためにする」とは，具体的には，所有の意思（自主占有），あるいは，使用の意思（他主占有）となる。また，自分のためでも，他人のためでも構わない。後者は，代理占有制度の存在意義につながる（第181条以下）。

3　「占有権」について

占有権とは，占有を法律要件とする物権であり，占有訴権を始めとする種々の効果を発生させる根源となる1個の権利である。

4　「占有すべき権利」について

占有すべき権利とは，本権ともいい，事実的支配関係である占有を法律上正当として根拠づける実体関係上の権利のことである。この権能のことを「占有正権原」という。本権は，所有権を始めとする物権を基本構造とするが，債権であっても，賃借権は，この権利を含んでいる。

具体的には，泥棒や強盗などは，不法な原因（不法領得の意思を有する窃取，強取）による占有の取得者であるから，例外的に本権を有しないが，所持と自己のためにする意思を有しているので，占有権を有する。反対に，その被害者（窃取された物の所有者）は，本権を有していても，所持を欠いているので，占有権を有しない。ただ，占有回収の訴えによって占有を回復すれば，占有を失っていた期間も占有して

---

(11)　我妻＝有泉461頁。

401

いたものと推定される（第186条2項）。

なお，後述するように，泥棒が所有者から自力救済によって物を取り戻された場合に，占有回収の訴えで保護されるかが問題となるが，これを認めたのでは，社会の平和維持を目的とする占有制度の根幹にかかわるので，認められるはずがないということは自明であろう。

> ― *point*
> (1) 占有の根拠としての「所持」とは何か。
> (2) 同じく，「占有」とは何か，占有の種類についても理解しよう。
> (3) 「占有権」とは何か。
> (4) 「占有すべき権利」とは何か。

第2款　占有権の意義

第1項　占有の意義

占有は，ある物が人の事実的な支配下ないしその範囲にあるという状態のことであり，この状態は，人による所持という客観的な関係において知ることができる。この「人が物を占有する」という客観的な状態を法律的に評価し，占有訴権などによって保護を与えるためには，「所持（detentio）」という客観的な状態のほか，「占有の意思」を必要とするかという点が既にドイツ普通法時代において問題となっている。

占有には体素（corpus）としての所持のみで足りるという見解を客観主義といい，所持以外に何らかの意思（心素〔animus〕）を必要とするという見解を主観主義という。そして，この問題点は，後の立法主義において顕著に現れている。

この問題点が議論されたのは，19世紀の初期から末期までの長きにわたり，法制史上の位置づけとしては，所謂ドイツ普通法時代においてである。

論争の発端は，ザヴィニー（F. K. von Savigny）が19世紀の初めにその著『占有論（Das Recht des Besitzes）』（1803年）において主張した所有者意思説であり，文字通り，法律上，占有者と認めるためには，所持のほか，所有者として支配する意思（animus dominii）を必要とするという主観主義が学説の端緒であった。この考え方は，その後，ヴィントシャイト（Windscheid）によって，物を支配する意思（animus dominandi）を必要とするという支配者意思説に修正され，更に，デルンブルク（H. Dernburg）によって，自己のために物を所持する意思（animus rem sibi habendi）があれば足りると主張された。即ち，法律上の占有をする者は，物を自己のために所持する者に限るのであり，この占有意思を欠く場合には，占有は成立しないと主張されたのである[12]。

これら主観主義の見解に対して，19世紀の末において，イェーリンク（R. von

第1節　占　有　権

Jhering）は，その著『占有意思論（Der Besitzwille）』（1889年）において，占有の成立
には所有の意思や自己のために占有するという「故意」は必要ではなく，原則とし
て，所持の意思があれば足りるものと主張した[13]。ここに至り，主観主義から客
観主義への移行が図られ，占有の意思は不要とされた。ただ，所持の意思だけは必
要とされたので，若干，意思の問題は残ったが，その後，占有は，物がある人の支
配領域内に存在しているという純粋に客観的な事実的支配状態によって成立すると
いう純客観主義（純客観説）へと変わっていった[14]。

　わが民法は，「占有権は，自己のためにする意思をもって物を所持することに
よって取得する」（第180条）と規定しており，これはデルンブルクの主観主義（自
己のためにする意思説）を採用したものであり，フランス民法やわが国の旧民法は所

---

(12)　ハインリッヒ・デルンブルク（瀬田忠三郎・山口弘一合訳）『獨逸民法論第二巻物權』
　　22-23頁。デルンブルクは，ザヴィニーの説はローマ法源の考え方と異なるので採ることが
　　できないと述べている。即ち，デルンブルクの言によると，ローマ法時代の占有（possessio）
　　には所有的占有と容仮占有（precarium）とがあるところ，これらは，いずれもpossessioの
　　語を用いており，また，ローマの法学者は「占有者としての意思（animus possidentis）」と
　　いう語を用い，所有者としての意思（animus dominii）という語を使っていなかったと述べ
　　た上で，それゆえ，法律上の占有には，自己のためにする意思があれば足りると述べている。
　　デルンブルク・前掲書24-26頁参照。これら学説の変遷に関しては，我妻＝有泉462-464頁
　　及び舟橋278-279頁も参照した。
　　　本註に出てくる「容仮占有」とは，現代の法律用語では，「他主占有」のことであり，制
　　限物権，賃借権に基づく占有のことである。旧民法にも「容仮占有」として規定されていた
　　（財産編第185条）。なお，代金未払の買主が購入物の引渡しを得て使用しているという状況
　　も容仮占有であり，既にローマ時代後期に頻繁に利用されており，現代の所有権留保の原
　　型といわれている。この点については，石口修『所有権留保の現代的課題』（成文堂，2006）
　　19頁以下を参照されたい。
(13)　デルンブルク・前掲書21-22頁，末川博「イェーリングの占有意思論」『民法に於ける
　　特殊問題の研究』（弘文堂書房，1925）284頁（297頁以下，301頁以下）同『占有と所有』
　　（法律文化社，1962）17頁（26-31頁）を参照。
　　　イェーリンクは，まず，人が物を支配するときには常に意思を伴うという観点から出発し
　　ている。また，主観説が心素（animus）と体素（corpus）を区別している点を誤りと断定し，
　　両者の関係については，これを占有と所持との違いに用いるのではなく，何も利益を欲せず
　　に物を占有する者はいないという発想から，占有にも所持にも心素(a)と体素(c)があり，両者
　　は不即不離の関係にあるという。ただ，所持には，法律上ないし事実上の障碍(n)がないこと
　　を要するのであり，占有の成立を否定すべき何らかの障碍がある場合，例えば，占有機関に
　　よる占有や他主占有者（相対的所持関係）には所持が認められないので，取得時効など占有
　　の効果が認められないのだという。イェーリンクは，自己の客観説からこれを定式化し，所
　　持(Y) = a + c − nであるという（主観説は，Y = a + c）。そして，イェーリンクは，占有
　　(X)の成立には，主観説も客観説もともに基本は心素(a)・体素(c)であり，ただ，主観説では，
　　特別に所有の意思ないし占有の意思というプラスアルファの要素があって初めて占有が成立
　　する（X = a + a + c）のに対して，客観説では，所持するための何らかの意思があればよ
　　いとする（X = a + c）。
(14)　Bekker, Zur Reform des Besitzrechts, Jherings Jahrbücher Bd. 30 (1891), S. 318ff. 鷹巣
　　信孝「占有権とはどのような権利か(一)」佐賀大学経済論集第33巻3・4号（2001年）125頁
　　（133頁以下）参照。

有者意思説を採用したとされる[15]。他方，ドイツ民法は，草案の過程において主観主義（第一草案）から客観主義へと変更した上で立法され（BGB 第 854 条）[16]，スイス民法もまた客観主義を採用するに至った（ZGB 第 919 条）[17]。

これら立法主義の結果として，法律上の意味がどのように変わるのかというと，占有者に所有者としての意思や自己のためにする意思を要求する主観主義立法においては，占有に関するそれぞれの制度において，法律要件としては狭くなるので，個別規定において所有の意思を必要としないなど，別の規定を置くか，あるいは，規定の取扱いについて解釈に委ねるかを態度表明しなければならない。反対に，占有意思を要求しない客観主義立法においては，各制度に特段の規定を置かなくとも，客観的な所持のみで占有者としての権利を行使しうるので，極めて合理的である。

わが民法は，「自己のためにする意思」（第 180 条）と立法したために，取得時効の要件として，「所有の意思をもって」（第 162 条）と，別規定で異なる法律要件を置き，また，その証明責任を緩和する必要から，自主占有者には「所有の意思」を推定する旨の規定（第 186 条）を置いているのである。

第 2 項　民法上の占有と占有権

1　占有権の取得要件概観

占有とは，「物を所持すること」という事実状態を意味するが，わが民法は，自己のためにする意思をもって物を所持することによって，占有権を取得すると規定している（第 180 条）。この規定から，わが民法は主観主義を採用したということが分かる。また，第 180 条は，占有という事実状態に対して物権としての占有権を付与している。

この占有権が成立するための法律要件として，「物の所持」と「自己のためにする意思」とが必要である。ただ，後者の「自己のためにする意思」という要件については，これを厳格に解すると，紛争の生じた際に，この意思の存在を証明する

---

(15)　我妻＝有泉 463-464 頁，石田穣 509-510 頁，川島武宜・川井健編『新版注釈民法(7)物権(2)〔稲本洋之助〕』12 頁参照。フランス民法は所有者意思説を採用したといわれているが，実際は，わが国と同様，取得時効の要件として所有者意思が要求されているに過ぎず（CC 第 2229 条），占有訴権の要件としては規定がないので，解釈上は，「自己のために行為する意思」で足りるものと解されている（稲本・前掲注民同頁参照）。なお，わが民法は，ボアソナード草案及び旧民法においては，「自己ノ為ニ有スルノ意思」，「自己ノ為ト為ス意思」であるから（財産編第 180 条，第 189 条参照），法文上は所有者意思説を採用していた。

(16)　BGB 第 854 条（占有の取得）
　　第 1 項　物の占有は，物に関する事実的支配の獲得によって取得される。
　　第 2 項　取得者が，物に関する支配を行使する状況にあるときは，旧占有者と取得者との占有のためにする物権的合意で足りる。

(17)　ZGB 第 919 条（占有の定義）
　　第 1 項　およそ物を事実上支配する者は，占有者である。
　　第 2 項　地役権及び土地負担において権利を事実上行使することは，物の占有と同様とする。

必要があるところ，これは内心の意思であり，外部的な表象を伴わないことから，「自己のためにする意思」を証明することは大変な困難を伴う。しかし，そのために占有の保護を受けられないのでは，社会の平和と秩序を維持するという占有制度の目的を果たしえない。そこで，民法の解釈としては，なるべくこの「意思」という要件を緩和し，占有の社会的作用を全うさせる必要がある[18]。立法主義として，客観主義が優るといわれるゆえんである。

　もっとも，証明の困難さを是正する方策として，占有者には「所有の意思」が推定されており（第186条），また，無主物先占（第239条），家畜外動物の取得（第195条），時効取得（第162条）など，個別問題においては，「所有の意思」が要求される場面が多く，更に，占有権の取得に関しては，「所持」を重視する客観説的な解釈が採用されているので，事実上，「自己のためにする意思」が問題となる局面はほとんどないであろう。

2　「所持」について

(1)　所持の意義

　所持とは，ある物体が特定人の事実上の支配下にあると認められる客観的関係に存することである。通常は，物を継続的に保持するという状況を意味するが，具体的には，所持の客体とされる物体が動産であるか，不動産であるかによって，事実上の支配と認められるための要件を異にする。

　所持の客体が動産の場合において，この動産を自分で所持するときには，一般に，物理的な支配状態ないし保持が社会観念上も所持として認められる。例えば，自分の居住する家屋内もしくはこれに隣接する郵便受けに投函された郵便物，あるいは，自分の家屋内（もしくはマンションの共用部分）にある留守用の宅配ロッカーに入れられた宅配小包などについても，所持が認められる。しかし，一時的な貸借，あるいは他人の物を奪って追跡されているという状況では，事実上の支配とはいえないので，所持は成立しない（逃げ切れば，所持が成立する）。

　所持の客体が不動産の場合，特に，建物の場合には，その管理ないし支配状況が比較的に明らかである。例えば，建物の所有者が，この建物に継続的に出入りするために鍵を所持しており，鍵をかけるなどしていれば，占有状況に全く問題はない。また，所有者が建物への鍵かけや表札を掛けるなど，占有を表示していなくとも，当該建物が隣家であり，日常的にこれを監視しうる状況下にあるときには，建物の所持とみられ，占有権が成立する[19]。

---

(18)　我妻＝有泉464-465頁ほか，多数説は，なるべく客観的に解すべきことを表明している。なお，川島・新版理論151頁，舟橋286頁に至っては，このような解釈論においては，実質的には，意思は占有の客観的事実の中に解消してしまっており，意思の存在は全く構成の上での擬制的なものに過ぎず，占有の要件として掲げるのは無意味であるとして，「意思」を無視して差し支えないものと解している。

第3章　占有・所有関係

　これに対して，土地の所持の場合には，宅地，農地，山林など，地目に応じて事実上の支配（利用）態様が異なる。例えば，宅地の場合には，家屋の屋根の下の土地部分は，通常，家屋所有者の所持が認められる[20]。また，農地の場合には，継続的な耕作によって占有が認められるので，例えば，農地を交換分合によって取得した場合には，旧農地と新農地とで継続的に耕作していれば，新農地への占有継続が認められるなど，やや観念的になる[21]。

(2)　所持と排他性

　次に，占有訴権の行使に当たって，他人を排除するほどの占有の事実が認められるか，即ち，土地の使用が外形上明確ではなく，排他性ないし恒常性の弱い場合において，占有訴権が認められるかという問題もある。これは，占有の要件として排他的な所持は必要かという問題である。

　この問題について，裁判例は，空き家が倒壊した後，空き地となっていた土地を一時的に使用していた者が提起した占有の訴えにおいて，その者の占有の事実を認めなかった[22]。これは，土地の使用が一時的であり，排他性のない場合には，所

---

(19)　最判昭和27年2月19日民集6巻2号95頁：Xは自己の所有する家屋をAに賃貸し，Aは自己の使用人Bを同家屋に住まわせていた。ところが，Aは，Bが同家屋を退去した後，Yらを勝手に住まわせた。そこでXは，Yらに対し，Yらは不法占拠者であるとして，家屋の返還を求め，本訴を提起した。これに対してYらは，Aの賃借権を理由に正当な占有であるとし，かえってXには所持に該当する事実がないので，占有権がないなどと主張した。第1審，原審ともにXの請求を認容したので，Yらから上告。
　　棄却。「所論は，Xは右家屋に錠をかけてその鍵を所持するとか標札や貼紙などでXが現に占有することが第三者にもわかるようにしておくとか，いうような方法を講じなかった，と指摘する。しかし，さような手段を執らなかったからとて，必ずしも所持なしとは言えない。」「X方が隣家であるため，問題の家屋の裏口を常に監視して容易に侵入を制止し得る状況であり，現にYらの侵入に際しXの妻女が制止した事実を原判決が認めたような次第であって，Xに本件家屋の所持があったと言い得る。」
(20)　大判昭和16年12月12日新聞4753号9頁：土地の取得時効の成否に関する事案において，大審院は，「家屋の屋根の下の土地は通常家屋所有者においてこれを占有しているものと見るべき……である。これを樹木の枝が境界を超えた場合と同日に論ずべきではない」と判示し，その理由は，「蓋し，社会通念上所有家屋の屋根の下はその上に家屋の一部である屋根を所有することにより，その範囲において家屋の所有者がこれを支配しているものと見ることができるのに反して，樹木の枝が境界を越えたのみではこれによりその下の土地を支配しているとは何人も考えないからである」とした。
(21)　最判昭和54年9月7日民集33巻5号640頁：本件は，土地の耕作者Xが土地所有者もしくは仮登記名義人Yらに対し，時効取得に基づく所有権移転登記を請求したという事案である。原審が，Xは交換分合による農用地の変動があったものの，交換分合の前後を通じ両土地に対し自主占有を維持し，継続してきたとして，時効取得を認めたので，Yから上告。
　　棄却「土地改良法に基づく交換分合により農用地の所有権の得喪が生じる場合には特定の所有者が取得すべき土地と失うべき土地（以下「両土地」という。）とは別異のものであるが，同法が，両土地の同等性を保障しており（同法102条），両土地を所有権その他の権利関係について同一のものに準じて取り扱っていること（同法106条）に鑑みれば，農用地の交換分合の前後を通じ両土地について自主占有が継続しているときは，取得時効の成否に関しては両土地の占有期間を通算することができるものと解するのが相当である。」

持として認められないということを示したものということができる。

(3) 所持機関ないし占有補助者

　更に，例えば，権利能力なき社団ないし組合甲の所有する土地において，代表理事Aがおり，その構成員B，C，Dなど多数人が各自権限をもって当該土地で仕事をしている場合には，当該土地の真実の所有者は，誰を相手に土地の返還請求訴訟を提起したらよいのか，また，Aの所有する土地をBが賃借して建物を建築・所有し，この建物をBがCに賃貸するなど，複数の権利関係が成立する場合には，いずれの者に所持があるのかが問題となる。

　これは所謂「所持機関（ないし占有補助者〔Besitzdiener〕）」という問題であり，通説は，この場合には，所持の機関ないし補助者には所持は成立せず，所持は本人についてのみ，1つしか成立しないものと解している[23]。同様に，判例も，組合の所有する土地について，組合の理事は所持の機関に過ぎないので，返還請求の相手方は組合自身であるとした[24]。また，この点は，企業（会社）と代表取締役との関係においても同様である[25]。更に，一般に，従業員は会社の占有補助者であり，占

---

(22)　水戸地判昭和25年6月22日下民集1巻6号969頁：「家屋はBの遺族が立ち退いた後，住む者もなく，Xが時には，これに薪や稲束を入れたこともあり，Cが箒草を置いたこともあり，近所の者が空箱を置いたこともあったが継続して利用する者もなく，空家のまゝ放置せられたので，次第に朽廃し，遂に倒壊して道路の通行に支障を来すに至ったが，管理する者もないので近隣の者が協力してこれを取り片付け，その後は空地となっていたので，Xはその一隅に薪を置いたり，収穫時期には地上に藁などを乾すこともあった事実が認められる。然しながら，Xは本件土地を以上認定する如き程度にしか使用していないし，……，Xが本件土地にこれ以上の事実上の支配をしていることを認めるに足るものがない以上，認定の如き事実関係では未だXが本件土地を占有していたものとは認め難い。」

(23)　我妻＝有泉466頁。

(24)　最判昭和31年12月27日裁判集民事24号661頁：本件は，XのY₂らに対する建物明渡請求訴訟である。Y₂らは，建物賃借人Y₁組合のために建物を管理するという目的で占有しているに過ぎず，独立の占有権を有しないので，被告適格を有しないと主張した。
　　　一部破棄差戻。「Yらは，いずれも，Yら主張の建物部分を占拠していることは認めるが，Y₂はY₁組合の理事であり本所支部長として建物の一部を支部の事務所に使用しているものであり，Y₃及びY₄はY₁組合の使用人として建物の管理をしているので，いずれも，組合とは別に個人として独立の占有を有するものではないというのである。しかるに，原判決は，……Yらに対し，それぞれ本件建物の判示占拠部分の明渡を命じた第1審判決を是認したものである。されば，原判決は，占有機関であると主張する者に対し明渡を命ずるについて理由を備えない違法があり，……，同判決部分は破棄を免れない。」

(25)　最判昭和32年2月15日民集11巻2号270頁：Xは，A造船会社の代表取締役Yに対し，本件土地上の物件を収去して土地を明け渡すこと及び損害金の支払を求めて本訴を提起した。原審は，YはA会社のために本件土地を代理占有者として直接占有している旨を理由として，Yには本件土地を明け渡すべき義務があるとして，Yの控訴を棄却した。Yから上告。
　　　破棄差戻。「Yは訴外A造船株式会社の代表取締役であって同会社の代表機関として本件土地を占有している……。そうすると，本件土地の占有者は右訴外会社であって，Yは訴外会社の機関としてこれを所持するに止まり，したがって，この関係においては本件土地の直接占有者は訴外会社であって，Yは直接占有者ではないものといわなければならない。

第 3 章　占有・所有関係

有訴権の相手方ではないが，会社を退職した場合において占有を継続しているときには，独立した占有者として，占有訴権の相手方になるとされた[26]。

　近時，判例は，法人の代表者がその法人から代表者の地位を解任された場合でも，個人としての占有が残っているとして，寺の庫裏の占有を奪われた僧侶（住職）による宗教法人に対する占有回収の訴えを認めた。次に示して確認する。

〔判例 51〕最判平成 10 年 3 月 10 日判時 1683 号 95 頁
【事実】

　(1)　Y寺は宗教法人A宗の被包括宗教法人であり，Xは，AのB管長からY寺の住職及び代表役員に任命され，Y寺の所有する本件建物等の財産を管理・所持していた。ただ，実際の管理は，Cに任せていた。

　(2)　B管長は，Xが教義上の異説を唱えたとしてXを僧籍剥奪処分に付するとともに，DをXの後任住職に任命し，Y寺はXに対し，本件建物の明渡訴訟（別件訴訟）を提起した。また，Y寺は，管理者Cに対し，建物からの退去を命じる断行仮処分を申し立てた。Xはこれに参加して，和解し，XのCを占有補助者とする本件建物の占有を確認し，別件訴訟の帰趨に従って本件建物の占有者を決め，その者に占有させる旨を合意したので，Cは引き続き本件建物を管理していた。

　(3)　この別件訴訟の第 1 審は，本件訴訟が「教義，信仰と密接にかかわる事柄であり，法律上の訴訟に適さない」として訴えを却下したので，管理人Cは本件建物に施錠して，その鍵をXに渡し，自身は田舎へ帰った。その後，Dは，本件建物の庫裏玄関の戸を開けて本件建物に入った。A宗の宗務院は，Dに対し，本件建物の管理を指示した。そのため，Dは，Xから本件建物等を取り戻されるのを防ぐため，本件建物の鍵を付け替え，警備員2名を泊まり込ませて，本件建物の管理をするようになった。

　(4)　Xは，その妻と信者数名が本件建物内に立ち入ろうとしたのを警備員に制止されたことから，Y寺が管理し始めたことを知った。その後，Xは，Dに対し，本件建物からの退去を求めたが，Dはこれを拒否した。

　そこでXは，Y寺に対し，自身の意に反して占有を奪われたとして，占有回収の訴えを提起した。

──────────

(26)　最判昭和 57 年 3 月 30 日判時 1039 号 61 頁：Y会社は会員制のアスレチッククラブを経営し，X会社は同所でレストラン営業を開始した。Xの営業は，Yの委託による飲食物の販売であった。その後，Xは，経営に行き詰まったので，Xの現地支配人Aら 13 名はXに退職届を出し，引き続き現地で営業していた。Xは，Aらの行為はYがそそのかして行わせたものであるとして，Yに対し，占有回収の訴えを提起した。
　　原審は，Yには占有侵奪の事実はなく，AらもYの占有補助者に過ぎないので，被告適格がないとして，Xの請求を棄却した。Xから上告。
　　一部破棄差戻，一部棄却。「A，BらがX会社に対し退職届を提出することにより爾後自ら本件店舗を占有する旨を表明したのちは，同人らは，自己のためにする意思をもって本件店舗の所持を取得しこれを継続したものというべきであり，反面，X会社は，A，Bら……の意思が表明された時点において，その意思に基づかないで本件店舗に対する所持を失ったものということができるから，A，Bらに対し，……，本件店舗の返還を請求することができる。」

第1節　占　有　権

　第1審はＸの請求を認容したが，原審は，①Ｙの占有侵奪の態様は，本件建物の鍵を付け替えて本件建物等の現実支配に着手したに過ぎず，Ｘの身体に対する有形力の行使ではないこと，②Ｘが既に擯斥処分を受けていること，③民法717条の占有者には占有機関は含まれないから，Ｘは同条に定める損害賠償責任を負わないが，Ｙ寺は本件建物の占有者，所有者として責任を免れないことなどを総合考慮すると，Ｘは，Ｙ寺に対して占有の訴えを提起しえないとして，Ｘの請求を棄却した。Ｘから上告。

【判旨】破棄自判

　「法人の代表者が法人の業務として行う物の所持は，いわゆる機関占有であって，これによる占有は法人そのものの直接占有というべきであり，代表者個人は，原則として，当該物の占有者として訴えられることもなければ，当該物の占有者であることを理由に民法198条以下の占有の訴えを提起することもできないと解すべきである（最判昭和32年2月15日民集11巻2号270頁，最判昭和32年2月22日裁判集民事25号605頁参照）。

　しかしながら，代表者が法人の機関として物を所持するにとどまらず，代表者個人のためにもこれを所持するものと認めるべき特別の事情がある場合には，これと異なり，その物について個人として占有の訴えを提起することができるものと解するのが相当である。」

　最高裁はこのように判示して，Ｘは，「別件訴訟が決着をみるまではＸ自身のためにも本件建物等を所持する意思を有し，現にこれを所持していたということができるのであって，正に，前記特別の事情がある場合に当たると」して，Ｘの請求を認めた。

《問題点》

　宗教法人の代表者（住職）として寺院建物の所持を開始した後に僧籍剥奪の処分を受けた者は，建物の所持を奪った法人に対して占有回収の訴えによりその返還を求めることができるか。

《分析》

　このような問題について，本判決は，法人の代表者は法人の占有機関であり，原則として，占有者にならないので，占有訴権の原告・被告両適格を有しないとしたが（従来の判例法理の確認），法人の代表者が，代表者個人のためにもこれを所持するものと認めるべき特別の事情がある場合には，例外的に，その物について個人として占有の訴えを提起しうるものと解し，本件においては，まさにこの特別の事情に該当するとして，元代表者ＸのＹ法人に対する占有回収の訴えを認めた。

　前述したように，通常の企業や団体については，代表者は企業等の占有機関であり，代表者は所持を有せず，法人自身が所持を有するので，代表者には占有権が成立しないとされ，占有訴権の当事者にはなりえないと解されている（前掲最判昭和32年2月15日及び通説）。

　この考え方は，法人学説のうち，「法人実在説」に基づいた解釈であり（通説），本判決も，この原則に基づき，従来の判例法理を確認しつつ，同様の判断を下している。しかし，本判決は，本件のように，宗教法人の代表者である僧侶（住職）が

409

第 3 章　占有・所有関係

寺院内の庫裏に居住し，同所で個人として生活しながら，職務にも従事しているという実態を顧慮したのか，代表者個人としての所持を認めることにより，占有権の存在を認め，占有訴権の原告適格を認めた。また，本判決以後の同一宗派における類似の事案について，最高裁は，同様の判断を下した[27]。

　しかし，この解釈に反対して，法人の機関は実質的に法人の占有代理人であるという解釈に基づき，職務の内外を問わず，その機関自身が自己占有を有するものと解する説[28]，あるいは，法人の機関が直接所持を有し，法人自身が間接所持を有するものと解すべきであるとして，ここから，機関は直接占有を有し，法人は間接占有を有するものとして，両者に占有訴権を肯定すべきものと解する有力説[29]がある。

　これら有力説は，法人の機関は単なる占有補助者ではなく，占有代理人の実質を有するとして，占有訴権の当事者として認定すべきだという考え方である。この問題に関する通説・判例の考え方が，実質的に考えて，法人実在説の解釈を維持するためだけに存在し，占有補助者には独立した占有権を観念する必要はないというのであれば，確かに有力説のいうとおりであろう。

　しかし，例えば，土地明渡請求訴訟において，占有補助者にも独立の占有権があるとすると，本人に対するのみならず，この補助者に対しても，債務名義を取得して，同人を明渡請求の当事者としなければならなくなる。しかし，これでは余分な時間と労力を必要とすることになり，妥当ではない。したがって，やはり，占有機関と認定される限りにおいて，法人の代表者などに独立した所持を考える必要はないものと思量する。

　次に，先述したように，Aの所有する土地をBが賃借して建物を建築・所有し，これをCに賃貸するなど，複数の権利関係が成立する場合には，いずれの者に所持があるのかという点が問題となる。この問題については，Aは借地権者Bを介して，間接的に土地の所持を有しており，Bは直接に土地の所持を有しているものということができる。それでは，Bからの建物賃借人Cに土地の所持はあるのだろうか。この場合には，Cには建物の所持はあるが，土地については，借地権者Bの所持機関と解される[30]。したがって，Cには土地の所持はない。ただし，土地の明渡請求については，BとともにCも被告適格を有する[31]。しかし，これは建物の

---

(27)　最判平成 12 年 1 月 31 日判時 1708 号 94 頁。
(28)　舟橋 291 頁。舟橋博士は，法人の機関が占有補助者ないし機関とされるのは，法人実在説に基づいて説明するためのものであるが，「その実質においては，法人の実力的支配に服するわけでなく，法定代理人等が占有代理人として所持する場合と異ならない」という理由づけを行っている。
(29)　石田穣 515 頁。石田助教授は，「起草者は，法人は占有代理人によって物を占有するとしている（民法議事速記録 6 巻 67 頁）」として，このように主張する。
(30)　我妻＝有泉 467 頁。

410

所有を介しての土地の現実占有という問題であり，所持の有無とは別問題である。

3 「意思」について

わが民法上，占有権の取得が認められるための要件として，「所持」のほかに「自己のためにする意思」が必要である（第180条）。この「意思」という要件は，前述したように，立法主義において客観主義が台頭する一因になったくらいに，必要性は薄いので，要件としては緩和されるべきである。

自己のためにする意思とは，物の所持による事実上の利益を自分に帰せしめようとする意思のことをいう(32)。その結果，自分自身のためにする意思と同時に，他人のためにするという意思も成立しうることとなる。ここから，「代理人による占有」という概念が生ずる。即ち，所有者がその所有財産を他人に賃貸するなど，他人をして現実（直接）に占有させている場合には，所有者本人は間接占有（間接自主占有）を取得する。

また，この意思は，純粋に客観的に観察して，所持があると認められれば，自己のためにする意思があるものとみなして差し支えない。即ち，その意思の有無は，何らかの占有権原を有する者においては，その占有を発生させた原因である権原の性質により，また，無権原者においては，占有に関する事情によって外形的・客観的に決められる(33)。それゆえ，所有者からの財産譲受人，盗人，用益物権者，借

---

(31)　最判昭和34年4月15日訟務月報5巻6号733頁：X（国）が所有する本件土地（郵政用地）につきA協会が何らかの使用権を取得し，同地上に本件建物を建築して所有し，Yは同建物をA協会から賃借し，土地を占有してきた。本件建物の1階には郵便局も入っている。その後，A協会が土地の使用権を喪失したので，XはYに対して土地の明渡しを求め，本訴を提起した。原審がXの請求を認めたので，Yから上告。

棄却。「建物は，その敷地を離れて存在し得ないのであるから，建物を占有使用する者は，自ずからこれを通じてその敷地をも占有するものと解すべきである。本件において，原判示郵政用地は，A協会が，その上に建築資材展示場を建築してこれを占有し，建物の中，Yらが占有使用する部分に該る敷地は，Yらもまたこれを占有しているものとなさざるを得ない。したがって，原判決がA協会において郵政用地の使用権を喪失した旨判示している以上，原判示建物の中所論部分に該る敷地もまた，Yらの不法に占有するものとなすべきは当然である。」

(32)　我妻＝有泉467頁。

(33)　最判昭和58年3月24日民集37巻2号131頁：「民法186条1項の規定は，占有者は所有の意思で占有するものと推定しており，占有者の占有が自主占有にあたらないことを理由に取得時効の成立を争う者は占有が所有の意思のない占有にあたることについての立証責任を負うのであるが（最判昭和54年7月31日裁判集民事127号317頁参照），所有の意思は，占有者の内心の意思によってではなく，占有取得の原因である権原又は占有に関する事情により外形的客観的に定められるべきものであるから（最判昭和45年6月18日裁判集民事99号375頁，最判昭和47年9月8日民集26巻7号1348頁参照），占有者がその性質上所有の意思のないものとされる権原に基づき占有を取得した事実が証明されるか，又は占有者が占有中，真の所有者であれば通常はとらない態度を示し，若しくは所有者であれば当然とるべき行動に出なかったなど，外形的客観的にみて占有者が他人の所有権を排斥して占有する意思を有していなかったものと解される事情が証明されるときは，占有者の内心の意思のいかんを問わず，その所有の意思を否定し，時効による所有権取得の主張を排斥しなければならない。」

地権者，使用借主，留置権者，質権者などは，すべて自己のためにする意思を有するものとされ，個別的に，その意思の有無を顧慮される必要はない。

また，この意思は，潜在的・一般的なものでもかまわない。本人の居住地その他の住所地に設置された郵便受けや宅配ボックスに届けられた郵便物や宅配便などの届け物については，本人の知る・知らないにかかわらず，自己のためにする意思があるものと解される。

また，この意思は，自己の責任において他人のために物を所持する者にも存在する。即ち，運送人[34]，倉庫業者・受寄者，受任者，請負人，破産管財人，財産管理人，遺言執行者，事務管理者，遺失物拾得者，親権者[35]，一時的に管理をした所有者[36]などがこれに該当する。これらの者は，通常，直接の利益を本人である物の所有者あるいは権利者に帰属させる意思を有するであろうが，また，その有償・無償の別はあろうが，いずれにせよ，自己のためにする意思を有するものとみなして差し支えない。もっとも，これらのうち，一時的管理をした所有者以外の者については，自主占有権を認められなくとも，他主占有者にも占有訴権が認められているので（第197条後段），それほどの不都合はない。しかし，権利の推定（第188条）などについては，不都合を生ずるものと解されている[37]。

更に，自己のためにする意思を緩和して解釈するにせよ，この意思は，一応，占

---

(34)　大判大正9年10月14日民録26輯1485頁：「運送人が貨物引換証を発行したときは運送貨物に対し貨物引換証の所持人のために代理占有をすると同時に，自己のためにする自主占有権を有するものにして，この占有権は到達地において貨物引換証と引き換えに運送品の引渡しをするに至るまで継続するものとする。したがって，運送人の占有権がその以前において消滅した事実を認定するには，特にその事由を説明しなければならない。」

(35)　大判昭和6年3月31日民集10巻150頁：「未成年の子の財産を管理する親権者がその子の所有物を所持する場合には，子のためにする意思を以てすると同時にまた自己のためにする意思を以てこれを所持するものと認めるのを相当とすべきであり，従って，子はその代理人たる親権者によって占有権を保有すると同時に親権者自身もまた占有権を有するものといわなければならない」

(36)　前掲最判昭和27年2月19日：家屋の所有者Xが賃借人Aの使用人Bの退去に伴い，Bから返還を受けた後，Aが勝手にYを住まわせたことに対する，XのYに対する家屋返還請求に対するYの上告理由について，最高裁は次のように判示した。

「論旨は，かりにXがBの明渡によって本件家屋を所持するに至ったとしても，それは賃貸人として賃借人たるAのため一時的管理をした――すなわちAのためにする意思を以て所持した――と解すべきで，従って「自己ノ為メニスル意思」なく，占有権の要素たる「心素」を欠く，と主張する。しかし，XとAとの間に賃貸借があった……としても，そのゆえにXに「自己ノ為メニスル意思」がないとは言えない。」

(37)　我妻＝有泉469頁。我妻博士はその理由を明らかにしていないが，権利適法保有の推定（第188条）は，Aの所有動産をBが占有していても，Aからの承継取得者Cとの間で，Bの賃借権といった占有権原について争いのある場合には適用しえない（適法な賃借人とは推定されない）からであろう。それゆえ，この場合には，Bは占有正権原の証明が必要となる。しかし，この問題は，占有という権利外観による公示から導かれる効力であるから，占有意思とは無関係のように思われる。むしろ，所持の意思あるところには，自己のためにする意思が認められると解すれば，十分である。

有権を取得するための要件となるところ，これが占有を継続するための要件にもなるか否かについて，かつて争いがあったが，多数説は否定に解する[38]。その理由は，「意思」が取得要件であり（第180条），また，占有意思の放棄または所持の喪失が消滅原因であるところ（第203条本文），「所持」があれば，抽象的・観念的に「意思」は認められ，「意思」を積極的に放棄するまでは占有が認められるので，ことさらに占有意思を占有継続の要件とする必要がないからである[39]。

　更にまた，意思能力を有しない者について占有権が成立するかという問題がある。通説は，意思無能力者は占有意思を有しえないという理由から，自らは占有権を取得しえないが，法定代理人または事実上の介護者によって意思が補充されるので，これらの者を占有代理人として，占有（間接占有）を取得するものと解している[40]。

第3項　占有と登記との関係

　占有をローマ法的にみるとき（先述したポッセッシオの場合）には，占有訴権を中心として考えることになり，登記との関係は希薄というか，関係を有しない。しかし，占有をゲルマン法的にみると，ゲヴェーレが個々の物権の表象になるという意味において，公示の原則・公信の原則とともに，本権の推定や物権の時効取得においても，占有と登記との関係は密接になる。即ち，物権の客体が動産と不動産とに分かれることにより，占有と登記の機能もそれぞれの制度において分担されることになる。

　物権変動の箇所において既に述べたように，ドイツ民法においては，物権の変動に関して，所謂「形式主義」が採用されており，動産においては，物権的合意（Einigung）と引渡し（Übergabe）により，占有（Besitz）が取得者に帰属することによって，初めて所有権の移転という効力が発生し（BGB第929条），不動産においては，特別に所有権の移転を目的とする物権的合意（Auflassung）と登記手続（Eintragung）により，登記が取得者に帰属することによって，初めて所有権移転という効力が発生する（BGB第873条）。また，この制度においては，取得時効（Ersitzung）も，単に永年にわたる占有継続という事実のみを要件とすることなく，

---

(38)　我妻＝有泉469頁，舟橋288頁など。これに反対する説として，石田穣512頁があり，石田助教授は，占有意思を有しない者を保護する必要はなく，第203条の「放棄」は占有意思の不存在による占有権の消滅にほかならないと主張する。また，石田助教授は，間接占有の場合には，占有代理人が占有意思の不存在を本人に知らせるか，本人がこれを知った時に本人の間接占有も消滅すると解している。

(39)　舟橋288頁。また，我妻＝有泉469頁は，第180条と第203条から，「占有意思の継続を要するという推論は許されない」と主張する。

(40)　我妻＝有泉469頁。しかし，舟橋288頁は，占有意思が所持の中に解消されるものと解する立場からいえば，意思無能力者といえども，自ら所持を有するものと認められる限り，占有を有しうるのではないかと述べている。しかし，わが民法の構造上，無理であり，客観主義への改正を待つしかない。

第3章　占有・所有関係

原因を欠く状況において登記だけを取得した者が，一定期間，不動産を継続して占
有することによって，その不動産の所有権を取得する（BGB 第 900 条）[41]。

　しかし，わが民法は，占有と登記との関連性について，形式的にも，実質的にも，
ほとんど考慮していない。僅かに，公示の原則において，動産と不動産の物権変動
に関する対抗要件として，これを峻別しているに止まり（第 177 条，第 178 条），時効
取得（第 162 条，第 163 条），本権の推定（第 188 条），即時取得（第 192 条）などについ
ては，すべて，単に占有の効果としている。

　しかしながら，この立法は本来あるべき姿ではない。即ち，時効取得を単に占有
のみを基礎として認めると，登記を軽視することになり（物権法総論の「時効取得と登
記」における諸問題を参照），本権の推定は，不動産については登記を，動産について
は占有を根拠とすべきであり，更に，即時取得の根拠となる公信の原則（公信力）は，
不動産の登記についてはこれを認めず，動産の占有についてのみこれを認めるとい
う明確な規定が存在しない。これらの点は，わが民法の欠陥であり，解釈にあたっ
て注意しなければならない点であるとされる[42]。

第3款　占有の種類

第1項　単独占有・共同占有

　占有は，単独で占有する場合でも，数人で共同して占有する場合でも，所持と自
己のためにする意思があれば，占有と認めて差し支えない。財産の共有者，共同相
続人，共同賃借人などは，共同占有者である。共同で占有するのであるから，共同
占有者である間は各人に独立した占有権はない[43]。

---

(41)　BGB 第 900 条（登記取得時効）
　　　第1項　所有権を獲得していなくとも，およそ登記簿上，土地の所有者として，登記を 30
　　年間存続させ，その間，土地を自主占有してきた者は，所有権を取得する。この 30 年とい
　　う期間は，動産の取得時効期間と同じ方法で算定する。登記簿上の登記の正当性に関して異
　　議が述べられたときは，その期間の進行は中断する。
　　　第2項　本条は，ある人のために自己に帰属していない他の権利を登記簿に登記し，土地
　　の占有権原もしくはその使用が，占有について適用される規定によって保護される場合に準
　　用する。権利の順位については登記による。
(42)　我妻＝有泉 470 頁，また，36-37 頁を参照。
(43)　大判昭和 15 年 11 月 8 日新聞 4642 号 9 頁：Y₁ は大正 12(1923) 年中より X の先代 A の家
　　に居住し，A を扶けて家政を処理し，本件不動産を使用収益（占有）していた。大正 15 年 2
　　月 22，3 日頃，A は本件不動産を Y₁ に贈与し，Y₁ は引渡しを受け，贈与契約の履行を終了
　　した。X は，大正 15 年 3 月，先代 A 死亡の数日前に帰郷し，Y₁ と同居し，本件不動産を使
　　用収益している。Y₁ は，昭和 3(1928) 年 3 月中，本件不動産の占有を放棄した。
　　　本件は，X が，その後，土地所有権の登記名義人となった Y₂ に対して時効取得を主張し，
　　登記の抹消を請求したという事案である。原審は X の請求を認めないので，X から上告。
　　　破棄差戻。「Y₁ は，大正 15 年 2 月 22，3 日頃より昭和 3 年 3 月に至るまで該不動産を自
　　己の所有物としてこれを占有していた。」「X が本件不動産を使用収益するに至ったのは，X
　　がこれを A より承継した相続財産であると認めたことによる。」「大正 15 年 3 月より昭和 3

414

第1節　占　有　権

共同占有者は，占有権を共有するわけであるから（準共有〔第264条〕），占有権の効果としての規定，例えば，果実の取得（収取権）（第189条），費用償還請求権（第196条），占有訴権の行使（第197条以下）といった占有権に基づく権利の行使ごとに，共有規定を類推適用すべきことになる[44]。ただ，占有訴権については，保存行為に該当するので，各占有者に占有訴権がある（第252条ただし書）。

第2項　自主占有・他主占有
1　意　　義
自主占有とは，「所有の意思」をもってする占有であり，それ以外の意思をもってする占有を他主占有という。所有の意思とは，所有者として占有する意思のことであり，所有者と信ずることではない。それゆえ，他人の所有物であっても，自分の所有物とする意思があれば，自主占有者である。したがって，盗人も自主占有者である。

自主占有と他主占有とを区別する実益は，取得時効（第162条以下），無主物の帰属（「先占」という。）（第239条），占有者の損害賠償責任（第191条ただし書）などにおいて現れる。

所有の意思があるか否かは，占有権原（占有を取得する原因となる事実）の客観的な性質によって決せられる。地上権，永小作権，賃借権に基づいて占有する者には，外形的・客観的に見て，所有の意思があるとは認められないので，他主占有者である。たとえ，これらの者が内心において所有の意思を有していたとしても，自主占有者とは認められない[45]。

ただ，賃借人が賃借物を買い取った場合のように[46]，新たな権原により更に所有の意思をもって占有を開始するときには，自主占有者となる（第185条後段）。これを「他主占有から自主占有への転換」という。また，条文上は，他主占有者が，

年3月に至るまでは，Y₁及びXは各共に自己単独の所有物として本件不動産を継続して占有していたこととならざるをえないが，このようなことは事実上あり得ないことであるから，」昭和3年3月にY₁が本件土地の占有を放棄し，Xが第162条2項の要件を具備したとすれば，以後，Xは単独占有者として，時効完成時の所有者であるY₂に対し，登記なくして時効取得を対抗することができる。

(44)　舟橋299頁。
(45)　最判昭和45年6月18日判時600号83頁：「占有における所有の意思の有無は，占有取得の原因たる事実によって外形的客観的に定められるべきものであるから，賃貸借が法律上効力を生じない場合にあっても，賃貸借により取得した占有は他主占有というべき」である。
(46)　最判昭和52年3月3日民集31巻2号157頁：「農地を賃借していた者が所有者から右農地を買受け，その代金を支払ったときは，当時施行の農地調整法4条（現行農地法第3条〔筆者註〕）によって農地の所有権移転の効力発生要件とされていた都道府県知事の許可又は市町村農地委員会の承認を得るための手続がとられていなかったとしても，買主は，特段の事情のない限り，売買契約を締結し代金を支払った時に民法185条にいう新権原により所有の意思をもって右農地の占有を始めたものというべきである。」

415

自主占有者に対して所有の意思を表示すれば，その時点から自主占有者になる旨が規定されているが（同条前段），この場合でも，他主占有者が勝手に占有意思を変更しただけで占有の性質が変わるわけではなく，新たに自主占有者となるべき外形的・客観的な権利取得ないし占有事情，即ち，新たな権原を必要とするということはいうまでもない。

なお，占有者は自主占有するものと推定されている（第186条による「所有の意思」の推定）。占有は，登記とは異なり，占有態様に応じた権利の種類を公示せず，権原の性質上，自主占有か他主占有かの判定が難しい場合もありうるので，物の所持人は，通常，所有の意思を有するのを原則としたのである。

---
point

(1) 自主占有と他主占有とはその意味においてどのような違いがあるか。

(2) 同様に，その効果にはどのような違いがあるか。

(3) 他主占有者でも自主占有者になる場合があるか。

2　自主占有の取得要件と他主占有事情の判断

それでは，具体的に，どのような事情があれば自主占有となり，また，どのような事情により，他主占有に過ぎないとされるのであろうか。まずは，判例による自主占有の取得要件と他主占有事情の判断に関する基準を確認する。

〔判例52〕最判平成7年12月15日民集49巻10号3088頁

【事実】

(1)　Aは，本件甲土地を所有しており，Aの弟Cは乙土地を所有していた。乙土地は，昭和30年10月3日，同日の「売買」を原因として，Cから兄Aの子Bへ所有権移転登記がなされた。この当時，Cは生活に困窮しており，兄Aからたびたび生活資金の援助を受けていた。その後，Aが死亡し，Bは，本件甲土地につき，相続を原因とする所有権移転登記を経由した。

(2)　Cは，昭和49年5月29日に死亡した。X₁はCの子であり，X₂はX₁の夫である。

(3)　Bは，平成元年5月24日に死亡した。その妻Y₁と子Y₂は，本件土地（甲・乙）につき，相続を原因として，各持分の移転登記を経由した。

(4)　Xらは，(1)のB・C間の契約は，乙土地と本件甲土地との交換契約であり，Cは，昭和42年1月初旬，X₁及びX₂に対し，本件土地を贈与し，Xらはこれを承諾したので，Xらは，本件土地の所有権（持分各2分の1）を取得したと主張した。

また，Xらは，Cは，昭和30年10月3日頃から本件甲土地の一部に建物を建築し，家族とともに居住しており，その後，建物を移築・増改築して来たのであって，これらの事実から，Cは，自ら本件甲土地の所有者であると信じており，占有開始時に過失がなかったとして，昭和40年10月3日に取得時効が完成していると主張した。

本件は，Xらが所有権の取得原因として主位的に交換を，予備的に時効取得を理由として，YらがBから相続により取得した本件甲土地の持分の移転登記手続を求めたものであ

第1節　占　有　権

る。これに対して，Yらは，交換契約の事実も贈与契約の事実もないとした上で，CやXらの本件土地に対する所有の意思を否認した。

【事実審】

　第1審は，Xら主張の交換契約も贈与契約も証明されず，所有権の取得時効の要件である所有の意思は，占有の性質に従って外形的，客観的に決定されるところ，本件Cには使用借権による占有の意思があるに過ぎず，本件土地を所有する意思は認められないとして，Xらの請求を棄却した。

　原審も，(1)交換契約と贈与契約の事実を否認して，C及びXらの占有には所有の意思が認められないとし，(2)C及びXらは，本件土地につき，登記簿上の所有名義がAまたはBにあり，Cに移転していないことを知りながら，その移転登記手続を求めることなく長期間放置し，本件土地の固定資産税をも負担しなかったなど，所有者としてとるべき当然の措置をとっていないとして，C及びXらには本件土地を占有するにつき所有の意思はなかったとした。Xらから上告。

【判旨】一部破棄差戻

　「民法186条1項の規定は，占有者は所有の意思で占有するものと推定しており，占有者の占有が自主占有に当たらないことを理由に取得時効の成立を争う者は，占有が所有の意思のない占有に当たることについての立証責任を負うのであるが，所有の意思は，占有者の内心の意思によってではなく，占有取得の原因である権原又は占有に関する事情により外形的客観的に定められるべきものであるから，占有者の内心の意思のいかんを問わず，占有者がその性質上所有の意思のないものとされる権原に基づき占有を取得した事実が証明されるか，又は占有者が占有中，真の所有者であれば通常はとらない態度を示し，若しくは所有者であれば当然とるべき行動に出なかったなど，外形的客観的にみて占有者が他人の所有権を排斥して占有する意思を有していなかったものと解される事情（このような事情を以下「他主占有事情」という。）が証明されて初めて，その所有の意思を否定することができるものというべきである（最判昭和58年3月24日民集37巻2号131頁参照）。」

　原審の(1)の判断は，C及びXらがその性質上所有の意思のないものとされる権原に基づき占有を取得した事実（他主占有事情）を確定した上でしたものではない。

　原審の(2)の判断は，C及びXらが長期間にわたって移転登記手続を求めなかったこと，及び本件土地の固定資産税を全く負担しなかったことをもって他主占有事情に当たると判断したものである。

　しかし，所有権移転登記手続を求めないという事実は，基本的には占有者の悪意を推認させる事情として考慮されるものであり，他主占有事情として考慮される場合でも，占有者と登記簿上の所有名義人との間の人的関係等によっては，所有者として異常な態度であるとはいえないこともある。

　次に，固定資産税を負担しないことについて，他主占有事情として通常問題になるのは，占有者が登記簿上の所有名義人に対する固定資産税の賦課を知りながら，自分が負担すると申し出ないことであるが，これについても登記手続を求めないことと異なるところはな

417

第3章 占有・所有関係

く，当該不動産に賦課される税額等の事情によっては，所有者として異常な態度であるとはいえないこともある。これらの事実は，他主占有事情の存否の判断において占有に関する外形的客観的な事実の１つとして意味のある場合もあるが，常に決定的な事実であるわけではない。

　ＣはＡの弟であり，Ｃ家が分家，Ａ家が本家という関係にあり，当時経済的に苦しい生活をしていたＣ家がＡ家に援助を受けることもあったという事実を総合して考慮すると，Ｃ及びＸらが所有権移転登記手続を求めなかったこと及び固定資産税を負担しなかったことをもって他主占有事情として十分であるということはできない。

《問題点》

　(1)　他主占有事情の立証の程度

　(2)　土地を長年占有し使用してきた弟乙が，登記簿上の所有名義人である兄甲に対して所有権移転登記手続を求めず，乙が土地の固定資産税も支払ってこなかったという，この土地占有者乙の態度は他主占有事情に該当するか。

《分析》

　このような問題について，本判決は，第186条で推定される「所有の意思」は，占有権原または占有事情によって外形的・客観的に定められるべきものと解し，占有者の内心の意思の如何を問わず，占有者がその性質上所有の意思のないものとされる権原に基づいて占有を取得した事実が証明されるか，または，占有者が占有中，真の所有者であれば通常はとらない態度を示し，もしくは所有者であれば当然とるべき行動に出なかったなど，外形的・客観的にみて占有者が他人の所有権を排斥して占有する意思を有していなかったという「他主占有事情」が証明されて初めて，その所有の意思を否定することができると判示し，長期にわたる登記請求の懈怠，ならびに，固定資産税の未負担については，他主占有事情に該当する可能性を示唆したものの，決定的なものではないとした。

　しかし，本判決は，所有権移転登記請求の懈怠につき，本件のように当事者が兄弟であるという事情を考慮すると，異常な行動とはいえない場合もあるとし，また，固定資産税の未負担についても，その賦課された税額等を考慮すると，これまた異常な行動とはいえない場合もあるとして，これらが他主占有事情にあたらない場合もあるという事情を考慮し，この事情を再審理すべきことを理由として，本件を原審に差し戻した。

　したがって，Ａ・Ｃ間が兄弟であり，ＡがＣを援助するなど，本件のような事情のある場合には，他主占有事情の判断が通常よりも緩くなる，即ち，本件のような場合でも，自主占有への道が開かれる可能性を秘めているものということができよう。

第1節　占　有　権

3　他主占有から自主占有への転換

(1)　序　　説

　ここでの問題は，被相続人Aが土地を借りて使用していたが，相続人Bがこの事実を知らず，土地所有権を相続したものとして，即ち，所有の意思をもって占有を継続していたという場合には，Bに取得時効が成立しうるかという問題として典型的に現れる。

　この問題について，古い判例は，相続は民法第185条にいう新権原に該当しないという理由により，自主占有への転換は認められないとした[47]。しかし，その後，最高裁は，相続財産の新たな事実的支配による占有開始を認め，相続人による事実的支配の態様によっては自主占有になりうることを認めた[48]。ただ，その立証責任は相続人にあるとされる[49]。

　以下においては，これらを具体的に検証するため，判例を分析し，検討する。

(2)　相続と民法第185条にいう新権原——自主占有への転換

〔判例53〕最判昭和46年11月30日民集25巻8号1437頁

【事実】

　(1)　本件土地建物は，Aの兄Yの所有である。Aは昭和12年4月13日に分家した。Aは分家後，Y所有の家屋に単身居住し，分家の本籍もその場所に定めた。

　(2)　Aの分家当時，本件建物の一部はCとDに賃貸し，本件土地の一部はEとFに賃貸しており，その賃料は，Yが昭和12年4月に応召出征するまでは，Yが受領していた。

　(3)　Yは自己の所有不動産の管理をAに委任して出征し，Aは委任事務の処理として昭和19年7月頃から前記賃料を受領していた。

　(4)　その後，AはX₁と婚姻し，両者の間にX₂とX₃が出生し，X₂，X₃は，いずれも，その出生以降，本件建物部分に居住しており，Xら3名は昭和39年11月頃も本件建物部分に居住していた。

　(5)　Yは昭和20年9月に復員帰郷した。本件土地建物の賃料はその後もAが取り立て，Aの死亡後は，Yは，遺族の生活を援助する意味で，昭和38年頃まで賃料をX₁に取得させていた。しかし，X₁がGと再婚した後は，Yからの要求により，X₁は本件建物の一部である前記居住家屋の賃料として昭和32年以降昭和37年まで，年に1万5,000円ないし2万円を支払っていた。

　Xらは，Yに対し，Aの分家に際し，Yから本件土地・建物の贈与を受けたとして，所有権移転登記手続を求め，仮に贈与の事実がないとしても，Aは本件土地・建物の引渡し

---

(47)　大判昭和6年8月7日民集10巻763頁。学説も，かつてはこのような解釈を採るものが多かった。例えば，柚木・前掲書（『判例物権法総論』）294頁，末川194頁，川島・前掲書（『民法総則』）556頁など参照。これに対して，相続も第185条の占有の性質を変更する一原因であるとし，相続人が所有の意思をもって遺産の占有を開始したときには，自己固有の自主占有を取得するという肯定説もあった（石田（文）271頁，299頁）。

(48)　最判昭和46年11月30日民集25巻8号1437頁。

(49)　最判平成8年11月12日民集50巻10号2591頁。

419

第3章　占有・所有関係

を受け，所有の意思をもって平穏かつ公然に土地・建物の占有を開始し，その占有の始め善意・無過失であり，Aの死亡後はXらがその占有を承継し，いずれも本件建物の南半分に居住し，この状況は昭和39年11月頃まで続いていたと主張して，時効による取得を原因とする所有権移転登記手続を求め，本訴を提起した。

これに対して，Yは，本件土地・建物をAに贈与した事実はなく，またXらは，本件土地・建物を時効によって取得する理由がないとして，本件土地・建物の所有権確認の反訴を提起した。

第1審は，Xらの請求を認容し，Yの反訴請求を棄却した。

【原審】原判決取消，反訴認容

原審は，贈与の事実を否定し，また，Aがその生前に本件土地建物を所有の意思をもって占有していたとは認められないとして，Xらの10年の取得時効の主張を否認し，更に，X1は昭和32年以降昭和37年までYに賃料を支払っていたという事実から，XらがAの死亡後本件土地建物を占有するにつき所有の意思を有していたものとは認められないとして，時効取得の主張をすべて否認した。Xらから上告。

【判旨】棄却

「Xらは，Aの死亡により，本件土地建物に対する同人の占有を相続により承継したばかりでなく，新たに本件土地建物を事実上支配することによりこれに対する占有を開始したものというべく，したがって，かりに<u>Xらに所有の意思があるとみられる場合においては，Xらは，Aの死亡後民法第185条にいう「新権原ニ因リ」本件土地建物の自主占有をするに至ったもの</u>と解するのを相当とする。これと見解を異にする原審の判断は違法というべきである。」

「X1が賃料を取得したのは，YからAが本件土地建物の管理を委託された関係もあり，Aの遺族として生活の援助を受けるという趣旨で特に許されたためであり，X1は昭和32年以降同37年までYに本件家屋の南半分の家賃を支払っており，XらがAの死亡後本件土地建物を占有するにつき所有の意思を有していたとはいえないというのであるから，Xらは自己の占有のみを主張しても，本件土地建物を，時効により取得することができない。」

《問題点》

(1)　他主占有者を相続した相続人は，新権原によって新たに占有したものといえるか。

(2)　この新たな占有において，所有の意思をもって占有したときには，他主占有者でも自主占有者へ転換するのか。

《分析》

このような問題について，本判決は，他主占有者を相続した相続人は，他主占有者の占有を承継するだけではなく，新たに本件土地建物を事実上支配することにより新たな占有を開始したことにもなるとして，この相続人が所有の意思をもって占有するときには，民法第185条に所謂「新権原により」不動産の自主占有をするに

420

第1節　占　有　権

至ったものと判示した。しかし，本件の事実関係では，所有の意思による自主占有
は認められないとして，占有者Ｘらの時効取得を否認した。

このように，判例は，被相続人が他主占有者であり，相続による他主占有の承継
という事実があったとしても，この相続を契機として，占有者が相続人に変わるこ
とにより，この相続人が所有の意思を有していたものと認められれば，第185条に
所謂「新権原による占有の取得」が生じうることを認めたということができる。そ
して，本判決は，相続は第185条に所謂「新権原」ではないが，相続によって客観
的権利関係に変更を生じたときには，新権原になるものと見るべき場合もありうる
と論じた我妻榮博士の見解に依拠しているように思われる[50]。

しかし，その場合には，原則として，たとえ不確定的にであるにせよ，所有者と
被相続人との間において，贈与，売買などがあったかのような，物の所有権を取得
したと思しき事情があるか，またはこれに類する約束があったために，相続人にお
いても，所有権を相続したものと信ずべき外形的・客観的な事情のあることが，新
権原の発生要件であると解すべきである。したがって，相続人は，いわば被相続
人の代わりに，新権原をもって占有を開始した旨を表示するか，または相続を契機
として，相続人自身が所有の意思をもって占有を開始することになるのである（第
185条）。

なお，学説においては，相続は新権原ではなく，相続人固有の占有が客観的態様
の変更によって第185条前段の所有意思の表示と見られるときには，自主占有への
転換と見る説[51]や，自主占有の成否は，与えられた状況下において相続が自主占
有を生じさせる可能性を規範的観点も交えつつ測定することによって得られる「権
原」的要素（第185条後段）と，客観的・外形的な所持の態様の変化に見られる「自

---

(50)　我妻319頁。我妻博士は，その例として，不動産質権者の相続人が事情を知らずに相続
　　によって所有権を取得したものと考え，公租・公課を自分の名義で支払い，土地所有者がこ
　　れに対し何らの異議を述べないというケースを挙げているが，同じ事例に関して，舟橋博士
　　（舟橋296頁）は，相続人による新たな占有は一定の権原に基づいて取得した占有とはいえ
　　ないとして，第185条の適用を排除し，一般の立証法則により，所有の意思の有無を定める
　　べきであると主張する。
　　　この事例は，大判昭和8年12月28日大審院判決全集1輯3号13頁に拠ったものである。
　　その事実関係は，一人暮らしのＡがその所有する土地をＸ先代に質入れし，Ｘ先代が使用・
　　収益し，その後Ａは死亡したが，質権者Ｘ先代及びＸがＡの死後40年にわたって土地を管
　　理し，公租公課を負担してきたところ，ＸがＡの相続財産管理人Ｙに対し，時効取得を主張
　　したという事案において，Ｙが40年間何ら異議を述べなかったという事情もあり，Ｘに自
　　主占有と時効取得が認められたという判例である。このケースでは，Ｘが本件土地を小作地
　　として他人にも使用させていたなど，所有者らしい行動を取っていたからこそ，所有の意思
　　が認められたのであり，通常は，不動産質権の設定者である所有者との関係において，質権
　　者の相続人Ｘが新権原によって自主占有を取得したと認めることは妥当ではないように思わ
　　れる。
(51)　高木多喜男「相続人の占有権」民商法雑誌46巻2号（1960）189頁（214頁），石田穣
　　519頁など。

主占有の意思の表示」的要素（同条前段）との相関関係に求められるものと解する説(52)などがある。

(3) 相続による新権原の取得による自主占有の転換取得と立証責任

〔判例54〕最判平成8年11月12日民集50巻10号2591頁

【事実】

(1) 本件土地建物（甲土地，乙土地ならびに丙土地・建物）は，いずれもAの所有であり，このうち乙土地及び丙の建物は第三者に賃貸されていた。Aの五男Bは，昭和29(1954)年5月頃から本件土地建物につき占有管理を開始し，乙土地及び丙の建物に関する賃借人との交渉（賃料支払・修繕など）を行い，賃料を取り立ててこれを生活費としていた。

(2) Bは，X1と婚姻したが，昭和32年7月24日，事故により死亡し，その相続人である妻X1及び長男X2（当時2歳）が本件土地建物の占有を承継した。X1は，Bの死亡後，本件土地建物の管理を行い，賃料を生活費の一部としていた。また，X1は，本件土地建物の登記済証を所持し，昭和33年以降継続して本件土地建物の固定資産税を納付している。

(3) その後，Aが死亡し，その相続人は，妻Y1，長男C，二男Y2，四男D，長女Y3及び孫X2（Bの代襲相続人）である。Aは，生前，その所有する多数の土地建物につきその評価額，賃料収入額等を記載した「覚ヘ」と題するノートを作成していた。このノートには本件土地建物について「Bニ分与スルモノ」と記載されていた。

(4) X1は，昭和47(1972)年6月，A所有名義のままであった本件土地建物につきXら名義に所有権移転登記をしようと考え，Bの母Y1に協力を求めたところ，同人は，X1の求めに応じ，「承認書」に署名押印した。また，同じ頃，X1は，Y2及びY3を訪れ，本件土地建物につきXら名義の所有権移転登記への同意を求めたところ，いずれも異議は述べないものの同意もないまま，更に15年ほどが経過した。

そこで，Xらは，Aの相続人又はその順次の相続人であるYらに対し，本件土地建物につき所有権移転登記手続を求めて本訴を提起した。

Xらは，(1)Bは昭和30年7月にAから本件土地建物の贈与を受けた，(2)Bが昭和30年7月に本件土地建物の占有を開始した後（Bの死亡によりXらが占有を承継），10年または20年の経過により取得時効が成立した，(3)Xらが昭和32年7月24日に本件土地建物の占有を開始した後，10年又は20年の経過により取得時効が成立した，と主張した。

このXらの主張に対して，Yらは，AからBへの本件土地建物の贈与の事実を否認した。

【事実審】

第1審は，AからBへの贈与の事実を認定し，Xらの相続による承継を認め，Yらに対し，本件不動産につき，贈与に基づく所有権移転登記手続を命じた。Yらから控訴。

原審は，①Aが本件土地建物のBへの贈与を履行する前にBが死亡した，②Bは有償の委任契約に基づく受任者として本件土地建物の占有を開始し，その後も受任者としての占有を継続しており，Bの占有は占有権原の性質上他主占有である，③XらはBの死亡に伴う相続により本件土地建物の占有を開始したが，Bの他主占有が相続を境にしてXらの自

---

(52) 四宮・前掲書（『民法総則』）300頁。

422

第1節　占　有　権

主占有に変更されたとは認められないとして，Xらの請求を棄却した。Xらから上告。

【判旨】破棄自判

「1　被相続人の占有していた不動産につき，相続人が，被相続人の死亡により同人の占有を相続により承継しただけでなく，新たに当該不動産を事実上支配することによって占有を開始した場合において，その占有が所有の意思に基づくものであるときは，被相続人の占有が所有の意思のないものであったとしても，相続人は，独自の占有に基づく取得時効の成立を主張することができる（最判昭和46年11月30日民集25巻8号1437頁参照）。

　ところで，……，一般的には，占有者は所有の意思で占有するものと推定されるから（民法第186条1項），占有者の占有が自主占有に当たらないことを理由に取得時効の成立を争う者は，占有が他主占有に当たることについての立証責任を負うべきところ（最判昭和54年7月31日裁判集民事127号315頁），その立証が尽くされたか否かの判定に際しては，(1)占有者がその性質上所有の意思のないものとされる権原に基づき占有を取得した事実が証明されるか，又は，(2)占有者が占有中，真の所有者であれば通常はとらない態度を示し，若しくは所有者であれば当然とるべき行動に出なかったなど，外形的客観的にみて占有者が他人の所有権を排斥して占有する意思を有していなかったものと解される事情……が証明されて初めて，その所有の意思を否定することができる（最判昭和58年3月24日民集37巻2号131頁，最判平成7年12月15日民集49巻10号3088頁参照）。

　これに対し，他主占有者の相続人が独自の占有に基づく取得時効の成立を主張する場合において，右占有が所有の意思に基づくものであるといい得るためには，取得時効の成立を争う相手方ではなく，占有者である当該相続人において，その事実的支配が外形的客観的にみて独自の所有の意思に基づくものと解される事情を自ら証明すべきものと解するのが相当である。けだし，右の場合には，相続人が新たな事実的支配を開始したことによって，従来の占有の性質が変更されたものであるから，右変更の事実は取得時効の成立を主張する者において立証を要するものと解すべきであり，また，この場合には，相続人の所有の意思の有無を相続という占有取得原因事実によって決することはできないからである。」

　最高裁は，このように判示し，本件の事実関係におけるAからBへの本件土地建物の贈与の事実，また，XらがBの死亡によりこれらを相続したものと信じ，本件土地建物の登記済証を所持し，固定資産税を継続して負担し，更に，本件土地建物の管理使用を専行してきたことなどから，Xらは，Bの地位を相続したのみならず，Xら自ら新たに本件土地建物の全部を事実上支配することにより，その占有を開始したものと認め，更にまた，Xらが所有権移転登記手続を求めた際に，Y₁はこれを承諾し，Y₂及びY₃もこれに異議を述べていないという事情から，Xらの本件土地建物についての事実的支配は，外形的客観的にみて独自の所有の意思に基づくものと認め，Xらが本件土地建物の占有を開始した昭和32年7月24日から20年の経過により，取得時効が完成したものと認めた。

《問題点》

（1）　他主占有者の相続人が独自の占有に基づく取得時効の成立を主張する場合に

423

における所有の意思の立証責任

(2) 他主占有者の相続人について独自の占有に基づく取得時効の成否

《具体的な争点》

　被相続人A所有の不動産につき，相続人の1人であるBがその生前中から管理をしていたところ，その管理をしていた相続人BがAより先に死亡した場合において，管理人Bの相続人Xが，Bの生前，既に当該管理不動産についてBがAから贈与を受けていたものと信じて占有を開始した後，取得時効の要件を充足したときには，Xは当該管理不動産の所有権を取得することができるか。

《分析》

　このような問題について，本判決は，前掲最判昭和46年11月30日を前提として，相続を契機とする新権原の取得による自主占有の転換取得を認め，取得時効の完成による不動産所有権の取得を認めた。

　また，本判決は，取得時効の完成に必要な自主占有の事実を争う相手方の反証について，前掲最判昭和58年3月24日を引用し，①所有の意思のないことの証明，または，②真の所有者であれば通常はとらない態度を示し，もしくは所有者であれば当然とるべき行動に出なかったなど，外形的・客観的にみて占有者が他人の所有権を排斥して占有する意思を有していなかったものと解される事情が証明されれば，その所有の意思を否定することができるものと判示した。

　更に，これに引き続き，本件のように，他主占有権の相続人が独自の自主占有に基づく取得時効の成立を主張する場合において，この占有が所有の意思に基づくものといい得るためには，取得時効の成立を争う相手方ではなく，占有者である当該相続人において，その事実的支配が外形的・客観的に見て独自の所有の意思に基づくものと解される事情を自ら証明すべきものと判示した。

　本判決により，相続を契機とする新権原の取得について確定判例法理が形成され，相続開始時の事情によって，他主占有が自主占有に転換する可能性は，もはや当然の前提となったものということができる。

　また，この場合における自主占有の効果としての取得時効については，従来の判例法理によれば，自主占有を否定する事実の立証責任は相手方にあるとされるが，本判決においては，これより一歩進み，相続を原因とする新権原の取得による自主占有に基づく取得時効完成の場合においては，その事実的支配が外形的・客観的に見て独自の所有の意思に基づくものと解される事情を転換自主占有者が自ら証明すべきものとされた。この証明責任の再転換が，本判決における新たな判例法理である。

第3項　善意占有・悪意占有

　占有者の善意・悪意という区別は，本権（所有権，地上権，賃借権など）を有しない

第 1 節 占 有 権

者が物を占有する場合にのみ用いられる。

善意占有者とは，本権がないのに，本権があるものと誤信しつつ占有する者のことをいい，悪意占有者とは，本権がないことを知り，または，これに疑いを持ちつつ占有する者のことをいう(53)。通常は，善意とは「知らないこと」をいい，「疑いを持つ」程度では善意のままと解されるが，善意占有の効果が短期取得時効（第162条2項。ただし，「無過失」を要する。），果実収取権（第189条，第190条），即時取得（第192条）など，本権を取得する機能という強力なものであることから，占有の場合には厳格に解されているのである(54)。

しかし，この通説に対して，短期取得時効や即時取得は善意占有の効果ではなく，無過失の効果であり，また，果実収取権の取得についても無過失を要件と解すべきであるなどと主張する立場からは，「善意」は「知らないこと」だけで差し支えなく，「疑いを持つ」ことでは「悪意」にはならないと解すべきであるという反論がなされてきた(55)。

この区別の実益は，取得時効（第162条以下），即時取得（第192条），占有者の果実の取得（第189条，第190条），占有者の損害賠償責任（第191条），占有者の費用償還請求（第196条）などについて現れる。

本権を有しない占有者の善意・悪意は個別具体的に決すべき事柄であるが，わが民法は，占有者の善意を推定している（第186条1項）。

> ─ *point*
>
> (1) 善意占有者と悪意占有者とでは，その効果にはどのような違いがあるのだろうか。
> (2) 民法第186条1項はなぜ占有者に善意の推定をしているのだろうか。

第4項 占有における過失の有無

民法には，善意・悪意のほかに，占有者の過失の有無によって効果の異なる制度がある。即ち，占有者が，本権を有しないのに，これを有するものと誤信した場

---

(53) 大判大正8年10月13日民録25輯1863頁：「民法第162条2項に所謂過失とは占有者が注意を尽くせば自己が所有権を有しないことを知り得べきであったが，その不注意により所有権を有すると誤信した場合をいうものであり，善意とは単に自己が所有権を有すると確信することをいうものであるから，無過失と善意とは同一の意義ではない。また，民法第186条1項に善意とあるのは，占有者が占有を正当とする本権があると確信する場合をいい，過失の有無に関しないものであるから，また無過失と同一義ではない。故に，民法第186条1項の規定は無過失の場合を包含するものとはいえない。而して，時効によって権利を取得したことを主張する者は，その時効完成に必要な条件を立証する責任あることを原則とするもの」である。

(54) 我妻＝有泉473頁，舟橋297頁など通説である。

(55) 古くは乾政彦「善意占有ニ於ケル善意ノ意義」法学志林15巻9号（1913）66頁以下，石坂音四郎「民法第百九十二條論」『改纂民法研究上巻』（1923）454頁，三潴信三『物権法提要上巻』（1929）261頁以下があり，現代では，石田穣521頁がある。

425

合において，同人に過失がなければ，短期取得時効（第162条2項）と即時取得（第192条）の適用がある。

民法上，占有者には善意・平穏・公然は推定されているが（第186条1項），善意占有者であっても，「無過失」は推定されていない。しかし，占有者には権利（本権）を適法に保有することが推定されているので（第188条），この占有者の権利者らしい外観を信頼して取引関係に入った即時取得の主張者は，無過失を立証する責任はなく，現在の占有者である善意取得者の無過失を争う相手方において，善意占有者に過失があることの立証責任があるとされている[56]。

なお，学説においては，無過失の立証は酷であるとして，善意の推定から[57]，あるいは本権の適法存在の推定（第188条）[58]から，即時取得の場合のみならず，一般的に，無過失推定を認めるべきものとする見解がある。これらの考え方からは，取得時効の場合にも占有者に無過失推定が働くことになる。

しかし，通説・判例の立場においては，無過失の立証責任が相手方に課せられるという点を顧慮すれば，「立証が酷である」という点は理由にならず，また，そもそも，即時取得の場合における本権の適法存在推定（第188条）からの無過失推定は，例えば，Aの所有する動産の受託占有者BからCが取引によって取得したというケースについて，当該処分者Bの占有については明文による善意・平穏・公然推定があり（第186条），Bの行為について本権の適法存在推定があるところ（第188条），取得者Cが処分者Bの外形的・客観的な地位と行為を信頼したのであれば，Cは無過失であろうという推定が働くからこその解釈である。

しかしながら，この動産の即時取得と，他人の物を単に占有しているに過ぎない者が一定の期間の経過とともに占有物の所有権を取得するという時効取得の場合とは，状況が全く異なる。したがって，時効取得の場合には，第188条の適法推定からの無過失推定は適用しえないものと思量する。

また，善意であることと過失の有無とは，そもそも次元の異なる話であるから，

---

(56) 最判昭和41年6月9日民集20巻5号1011頁：Xが自己所有の未登記船舶に対する強制競売は無効であるとして，競落人（買受人）Aからの転得者Yに対し，船舶の引渡しを請求したところ，Xに対する留保所有者Zが所有権の確認を求めて訴訟参加し，Yの即時取得を否認した。

この事案について，最高裁は，第192条にいう「過失なきとき」とは，物の譲渡人である占有者が権利者たる外観を有しているため，その譲受人が譲渡人にこの外観に対応する権利があるものと誤信し，かつ誤信について過失のないことであるとし，およそ占有者が占有物の上に行使する権利はこれを適法に有するものと推定される以上（第188条），譲受人たる占有取得者の誤信は無過失と推定され，占有取得者自身において無過失を立証する必要はなく，競売の瑕疵による無効は，これを知らないのが通常であるとして，Yの即時取得を認め，大審院の判例（大判明治41年9月1日民録14輯876頁）を変更した。

(57) 舟橋298頁。

(58) 於保不二雄『物権法上』178頁。

第 1 節　占　有　権

第 186 条の善意推定から無過失推定を導くのは全く無理な解釈である[59]。

> ─ *point* ─
> (1)　占有者に過失がある場合とは，どのような場合であろうか。
> (2)　過失占有者については，どのような権利が認められないのか。
> (3)　即時取得における「無過失の立証」は誰に課せられるのか。その根拠は何か。
> (4)　民法第 188 条の「権利の適法推定」は，なぜ無過失の認定と関係するのだろうか。

第 5 項　占有における瑕疵

　占有の承継に関する第 187 条 2 項は，前占有者の占有を併せて主張する場合には，その瑕疵をも承継するとして，「瑕疵」という用語を使っている。

　占有における瑕疵とは，第 186 条及び第 188 条において推定されている善意，平穏，公然，本権の適法存在や，占有権の存続要件である占有の継続性（第 203 条）がないこと，即ち，瑕疵ある占有とは，悪意，強暴，隠匿（隠秘），不適法，不継続のことをいう[60]。平穏か，強暴かに関しては，真正な権利者から抗議がなされたという程度では，強暴とは認定されない[61]。

　また，個別制度の適用では，例えば，取得時効の適用を受けるためには所有の意思が必要であるから（第 162 条），この場合には，所有の意思なきことも占有の瑕疵になる。

> ─ *point* ─
> 　占有の瑕疵の意味と効果について理解しよう。

第 6 項　自己占有・代理占有

1　代理占有の意義

　占有は，他人の所持によっても成立し，民法は，占有権は代理人によって取得す

---

(59)　前掲大判大正 8 年 10 月 13 日参照。

(60)　大判昭和 13 年 4 月 12 日民集 17 巻 675 頁：「占有者の承継人は自己の占有を併せてこれを主張することができるが，この場合においては，前主の占有の瑕疵もまたこれを承継するものであることは民法第 187 条の規定する所であり，同条に所謂瑕疵とは占有権が完全な効力を生ずるについて障碍となるべき事実を総称するものであることもちろんであり，これを取得時効についていえば，占有をするについて所有の意思なきこと，強暴あるいは隠秘であること，悪意または過失あること等を指称するものであり，占有者が僭称相続人であるというような事実はこれを包含しないものと解するを相当とする。」

(61)　大判大正 5 年 11 月 28 日民録 22 輯 2320 頁：「民法第 162 条第 2 項に所謂平穏の占有とは強暴の占有に対する語であり，即ち，占有者がその占有を取得または保持するに法律上許されない強暴の行為をもってしたのではないという意味であるから，苟も，占有者が斯かる強暴の行為をもって占有を取得または保持したのでない限り，その占有はたとえこれを不法であると主張する他人より異議を受けたような事実があっても，そのために平穏たることを失わないものである。」

427

第3章　占有・所有関係

ることができると規定する（第181条）。代理占有が現れるのは，賃貸人や寄託者が，賃借人や受寄者の占有を通じて占有権を有するという場面において顕著である。この場合における賃貸人などの占有を代理占有といい，直接自分が占有する場合の占有を自己占有という。また，代理占有は，動産の物権変動において対抗要件とされる引渡しに関しても現れ，引渡しの種類として，物の現実の引渡し（第182条1項）のほか，簡易の引渡し（同条2項），占有改定（第183条），指図による占有移転（第184条），があることは前述した。

　代理占有とは，例えば，BがAのためにある物を所持または占有し，Aがこれによって占有権を取得するというように，ある人が他人に占有を媒介するという関係である。この場合において，本人Aの占有は代理占有（占有代理人Bによる占有）である。しかし，この状況における用語法としては，民法総則上の法律行為の代理関係における代理人の占有との区別が紛らわしいので，近時は，自己占有のことを直接占有といい，代理占有のことを間接占有という場合が多い。

　間接占有を法律的に考えると，2種類に分類される。第一は，所有者が自己の所有物を他人に賃貸し，あるいは質入れする場合のように，直接占有者が，占有媒介関係（Besitzmittlungsverhältnis）の合意に基づいて，他人に自己の直接占有を譲渡することによって，間接占有者になる場合であり，第二は，譲渡担保権の設定のように，直接占有者が物の事実上の支配を留保しつつ，占有媒介関係の合意によって，他人に間接占有を調達する場合である。

　また，これらと類似の状況は，集合動産譲渡担保が設定された後に商品倉庫内に担保目的物となる商品が搬入される場合のように，直接占有者（設定者）が占有を取得する前に，占有媒介関係が合意されている場合においても現れる（予めの占有改定〔antizipiertes Besitzkonstitut〕）。

　更に，間接占有は，法律によっても成立する。例えば，ドイツにおいては，財産の保護管理者（Betreuer）を任命することによって，成年被後見人，精神障害者などの所有する財産の全部もしくは一部の管理をしてもらうことができるという制度があり（BGB第1896条2項，第1901条1項），または，親権者や後見人などを補助する臨時後見人を置くという制度もある（BGB第1909条，第1911条など）。これらの場合には，保護管理者が被保護者（Betreuten）の所有する財産である物の占有を解いた場合，もしくは，被保護者の代わりに物を受領する場合に，保護管理者（占有媒介人）が被保護者に間接占有をもたらすという構造になる[62]。この法律構造は，わが国における成年後見，任意後見制度上も，同様の考え方をもたらす場合があろう。

　代理というと，民法総則上の法律行為・意思表示の代理関係を思い起こすが，代理人による占有とはその範囲を異にする。法律行為等の代理は，常に，私的自治の

---

[62]　間接占有の分類と，これらドイツの制度については，Baur = Stürner, Sachenrecht, §7 B Ⅲ Rdn. 51-53, S. 78-79 を参照した。

428

範囲における意思表示，即ち，法律行為における効果意思の効果によるものであるのに対して，代理人による占有は，客観的な秩序による事実上の支配関係である。即ち，代理占有は，事実上の関係であるから，例えば，賃貸借契約や質権設定契約においては，賃貸人と賃借人，質権設定者と質権者との間には，それぞれ意思表示の代理関係は成立しないが，賃貸人は賃借人の，質権設定者は質権者の，それぞれ代理占有者（間接占有者〔mittelbarer Besitzer〕）となり，反対に，賃借人や質権者は占有代理人（直接占有者〔unmittelbarer Besitzer〕）となるのである。

---

point

(1) 代理人による占有とは何か。
(2) 代理占有の種類とそれぞれの意味を理解しよう。

---

2 代理占有の成立要件

代理占有が成立するための要件については，民法に明文の規定はないが，一般的に，代理占有権の消滅事由に関する第204条の解釈から導かれる。

(1) 占有代理人に所持があること

占有代理人が占有物の所持を失えば，代理占有権は消滅する（第204条1項3号）。この規定から，占有代理人の所持が，代理占有，即ち，本人の間接占有の成立要件となる（第204条1項3号類推）。しかし，会社の機関のように，意思表示の代理関係があれば，直接占有者は単なる占有機関（占有補助者）であり，独立した所持が認められないので，独立した占有権が成立しない。その結果，本人に直接占有が成立するので，間接占有関係は成立しない。

(2) 占有代理人に本人のためにする意思があること

占有代理人が，本人に対して，以後自己または第三者のために占有物を所持する意思を表示したときには，代理占有権は消滅する（第204条1項2号）。この規定から，占有代理人が本人のためにする意思をもって占有することが，間接占有の成立要件となる（第204条1項2号類推）。自己占有における自己のためにする意思と同様の意味である。

また，この意思は，占有代理人の自己のためにする意思と併存しても構わない。その場合には，本人と代理人に自己占有が二重に成立するものと解される[63]。例えば，占有代理人が賃借人であるときには，賃借人の占有権は，権原の性質から，賃借権に基づく自己占有であり，同時に成立する本人の自己占有は，所有権に基づく自己占有であるから，特に矛盾する点はない。つまり，本人のためにする意思と占有代理人の自己のためにする意思とは同居しても何ら問題は生じないのである。

(3) 占有代理関係（占有媒介関係）が存在すること

占有代理関係は，本人と一定の関係にある者が，本人のためにする意思で物を所

---

(63) 舟橋292頁。

429

持する場合にのみ成立する。前述したように，占有代理（間接占有）関係は，賃貸借，寄託，地上権，質権，そして譲渡担保権設定契約など，法律行為関係から，あるいは，成年後見など，法定代理関係から導かれる。それゆえ，通説が，この関係は，「本人が，外形上占有すべき権利を有し，所持者がこの権利に基づいて物を所持するために，所持者が本人に対して物の返還義務を負う関係」として位置づけ(64)，限定的に解しているように見えるところは，実は，相当に広く解釈されることになる。

しかし，この関係は，外形的，形式的に見るべきものである。例えば，賃貸借の場合において，契約が無効であり，あるいはその期間が満了したときでも，外形的に見て，事実上，賃貸借関係が存在していれば，占有代理関係は成立し，あるいは継続する。その意味において，代理占有権は，代理権の消滅だけでは消滅しないのである（第204条2項）。

最後に，間接占有者である本人が直接占有者である代理人に占有させる意思を放棄したときには，間接占有関係は消滅すると規定されているが（第204条1項1号），この規定から，「本人が代理人に占有させる意思」を有することが代理占有の成立要件になるかという問題が出てくる。しかし，この点は，否定されている（通説）。その理由は，代理人の所持または占有が，意思表示または法定代理による関係を介して，本人に間接占有を媒介するというのが占有代理関係の本旨であり，この上更に本人の代理人による占有の意思を要件とする理由はないからである(65)。この意味において，意思能力を欠く者にも占有代理人による占有を通じて間接占有が成立することは明らかである。

> ─ ***point*** ─────────────
> 代理占有の成立要件について理解しよう。

3　代理占有の効果

代理占有の効果は，本人が間接占有権を取得することである。間接占有といっても，効果において，直接占有と何ら変わりはない。即ち，代理人が占有を取得すると同時に，本人は占有権を取得する。その結果，本人のために取得時効の成立に必要な期間が進行し（第162条以下）(66)，動産物権変動の対抗要件を具備し（第178条），

---

(64)　我妻＝有泉 477 頁。

(65)　我妻＝有泉 477 頁。

(66)　大判大正 10 年 11 月 3 日民録 27 輯 1875 頁：取得時効の要件たる所有の意思をもってする占有は，自主占有のみに限定すべきものではなく，他人が占有者本人のために代理占有をするも，その本人が所有の意思を保有する以上は，時効の基礎たる占有はある。地上権者が地上権に基づきその土地を占有するのは，所有権については地上権設定者のために代理占有をするものであるから，地上権設定者は地上権設定によって所有の意思をもってする占有を喪失するものではない。地上権者の占有は，地上権については自己のためにするものであると同時に，所有権については占有者本人のためにする代理占有である以上は，係争土地の取得時効は占有者本人のために依然進行すべきものである。

第1節　占　有　権

占有訴権を有し（第197条以下），また，要件を具備すれば，即時取得も成立する（第192条）。更に，占有物の滅失・損傷に関する損害賠償責任（第191条）のほか，土地工作物責任（第717条）も負担する[67]。

　間接占有が成立した場合には，占有の善意・悪意[68]，第三者による占有侵奪の有無[69]などについては，第一に，直接占有者である代理人によって決められる。しかし，第二に，善意・悪意については，本人によるべき場合もある。即ち，代理人が善意・無過失であっても，本人が悪意または有過失であれば，そのような本人を保護すべき理由はなく（第101条2項類推），このような場合にまで短期取得時効や即時取得といった善意・無過失の占有者保護規定を適用すべき理由はないからである。

　代理占有（間接占有）を認めることは，占有訴権の幅を広げ，占有の保護につながる一方で，他方，動産物権の対抗要件については，占有改定という隠れた対抗要件を認めることになり，このような占有の観念化がもたらす効果としては，その長所と短所とが相まみえたものとなって現れるという点に留意すべきである。

---

point

占有者の善意悪意は，本人によって決するべきか，それとも占有代理人によって決するべきか。ケースとともに理解しよう。

第7項　占有に関する推定

1　所有の意思，善意・平穏・公然の推定

自己のためにする意思を有して物を所持する者は占有権を取得するところ（第

---

(67)　最判昭和31年12月18日民集10巻12号1559頁：Xらは，Y（国）に対し，進駐軍の接収通知に基づき，YがA会社から賃借し，進駐軍の使用に供していた本件ビルの瑕疵に基因する事故によって，Xらの長男Bが死亡したとして，損害賠償を求め，本訴を提起した。第1審，原審ともにXらの請求を棄却したので，Xらから上告。
　　破棄差戻。「国が連合国占領軍の接収通知に応じ，建物をその所有者より借り受けた場合においては，たといこれを同軍の使用に供し，同軍が事実上右建物を占有支配している場合においても，国は依然としてなお右建物の賃借人であることに変わりはなく，従ってまた右建物についても当然に間接占有を有するものと解さなければならない。そして民法717条にいわゆる占有者には特に間接占有者を除外すべき法文上の根拠もなく，またこれを首肯せしむべき実質上の理由もないから，国は右建物の設置保存に関する瑕疵に基因する損害については当然に右法条における占有者としてその責めに任ずべきものと解するを至当とする。」
(68)　大判大正11年10月25日民集1巻604頁：代理人によって占有をなした場合においては，民法第101条の規定を類推し，占有者が善意であるか悪意であるかは，代理人についてこれを定めるべきものとする。
(69)　大判大正11年11月27日民集1巻692頁：「賃貸借関係において賃借人が物を所持するのは一面自己のために占有すると同時に，他面においては賃貸人を代理して占有するものであり，即ち，賃貸人は民法第181条の所謂代理人によって物を占有する場合の一つに該当するのであるから，賃貸人がその占有を侵奪されたか否かは，占有代理人たるべき賃借人についてこれを判定すべきものとする。」

第3章　占有・所有関係

180条)，この占有者は，所有の意思をもって，善意で，平穏に，かつ，公然と占有
をするものと推定される（第186条1項）。前述したように，占有制度の作用ないし
機能に関しては，①占有者の人格保護，②所有者の保護，③物の利用それ自体の保
護，そして，④社会の平和・秩序の維持，という解釈上の変遷はあるものの，特に，
最後の「社会の平和・秩序の維持」との関連において，きわめて至当な規定である
といいうる。

　物が個人の事実的な支配下にある場合において，この物の所有に関して紛争が生
じたときには，所有権を有するものと思いつつ占有していたが，実は所有権を有し
ていなかった者においては，所有権の立証は事実上不可能である。しかし，この推
定規定があれば，所有の意思を始めとする時効取得の主たる要件が推定されるので，
この点を争う相手方に立証責任が転換される[70]。また，制限物権や債権的利用権
を取得時効によって保護する際にも，これらの利用権が善意・平穏・公然と行使さ
れているということで（第163条参照），権利の存在が認められやすくなる。したがっ
て，本権を有しない占有者にとって，時効取得の主張がきわめて容易になる。この
点は，占有という事実状態を尊重するという占有制度の作用ないし機能の現れであ
る。

　また，たとえ，占有という事実状態が真実の権利関係と異なっているとしても，
この状況における占有を一応正当なものと認め，真実の権利者による自力救済を許
さず，妨害排除請求などを通じて，その物のあるべき占有状態を回復させることを
認めるというのも，占有制度の作用・機能であるとされており，これは，畢竟，占
有訴権や物権的請求権の根拠や解釈につながる。

　この規定は，更に，用益物権者や賃借人などのような他主占有者には，権原の性
質から考えて，外形的かつ客観的に所有の意思を認めることはできないという根拠
づけとしても用いられる[71]。

---

(70)　大判大正元年10月30日民録18輯931頁：占有者が善意に占有をなすことは法律の推
　　　定する所であるから，土地所有者は占有者の占有が悪意なることを主張しこれを立証しなけ
　　　れば，占有者を善意の占有者と推定すべきは当然である。
　　　　最判昭和54年7月31日判時942号39頁：「占有者は所有の意思で占有するものと推定さ
　　　れるのであるから（民法186条1項），占有者の占有が自主占有にあたらないことを理由に
　　　取得時効の成立を争う者は右占有が他主占有にあたることについての立証責任を負うという
　　　べきであり，占有が自主占有であるかどうかは占有開始原因たる事実によって外形的客観的
　　　に定められるものであって，賃貸借によって開始された占有は他主占有とみられるのである
　　　から，取得時効の効果を主張する者がその取得原因となる占有が賃貸借によって開始された
　　　旨を主張する場合において，相手方が右主張を援用したときは，取得時効の原因となる占有
　　　が他主占有であることについて自白があったものというべきである。」
(71)　大判昭和13年5月31日大審院判決全集5輯12号3頁：「賃借権に基づき占有を始めた
　　　者に対しては占有の権原不明なる場合の意思推定に関する同法第186条の規定の適用なきこ
　　　と多言を要しない」。
　　　　前掲最判昭和58年3月24日：「外形的客観的にみて占有者が他人の所有権を排斥して占

第1節　占　有　権

2　継 続 推 定

占有者が，前後の両時点において占有をした証拠があるときには，占有は，その間継続したものと推定される（第186条2項）。取得時効制度は，永年にわたる占有という事実状態を尊重し，これによって永続した社会関係の安定に資するという存在理由を有するので，占有は継続していなければならない。しかし，占有という事実状態はあっても，その継続を逐一立証しなければならないとすると，これまた占有者に立証の困難を強いることになり，妥当ではない。

そこで，占有の開始時と直近の時期における占有の事実が明らかであれば，その期間中の占有は継続していたものと推定することとしたのである[72]。この規定と前段の所有の意思を始めとする推定規定により，取得時効の援用は全体としてきわめて容易になる。

3　「無過失」推定

前述したように（「第4項　占有における過失の有無」参照），第186条は無過失を推定していない。所有の意思，善意・平穏・公然は，社会生活の平和を維持するのに役立つが，過失の有無については，一般的に推定するための根拠に欠ける。それゆえ，第186条が無過失を除外したのは当然であり，解釈をもってしても補充すべきではないとされる[73]。通説・判例である[74]。

これに対して，無過失の立証は酷であるとして，善意の推定から[75]，あるいは本権の適法存在の推定（第188条）[76]から，即時取得の場合のみならず，一般的に，

　有する意思を有していなかったものと解される事情が証明されるときは，占有者の内心の意思のいかんを問わず，その所有の意思を否定し，時効による所有権取得の主張を排斥しなければならない」。

(72)　大判昭和7年10月14日大審院裁判例6巻民事277頁：AはCから土地甲を買い受け，その隣接地乙をXから賃借し，納屋を建築し使用していた。その後，AからB，BからYへと家督相続された。XとYは土地の境界線に関して争い，XがYに対し，境界確定の訴えを提起したので，Yは時効取得を主張した。第1審，原審ともに，A・B・Yの占有継続を認めないので，Yから上告。

　　破棄差戻。「相続の場合には，特別の事情のない限り，被相続人の有した占有権は相続人に移転するのを通例とすべく，かつYが現に右係争地域内の納屋を使用しこれを占有している(。)故に，反証のない限り，Y先々代Aが係争地域に対し有していた占有は同人より先代Bを経てYに承継され，現在に至るまで継続したものと推定しなければならない。」

(73)　我妻＝有泉479頁。

(74)　前掲大判大正8年10月13日：「民法第186条1項に善意とあるのは，占有者が占有を正当とする本権があると確信する場合をいい，過失の有無に関しないものであるから，また無過失と同一義ではない。故に，民法第186条1項の規定は無過失の場合を包含するものとはいえない。而して，時効によって権利を取得したことを主張する者は，その時効完成に必要な条件を立証する責任あることを原則とする」。

　　最判昭和43年12月19日裁判集民事93号707頁：「民法162条2項の10年の取得時効を主張する者は，その不動産を自己の所有と信じたことにつき無過失であったことの立証責任を負うものである」。

(75)　舟橋298頁。

無過失推定を認めるべきものとする見解があるが，これらの解釈を採りえないこと，前述したとおりである。

なお，本権の適法存在推定（第188条）について，詳細は，「第5款　占有権の効力，第2項　本権の適法推定」において後述する。

第4款　占有権の取得（移転）

第1項　原始取得

占有権の原始取得とは，自己のためにする意思を有する者が，ある物をその人の事実的支配の中に入れたと認められる客観的な事実が成立することによって実現する。簡単にいうと，ハンターが獲物を追跡して岩穴に追い込み，入り口を塞いで獲物が逃げ出せない状態にしたときや[77]，海岸に散在する貝殻の払い下げを受けた者が公示のための標杭を立てて監視員を置いたとき[78]などには，占有権の原始取得が認められる。ただ，不動産の場合には，占有と登記の有無とは無関係であり，登記しただけでは占有したとは認められず，また，当該土地から泉水を他所へ引用し，湯屋営業をしていたとしても，当該土地を占有していたとはいえない[79]。

---

(76)　於保不二雄『物権法上』178頁。

(77)　大(刑)判大正14年6月9日刑集4巻378頁（狢・狸事件）:「被告人が狩獵の目的を以て野生の狸を発見して射撃し，これを追跡して……狭隘な岩窟中に竄入させ，石塊を以てその入り口を閉塞し，逸走することができない施設をした以上は，被告人の執った手段方法は，狸の占有に必要な管理可能性と排他性とを具備するものというべきであり，被告人は，自然の岩窟を利用し狸に対して事実上の支配力を獲得し確実にこれを先占したものであり，この事實は狩猟法に所謂捕獲にほかならない」。

(78)　大判昭和10年9月3日民集14巻1640頁:Xは県知事から海岸内の貝殻の払下げ・採取の許可を得て，同所での一般人の採取を禁ずるため，Xが払下げを受けた旨の標杭を区域内に建設し監視人を配置したが，Yは村民を使って貝殻を採取させ，これを買い受けた。そこで，XはYに対し，貝殻の返還を求めて本訴を提起した。第1審，原審ともに，Xは賃借権を有するが，現実に採取していないので，海岸に打ち上げられた貝殻の所有権を当然取得する理由はないとして，Xの請求を認めないので，Xから上告。
　　破棄差戻。「Xの有する賃借権は，貝殻採取を目的とし，本件国有地区を占有し，その地区ならびに目的を明確にするために標杭を設置し，かつ監視人を置いたことにより，該地区はXが右目的のために占有することが明らかである。したがって，該地区に打ち上げられた貝殻の占有は当然Xに帰すること多言を要しない。先占によって所有権を取得するには，無主の動産であり，かつ何人の占有にも属しないことを要件とすることは，何人といえども，異論のないところである。」

(79)　大判大正8年5月5日新聞1583号15頁:Xは，自己の所有する本件土地をYが勝手に他の土地とともに分筆して他に売却し登記したとして，Yに対して損害賠償を請求した。原審は，Yは係争地にある泉水を他所に引用して湯屋を営業しており，所有の意思をもって善意無過失で本件土地の占有を始め，今日に至るまで約30年間平穏かつ公然に占有したとして，時効取得を認めたので，Xから上告。
　　破棄差戻。「ある地所を占有することと同地所にある泉水を引用するとは別個の事実であるから，Yが係争地にある泉水を他所に引用しているという事実があったとしても，直ちに同人が係争地を占有しているものとはいえない筋合いである」。

第1節 占 有 権

なお，代理占有による原始取得に関しては，前述したところから明らかであるので（「第3款　占有の種類，第6項　自己占有・代理占有」を参照），再説はしない。

> ── *point* ──
> 無主物先占や取得時効による取得はなぜ原始取得なのか。

第2項　承 継 取 得

1　占有譲渡の意義

占有権は譲渡することができる（第182条1項）。占有は物の所持という事実状態を表しているので，常に原始取得に限られるとも考えられる。しかし，物の事実的支配状態に占有権という権利が与えられることから，例えば，Aの所持している物をBに引き渡すことにより，Aの事実的支配に起因して，この事実的支配がそのままBに移転し，Bの事実的支配が生ずるとも考えられ，このように解すると，Aにおける事実的支配とBにおけるそれとが同一性を保ちながら移転するものと解することが可能であり，ここに占有の承継という観念が認められる。この意味において，占有権の譲渡性は，占有の譲渡性の反映にほかならない[80]。

占有権の譲渡は，形式的には，占有権の譲渡契約とその占有権の基礎を構成する占有の移転行為，即ち，動産や不動産の引渡しによって発生する（第182条1項）。占有権を物権とすれば，意思表示のみで物権の移転が生ずるという第176条の例外を構成する。しかし，占有権の譲渡が占有の譲渡性を反映するものと見れば，これは必然的なことである。民法は，占有に関して一定の前提要件が備わっていれば，占有権の移転にも，物の外形的な占有移転を伴わず，当事者の意思表示だけで占有が移転・媒介されることとした。簡易の引渡し，占有改定，そして，指図による占有移転がそれである。

2　占有権の譲渡

(1)　現実の引渡し

現実の引渡しとは，占有者が，占有物を現実に引き渡すことによって，占有権を譲渡することである。文字通り，物を引き渡すことであるが，代理占有されている物でも，物の現実の授受があれば，譲渡人の占有代理人から譲受人に引き渡された場合でも，譲渡人から譲受人の占有代理人に引き渡された場合でも，いずれも現実の引渡しとなる。

引渡しの態様は，動産・土地・建物などによって異なる。動産は場所の移動を伴い，不動産は利用や管理の移転を常とする[81]。具体的には，土地は権利証（登記済

---

(80)　我妻＝有泉480頁，舟橋300頁。

(81)　大判大正9年12月27日民録26輯2087頁：物の引渡しとは，当事者の一方がその所持，即ち実力的支配に係る物を他方の実力的支配に移属させることをいう。引渡しの有無は事実問題であるのみならず，法律は引渡しの方法につき何等規定する所なく，当事者は適宜の方

435

証）の交付，建物は鍵の交付，現実の居住などとされてきたが[82]，慣習による場合もあろう[83]。なお，電子申請を中心とする平成16年の不動産登記制度の改正により，従前の登記済証と同様の役割を果たすものとして，登記識別情報（不登規則第61条以下）ならびに登記後における登記識別情報の通知制度（不登第21条，不登規則第62条以下）が考案されたことにより，登記済証は不動産登記法の表舞台からは姿を消したので，今後は土地の管理の移転という意味も変わってくることであろう。

(2) 簡易の引渡し (traditio brevi manu)

譲受人またはその代理人が，現に占有物を所持する場合には，占有権の譲渡は，当事者の意思表示のみによってすることができる（第182条2項）。これは，譲受人の手元に予め占有権の基礎となる事実的支配が存在していた場合の話である。

譲受人が現に占有物を所持する場合とは，譲受人自身が預かっており，あるいは賃借していた物を寄託者や賃貸人から贈与・売買等によって譲り受ける場合が典型的である。しかし，所持機関である従業員が，営業で常用している自転車やオートバイなど，保有している物をそのまま所有者である店主から貰い受ける場合にも，本条が適用される（通説）。

また，譲受人の代理人が現に占有物を所持する場合とは，譲受人の代理人が預かっており，あるいは賃借していた第三者所有の物を譲受人自身が譲り受ける場合が典型的である。これは，例えば，未成年者の法定代理人が第三者から借りていた自転車を未成年者自身がその第三者から貰い受けたような場合である。この場合における本人と代理人との関係は，任意代理であると，法定代理であるとを問わない。

　法をもってすることができる（。）要は，目的物が一方より他方の実力的支配に移属された事実があるか否かに存する（。）殊に不動産は所在確定して移転を許さないものだけではなく，この引渡しをするのに何等特別の手段方法を要しないので，双方ともに目的物を熟知し実地に臨む必要のないようなときには，単にこれを一方より他方への実力的支配の移属を合意することによって，引渡しを完了することは法律上毫も妨げない。

(82) 大判昭和2年12月17日新聞1211号15頁：YはAの内縁の妻として本件建物に同棲し，該建物とその敷地ならびにこれと接続して事実上宅地の用に供されている本件土地2筆をAとともに使用してきたところ，AはこれらをYに贈与した。本件は，Aの兄である相続人XからYに対する所有権移転登記請求事件である。原審は，YがAとともに居住してきたという経緯を顧慮して，本件贈与契約は既に履行が終わっているとして，Xの請求を棄却した。Xから上告。
　棄却。「贈与契約成立の動機及びその当時の状況等に基づき贈与契約成立の際その当事者間に目的物たる右土地建物の実力的支配をAよりYに移属させるという合意をし，これによって引渡しが完了し，Yは自己のためにこれを占有するに至った」。

(83) 前掲大判大正9年12月27日：当事者が合意の上地方の慣習に従い売買代金の授受を了することにより目的立木の引渡しを完了すると定めたことは，代金の授受を了したことにより，買主は以後目的立木の監視手入及び伐採等をなしうるに至ったと同時に，売主は一切これに関しないということであり，係争立木が買主の実力的支配に移属されたことを認め，これにより既に引渡しがあったこととしたのに外ならないこと自明であるから，法律に悖る所はない。

第1節　占　有　権

(3)　**占有改定**（constitutum possessorium）

（占有）代理人が，自己の占有物を，以後，本人のために占有する意思を表示した
ときには，本人はこれによって占有権を取得する（第183条）。この状況は，Ａが自
己の所有物をＢに譲渡した後も，譲渡人Ａが引き続きその物を譲受人Ｂの占有代
理人として所持する場合が典型例である。この場合には，Ｂは代理占有（間接占有）
により自主占有権を取得するから，占有権を承継するのである。動産でも不動産で
も成立する。特に，在庫商品や機械・備品を目的物とする譲渡担保権の設定契約が
典型例であるが[84]，農地の売買と賃貸借を同時に締結し，売主が耕作している場
合にも占有改定ありとされた[85]。

この関係は，単純に占有代理関係が成立すればよく，賃貸借など，具体的な原因
を必要とせず，譲渡・占有改定の際に成立すれば足りるのであって，予め，代理
関係が存在する必要もない[86]。このような意味において，第183条が「代理人が
……」と規定し，あたかも占有改定が成立する以前から代理関係にあるようにも読
める文言は適切ではない。

更に，例えば，従業員が購入してきた機械や備品を会社が買い受けて従業員に使
用させている場合など，譲渡人が譲受人の占有機関となる場合には，譲渡人には所
持がなく，譲受人が直接占有者になるので，占有改定にはならない。しかし，この
場合には，譲渡人が占有代理人となるか占有機関となるかの違いがあるだけで，現
実の引渡しをせずに意思表示だけで占有移転の効果を生ずるという点において，占

---

(84)　最判昭和30年6月2日民集9巻7号855頁：映画館を経営するＡが経営に行き詰まり，
　　　Ｘに映写機その他の物品を売渡（譲渡）担保の目的物として提供し，Ａが引き続きこれらを
　　　使用していたところ，ＡがＹに映画館をその設備ごと売却し，Ｙが映画館の経営を始めたの
　　　で，ＸはＹに対し担保目的物の返還を請求した。原審は，Ｘが現実の引渡しを受けていない
　　　のでＹに対抗しえないとして，Ｘの請求を認めないので，Ｘから上告。
　　　　破棄差戻。「売渡担保契約がなされ債務者が引き続き担保物件を占有している場合には，
　　　債務者は占有の改定により爾後債権者のために占有するものであり，従って債権者はこれに
　　　よって占有権を取得するものであると解すべきことは，従来の判例とするところ……であっ
　　　て，当裁判所もこの見解を正当であると考える。」
(85)　最判昭和28年7月3日裁判集民事9号631頁：「Ｘは本件土地の売買の当時，売主たる
　　　Ｙと買主たるＸとの間に，昭和21年度だけはＹが右土地をＸから借り受けて耕作すること
　　　とし，同年以後はこれをＸに返還する旨の契約が成立したというのであるから，右主張の中
　　　には，その際，両者間に本件土地については，「占有の改定」等による土地の引渡しがあっ
　　　たとの主張を包含するものとも解せられないことはない」。
(86)　大判大正4年9月29日民録21輯1532頁：占有改定は甲権利に基づいて物を占有する
　　　改定者がその権利を本人に譲渡すると同時に，その譲渡した権利に伝来する乙権利を本人よ
　　　り取得し，乙権利に基づいて物の所持を継続し乙権利のためにする直接占有者となり，本人
　　　は同一物につき返還請求権に基づいて甲権利のためにする間接占有権を取得する場合を指す
　　　ものである。また，第183条に「代理人が云云」とあるのは改定者の所持する物につき本人
　　　が間接占有権を有する状態について立言したまでであり，改定者が予め代理人たることを必
　　　要とする法意ではない。殊に，所謂代理人も占有権取得の法律行為についての代理人を指す
　　　ものではなく，間接占有者に対し物の現実の所持者を指称するに過ぎないものである。

有改定と同様であるとして，占有改定に準じて，対抗要件としての効力を認めるべきであるという有力説がある[87]。

(4) 指図による占有移転

（占有）代理人によって占有する場合において，本人がその代理人に対して，以後，第三者のためにその物を占有することを命じ，その第三者がこれを承諾したときは，その第三者は，占有権を取得する（第184条）。この状況は，本人から第三者に対して，占有代理人に対する返還請求権を譲渡することである。それゆえ，客観的・外形的には占有の変動はみられない。例えば，Aが倉庫業者Cに寄託中の商品をBに譲渡する場合において，引き続きCを占有代理人として預かっていてもらうときには，この方法が簡便である。また，建物の所有者AがCに賃貸している建物をBに売却し，あるいは質入れする場合にも便利である[88]。

指図による占有移転の成立要件は，①譲渡人と譲受人との間における占有権譲渡の合意があること，②譲渡人が占有代理人に対し，第三者（譲受人B）のために占有することを命じること，が必要となるだけであり，前掲したいずれの場合においても，占有代理人（直接占有者）Cの意思表示は不要である。それゆえ，占有代理人がこの命令に従わなかった場合でも，占有移転の効果を生ずる。指図による占有移転は，譲渡人と譲受人との間の約定と占有代理人への命令のみによって行われるのであり，占有代理人には何ら利害関係がないからである[89]。

そして，動産物権変動の対抗要件である引渡しの時期は，占有代理人に対する指図のあった時であり，この時の前後によって対抗関係を決する。占有代理人を介しての公示と解する以上，当然の解釈である。

---

(87)　舟橋221頁，301-302頁，石田穣513頁以下，535頁。

(88)　大判昭和9年6月2日民集13巻931頁：「不動産質権者は設定行為に別段の定めのない限り，質権の目的たる不動産をその用法に従い使用及び収益をするという権能を有するものであるから，他人に賃貸してその賃金を収めることもまたこれをなしうるものといわなければならない。そして，質権の目的たる不動産が質権設定以前既に他人に賃貸されている場合には，質権設定者たる賃貸人が賃借人に対して，以後，質権者のために該不動産を占有すべき旨を命じ，賃借人がこれを承諾することにより，ならびに，質権は適法に設定されるべく，かつ反対の事情のない限り，以後賃貸借は質権者の間にその効力を生じ，質権者においてその賃金を収取する権利を取得するものと解すべきである。」

(89)　大判明治36年3月5日民録9輯234頁：「民法第184条に所謂第三者の承諾とは本人がその代理人に対し第三者のために占有物を占有すべき旨を命じ，第三者がこれを承諾することをいうものであり，本人がその代理人に対し占有物を第三者に返還すべき旨を命じ，第三者がこれを承諾することをいうものではない。」

　　「民法第178条は第三者が自ら権利を有し譲渡の目的物たる動産につき利害の関係を有する場合に限り適用すべきものであり，……単に物の寄託を受け，寄託者のためにこれを保管するものは，返還の時期を定めたときと，これを定めないときとを問わず，返還の請求次第いつでもこれを返還すべき義務を負い，その寄託物につき何らの利害関係を有しないものは同法条に所謂第三者ではないので，同法条は本件に適用すべきものではない。」

第1節　占　有　権

--- point ---
占有移転の態様，それぞれの意味・内容について，理解しよう。

3　占有権の相続

(1)　相続による占有承継の原則

占有権の相続については，かつて普通法時代に争われた問題であるとされるが，立法例では，ドイツ[90]，スイス[91]，フランス[92]の各民法においては，いずれも相続人に包括承継されるという原則に基づいて，占有の承継が明文で認められている。わが民法上，占有権の相続に関しては規定がないが，被相続人の事実的支配の中にあった物は，原則として，当然に相続人の支配の中に承継されるものと見るべきであるから，その結果として，占有権も承継されるものと解すべきである[93]。判例も古くからこの理により，相続人による当然の占有承継を認め，相続人が相続の事実を知らない場合においても，当然の占有の承継を認めてきた[94]。

したがって，生前，被相続人の占有管理下にあった財産は，相続の開始後，当然に相続人の占有管理下に移転する。現実に相続財産を占有管理する必要はないばかりか，相続の開始，特定の相続財産の存在もしくは所在を知っていることさえ必要ではない[95]。

---

(90)　BGB 第 857 条（相続性）
　　占有は，相続人へ承継される。
(91)　ZGB 第 560 条（取得―相続人）
　　第 1 項：相続人は，被相続人の死亡とともに，法律上，全ての相続財産を取得する。
　　第 2 項：法律上の例外は別として，被相続人の債権，所有権，制限物権，そして占有は，難なく相続人に承継され，被相続人の債務は，相続人の人的債務となる。
　　第 3 項：指定された相続人の取得は，相続開始の時点に遡り，法定相続人は，指定相続人に対し，占有法規に従い，相続財産を返還しなければならない。
(92)　CC 第 724 条
　　第 1 項　法律によって指定された相続人は，被相続人のすべての財産権，即ち，その権利及び訴権を取得する。
　　第 2 項　受遺者及び受贈者は，本編第 2 章で規定された要件の下で包括的に取得する。
　　第 3 項　相続財産が占有を付与させる義務を負う地位で獲得されたときは瑕疵がある。
(93)　我妻＝有泉 484 頁。
(94)　大判明治 39 年 4 月 16 日刑録 12 輯 472 頁：「Y は被害者 A の所持する金円を強奪せんと欲し，その頭部胸部等を殴打しこれを殺害した上その所持せし金品を横奪したものである。抑も，強盗殺人罪は財物を強取する目的を以て人を殺したことによって成立し，財物を得ると否とは犯罪構成に影響はないのみならず，相続人というものは相続の開始と同時に被相続人の有していた権利義務を承継するは勿論，たとえ相続開始の事実を知らない場合であっても，被相続人が死亡の時において占有していた物件の占有は法律上当然これを承継するものである。」
　　最判昭和 44 年 10 月 30 日民集 23 巻 10 号 1881 頁：「被相続人の事実的支配の中にあった物は，原則として，当然に，相続人の支配の中に承継されるとみるべきであるから，その結果として，占有権も承継され，被相続人が死亡して相続が開始するときは，特別の事情のないかぎり，従前その占有に属したものは，当然相続人の占有に移ると解すべきである。」

439

第3章 占有・所有関係

しかし，これら通説・判例の見解に対して，有力説は，占有は相続人によって単純に承継されるものではなく，占有の承継を認めない場合に起こりうる不都合を回避するためにやむを得ず観念的な占有承継を認めたに過ぎないと主張する。即ち，例えば，被相続人Aと相続人Bが同居していない場合において，Aの占有とBの占有の連続性を顧慮しなければ，取得時効の完成に必要な占有期間がBの元でご破算になり，あるいは，Aの占有とBの占有との間に空白期間があるときには，Aの手元からCが盗み出した物に関して，相続人Bに占有が認められないために，占有訴権を行使しえないという不都合が生じ，これらの不都合を回避するために占有を相続するという「観念的な占有の承継」が認められているに過ぎないという[96]。

この有力説は，更に，その後，相続人が相続財産を現実に支配するに至ったときは，この観念的な占有権は普通の占有権の性格をも有することになり，相続人は二面的な性格を有する占有権を取得するといい，この点は，占有の承継に関する第187条の適用に関して意義を有し，更に，第185条の新権原を考える際にも意義を有するという[97]。

(2) 例外的不承継

次に，例外として，被相続人が他人に貸していた物をその他人に遺贈した場合や，相続財産が事故により相続人とともに海底深く沈んだような場合，あるいは，相続人が予め占有権を放棄した場合のように，相続人の占有取得を妨げる事情が存在する場合には，相続人に占有権は移転しない。

4 占有権承継の効果

(1) 占有権の二面性

次に，占有権が承継された場合における効果，即ち，承継人の有する占有の二面性が問題となる。占有承継人は，一面において，前主の占有と同一性を有する占有を継続する場合もあれば，他面において，自分が新たな占有を開始したという場合もありうる。占有は，その時々における事実状態であるから，この事実状態が数人に転々と承継されて継続する場合には，その占有は，継続した一つの事実状態ではあるが，その各々の占有者独自の事実状態と見ることもできるのである。これを「占有の分離・併合」という。第187条が，占有者の承継人はその選択に従い自己の占有のみを主張し，または自己の占有に前の占有者の占有を併せて主張することができる旨を規定しているのは（同条1項），まさに，このような意味である。

例えば，前主の占有がその本権を賃借権とする他主占有の場合には，取得時効の要件である「所有の意思」を欠くので，自主占有をしている承継人は，自分の占有

---

(95) 我妻＝有泉 484頁。

(96) 鈴木・講義 104-105頁。この点につき，詳しくは，鈴木（禄）「占有権の相続」『物権法の研究』397頁以下所収を参照。

(97) 鈴木・講義 106-107頁。

第1節　占　有　権

のみを主張することになり，反対に，前主が自主占有の場合には，承継人は，自分
の占有期間が足りない点を補充することができる。

　ただ，前主の占有を併せて主張する場合には，前主のもとに存在した占有の瑕疵
をも承継することになる（第187条2項）。例えば，Aが悪意その他の瑕疵ある占有
を15年間継続した後に，Bが善意・無過失で10年間占有した場合には，Bは自分
の占有のみで取得時効の完成を主張しうる。しかし，Bの占有期間が10年に満た
ない場合には，占有期間が5年以上あれば，Aが悪意でも自主占有でありさえすれ
ば，Bは取得時効の完成を主張することができる。そして，この占有承継は，前主
が転々と数人ある場合には，直前の者の占有を併合することも，数人分の占有を併
合することも自由である(98)。

　また，A・B間の占有承継が相続に基因する場合において，AとBとが同居して
いれば，たやすく占有継続が認められるが，別居していたときにも占有継続を認め
なければ，取得時効の期間算定や占有訴権の行使などにおいて不公平な取扱いと
なるので，前述したように，占有権の相続を認め，現実に占有していない場合でも，
占有の承継を認めるのが妥当である。

　更に，第187条は，このような占有の本質に適合する規定であることから，特定
承継と包括承継とを区別することなく，包括的に適用されるべきものである。かつ
て判例は，相続の包括承継性に固執し，相続人が自己の占有のみを取り出して占有
を主張することを許さないとしたが，最高裁は，解釈を改めるに至った(99)。占有
における瑕疵の有無については，相続人のもとにおいて変更することがありうると
解すべきであるから，相続人にも第187条を適用すべきは当然である。

> **point**
> 　占有には二面性があるという意味を理解するとともに，占有選択の自由につ
> いても理解しよう。

---

(98)　大判大正6年11月8日民録23輯1772頁：「民法第187条に所謂選択なるものは明文の
　示すように自己の占有のみの主張または自己の占有に前主の占有を併せ主張することにつき
　選択権ありという意にほかならないので，その前主が数人ある場合において特定の前主以下
　の前主の占有を併せ主張することができ，而して一度総前主の占有を併せ主張したことがあ
　る場合であっても，これを変更することができるのはもちろん，全然自己の占有のみを主張
　することを妨げるものではない」。
(99)　最判昭和37年5月18日民集16巻5号1073頁：本件は，相続人Cの先々代Aが悪意で，
　先代Bが善意・無過失であり，Cが先代Bの占有だけを承継すれば，10年の取得時効が完成
　するという事案である。
　　最高裁は，「民法187条1項は……相続の如き包括承継の場合にも適用せられ，相続人は
　必ずしも被相続人の占有についての善意悪意の地位をそのまま承継するものではなく，その
　選択に従い自己の占有のみを主張し又は被相続人の占有に自己の占有を併せて主張すること
　ができるものと解するを相当とする」と判示し，善意・無過失の先代Bのみの占有承継を認めた。

第3章 占有・所有関係

(2) 占有の選択による取得時効の成否

その結果，占有承継の際の選択については，特定承継・包括承継を問わず，前掲した例のような取得時効の成否が問題となる。

(ア) 善意・無過失占有者による選択

まず，Aが他人の所有する不動産を悪意や有過失で10年間自主占有して死亡し，相続人Bが善意・無過失で5年間自主占有した後に死亡した場合において，Bの相続人Cが善意・無過失で5年間自主占有したときには，CはAからの占有を選択しても，Bからの占有を選択しても，いずれも時効取得しうる。

しかし，Aの占有期間が10年に満たない場合には，Aからの占有承継では時効取得しえないところ，Bからの占有承継ならば，やはり，時効取得しうる。この点において，前段で説明した問題と変わりはない。

(イ) 悪意占有者による善意・無過失占有の承継

次に，では，Aが善意・無過失で5年間自主占有した後にBが承継し，Bが悪意または有過失で5年間自主占有した場合でも，10年の時効取得が認められるのかという問題がある。

この問題について，判例は，古くから前主の善意・悪意のみを判断すれば足り，前主が善意・無過失であれば，後主の善意・悪意は不問とするという解釈を示して，この問題を肯定的に解決し[100]，最高裁も同様の解釈によってこれを肯定してきた[101]。

これに対して，学説は，判例法理に反対する説が多数説である[102]。しかし，取得時効は原始取得であり，第162条2項の要件が，「占有開始時における善意・無過失」であることから考えると，BがAからの占有を承継する意思を表明している以上，Aの占有開始時を時効の基礎たる事実と評価すればよいとして，判例の見解を正当と解する有力説もある[103]。

---

[100] 大判明治44年4月7日民録17輯187頁：時効により不動産を取得する場合には，占有者の意思の善悪及び過失の有無はその占有する当時にその如何を審究すべきものであることは，民法第162条第2項に規定されており，この規定は占有者の承継人がその前主の占有を併せて主張する場合でも異なることはないとして，最初の前主が善意・無過失であれば，後主の善意・悪意を判断する必要はないとした。

[101] 最判昭和53年3月6日民集32巻2号135頁：「10年の取得時効の要件としての占有者の善意・無過失の存否については占有開始の時点においてこれを判定すべきものとする民法162条2項の規定は，時効期間を通じて占有主体に変更がなく同一人により継続された占有が主張される場合について適用されるだけではなく，占有主体に変更があって承継された二個以上の占有が併せて主張される場合についてもまた適用されるものであり，後の場合にはその主張にかかる最初の占有者につきその占有開始の時点においてこれを判定すれば足りるものと解するのが相当である。」

[102] 我妻＝有泉486-487頁，四宮和夫『民法総則』304頁，幾代通『民法総則』498頁，石田喜久夫『口述物権法』251頁，内田貴『民法Ⅰ』408頁以下など，多数説である。

[103] 近江・前掲書（『民法講義Ⅰ』）350頁以下，石田穣540-541頁。

第1節 占 有 権

㈦ 代理占有が消滅した場合

　最後に，代理人が占有していた場合において，この占有権が消滅して，本人が
自己占有を回復したときには，第187条が適用されるのかという問題がある。即ち，
この場合にも占有の承継があるのかという問題である。

　この問題について，判例は，第101条を類推適用し，本人が善意であるか否かは
代理人によって決すべきであるという理由から，第187条の適用を否定し[104]，学
説の多くも，占有の承継がないという理由から，否定説が主流であった[105]。しか
し，この場合には，占有の分離を認め，本人に自己占有が移ったものと解し，第
187条を適用してよいと解する有力説も存在していた[106]。そして，近時は，本人
に自己占有が生じた場合には，種々の利害関係を形成し，この利害関係は占有の承
継と同様に保護すべきものという理由から，第187条を類推して，本人に選択権を
認めるべきだという有力説もある[107]。

　代理人が悪意占有であり，本人が善意・無過失占有である場合には，本人に選択
権を認めるのが妥当であると解される一方で，他方，代理人の悪意事情を顧慮して，
当初，両者の占有を悪意占有であるとし，それが本人の直接占有を契機として善
意・無過失占有に変わったものと解するのであれば，否定説であっても解釈上は何
ら変わりはないことに帰する。ただ，第187条を類推し，選択権を肯定するという
解釈を採ったほうがわかりやすいという利点はある。

---

　point

　(1)　占有者が善意・無過失の場合と，悪意の場合における選択の効果について
　　理解しよう。
　(2)　代理人による占有の場合についても，(1)の点について考えてみよう。

第5款　占有権の効力

第1項　序　　説

　占有権の法律効果は，占有制度上，①本権が適法に存在することの推定（第188
条），②善意占有者の果実収取権（第189条，第190条），③善意占有者の占有物に関
する滅失・損傷についての責任軽減（第191条），④即時取得（第192条以下），⑤必

---

(104)　大判大正11年10月25日民集1巻604頁：「代理人によって占有した場合においては，
　　民法第101条の場合と選を異にすべき理由はないので，同条の規定を類推し，占有者が善意
　　であるか悪意であるかは代理人につきこれを定めるべきものと解釈するを相当とする。蓋し，
　　同条に所謂代理人は委任による代理人をも包含すること疑いがないからである。」
(105)　舟橋307頁は，この場合には占有の承継はなく，代理人が悪意で，本人が善意・無過
　　失であった場合には，本人も最初は悪意で，後に善意・無過失になった場合と同様に解すれ
　　ば足りるという。このように解すると，実際の運用については，肯定説との差異はなくなる。
(106)　我妻＝有泉487頁。
(107)　石田穣539頁。

第3章　占有・所有関係

要費・有益費の償還請求権（第196条），⑥占有訴権（第197条以下），などとして現れ，その他の制度上は，⑦時効取得（第162条，第163条），⑧動産物権変動の対抗要件（第178条），⑨無主物先占（第239条），⑩遺失物拾得（第240条），⑪埋蔵物発見（第241条）などである。

　これらのうち，時効取得は民法総則で扱い，動産物権変動の対抗要件，無主物先占，遺失物拾得・埋蔵物発見については，別の項目でそれぞれ扱うので，本款においては，それ以外の制度に関して論ずることとする。

第2項　本権の適法推定

1　第188条の適用——動産に限るか

　占有者が占有物について行使する権利は，適法に有するものと推定される（第188条）。この規定は，占有の現状を一応正しいものとする一方で，他方，占有は多くの場合に真実の権利状態に合致する蓋然性を有するものとして取り扱うことを意味している。つまり，占有者には何かしらの占有権原，即ち，本権の存在を認めるということである。ドイツ民法[108]及びスイス民法[109]でも，動産の占有者に所有権を推定している。

　本条の適用範囲について，通説は，占有物が不動産の場合には，権利の存在を公示する登記制度が用意されているので，本条が適用されるのは，占有はあるが，全く登記のない不動産に限定されるものと解している[110]。不動産物権の場合には，登記の存在によって権利存在の推定力を与えるべきだからであり，判例もこれを認めている[111]。立法例においても，ドイツ民法[112]及びスイス民法[113]においては，

---

(108)　BGB 第1006条（占有者のための所有権の推定）
　　　第1項　動産の占有者のため，その占有者は物の所有者であるものと推定する。しかし，この規定は，その物を盗まれ，遺失し，その他紛失した前占有者に対しては適用しない。ただし，金銭もしくは無記名証券が問題となるときは，この限りではない。
　　　第2項　前占有者のため，前占有者が占有を継続した期間は，前占有者が物の所有者であったものと推定する。
　　　第3項　間接占有の場合には，推定は間接占有者について適用する。
(109)　ZGB 第930条（所有権の推定）
　　　第1項　動産の占有者は，その所有者であるものと推定する。
　　　第2項　全ての前占有者は，その占有期間中，その物の所有者であったものと推定する。
(110)　我妻＝有泉490頁，舟橋213頁。
(111)　最判昭和34年1月8日民集13巻1号1頁：本件は，Xらが，本件山林はXらの所有であるところ，これをYに譲渡した事実がないのに，Yの所有名義に登記されているとして，その抹消登記手続を求めたという事案である。
　　　この事案において，最高裁は，原審が「本件山林三筆がYの所有名義に登記されていることは当事者間に争いがない。従って，一応本件山林はYの所有に属するものと推定される」と判示した点を正当とした。また，最高裁は，Xらの本訴請求を理由あらしめるには，Xらにおいて，自己の主張事実を立証してその推定を覆す責任を負担すべきものであるとして，Xらの主張が立証されない以上，推定は覆されないとした。
(112)　BGB 第891条（法律上の推定）

444

明文で，登記名義人についてのみ権利推定力を認めている。

　この通説・判例に対しては，第一次的には登記に推定力が働くが，第二次的に登記による権利推定力が真実の権利関係の証明などによって破られた場合には，占有者に権利推定力が働くはずだと主張する少数有力説がある[114]。

　しかし，本条の沿革から考えると，本条の元の条文である旧民法財産編第193条は，「法定ノ占有者ハ反対ノ証拠アルニ非サレハ其行使セル権利ヲ適用ニ有スルモノトノ推定ヲ受ク」と規定しているが，この規定は，謄記制度が整備されていなかった当時のフランス民法に由来するものであり，登記制度の完備した現代の解釈には馴染まない[115]。だからこそ，前述したドイツ，スイスの民法では，占有による所有権の推定は動産に限定されているのである。また，そもそも，この問題は，主として登記による権利推定力が反証によって破られた場合の話であるから，不動産の占有者に権利推定力を認めるか否かという問題ではない。したがって，占有者に権利推定力を認めるか否かという問題については，原則として動産に限定して考えるべきである。

　ただ，BがAから賃借している土地の上にBの所有する登記ある建物が存在する場合には，Bが借地権を有するものという推定が働く（本来は，建物の登記がなくとも，借地権の推定が働くものと解すべきである）。それゆえ，借地借家法では，建物の登記がある場合に限って，借地権の対抗力を認めている（借地借家第10条）。また，占有に対抗力が与えられている建物賃借権，農地賃借権についても，占有から本権（賃借権）の推定力が働くので，引渡しに対抗力が認められているのである（借地借家第31条，農地第16条1項）。

2　権利推定の効果

(1)　推定の範囲

　「占有物について行使する権利」とは，物権だけではなく，占有することを正当とするすべての権利を含むものと解される。これは判例[116]，通説[117]である。た

　　　第1項　ある者のため，登記簿上に権利を登記したときは，その者に権利があるものと推定する。
　　　第2項　登記された権利が登記簿上抹消されたときは，権利は存在しないものと推定する。
　(113)　ZGB第937条（土地の場合の推定）
　　　第1項　登記簿に登記された土地に関しては，権利の推定及び占有に基づく訴えは，その登記された者についてのみ，存在する。
　　　第2項　土地に関して事実上の支配力を有する者は，自力救済または占有の障害を理由として，訴えを提起することができる。
　(114)　鈴木・講義90頁，近江・講義Ⅱ 202頁など。
　(115)　前掲『注釈民法(7)物権(2)〔稲本〕』47-48頁参照。
　(116)　大判大正4年4月27日民録21輯590頁：「民法第180条の規定によれば，自己の権利行使を主張して物を所持する者は，その物につき占有権を有し，同第188条の規定によれば，占有物の上に行使する権利は適法に有するものと推定すべきである。故に，動産につき賃借権を有することを主張しこれを占有する者は，反証なき限りは賃借権者であるという推定を

第 3 章　占有・所有関係

だ，占有者は所有の意思を有するものと推定されるので（第186条1項），通常は，所有権を有するものと推定される[118]。結果としては，前掲したドイツ（BGB 第1006条1項），スイス（ZGB 第930条1項）の立法例と同じことになる。

　また，過去の占有者は，その者が占有していた期間は，その占有によって推定される権利を適法に有していたものと推定される。条文はないが，判例は古くからこれを認める[119]。前掲したドイツ（BGB 第1006条2項）・スイス（ZGB 第930条2項）の立法例からも，当然に肯定すべきである。

　次に，土地の所有者から権利の設定を受けて占有していたところ，その所有者との間において，土地利用権に関して紛争が発生したときにも，「権利適法存在の推定」は働くのかという問題がある。立法例として，スイス民法には，制限物権などを有するとして動産を占有する権利を主張する占有者の権利自体は推定されるが，その占有者は，その物を入手した相手方である当の本人（所有者等）に対しては，その権利の推定を主張しえない旨の規定がある（ZGB 第931条2項）[120]。通説は，この規定の趣旨から，このような場合には，一般の原則に従って権利の存在を主張する者に立証責任を課すべきであると論じており[121]，判例も同趣旨である[122]。

　では，他人の所有地上の建物の占有者が土地の占有正権原を主張する場合には，

　　受けるべきであるから，その動産の所有権を譲り受けた者に対し，引渡しなきことを理由として所有権の取得を否認するにつき正当の利益を有するものというべく，従って斯かる占有者は民法第178条に所謂第三者に該当するものである。」

(117)　我妻＝有泉490頁，舟橋308頁，鈴木・講義89頁など参照。ただ，石田穣543頁以下は，「事実上の推定力」といい，登記ある不動産についても適用されると解しつつ，ただ，登記にも事実上の推定力が働き，両者が衝突する場合には，登記の推定力が優先するという。

(118)　大判大正13年9月25日新聞2323号15頁：「占有者は，民法第186条の規定により所有の意思をもって善意平穏かつ公然に占有するものと推定されると同時に，同法第188条の規定により占有物の上に行使する権利はこれを適法に有するものと推定されるので，係争土地の占有者たる上告人がその所有権を主張する本訴において上告人は適法に所有権を有するものと推定されるべきは当然である。」

(119)　大判明治38年5月11日民録11輯701頁：現時ある物件の所有名義者たるものは反証なき以上は既往にあってもまたその所有者たりしものと推定すべきを普通の法則とする。

(120)　ZGB 第931条（他主占有における推定）

　　第1項　ある者が，所有者でなくして動産を占有しようとする場合において，この占有者が善意でその動産を受領したときは，所有権の推定を主張することができる。

　　第2項　ある者が，制限物権もしくは人的権利の請求権をもって動産を占有するときは，この権利の存在は推定されるが，この占有者は，自分がその物を入手した者に対しては，この推定を主張することができない。

(121)　我妻＝有泉491頁。

(122)　大判大正6年11月13日民録23輯1776頁：「正当な権原に基づきある物を占有するという事実は，斯かる事実を主張する者においてその立証の責任がある。原裁判所は証拠に基づき上告人が本件建物を占有することを認定した上，該占有は正当の権原に基づくものであるという点に関し，何等上告人の主張がないのに顧み，上告人は不法占有者と認める外なしと判示したものであることは判文上明白である。斯くの如きは立証責任に関する原則を正当に適用したものであり，何等の違法もない。」

446

第1節　占　有　権

第188条の適法推定は適用されるだろうか。判例を確認する。

〔判例55〕最判昭和35年3月1日民集14巻3号327頁

【事実】

　本件2筆の土地は，もとXの先代Aの所有であったが，Xが相続によって所有権を承継取得し，その登記を経由した。本件2筆の土地には，その両地上に跨って，B所有の本件建物が存在し，これにYが居住して，その敷地を占有している。

　Xは，Yが同建物に居住してこれを占有し，Xに対抗しうる権原がないのに，その敷地所有権の行使を妨げているとして，Yに対し，敷地の所有権に基づいて，本件建物から退去して敷地を明け渡すべきことを求めるとして，本訴を提起した。

　これに対して，Yは，本件建物をBから期限を定めずに賃借しており，Yは，賃借権に基づいて同建物を占有していると主張し，また，BがXから本件土地を使用貸借により借り受けてその地上に本件建物を建築し，Yがこれを賃借したと主張した。これに対して，Xは，使用貸借によってBに本件土地の使用を許したという事実はないと主張した。

【原審】

　原審は，Bの土地使用借権を認めず，Yが自ら土地の占有正権原を立証していないとして，Xの請求を認容した。Yは上告し，原判決は民法第188条の適法推定規定を適用していないと主張した。

【判旨】棄却

　「Yは，BがXから本件土地を使用貸借により借り受けてその地上に前記建物を建築し，Yがこれを賃借したと主張し，Xはこれを争っているのである。この場合，Yの前記正権原の主張については，Yに立証責任の存することは明らかであり，Yは占有者の権利推定を定めた民法188条の規定を援用して自己の正権原をXに対抗することはできないと解するのが相当である。」

《問題点》

　(1)　占有者の権利適法推定（第188条）は，土地の占有正権原を主張する者に対して適用されるのか。

　(2)　他人の不動産を占有する正権原があるという主張については，誰に立証責任があるのか。

《分析》

　このような問題について，本判決は，他人の不動産を占有する正権原を有することの立証責任は，その権原を主張する者にあるものと解し，この場合には，占有者は第188条の適法推定をもって所有者に対抗することはできないと判示した。

　前述したように，他人の土地を賃借して，その地上に建物を建築し，これを所有する場合には，この現況から，借地権の登記がなくとも，借地権を有するという推定が働く。しかし，本件は，土地の無権利者Bがその地上に建築し所有する建物をYが賃借して居住している場合における土地占有正権原の存否を争ったという事案

447

であり，土地所有者Ｘが占有者Ｙの正権原を否定し，争っている以上は，第188条の適法推定規定を適用して立証責任を転換するというのは何とも不合理な話となる。それゆえ，その後の判例も，前登記名義人が現登記名義人の所有権取得を争ったという事案において，同様に，現登記名義人に所有権取得に関する立証責任を負わせている(123)。

このような意味において，第188条は，本件のように，土地所有者Ｘが土地占有者Ｂの占有権原，ひいては，Ｂからの建物賃借人Ｙの本権の存在を否定して争っているという事案には適用されないという扱いが正当である。

したがって，この場合においては，土地占有者Ｂ及びその占有補助者Ｙは，自己の本権取得に関して土地所有者Ｘに対抗しうる関係になければ，本権の存在を認められることはないのである。

(2) 推定の効果

(ア) 推定の直接的効果

第188条の推定は，占有者に本権が適法に存在することである。それゆえ，占有者は，自分が占有していることを立証しさえすればよい。この意味において，相手方は，占有者に本権の存在しないこと，即ち，自己または第三者に本権があることを適法に立証する必要があり，この立証が果たされれば，占有者の本権推定は破られる。この場合において，相手方にはどの程度の立証が求められるかが問題となったこともある。しかし，第188条の本権推定を実体法上の権利推定と考えるにせよ，訴訟上の立証責任の分配と考えるにせよ，相手方において占有者に本権がないことを立証しえないときには，いずれにせよ，占有者の本権推定が優先するのである。したがって，この論争にはあまり意味がない。

また，前述したように，占有者が物を取得した相手先が訴訟の相手方であるときには，本権の推定は適用されないので，この場合には，占有正権原の存在について，占有者自身が立証しなければならず，具体的には，適法に契約によって取得したことなどを立証しなければならない(124)。

(イ) 推定は占有者の利益に働くとは限らない

例えば，Ａが自己の所有する家屋をＢに賃貸し，Ｂが賃借人として居住している

---

(123) 最判昭和38年10月15日民集17巻11号1497頁：「一般の場合には，登記簿上の不動産所有名義人は反証のない限りその不動産を所有するものと推定すべきである（最判昭和34年1月18日民集13巻1号1頁）。けれども，登記簿上の不動産の直接の前所有名義人が現所有名義人に対し当該所有権の移転を争う場合においては，右の推定をなすべき限りではなく，現所有名義人が前所有名義人から所有権を取得したことを立証すべき責任を有する(。)」

(124) 前掲最判昭和38年10月15日：本件は，登記の推定力が問題となった事案であるが，最高裁が，「現所有名義人が前所有名義人から所有権を取得したことを立証すべき責任を有するもの」と判示し，「原判決が上告人の提出援用した証拠ではその主張する本件土地売買の成立を認定するに足らない旨判示したのは相当」であると判示しているところから察すると，前所有名義人から適法な原因行為によって取得したことの立証を求めているものと思われる。

というケースについて考える。この場合において，Bが家賃を滞納したときには，家屋の賃貸人Aには不動産賃貸の先取特権が発生する（第312条）。このAの先取特権の目的物は，借家人Bの所有する動産（第312条）からBが備え付けた動産にまで広く及ぶ（第313条2項）。それゆえ，その目的物は，畢竟，Bの居住家屋内に存するすべての家具・調度品であり，借家が店舗・事務所，工場などであれば，機械・設備，備品類まで，かなり広範囲の動産が先取特権の目的物となる。

つまり，この場合には，借家人Bのテリトリー内に存在する動産類はすべてBの占有下にあるからこそ，Aの先取特権の目的物になってしまうのであり，ここで第188条により，Bが適法に占有物（動産）の本権である所有権を有するものと推定されるので，これらが他人の所有物であっても，必然的に先取特権の目的物となる。そして，この本権推定の効果として，占有者Bに自己の所有物ではないことの立証責任が課せられる。この意味において，第188条は占有者の不利益にも働く。

しかも，その占有物の中に第三者Cの所有物があったとしても，Aが善意・無過失のときには，Aが先取特権を即時取得してしまうので（第319条），Bが自己の所有物ではないことを，また，Cが自己の所有物であることを証明しえたとしても，結局，賃貸人かつ先取特権者であるAに屈することになる。

(ウ) 推定の効果は第三者にも及ぶ

例えば，債権者が債務者の占有する物を差し押さえる場合には，債務者の所有物と推定する効果を援用することができ[125]，また，真正所有者が占有者である賃借人に対し，所有権に基づいて返還請求してきた場合には，賃借人は賃貸人の所有物と推定する効果を援用することができるものと解されている[126]。

第3項　善意占有者の果実取得権
1　善意占有者の果実取得権
(1)　意義・制度趣旨

占有者に正当な占有権原がなかった場合における処理として，果実の取得がある。占有者が所有の意思をもって占有していたが，実は，真の所有者が別に存在していたので，占有すべき権利（所有権を始めとする本権）を否定され，不動産の返還を請求された場合などにおける問題である。

このような場合でも，善意の占有者は，占有物から生ずる果実を取得する（第189条1項）。この場合における善意占有者とは，本来は果実を収取するための本権を有しないにもかかわらず，本権があるものと誤信して，元物を占有している者のことである。

---

(125)　我妻＝有泉493頁。

(126)　末川218頁，舟橋309頁。しかし，この場合において，真正所有者が賃貸人の占有正権原のないことを主張・立証したときには，賃借人の側において，賃貸人の占有正権原を立証しなければならないこと，前述したとおりである。

第3章　占有・所有関係

　この場合における善意占有者は，本来は，占有すべき権利（本権）の存在を否定され，果実を収取するための本権を有せず，占有物に関しては無権利者であるから，法律上の原因を欠き，収取した果実は不当利得を構成するはずである（第703条参照）。しかし，このような占有者は元物から分離した賃料や収穫物といった果実を消費することが予定されているにもかかわらず，後に返還請求を受けるべきものとすると，この占有者にとっては，はなはだ酷な結果となるので，せめて善意の間だけは果実の取得を認めてやることとしたのである（第189条1項）[127]。

　(2)　要　　件

　このように，善意占有者が果実を消費した場合における不当利得返還請求からの免責という立法趣旨から，善意占有者とは，果実収取権を含む本権を有していないのに，これを有しているものと誤信した占有者のことである。それゆえ，本来的に果実収取権を有しない動産質権者や留置権者については，第189条の適用はない。

　次に，占有者が善意か否かを判定する時期は，民法総則に規定する「果実収取権の認定（果実の帰属）基準」による。即ち，天然果実は，元物から分離する時における収取権者への帰属であり（第89条1項），法定果実は，収取権の存続する期間の日割で計算して取得するので（同条2項），それぞれ，天然果実については「分離時の善意」により，法定果実については「善意であった期間の日割計算」によって取得すべきものと解される。

　次に，善意占有者が本権の訴えによって敗訴したときには，その訴え提起の時から，悪意占有者とみなされる（第189条2項）。例えば，所有者Aから占有者Bに対して所有権登記の抹消登記手続請求や筆界確定訴訟が提起され，Aが勝訴した場合には，たとえ，Bが自分では本権者であると確信していたとしても，敗訴した以上，この裁判開始以後の果実収取権を認めるのは妥当性を欠くからである。しかし，この措置は，「悪意の擬制」であり，果実の収取（取得）という利得を正当なものとするのか，それとも不当なものとするのかという，いわば住み分けを行うものであるから，それだけで「故意・過失」という不法行為の要素になるわけではないと解されている[128]。

---

　(127)　ドイツ民法第988条は「自己の所有として，または，実際には自分に現存しない物の使用収益権を行使するために，物を占有する占有者が，無償で占有を取得したときには，所有者に対して，不当利得の返還に関する規定に従い，訴訟係属の発生前に抜き取った使用利益を返還すべき義務を負う」と規定し，無償取得者の不当利得返還義務を規定する。しかし，これを反対文言解釈すると，善意の有償取得者は訴訟係属までの使用利益の返還義務を負わないことになる。

　(128)　最判昭和32年1月31日民集11巻1号170頁：「大審院判例（大判昭和18年6月19日民集22巻491頁）も示すとおり「不法ニ他人ノ物ヲ占有シタル者カ民法七〇九条ニ依リ其ノ物ノ賃料ニ相当スル損害賠償ノ責ニ任スルニハ故意又ハ過失アルコトヲ必要トシ，本権ノ訴ニ敗訴シタルノ故ヲ以テ起訴ノ時ヨリ故意又ハ過失アリシモノト看做サルルモノニ非ス」と解すべきであり，この理は，本件の如く，目的物の滅失，毀損の理由とする不法行為

450

第1節　占　有　権

　判例は，このように解し，本権の訴えによって敗訴したに過ぎない占有者に不法行為責任（賃料相当損害金の返還義務）を課していない。第189条は，不当利得規定の排除か適用かという局面での問題であり，不法行為責任を認めるためには，更に，これを認めるための要件である故意または過失の認定が必要だからである。この点は，通説も認めるところである[129]。

　これに対して，無権原の占有者に過失があれば，その者には不法行為が成立するとして，第189条の保護を受けるためには，善意の占有者に無過失も要求すべきだとする少数説もある[130]。しかし，第189条は，多少の過失はあっても，自分が本権者であると誤信して占有し，果実を収取した者の果実返還義務を免除する規定であると解する限り，敢えて無過失まで要求する必要はないであろう。

(3)　効　　果

　果実は天然・法定の両果実であるところ，物の利用も果実と同視される。この意味において，利用権を含む本権を有するものと誤信した善意占有者は，利用の対価である利得を返還すべき義務はない[131]。

　それでは，「果実収取権」とはどのような意味を有するのであろうか。学説上は，既に消費してしまった果実の返還義務を免れるだけであり，収取後，手許に残存している果実については本権者に返還すべきものと解する説[132]と，手許にある果実についても収取権があるものと解する説[133]とが対立関係にある。

　第189条の制度趣旨は，善意占有者が後に本権者から占有物の返還を迫られたときに，既に費消した果実までを含めて返還義務ありとすると，善意占有者にとって

────────────

についても異なるところはない。従って，原審が，本権の訴訟の敗訴者である上告人は，その起訴の時より悪意の占有者と看做されると解し，単にこれのみの理由で，上告人に故意又は過失を認めて不法行為の成立ありとしたことは，法律の解釈を誤り，審理不尽の違法あるを免れない。」

(129)　この点については，我妻＝有泉495頁，舟橋310頁，鈴木・講義24-25頁，近江・講義II 206-207頁など参照。

(130)　石田穣547頁以下。

(131)　大判大正14年1月20日民集4巻1頁：「善意の占有者が占有物より生ずる天然果実及び法定果実を取得することは民法第189条の規定するところであるから，上告人が本件第一号建物を善意にて占有している間は，たとえこれより法定果実を生ずるも，被上告人においてこれを取得することはできないものである。然れば，上告人が善意にてなした占有のために被上告人が該建物を他に賃貸し，その賃料を収取することはできないとしても，右賃料のごときは建物の法定果実にして，被上告人は前記の規定により本来これを取得することができないものであるから，被上告人において不当に損害を被ったものということはできない。」

(132)　末弘嚴太郎『民法雑記帳』252頁以下，同『物権法上巻』256頁，舟橋309-310頁（積極的に果実収取権が認められたわけではないという。），石田穣548頁（未消費分の返還を認めても占有者にとって全く酷ではないという。），近江・講義II 206頁（第191条の善意占有者の現存利益返還義務の趣旨から，返還させるべきだという）。

(133)　我妻＝有泉494頁（この限りにおいて，不当利得の成立を否定する「法律上の原因」になるという。），鈴木・講義23-24頁。

第3章　占有・所有関係

極めて酷な結果になるので，善意者に限ってこれを免除するものである。それゆえ，この趣旨を顧慮し，また，第190条1項の趣旨をも勘案すると，善意占有者は，既に費消し，あるいは損傷または取り損なって無駄になった分の果実返還義務を免れるものと解すべきであろう。したがって，取得して手許に残存する果実については，これを本権者に返還すべきである。

　しかしまた他方，善意占有者が本権者から訴えられて敗訴すると，悪意の占有者とされ（第189条2項），果実を返還すべき義務を負い，かつ，既に消費し，過失によって損傷し，または収取を怠った果実の代価を償還する義務を負う（第190条1項）。この訴え提起後の果実返還義務について，ドイツ民法には明文規定がある[134]。この意味において，有償取得者が善意占有者として保護されるのは，訴訟係属前までの使用利益の返還が免除されるに過ぎず，訴訟係属後の使用利益は，これを返還すべきものということになる。

2　悪意占有者の返還義務

(1)　意義・要件

　前段において述べたように，この果実の取得が肯定されるのは，善意の占有者に限られ，真の権利者の存在を知っていた悪意の占有者には果実収取権は認められない。この問題は，通常，所有者など，本権者から占有物の返還を請求され敗訴した場合に生ずるものと考えられるので，民法は，善意の占有者が，所有物返還請求訴訟など，「本権の訴えにおいて敗訴したときは，その訴えの提起の時から悪意の占有者とみなす」と規定する（第189条2項）。

　悪意の占有者と認定されると，その者は，果実を返還すべき義務を負い，かつ，既に消費し，過失によって損傷し，または収取を怠った果実の代価を償還する義務を負う（第190条1項）。また，暴行もしくは強迫または隠匿による占有者は，果実の取得に関しては，悪意の占有者と同視され（同条2項），同様の返還義務を負う。

(2)　効　果

　通常の効果については前段において述べたとおりであるが，悪意占有者の場合には，この果実返還義務以外に，不法行為規定との関係が問題となる。第189条以下は，不当利得規定（第703条以下）の排除か適用かという規定であり，不法行為とは直接的な関係に立たない。

　しかし，第189条以下の規定は，不法行為規定を排除するような規定構造でもないので，果実の消費に関して故意または過失があれば，別途，不法行為の成立を排除すべきではない。それゆえ，判例[135]・通説[136]は，第189条以下の規定は，不

---

(134)　ドイツ民法第987条1項は，「占有者は，所有者に対して，訴訟係属の発生後に抜き取った使用利益を返還しなければならない」と規定する。この規定と前掲した第988条の規定を併せ考察すると，善意の有償取得者であっても，原所有者からの物の返還請求訴訟係属後に生じている使用利益については，これを所有者に返還すべきものということになる。

第1節　占　有　権

法行為規定と競合的に適用されるべきものと解し，たとえ善意占有者であっても，果実の消費や損傷等に関して故意または過失があったときには，第189条を援用して，不法行為に基づく損害賠償責任を免れることはできないものと解している。その代わり，前述したように，悪意認定のみでは不法行為者と認定されることもないのである。

　ただ，学説には，果実に関する限り，第190条を不法行為通則（第709条）の特則を成すものと解し，果実を収取したことなどが不法行為に基づく損害といえるかどうかは，第190条を適用して考えるべきであると解する説もある[137]。

> **point**
> (1)　果実取得の前提となる状況について理解しよう。
> (2)　なぜ，善意の占有者には果実収取権が認められているのか。
> (3)　本権の訴えにおいて敗訴するという状況について理解しよう。
> (4)　暴行もしくは強迫または隠匿による占有者が，果実の取得に関して，悪意の占有者と同視されるのはなぜか。考えてみよう。

第4項　占有者による損害賠償責任と費用償還請求

1　占有者と回復者との関係

　占有者と占有物の返還請求権者，即ち，回復者との間に契約関係がある場合には，占有者の占有物に関する滅失・損傷等の責任，あるいは費用償還請求権の有無や範囲などは，すべて当該契約関係によって解決されるべき問題である。しかし，この当事者間に契約関係がない場合には，通常，不当利得あるいは不法行為規定によっ

---

(135)　大連判大正7年5月18日民録24輯976頁：「民法は不法占有者の賠償責任に関し概括的に特別規定を設けず，唯だその第190条において占有物より生ずる果実の返還につき悪意の占有者の賠償責任を定め，その第191条において一面悪意の占有者をして一般の原則に従いその故意過失より生ずる占有物の滅失毀損に対して損害賠償の義務を負わせると同時に，その反面において占有者の責めに帰さない占有物の滅失毀損に対し賠償義務を免れさせ，他方において所有の意思ある善意の占有者をしてその故意過失より生じた占有物の滅失毀損に対してもなお賠償の義務を免れさせたほか，占有者の賠償責任につき特に規定する所はない。故に，民法第190条，第191条所定の場合につき同条の規定を適用して占有者の賠償責任を定めることを要するは勿論なりといえども，これが為にその他の場合につき民法第709条の一般規定を適用して占有者の賠償責任を定めるのは毫も妨げな（い。）」

　　　「故に，権利なくして他人の物を占有し，所有者に損害を被らせた者は，民法第709条の規定に従い所有者に対してその損害を賠償する義務を負担すべきであり，この場合につき民法第190条，第191条の規定を援用し，その賠償責任を否定するのは文理解釈も，また論理解釈も許さないところである。何となれば，権利なくして他人の物を占有し，所有者をして損害を被らせた場合にこれをして賠償責任を負担させるのは条理上当然の事に属し，これをして賠償責任を免れさせるのは正義の観念に反し，いわれなく不法占有者を保護するものといわなければならないからである。」

(136)　我妻＝有泉495頁，舟橋311頁，鈴木・講義25頁，近江・講義Ⅱ207頁など参照。

(137)　末川219頁以下，舟橋311頁。

453

第3章　占有・所有関係

て解決される。しかしながら，占有関係の回復に伴う原状回復などの問題は，通常
の給付不当利得や侵害不当利得では十分な解決が望めないことも考えられる。

そこで，第191条及び第196条は，占有正権原を有しない占有者と回復者との関
係について，占有者が善意の場合と悪意の場合とに分けて，それぞれ，後処理の問
題を規律している。

2　占有物の減失・損傷の責任

(1)　善意占有者の責任

(ア)　他主占有者の場合

善意占有者のうち，所有の意思のない占有者（他主占有者）で，しかも本権を有し
ない者は，たとえ本権があると誤信していたとしても，自己の責めに帰すべき事由
による占有物の減失・損傷については，回復者の全損害を賠償しなければならない
（第191条ただし書，第415条後段）。この場合における減失・損傷は，物理的な減失・
損傷のみならず，社会・経済的に見て，発見の困難な紛失の場合や，第三者による
動産の即時取得（善意取得）の場合までを広く含むものと解されている(138)。その理
由は，この占有者が占有していた物は，元々，借りて使っていた物であり，占有者
は，いずれ返還すべきことを承知しているはずの者だからである(139)。

(イ)　自主占有者の場合

これに対して，所有の意思ある占有者（自主占有者）は，自分の物と誤信して占有
していたので，その責任は軽減されるべきである。それゆえ，占有物の減失・損傷
によって現に利益を受けている限度において賠償すべき義務を負うに過ぎない（第
191条本文後段）。この効果は，善意の不当利得者（第703条）と同じであるから，減
失しても形を変えて金銭債権となった場合や，減失が一部であり占有物が残存して
いる場合には，これらの現存利益をそのまま返還すれば足りる。

> ― *point* ―
> (1)　所有の意思なき占有者が本権を有しないときには，どうして回復者の全損
> 害　を賠償しなければならないのか。
> (2)　所有の意思ある占有者は，なぜ責任が軽減され，現存利益の賠償責任にと
> どまるのか。

(2)　悪意占有者の責任

悪意占有者の場合には，自主占有・他主占有を問わず，自己の責めに帰すべき

---

(138)　我妻＝有泉497頁。
　　大判昭和2年2月16日法律学説判例評論全集16巻商法485頁：何らの権原なくして株券
　　を占有する者が，その責めに帰すべき事由によってこれを減失毀損し，所有者に対してこれ
　　を返還しえなくなったときには，その占有の善意であると悪意であるとに従い，それぞれ所
　　有者に生じた損害を賠償すべき義務があり，占有者がこの株券を他に譲渡した結果，所有者
　　においてこれを回復しえなくなったときには，これを株券の減失というを妨げない。
(139)　我妻＝有泉497頁。

454

第1節　占　有　権

事由による占有物の滅失・損傷に対して，損害の全部を賠償すべき義務を負う（第191条本文前段）。

> **point**
>
> 悪意占有者の損害賠償責任と善意の他主占有者の損害賠償責任とは同じか，それとも違うのか。

3　費用償還請求権

(1)　原　　則

(ア)　必要費の償還請求

占有者は，所有の意思の有無や善意・悪意を問わず，回復者に対し，その返還する占有物の保存のために支出した金額その他の必要費を償還させることができる（第196条1項本文）。ただし，占有者が果実を取得した場合には，通常の必要費は占有者が負担しなければならない（同条同項ただし書。この文意から，臨時的・特別な必要費は請求することができる）。

ここでいう必要費とは，単純に物の保存のために要した費用[140]のほか，修繕費，飼育費，公租公課[141]などのことをいう。

(イ)　有益費の償還請求

また，占有者が，占有物の改良のために支出した金額その他の有益費については，その価格の増加が現存する場合に限り，回復者の選択に従い，その支出した金額または増加額を償還させることができる（第196条2項本文）。この場合には，回復者の選択に従うので，回復者は，改良された結果が残存しており，目的物の価格が増加しているときに限り，占有者が費やした金額か，増加残存額か，いずれか少ない方の金額を償還すれば足りる。

ここでいう有益費とは，古い判例によると，建物の前の路面にコンクリート工事を施し，花電灯を設置することや[142]，店舗の模様替え[143]などが挙げられている。

---

(140)　大判昭和7年12月9日大審院裁判例6巻民法334頁：およそ物の保存費用とは，その物体の原状を維持し，滅失毀損を防止するに欠くべからざる費用をいうものであるから，物の滅失毀損を防止するのではなく，唯その改良もしくは利用に要する費用の如きは，これを保存費と称すべきではない。

(141)　大判大正15年10月12日法律学説判例評論全集16巻民法129頁：占有物に対する租税の如きは占有物の通常の必要費と認めるべきであるから，善意の占有者として果実取得の権利を有する者がこれを負担すべきは民法第196条1項但書の規定によって明らかである。

(142)　大判昭和5年4月26日法律学説判例評論全集19巻民法131頁：賃借家屋に面する道路のコンクリート舗装工事及び花電灯設備をしたために，家屋の価額が増加したと認められるときは，有益費と判定して差し支えない。

(143)　前掲大判昭和7年12月9日：「(イ)の表入口横物松一本修繕工費の如きは本件家屋につき賃借人たる被上告人がその営業の便宜上店頭の模様替えを為したことによる改良の費用に外ならないだけではなく，(ロ)の表入口カシメ用ボート代，ならびに(へ)の店頭雨戸新調費の如きも店頭の模様替えに伴い必然施さなければならない造作の費用であり，店頭改良費の一部

455

第3章　占有・所有関係

これを現代に置き換えると，賃借建物が店舗の場合において，店舗前の路面が砂利のままなので舗装工事をし，商店前の路面にネオンを設置して，更に，店舗の内外装を模様替えした場合に該当しよう。ただ，模様替えの場合には，一般住宅の場合はともかく，店舗としての汎用性を考えると，必ずしも，有益費とはならない場合もありうるので，店舗等，営業用建物の場合には，その有益性について，多少割り引いて考える必要がある。

> **point**
>
> 善意占有者からの回復というケースにおいて，占有物に関する必要費負担と，有益費負担について，場合分けをした上で，理解しよう。

(2)　悪意占有者の場合

費用償還請求に関しては，悪意占有者であっても，善意占有者の場合と同様の地位が与えられる（第196条参照）。占有物に関する保存費用負担による費用の節約，有益費による価格の増加は，すべて回復者の利得になるからである。ただ，民法は，有益費の償還に関して，悪意占有者に対しては，回復者の請求により，裁判所は，その償還について相当の期限を許与することができることとした（第196条2項ただし書）。

費用償還請求権については，物と債権との牽連性（その占有物から発生した債権の存在）が認められるので，通常は留置権の保護を受けることができる（第295条）。しかし，悪意の占有者については，この有益費の償還に関する期限の許与により，弁済期にないことになるので，悪意占有者は，有益費が支払われないことを理由として留置権を行使することはできない（第295条1項ただし書）。公平の原則からの帰結である。

> **point**
>
> 占有者に対する費用償還請求に関して，なぜ，善意占有者と悪意占有者との違いが「相当の期限の許与」だけなのか。

第5項　占有による家畜以外の動物の取得

1　意義・制度趣旨

他人が飼育していた家畜外の動物を保護して占有し，これを飼育する者は，一定の要件に基づいて，その家畜外動物の上に行使する権利を取得することができる（第195条）。この制度は，本来は遺失物として処理すべき事案について，遺失物として扱うにしては，本来的に所有者がいるようにも見えず，また，飼養者の方でも，少し探して見つからなければ，すぐに諦めてしまうようなものであることを顧慮して，逃げ出した家畜外動物については，その所有権を薄弱なものとし，これを善意で占有する者に対して所有権を与えることとしたのである。

と認めるべきものであるから，これらの費用は孰れも保存費を以て目すべきではない（。）」

456

第195条は即時取得に続けて規定されていることから，かつては即時取得の特則と解された時期もあったが，他人の占有に関する表見的な信頼を保護し，取引の安全を図るという側面がないことから，即時取得とは何ら関係はない。むしろ，規定の構造としては，取得時効に類似するものといいうる。他人に飼養されていたものであるから，無主物ではないが，さりとて飼養者の元から逃げ出した日から1か月という期間を区切って新たな占有者にその所有権を与えるという規定構造からは，無主物先占（第239条1項）と取得時効との中間に位置する制度と解しうる。

2 要件・効果

(ア) 家畜外動物であること

家畜とは，その地方において飼養されることを通常の状況とする動物であり，かつ，野生していない動物のことであるから，家畜外動物は，このカテゴリーに入らない動物である。判例では，九官鳥が問題となったことがあり，これは通常の家畜とされた[144]。また，猿もライオンも家畜であるとされる。したがって，通常，動物園や畜舎などで飼育されていると思しき動物はすべて家畜といってよいであろう。

(イ) 動物の占有者であること

動物の占有者とは，家畜外動物の原始取得者及びその包括承継人であることに間違いはないが，その者からの特定承継人までをも含むものと解されている。

(ウ) 占有者が占有開始時に善意であること

ここでいう善意とは，捕獲当時に無主物ではない，即ち，飼い主がいる（飼養されていた動物である。）ということを知らない（無主物であると誤信した。）ということである。

(エ) 飼い主から1か月以内に返還請求を受けないこと

飼い主の手許から逃げ出して1か月を経過していれば，占有者は直ちにその所有権を取得する。簡単にいうと，この1か月という期間の経過により，家畜外動物は無主物になるということである。それゆえ，捕獲者は原始取得者となり，その反射的効果として飼養者は所有権を失う。なお，この期間中であっても，飼養者が所有権を放棄したという事実があれば，捕獲者は無主物先占により，その所有権を取得する（第239条1項）。

第6項 占有訴権

1 占有訴権の意義

(1) 意 義

占有訴権は，社会における物の事実的支配状態・現実的支配状態について，この「あるがままの状態」を保護するための制度である。つまり，このあるがままの状

---

(144) 大判昭和7年2月16日民集11巻138頁：九官鳥は，人に飼養され，その支配に服して生活することを通常の状態とすることが一般に顕著な事実であるという。

態が「あるべき状態」であるか否かを問題とせず，占有として一応保護され，この状態が侵害された場合には，この侵害を排除すべく，占有者に認められた権利である。そこで，畢竟，正当な権利者であっても，自力による権利防衛は許されないという「自力救済の禁止原則」と牴触する。まずは，この問題について概観する。

(2) 自力救済禁止原則との関係

占有訴権制度の存在は，一面において，私力の行使による占有権の回復を禁ずるという意味を有する。しかし，正当な権利者が侵害者による占有物の侵害を目の当たりにして，これを放置すべきことを強制されるというのでは，真の法治国家における制度とは言い難い。確かに，社会の平和や秩序の維持という法の目的はもちろん重要であり，これを無視してはならないということはいうまでもない。しかし，そのために正当な権利者の保護に欠けることがあってはならない。したがって，侵害状態を目の当たりにしている正当な権利者については，法の予定する権利実現方法によるのでは権利の回復が不可能になるような，あるいは極めて困難になるような切迫した事情のある場合に限り，例外的に自力救済を認めるべきである。ドイツ民法（BGB 第229条）が一定の切迫した事情の存することを要件として自力救済を認めているのは，このような趣旨からである[145]。

わが民法には自力救済に関する規定はないが，民法や刑法における正当防衛や緊急避難に関する制度（民法第720条，刑法第36条，第37条）を類推し，一定の要件の下で自力救済を認めるべきである。

(3) 占有者の自力救済

それでは，具体的に，占有者は占有権の侵害について自力救済しうるであろうか。前段に述べた一般の場合における自力救済を占有権の侵害についても適用しうるであろうかという問題である。これもわが民法には規定がないが，ドイツ・スイスの民法には明文の規定がある（BGB 第859条[146]，ZGB 第926条[147]）。いずれも違法な

---

(145) BGB 第229条（自力救済）

自力救済を目的として，ある物を収去し，破壊し，もしくは損傷する者，または，自力救済を目的として，逃走の疑いのある債務者を逮捕し，もしくは甘受すべき義務を負う行為に対する債務者の抵抗を排除する者は，公的救済を適時に得られず，即時の侵害をしなければ請求権を実現することが不可能になり，もしくは本質的に困難になるおそれのあるときは，違法として取り扱われない。

(146) BGB 第859条（占有者の自力救済）

第1項　占有者は，法の禁じた私力に対し，自力で守ることが許される。

第2項　動産が，不法の私力によって占有者から奪われたときは，占有者は，現行犯を発見され，もしくは追跡された加害者から，自力で奪い返すことが許される。

第3項　不法の私力によって，土地の占有者から占有が奪われたときは，占有者は，奪われた後，直ちに加害者を放逐することにより，占有を回復することが許される。

第4項　占有者は，第858条2項により，占有の瑕疵を対抗しうべき者に対しても同一の権利を有する。

(147) ZGB 第926条（攻撃からの防衛）

第1節　占　有　権

有形力の行使によって動産または不動産の占有が奪われたときには，占有者は，力尽くで侵害者から占有物を取り戻すことが許される旨を規定する。これらの規定は，一般の場合よりも，占有権の保護を認めているものと解される。そして，ドイツ民法においては，占有を奪還された占有者は，瑕疵ある占有者として，占有の返還請求権（占有回収の訴え）を行使しえない旨を規定する（BGB第861条[148]）。

　わが民法には規定がないが，刑法は，窃盗の犯人が財物を取り返されることを防ぐために暴行または脅迫をしたときには，強盗という，より重い刑罰として論ずる旨を規定している（第238条）。この規定は，被害者等が窃盗犯人から盗品を取り戻そうとする行為を保護しているものと解され，この趣旨を民法の自力救済に類推すれば，占有者の自力救済を保護しうる。

　判例は，前述した一般の場合におけると同様の切迫した状況下においてのみ，自力救済を認めるようであるが[149]，この判例が示した要件は，あくまでも盗難など

　　第1項　すべての占有者は，法の禁じた私力に対し，自力で守ることが許される。
　　第2項　物が暴力によりもしくは隠避に奪われたときは，直ちに，加害者を放逐することによって土地を回復し，また，現行犯を発見され，直接に追跡された加害者から，動産を奪い返すことが許される。
　　第3項　この場合には，事情により，占有者は正当な支配力を保有している必要はない。
（148）　BGB第861条（占有奪取による請求権）
　　第1項　不法の私力によって占有者から占有が奪われたときは，この占有者は，その瑕疵ある占有者に対し，占有の回収を請求することができる。
　　第2項　この請求は，奪われた占有が，現在の占有者もしくはその前主に瑕疵があり，かつ，その侵奪前1年以内に取得されたものであるときは，することができない。
【解説】
　　本条第1項は，占有を奪われた占有者には，不法の私力によって占有を取得した瑕疵ある占有者（BGB第858条2項）に対して占有回収請求権あることを認めたものである。この規定の結果，瑕疵ある占有者には，この請求権は認められない。
　　しかし，瑕疵ある占有者の占有も，占有から1年を経過することによって，平静な新たな物的秩序を形成するといった理由から，本条第2項においては，侵奪前1年以内に不法の私力によって取得された占有に限っては，請求権それ自体の発生を制限している。この点については，於保=高木『獨逸民法〔Ⅲ〕物権法』20頁参照。
（149）　最判昭和40年12月7日民集19巻9号2101頁：Yは，土地賃借人Xから土地の一時使用を目的とする使用貸借により，土地に仮店舗（食堂）を出して営業していた。Yは，Xからの約定による仮店舗の撤去要求に応じず，土地を占有していたところ，付近からの出火により仮店舗が全焼した。Xは，Yの使用は終了したとして，土地に板囲をして立入を禁止した。しかし，YはXに無断で板囲を取り壊し，占有を取り戻したので，XはYに対し，占有回収の訴え及び板囲所有権の取り壊しによる損害賠償を求め，本訴を提起した。原審はXには占有がなかったとして，その請求のうち，損害賠償請求のみを認容した。Yから上告。
　　棄却。「私力の行使は，原則として法の禁止するところであるが，法律に定める手続によったのでは，権利に対する違法な侵害に対抗して現状を維持することが不可能又は著しく困難であると認められる緊急やむを得ない特別の事情が存する場合においてのみ，その必要の限度を超えない範囲内で，例外的に許される（。）」しかしYの行為は緊急の事情があるものとは認められず，私力行使の許される限界を超えるものであるとして，Yは不法行為責任を免れないとした。

459

違法な有形力の行使以外の事案に関するものと解され，盗難などの事案においては，広く私力による秩序の回復を認めるべきである。

2 占有訴権の性質

(1) 物権的請求権か？

占有訴権は，占有の現状を保全するため，占有に対する侵害の排除を求める権利である。前述したように，占有者は占有権を有しており，この占有権が侵害された場合には，占有者は侵害者に対して侵害状態の除去を請求することができる。それゆえ，占有訴権は，物権的請求権の一種ということができる[150]。

これに対して，占有は物権ではないと解する立場からは，占有訴権は物権的請求権ではないとされる。その理由は，そもそも，物権的請求権は物権の内容となっている物権の「あるべき状態」の侵害に伴う「あるべき状態への回復」を目的とするのに対して，占有訴権は「現存の物的支配状態」が「あるべき状態」であるか否かを問わず，あるがままの占有状態を保護することを目的としており，「権利内容の実現」は問題にならないのであって，この意味において，占有訴権は物権を保護するための請求権ではないからであると主張する[151]。

確かに，占有権は通常の物権とは異なる性質を有している。しかし，これは，占有権が基本的に本権とともに存在することによって，ある意味において，両者相俟って一つの物権を構成するものと考えられるので，本権たる物権と性質を異にすることは至って当然の事柄に属する。したがって，占有権は物権の特殊形態であり，占有訴権も物権的請求権の一種と考えれば済む問題である。

(2) 訴権か？

次に，占有「訴権」という名称が付されているが，民法が「占有訴権」としているのは，不動産の占有に関連して本権訴訟と占有訴訟とを区別しているフランス法からの沿革に基づくに過ぎない。即ち，ボアソナード草案から旧民法制定，現行民法への改正という立法作業において，民法に占有の訴えが規定されたが，民事訴訟法には規定されず，わずかに裁判所構成法において，訴額の大小を問わず，占有のみを目的とする訴訟は最下級裁判所である区裁判所の管轄とする旨が定められたに過ぎず（同法第14条第2ハ），これさえも戦後の裁判所法には受け継がれず，今日に至っている[152]。

したがって，わが民法上は，占有訴権は私法上の請求権であり，占有保護請求権とでもいうべき権利である。民法上は，訴訟を提起する場合の要件や除斥期間について定めがあるが，裁判外での請求ももちろん認められる。

---

(150) 我妻＝有泉503頁，鈴木・講義78頁，近江・講義Ⅱ194頁など，通説である。

(151) 舟橋318頁。

(152) 沿革に関して，詳しくは，我妻＝有泉503頁参照。

第1節　占　有　権

── *point* ─────────────────────────────────────
「占有訴権」は，「訴権」であるから，裁判上で行使しなければならないのか。
──

(3)　損害賠償請求も占有訴権の内容か？

　後述するように，占有保持の訴えと占有回収の訴えにおいては損害賠償請求が（第198条，第200条1項），また，占有保全の訴えにおいては損害賠償の担保請求が（第199条），それぞれ占有訴権の中に規定されている。しかし，損害賠償請求権は債権であり，物権的請求権ではない。民法は，条文構成上の便宜のために一緒に規定したに過ぎない。それゆえ，両者は，訴訟上の取扱いにおいては同視すべきであるが，その成立要件及び効果については，両者は別途に取り扱わなければならない。即ち，損害賠償請求については，占有権の箇所に別途規定されているもの以外は，第709条以下の規定を適用すべきである。

　したがって，一般的には故意・過失による他人の権利または法益侵害を要件とし（第709条），侵害が土地工作物の設置または保存上の瑕疵による場合には，当該規定である第717条によるべきことになる。

　ただ，この場合における損害賠償請求の対象は，占有侵害による損害に限られ，所有権や賃借権など，本権侵害による損害は適用外であるとされる（通説）。また，占有侵害による場合でも，占有侵奪の期間における使用・収益権の損害を顧慮する必要のない悪意者であるときには，やはり，損害を認定する必要はない。それゆえ，通説によると，占有訴権規定中に存在する「損害賠償」規定は，本権を有しない善意占有者が果実収取権を侵害された場合など，適用範囲は狭く限定されることになる。

　しかし，占有訴権を訴訟上で行使した場合において，同時に損害賠償を請求するケースというのは，例えば，賃借家屋の占有を奪われた賃借人から侵奪者への訴訟も考えられる。この場合において，占有回収の訴えについては占有訴権を行使し，損害賠償請求については賃借権侵害を理由とするというのでは，訴訟経済上好ましくない。それゆえ，占有訴権中の損害賠償請求は，必ずしも，本権を有しない善意占有者からの請求に限られるわけではない。

　また，損害の範囲も，善意占有者が建物を使用・収益していた場合には，当該建物の利用の対価（賃料相当損害金）に限定され[153]，営業上の損失は，不法行為に基づく損害賠償の問題であり，占有訴権上の損害賠償請求には含まれない[154]。

──

(153)　大判大正4年9月20日民録21輯1481頁：占有侵奪の当時，1か月あたり2円の損害を被ったと認定し，占有侵奪の時から返還時まで家屋を利用できなかったことの対価を損害と認めた。

(154)　我妻＝有泉504頁。

461

第3章　占有・所有関係

3　占有訴権の当事者

(1)　占有訴権の主体ないし原告

占有訴権の主体は占有権を有する者，即ち，占有者である。直接占有・間接占有を問わない。また，自主占有・他主占有をも問わない（第197条）。

占有訴権は，物の事実的支配状態の保護という観点から，「所持」を保護しているものと解される。この観点からは，自ら独立した「所持」を有する者は，その占有状態が，所有の意思に基づく占有（自主占有）でも，他人のための占有（他主占有）でも，占有それ自体は社会の平和・秩序の維持のために保護されるべきものであるから，それぞれ，自己の名において占有訴権を有するものと解すべきである[155]。ただし，占有機関には所持がないので，占有訴権も有しない。

> ― **_point_** ―――――――――――――――――――――――――
>
> 占有改定による引渡しを受けた占有者は，占有訴権を有するか。

(2)　占有訴権の相手方ないし被告

(ア)　序　　説

占有訴権の相手方は占有の侵害者またはそのおそれのある者である。故意・過失を必要とせず，相手方が所有権者でもよい。ただ，誰を相手方とするかは，誰が侵害者であるかによって変わってくるので，占有状態の回復請求と損害賠償請求とを分けて考えるべきである。

(イ)　侵害排除の相手方

占有の侵害排除の相手方は，現在の侵害者，即ち，妨害の停止（第198条）は占有の妨害者，妨害の予防（第199条）は占有妨害のおそれのある者，そして物の返還（第200条）は占有物の保有者である。

占有侵奪の意味については注意する必要がある。即ち，たとえ，占有者が占有すべき権利を有しない状態で占有しているという事実があっても，占有の当初，占有者の意思に基づいて占有が開始され，その後，占有者の意思に反する状態になったという場合には，「侵奪」という事実がないので，占有訴権は認められない。

具体的には，賃借権に基づいて物を占有していた者（所有者の占有代理人）が，その後，何らかの理由で賃借権を失ったにもかかわらず，賃借物の返還を拒絶しているというケースがこれである[156]。この場合には，賃借人による代理占有の当初

---

(155)　我妻＝有泉504-505頁。

(156)　大判昭和7年4月13日新聞3400号14頁：占有訴権は，占有の妨害もしくは侵奪という状態そのものが，その生じた当初より既に妨害であり侵奪である場合においてのみ存在する。換言すれば，右の状態はその生じた当初より既に占有者の意思に基づかない場合において占有訴権が存在する。例えば，ある物の占有者がこれを他人に貸し渡し，他日賃借関係が終了したが，借主がその占有を継続している場合には，本権により，あるいは貸借契約に基づいて物の返還を請求するは格別，この場合には占有訴権を主張する理由はない。

462

は，賃借人には賃借権という本権（占有正権原）があり，「占有侵奪」の事実はないので，所有者は占有回収の訴えではなく，所有権に基づく所有物の返還請求（rei vindicatio）をするしかない。しかし，占有者が留置権などの抗弁権を有するときには，この物権的請求権は同時履行関係となるので，所有者は引換給付判決に従うしかない。

(ｳ) 損害賠償請求の相手方

前述したように（「2 占有訴権の性質」参照。），損害賠償請求の相手方は，自ら占有侵害の状態を作出し，損害を発生させた者及びその包括承継人であり，特定承継人には及ばない。この意味において，侵害行為者がその原因となった物を譲渡した場合には，占有訴権の相手方と損害賠償請求の相手方とは異なる場合がある。

例えば，他人の借地上に建物を所有し，借地権者の使用収益権を妨害した者が，その地上建物を譲渡した場合には，損害賠償義務者は当初の建物所有者であるが，建物収去・土地明渡義務者は建物の譲受人（現在の所有者）である。このように，占有訴権の相手方は現在の占有侵害者であり，損害賠償請求の相手方は当初の占有侵害者である。

```
─ point ───────────────────────────
  物の所有者から返還請求訴訟を提起された場合には，占有者は，占有訴権を
行使することができるか。
```

4 占有訴権の種類と内容

占有訴権は，占有保持の訴え（第198条），占有保全の訴え（第199条），そして，占有回収の訴え（第200条）の3種類が法定されている。以下，それぞれの法律要件，法律効果に関して論ずることとする。

(1) 占有保持の訴え

(ｱ) 要 件

占有保持の訴えの要件は，占有者がその占有を妨害されたことである（第198条）。占有が奪取された場合には，占有回収の訴えによるので，占有保持の訴えのケースは，奪取以外の方法による占有侵害である。

占有奪取行為の典型例として，隣地における高層建築物の工事により近隣の家屋が傾斜し損傷したというケースや[157]，占有地に他人が石材を放置したというケー

---

(157) 大阪地決昭和30年4月5日下民集6巻4号631頁：本件高層建築工事は，近隣に多大の影響を及ぼし，数十日にわたるシートパイルの打込作業は近隣に激しい震動を与え，また地下約6.7メートルの掘さくにより，周辺部土地から地下水の流出を誘致し，地盤の沈下と亀裂を来し，地盤沈下は周辺部から工事現場に向かって傾斜の度合を増しているので，近隣の蒙る影響は近接する程著しいものがあった。

　大阪地裁は，申請人両名の家屋の状況は，本件工事が30から60センチメートルの近距離でされているため，階下コンクリート床は南北にわたって大きな亀裂を生じ，戸障子も開

ス⁽¹⁵⁸⁾がある。また，隣地との境界線上に板塀を設けて隣地建物の採光を悪くした
という場合にも，妨害の排除として認められる⁽¹⁵⁹⁾。しかし，他人の所有する土地
に不法に建物を建築することは，占有の侵奪であり，妨害ではないとされる⁽¹⁶⁰⁾。
したがって，この場合には，占有回収の訴えによることとなる。

　次に，損害賠償請求の場合において，相手方に故意または過失を要するかが問題
となり，古くはこれを不要と解する学説もあったが，現在の通説は，不法行為一般
の原則に基づき，故意または過失を要する，つまり，妨害者の無過失責任ではない
と解している⁽¹⁶¹⁾。したがって，相手方が無過失を立証すれば，損害賠償義務を免
れる。

　（イ）　効　果

　占有保持の訴えの内容ないし効果は，妨害の停止及び損害の賠償請求である（第
198条）。妨害の停止とは，妨害を除去し，妨害前の状況に回復させることである。
判例は，妨害の停止とは妨害者の費用で妨害を排除し，原状に回復させることであ
るといい⁽¹⁶²⁾，多数説（行為請求権説）もこれを支持するが⁽¹⁶³⁾，これに反対する有

　　　閉に差し支えがあり，家屋全体が上方において約30センチメートルも西方に傾いてしまい，
　　　居住にあたり生命身体の危惧を抱く程度であり，営業に至っては到底継続しえないとして，
　　　建築工事の一部中止を命じた。

（158）　東京地判大正5年7月7日新聞1187号21頁。

（159）　東京地判昭和33年3月22日下民集9巻3号476頁：「隣地との境に板塀を設けて隣地
　　　家屋の採光の便を悪くしその生活に支障を及ぼすときは，この家屋の占有を妨害するものと
　　　いって差支えない。従って，当該家屋の占有者は占有保持の訴によってその妨害の停止を訴
　　　求し得る筋合にある。もっとも，本件のように都会の密集生活地域においては，塀の設置に
　　　よってたとえ採光の便が妨げられようとも，それが正当の事由に基づく場合には，相隣関係
　　　に基づく互譲の精神からして，その妨害を受忍しなければなら（ない。）」

（160）　大判昭和15年10月24日新聞4637号10頁：「他人の占有する土地に不法に建物を建
　　　築するときは，これによってその敷地に対する他人の占有を侵奪することとなる（。）工事の
　　　着手によって他人の土地の占有を妨害するとは，例えば，自己の占有地に工事を為すことに
　　　よってこれに隣接する土地に対する他人の占有を妨害するような場合であり，他人の占有地
　　　に不法に建物を建設した場合にこれを以て他人の占有妨害であり占有侵奪ではないというこ
　　　とはできない」

（161）　大判大正5年7月22日民録22輯1585頁：「占有保持の訴は占有の妨害という客観的
　　　事実ある場合に妨害者に対しこれを提起することができ，妨害が妨害者の責めに帰すべき事
　　　由に出たと否とはこれを問わない。従って，占有に対する不法行為に基づく損害賠償の請求
　　　とはその原因を同じくしない。この場合には特別の明文なき限り故意または過失によって占
　　　有を侵害することを要件とするからである。故に，占有保持の訴と占有に対する不法行為の
　　　訴とは自らその請求原因たる事実を異にし，別個の訴に属する」。

　　　大判昭和9年10月19日民集13巻1940頁：「占有者がその占有を妨害されたときは占有
　　　保持の訴によりその妨害の停止及び損害の賠償を請求することを得るは民法第198条の明定
　　　するところにして，その所謂損害賠償の請求なるものは占有妨害の場合に限り故意過失を要
　　　せずというが如き特別規定の存しない限り，一般不法行為の原則によりこれをすることがで
　　　き，また，しなければならないものと解するのが相当である」。

（162）　前掲大判大正5年7月22日：「占有保持の訴において妨害の停止とは妨害者の費用を
　　　以て妨害を排除し以て原状に回復させることをいい，また損害の賠償とは原状に回復される

力説（忍容請求権説など）もある[164]。これら学説の状況については，既に物権的請求権の箇所で述べたので，再説しない。

(ウ) 除 斥 期 間

占有保持の訴えは，妨害の存する間（妨害停止請求の場合），または，その消滅後1年以内（損害賠償請求の場合）に請求しなければならない（第201条1項）。妨害の停止は妨害状態にある間だけ行いうるものであるから，「消滅後1年」というのは，損害賠償請求に関する規定である。

次に，妨害状態にある間はいつでも妨害の停止等を求めうるように思われるが，民法は，工事による占有物への損害発生の場合には，その工事着手時から1年を経過し，または，工事が完成したときには，訴えを提起することができないという期間制限を設けている（同条同項ただし書）。この期間制限については，工事に基因する占有の妨害を停止させることは社会的に見て大きな損失を発生させることが多く，のみならず，工事による状態は当初は占有侵害を生じていたとしても，比較的速やかに新たな社会状態と認められるからという理由が挙げられる[165]。

また，この期間制限は，損害賠償請求にも適用されるべきものと解されている。その理由は，ここでいう損害の賠償とは，占有という仮の状態に対する妨害によって生じたものであり，あまり時間が経過すると，その判定が困難になるという事情もあるからだという[166]。

ただ，同様の規定は境界線付近の建物の建築を制限する相隣関係規定（第234条）にもあり，この場合には，建築着手時から1年を経過し，またはその建物が完成した後は，損害賠償請求だけはすることができるとされる（同条2項ただし書）。

この両規定の牴触をどのように解するかが問題となるが，占有権は，本権に基づく法的手続（例えば，賃貸借契約）によって占有という事実状態が解かれれば消滅する脆弱な権利であるということを顧慮すると，所有権の場合と同一に扱うべき理由はないといえよう。

― *point* ―
占有保持の訴えと物権的妨害排除請求との違いについて，理解しよう。

(2) 占有保全の訴え

(ア) 要 件

占有保全の訴えの要件は，占有者がその占有を妨害されるおそれのあることである（第199条）。この要件については，物権的妨害予防請求権の要件に準じて考えれ

― ― ― ― ― ― ― ― ― ― ― ― ― ― ―
までの間占有に支障を来したために生ずる損害を賠償することをいう」。
(163)　我妻＝有泉507頁など。
(164)　末川257頁以下，舟橋321頁など。
(165)　我妻＝有泉508頁。
(166)　舟橋321頁。

第3章　占有・所有関係

ばよい。そうすると，占有を妨害されるおそれのある場合とは，占有者の主観によるのではなく，一般社会通念から，客観的に決められなければならないことになる。

　具体例を見ると，土地の売主Yが買主Xに土地を引き渡した後，Xに無断で当該土地に古材木を2度にわたって運び込んで占有を妨害したという事案において，Yにおいて将来もまたこのような行為をするおそれありと判断され[167]，また，XとYの相隣関係において，Yの所有する工場の屋根がXの家屋側に傾斜しており，その屋根部分に雨樋が設置されていないので，X側に雨水が注瀉し流入するおそれがあるという事案において，Xの占有を妨害するおそれありと判断された[168]。

　(イ)　効　　果

　占有保全の訴えの内容ないし効果は，妨害の予防または損害賠償の担保を請求することである（第199条）。即ち，妨害予防と賠償担保との二者択一の請求である。損害賠償の担保は，将来，損害賠償「義務」が発生した場合のいわば保証であるから，故意または過失を要しないが，その「義務」の発生とは，故意または過失を要する場合なので，その義務なき場合には，現に損害が発生しても，担保から賠償を取得することはできない。担保提供行為は，通常は金銭の供託（第494条以下）によるであろうが，抵当権の設定でもよい。

　(ウ)　除　斥　期　間

　この場合には，妨害の危険の存する間だけ予防措置などを請求することができる。ただ，工事による占有物に対する損害発生のおそれのある場合には，占有保持の訴えに準ずる（第201条2項）。

　(3)　**占有回収の訴え**

　(ア)　要　　件

　(a)　原　　則

　最後に，占有回収の訴えの要件は，占有者がその占有を奪われたことである（第200条）。即ち，占有者が，自己の意思に基づかずに所持を奪われたことを意味する。

---

(167)　東京地判昭和31年11月29日新聞33号12頁：「Yが……本件宅地にXに断わりなく古材木を運び込んだことは，当事者間に争いがないので，YがこれによりXの本件土地に対する占有を妨害したことは明らかであり，Yに一旦かかる行動があった以上，反対の事情の認められない本件にあっては，将来においてもXの本件土地に対する占有がYによって妨害されるおそれがあるものと解すべきである。」

(168)　佐賀地判昭和32年7月29日下民集8巻7号1355頁：「Yは，……貯氷庫建物の部分を増改築し，一部2階建式の建物にしたのであるが，2階屋根及び1階西側屋根はいずれもX等居宅に面して傾斜しているに拘らず，雨樋の設備を存しない。そして1階応接室及び工具置場の各部屋附近は，X等居宅と3尺乃至6尺を距てるのみで且つ最も近接しているX等居宅南3畳南側の敷地はY工場敷地より一段と低くなっているので，降雨の夥しい場合にはX等居宅の屋根及び右3畳並びにその北隣3畳の間の外壁に散水し或はX居宅敷地内に流下して，これら敷地並びに地上建物に対するXの占有を妨害する虞れがあるものと認められる。さればYはXに対し右占有の妨害を予防するため相当の設備を施工する義務がある。」

466

第 1 節　占　有　権

間接占有者（賃貸人など）の場合には，直接占有者（賃借人など）に関して判定する。詐取された場合には，占有者の意思による占有移転であるから，侵奪にならず[169]，本人や占有代理人が，当初，任意に物の占有を移転したときには，その後，占有者の意思に反するようになったとしても，占有侵奪の事実は認められない[170]。

強制執行によって占有を失った場合には，占有者の意思に基づかないので，執行行為と認められないほどの違法性があり，もはや私力の行使と同視しうるような場合には，占有侵奪の事実が認められる可能性があり，そのような状況であれば，占有回収の訴えが認められる場合もありうる[171]。

占有回収の訴えは，動産に関して発生することが多いが，不動産の場合でも，土地に勝手に建物を建築することが侵奪に該当する[172]。しかし，判例は，他人の土地を耕作することは占有の妨害であって，侵奪ではないという[173]。

次に，占有者が占有物の所有者から占有を奪われた場合にも占有回収の訴えを提起しうることはいうまでもない。では，盗品の所有者が，その転々譲渡の買主から，その買主が購入した盗品は自分の所有物であるとして，これを奪還した場合にはどのように解するべきであろうか。

〔判例56〕大判大正 13 年 5 月 22 日民集 3 巻 224 頁：小丸船事件
【事実】

(1)　X は，A より小丸船 14 トン積 1 艘を買い受け，その引渡しを了し，これを X の所有船を繋留すべき河岸に鉄鎖で繋ぎ，錠を下ろしておいたところ，Y は，窃かに錠を破壊し，この小丸船及びその附属品を奪取して，Y の住所地にある河岸に廻漕してこれを使用

---

(169)　大判大正 11 年 11 月 27 日民集 1 巻 692 頁：「民法第 200 条第 1 項の「占有者がその占有物を奪われたとき」とは，占有者がその意思によらないで物の所持を失った場合を指称するものであるから，占有侵奪の事実あるには占有者自ら占有の意思を失ったのではないことを要する。故に，占有者が他人に任意に物の占有を移転したときは，たとえその移転の意思が他人の欺罔によって生じたとしても，占有侵奪の事実ありということはできない。」

(170)　前掲大判大正 7 年 4 月 13 日：このような場合には，本権に基づいて返還請求するなどの方法を採るべき旨を判示している。

(171)　最判昭和 38 年 1 月 25 日民集 17 巻 1 号 41 頁：「占有回収の訴は，物の占有者が他人の私力によって占有を奪われた場合に，その奪った者からその物の返還を請求することを認めた制度であるから，権限のある国家の執行機関によりその執行行為として物の占有を強制的に解かれたような場合には，右執行行為が著しく違法性を帯びてもはや社会的に公認された執行と認めるに堪えない場合，換言すれば，外観上も前記私人の私力の行使と同視しうるような場合を除いては，執行法上の救済を求め，または実体上の権利に基づく請求をなしうることは格別，占有回収の訴によってその物の返還を請求することは許されないものと解するを相当とする。」

(172)　大判昭和 15 年 9 月 9 日新聞 4622 号 7 頁，前掲大判昭和 15 年 10 月 24 日。

(173)　大判昭和 10 年 2 月 16 日新聞 3812 号 7 頁：「例えば，甲が乙の所有し占有する土地に立ち入って，ただ自己のためにこれを耕作し，その他これを使用することがあっても，これがため必ずしもその土地が甲の占有に帰して，乙がその占有を失ったものということはできない。甲の行為はただ乙の占有を妨害するに過ぎないものと認めるのを相当とする場合は決して少なくない。」

していた。

　(2)　Xは，Yに対し，本件小丸船の引渡しを請求したが，Yはこれに応じない。そこでXは，本件小丸船の引渡しならびに損害金の支払，引渡不能ならば価格賠償の支払を求めるとして，本訴を提起した。

　(3)　これに対して，Yは，X主張の事実を全部否認し，次のように主張した。

　Yは，元々，本件小丸船の所有者であり，これをYの店舗裏の河岸に繋留していたものである。大正8年3月下旬，本件小丸船を紛失したので，船頭人夫に捜索させたところ，同年4月11日，小丸船が大島町河岸に浮流しているのをB，Cの両名において発見し，これをY方に廻漕して来たものであり，YがXの占有中に侵奪したものではない。

　また，小丸船の売買は区長村長に対し所有名義の書替ならびに鑑札の書替を申し出て書替をすべきものであるが，Xはその手続を経ていないので，悪意の占有者である。従って，これを侵奪されたとしても，損害賠償を請求する権利はない。

　これに対して，Xは，本件小丸船はDがAに売却し，XはAから買い受けたものである，また，小丸船の鑑札の貼付は行政上の取締のためであり，所有権取得の条件ではないから，Xは悪意の占有者ではないと主張した。

【原審】

　原審は，X主張の本件船舶がXの占有にあったところ，Yがこれを侵奪したという事実を認めた。そして，XはYの占有侵奪行為によりその侵奪時より船舶の滅失時に至るまで本件船舶を使用しえないため，1か月金40円の損害を蒙ったものと認め，Xの占有が善意か悪意かを判断せず，この賠償をYに命じた。Yから上告。

【判旨】棄却

　「民法第200条第1項の規定によれば，占有者がその占有を奪われたときは占有回収の訴えによりその物の返還及び損害の賠償を請求することができ，その占有者の善意悪意は問うところではないので，悪意の占有者といえども，なお占有回収の訴えを以て占有侵奪者に対し占有の侵奪によって生じた損害の賠償を請求することができるものと解さなければならない。」

《問題点》

　小型船舶の所有者Yが当該船舶を盗まれ，これが転々譲渡されたところ，盗難被害者Yが取得者Xの元にあるのを発見し，これを私力を用いて奪還したときには，取得者Xは，Yに対し，占有回収の訴えにより，取り戻すことができるか。

《分析》

　このような問題について，本判決は，YをXの占有侵奪者と認め，たとえ，Xが悪意の占有者であったとしても，占有侵奪者Yに対し，占有回収の訴えによって，その占有を回復することができるものと判示した。

　前述したように，盗難被害者である旧占有者による自力救済としての占有物の奪還行為は，占有秩序の回復として，広く認められるべきものである（BGB第859条）。それゆえ，盗難品の取得者は，善意・無過失であれば，即時取得の保護を受けられ

468

る（第192条以下参照）。しかし，この取得者が悪意または有過失者である場合には，瑕疵ある占有者であるから，このような取得者には，奪還された後の占有回収の訴えを認めることはできない（BGB第861条）。むしろ，この場合には，奪還者の当初の占有はまだ継続しており，その奪還行為は占有秩序の回復として，保護されるべきものと解することが正当である(174)。したがって，本件における盗難船舶の取得者XのYに対する占有回収の訴えは，本来的に認められない。

　本判決と類似の交互侵奪事案における最高裁の判例はないようであるが，下級審裁判例には，本判決に反対する立場のものが多く見られる(175)。

　（b）例　　外

　占有侵奪者の特定承継人に対しては，訴えを提起することができないが，その承継人が侵奪の事実を知っていたときは，この限りではない（第200条2項）。即ち，特定承継人が占有侵奪の事実に関して「善意」であれば，被害者たる回復請求権者は占有回収の訴えを提起することができない。これは善意の特定承継人を保護する例外規定である。

　既に論じたように，物権的請求権は，物権本来の「あるべき状態」の回復を目的とするので，侵害者の善意・悪意や過失の有無を要件とはしない。それゆえ，占有回収の訴えと物権的請求権とを比較するときには，かなりの相違点が見られる。この占有回収の訴えにおける特則の存在理由は，一度，目的物が善意の特定承継人の手に渡った場合には，占有侵奪という攪乱状態が平静に帰したものと見るべきだという点にある(176)。

---

(174)　我妻＝有泉510頁，舟橋325頁，近江・講義II 198頁など，多数説である。

(175)　横浜地横須賀支判昭和26年4月9日下民集2巻4号485頁：Xは本件耕作地の所有権を取得し，1年7か月の間占有耕作したが，これはYの賃借権に基づく適法な占有を侵害して得たものであった。その後，Yは賃借権に基づく権利の実行として自力を以てXよりその占有を回収した。このような事案において，本判決は，「違法の評価の相対立する彼此の事情を綜合考量するときは，Yが既存の占有に基づいて従来の占有状態を維持しようとして，侵害者であるXの右耕作地の占有が約1年半に亘ったがその支配の未だ確立していなかった時期において，その実力行使に対して防衛的な実力手段を講じたものであり，前記諸事情の下においてはYの自力救済による本件耕作地の占有回収は已むを得ない行為として違法性を阻却し許容せらるべきである。」と判示した。

　　東京高判昭和31年10月30日高民集9巻10号626頁：「ある物件の占有が交互に侵奪奪還されてきた場合には，当初の占有侵奪者は……社会の秩序と平和を濫すものであって，その後その占有が相手方に侵奪され，しかも侵奪が法の許容する自救行為の要件を備えない場合であっても，当初の占有侵奪者の占有は法の保護に値せず，反って占有奪還者の占有を保護することが，社会の平和と秩序を守るゆえんであるから，当初の占有侵奪者は占有訴権を有しないものと解するのを相当とする。もっとも，占有侵奪者の占有であっても，それが時の経過により攪乱状態が平静に帰し社会一般が侵奪者において占有していることを以て新たな社会的秩序であると認めるに至る等の特段の事情ある場合には，占有侵奪者もその時から占有訴権を取得するものと解せられるのである。」

(176)　我妻＝有泉510頁。

第3章　占有・所有関係

それゆえ，この要件については厳格に解され，特定承継人が，前主が占有侵奪者であるかも知れないという可能性を認識した程度では悪意ではないとされる[177]。また，一度善意占有者に帰属した以上，その後の占有者が悪意者であったとしても，もはや占有回収の訴えを提起しえないとされる[178]。

では，占有侵奪者や悪意の特定承継人が，占有物を他に賃貸し，あるいは寄託した場合にはどのように解するのであろうか。この場合には，賃借人や受寄者は占有代理人ではあるが，占有の特定承継人でもあるので，これらの者が善意のときには，これらの者の占有自体は保護される。それゆえ，この場合には，被害者は侵奪者に対して指図による占有移転を求めうるに過ぎないが，その賃借人や受寄者が悪意であれば，占有回収の訴えを提起することができる[179]。

　(イ)　効　　果

占有回収の訴えの内容ないし効果は，占有物の返還及び損害賠償を請求することである（第200条1項）。

損害賠償は占有喪失による賠償であるから，物の価格ではなく，占有の価格，即ち，占有を継続したことによる利益であり，第一義的には使用の対価のことをいう。また，占有を継続することの効果として，果実収取などの諸利益を含む。したがって，占有者が物の利用（使用・収益）を失ったことによって被った損害の賠償ということになる[180]。

---

(177)　最判昭和56年3月19日民集35巻2号171頁：「占有者がその占有侵奪者の特定承継人に対して占有回収の訴を提起することができるのは，その者が侵奪の事実を知って占有を承継した場合に限られるが，この場合侵奪を知って占有を承継したというためには，その承継人が少なくともなんらかの形で侵奪があったことについての認識を有していたことが必要であり，単に前主の占有取得がなんらかの犯罪行為ないし不法行為によるものであって，これによっては前主が正当な権利取得者とはなりえないものであることを知っていただけでは足りないことはもちろん，占有侵奪の事実があったかもしれないと考えていた場合でも，それが単に一つの可能性についての認識にとどまる限りは，未だ侵奪の事実を知っていたものということはできないと解するのが相当である。」

(178)　大判昭和13年12月26日民集17巻2835頁：「占有回収の訴は侵奪者の特定承継人……が目的物の占有取得当時侵奪の事実を知っていたときに限り，その者に対してこの訴えを提起するを妨げないところである。蓋し，その律意は，侵奪物が一旦善意の特定承継人の占有に帰するときは占有侵奪の瑕疵は消滅し，新たに完全な支配状態を生じたものとし，これを保護するを以て，事実状態の保護を目的とする占有制度の本旨に合するものと看たために外ならない。従って，善意の特定承継人よりその後更に占有を承継したものある場合は，偶々当初の占有侵奪の事実を知っていたとしても，その者は完全な占有の承継人であることを失わないから，これに対しては占有回収の訴えを提起することができない。」

(179)　大判昭和19年2月18日民集23巻64頁：民法第200条第2項但書に所謂承継人とは侵奪者の特定承継人のために代理占有を為す者をも包含する。

(180)　大判大正4年9月20日民録21輯1481頁：「占有物侵奪のために被った損害の賠償を命ずるには被害者が現に占有している物を侵奪した事実があれば足りるものであり，必ずしもその占有が正権原によるものなるや否やの事実を確定するを要するものではない。……原審は，Xが曾てAの家族として本訴家屋に居住し侵奪の当時まで建物の占有を離れなかった

第1節　占　有　権

(ウ)　除　斥　期　間

　占有回収の訴えは，占有を奪われた時から1年以内だけ請求することができる
（第201条3項）。前述したように，確かに，占有侵奪は社会の平和・秩序の攪乱状態
であり，この状態を回復することは正当な占有者にとっては重要な事柄に属する。
しかし，この攪乱状態は，そのまま放置することにより，別の新たな平和・秩序を
構成しうるので，占有を奪取されてから1年以内の取戻しだけを保護することにし
たのである。なお，この除斥期間は，占有保持の訴えとの均衡上，占有回収のみな
らず，損害賠償請求の期間としても適用される[181]。

---
point

(1)　占有回収の訴えと物権的返還請求の要件はどのように異なるのか。
(2)　同様に，被告の抗弁はどのように異なるのか。

5　占有訴権と本権の訴えとの関係

(1)　本権の訴え

　占有訴権が占有それ自体に基づくものであるのに対して，本権の訴えとは，「占
有すべき権利」，即ち，所有権，地上権，永小作権その他の実質的な権利に基づい
て，妨害排除などを請求する訴えのことである。例えば，所有権を有する者がその
所有物を盗まれた場合には，所有権に基づく返還の訴え（rei vindicatio）を提起しう
るとともに，占有権を理由として，占有回収の訴えをも提起しうる。前者が本権の
訴えであり，後者が占有の訴えである。本権の訴えは，占有の保護を求める訴えと
は，制度上，多くの点において異なる。

(2)　占有訴権と本権の訴えとの関係

(ア)　総　　説

(a)　旧　民　法

　占有訴権は，物の占有をめぐる社会の平和と秩序の維持とをその目的とする制度
であるから，当事者間における争訟の解決には迅速性が要求される。この要求に
応えるためには，「現実に存在する占有状態」の回復に関する審理と，本権に関す
る「あるべき状態」の回復に関する審理とを切り離して行うことが要求される。そ
れゆえ，フランス民法に基づいて起草された旧民法典においては，占有の訴えと本
権の訴えとを分離していた。現行民法の解釈に資するため，この点を概観した上で，
現行民法の解釈を試みる。

　旧民法においては，まず，占有の訴えと本権の訴えとは同時進行が許されず，必

　という事実を確定したのであるから，この事実は本訴損害賠償の基礎とすることができる。
　また，占有を侵奪された者は占有物の返還あるまでは占有物を利用することができるのを通
　例とするから，その侵奪者に対しこれを返還するまで継続的の損害賠償を命ずることはこれ
　を不当ということはできない」。

(181)　我妻＝有泉512頁，舟橋326頁など，通説である。

471

ず占有の訴えを先行させ，その際には，本権に関する理由で裁判することは許されなかった（旧民法財産編第207条）。

また，本権の訴え後に被告が占有の訴えを提起した場合でも，占有の訴えが優先され（同第208条），本権または占有の訴えの被告は，反訴として，占有の訴えを提起することができた（同第210条）。

更に，占有の訴えで敗訴した者は，本権の訴えを提起することができるが，敗訴者が被告の場合には，受けた言い渡しを履行した後に限るとされた（同第212条）。

更にまた，本権の訴えで敗訴が確定した者は，占有の訴えを提起することはできないとされていた（同第209条）。

　　(b)　現 行 民 法

このような旧民法規定の改正法として規定された現行民法第202条は，2つの原則を規定した。

まず，原則の第一は，占有の訴えは本権の訴えを妨げず，また，本権の訴えは占有の訴えを妨げないという規定である（第202条1項）。

この規定の趣旨は，例えば，Aの所有物をBが奪取した場合には，Aは，Bに対して，占有回収の訴えも，所有物返還請求の訴えも提起することができるということである。この規定構造からは，一方が敗訴してから，他方を提起することも可能である。つまり，一方の裁判の既判力は他方には及ばないことになる。その理由は，占有の訴えは，物の占有という事実状態の保護・回復を目的とし，占有の継続を認めるか否かという問題であるのに対して，本権の訴えは，実質的権利関係を確定させ，所有権の完全な実現を認めるか否かという平面上の問題だからである。それゆえ，両者はその目的を異にするので，全く矛盾することなく，併存しうるのである[182]。

これに対して，同一物の給付を目的とする占有の訴えと本権の訴えは，訴訟物を同一とする請求となるので併存しえないと解する立場（新訴訟物理論）によれば，占有の訴えを起こして敗訴した者は，本権の訴えを提起しえないことになる[183]。し

---

[182]　大判大正4年5月5日民録21輯658頁：「占有訴権は占有に基因し物に関する現在の実力関係を維持せんことを目的とし，本権訴権は実体上の権利に基因し物に関する支配関係を定めんことを目的とする。前者は権利の形式を保護せんことを目的とし，後者は権利の実質を確実にせんことを主眼とする。故に，占有の訴にあっては実体権の所在如何を問わず現実の占有者は何人でありその占有が侵害されたか否かを審査し，本件の訴にあっては実体上の権利者は何人でありその権利が侵害されたか否かを審査するを要する。従って，前者にあっては当事者は占有の事実を証明するを以て足り，後者にあっては実体上の権利を証明することを要する。これによってこれを観れば，等しく侵奪された占有の回復を請求する訴訟にあっても，その請求原因たる基本事実が単に占有に基因するのか，実体上の権利に基づくのかにより，占有訴権の行使と本権訴権の行使とに区別することを要する。」

[183]　三ケ月章「占有訴訟の現代的意義」『民事訴訟法研究第3巻』（有斐閣，1966）1頁以下（58頁）。三ケ月教授の見解によると，占有の訴えと本権の訴えとは，攻撃防御方法の違いがあるだけであり，訴訟物は1個であるから，一方の判決の既判力が他方に及ぶことになる。よって，両訴は併存しえないこととなる。

かし，この考え方は，民法第202条1項の規定と矛盾することになり，妥当ではない。

次に，原則の第二は，占有の訴えについては，本権に関する理由に基づいて裁判をすることができないという規定である（第202条2項）。

例えば，占有者AがBに占有を奪われたことを理由として占有回収の訴えを提起したのに対して，侵奪者Bが自分こそ所有者であり，Aに対して所有物の返還を請求しうる地位にある旨を抗弁として主張しても，これを理由として裁判してはならないということであり，あるいは，占有者Aの占有が何ら権原のないものである旨を理由として，その訴えを否認してはならないということである。その理由は，これらの場合において占有者を排除してしまっては，占有という事実状態の保護を標榜する占有訴権制度の趣旨及び存在理由を没却することになるからである[184]。

この規定と反対に，本権の訴えについて，占有を理由として裁判することは許されるかが問題となる。しかし，この両制度はあくまでも別個の目的を有する請求権であることを顧慮すると，本権の訴えについても，占有を理由として裁判することは許されないものと解すべきである。

> ── **point** ─────────────────
> (1) 占有の訴えは本権の訴えを妨げず，また，本権の訴えは占有の訴えを妨げないという規定の意味を理解しよう。
> (2) 占有の訴えについては，本権に関する理由に基づいて裁判をすることができないとは，どのような意味か。反対に，本件の訴えについては，占有権原を理由として裁判することはできないのか。検討してみよう。

(イ) 反訴・別訴併合

上記第二の原則によると，Aの占有の訴え（特に回収の訴え）の係属中にBが反訴として本権の訴えを提起することも，本権者Bによる別訴の提起による占有の訴えとの併合は禁じられるようにも思われる。しかし，これを禁ずる規定がないので，解釈上の争いがある。

判例は，建物所有者Xの土地所有者Yに対する建物移築工事等に対する妨害停止請求本訴（占有保全の訴え）と，Xに対抗しうる土地所有者Yからの土地明渡請求反訴という事案に関して，このXの占有保全の訴えと土地所有者Yの反訴をいずれも肯定し，結局，Yの土地明渡請求を認めた[185]。

---

(184) 大判大正8年4月8日民録25輯657頁：「占有回収の訴は不法に占有を奪われた占有者を救済するためにこれに付与された訴権であるから，占有者は苟も不法に占有を奪われた以上はこれを奪った現占有者の何人たるを問わず，これに対して占有回収の訴により占有物の返還を請求することができ，侵奪者が占有物につき所有権その他の本権を有することは占有者の侵奪者に対する請求権に消長を来すべきものではない。」

(185) 最判昭和40年3月4日民集19巻2号197頁：本件土地はAの所有であったところ，AはXに本件土地を譲渡し，Xはその地上に建物の移築工事をしていた。ところが，Aは本

第3章　占有・所有関係

　この事案は，建物所有者Xが土地所有権取得後，未登記であったときに，Yが土地所有権を取得し，その移転登記を経由したという事実関係であったからこそ問題はなかったが（両者は土地所有権をめぐる対抗関係にあり，元々，YがXに対抗しうる関係にあった。），これが対抗力のある土地占有者からの訴えと所有者からの土地明渡請求であれば，どのような問題になるのであろうか。この場合においては，請求と反訴請求との間に衝突があるものの，両訴には牽連性があることから，併合が認められるので，Xの占有認容か，Yの明渡請求認容かという二者択一の問題となる。また，占有の訴えが先行的に審理されるので，一部判決を出すことも可能である（民訴第243条3項）。このように解すると，特に反訴を禁ずる理由はないことになる。

　また，このような反訴を禁じても，別訴を禁ずることはできないのであるから，やはり，本条の場合には，本権者からの別訴による解決はやむを得ないであろう。しかし，反訴といっても，形式的には別訴と同じことである。そして，別訴であれば，第202条2項との牴触も生じえない。もっとも，事の性質上，占有者において，所有者に対抗しうる占有正権原があれば，その占有者は保護され，そうでなければ，所有者の本権請求が認められるに過ぎないのである。したがって，この問題は，訴訟法学上の形式的な問題であるに過ぎないものと思われる。

> ─ *point* ──────────────
>
> 　占有の訴えに対し，本権に関する理由に基づいて裁判することは許されないが，判例は反訴を許している。これはどうしてか。理由について検討してみよう。

第7項　占有権の消滅

1　占有権の消滅事由

　占有権は占有物が滅失すれば消滅する。しかし，占有権は特殊な物権であることから，物権一般の消滅原因である混同（第179条），消滅時効（第167条）は適用されない（第179条3項参照）。したがって，第203条，第204条で規定する占有権の消

────────────────────

　　件土地をBに譲渡し，BはYへ譲渡して，Yは中間省略の方法により所有権移転登記を経由した。YはXの建物移築を阻止するため，暴力団風の男1人を伴い移築工事現場に入り，工事を妨害し，この現場を片付けなければ暴力行為に及ぶかのような気勢を上げた。そこで，XはYに対し，本件土地への立ち入りを禁止する仮処分を申請し，これが認められた。また，XはYに対し，占有権に基づく妨害停止を求め，本訴を提起した。これに対して，Yは，所有権に基づく土地明渡しを求め，反訴を提起した。
　　原審は，Xの請求を占有保全の訴えと解し，Yによる妨害のおそれを認定した上で，Yの反訴請求も認容した。Xから上告。
　　棄却。「民法202条2項は，占有の訴において本権に関する理由に基づいて裁判することを禁ずるものであり，従って，占有の訴に対し防禦方法として本権の主張をなすことは許されないけれども，これに対し本権に基づく反訴を提起することは，右法条の禁ずるところではない。そして，本件反訴請求を本訴たる占有の訴における請求と対比すれば，牽連性がないとはいえない。」

第1節　占　有　権

滅事由は，占有権の特殊性に応じたものである。

2　自己占有（直接占有）の消滅事由

占有権は，占有者が占有の意思を放棄し，または占有物の所持を失うことによって消滅する（第203条本文）。

占有意思の放棄とは，事実上の意味ではなく，占有者が自ら自己のためにする意思を有しないことを表明することである（通説）。前述したように，占有権の成立要件の中心は所持であり，占有意思は権原の性質上客観的に認められ，しかも，占有継続の要件ではないので，放棄の意思が積極的に表示されない限り，占有権も存続するのである。

所持は，占有継続の要件であるから，物の所持を失っただけで占有権は消滅する。ただし，占有者が占有回収の訴えを提起したときには，その効果として，占有権は消滅しない（第203条ただし書）。占有が侵奪されたという状態は，事実状態の攪乱であり，占有回収の訴えはその攪乱状態を元の平和で秩序ある事実状態に回復することであって，これに勝訴すれば，占有秩序が保たれるので，被侵奪者の元で継続してその支配下にあったものと解されるからである。それゆえ，占有回収の訴えによって，占有を回復すれば，占有が継続したものと擬制される（第203条ただし書，第186条2項）[186]。

所持を失うことの具体的な例としては，占有が侵奪される場合以外では，占有物の不使用状態が長く続いた場合が挙げられる[187]。しかし，敷地の所有者が地上に建物を所有し，土地と建物を占有していた場合には，たとえ建物が滅失し，所有者が一時行方不明になっていたとしても，それだけでは，敷地の所持を失わない[188]。

---

(186)　最判昭和44年12月2日民集23巻12号2333頁：「民法203条本文によれば，占有権は占有者が占有物の所持を失うことによって消滅するのであり，ただ，占有者は，同条但書により，占有回収の訴を提起して勝訴し，現実にその物の占有を回復したときは，現実に占有しなかった間も占有を失わず占有が継続していたものと擬制されると解するのが相当である。」

(187)　最判昭和30年11月18日裁判集民事20号443頁：Xは劇場であるY座からその一角を期間6か月の約定で賃借し，売店を営業していたが，賃貸借を3回約定した日あたりから賃料を全く支払わず，営業も行わずに売店を放置していた。Yは，営業を継続するのか，それとも，やめるのかどうかを再三再四督促したが，Xは，少し待ってくれと言いつつ放置したまま2年8か月が経過した。そこで，Yは，Xの店舗を片付けてしまった。

Xは，YがXの占有を奪取したとして，占有回収の訴えを提起した。原審は，長年の放置により，Xの占有権は失われたとして，Xの請求を棄却した。Xから上告。

棄却。「Xが「占有の奪取」が行われたと主張する当時にあっては，Xは本件場所に対して事実上の支配を及ぼすべき客観的要件を喪失していたものと解するのが相当……である（る）。」

(188)　大判昭和5年5月6日新聞3126号16頁：「家屋が焼失し家屋所有者が一時行方不明になったからといって，それのみで敷地に対する支配を失ったとすることはできない。」「震災のため家屋が焼失し，その所有者が一時行方不明になったからといって，その者の敷地に対する所持を失ったものとすることはできない。」

475

また，借地権者が地上に建物を所有し，これを借家させていた場合において，建物が焼失したときには，借家人の土地に対する直接占有は消滅し，土地を間接占有していた借地権者は，直接占有者となる[189]。

3 代理占有（間接占有）の消滅事由

次に，代理人によって占有をする場合には，占有権は，次に掲げる事由によって消滅する（第204条）。即ち，

(1) 本人が代理人に占有をさせる意思を放棄したこと，

(2) 代理人が本人に対して以後自己または第三者のために占有物を所持する意思を表示したこと，

(3) 代理人が占有物の所持を失ったこと，である。

(1)については，本人の意思は代理占有の成立要件ではないが，本人が代理人によって占有をしないという意思を積極的に表明している以上，代理占有として存続させる必要はないので，消滅するものとしたのである。

(2)については，占有代理人の代理占有意思の欠如であり，これも代理占有を存続させる必要のない事由となる。

(3)についても，代理人が所持を失った以上，代理占有関係は消滅し，本人の直接占有となる。

また，占有権は，代理権の消滅のみによっては，消滅しない（同条2項）。占有代理関係は，占有代理人による占有事実が存在する限り，存続するので，このような規定構造になっている。例えば，賃借人が賃貸人の代わりに占有しているという状況は，賃貸借契約が期間満了によって消滅しても，賃借人が目的物を返還するまでは，代理占有状態が継続しているということを考えれば，容易に理解することができる。この点は，占有代理関係は，法律上有効な権利関係がなくとも，外形的に存在すれば足りるという一つの表れである。

第6款　準 占 有

第1項　準占有の意義

占有は，本来，物の上の事実的支配状態であるから，占有権も必然的に物の上に存在する。この意味において，占有制度は，社会における物の上の事実的支配状態の平和と秩序の維持に資する制度である。しかし，社会における事実的支配状態の平和と秩序を維持するためには，物の占有以外に，権利の占有という概念を認める

---

(189)　大判昭和3年6月11日新聞2890号13頁：「敷地の所有者もしくはその賃借人が，自己所有の地上家屋を賃貸した場合には，その家屋の賃借人に対し家屋と共に敷地の代理占有をなさしめるものである。」「借家が大震災によって焼失した場合，借家人は家屋の占有を失うと共に敷地の占有を失う。」「敷地の所有者もしくはその賃借人は自己所有の地上家屋を賃貸しても，敷地の占有権を失わない。家屋の賃借人が家屋の占有を失っても，敷地の所有者または敷地の賃借人の敷地の占有は消滅しない。」

必要がある。即ち，社会生活上，一定の権利を行使する者について，物を占有する場合と類似の保護を与える必要が存在するのである。民法は，権利を占有する状態のことを準占有といい，占有に準ずる効果を与えている。

権利を占有するという概念は，ローマ法には存在せず（物の占有のみ），その後の中世ゲルマン法時代に権利とゲヴェーレとの結合・表裏一体関係から，権利占有が発展し，寺院法においては身分上の権利にまで拡張され，中世末期のドイツ普通法時代にはこの傾向が継承されて発展した。このドイツ普通法がフランス法に継受されて広汎に発展し，物の占有以外に権利の享有という関係にまで占有が認められ（CC 第 2255 条〔旧第 2228 条〕），更に身分法にまで認められた（CC 第 198 条）[190]。しかし，ドイツ民法においては，その制定時にかなり制限的に捉えられ，わずかに，地役権（BGB 第 1029 条[191]）や人役権（BGB 第 1090 条[192]）について準占有ないし権利占有として認められたに過ぎない。スイス民法もドイツ民法と同様の構成を採っている[193]。

わが民法は，自己のためにする意思をもって財産権の行使をする者に準占有（権利占有）を認めているので，立法的には比較的広い意味を有する。

第2項　準占有の成立要件

準占有とは，自己のためにする意思をもって財産権の行使をすることであり，占有に関する民法の規定が準用される（第 205 条）。

1　自己のためにする意思

「自己のためにする意思」は，物の占有の場合と全く同じである。占有者本人のみならず，代理人による占有でも準占有は成立する[194]。

---

(190)　舟橋 331 頁，我妻＝有泉 519 頁参照。なお，周知のように，フランスでは民法改正が進められており，占有の意義の関する第 2228 条は 2008 年 6 月 17 日の改正法で条数が第 2255 条に変更されたが，内容は変わっていない。

(191)　BGB 第 1029 条（権利占有者の占有保護）
　　土地の占有者が，所有者のために土地登記簿に登記された地役権の行使を妨害されている場合において，その地役権が，妨害の前 1 年以内に一度だけでも行使されたときは，占有保護のために適用される規定を準用する。

(192)　BGB 第 1090 条（制限的人役権の法的内容）
　　第 1 項　土地は，そのために負担を引き受ける者が，土地を個別の関係において利用する権原を有するという方法，または，地役権の内容を形成しうるその他の権利を有するという方法で，負担を引き受ける（制限的人役権）。
　　第 2 項　第 1020 条から第 1024 条，第 1026 条から第 1029 条，第 1061 条の規定は，本条に準用する。

(193)　ZGB 第 919 条（定義）
　　第 1 項　ある物について事実上の支配力を有する者は，占有者である。
　　第 2 項　地役権及び土地負担の場合には，権利の事実上の行使は，物の占有と同様のものとする。

(194)　最判昭和 37 年 8 月 21 日民集 16 巻 9 号 1809 頁：「債権者の代理人と称して債権を行使する者も民法 478 条にいわゆる債権の準占有者に該る」。

第3章 占有・所有関係

2 財産権の行使

(1) 意 義

「財産権の行使」とは，物の占有における「所持」に相当するので，ある財産権が，これを行使しようとする者の事実的支配内にあり，財産権の事実的支配があると認められる客観的な事情のあることが必要である[195]。具体的には，債権証書を債務者に示して請求し，あるいは，債権者が，債務者の第三債務者に対して有する債権について差押え・転付命令を取得すること[196]，などが挙げられる。

(2) 占有を伴う権利

自己のためにする意思をもって行使することができない財産権は存在しないので，準占有はどの財産権であっても成立する。しかし，所有権，地上権，永小作権，留置権，質権，賃借権といった占有を伴う権利においては，本来的な「占有」が成立するので，占有制度の拡張である準占有を論ずる意味がない。同様に，これらの権利から発生する登記請求権や[197]，物権的請求権についても，準占有は成立しないとされる[198]。

(3) 地 役 権

用益物権の中でも，地役権は，その行使に際して，占有というよりも使用という要素が強く，事実的支配が弱いということもあり，準占有の対象となるものとされる（通説）[199]。しかし，地役権については，限られた範囲内において認められる物権であるとしても，また，事実上，承役地の利用をしない不作為地役権（観望・眺望地役権）があるとしても，物に対する事実的支配であることに変わりはないという理由から，本来的な占有を認めるべきだという少数有力説がある[200]。

いずれにせよ，準占有が成立する財産権は，「所持」を本質的な内容としない財産権に限られる。

---

(195) 我妻＝有泉 520 頁。

(196) 大判大正 2 年 4 月 12 日民録 19 輯 224 頁：「A は B が C 金庫に供託した金 645 円 65 銭 1 厘の返還を受けるべき本訴債権に対し差押えの上転付命令を得て制規の手続を経て C 金庫より供託金の返還を受けたものであるから，A は自己のためにする意思を以て供託金の返還を受けるべき債権の行使をしたものであり，債権の準占有者であること明らかである」

(197) 大判大正 9 年 7 月 26 日民録 26 輯 1259 頁：「登記請求権は物権の一作用にして独立して存在するものではない。従って，本権と離れて準占有の実体となりうべきものではないから，原審が民法第 478 条の適用なしとし，上告人の抗弁を排斥したのは正当であ(る。)」

(198) 舟橋 332-333 頁。

(199) 大判昭和 12 年 11 月 26 日民集 16 巻 1665 頁：自己のためにする意思をもって通行地役権の行使をなす場合においては，占有の訴えに関する規定を準用し，その妨害の停止もしくは予防を請求することができる。

(200) 川島武宜「判評（大判昭和 12 年 11 月 26 日）」『判例民事法昭和 12 年度』121 事件，舟橋 333 頁。なお，石田穣 469-470 頁は，通行地役権については「占有」を認めるべきであると主張する。

第1節　占　有　権

(4)　取消権・解除権

次に，取消権，解除権など，1回の権利行使によって消滅する権利については，準占有を不要とする場面が多いであろう。しかし，通説は，これらの権利を含む法律的地位を承継した者（例えば，買主の地位など契約上の地位の承継人）に関しては，その者が準占有を有すると観念される場面があるという[201]。この考え方から得られる効果としては，例えば，買主の地位の承継人が売主に対して取消権や解除権を行使し，原状回復請求権を取得する結果，これによって得られる物権や債権の上に占有もしくは準占有を観念しうるというのであろう。しかしながら，その場合に準占有の効果を観念しうるとしても，実質的な意味において，取消権や解除権それ自体について，果たして準占有の効果を観念しうるのかという疑問もまたもっともなことである[202]。

(5)　債　　権

債権については，継続的なものだけではなく，1回限りで消滅するものであっても，ある者にその債権が帰属していると見られる客観的事情が存在すれば，準占有が認められる（債権の準占有者への弁済〔第478条〕）。

(6)　非占有担保物権

先取特権や抵当権については，その目的が物の抽象的な交換価値の把握にあり，物の支配関係もこの交換価値支配に尽きるのであり，物の具体的な使用価値に関するものではないから，物の占有ではなく，権利の準占有である。担保目的物に関して，「非占有担保権」と称されるゆえんである。

(7)　鉱業権・漁業権

更に，鉱業権，漁業権については，物権に準ずる権利と認められるものの，これらの権利は，鉱区や漁場に対する支配権であり，物に対する支配権ではないという関係上，本来的な占有を観念しえないので，これらの権利の内容に相当する利益に対する事実的支配関係は，準占有となる。

(8)　知的財産権

最後に，著作権，特許権，商標権などの知的財産権についても，これらの権利の内容に相当する非有体的利益（直接・間接的な利用権）に対する事実的支配が観念さ

---

[201]　我妻＝有泉520頁及び引用文献参照。

[202]　舟橋334頁は，取消権・解除権それ自体の準占有について，準占有に基づく侵害排除的効力（占有訴権の類推），本権取得的効力（善意準占有者の果実収取権など），そして，準占有による本権の公示機能（対抗要件）について，いずれも問題になりえないのではないかという疑問を呈する。なお，1回の行使によって消滅する権利には準占有を観念する必要はないという考え方を推し進め，「債権」にさえ準占有を観念する必要はないという少数有力説もある。例えば，鈴木・講義110頁，河上・前掲書（『物権法講義』）254頁参照。いずれも，債権の準占有者への弁済（第478条）は，権利外観法理の適用による効果であり，物権法の占有の効果ではないので，「準占有」を介しての占有規定を準用する余地はないという。

第3章 占有・所有関係

れうるので，準占有は認められ，重要な役割を演ずる。

第3項 準占有の効果

1 準占有への準用規定

準占有には占有の規定が準用されるので（第205条），準占有権が成立し，本権の推定，果実の取得，費用償還請求，占有訴権，などの効果が認められる。しかし，その効果は準用によるものなので，それぞれの制度において，その範囲を画するべきものである。

準占有が重要な役割を果たすのは，所有権以外の財産権の取得時効（第163条），債権の準占有者への弁済に対する公信的効力（第478条），著作権の準占有，である。特に，著作権の準占有者は，著作権者が生前，出版社等に著作権を譲渡し（著作権第61条），登録を済ませたが（同法第77条1号），譲渡及び登録の事実を知らない相続人である準占有者が他の出版社と出版契約をして出版し，印税を受領した場合などにおいて現れるとされる。この場合には，善意占有者の果実収取権の規定（第189条），費用償還請求権に関する規定（第196条）が準用され，その他，著作権の準占有に対する侵害を排除するために，占有訴権の規定も準用されるという[203]。

2 公信原則の準用制限

しかし，即時取得の規定（第192条以下）は，動産取引の頻繁性を顧慮し，また，占有以外に公示方法のない動産について，その取引の安全のために占有に公信力を付与するという制度であるから，準占有しか成立しない「証券に化現されない一般の債権」には準用されない。債権証書が存在する場合には，「占有」が成立するので，公信の原則が適用されるが，証書等によって表象されない権利については，動産取引の安全を具体化した公信の原則の枠外にある[204]。

また，知的財産権については，登録制度が完備されているので，公信の原則の適用外である。

---

(203) 舟橋335頁。この占有訴権の準用については，著作権の準占有者が出版社と出版契約をした後に，真正著作権者も同様に出版契約をした場合には，著作権準占有者が真正著作権者に対して出版の差止め請求をすることができることとなり，妥当性を欠くという指摘がなされる（川島武宜『民法I総論・物権』122頁）。しかし，舟橋教授は，この場合には，真正著作権者が本権の訴えによって勝訴したときは，準占有者は占有訴権に準ずる救済を受けえないことになるだけであり，問題はないという。

(204) 我妻＝有泉240頁，522頁。

第2節　所　有　権

第1款　総　説
第1項　「所有権とは何か」という問題について

　「所有権」の意義，即ち定義付けについては，一般に「物を排他的に支配する権利」という概念づけが行われているが，言い回しは区々である。

　例えば，19世紀において，ザヴィニーは，「物権は，占有を媒介として物に関して単一かつ完全に事実的支配を及ぼす所有権という形態で現れ，人が物に関して無制限かつ排他的な支配を及ぼす権利として現れる」と論じており，所有権は，物を単一かつ完全に，また，無制限かつ排他的に支配する権利として定義づけられている[205]。

　ところが，同じく19世紀において，ヴィントシャイトは，「所有とは，（有体）物が誰かのものであるということ，即ち，権利に応じて誰かのものになるのであり，正確には所有ではなく，所有権を指している。ある物が権利に応じて誰かのものであるということは，その物のあらゆる関係において，所有者の意思がその物にとって決定的であるということを意味する。この点は，二つの方向によって示される。一つは，所有者は物を任意に処分しうるということ，今一つは，自己の意思のないところで物が処分されてはならないということである。……所有は物についての権利のまとまり（die Fülle des Rechts）であり，その中で個別的に分けられた権能は，このまとまりの現れであるに過ぎない。所有は，本来的に無制限であるが，制限に耐えうるものである。」[206]と述べている。

　このように，ザヴィニーは所有権の定義づけから論じているのに対して，ヴィントシャイトは，所有権の定義づけはさておき，所有権の属人性，所有者による所有物の任意処分性（所有者の意思に反する処分の不能），本来的な無制限性，目的に応じた制限性という，所有権の性質や内容について述べている。

　このように，学説は，古くから所有権の一般概念性から説明するものと，所有権を一般概念化せず，その性質及び内容を個別具体的に限定しようとする方向性が見られ，この傾向は，実にわが国においても見られるものである。わが国においても，古くは，富井政章博士が，「所有権とは法定の範囲内において物につき一般の支配をなす権利を謂う」[207]旨を述べ，起草者及びその後の学説の多くは所有権の定義

---

(205)　Friedrich Carl von Savigny, System des heutigen Römischen Rechts I, 1840, §56 S. 367.

(206)　Bernhard Windscheid, Lehrbuch des Pandektenrechts I, 6. Aufl. 1887, §167 S. 559-561.

(207)　富井・前掲書（『民法原論第二巻』）90頁。川島・新版理論7頁註(7)によると，横田秀夫『物権法（改訂増補）』269頁，末弘319頁，その他，一般にわが国の学者のほとんどすべ

第3章 占有・所有関係

づけから論じているのに対して，我妻榮博士は，所有権の社会的作用とその統制から論述を開始し，以下，所有権の性質，物権的請求権，所有権の内容の順に論じている[208]。

なぜ，このような現象が生じたのかというと，私法が国家の法として機能し始める初期の頃は，所有権は純粋に人と物との関係を指し示していたが，徐々に他の権利や法との関係において，所有権に憲法上，私法上，公法上の制限が付せられてきたので，法学者の関心も，徐々に「所有権」の解釈から適用上の限界，即ち，その適用の範囲（Anwendungsbereich）や如何にという問題に移行し，所謂「所有権の限界（die Schranken des Eigentums）」の解明に意を注いだためと思われる。

この法律の適用を目的とする解釈による所有権概念の限界づけという現象は，近・現代的国家による私的所有権の承認とその制限という動きと全く軌を一にするものであり，法政策的にはやむを得ないものであると思われる。しかしまた他方，そのような所有権の適用範囲の策定による所有権の限界づけにより，抽象的には，「所有権は人による物の排他的支配権である」と解していても，それは結局，「自分の物（ないし「もの」）は自分だけの物（ないし「もの」）」というに等しく，民法における「所有権の限界」も，結局，憲法，その他の法律，そして他人の権利との協調的な関係を構築しているに過ぎず，所有権の真の意味ないし意義の探究にはなっていないのである[209]。

それでは，所有権の本当の意義を探究するためにはどのような研究をすればよいのかという話になるが，それは，畢竟，社会制度上の一存在である私的所有権の現実の姿とその役割を探究することに尽きる。

所有権は，物権の代表格として社会に存在する。所有権は，人に属しており，人が物を排他的に支配する際の権利として位置づけられる。しかし，人は個人として生きる一方で，他方，社会の一員としても生きている。即ち，個人の所有する土地は，確かに，当該個人の排他的支配の中に現実に存在するが，土地は境界を接して存在し，その先には他人が私的所有権を有する土地が連続して存在している。そうすると，私的所有権は，相互に社会的実在として尊重し合わなければならないことになる。互いに尊重しなければ，そこには争い事が発生しうるからである。したがって，所有権は人による物支配といわれるが，実は，所有権相互間の関係は，個人と個人との関係に等しくなるのである。ここに相隣関係という私的所有権に対する私法的制限が現れ，この私法上の制限とともに，国家政策上の観点から，建築基

　　てが富井博士らと同様の表現を用いているという。

(208)　我妻 161 頁以下参照。この傾向は，我妻博士のほか，石田（文）376 頁以下，末川 310
　　頁以下にも見られる。なお，川島・新版理論 7 頁註 (7) を参照。

(209)　つとに川島武宜博士は，このような解釈を「実用法学的定義」と呼び，法学者が，社
　　会に「現実に存在する所有権」を法律上承認された所与のものとして捉え，その限界づけに
　　奔走する姿勢を批判している。この点については，川島・新版理論 8 頁参照。

482

準法，都市計画法，その他の公法上の制限が加えられる。

　また，土地という自然的所有権の問題から離れて考えても，所有権の人的関係が問題となる。例えば，社会における資本の流れ一つ取ってみても，それは明らかである。資本主義経済社会において，人は資本（金銭所有権）によって生産設備及び労働力を整え，原材料を購入し，これを用いて物を生産し，生産物ないし製造物を販売して，また金銭を獲得する。その過程において利潤を生むように価格を決定するので，この生産活動を通じて，資本は増加する。人は，この繰り返し（再生産）によって資本を増強し続け，社会全体として巨大な資本主義経済社会が成立し，発展を続けてきた。

　この資本の流れは，第一に金銭と生産設備との交換，第二に金銭と労働力との交換，そして，第三に生産設備で生産した商品と金銭との交換である。つまり，資本主義経済社会とは，即ち，金銭と商品との交換によって成り立っている商品交換経済社会である。そして，金銭所有権という資本から生産設備所有権という資本を作り上げ，ここから商品所有権を生産し，この所有物である商品を販売して，また金銭所有権を獲得するという流れである。この流れからは，当然に，他人の所有権との関わり合いが必要となり，その関わり合いは具体的には契約として現れる。したがって，私的所有権は，単に物との関係に止まらず，すべての場合において人との関係としても現れる。そして，この社会構造は，農業（農・林・水産業），工業（鉱・工業），商業という産業構造のすべてにおいて現れる。

　このようにして，人は，私的所有権を利用し，この利用の一環として，あらゆる資本主義的生産の局面における他人との契約によって商品交換経済社会を作り上げ，これを発展させてきたのである[210]。このような次第であるから，「所有権とは何か」について考える際には，畢竟，所有権が社会においてどのような形で利用されてきたのかという観点から，探究することが望ましい。

第2項　所有権の社会的作用

1　前近代的所有権概念

　近代法において所有権概念が確立するまでは，社会の経済組織は所有権によって維持されていた。家産的農業時代から封建時代にかけて，土地所有権は，土地に対する支配とともに，その土地を利用する人々に対する支配にもつながっていた。社会の経済関係はもちろんのこと，社会全体の構成が，専ら，土地に対する支配関係の反映と見られた。

　中世都市における手工業の発展とともに，生産設備に対する所有権が土地に対す

---

(210)　川島・新版理論 25 頁以下は，私的所有権と商品交換経済社会との関係について，その歴史的発展過程を中心に考察しており，私的所有権，契約，そして人格を商品交換経済社会の基本的な要素として位置づけている。

る支配とならんで，社会の経済組織における中心的な役割を果たしていった。しかし，生産物の取引に関しては，支配者層によって統制されていたので，社会の経済関係は，生産設備に対する所有権を中心とするいわば「静的状態」を示していた。このような状況における所有権は，近代法における「自由な所有権（freies Eigentum）」とは全く異なるものであり，「封建的所有権（feudalistisches Eigentum）」と称される。

2 ローマ法とゲルマン法の所有権概念

ゲルマン法における所有概念は，概ね，この封建的所有権と合致する。その内容は，次のようなものである。

(1) ゲルマン法の物権は利用権が中心であり，物の利用関係における種々の態様に基づいて，それぞれの権利を認めていた。この点は，物の利用を所有権という抽象的な支配権の一作用と見るローマ法とは異なる。

(2) また，ゲルマン法における種々の利用権は，それぞれ独立した権利であり，特定の物の全面的支配は，すべての利用権の集合であった。この点は，所有権絶対の原則を標榜するローマ法とは異なる。

(3) また，ゲルマン法においては，社会の身分的関係がそのまま物権に反映され，物権は，公法的な支配と公法的な義務とを，その概念の中に包摂していた。この点は，公法的支配を物権の枠外に置き，物権は純粋に物の支配権，人的関係は親族権及び債権によるものとするローマ法とは異なる。

(4) 更に，ゲルマン法においては，単一的な利用を構成する各種の物資は，結合体を構成する物とされた。ここから，集合物概念が承認されることになった。この点は，個々の物は個々の抽象的支配権の客体に過ぎないという一物一権主義を採用するローマ法とは異なる。

(5) 最後に，ゲルマン法においては，事実上の利用である占有という外形の変動を物的支配権の変動と考えていた。この考え方は，そのまま，ゲヴェーレと支配権との結合原理として現れる。この点は，物の支配権と現実の支配とを，前者は本権，後者は占有とするローマ法とは異なる。

3 近代法への継受

このように，物権法におけるゲルマン法思想とローマ法思想とを比較検討すると，現代法においては，ローマ法思想が多く採用されていることが分かる。即ち，

(1) 近代法においては，封建制を打破し，個人の自由を確立するため，身分的支配を物的支配から完全に分離・独立させ，物的支配権からの解放を必要とした（土地解放，農民解放，ツンフト〔Zunft：生産者徒弟制度を中心とする同業者組合〕の崩壊など）。

(2) また，物に対する個人的支配を自由に認め，物資の資本的価値を高めるためには，少なくとも，公法的な支配からの干渉を受けない絶対的所有権という概念を構築し，所有権を中心とした物権を構成する必要があった。

このような経緯から，現代の物権は，所有権を中心として構成されている。

即ち，

(1) まず，所有権は憲法上保障された財産権の中心であり，公共の利益のために個人の財産権を犠牲にすること（公用徴収）は慎重を要する（世界人権宣言第17条，明治憲法第27条，憲法第29条1項，3項）。

(2) また，物資は原則として個人の所有であり，これが複数の者により共同で利用される関係は，個々人間の別個の法律関係によって成立する。例えば，家族における共同利用関係は親族関係，地域の共同団体における共同利用関係は法人または共有関係，工場その他の生産設備における共同利用関係は雇用関係によって成立する。

(3) 更に，所有権と制限物権とは本質的に対立関係に立つ。制限物権の設定は所有権の存在に依拠し，制限物権による物の利用は恒久的なものもあるが，いつかは所有権が絶対的な全面的支配に復帰することを前提とする。

(4) 更にまた，物権は純粋に物支配として，他の法律関係とは峻別され，物権の行使にあたり，これに伴う他の法律関係または事実関係は，当事者の別段の意思がなければ，物権関係とはその運命を共にしない。例えば，賃借権の存在する不動産の売却による所有権移転は，原則として，賃借権の負担を伴わない。賃借人が賃借権の対抗要件を具備し，賃借権が対抗力を保有するに至った場合に初めて，新所有者が賃借権という物的負担を引き受けるに過ぎない[211]。

4 近代の所有権概念とその社会的作用

このように，近代の所有概念の成立に伴い，社会の経済組織は所有権とこれを利用するための契約関係との結びつきによって成立し維持されることとなった。それでも，当初はなお，「契約の自由」によって，農民を土地に縛り付け（農地賃貸借），労働者を生産設備に縛り付ける（雇用契約）など，所有権は猛威を振るった。

しかし，「自由な所有権」は，封建的所有権と結合する農地の領有と，身分的に農地に拘束された農奴のような身分関係を排斥し，所有権の純粋な物支配を実現することにより，土地の所有関係から身分関係を排除した契約関係を中心とする社会を構築するに至った。ここにおいて，純粋に，貨幣を媒介とする商品交換社会，即ち，資本主義経済社会が実現する。例えば，生産手段ないし設備の所有権は，原料を購入し，労働者を雇用するなどの契約関係，そして，その生産物ないし製品を売却するための契約関係と結びつき，また，金銭所有権は金銭を貸与して利息を徴収する契約関係と結びつくことによって，それぞれの所有権の特質に応じた機能を発揮するのである。その反面，現代においては，所有権にその限界を画し，賃貸借や

---

[211] 以上の内容は，我妻＝有泉3-5頁，254-257頁を参照。なお，近・現代的な商品交換経済社会に関する法関係とローマ法との関係，また，ゲルマン法における物権の特色などに関しては，平野義太郎『民法に於けるローマ思想とゲルマン思想』（有斐閣，増補新版，1970）90頁以下，399頁以下も参照。

第3章　占有・所有関係

雇用という局面における各種の規制につながっている。

　更に，資本主義経済組織の発達に伴い，社会の経済組織は企業組織を中心とし，所有権は，この企業組織を構成する一分子に過ぎないという状況となった。それゆえ，所有権は，企業組織を運営するために拘束を受けることになる。とりわけ，これを決定づけたのは，株式会社，証券取引所，銀行を中心とする金融資本であり，所有権に対する金銭債権の優位性であるとされ，資本主義経済社会において，この社会の経済組織を維持していくためには，必然的に金銭債権を必要とするのであり，ここに至って，所有権はその主役の座を金銭債権に譲ったとされる(212)。つまり，所有権は所有者自身による利用形態（原始的利用）から，他人による利用形態（商業的利用）へと転じ，これによって，所有者は所有権を背景とする金銭債権を保有するに至る。この状況は，所有権を媒介とする契約関係の成立により，一見すると，契約関係という対等な関係に立つかのようであるが，所有権を背景とする債権者は，所有権を持たない債権者に対して，優位性を保つことになる。例えば，土地所有者は土地賃貸人となり，金銭所有者は貸金債権者となるのであり，その相手方は，それぞれ土地賃借人（借地人），金銭債務者となるのであって，前者が後者に対して優位に立つことは明らかである(213)。

　この所有権を中心とする静的社会から，金銭債権を中心とする動的社会への推移は，資本主義経済社会においては必然的な出来事であるが，これを証明するには，まず資本の法律的構造を解明するとともに，次いで企業の法律的構成を解明しなければならない。株式会社制度における所有と経営との分離はその端緒である。企業の所有は，株式という一種の債権的関係に化体して証券市場において公開されている。企業の経営は，株式と密接に関係しつつ，取締役会，社外取締役など，企業内外の組織に委ねられている。

　また，物を担保として提供し，融資を受ける場合には，所有権の作用は担保物権によって制限を受け，あるいは，担保物権の実行によって所有権を失う。これも所有権が金銭債権によって覆滅される一つのケースである。

　このように，所有権の社会的作用の変遷により，所有権は，その本質である物の利用機能を制限され，また，社会的にも制限を受けることになる。

---

(212)　我妻榮『近代法に於ける債権の優越的地位』253頁，我妻162-163頁。これに対して，舟橋338頁は，金銭の威力はその本来の姿である金銭所有権の時に存在するのであり，これを借主に貸してしまうと，貸主よりもむしろ借主のほうが強くなることは日常の経験が示すところであり，貸主が強くなるのは，同時に担保物権を保有する場合など，他の要素に基づく結果に過ぎないのであり，それゆえ，金銭所有権のほうが金銭債権よりも優越的地位にあるのではないかという。

(213)　我妻榮『新訂債権總論』2-3頁。

486

第 2 節　所　有　権

―― *point* ――――――――――――――――――――――――――――

　所有権の社会的作用，特に，所有権の権利内容の意味，制限物権との関係を
意識的に捉えて理解しよう。

――――――――――――――――――――――――――――――――――

第 3 項　所有権の性質

1　分割所有権は認められない――全面的支配性――

　現代法における所有権は，所有者が自由に物を使用し，物から収益を獲得し，そ
して物を処分しうるという意味において，物の使用価値と交換価値を全面的に支配
する物権である。この意味において，所有権は完全権といいうる。他方，制限物権
は所有権とは異なり，各々の物権の性質に従い，当該物権の客体である物をその物
権において認められた一定の範囲内において，一面的に支配する権利であるに過ぎ
ない。

　ドイツ中世の封建的所有権に見られるように，同一の土地の上に所有者の貢納徴
収権（上級所有権〔Obereigentum〕）と利用者の耕作権（下級所有権〔Untereigentum〕）と
いう支配権が分割して存在するような制度（所謂「分割所有権〔geteiltes Eigentum〕」）は，
ローマ法以来の単一的所有権概念とは相容れない。

　わが国においても，民法典施行の前（江戸徳川時代）から，地域により，耕作者
（上土持ち）の権利を「上土権」と称し，地主（底土持ち）の権利を「底土権」と称し
て，前者を後者に対する関係において独立した所有権とみなしていたという慣行が
あったようであるが，これも現代法においては認められない[214]。上土権が耕作権
であるならば，この権利は，所有権を基礎とする制限物権（永小作権）もしくは債
権的利用権（農地賃借権など）であるに過ぎない。

――――――――――――――

[214]　大判大正 6 年 2 月 10 日民録 23 輯 138 頁：地主 X から利用権者 Y に対する地代増額請
　求について，原審が本件利用権は地上権であるとして，X の増額請求を認めたのに対し，Y
　は，上告し，本件土地は元々湊屋新田と称し数 10 年前迄は海浜の漸積地だったのを Y らの
　祖先が地上を開墾して畑地とし，今日のような宅地となったものであり，俗にこれを上土権
　と名付け，地盤の所有権は地主にあるも，地表の所有権は小作人にあり，古来自由にその上
　土のみを売買し，地主もこれを承認してきたという事実があり，大阪府誌においても，この
　事実を伝えていると主張した。

　　大審院は，物権又は慣習上物権と認めた権利であり，民法施行前に発生したものは，その
　施行後は民法その他の法律に定めるもの以外はこれを創設し又は物権たる効力を有し得ない
　ことは，民法第 175 条，民法施行法第 35 条により明らかであり，一個の土地につきその所
　有権以外に Y 主張の如き上土権なる地表のみの所有権を認めることは，我が民法の許容しな
　いことは Y においても異議なきのみならず，他人の土地の上に建物を所有するため，その土
　地を使用する権利は民法に所謂地上権であり，別種の権利ではないので，原院が本件土地使
　用の契約において地上建物の朽廃に至るまでを存続期間と定め，当事者がこれを地上権とし
　て設定登記をした事実を認め，その土地使用の関係を地上権とし，上土権と称する地表の所
　有権としなかったことは洵に適切であると判示して，上土権の存在を否定した。

487

2 内容の一体性

所有権は，法令上の制限の範囲内において，自己の所有物を自由に使用し，収益し，処分することができるという権利である（第206条）。この所有権に内在する権利は，客体に対する種々の権能の束ないし総合ではなく，一体化した権能である（「渾一性」を有するという。）。即ち，所有権に基づいて地上権や抵当権といった制限物権を設定する行為は，所有権の内容を構成する一権能を分け与えるのではなく，全体として一体である使用・収益・処分という所有権の機能ないし作用について，これらの一部を具体化して譲与するに過ぎない[215]。所有権と他の物権とが同一人に帰属した場合に，原則として制限物権が混同によって消滅するのは（第179条参照），まさに，この作用からである。

3 所有権の弾力性

所有権が制限物権の設定によって制限を受けている場合には，所有者にとっては何ら利用権能のない空虚な所有権（虚有権：nuda proprietas）であるかのようである。だがこの場合でも，制限物権は，制度上は有限であり，一定の時期に必ず自由な所有権としての円満な状態に復帰する（所有権の弾力性）。

しかし，この場合においても，利用権が強化され，永続的な存続が許容されてしまうと，所有権とは名ばかりの地代徴収権に成り下がってしまう。

4 所有権の恒久性

所有権は恒久性を有しており，存続期間という観念はない。また，時効による消滅もない（第167条2項）。

5 所有権の客体

所有権の客体は「物」である（第206条）。それゆえ，制度上は債権その他の権利の上に所有権は成立しない。しかし，経済学的にみれば，債権その他のすべての権利の上に所有権を観念することは可能である。即ち，債務者の給付が財貨である以上，財貨が所有権の目的となるのであれば，債権の上にも所有権が認められるということである[216]。

また，この点は，経済学者による考察に限られず，プロイセン民法（1794年のALR I. Teil. 2. Titel. §1-§2は人の行為及び権利を広義の物に含むとする。），オーストリア民法（1811年のABGB第285条，第292条は権利を無体物としている。），わが国の旧民法（財産編第6条は人権〔債権〕を無体物に入れている。）といった古い立法例にも権利を物と見る思想が現れている。

しかし，物体のみならず，すべての権利の上に所有権という概念を認めることは，その必要性に乏しい。その各々の権利として観念し，保存ないし保全方法，対抗要

---

(215) 我妻＝有泉258頁。

(216) この点については，我妻榮「権利の上の所有権という観念について」『民法研究Ⅲ物権』163頁（167頁）を参照。

件などを備えれば足りるからである。したがって，権利関係をすべて物権化する必要はなく，またそのような取扱いは適切でもない。

6 制限付き絶対性

所有権は，物権一般の原則に従い，排他性を有する関係上，登記をすることが予定されており，たとえ所有権であっても，登記をしないと，排他性を備えることはできず，その結果，対抗力も備えることができない（第177条）。このような意味において，所有権は絶対的な権利ではない。また，現代法において，所有権は一定の要件の下で公共の用に供することが予定されている（第1条1項：私権は公共の福祉に適合しなければならない）。この意味においても，所有権は絶対的な権利ではない。

> ── **point** ──
> 所有権の意義，特に，所有権に内在する使用権，収益権，処分権，という3つの権能の意義，性質を正確に理解しよう。

第2款　所有権の内容

第1項　序　説

1　所有権の内容概観

所有権の内容は，法令上の制限内において，自由にその所有物の使用，収益，処分をする権利を有することである（第206条）。法令上の制限とは，これまで述べてきたように，私法上，憲法上，その他公法上の制限のことである。使用・収益権と処分権を有するとは，所有権の完全権たる性質及び内容を指しており，物の使用価値と交換価値の全体的価値を把握するということである。具体的には，使用・収益とは，自ら所有物を使用し，または天然果実（農作物，鉱産物など）を収受すること，あるいは，その所有物を他人に賃貸して使用させ，その対価（地代，家賃，利息などの法定果実）を収受することである。また，処分とは，典型的には文字通りの物の売却処分や物上担保権の設定による交換価値の実現のほか，広く所有物の消費，廃棄，変形，改造，破壊，などの行為も処分と解されている。

このように，所有者が自己の所有物を使用し，所有物から収益を獲得し，所有物を処分する権利を有するということは，何もこれらの権利が集積されて一つになったということではなく，自分の所有物については，自分の好きなように利用することができるということに尽きる。

2　所有権の制限

既に述べてきたように，「自由な所有権」という考え方は，現代の法制度の下では画餅に等しく，所有権は，社会公共の福祉ないし利益という名の下に一定の制限を受けるという状況が当然の姿となっている。これは，一方で所有権者の意のままに立ち居振る舞いをすることが社会公共の利益と衝突する範囲内において許されな

489

いということを意味する。しかし，他方において，いくら公共の利益との関係とはいえども，私的所有権に対して国家・公共団体が制限を加える以上は，権力行使者の側において正当な補償を用意すべきこともまた論理必然的なことである。

憲法は，私有財産権を認める一方で，他方，その内容は公共の福祉に適合するようにこれを定めることとし，私有財産は正当な補償の下にこれを公共のために用いることができると規定する（憲法第29条）。

この規定は，一見して，私有財産権に対する公共の福祉からの制限（社会公共の利益の優先）と，公共の利益のために私有財産権を剥奪することとの可能性，そして，その場合における正当な補償の供与に関する規定であることが分かる。特に，この最後の点は，土地収用法を始めとする各種の法律（自然公園法，文化財保護法，森林法，鉱業法，航空法など）に関連するところである。そして，この「正当な補償」は憲法上の要請であることから，法律においては，きわめて慎重に補償額に関する諸規定を置いている。

例えば，土地収用法は，「第6章 損失の補償」として独立した章を置き，起業者による補償（同法第68条），個別払いの原則（同法第69条），金銭賠償（同法第70条），近傍類地の取引事例比較法によって算出した事業認定告示の時の相当な価格に権利取得裁決時までの物価変動に応じた修正を施すという計算（同法第71条），残地が生じた場合の損失補償（同法第74条），残地に対する工事費用等の補償（同法第75条），残地が従来の利用に堪えない場合における全部の収用請求（同法第76条），収用地上に家屋などの物件が存在する場合における移転料の補償（同法第77条），など，収用によって発生すべき損失を予定して，かなり丁寧な規定となっている。更に，土地収用法以外の各種の法律においても，それぞれの目的を貫徹するために発生すべき損失補償を念頭に置いて，その損害については国または地方公共団体が補償するものと規定している。

第2項 土地所有権の範囲

土地の所有権は，法令の制限内において，その土地の上下に及ぶ（第207条）。土地所有権の効力は地表だけではなく，空中及び地下にまで及ぶということであるが，それは法令によって制限を受けるということである。

例えば，特別の鉱物として法定された鉱物が存在する土地については，その鉱物を土地所有権から切り離して，鉱業権の目的とすることができる。この場合には，土地収用法が適用され，土地所有者には相応の補償が与えられる（鉱業法第25条，第104条，第107条）。

土地所有権に対する主要な制限としては，境界線付近の掘削に関する民法第237条，第238条，鉱業法，狩猟法，航空法，建築基準法などによるものがあるが，平成12(2000)年に，地下の利用に関する「大深度地下の公共的使用に関する特別措置

第 2 節　所 有 権

法」が制定された。

《参考：大深度地下利用法》

大深度地下，即ち，地下 40 メートル以深，基礎杭の支持地盤上面から 10 メートル以深において，土地を公共のため使用する場合には補償を不要とするというものである。

現在，大深度地下利用法を適用する事業として，東京外環自動車道延伸線（平成 19 年 1 月 - 2 月事業間調整実施〔同法第 12 条〕），神戸市大容量送水管整備事業（平成 19 年 6 月認可）があり，大深度地下使用が想定される事業として，京葉線延伸線（東京駅〜三鷹駅），首都圏新都市鉄道つくばエクスプレス線延伸線（秋葉原駅〜東京駅），リニア中央新幹線（東京圏，名古屋圏，大阪圏）があるといわれている。

他方，採石法は，鉱業法とは異なり，地中の岩石は土地所有権を構成するものとされている。したがって，採石業者は，土地所有者に対して，地代のほか，岩石料を支払わなければならない（採石法第 19 条 1 項 4 号，第 23 条 1 号）。

次に，地下水について問題がある。地下水には既に地表に湧出しているものと，掘削して湧出するものとがある。

地表湧出地下水は，その湧出地の所有者に帰属するが[217]，継続して他人の土地や公有地に流出しているときには，流水という扱いになり，湧出地の所有権の内容から離脱するものとなるので，湧出地の所有者は，その利用を妨げてはならない[218]。

掘削地下水は，土地所有者の専権に属するが，隣接地所有者の利益を考慮すべきである。源泉脈は隣接地とつながっている場合が多いであろうからである。この点は，温泉のような商業的に利用される地下水の場合に特に問題となる。

判例は，当初は土地所有者の専権に属し，制限を設けないとしたが[219]，その後，掘削を禁止し，もしくは制限する特別の慣習が存在しない限り，その土地所有者の自由であるとし[220]，更に，その利用は他人の有する利用権を侵害しない程度に限

---

(217)　大判大正 4 年 6 月 3 日民録 21 輯 886 頁：「土地より湧出した水がその土地に浸潤して未だ溝渠その他の水流に流出しない間は，土地所有者において自由にこれを使用することができ，その余水を他人に与えなくとも，他人は，特約，法律の規定または慣習等により，これを使用する権利を有しない限りは，これに対し何ら異議を述べることはできない（大判明治 29 年 3 月 27 日参照）。」

(218)　大判大正 6 年 2 月 6 日民録 23 輯 202 頁：「他人の所有地より湧出する流水を永年自己の田地に灌漑するという慣行があるときは，これによってその田地所有者に流水使用権を生じ，水源地の所有者と雖もこれを侵すことができないことは古来本邦の一般に認められた慣習法である」。

(219)　大判明治 29 年 3 月 27 日民録 2 輯 3 巻 111 頁：「地下に浸潤する水の使用権はその土地所有権に附従して存在するものであるから，その土地所有者がその所有権の行使上自由にその水を使用することができるということは当然の条理である。」

(220)　大判明治 38 年 12 月 20 日民録 11 輯 1702 頁：土地の所有者がその土地を掘削して温泉を湧出させることは，これがためにその泉脈を同じくする各所湧出の温泉に影響を及ぼし，

491

られるべきであるとして，故意または過失により他人の利用権を侵害したときには不法行為責任を免れないとした[221]。

　温泉法は，温泉を湧出させる目的で土地を掘削しようとする者は，環境省令で定めるところにより，都道府県知事に申請してその許可を受けなければならないとして（同法第3条1項），その許可の基準を列挙している（同法第4条）。また，都道府県知事は，温泉源を保護するため必要があると認めるときは，温泉源から温泉を採取する者に対して，温泉の採取の制限を命ずることができるとしている（同法第12条1項）。このような規定により，既存温泉源は保護されている。

　なお，地下水を工業用あるいは水洗トイレ用に利用する場合においては，地盤沈下を防止するという意味において，前者については都道府県知事の許可制，後者については都道府県知事または指定都市長の許可制が採用されている（工業用水法第1条，第3条，建築物用地下水の採取の規制に関する法律第1条，第4条）。

> **point**
> 地下の利用制限に関する法律について，その意義を理解しよう。

第3項　相隣関係

1　序　説

　民法第209条ないし第238条は，「相隣関係」に関して規定している。隣接する不動産のすべてがそれぞれ機能的に利用されるためには，各所有権の内容を一定の範囲で制限し，各所有者に対してその制限に服するよう協力させる必要がある。換言すると，所有権は，相隣関係の枠内において機能し，また，近隣との関係において制限を受けることを予定しており，いわば，相隣権を間に置きながら，所有者相互間において協調を保っているともいいうる。それゆえ，所有権の内容は相隣権によって制限を受け，あるいは，相隣権が所有者に対して積極的な義務を負わせることもあるが，この制限及び義務は所有権に元々内在しているともいいうる。この隣接する所有権相互間の共存という目的のために生ずる所有権内容の拡張ないし制限が，相隣関係の内容である。

　他の土地において従来これを利用する者の利益を害することがあっても，これを禁止し，もしくは制限する法令の規定または一般の慣習法が存しないので，なお，これを禁止し，もしくは制限する特別の慣習も存しない限りは，その土地所有者の自由であるといわなければならない。故に斯くの如き特別の慣習ありと主張する者は，その慣習の存在を証明しなければならない。

(221)　大判昭和7年8月10日新聞3453号15頁：「地下水の利用は，温泉の如き場合にあっても，法令に別段の定めなき限り，その通過する土地の所有者においてこれを利用する権限を有すること勿論であるが，その利用は他人の有する利用権を侵害しない程度に限られるべきは論を俟たない。若し故意または過失により他人の利用権を侵害したときは，不法行為者としてその責任を免れない。而して不法行為の状態が存続するときは，被害者においてその不法行為の現状の除去を請求しうる権利を有するのは勿論である。」

第2節 所 有 権

相隣関係の内容は，いくつかに区分けされうる。それは，①隣地への立入権，②袋地所有者の囲繞地通行権，③水に関する相隣関係，④境界に関する相隣関係，⑤竹木切除の相隣関係，そして，⑥境界線付近の工作物建造に関する相隣関係，である。

このうち，①と②は，地役権と類似するが，立入権と囲繞地通行権は所有権の機能を一定の範囲で拡張し，制限するという関係であるのに対し，地役権は設定行為によって所有権の基礎の上に成立する用益物権であるという意味において，両者は全く異なっている。

相隣関係は，所有権相互間における機能の拡張・制限であるから，その主体は所有者である。しかし，相隣関係は，地上権に準用されている（第267条）。この意義ないし趣旨はどのような点にあるのだろうか。

相隣関係の諸規定を全体的に眺めると，そのそれぞれが，所有権のうち，不動産の利用権能を拡張し，制限しているということがわかる（第209条以下，すべて該当する）。この意味において，相隣関係規定は，地上権者相互間，ならびに地上権者と所有者との間において準用されているのである（第267条）。また，永小作権や賃借権には相隣関係の準用規定がないが，同様の意味において，準用されるべきものといいうる[222]。

2 隣地立入権

(1) 意義・要件

土地の所有者は，一定の要件の下で，隣地の所有者に対して，その隣地への立ち入り，即ち，使用を請求することができる。

その要件は，境界またはその付近において障壁または建物を築造し，またはこれを修繕するために必要な範囲内でということである（第209条1項本文）。ただし，住家への立ち入りは，隣人の承諾がなければ，することができない（同条同項ただし書）。

(2) 内 容

土地の所有者は，前段の目的を達成するのに必要な範囲内で，隣地の使用を請求することができる（第209条1項本文）。しかし，この使用によって，隣人が損害を被ったときには，隣人に対して償金を支払わなければならない（同条2項）。

---

[222] 最判昭和36年3月24日民集15巻3号542頁：「原判決は，172番19の農地はX_1の先代が明治年間から賃借して耕作し来り，X_1においてこれを承継し，現に賃借権を有するものであるが，172番7，19，20はいずれもA所有の同番3の土地から分筆されたもので，Yが172番20，7の土地の所有権を取得した結果，X_1が賃借権を有する172番19は袋地となり172番20及び7の土地を通行しなければ他に公道に出ずることができなくなったものであるから，X_1は民法213条によりY所有の172番7の土地につき通行権があり，かつ，これを妨害する板垣の撤去を求める権利があると判示する。原判決の挙示する証拠によれば認定は首肯することができ（る）」が，X_2は単なる占有者に過ぎないから，原判決がX_2に対しても第213条を準用した点は違法である。

493

土地の所有者には，隣地への立入り・使用権があるので，隣人が承諾しないときには，裁判所に訴えて請求することができる。この「請求」であるが，この場合には，「必要な範囲」をめぐり，履行強制に馴染むのかという問題がある。そのため，訴訟で解決する場合には，裁判をもって債務者の意思表示に代える，即ち，承諾に代わる判決を求めて訴えを提起すべきもの（第414条2項ただし書）と解されている。この場合の相手方は，隣地を使用している所有者，利用権者（地上権者，土地賃借権者など）である。

隣家への立入りは，隣人（所有者または借家人）の承諾を必要とするので，承諾のない限り，立ち入ることはできない。それゆえ，この場合には，承諾に代わる裁判を求めることはできない。

隣人が損害を受けた場合における償金請求権は，損失の公平な分担という考え方の帰結である。

3 袋地所有者の囲繞地通行権
(1) 囲繞地通行権の原則的規定

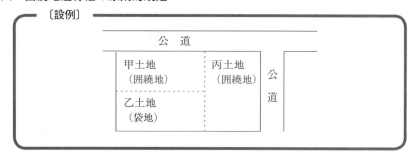

〔設例〕

他の土地に囲まれて公道に通じていない乙土地（袋地）の所有者は，公道に至るため，その土地を囲んでいる他の甲土地または丙土地（囲繞地）を通行することができる（第210条1項）。これを囲繞地通行権という。

この通行権には制限があり，通行の場所及び方法は，通行権者のために必要であり，かつ，他の土地のために損害が最も少ないものを選ばなければならず（第211条1項），通行する土地に損害が発生した場合には，償金を支払わなければならない（第212条本文）。

〔設例〕の図では，甲土地にも丙土地にもまだ土地に余裕があるように見えるが，建物があったり，庭として使っていたりなどして，通行に適さない場合には，いずれか余裕のある方を選択することになる。

近時，第211条の「通行の場所及び方法が通行権者のために必要かつ土地への損害が最も少ないもの」という要件について，自動車による通行の可否が問題となったところ，判例は，「自動車による通行を認める必要性，周辺の土地の状況，自動車による通行を前提とする第210条通行権が認められることにより他の土地の所有

第2節　所　有　権

者が被る不利益等の諸事情を総合考慮して判断すべき」ものと判示して，肯定的な判断を示した[223]。道路通行権については，既に論じたが（「第1章第3款 物権的請求権，第5項 物権的請求権と人格権の保護」参照），土地所有者による通行妨害が生活妨害的なものである場合には，土地所有者において回復しがたい不利益が生じない限り，通行者には人格権的利益としての通行権があるものと解される[224]。平成18年最判は，このような通行利益を囲繞地通行権者にも認め，更に，自動車による通行権をも認めたものとして，注目される。

　なお，通行権を認めた場合における償金の支払方法は，通路を設けた場合には一時払いであるが，その他の場合には1年ごとに支払うことができる（同条ただし書）。

> **point**
> 袋地所有者の囲繞地通行権という状況及び意味について理解しよう。

(2)　囲繞地通行権と建築基準法との関係

　建築基準法によると，建築可能な敷地は「道路」に2メートル以上接していなければならず（建基法第43条1項本文），また，同法上，「道路」とは，原則として幅員が4メートル以上のものをいう（同法第42条1項）。それゆえ，幅員4メートル以上の道路に2メートル以上接していることが建物建築の最低条件となる（これを接道要件という）。したがって，土地がこのような道路への接道基準を満たさなければ，宅

---

(223)　最判平成18年3月16日民集60巻3号735頁：本件は，Y県がニュータウンを開発し分譲した際に，従前，寺や農地への入り口として通行していた本件道路（ニュータウンに隣接する緑地内の道路）について，緑地を整備したY県が自動車による通行を禁止し，ポールを設置したので，X寺を含む原告らが，その妨害排除請求として，Y県の設置したポールの撤去を求めたという事案である。原審は，緑地内には市民の散策のための小道が設置されているなどの理由から，自動車の通行を内容とする囲繞地通行権は認められないとしたので，Xらから上告。

　　　一部破棄差戻。「現代社会においては，自動車による通行を必要とすべき状況が多く見受けられる反面，自動車による通行を認めると，一般に，他の土地から通路としてより多くの土地を割く必要がある上，自動車事故が発生する危険性が生ずることなども否定することができない。したがって，自動車による通行を前提とする210条通行権の成否及びその具体的内容は，他の土地について自動車による通行を認める必要性，周辺の土地の状況，自動車による通行を前提とする210条通行権が認められることにより他の土地の所有者が被る不利益等の諸事情を総合考慮して判断すべきである。」最高裁は，このように判示して，自動車での通行権を否定した原判決を破棄し，差し戻した。そして，差戻控訴審（東京高判平成19年9月13日判タ1258号228頁）は，諸事情を総合考慮した結果，控訴人のうち，X寺について，自動車による通行の必要性を認め，反対に，これを認めることによるYの不利益の程度はさほどのものではないとして，X寺は，本件土地につき，自動車による通行を前提とする第210条通行権を有するものと判示した。

(224)　最判平成9年12月18日民集51巻10号4241頁：敷地所有者が通行を受忍することによって通行者の通行利益を上回る著しい損害を被るなど，特段の事情のない限り，敷地所有者に対して妨害行為の排除及び将来の妨害行為の禁止を求める権利（人格権的権利）を有する。

495

地であっても，原則として建物の建築はできないので，当該土地は現実的には利用
価値の低い土地となってしまう。

　それでは，この土地所有権に決定的な制限を与える建築基準法の規定について，
民法第210条は，これを緩和するために機能するのであろうか。

　この問題について，判例は，消極的な態度に終始している。即ち，接道要件を
満たす幅員部分に関する囲繞地通行権の確認請求（事実上の通路拡張請求）について，
最高裁は，囲繞地通行権は当該袋地の利用に関して，往来通行に必要であり，欠く
ことができない範囲にとどまるべきものという理由から，これを否定している[225]。
また，公道に1.45メートル接する土地の上に建築基準法の施行よりも前から存在
した建築物を取り壊し，新築しようとしたという事案においても，同様に，囲繞地
通行権の主張による通路の拡張請求を認めていない[226]。いずれも，囲繞地通行権
の目的と建築基準法第43条の目的との違いをその理由としている。

　確かに，建築基準法第43条の接道要件は，主として災害時における避難または
通行の安全を期するためのものかも知れない。しかし，この要件があることによっ
て，建築不能の宅地を作っていることもまた事実である。この法令上の制限は，事
実上，土地所有権に対する過重な制限となっている。それゆえ，狭い国土を有効利
用するという観点からは，建築制限はあるにせよ，最低限，建築を可能とする範

---

(225)　最判昭和37年3月15日民集16巻3号556頁：X所有の土地は，路地状部分（幅2
　メートル28センチ，長さ20メートル45センチ）で公路に通じているところ，Xが建物を
　増築しようとしたところ，右路地状部分は，建築基準法に基づいて制定された東京都建築安
　全条例第3条所定の所要幅員に欠けており，建築確認が下りないので，隣地の所有者である
　Y鉄道会社に対し，囲繞地通行権に基づいて，路地の幅員を拡張するよう請求した。原審は，
　Xの請求を認めないので，Xから上告。
　　棄却。「Xは民法210条の囲繞地通行権を主張するのであるが，その通行権があるという
　のは，土地利用についての往来通行に必要，欠くことができないからというのではなくて，
　その主張の増築をするについて，建築安全条例上，その主張の如き通路を必要とするという
　に過ぎない。いわば通行権そのものの問題ではないのである。してみると，本件土地をもっ
　て，民法210条にいわゆる公路に通ぜざるときに当る袋地であるとし，これを前提として，
　主張のような通行権の確認を求めようとするXの本訴請求は，主張自体において失当たるを
　免れ」ない。
(226)　最判平成11年7月13日判時1687号75頁：「民法210条は，相隣接する土地の利用の
　調整を目的として，特定の土地がその利用に関する往来通行につき必要不可欠な公路に至る
　通路を欠き袋地に当たる場合に，囲繞地の所有者に対して袋地所有者が囲繞地を通行するこ
　とを一定の範囲で受忍すべき義務を課し，これによって，袋地の効用を全うさせようとす
　るものである。一方，建築基準法43条1項本文は，主として避難又は通行の安全を期して，
　接道要件を定め，建築物の敷地につき公法上の規制を課している。このように，右各規定は，
　その趣旨，目的等を異にしており，単に特定の土地が接道要件を満たさないとの一事をもっ
　て，同土地の所有者のために隣接する他の土地につき接道要件を満たすべき内容の囲繞地通
　行権が当然に認められると解することはできない（最判昭和37年3月15日民集16巻3号
　556頁参照）。」最高裁は，このように判示し，原審が接道要件を満たさない土地は袋地であ
　るとして原告の主位的請求を認容した点は法令の解釈・適用の誤りであるとして破棄し，予
　備的請求である通行地役権について認められる可能性を示唆して，原審に差し戻した。

第2節 所有権

囲における通路の拡張請求程度は認められるべきではないのかという疑問が生ずる。私人の所有地における通路の拡張には困難を伴うことは明らかである。だからといって，そのままの状況で建築を制限し続けるという政策的な解釈は，果たして妥当性を有するのであろうか。この点において，妥当な解釈が求められる。ましてや，通路が一個人の利用に止まらず，周辺住民の生活通路になっている場合には，通路の拡張がある程度の公共性を有することとなる。したがって，最高裁のように，袋地の効用実現と接道義務との関係について，その目的の違いを強調して，拡張請求を全面的に否定するという姿勢は改めるべきものと思量する。

（3） 囲繞地通行権の例外的規定

共有物の分割や土地の一部譲渡など，土地の分割によって公道に通じない土地が生じたときには，その土地の所有者は，公道に至るため，他の分割者の所有地（残余地）のみを通行することができるが，この場合には，償金を支払わなくともよい（第213条1項）。この規定は，土地所有者が土地の一部を譲渡した場合に準用される（同条2項）。

この無償通行権が認められるのは，土地の分割を原因として袋地が発生したのだから，当然の配慮であると解されている[227]。

それでは，この規定は，残余地が譲渡された場合にも適用されるのか。次に，この点に関して問題となった判例を分析する。

〔判例57〕 分筆後の袋地の売却と囲繞地通行権：最判平成2年11月20日民集44
　　　　　 巻8号1037頁

【事実】

公　道		
丙土地（A，後B） （囲繞地）	丁土地 （Y所有， 2筆，Aに賃 貸，後に解除）	公 道
乙土地（袋地， X購入，建物建築）		

甲土地（太線部分，元A所有，分筆）

（1） Aは一筆の土地である甲土地を所有していたところ，Aは，甲土地を分筆し，乙土地（宅地78.01坪：袋地）と丙土地（1510番5：囲繞地）が生じた。

（2） Aは，乙土地をXに売り渡し，所有権移転登記を経由した。Xは，乙土地に建物を建築し，居住している。丙土地は，Aが引き続き所有していたが，その後，Aは，丙土地をBに売り渡し，所有権移転登記を経由した。

（3） 本件甲土地の分割前から隣地としてYの所有する本件丁土地（㊀1510番1と㊁1510番2の2筆）がある。本件丁土地㊀と㊁は，AがYの先代Cから賃借し，農用地として使

（227） 内田貴『民法Ⅰ〔第4版〕』364頁。

497

用していた。Aは，これをXに使用させようとして，本件丁土地㈠上に車庫を造り，通路を開設して，これらを土地とともにXに賃貸した。

(4)　Yは，本件土地㈠または土地㈡をCから贈与または遺贈され，Aへの各土地の賃貸人たる地位を承継した。Yは，本件通路部分の通路造成工事及び本件車庫の建築工事の施工を知り，Aに対して用法違反等を理由として本件土地㈠及び土地㈡の賃貸借契約を解除するとともにその原状回復を求めるため，Yは，Aを被告として建物収去・土地明渡訴訟を提起し，裁判所は，Y勝訴の判決を言い渡して，その確定をみた。

(5)　他方，Xは，本件乙土地を買い受けて以来，使用せずに放置していたが，その後，同所有地に4畳半程度の広さのバラック建仮設建物を建築し，本格的な居宅の建築を準備した。これを知ったYは，本件土地㈠と本件X所有地，本件土地㈠及び土地㈡と公道との各境界に沿って高さ約2メートルの有刺鉄線を張り巡らしてXの本件通路部分の通行を阻止し，また，Aに対する前記確定判決に基づいて本件車庫の収去命令を得て，判決に基づく強制執行を行おうとした。

そこで，Xは，第三者異議の訴えを提起して，強制執行停止決定を得るとともに，Yを債務者として，Yの丁土地に対する占有を解いて執行官保管を命じること，Yは有刺鉄線を除去してXに本件丁土地の通行使用を許すべきこと，Yは本件丁土地に対するXの使用占有を妨害してはならないことを内容とする仮処分命令を得て，これを執行し，更に，Yに対して，丁土地の一部を通行する権利の確認と，その通行妨害の禁止を求め，本訴を提起した。

これに対して，Yは，次のように主張した。

X所有地が法律上袋地であるとしても，前所有者AがX所有地を所有していたときには，X所有地と丙土地とは一筆の土地であり，これを，両土地に分筆し，X所有地が袋地となったものである。Xは，第213条2項により，丙土地を通行して公道に出られたところ，その後，Bが丙土地を買い受けたが，Bは第213条2項の土地所有者の承継人として丙土地に対するXの通行を容認しなければならない。

第1審，原審ともにXが敗訴したので，Xから上告。

【判旨】棄却

「共有物の分割又は土地の一部譲渡によって公路に通じない土地（以下「袋地」という。）を生じた場合には，袋地の所有者は，民法213条に基づき，これを囲繞する土地のうち，他の分割者の所有地又は土地の一部の譲渡人若しくは譲受人の所有地（以下，これらの囲繞地を「残余地」という。）についてのみ通行権を有するが，<u>同条の規定する囲繞地通行権は，残余地について特定承継が生じた場合にも消滅するものではなく，袋地所有者は，民法第210条に基づき残余地以外の囲繞地を通行しうるものではない</u>と解するのが相当である。

けだし，民法第209条以下の相隣関係に関する規定は，土地の利用の調整を目的とするものであって，対人的な関係を定めたものではなく，同法第213条の規定する囲繞地通行権も，袋地に付着した物権的権利で，残余地自体に課せられた物権的負担と解すべきものであるからである。残余地の所有者がこれを第三者に譲渡することによって囲繞地通行権

が消滅すると解するのは，袋地所有者が自己の関知しない偶然の事情によってその法的保護を奪われるという不合理な結果をもたらし，他方，残余地以外の囲繞地を通行しうるものと解するのは，その所有者に不測の不利益が及ぶことになって，妥当ではない。」

《園部逸夫判事の反対意見》

　民法第210条以下に規定する囲繞地通行権は，土地の利用の調整を目的とするものであるが，ある土地が他の土地に囲繞されて公路に通じないという土地の物理的な属性のみを考慮して定められたものではない。

　民法第213条は，民法第210条1項の例外的な規定であることに加えて，囲繞地通行権が土地の物理的な属性のほか，対人的な要素をも考慮して定められていることに鑑みれば，残余地が共有物の分割又は土地の一部譲渡をした当時の所有者の所有に属する限りにおいて，袋地所有者が残余地を無償で通行しうる旨を規定したに止まり，残余地が当時の所有者から第三者に譲渡されるなどして，その特定承継が生じた場合には，同条の規定する囲繞地通行権は消滅し，民法第210条1項の規定する囲繞地通行権を生ずるものと解するのが相当である。

　共有物の分割又は土地の一部譲渡によって公路に通じない袋地が生じたにもかかわらず，袋地所有者が残余地を現に通行せず，また，残余地の所有者と通行のために折衝もせず，囲繞地通行権を主張せずに推移してきたというような事情がある場合にも，その後に残余地の所有権を取得した第三者が囲繞地通行権を当然に受忍しなければならないというのは不合理である。

《問題点》

　本件の争点は，土地の分割によって公道に通じない袋地が生じた場合には，袋地の所有者は，公道に至るため，他の分割者の所有地（残余地）のみを通行することができるが（第213条1項），①この残余地についての囲繞地通行権は，残余地が売買等により特定承継された場合でも存続するのか，それとも，残余地取得者との関係において消滅するのかという点と，②そもそも，このような場合には，本来の囲繞地通行権の原則（第210条，第211条）に戻り，囲繞地が複数存在するときには，その中から損害の最も少ない囲繞地を選択して通行することとし，適切な償金を支払うことになるのか，という点にある。

《分析》

　このような問題について，本判決は，本件のように土地の売買による特定承継が行われても，残余地に対する通行権は消滅しないものと判示し，その理由は，民法第209条以下の相隣関係に関する規定は，土地の利用の調整を目的とするものであり，対人的な関係を定めたものではなく，同法第213条の規定する囲繞地通行権も，袋地に付着した物権的権利であり，残余地自体に課せられた物権的負担と解すべきものだからであるとし，また，残余地の売買等により囲繞地通行権が消滅するものと解すると，袋地所有者が自己の関知しない偶然の事情によってその法的保護を奪

499

第3章 占有・所有関係

われるという不合理な結果をもたらし，他方，残余地以外の囲繞地を通行しうるものと解すると，その所有者に不測の不利益が及ぶことになって，妥当ではないからであるとした。

他方，園部判事は，この法廷意見とは正反対に，残余地の特定承継によって残余地に関する特則としての囲繞地通行権は消滅し，原則としての第210条1項の囲繞地通行権に戻るべきものであると主張した。

この民法第213条における解釈上の論争如何により，本件の結論は全く変わってくるので，この点について検討する必要がある。

まず，第213条の制度趣旨から考察する必要がある。本条は，元々は一筆の土地であったが，これを所有者が過失によって分筆した結果，買主が袋地を購入する羽目に陥った場合には，当該契約当事者において処理すべきであり，近所の人に迷惑をかけてはいけないので，残余の土地のみを通行させればよいという趣旨である[228]。これはある意味，売主が囲繞地所有権を留保することを前提として，売主が買主に対して担保責任を負うのと同様に，自己に留保した囲繞地に通行権の負担を受けるということに等しい。このような意味において，第213条の袋地所有者は，「無償で」通行権を行使することができるのである。

この制度趣旨から考えると，売主の所有する囲繞地それ自体の負担である「袋地所有者の通行権」は，留保された囲繞地の所有者が誰に変わっても，存続することになる。平成2年最判の法廷意見は，この制度趣旨に忠実な判断である（この見解は，「第213条適用説」といわれ，判例・裁判例の基本的な姿勢である[229]）。また，平成2年最判後の判例も，この解釈を踏襲している[230]。

そこで，学説においても，平成2年最判について，囲繞地通行権を端的に物的負

---

(228) 『法典調査会民法議事速記録一』827頁。起草者である梅謙次郎博士によれば，当事者がこのような分け方をしたからといって，土地に罪はないのであるから，そのような土地でも使えるようにしなければならないということで，袋地所有者の残余地通行権としたということである。

(229) 最判昭和37年10月30日民集16巻10号2182頁：「民法213条2項は，土地の所有者がその土地の一部を譲渡し残存部分をなお保留する場合に生ずる袋地についてのみ適用ありと解すべきではなく，本件の如く，土地の所有者が一筆の土地を分筆のうえ，そのそれぞれを全部同時に数人に譲渡し，よって袋地を生じた場合においても，同条項の趣旨に徴し，袋地の取得者は，右分筆前一筆であった残余の土地についてのみ囲繞地通行権を有するに過ぎないと解すべきである」。

(230) 最判平成5年12月17日判時1480号69頁：第213条2項は，「一筆の土地の一部の譲渡に限らず，同一人の所有に属する数筆の土地の一部が譲渡されたことによって袋地が生じた場合にも適用される……（最判昭和44年11月13日裁判集民事97号259頁参照）。この理は，譲渡が担保権の実行としての競売によるものであっても異なるところはない。
そして，囲繞地通行権は，残余地について特定承継が生じた場合にも消滅するものではなく，その場合，袋地所有者は，同法210条に基づき残余地以外の囲繞地を通行することができるものではないと解するのが相当である（最判平成2年11月20日民集44巻8号1037頁参照）。」

担であると解し，この通行権が残余地の特定承継により消滅するのでは，袋地所有者の関知しない偶然の事情により，袋地所有者が法的保護を奪われるという見解を掲げつつ，判例に賛意を示す見解[231]があるのである（比較的多数説）。また，学説によっては，公益的な相隣者間の事前調整を目的とする相隣関係法の趣旨から，土地を分割する場合には，常に予め物的ないし物権的な通行権を確保すべきだという観点から，残余地特定承継人の善意・悪意にかかわらず，第213条の無償通行権を認めるべきであるとして，判例に賛意を示すものもある[232]。

　しかし，平成2年最判の園部意見のように，囲繞地の特定承継人との関係においては，第213条の無償囲繞地通行権は消滅し，第210条1項の原則としての有償囲繞地通行権が復活すると解する説がある（この見解は，「第213条不適用説」ないし「折衷説（何らかの条件をつける場合）」といわれる）。この見解は，戦前から下級審の裁判例において採用されてきた考え方であり，現在では，支持者も少なからず存在する[233]。

　法廷意見（第213条適用説）のように解すると，本件のような事案においては，以下のような不合理な状況を生ずる。まず，袋地乙がA所有の頃から，隣地である丁土地にAの賃借権があり，従前からAは丁土地を通って公道に抜けていたものと思われる。このような状況から，BがAから丙土地を購入した当時は，残余地丙には乙土地のための通行権はないものとして，また，契約当事者間の意思も，このような通行権はないものとして，A・B間において売買契約を合意していたものと思われる。このような場合において，残余地丙に対して法廷意見の判示したような通行権の負担を認めてしまうと，残余地取得者Bの期待に反し，まさに取引の安全を害する結果を招来することとなり，妥当性を欠く。

　また，法廷意見のように解すると，判決によって通行権の負担を強いられた残余地所有者Bは，売主Aに対して担保責任を問うか，あるいは要素の錯誤を主張するなどして，別の法的紛争を招く可能性もあり，争訟の一回的解決という訴訟経済上の観点からも妥当性を欠く。ましてや，第213条の通行権は無償であり，特定の囲繞地に対する完全な物的負担となるので，このような囲繞地の特定承継人との間においては，ますます，第213条の適用について，疑念が生ずる。

　したがって，本件の事案においては，法廷意見は硬直的かつ一方的に過ぎるものと解されるので，園部意見（第213条不適用説）のほうが妥当な解釈である。

---

(231)　近江・講義II 225頁。

(232)　松尾・古積・前掲書（『物権・担保物権』〔松尾〕）171頁。

(233)　判例・学説の変遷については，沢井裕「判解（最判平成2年11月20日）」平成2年重判「民法2事件」65頁以下，岡本詔治「判解（最判平成2年11月20日）」私法判例リマークス1992年（上）15頁以下を参照されたい。近時は，このように，無償通行権の承継の不合理さという観点からの問題が中心とされている。

第 3 章 占有・所有関係

4 水に関する相隣関係

(1) 自 然 排 水

(ア) 要 件

水が自然に隣地から流れ出てくる場合には，土地（承水地）の所有者はこれを妨げてはならない（第 214 条）。これを承水義務という。「自然に」という意味が問題となるが，例えば，隣地が改良された結果，流れ出てくるようになったという場合には，自然排水ではないので，承水義務はない[234]。反対に，この場合には，排水した隣地所有者に対して，妨害排除ないし予防請求をすることができる。

なお，流れ出てくるという意味については，地表のみならず，地下を流れる場合を含むものと解されている[235]。

(イ) 内 容

隣地から流れ出てくる自然排水を妨げてはならないということである。承水地の所有者が流水を妨げる設備を施した場合には，隣地所有者は，防水設備を除去し，または排水設備を施すよう請求することができ，損害が発生していれば，これを賠償（予防の場合は賠償の担保を提供）するよう請求することができる。つまり，所有権に基づく妨害排除または妨害予防請求である。

次に，水流が天災その他避けることのできない事変により低地（承水地）において閉塞したときには，高地の所有者は，自己の費用で，水流の障害を除去するため必要な工事をすることができる（第 215 条）。この除去工事の費用負担について，別段の慣習があるときには，その慣習に従う（第 217 条）。そして，この工事をするに際し，低地に立ち入る必要があれば，第 209 条を類推し，高地所有者は立入権を有するものと解すべきである。

(2) 人 工 排 水

第 214 条は，自然排水に関する規定であるから，人工的に排水された流水については，隣地を使用する権限を有しない。そこで，民法は，人工的な排水に関する相隣関係規定を設けている。

まず，土地の所有者は，直接に雨水を隣地に注ぐ構造の屋根その他の工作物を設けてはならない（第 218 条）。この屋根が建物であれば，境界線を越えてはならないのはもちろんのこと，境界線から 50 センチメートル以上の距離を保たなければな

---

(234) 大判大正 10 年 1 月 24 日民録 27 輯 221 頁：隣地の所有者 Y が宅地内に厚さ約 1 尺（約 30 センチメートル）の瓦礫を堆積したため，同宅地内に降った雨水が X の所有地に浸入すべき地勢となったという事案において，原審が，この程度では X の所有宅地ならびに同宅地内の建物の占有を妨害しまたは妨害する虞ある程度の浸水ありとは認定しがたいと判示したので，X が上告したところ，大審院は，この判示について理由不備の違法があるとし，また，「占有を妨害する虞なき程度の浸水」とあるも如何なる浸水の状態であるかを具体的な事実に基づいて説明していないとして，原判決を破棄し，差し戻した。

(235) 我妻＝有泉 288 頁。

502

らないのであるが（第234条1項），この距離を保っていたとしても，雨水を隣地に注水してはならないのである。

次に，他の土地に貯水，排水または引水のために設けられた工作物の破壊または閉塞により，自己の土地に損害が及び，または及ぶおそれがある場合には，その土地の所有者は，当該他の土地の所有者に対し，工作物の修繕もしくは障害の除去をさせ，または必要があるときには，予防工事をさせることができる（第216条）。例えば，人工的な排水路を廃止したため，自己の土地が水浸しになるような場合の話である。この場合にも，妨害の排除ないし予防を請求することになる。なお，この工事に関する費用について，別段の慣習があるときには，その慣習に従う（第217条）。

ただ，人工排水においても，例外的に，他人の土地を通過させることが許される場合がある。即ち，高地の所有者は，その高地が浸水した場合にこれを乾かすため，または自家用もしくは農工業用の余水を排出するため，公の水流または下水道に至るまで，低地に水を通過させることができる（第220条本文）。ただし，この場合には，低地のために損害が最も少ない場所及び方法を選ばなければならない（同条後段）。

また，土地の所有者は，その所有地の水を通過させるため，高地または低地の所有者が設けた工作物を使用することができる（第221条1項）。この場合には，他人の工作物を使用する者は，その利益を受ける割合に応じて，工作物の設置及び保存の費用を分担しなければならない（同条2項）。このケースも，高地所有者が低地所有者の設けた排水路を使わせてもらうことが考えられるので，高地所有者にも排水路等の設置・保存費用を分担させることとしたのである。

なお，これらの規定を類推適用する形で，他人の設置した給排水設備の利用を認めた判例がある[236]。

(3) 流水の利用

(ア) 意　義

流水の利用は，農耕地への引水や散水，また，工業用水としての利用などが考えられる。しかし，流水の多くは河川であり，河川のうち，私権の目的となりうるのは流水地以外の部分である（河川法第2条2項）。河川内の敷地のうち，常時水面下にある流水地，即ち，流水敷は，所有権の客体として認められず，滅失扱いとなる（同法第6条1項1号：河川区域内の土地の指定による滅失。なお，不登第43条参照）。つまり，流水敷は河川管理者の管理（1級河川は国土交通大臣〔同法第9条〕，2級河川は都道府県知

---

(236) 最判平成14年10月15日民集56巻8号1791頁：「宅地の所有者は，他の土地を経由しなければ，水道事業者の敷設した配水管から当該宅地に給水を受け，その下水を公流又は下水道等まで排出することができない場合において，他人の設置した給排水設備をその給排水のため使用することが他の方法に比べて合理的であるときは，その使用により当該給排水設備に予定される効用を著しく害するなどの特段の事情のない限り，民法220条及び221条の類推適用により，当該給排水設備を使用することができるものと解するのが相当である。」

503

事〔同法第10条〕）に移るので，私的所有権がなくなる関係上，民法の規定も適用されない。また，流水を利用する場合には，流水の占用について，河川管理者の許可を受けなければならない（同法第23条。なお，関係河川使用者との水利調整については第38条以下を参照）。

このように，河川法の適用を受ける流水は民法の適用外であるところ，反面，河川法の適用は国民経済上重要であるか，または公共の利害にとって重要な河川が予定されており（同法第3条−第5条参照）[237]，また，常時水面下になっていない土地は河川内であっても河川管理者の管理にならないので，所有権の目的となりうる。しかし，民法の相隣関係規定は水流の変更や堰の設置及び利用に関するものなので，相隣関係に関する限り，河川内の土地は適用外である。

したがって，民法の流水に関する相隣関係が適用されるのは，「公共の水流及び水面」ではない，即ち，私的水流地である。しかし，民法の規定は水流変更と堰の設置等に関するものに限られるので，これ以外の事案において，この水流地を利用する者相互間において，たびたび紛争が生じた。

このような水流利用者間の紛争において，判例は，しばしば，慣習法によってその解決を図ってきた。即ち，水流の利用に関しては，専用利用権の存在する場合と，これが存在しない場合とがあり，前者の場合には，物権的な利用権と認定し，水流の排他的な利用を認め，後者の場合には，慣習法に従い，広く利用者の需要に応じた利用を可能として，近時，多くの場合において，後者，即ち，沿岸の利用者に広く利用権の存することを認めた[238]。

---

[237] 「河川」とは，1級河川及び2級河川をいい（河川法第3条），1級河川とは国土保全上又は国民経済上特に重要な水系で政令で指定したものに係る河川（公共の水流及び水面をいう。）で国土交通大臣が指定したものをいい（同法第4条1項），また，2級河川とは，1級河川以外の水系で公共の利害に重要な関係があるものに係る河川で都道府県知事が指定したものをいうので（同法第5条1項），これら以外の流水地については民法の相隣関係規定が適用される。

[238] 前掲大判明治29年3月27日，大判大正4年6月3日，そして大判大正6年2月6日など，比較的古い判例は，湧出地の所有者に排他的な利用権を認めていた。
　　しかし，大判大正5年12月2日民録22輯2341頁は，「上流の水流使用者は地勢上下流の使用者に対して優越の権利を有するを原則とするも，その水流利用の範囲は特別の慣習または契約の存しない限りは，各自の必要を充たす程度に止まり，絶対の優越権を有しない。随って，田地灌漑のため水流を利用する者と雖も，他に田地灌漑または水車運転のための利用者があるときは，その権利を害し田地灌漑の必要以外に水流を処分し，他人をして他の用途に新たにこれを利用させる権能を有しないものとする」とし，また，大判昭和12年12月21日大審院判決全集5集1号6頁は，「溜池より流出する水を水田の灌漑に使用する権利は，溜池の水量過剰にして需要の限度を超えるため排出させ，または該権利行使の結果不要に帰したことにより流下させる余水にまで及ぶものではないから，特別の事情が存する場合は格別，他人が余水を引用するについてはこれによって自己の用水使用権に実害を生じない限り，この制止の権能を有しないもの」であるとした。
　　更に，最高裁においても，最判昭和37年4月10日民集16巻4号699頁は，「公水使用権は，それが慣習によるものであると行政庁の許可によるものであるとを問わず，公共用物た

504

第2節 所 有 権

(イ) 水流変更権

水流地（溝，堀その他）の所有者は，対岸の土地が他人の所有に属するときには，その水路または幅員を変更してはならない（第219条1項）。対岸所有者の水流利用権を侵害するおそれがあり，また，対岸の土地にも影響を及ぼす可能性があるからである。

しかし，対岸の土地も水流地の所有者に属するときには，その所有者は，水路及び幅員を変更することができる（同条2項）。ただし，水流が隣地と交わる地点において，自然の水路に戻さなければならない（同条同項ただし書）。この規定もまた，下流の水流利用権と下流沿岸の所有権に対する影響を顧慮したものである。

なお，これらの規定と異なる慣習があるときには，その慣習に従う（同条3項）。

(ウ) 堰の設置及び利用

水流地の所有者において，堰を設ける必要がある場合には，対岸の土地が他人の所有に属するときであっても，その堰を対岸に付着させて設けることができる（第222条1項）。堰を設けるということは，水流地のほか，手前の沿岸地をも所有しているという状況である。この状況では，場合によっては，対岸所有者の沿岸所有権に影響を及ぼすことが予想される。そこで，民法は，これによって対岸の所有者に損害が発生したときには，水流地の所有者は償金を支払わなければならないこととした（同条同項ただし書）。

また，対岸の所有者が水流地の一部を所有するときには，水流地の所有者が設置した堰を使用することができる（同条2項）。この場合には，対岸の所有者は，その利益を受ける割合に応じて，堰の設置及び保存の費用を分担しなければならない（同条3項，第221条2項）。この規定によると，対岸の所有者が水流地を全く所有していないときには，単に償金を得て，堰の設置を忍容するに止まることになる。しかし，水流利用権を広く認める立場に立てば，この場合でも，堰の利用を認めるべきだということになる[239]。

5 境界に関する相隣関係

(1) 界標設置権

土地の所有者は，隣地の所有者と共同の費用で，境界標を設けることができる（第223条）。これを界標設置権という。この権利は，既に確定している境界線上に境界標が存在しない場合に認められるものである。境界に争いのあるときには，筆界の特定を求める手続により（不登第131条以下），または筆界の確定を求める訴え

る公水の上に存する権利であることにかんがみ，河川の全水量を独占排他的に利用しうる絶対不可侵の権利ではなく，使用目的を充たすに必要な限度の流水を使用しうるに過ぎないものと解するのを相当とする（大判明治31年11月18日民録4輯10巻24頁，大判大正5年12月2日民録22輯2341頁参照）。」と判示した。

[239] 我妻＝有泉292頁。

によって確定しなければならない。

界標設置権は，所有者に権利として認められているので，隣地所有者は界標設置への協力を求められたならば，これに協力しなければならない。もし，隣地所有者がこれを拒否したときには，履行の強制として，隣地所有者（債務者）の費用で第三者に工事をさせるよう，訴えを提起することができる（第414条2項本文）。

界標の設置及び保存の費用は，相隣者が等しい割合で負担する。ただし，測量の費用はその土地の広狭の割合に応じて負担する（第224条）。界標の種類については規定がない。相隣者相互間で協議をし，これが調わないときには慣習に従うということになろう。

(2) **囲障設置権**

2棟の建物がその所有者を異にし，かつ，その間に空き地があるときには，各所有者は，他の所有者と共同の費用で，その境界に囲障を設けることができる（第225条1項）。囲障設置権も界標設置権と同様に権利として認められているので，隣家の所有者に協力を求めることになる。

囲障の内容に関しては，これも協議によって決めることが予定されており，協議が調わなかったときの対策として，民法は，板塀または竹垣その他これに類する材料のものであって，かつ，高さ2メートルのものでなければならないとした（同条2項）。この場合における囲障の設置及び保存の費用は相隣者が等しい割合で負担する（第226条）。

もっとも，一方の相隣者は，民法所定の材料よりも良質の材料を使い，また，高さを超える分の増加費用を負担して，任意の囲障を設置することができるので（第227条），相隣者の選択に委ねられているといってよい。

なお，囲障の設置に関して，別段の慣習があるときには，その慣習に従う（第228条）。

(3) **境界線上の工作物の所有関係**

境界線上に設けた境界標，囲障，障壁，溝及び堀は，相隣者の共有に属するものと推定する（第229条）。これらの所有関係は約定によっても決することができよう。しかし，民法は，相隣者の共有に属するものと推定した。これが普通の事例に適するからだという[240]。

しかしながら，民法は2つの例外規定を設けた。即ち，1棟の建物の一部を構成する境界線上の障壁については，共有規定は適用されず（第230条1項），当該建物所有者の所有に帰する。また，高さの異なる2棟の隣接する建物を隔てる障壁の高さが低い建物の高さを超えるときには，その障壁のうち，低い建物を超える部分についても，共有規定は適用されない（同条2項本文）。これは，高い建物の所有者の所有に属するものとする趣旨であろう。ただし，防火障壁については，共有である

---

(240) 我妻＝有泉294頁。

ものと推定する（同条同項ただし書）。障壁が防火設備であるときには，その障壁全体について防火という共通の目的を達成する必要があるからである。

境界線上に設けられた工作物が共有であるといっても，共有物分割制度の適用が排除されているので（第257条），境界線を接した所有者は，それらの工作物が存在する限り，共有関係の永続を強制されることになる。分割に適さず，分割の利益もないので，当然の規定ではあるが，この第229条の共有は，講学上，一般に，「互有」と称される。旧民法がこのように称していたからである（財産編第249条以下）。

次に，相隣者の1人は，共有に属する障壁の高さを増すことができる（第231条1項本文）。ただし，その障壁がその工事に耐えないときには，自己の費用で，必要な工作を加え，または，その障壁を改築しなければならない（同条1項ただし書）。この場合において，隣人が損害を被ったときには，その償金を請求することができる（第232条）。また，相隣者が障壁の高さを増したときには，その高さを増した部分は，その工事をした相隣者の単独所有に属する（第231条2項）。

6 竹木切除の相隣関係

(1) 竹木の枝

隣地の竹木の枝が境界線を越えるときには，その竹木の所有者に，その枝を切除させることができる（第233条1項）。相隣者が自らその枝を切除することはできない。所有者に植え替えの機会を与える趣旨である[241]。竹木の所有者が枝の切除に応じないときには，裁判所に対し，所有者の費用で，第三者に切除させることを請求することができる（第414条2項本文）。

反対に，竹木の枝が境界線を越えていても，相隣者に何ら損害を与えないときには，その切除を請求することはできず，請求すれば，却って，権利濫用とされうる。相隣者への損害と切除による損害との関係については，双方の比較衡量によっては，償金による解決もありえよう（第209条類推，ZGB第687条2項参照[242]）。

(2) 竹木の根

隣地の竹木の根が境界線を越えるときには，相隣者自身，その根を切り取ることができる（第233条2項）。竹木の根は，その枝ほどの重要性はないと考えられたからであり，根の場合には，移植の機会を与える必要はないとされたからである。隣地から根が伸びてきて邪魔なときには，相隣者において根の切り取りを認めたのであるが，闇雲に認めたものと解することはできない。やはり，一定の利害得失を考えて，根の切り取り権を与えたものと解すべきであろう。

切り取った根の処分権はいずれに属するか微妙であるが，截取者に属するものと

---

(241) 我妻＝有泉295頁。

(242) ZGB第687条2項：建築された土地もしくは増築された土地の上に枝が突き出てきたのを土地所有者が忍容するときは，その土地所有者は，その成長しつつある果実について権利を有する（Anries〔果実の枝〕）。

解される[243]。

7 境界線付近の工作物建造に関する相隣関係

(1) 境界線から一定の距離を保つべき義務

(ア) 建 物

建物を築造するには，境界線から50センチメートル以上の距離を保たなければ
ならない（第234条1項）。ただし，この規定と異なる慣習があるときには，その慣
習に従う（第236条）。この慣習の存在について，判例は，東京都心の繁華街には認
められるが，その周辺部においては認められないとしている[244]。

建築基準法第65条は，防火地域又は準防火地域内にある建築物で，外壁が耐火
構造のものについては，その外壁を隣地境界線に接して設けることができると規定
する。この規定が民法第234条1項の特則であるかについては争いがあったが[245]，
近時，判例は，建築基準法第65条が民法第234条1項の特則であることを認め
た[246]。

---

(243) 我妻＝有泉295頁は，スイス民法（ZGB）第687条1項をその根拠としている。ちな
　　みに，同条項は，「突き出てきた枝及び侵入してきた根がその所有権に損害を与え，相当の
　　期間内にその不快が除去されないときは，相隣者は，それらを切り取り，自分のものにする
　　ことができる」という規定である。
(244) 東京地判大正13年10月14日新聞2329号19頁：本判決は，旧東京市京橋区において
　　は，第236条の慣習が認められるとしたものである。
　　　東京地判昭和36年11月30日下民集12巻11号2895頁：「Yらは東京都内におけるかよ
　　うな慣習の存在は，既に判例の認めるところと主張するが，それは旧市内の京橋区新富町と
　　いったような都心的発展を遂げた繁華街を対象とするものであり，この判例をもって，直ち
　　に本件のような旧市内から距たり，その地価も，繁華街に比し，かなり低い街にあてはめる
　　ことはいささか早計である」として，品川区東戸越町4丁目においては，第236条の慣習は
　　認められないとした。
(245) 我妻＝有泉296頁は，建築基準法第65条は民法第234条1項を修正するものではない
　　が，状況によっては，そのような慣習が成立したものと認められる場合が多いであろうと述
　　べている。
(246) 最判平成元年9月19日民集43巻8号955頁：「建築基準法65条は，……同条所定の
　　建築物に限り，その建築については民法234条1項の規定の適用が排除される旨を定めたも
　　のと解するのが相当である。けだし，法65条は，耐火構造の外壁を設けることが防火上望
　　ましいという見地や，防火地域又は準防火地域における土地の合理的ないし効率的な利用を
　　図るという見地に基づき，相隣関係を規律する趣旨で，各地域内にある建物で外壁が耐火構
　　造のものについては，その外壁を隣地境界線に接して設けることができることを規定したも
　　のと解すべきであ(る)」
　　　また，最高裁は，次のような理由付けもあげている。
　　(1) 同条の文言上，確認申請の審査（同法6条1項）基準を定めたものではないこと，
　　(2) 建築基準法等において，確認申請の審査基準として，防火地域又は準防火地域における
　　建築物の外壁と隣地境界線との間の距離につき直接規制する原則規定はないこと（建基法
　　上，隣地境界線と建築物の外壁との間の距離につき直接規制するものとしては，第一種
　　住居専用地域内における外壁の後退距離の限定を定めている54条の規定があるにとどま
　　る。），以上から，法65条は建築確認申請の審査基準を緩和する例外規定ではなく，民法
　　234条1項の特則としての意味を見いだしうる。

次に，第234条1項の規定に違反して建築をしようとする者があるときには，隣地の所有者は，その建築を中止させ，または変更させることができる（第234条2項本文）。しかし，この相隣者の権利を無制限に認めていては，建築完成後における請求までもがなされるおそれがあり，建築者のみならず，社会経済上の損失にもつながるので，民法は，建築着手時から1年を経過し，またはその建物が完成した後は，損害賠償の請求のみをすることができるものとした（同条同項ただし書）。

(イ) 建物以外の工作物

井戸，用水だめ，下水だめまたは肥料だめを掘るには，境界線から2メートル以上，池，穴蔵またはし尿だめを掘るには，境界線から1メートル以上の距離を保たなければならない（第237条1項）。

また，導水管を埋め，または溝もしくは堀を掘るには，境界線から，その深さの2分の1以上の距離を保たなければならない（同条2項）。ただし，1メートルを超える必要はない（同条同項ただし書）。

(2) 観望の制限

境界線から1メートル未満の距離において，他人の宅地を見通すことのできる窓または縁側（ベランダを含む。）を設ける者は，目隠しを付けなければならない（第235条1項）。この距離は，窓または縁側の最も隣地に近い点から垂直線によって境界線に至るまでを測定して算出する（同条2項）。

「宅地」とは，登記簿上の地目ではなく，実際の利用状況による。他人の建物等が存在し，生活環境や職場環境が存在する場合には，地目が雑種地や山林等であっても，「宅地」である。

第3款　所有権の取得

第1項　所有権の取得原因

民法は，第239条から第248条までを「所有権の取得」として，いわゆる無主物先占，遺失物拾得・埋蔵物発見，添付（付合・混和・加工），について規定する。これらの制度は，いずれも所有権の原始取得に関するものである。

いうまでもないことであるが，所有権の取得の主たる原因は贈与や売買を始めとする契約と相続による承継取得である。それゆえ，農林水産業といった第一次産業や製造業においては，無主物先占，付合，加工などによって所有権の取得がありうる。しかし，それでも，契約関係の中でこれらが出てくることはあっても，先占・付合・加工が正面から問題となることはきわめて僅少である。

なお，伊藤正己判事は，民法第234条は相隣関係に関する規定であり，建築基準法の規定は公法上の制限であるから，特に民法規定を修正する旨の文言がない以上，民法の特則とはならないと解する反対意見を述べている。

第3章 占有・所有関係

第2項 無主物，遺失物，埋蔵物の取扱い

1 無主物の帰属（無主物先占）

　所有者のない動産は，所有の意思をもって占有することによって，その所有権を取得する（第239条1項）。所有者のない動産（無主物）とは，未だかつて所有者が存在したことがない物である。即ち，地中から発見された化石類，古代人の骨や遺物など，かなり限定的である。地中から発見された物でも，現代人の所有物と思しき物は「埋蔵物」であり，無主物ではない。また，未採掘の鉱物は国の所有であるから（鉱業法第2条），無主物ではないが，鉱区外で土地から分離された鉱物は，無主の動産とされている（同法第8条2項）。

　そうすると，主として法律の適用上で問題となりうるのは，野生動物（鳥，イノシシ，野良犬など）や海洋の魚介類を捕獲する場合などに限定されることになる。判例上問題となった事例としては，野生の狸を岩穴に追い込んだ場合には，無主物先占が成立するというものがある[247]。それでは，ゴルフ場の人工池内のロストボールはどうであろうか。判例は，ロストボールはゴルフ場の所有物であり，無主物ではないとした[248]。したがって，これを採ることにより，窃盗罪が成立する。

　所有者のない不動産は，国庫に帰属する（第239条2項）。しかし，これは，相続人が明らかでない場合における最終的な措置である。

　相続人が明らかでない場合には，相続財産が法人化され（第951条），相続財産の管理人の選任を公告し（第952条2項），公告した後2か月以内に相続人のあることが明らかにならなかったときには，管理人は，遅滞なく，全ての相続債権者及び受遺者に対し，2か月以上の期間を定め，その期間内にその請求の申出をすべき旨を公告する（第957条1項）。その期間満了後，なお相続人のあることが明らかでないときには，家庭裁判所は，相続財産の管理人または検察官の請求によって，6か月以上の期間を定め，相続人があるならばその期間内にその権利を主張すべき旨を公告しなければならない（第958条）。それでも相続人がいない場合において，相当と認めるときには，家庭裁判所は，被相続人と生計を同じくしていた者，被相続人の療養看護に努めた者その他被相続人と特別の縁故があった者の請求によって，これらの者に，清算後残存すべき相続財産の全部または一部を与えることができる（第958条の3）。

　しかし，それでも財産を承継する者がいない場合や，特別縁故者への処分がされなかった相続財産は，国庫に帰属するのである（第959条）。

　前置きが長くなったが，無主物先占の要件は，所有者のない（無主の）動産を所有の意思をもって占有することである。占有は，既に述べたように，所持を有する占有者本人と占有代理人に存する。従業員は企業本人の機関であるから，独立した

---

　(247)　大判大正14年6月9日刑集4巻378頁（狢・狸事件）。

　(248)　最判昭和62年4月10日刑集41巻3号221頁。

所持を有しないが，そのまま本人の所持となるので，例えば，雇われの漁夫が占有した魚介類は，雇用する本人が先占する。

無主物先占は，意思を要素とする準法律行為の中の非表現行為である[249]。所有の意思を有する占有者に所有権を付与する法定取得であるから，私的自治とは関係がない。したがって，制限行為能力者であっても，先占が認められる[250]。

---

point
所有者のいない財産の帰属関係について理解しよう。

---

2 遺失物の拾得

(1) 遺失物拾得の要件

(ア) 遺失物の意義

遺失物は，遺失物法（平成18年法律第73号）の定めるところに従って公告をした後3か月以内にその所有者が判明しないときには，これを拾得した者がその所有権を取得する（第240条）。

遺失物とは，占有者の意思によらないで，占有者の所持を離れた物（手元からなくなった物）である。盗品は遺失物とはいわない。また，遺失物法は，準遺失物として，誤って占有した他人の物，他人の置き去った物及び逸走した家畜を遺失物と同様の扱いとしている（遺失物第2条，第3条）。

漂流物や沈没品も定義付けとしては遺失物であるが，これらの拾得については水難救護法の適用を受ける（水難第24条以下）。

(イ) 拾得者の義務

拾得とは，遺失物等の占有を始めることである。先占と異なり，所有の意思を要しない。

拾得者は，速やかに，拾得をした物件を遺失者に返還し，または警察署長に提出しなければならない。ただし，法令の規定によりその所持が禁止されている物に該当する物件及び犯罪の犯人が占有していたと認められる物件は，速やかに，これを警察署長に提出しなければならない（遺失物第4条1項）。

施設において物件の拾得をした拾得者（当該施設の施設占有者を除く。）は，前項の規定にかかわらず，速やかに，当該物件を当該施設の施設占有者に交付しなければならない（同条2項）。なお，これらの規定は，動物の愛護及び管理に関する法律（動物愛護法）第35条第2項に規定する犬またはねこに該当する物件について同項の規定による引取りの求めを行った拾得者については，適用しない（同条3項）。

---

(249)　我妻＝有泉300頁。

(250)　我妻＝有泉300頁。なお，最判昭和41年10月7日民集20巻8号1615頁は，15歳程度の未成年者でも取得時効の要件である所有の意思による自主占有が可能である旨を判示しているので，先占にもこの考え方を適用しうる。

第3章　占有・所有関係

(ウ)　警察の職務

警察署長は，拾得者から遺失物として提出を受けたときには，国家公安委員会規則で定めるところにより，拾得者に対し，提出を受けたことを証する書面を交付するものとする（遺失物第5条）。また，警察署長は，提出を受けた物件を遺失者に返還するものとする（同法第6条）。

遺失物は，遺失物法の定めるところに従い，公告をする。

まず，警察署長は，拾得者から提出を受けた物件の遺失者を知ることができず，またはその所在を知ることができないときには，①物件の種類及び特徴，②物件の拾得の日時及び場所を公告しなければならない（遺失物第7条1項）。この公告は，前掲した①及び②の事項を当該警察署の掲示場に掲示してする（同条2項）。また，警察署長は，第1項各号（①・②）に掲げる事項を記載した書面を当該警察署に備え付け，かつ，これをいつでも関係者に自由に閲覧させることにより，第2項の規定による掲示に代えることができる（同条3項）。

更に，警察署長は，公告をした後においても，物件の遺失者が判明した場合を除き，公告の日から3か月間は，これらの措置を継続しなければならない（同条4項）。

警察署長は，提出を受けた物件が滅失し，もしくは毀損するおそれがあるとき，またはその保管に過大な費用若しくは手数を要するときには，政令で定めるところにより，これを売却することができる（同法第9条1項）。物件が傘，衣類，自転車その他の日常生活の用に供され，かつ，広く販売されている物であって政令で定めるものであるときも，売却することができる（同条2項）。しかし，売却につき買受人がないとき，売却による代金の見込額が売却に要する費用の額に満たないと認められるときには，警察署長は，物件を廃棄することができる（同法第10条）。

次に，返還時の措置として，警察署長は，提出を受けた物件を遺失者に返還するときには，国家公安委員会規則で定めるところにより，その者が当該物件の遺失者であることを確認し，かつ，受領書と引換えに返還しなければならない（同法第11条1項）。また，警察署長は，拾得者の同意があるときに限り，遺失者の求めに応じ，拾得者の氏名または名称及び住所または所在地（「氏名等」）を告知することができる（同条2項）。更に，警察署長は，この同意をした拾得者の求めに応じ，遺失者の氏名等を告知することができる（同条3項）。

(2)　**遺失物拾得の効果**

(ア)　拾得者の取得と費用負担

公告をした後3か月以内に遺失物の所有者が判明しないときには，これを拾得した者がその所有権を取得する（第240条）。ただし，誤って他人の物を占有した者が要した費用を除き，物件の提出，交付及び保管に要した費用を負担しなければならない（遺失物第27条1項）。また，民法第240条等の規定により物件の所有権を取得した者は，当該取得の日から2か月以内に当該物件を警察署長等から引き取らない

ときには，その所有権を失う（同法第36条）。

(イ)　報労金の支払

誤って占有した他人の物を除き，物件の返還を受ける遺失者は，当該物件の価格（第9条第1項もしくは第2項または第20条第1項もしくは第2項の規定により売却された物件にあっては，当該売却による代金の額）の100分の5以上100分の20以下に相当する額の報労金を拾得者に支払わなければならない（遺失物第28条1項）。また，特定の施設内で拾得した物については，拾得者及び当該施設占有者に対し，それぞれ規定する額の2分の1の額の報労金を支払わなければならない（同条2項）。しかし，この報労金は，物件が遺失者に返還された後1か月を経過したときには，請求することができない（第29条）。なお，遺失者が遺失物の返還を受ける際には，やはり，物件の提出，交付及び保管に要した費用を負担しなければならない（第27条1項）。

3　埋蔵物の発見

(1)　一般の埋蔵物

埋蔵物とは，土地その他の物（包蔵物）の中に埋蔵されており，外部からは容易に目撃できない状況に置かれ，その所有権が何人に属するかが容易に識別しえない物である[251]。

埋蔵物は，遺失物法の定めるところに従って公告をした後6か月以内にその所有者が判明しないときには，これを発見した者がその所有権を取得する（第241条本文）。ただし，他人の所有する物の中から発見された埋蔵物については，これを発見した者及びその他人が等しい割合でその所有権を取得する（同条ただし書）。

埋蔵物に関する手続についても，遺失物法に規定されており，遺失物について述べたところがほとんど該当する。

(2)　埋蔵文化財の特則

次に，土地に埋蔵されている埋蔵文化財については，文化財保護法の定めるところによるが，「文化財」とされる可能性がある以上，規制がある。

まず，発掘については制限があり，埋蔵文化財について，その調査のため土地を

---

(251)　最判昭和37年6月1日訟務月報8巻6号1005頁：Xらの先代Aは，昭和21年1月頃，本件銀塊29トンを発見し，これはY（国）の所有物であるとして，Yに対し，報労金の支払を求めて訴えを提起した。

原審は，本件銀塊が国の所有であり，旧日本陸軍糧抹本廠整備部が倉庫内に保管していたが，終戦直後，盗難その他第三者による持ち去り予防目的の保管方法として，糧抹本廠構内のドック水中に格納するため沈めておいたものと認定し，本件銀塊は所有者Yの占有を離れておらず，銀塊の量，その所在場所，Xら先代による発見時期からすると，当時，銀塊の所有者がYであることは容易に識別しえたとして，Xらの請求を棄却した。Xらから上告。

棄却。「民法241条所定の埋蔵物とは，土地その他の物の中に外部からは容易に目撃できないような状態に置かれ，しかも現在何人の所有であるか判りにくい物をいうものと解するのが相当であるから，原審が，前記認定事実に基づいて，本件銀塊は埋蔵物とは認め難いとした判断は正当である。」

第3章　占有・所有関係

発掘しようとする者は，文部科学省令の定める事項を記載した書面をもって，発掘に着手しようとする日の30日前までに文化庁長官に届け出なければならない（文化財保護第92条本文）。また，埋蔵文化財の保護上特に必要があると認めるときには，文化庁長官は，この届出に係る発掘に関し必要な事項及び報告書の提出を指示し，またはその発掘の禁止，停止もしくは中止を命ずることができる（同条2項）。

　次に，所有者の判明している場合を除き，遺失物法第4条第1項の規定により，埋蔵物として提出された物件が文化財と認められるときには，警察署長は，直ちに当該物件を当該物件の発見された土地を管轄する都道府県の教育委員会（当該土地が指定都市等の区域内に存する場合にあっては，当該指定都市等の教育委員会）に提出しなければならない（文化財保護第101条）。

　また，物件が提出されたときには，都道府県の教育委員会は，当該物件が文化財であるかどうかを鑑査しなければならない（同法第102条1項）。都道府県の教育委員会は，この鑑査の結果当該物件を文化財と認めたときには，その旨を警察署長に通知し，文化財でないと認めたときには，当該物件を警察署長に差し戻さなければならない（同条2項）。

　更に，国の機関または独立行政法人国立文化財機構が埋蔵文化財の調査のための土地の発掘により発見したもので，その所有者が判明しないものの所有権は，国庫に帰属する（同法第104条1項前段）。この場合においては，文化庁長官は，当該文化財の発見された土地の所有者にその旨を通知し，かつ，その価格の2分の1に相当する額の報償金を支給する（同項後段）。

　更に，都道府県の教育委員会が発掘したもので，その所有者が判明しないものの所有権は，当該文化財の発見された土地を管轄する都道府県に帰属する（同法第105条1項前段）。この場合においては，当該都道府県の教育委員会は，当該文化財の発見者及びその発見された土地の所有者にその旨を通知し，かつ，その価格に相当する額の報償金を支給する（同項後段）。この発掘に際し，発見者と土地所有者とが異なるときには，報償金は折半して支給する（同条2項）。

> ― **point**
> 　遺失物の拾得，埋蔵物の発見について，理解しよう。

第3項　添付（付合・混和・加工）

1　総　説

(1)　添付の意義

　まず，それぞれ所有者を異にする数個の物が一緒になっている状況について考えてみよう。例えば，自分が資料を書き込んだルースリーフノートが友人のファイルノートに綴じ込まれている場合には，いくら友人のファイルノートに混入していても，自分のノートは自分の所有物である。

しかし，社会（特に取引社会）において，自分の所有物だと思っていたところ，実は他人の所有物である資材や部品によって工事をしてしまったり（建物の建築や塗装，その他の設備の工事，あるいは道路工事の原材料など），契約農家で生産してもらったブドウでワインを作ったが，そのワインの生産工程において，他人のブドウで作ったワインと混ざってしまったり，洋服をオーダーしたところ，自分の購入した生地と他人所有の生地が混ざって作られてしまったりなど，物の製造ないし製作段階において，所有物の混入ないし混在があったとしたら，完成した製品は一体誰の所有物となるのか判然とせず，紛争の元となるケースが考えられる。

民法学者は，このようなケースを一般に「添付（accessio）」という総称名詞で呼んでいるが[252]，現行民法の制度自体は，それぞれ付合，混和，加工という類型に分けられており，それぞれについて紛争に対する処理が規定されている。それでは，なぜ，添付という総称名詞が付せられているのかというと，それは，付合，混和，加工という所有権取得の原因とされる理由及びその法律効果に共通点があるからである。

前掲した諸ケースのいずれにおいても，これを原状に復させようとすることは，不可能ではないにせよ，一旦できあがった商品を元の状況に戻すということであるから，社会経済上，著しく不経済かつ不利益というよりも，むしろ無益な行為である。それならば，できあがった物については，これを一応一つの物として所有権の帰属先を決定することとし，この状況において所有権を失った者が被った材料分の損失については，これを「償金」という形で回復させることとした。これが添付という制度である。

(2) 添付の目的

(ア) 合成物等の確定

添付によって完成した合成物・混和物・加工物については，一応一つの物として確定させ，その従前の材料等への復旧請求を認めないこと，これこそが，添付の目的である。この点については，一般に強行規定と解されている[253]。

(イ) 所有権の帰属

次に，添付によって完成した物の所有権を誰に帰属させるかという規定の適用・解釈上の問題がある。この問題について，かつての学説はこれをも強行規定と解していたが，現在の解釈としては，私的自治・契約自由の原則から，これも自由に決定されるべきであるとして，これを任意規定と解している[254]。

例えば，工場労働者が製造工程において自社所有の材料と他社所有の材料が混在

---

(252) この名称は，旧民法財産取得編の第2章の名称に用いられていたものである。現行民法では用いられなかったが，講学上は普通に用いられている。

(253) 我妻＝有泉304頁。この点については異論がない。

(254) 我妻＝有泉304-305頁，近江・講義Ⅱ235頁など。これもまた通説である。

しているのを知らずに製造したとしても，労働者は企業に雇われている身（企業の機関）であるから，独立した加工者ではない。労働者の仕事の成果は企業に帰属するからである（雇用契約による労働とこれに見合った対価である給料との交換）。したがって，このような場合には，労働者については，民法の加工による所有権の帰属先決定規定は適用されない。この場合には，加工者は企業自体だからである。

(ウ)　所有権の得喪に関する均衡──償金請求の意義

次に，添付によって所有権を取得する者がある一方で，他方，所有権を失う者もあるということで，この両者の均衡を図るために，民法は，損失を受けた者は第703条及び第704条の規定に従い，その償金を請求することができると規定する（第248条）。この規定も任意規定と解されている（通説）。

付合・混和・加工のいずれもが，通常は法律上の原因による行為の結果であると思われるが，その結果について，相手方の違法性を要件とせず，償金という用語を使っていることから，実質的に不当利得と解されている(255)。

(エ)　消滅所有権上の権利の消滅とその例外的存続

添付の結果として，所有権の消滅した物の上に存在した他の権利もまた消滅するが（第247条1項），場合によって，例外的に存続する旨が規定されている（同条2項）。この点については，添付の効果として後述する。

2　付　合

(1)　不動産の付合

(ア)　不動産の付合の要件

不動産の所有者は，その不動産に従として付合した物の所有権を取得する（第242条本文）。この付合（Verbindung）という意味は，ある建物に増築した場合，あるいは，ある土地に樹木を植えた場合などにおいて，その増築部分や樹木は，原則として独立性を失い，社会経済上，付合物として，元の建物や土地の所有権に吸収されて一体化することによって，これら不動産それ自体とみなされるということである(256)。

---

(255)　我妻＝有泉305-306頁。

(256)　ドイツ民法（BGB）第946条は，「土地の本質的構成部分となる動産が，土地と付合したときは，土地の所有権は，この物に及ぶ」と規定している。ドイツにおいては，建物は土地から独立した不動産ではなく，土地の本質的構成部分（同体的構成部分ともいう。）である。それゆえ，不動産の付合の規定は，この本質的構成部分という概念を前提とする。本質的構成部分という概念は，「一方または他方を破壊することなく，または，その本質を変ずることなくして相互に分離することができない物の構成部分（本質的構成部分〔wesentliche Bestandteile〕）は，特定の権利の目的とすることはできない（BGB第93条）」という規定に現れている。また，その直後の同法第94条によると，土地と固く結合した物，特に，建物ならびに土地の産物は，土地と付着する間は，土地の本質的構成部分に属すると規定されている（1項1文）。これらの規定により，建物は土地の本質的構成部分であり，土地に付合する。したがって，土地の所有権は，その付合物である建物に及ぶのである。

第2節 所有権

　不動産の付合の類型としては，不動産に動産が付合する場合（土地に植栽された樹木，建物に作り付けられた材料など）が一般的であるが，住居の離れや附属建物（物置など母屋に従たる建物）を母屋の位置にまで移動して，これを母屋に合体させるような場合には，不動産に不動産を付合させたということができる[257]。判例も，新築した附属建物であっても，その部分の構造及び利用関係，また，母屋との結合関係次第では，構造上の独立性を欠き，母屋に付合しうるものと解している[258]。

　つまり，不動産の付合とは，不動産に動産または不動産を付着させ，あるいは合体させることにより，それら付着物の独立性が失われる場合に生ずる現象である。したがって，合体ないし付着しても，物としての独立性を失わないという性質を有する造作ないし属具（Inventar）といった「従物（Zubehör）」は，原則として付合にはならない。ただし，付着物を復旧することが困難であると否とを問わず，また，付合の原因は人為的であると否とを問わない[259]。

　次に，具体的に付合の成否について考察する。

　土地に播種された種や，植栽された苗木は，その播種・植栽の当時は土地に付合する。しかし，これらが成熟し，取引の目的となったときには，社会経済上，独立した存在として認められる。したがって，この場合には，それら作物や樹木の所有権は収益の権原を有する者に帰属する（第242条ただし書）[260]。

　　この法制度は，元々，「地上物は土地に従う（superficies solo cedit）」というローマ法の原則に由来する。この法現象から，わが国においても，付合の制度趣旨として，ある物が不動産に付着して取り壊さなければ分離できなくなったという状況について，その取り壊しによる分離・復旧は社会経済上の損失であるから，これを回避するために付合という概念が構築されたものと解されている。この立法趣旨に関する説明は，梅・前掲書（『民法要義物権編』）172頁，川島・川井編『新版注釈民法(7)』396頁を参照。

(257)　舟橋366頁参照。この点は，我妻＝有泉308頁も，後掲最判昭和43年6月13日を掲げた上で，認めている。また，起草者の一人である富井政章博士も，不動産と不動産との付合を考えており，更に，本条の主旨より考えれば建物は土地に従として付合しているものと見ることが至当であると述べている。この点に関しては，富井・前掲書（『民法原論第二巻物権』）142-143頁参照。しかし，わが国においては，建物は独立した不動産であるから（第86条1項），土地の付合物には当たらない。

(258)　最判昭和43年6月13日民集22巻6号1183頁：「新たに築造された甲部分が主屋部分および従前の建物に附合する乙部分に構造的に接合されていないからといって，ただちに甲部分が主屋部分に附合していないとすることはできない。原判示によれば，甲部分と主屋部分とは屋根の部分において接着している部分もあるというのであるから，さらに甲部分と主屋部分および乙部分との接着の程度ならびに甲部分の構造，利用方法を考察し，甲部分が，従前の建物たる主屋部分に接して築造され，構造上建物としての独立性を欠き，従前の建物と一体となって利用され，取引されるべき状態にあるならば，当該部分は従前の建物たる主屋部分に附合したものと解すべきものである。」

(259)　我妻＝有泉307頁。

(260)　我妻＝有泉307頁，舟橋368頁など，従来の通説的な見解であり，後掲判例（大判昭和7年5月19日法律新聞3429号12頁）もこの見解を採っている。このいわゆる付合説を採る舟橋博士は，播種の当時は種は土地に付合するものの，播種した種は権原を有する者の所有物が土地の構成部分となり独立性を識別しえなくなるだけで，潜在的にはその者の所有

517

第3章　占有・所有関係

　では，正当な収益権原を有しない者が他人の所有する土地に勝手に播種し，あるいは植栽した場合には，どのように扱われるのであろうか。判例は，これらが成熟した際には，土地所有者に帰属するものと解している[261]。しかし，この点については有力な反対説がある[262]。

　また，同様に，他人の所有する土地に無権原で植栽された樹木も土地に付合する[263]。しかし，樹木が土地に仮植えされたに過ぎない場合には，土地に付合しない[264]。

　次に，建物への増築について考察する。一般に，ある建物に増改築された部分は，原則として，その建物に付合するものと解されている[265]。

　しかし，増築部分が所謂「区分所有建物」と認定される場合には，例外的に独立

　物であり，種が成長して独立性を識別しうるようになったとき（苗でもよい）には，潜在的所有権が顕在化するのだという。

　　しかし，それならば，最初から土地に付合するという必要はないとして，近時は，第242条ただし書により，終始，播種者が所有権を保持するものと解する非付合説も有力に主張されている。例えば，新田敏「借家の増改築と民法242条」法学研究39巻1号（1966）27頁以下，廣中・前掲書（『物権法』）406頁以下，石田（喜）・前掲書（『口述物権法』）199頁以下，石田穣348頁，松尾・古積・前掲書（松尾）185頁など参照。

(261)　大判大正10年6月1日民録27輯1032頁：民法第242条の不動産の従としてこれに付合した物とは，同法第87条の従物とは異なり，他人の土地に所有者以外の者が播種した小麦のようなものもこれに該当するとして，土地所有者の所有に帰するとした。

　　最判昭和31年6月19日民集10巻6号678頁：「上告人は播種当時から小麦収穫のための外は本件土地を使用収益する権原を有しなかったのであるから，上告人は本件土地に生育した甜瓜苗について民法242条但書により所有権を保留すべきかぎりでなく，同条本文により右の苗は附合によって本件土地所有者……の所有に帰したものと認めるべきものである（大判大正10年6月1日民録27輯10巻32頁，大判昭和6年10月30日民集10巻982頁参照）。」

(262)　末川303頁は，稲立毛のような植え付けられた農作物の場合には，独立の物として取引されるので，付合による所有権の取得を認めるのは妥当ではないという。

(263)　最判昭和38年12月13日民集17巻12号1696頁：「他人の所有する土地に権原によらずに自己所有の樹木を植え付けた者が，右植付の時から所有の意思をもって平穏かつ公然と右立木を20年間占有したときは，植付の時に遡ってその立木の所有権を時効により取得するものであり，その法理は，一筆の土地の平面的一部分について時効取得の要件を充足した場合，当該一部分が時効により取得されることと別異に取り扱われなければならないような合理的根拠がない。」最高裁はこのように判示して，植栽された樹木は土地に付合するが，植栽者が取得時効の要件を充足することにより，時効取得しうることを認めた。

(264)　我妻＝有泉308頁。

(265)　最判昭和28年1月23日民集7巻1号78頁：XはYから家屋を買い受け，所有権移転登記を経由したが，Yの増築部分があったため，増築部分については家屋台帳への登録も登記もすることができなかった。Yがこれを奇貨として所有権の帰属を争ったので，Xが所有権の確認を求め，本訴を提起した。原審がXの所有権を確認したので，Yから上告。

　　棄却。「民法第242条は，不動産の附合物あるときは不動産の所有権は当分その附合物の上にも及ぶことを規定したものであり，この場合たとえ附合物が取引上当該不動産と別個の所有権の対象となり得べきものであっても，附合物に対する所有権が，当該不動産の所有権のほかに独立して存することを認める趣旨ではない。」

第 2 節 所 有 権

した建物として扱われる。判例を分析し，学説との関係について概観する。

〔判例 58〕借家人による増築と付合の成否：最判昭和 38 年 10 月 29 日民集 17 巻 9 号 1236 頁

【事実】

(1) Ｘの所有する本件家屋は，建坪約 27 坪，木造 2 階建の家屋であった。Ｘは，Ｙに対し，本件家屋の 1 階南西側の約 11 坪の部分を店舗兼住宅として使用する目的で，期間 5 年，賃料月額 5,000 円の約定で賃貸した。

(2) Ｘは，Ｙが賃借部分を改修して店舗にすることを承諾した。ところが，家屋はその腐朽が甚だしく，改修・増築では飲食店営業ができないので，Ｘの承諾を得て，賃借部分を取り壊し，その跡にＹの負担で店舗を作ることとした。Ｙは，賃借部分のうち 2 本の通し柱及び天井の梁を除くほかの構造物はすべて撤去し，旧建物より約 6 坪を拡張し，通し柱及び梁を利用して，広さ 17 坪 3 合の店舗を作り上げた。

(3) 本件店舗には一部原家屋の 2 階が重なっており，2 本の通し柱は本件店舗部分の天井の一部を支えるとともに，2 階構造物を懸吊して互いに力学的に作用し合っており，これらを取り除くことは構造上不可能であり，もし，2 階部分を取り除くとすれば，本件店舗の建物部分はその形状を維持できない程度に元来の建物部分と一体不可分の関係にあった。

(4) Ｙは，店舗の完成後，Ｘに対し，店舗部分はＹ所有の家屋であり，Ｙ名義の所有権保存登記も経由したので，月額 5,000 円の家賃は地代として支払う旨を通告した。

そこで，Ｘは，単に家屋の一部に改造修繕を施して店舗にしただけであり，Ｙが作り上げた店舗は，付合により原家屋の所有権者たるＸの所有に帰属しているとして，所有権の確認を訴求した。第 1 審，原審ともにＸの請求を認容した。

原審は，本件店舗はＹが権原によって旧家屋に付属させた独立の建物とは判定できず，原家屋の他の部分に従として付合し，これと一体となったものであるから，本件店舗の所有権はＸにあると判示した。

Ｙは，上告し，取り壊しにより建物に主従関係がなくなり，また，価額においても店舗部分のほうが大きいとして，建物としての独立性を主張した。

【判旨】破棄差戻

「本件店舗部分は，その一部に原家屋の 2 階が重なっており，既存の 2 本の通し柱および天井の梁を利用している事実があってもなお，Ｙが権原によって原家屋に付属させた独立の建物であって，他に特別の事情が存しないかぎり，Ｙの区分所有権の対象（となる）。」

「本件店舗部分は原家屋の他の部分に従として付合し，これと一体になったものであると判断して，これにつきＹの区分所有権を認めなかった原判決は，民法 242 条の解釈適用

最判昭和 38 年 5 月 31 日民集 17 巻 4 号 588 頁：「所論増築部分が甲建物と別個独立の存在を有せず，その構成部分となっている旨の原審の認定は，挙示の証拠に照らし，首肯するに足りる。このような場合には，増築部分は民法 242 条により甲建物の所有者である被上告人の所有に帰属し，上告人は増築部分の所有権を保有しえず，従って，その保存登記をなしうべきかぎりでない。」

519

第3章　占有・所有関係

を誤り，ひいては理由齟齬の違法がある。」

　しかし，最高裁は，Yは本件店舗部分の新築工事に着手する約1カ月前にXから本件原家屋の階下部分を店舗兼住宅として使用する目的で賃借したことが明らかであるところ，もし新築工事に着手する以前にXとYとの間で，Yがその負担において賃借部分を取りこわした跡に新築する店舗部分の区分所有権を当初からXに帰属させ，Yがこれを賃借する旨の特約があったとすれば，本件店舗部分はXの所有に属するのであるが，前掲事実関係に徴すれば，右のような特約が当事者間でなされたと解する余地がありうるとして，本件を原審に差し戻した。

《問題点》

　賃借建物に対する改修等の承諾に基づいて，賃借人が1階部分を店舗として改修したが，その際，建物の朽廃が進んでおり，飲食店としてふさわしくないので，賃貸人から承諾を受け，2階からの柱と梁を残しただけで，残りの部分は取り壊した上で建築した場合には，この改築部分は原建物に付合するのか，それとも新しい店舗として，構造上独立した建物となるのか。

《分析》

　このような問題について，本判決は，本件店舗部分は，その一部に原家屋の2階が重なっており，既存の2本の通し柱および天井の梁を利用している事実があってもなお，Yが権原によって原家屋に付属させた独立の建物であって，他に特別の事情が存しないかぎり，Yの区分所有権の対象になるとして，付合を否定し，建物賃借人Yの区分所有権を認めた。

　本判決を含め，判例は，増改築・修繕等の場合において，付合を否定し，区分所有権を認定する際には，構造上の独立性を要するものと解しており，構造上の独立性が認められない場合には，付合を認定し，区分所有権の成立を否定している[266]。

----

(266)　大判大正5年11月29日民録22輯2333頁：本件は，湯屋の賃借人が洗い場を改築したという事案において，洗い場は浴場の構成部分であるとして，区分所有権は成立しないものとされたケースである。

　　最判昭和44年7月25日民集23巻8号1627頁：土地所有者Xが本件各建物の所有者Yらに対し，土地の無断転貸を理由として，建物収去・土地明渡しを求めた訴訟において，Yらが，本件建物は元々Yらの先代AがXから借地して建築した平屋の建物に，借家人Bが勝手に増築した建物であるところ，この部分は独立した建物ではないので，借地権の無断転貸ではないと主張したという事案である。

　　原審が第三建物の独立性を認めず，Xの請求を棄却したので，Xから上告。

　　棄却。「本件第三建物は，第二建物の一部の賃借人Bが自己の費用で第二建物の屋上に構築したもので，その構造は，4畳半の部屋と押入各一個からなり，外部への出入りは，第二建物内の6畳間の中にある梯子段を使用するほか方法がない……。そうとすれば，第三建物は，既存の第二建物の上に増築された2階部分であり，その構造の一部を成すもので，それ自体では取引上の独立性を有せず，建物の区分所有権の対象たる部分にはあたら……ず，たとえBが第三建物を構築するについて第二建物の一部の賃貸人Aの承諾を受けたとしても，民法第242条但書の適用はないものと解するのが相当であり，その所有権は構築当初から第二建物の所有者Aに属したものといわなければならない。そして，第三建物についてBの相

つまり，判例は，「構造上の独立性」のみを区分所有権の成立要件と解しており，建物の賃借人にも増築による「区分所有権」獲得の可能性を認めている。

他方，学説は，増築部分が「構造上の独立性・区分性」と「利用上の独立性」を有しないときには，たとえ賃貸人から増築許可を得ていた場合であっても，常に付合が成立するものと解している[267]。

その理由は，第242条ただし書の「権原」は，本来，土地利用権を想定しており，利用権者が自己の物を付着させる権利を持たない建物賃貸借はこの権原に含まれないからであり，また，建物賃貸借の場合には，農地賃貸借の場合とは異なり，付着物を当事者の個別意思によって独立させるという制度的必要がないからであると解されている[268]。

その結果，学説においては，増改築の承諾のみでは不十分であり，家主から，区分所有権を認める明確な承諾と，何らかの敷地利用権を取得した場合にのみ，第242条ただし書及び建物区分所有法第1条によって，付合は発生せず，区分所有権が成立するものと解する考え方が有力に主張されている[269]。

また，「取引上の独立性」を付合の否定，区分所有権の認定理由と解する学説もある[270]。

(イ)　不動産の付合の効果

(a)　「権原ある者」

不動産の所有者は，原則として，付合した物の所有権を取得する（第242条本文）。ただし，その物が何らかの権原によって附属された物であるときには付合せず，附属させた者の所有に留まる（同条ただし書）。

権原ある者とは，他人の所有する不動産にある物を附属させて，その不動産を利用する権利を有する者という意味である。地上権者が樹木の植栽をした場合のように，ある権原に基づいて他人の不動産に物を付着させた場合には，その他人（地上権者など）の付着物に対する所有権は，例外的に付合しない。地上権のほか，永小作権や土地賃借権などもこの権原に該当する。

この場合には，これらの権利について対抗要件を備える必要があるか，また，附属させた立木等について対抗要件を備える必要はあるかが問題となりうる。付合の当時においては，当事者間の問題であるから，対抗の問題は生じないが，その後，第三者が現れた場合には，問題となる。

続人らであるCら名義の所有権保存登記がされていても，このことは右判断を左右するものではない。」

(267)　学説の状況については，瀬川信久『不動産附合法の研究』（有斐閣，1981）28頁以下参照。

(268)　瀬川・前掲書29頁参照。

(269)　瀬川・前掲書339頁。

(270)　内田・前掲書（『民法Ⅰ』）391頁。

第3章 占有・所有関係

　まず，判例は，農地の買主Xが所有権移転登記を経由せずに引渡しだけ受けて田としてこれを使用し，田植えをして育てた稲立毛について，農地の売主Aの債権者Yが，これをAの所有する稲立毛として強制執行を申し立てたのに対し，農地の買主Xが第三者異議の訴えを提起したという事案において，この買主Xの訴えを認めた(271)。

　しかしまた他方，判例は，山林の第一買主Yが所有権移転登記を経由せずに引渡しだけ受けて立木を植栽した後に，第二買主Xが所有権移転登記を経由して，Yに対し，伐木による所有権侵害を理由とする損害賠償を請求したという事案において，最高裁は，Yが立木の所有権をXに対抗するには，立木所有権を公示する対抗要件（明認方法）を必要とすると判示した(272)。

　前者は稲立毛の所有権を公示方法なくして第三者に対抗しうるものとし，後者は立木の所有権を公示方法なくして第三者に対抗しえないものと判示しており，この二つの判例には一見すると齟齬があるようにも思われる。前者は農地の買主という事案であり，これが農地の賃借人であれば，賃借権について未登記であっても，第242条ただし書により，土地賃借権に基づいて自分で田植えをしたということで，自分の農作物として土地から独立した所有権を保持しうるのに，農地の未登記買主であるがために，同条ただし書が適用されず，農作物である稲について対抗力を欠くと解することは，その間に均衡を欠くと判断されたのである。この解釈は，昭和17年大判の判旨から明らかである（前掲した最判昭和35年3月1日は，稲については植栽から収穫までの占有期間の短期性による占有・支配力の強さを理由づけとして掲げている）。また，現代の農地法（当時は農地調整法）においては，農地の引渡しに賃借権の対抗力を認めている（農地第16条1項）。

　これに対して，後者は山林の売買であり，昭和35年最判は，稲と立木との違い

---

(271)　大判昭和17年2月24日民集21巻151頁：XがAより本件土地を譲り受け，本件差押えの目的物たる立稲ならびに束稲は，Xが所有権に基づき本件土地を耕作して得たものであり，あたかも，田地の所有者より適法にこれを賃借した者が，賃貸借の登記がなくとも，その田地を耕作して得た立稲ならびに束稲の所有権をもって第三者に対抗しうると同様，Xが本件土地の所有権移転登記を受けなくとも，本件の立稲ならびに束稲の所有権をもって，Aに対する債務名義に基づき該物件の差押えをなしたYに対抗しうるものである。

(272)　最判昭和35年3月1日民集14巻3号307頁〔判例46〕：「立木所有権の地盤所有権からの分離は，立木が地盤に附合したまま移転する物権変動の効果を立木について制限することになるのであるから，その物権的効果を第三者に対抗するためには，少なくとも立木所有権を公示する対抗要件を必要とする。……なお，所論引用の大審院判例（前掲大判昭和17年2月24日〔筆者註〕）の事案は，未登記の田地所有権に基づき耕作して得た立稲および束稲の所有権の差押債権者への対抗力に関するものであるが，稲は，植栽から収穫まで僅々数ケ月を出でず，その間耕作者の不断の管理を必要として占有の帰属するところが比較的明らかである点で，成育に数十年を予想し，占有状態も右の意味では通常明白でない山林の立木とは，おのずから事情を異にするものというべく，右判例も必ずしも植栽物の所有権を第三者に対抗するにつき公示方法を要しないとした趣旨ではないと解されるから，本件の前記判示に牴触するものではない。」

522

第2節 所有権

を強調していることから，第一買主が山林の賃借人であったとしても，「権原によってその物を附属させた」という状況にはあたらないと判断したのか，あるいは，立木の植栽について，山林の引渡しでは立木自体の占有・管理状況について何ら対抗力を付与する手段もないことから，立木について対抗するためには明認方法を要するとされたのである(273)。したがって，両判決には何ら齟齬はないというのであろう。

(b) 「権利を妨げない」

権利を妨げないとは，当該不動産に付合しないことを意味するので，権原を有する者が自己の権原によって附属させた物の所有権を有するということである。しかし，附属させた物が不動産に完全に付着し，不動産の構成部分と化してしまったような場合には，独立物としての所有権を観念しえない状況にあるから，この例外規定は適用されえない(274)。

────────────

(273) この両判決の解釈については，我妻＝有泉・前掲書（『新訂物権』）309頁を参照。

(274) 前掲大判大正5年11月29日：湯屋の洗い場を改築したという程度では，区分所有権を観念しえない。

大判昭和8年2月8日民集12巻60頁：「建物の賃借人が所有者たる賃貸人の承諾の下にその建物を改造したという場合においても，その改造は必ずしも一様ではない。改造の部分は性質上建物と別個の所有権の客体となりうることもあり，また，そうでないこともあって，前者の場合には賃借人の所有となるべきものであり，後者の場合には建物所有者の所有となるべきものである。」

最判昭和34年2月5日民集13巻1号51頁：本件旧建物はXの所有であり，Xは1階を店舗に改造しようとして，内外壁を取り外し，柱だけの構築物となっていた。呉服商を営むYはこの1階を借り受け，約旨に基づく権原により，これに自費で工事を施し，店舗兼住宅として完成した。その後，賃貸借契約が解除され，XがYに家屋の返還を求めたところ，Yは1階部分は自己の所有に帰したと主張した。原審は，以下のとおり，判示した。

「本件旧建物における既存工作物はそれだけでは何ら建物としての効用を有せず，周壁その他の造作を加えて初めて家屋としての本来の効用を充たすに至る（。）しかし，かかる状態における既存工作物は本来家屋の骨格であるとともに将来家屋たるべきものの骨格をなし，しかも現に土地に定著するものであるから，それ自体動産ではなく，所有権の客体としては一つの不動産と目すべきものである。これに反し，Yの施した工事によって附加されたものは，Xの既存工作物と相俟って一つの家屋を構成する構成部分で……あるから，既存工作物に従として附加された動産とみるべきものである。しかもこの状態のままでは，それは独立して所有権の客体たり得るものではないから，民法第242条により，その但書にかかわらず，Yはこれについて所有権を留保し得ず，現在ある家屋の全体は附合によりXの所有に帰したものと認めるのを相当とする。」

そして，最高裁は，この原判決を維持した。

最判昭和35年10月4日判時244号48頁：「不動産の従としてこれに附合した物がその不動産の構成部分となった場合又は附合物が社会通念上その不動産の一部分と認められる状態となったときは民法第242条により不動産の所有者は附合物の所有権を取得する（。）……区分所有権はその部分が独立の建物と同一の経済上の効力を全うすることを得る場合に限って成立し，その部分が他の部分と併合するのでなければ建物としての効力を生ずることができない場合にはこれを認めることができない（。）……その部分が独立の建物と同一の経済上の効力を有するか否かの判断に当たっては社会通念上の経済的利用の独立性と事実上の分割使用の可能性とを混同すべきではない。」

523

第3章　占有・所有関係

　もっとも，建物の独立性については，このような形で付合させた当時の状況で判断しうるが，土地に播種した種や植え付けた苗などについては，その後の成長によって，独立したものとなるので(275)，注意を要する。この状況は，建物の完成後に請負人が注文者に引き渡すことによって初めて注文者の所有に帰する請負建物の場合にも該当する(276)。

(2)　動産の付合

(ア)　動産の付合の要件

　動産の付合の要件は，所有者を異にする数個の動産が，付合により，損傷しなければ分離することができなくなったとき，あるいは，分離するにつき過分の費用がかかるときである（第243条）。即ち，物理的な付着状況と分離費用との双方を顧慮した上で，その分離可能性を判断し，付合しているか否かを判断することになる。

　判例は，漁船に取り付けられた発動機は漁船の構成部分であり，独立した所有権を認めることはできないと判示したが(277)，その後，発動機の価格が漁船に比して高価であるなどの事情が存する場合には，必ずしも漁船の構成部分になるとは限らないと判示した(278)。この2つの判例を見る限り，前者は物理的な付合の状況で判断し，後者は発動機それ自体の価格と漁船の価格との比較衡量で決しており，本来の要件である「分離費用」とは異なる事情によって判断している。

---

(275)　大判昭和7年5月19日新聞3429号12頁：畑地に栽植した桑樹はその畑地と一体をなすものであるが，畑地の賃借人が，その権原に基づき栽植したものであれば，民法第242条但書の規定により，当該賃借人の所有に属し，畑地の所有者に帰さないことは疑いを容れない。原判決が賃借人の賃借した本件土地に桑樹を栽植し，7・8年間桑園として使用しているのに，賃貸人よりこれに異議を挟んだ事跡のないことに鑑み，右の使用については当事者間暗黙の合意があったものと認定し，桑樹の栽植が賃借人の権原に基づくものと判断した以上，本件土地に栽植されている桑樹が賃借人の所有に属し，土地の所有者に帰さないことは自明である。」

(276)　大判大正3年12月26日民録20輯1208頁：「請負人が自己の材料を以て注文者の土地に建物を築造した場合においては，当事者間に別段の意思表示のない限りは，その建物の所有権は材料を土地に附著させるに従い，当然に注文者の取得に帰するものではなく，請負人が建物を注文者に引き渡した時において初めて注文者に移転するものとする。是れ本院判例（大判明治37年6月22日）の示す所である。」

(277)　大判昭和12年7月23日大審院判決全集4輯17号4頁：Yは，所有権留保特約付きで漁船の発動機をAらに売り渡した。Xは，この特約を知りつつ，右船舶について売渡担保契約を締結した。本件は，Yが本件発動機に関して取得した仮処分について，Xが提起した仮処分異議事件である。Xは，本件発動機は漁船に付合し，構成部分になっている旨を主張したが，原審はこれを認めない。Xから上告。

　　破棄差戻。「物の構成部分はその一部にして独立の物として存在すべからざることは言うを俟たない。然れば，該構成部分の上に独立の所有権を認めることはできない。」

(278)　大判昭和18年5月25日民集22巻411頁：X会社は本件船舶用発動機をAに売り渡したが，代金支払を賃料名義で月払いとした。Aは初めのうちは支払をしていたが，途中から支払をせず，ついに本件発動機をYに売却してしまった。

　　Xは，Yに対し，所有権の確認を求め，本訴を提起した。原審は，本件発動機が漁船に付合しているとして，Xの請求を棄却したので，Xから上告。

第2節 所 有 権

また,「分離」に関する判例として,盗難自転車の車輪とサドルを取り外し,別の車両に取り付けたという事案において,動産の付合を否定したものがある[279]。この判例法理は,「原形のまま容易に分離し得ることが明らかである」から,付合も加工も成立しないと解している。

学説も,この分離可能性という意味において,取り外しの容易な場合には付合を否定すべきものと解している[280]。

(イ) 動産の付合の効果

付合した動産相互間に主従の区別がつけられるときには,その合成物の所有権は,主たる動産の所有者に帰属する(第243条)。主従を区別する基準は諸般の事情を考慮し,社会通念によって決すべきであるとされる[281]。

また,付合した動産について,主従の区別がつけられないときには,各動産の所有者は,その付合した時における価格の割合に応じて,その合成物を共有する(第244条)。

---

point

(1) 動産の付合の意味について理解しよう。

(2) 動産を組み立て,作り付けた結果,建物となった場合には,「動産の付合」なのか,それとも「不動産の付合」なのか,考えてみよう。

---

3 混 和

混和(Vermischung)とは,所有者を異にする物(穀物・金銭のような固形物または油や酒などの液体)が混和して(混ざり合って),識別することができなくなった状況のことをいう。この場合には,動産の付合に関する民法第243条,第244条が準用される(第245条)。つまり,混和物の所有権は,物の主従の有無によって主物の所有者

破棄差戻。「船舶用発動機は据付船舶に比し著しく高価にして寧ろ発動機を主たるものとして取引される場合もないわけではないので,発動機に対し船舶は必ずしも常に主たる動産であるということはできない。随て,本件発動機等と船舶との合成物は必ずしもXの所有に属しないことを即断しうるものではない。」

(279) 最判昭和24年10月20日刑集3巻10号1660頁:本件は,16歳の少年Aが窃取した中古婦人用自転車1台の車輪2個(タイヤチューブ付き)及び「サドル」をYが取り外し,これらをAの持参した男子用自転車の車体に組替え取付けて男子用に変更し,これをBに代金4,000円で売却する斡旋をして贓物の牙保をしたという贓物故買事件である。Yは上告し,本件自転車は加工によって贓物性を失ったと主張した。

棄却。「……判示のごとく組替え取付けて男子用に変更したからといって両者は原形のまま容易に分離し得ること明らかであるから,これを以て両者が分離できない状態において附合したともいえないし,また,もとより婦人用自転車の車輪及び「サドル」を用いてAの男子用自転車の車体に工作を加えたものともいうことはできない。されば中古婦人用自転車の所有者たる窃盗の被害者は,依然としてその車輪及び「サドル」に対する所有権を失うべき理由はなく,従って,その贓物性を有するものであること明白である。」

(280) 我妻=有泉310頁。

(281) 我妻=有泉310-311頁。

525

に帰属し，その区別のつかないときには，価格の割合に従って，混和物を共有する。

4 加　工

(1) 加工の要件

加工（Verarbeitung）とは，他人の所有物に工作を加えることをいう[282]。民法は，他人の動産に工作を加えた者（加工者）があるときには，その加工物の所有権は，材料の所有者に帰属することとし（第246条1項本文），ただし，工作によって生じた価格が材料の価格を著しく超えるときには，加工者がその加工物の所有権を取得することとした（同項ただし書）。つまり，民法上，加工とは，他人の所有する材料に工作を加えることをいう。工作するために他人の材料を使うということではない。

この規定の意味については，従来，加工によって「新たな物が発生すること」を意味するものと解する説と，新たな物の発生と解する必要はないと解する説とに分かれている[283]。即ち，前者は，他人の所有物に単に手を加えただけでは，原則として，材料の所有者が加工物の所有権を取得するが，加工によって新たな物が生じた場合において，当該加工によって生じた価格が著しく原材料の価格を超えるときには，加工者がその加工物の所有権を取得するという[284]。このような考え方が生じた背景としては，ドイツ民法の規定（BGB第950条）の影響が考えられる[285]。同条によると，加工により新たな物が発生することを要件として，原則として，加工者に加工物の所有権を帰属させているからである。

しかし，わが民法は，基本的に工作のために材料を用いることを念頭に置いていないという規定構造であり[286]，材料に手を加えたに過ぎないので，そのまま，材

---

(282)　梅・前掲書（『民法要義巻之二物権編』）182頁。梅博士は，加工の例として，他人の所有に属する象牙を取ってこれに彫刻を施す場合，絵絹を取ってこれに字を書す場合，もしくは画を描き木板をもって器具を製する場合などをあげている。

(283)　この学説の争いは，かなり古く，古代ローマ時代に遡り，加工は物の本質を変えるものではないという説（サビニアン派）と，加工は1つの新たな物を発生させるものという説（プロキュリアン派）とがあり，その後，この両者の折衷説として，物が原形に復すべきときには材料の所有者に属し，そうでないときには加工者の所有に帰するものとされ，ユスティニアヌス法典はこの折衷説を採用したとされている。しかし，近代法の立法例においては，折衷説は採用されず，フランス法系においては材料所有者説を採用し，ドイツ法は加工者帰属説を採用した。この点については，富井・前掲書（『民法原論第二巻物権』）148-149頁参照。

(284)　末弘402頁，我妻207頁，柚木・前掲書（『判例物権法総論』）465-466頁，川島・前掲書（『民法1』）217頁，近江・講義Ⅱ238頁など，旧来の多数説である。末弘博士は，新たな物といわないと，第246条1項本文の規定が不要に帰してしまうという。

(285)　BGB第950条（加工）
　第1項　1個または数個の材料を加工し，もしくは改良することによって，新たな動産を製作した者は，その新たな物の所有権を取得する。ただし，その加工もしくは改良の価格が材料の価格よりも著しく低いときはこの限りではない。書，記号，絵画，印刷，彫刻，その他類似の表面上の工作もまた加工と見なす。
　第2項　その材料の上に存在する権利は，その新たな物の所有権の取得により，消滅する。

(286)　梅・前掲書（『民法要義巻之二物権編』）182頁。

526

第2節 所 有 権

料所有者の所有であることに変わりはない。それゆえ，特に新たな物の発生を要件
とせず，労働力の価値が材料の価値を大幅に上回るような場合にのみ，価値相互間
の均衡を欠き，妥当ではないので，その場合に限り，加工者の所有に帰するものと
解する必要がある[287]。

　この問題については，結局のところ，加工（労働力）が独自の価値，あるいは独
立的な存在であるかどうかという，いわば労働の質ないし価値に解決の糸口を見い
だすべきものであり，「新たな物の発生」如何はその重要な要因ではあるが，一指
標に過ぎないものといえよう。

　民法は，「他人の動産」への加工と規定する。自分の物に手を加えて別の物に
なったときには，確かに所有権それ自体としては別であるが，自分の物であること
に変わりはないから，問題にならない（せいぜい，材料に付着する先取特権が製作物の上
にも存続するかという程度の問題に過ぎないが，別問題である）。また，動産ではなく，不
動産に加工した場合には，常に不動産の付合の問題となり，加工の問題とはならな
いので，結局，加工の問題は，「他人の動産」に対する工作の場合に尽きる。

　それでは，まだ不動産になっていない「他人所有の建築途中の工作物（建前）」に
手を加えた場合には，どのように考えるのであろうか。加工になるのであろうか，
それとも動産の付合になるのであろうか。この点に関する判例を分析する。

〔判例59〕建築途中の「建前」への工作と加工の成否：最判昭和54年1月25日民
　　　　　集33巻1号26頁

【事実】

　(1)　Xの被相続人であるAは，Yから本件建物の建築工事を請け負ったB建設会社の下
請けとして建築に着手し，棟上げを終え，屋根下地板を張り終えたが，B建設が約定の請
負報酬を支払わないため，その後は屋根瓦も葺かず，荒壁も塗らず，工事を中止したまま
放置した。

　(2)　そこで，Yは，B建設との請負契約を合意解除し，C建設会社に対し，工事進行に
伴い，建築中の建物の所有権はYの所有に帰する旨の特約を付して建築の続行工事を請け
負わせた。

　(3)　C建設は，建築の続行工事に着手し，請負契約に従い，自らの材料を供して工事を
行い，AのB建設に対する仮処分の執行により工事の続行が差し止められた日までに，本
件建前に屋根を葺き，内部荒壁を塗り上げ，外壁もモルタルセメント仕上げに必要な下地
板をすべて張り終えたほか，床を張り，電気，ガス，水道の配線，配管工事全部及び廊下
の一部コンクリート打ちを済ませ，未完成ながら独立の不動産である建物とした。そして
前記仮処分の執行が取り消された後，C建設は工事を続行して竣工させた。

　(4)　本件未完成の建物の価格は，少なく見積っても418万円であるのに対し，Aが建築

――――――――――――――――
(287)　舟橋371頁，我妻＝有泉312-313頁，廣中・前掲書（『物権法』）414頁，石田穣
　　362-363頁など。

527

第3章 占有・所有関係

した前記建前の価格は，多く見積っても90万円を超えなかった。

　Aの相続人Xは，Yに対し，本件建物の所有権はAにあると主張し，所有権に基づき本件建物の明渡しを求めるとともに，賃料相当損害金の支払を求め，本訴を提起した。

　第1審・原審ともにXに請求を棄却したので，Xから上告。

【判旨】棄却

　「建物の建築工事請負人が建築途上において未だ独立の不動産に至らない建前を築造したままの状態で放置していたのに，第三者がこれに材料を供して工事を施し，独立の不動産である建物に仕上げた場合において，建物の所有権が何びとに帰属するかは，<u>民法第243条の規定によるのではなく，むしろ，同法第246条2項の規定に基づいて決定すべきものと解する。</u>けだし，このような場合には，動産に動産を単純に附合させるだけでそこに施される工作の価値を無視してもよい場合とは異なり，建物の建築のように，材料に対して施される工作が特段の価値を有し，仕上げられた建物の価格が原材料のそれよりも相当程度増加するような場合には，むしろ民法の加工の規定に基づいて所有権の帰属を決定するのが相当だからである。」そして，最高裁は，本件においては，Aによる工事差止め日までに仕上げられた状態に基づいて，C建設が施した工事及び材料の価格とAが建築した建前のそれとを比較してこれを決すべきところ，両者を比較すると，前者が後者を遥かに超えるのであるから，本件建物の所有権は，Aにではなく，加工者であるC建設に帰属するものというべきであり，そして，CとYとの合意によりYに帰属するものと判示した。

《問題点》

　ある建築業者が建築途上の建物で棟上げの終わった状態にした構築物（建前）に対して，別の建築業者が工事を加えて建物にした場合には，動産の付合の規定（第243条），加工の規定（第246条）のうち，いずれが適用されるのか。

《分析》

　このような問題について，本判決は，動産の付合の規定（第243条）ではなく，加工の規定（第246条）を適用すべきものと判示し，その理由は，動産に動産を単純に付合させるだけでそこに施される工作の価値を無視してもよい場合とは異なり，本件建物の建築のように，材料に対して施される工作が特段の価値を有し，仕上げられた建物の価格が原材料のそれよりも相当程度増加するような場合には，むしろ民法の加工の規定に基づいて所有権の帰属を決定するのが相当だからであるとした。

　本件において問題となった建前は，まだ不動産になっていない構築物であり，不動産でなければ，動産であると考えられる。そして，他人の動産に動産を付着させたと見れば，動産の付合であるが，他人の動産に手を加えたと見れば，加工である。本件の場合には，他人の動産に動産を付着させたと同時に，そこに労働力が加算されるので，手を加えたと見ることもできる。そして，本判決は，建築行為はこの工作に特段の価値を認めることができるとして，加工の規定を適用し，加工者が複数存在するときには，その加工割合によって，所有権の帰属先を決定すべきものとし

528

第 2 節 所 有 権

た。

その後，判例は，注文者Aと元請負人Bとの間に，契約が中途で解除された際の
出来形部分の所有権は注文者Aに帰属する旨の約定がある場合において，当該契約
が中途で解除されたときには，元請負人Bから一括して当該工事を請け負った下請
負人Cが自ら材料を提供して出来形部分を築造したとしても，注文者Aと下請負人
Cとの間に格別の合意があるなど特段の事情のない限り，当該出来形部分の所有権
は注文者Aに帰属するものと判示した。

そして，その理由は，建物建築工事を元請負人Bから一括下請負の形で請け負う
下請契約は，その性質上，元請契約の存在及び内容を前提とし，元請負人Bの債務
を履行することを目的とするものであるから，下請負人Cは，注文者Aとの関係に
おいては，元請負人Bのいわば履行補助者的立場に立つものに過ぎず，注文者Aの
ためにする建物建築工事に関して，元請負人Bと異なる権利関係を主張しうる立場
にはないからであるとした[288]。

このような理論構成により，下請負人は注文者と元請負人との請負契約に拘束さ
れることから，建前の所有権は原則として注文者に帰属する。したがって，下請負
人が元請負人から報酬を受領していなくとも，注文者が元請負人に報酬（代金）を
支払ったときには，下請負人は，注文者に対しては，不当利得返還請求も，元請負
人の代金請求権の代位行使（第423条）もできないことになる。

なお，加工の規定が適用されるのは，あくまでも不動産とは認められない「建
前」の状態にある構築物に工作を加えたという場合に限り，たとえ，未完成であっ
ても，不動産と認められる状態の工作物については，適用されない[289]。

（288）　最判平成5年10月19日民集47巻8号5061頁：本判決には，可部恒雄裁判長の詳細
な補足意見があるので，その要点を抜粋する。
　　①　「工事途中の出来形部分の所有権は，材料の提供者が請負人である場合は，原則とし
て請負人に帰属する，というのが古くからの実務の取扱いであり，この態度は施工者が下請
負人であるときも異なるところはない」。
　　②　「此処で特段の指摘を要するのは，工事途中の出来形部分に対する請負人（下請負人
を含む）の所有権が肯定されるのは，請負人乙の注文者甲に対する請負代金債権，下請につ
いていえば丙の元請負人乙に対する下請代金債権確保のための手段としてである」。
　　③　「元請負人乙に対する丙の代金債権確保のために，下請負人丙の出来形部分に対する
所有権を肯定するとしても，敷地の所有者（又は地上権，賃借権等を有する者）は注文者甲
であって，丙はその敷地上に出来形部分を存続させるための如何なる権原をも有せず，甲の
請求があればその意のままに，自己の費用をもって出来形部分を収去して敷地を甲に明け渡
すほかはない。」
　したがって，出来形所有権を敷地所有者兼注文者である甲に帰属させ，甲が代金未払のと
きは，丙が乙に代位して，甲に対して代金請求をするのが望ましい姿だという。
（289）　東京地判昭和34年2月17日下民集10巻2号296頁：「民法の加工に関する規定の適
用を受け加工物の所有権の帰属が決定されるのは，動産に工作を加えた場合に限られるか
ら，未完成建物が不動産と認められる以上，加工に関する民法規定を適用する余地はない。
本件においては，寧ろ不動産の附合に関する民法第242条の規定が適用されるのであって，

第3章　占有・所有関係

(2) 加工の効果

　加工の基本的な効果は，原則として，材料所有者に加工物の所有権が帰属し，加工者の加工の価値如何により，例外的に，加工者にその所有権が帰属するということは既に述べた。

　次に，加工者が材料の一部を提供したときには，その価格に工作によって生じた価格を加えたものが，他人の材料の価格を超えるときに限り，加工者がその加工物の所有権を取得する（同条2項）。

5　添付（付合・混和・加工）の効果

(1) 第三者の権利関係

　不動産の付合，動産の付合，混和，加工により（例えばA＋B），ある物の所有権が消滅（BまたはA・B双方が消滅）したときには，その物（BまたはA）について存在する他の権利（Cという担保権，用益権）も消滅する（第247条1項）。

　ただ，例外として，この場合において，物(B)の所有者が，その合成物等の「単独所有者」になったときには，物(B)について存在する他の権利(C)は，以後，その合成物等の上に存続し，物の所有者が，その合成物等の「共有者」になったときには，消滅した物について存在する他の権利は，以後，その持分の上に存続する（同条2項）。

　では，物(B)の所有者が，単独所有者にも共有者にもならなかったときにはどうなるのであろうか。

　その場合には，Cという権利が先取特権，質権，抵当権であれば，消滅した権利者(B)が取得する償金請求権（第248条）に対して物上代位権を行使することができる（第304条，第350条，第372条）。

　つまり，物(B)の所有者の所有権が存続する限り，その上に存在する権利(C)も存続するが，物(B)の所有者が所有関係から離脱したときには，原則として，その上に存在する権利も消滅する。ただし，Cが担保権の場合には，物上代位制度があるので，権利(C)に基づいて，物上代位による差押えの途が残されているということである。

　それでは，互いに主従関係にない甲と乙2棟の建物が工事により1棟の建物丙となった場合において，付合前の建物甲または乙について抵当権が設定されていたときには，この抵当権はいずれに帰属するのであろうか。

　この問題について，判例は，付合前の建物抵当権は付合した1棟の丙建物の上に存続するが，それは，丙のうち，甲または乙建物の価格の割合に応じた持分を目的として存続するものと判示している[290]。この判例の考え方は，建物の合棟工事

　　未完成建物の所有者たる原告がこれを完成するために附合した被告の建築材料の所有権を取得するものというべく，これがため附合した被告が損失を蒙ったときは，不当利得として建物の所有者たる原告に対してその償還を請求しうるに過ぎないのである。」
(290)　最判平成6年1月25日民集48巻1号18頁：「互いに主従の関係にない甲，乙2棟の

530

は，通常，元の建物の一部を取り壊すだけであり，付合前の建物が減失したわけではないので，抵当権は元の建物の存続割合に従って存続するものという考え方であり，きわめて妥当である。

(2) 償金請求

添付によって消滅した権利の権利者は，その権利が消滅した分の損失を被ったわけであるから，不当利得（第703条，第704条）の規定に従い，その償金を請求することができる（第248条）。

第4款　共同所有関係————————————————————

第1項　共同所有の意義

1　所有権の管理・収益権能と共同所有

共有とは，数人が共同にて一つの所有権を保有する状態のことである[291]。1個の物を数人で利用する場合には，単一の所有権に基づいて，用益物権もしくは債権的利用権を設定するという構造が，近代法の描く所有権を中心とする物的支配の構造である。しかし，同一物に対する多数人による全面的支配権を認める必要性に鑑みて，近代法は，個人所有に対する例外的な制度として，共同所有という概念を認めてきた。

既に見てきたように，所有権の内容は，大きく分けて，物に対する管理的作用（管理権能）と収益的作用（収益権能）との2つに分けられる。前者は，所有物の維持・管理（保存，改良，改善），収益方法の決定，処分方法の決定などを行う権利であり，後者は，所有物から現実に利用価値・交換価値という利益を収受する権利である。所有権には，これら2つの権利ないし権能が含まれている（細かく分類すると，第206条に規定するように，使用・収益・処分という権能となる）。これらの権能は，単独所有の場合には個人的利益の享受に止まり，利益の衝突は起こりえないので，意識の俎上に上ってこないが，これが数人の者の共同所有となると，話は別である。共同所有の場合には，所有物の管理・収益に関して利害の衝突が生じてくる。なぜ，共同所有の場合に利害の衝突が生ずるのかというと，この場合には，所有物は1個であるが，権利は各人の持分権という権利関係となり，この持分権という概念は，実

建物が，その間の隔壁を除去する等の工事により1棟の丙建物となった場合においても，これをもって，甲建物あるいは乙建物を目的として設定されていた抵当権が消滅することはなく，右抵当権は，丙建物のうちの甲建物又は乙建物の価格の割合に応じた持分を目的とするものとして存続すると解するのが相当である。けだし，右のような場合，甲建物又は乙建物の価値は，丙建物の価値の一部として存続しているものとみるべきであるから，不動産の価値を把握することを内容とする抵当権は，当然に消滅するものではなく，丙建物の価値の一部として存続している甲建物又は乙建物の価値に相当する各建物の価格の割合に応じた持分の上に存続するものと考えるべきだからである。」

(291)　梅・前掲書（『民法要義巻之二物権編』）191頁。

第3章 占有・所有関係

質的には複数人による独立した支配関係となるからである。

このように考えてくると，共同所有における管理・収益権能は，①当該共同所有形態が完全に地縁・血縁団体，あるいは利益団体を構成し，全員の合意の下でのみ管理・収益に関する事項について決定する場合と，②小規模の家族共同体ないし利益共同体など，一定の事項については全員の同意を必要とするが，場合によっては頭数や所有割合に従って決定しうる場合とが考えられる。

所有物の共有状態が成立する場合には，1個の所有物に1個の所有権が成立し，各共有者に所有権が分属する状態，即ち，共有持分権が成立するという考え方（分有説）と，各共有者にそれぞれ所有権が成立するが，一定の割合（共有持分権）によって制限を受け，その総和が1個の所有権となるという考え方（独立所有権説）とがあるが，いずれにせよ，共有者が2人ならば共有持分権はそれぞれ2分の1（第250条）となるというように，持分権が観念される。

2 共同所有の諸類型

前段において述べてきたように，所有権を管理権能と収益権能とに分け，これらの権能を中心として共同所有を考えると，共同所有形態は，概念的には3つの類型に分けられる。それは，総有，共有（狭義の共有），合有である。

(1) 総 有

まず，「総有（Gesamteigentum）」とは，村落共同体による土地所有形態である。ゲルマンの村落共同体は，村民が個人としての地位を失わず，そのまま全一体として結合した団体，即ち，ゲノッセンシャフト（Genossenschaft：実在的総合人）と称される。この村落共同体による土地支配は，管理権能が村落共同体に属し，収益権能は村民（Genosse）に分属していた。この関係における土地所有は，個人から離れた団体所有の財産という性格が色濃く出ているものである。したがって，共同体の構成員である村民には所有権が認められず，収益権能が認められていたに過ぎない。

また，村民に対する団体的拘束や統制は非常に強く，村民資格の喪失は，そのまま土地の収益権能を失うことにつながった。更に，村民資格の取得や喪失についても，常に団体の社会的規範によって厳格に決められていた。このような土地支配類型は，近代的所有権の成立以前においては，特に農村の共同生活においてむしろ普通の状況であったとされる[292]。

現代において，総有関係が残存しているとすると，社団財産や入会権に関する権利関係がこの形態に属する。この形態においては，もはや「持分権」という概念はないか，あってもあまり意味はない。

(2) 共 有

次に，「狭義の共有（Miteigentum）」は，ローマ法に起源を有する共同所有形態で

---

(292) 我妻＝有泉 316 頁。

532

ある。共有者は，それぞれ，所有物に関する管理権能と収益権能とを有していた。
即ち，ここにおいては，管理権能と収益権能とを包含した持分権という概念が存在
し，各共有者は，持分権を自由に処分することができ，共有物分割請求により単独
所有への途が開かれていた。したがって，共有は団体的統制がきわめて薄弱であり，
個人の財産という性格が色濃く出ているものである。民法第249条以下の規定が予
定する共有は，原則として，この類型を意味する。

(3) 合　　有

更に，「合有（Eigentum zur gesamten Hand)」とは，総有と共有の中間形態であり，
持分権があるという意味では共有に近いが，全員が共同して事業を営むというよう
な「共同の目的」という概念による団体的拘束を受けるため，やや団体所有的性格
を帯びた権利関係である。この共同目的による制限は当然に共有者の管理権能の制
限につながる関係上，共有者には持分権の処分の自由や分割請求権も存在しないの
で，各持分権は，共同目的の終了までは潜在的に観念されるに過ぎない。この場合
には，共有持分権が合一的にまとめられている共有形態として，「合有」と称され
る。組合契約や相続財産（共同相続）に基づく共有的権利関係がこの類型である。

わが民法には「合有とする」旨の規定はないが，ドイツ民法には，組合財産
（BGB第718条[293]以下），夫婦共有財産（BGB第1437条[294]以下），そして共同相続財
産（BGB第2032条[295]以下）について，共同財産（gemeinschaftliches Vermögen）あるい
は合有財産（Gesamtgut）と規定されている。

(4) 3類型と民法の共有規定

これら共有の3類型は，共有に関する理論上・概念上の分類に過ぎず，共有は
明確にこれらに限定されるものではない。これらは，いわば「理想型」である[296]。
民法の共有の箇所に規定されている共有類型は，狭義の共有に該当するが，その他
の制度の中で「共有」とされている規定においては，この類型に当てはまるものも
あれば，そうではないものもありうる。次に，この点について，検証する。

---

(293)　BGB第718条（組合財産〔Gesellschaftsvermögen〕）
　　　第1項　組合員の出資及び業務執行により，組合のために取得した目的物は組合員の共同
　　財産（組合財産）となる。
　　　第2項　組合財産に属する権利に基づき，または組合財産に属する目的物の滅失，損傷，
　　もしくは侵奪に対する賠償として取得したものもまた組合財産に属する。
(294)　BGB第1437条（合有財産の債務〔Gesamtgutsverbindlichkeiten〕；人的責任）
　　　第1項　合有財産を管理する配偶者の債権者，及び，第1438条ないし1440条に基づいて
　　何ら明らかにならないときは，他方配偶者の債権者も，その合有財産から満足を得ることを
　　請求することができる（合有財産の債務）。
(295)　BGB第2032条（共同相続関係〔Erbengemeinschaft〕）
　　　第1項　被相続人が数人の相続人を遺したときは，相続財産は，相続人の共同財産となる。
　　　第2項　第2033条から第2041条までの規定は，遺産分割協議まで適用する。
(296)　我妻＝有泉318頁。

第3章　占有・所有関係

(ｱ)　組 合 財 産

組合財産は，総組合員の共有に属する（第668条）。しかし，組合員が組合財産中に有する自己の持分を処分したときには，その処分について，組合自身，及び組合と取引した第三者に対しても，対抗することができず（第676条1項），また，組合員は，清算前には，組合財産の分割を請求することもできない（同条2項）。

このように，組合員が出資した財産は，全体として組合財産を構成するものである。組合財産の上には，一応，組合員に持分は認められるが，持分の処分は制限され，分割請求もできないことから，学説は，一般に，組合の財産関係を合有と解している。

(ｲ)　共同相続財産

相続人が数人ある場合には，相続財産は，その共有に属する（第898条）。包括遺贈に基づく受遺者は相続人と同一の権利及び義務を有するので（第990条），包括受遺者もこの共有者に属する。

この共同相続による共有関係において，遺産の分割は，遺産に属する物または権利の種類及び性質，各相続人の年齢，職業，心身の状態，及び生活の状況，その他一切の事情を考慮して，することとされている（第906条）。しかし，共同相続人の一人が，遺産分割前に自己の相続分を第三者に譲渡したときには，他の共同相続人は，その価額及び費用を償還して，その相続分を譲り受けることができる（第905条）。この相続分の取戻権は，一種の処分制限である。しかも，遺産分割協議の効果は，相続開始の時に遡って発生する（第909条）。このような制度上の各種の制限があることから，共同相続財産についても，遺産の分割という目的を達成するまでの合有であると解されてきた。

しかしながら，遺産分割協議は，共同相続人相互間における合意による財産の処分（物権的法律行為）であり，しかも，遺産分割協議の遡及効も，第三者の権利を害することはできないという制限を受けることから（第909条ただし書），その合有性を否定する学説も有力に存在する[297]。

(ｳ)　境界標など

既に相隣関係の箇所で述べたが，境界線上に設けた境界標，囲障，障壁，溝及び堀は，相隣者の共有に属するものと推定される（第229条）。しかし，これらが共有物であるとしても，分割請求に関する規定は適用されない（第257条）。そうすると，これらも相隣者の合有財産となるのであろうか。

しかしながら，例えば，障壁については，相隣者の一人が障壁の高さを増すことができる（第231条1項本文）。当該障壁が工事に耐えられない場合において，自己の費用で必要な工作を加え，または障壁を改築しなければならないだけである（第

---

(297)　川島編・前掲書（『注釈民法(7)』）〔川井健〕305頁。

534

231条1項ただし書）。そして，この障壁の高さを増した部分は，工事をした者の単独所有に属する（第231条2項）。

このような規定の構造及び趣旨から考えると，境界標等の共有規定は，特に合有財産と解する必要はないものと思われる。分割請求の対象にならないのは，意味がないからであり，相隣者間の特殊な共有関係（共同利用関係のみの共有という意味において，「互有」と称される。）と解すれば足りるであろう。

(エ)　その他

数人が共同で無主物を先占し，遺失物を拾得し，そして，他人の物の中から埋蔵物を発見した場合（第241条），または，主従を区別しえない動産の付合（第244条），混和（第245条），あるいは，共有物から生じた果実（第89条）など，法律上の規定によって共有とされるもののうち，特別の規定のないものについては，すべて共有に関する第249条以下の規定が適用される。

しかし，入会権については，狭義の共有とは異なる総有という類型に属すべきものと解されるから，民法上，共有の性質を有する入会権（第263条で「適用」），共有の性質を有しない入会権（第294条で「準用」）のいずれも，狭義の共有に分類される民法の共有規定が適用される場面はなく，専ら，各地方の慣習法によって規律されることとなる。

3　共有及び持分の法的性質

共有関係及び共有持分の意義に関しては，争いがある。共有者は各々1個の所有権を有し，各所有権が一定の割合において制限しあって，その内容の総和が1個の所有権の内容と均しくなっている状態だという説（独立所有権説）[298]が多数説であるが，かつては，1個の所有権を数人で量的に分有する状態だという説（分有説）[299]も多かった。後者の考え方が多かった理由は，起草者の見解[300]及び判例[301]の影

---

(298)　末弘408頁以下，我妻＝有泉320頁，舟橋375頁，など参照。

(299)　中島（玉）前掲書（『民法釈義巻之二物権篇上』）436頁，石田（文）485頁，末川308頁，柚木・前掲書（『判例物権法総論』）470頁，近江・講義Ⅱ241頁など参照。

(300)　起草者である富井政章博士は，「共有ハ一個ノ所有権カ数人ニ分属スル状態ナリ」といい，「所有権カ数人ニ分属スルトハ……其分量，範囲カ分タルコトヲ謂フモノトス」と説明している。ただ，富井博士も，「各共有者ノ所有権ノ内容ハ所有権カ一人ニ専属スル場合ニ於ケルト毫モ相異ナルコトナシ即チ一般ノ関係ニ於テ物ヲ支配スルニ在ルコト言ヲ俟タス唯其支配権ハ他ノ共有者ノ同一ナル権利ニ因リテ制限ヲ受ケ一定ノ範囲内ニ於テ行ハルルモノトス」と述べているので，結果としては，現代の通説と変わりはなくなる。この点については，富井・前掲書（『民法原論第二巻物権』）156-157頁参照。なお，富井博士が解説している『法典調査会民法議事速記録二』69頁以下においては，旧民法からの改正点（主として共有物分割）について論じているだけであり，共有の意義については，財産編第38条1項末段「自己ノ持分外ニ物権ヲ付スルコトヲ得ス」の削除理由に関して，「自己ノ持分外ノ部分ハ自分ノ所有物テナイ，共有ト云フモノハ所有権ノ集リニ外ナラヌモノテ自分ノ持分ヲ離レタラバ人ノ物，夫レヲ所有スルコトガ出來ヌト云フコトハ明文ヲ待タナイコトト信シマス」（同書70頁）と述べているに過ぎない。

響が大きかったように思われる。

大正 8 年判決は,「各共有者は物の全部に付き所有権を有し他の共有者の同一の権利によって減縮されている」と述べる一方で,他方,「各共有者の持分は一の所有権の一分子として存在を有するに止まり,別個独立の存在を有するものではない」と述べている。両説を結びつけたような感があるが,全体としては,1 個の所有権を数人で量的に分有する状態だという説(つまり,分有説)の立場に立っているようである。判例も,おそらくは起草者の見解に従ったものと思われる。

共有者の持分権を各々独立した所有権と解し,互いに制限しあっている状態だという説(つまり,独立所有権説)は,持分権の独立性や弾力性を論じているものであり,個人主義の原則に立つ民法の本質と合致する。しかし,後説(分有説)も,その所有権の量的な一部,即ち,持分権は,その効力や保護において所有権と全く同一に取り扱うべきものと解するので[302],両説は,その説明の当否を別とすれば,結果において異なるものではない。

第 2 項　共有の内部関係

1　共 有 持 分

持分権は,独立した所有権としての性質を有するので,通常の所有権と同じく,目的物を自由に使用,収益し,持分権を処分することができる(第 206 条)。

共有持分の割合は,法定されている場合もあるが(第 241 条ただし書〔埋蔵物〕,第 244 条〔動産の付合〕,第 245 条〔混和〕,第 900 条－第 904 条の 2〔相続分,寄与分〕),それ以外は,共有者の意思表示に従って定められる。しかし,民法は,持分の割合が不明な場合を想定して,各共有者の持分は相等しいものと推定すると規定した(第 250 条)。

共有不動産の登記については,持分が登記事項とされているので(不登法第 59 条 4号),2 人以上の者を登記名義人とする場合において,当事者の合意により,持分を相異なる割合としたときには,これを登記しなければ,第三者に対抗しえない(第 177 条)。相異なる持分の登記をしない場合には,第 250 条の均等推定が働く。

共有者の一人がその持分を放棄したとき,または相続人なくして死亡したときには,その持分は他の共有者に帰属する(第 255 条)。

共有持分権は,持分権それ自体を独立した所有権として考えれば,放棄や相続人不存在の効果として,不動産の場合には,最終的には無主物として国庫に帰属する

---

(301)　大判大正 8 年 11 月 3 日民録 25 輯 1944 頁：「共有は数人が共同して一つの所有権を有する状態にして共有者は物を分割してその一部を所有するのではない。各共有者は物の全部に付き所有権を有し他の共有者の同一の権利によって減縮されているに過ぎない。従って,共有者の有する権利は単独所有者の権利と性質内容を同じくし,唯その分量及び範囲に広狭の差異があるだけである。故に,各共有者の持分は一つの所有権の一分子として存在を有するに止まり,別個独立の存在を有するものではない。」

(302)　末川 309 頁参照。

第2節　所　有　権

とも考えられるが（第239条2項），共有持分権相互間のつながりを顧慮すると，民法の規定の仕方は当然ともいいうる。即ち，持分は独立存在ではあるが，互いに制限し合いつつ，合一的かつ単一の所有権の中で生きているので，持分の1つが消滅すると，他の持分の割合が増えるという性質を有する。これを「所有権の弾力性」（本項の場合には，「共有の弾力性」）という。所有権に制限物権が設定されているときには，所有権がその負担によって制限されているが（内容の縮減），制限物権がなくなれば，負担（制限）のない所有権に復帰するのと同じである。もっとも，相続人の不存在については，前述したような手続を経て（「第3款 所有権の取得，第2項 無主物・遺失物・埋蔵物の取扱い，1. 無主物の帰属」参照），初めて認定され，単独所有の場合には国庫に帰属するが，共有の場合には他の共有者に帰属するのである。

2　共有物の利用関係

(1)　使用・収益

各共有者は，共有物の全部について，持分に応じた使用をすることができる（第249条）。共有物の全体に利用権を有するという意味である。それゆえ，使用のみならず，収益（果実の収受）も含む。

この「持分に応じた使用・収益」であるが，これは，持分ごとに使用及び収益の割合が決まるということであろうか。収益は，天然果実と法定果実の収受権であり，これは持分の割合で簡単に定めることができる。それゆえ，自己の持分を超えて収受した果実については，これを他の共有者に償還しなければならない[303]。

しかし，使用，特に家屋の使用については，持分の割合で定めることは事実上きわめて困難である。確かに，AとBとがそれぞれ3分の2と3分の1の共有持分権を有しているという場合において，居室部分が3部屋あるときには，Aが2部屋，Bが1部屋というように，各専用部分を持分ごとに分けることは可能であるが[304]，この例においても，2部屋しかないときや，4部屋のときなど，簡単に分けられないことが多い。この場合を含め，共有物の使用方法や収益分配の方法については，結局のところ，各共有者の協議によって定めることとなろう。特に，広い共有土地については，誰がどの部分を使うかは，重大な利害が絡んでくる問題であり，単に，持分の割合というだけでは抽象的に過ぎて，具体的に定めることはできないから

---

[303]　富井・前掲書（『民法原論第二巻物権』）167頁は，この点は当然のことであるから，民法中にはこの点について別段の規定はないという。共有者の果実収取権については，旧民法財産篇第37条3項に「各共有者の権利の限度に応じて定期においてこれを分割する」旨が規定されていたが，起草者である富井博士は，これは通常の事実をいったまでのことであり，各共有者はいつでも分割請求権を有しており，また，果実は収取後直ちに分割されるものであるから，この規定を削除したという。この点については，『法典調査会民法議事速記録二』69-70頁参照。

[304]　梅・前掲書（『民法要義巻之二物権編』）192-193頁は，この例を掲げつつ説明する。乗馬を共有する場合には，3日のうち，Aが2日，Bが1日使用するのだという。

537

第3章　占有・所有関係

である。協議で定められた内容については，もちろん従わなければならないところ，この協議は「管理」に該当するので，各共有者の持分の価格に従い，その過半数で決する（第252条本文）。つまり，共有者がA・Bの2人だけで，Aが3分の2の持分を有する場合には，持分の過半数を有するAの意思のみで決せられる。

(2)　共有物の維持・管理

　共有物の管理に関する事項は，共有者の持分権の有する価格の過半数の同意によって決する（第252条）。ただし，共有物の保存行為（家屋の修繕，未登記家屋の登記，土地の草むしりなど）は，各共有者が自らの意思だけですることができる（同条ただし書）。旧民法においては，保存に必要な管理その他の行為は各共有者ができることとされていた（財産編第37条4項）。しかし，この規定では，保存行為でなければ全員が共同で行わなければならず，甚だ不便であり，また，管理行為に軽重をつけるというのも煩わしいという理由から，持分権の価格に従い，その過半数の意見をもって決するとすれば十分であるとして，旧民法の規定を変更したのである[305]。

　管理とは，共有物の変更に至らない程度の利用・改良行為である。単に財産を管理下に置くだけではなく，他人に共有不動産を賃貸する場合を含む概念である[306]。しかし，賃貸借のうち，借地権は，存続期間が長く，都市部においては借地権価額が地価の60から70パーセントにまで達する地域が多いので，ほとんど土地それ自体の売買と大差がないことを顧慮すると，借地権の設定は，管理行為ではなく，処分行為と解すべきである[307]。特に，借地権の売買が土地の売買とならんで不動産市場において広く行われており，借地権の売買の場合には，そのほとんどが「旧法賃借権（通常は存続期間を民法第604条では最長期であり，借地法では最低約定期間である20年とする）」であり，借地権者の変更で処理されているという現状を踏まえ，考えると，実質は新たな借地権の設定と同じなのであるから，処分行為と解するのは，至極当然のことである。

　次に，賃借権の設定が管理行為である場合には，その解除も管理行為であるかが問題となる。判例は，貸借契約の解除は第252条ただし書の保存行為ではなく，同条本文の管理に関する事項であるとして，持分の価格の過半数に充たない者からの解除権の行使を無効とした[308]。然るに，この昭和39年判決以前に，既に最高裁は，

---

(305)　前掲『法典調査会議事速記録二』77頁における富井政章発言を参照。

(306)　最判昭和38年4月19日民集17巻3号518頁：共同相続財産である土地を賃貸することは管理行為であり，第252条本文によって持分の価格の過半数を必要とするところ，本件賃貸借契約は共有者の持分の価格の過半数に充たない者からの賃貸であるから，他の共有者に対抗しえないと判示した原判決を支持した。

(307)　この点は，我妻＝有泉323頁が既に問題視していたところである。もっとも，管理行為としての賃貸借は，第602条（旧民法財産編第119条）の短期賃貸借（山林10年，その他の土地5年，建物3年など）であるから，その期間を超える長期賃貸借の設定は，処分行為であるということができる。この点は，法典調査会において，梅謙次郎博士が明言している。『法典調査会民法議事速記録二』957-958頁参照。

使用貸借の解除を管理行為であるとしていた⁽³⁰⁹⁾。土地賃借権，特に借地権の設定は処分行為であると解することが妥当であるが，使用貸借・賃貸借を問わず，解除の場合には，管理行為と解すべきであろう。その結果，解除権の行使に関する不可分性原則（第544条1項）は，共有物の賃貸借契約の解除については適用されないということになる。

　共有物に関する保存行為は，各共有者が単独で行うことができる（第252条ただし書）。修繕・登記といった単純な保存行為のみならず，不法占有者に対する妨害排除，土地明渡請求も保存行為として単独ですることができる⁽³¹⁰⁾。

(3) 共有物の変更

　共有物の変更は，共有者全員の同意を必要とする（第251条）。共有物である宅地に庭を作るとか，田畑を宅地にするとか，建物に増築するなど，物理的な変更のほか，共有物に関して，持分権を超えて売買するとか，担保物権を設定するなどの事実的・法律的処分行為までも含む。

---

(308)　最判昭和39年2月25日民集18巻2号329頁：本件土地は元Aの所有であり，YはAから本件土地を使用貸借もしくは賃貸借により借り受けて使用していた。Aが死亡し，Aの母XとAの妻B子とが共同して亡Aの遺産を相続した。YはXに無断で土地の一部に建物を建築し，これをY会社に使用させ，Y会社はその建物を営業所として使用し，また同地をタクシー置き場として使用した。その後，Y会社は，B子から本件土地の共有持分権を譲り受け，その登記を経由した。

　XはYに対し，本件貸借契約を解除し，本件土地の返還を求めるため，Yらに対し，本訴を提起した。これに対して，Yらは，Y会社がB子から本件土地の共有持分権を譲り受け，Y会社はこの共有持分権により，本件土地を使用している旨を主張した。原審は，Yらの主張を容れ，Xの請求を棄却したので，Xから上告。

　棄却。「共有物を目的とする貸借契約の解除は民法252条但書にいう保存行為にあたらず，同条本文の適用を受ける管理行為と解するのが相当であり，……Xは本件土地について2分の1の持分を有するにすぎないというのであるから，同条本文の適用上，Xが単独で本件貸借契約を解除することは，特別の事情がないかぎり，許されないものといわねばならない。」

(309)　最判昭和29年3月12日民集8巻3号696頁：「原判決は亡AとY間の本件家屋の貸借は使用貸借であると認定し，そしてAの死亡による共同相続人が為す右使用貸借の解除は，民法252条本文の管理行為に該当し，したがって共有者（共同相続人）の過半数決を要する旨判示する（。）原判決には何等所論法律解釈の誤りはない。」

(310)　大判大正7年4月19日民録24輯731頁：「Xは本訴において本件土地の共有者の1人としてYに対しその不法占有による妨害を排除し，その明渡しを請求するものにして，共有地の所有権確認の訴えを提起したのではない。かかる請求は各共有者単独にてすることができる」。

　大判大正10年7月18日民録27輯1392頁：「Xが本訴において求める確認は，XがA外16名とともに有する用水専用権そのものにして，その持分でないことは本件記録上明らかである。然らばXは他の共有者即ちA外16名とともに原告となって，本訴を提起すべきもの（大判大正5年6月13日参照）であるにかかわらず，共有者の一部であるXのみ原告となって提起した本訴中確認の請求はその理由がない。然れども，共有権に妨害を加える者のある場合においては，各共有者はその排除を求めることができ，共有者全員よりこれを求めることを要しない。蓋し，その妨害の排除を求めるのは，保存行為に属するからである。而して，その妨害の排除は妨害者の全員を相手方としてこれを求めることを要しない（。）」

539

判例に現れた事案としては、山林の持分2分の1を有する共有者の1人がその立木を伐採・処分したという事案において、他の共有者の同意を得ずに立木を伐採するのは、他の共有者の所有権侵害にほかならないと判示したものがある[311]。土地である山林を所有することは、立木の伐採・処分を予定するものと解されるので、共有者が2分の1の持分を有するのであれば、その持分に応じた収益行為を自由に行うことができるはずである[312]。しかし、判例は、立木の伐採は単純な収益行為ではなく、変更行為であるとし、全員の同意を要するとした。

それでは、借地権者が行う共有建物の買取請求権の行使は、どのように扱われるのであろうか。建物買取請求権は形成権であり、その行使は、借地権者からの一方的な意思表示によって売買契約が成立したものと見做されるので（借地借家第13条は「時価で買い取るべきことを請求することができる」とだけ規定するが、規定の趣旨からこのように解される。）、処分行為であり、共有物の変更と考えられる。

しかし、この買取請求権を行使する場合というのは、借地権の期間満了により、更新しないときの話であり、建物の収去か買取請求かという選択を迫られての措置である旨を理由として、これを管理行為として、持分の価格の過半数で決しうるものと解する有力説がある[313]。

(4) 共有物の負担

共有物の管理の費用、その他、共有物に関する負担については、各共有者が、その持分に応じて負担する（第253条1項）。管理の費用とは、共有物の維持・管理に関する費用のことであるから、修繕費など通常必要とされる費用はもちろんのこと、不動産の測量費用や登記費用、借地権その他の用益権の設定に関する費用など、管理のみならず、保存に関するすべての費用のことを指している。また、その他の費用とは、公租公課に代表される負担である。

この管理費用その他の費用の負担は共有者の義務であり、そうであるにもかかわらず、この義務を果たさない者がいる場合において、その共有者が1年以内に義務を履行しないときには、他の共有者は、相当の償金を支払って、その者の持分を取得することができる（同条2項）。他の共有者とは、義務を果たさない者の代わりに支払った者でも、また、その他の共有者でもよい。共有者全員から償金を募って、全員で取得し、それぞれの持分を増やしてもよいであろう。ただし、持分を失う者

---

(311) 大判大正8年9月27日民録25輯1644頁:「立木の共有者の1人が他の共有者の同意を得ずに立木を伐採するのは、これ即ち他の共有者の所有権を侵害するに外ならないから、他の共有者は、自己の権利に基づき、伐採者に対して伐採禁止の請求をすることができる。」

(312) 舟橋384頁は、共有山林を一定程度（許された需要の範囲、または果実となる範囲）を超えて伐採するような場合には、共有物の変更となるものと解している。この意味において、舟橋博士は、収益権との関係において変更とならない場合もあると考えていることがわかる。

(313) 我妻＝有泉323頁。

からその全部を取得しなければならない[314]。

(5) 共有物に関して生じた債権

共有物の管理費用などを立替払いした共有者がいる場合には，その共有者は支払をしなかった共有者に対して債権を有するが，この債権は，その支払をしていない共有者から売買などで持分を承継した特定承継人に対しても行使することができる（第254条）。この債権は，金銭債権に限らず，共有者間における共有物の分割に関する合意などに基づく債権を含む。

金銭債権の例としては，マンションの一専有部分所有者が，管理費用を支払わずに滞納し続け，挙げ句の果てに専有部分を売却したというケースが考えられる。この場合において，この売買が不動産業者を通じてのものであれば，買主には重要事項として事前に知らされているはずであるが（宅建業法第35条），競売による取得の場合において，このような重要な事実が現況調査報告書や物件明細書に記載されておらず，買受人にとって不知の事実であったときには，同人に不測の損害を被らせるおそれがある。したがって，このような債権が存在する場合には，これを登記する方法が定められる必要がある[315]。立法例として，ドイツ民法は，この場合における特定承継人への対抗は，登記を要件としている（BGB第1010条2項)[316]。

共有物の分割等に関する債権として，例えば，AとBとの共有不動産の一部をAの単独所有として，その分筆手続完了後直ちに登記する旨をA・B間で合意した後に，Bの持分をCが買い受けたときには，Aは登記なくしてCにこの合意内容を対抗しうるとされる[317]。

---

(314) 大判明治42年2月25日民録15輯158頁：「民法第253条第2項に共有者が云云，他の共有者は相当の償金を払ってその者の持分を取得することができるとあるのは，全部の持分に相当する償金を払って全部の持分を取得することができるという法意であるから，持分の一部に相当する償金を払って持分の一部を取得することは同条の許さないところである。」

(315) 我妻＝有泉324頁。

(316) BGB第1010条（共有者の特定承継人）
　　第2項　第755条（義務を果たさない共有者に対する債権の弁済），第756条（共有者の1人に対して有する債権の弁済）に規定した請求権は，これを土地登記簿に登記した場合にのみ，共有者の特定承継人に対して，主張することができる。

(317) 最判昭和34年11月26日民集13巻12号1550頁：「XはA外2名から本件土地につき共有持分の譲渡を受け登記を完了し共有関係に入るとともに，共有者間の内部においては，土地を分割し，20坪7合5勺はXの単独所有として独占的に使用し，のち分筆登記が可能となったとき直ちにその登記を為すことを約し，土地引渡を了しているのであり，Yは，その後において，Aを除く2名の者から右土地につきXのため登記された残余の共有持分の3分の1宛の譲渡を受け，その登記をなし共有関係に入ったというのである。しからば，Yは民法254条にいわゆる特定承継人に該当するものであり，共有地分割契約により前主たる共有者の負担した義務を承継したものであるから，Xがその主張の土地につき他の共有者に対して有する分割契約上の債権は，Yに対してもこれを行うことができ，Yはこれが行使を妨害してはならないものである。このことは，分割契約につき登記を経たものであると否とにかかわらないと解すべきである。」

第3章　占有・所有関係

　なお，後述する共有物の分割に際して，共有者の一人が他の共有者に対して共有
に関する債権を有するときには，その債務者たる共有者に帰属すべき共有物の部分
により，その弁済に充てることができる（第259条1項）。この場合には，債権者た
る共有者は，その弁済を受けるため，債務者たる共有者に帰属すべき共有物の部分
を売却する必要があるときには，その売却を請求することができる（同条2項）。

3　内部関係における持分権の主張

　共有関係は，1つの物の所有権という観点から見ると，数人で1つの物を所有す
るかのようであるが，各自の有する持分権という観点から見るときには，それぞれ
が独立した所有権である。ただ，他の共有者の持分権との関係において，所有物全
体に対する使用・収益・処分という権能が制限を受けるに過ぎない。したがって，
自己の共有持分権に関する限りにおいては，使用・収益・処分権能は制限を受ける
ことなく，自由にこれらを行使することができる。

　例えば，他の共有者が自己の共有持分権を否認したときには，この否認する者だ
けを相手方として持分権確認の訴えを提起することができ[318]，また，同様に持分
権の登記を請求することができる。他の共有者が持分権の登記をしないときでも，
自分だけ持分権の登記を請求することができる[319]。この点において，持分権は独
立存在だということができる。

　また，他の共有者が，自分に対して，持分に応じた使用をさせず，収益を分配し
ないときには，持分に応じた物権的請求権によって，解決を図ることができる。更
に，共有者の1人が山林の立木を伐採し，あるいは庭園や建物を取り壊すなど，共
有物に対して侵害行為をしたときには，侵害行為の全部を排除することができる。
この場合には，持分権の使用・収益権が目的物の全体に及んでいるので，侵害行為
全体を排除しうるのである[320]。

---

(318)　大判大正13年5月19日民集3巻211頁：「共有権の確認の訴えには，数人が共同して
　　　有する一の所有権の確認の訴えと，各共有者が物の全部につき他の共有者の権利によりて減
　　　縮される範囲において有する権利即ち持分権の確認の訴えとあり，前者は共有者全員の権利
　　　関係の確認を求めるものであるから，共有者全員においてこれを提起することを要し，各共
　　　有者単独にこれを提起することはできないけれども，後者は各共有者の有する権利の確認を
　　　求めるものであるから，各共有者は単独に第三者または他の共有者全員もしくはその一員を
　　　相手方としてこれを提起することができる。」
(319)　大判大正11年7月10日民集1巻386頁：大審院は，数人が共同して，ある不動産に
　　　対する他人所有の持分を買い受けた場合において，その売買の目的である持分全部につき権
　　　利取得の登記手続を請求する訴えを提起するには，買主全員が共同してすることを要する旨
　　　を判示した後，本件を原審に差し戻す理由として，本訴請求の趣旨は必ずしもX外3名がY
　　　より買い受けた持分全部につき登記手続を請求するにありとは断定しえず，Xらは各々自己
　　　の取得した持分のみにつき他の共有者に関係なく，その取得登記手続を求めることにあるよ
　　　うにも解しうるものとした。我妻博士は，この判例を引用しつつ，「主張した者の持分権だ
　　　けの登記の請求権が認められる」と解している。我妻216頁，我妻＝有泉325頁参照。
(320)　前掲大判大正8年9月27日：「立木の共有者の一人が他の共有者の同意を得ずに立木
　　　を伐採するのは，これ即ち他の共有者の所有権を侵害するに外ならない」。

第2節　所　有　権

4　持分権譲渡の自由と効果

　共有者の有する持分権は，個人の所有権であるから，自由に譲渡し，あるいは担保に供することができる。しかし，不動産それ自体を引き渡さなければならない質権や用益物権，債権的利用権の設定をすることはできない。

　共有者相互間において，持分の処分をしないという特約をしたときでも，これは債権的効力を有するに過ぎず，第三者への譲渡は有効である。

第3項　共有の対外的関係

1　持分権の対外的主張

　持分権は，対外的な関係，即ち，第三者に対しても，通常の所有権と同様の性質を保持する。例えば，第三者が自己の持分権を否認したときには，その否認者に対し，単独で持分権確認の訴えを提起することができる[(321)]。また，第三者が自己の持分権を侵害する登記をしたときには，自己の持分権に関して，不法な登記の抹消登記や更正登記手続を請求することができる[(322)]。更に，共有不動産について，全く実体上の権利を有しない者が持分権移転登記を経由したときには，共有者は，単独で，その持分移転登記の抹消登記手続を求めることができる[(323)]。

---

(321)　前掲大判大正13年5月19日は，共有権確認の訴えは固有必要的共同訴訟であるが，持分権確認の訴えは各共有者が単独でなしうるとする。

　　最判昭和40年5月20日民集19巻4号859頁：「共有持分権の及ぶ範囲は，共有地の全部にわたる（民法249条）のであるから，各共有者は，その持分権にもとづき，その土地の一部が自己の所有に属すると主張する第三者に対し，単独で，係争地が自己の共有持分権に属することの確認を訴求することができるのは当然である（大判昭和3年12月17日民集7巻1095頁参照）。」

(322)　大判大正10年10月27日民録27輯2040頁：「一個の不動産上に共有持分権を有する者がその不動産につき単独所有権取得の登記をした第三取得者に対しその持分権を対抗しうる場合において所有権取得登記の抹消によって第三取得者の正当に取得した権利を喪失させるおそれあるときは，登記の抹消を許容すべきものではなくして，登記更正の手続により共有名義の登記に改めさせるを相当とする。」

　　最判昭和31年5月10日民集10巻5号487頁：「ある不動産の共有権者の一人がその持分に基き当該不動産につき登記簿上所有名義者たるものに対してその登記の抹消を求めることは，妨害排除の請求に外ならずいわゆる保存行為に属するものというべく，従って，共同相続人の一人が単独で本件不動産に対する所有権移転登記の全部の抹消を求めうる」。

　　最判昭和38年2月22日民集17巻1号235頁〔判例26〕：「相続財産に属する不動産につき単独所有権移転の登記をした共同相続人中の乙（Y₁）ならびに乙（Y₁）から単独所有権移転の登記を受けた第三取得者丙（Y₂）に対し，他の共同相続人甲（X等）は自己の持分を登記なくして対抗しうる。……。

　　この場合に甲（X等）がその共有権に対する妨害排除として登記を実体的権利に合致させるため，乙（Y₁），丙（Y₂）に対し請求できるのは，各所有権取得登記の全部抹消登記手続ではなくして，甲（X等）の持分についてのみの一部抹消（更正）登記手続でなければならない（大判大正10年10月27日民録27輯2040頁，最判昭和37年5月24日裁判集60巻767頁参照）。」

(323)　最判平成15年7月11日民集57巻7号787頁：「不動産の共有者の1人は，その持分権に基づき，共有不動産に対して加えられた妨害を排除することができるところ，不実の持

543

第 3 章　占有・所有関係

2　共有関係の対外的主張

　これに対して，共有者が共有関係それ自体を主張する場合には，持分権を主張する場合とは，一線が画されている。即ち，共有者の一人が共有権の確認訴訟や不動産の明渡訴訟を提起することはできないとされている[324]。

　確かに，共有土地が第三者の占有下にあり，時効取得されそうなときに，共有者の一人から当該占有者に対して明渡しを請求し，共有土地全体について取得時効が中断すれば便利であり，共有者全員の利益にも適う。しかし，当該占有者が実は正当な権利関係によって持分の移転を受けていた者だとすると，持分に応じた本権を有するので，この明渡訴訟は敗訴する。実は，この敗訴した場合にも共有者全員のために効力を生じてしまうという既判力との関係において，このような共有物全体に対する保存行為的な主張は，一部の共有者からではなく，共有者全員によって行わなければならないのである。即ち，この場合の訴訟は，固有必要的共同訴訟（民訴第40条）とされている。それゆえ，一部の共有者からの時効中断行為となる請求は，その請求をした者にのみ相対的に中断効を生ずるに過ぎないとされている[325]。

　しかしながら，第三者が違法に共有地の全体について所有権移転登記を経由したときに，共有者が共有権確認の訴えを提起する場合ならば，確かに固有必要的共同訴訟とする意味はある[326]。しかし，不法占有者に対して妨害排除請求をして，取得時効を中断する行為は，あくまでも共有物に関する保存行為と解すべきではないだろうか。このように解すると，共有者は単独で訴えを提起しうることになる。そうでなければ，前述した通常の保存行為としての妨害排除・土地明渡請求訴訟の判例法理との理論的な整合性が保てないからである。

　したがって，共有土地を第三者の時効取得から保全するには，共有権確認訴訟ではなく，不法占有者に対する妨害排除請求，あるいは，不実登記に対する妨害排除

　　分移転登記がされている場合には，その登記によって共有不動産に対する妨害状態が生じているということができるから，共有不動産について全く実体上の権利を有しないのに持分移転登記を経由している者に対し，単独でその持分移転登記の抹消登記手続を請求することができる（最判昭和31年5月10日民集10巻5号487頁，最判昭和33年7月22日民集12巻12号1805頁。）。」

(324)　我妻＝有泉 329-330頁，舟橋 385-386頁など。

(325)　我妻＝有泉 328-329頁。

(326)　大判大正5年6月13日民録22輯1200頁：「共有物の所有権は総共有者に属するものにして，その確認の訴えを提起するには，共有者全員においてすることを要し，各共有者は単独にてこれをなしえないものとする。原判決は各共有者は保存行為として単独にて所有権確認の訴えを提起しうると説明するが，単独にてその訴えを提起した結果，時としてはその所有権を否定した敗訴の判決を受け，事実上他の共有者に不利益を及ぼす場合がありうるので，右の訴えの提起を以て保存行為ということはできないものとする。」

　　このように，本判決以来，大審院（前掲大判大正11年7月10日など），最高裁（最判昭和46年10月7日民集25巻7号885頁など）を通じて，共有権確認の訴えは，固有必要的共同訴訟であるという確定判例法理がある。共有権や総有権を確認するという場合には，裁判の効果が権利者全員に合一的に確定する必要があるのだから，当然の措置である。

544

第2節　所有権

請求としての登記抹消請求をすればよい[327]。

　この点に関連して，判例は，家屋の明渡請求訴訟に関して，不可分債権（第428条）であることを理由として，共有者が単独で訴訟提起することを認めている[328]。しかし，この場合でも，不法占有者に対する訴訟であれば，保存行為を理由とすればよいのであり，特段，不可分債権を理由とする必要はないであろう。

　なお，共有土地に関する境界（筆界）確定の訴えについて，判例は，共有者の一部の者が共同訴訟の提起に反対している場合には，その者をも被告として，訴訟を提起すればよいと判示している[329]。理論上は問題があるようにも思われるが，共有者の共同の利益を保全するためには，やむを得ない措置と解される[330]。

第4項　共有物の分割

1　意　　義

　共有物は，各共有者の請求により，いつでも分割する（共有関係を終了させる）ことができる（第256条）。ただし，5年を超えない期間内は分割をしないという契約（不分割特約）をしてもよい（同条1項ただし書）。この不分割特約は更新することができるが，その期間は更新時から5年を超えることができない（同条2項）。

　共有物といっても，隣近所のいわゆる相隣者の共有に属する境界標，囲障，障壁，

---

(327)　しかし，旧来の学説は，判例（前掲大判大正10年7月18日）の認める共有者の単独による物権的請求権の行使についても，敗訴の場合における既判力の問題から，この場合にも，固有必要的共同訴訟と解すべきであると主張する。この点に関しては，舟橋387頁において，舟橋博士が力説するところである。

　　これに対して，近時は，このような場合における共有者の一人からの物権的請求権の行使はすべて保存行為に収斂されるという理由から，他の共有者のためにする単独請求を認めるべきものと主張する有力説がある（石田穣392-393頁）。

(328)　最判昭和42年8月25日民集21巻7号1740頁：「本件家屋の明渡請求は使用貸借契約の終了を原因とするものであることは原判文上明らかであるから，本件家屋の明渡を求める権利は債権的請求権であるが，性質上の不可分給付と見るべきものであるから，各明渡請求権者は，総明渡請求権者のため本件家屋全部の明渡を請求することができると解すべきである。」

(329)　最判平成11年11月9日民集53巻8号1421頁：「境界の確定を求める訴えは，隣接する土地の一方又は双方が数名の共有に属する場合には，共有者全員が共同してのみ訴え，又は訴えられることを要する固有必要的共同訴訟と解される（最判昭和46年12月9日民集25巻9号1457頁参照）。したがって，共有者が右の訴えを提起するには，本来，その全員が原告となって訴えを提起すべきものであるということができる。しかし，共有者のうちに右の訴えを提起することに同調しない者がいるときには，その余の共有者は，隣接する土地の所有者と共に右の訴えを提起することに同調しない者を被告にして訴えを提起することができるものと解するのが相当である。」

　　最高裁は，その理由につき，訴え提起に反対する者も，「隣接する土地との境界に争いがあるときにはこれを確定する必要があることを否定することはできない」のであり，このように解すると，「共有者の全員が原告又は被告いずれかの立場で当事者として訴訟に関与していれば足りる」からであるとした。

(330)　鈴木・講義41頁。

545

溝及び堀（第229条）は，その性質上，分割に適さないので，この分割規定は適用されない（第257条）。

また，不分割特約の効力は，共有者に対する債権として，共有者の持分の特定承継人にもその効力が及ぶ（第254条）。この不分割特約は，登記事項となっているので（不登第59条6号），登記をしなければ，第三者に対抗しえない。更に，共有者の一人が破産宣告を受けたときには，不分割特約はその効力を失う（破産第52条1項，会更第60条1項）。

2 分割の方法

(1) 分割請求

各共有者は，いつでも共有物の分割を請求することができる。請求により，新たな権利関係が生ずるので，この請求権は形成権である。即ち，分割請求がなされると，各共有者には分割協議に応じるべき義務が発生する。この協議が調わないときには，裁判所による分割手続を請求することになる（第258条）。

(2) 協議による分割

共有物を分割する方法として，現物分割（土地の分筆など。），代金分割（共有物を売却して代金を分ける。），そして，価格賠償による分割（共有者の一人の所有物として，他の共有者に代価を支払う。）がある。

現物分割は，協議の内容によって自由に決められる。AとBとが共有する土地と建物について，それぞれ土地はA，建物はBと定めてもよい[331]。また，土地を分割する場合には，各人の持分割合に拘泥する必要もない[332]。

次に，共有物を売却し，その代金を分割する場合には，その共有者全員の同意が必要である[333]。

---

(331) 大判大正15年11月3日新聞2636号13頁：「土地及びその地上の建物が夫婦の共有に属していた際に，夫婦間にて分割所有を合意し，その後，建物が他人に譲渡された時に，土地所有者である妻が譲受人に対し，当該土地上に建物を有することを承諾した場合には，特別の事情のない限り，分割の当初において，土地所有者たる妻は，建物取得者たる夫に対し，土地の使用権を与えたものと解される。右の使用権は，その発生当時の沿革に照らし，かつ，その存続期間及び地代につき，何ら特別の合意がないことから見て，地上権の性質を有したものと推認しうる。」

(332) 大判昭和10年9月14日民集14巻1617頁：「甲乙両名の共有者が共有物たる数筆の土地につき協議上の分割をなし，該土地の内一筆は甲において，他は乙において各全部の所有権を取得した場合には，共有地全部を一括して分割したものであり，斯かる方法により共有関係を終了させるのは，共有物の現場分割に他ならない（。）また，協議による分割にあっては，該分割の割合は必ずしも共有者の持分に応ずるを要しないから，甲及び乙の取得した土地の価格の割合が各自の有した持分に応じていないとしても，該所有権の取得を以て分割によらないものと見なすことはできない。」

(333) 大判明治41年9月25日民録14輯931頁：「共有物の分割をする場合には，各共有者はその当事者として孰れも直接利害の関係を有するものであるから，共有者中のある者を除外して分割手続を遂行するようなことは協議上の分割におけると裁判上の分割におけるとを問わず，これを許すべきではない。」

第 2 節 所 有 権

　最後に，価格賠償による分割は，共有者の一人が共有物を単独所有とすることであり，他の共有者はその代金を受領するのであるから，法律行為の構造としては，他の共有者からする持分の売買にほかならない。したがって，法律的には，売買の規定がすべて適用される。

(3) 分割協議が調わないとき――裁判所による分割――

　共有物の分割を協議する中で，共有者間において協議が調わないときには，その分割を裁判所に請求することができる（第258条1項）。この場合には，共有者のうち，協議に応じない者がいるということであるから，協議は不可能である。それゆえ，協議に応じない者の存在が明らかになった場合には，直ちに，裁判所に請求して差し支えない[334]。

　裁判所に請求するということは，共有物分割の訴えを提起するということである。この訴えは形成の訴えであり，裁判所が事実を審理し，裁判所の判断によって分割を実施する。訴訟の当事者は，分割を請求する者が原告であり，被告は分割協議に応じない共有者のようにも思われる。しかし，分割に応じる共有者も利害の関係を有する者であるから，原告以外のすべての共有者を相手方として訴えを提起しなければならない[335]。ただ，この点については，反対説もある[336]。

　この場合において，共有物の現物を分割することができないとき，または分割によってその価格を著しく減少させるおそれがあるときには，裁判所はその競売を命ずることができる（同条2項）。この競売手続は単に共有物を分割するための競売であるから，「換価のためにする競売（形式的競売）」という（民執第195条）。そして，この競売による換価金によって，代金分割を実施する。この場合の処理について，従来の判例は，協議による場合と異なり，価格賠償による分割はできないとしていた[337]。

　　大判大正12年12月17日民集2巻684頁も，ほとんど同じ判決文である。

(334)　大判昭和13年4月30日新聞4276号8頁：民法第256条1項に所謂共有者の協議が調わないときとは，共有者の一部につき，共有物分割の協議に応じる意思のないことが明白であるような場合をも包含し，現実に協議が不調に終わった場合に局限すべきものではない。

(335)　大判大正12年12月17日民集2巻684頁：「共有物の分割をする場合においては各共有者はその当事者として孰れも直接利害の関係を有するものであるから，共有者中のある者を除外して分割の手続を遂行することはできない。従って共有物分割の訴えを提起する者は他の共有者の全員を被告とすることを要する。然れども，この要件は実体上の請求権に関するものであるから，訴訟の適法要件に属せず，私権保護の要件に属するものと解すべきものであり，私権保護要件の存否は口頭弁論終結当時を標準としてこれを決すべきである。」

　　なお，本件の差戻上告審が大判大正13年11月20日民集3巻516頁であり，ここでもまた同旨の判示がなされた。

(336)　加藤正治「104事件評釈（大判大正13年11月20日）」『判例民法大正十三年度』466頁（469頁）は，民法第256条を根拠として，共有持分権確認の訴えと同様，他の共有者全員を被告とすることなく，自己の共有持分を争う者のみを相手方として訴えを提起すればよいという。

547

第3章　占有・所有関係

しかし，近時，最高裁は，この場合でも価格賠償を認めるという方向に転換した。

〔判例60〕共有物分割の方法：最判平成8年10月31日民集50巻9号2563頁

【事実】

(1)　亡A，亡B夫婦には長男C，長女X₁，その夫であり同夫婦の養子D及び次女Y子がおり，そのうち，Cを除く3名は，E信用組合から本件不動産を持分各3分の1の割合で買い受けた。

Y子・亡F夫婦及びX₁・D夫婦は，Aの死後，Bを助け，Bの営む米販売業を手伝っていた。またY子は本件建物南側に付属する平屋で薬局を始め，亡Fも同所で電気屋をしていた。Bの死後，Y子が本件建物に居住するようになった。

(2)　その後，Dが死亡し，同人の持分は，妻X₁及び子X₂，X₃，X₄がそれぞれ法定相続分に従って取得したので，本件不動産に関する共有持分は，X₁が18分の9，X₂ら3名が各18分の1，Y子が18分の6となった。

(3)　本件不動産のうち本件土地上には，ほぼ一杯に本件建物が存在し，本件建物は構造上一体を成しており，区分所有にはならないので，現物分割は不可能であった。

(4)　Y子は，永年本件建物に居住し，隣接する建物で薬局を営み，その営業収入によって生活してきた。他方，Xらは，それぞれ別に居住しており，必ずしも本件不動産を取得する必要はなかった。

(5)　Xらは，Y子に対し，本件共有不動産の分割協議を求めたが，Y子はその協議に応じず，Xらの共有持分権を争っている。そこで，Xらは，Y子に対し，共有持分権の確認を求めると同時に，民法第258条2項に基づき本件不動産の共有物分割を求めるなどとして，本訴を提起した。

【事実審】

第1審は，Xらの共有持分権確認請求ならびに競売による分割請求を認めた。

Y子は控訴して，民法第258条による共有物分割で現物分割ができない場合でも，遺産分割の場合と同様，価格賠償の方法によることも許されるべきであるとして（最大判昭和62年4月22日民集41巻3号408頁以下参照），Y子は，自らが本件不動産を単独で取得し，Xらに対してその持分の価格を賠償する「全面的価格賠償の方法」による分割を希望すると主張した。

【原審判旨】控訴認容，原判決変更

原審は，Xらの請求を認容すべきものと解しつつ，(1)民法第258条による共有物分割の方法として，全面的価格賠償の方法を採ることも許される，(2)本件不動産の分割方法としては全面的価格賠償の方法を採用するのが相当であり，競売による分割を命じた第1審判決を変更して，本件不動産をY子の単独所有とする，と判示して，Y子に対しXらの持分

---

(337)　最判昭和30年5月31日民集9巻6号793頁：「遺産の共有及び分割に関しては，共有に関する民法256条以下の規定が第一次的に適用せられ，遺産の分割は現物分割を原則とし，分割によって著しくその価格を損する虞があるときは，その競売を命じて価格分割を行うことになるのであって，民法906条は，その場合にとるべき方針を明らかにしたものに外ならない。」。

548

の価格賠償を命じた。Xらから上告。

【判旨】一部破棄差戻

「民法258条2項は，共有物分割の方法として，……競売による分割をすることができる旨を規定している。ところで，この裁判所による共有物の分割は，民事訴訟上の訴えの手続により審理判断するものとされているが，その本質は非訟事件であって，法は，裁判所の適切な裁量権の行使により，共有者間の公平を保ちつつ，当該共有物の性質や共有状態の実状に合った妥当な分割が実現されることを期したものと考えられる。したがって，右の規定は，すべての場合にその分割方法を現物分割又は競売による分割のみに限定し，他の分割方法を一切否定した趣旨のものとは解されない。

そうすると，共有物分割の申立てを受けた裁判所としては，現物分割をするに当たって，持分の価格以上の現物を取得する共有者に当該超過分の対価を支払わせ，過不足の調整をすることができる（最大判昭和62年4月22日民集41巻3号408頁参照）。のみならず，当該共有物の性質及び形状，共有関係の発生原因，共有者の数及び持分の割合，共有物の利用状況及び分割された場合の経済的価値，分割方法についての共有者の希望及びその合理性の有無等の事情を総合的に考慮し，当該共有物を共有者のうちの特定の者に取得させるのが相当であると認められ，かつ，その価格が適正に評価され，当該共有物を取得する者に支払能力があって，他の共有者にはその持分の価格を取得させることとしても共有者間の実質的公平を害しないと認められる特段の事情が存するときは，共有物を共有者のうちの一人の単独所有又は数人の共有とし，これらの者から他の共有者に対して持分の価格を賠償させる方法，すなわち全面的価格賠償の方法による分割をすることも許されるものというべきである。」

ただ，最高裁は，原審がY子に価格賠償額550万円の支払能力があるという事実を確定すべきであるとして，破棄差戻とした。

《問題点》

共有物分割において，当事者の協議が調わない場合においても，民法第258条2項の競売による分割を行わず，「全面的価格賠償」による共有物分割を行うことは認められるのか。

《分析》

このような問題について，本判決は，民法第258条により共有物の分割をする場合において，当該共有物を共有者のうちの特定の者に取得させるのが相当であると認められ，かつ，その価格が適正に評価され，当該共有物を取得する者に支払能力があって，他の共有者にはその持分の価格を取得させることとしても，共有者間の実質的公平を害しないと認められる特段の事情があるときには，共有物を共有者のうちの一人の単独所有又は数人の共有とし，これらの者から他の共有者に対して持分の価格を賠償させる方法（いわゆる全面的価格賠償の方法）によることも許されると判示し，本件では事実審においてY子の支払能力について何ら確定していないとして，この点について破棄差戻とした。

549

第3章　占有・所有関係

　共有物の分割方法は，原則として現物分割である（第258条2項参照）。現物分割にも種々の方法があり，判例に現れた方法としては，数個の建物が一筆の土地上に存在していたという事案において，宅地と建物を3人が均等に単独所有者となるような分割を実施したものがある[338]。

　また，最高裁は，共有森林の細分化を禁止する森林法第186条の規定を違憲と判示した大法廷判決において，①共有者各人を単独所有者とする一括分割以外に，②持分の価格以上に現物を取得する共有者に当該超過分の対価を支払わせて過不足の調整をする方法，③多数の共有者が存在する場合において，その中の一人が分割請求したときには，その一人分の現物分割をし，他は共有者のままとする方法を認めている（離脱型一部分割）[339]。更に，③の方法については，多数の共有者から分割の

────────────

[338]　最判昭和45年11月6日民集24巻12号1803頁：本件甲土地（宅地約67坪），乙建物，丙建物の各不動産は，3人兄弟であるXら2名とYとの共有であるところ，これらすべてがYの単独所有として登記されていた。
　　Xらは，Yに対し，本件不動産の持分は各自均等であり，乙建物の建築費用は家業の共同経営により，丙建物の建築費用は各自が拠出したとして，これら共有不動産について一括してその分割を求めるため本訴を提起した。原審は，宅地を3等分し，丙建物を概ね2等分して，各自が独立した宅地・建物の所有者となるよう分割した。これを不服としたYから上告。
　　棄却。「民法258条によってなされる共有物のいわゆる現物分割は，本来は各個の共有物についての分割方法をいうものと解すべきであるが，数個の物であっても，例えば，数個の建物が一筆の土地の上に建てられており外形上一団の建物とみられるときは，そのような数個の共有物を一括して，共有者がそれぞれその各個の物の単独所有権を取得する方法により分割することも現物分割の方法として許されるものと解するを相当とする。そうだとすれば，本件分割の対象は，一筆の土地及びその地上に存在する三棟の建物であるところ，……，右は，3個の建物ではあるが，一筆の土地上に互いに相密接して建設された一群の建物であり，外形上一団の建物とみられるものであるから，このような数個の建物は一括して分割の対象とすることを妨げない（。）したがって，各建物をY及びXらの各単独所有とする分割は現物分割の方法として許される。」

[339]　最大判昭和62年4月22日民集41巻3号408頁（森林法違憲判決）：Yと山林を各2分の1の割合で共有するXが，本件山林を現物分割の方法で分割すること及び共有持分権侵害による損害賠償を求め，本訴を提起した。原審は，本件山林に関する民法第265条1項に基づく共有物分割請求は森林法第186条本文に抵触するから法律上許されないとして，損害賠償のみを認容したため，Xから上告。
　　破棄差戻。「民法258条による共有物分割の方法について考えるのに，現物分割をするに当たっては，当該共有物の性質・形状・位置又は分割後の管理・利用の便等を考慮すべきであるから，持分の価格に応じた分割をするとしても，なお共有者の取得する現物の価格に過不足を来す事態の生じることは避け難いところであり，このような場合には，持分の価格以上の現物を取得する共有者に当該超過分の対価を支払わせ，過不足の調整をすることも現物分割の一態様として許される（。）また，分割の対象となる共有物が多数の不動産である場合には，これらの不動産が外形上一団とみられるときはもとより，数か所に分かれて存在するときでも，右不動産を一括して分割の対象とし，分割後のそれぞれの部分を各共有者の単独所有とすることも，現物分割の方法として許されるものというべきところ，かかる場合においても，前示のような事態の生じるときは，右の過不足の調整をすることが許されるものと解すべきである（最判昭和30年5月31日民集9巻6号793頁，最判昭和45年11月6日民集24巻12号1803頁は，右と抵触する限度において，これを改める。）。また，共有者が

550

第 2 節　所　有　権

請求をし，その中の一人だけ現物分割し，他は共有のままという方法も認められている⁽³⁴⁰⁾。

それでは，本平成 8 年最判において争点となった協議が調わない場合における裁判上の分割における「価格賠償」は認められるべきものであろうか。

この問題について，判例は，相続財産である共有物分割請求の事案において，相続財産の分割と通常の共有物分割とを同視し，共有物分割は現物分割が原則であり，共有者の協議が調わないときには競売によるべきものであるとして，価格賠償を認めていなかった⁽³⁴¹⁾。

そして，学説においても，この場合における全面的価格賠償はあまり俎上に上らず⁽³⁴²⁾，せいぜい現物分割における過不足の清算に関する価格賠償を論ずるに過ぎなかった。

───────

多数である場合，その中のただ一人でも分割請求をするときは，直ちにその全部の共有関係が解消されるものと解すべきではなく，当該請求者に対してのみ持分の限度で現物を分割し，その余は他の者の共有として残すことも許されるものと解すべきである。」

(340)　最判平成 4 年 1 月 24 日家裁月報 44 巻 7 号 51 頁：本件各土地は X ら 5 名と Y 会社との共有である。X らは Y に対し，共有物分割を求め，本訴を提起した。原審は，本件各土地を合筆の上，これを X らと Y 会社の持分の面積比により東側と西側に分け，西側 201.99 平方メートルを X らの共有とし，東側 77.84 平方メートルを Y 会社の単独所有とするよう求めた X らの本件共有物分割請求について，現物分割は，本件各土地を極度に細分化し，これによって著しくその価格を損するとして，民法第 258 条 2 項に基づき本件各土地につき競売を命じ，その売却代金を各持分割合に応じて分割すべきものと判示して，X らの請求を認めなかった。X から上告。

破棄差戻。「多数の共有不動産について，民法 258 条により現物分割をする場合には，これらを一括して分割の対象とすることも許されること，また，共有者が多数である場合には，分割請求者の持分の限度で現物を分割し，その余は他の者の共有として残す方法によることも許されることは，当審の判例（最大判昭和 62 年 4 月 22 日民集 41 巻 3 号 408 頁）であり，その趣旨に徴すれば，分割請求をする原告が多数である場合には，Y の持分の限度で現物を分割し，その余は X らの共有として残す方法によることも許される。」

(341)　前掲最判昭和 30 年 5 月 31 日：「相続財産の共有（民法 898 条，旧法 1002 条）は，民法改正の前後を通じ，民法 249 条以下に規定する「共有」とその性質を異にするものではないと解すべきである。相続財産中に金銭その他の可分債権があるときは，その債権は法律上当然分割され，各共同相続人がその相続分に応じて権利を承継するとした新法についての当裁判所の判例（最判昭和 29 年 4 月 8 日民集 8 巻 819 頁）及び旧法についての大審院の同趣旨の判例（大判大正 9 年 12 月 22 日民録 26 輯 2062 頁）は，いずれもこの解釈を前提とする（。）それ故に，遺産の共有及び分割に関しては，共有に関する民法 256 条以下の規定が第一次的に適用せられ，遺産の分割は現物分割を原則とし，分割によって著しくその価格を損する虞があるときは，その競売を命じて価格分割を行うことになる（。）」

(342)　従来の学説，例えば，我妻＝有泉 333 頁は，前掲最判昭和 30 年 5 月 31 日を引用しつつ，「判例は，協議による場合と異なり，価格賠償による分割は許されないと解している」程度に言及するに過ぎず，裁判分割における全面的価格賠償に言及するものとしては，わずかに，川島編・前掲書（『注釈民法 (7)〔川井健〕』）346 頁（『新版』482 頁）が，共有物分割の訴えが非訟事件の性質を有しており，また形成訴訟であることから，裁判所の自由裁量が許されるという点に着目して，第 258 条 2 項の「現物を分割する」という意味を広義に解し，その中に価格賠償も含まれると解する余地があると主張していたに過ぎなかった。

第3章　占有・所有関係

　本平成8年最判の事案は，建物が構造上一体であり，この建物が3筆の土地にまたがって建築されていたので，現物分割は不可能な事案であるから，民法第258条2項の競売による分割をするのか，それとも全面的価格賠償が認められるのかが争点となった。

　前掲したように，平成8年最判は，①当該共有物を共有者のうちの特定の者に取得させるのが相当であり，②その価格が適正に評価され，当該共有物を取得する者に支払能力があって，他の共有者にはその持分の価格を取得させることとしても共有者間の実質的公平を害しないと認められる「特段の事情」があるときという要件を確定した上で，全面的価格賠償を認めた。この判断は，最高裁としては初めてのものである。

　そして，本平成8年最判と同日に出された別の最高裁判決においても，他の共有者の土地持分が僅少であったという事案において[343]，また，土地・建物が全体的に一体として救急病院を構成しているという事案において[344]，いずれも「特段の

---

(343)　最判平成8年10月31日判時1592号55頁：本件土地の共有持分は，Xが228分の223，Yらが各228分の1であり，登記簿上の面積1,464平方メートルを基準にすると，Yらの持分に相当する土地の面積は各6.42平方メートルである。Xは，Yらとの間の分割協議が調わないため，本件土地の共有物分割等を求める本訴を提起し，本件土地の分割方法として，自らが本件土地を単独で取得する全面的価格賠償の方法による分割を希望した。これに対し，Yらは，その持分の合計に相当する部分の土地をYらの共有のままで残し，その余の部分の土地をXの単独所有とする現物分割を希望した。
　　このような事案において，最高裁は，本件については全面的価格賠償の方法により共有物を分割することの許される特段の事情が存するものと判示した。

(344)　最判平成8年10月31日判時1592号59頁：共有物分割請求がなされた本件不動産は，いずれも至近距離内に位置し，亡Aが病院の開設許可を受けて以来，乙建物は病院本体・医師等の休憩所，丙建物は看護婦寮，丁建物は車庫・看護婦寮として，その敷地甲ほかの各土地及びその他の土地とともに，一体として病院の運営に供されていた。本件不動産においては，Aの相続人Y₁が，同Y₂の夫とともに病院経営を行っていた。
　　X会社は，靴類を製造販売する会社であり，Aの相続人Bらからその持分を買い受けたものであるが，Yらとの分割協議が調わないので，本件不動産の共有物分割を求めるため本訴を提起し，Xは，分割方法として，競売による分割を希望した。これに対し，Yらは，救急病院として地域社会に貢献している病院の存続を図るため，自らが本件不動産を取得し，Xにはその持分の価格を賠償する全面的価格賠償の方法による分割を希望した。
　　このような事案において，最高裁は，本件不動産が従来から一体としてYら及びその先代による病院の運営に供されており，同病院が救急病院として地域社会に貢献していること，Xが本件不動産の持分を取得した経緯，その持分の割合等の事情を考慮すると，本件不動産をYらの取得とすることが相当でないとはいえず，Yらの支払能力のいかんによっては，本件不動産の適正な評価額に従ってXにその持分の価格を取得させることとしても，共有者間の実質的公平を害しないものと解し，本件について，全面的価格賠償の方法による共有物分割の許される特段の事情の存否について審理判断せず，競売による分割をすべきものとした原判決には，民法258条の解釈適用を誤り，審理不尽，理由不備の違法があるとして，破棄差戻とした。
　　全面的価格賠償を認める判例法理は，その後も，最判平成9年4月25日判時1608号91頁，最判平成10年2月27日判時1641号84頁（いずれも特段の事情を判断せずに競売による分

第2節 所有権

事情」を認め，それぞれ全面的価格賠償を認めるという方向性の判断が下された。

したがって，共有物分割協議が調わず，裁判所に分割請求がなされた場合におい
て，全面的価格賠償が許されるのは，①特定の共有者への帰属相当性のあること，
②この帰属者に他の共有者に対する支払能力があることなど，共有者間の実質的公
平を害しないという事情のある場合に限られ，これが要件となる。

(4) 共有物が相続財産の場合

共同相続によって共有財産を生じた場合には，遺産分割協議をすることになる（第
907条1項）。しかし，この協議が調わないとき，または協議することができないと
きには，各共同相続人は，その分割を家庭裁判所に請求することができる（同条2項）。

遺産分割が家庭裁判所で行われるときでも，民法の定める遺産分割の基準が適用
され，その分割は，遺産に属する物または権利の種類及び性質，各相続人の年齢，
職業，心身の状況及び生活の状況その他一切の事情を考慮して行われる（第906条）。
また，その手続は家事審判による（家審第9条乙類10号）。

遺産の分割は現物分割が基本であるが，最高裁規則には，任意売却による換価代
金による分割も規定されており（家審規第108条の3，第108条の4），更に，債務負担
による遺産分割も規定されている。この債務負担による分割方法は，家庭裁判所が
特別の事情があると認めるときに，共同相続人の一人または数人をして，他の共同
相続人に対して債務を負担させ，現物分割に代えるという方法である（家審規第109
条）。

この遺産分割手続は，共同相続人からの請求に限られ，共同相続人からの譲受人
は請求することができない。したがって，譲受人からの請求は共有物分割請求に限
定される(345)。また，単なる譲受人ではなく，包括受遺者と遺留分権利者との共有状

割を命じた原判決を破棄差戻），最判平成11年4月22日判時1675号76頁（全面的価格賠
償を命じた原判決を維持）と続いている。

(345) 最判昭和50年11月7日民集29巻10号1525頁：共同相続人が分割前の遺産を共同所
有する法律関係は，民法第249条以下に規定する共有としての性質を有し（最判昭和30年5
月31日民集9巻6号793頁），共同相続人の一人から遺産を構成する特定不動産について同
人の有する共有持分権を譲り受けた第三者は適法にその権利を取得することができ（最判昭
和38年2月22日民集17巻1号235頁），他の共同相続人とともに不動産を共同所有する関
係に立つ。第三者が共同所有関係の解消を求める方法として裁判上執るべき手続は，民法第
907条に基づく遺産分割審判ではなく，民法第258条に基づく共有物分割訴訟である。その
理由は以下のとおりである。

①共同相続人の一人が特定不動産の共有持分権を第三者に譲渡した場合には，当該譲渡部
分は遺産分割の対象から逸出するので，第三者が譲り受けた持分権に基づいて行う分割手続
を遺産分割審判とする必要はない。

②遺産分割審判は，遺産全体の価値を総合的に把握し，これを共同相続人の具体的相続分
に応じて民法第906条所定の基準に従って分割する制度であるから，本来，共同相続人また
は包括受遺者等，相続人と同視しうる関係にある者の申立てに基づき，これらの者を当事者
とし，原則として，遺産の全部について進められる。

態となったときでも，遺産分割ではなく，共有物分割請求に限られるものとされている[346]。反対に，共同相続人からの分割請求は遺産分割手続に限られる[347]。

(5) 利害関係人の参加

共有物に関して権利を有する者，また，各共有者の債権者は，自己の費用で分割に参加することができる（第260条1項）。権利を有する者とは，用益物権，担保物

---

　③第三者が共有関係の解消を遺産分割審判とした場合には，第三者の権利保護のために，第三者にも申立権を与え，かつ，同人を当事者として手続に関与させる必要があるが，共同相続人に対しては全遺産を対象として第906条の基準に従いつつこれを全体として合目的的に分割すべきであり，その方法も多様であるのに対し，第三者に対しては当該不動産の物理的一部分の分与を原則とするなど，それぞれ分割の対象，基準及び方法が異なるから，これらは必ずしも同一手続によって処理される必要はない。

　④第三者に遺産分割審判手続上の地位を与えることは遺産分割の本旨にそわず，同審判手続を複雑にし，共同相続人側に手続上の負担をかけ，第三者に対しても，その取得した権利とは何ら関係ない他の遺産を含めた分割手続の全てに関与しなければ分割を受けられないという著しい負担をかけることがありうる。

　⑤共有物分割訴訟は，対象物を当該不動産に限定するので，第三者の分割目的を達成するために適切であり，当該不動産のうち，共同相続人の一人が第三者に譲渡した持分を除いた残余持分は，遺産分割の対象となり，第三者が提起した共有物分割訴訟は，当該不動産につき，第三者への分与部分と持分譲渡人を除いた他の共同相続人への分与部分との分割を目的とし，分割判決による共同相続人への分与部分は，共同相続人間の遺産分割の対象になるから，分割判決が共同相続人の有する遺産分割上の権利を害することはない。

(346) 最判平成8年1月26日民集50巻1号132頁：「遺贈に対して遺留分権利者が減殺請求権を行使した場合，遺贈は遺留分を侵害する限度において失効し，受贈者が取得した権利は遺留分を侵害する限度で当然に減殺請求をした遺留分権利者に帰属するところ（最判昭和51年8月30日民集30巻7号768頁），遺言者の財産全部についての包括遺贈に対して遺留分権利者が減殺請求権を行使した場合に遺留分権利者に帰属する権利は，遺産分割の対象となる相続財産としての性質を有しないと解するのが相当である。その理由は，次のとおりである。

　特定遺贈が効力を生ずると，特定遺贈の目的とされた特定の財産は何らの行為を要せずして直ちに受遺者に帰属し，遺産分割の対象となることはなく，また，民法は，遺留分減殺請求を減殺請求をした者の遺留分を保全するに必要な限度で認め（1031条），遺留分減殺請求権を行使するか否か，これを放棄するか否かを遺留分権利者の意思にゆだね（1031条，1043条参照），減殺の結果生ずる法律関係を，相続財産との関係としてではなく，請求者と受贈者，受遺者等との個別的な関係として規定する（1036条，1037条，1039条，1040条，1041条参照）など，遺留分減殺請求権行使の効果が減殺請求をした遺留分権利者と受贈者，受遺者等との関係で個別的に生ずるものとしているから，特定遺贈に対して遺留分権利者が減殺請求権を行使した場合に遺留分権利者に帰属する権利は，遺産分割の対象となる相続財産としての性質を有しないと解される。そして，遺言者の財産全部についての包括遺贈は，遺贈の対象となる財産を個々的に掲記する代わりにこれを包括的に表示する実質を有するもので，その限りで特定遺贈とその性質を異にするものではないからである。」

(347) 最判昭和62年9月4日家裁月報40巻1号161頁：「遺産相続により相続人の共有となった財産の分割について，共同相続人間に協議が調わないとき，又は協議をすることができないときは，家事審判法の定めるところに従い，家庭裁判所が審判によってこれを定めるべきものであり，通常裁判所が判決手続で判定すべきものではないと解するのが相当である」として，本件共有物分割請求の訴えは不適法として却下すべきものであるとした。

　なお，本判決を踏襲する裁判例として，東京地判（中間判決）平成20年11月18日判タ1297号307頁がある。

権，賃借権などを有する者のことである。これら参加請求権者は，自分の費用を
もって分割に参加し，あるいは，分割請求訴訟に参加することができ，意見を述べ
る機会が確保されているものと解すべきである。しかし，分割請求する際に，これ
ら利害関係人に対して通知するなどの方法によって分割請求を知らせる義務がない
ので，この規定は実質的に意味がないものと解されてきた[348]。しかしながら，こ
の制度を実効性あるものとすべきだという観点からは，分割請求者に対して，利害
関係人への通知義務を課すべきだということになる[349]。

　この共有物に関する権利者及び各共有者の債権者から分割への参加請求があった
にもかかわらず，参加させずに分割したときには，その分割はこれら請求者に対抗
することができない（同条2項）。この「対抗することができない」の意味は，当該
分割請求者に対しては，分割がなかったものとして扱われるということであるから，
分割請求者は，共有者の一人に対して有する債権をもって，同人が共有物全体に対
して有していた持分権を差し押さえて，強制執行しうるものと解してよい[350]。ま
た，分割請求者は利害関係人に対する通知義務を負うという考え方に立てば，参加
請求者のみならず，通知を受けなかった参加請求権者に対しても，分割の効果を対
抗しえないということになる[351]。

3　分割の効果

(1)　共有者間の担保責任

　共有物を分割することにより，共有ではなくなるが，民法は，分割による法律行
為的効果を顧慮して，各共有者は，他の共有者が分割によって取得した物に関し，
自己の持分に応じて，売主と同様の担保責任を負担することとした（第261条。なお，
第559条参照）。共有物の分割を法律行為的に分析すると，分割は，各共有者が共有
物の全体に有する持分の交換または売買である。例えば，A・Bの共有土地を分割
して，各自2分の1の部分を単独所有する場合には，Aの取得した部分にはBの持
分が，Bの取得した部分にはAの持分がそれぞれ存在していたわけであり，2分の
1ということは，それぞれの持分を等価交換したのと同じことになる。また，その
土地を価格賠償によりAの単独所有とした場合には，Bの持分をAに売買したのと
同じことになる。共有物分割には，このような性質があるので，持分に応じて，売
主と同様の担保責任を負担させることとしたのである。

　売主の担保責任と同じということは，代金減額（価格賠償金の一部返還），損害賠償
請求，解除（分割のやり直し）である。このうち，代金減額と損害賠償請求は常に認

---

(348)　我妻＝有泉333頁，舟橋392頁。前者は，裁判上の分割に訴訟参加して詐害的な分割
　　　を監視し，裁判所に意見を述べる機会を持つ以外には実益が少ないといい，後者も，参加と
　　　いっても，単に，分割に当たって意見を述べる機会を与えられるに過ぎないという。
(349)　石田穣397頁。
(350)　石田穣398頁。
(351)　石田穣398頁。

第3章　占有・所有関係

められるが，裁判による分割の場合には，解除することはできないものと解されている。その理由は，裁判の結果を解除によって覆すことを認めることはできないからである[352]。しかし，それでは分割の解消によらなければ分割をした目的が達せられない共有者にとっては酷であるとして，裁判上の分割についても，分割解消権を認めるべきだという考え方もある[353]。

(2)　分割の不遡及

分割の効果は遡及しない。つまり，最初から単独所有権があったものとはみなされないということである。その理由は，共有物の分割は，分割時における特定物（債権及び物権の目的として特定している状態の物）に関する交換または売買という性質を有する有償的法律行為だからである。

共有物の分割と類似した分割方法として遺産分割協議があり，こちらの効果は相続発生時への遡及効を生ずるが，第三者の権利を害することはできないという制限付きである（第909条）。遺産分割協議の効果を相続開始時にまで遡及させるのは，相続の結果として共同相続となった場合には，各相続人への財産の帰属が決定しないという状況下での一時的な共有，即ち，一時的な合有状態であるから，これを脱するための協議が成立したならば，その効果を相続開始時にまで遡及させることに合理的な意味があるからである。しかし，身分行為的な意味を有する遺産分割協議といえども，物権的法律行為としての性格をも有するので，第三者の権利との関係においては，遡及させないこととして，遡及効を制限しているのである。

(3)　証書の保存

分割が終了したときには，各分割者は，その取得した物に関する証書を保存しなければならない（第262条1項）。

この証書とは，例えば，土地や建物を共有で購入した際の売買契約書，登記済権利証（登記識別情報〔不登規第61条以下〕），分割協議書，判決書正本の写し，領収証，など，権利関係を証明する証書である。分割協議書は各共有者に1通ずつ渡されるので，各人が保存（保管）する。

これらの証書のうち，特に重要なのが，売買契約書と登記済証（登記識別情報）である。例えば，A・Bが土地をCから買い受け，共有名義であったものを分割協議で分割した場合において，3分の2，あるいは4分の3など，Aのほうが多い割合で分割したときには，前掲した書類のうち，売買契約書と登記済証のように，1通しかないものがあるので，分割後の所有権のうち，最大部分を取得した者がそのよ

---

(352)　我妻＝有泉334頁，舟橋392頁，林良平『物権法』141頁など。

(353)　石田穣398-399頁。石田助教授は，分割を解消するかどうかは分割の内容が判決で定まった後に生ずる問題であり，分割解消権は口頭弁論の終結後に生ずるものと解し，それゆえ，解消権の行使が判決の既判力によって妨げられないという理由から，分割解消権と既判力との牴触は生じないと解するのである。

うな証書を保存することとした（同条2項）。

　また，均等で分割した場合には，最大部分の取得者がいないので，この場合には，分割者間の協議により，証書の保存者を定めることとし，協議が調わないときには，裁判所が保存者を指定することとしている（同条3項）。

　更に，保存者以外の者が証書を使用する必要があれば，保存者は，その証書を使用させなければならない（同条4項）。

(4)　共有持分上の担保物権に及ぼす影響

　また，共有持分上に担保物権が存在していた場合には，混同の規定（第179条）を類推適用して，当該担保物権は存続するものと解すべきである。即ち，現物分割・代金分割・価格賠償のいずれによっても，担保物権は，持分に応じて共有物全体に存続する。設定者と取得者が異なる場合には，取得者が担保物権の負担を引き受けることになる。以下，全部取得，一部取得，他人への帰属に分類し，それぞれの効果について，まとめておく。

　(ア)　共有物を全部取得した場合

　例えば，A・B・C共有の土地のうち，Aの持分に抵当権が設定されている場合において，この共有土地を価格賠償によって分割し，Aが土地の全体を取得したときには，抵当権の目的となっている持分は消滅せず，これが実行されても，Aは土地を失うことなく，競売による買受人と共有関係になるに過ぎない。

　(イ)　共有物を一部取得した場合

　同様の場合において，3人の共有者がそれぞれ土地の一部を取得して単独所有者となったときには，それぞれの所有となった土地に抵当権が存続するものと解すべきである(354)。この場合には，Aの持分が分散されて存続することになるからである。なぜこのような取扱いが必要になるかというと，共有物の分割の仕方によっては，Aの所有地の価格が当初の持分の評価額よりも低くなるおそれがあるからである。したがって，単独所有者となった各共有者は，物上保証人となる。

　(ウ)　持分が全部他人に帰属する場合

　同様の場合において，抵当権設定者Aが全く所有者にならず，第三者Dが買い受

---

(354)　大判昭和17年4月24日民集21巻447頁：「民法第261条の法意に徴すれば，共有物分割の効力として各共有者は自己の取得した部分につき他の共有者の持分を譲り受け，その時において完全なる所有権を取得するものであり，しかも民法第1012条のような明文はないので，その効果を遡及させるものでないことが明らかであるから，分割前に共有者の一人がその持分につき設定した抵当権は依然として持分の割合において共有物全部の上に存在すべく，たとえ抵当権者が共有物の分割に参加したとしても，このために，直ちに該抵当権は抵当権設定者が分割により取得した部分にのみ集中すべきものではない。蓋し，共有物分割前にその持分につき設定した抵当権が分割の結果抵当権設定者が分割により取得した部分にのみ当然集中すべきものとすると，……，分割が正当に行われず，例えばその持分につき抵当権を設定した者が故意に持分の割合以下の現物を取得し，もって抵当権者を害するような行為をするおそれがありうるからである。」

けて代金分割をしたとき，あるいは，ＢまたはＣが所有者となって価格賠償をした
ときには，混同の例外によってＡの持分はそのまま土地に残存するので，土地の
所有者はＡの有していた持分の限度において物上保証人となる。この場合において，
抵当権が実行され，土地所有者が単独所有権を保持しえなくなったときには，Ａは，
売主と同様の担保責任を負う（第261条，第567条）。

　では，この場合において，抵当権者は，共有関係から離脱した抵当権設定者Ａが
取得した代金債権に対して物上代位しうるであろうか（第350条，第372条，第304条）。
この問題については，物上代位を当然視する学説[355]と，これを否定する学説[356]
とが対立関係にある。否定説は，抵当権者としては，買受人Ｄや他の共有者Ｂ・
ＣがＡから承継した持分の上に抵当権を有するとするだけで十分保護される一方で，
他方，物上代位を認めると，抵当権を負担するために，持分の価格が安く定められ
た場合には，Ａの立場が害されるおそれがあるということを理由とする。持分に対
する抵当権が旧共有地の全体に存続する以上，設定者Ａの立場を悪くするような形
で物上代位を認める必要はないので，このような場合には，物上代位を否定すべき
であろう。

第5項　準　共　有

　数人が共同で所有権以外の財産権を有する場合には，共有の規定が準用される
（第264条本文）。この法律関係が共有に類似するからであり，この所有権以外の財産
権の共有のことを準共有という。

　準共有が認められる主要な場合を列挙すると，所有権以外の民法上の物権（地上
権，永小作権，地役権，抵当権など），株式，特許権，実用新案権，意匠権，商標権，著
作権，鉱業権，漁業権などである。慣習上の物権である水利権，温泉権等について
も，準共有が認められる。

　また，債権についても準共有が成立する[357]。しかし，債権を数人で有する場合

---

(355)　我妻＝有泉335頁，舟橋393頁。また，河上正二『物権法講義』313頁は，物上代位と
　　残存する抵当権との選択的行使が可能であると解している。

(356)　石田穣400頁。

(357)　大判大正12年7月27日民集2巻572頁：ＸとＡはＹとの間で土地の売買予約を締結
　　し，もし，1人が買い受けの意思を失ったときは半額で土地の2分の1を買い受けることが
　　できる旨の特約を付したので，ＸがＹに対し，その履行を請求した。これに対して，Ｙは，
　　売買予約の完結は，2人そろって行わなければならないと主張した。原審はＸの請求を認容
　　したので，Ｙから上告。
　　　破棄差戻。「Ｘの主張は，本件契約は買主の側に立つ者2人にて締結された予約であるから，
　　完結の意思表示をなす権利は当然この2人に平分されるとの趣旨であれば，誤りの甚しいも
　　のである。蓋し，民法第427条は債権債務に関する規定にして，売買完結のような形成権に
　　はその適用を見ないからであり，これは同法第264条のみだからである。然るに，この形成
　　権なるものは，その行使によって本来の使命を果たし，これによって消滅に帰するのである
　　から，この行使なるものは，即ち，この権利の処分行為に外ならず，共有者全員においてこ
　　れをなすべきは言を俟たない。」

には，不可分債権の規定が優先的に適用されるべきものと解されている[358]。

　法令に別段の定めがある場合には，民法の共有規定は準用されない（同条ただし書。地役権の不可分性に関する第282条，地役権の時効における不可分性に関する第284条〔取得〕，第292条〔消滅〕，解除権の不可分性に関する第544条，株式の準共有に関する会社法第106条，鉱業権の準共有に関する鉱業法第44条5項，特許権の準共有に関する特許法第73条などがある）。

　前述したように，民法の共有規定は多分に個人的であり，この点は，分割の自由という点に顕著に表れている。しかし，特別法には，それぞれ別途共有に関する規定がなされている場合が多い。

　例えば，株式の準共有に関する会社法第106条は，株式会社が当該権利を行使することに同意した場合を除き，共有者は，当該株式についての権利を行使する者一人を定め，株式会社に対し，その者の氏名または名称を通知しなければ，当該株式についての権利を行使することができない旨を規定する。また，鉱業法は，鉱業権の共有者（共同鉱業権者）は，経済産業省令で定める手続に従い，そのうちの一人を代表者と定め，これを経済産業局長に届け出なければならず（第44条1項），共同鉱業権者は組合契約をしたものとみなすとされ（同条5項），権利の分割が制限されている。これらの規定は，それぞれの権利の性質に従って特別規定を設けているのであり，このような意味において，民法の規定を修正するものということができる。

第5款　建物の区分所有

第1項　「建物の区分所有」の意義と立法経過

　本款においては，「建物の区分所有等に関する法律（昭和37年法律第69号）」（以下，「区分所有法」と略称する。）について述べる。建物の区分所有とは，全体としては1棟の建物であるが，その中で構造上区分された数個の部分で独立して住居，店舗，事務所または倉庫その他建物として存在することができるもの（区分建物）は，その区分された各々の部分に独立した所有権が成立するという状況のことをいう（区分所有第1条参照）。その典型例は分譲マンションなので，この法律は別名「マンション法」ともいう。

　区分所有法が制定される前は，民法の相隣関係の箇所に区分建物所有者間の相隣関係規定が置かれ，同規定によると，数人にて1棟の建物を区分し，各その一部を所有するときには，建物及びその附属物の共用部分は，その共有に属するものと推定され（第208条1項），また，共用部分の修繕費その他の負担は，各自の所有部分の価格に応じてこれを分かつものとされていた（同条2項。第253条1項と同趣旨）。いうまでもなく，この規定は，1棟の建物を区分所有部分（専有部分）とそれ以外，即ち，共用部分とに分け，共用部分を共有とし，共用部分に関する負担については，

---

(358)　我妻＝有泉335頁。

第3章　占有・所有関係

専有部分の価格に応じた分担制とするという規定である。また，共用部分に関する分割は制限され，全共有者の合意を必要としていた（第257条）。なぜ，このような規定が相隣関係の規定として置かれたのかというと，この民法上の区分所有建物は，わが国に古くから存在した「平屋・棟割型の長屋住宅」を念頭に置いた規定だからである。

　しかし，1棟の建物が各階・各室別々の所有として物権的に取引されるようになると，民法の規定だけでは解決しえない問題が生ずるであろうという懸念から[(359)]，区分所有法が制定され，同時に不動産登記法に修正を施すとともに，民法の区分建物所有者間の相隣関係規定は削除されたのである。

　区分所有法の立法後20年の間に，経済成長による都市化の波と地価の高騰により，中高層マンションが急速に普及し，区分所有法の適用件数が急速に増大して，徐々に当初の立法では対処しきれない問題が増大するに至った。その問題とは，主として共用部分の権利関係，ならびに，専用部分の使用方法や管理費用の分担などの管理関係をめぐる紛争であった。そこで，1983（昭和58）年に大改正を行い，専有部分と共用部分における法律関係を整備し（区分所有第11条－第21条など），また，敷地利用権に関する規定（同法第22条－第24条）を置くとともに，区分所有権と敷地権との一体化を登記する方法を整備し（現行不登法第44条1項9号，第46条），更に，管理に関する規定を整備した。特に，管理に関しては，管理者の権限を拡張し（同法第25条－第29条），規約に関する規定を修正し（同法第30条－第33条），集会に関する規定を詳細化し（同法第34条－第46条），管理組合法人に関する規定の整備（同法第47条－第56条），義務違反者に対する措置規定の整備（同法第57条－第60条），建物の一部が滅失した場合における復旧等に関する規定の整備（同法第61条），そして，建物の建替え決議に関する規定の整備を行った（同法第62条－第64条）。

　その後，マンションの適切な維持・管理，特に，平成12年度末において30万戸にも達したといわれる築30年以上の老朽化した建物の管理や建替え等に関する法整備の必要に迫られ，2002（平成14）年において，区分所有法の改正に先立ち，「マンションの建替えの円滑化等に関する法律（平成14年6月19日法律第78号）」が制定され，同施行令（同年12月11日政令第367号），同施行規則（同年12月17日国土交通省令第116号）が制定されて，マンションの建替え事業に関する詳細な法整備がなされた。これに引き続き，「建物の区分所有等に関する法律及びマンションの建替えの円滑化等に関する法律の一部を改正する法律（平成14年12月11日法律第140号）」により，区分所有法においても，建物の建替えに関する文言上の修正を施し，また，団地内の建物の建替え承認決議（区分所有第69条），ならびに団地内の建物の一括建替え決議（同法第70条）を新設した。その他，この改正法において，区分所有

---

(359)　我妻186-187頁。

法における議事録等の関係書類や議決権行使の IT 化に関する改正がなされ，その後，若干の改正を経て，今日に至っている。

第 2 項　区分所有権の成立要件

1　序　説

「区分所有権」とは，1 棟の建物の中で構造上区分された数個の部分で独立した建物とされる部分（共用部分を除く）を目的とする所有権のことをいい（区分所有第 2 条 1 項），この所有権を有する者を「区分所有者」という（同条 2 項）。区分所有権は建物の中で区分された専有部分を目的とするので，区分所有権の成立要件とは，専有部分の成立要件でもある。

それでは，いかなる場合に区分所有権が成立するのかが問題となる。判例は，1 棟の建物の中で区分された部分のみで独立の建物と同一の経済上の効用を全うすることができる場合に限ると解している(360)。即ち，①1 棟の建物の中で構造上区分された部分があること，そして，②その区分された部分のみで独立した建物と同一の経済的効用を全うしうることが区分所有権の成立要件である（区分所有第 1 条）。次段以下においては，これらの要件を具体的に見ていくこととする。

2　構造上の独立性

まず，1 棟の建物の中で構造上の独立性が認められるためには，各階または各室を区別する隔壁ないし間仕切りが構造上独立していなければ，区分所有建物は成立しないとされる。この点について，判例を確認する。

〔判例 61〕最判昭和 56 年 6 月 18 日民集 35 巻 4 号 798 頁

【事実】

本件は，7 階建てビルの中にある 65 戸の区分所有者の代表者 X らが，ビルと一体となっている車庫部分の所有権の帰属を巡り，この建物の分譲業者である A 会社の更生管財人 Y と争ったという事案である。

X らは，車庫は建物全体の一部であり，共用部分を構成すると主張したのに対して，Y は，車庫部分の区分所有権を主張し，この車庫部分は分譲した部分から独立しているので，X らには帰属しないと主張した。

本件車庫部分の構造は，本件建物の外壁と一体となっている。また，車庫の奥は，通路部分及び電気室と接しているが，その部分はブロックの壁で遮られ，通路及び電気室に通ずる入口には引戸式の鉄製扉がある。車庫の入口には，両側の壁に接してそれぞれ本件建物を支える 7 階まで通しの鉄筋コンクリート製の幅約 70 センチメートルの角柱があり，

---

(360)　大判大正 5 年 11 月 29 日民録 22 輯 2333 頁：「およそ数人にて一棟の建物を区分し各その一部を所有することができるのは民法第 208 条の認める所であるが，その区分所有権を認めるのは，一棟の建物中区分された部分のみで独立の建物と同一の経済上の効用を全うすることができる場合に限るものであり，その部分が他の部分と併合しなければ建物としての効用のないときは，一棟の建物として所有権の目的となるものであっても，各部分につき区分所有権を認めるべきものではない。」

その柱と柱との間には等間隔で同様の柱が2本立っている。

　また，車庫の利用に際しては，本件車庫から本件建物の外部に直接出ることが可能である。本件車庫の壁の内側付近2カ所には臭気抜きの排気管が取り付けられ，また，出入口付近の床の3カ所に排水用のマンホールが設置されており，この排気管及びマンホールは，いずれも本件建物の共用設備であるが，本件車庫のうちの極めて僅かな部分を占めるに過ぎず，かつ，これらが本件車庫内に存在するために本件建物の管理人が日常的に本件車庫に出入りする必要が生ずるわけでもない。

【原審】

　この事実関係において，原審は，車庫の独立性を認めた。Xらから上告。

【判旨】棄却

　「建物の区分所有等に関する法律1条にいう構造上他の部分と区分された建物部分とは，建物の構成部分である隔壁，階層等により独立した物的支配に適する程度に他の部分と遮断され，その範囲が明確であることをもって足り，必ずしも周囲すべてが完全に遮断されていることを要しない。」

　「このような構造を有し，かつ，それ自体として独立の建物としての用途に供することができるような外形を有する建物部分は，そのうちの一部に他の区分所有者らの共用に供される設備が設置され……ていても，共用設備が当該建物部分の小部分を占めるにとどまり，その余の部分をもって独立の建物の場合と実質的に異なるところのない態様の排他的使用に供することができ，かつ，他の区分所有者らによる共用設備の利用，管理によってその排他的使用に格別の制限ないし障害を生ずることがなく，反面，かかる使用によって共用設備の保存及び他の区分所有者らによる利用に影響を及ぼすこともない場合には，なお建物の区分所有等に関する法律にいう建物の専有部分として区分所有権の目的となりうる」。

《問題点》

　マンションに備えつけられた車庫には，建物としての独立性があるか。

《分析》

　この問題について，本判決は，区分所有建物の要件である建物の構造上の独立性を認めるためには，建物の構成部分である隔壁，階層等により，独立した物的支配に適する程度に他の部分と遮断され，その範囲が明確であることが必要であるが，必ずしも周囲すべてが完全に遮断されている必要はないものと解している。

　この表現は微妙であるが，おそらくは，他の区分と完全に遮断されている必要はないが，ある程度の遮蔽性は必要だという意味であろう。この意味において，ふすま，障子や可動性の簡易間仕切りなどでは遮蔽性に乏しいので，区分所有建物としての独立性を認めるには不十分だということがわかる。

　しかし，同じ間仕切りでも，堅固な構造を有するシャッターや堅牢な扉で仕切られているのであれば，構造上の独立性があるものといいうる[361]。

　しかしながら，構造上の独立性があるとしても，他の専有部分を通らなければ外

第2節　所有権

部に出られないような場合には，専有部分としての独立性は否定されるべきである⁽³⁶²⁾。

　本件においては，この利用上の独立性についても一応検証されている。

　本件の事実によると，車庫部分が構造上の独立性を有していたとしても，その一部に他の区分所有者らの共用に供される設備が設置され，このような共用設備の設置場所としての意味ないし機能を一部帯有しているという状況があった。

　しかし，本判決は，①その共用設備が当該建物部分の小部分を占めるにとどまり，②その他の部分により独立の建物と実質的に異ならない態様の排他的使用に供することができ，かつ，他の区分所有者らによる共用設備の利用，管理により，その排他的使用に格別の制限ないし障害を生ぜず，③その使用により，共用設備の保存及び他の区分所有者らによる利用に影響を及ぼさない場合には，建物の専有部分として区分所有権の目的となりうるとして，マンションの車庫部分の利用上の独立性も認めたのである。

　なお，本件と同一のマンションではあるが，別に審理された倉庫部分の事案において，同日に最高裁から示された判決は，倉庫の利用上の独立性について再審理を命じて破棄差戻となった⁽³⁶³⁾。この点を含め，次段において，「利用上の独立性」について検討する。

---

(361)　昭和40年3月1日民三第307号民事局第三課長回答，昭和41年12月7日民甲第3317号民事局長回答，昭和42年9月25日民甲第2454号民事局長回答（法務省民事局第三課編『区分建物の登記先例解説』23頁参照）。

(362)　最判昭和44年7月25日民集23巻8号1627頁：Xは，Yらの先代Aに土地を賃貸し，Aは地上に本件第1，第2建物を所有し，第2建物をBに賃貸していた。BはAの承諾を得て第2建物に増築した。Xは，AのBに対する土地の無断転貸を理由として，本件土地賃貸借を解除した。その後，Aが亡くなり，YらがAを相続した。

　Xは，Yらに対し，建物収去・土地明渡しを求め，本訴を提起した。原審は，Bの増築部分に関する区分所有権を認定できないので，AのBに対する土地賃借権の譲渡または転貸はないとして，Xの請求を棄却した。Xから上告。

　棄却。「本件第3建物は，第2建物の一部の賃借人Bが自己の費用で第2建物の屋上に構築したもので，その構造は，4畳半の部屋と押入各1個からなり，外部への出入りは，第2建物内の6畳間の中にある梯子段を使用するほか方法がない。そうとすれば，第3建物は，既存の第2建物の上に増築された2階部分であり，その構造の一部を成すもので，それ自体では取引上の独立性を有せず，建物の区分所有権の対象たる部分にはあたらない」。

(363)　最判昭和56年6月18日判時1009号63頁：「第二倉庫は，構造上他の部分と区分され，それ自体として独立の建物としての用途に供することができる外形を有する建物部分であるが，他の区分所有者らの共用に供される設備として，床から高さ約2.05メートルの高さの部分に電気，水道等のパイプが設置されているというにすぎず，共用設備の利用，管理によって第二倉庫の排他的使用に格別の制限ないし障害を生ずるかどうかの点についてはなんら明確にされていないから，原審の認定した事実のみでは，少なくとも第二倉庫についてはそれが建物の区分所有等に関する法律にいう建物の専有部分として区分所有権の目的となることを否定することはできない。」

3 利用上の独立性 (用途への適合性)

区分所有建物として認められるためには，建物の区分された一部分が構造上の独立性を充たしていることを前提として，次に，独立して建物としての用途に供することが可能でなければならない (区分所有第1条)。この用途への適合性が利用上の独立性という意味である。これを要件として加えた理由は，構造上の独立性を認め，区分所有建物と認定したとしても，他の部分から独立して利用しえなければ，意味がないからである。

利用上の独立性を欠くという意味は，当該区分所有建物において，居宅ではあるが，他の区分から独立した出入口や上階への階段がなく，ガス，水道，電気などの設備 (配線や配管など) もないなど，当該区分のみでは日常生活を送ることができないという場合が典型的なケースである。当該区分に独立した出入口がなく，他の専有部分を通らなければ外に出られないという場合には，その専有部分と一体化しているといえるので，そのような場合には，他の専有部分に吸収される形で区分所有権の目的となるであろう[364]。

しかし，廊下や階段室，そして，エレベーター室などは，各専有部分の利用のために必要とされる共用部分であり，独立して建物の用途に供することはできないので，この部分を通って外に出るという場合には，他の要件を充たしている限り，専有部分であることにとって何ら支障はない。

では，構造上の独立性を満たしているマンションの管理人室についてはどのように解するのであろうか。判例は，当該管理人室が共用部分である管理事務所と利用上一体化している場合には，両者は機能的に分離不能というべきであるとして，利用上の独立性を欠くものと解している[365]。

---

[364]　大阪地判昭和41年4月27日判タ191号121頁：「第一の一の家屋部分については，その1階は旧来の家屋と仕切る等の工作がなされておらず，旧来の家屋には独立した出入口はなく，又その2階へ昇るには旧来の家屋より取りつけられた階段を利用する外ないこと，第二の二の家屋部分については，その1階は旧来の家屋と一体とした上店舗として利用されているし，2階は旧来の家屋より2階に通じる階段が設けられている等旧来の家屋より独立しているとはいえないこと，第二の三及び四の各家屋部分については，いずれもその一階は一応事務所として利用されているが，旧来の家屋から独立しているとはいえず，旧来の家屋に固有の出入口もなく，その2階もこれに通じる階段が旧来の家屋より設けられている等独立した構造を有するものとはいえない……。

　　　しかして，他に第二の一乃至四の家屋部分が構造上独立していることを認めうる何らの証拠もないから，第二の一乃至四の家屋部分は，いずれも独立の所有権の目的とはなりえない」。

　　　東京地判昭和45年5月2日下民集31巻5-8号546頁：木造瓦葺2階建住家5戸建1棟のうち1戸の2階部分につき，直接外へ出る階段はなく，ガス，水道，便所も階下にしかないことなどから区分所有権の対象となる独立の建物とは認められないとした。

[365]　最判平成5年2月12日民集47巻2号393頁：本件マンションの区分所有者であるXらは，区分所有権の登記がなされている本件管理人室は共用部分であるとして，その登記名義人であるY₁に対して登記抹消を，また，その占有者である管理会社Y₂に対して明渡しを求め，本訴を提起した。本件管理人室は，床面積が37.35平方メートルで，和室二間，台所，

第 2 節　所　有　権

しかしまた他方，構造上の独立性を有する車庫については，そのうちの一部に他の区分所有者らの共用に供される設備が設置され，このような共用設備の設置場所としての意味ないし機能を一部帯有しているようなものであっても，その共用設備が当該建物部分の小部分を占めるにとどまり，その余の部分をもって独立の建物の場合と実質的に異なるところのない態様の排他的使用に供することができ，かつ，他の区分所有者らによる共用設備の利用，管理によってその排他的使用に格別の制限ないし障害を生ずることがなく，反面，かかる使用によって共用設備の保存及び他の区分所有者らによる利用に影響を及ぼすこともない場合には，なお，専有部分として区分所有権の目的となりうるものと解している(366)。

判例は，この管理人室の事案と車庫の事案とで結論を異にするわけであるが，管理人室の事案は，当該マンションにおいては，外部への連絡，来訪者や居住者との接触，そして居住者への連絡などを行う管理事務所が共用部分とされており，これと管理人室とが不可分一体の関係にあることから，管理人室の利用上の独立性を認めなかったのである。

他方，車庫の事案は，利用上の独立性も認めたのであるが，元々，マンションの地下車庫（1 階となっている場合もある）は，外部からの出入りは，出入口のシャッター部分やその脇に設置しているドア部分から行うものであり，構造上の独立性は充たしている。しかし，利用上の独立性に関しては，通常，その利用者は居住者もしくは事務所・店舗の利用者であるから，マンションの区分所有者またはその者からの賃借人等としての占有者である。それゆえ，車庫部分から居住スペース等への出入りは自由に行われ，その通路はもちろん共用部分である。確かに，車庫全体か

便所，風呂場，廊下及び玄関出入口から成り，鉄製で施錠可能な玄関ドアがあって，隣接する管理事務室を利用せずに外部との出入りができた。逆に，管理人室とガラス引き戸を境にして接している管理事務所（8.28 平方メートル）は共用部分であり，玄関・ロビーに面した側に開閉可能なガラス窓及びカウンターが設けられ，本件マンションに出入りする人との応対やその監視ができる構造になっており，警報装置，配電盤，電灯の点消灯装置など，共用設備が設けられていた。他方，管理人室にはこれらの設備も電話もなかった。

原審は，本件管理人室には構造上の独立性はあるが，利用上の独立性がないとして，Xらの請求を認容した。Yらから上告。

棄却。「本件マンションは，比較的規模が大きく，居宅の専有部分が大部分を占めており，……区分所有者の居住生活を円滑にし，その環境の維持保全を図るため，その業務に当たる管理人を常駐させ，多岐にわたる管理業務の遂行に当たらせる必要があるところ，本件マンションの玄関に接する共用部分である管理事務室のみでは，管理人を常駐させてその業務を適切かつ円滑に遂行させることが困難であることは明らかであるから，本件管理人室は管理事務室と合わせて一体として利用することが予定されていたものというべきであり，両室は機能的にこれを分離することができない（。）そうすると，本件管理人室には，構造上の独立性があるとしても，利用上の独立性はないというべきであり，本件管理人室は，区分所有権の目的とならないものと解するのが相当である。」

(366)　車庫の専有部分としての構造上・利用上の独立性を認めた前掲最判昭和 56 年 6 月 18 日及びこれを引用する最判昭和 56 年 7 月 17 日民集 35 巻 5 号 977 頁を参照。

第3章　占有・所有関係

ら見れば，居住スペースへの通路等はごく一部であるかも知れないが，この通路は，緊急時における居住スペースからの避難通路として用いられ，マンションとしては非常に重要な部分であり，居住スペースにとっては欠くべからざる性質のものであり，決して，車庫部分だけの問題ではないのである。しかも，通常，居住スペースから車庫側への出入りについては，消防・防災対策上，鍵を設けてはならないこととされており（逆は防犯対策上鍵の設置が許される。），このような意味合いから，車庫部分は構造上の独立性を有していたとしても，利用上は，当該マンションと不可分一体の関係に立っているものといいうる。

　したがって，居住スペースへの連絡通路がないという場合には，利用上の独立性も認めてよいが，これがある場合には，車庫部分の利用上の独立性はないものと解すべきである。

　次に，前掲した最判昭和56年6月18日の倉庫部分の事案が差戻となり，再度上告されたので，その判断について検討する。

〔判例62〕最判昭和61年4月25日判時1199号67頁
【事実】
　本件は，7階建てビルの中にある65戸の区分所有者の代表者Xらが，ビルと一体となっている倉庫部分（第1倉庫，第2倉庫）の所有権の帰属を巡り，この建物を分譲した業者であるA会社の更生管財人Yと争ったという事案である。

　Xらは，本件倉庫は建物全体の一部であり，共用部分を構成すると主張したのに対して，Yは，倉庫部分の区分所有権を主張し，この倉庫部分は分譲した部分から独立しているので，Xらには帰属しないと主張した。

　本件は一度上告されて破棄差戻となり（最判昭和56年6月18日判時1009号63頁），差戻控訴審は事実認定をやり直した上で，次のように判示した。

【差戻控訴審】
　(1)　第1倉庫は，区分所有者らの共用に供される設備として，電気スイッチ及び積算電力計の配電盤，換気，汚水処理及び揚水ポンプなどの動力系スイッチ，汚水マンホール等が，いずれも第1倉庫の入口近くに設置されている。しかし，これらの設備自体とスイッチ等の操作，マンホールの清掃等のために必要な場所の第1倉庫内に占める部分は，第1倉庫の床面積及び空間に比して極めて僅小な部分にとどまり，かつ，各種スイッチ操作のため本件建物の管理人が必要とする1日3回程度の出入やマンホールの清掃のための出入によって第1倉庫の排他的使用に格別の制限ないし障害が生ずるとはいえない。また，電気及び水道のパイプの存在が，第1倉庫の排他的使用に格別の制限ないし障害をもたらすものではない。そして，第1倉庫が区分所有権の目的となるとしても，その区分所有者は，本件建物の他の区分所有者に対し，本件建物の管理人等による共用設備の保存及び管理のために必要な合理的な時間内の本件第1倉庫の空間の利用を受忍すべき信義則上の義務を負うものと解されるから，その排他的使用によって，共用設備の保存及び他の区分所有者らによるその利用に影響はない。したがって，第1倉庫は，専有部分といえるから，区分

566

第2節　所有権

所有権の目的となりうる。

　(2)　第2倉庫は，構造上他の部分と区分され，それ自体として独立の建物としての用途に供することができる外形を有する建物部分であることが明らかであり，また，排他的使用がパイプの保存等に格別の影響を及ぼすものではないから，第2倉庫も専有部分として区分所有権の目的となりうる。Xらから上告。

【判旨】棄却

　「本件第1倉庫及び本件第2倉庫が，建物の区分所有等に関する法律にいう，1棟の建物のうち構造上他の部分と区分され，それ自体として独立の建物としての用途に供することができる建物部分であり，建物の専有部分として区分所有権の目的となるものとした原審の判断は，正当として是認することができ，原判決に所論の違法はない。」

《問題点》

　区分所有建物と一体となっている倉庫の入口付近に当該区分所有建物の共用設備が設置されている場合でも，区分所有法（昭和58年法律第51号による改正前のもの）にいう専有部分に当たるか。

《分析》

　本件は，前掲した車庫部分の独立性について争われた昭和56年最判〔判例61〕と同一日に出された倉庫部分の独立性について争われた事案の再上告審である。

　本判決は，差戻控訴審において，特に第1倉庫の利用上の独立性について詳細に論じられた箇所が事実上の判示内容である。

　これによると，本件倉庫の入り口付近に本件建物の共用部分である電気スイッチ及び積算電力計の配電盤，換気，汚水処理及び揚水ポンプなどの動力系スイッチならびに汚水マンホールなどがあるものの，これら共用部分は，本件第1倉庫の床面積及び空間に比して極めて僅小な部分にとどまり，その余の部分をもって独立の建物の場合と実質的に異なるところのない態様の排他的使用に供しうるという理由が論じられている。また，当該共用部分における管理人の出入りが1日3回程度であり，倉庫の排他的利用に支障はないから，利用上の独立性もあるという理由も論じられた。更に，倉庫の区分所有者は，本件建物の管理人等による前記各種スイッチの操作等本件第1倉庫内に設置されている共用設備の保存及び管理のために必要な合理的な時間内の本件第1倉庫の空間の利用を受忍すべき信義則上の義務を負うところ，この程度では，やはり，倉庫の排他的利用に何ら支障はないという。

　この差戻控訴審判決は，そのまま再上告審でも認容されている。また，以上の理由付けは，前掲した昭和56年最判（車庫）とほぼ同じである。この倉庫の利用がどのようになされいたのかは不明であるが，当該建物の区分所有者の立場から考えると，この倉庫部分も当該建物の一部であり，生活の一部であったかも知れない。前掲した車庫部分よりは少しは生活への障害の度合いは小さいのかも知れない。しかし，居住者以外の者が区分所有者として当該建物の一部を自由に利用するという

567

第3章　占有・所有関係

点においては，やはり支障が出るものと思われる。また，車庫にせよ，倉庫にせよ，その部分が他の区分所有者の独立した専有部分として認定されてしまうと，マンションの居住者等がこれを利用しようという場合には，当該区分所有者との間において，賃貸借契約を新たに締結しなければならなくなり，これではマンションの外に駐車場や物置を借りるのと条件としてはあまり変わらなくなってしまう。

したがって，このような判決が繰り返され，一般化されてしまうと，やはり，マンション居住者等にとっては，かなりの負担となるであろう。このような意味において，管理人室の利用上の独立性に関して厳格な判断を示した前掲平成5年2月判決のような分析が時として必要になるのである。

第3項　区分所有建物の所有関係と敷地利用権

1　専　有　部　分

(1)　専有部分の範囲

専有部分とは，区分所有権の目的となる建物の部分のことである（区分所有第2条3項）。そして，専有部分の範囲については，区分所有権の成立要件について既に述べたところと同じなので，重ねて論じない。即ち，区分所有建物である1棟の中で区分された専有部分を目的とするのが区分所有権であり，それ以外の部分として共用部分があり，共用部分は区分所有者全員の共有扱いであるから，区分所有権の目的とならない（区分所有第4条1項）。

(2)　専有部分の法律関係

専有部分は区分所有権の目的となる（区分所有第2条3項）。したがって，専有部分の法律関係とは，区分所有権とこれをめぐる法律関係である。区分所有権といっても，その性質は普通の所有権と何ら変わるところはない。普通の所有権と同様に，専有部分に対する使用・収益・処分権能を有する（第206条）。それゆえ，専有部分を普通の建物と同じように売買し，専有部分に抵当権または賃借権を設定することができ，もちろん専有部分を共有とすることもできる。そして，専有部分に関する物権変動（第176条）は，すべて登記を対抗要件とすることもまた，普通の所有権と同じである（第177条）。

ただ，区分所有建物は，同じ1棟の建物の中で各専有部分が階層や各室ごとに隔壁などで仕切られて共存する関係上，用益的に見ても，密接な相隣関係にあるので，区分所有権の行使に当たっては，他の区分所有者との間において，必要に応じた制約を受ける。即ち，まず第一に，区分所有者は，建物の保存に有害な行為，その他建物の管理または使用に関し，区分所有者の共同の利益に反する行為をしてはならない（区分所有第6条1項）。また，この規定は，専有部分の賃借人などの占有者にも準用されているので（同条3項），そのような占有者も区分所有者と同様の義務を負う。また，第二に，区分所有者は，その専有部分または共用部分を保存し，または

改良するため必要な範囲内において，他の区分所有者の専有部分または自己の所有
に属しない共用部分の使用を請求することができる（同条2項前段）。この場合にお
いて，他の区分所有者が損害を受けたときには，その償金を支払わなければならな
い（同条2項後段）。この規定は，隣地使用に関する相隣関係（第209条）と類似した
構造を有しており，マンションにおける相隣関係規定である。

2 共用部分

(1) 共用部分の範囲

専有部分以外の建物の部分，専有部分に属しない建物の附属物及び規約により共
用部分とされた附属の建物を「共用部分」という（区分所有第2条4項）。

共用部分は，数個の専有部分に通じる廊下または階段室，その他構造上区分所有
者の全員またはその一部の共用に供されるべき建物の部分のことをいい，区分所有
権の目的とはならない（同法第4条1項）。簡単にいうと，廊下や階段，エレベーター
やロビーラウンジなどは，全員が使う部分なので，共用部分という名の特殊な共
有形態（合有）を取るのである。ただ，全員で使用することを予定しない共用部分，
即ち，一部の区分所有者のみの共用に供されるべきことが明らかな共用部分（一部
共用部分：同法第3条後段）もあり，これも区分所有権の目的とはならないものとされ
る（同法第4条1項）。

しかし，元々，共用部分とは，専有部分以外（専有部分に属しない建物の附属物を含
む。）の建物全体をいうのであるから，建物の主体構造部，ならびに建物の内外を
遮断する隔壁なども共用部分である。更に，専有部分に属しない建物の附属物，即
ち，電気・電話・インターネットの配線，ガス・水道の配管，エントランスなど共
用施設に備え付けられた冷暖房設備，消火設備，防犯設備など，また，建物になら
ない貯水槽や変電室など，すべての設備が共用部分である（法定共用部分）。ただし，
専有部分に引き込まれている設備の部分は共用部分ではない。反対に，専有部分
から排出される生活用水の排水管が専有部分を出て他の専有部分ないし共用部分を
通って本管につながる枝管については，場合によっては，共用部分となりうる[367]。

---

(367)　最判平成12年3月21日判時1715号20頁：「本件建物の707号室の台所，洗面所，風
呂，便所から出る汚水については，同室の床下にあるいわゆる躯体部分であるコンクリート
スラブを貫通してその階下にある607号室の天井裏に配された枝管を通じて，共用部分であ
る本管（縦管）に流される構造となっているところ，本件排水管は，枝管のうち，コンク
リートスラブと607号室の天井板との間の空間に配された部分である。本件排水管には，本
管に合流する直前で708号室の便所から出る汚水を流す枝管が接続されており，707号室及
び708号室以外の部屋からの汚水は流れ込んでいない。本件排水管は，コンクリートスラブ
の下にあるため，707号室及び708号室から本件排水管の点検，修理を行うことは不可能で
あり，607号室からその天井板の裏に入ってこれを実施するほか方法はない。
　この事実関係の下においては，本件排水管は，その構造及び設置場所に照らし，建物の区
分所有等に関する法律2条4項にいう専有部分に属しない建物の附属物に当たり，かつ，区
分所有者全員の共用部分に当たると解するのが相当である。」最高裁は，このように判示して，
上階の所有者には漏水事故による損害賠償責任はないとした。

569

第3章 占有・所有関係

次に，区分所有権の目的となりうる建物の部分（管理人室，応接室，地下車庫など）及び附属の建物（別棟の集会室，車庫，物置など）でも，規約によって共用部分とすることができる（規約共用部分）。しかし，この場合には，規約で共用部分とした旨の登記をしなければ，これをもって第三者に対抗することができない（同法第4条2項）。この規約は，分譲マンションの場合には，区分所有者が管理組合を作ってから，区分所有者及び議決権の各4分の3以上の多数による集会の決議によって作成することができる（同法第31条1項参照）。また，分譲前に，最初に建物の専有部分の全部を所有する者，即ち，分譲業者が公正証書によって設定することもできる（同法第32条）。そして，この規約は，その後，専有部分を分譲した際に，区分所有権の特定承継人，即ち，マンションの買主に対しても，効力を生ずる（同法第46条1項）。

(2) 共用部分の法律関係

共用部分は，原則として，区分所有者全員の共有に属するが（区分所有第11条1項本文），一部共用部分は，これを共用すべき区分所有者の共有に属する（同条同項ただし書）。この共有規定については，規約で別段の定めをすることができるが，やはり，規約によって管理者を共用部分の所有者とする場合（同法第27条1項）を除き，区分所有者以外の者を共用部分の所有者と定めることはできない（同法第11条2項）。

各共有者が共用部分をその用方に従って使用することができるという点（同法第13条），また，各共有者の持分はその有する専有部分の床面積の割合によるという点（同法第14条1項）は，民法上の共有規定と同様の考え方を採っている。この床面積の算定方法は，壁その他の区画の内側線で囲まれた部分の水平投影面積による（同条3項）。しかし，共用部分の持分や床面積の算定については，規約で別段の定めをすることができる（同条4項）。したがって，規約の定めにより，通常の床面積の算定方法である壁芯で算定することも可能である。

民法の共有規定と決定的に異なるのは，共有者は，区分所有法に別段の定めがある場合を除いて，その有する専有部分と分離して共用部分の持分を処分することができないとする点である（分離処分の禁止：区分所有第15条2項）。また，共有者の持分は，その有する専有部分の処分に従う（同法第15条1項）とする点は，従物は主物の処分に従うという民法の規定（第87条2項）を彷彿させる。これらの意味において，共用部分は，共有物であっても，その分割請求をすることができない。この意味において，共用部分の共有関係は，特殊な取扱い（合有類似の関係）となる。したがって，マンションの専有部分を売却した場合には，買主は，床面積の割合に応じて，共用部分の持分をも取得する。

共用部分の管理に関する事項は，集会の決議で決するが，保存行為は，各共有者がすることができる（区分所有第18条1項）。しかし，規約で別段の定めをすることを妨げない（同条2項）。

共用部分の変更（その形状または効用の著しい変更を伴わないものを除く。）は，区分所

570

有者及び議決権の各4分の3以上の多数による集会の決議で決するが，この区分所有者の定数は，規約でその過半数まで減ずることができる（同法第17条）。民法上，共有物の変更は共有者全員の同意を要するが（第251条），マンションで全員の同意を取ることは大変なので，この点は緩和されている。

3　敷地と敷地利用権

(1)　敷地の意義

次に，区分所有法で予定する建物の敷地とは，建物が所在する土地，及び規約によって建物の敷地とされた土地である（区分所有第2条5項，第5条1項）。通常，建物の敷地とは，建物の所在する1筆または数筆の土地のことをいう。この意味において，区分所有法第2条5項に規定する敷地は，一般的な意味と同じである。

しかし，区分所有法は，その特殊性から，区分所有者が建物及び建物が所在する土地と一体として管理し，または使用する庭，通路その他の土地は，規約により建物の敷地とすることができることとした（同法第5条1項）。この規定は，マンションの敷地が広いことを考慮して，土地が数筆に分かれている場合に，直接の敷地以外にもマンションの施設や設備のために必要とされる土地があることを意識して，規約によって敷地を拡張しやすくしたものである。

また，建物が所在する土地が建物の一部の滅失により建物が所在する土地以外の土地となったときには，その土地は，第5条1項の規定により，規約で建物の敷地と定められたものとみなすこととし，更に，建物が所在する土地の一部が分割により建物が所在する土地以外の土地となったときにも，同様とすると規定した（同条2項）。この規定は，マンションが災害等によって一部滅失し，その規模が小さくなった場合と，広い敷地が分筆されて直接の敷地ではなくなった場合の両ケースを想定し，これらの場合において，敷地以外の土地が発生したという事態を想定して，これらの場合にも，従前通り，マンションの敷地として必要な範囲内において，特に新たに規約を設定せずとも，規約による敷地になったものとみなすこととしたのである。

(2)　敷地利用権

次に，敷地利用権とは，専有部分を所有するための建物の敷地に関する権利のことである（区分所有第2条6項）。マンションの場合には，上層階・下層階を問わず，数人，数十人，あるいは数百人で敷地を所有または賃借することになるので，敷地利用権という概念が必要になる。原則として，区分所有者の全員が敷地全体を利用することができなければ，マンションとして意味がないからである。敷地利用権のバリエーションとして，土地所有権を共有するか，あるいは土地賃借権を準共有するかというケースがある。地上権を準共有するというケースは，従前からの経緯を顧慮すると，ほとんどないものと思われ，更に登記の方法がない使用借権の準共有は考えられない。

第3章 占有・所有関係

　敷地利用権が数人で有する所有権その他の権利である場合には，区分所有者は，規約に別段の定めがあるときを除き，その有する専有部分とその専有部分に係る敷地利用権とを分離して処分することができない（同法第22条1項）。この点は，共用部分に関する考え方と同じである。しかし，この分離処分の禁止に違反して敷地利用権が処分された場合において，その相手方が善意であるときには，その無効を対抗することができない（同法第23条本文）。ただし，不動産登記法の定めるところにより分離して処分することができない専有部分及び敷地利用権であることを登記した後に，その処分がされたときには，この限りではない（同条ただし書，不登第44条1項9号）。したがって，不動産売買の実務においては，マンションの敷地利用権（敷地権）は必ず登記される。

　この分離処分が禁止される場合には，民法第255条（同法第264条において準用する場合を含む。）の規定は，敷地利用権には適用しない（区分所有第24条）。第255条は，共有者の一人が，その持分を放棄したとき，または死亡して相続人がないときには，その持分は他の共有者に帰属すると規定する。この規定が適用されないとされる結果として，区分所有者の一人が敷地利用権の持分を放棄し，または相続人なくして死亡したときでも，その持分は他の共有者または準共有者に帰属しないということになる。

　では，この場合には，敷地利用権の持分の帰属先は一体どうなるのであろうか。形式論理的には，敷地利用権の持分放棄の場合には，分離処分の禁止から，専有部分の放棄及び共用部分の持分放棄を伴い，そのまま一括して国庫に帰属する（第239条2項）。また，相続人なくして死亡した場合にも，ほかに特別縁故者への帰属が考えられる程度であり，やはり，国庫への帰属が考えられる[368]。

　しかし，このような規定が敷地利用権の箇所にのみ規定されているという点を顧慮すると，この解釈は疑問である。むしろ，この規定は，反対に，区分所有者が専有部分を放棄し[369]，または相続人なくして死亡した場合において，敷地利用権が宙に浮いてしまい，分離処分されてしまわないための規定であり，専有部分，共用部分持分と敷地利用権を一体として，その帰属先を決める根拠条文であると解される。このように解すると，区分所有権が放棄されれば，共用部分持分も放棄されたことになり，敷地利用権もともに放棄されたことになって，全部が同一の権利者に

---

(368)　石田穣415-416頁。

(369)　不動産の所有権を放棄しうるか否かは民法には何ら規定がなく，明確ではないとされている（『新版注釈民法(7)物権(2)〔五十嵐・瀬川〕』379頁）。民法第239条2項の規定が，不動産は国家の基礎であるという理由から，無主の不動産は一旦これを国庫に帰せしめ，後日，国がこれを適切な人に付与して，何らかの事業の用に当たらせるための規定であるとすれば（梅謙次郎『民法要義巻之二物権編』164頁参照），不動産所有権の放棄もまたこれを認めるべきである。国税の納付を目的とする所謂「物納」も，若干ニュアンスの相違はあるものの，その一つの現れであるといいうる。

572

帰属するので，問題は生じない（国有財産となった際には一括して公売に付されるであろう）。

次に，敷地利用権の共有持分の割合は，共用部分の持分と同様，各人の有する専有部分の床面積の割合による（同法第22条2項，第14条）。ただし，規約でこの割合と異なる割合が定められているときには，その割合による（同法第22条2項ただし書）。

以上の専有部分と敷地利用権の分離処分禁止，ならびに敷地利用権の持分割合に関する規定及び規約による定めは，建物の専有部分の全部を所有する者の敷地利用権が単独で有する所有権その他の権利である場合に準用される（同法第22条3項）。この準用規定は，分譲前に分譲業者が建物とその敷地全体を所有する場合において，専有部分を販売するときにも，共用部分・敷地利用権とともに一括して販売しなければならず，共用部分持分及び敷地利用権持分の割合は，専有部分の床面積に対する割合となるというものである。

4　区分所有関係の登記

(1)　区分所有建物の登記

建物が区分所有建物である場合には，まず，建物登記簿の表題部が，1棟の建物の表題部と区分建物の表題部とに分けられる。

まず，1棟の建物の表題部冒頭には，①1棟の建物に属する区分建物の家屋番号が付せられ，②1棟の建物の表示欄（建物の所在，建物所在図の番号，1棟の建物の名称，構造，床面積，1棟の建物に係る登記の登記原因及びその日付），③敷地権の目的である土地の表示欄（敷地権の目的である土地の符号，土地の所在及び地番，地目，地積，敷地権に係る登記の年月日）とがあり，それぞれの内容が表示される。

また，区分建物の表題部には，①専有部分の建物の表示欄（不動産番号，区分建物の家屋番号，名称，種類，構造，床面積），②附属建物の表示欄，③敷地権の表示欄（敷地権の目的である土地の符号，敷地権の種類，敷地権の割合，敷地権に係る登記の登記原因及びその日付，附属建物に係る敷地権である旨，敷地権に係る登記の年月日），そして，所有者欄（所有者及びその持分）があり，それぞれの内容が表示される。

更に，権利部に関しては，通常の建物の保存登記と同様，甲区欄と乙区欄に区分され，前者には所有権に関する登記記録が，後者には所有権以外のすべての登記記録が行われる（以上，不登第44条，不登規第4条3項〔同規則別表3参照〕）。

このように，建物登記簿の表題部登記において，建物全体の表示，区分建物の表示，敷地権の表示をすることにより，区分所有法において規定されているように（区分所有第22条1項），区分所有権の目的である専有部分と敷地利用権とが一体化しており，分離処分することができないという取扱いとなる（不登第44条1項9号）。

(2)　敷地利用権の登記

敷地利用権に関して，建物の登記記録で表示をしただけでは，土地の登記記録にその根拠が表れないので，登記官は，表示に関する登記のうち，区分建物に関する敷地権について表題部に最初に登記をするときには，当該敷地権の目的である土地

の登記記録について，職権で，当該登記記録中の所有権，地上権その他の権利が敷地権である旨の登記をしなければならない（不登第46条）。

この敷地権である旨の登記をした土地には，敷地権の移転の登記または敷地権を目的とする担保権に係る権利に関する登記をすることができない（不登第73条2項）。ただし，当該土地が敷地権の目的となった後にその登記原因が生じたもの（分離処分禁止の場合を除く。），または敷地権についての仮登記，もしくは質権，抵当権に係る権利に関する登記であって，当該土地が敷地権の目的となる前にその登記原因が生じたものについては，この限りではない（同条同項ただし書）。

また，敷地権付き区分建物には，当該建物のみの所有権の移転を登記原因とする所有権の登記または当該建物のみを目的とする担保権に係る権利に関する登記をすることができない（不登第73条3項）。ただし，当該建物の敷地権が生じた後にその登記原因が生じたもの（分離処分禁止の場合を除く。）または当該建物のみの所有権についての仮登記，もしくは当該建物のみを目的とする質権，抵当権に係る権利に関する登記であって，当該建物の敷地権が生ずる前にその登記原因が生じたものについては，この限りではない（同条同項ただし書）。

そして，専有部分と敷地利用権とは分離処分が禁止されているので，その効果として，敷地権付き区分建物についての所有権または担保権（一般の先取特権，質権または抵当権）に係る権利に関する登記は，不動産登記法第46条の規定により敷地権である旨の登記をした土地の敷地権についてされた登記としての効力を有する（同法第73条1項）。

第4項　区分所有建物の管理

1　管 理 組 合

(1)　管理組合の意義

区分所有者は，全員で，建物ならびにその敷地及び附属施設の管理を行うための団体を構成し，区分所有法の規定により，集会を開き，規約を定め，そして管理者を置くことができる（区分所有第3条前段）。また，前述した一部共用部分をそれらの区分所有者が管理するときでも，同様である（同条後段）。

この区分所有者の全員で構成される「管理のための団体」は，通常，管理組合と称される。事実上，民法上の組合（第667条以下）と同視することができるからである。

管理組合を構成するのは区分所有者全員であり，区分所有者とは，各専有部分の所有者であるが，その他の部分は共用部分という共有関係に立つ。また，敷地利用権はこれまた共有関係に立つ。もっとも，共有関係でも，民法上の共有は互いに独立した持分権が集合して成り立っており，互いに制限し合っている状態にあるから，区分所有建物の内部関係と類似している。そうすると，これら専有部分の単独所有を重視するとともに，共用部分及び敷地利用権の共有関係を顧慮すると，集会の決

第2節 所 有 権

議は全員一致という場面もありうるわけである（例えば，共有物の変更に関する民法第
251条参照）。しかし，区分所有法は，管理組合の団体性を重視して，最初に規約を
設定する場合でも，区分所有者及び議決権の各4分の3以上の多数による集会の決
議によって行われることとされ（区分所有第31条1項。旧法第24条では，全員の一致によ
ることとされていた。），法律上，団体としての行動が妨げられないよう，配慮されて
いる。

　このように，管理組合は，原則として，民法上の組合としての活動が保障されて
いるといいうる。なお，管理組合は，一定の要件を充たすことにより，法人化する
ことができる（同法第47条以下参照）。

(2)　管　理　者

(ア)　選任及び解任

　区分所有者は，規約に別段の定めがない限り，集会の決議によって，管理者を選
任し，または解任することができる（区分所有第25条1項）。通常，マンションは管
理組合を組織し，区分所有者の数人で組織される理事会を置くが，この理事会が管
理者となり，理事長がその統括責任者となる。そして，理事長を始めとする理事会
の構成員の選任及び解任は集会の決議で決められるが，この管理者が不正な行為そ
の他その職務を行うに適しない事情があるときには，各区分所有者は，その解任を
裁判所に請求することができる（同条2項）。したがって，集会の決議で解任されな
くとも，解任の要件を満たしていれば，区分所有者は単独で裁判所に解任請求をす
ることができる。

(イ)　管理者の権限

　管理者は，共用部分ならびに当該建物の敷地及び附属施設を保存し，集会の決議
を実行し，ならびに規約で定めた行為をする権利を有し，義務を負う（区分所有第
26条1項）。

　管理者は，その職務に関し，区分所有者を代理する（同法同条2項前段）。マンショ
ンにおいて管理組合を組織し，これが権利能力なき社団に該当すれば，この「代
理」は代表の意味である。しかし，区分所有法は，ほかに管理組合法人に関する規
定を備えており（同法第47条以下），原則形態は個々人の集まりに過ぎないので，管
理者を他の区分所有者の代理人と規定したのである。

　管理者は，共用部分の管理に該当する共用部分の損害保険契約（同法第18条4項，
第21条）に基づく保険金額，ならびに共用部分等について生じた損害賠償金及び不
当利得による返還金の請求及び受領についても，区分所有者全員を代理する（同法
第26条2項後段）。

　管理者の代理権に加えた制限は，善意の第三者に対抗することができない（同法
同条3項）。

　管理者は，規約または集会の決議により，その職務（第2項後段に規定する事項を含

む。）に関し，区分所有者のために，原告または被告となることができる（同法同条4項）。この規定は，前掲したように，マンションの車庫部分が共用部分に属するか，それとも区分所有権の目的として独立しているかなど，区分所有権の範囲などに関する紛争により，訴訟となったときには，管理者が訴えを提起し，または応訴しうることを定めたものである。また，管理者は，第4項の規約により原告または被告となったときには，遅滞なく，区分所有者にその旨を通知しなければならない（同法同条5項前段）。この通知をする場合には，集会の招集通知に関する区分所有法第35条第2項から第4項までの規定を準用する（同条同項後段）。

次に，管理者は，規約に特別の定めがあるときには，共用部分を所有することができる（区分所有第27条1項）。これは，管理者が共用部分を管理するためにその一部を所有しうることを定めたものである。この管理所有の内容は，区分所有法第6条2項と第20条の準用による（同条2項）。即ち，管理者は，その専有部分または共用部分を保存し，または改良するために必要な範囲内において，他の区分所有者の専有部分または自己の所有に属しない共用部分の使用を請求することができるが，この場合において，他の区分所有者が損害を受けたときには，その償金を支払わなければならない（同法第6条2項の準用）。また，管理所有者は，区分所有者全員（一部共用部分については，これを共用すべき区分所有者）のためにその共用部分を管理する義務を負い，この場合には，それらの区分所有者に対し，相当な管理費用を請求することができる（同法第20条1項の準用）。ただし，管理所有者は，共用部分の変更（その形状または効用の著しい変更を伴わないものを除く。同法第17条第1項参照）をすることはできない（同条2項の準用）。

これら管理者の権利義務は，区分所有法及び規約に定めるもののほか，委任に関する規定に従う（区分所有第28条）。

更に，管理者がその職務の範囲内において第三者との間にした行為につき，区分所有者がその責めに任ずべき割合は，共用部分の持分割合と同様，各専有部分の床面積の割合による（同法第29条1項本文）。ただし，規約で建物ならびにその敷地及び附属施設の管理に要する経費につき負担の割合が定められているときには，その割合による（同条同項ただし書）。この管理者の行為によって発生し，当該第三者が区分所有者に対して有する債権は，区分所有者の特定承継人に対しても行使することができる（同条2項）。

(3) 規　　約

まず，規約は，区分所有法に規定する内容以外に，建物またはその敷地もしくは附属施設の管理または使用に関する区分所有者相互間の事項について定めることができる（区分所有第30条1項）。また，一部共用部分に関して，区分所有者全員の規約に定めがある以外に，一部共用部分を利用する区分所有者で規約を定めることができる（同条2項）。

第2節 所　有　権

　これらの規約は，専有部分もしくは共用部分または建物の敷地もしくは附属施設（建物の敷地または附属施設に関する権利を含む。）につき，これらの形状，面積，位置関係，使用目的及び利用状況，ならびに区分所有者が支払った対価その他の事情を総合的に考慮して，区分所有者間の利害の衡平が図られるように定めなければならず（同条3項），区分所有者以外の者の権利を害することができない（同条4項）。また，規約は，書面または電磁的記録（電子的方式，磁気的方式その他人の知覚によっては認識することができない方式で作られる記録であって，電子計算機による情報処理の用に供されるものとして法務省令で定めるものをいう。）により，これを作成しなければならない（同条5項）。

　規約の設定，変更または廃止は，区分所有者及び議決権の各4分の3以上の多数による集会の決議によって行われ，この場合において，規約の設定，変更または廃止が一部の区分所有者の権利に特別の影響を及ぼすべきときには，その承諾を得なければならない（同法第31条1項）。また，一部共用部分についての区分所有者全員の規約の設定，変更または廃止は，当該一部共用部分を共用すべき区分所有者の4分の1を超える者，またはその議決権の4分の1を超える議決権を有する者が反対したときには，することができない（同条2項）。

　また，マンションの分譲業者のように，最初に建物の専有部分の全部を所有する者は，公正証書により，規約共用部分（同法第4条第2項），規約による敷地（同法第5条第1項），ならびに専有部分と敷地利用権の分離処分禁止における別段の定め（同法第22条1項ただし書，同条2項ただし書，同条3項）の規約を設定することができる（同法第32条）。

　規約は，管理者が保管しなければならないが，管理者がないときには，建物を使用している区分所有者またはその代理人で規約または集会の決議で定めるものが保管しなければならない（同法第33条1項）。規約保管者は，利害関係人の請求があったときには，正当な理由がある場合を除き，規約の閲覧（電磁的記録により作成された規約は，当該電磁的記録に記録された情報の内容を法務省令で定める方法により表示したものの当該規約の保管場所における閲覧）を拒んではならない（同条2項）。また，規約の保管場所は，建物内の見やすい場所に掲示しなければならない（同条3項）。

(4)　集　　　会

　集会は，管理者が招集することとされ（区分所有第34条1項），管理者は，少なくとも毎年1回集会を招集しなければならない（同条2項）。

　集会の招集通知は，会日より少なくとも1週間前に，会議の目的たる事項を示して，各区分所有者に発しなければならないが，この期間は，規約で伸縮することができる（同法第35条1項）。集会においては，招集通知によって予め通知した事項についてのみ，決議をすることができる（同法第37条1項）。なお，集会は，区分所有者全員の同意があるときには，招集の手続を経ないで開くことができる（同法第36条）。

集会においては，規約に別段の定めがある場合及び別段の決議をした場合を除き，管理者または集会を招集した区分所有者の一人が議長となる（同法第41条）。

各区分所有者の議決権は，規約に別段の定めがない限り，各専有部分の床面積の割合による（同法第38条，第14条）。

集会の議事は，区分所有法または規約に別段の定めがない限り，区分所有者及び議決権の各過半数で決する（同法第39条1項）。また，議決権は，書面で，または代理人によって行使することができる（同条2項）。また，区分所有者は，規約または集会の決議により，書面による議決権の行使に代えて，電磁的方法（コンピューター，その他の情報通信の技術を利用する方法で，法務省令で定めるものをいう。）によって議決権を行使することができる（同条3項）。なお，専有部分が共有であるときには，共有者の一人を議決権行使者と定めなければならない（同法第40条）。

集会の議事については，議長は，書面または電磁的記録により，議事録を作成しなければならない（同法第42条1項）。

管理者は，集会において，毎年1回一定の時期に，その事務に関する報告をしなければならない（同法第43条）。

専有部分の賃借人のように，区分所有者の承諾を得て専有部分を占有する者は，会議の目的たる事項につき利害関係を有する場合には，集会に出席して意見を述べることができる（同法第44条1項）。

規約及び集会の決議は，区分所有者の特定承継人に対しても，その効力を生ずる（同法第46条1項）。また，占有者は，建物またはその敷地もしくは附属施設の使用方法につき，区分所有者が規約または集会の決議に基づいて負う義務と同一の義務を負う（同条2項）。

2　管理組合法人

区分所有法第3条に規定する団体（管理組合）は，区分所有者及び議決権の各4分の3以上の多数による集会の決議により，法人となる旨ならびにその名称及び事務所を定め，かつ，その主たる事務所の所在地において登記をすることによって法人となる（区分所有第47条1項）。この法人を，管理組合法人という（同条2項）。

管理組合法人の登記に関して必要な事項は，区分所有法の規定によるほか，政令で定めることとされており（同条3項），管理組合法人に関して登記すべき事項は，登記した後でなければ，第三者に対抗することができない（同条4項）。また，管理組合法人が成立する前における集会の決議，規約及び管理者の職務の範囲内の行為は，管理組合法人につき効力を生ずる（同条5項）。

管理組合法人は，その事務に関し，区分所有者を代理する（同条6項前段）。管理組合法人の代理権に加えた制限は，善意の第三者に対抗することができない（同条7項）。その他，裁判の当事者となるなど，前述した管理者に関する規定と同様の規定が管理組合法人に関しても置かれている（同条8項以下参照）。

管理組合法人は，理事及び監事を置かなければならず（同法第49条，第50条），その事務は，区分所有法に規定するもののほか，原則として，すべて集会の決議によって行われる（同法第52条1項本文）。

3　義務違反者に対する措置

(1)　共同の利益に反する行為の停止等の請求

区分所有者は，建物の保存に有害な行為，その他建物の管理または使用に関し，区分所有者の共同の利益に反する行為をしてはならないと規定されている（区分所有第6条1項）。

区分所有者がこれに反する行為をした場合，またはその行為をするおそれがある場合には，他の区分所有者の全員または管理組合法人は，区分所有者の共同の利益のため，その行為を停止し，その行為の結果を除去し，またはその行為を予防するため必要な措置を執ることを請求することができる（同法第57条1項）。また，集会の決議により，訴訟を提起することができ（同条2項），管理者または集会において指定された区分所有者は，集会の決議により，他の区分所有者全員のために，この訴訟を提起することができる（同条3項）。この妨害排除・予防請求は，当該専有部分の賃借人など，占有者が妨害行為等をした場合及びその行為をするおそれがある場合にもすることができる（同条4項）。

この制度に関して，次の判例を掲げ，これについて検討する。

〔判例63〕最判昭和62年7月17日判時1243号28頁：山手ハイム事件

【事実】

(1)　本件建物は，鉄筋コンクリート造陸屋根地下1階付6階建の1棟の建物であり，専ら住居の用に供する33個の専有部分から成り，本件規約12条において，区分所有者は，原則として，その専有部分を専ら住宅として使用するものとし，他の用途に供してはならない旨を定めている住居専用マンションである。また，その地下1階は，本件管理組合が本件規約15条に基づき，駐車場として22区画に区分して，これを本件区分所有者に貸し付け，その賃料収入を本件管理組合の管理運営費用に充てていた。

Y₁は本件専有部分の区分所有者である。Y₁は，Y₂との間において本件賃貸借契約を締結し，Y₂は，賃借権に基づき本件専有部分を占有している。

(2)　Y₂は，広域暴力団甲組系A組の組長である。Y₂は，甲組の幹部でもあった。

(3)　Y₂は，本件専有部分への入居後，家族とは同居せず，身辺警護・身のまわりの世話のため，常時，少なくとも2，3名の組員を付き添わせ，これらの組員が，本件建物及び本件専有部分に出入りし，寝泊まりをしていた。

(4)　Y₂は，入居直後，本件管理組合に対し，本件建物地下1階の本件駐車場の賃借方を申し入れたが，本件管理組合は，Y₂が区分所有者ではなく，本件駐車場の区画数が区分所有者数の約3分の2しかないので，この申し入れを断った。しかし，Y₂や組員は本件駐車場を無断で使用し，本件駐車場の使用権原を有する区分所有者の使用を妨害した。

第3章　占有・所有関係

　本件建物の入居者は，これら組員による行状に恐怖感を覚え，あるいは，不快感を抱く
などしたが，後難をおそれ，これに強く抗議することもできなかった。

　(5)　他方，A組の上部団体甲組は乙会との間で対立抗争をしていた。Y₂は，乙会の襲
撃に備えて，10数名の組員を付き添わせた。そして，組員は，Y₂が本件建物の入り口か
ら3階の本件専有部分までの間で乙会の襲撃を受けないようにするため，本件駐車場，本
件建物の玄関ホール，エレベーター周辺及び3階廊下などに分散し，本件建物の他の入居
者に対しても，威嚇し，ボディーチェックをし，更に，Y₂と入居者とが擦れ違うときに
は，入居者のまわりを取り囲んでにらみつけ，組員による本件駐車場の無断使用も激増し
た。

　(6)　本件建物の管理組合は，このような事態に対処するため，抗争以降しばしば理事会
を開き，Y₁に対して善処方を要請し，Y₂や組員の行状について討議し，Y₁に対し，「勧
告」と題する書面により，Y₂や組員につき，数々の迷惑行為等，違反行為を指摘して，
Y₁において，これらの違反行為を解決し，かつ，本件建物の他の入居者に具体的損害が
発生した場合には損害賠償責任を負う旨の誓約書の提出を要求し，また，Y₂に対し，本
件規約を遵守する旨の誓約書の提出を要求した。

　(7)　本件管理組合は，県警本部に対し，本件建物の入居者の安全確保のための一層の尽
力方を要請したことから，本件建物につき警察官による警備が強化され，これがテレビや
新聞で大きく報道された。

　(8)　Xは，本件管理組合の管理者として，本訴提起の可否を議題とする臨時集会を招集
したところ，出席者全員の賛成により，Xが本件区分所有者全員のために本訴を提起する
ことが決議された。

　そこで，Xは，区分所有法第60条1項に基づき，Y₁とY₂との間の本件建物部分に関
する賃貸借契約を解除すること，また，Y₂は，Xに対し，本件建物部分から退去してこ
れを明け渡すべきことを求め，本訴を提起した。

　第1審，原審ともにXの請求を認容した。Yらから上告。

【判旨】棄却

　「区分所有者の全員又は管理組合法人が建物の区分所有等に関する法律60条1項に基づ
き，占有者が占有する専有部分の使用又は収益を目的とする契約の解除及びその専有部分
の引渡しを請求する訴えを提起する前提として，集会の決議をするには，同条2項によっ
て準用される同法58条3項によりあらかじめ当該占有者に対して弁明する機会を与えれ
ば足り，当該占有者に対し契約に基づき専有部分の使用，収益をさせている区分所有者に
対して弁明する機会を与えることを要しないというべきである。」

　「区分所有建物である本件建物のうちの本件専有部分の賃借人であるY₂は，本件建物の
使用に関し同法6条3項によって準用される同条1項所定の区分所有者の共同の利益に反
する行為をしたものであり，かつ将来もこれをするおそれがあって，その行為による区分
所有者の共同生活上の障害が著しく，他の方法によってはその障害を除去して共用部分の
利用を確保し，その他の区分所有者の共同生活の維持を図ることが困難であるときに該当

580

第2節　所　有　権

するとした原審の判断は，正当として是認することができる。」

《問題点》

　区分所有者からの賃借人が，区分所有法第6条1項に規定する建物の保存に有害
な行為その他建物の管理または使用に関し区分所有者の共同の利益に反する行為を
した場合において，区分所有者と賃借人との賃貸借契約を解除し，占有部分の引渡
しを請求するときには（同法第60条），この決議をするについて，予め，当該区分所
有者に対し，弁明する機会を与えなければならないが（同法第58条3項），これは当
該賃借人たる占有者に対する請求でもよいのか。

《分析》

　このような問題について，本判決は，区分所有法第6条及び第60条に基づいて，
占有者と区分所有者との賃貸借契約の解除と専有部分の明渡しを請求する場合に
おいて，「当該区分所有者に対し，弁明する機会を与え」る（同法第58条3項）のは，
占有者に対して弁明する機会を与えれば足り，区分所有者に対してその機会を与え
る必要はないと判示した。そして，本件のような場合には，①区分所有者が共同の
利益に反する行為をし，かつ将来もこれをするおそれがあること，②当該行為によ
る区分所有者の共同生活上の障害が著しく，他の方法によってはその障害を除去し
て共用部分の利用の確保その他の区分所有者と共同生活の維持を図ることが困難で
あるとき，という基準（同法第58条1項）に該当するとして，専有部分の明渡請求
を認めた。

　本件は，占有者自身が対立する暴力団相互の抗争の当事者という明らかに危険な
事態が発生しており，マンションに常駐する暴力団員による迷惑行為という分かり
やすい事案であるが，その後は，最高裁の判例は出ていない。しかし，下級審裁判
例においては，マンション居住者による野鳩の餌付け及び飼育が，区分所有者の共
同の利益に反する行為であるとして，マンション所有者と居住者との間における使
用貸借契約の解除とマンションの明渡請求が認められた事例がある[370]。また，専

─────────

（370）　東京地判平成7年11月21日判タ912号188頁：Yは本件専有部分の東南にあるベラ
　　　ンダの手摺に餌箱を取り付けて，野鳩に餌を与え始め，ベランダの窓を開放して室内で鳩の
　　　飼育をし，室内でも野鳩の餌付けを始め，餌の投与は，毎日，昼過ぎ及び夕方と概ね一定の
　　　時刻に行われていた。このようなYの野鳩の餌付けにより，本件専有部分及びその付近に飛
　　　来する鳩の数は100羽以上となり，そのおびただしい数の鳩が糞や羽毛を本件専有部分を中
　　　心とする上下左右の他の専有部分のベランダ及び本件マンションの付近の道路，家屋，植木
　　　等に所構わずにまき散らし，これらの場所を汚損し，洗濯物を戸外に干すことができず，屋
　　　根や雨樋に糞がつまり悪臭を放ち，羽毛にダニが発生し，更には時に鳩の死骸も散乱し，ベ
　　　ランダに野鳩が産卵し，また飛来する野鳩の羽音，繁殖期に発する鳴き声が静穏を著しく防
　　　げる等，本件マンション及びその付近の平穏かつ清潔な環境が損なわれる状況が生じていた。
　　　しかも，この状況について，本件マンション付近の住民から本件マンションの管理者X及び
　　　他の区分所有者に対して抗議が出され，Xらが困惑させられたほか，本件マンションの各専
　　　有部分の譲渡価格に関しても，不動産業者が右の状況を価格低下の一因の如く言及する例も
　　　生じた。本件はこのような事案である。

581

有部分の賃借人による用法違反（大工職の仕事場兼倉庫として使用），他の区分所有者など居住者に対する暴力行為，恫喝，威嚇，脅迫行為を繰り返したという事案において同様の請求が認められた事例[371]がある。

このように，区分所有法第6条，第60条の事案は，近時は，専有部分所有者自身よりも，むしろ，その者からの賃借人等，占有者に関して生じた事案が多く，徐々に具体化されつつあるといってよい。

(2) 使用禁止の請求

前段の違反行為（区分所有第6条1項）による区分所有者の共同生活上の障害が著しく，その行為の除去請求によっては共用部分の利用の確保，その他の区分所有者の共同生活の維持を図ることが困難であるときには，他の区分所有者の全員または管理組合法人は，区分所有者及び議決権の各4分の3以上の多数による集会の決議に基づき，訴えにより，相当の期間の当該行為に係る区分所有者による専有部分の使用禁止を請求することができる（区分所有第58条1項，2項）。

ただし，この決議をするには，あらかじめ，当該区分所有者に対し，弁明する機会を与えなければならない（同条3項）。

(3) 区分所有権の競売請求，賃貸借の解除請求

前段までの違反行為（区分所有第6条1項）による区分所有者の共同生活上の障害が著しく，他の方法によってはその障害を除去して共用部分の利用の確保その他の区分所有者の共同生活の維持を図ることが困難であるときには，他の区分所有者の全員または管理組合法人は，同様の集会の決議に基づき，訴えにより，当該行為に係る区分所有者の区分所有権及び敷地利用権の競売を請求することができる（同法第59条）。

また，専有部分が賃貸等されている場合には，同様の集会の決議に基づき，訴えにより，当該行為に係る占有者が占有する専有部分の使用または収益を目的とする契約の解除及びその専有部分の引渡しを請求することができる（同法第60条）。

---

(371) 東京地判平成8年5月13日判タ953号287頁：Yは区分所有者から本件専有部分を賃借したが，本件マンションの管理規約に違反して大工職の仕事場兼倉庫に使用し，また，その共用部分に個人の大工業務用の資材を勝手に置いて，これを自分の資材置場として占有かつ使用し，管理者Xの再三にわたる撤去要求に応じなかった。また，その専有部分において深夜頻繁に酒盛りをし，その際の怒号，奇声，罵声等が本件マンション全体に響きわたり，近隣の居住者は睡眠を妨げられ，恐怖にかられた。更に，近隣の者が再三苦情を申し入れても，一向に改めようとせず，申し入れた者に食って掛かり口論となる始末であり，近隣居住者は，我慢するか，引越をするしかなかった。また，Xの管理業務を妨害するため，その理事長や理事らの胸倉を掴んですごみ，「ヤクザを使ってやってやる。理事長を辞めろ。」などと脅迫し，擦れ違いざまに両腕の肘を張ったり，睨み付けるなどの恫喝をし，深夜に理事長宅の玄関ドアを長時間叩いたり，大声でわめいて威嚇する等の行為を繰り返し，更にXの理事会終了後酒気を帯びて怒鳴りながら集会室に押し入り，居残って談話していた理事の胸倉を掴んで因縁を付け，大声で恫喝した。本件はこのような事案である。

第2節　所有権

　これら競売及び引渡請求は，前掲したように，主として，暴力団などの反社会的な団体に対する退去請求に利用される。

> **point**
>
> 義務違反者に対する措置について，理解しよう。

4　復旧及び建替え

(1)　建物の一部が滅失した場合の復旧等

　建物の価格の2分の1以下に相当する部分が滅失したときには，各区分所有者は，滅失した共用部分及び自己の専有部分を復旧することができる（区分所有第61条1項）。この場合には，集会において，滅失した共用部分を復旧する旨の決議をすることができる（同条3項）。

　共用部分を復旧した者は，他の区分所有者に対し，復旧に要した金額を共用部分の持分の割合に応じて償還すべきことを請求することができる（同条2項）。ただ，これらについては，規約で別段の定めをしてもよい（同条4項）。

　これら以外に，建物の一部が滅失したときには，集会において，区分所有者及び議決権の各4分の3以上の多数で，滅失した共用部分を復旧する旨の決議をすることができる（同条5項）。

　建物の共用部分の復旧決議があった場合において，その決議の日から2週間を経過したときには，原則として，その決議に賛成した区分所有者及びその承継人（決議賛成者）以外の区分所有者は，決議賛成者の全部または一部に対し，建物及びその敷地に関する権利（以下，本条において「建物等」という）を時価で買い取るべきことを請求することができる（同条7項前段）。この場合において，その請求を受けた決議賛成者は，その請求の日から2か月以内に，他の決議賛成者の全部または一部に対し，決議賛成者以外の区分所有者を除いて算定した各共有者の有する専有部分の床面積割合（同法第14条1項）に応じて，当該建物等を時価で買い取るべきことを請求することができる（同法第61条7項後段）。

　また，復旧決議の日から2週間以内に，決議賛成者がその全員の合意により建物等を買い取ることができる者を指定し，かつ，その指定された者（買取指定者）がその旨を決議賛成者以外の区分所有者に対して書面で通知したときには，その通知を受けた区分所有者は，買取指定者に対してのみ，建物等の買取りを請求することができる（同条8項）。

　買取指定者が建物等の買取請求に基づく売買の代金に係る債務の全部または一部の弁済をしないときには，買取指定者以外の決議賛成者は，連帯してその債務の全部または一部の弁済の責めに任ずる（同条9項本文）。ただし，決議賛成者が買取指定者に資力があり，かつ，執行が容易であることを証明したときには，他の決議賛成者はそのような弁済の責任を負わない（同条同項ただし書）。

第3章　占有・所有関係

　この復旧決議の集会の招集者（買取指定者の指定がされているときには，当該買取指定者）は，決議賛成者以外の区分所有者に対し，4か月以上の期間を定めて，建物等の買取請求をするか否かを確答すべき旨を書面で催告することができる（同条10項）。この催告を受けた区分所有者は，前項の規定により定められた4か月以上の催告期間を経過したときには，建物等の買取りを請求することができない（同条11項）。

　更に，建物の一部が滅失した日から6か月以内に復旧決議（同条5項），建替え決議（同法第62条1項），または団地内の建物の一括建替え決議（同法第70条1項）がないときには，各区分所有者は，他の区分所有者に対し，建物等を時価で買い取るべきことを請求することができる（同法第61条12項）。

　なお，復旧費用の償還請求（同法第61条2項），建物等の買取請求（同条7項），買取指定者に対する建物等の買取請求（同条8項），そして他の区分所有者に対する建物等の買取請求（同条12項）の場合には，裁判所は，償還もしくは買取りの請求を受けた区分所有者，買取りの請求を受けた買取指定者，または買取指定者に代わる他の決議賛成者への代金債務に関する履行請求（同条9項本文）を受けた決議賛成者の請求により，償還金または代金の支払につき相当の期限を許与することができる（同条13項）。

(2)　建替え決議

　区分所有建物は，その共用部分こそ共有物であるが，各専有部分には個人の独立した所有権があるから，これが老朽化した場合においても，各専有部分の修繕などは個人の専権事項であり，たとえ区分所有者であっても口出しすることはできない話である。しかし，区分所有建物全体は各区分所有者の集合によって成り立っているものであるから，その全体を大修繕するなり，建替えなどすることについては，区分所有者全員の利害が関係してくるので，もはや，個人の所有関係にこだわる話ではなくなる。ましてや，新築時には規制が強く，容積率が小さかったものの，その後，規制が緩和され，容積率が大幅に上がった地域においては，土地の有効利用も兼ねて，しかも，従前よりも規模を拡張すれば，建替え費用も安くできるなど，都合のよい場合もあるので，集会の決議によってマンションの建替えが可能であれば，それに越したことはない。そこで，区分所有法においては，建替え決議について規定する。また，この建替えを容易かつ円滑に実施し，マンションにおける良好な居住環境の確保を図り，もって国民生活の安定向上と国民経済の健全な発展に寄与することを目的として，「マンションの建替えの円滑化等に関する法律（平成14年法律第78号）」が制定された。

　ここでは，区分所有法の規定について概観することとし，「建替え円滑化法」については，民法の解釈とはあまり関係がないので，論じない。

　集会においては，区分所有者及び議決権の各5分の4以上の多数で，建物を取り壊し，かつ，当該建物の敷地もしくはその一部の土地または当該建物の敷地の全部

もしくは一部を含む土地に新たに建物を建築する旨の建替え決議をすることができる（区分所有第62条1項）。この規定中に，再建建物の敷地として，「敷地もしくはその一部の土地」または「敷地の全部もしくは一部を含む土地」があげられているが，これは従前の敷地が広すぎたり，もしくは建替え資金を捻出するために，敷地の一部を売却するような場合，あるいは，建替えのためには敷地が狭いので，近隣の土地を買い受け，敷地が広くなるような場合を顧慮して平成14年改正時に設けられた規定である。

建替え決議においては，①新たに建築する建物（再建建物）の設計の概要，②建物の取壊し及び再建建物の建築に要する費用の概算額，③その費用の分担に関する事項，④再建建物の区分所有権の帰属に関する事項，を定めなければならない（同条2項）。また，これらの事項は，各区分所有者の衡平を害しないように定めなければならない（同条3項）。

この建替え決議を目的とする集会の通知は，少なくとも会日の2か月前にしなければならず（同条4項。ただし，規約での伸長も可能である。），その内容については，①建替えを必要とする理由，②建物の建替えをしないとした場合における当該建物の効用の維持又は回復（建物が通常有すべき効用の確保を含む。）をするのに要する費用の額及びその内訳，③建物の修繕に関する計画が定められているときには，当該計画の内容，④建物につき修繕積立金として積み立てられている金額に関して通知しなければならない（同条5項）。

また，この集会の招集者は，当該集会の会日より少なくとも1か月前までに，当該招集の際に通知すべき事項について区分所有者に対し説明を行うための説明会を開催しなければならない（同条6項）。

(3) 区分所有権等の売渡し請求等

建替え決議があったときには，集会を招集した者は，遅滞なく，建替え決議に賛成しなかった区分所有者ならびにその承継人に対し，建替え決議の内容により建替えに参加するか否かを回答すべき旨を書面で催告しなければならない（区分所有第63条1項）。

建替えに反対する区分所有者は，建替えに参加するか否かの催告を受けた日から2か月以内に回答しなければならず（同条2項），この期間内に回答しないときには，建替えへの不参加を回答したものとみなされる（同条3項）。

催告期間が経過したときには，建替え決議に賛成した各区分所有者もしくは建替え決議の内容により建替えに参加する旨を回答した各区分所有者，ならびにこれらの者の承継人，またはこれらの者の全員の合意により区分所有権及び敷地利用権を買い受けることができる者として指定された買受指定者は，催告期間満了の日から2か月以内に，建替えに参加しない旨を回答した区分所有者またはその承継人に対し，区分所有権及び敷地利用権を時価で売り渡すべきことを請求することができる

585

第3章　占有・所有関係

（同条4項）。

　この売渡請求があった場合において，建替えに参加しない旨を回答した区分所有者が，建物の明渡しによりその生活上著しい困難を生ずるおそれがあり，かつ，建替え決議の遂行に甚だしい影響を及ぼさないものと認めるべき顕著な事由があるときには，裁判所は，その者の請求により，代金の支払または提供の日から1年を超えない範囲内において，建物の明渡しにつき相当の期限を許与することができる（同条5項）。

　この建替え決議がなされても，決議の日から2年以内に建物の取壊し工事に着手しない場合には，第4項の規定により区分所有権または敷地利用権を売り渡した者は，この期間満了の日から6か月以内に，買主が支払った代金に相当する金銭をその区分所有権または敷地利用権を現在有する者に提供して，これらの権利を売り渡すべきことを請求することができる（同条6項）。ただし，建物の取壊し工事に着手しなかったことにつき正当な理由があるときには，この買戻し請求はできない（同条同項ただし書）。

　なお，この買戻し請求の規定は，建物の取壊し工事の着手を妨げる理由がなくなった日から6か月以内にその着手をしないときに準用する（同条7項前段）。したがって，第6項本文中に，「この期間の満了の日から6月以内に」とあるのは，「建物の取壊しの工事の着手を妨げる理由がなくなったことを知った日から6か月またはその理由がなくなった日から2年のいずれか早い時期までに」と読み替えられる（同条同項後段）。

　最後に，建替え決議に賛成した各区分所有者，建替え決議の内容により建替えに参加する旨を回答した各区分所有者，及び区分所有権または敷地利用権を買い受けた各買受指定者（これらの者の承継人を含む）は，建替え決議の内容により建替えを行う旨の合意をしたものとみなされる（同法第64条）。

---

point

　建物の復旧及び建替えの手順について，理解しよう。

第5項　団　　地

1　団地建物所有者の団体

　1つの団地内に数棟の建物があり，その団地内の土地または附属施設（これらに関する権利を含む）が，それらの建物の所有者や区分所有者の共有に属する場合には，それらの所有者（これを「団地建物所有者」という）は，全員で，その団地内の土地，附属施設及び専有部分のある建物の管理を行うための団体を構成し，区分所有法の定めるところにより，集会を開き，規約を定め，そして，管理者を置くことができる（区分所有第65条）。

　団地とは，土地のうち，共同の目的をもって主として居住用の建物，即ち，戸建

586

第2節　所　有　権

て住宅やマンションを建設し，分譲した一団の土地区画のことをいう。団地の定義付けをこのようにした場合には，団地内の建物所有者は，それぞれが，団地の秩序維持のため，所有権の制限を受けるという状況を呈する。このように解すると，マンションの一区画を専有部分として所有する区分所有者と同様の関係に立つ。このような理解から，区分所有法は，区分所有建物，共用部分，及び敷地などの関係のうち，準用に適した制度を団地内の建物にも準用することとした。

　この準用に当たっては，条文中に「区分所有者」とある場合には「第65条に規定する団地建物所有者」と，また，「管理組合法人」とある場合には「団地管理組合法人」と，更に，区分所有法第7条第1項に「共用部分，建物の敷地若しくは共用部分以外の建物の附属施設」とあるのは「第65条に規定する場合における当該土地若しくは附属施設（以下「土地等」という）」と，更にまた，「区分所有権」とあるのは「土地等に関する権利，建物又は区分所有権」とするなど，多くの規定において，読み替えによる準用を行っている（区分所有第66条参照）。

2　団地共用部分

　一団地内の附属施設たる建物（区分所有建物の部分を含む）は，規約により団地共用部分とすることができる（区分所有第67条1項前段，第66条，第30条1項）。この場合においては，「規約により団地共用部分とする」旨の登記をしなければ，第三者に対抗することができない（同法第67条1項後段）。

　分譲前の業者のように，一団地内の数棟の建物の全部を所有する者は，公正証書により，この規約を設定することができる（同条2項）。

　なお，共用部分の所有関係（同法第11条1項本文，3項），共用部分の使用（同法第13条），持分（同法第14条），持分の処分（同法第15条）に関する各規定は，団地共用部分に準用される（同法第67条3項）。

3　規約設定の特例

　専有部分のある建物以外の建物の所有者のみの共有に属するものを除いて，①一団地内の土地または附属施設（これらに関する権利を含む）が当該団地内の一部の建物の所有者及び区分建物所有者の共有に属する場合における当該土地または附属施設（区分所有第68条1項1号：団地内一部共用部分），ならびに，②当該団地内の専有部分のある建物（同条同項2号）について，規約共用部分に関する規約を設定するには，①の場合には，当該土地の全部または附属施設の全部につき，それぞれ共有者の4分の3以上で，その持分の4分の3以上を有するものの同意を必要とし，②の建物の場合には，その全部につき，それぞれ集会（同法第34条）における区分所有者及び議決権の各4分の3以上の多数による決議のあることを必要とする（同法第68条1項）。

　一部共用部分に関する区分所有者全員の規約を設定，変更，廃止する場合において，その一部共用部分を共用すべき区分所有者のうち，4分の1を超える者の反対

があり，その議決権の4分の1を超える議決権を有する者が反対したときには，規約の設定，変更，廃止をすることはできないという規定（第31条2項）は，建物の一部共用部分に関する事項で区分所有者全員の利害に関係しないものについての集会の決議に準用する（同条2項）。

4　団地内建物の建替え承認決議

一団地内にある数棟の建物（団地内建物）の全部または一部が専有部分のある建物，即ち，マンションであり，かつ，その団地内の特定の建物の所在する土地及び土地に関する権利が当該団地内建物の所有者（団地建物所有者：区分所有第65条）の共有に属する場合においては，後掲する一定の区分に応じて定める要件に該当し，当該土地及び土地に関する権利の共有者である当該団地内建物の団地建物所有者で構成される団体または団地管理組合法人の集会において，議決権の4分の3以上の多数による承認の決議（建替え承認決議）を得た場合には，当該特定建物の団地建物所有者は，当該特定建物を取り壊し，かつ，当該土地またはこれと一体として管理もしくは使用する団地内の土地（当該団地内建物の団地建物所有者の共有に属するものに限る）に新たに建物を建築することができる（同法第69条1項）。

この建替え承認決議は，第一に，当該特定建物が専有部分のある建物であるときには，その建替え決議またはその区分所有者の全員の同意があることを必要とする（同条同項1号）。また，第二に，当該特定建物が専有部分のある建物以外の建物であるときには，その所有者の同意があることを必要とする（同条同項2号）。

この建替え承認決議の集会における各団地建物所有者の議決権は，規約に別段の定めがある場合であっても，当該特定建物の所在する土地及び土地に関する権利の持分の割合によるものとされている（同条2項）。

また，この建替え承認決議の要件（同法第69条1項1号，2号）に該当する場合における当該特定建物の団地建物所有者は，この承認決議においては，いずれもこれに賛成する旨の議決権を行使したものとみなされる（同条3項本文）。しかし，当該特定建物が専有部分のある建物である場合において（第一要件），当該特定建物の区分所有者が団地内建物のうち，当該特定建物以外の建物の敷地利用権に基づいて有する議決権の行使については，この限りではない。

この建替え承認決議に関する集会の招集通知は，当該集会の会日より少なくとも2か月前に，議案の要領のほか，新たに建築する建物の設計の概要（当該建物の当該団地内における位置を含む）をも示して発しなければならない（同法第69条4項本文）。ただし，この期間は，規約によって伸長することができる（同条同項ただし書）。

この建替え承認決議をする場合において，承認決議に係る建替えが当該特定建物以外の建物の建替えに特別の影響を及ぼすべきときには，当該他の建物が専有部分のある場合とそうではない場合という区分に応じて，前者の場合には，集会において当該他の建物の区分所有者全員の議決権の4分の3以上の議決権を有する区分所

有者が，また，後者の場合には，当該他の建物の所有者が，当該建替え承認決議に賛成しているときに限り，当該特定建物の建替えをすることができる（同法第69条5項）。

更に，建替え承認決議をする場合において，当該特定建物が複数（2以上）あるときには，その複数の特定建物の団地建物所有者は，各特定建物の団地建物所有者の合意により，その複数の特定建物の建替えについて一括して建替え承認決議に付することができる（同条6項）。

この場合において，当該特定建物が専有部分のある建物であるときには，当該特定建物の建替えを会議の目的とする建替え決議の集会において，当該特定建物の区分所有者及び議決権の各5分の4以上の多数で，当該複数の特定建物の建替えについて一括して建替え承認決議に付する旨の決議をすることができる（同条6項前段）。更に，この場合において，その決議があったときには，当該特定建物の団地建物所有者（区分所有者に限る）の全員の4分の3の合意（同条5項）があったものとみなす（同条6項後段）。

5　団地内建物の一括建替え決議

団地内建物の全部が専有部分のある建物，即ち，マンションであり，かつ，当該団地内建物の敷地，即ち，団地内建物が所在する土地及び土地と一体として管理または使用をする庭，通路その他の土地であって，規約により団地内建物の敷地とされた土地及び土地に関する権利が当該団地内建物の区分所有者の共有に属する場合において，当該団地内建物について規約が定められているときには，第62条第1項の規定にかかわらず，当該団地内建物の敷地の共有者である当該団地内建物の区分所有者で構成される団体または団地管理組合法人の集会において，当該団地内建物の区分所有者及び議決権の各5分の4以上の多数で，当該団地内建物につき一括して，その全部を取り壊し，かつ，当該団地内建物の敷地（これに関する権利を除く。）もしくはその一部の土地または当該団地内建物の敷地の全部もしくは一部を含む土地（これを「再建団地内敷地」という）に新たに建物を建築する旨の決議（一括建替え決議）をすることができる（区分所有第70条1項本文）。ただし，当該集会において，当該各団地内建物ごとに，それぞれその区分所有者の3分の2以上の者であって，議決権の合計の3分の2以上の議決権を有するものが，その一括建替え決議に賛成した場合でなければならない（同条同項ただし書）。

団地内の建物の一括建替え決議の議決権については，団地内の建物の建替え承認決議が準用され，規約に別段の定めがある場合であっても，当該団地内建物の敷地の持分の割合によるものとされる（同条2項）。

団地内建物の一括建替え決議においては，①再建団地内敷地の一体的な利用についての計画の概要，②新たに建築する建物（再建団地内建物）の設計の概要，③団地内建物の全部の取壊し及び再建団地内建物の建築に要する費用の概算額，④前号に

規定する費用の分担に関する事項，⑤再建団地内建物の区分所有権の帰属に関する事項を定めなければならない（同条3項1号−5号）。

区分所有建物の建替え決議に関する第62条3項から8項，区分所有権等の売渡し請求等に関する第63条，そして建替えについての合意に関する第64条の規定は，団地内建物の一括建替え決議について準用されている（第70条4項）。

〔判例64〕団地内建物の一括建替え決議の有効性：最判平成21年4月23日判時2045号116頁

【事実】

X₁は，本件団地建替計画の共同事業予定者であり，X₂（原告補助参加人）の一括建替え決議を踏まえて，建替え賛成者から区分所有権を取得した上で，区分所有者として，任意に売り渡さない者に対し，区分所有法所定の売渡請求権を行使した。即ち，

(1) X₁は，本件団地内の敷地権付き区分所有建物である本件建物1につき，①甲事件被告Y₁に対し，同請求権行使によって売買契約が成立したと主張し，所有権移転登記手続を請求するとともに，②同被告及び甲事件被告Y₂に対し，所有権に基づいて，本件建物1の明渡しを請求した（甲事件）。

(2) また，X₁は，同様の区分所有建物である本件建物2につき，乙事件被告Y₃及びY₅に対しても同様に，①所有権移転登記手続と，②建物の明渡しを請求した。

(3) 更に，X₁は，同様の本件建物3につき，乙事件被告Y₃及びY₄に対しても同様に，①所有権移転登記手続と，②建物の明渡しをそれぞれ請求した。

これに対して，甲事件Y₁ら及び乙事件Y₃らは，本件団地は区分所有法上の一括建替え決議制度の適用対象ではないと主張して請求原因を争うとともに，手続違背等による一括建替え決議の無効，甲事件被告Y₂を除くYらによる建替え参加の意思表示を抗弁として主張した。

第1審は，X₁の請求を認めた。Yらから控訴。

【原審】

原審は，区分所有法第70条に基づく本件一括建替え決議は，同法所定の各要件を満たし有効に成立しており，また，Yらが主張した本件一括建替え決議が消費者契約法に反し，信義則に反し，または権利の濫用にあたるという主張は採用できないとして，Yらの控訴を棄却した。Yらから憲法違反を理由として上告。

【判旨】棄却

「区分所有権は，1棟の建物の一部分を構成する専有部分を目的とする所有権であり，共用部分についての共有持分や敷地利用権を伴うものでもある。したがって，区分所有権の行使（区分所有権の行使に伴う共有持分や敷地利用権の行使を含む。以下同じ。）は，必然的に他の区分所有者の区分所有権の行使に影響を与えるものであるから，区分所有権の行使については，他の区分所有権の行使との調整が不可欠であり，区分所有者の集会の決議等による他の区分所有者の意思を反映した行使の制限は，区分所有権自体に内在するものであって，これらは，区分所有権の性質というべきものである。

第2節　所　有　権

　区分所有建物について，老朽化等によって建替えの必要が生じたような場合に，大多数の区分所有者が建替えの意思を有していても一部の区分所有者が反対すれば建替えができないということになると，良好かつ安全な住環境の確保や敷地の有効活用の支障となるばかりか，一部の区分所有者の区分所有権の行使によって，大多数の区分所有者の区分所有権の合理的な行使が妨げられることになるから，1棟建替えの場合に区分所有者及び議決権の各5分の4以上の多数で建替え決議ができる旨定めた区分所有法62条1項は，区分所有権の上記性質にかんがみて，十分な合理性を有するものというべきである。

　そして，同法70条1項は，団地内の各建物の区分所有者及び議決権の各3分の2以上の賛成があれば，団地内区分所有者及び議決権の各5分の4以上の多数の賛成で団地内全建物一括建替えの決議ができるものとしているが，……区分所有権の上記性質にかんがみると，団地全体では同法62条1項の議決要件と同一の議決要件を定め，各建物単位では区分所有者の数及び議決権数の過半数を相当超える議決要件を定めているのであり，同法70条1項の定めは，なお合理性を失うものではないというべきである。

　また，団地内全建物一括建替えの場合，1棟建替えの場合と同じく，建替えに参加しない区分所有者は，売渡請求権の行使を受けることにより，区分所有権及び敷地利用権を時価で売り渡すこととされているのであり（同法70条4項，63条4項），その経済的損失については相応の手当がされているというべきである。そうすると，規制の目的，必要性，内容，その規制によって制限される財産権の種類，性質及び制限の程度等を比較考量して判断すれば，区分所有法70条は，憲法29条に違反するものではない。このことは，最大判平成14年2月13日民集56巻2号331頁の趣旨に徴して明らかである。」

《問題点》

　団地内建物の一括建替え決議がなされると，建替えに参加しない区分所有者は，時価による売渡請求権の行使を受けて，その区分所有権及び敷地利用権を失うことになるが（区分所有法第70条4項，第63条4項），この規定は財産権の保障を規定する憲法第29条に反するのか。

《分析》

　このような問題について，本判決は，次のように判示して，団地内建物の一括建替え決議条項の合理性及び合憲性を強調した。

　第一に，区分所有権の行使については，他の区分所有権の行使との調整が不可欠であり，区分所有者の集会の決議等による他の区分所有者の意思を反映した行使の制限は，区分所有権自体に内在するものであり，これが区分所有権の性質であるという前提に立脚している。

　第二に，団地内全建物一括建替えは，団地全体として計画的に良好かつ安全な住環境を確保し，その敷地全体の効率的かつ一体的な利用を図ろうとするものであり，区分所有権の性質上，団地全体では区分所有法第62条1項の議決要件と同一の議決要件を定め，各建物単位では区分所有者の数及び議決権数の過半数を相当超える

591

議決要件を定めているのであり，同法第70条1項の定めは，なお合理性を失うものではないとしている。

第三に，建替えに参加しない区分所有者は，区分所有権及び敷地利用権を時価で売り渡すこととされており（同法第70条4項，第63条4項），その経済的損失については相応の手当がされていることも理由として，同規定は合憲であるとした。

問題点にも指摘したように，団地内一括建替え決議に参加しない（つまり，反対する）者は，その区分所有権及び敷地利用権を失うことになる。この意味は，議決に反対した区分所有者は，建物の時価の給付を受けることと引き換えに，団地を追い出されることになる。この場合の建物の時価の算定如何にもよるが，純粋に時価評価をした場合には，建物は老朽化していることもあり，かなり低廉な金額となるのではないだろうか。土地の共有持分権が小さな割合であれば，余計に割安感が大きい。

また，問題は，「正当な対価」という問題にとどまらない。その地に長年住み慣れた区分所有者にとっては，居住空間の変更を余儀なくされるのであり，この点は，単に財産権を保障する（憲法第29条）といった問題にとどまらず，他の人権規定とも関連する問題である（憲法第13条，第25条）。特に，若い頃からその地に居住していた者は，必然的に高齢者となっているのである。更に，子供のいない老夫婦にとっては，建替えは不要と感ずる者もいよう。老朽化に伴い建替えの必要があるといっても，それには個人差がある。そうであるにもかかわらず，反対者は排除される。長年，同じ環境で住み慣れた居住者にとって，その住環境（近隣の情誼ないし付き合い，衣食住といった生活環境）から強制的に追い出されるような措置は，同人にとって甘受し得ない人生最後の過酷な仕打ちではないだろうか。

このような状況において，「団地の再建」をうたい文句とし，単に「老朽化」を理由として，区分所有者及び議決権の5分の4以上の多数決で一括建替え決議をし，最大で5分の1の反対者を追い出すことは，法律上の意味においても，果たして妥当性を有するのだろうか，まさに，このような疑問が生ずる[372]。

次に，判旨の引用する最大判平成14年2月13日（民集56巻2号331頁）について考察する。この判例は，上場会社等の役員等の有価証券取引における短期売買利益の返還規定（金商取引第164条）の解釈に関する事案である。この規定は，上場会社等の役員または主要株主がその職務または地位により取得した秘密を不当に利用す

---

(372) 社会経済上，また道徳・倫理上の意味合いにおいては，このような措置が不合理きわまりない状況を醸し出すということはいうまでもない。そして，法律上は，このような措置が憲法の志向する人権感覚と一致するのかという観点から，疑問が生ずる。この点は，まさに，公共の福祉という名の下に個人の生活ないし人生が犠牲となる典型的な事例ではないだろうか。山野目章夫・私法判例リマークス41号（2010）30頁，千葉恵美子・法学教室353号（2010）別冊付録判例セレクト2009（民法4）15頁は本判決の評釈であるが，いずれも同様の趣旨で判旨を批判しているものと思われる。

ることを防止するため，同項所定の特定有価証券等の短期売買取引による利益を当
該上場会社等に提供すべき旨の規定である（同条1項）。

　この規定の解釈について，最高裁（大法廷）は，「法第164条1項は，証券取引市
場の公平性，公正性を維持するとともにこれに対する一般投資家の信頼を確保する
という目的による規制を定めるものであるところ，その規制目的は正当であり，規
制手段が必要性又は合理性に欠けることが明らかであるとはいえないのであるから，
同項は，公共の福祉に適合する制限を定めたものであって，憲法第29条に違反す
るものではない。」と判示した。

　この判例法理と本件平成21年最判との共通点は，①規制目的の正当性，②規制
手段の必要性または合理性，③これらの要件を充足した場合には公共の福祉への適
合性があるという点である。即ち，団地内建物の一括建替え決議の目的は団地全体
として計画的に良好かつ安全な住環境を確保するという「必要性」があり，その敷
地全体の効率的かつ一体的な利用を図ろうという「合理性」があれば，公共の福祉
への適合性があり，憲法第29条に反しないという点にある。なおかつ，本件の場
合には，反対者に求められる売渡請求についても，団地を出て行くことについての
経済的損失については相応の手当が図られているという「正当な補償」が用意され
ているので，憲法第29条に反しないという二重の意味での合憲性が主張されうる。

　しかし，既に論じてきたように，団地内建物の一括建替え決議は，公共の福祉と
いう名の下に，まさに，正当性というお題目を唱えた上で，最大で区分所有者の5
分の1（20パーセント）とその家族を団地から強制的に追い出すという結果を招く制
度である。法は社会公共の福祉に奉仕すべきものであるところ，この制度は，この
精神に反するものと解される。したがって，このような強行的な手段を制度として
存続させることについては，立法府に再考を求めたい。

第4章 用益物権

総節

　本章においては，用益物権，即ち，地上権（第265条以下），永小作権（第270条以下），地役権（第280条以下），そして入会権（第263条，第294条）について論ずる。

　用益物権とは，他人の所有する土地を一定の範囲内において利用する物権一般について用いられる用語である。また，他人の所有する土地の上に成立する物権であることから，他物権とも称される。更に，所有権が利用目的の制限を受けない自由かつ完全な物権であるのとは異なり，利用目的が一定の範囲内に制限されていることから，制限物権とも称されている（このような意味において，担保物権も他物権であると同時に制限物権である）。

　地上権は，工作物または竹木の所有を目的とし（第265条），永小作権は，耕作または牧畜を目的とするが（第270条），これらの権利は，ともに他人の土地を直接に占有し，当該土地の全体について，利用目的に従って使用・収益することができる。確かに，地上権も永小作権も，所有権のような完全無欠の物権ではないが，しかし，当該権利に関しては，所有権に準じた使用・収益・処分権を有するという意味において，強力な物権である。

　これらに比して，地役権は，他人の土地（承役地）を自己の土地（要役地）の便益に供する物権であり，他人の土地使用の範囲・方法などは法律上一定には規定されず，設定行為によって定められるものである（第280条）。つまり，地役権は，他人の土地に対する「地的役権」であり，物権的借地権の性質を有する地上権や永小作権とはその性質を異にするものといいうる[1]。

　次に，土地賃借権は当事者の賃貸借契約によるだけで発生する債権関係に基づく土地利用権であるが，建物の所有を目的とする地上権と土地賃借権は，「借地権」として，ともに借地借家法の適用を受ける。その結果，土地賃貸借権にも物権的効力が付与されている（対抗要件に関する借地借家第10条参照）。それゆえ，債権としての賃借権と物権としての地上権との差異は縮減された。したがって，地上権は民法上の物権であるにもかかわらず，その独自の存在価値を失っている。

　また，永小作権についても，農地の用益権としては農地賃貸借（賃借小作）が一

---

(1)　富井政章『民法原論第二巻物権』188頁。

第4章 用益物権

般的であり，物権としての永小作権設定契約は，むしろ例外に属する。特に，第二次大戦後の自作農創設特別措置法による，いわゆる農地改革により，農地の賃借人を含む小作人が激減したことによって，永小作権制度の地位は益々その存在意義を失っているものといいうる[2]。

更に，地役権についても，同様の権利設定は土地賃借権でもまかなえるものであり，また，隣近所の土地所有者相互間の調整といった観点からは，民法には相隣関係に関する諸規定もあることから，地役権設定契約の例は極めて少ないといわれている[3]。

他方，これら3種類の物権のほかに，慣習上の用益物権として，入会権・温泉権・水利権がある。民法には，これらのうち，山林・原野（入会林野）における収益権である入会権だけが法定されている。しかし，入会権に関しては，共有の性質を有するもの（第263条：総有的入会権）と，共有の性質を有しないもの（第294条：地役権的入会権）とに分類されているだけであり，それぞれ，権利の内容に関しては，各地方の慣習によるべきことを原則とし，その他，前者については共有の規定を「適用」し，後者については地役権の規定を「準用」する旨が規定されているに過ぎない。

しかしながら，共有の箇所において述べたように，入会権については，狭義の共有とは異なる総有という概念が適用されている。その結果，民法上，共有の性質を有する入会権（第263条），共有の性質を有しない入会権（第294条）のいずれも，狭義の共有に分類される民法の共有規定が適用される場面は存在しないものと解され，その権利関係に関しては，専ら，各地方の慣習法によって規律されるに過ぎない。

更に，後述するように，入会権，特に本来的な入会権については，徐々に，その村落単位による総有的利用形態が失われ，そのような入会団体さえ現代的な行政区画に編入されて，現代的な権利関係に移行している（「入会林野等に係る権利関係の近代化の助長に関する法律」〔入会権近代化法〕第1条参照）。しかし，地域の自然，環境，そして資源の保護という観点からは，性急な入会団体の解消，入会権の消滅は，乱開発による自然破壊など，むしろマイナスに働くことにもつながる。それゆえ，後述するように，現代においては，入会権は，このような自然環境の保護という観点から，その保護・存続が要望されている。これこそが入会権の現代的意義である。

---

(2) 川島武宜編『注釈民法(7)物権(2)〔渡辺洋三〕』401頁，川島・川井編『新版注釈民法(7)物権(2)〔渡辺洋三・鈴木禄彌〕』849頁参照。

(3) 川島編・前掲『注釈民法(7)〔渡辺洋三〕』401頁，川島・川井編・前掲『新版注釈民法(7)〔渡辺・鈴木〕』850頁。

第1節　地上権

第1節　地上権

第1款　意　義

第1項　地上権の意義

　地上権とは，他人の所有する土地の上に，自由に工作物[4]（建物，橋梁，トンネルなど）を建築し，竹や樹木[5]を植栽することを目的とする物権である（第265条）。土地所有権と地上権との関係は，所有者の意思に基づいて土地所有権の利用を期限つきで制限するものである（一時的な負担）。それゆえ，存続期間が予め定められた場合にはその期限の到来によって，また，存続期間を定めない場合には一定の期間の経過によって，地上権は消滅し，元の何ら負担のない土地所有権に復帰する（所有権の弾力性）。

　地上権は物権であり，物権法定主義によってその内容及び効力が法定されている。つまり，土地所有者は地上権者の地位を脆弱にすることができない。しかし，土地所有者としては，負担はなるべく軽いほうが望ましい。そこで，現行民法の施行後は，地上権と内容が類似するものの，その効力が地上権に比して脆弱である土地賃借権が，地上権の代わりに用いられている。

　ところで，ボアソナード博士の起草に係る旧民法では，賃借権は，永借権・地上権とならび，物権とされていた（財産編第3章）。これら3種の権利は，それぞれ物権であるにもかかわらず，その内容や目的に応じていずれの権利となるのかといった制限は特に存在せず，相互連関的であった。例えば，管理行為以外の通常の賃借権の存続期間には特に制限はなく[6]，不動産賃借権の期間が30年を超えるときには永借権になるものとされていた（財産編第125条）。

---

(4)　旧民法では「建物」と規定していたが（財産編第171条），建物と限定すると狭きに失し，建物以外の工作物（池，花壇など）を所有するため他人の土地を使用する場合にも地上権として認めるべきだという理由から，このように拡張した。この点については，廣中俊雄編著『民法修正案（前三編）の理由書』279-280頁，梅謙次郎『民法要義巻之二物権編』228-229頁を参照。また，この立法の結果として，地上のみならず，地下の工作物についてもすべて地上権の目的として認められる。この点は，民法制定当時から，このように解されていた。この点に関しては，富井政章『民法原論第二巻物権』193-194頁を参照。

(5)　竹木の植栽については，独立して竹木を植栽するために他人の所有する土地を借りることが予定されており，家屋に付随して竹木を植栽することは立法の目的ではないとされている。この点については，『法典調査会民法議事速記録二』163頁以下及び170頁における梅謙次郎発言を参照。

(6)　旧民法においては，法律上または裁判上の管理人が行う管理行為としての賃貸借で，その期間について特別の委任を受けずに賃貸するときには短期の期間制限があり，獣畜その他の動産については1年，居宅，店舗その他の建物については3年，耕地，池沼その他土地の部分については5年，牧場，樹林については10年と規定されていた（財産編第119条）。

第4章 用益物権

　永借権は，存続期間が30年を超える不動産の賃貸借であり，50年を超えること
はできないと規定されていた（財産編第155条）。つまり，存続期間の長い不動産賃
借権であり，特に目的上の制限はなかった。この権利は，わが国古来の永小作とい
う土地賃貸借を意識しているが，永小作は永遠無期の賃借権であるのに対して，永
借権は存続期間を設けたという点において，その特徴がある。永小作は，封建法
制度下において，土地の売買が禁じられていたので，永小作の名を借りて，事実
上，農地の売買をしていたということである（農地以外では，質入れに名を借りて土地を
売買していたという事実がある）。この意味において，永小作人は農地の所有者であった。
この永小作との関係，存続期間の長さや，個々の規定から参酌すると，永借権は主
として土地（荒蕪地または未耕地）の開墾を目的とした権利関係としての利用を予定
していたものではあるが，必ずしも農業用に限定されてはいなかったといいうる[7]。
　旧民法上の地上権は，他人の所有に属する土地の上において，建物または竹木を
完全の所有権をもって占有する権利であり（財産編第171条），その存続期間につい
ては，既存の建物や樹木を所有するための地上権は，その建物が存続するまで，あ
るいは，樹木を伐採するまでという期間制限がなされていた。しかしまた他方，そ
の有用なる最長大に至るべき時期まで，地上権を設定したものと推定されていたの
で（財産編第176条），事実上，期間制限はなきに均しかった。また，建物を新築す
るため，あるいは樹木を植栽するための新規の地上権設定については，相隣関係に
関する遵守義務を規定するだけであり（財産編第175条），特に存続期間の規定はなく，
すべて約定に委ねられていた。
　以上の制度設計から，旧民法においては，土地賃借権だからといって，特に地上
権よりも脆弱であるといった両者の相違点はなかった。
　しかし，旧民法と異なり，現行民法上は，賃貸借は契約によって成立する人権
（＝債権）とされ[8]，その内容について制度上の拘束はなく，私的自治に委ねられた

（7）　この永借権の内容に関しては，亀山貞義『民法正義財産編壹壹部巻之弐（上）』187頁以
　　下，ならびに200頁以下を参照。なお，旧民法財産編第155条は，この法律の実施以前に期
　　間を定めずに行った荒蕪地または未耕地の賃貸借及び永小作と称する賃貸借の終了の時期及
　　び条件は後日特別法によりこれを規定するものとされているところからも，これらの権利と
　　永借権が別物であることを意識したのであるが，他方，旧来の慣行的な権利関係を民法の規
　　制の中に取り込めなかったという点に立法上の弱点を見いだすことができる。ただ，立法者
　　はこれら2つの権利を永遠無期に認めることを欲していないことだけは確かであった。この
　　点に関しては，亀山・前掲書（本註）197頁参照。
（8）　賃借権を人権（債権）とした理由は，賃貸借契約の目的は，賃借人が賃料を支払い，賃
　　貸人をして，契約に従い，その賃貸物を使用させることにあり，この権利が人権であること
　　については争いがなく，この点はローマ法以来の慣例であり，ドイツ普通法の解釈としても
　　この見解が多く，かつ，多数国の民法においては，明らかにこれを人権としているといえる
　　からであるとされている。
　　　また，賃借権も登記をすれば第三者に対抗しうるからという理由もあげられており，こ
　　の点から，賃借権も登記をすれば人権が変じて物権となる旨を規定するオーストリア民法

598

ので，土地所有者は賃借権の内容を自由に定めることができた。また，賃借人の使用・収益権は賃貸人に対して有する債権として位置づけられたので，原則として対第三者効がない。つまり，効力という点において物権に劣る分だけ，土地所有者にとっては好都合である。このような点が，とりわけ建物その他の工作物の建築を目的とする土地の利用関係において，地上権設定契約がほとんど存在しないということの根本的な理由である。

第2項　土地賃借権（借地権）の変遷

1　建物保護法の制定──借地権保護立法の端緒

　土地所有者と土地賃借人との優劣関係が如実に現れるのは，建物の所有を目的とする土地賃貸借関係である。賃借人は所有者から土地を使わせていただいているという関係であり（農地における地主・小作関係と類似する），民法制定当初から，土地賃借人の権利は非常に脆弱なものであった。それは，取りも直さず，土地賃借権には登記請求権が伴わないという立法上の問題に尽きる（第605条参照）。

　例えば，土地所有者AがBとの賃貸借契約によってBのために土地に賃借権を設定しても，賃借権の登記をしなければ，単なる債権的利用権に過ぎないのであるから，Aが第三者Cに土地を売却すれば，Bは地上建物を除去して，土地の新所有者であるCに土地を明け渡さなければならなくなる。民法上，賃借権も登記をすれば，賃貸借の目的物である不動産の第三取得者に賃借権を対抗しうるのであるが（第605条），土地所有者であるAが土地賃借人Bの権利を物権並みに強化することに協力などするはずがない。それゆえ，土地所有者の権利は，土地賃借人との関係において，絶対的な権力関係となって現れた。この権力は，AのBに対する地代の値上げについて，Bが応じない場合に，Aが第三者Cに土地を売却し，Bを土地から追い出した後に，AがCから土地を買い戻して，新たな土地賃借人を捜すといったことに利用されていた（所謂「地震売買」）。

　しかし，このように，法律上，土地所有者が土地利用権を圧倒的に脆弱な地位に置くことを許すということになると，土地所有権を有しない個人や企業の存在基盤を揺るがすことにもなりかねず，ひいては，社会全体の基盤を脅かすことにもなりかねない[9]。

　　（ABGB）のような立法をするには及ばないとされた。この点については，廣中『民法修正案（前三編）の理由書』574-575頁参照。ちなみに，現在でも，ABGB第1095条は，「賃貸借契約を登記簿に登記したときは，賃借人の権利は，残りの期間につき，後続の所有者がいずれも甘受しなければならないところの物権と見なされる。」と規定している。

[9]　このような懸念は，実に旧民法制定当時から存在しており，そうであるからこそ，旧民法においては，賃借権を人権と位置づける学説が圧倒的に多い中で，敢えて物権としたのである。例えば，亀山・前掲書（『民法正義』）5-9頁は，わが国の社会構造における賃借権の重要性を指摘するとともに，対抗力のない賃借権の悲惨さを詳細に論じた後，旧民法において賃借権を物権とした理由について，「我法律ノ賃借権ヲ以テ物権ノート為シタルハ古来ノ

そこで，明治政府は，「地上権ニ関スル法律（明治33年法律第72号）」を制定し，この法律の施行前に，他人の土地において工作物または竹木を所有するため，その土地を使用する者は地上権者と推定することとした（同法第1条）。この法律は，従前，土地の利用権が地上権か賃借権かが不明である場合には，一律に地上権と推定したものである。特に，建物の所有を目的とする権利に限らず，広く適用していた。しかし，この推定地上権者は，この法律の施行日から1年以内に登記をしなければ，第三者に対抗することができなかったので（同法第2条），土地の利用権者にとって，格別な保護にはつながらなかった。その結果，日露戦争後の地価の暴騰により，更に地震売買が横行したので，これが新聞報道されるなどして，社会問題となった。

そこで，明治政府は，次に，第1条しか存在しない「建物保護ニ関スル法律（明治42年法律第40号）」を制定し，建物の所有を目的とする地上権または土地の賃借権により，地上権者または土地の賃借人がその土地の上に登記した建物を有するときには，地上権または土地の賃借権は，その登記がなくとも，これをもって第三者に対抗することができることとしたのである。この法律は，その後，その内容が借地借家法に受け継がれ（同法第10条），同法の施行に伴って廃止された（平成4年8月1日）。この立法により，土地賃借人は地上建物を登記するだけで土地賃借権を第三者に対抗しうることとなり，土地賃借権が物権並みに強化されたのである。これを賃借権の物権化現象という。

2　借地法の制定

また，大正年代には，第一次世界大戦後の好景気に伴って住宅難が発生し，政府は，これを緩和するため，借地法（大正10年法律第49号）と借家法（同年法律第50号）を制定した。特に借地法においては，既に建物保護法によって対抗要件だけは地上権と土地賃借権に一括して適用していたが，借地法によって，権利それ自体を一括して，これに「借地権」という呼称を与え，主として，権利の存続期間の延長を図るとともに，借地契約の更新をしない場合における地上建物の買取請求権（借地第4条，第5条）を認めるなど，借地権者の権利内容を強化した。借地法は，借家法とともに，当初，住宅難の解消を図るという目的で制定されたので，その適用は一部の地域に限定されていたが，昭和16年の大改正を機に，その適用を全国に拡大した。

借地法・借家法の施行後，借地・借家紛争の多発に伴い，この紛争をすべて互譲的に解決することを目的として，借地借家調停法（大正11年法律第41号）が制定された。この法律の施行後，関東大震災が発生したが，その際，この法律が特に効果を収めたとされる[10]。この法律は，その後，民事調停法（昭和26年法律第222号）に

旧慣ニ依ルニ非スシテ一ニ国家経済上ノ大害ヲ除却シ賃借人ヲシテ安心事ニ従ヒ以テ農工商等ノ業ヲ十分ニ発達セシメンカ為メニシタルモノナリ」と締めくくっている。立法理由の一証左となろう。

第1節　地　上　権

吸収された。

3　罹災（被災）地処理立法

1923(大正12)年に関東大震災が発生した折には，借地借家調停法が機能したが，震災に起因する問題を解決するため，借地借家臨時処理法（大正13年法律第16号）が制定された。この法律は，その後，罹災都市借地借家臨時処理法に吸収された。

第2次世界大戦の末期に都市への空襲が盛んとなり，罹災したので，罹災地の緊急的な利用を図るため，戦時緊急措置法（昭和20年法律第38号）に基づいて戦時罹災土地物件令（勅令第411号）が発令された。そして，終戦後，これが失効したので，戦時罹災地における借地借家関係の調整を図るため，罹災都市借地借家臨時処理法（昭和21年法律第13号）が制定された。この法律は，当初こそ戦災地の善後策的な措置という目的が中心であったが，火災，震災，風水害などによる罹災地の復興という意味において重要性があったので，その後も幾多の改正を経て維持された[11]。また，平成7年1月の阪神・淡路大震災の善後措置においても利用された。そして，今般，平成23年3月に発生した東日本大震災においても，借地借家関係の調整に利用されうる法律であった。しかし，昨今，この法律中，所謂「優先借地権」制度の弊害が指摘されたこともあり，平成25年に罹災都市法は改正が検討され[12]，その後，新法制定の運びとなり，「大規模な災害の被災地における借地借家に関する特別措置法」が同年6月に制定され，同年9月25日に施行された[13]。その結果，同年9月に罹災都市法は廃止された。

4　借地借家法の制定と改正

借地借家関係法令は以上のように推移してきたが，主として借地関係における改正の必要性から，昭和60年に法制審議会の審議が開始され，平成3年に借地法と借家法とが一本化された借地借家法（平成3年法律第90号）が制定され，翌平成4年8月1日から施行された。

主な改正点は，①借地権の存続期間が最低30年とされ，その更新は，更新日から10年（借地権の設定後の最初の更新は20年）とされたことなど（第3条～第8条など），②更新拒絶の正当事由を明確にしたこと（第6条，第28条），③定期借地権制度の導入（第22条～第24条），④やむを得ない事情による賃貸人不在の期間における借家

---

(10)　我妻＝有泉340頁。

(11)　以上の概観については，我妻＝有泉339-341頁を参照。

(12)　この罹災都市法について，阪神・淡路大震災の折には，この法律（特に，罹災した「借家人」に与えられる「優先借地権制度」）があったために却って復興が遅れたという指摘があり，この指摘を踏まえて，この優先借地権制度などを廃止するという方向で，改正が検討された。それゆえ，この法律は，東日本大震災には適用されていない。

(13)　この法律要綱案，法律案，立法理由などについては，法務省のホームページ http://www.moj.go.jp/MINJI/minji07_00124.html　を参照されたい。なお，罹災都市法の見直し等に関する理由については，http://www.moj.go.jp/content/000107434.pdf　を参照されたい。

第4章 用益物権

制度の導入（第38条-第39条。その後，平成12年に「定期借家制度」となる。），⑤自己借地権制度の導入（第15条），⑥借地条件の変更，増改築許可，更新後の再築許可の裁判の拡張（第17条～第18条），また，借地借家法制定に関連した民事調停法の改正により，地代・家賃増減紛争の際の調停前置主義，調停条項裁定制度を導入したこと（民調法第24条の2，同3），などである。

借地借家法は，その後，平成12年に従来の不在期間借家制度が定期借家制度に変更され（第38条～第39条），また，平成19年に事業用定期借地権の存続期間が10年以上50年未満（従来は10年以上20年以下）に拡張された（第23条）。更に，非訟事件手続法の改正（平成23年法律第51号），家事事件手続法（同年法律第52号）の制定に伴う借地借家法の整備（借地非訟事件関係）に基づく改正が行われた（第41条～第60条）。

第3項　地上権と賃借権との関係・相違点

地上権と賃借権は，前者が物権，後者が債権という違いがあるので，その権利内容にも様々な違いが生ずる。

第一に，地上権は無償でも設定しうるが（第266条1項類推），賃借権は有償に限る（第601条）。

第二に，地上権者には登記請求権があるが，賃借権者（以下，「賃借人」と称する。）にはない。登記がなくては，物権の効力，即ち，対抗力が生じないので，地上権者は設定者である土地所有者に対して地上権設定登記を請求することができる（第177条によると，「登記をしなければ…第三者に対抗することができない」と規定されている）。これに対して，土地賃借権は賃貸借契約から生ずる債権であり（第601条），対人的に，つまり，相対する契約相手方に対する相対的効力が予定されている権利であるから，賃借権設定登記は予定されていない（第605条によると，「登記したときは」その後の不動産物権の取得者に対しても，その効力を生ずる旨規定されている）。

第三に，存続期間について，地上権は設定契約によって何年でも約定することができるが[14]，民法上，土地賃借権は最長20年である（第604条。一定の猶予期間をおいて解約申し入れをすることができる〔第617条〕）。しかし，借地借家法の適用を受ける場合には，地上権も土地賃借権もともに原則として30年となり，更に，約定のある場合には無制限も可能となる（借地借家第3条[15]）。

第四に，地上権者は，所有者と同様，地上権の使用・収益・処分が自由であるが，賃借人は，賃貸人の承諾がなければ，土地賃借権を譲渡し，賃借土地を転貸することができない（第612条）。また，地上権者は，地上権消滅時における工作物及び竹木の収去権を有するが，これらの買取請求権は地上権設定者にある（第269条1項）。

---

(14)　我妻＝有泉351-352頁。後述するように，約定なき場合において慣習もないときには20年以上50年以下と解されている。

(15)　我妻＝有泉355頁参照。

602

これに対して，賃借人は，費用償還請求権（第608条）と土地に附属させた物の収去権を有する（第616条，第598条）。

この第四の項目についても，借地借家法の適用を受ける場合には，地上権者・土地賃借人ともに設定者に対する建物買取請求権を有しており（借地借家第13条），地上建物等の取得者からの買取請求権も認められている（同法第14条）。また，設定者が賃借権の譲渡または転貸を承諾しない場合には，承諾に代わる許可の裁判を求めることができる（同法第19条）。

第五に，地上権の場合には，特約のない限り，土地所有者は地上権者の使用を妨げてはならないという消極的な義務を負うにとどまるが[16]，土地賃借権の場合には，賃貸人は，土地を賃借人の使用収益に適する状態に置かなければならないという積極的義務を負う（第606条）。ただ，約定により，土地所有者が土地の修理義務を負担しても，地上権の本質に反するものではなく，反対に，賃借人が土地の修理義務を負担しても，土地賃借権であると解されているように[17]，特約で内容を定めることは自由である。それゆえ，地代・敷金・権利金等の支払・授受に関しても，地上権・土地賃借権ともに全て約定によって定めることができる。ただ，地代の支払は，地上権については契約成立要件にならないが，土地賃借権については賃料の支払を約定することが賃貸借契約の成立要件になっていることに注意を要する（第601条）。

第4項　地上権の法的性質

地上権は他人の所有する土地の上の権利である。つまり，土地所有権の用益的利用を制限して，土地の用益的価値を支配する物権である。

1　土地の一部に関する地上権の設定

まず，一筆の土地全体ではなく，その一部に関する地上権は成立するかが問題となる。古い判例は，設定当事者間の意思表示があることを要件として，これを肯定している[18]。前述したように，一筆の土地の一部について取引の目的とし，あるいは時効取得を認めるのと同様に，地上権についても，これを肯定してきたのである。

---

(16)　大判大正6年9月6日民録23輯1250頁：地上権を設定した土地所有者には，土地の使用権のみならず，地上権者以外の者に使用・収益させる権利もないと明言する。

(17)　大判明治37年11月2日民録10輯1389頁。地上権者は恰も所有者の如く土地を使用し，その土地の性質を変換しない範囲において自由に修理すべきものであり，所有者はその修理を担当する義務を負わないことを通例とするが，敢えてこれと異なる特約の締結を妨げず，殊に所有者が篤志を以て幾分の修理を加えるのもまたその自由であると判示し，また，この修繕特約は，賃貸借の場合も同様に自由であると判示した。

(18)　大判明治34年10月28日民録7輯9巻162頁：「凡そ地上権にして，一つの法律行為を以て設定したものに係り，工作物敷地のほかその四囲に空隙あるも，工作物使用のため随時要すべき場所は，その権利中に包含するを通例とすべきことは，既に当院の法理として認める所の判例である。故に若し，これに反し，その四囲の空き地は可分し得べきものとするには，特にその設定当事者間においてその意思に出でたる事実あるを要する。」

しかし，現行の不動産登記法においては，地上権の設定登記をする際に障害がある。それは，不動産登記法上，地上権の登記事項として，「地上権の目的」はあるが（不登第78条1号），「地上権の範囲」は昭和35年の改正によって削除されたからである。地上権の範囲を登記するのは，区分地上権の場合に限られている（民法第269条の2，不登法第78条5号）。したがって，土地の一部に地上権を設定し，これを登記するには，分筆手続を経由する以外には方法がないことになる。

もっとも，借地借家法による対抗要件緩和規定により，建物の登記を経由すれば，地上権設定登記は不要であるから（借地借家第10条），この方法によってもよい。

2 地上権の目的

地上権は工作物または竹木を所有することを目的とする権利である。工作物とは，主として建物であるが，テレビ塔，橋梁，溝渠，記念碑，トンネルなど，地上・地下を問わず一切の施設を指す。建物の所有を目的とする場合には，「借地権」として，その他の目的を有する地上権とは異なる法的取扱いを受ける。竹木には制限がなく，すべての樹木を指すものと解されるが，植栽することが耕作と見られる植物（穀物，野菜など）の場合には，永小作権の目的となるべきものであり，地上権の目的とはならないものと解されている[19]。

現行民法の起草に当たった法典調査会の議論においては，「竹木」について問題となり，茶畑は地上権，永小作権のいずれに入るのかという質問に対し，起草者は，茶畑は小作物と見ており，地上権とする旨の意思表示がなければ小作の規定が当てはまるとして，いずれであるかは当事者の意思如何の問題であるが，その意思が分からないときには，小作権であろうと回答していた[20]。

また，農地または採草放牧地（農地第2条1項。以下，「農地等」という）に農業用の工作物を設置する場合にも地上権または土地賃借権を設定することができる。しかし，この場合には，農地法の適用を受け，当事者は，当該住所地にある市町村役場の農業委員会の許可を受けるか，当該農地等が住所区域外にある場合において，権利を設定する場合，その他政令で定める場合には，都道府県知事の許可を受けなければならない（同法第3条1項参照）。つまり，農地等に使用・収益を目的とする権利を設定する場合には，当事者間の設定契約だけでは，成立しない（農地を売買する場合と同様の制約を受ける）。

3 土地の使用権

地上権は，前述した目的において，土地を使用する権利である。その範囲は，土地を使用するため，即ち，工作物の所有を目的とする場合には，当該工作物を所有

---

(19) 我妻＝有泉345-346頁。しかし，この場合でも，農地に農業用の工作物を設け，または竹木を所有するために地上権を設定することは妨げないとしている。

(20) 『法典調査会民法議事速記録二』168頁における箕作麟祥委員の質問と梅謙次郎委員の回答を参照。

するために必要な範囲内の土地使用権を有し，竹木の所有を目的とする場合には，当該竹木を所有するために必要な範囲内の土地使用権を有する。設定契約時に既に工作物や竹木が存在する必要はない。既に工作物や竹木が存在する場合において，当該工作物や竹木を譲り受けたときを除き，そのような事態は存在しえない（従前，別の権利で当該土地を使用していた場合もあるが，稀である）。地上物はすべて土地に属する（superficies solo cedit.）というローマ法の格言を継承したとされるヨーロッパ各国（ドイツ，オーストリア，スイス，フランス）の法制度においては，工作物等はすべて土地に付合する関係上，借地権を観念しえないので，地上権は地上物を土地に付合させずに独立してこれを所有するための権利（土地使用権ではない）とされている[21]。しかし，わが法制度は土地と地上物（建物及び山林の立木）を独立物（各別の所有権の客体）として捉えてきたので，これらを所有するための土地の使用権とされたのである。

第2款　地上権の取得

第1項　地上権の取得事由

　地上権は，民法上，土地所有者との設定契約によって設定される。これを約定地上権という。しかし，民法制定の当初から，土地の利用権については比較的弱い権利である土地賃借権が利用されてきたので，約定地上権はほとんど存在しない（現存する地上権のほとんどは，法定地上権制度〔第388条〕が適用された結果として発生した地上権である）。

　地上権は，遺言（遺贈〔第964条〕）によっても設定され，取得時効（第163条），地上権の譲渡，あるいは相続（第896条）によっても取得することができる。

　建物の所有を目的とする地上権は，借地借家法の適用を受け，建物の所有を目的とする土地賃借権とともに，「借地権」という名称を与えられているが（借地借家法第1条，第2条1号），両者は全く同じ権利になるのではない。地上権と土地賃借権，つまり，物権と債権という本質的な違いによる相違点がある。

　民法の施行前から他人の所有する土地の上に工作物または竹木を所有する権利を有する者は，地上権者という推定を受けるが（地上権ニ関スル法律第1条），この取扱いは現実的ではない。実際に，この法律の施行後，地上権か賃借権かが判明しないという争訟が数多く発生し，訴えが提起されたが，判例は，権利の譲渡性の有無[22]，

---

(21)　例えば，ドイツ民法（BGB）第1012条は，地上権の意義として，「土地は，地表上または地表下において工作物を有することを目的とし，譲渡または相続される権利の帰属をその負担とすることができる（地上権）」と規定する。わが旧民法も，「地上権トハ他人ノ所有ニ属スル土地ノ上ニ於テ建物又ハ竹木ヲ完全ノ所有権ヲ以テ有スル権利ヲ謂フ」と規定していた（財産編第171条）。このような条文であるから，土地の使用権とはいえない。

(22)　大判明治32年1月22日民録5輯1巻31頁：地上権と賃借権とはその目的の異なるに従いその権利関係も種々の点において異なる。地上権は他人の土地において工作物または竹

第4章　用益物権

存続期間の長短[23]，土地に関する費用負担[24]，といった観点を参考にしつつ，地上権か土地賃借権かを決した。しかし，当事者間において，貸借不動産に関する費用負担が地主の義務とされていれば，賃貸借であるが，前述したように，地上権においても地主が特約により，あるいは任意に負担する場合もありうるので，明確な基準にはならないであろう。

　ただし，借地の貸借関係において，当事者間で権利の譲渡・目的不動産の転貸について，無条件で譲渡性が認識されている場合，あるいは，地主に登記が義務づけられている場合には地上権であるが，「譲渡・転貸を認める」とか，「譲渡・転貸を自由とする」などの文言がある場合には，その裏には賃貸借だが認める，賃貸借だが自由とするといった意味が込められるので，これらの場合には賃貸借である。このような意味合いもあり，地上権と認定するのはいささか抵抗があり，いずれか判明しない場合には，賃借権とみなすべきであり，当事者の関係が親子や夫婦といった場合には，使用貸借とみなすべきである。

第2項　法定地上権の成立

　前段において検討したように，わが民法上の地上権のうち，約定地上権はあまり見られなかった。土地の用益権としては，土地賃借権によっても類似の効力が得られるからである。他方，民法上の地上権には，法定地上権なる権利が存在する。法

　　木を所有するために恰かも所有者の如くその土地を使用する権利を有し，かつ地主の承諾なくして自由にその権利の譲渡をなしうる。これに反し，賃貸借は賃借人が賃貸人の意に反しその借地を恰かも所有者の如く使用する権利を有することなく，かつ貸主の承諾なくして自由にその権利の譲渡をもなしえないことは慣行であり，現行法においても認める所の法理である。原院は被上告人が地上権でなければ有していない権利，即ち，地上において工作物を所有するために恰かも所有者の如くその土地を使用する権利を取得した事実及び地主の承諾なくして自由にその権利の譲渡をした事実等を認め，本案係争の権利関係を賃貸借ではなく地上権であると判定したものであるから，判決は賃貸借に関する法則に反したものではない。

(23)　大判明治33年10月29日民録6輯9巻97頁：地上権であるか，賃貸借であるかにつき，当事者間にその意思を表示した事実がない場合においては，表顕した事実状況によりその意思を推考してこれが判断をなすべきである。家屋を地上に建設し，無期限にてその地所を使用するものにして，他に賃貸借たるの意思を徴すべき事実なきにおいては，寧ろこれを地上権を設定したものとするは一応の推定上当然にして，地所を使用するにつきその報償として一定の金員を支払う如きは地上権と認めるに妨げない。何となれば，地上権は無償にても有償にても自由に設定し得べきは勿論だからである。故に原裁判所が家屋を地上に建設し無期限にてその地所を使用せる事実により地上権を設定したものと認定したのは相当である。

(24)　前掲大判明治37年11月2日：大審院は，抑も地上権といい賃借権というも均しく借地権であり，その大体の区別は，地上権は物権に属し賃貸借は債権に属すべき点についてはもちろんであるところ，通常，賃貸借関係では，その所有者が土地の主な修理を担任し，賃借人にこれを使用させる義務を負い，他方，地上権関係では，地上権者は恰も所有者の如く土地を使用し，その土地の性質を変換しない範囲内において自由に修理し，これを使用し得べきものであり，所有者はこれが修理を担任する義務を負わないが，両者とも敢えてこれに異なる特約をすることを妨げないと判示し，本件では地主が土地の費用負担をしたが，これは地上権の性質と相容れないものではないという原判決を支持した。

606

第1節　地　上　権

定地上権とは，土地に抵当権が設定された当時，土地と地上建物の所有者が同一人である場合において，抵当権が実行され，土地と地上建物の所有者が異なることとなったときに，設定されたものとみなされる地上権のことである（第388条）。

　法定地上権制度は，わが法制において，土地と建物とがそれぞれ異別の不動産として認められ（第86条1項），それぞれが所有権の目的として認められているという点に端緒を有するものである。土地と地上建物の所有権が同一人に帰属しているという状況が崩れる場合，例えば，土地または建物だけを他人に譲渡した場合には，元々，同一人の所有であるときに自己地上権ないし自己賃借権（両者を併せて「自己借地権」という。）が制度上存在していないので，建物所有者は，土地所有者との間において，借地権設定契約を締結しなければ，地上建物の所有権を保全しえない（潜在的な土地利用権の顕在化）。この場合と同様，競売によって土地と地上建物とがそれぞれ異別の所有者となった際に，建物所有者に土地利用権がなければ，建物の存在根拠が失われるところ，競売手続終結時に，土地所有者との間において約定の利用権を設定することは事実上難しいので，法律上，地上権を付与することとしたのである（第388条）。

　この制度の趣旨は，土地または建物の競売の結果，建物の存在根拠である土地利用権を確保すべき必要性と，当然に生じうべき土地所有者の負担との公平な調整，即ち，この場合において，土地所有者はこのような利用権負担を甘受すべきであるという公益上の要請から，また，この場合における抵当権設定当事者の合理的意思解釈から，このような規定構造となっている。これと同様の規定は立木法にもあり，立木が土地の所有者に属する場合において，その土地または立木のみが抵当権の目的であるときには，抵当権設定者は競売の場合につき地上権を設定したものとみなされる（立木第5条1項本文）。この規定の趣旨は，抵当権の実行による競売手続終結時における法定地上権と同じである。

　他方，現行法上は，強制競売の場合にも法定地上権が成立することとされている。即ち，土地及びその上に存在する建物が債務者の所有に属する場合において，その土地または建物の差押えがあり，その売却により所有者を異にするに至ったときには，その建物について，地上権を設定したものとみなすという規定である（民執第81条前段）。この規定は，民事執行法の制定に伴って立法されたものであり，その趣旨は，民法と立木法において，競売手続終結時に法定地上権の成立を認めているので，同様に，強制競売の場合にも認めるべきであるという公益上の要請から規定されたものであり，当事者の意思とは無関係である。

　これらの法定地上権は当事者において約定したものではないので，その内容については白紙である。したがって，いずれの場合においても，地代については当事者の請求により裁判所が定めることとされている（第388条後段，立木第5条1項後段，民執第81条後段）。なお，詳細は，『担保物権法（民法講論第3巻）』において論ずる。

607

第4章　用益物権

第3款　地上権の存続期間

第1項　民法上の地上権

1　設定契約により期間を定める場合

設定当事者が地上権の存続期間を定める場合について，民法は，永小作権（第278条）や土地賃借権（第604条）のように具体的な期間を法定していないので（第268条），解釈上，設定契約によって任意に期間を定めることができるものと解されている[25]。ただ，この場合には，期間の最長期と最短期について問題となる。

(1)　地上権の最長期

存続期間の最長期は「永久の」地上権であるが，判例は，当初からこれを認めていた[26]。一方，学説は，かつてはこれを認めないものが主流であった。例えば，起草者である梅謙次郎博士によると，永久の地上権は期間を定めたものとはいえず，その期間設定は無効であるから，期間の定めのないものとなり，また，立法上の理由からは，永久の地上権はほとんど所有権と同じであるから，これを認めることはできないものと解していた[27]。また同様に，富井政章博士も，地上権が所有権とほとんど同じものになり，土地所有権の作用を全滅させるに等しくなるという理由から，永久の地上権を認めるわけにはいかないものと解していた[28]。それゆえ，当時の学説は，所有者による土地の利用・改良を阻害するという理由からも，永久の地上権を否定していた。

しかし，近時の学説は，永久の地上権者は所有者と同様の土地の利用・改良を図ること，所有権が次第に事実上永久の地代徴収権と化し，賃借権が物権化しており，また，借地権が確立していることなどから，所有権が分解的傾向を示していることなどを理由として，永久の地上権を認めてきた判例法理に従うという考え方を採っている[29]。

---

(25)　舟橋400頁。

(26)　大判明治36年11月16日民録9輯1244頁：「地上権については，……当事者間の設定行為を以て存続期間を定めることについては短期長期とも毫もその制限はない。民法が無制限の契約を許さない律意であるとすれば，永小作権のように期間を制限すべきはずであるが，その制限がないので，その期間は当事者の設定行為に一任し一切制限しない律意であると解釈しなければならない。殊に登録税法改正法律第2条第7号には「永代地上権の取得価格1000分の25」とあるので，永代地上権は法律の認めるところであることは寔に明らかである。」

(27)　梅謙次郎『民法要義巻之二物権編』239頁。

(28)　富井政章『民法原論第二巻物権』199頁。

(29)　我妻237頁，我妻＝有泉352頁，同旨，舟橋400頁。また，末川327頁は，所有者が地代を取得しうるような関係が続く限りは，所有権の実質がなくなるともいえないとして，永久の地上権を認め，更に，近江・講義Ⅱ269頁は，民法の原則に悖るものではないとして，これを承認すべきものと解している。このように，近時の通説は，永久の地上権を認めている。

608

第1節　地　上　権

しかしながら，判例に現れた事案として，「無期限」と登記された期間の定めが
あったものがあり，この場合には，判例・学説ともに，反証のない限り，永久では
なく，期間の定めのないものとして取り扱うべき旨を指摘する[30]。ただし，この
場合でも，例えば，「運炭車道用レール敷設のため」という目的が設定されている
ときには，「無期限」とは，「炭鉱経営の継続する限り」という趣旨であると解され
ている[31]。

(2)　地上権の最短期

次に，存続期間の最短期という問題は，建物の所有を目的とする地上権の場合と，
それ以外の地上権の場合とで分けて考える必要がある。前者の場合には，かつて借
地法制定以前の時代において，建物所有目的とは相容れない3年とか5年といった
土地賃貸借や地上権の効力が問題となり，最上級審の判例はなかったようであるが，
多くの下級審裁判例は，このような短期間の約定は地代据え置き期間であり，存続
期間ではないとし，あるいは，このような約定は例文であり，拘束力はないと解し
ており，この解釈は学説の賛同も得ていた[32]。

しかし，この問題については，旧借地法第2条（現行借地借家第3条）によって最
短期が法定され，借地期間が延長されたので，同法が全国的に適用されてから以降
は問題がなくなった[33]。

　　しかし，石田穣435頁は，永久に地上権の制約を受ける所有権を認めることとなり，全面
　的支配権としての所有権の基本的性格に反するおそれがあるとして，たとえ，当事者が永久
　の地上権を約定したとしても，土地所有者は，地上権設定の趣旨に照らしてその必要性がな
　くなった場合や，所有権の基本的な性質に照らして不相当に長い期間が経過した後は，地上
　権の消滅を請求しうるものと解すべきであると主張する。

(30)　大判昭和15年6月26日民集19巻1033頁：「設定された地上権の内容については建物
　　及び竹木の所有を目的とし地代1か月金3円71銭1厘毎月30日払無期限である旨の登記が
　　経由されている事実の疏明あり……右に所謂無期限とは反証なき限り存続期間の定めなき地
　　上権を指すものであると解するを相当とする。」

　　我妻＝有泉352頁は判例を支持する。

(31)　大判昭和16年8月14日民集20巻1074頁：本件地上権の目的は運炭車道用レール敷設
　　のために土地を使用することにあり，運炭車道は炭鉱より採掘した石炭搬出のため設けられ，
　　その設置の必要は通常該炭鉱の経営中は存続するものというべきであり，従って，車道は炭
　　坑設備の一部をなし特別の事由のない限り炭鉱とその運命をともにするものと認めるのを相
　　当とするので，本件地上権もまた一応炭鉱に随伴し，炭鉱が廃坑となりまたは採掘を中止し
　　ない限り存続する趣旨であると解すべきである。

　　大判昭和16年9月11日新聞4749号11頁：「炭鉱営業中」あるいは「炭坑終了の時」と
　　定め，登記された場合には，炭鉱とその運命を共にするものと認めるのを相当とすべきもの
　　とした。

　　我妻＝有泉352頁は，これらの判例を支持する。

(32)　我妻＝有泉352-353頁，舟橋400-401頁など参照。

(33)　借地法は，借家法と同様，大正10年5月15日から施行されたが，両者ともに，当初施
　　行地域が勅令に定められた三府（東京，京都，大阪），神奈川県，兵庫県の一部に限定され
　　ており，昭和16年の大改正によって，漸く全国的に施行となった。

第4章　用益物権

次に，借地借家法が適用されない地上権の場合に問題となるが，この場合にも，根本的には，借地権の場合と同様の理論が適用されるべきものと解されている[34]。

2　設定契約により期間を定めない場合

設定契約で地上権の存続期間を定めない場合において，別段の慣習があるときには，その慣習に従うものと解されている（第268条1項及び判例の解釈[35]）。また，存続期間について慣習が存在しない場合において，地上権者が権利を放棄しないときには，裁判所は，当事者の請求により，20年以上50年以下の範囲内において，工作物または竹木の種類及び状況，その他地上権設定当時の事情を斟酌して，その存続期間を定めるものとされる（第268条2項）。

この存続期間は，裁判時からではなく，設定時からと解されている[36]。この解釈から，裁判時には既に存続期間が経過している場合もあろう。そうすると，裁判所に期間を定めてもらう意味がなくなる。即ち，この場合には，裁判所は，既に期間が経過した旨の判決をする以外に方策がないのかが問題となる。しかし，このような場合には，賃貸借の更新推定に関する第619条1項を類推適用して，裁判所で定められるべき期間が黙示の更新によって存続しているものと認めればよいと解されている[37]。更に，設定契約時に存続期間を定めなかった場合には，必ず裁判所に定めてもらうというのではなく，この場合でも，設定後に当事者間で協議して定めることは差し支えない。

次に，民法施行前に設定された地上権で存続期間の定めがないものについては民法施行法に規定されている。この場合において，地上権者が地上に建物または竹木を所有しているときには，その建物の朽廃[38]，または，竹木が伐採期に至るまで，地上権は存続する（民施第44条2項）。ただし，建物に修繕または変更を加えたときには，地上権は，原建物の朽廃すべきときに消滅する（同条3項）。また，地上に建物または竹木がないときには，第268条2項に従い，当事者の請求により，裁判所が，設定時から20年以上，民法施行日から50年以下の範囲内で存続期間を定めることとされる（同条1項）。

第2項　借地借家法による修正

1　存続期間

建物の所有を目的とする地上権及び土地賃借権については，借地借家法が適用さ

---

(34)　我妻＝有泉353頁。

(35)　大判明治32年12月22日民録5輯11巻99頁：「民法第268条は，地上権の設定行為にして存続期間の定めなき場合に別段の慣習存在するときは，その慣習に従うべきことを定めたものである。」

(36)　我妻＝有泉353頁，末川328頁，舟橋401頁ほか多数。

(37)　我妻＝有泉353-354頁。

(38)　自然朽廃の意味であり，災害等による滅失を含まない。この点については，大判明治35年11月24日民録8輯10巻150頁ほかを参照。

第 1 節　地 上 権

れ，同法は，借地権の存続期間を原則として 30 年と規定する（借地借家第 3 条）。こ
の期間は借地権の最短期を規定したものであるから，約定によってこれより長期に
定めることは自由であり（同条ただし書），前述したように，判例及び通説によると，
「永久の」借地権を約定することも自由である。

　旧借地法は，堅固建物（「石造，土造，煉瓦造又ハ之ニ類スル」建物）と非堅固建物（堅
固建物以外の建物，例えば木造）によって存続期間を区別し（堅固 60 年，非堅固 30 年：借
地第 2 条 1 項），また，約定最短期間（堅固 30 年，非堅固 20 年：同条 2 項）と，法定存続
期間（同条 1 項）とにおいて差異を設けていた。しかし，借地借家法の制定に際し，
堅固・非堅固を区別する標準は一義的ではないこと[39]，非堅固建物の耐用年数が
堅固建物よりも短いとは限らないこと[40]，堅固・非堅固の区別も容易ではないこ
と[41]，今後建築される建物は堅固建物が通常である[42]と考えられることなどの理
由から，この区別をやめることが適切であるとされた。また，借地権の場合におい
て，存続期間を定めないことはほとんどないと判断され，この場合を別異に取り扱
う必要性に乏しいという理由から，約定・法定の区別もやめることが適切であると
され，現行法制定の際には原則として 30 年と規定されたのである[43]。

　次に，借地権の存続期間満了前に建物が滅失した場合において，借地権者が存続
期間を超えて存続する建物を建築したときには，その建築につき設定者の承諾があ
れば，借地権は，承諾の日または建物築造の日のうち，いずれか早い日から最短
20 年間存続し，残存期間がこれより長期であり，または約定によってこれより長

---

(39)　しかしながら，一般的に，非堅固建物は木造及びこれに類する構造（通常は「木造等」
　という。）の建物のことを指しており，堅固建物は木造等以外の構造（鉄骨造，鉄筋コンク
　リート造に代表される構造であり，旧来の石造，土造，煉瓦造もこれに含まれる。）を有す
　る建物のことを指すので，非堅固と対比すれば，一義的に決められるものである。ただ，軽
　量鉄骨やプレハブ建物（木質パネルや軽量鉄骨ラーメン構造），その他，コンクリートブ
　ロック造など，堅固・非堅固のいずれに区別するか微妙な構造を有する建物も多く存在する
　ことから，「一義的ではない」という考えが示されたのであろう。

(40)　古い文化財的な木造建物の場合を指しているものと思われるが，そのような木造建物の
　ほうが例外的であり，一般的には，木造建物の耐用年数は非木造（堅固）のそれよりも短い
　ので，この指摘は妥当ではない。また，木造建物の場合には，修繕が容易であり，修繕を
　繰り返せば，耐用年数は延びるはずだという見解は，そもそも，耐用年数という観点からは，
　ずれる見方である。

(41)　確かに，最近では，木造ツーバイフォー構造，木質パネル構造，軽量鉄骨ラーメン構造
　のような，一見すると非堅固建物のようであるが，耐久性から考えた場合には，堅固建物に
　も匹敵しうるとされる建物もあり，他方，ツーバイフォーなどは木造というだけで非堅固建
　物に分類されるものというように，材質と建物の耐久性という観点からは，分類が難しいと
　いう側面はある。

(42)　この見解は，都市の中心部におけるビル建設を中心に考えた場合には確かに妥当するが，
　借地の法律関係において，一般住宅を考えた場合には，圧倒的に木造建築が主流であるから，
　この意見は明らかにおかしい。

(43)　以上の点を含めて，幾代通・広中俊雄編『新版注釈民法 (15) 債権 (6)〔内田勝一〕』828 頁
　を参照。

611

第4章 用益物権

期とされた場合には，その長期の期間存続する（借地借家第7条1項）。つまり，存続期間が延長される。

また，存続期間満了前に借地権者が存続期間を超えて存続する建物を新築する場合（建替えがこれに該当しよう。）には，借地権者が設定者に対し，その旨を通知し，設定者が通知を受領してから2か月以内に異議を述べない場合に限り，新築の承諾があったものとみなされる（同条2項本文）。ただし，その通知が契約の更新後（存続期間が延長された場合には，当初の存続期間満了日後）に到達した場合には，その承諾は擬制されない（同条同項ただし書）。

2 借地契約の更新等

(1) 更新請求と更新拒絶

借地契約を更新するとは，存続期間が満了する際に，従前の契約と同一条件にて継続することを意味する。借地契約の多くは土地賃貸借であり，債権法上の継続的契約関係である。土地賃貸借のうち，建物の所有を目的とする借地権の場合には，少なくとも建物が存続する限りは，契約関係を継続するというのが，当事者の通常の意思である。それゆえ，民法は，賃貸借の期間が満了した後，賃借人が賃借物の使用または収益を継続する場合において，賃貸人がこれを知りながら異議を述べないときには，従前の賃貸借と同一の条件で更に賃貸借をしたものと推定することとした（第619条1項前段）。これを黙示の更新という。

同様に，借地借家法は，借地権の存続期間が満了する場合において，地上に建物が存在しているときには，借地権者は契約の更新を請求することができ，存続期間以外の条件については，従前の契約と同一の条件で契約を更新したものとみなすこととした（借地借家第5条1項本文）。この規定により，借地上に建物が存続しており，借地権者が契約の更新を欲している場合には，設定者には自由な更新拒絶権はないこととされた。この点は，この借地借家法第5条1項本文に続く「ただし，借地権設定者が遅滞なく異議を述べたときは，この限りではない（同条同項ただし書）」という規定から明らかである。

「この限りではない」という文言の意味は，更新の拒絶を意味する。この借地権設定者による更新拒絶の要件[44]は，①借地権設定者及び借地権者（転借地権者を含

---

(44) 旧借地法時代の判例（後掲最大判昭和37年6月6日）によると，「土地所有者が更新を拒絶するために必要とされる正当の事由ないしその事由の正当性を判断するには，単に土地所有者側の事情ばかりでなく，借地権者側の事情をも参酌することを要し，たとえば，土地所有者が自ら土地を使用することを必要とする場合においても，土地の使用を継続することにつき借地権者側がもつ必要性をも参酌した上，土地所有者の更新拒絶の主張の正当性を判定しなければならないもの」であり，また，「依然たる宅地不足で借地権者を保護しなければならない現下の実情にかんがみるときは，右法条の真の意義は，土地所有者が自ら使用することを必要とする場合においても，借地権者側の必要性をも比較考量の上，土地所有者の更新拒絶の適否を決定するに在る」と解していた。この考え方が，現行借地借家法の「正当事由」条項に活かされている。

む。）が土地の使用を必要とする事情[45]のほか，②借地に関する従前の経過及び土
地の利用状況，③借地権設定者が土地の明渡しの条件として，または土地の明渡し
と引き換えに借地権者に対して財産上の給付をする旨の申出をした場合におけるそ
の申出を考慮して[46]，④正当の事由があると認められる場合，であり，これらの
要件がある場合にのみ，設定者は，更新に関して異議を述べることができることと
したのである（同法第6条)[47]。

なお，更新拒絶に際して生ずる建物買取請求権については後述する。

(2) 更新期間と法定更新

借地権者からの更新請求により，借地契約が更新される場合には，その更新後の
存続期間は，初回の更新のみ更新日から20年であり，2回目以降は10年とされる
（借地借家第4条)。ただし，この期間も最短期間であり，約定でこれより長い期間と
することもできる（同条ただし書)。

借地権者が更新請求しない場合でも，①存続期間満了後においてなお建物が存在
しており，②借地権者が土地の使用を継続しているときにおいて，③設定者が何
ら異議を述べないときには，法定更新となる（同法第5条2項)。法定更新の場合で
も，第4条の更新期間が適用される。この規定構造は，前述した「更新請求による
更新」の場合と同様，存続期間満了に際して，建物が存在し，借地権者が居住する
か，これを賃貸しており，土地の使用を継続しているときには，更新の意思が推測
されるので，できる限り，この意思を尊重し，反対に，土地所有者の意思は「更新
に対する異議」，即ち，更新拒絶の意思を表示した場合に限って顧慮すればよいと
いう考え方に立脚している。

---

(45)　最判昭和58年1月20日民集37巻1号1頁：「建物所有を目的とする借地契約の更新拒
　　絶につき借地法4条1項所定の正当の事由があるかどうかを判断するにあたっては，土地所
　　有者側の事情と借地人側の事情を比較考量してこれを決すべきものであるが（最大判昭和37
　　年6月6日民集16巻7号1265頁），右判断に際し，借地人側の事情として借地上にある建
　　物賃借人の事情をも斟酌することの許されることがあるのは，借地契約が当初から建物賃借
　　人の存在を容認したものであるとか又は実質上建物賃借人を借地人と同一視することができ
　　るなどの特段の事情の存する場合であり，そのような事情の存しない場合には，借地人側の
　　事情として建物賃借人の事情を斟酌することは許されない」として，特段の事情のない限り，
　　建物賃借人の存在を借地権者側に有利な判断として利用することはできないと判示した。
(46)　最判平成6年10月25日民集48巻7号1303頁：「土地所有者が借地法6条2項所定の
　　異議を述べた場合これに同法4条1項にいう正当の事由が有るか否かは，右異議が遅滞なく
　　述べられたことは当然の前提として，その異議が申し出られた時を基準として判断すべきで
　　あるが，右正当の事由を補完する立退料等金員の提供ないしその増額の申出は，土地所有者
　　が意図的にその申出の時期を遅らせるなど信義に反するような事情がない限り，事実審の口
　　頭弁論終結時までにされたものについては，原則としてこれを考慮することができるものと
　　解するのが相当である。」
(47)　この借地借家法第6条の掲げる要件は，「更新に関する異議」を述べるための要件であ
　　るから，正確にいうと，必ずしも更新拒絶の要件であるといえないが，更新拒絶に関する一
　　応の目安ではある。

確かに，土地所有者には，他人に貸すと貸さないとの自由があるが，土地を一旦貸した以上は，借地権の長期継続性を顧慮して，所有者をしてこれを尊重させるべく，土地所有者の恣意によって借地権を消滅させてはならないという社会政策上の考慮がはたらく[48]。ここには，いわば，土地利用権の強化に対する土地所有権の分解的傾向が見られる[49]。差し詰め，所有権の虚有権化による地代徴収権へのなり下がりといったところである[50]。

なお，以上の約定更新，法定更新に関する規定は，ともに，転借地権が設定されている場合において，転借地権者がする土地使用の継続を借地権者がする土地使用の継続とみなし，借地権者と借地権設定者との間について第2項の規定が適用される（同法第5条3項）。

(3) 建物の再築による借地権の期間の延長

次に，借地権の存続期間が満了する前に建物の滅失（借地権者または転借地権者による取壊しを含む。）[51]があった場合において，借地権者が残存期間を超えて存続すべき建物を築造したときには，その建物を築造するにつき借地権設定者の承諾がある場合に限り，借地権は，承諾があった日または建物が築造された日のいずれか早い日から20年間存続する（借地借家第7条1項）。ただし，これも最短期間であり，残

---

(48) 最大判昭和37年6月6日民集16巻7号1265頁：①借地法は，借地権者の利益を保護するために，土地所有権に対し種々の制限を規定しているが，同法第4条1項による法定更新も，その一つにほかならない。

②借地法第4条1項は，借地権消滅に際し，土地所有者がその所有権の本来の権能を回復することにつき有する利益と，借地権者が一度獲得した土地使用の権能をさらに保持することにつき有する利益の調節を図ることを内容とするものであり，この利益調節の基準を土地所有者が更新を拒絶するにつき正当の事由があるかどうかに置いている。

③この規定は，昭和16年の改正に係るものであり，改正前の規定によれば，借地権消滅の場合において，借地権者は契約の更新を請求しうるが，この請求に応ずるかどうかは土地所有者の自由であり，ただ，更新が拒絶された場合には，借地権者は土地所有者に対し建物の買取請求権を有するに過ぎなかった。

④改正後の規定によれば，土地所有者が更新を拒絶するには，実体的には正当の事由あることを要し，手続的には遅滞なく異議を述べることを要するものとされるに至ったのであり，法律改正の目的が，宅地不足の甚だしい当時の実情にかんがみ，借地権者の利益を保護するにあったことは，多言を要しない。この規定は土地所有者の権能に制限を加えることになるが，この点は，公共の福祉という観点から是認されるべきであり，憲法第29条に反しない。

(49) 我妻＝有泉357頁。

(50) しかし，前掲最大判昭和37年6月6日は，「土地所有者は，正当の事由ある場合には更新を拒絶して土地を回復することができるのであるから，所論のごとく，所有権を単なる地代徴収権と化し又はその内容を空虚にするものと言うことを得ない」という。

(51) 建物の滅失という概念について，最高裁（最判昭和38年5月21日民集17巻4号545頁）は，「借地法第7条は建物の滅失原因についてなんら制限を加えていないこと，同条は滅失後築造された建物の利用をできるだけ全うさせようとする趣旨であることにかんがみれば，同条にいう建物の滅失した場合とは，建物滅失の原因が自然的であると人工的であると，借地権者の任意の取毀しであると否とを問わず，建物が滅失した一切の場合を指すものと解するのが相当である」と判示していた。本条の修正は，この考え方を立法化したものである。

存期間がこれより長いとき，または当事者がこれより長い期間を定めたときには，その期間による（同条同項ただし書）。

旧借地法によると，存続期間満了の前に地上建物が朽廃すると，借地権は消滅する旨の規定があった（借地第2条1項但書及びこれを準用する第4条3項，第5条1項，第6条1項参照）。建物の朽廃とは，滅失に至らない状態ではあるが，もはや建物として使用することができない状態のことをいう。しかし，建物の所有という借地権の目的を達成するには，期間満了前の朽廃・滅失によっても，建物の再築による土地の使用継続を認めるべきであるから，借地借家法においては，設定者の承諾を要件として，残存期間を超える建物の建築による借地権の期間延長を認めたのである。しかし，設定者の承諾を得なかった場合でも，原則として，地上建物の存在により，借地権者からの更新請求は許されるものと解すべきである。

判例は，存続期間の満了前に建物が滅失したので，借地権者が建物を再築しようとしたところ，設定者がこれを禁止し，土地明渡しの調停を申し立て，その係属中に期間が満了したという事案において，借地権者からの更新請求を認めている(52)。

3 定期借地権等

(1) 定期借地権

定期借地権とは，存続期間を50年以上とし（不動産実務においては50年とするものが多いようである。），本来，強行規定であるはずの更新や建物の再築等による存続期間の延長がなく（借地借家第9条，第16条の除外），建物買取請求権（同法第13条）もないという特約を付した特別の借地権である（同法第22条前段）。

また，借地借家法の規定にはないが，一般的に，期間満了時における建物収去義務（更地として返還する義務）を借地権者に課する旨の特約が付されることが多い。ただ，この特約については，借地権者に不利であるから，無効ではないのかという懸念が生ずる（同法第9条，第16条，第21条参照）。確かに，借地契約の更新・延長，そして，建物買取請求権がないという特約は，定期借地権に特有の性質として法定されているので，やむを得ない。しかし，法定された特約以外は，本法が全体として強行法規であるという性質上，制限的に解すべきものである。

したがって，借地借家法に規定されている事項以外の特約で，借地権者に不利なものは無効と解すべきであろう。

なお，定期借地契約に際しては，公正証書による等，書面によって行うことが要

---

(52) 最判昭和52年3月15日判時852号60頁：「Y（借地権者）は，乙建物が火災によって滅失したのち本件仮換地上に建物を再築しようとしたのに，X（設定者）の建築禁止通告及びこれに続く本件仮換地明渡調停の申立によって建物の築造を妨げられ，その結果，賃貸借期間満了の際本件仮換地上に建物を所有することができない状態となるに至ったものであることが明らかであって，このような場合，Xが地上の建物の不存在を理由としてYに借地法4条1項に基づく借地権の更新を請求する権利がないと主張して争うことは，信義則上許されないものと解するのが相当である。」

615

求されている（同法第22条後段）。

(2) 建物譲渡特約付借地権

建物譲渡特約付借地権とは，設定後30年以上を経過した日に，借地上の建物を設定者に相当な対価で譲渡する旨の特約を付した借地権のことである（借地借家第24条1項）。

この規定は，借地権の存続期間を通常の借地権のそれと同じく，最短期として30年を保障するが，この30年が経過した日以後は，建物を設定者に売買するという特約を設定時に定めておくということを意味する。それゆえ，この借地権設定時に，予め土地所有者に期限付で売買するか，または売買の予約を締結し，仮登記しておくという方法が採られる。

この特約によって，その一定の日に借地権は消滅するが，借地権者や同人からの建物賃借人が借地権消滅後に建物を使用したままで請求したときには，請求時に，借地権者または建物の賃借人と借地権設定者との間において期間の定めのない建物賃貸借を設定したものとみなされ，また，請求時に借地権の残存期間があるときには，その残存期間を存続期間とする賃貸借を設定したものとみなされる（同条2項前段）。この場合において，建物の賃料は，当事者の請求により，裁判所が定める（同条2項後段）。

なお，建物売却後の賃貸借について，当事者が定期借家契約（同法第38条）をしたときには，本条第2項の規定は除外され，第38条の規定に従う（同法第24条3項）。

(3) 事業用借地権

事業用借地権とは，専ら事業用に用いられる建物，即ち，居住用以外の建物の所有を目的とし，存続期間を30年以上50年未満として，更新・延長，そして，建物買取請求権がない借地権のことである（借地借家第23条1項）。また，事業用借地権は，借地権の例外として，存続期間を10年以上30年未満とすることも認められているが，この場合には，更新・延長及びその効果に関する規定はすべて適用されない（同法第23条2項により同法第3条～第8条，第13条，第18条の適用を除外している）。

なお，設定契約にあたっては，必ず公正証書によらなければならない（同法第23条3項）。

(4) 一時使用目的の借地権

一時使用目的の借地権とは，臨時設備の設置その他一時使用のために設定される借地権のことである。建物の所有を目的とするといっても，博覧会場の建物，サーカス興行用の建物，建設現場の工事用プレハブ建物などを設置するような場合には，存続期間を30年としたり，その他，更新・延長・建物買取請求といった権利行使はありえないので，これら借地権に特有な規定（借地借家第3条～第8条，第13条，第17条，第18条）の適用はすべて除外され，また，定期借地（同法第22条～第24条）からも除外されている（同法第25条）。

第1節　地　上　権

　しかし，ここに掲げたような社会通念上一時使用であることが明らかである建物
の所有を目的とする場合でなくとも，当事者の約定により，土地の一時使用が明ら
かである場合には，借地借家法の適用を除外すべきである。

　判例は，借地契約の当事者間において設定された，6年という期限付で解約する
旨の借地契約を有効として認めている⁽⁵³⁾。したがって，このような期限付解約特
約の付された土地賃貸借は，借地借家法上の借地契約ではないと解するのが合理的
である。

第4款　地上権の効力

第1項　地上権者の土地使用権

1　土地使用権

　地上権は，他人の土地において工作物または竹木を所有するため，その土地を
使用する権利である（第265条）。即ち，地上権者は，設定行為によって定められた
目的の範囲内において，土地を使用する権利を有する⁽⁵⁴⁾。それゆえ，その内容に
関しては，設定行為の中で，工作物及び竹木の所有を目的とし，工作物や竹木の
種類（木造住宅の建築，杉，檜の植栽など）を限定しうるものと解されている⁽⁵⁵⁾。ただ，
この場合には，その制限を登記しなければ，第三者に対抗することはできない（第
177条，不登第78条）。

　次に，地上権は物権であるから，地上権者は地上権の使用・収益・処分権を有す
る。この意味において，地上権者は賃貸権を有するものと解されている⁽⁵⁶⁾。地上
権に類似する物権である永小作権に関しては，設定行為によって禁じていないこ

---

(53)　最判昭和44年5月20日民集23巻6号974頁：設定者Xは疎開中にY（Xの妻の姉の
　　夫）から要請され，Yとの間において，本件宅地について期間を定めずに賃貸借契約を締結
　　した。その後，6年9か月あまり経過したところで，Xに自己使用の必要が生じたので，そ
　　の後6年の経過とともに借地契約を解除し，建物をXに譲渡する旨を合意した。その後，期
　　限が到来したので，XはYに対し土地・建物の明渡しを請求した。原審は，YはXの立場を
　　了解し，当初の残存期間を主張して親戚関係に不和を来すよりは，むしろ穏便に事を納め，
　　数年の間に約旨の認める転貸料や建物譲渡代金等を資金として他に転出するつもりで種々考
　　量の上で任意に承認したとして，Xの請求を認めたので，Yから上告。
　　　棄却。「従来存続している土地賃貸借につき一定の期限を設定し，その到来により賃貸借
　　契約を解約するという期限附合意解約は，借地法の適用がある土地賃貸借の場合においても，
　　右合意に際し賃借人が真実土地賃貸借を解約する意思を有していると認めるに足りる合理的
　　客観的理由があり，しかも他に右合意を不当とする事情の認められないかぎり許されないも
　　のではなく，借地法11条（強行規定）に該当するものではない。……本件期限附合意解約
　　は右に説示する要件をそなえているものと解するのが相当であるから，本件期限附合意解約
　　は有効であって，本件土地賃貸借契約は，期限の到来によって解約され，YはXに対し本件
　　土地を明け渡す義務がある」。
(54)　大判明治32年1月22日民録5輯1巻31頁，大判明治37年11月2日民録10輯1389頁。
(55)　我妻＝有泉359頁。
(56)　我妻＝有泉360頁。

617

とを条件として，永小作権者による譲渡・転貸の自由が法定されている（第272条）。そこで，この規定を，同じく他人の土地利用権としての物権である地上権にも類推適用しうるかが問題となり，判例及び通説はこれを認めている[57]。前述した沿革からも分かるように，両者は，類似の目的を有する物権だからである。したがって，地上権や永小作権を設定した土地所有者には，その設定期間中は土地の賃貸権はなくなる[58]。それゆえ，このような場合には，所有権は地代徴収権のみの虚有権となる。

更に，地上権者は，地上権を行使する結果として，土地に何らかの変更を加えることになるが，この点も自由か否かが問題となる。永小作権に関しては，土地に永久の損害を生ずるような変更を加えることはできない旨の規定があるが（第271条），この規定も地上権に類推適用することが許されるのであろうか。

この問題について，通説は，地上権者も他人の土地を一定の目的の下で使用する物権者として，永小作権者と同様の制限を受けるべきものと解しており，むしろ，同一の制限を受けるべきは当然であるという[59]。

ただ，判例は，隣地所有者のために通路を設ける程度の変更は，土地に永久の損害を生ずるような変更ではないものと解している[60]。

2 地上権と相隣関係

民法は，土地所有者相互間の紛争を事前ないし事後に解決するため，相隣関係制度を規定する（第209条－第238条）。地上権者は，土地の物権的利用権者として所有者に準ずる地位にあることから，原則として，所有者と同一視するという意味において，準用規定（第267条）を置いたのである[61]。それゆえ，前記諸規定は，地上権者相互間，または，地上権者と土地所有者との間に準用される。

ただし，境界線上の境界標（杭），囲障（塀・柵・垣根など），牆壁（石垣・壁・塀など）

---

(57) 大判明治37年6月24日民録10輯880頁：両者はともに一種の借地権であり，均しく物権であることを理由とする。富井・前掲書（『民法原論第二巻』）205頁，我妻＝有泉360頁は，物権としての使用は賃借権のように土地所有者との間に対人的な関係が生ずるものではないことを理由とする。

(58) 大判大正6年9月6日民録23輯1250頁：「地上権は工作物または竹木を所有するため他人の土地を使用する権利であるから，ある土地の上に地上権の存するときは，所有者と雖もその土地を使用することはできない。従って他人をしてこれを使用収益させることができないことは当然であるから，特殊の事由のない限り，地上権の存する土地につき所有者と他人との間に賃貸借契約が締結されるはずはない。」

(59) 我妻＝有泉360頁は，永久の地上権であっても，土地の譲渡価格に永久の損害が生じるような変更はできないという。舟橋402頁も参照。

(60) 大判昭和15年11月19日大審院判決全集8輯1号3頁：地上権者Yが隣地所有者のために借地に通路を設けたので，借地権設定者Xが，Yに対し，地上権の消滅を請求した。原審はYの行為は袋地所有者のためにしたことであり，また，何ら土地に永久の損害を生じていないとして，Xの請求を棄却したので，Xから上告した。

棄却。「通路を設けたことによっては本件土地に永久の損害を生ずべき変更を加えたものと解するにはあたらない。」

(61) 梅・前掲書（『民法要義巻之二』）232頁，富井・前掲書（『民法原論第二巻』）207頁。

及び溝及び堀（排水用の溝など）の共有推定規定（第229条）は，地上権設定後に設置したものに限り，地上権者が隣地の所有者等と共同してその費用を支出したものと推定すべきであるから，その範囲においてのみ準用される（第267条ただし書）。地上権の設定前は，土地の所有者（設定者）と隣地所有者との共有に属するものと推定すべきだからである[62]。

3　物権的請求権

地上権は，土地を利用する物権であるから，土地を占有すべき権利（本権）を包含する。この場合には，地上権者は自己のためにする意思をもって地上権を行使する者ではあるが，自己のためにする意思をもって土地を占有する者ではないので，自主占有者（第180条）ではない。

地上権の設定行為は，所有者が地上権者に占有を媒介することにほかならないので，この意味において，設定者たる土地所有者は直接占有を失って間接自主占有者となり，地上権者は直接他主占有者となるのであって，所有者に対しては占有代理人（第181条）の地位に立つ。

地上権者は占有者であるから，占有訴権（第197条）を有することはもちろんである。しかし，地上権は本権としての物権であるから，何らかの外的な作用により地上権の行使が妨げられている場合には，物権的請求権により，これを排除することができる。即ち，土地の占有を失った場合には，土地の返還請求権を行使することができ，土地の利用を妨げられた場合には，妨害排除請求権を行使することができ，更に，土地の利用を妨げられるおそれがある場合には，妨害予防請求権を行使することができる。

なお，これらの要件及び効果については，所有権に準じて考えればよいことであるから，所有権の項に譲る。

第2項　地上権の対抗力

1　地上権の登記

地上権は不動産に関する物権であるから，登記をしなければ第三者に対抗することができない（第177条）。登記には，登記義務者である設定者の協力が必要である（共同申請の原則〔不登第60条〕）。しかし，その協力が得られない場合でも，地上権者は設定者に対して登記請求権を有するので，この請求権を行使して，裁判所から「被告（設定者）は原告（地上権者）名義の地上権設定登記をせよ」という給付の確定判決を獲得し，この判決によって，単独で登記を申請することができる（不登第63条）。

また，同様の場合において，仮登記の単独申請という道がある（不登第105条，第107条1項）。この手続には2通りがあり，1つは，登記義務者の承諾書を添付する

---

[62]　梅・前掲書（『民法要義巻之二』）233頁，富井・前掲書（『民法原論第二巻』）207頁参照。

第 4 章　用 益 物 権

方法であるが，登記に協力しない設定者が印鑑証明書の添付を要する承諾書を作成
することはありえない。そこで，今ひとつ，目的不動産を管轄する地方裁判所に仮
登記を命ずる処分（仮登記仮処分：民保第 23 条 1 項）を申請し（不登第 108 条 1 項），この
処分の決定書の正本を添付して単独申請する方法がある（不登令第 7 条 5 号ロ(2)）。そ
れゆえ，この方法で仮登記をしておくことによって，登記簿上で順位を確保してお
き（不登第 106 条），設定者の協力を待つか，確定判決を待つのが賢明である。ただ，
仮登記仮処分の申立ては，権利者からの一方的な手続であることから，実務上，仮
登記仮処分の申立人には，登記請求権の発生原因事実や，発生障害事由の不存在，
そして，消滅原因の不存在のすべてについて疎明する責任があるものとして取り扱
われるので[63]，簡易迅速というわけではない。あくまでも，処分禁止の仮処分な
どと同様，物権を保全するための手段に過ぎない。

　地上権の登記後は，物権一般の原則に従って排他性を有し（第 177 条），地上権者
は，所有権に準じて，地上権の自由な使用，収益及び処分権を有する。この点が，
地上権と賃借権との大きな違いである。土地賃借権の場合には，特約のない限り，
賃借人は登記請求権を有しないので，仮登記をしても，原則として，その効力を生
じない。しかし，登記特約があり，既に仮登記された場合には，その仮登記自体は
有効であるとされる[64]。しかしながら，登記特約があったとしても，賃料債務と
の間において，同時履行関係はないとされる[65]。

　しかし，土地賃借権でも登記による対抗力が法定されており，これが登記される

---

(63)　淺生・芳田「仮登記仮処分における実務の運用について」金融法務事情 1321 号（2009）
18 ～ 19 頁。

(64)　大判大正 10 年 7 月 11 日民録 27 輯 1378 頁：「不動産の賃貸借と雖も，その性質におい
ては当事者間に債権関係を発生するに止まり，唯その登記をした場合において爾後その不動
産について物権を取得したものに対しても契約上の効力を生ずるに過ぎないので，賃貸借の
登記は法律が契約本来の効力につき一種の変態的拡張を認める要件であるというべく，その
要件を履践すると否とは賃貸借本来の効力範囲に属さず，当事者が任意に処分しうべき事項
であるから，賃借人は賃貸借の登記をすることの特約が存しない場合には，特別の規定なき
限り，賃貸人に対して賃貸借の本登記請求権はもちろん，その仮登記をする権利をも有しな
いものと解するを相当とする」。しかし，本件においては，本来は，このような仮登記は無
効であるが，当事者間において登記の特約があったことから，既になされた仮登記は有効で
あると判示した。

(65)　最判昭和 43 年 11 月 28 日民集 22 巻 12 号 2833 頁：X は Y との間において登記特約付で
土地賃貸借契約を締結したが，X が登記に協力しないので，Y は賃料の支払を拒絶した。そ
こで，X は契約を解除し，Y に対し，建物収去・土地明渡しなどを求めて本訴を提起した。
原審が X の請求を認めたので，Y から上告。
　棄却。「本件不動産の賃貸借契約に賃借権の設定登記をする旨の特約が存した……が，
……X の登記義務と Y の賃料支払義務とを同時履行の関係に立たしめる旨の特約の存在は認
められないのみならず，賃借人 Y はすでに賃借物の引渡を受けて現にこれを使用収益してお
り，賃借権の登記がないために Y が契約の目的を達しえないという特段の事情も認められな
い。このような事実関係に照らせば，X の賃借権の登記義務と Y の賃料支払義務とが同時履
行の関係に立つものとは認めがたい……。」

第1節　地　上　権

ことによって，地上建物の登記を経由せずとも，第三者に対する対抗力が付与されるのである（第605条）。したがって，借地契約に登記特約がある場合には，その設定者には登記協力義務があるものというべきである。近時における借地権の重要性と借地借家法（それ以前に「建物保護法」）による賃借権の物権化から考えれば，借地契約には，一般に，設定者の登記協力義務が内在しているものと解することさえ可能である（背後には立法問題が残るだけである）。

2　借地権の対抗力
(1) 意　義

建物の所有を目的とする地上権または土地賃借権には借地借家法による対抗要件の特則がある。

〔設例〕
Bは，Aの土地を借地して自宅を新築した。ところが，土地所有者Aが第三者Cに土地を売却しそうである。BはCに対して，どのようにして，借地権を対抗したらよいだろうか。

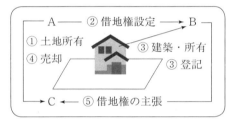

A・B間において，Aの所有地にBの建物所有を目的とする地上権または土地賃借権（借地権〔借地借家第2条1号〕）の設定契約を締結した。Bは約定に従い，借地上に建物を建築し，所有する。

Bは，土地の第三取得者Cが所有権移転登記を経由する前に地上建物の登記を経由することによって，Cに対して借地権を対抗することができる（借地借家第10条）。

設例のように，借地権の登記がなくとも，借地上に登記した建物を有するときには，借地権に対抗力が付与される。この点は，本来，賃貸人に賃借権登記（第605条）への協力義務がないという点に対する重大な変更であった。また，これは登記協力請求権を有する地上権者にとっても，自分の所有する建物の登記という行為だけで借地権の対抗力を取得しうるという点において，簡便な制度であり，これまた重大な意義を有する。この制度は，広く借地権者の保護を目的とするものであり，旧民法において物権とされ，現行民法起草時に債権とされた賃借権が，再び物権に戻ったかのようである。この意味において，賃借権の物権化ではなく，むしろ，「再物権化」といえよう。

このように，借地借家法において，土地賃借権は再び物権化したのであるが，し

なお，本件には，松田二郎判事の反対意見があり，賃借権登記の特約がある場合には，特別の事情の認められない限り，賃貸人の賃借権登記義務は賃貸借契約の主要部分を構成するものと認めるべきであり，それは決して単なる附随的なものとはいえないと主張している。

かし，この局面においても，「登記した建物の存在」という要件に関して，①建物の登記について所在地番等に誤りがあった場合，②建物の名義が借地権者名義でなかった場合において，対抗力が認められるかという，これまた重大な問題に直面した。

まず，第一の問題について，判例は，登記簿上の建物の所在地番が誤っていたという事案において，「実際と多少相違していても，建物の種類，構造，床面積等の記載と相まち，その登記の表示全体において当該建物の同一性を認識しうる程度の軽微な誤りであり，殊にたやすく更正登記ができるような場合には」，登記した建物を有するという要件を充たすと判示している（最大判昭和40年3月17日民集19巻2号453頁）。次に掲げて検討する。

(2) 建物登記の過誤と借地権の対抗力

〔判例65〕最大判昭和40年3月17日民集19巻2号453頁

【事実】

(1) Xは，A所有の本件土地（K町8丁目79番，宅地，約106坪）を，存続期間30年，普通建物所有を目的とするなどの約定で賃借した。

(2) Xは，これより前にAから本件土地上に存するA所有のK町8丁目80番，家屋番号同町80番木造瓦葺平家建居宅を代物弁済により譲り受け，所有権移転登記を経由した。

(3) その後，Yは，Aから本件土地を買い受け，所有権移転登記を経由した。

(4) Xは本件土地の賃借権をYに主張したが，YはXの賃借権を争い，本件土地の一部である土地上に建物（家屋番号同町79番）を建築し，所有している。

そこで，Xは，本件土地について，賃貸人をY，賃借人をXとする賃借権の確認を求め，また，YがXに対し本件土地上に存するY所有の建物を収去して本件土地の一部を明け渡すことを求め，本訴を提起した。

【事実審】

第1審はXの請求を認容したが，原審は，X所有の本件建物は登記簿上は80番宅地上に存するものとして登記されており，Xが賃借権を有する79番宅地の上に登記した建物を有するとはいえないので，Xの賃借権は建物保護法の保護を受けられないと判示して，第1審判決を取り消し，Xの請求を棄却した。Xから上告。

【判旨】破棄差戻

『建物保護ニ関スル法律（現行借地借家第10条）』の立法趣旨に照らせば，「借地権のある土地の上の建物についてなされた登記が，錯誤または遺漏により，建物所在の地番の表示において実際と多少相違していても，建物の種類，構造，床面積等の記載と相まち，その登記の表示全体において，当該建物の同一性を認識し得る程度の軽微な誤りであり，殊にたやすく更正登記ができるような場合には，同法第1条1項にいう「登記シタル建物ヲ有スル」場合にあたるものというべく，当該借地権は対抗力を有するものと解するのが相当である。土地を買い受けようとする第三者は現地を検分して建物の所在を知り，賃借権等の土地使用権原の存在を推知するのが通例であるから，右のように解しても，借地権者と敷地の第三取得者との利益の調整において，必ずしも後者の利益を不当に害するものとは

622

いえず，また，取引の安全を不当に損なうものとも認められないからである。」

【石坂修一，横田正俊両判事の反対意見（要旨）】

登記法上，建物の敷地は，建物所在の市区町村などのほか地番表示によって特定するものであるから，地番表示は正確であることを要する。甲地番の土地に所在する建物を他の地番の土地に所在する建物として登記した場合には，その地番の齟齬は，建物の種類，構造，床面積等に関する齟齬とは趣を異にし，登記上の重大な瑕疵であり，登記簿上の他の記載や，建物の現実の所在，第三者の知情等の事実関係では補正しえない。したがって，そのような瑕疵ある登記を経た建物を所有していても，建物保護法第１条１項の「登記シタル建物ヲ有スルトキ」には該当しないから，借地権者は，甲地番の土地についての借地権をもって第三者に対抗しえない。

《問題点》

借地上の建物の登記に所在地番の過誤があった場合でも，借地権の対抗力は認められるか。

《分析》

このような問題について，本判決は，建物の登記が，錯誤または遺漏により，建物所在の地番の表示が実際と多少違っていても，建物の種類，構造，床面積等の記載と相俟って，その登記の表示全体において当該建物の同一性を認識しうる程度の軽微な誤りであり，簡単に更正登記ができるような場合には，建物保護法第１条１項（借地借家第10条）に所謂「登記シタル建物ヲ有スル」場合に該当し，当該借地権は対抗力を有するものと判示した。

この問題は，一般的な建物の登記における地番誤りの場合と同様，借地権の公示としての建物登記の場合においても，更正登記の容易性を理由として，その有効性を認めたものである。

また，判例によると，この場合の登記とは，建物の所有権保存登記のみならず，表示（表題部）の登記を含むものと解されている[66]。そして，この形式的な要件に関する判例の考え方は学説の賛同を得ている[67]。

---

(66) 最判昭和50年２月13日民集29巻２号83頁：「建物保護ニ関スル法律１条が，……借地権者を保護しているのは，当該土地の取引をなす者は，地上建物の登記名義により，その名義者が地上に建物を所有する権原として借地権を有することを推知しうるからであり，この点において，借地権者の土地利用の保護の要請と，第三者の取引安全の保護の要請との調和を図ろうとしている。

　この法意に照らせば，借地権のある土地の上の建物についてなさるべき登記は権利の登記に限られることなく，借地権者が自己を所有者と記載した表示の登記のある建物を所有する場合もまた同条にいう「登記シタル建物ヲ有スルトキ」にあたり，当該借地権は対抗力を有するものと解するのが相当である。そして，借地権者が建物の所有権を相続したのちに建物について被相続人を所有者と記載してなされた表示の登記は有効というべきであり，右の理はこの場合についても同様である」。

(67) 我妻＝有泉365頁は，表示過誤に関する前掲大法廷判決の理論構成について，「学説もこれを支持する」というが，内田貴『民法Ⅱ債権各論』219頁は，「通常人が合理的な注意を

しかし，次に示す第二の問題，即ち，本条における「建物の登記」は，借地権者名義の登記でなければならないかという問題については，判例と学説との間に乖離がある。まずは判例を見る。

(3) 建物の登記名義が借地権者名義ではない場合

〔判例66〕最大判昭和41年4月27日民集20巻4号870頁

【事実】

(1) Xは本件土地の所有者である。Yは，本件土地を所有していたAと話し合い，同人から本件土地を建物所有の目的で期間の定めなく賃借し，その借地権に基づき本件家屋を同地上に建築した。

(2) Yは，当初は本件家屋を建坪約13坪の木造平家建家屋として建築し，その後，1階約7坪，2階約7坪2合9勺の増改築をして現在の姿にし，それを一棟として，当時未成年の長男B名義で所有権保存登記を経由した。Yは，本件家屋の保存登記の当時，胃を害して手術することになっており，長くは生きられないと思っていたので，本件家屋の所有名義を家族として共同生活をしていた長男Bの名前にしておけば後々面倒がないと考え，Bには無断でその所有名義に登記したのであった。

(3) Xは，本件土地をAとの交換により取得し，所有権保存登記を経由した。そこで，Xは，Yに対し，本件建物を収去し，本件土地を明け渡すべきことを求め，本訴を提起した。

【事実審】

第1審，原審ともに，Xの請求を棄却した。その理由は，Yがその借地上に氏を同じくする未成年の長男B名義の登記がある家屋を所有している場合には，ともに同じ家族に属し，共同で家屋や敷地を利用する関係にあるから，Yの借地権は，本件家屋のB名義の登記によって，Yが自己名義の登記ある家屋を所有する場合と同様に公示されているものと解し，Yは，借地権をもってXに対抗しうるとした。Xから上告。

【判旨】破棄自判

「建物保護ニ関スル法律第1条は，建物の所有を目的とする土地の賃借権により賃借人がその土地の上に登記した建物を所有するときは，土地の賃貸借につき登記がなくとも，これをもって第三者に対抗することができる旨を規定している。このように，賃借人が地上に登記した建物を所有することをもって土地賃借権の登記に代わる対抗事由としている所以のものは，当該土地の取引をなす者は，地上建物の登記名義により，その名義者が地上に建物を所有し得る土地賃借権を有することを推知し得るが故である。

従って，地上建物を所有する賃借権者は，自己の名義で登記した建物を有することにより，初めて右賃借権を第三者に対抗し得るものと解すべく，地上建物を所有する賃借権者が，自らの意思に基づき，他人名義で建物の保存登記をしたような場合には，当該賃借権者はその賃借権を第三者に対抗することはできないものといわなければならない。

けだし，他人名義の建物の登記によっては，自己の建物の所有権さえ第三者に対抗でき

して調べても分からないような記載の誤りの場合には，取引安全の考慮から対抗力は否定されることになろう」という。

ないものであり，自己の建物の所有権を対抗し得る登記あることを前提として，これを
もって賃借権の登記に代えんとする建物保護法第1条の法意に照らし，かかる場合は，同
法の保護を受けるに値しないからである。」

【入江俊郎判事の反対意見（要旨）】

建物保護法は，建物を建築し，これを生活の拠点とする借地権者及びその家族に対し，
その建物において営む社会生活を確保し，それらの者の居住権の保護を目的とする一種の
社会立法的性質を有する。同法の解釈に当たっては，同法の社会立法的性質を考慮しつつ，
一方，建物を生活の拠点とする者の居住権の保護に必要な建物敷地の借地権確保の要請と，
他方，公示制度による敷地の取引関係に立つ第三者の利益保護の要請とを比較考量し，そ
の均衡の度合いを勘案し，事案の実体に即して具体的衡平が実現できるよう配慮しなけれ
ばならない。

多数意見は，本件登記のなされた具体的事実関係の理解に欠けるばかりでなく，建物保
護法の法意を正しく理解した上の判断とは言えない。

【山田作之助判事の入江反対意見に関する補足意見（要旨）】

B名義でなされた登記を目して真実に合致しない無効な登記とすることはできない。最
判昭和40年6月18日（民集19巻4号976頁）は，宅地の賃借人が借地上に同居の家族を
して建物を建築させた場合には，そのことが敷地の転貸に該当するとしても，賃貸人の承
諾がないことを理由とする地主の解除権を否定している。その論拠は，このような借地人
の行為は，賃貸人に対する信頼関係を破壊するに足りない特段の事情があるからである。
この見解の根底には，借地権を含む居住権は賃借人のみならずこれと共同生活を営む家族
全員のためにもあるという社会通念が存在するからに外ならない。

【田中二郎判事の反対意見（要旨）】

本件では，居住権を含む借地権の保護の要請と，土地取引の安全，土地の第三取得者の
保護の要請とを如何に調整すべきかが問題解決の鍵になる。

建物保護法の明文は，一応，原則として，借地権者がその土地の上に自己名義で登記し
た建物を有することを第三者への対抗要件としているが，同法の立法趣旨と目的に照らし
て考えれば，同法にいう建物の登記は，土地の第三取得者に不測の損害を生ぜしめる虞れ
のない限り，形式上，常に借地権者自身の名義でなければならないと，文字どおり厳格に
解さなければならない理由はない。

建物保護法の趣旨は，一体的な家団構成メンバーの居住権を含む借地権を保護するにあ
るとみるべきであるから，建物保護法1条の定める対抗要件に関する限り，形式上は家団
の構成メンバーの一員である長男B名義の登記になっていても，Y名義の登記があるのと
同様に，その対抗力を認めるのが，立法の趣旨に合する解釈というべきである。

《問題点》

借地権者が借地上の建物の所有権保存登記を長男の名義で行った後，土地所有者
が第三者と土地の交換契約を締結し，所有権移転登記を経由したときには，借地権
者は，この第三者に対して借地権を対抗しうるか。つまり，借地借家法第10条の

「建物の登記」名義は，借地権者本人名義でなければならないのか。
《分析》
　このような問題について，本判決は，建物の登記名義は借地権者本人に限られるものと解し，同居の親族である長男名義でも借地権の対抗力は認められないと判示した。この問題点に関する検討は，次の判例を概観してから行う。
〔判例67〕最判平成元年2月7日判時1319号102頁（譲渡担保権者名義）
【事実】

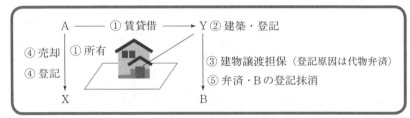

(1)　Y会社は，Aとの間において，A所有の本件土地を営業用店舗建築のための敷地として，賃料月額3万円，期間3年とし，当事者が異議のないときは更新できるとし，建物は木造平家で簡易工法によるものとするという約定で賃借し，本件土地上に本件建物を建築してこれを所有し，本件建物につき，所有権保存登記を経由した。
(2)　Yは，Aの承諾を得て，代表取締役の従兄弟であるBとの間において，同人に対して有する債務を担保するため，本件建物につき譲渡担保契約を締結し，Bに対し，代物弁済を登記原因とする所有権移転登記を経由した。
(3)　X会社は，Aから本件土地を買い受け，所有権移転登記を経由した。
(4)　Yは，Bに対して有していた債務を弁済し，錯誤を登記原因として，同人に対する所有権移転登記の抹消登記手続をした。
　Xは，Yの建物所有を目的とする本件土地賃貸借は，Xには対抗しえないものとして，Yに対し，建物収去・土地明渡し等を求め，本訴を提起した。第1審は，Xの請求を棄却した。
【原審】
　原審は，Yは本件土地賃借権をXに対抗しうるとして，Xの本件土地所有権に基づく建物収去土地明渡請求及び賃料相当損害金請求をいずれも棄却した。
【判旨】破棄差戻
　「事実関係によれば，Xが本件土地につき所有権移転登記を経由した当時，Yは，すでにBに対し本件建物につき代物弁済を登記原因とする所有権移転登記手続を了し，本件土地上に自己所有名義で登記した建物を有していなかったのであるから，建物保護に関する法律第1条の趣旨にかんがみ，本件土地賃借権を第三者であるXに対抗することができないものというべきであり（最大判昭和41年4月27日民集20巻4号870頁参照），この理は，Bに対する所有権移転登記が同人に対する債務を担保する趣旨のものであり，また，その債務の弁済によりその所有権移転登記の抹消登記手続がされたとしても，抹消登記手続の

された時期が，Xが本件土地につき所有権移転登記を経由した後である以上，同様であると解すべきである（最判昭和52年9月27日裁判集民事121号297頁参照）。」

　最高裁は，以上の理由から原判決を破棄し，本件については，Xが背信的悪意者に当たるか否か，Xの本訴請求が権利濫用となるか否かの点について更に審理を尽くさせる必要があるとして，本件を原審に差し戻した。

《問題点》

　借地権者が，自己の所有権登記のある地上建物につき譲渡担保権を設定し，代物弁済を原因として所有権移転登記を経由した後，借地が設定者から第三者に譲渡され，所有権移転登記を経由した場合において，借地権者（譲渡担保権設定者）が譲渡担保権者に弁済し，地上建物の受戻権を行使して，所有権移転登記を抹消したときには，借地の第三取得者に対し，借地権を対抗することができるか。

　借地借家法第10条の「建物の登記」名義は，借地権者本人名義でなければならないのか。譲渡担保権者名義では借地権の対抗力は認められないのであろうか。

《分析》

　(ア)　本判決から導かれる判例法理

　このような問題について，本判決は，借地上に借地権者が建築し，所有する建物が存在していても，その所有権の登記名義が借地権者名義ではないときには，借地権に対抗力は認められないという従来の判例法理[68]を踏襲し，建物の所有権移転が譲渡担保（担保のためにする所有権移転）の場合において，弁済（受戻し）による所有権移転登記の抹消登記がされたときでも，土地所有権移転登記に劣後するときには，借地権に対抗力はないと判示した。

　(イ)　従来の判例法理

　このように，判例は，借地権の対抗要件である「借地権者名義の建物登記」を巡って争われた諸事案において，一貫して厳格な態度を取っており，借地権者の同居の親族である長男名義の事案[69]，同じく建物が妻名義の事案[70]のいずれにおいても，借地権の対抗力を否定しており，その後も，養母名義の事案[71]や譲渡担保権者名義の事案（本件）において，同様に否定してきた。

　(ウ)　学説の展開

　この厳格な判例の態度に対して学説は批判的である。

　例えば，我妻榮＝有泉亨博士は，土地の取引に際しては，建物登記簿から借地権の存否を確認するのではなく，現地確認において，取引の対象とされた土地の同一性と，建物の存否が確認され，建物が存在すれば，建物登記簿に及ぶのが普通であ

---

(68)　最大判昭和41年4月27日民集20巻4号870頁。

(69)　前掲最大判昭和41年4月27日。

(70)　最判昭和47年6月22日民集26巻5号1051頁，最判昭和47年7月13日判時682号23頁。

(71)　最判昭和58年4月14日判時1077号62頁。

るものと解しており，結論として，判例は厳格に過ぎるものと批判している[72]。

また，廣中俊雄博士は，まず解釈面において，建物保護法第1条には「賃借人カ……登記シタル建物ヲ有スルトキ」と規定され，借地借家法第10条1項には「借地権者が登記されている建物を所有するとき」と規定されているところから，登記名義はともかく，借地権者が実際の建物所有者であれば，対抗力を認めるという解釈が採りやすくなっていると解している。次に，妥当性の面においても，土地の買受予定者が現地検分により建物の存在を知り，登記簿で確認した建物所有者と土地所有者への照会によって確認した借地権者とが異なる場合において，土地買受人が借地権者に建物収去・土地明渡しを訴求して勝訴しうるという解釈は，「権利濫用法理あるいは背信的悪意者準則による借地権者の救済の余地があるにせよ，解釈それ自体として不当なものといわざるをえない」と主張している[73]。

ただ，この考え方に対しては，このような第三者は，登記の欠缺を主張するにつき正当な利益を有しない者として排除すれば十分であるとして，建物の登記名義人を誰でもよいとしたり，一定の範囲にある者であればよいものと解することは妥当性を欠くという学説がある。この見解は，例えば，自己の所有地上に建物を建築し登記を経由したAが，その後，建物をBに譲渡し借地権を設定したが，設定権利金の支払が遅れた等の事情により，Bに建物の引渡しも移転登記もしていなかったという状況下において，第三者Cが土地を取得した場合には，多数説によると，この土地の第三取得者Cは，借地権の存在を現況上も登記簿上からも推知しえないにもかかわらず，Bから借地権を対抗されてしまうという弊害をもたらすとして，判例に賛意を示している[74]。

　㈣　理論の検討

確かに，通説的な学説が指摘するように，判例法理は厳格に過ぎ，また，解釈としての不当性も否めない。借地権者と同居の家族とは，借地権を巡る権利関係において一体であるということができるからである[75]。

しかし，有力説のいうところにも一理ある。前掲有力説の示す事案は，借地上の建物の代物弁済を原因とする登記名義人Bが，譲渡担保権者という「他人」であったという場合において，借地権の対抗力を否定する際の材料としては適切でありうる。しかしながら，元々借地権が存在し，たまたま建物の所有名義が「その家族」であったという数々の判例に現れた事案において，判例法理を肯定する際の理論上の根拠づけとしては適切さを欠くように思われる。

この問題については，借地権の存在が建物の登記によって公示されるという借地

---

(72)　我妻＝有泉365頁。
(73)　幾代＝廣中編『新版注釈民法⒂債権(6)〔廣中俊雄〕』851-852頁。
(74)　山野目章夫「判研〔最判平成元年2月7日〕」法時63巻6号（1991）36頁（40-41頁）。
(75)　前掲最大判昭和41年4月27日における田中二郎判事の反対意見を参照。

借家法第 10 条の制度趣旨を損なわなければよいので，建物の登記名義が借地権者の同居の家族であったという場合には，借地権を利用する一定の利害関係の範囲内に存在する，いわば「利用者（共同利用者ないし補助者）」であるから，この一体的な関係においては，借地権の対抗力を認めても差し支えないものと思われる。

したがって，借地上の建物が家族名義の場合に借地権の対抗力を否定する判例法理は，やはり適切さを欠いているものと思われ，この点においては，通説的な学説が支持されるべきである。

(4) 「対抗力」の意義

地上建物の登記により，借地権を第三者に対抗することができるという意味は，あたかも地上権や土地賃借権の登記があるのと同じ効力を有するということである。それゆえ，借地権の設定された土地が譲渡された場合には，借地契約を土地の新所有者が引き受けるべきことを請求しうる。これは，即ち，「対抗しうる」が「効力を有する」という意味だということである[76]。また，借地権と登記済の建物を譲り受けたが，まだ建物の所有権移転登記を受けていない間に，土地が譲渡された場合でも，借地権の譲受人がその後に建物の所有権移転登記を経由すれば，その時点から，借地権の対抗力を取得するものと解されている[77]。これは，元々，借地権の対抗力を付与された建物を譲り受けたものであるから，前主の対抗力を承継するという意味である。

3 大規模な災害の被災地における借地借家に関する特別措置法

(1) 趣旨・適用区域

前述したように，今般の東日本大震災による被災地における借地・借家関係の調整・処理を迅速に進めるために，罹災都市借地借家臨時処理法（罹災都市法）の見直しが図られた結果，標記の所謂「被災地借地借家特別措置法（平成 25 年 6 月 26 日法律第 61 号）」が制定され，平成 25 年 9 月 25 日より施行されている。この法律の制定により，罹災都市法は廃止された（同法附則第 2 条）。

---

(76) 大判大正 10 年 5 月 30 日民録 27 輯 1013 頁：「建物ノ保護ニ関スル法律第 1 条に所謂賃借権の対抗とは，第 605 条に賃借権は云々その効力を生ずるとあるのと同一の趣旨にして他意はないと解するを相当とする。民法第 605 条に不動産の賃貸借は云々物権を取得した者に対してもその効力を生ずるとあるは物権を取得した第三者に対してもその債権的効力を及ぼすという意味であり，即ち賃貸人が賃貸借の目的物を第三者に譲渡したときは，その旧所有者と賃借人との間に存在した賃貸借関係は法律上当然その新所有者と賃借人間に移り，新所有者は旧所有者の賃貸借契約上の地位を承継し旧所有者即ち旧賃貸人は全然その関係より脱退するものである。蓋し，旧所有者は目的物を譲渡することによって賃貸借につき何ら利害関係を有しないことに至るからである。」

(77) 大判大正 15 年 12 月 20 日民集 5 巻 873 頁：建物保護法第 1 条の規定の適用によりその地上に登記した建物を有し第三者に対し得べき地上権を有する地上権者より地上権ならびに建物を譲り受け，かつ建物所有権の取得登記をした者も，また地上権取得の登記をすることなく，これを以て第三者に対抗することができる。

第4章 用益物権

この法律の趣旨は，大規模な災害の被災地において，当該災害により借地上の建物が滅失した場合における借地権者の保護等を図るための借地借家に関する特別措置を定めるものである（被災地借地借家第1条）。まず，大規模な火災，震災その他の災害のうち，被災地で借地権の保護その他の借地借家に関する配慮をすることが特に必要と認められるものが発生した場合には，当該災害は，特定大規模災害として政令で指定される（同法第2条）。また，本法各条項の措置を適用するためには，当該特定大規模災害に対して適用すべき措置ならびにこれを適用する地区を指定しなければならない（同条2項）。特別措置の内容は，第3条以下に規定されている。

(2) 借地契約の解約等の特例

まず，特定大規模災害により借地権の目的である土地の上の建物が滅失した場合には，第2条1項の政令施行の日から起算して1年を経過する日までの間は，借地権者は，地上権の放棄または土地賃貸借の解約申入れをすることができる（同法第3条1項）。この場合には，借地権は，地上権の放棄または土地賃貸借の解約申入れがあった日から3か月を経過することによって消滅する（同条2項）。

(3) 借地権の対抗力の特例

借地上に登記した建物を所有し，借地権の対抗要件を充たしている場合には（借地借家第10条），当該建物の滅失があっても，その滅失が特定大規模災害によるものであるときには，第2条第1項の政令施行の日から起算して6か月を経過する日までの間は，借地権は，なお対抗力を有する（被災地借地借家第4条1項）。この場合において，借地権者が，その建物を特定するために必要な事項及び建物を新たに築造する旨を土地の上の見やすい場所に掲示するときも，借地権は，なお従前の対抗力を有する（同条2項本文）。ただし，第2条第1項の政令施行の日から起算して3年を経過した後は，その前に建物を新たに築造し，かつ，その建物につき登記した場合に限る（同条同項ただし書）。

本条の規定により，第三者に対抗することができる借地権の目的である土地が売買の目的物である場合には，地上権等がある場合における売主の担保責任の規定（民法第566条1項，3項）が準用される（被災地借地借家第4条3項）。また，この場合には，同時履行の抗弁権（民法第533条）も準用される（被災地借地借家第4条4項）。

(4) 賃借権の譲渡または転貸の許可の特例

更に，土地の賃借権の譲渡または転貸の許可の特例として，特定大規模災害により，借地上の建物が滅失した結果，土地賃借権を譲渡し，または目的土地を転貸しようとする場合において，借地権設定者にとって不利となるおそれがないにもかかわらず，借地権設定者がその賃借権の譲渡または転貸を承諾しないときには，裁判所は，借地権者の申立てにより，借地権設定者の承諾に代わる許可を与えることができる。この場合において，当事者間の利益の衡平を図るため必要があるときには，賃借権の譲渡もしくは転貸を条件とする借地条件の変更を命じ，またはその許可を

財産上の給付に係らしめることができる（同法第5条1項）。

そして，被災地借地借家法第3条から第5条までの規定は強行規定であり，これらの規定に反する特約で借地権者または転借地権者に不利なものは，無効とされる（同法第6条）。

(5) 被災地短期借地権

更に，被災地復興のための措置として，被災地短期借地権が創設された。即ち，第2条第1項の政令施行の日から起算して2年を経過する日までの間に，同条第2項の規定により指定された地区に所在する土地について借地権を設定する場合には，借地借家法第9条の規定にかかわらず，存続期間を5年以下とし，かつ，契約の更新（更新の請求及び土地の使用の継続によるものを含む。）及び建物の築造による存続期間の延長がないこととする旨を定めることができる（被災地借地借家第7条1項）。この場合において，そのような定めのある借地権を設定するときには，建物買取請求権（借地借家第13条），借地条件の変更・増改築の許可（同法第17条）及び一時使用目的の借地権への適用除外（同法第25条）の規定は，適用しない（被災地借地借家第7条2項）。そして，被災地短期借地権設定契約は，公正証書による等書面によってしなければならない（同条3項）。

(6) 滅失建物の借家人への通知

特定大規模災害により賃貸建物（以下，「旧建物」という。）が滅失した場合において，旧建物の滅失当時における旧建物賃貸人（以下，「従前の賃貸人」という。）が旧建物の敷地であった土地の上に当該滅失の直前の用途と同一の用途に供される建物を新たに築造し，または築造しようとする場合もある。法律は，このケースに関して，第2条第1項の政令施行の日から起算して3年を経過する日までの間にその建物について賃貸借契約の締結の勧誘をしようとするときには，従前の賃貸人は，当該滅失の当時旧建物を自ら使用していた賃借人（転借人を含み，一時使用のための賃借人を除く。）のうち知れている者に対し，遅滞なくその旨を通知しなければならない（被災地借地借家第8条）。

これは，従前の優先借家権に代わる制度である。従前の借家人に優先枠を確保するわけではないが，被災地復興に必要な地域のコミュニティーを維持することを目的とする。

第3項　地上権者の投下資本の回収

1　地上権の処分

(1) 地上権の譲渡

地上権者は，地上に建物その他の工作物を建築し，植林して，多大な資本を投下するが，この資本を回収する途は，それらの工作物や植林とともに，他人に地上権を譲渡し，あるいは担保に供することによって可能となる。地上の工作物や竹木は

第4章 用益物権

地上権者の所有物であるから，処分は自由であるが，地上権の処分も自由であるか否かが問題となる。

地上権は抵当権の目的となるが（第369条2項），地上権の譲渡については明文の規定がない。しかし，抵当権の設定行為と売買がともに処分行為であること，また，物権としての性質である権利の処分が自由であることとの両面から考察すると，何ら問題なく，譲渡性を有するものということができる[78]。それゆえ，地上権の設定当事者間において，地上権の譲渡・賃貸借・担保権設定の禁止を約定しても，このような特約は債権的効力を有するのみであり，第三者には対抗しえないものと解すべきである[79]。

ただ，永小作権も物権であると同時に，地上権と同様に抵当権の目的となるが（第369条2項），他方において，処分禁止の特約を有効視し，これを登記することもできるので（第272条ただし書，不登第79条3項），この規定との整合性が問題となる。

しかし，永小作権の場合には，その目的物が農地等であり，その譲渡・賃貸の自由を放任することによって，私益・公益ともに害される可能性があるという理由から，物権の例外として，永小作権の処分禁止特約を有効とし，かつこれを登記する方法を特別に法定したということであれば[80]，この規定を準用していない地上権においては，処分禁止特約を第三者に対抗させることができないのも，納得しうる話である。

(2) 工作物・竹木の処分と地上権の帰趨

地上権者が地上の工作物，特に建物を譲渡した場合には，通常は，地上権つきの建物として，地上権の譲渡をも伴うものと解される[81]。竹木の売買は，通常，資

---

(78) 前掲大判明治32年1月22日は，地上権者は恰かも所有者の如くその土地を使用するという権利を有し，かつ，地主の承諾なくして自由にその権利の譲渡をすることができ，これが賃貸借との相違点である旨を明言する。

(79) 我妻＝有泉369頁。判例も，地上権の売買を禁止するという権利の制限は敢えて公益を害するものではないので，当事者は有効に斯かる契約を締結することができ，ただ善意の第三者に対抗することができないものと解している（大判明治34年6月24日民録7輯6巻60頁）。この判例において，「善意の第三者に対抗しえない」という部分については，「その根拠に乏しい」とされる（我妻＝有泉同頁）。

(80) この立法理由については，起草者である梅謙次郎博士の『民法要義第二巻物権編』においては何ら触れられていないが，民法修正案理由書によると，わが国古来の慣習において，永借権の転貸は認めるものの，その自由処分を禁止しているものが多いという理由から，原則は処分の自由を規定したが，例外として特約による処分禁止を規定したようである。この点に関しては，『民法修正案理由書第1巻─第3巻』（八尾新助，1898）231-232頁，富井政章『民法原論第二巻物権編』（訂正三版，1910）232-233頁，岡松参太郎『註釈民法理由第二巻物権』271頁を参照。

(81) 大判明治33年3月9日民録6輯3巻48頁：「他人の土地に地上権を有する者が，その土地の上に存する建物の所有権を任意売買または強制競売によって他に移転するにあたり，特に地上権と分離してこれを譲渡すべき意思表示をなしたときは格別，そうでないときは，その地上権は建物とともに建物の買主に移転したものとみなすのは当然である。」

第 1 節　地　上　権

材や材木としての売買であるから，地上権の譲渡を伴うのは，造園業者がその事業の譲渡に伴い，樹木と地上権を一緒に処分するような場合に限定されよう。ただ，いずれの場合においても，当事者間の契約をどのように解釈するかといった問題に帰着する。もちろん，地上権を留保するという反対の意思表示をすることも可能である。

　いずれにせよ，地上権の譲渡は，物権変動として，登記をしなければ第三者に対抗しえないのであるから，民法上は，すべて登記によって決せられる（第177条）。ただ，ドイツを始めとするヨーロッパ法のように，地上物は原則として土地に付合する[82]（「地上物は土地に属する」という法格言がある。）という法制の下では，建物は地上権に随伴すべきものとされる[83]。しかし，建物が土地とは別個独立の不動産とされているわが法制の下では，反対に，地上権は建物に随伴すべきものと解して差し支えないであろう。この意味において，借地借家法第10条が，地上建物の登記を借地権の対抗要件としているのは評価することができるが，これは，建物と借

　　大判明治37年12月13日民録10輯1600頁：「工作物を所有するために地上権を有する者がその工作物の所有権を他に移転した場合には，前所有者のために既に地上権の存在条件が消滅するから，地上権者にして工作物の所有者たる者がその工作物の所有権を他に移転した場合には，その競売によると売買その他の行為によるとを問わず，反対の意思表示のない限りは，地上権は工作物の所有権とともに新所有者に移転したものと推定すべきことは工作物の不動産たる所以の理由と地上権の性質とに照らして当然の法理と言わざるを得ない。」
　　大判大正10年11月28日民録27輯2070頁：民法第388条により競売の場合において設定されたものとみなされた法定地上権つき建物の競落人（買受人）からこの建物を転得した買主は，地上権つきの建物所有者として扱われると判示した。
(82)　BGB 第94条（土地または建物の本質的構成部分）
　　第1項1文　土地と固く付合した物，とりわけ，建物（Gebäude），ならびに土地の産物は，これが土地と結合している間は，土地の本質的構成部分に属する。
　　同項2文　種子は播種とともに，植物は植栽とともに，土地の本質的構成部分となる。
　　第2項　建物の建造のために作り付けられた物は，建物の本質的構成部分に属する。
　　BGB 第95条（一時的な目的）
　　第1項1文　一時的な目的のために土地と付合されたに過ぎないような物は，土地の構成部分に属さない。
　　同項2文　他人の土地に対する権利を使用して，その権利者が土地に結合させた建物もしくは他の施設においても同様とする。
　　第2項　一時的な目的のために建物に作り付けられたに過ぎない物は，建物の構成部分に属さない。
(83)　ドイツ地上権法（ErbbauRG）第12条
　　第1項1文　地上権に基づいて建築された工作物（Bauwerk）は，地上権の本質的構成部分とみなす。
　　同項2文　地上権設定の際に既に存在していた工作物についても，また同じとする。
　　同項3文　土地の負担に関する工作物の責任は，地上権の土地登記簿への登記により消滅する。
　　第2項　BGB 第94条及び第95条の規定は，地上権に準用する。地上権の構成部分は，同時に土地の構成部分となるのではない。
　　第3項　地上権が消滅したときは，地上権の構成部分は土地の構成部分となる。

第4章　用益物権

地権が一体化している以上，当然の措置である。むしろ，この場合には，より広く，建物の譲渡とともに引渡しがあれば，当然に借地権の移転と対抗力も認められて然るべきである。

2　地上物の収去権と買取請求権

(1)　地上物の収去権

　地上権者は，権利の消滅に際して，土地を原状に復して，工作物及び竹木を収去することができる（第269条1項本文）。これは，一方では，地上権者に自己の所有する地上物の収去権を与え，他方では，地上権者に原状回復義務を課したものである[84]。設定者にとっては，地上物が不要であり，土地の利用にとって不都合が生ずる場合もあるからである。

　しかし，客観的に見て，建物や給排水設備などは，土地にとって有益な設備である場合もあり，また，盛り土，庭園，給排水設備などは，除却が不適切な場合もある。したがって，このような場合には，地上権者には原状回復義務はないものとし，却って，地上権者は，設定者に対して，有益費相当額の費用償還を請求しうるものと解してよい[85]。

　次に，地上の工作物が建物その他の有用な施設ないし設備である場合には，民法は，建築ないし設置者がこれらの所有者であることを顧慮して，地上権者にその収去権を認めたのであるが，実際上，これらは土地に設置したままでないと，その効用を全うできないことが多い。建物などの工作物は，収去してしまえば，単に材木（古材）としての価値しかなく，鉄筋コンクリートなどは産業廃棄物と化してしまう。

(2)　地上物の買取請求権

　そこで，建物など，地上物の買取請求制度が必要となる。借地借家法は，借地権者に建物買取請求権を認めるが（借地借家第13条），民法は，地上権設定者である土地所有者に地上物の買受請求権を認める（第269条1項ただし書）。この規定は，設定者が時価を提供し，地上物を買い取る旨を地上権者に通知することによって，地上権者の収去権を失わせるという仕組みであり，地上権者は正当な理由がなければ，これを拒絶しえないという構成である（第269条1項ただし書）。しかし，この規定は現実的ではない。設定者が地上物の買受請求をしなければ，地上権者が収去義務を負い，これでは社会経済上の損失が甚大となるからである。そこで，後述するように，借地借家法は，地上建物の買取請求権を借地権者に付与したのである。

　なお，地上物に関する地上権者の収去権・設定者の買受権に関して別段の慣習があるときには，その慣習に従うこととされる（第269条2項）。

---

(84)　我妻＝有泉370頁。
(85)　我妻＝有泉370頁。しかし，石田穣440頁は，盛り土の場合には工作物の収去の問題はなく，我妻博士と同様，地上権者の費用償還請求という問題になるが，設備等の場合には，工作物収去を原則とし，土地所有者の買取請求の問題として処理すべきものと解している。

634

第1節　地　上　権

3　借地権者の建物買取請求権

借地権の設定者が，自ら土地の使用を必要とするなど，「正当事由」を掲げて更新を拒絶するなどして（借地借家第6条），借地契約を更新しない場合には，借地権者は，建物買取請求権を行使することができる（同法第13条）。建物買取請求権の性質は形成権であるから[86]，借地権者の一方的な意思表示によって，時価による売買契約の効力が生ずる[87]。この時価には借地権価額は含まれないものと解されてきたが[88]，設定時に借地権の売買として権利金等の名目でその代価が支払われていた場合には，買取請求の時価にも借地権価額を含むものと解するのが常識に適う[89]。

建物買取請求権は，借地契約が更新されなかった場合に発生するが，債務不履行による契約解除の場合にも適用されるかが問題となる。

この問題について，判例は，この買取請求権は，更新されるべき借地契約が更新されないという前提があるからこその規定であるという理由から，解除による借地権消滅の場合には適用されないとして，これを否定する[90]。学説も同様に，立法論としてはともかく，更新請求権と表裏をなすものという借地法（現行「借地借家法」）の解釈としては否定するのが正しいとしている[91]。

次に，建物買取請求権行使の時期について問題となるが，借地権者が更新を請求し，設定者が更新を拒絶して土地明渡しの訴えを提起した場合には，借地権者は設定者に正当事由のないことを主張することになる。この場合において，借地権者が敗訴したときには，設定者が土地明渡しの執行を請求するが，この執行に対し，借地権者は，建物買取請求権の存在を主張し，請求異議の訴えにより（民執第35条），これを阻止することができる[92]。

なお，建物買取請求権は，借地上の建物を借地権者から買い受けた第三取得者にも認められている（借地借家第14条）。

---

(86)　通説であり，異説を見ない。例えば，我妻栄『債権各論中巻一』490頁等参照。

(87)　大判昭和16年10月1日新聞4738号9頁：土地所有者が賃貸借終了前あらかじめ賃貸借契約の更新を拒否した場合には，借地人は改めて契約の更新を請求せずに，買取請求をすることができる。

(88)　前掲大判昭和16年10月1日：建物の時価とは，借地権の価額を顧慮せず，単に建物が存在するものとして評価することができる。

　　大判昭和17年5月12日民集21巻533頁：借地権が期間満了により消滅した後における地上家屋の買取価格に借地権の価格を加算するということは考えてはならない。既に存在しない借地権の価格というものを考える理由はない。

(89)　我妻・前掲書（『債権各論中巻一』）491頁は，権利金の性質によっては，返還請求権を生ずることもありうると述べているが，支払った権利金の価額と借地権の時価とが異なる場合があり，これが上昇している場合には，設定者は，その差額を買取請求権者に支払うべきである。

(90)　大判大正15年10月12日民集5巻726頁。

(91)　我妻＝有泉372頁。

(92)　我妻・前掲書（『債権各論中巻一』）490-491頁。

第4章 用益物権

4 費用償還請求権

地上権者は自ら土地に有益となる費用を投下する場合が多いが，この場合における費用償還請求権に関する法的構成が問題となる。

土地賃借権の場合には，賃貸人が賃借人の使用及び収益に必要な修繕義務を積極的に負担するが（第606条1項），地上権の場合には，設定者たる土地所有者にはこのような義務はない。賃借人が生活や仕事に必要な範囲で給水設備等を修理した場合には，賃貸人の義務に属する行為を賃借人が代わりに行って費用を負担したということで，いわば，立替費用としての必要費の償還請求が認められる（第608条1項）。しかし，地上権は物権であり，地上権者は自由に土地の利用に必要な給排水設備を施すのであるから，必要費の償還請求さえ認められないというのもやむを得ない。

しかし，有益費の償還請求となれば，話は別である。賃貸借の場合でも，賃借人が自己の費用により賃借地にとって有益となるべき費用を負担したときには，その有益的価値が賃貸借終了時点においても残存している限り，賃貸人である土地所有者にとって，不当利得となるので，賃借人に費用償還請求権を認めているのである（第608条2項）。

この理屈は地上権の場合でも同様に解することができる。地上権の消滅後，土地に有益となる利得が土地所有者に残存することはありえよう。また，地上権の場合には，土地の提供を受けるだけで，利用方法は目的の範囲内では地上権者の自由であるから，必要費も有益費となることが多いであろう。したがって，地上権の場合にも，賃借権の場合における有益費の償還請求に関する規定を類推適用し，地上権の消滅時に，土地所有者の選択に従い，地上権者が土地について支出した金額，または，その現存する金額を土地所有者から償還させることができ，土地所有者の請求により，裁判所が相当の期限を許与することができる（第608条2項，第196条2項）ものと解されている[93]。

ただ，これは賃貸借の場合も同様であろうが，当事者の特約により，賃料を安く設定し，土地に対する投下費用が賃料を安く設定した額と見合っているときには，設定者が不当に利得するという構図にならないので，借地権者の費用償還請求権は生じないものと解される[94]。

第4項 地上権と地代

1 地上権における地代の位置づけ

地上権を借地権という意味に捉えれば，借地権者には設定者に対する地代支払義務があるように思われるところ，民法は，「地上権者が土地の所有者に定期の地代を支払わなければならない場合について」，永小作人の小作料に関する規定（第274

---

(93) 我妻＝有泉373頁。

(94) 我妻＝有泉前註同頁。

第1節　地　上　権

条－第276条）を準用する（第266条1項）という規定構造になっていることから，地代を支払わない場合があることを連想させる。

　また，立法例でも，ドイツ地上権法（ErbbauRG）は，地代が地上権設定当事者において契約上の「条件（Ausbedingen）とされたときは……」と規定しているので，ドイツにおいても地代は地上権の成立要件とはされていない[95]。

　わが国の判例は，当初から，地上権は地代支払義務を当然には含まないものと解しており[96]，地代の支払を約定しないときには，無償で設定したものと解していた[97]。この点は通説でもあり，異論を見ない。そこで，一般に，地代支払の約定があって初めて支払義務が生じ，それは一時払いでも，定期払いでもよく，併用でもかまわないとされる[98]。この一時払金は，通常，地代の一括前払金であり，「権利金」と称される。また，定期払金は所謂「地代」である。

　ただ，「権利金」の意義ないし種類は一義的ではない。通常は，①当該営業用土地または建物における営業ないし営業上の利益の対価（所謂「場所的対価」，「場所的利益の対価」である。）として支払われるもの，②賃貸借の継続中の賃料の一部の合計として予め支払われるもの（地代・家賃の一括前払によって賃貸人に運用利益を与えるもの。），

---

(95)　ドイツ地上権法第9条

　　第1項1文　地上権の設定に関して，回帰的給付（wiederkehrende Leistung〔反復継続的な給付の意。筆者註〕）における対価（Entgelt）（地代〔Erbbauzins〕）が条件付けられたときは，物的負担（Reallast）に関する民法の規定を準用する。

　　第2項　土地所有者の地代支払請求権は，期限未到来の給付を顧慮して，土地所有権から分離することはできない。

　　BGB第1105条（物的負担の法的内容）

　　第1項1文　土地は，自己のために負担を実現する者に対し，土地から回帰的給付を支払うべき方法で，その負担とすることができる（物的負担）。

　　これらの規定から，土地の物的負担の権利者は，土地の有する経済力から反復的な給付を受ける権利を有することになる。しかし，地上権の地代については，これが条件付けられた場合にのみ，物的負担の適用を受けることになる。したがって，ドイツにおいても，地代はすべて当事者の約定によって定められるものとなっており，無償地上権の約定も自由である。

(96)　大判明治33年10月29日民録6輯9巻97頁：地上権であるか，賃貸借であるかにつき，当事者間でその意思を表示した事実が見られない場合においては，表顕した事実情況によりその意思を推考して判断すべきである。そして，永く保存を要する不動産，即ち，家屋を地上に建設し無期限にてその地所を使用するものにして，他に賃貸借という意思を徴すべき事実がない場合においては，むしろ，これを地上権を設定したものとするのは一応の推定上当然であり，地所を使用するにつきその報償として一定の金員を支払うというようなことは地上権と認めるに妨げない。なぜなら，地上権は無償でも有償でも自由に設定しうべきものだからである。」

(97)　大判大正6年9月19日民録23輯1352頁：地上権者は，法律の規定または契約によるのでなければ地代支払の義務を負担しなくてもよい。故に地上権の設定が契約に基づく場合において，当事者間で特に地代支払の契約をしないときは，当事者の意思は無償で地上権を設定するにあるとしなければならない。これは地代の支払を約しない反面における当然の意思解釈であり，別に無償であるという意思表示を待って初めてそうなるものではない。

(98)　我妻＝有泉374頁。

637

③①と②の中間にあって，賃借権の譲渡性を予め承認することによって，賃借権に交換価値を与える対価として支払われるもの，とされている[99]。

2　土地所有権・地上権と地代債権・債務との関係

地代の請求権者は地上権設定者，即ち，土地所有者であり，地代の支払債務者は地上権者である。この両者の関係について，土地の権利関係は物権関係であり，地代の徴収・支払関係は債権関係である。この両者の関係を表裏一体のものと解すると，地代徴収債権は土地所有権に属し，地代支払債務は地上権に属するものということができる。即ち，この設定当事者間における地代支払の約定（特約）は，地上権の内容を構成するものと解され[100]，それゆえ，制度上も，地代に関する約定は，登記をしなければ，第三者に対抗しえないという取扱いである（第177条，不登第78条2号）。

近代の所有権は，所有物を単に自己の使用に供するのみならず，むしろ，他人に使用させることにより，その対価を収受するという商業的利用に供することが多く，ここに所有権と債権との結合関係が生ずる。物権と債権との峻別という旧来の原則に対する重大な修正である。

3　権利の譲渡と地上権の権利・義務の帰趨

(1)　地上権の譲渡

定期の地代支払を約定した地上権が譲渡されたときには，この約定は特約となるので，登記をしなければ，第三者に対抗しえないという原則がある（第177条，不登第78条2号）。そうすると，地代を登記しなければ，設定者は新地上権者に対して地代債権を対抗しえないことになりうる[101]。のみならず，旧地上権者の地代滞納の効果さえ，新地上権者に対抗しえないことになりうる。本段では，この2つの問

---

(99)　我妻榮『債権各論中巻一』（岩波書店，1973）477頁，内田貴『民法Ⅱ・債権各論』（東大出版会，第3版，2011）190頁。

(100)　ドイツ地上権法第2条は，次のように規定している。

次に掲げる事柄に関する土地所有者と地上権者との合意も地上権の内容に属する。

　1号　工作物の建築，維持，使用

　2号　工作物の保険，及び破壊の場合における再築

　3号　公法・私法上の負担及び公租公課の負担

　4号　一定の前提要件が成就した場合に，地上権を土地所有者に譲渡すべき地上権者の義務（復帰〔Heimfall〕）

　5号　違約金支払についての地上権者の義務

　6号　地上権者のために，地上権の期間満了による優先的更新権を容認すること

　7号　その時々における地上権者に土地を売却すべき土地所有者の義務

　この規定においては，地代の支払は，この合意内容として列挙されていないが，ドイツもわが国と同様，地代は地上権の成立要件ではないので（同法第9条参照），同様に，登記の内容から判断することができれば，対抗力を有するものと解される。

(101)　大阪控判明治39年12月4日新聞403号10頁：「元来，地上権について地代の定めのある場合において，これを登記しないときは，その知ると知らないとに論なく，これを以て広く第三者に対抗することができないことは論を俟たない。随って，その登記のない場合に

第1節　地　上　権

題について，考察する。

　まず，地代を登記しなければ第三取得者に地代債権の存在さえ対抗しえないかであるが，地上権つきの建物を取得する者において，無償の地上権という権利自体を観念することが，現代において許されるかが問題となる。もっとも，現代においては，無償の地上権という存在自体，これを観念することが非常識であると同時に，借地借家法上，建物の所有を目的とする地上権については，地上建物の登記が地上権登記の代用として認められているという事実からは，地上権の登記を期待すること自体，もはや常識ではなくなってきているともいいうる。この意味において，地上権における地代の登記を期待することは，もはや常識に適わないということになる。したがって，この問題については，設定者たる土地所有者は，地代の登記をしなくとも，地代債権の存在を地上権の第三取得者に対抗しうるものと解すべきである。

　次に，地代を登記しなければ地代滞納の効果を第三取得者に対抗しえないかであるが，地代滞納の効果とは，地上権者が引き続き2年以上地代の支払を怠ったときには，土地所有者は地上権の消滅を請求しうるということである（第266条1項，第276条）。つまり，旧地上権者が地代を怠納し，これが2年以上となっているときには，土地所有者は新地上権者に対し，地上権の消滅を請求しうるかという問題が生ずる。

　この問題について，判例は，旧地上権者の地代怠納の効果は当然に新地上権者に承継され，両者において通算して2年以上の怠納があれば，土地所有者は地上権の消滅を請求しうるものと解している[102]。

　しかし，旧地上権者に地代怠納があったか否かを知らずに地上建物を購入し，地上権を承継した者が，当然に怠納地代を引き受けるべきものとされ，あるいは地代怠納の効果を受けるということは，新地上権者にとっては予期せぬ出来事に遭遇させられた上，これを甘受させられることになり，妥当ではない。したがって，原則として，設定者は怠納地代をもって新地上権者に対抗しえないものと解すべきであ

　　おいて，第三者が，地代の定めあることを知りながら，法律上地代支払義務は生じないということを自覚して，これを転得した場合においては，土地所有者において，この転得者に対して単に地代の支払を請求しても，そのために直ちに当事者間に地代支払の契約が暗黙に成立したということはできない。」

（102）　大判大正3年5月9日民録20輯373頁：「地上権者が地代を支払うべきときは民法第266条に従い同第274条ないし第276条の規定が準用されるので，斯かる地上権については地代の支払を以てその内容としたものというべきである。故に斯かる地上権の移転のあったときは，前者の地代怠納の結果は当然これを承継すべきものであるから，前者と承継人との地代怠納の期間が通じて2年以上に亘ったときは，地主はこれを理由として承継人に対し地上権の消滅を請求する権利があるものとする。」

　　また，大判昭和12年1月23日法律評論26巻民法297頁は，この場合に，地主は地上権の消滅を請求しうるが，地上権消滅の登記を経由しなければ，その登記前に地上権を取得した第三者に対し，その消滅を対抗しえないものとしている。

639

第4章　用益物権

る。

　この問題について，近時の判例は，法定地上権の成立した建物を購入したことによる地上権の承継事案について，地代支払義務は新地上権者に承継されるが，未払地代は原則として承継されないものと解している[103]。

　他方，学説は，この場合において，地上権と地代が登記されていたときには，旧地上権者による地代怠納の効果を新地上権者に対抗しうる（登記なくしては対抗しえない）ものと解している[104]。その理由は，地上権者が地代を怠納しておきながら，地上権を他人に移転して，地上権の消滅請求を免れるとすることは不当だからであるという[105]。

　思うに，地上権の登記または借地権の公示があれば，地代の登記がなくとも，地代の存在自体は常識に適うので，地代の支払義務に関しては，新地上権者に対抗しうるものと解すべきである。しかし，旧地上権者による地代怠納という事実まで新地上権者に調査すべき義務を負わせることは妥当ではない（旧地上権者またはその代理人による説明義務の問題である）。それゆえ，たとえ地代の登記があろうとも，怠納の効果を新地上権者に甘受させるべきではない。

　したがって，新地上権者において旧地上権者の地代怠納という事実を知りながら，殊更に地上権を譲り受け，土地所有者の権利を害することを認識しうる状況にあったというような，特段の事情のある場合を除き，地代怠納の効果は新地上権者には及ばないものと解すべきである。

(2) 土地所有権の譲渡

　前述したように，地代債権は土地所有権に属し，地代債務は地上権に属するので，地上権を設定した土地所有者が，その所有権を第三者に譲渡した場合には，当該土地の新所有者は，その所有権移転登記を経由すれば，地上権設定の当事者として，地上権者に対し，地代を請求することができる[106]。また，地代増額の特約が登記されていなくとも，土地の新所有者は，地上権者に対抗しうるものと解されている[107]。しかし，当初の設定契約において一定期間地代を増額しないという特約をした場合には，土地の新所有者にとって不利なものであるから，地上権者は，登記

---

(103)　最判平成3年10月1日判時1404号79頁：「民法388条の規定に基づき，競売の結果，建物の所有を目的とする法定地上権が成立した場合において，法定地上権の成立後に建物の所有権を取得した者は，建物所有権を取得した後の地代支払義務を負担すべきものであるが，前主の未払地代の支払債務については，債務の引受けをした場合でない限り，これを当然に負担するものではない。」

(104)　我妻＝有泉375-376頁，舟橋405頁。

(105)　我妻＝有泉376頁。

(106)　大判大正5年6月12日民録22輯1189頁：地代の定めは契約を以てこれをするものではあるが，一旦約定された上はその権利関係は地上権及び土地所有権に従属してこれと運命を共にすべき性質を有し，相続の場合はもちろん，売買譲渡により地上権もしくは土地所有権の移転する場合においても当然これに付随して移転するものである。

640

をしていなければ，土地の新所有者に対抗しえない[108]。

4　地代の決定方法

(1)　地代の決め方

約定地上権の場合には，地代は設定当事者の約定によって決められるが，法定地上権の場合には，当事者間で決めることが事実上難しいので，当事者の請求によって，裁判所が決めることとされる（第388条後段，民執第81条後段）。従前は，地代家賃統制令（昭和14年勅令第704号，同15年勅令第678号，昭和21年勅令第443号）があり，第二次世界大戦中は賃料の凍結や，最高額の制限が設けられ，戦後も賃料統制が継続されたが，徐々にその意味が失われた結果，1987（昭和62）年1月1日をもって廃止された（1986年12月31日に失効）。

(2)　地代値上げ慣習

地代が当事者間において決められても，その後の社会情勢の変動により，地価の騰落に伴う公租公課の増減，または，近傍類似物件の地代との不均衡により，地上権の存続期間中においても，当事者には地代の増減請求権が発生するのかが問題となる。

この問題について，判例は，古くから，地主の一方的な地代値上げの請求について，慣習法的な効力を認めており，これを明確に慣習法と解するものと[109]，単な

---

(107)　前掲（前註）大判大正5年6月12日：「地代の定めとは金額の定めのみならず，地上権の存続期間中地代の増減をしない特約のような地代に関する定めをもいうものである（明治40年3月12日言渡）。上告人の主張に係る最初3年間は地代を一坪につき1か年金25銭とするという約定はもちろん，爾来3年毎に当時の情況に従い地代を変更すべく，かつ，これを変更したときは3年間そのまま据え置くべきこと等の約定の如きもまた，地代に関する定めであると言わざるを得ないので，土地所有者であった上告人の前主と地上権者たる被上告人等との間に斯かる約定があった場合には，地代増額請求権は土地の所有権とともに上告人に移転したものとしなければならない。」

(108)　大判明治40年3月12日民録13輯272頁：「地上権の設定または移転の登記をする場合において地代の定めのあるときは，これを登記することを要するのは不動産登記法第111条（現行第78条2号）の規定に徴して自明である。然り而して，地上権の存続期間地代の増減をしない特約の如きは，地代に関する定めである……。故にもし地上権者がこれを第三者に対抗させようと欲すれば，必ずや登記することを要するのは前掲の法条と民法第177条の規定とに照らして寸毫の疑いを容れない。」

(109)　大判明治40年7月9日民録13輯811頁：「無期限の宅地貸借（地上権の場合を含む）につき公租公課の増徴により地主の負担が増加するか，または土地の隆盛繁昌等により付近とともに地価の騰貴するような事由が発生しているにも拘らず，借地人において承諾をしないため，地料増加の途なく，しかも貸借関係はなおこれを将来に継続せざるを得ない場合においては，地主の痛苦独り甚しいものがある。故に，このような場合において，地主は借地人に対し増額を強要しうること，即ち，訴訟上の請求をなしうることは，本院の一般慣習法として認める所である。」

大判明治42年5月3日民録15輯451頁：後掲大判明治40年3月6日，前掲大判明治40年7月9日を引用しつつ，大判明治40年7月9日と全く同じ内容を判示している。しかし，後掲するように，明治40年3月6日判決は同年7月9日判決とは異なる判示内容である。したがって，内容としては，本判決は直近の明治40年7月9日判決を踏襲するものである。

第4章 用益物権

る慣例ないし慣習（所謂「事実たる慣習」）と解するものとに[110]，二分されていた。

これら判例の多くは，土地所有者による地代の増額請求に関するものであり，この請求を認める理由として，土地に関する公租公課の増加，地価の高騰と比較した対価としての不均衡を掲げるものが多く，また，その結果，近傍の地代が増加したことによる地代間における不均衡の是正を掲げるものが多かった。それゆえ，反対に，地代が相当な範囲内にあるものと認定される場合には，増額請求は認められないとされた。

(3) 賃料増減請求権

これら判例法理の確定後に制定された借地法は，判例法理の影響を受け，地代または借賃が土地に対する租税その他の公課の増減もしくは土地の価格の昂低により，または比隣の土地の地代もしくは借賃に比較して不相当となるに至ったときには，契約の条件にかかわらず，当事者は将来に向かって地代または借賃の増減を請求することができる旨を規定した（借地第12条1項本文）。そして，この規定は，その後，借地借家法の制定時に，「経済事情の変動」が増減請求の理由として明記されたほ

---

(110)　大判明治35年6月13日民録8輯6巻68頁：「民法実施前においては，賃貸借たると地上権たるとを問わず，期限を定めない借地権については，その契約または設定の当時，特に反対の意思を表示しない限りは，明示の約束のほか一般の慣例によるべきものであることは当然である。而して無期限にて宅地を借りた後において租税の負担その他借地料を増加すべき正当の原因が生じた場合において借地料の増加を求めうべきことは，当院において一般の慣例として認める所である。」

　　大判明治40年3月6日民録13輯229頁：「土地所有者・地上権者において地料を定めた以上は互いにこれを遵守すべきは当然であり，容易にこれを増減変更しうべきものではない。然れども，土地の公租公課が増加した場合においても，なおその変更を許さないにおいては，独り所有者のみ損失を蒙るべき理である。その不公平を救済するため，公租公課の増加した場合においては地料をも増加させる慣例を生じた所以である。然らば，則ち，右慣例は専ら所有者の損害を軽減させることにある。」

　　大判明治43年3月15日民録16輯212頁：「無期限にて宅地を借り受けた後，租税の増徴または地価の騰貴等正当の原因を生じた場合においては，地主は地代の増加を請求しうべきことは一般の慣習であると雖も，その増加額に至っては一般の経済状態に鑑み相当とする比率を量定すると同時に，その比率量定が相当であることを認めた理由を明示して増加額請求の当否を判定すべきは当然である。」

　　大判大正3年12月23日民録20輯1160頁：「借地人が地代増額の請求を受けた日より値上げの承諾をなすべき慣習が存在する以上は，慣習であるという性質上，土地貸借の当事者において特に反対の意思を表示しない限りは，その慣習による意思を有したものと認めるを相当とする。」

　　大判大正4年6月8日民録21輯910頁：「土地の繁栄，公租公課の増加，地価の騰貴，比隣地地代の増加等の事由の生じた場合に，地主が借地人に対し地代の相当な増額を請求しうるは東京市における慣習であるが，このような事由の生じた場合における客観的地代が，従前約定の地代と相匹敵するにおいては，固より地代の増額を請求することはできない。なぜなら，右慣習たる地主の経済上の利益を保護する公平の観念に基くものであり，如上の場合においては従前の地代を増額しなくとも，地主は相当な地代を収めることができ，経済上不利益を受ける所はないからである。」

642

第1節　地　上　権

か，多少の文言修正が施されただけで，同法に移行されている（借地借家第11条1項本文。借家については第32条1項本文）。

この規定は，所謂「事情変更の原則」を法定したものと解される。事情変更の原則とは，社会経済上の変動が一般社会における予想を遙かに超えるような場合には，継続的契約関係の当事者間において，その契約内容を修正する権利が認められるべきだという理論である。ただ，一般に，その要件としては，①当事者が予見しておらず，また予見しえない程度の著しい事情変更を生じたこと，②その変更が当事者双方の責めに帰することのできない事由に基づくこと，③契約の文言どおりの拘束力を認めては当事者にとって信義則に反した結果となること，が求められるところ[111]，借地借家法第11条1項の規定は，この要件に該当するものと思われる。

旧来の判例は地代の値上げ事案が多数であったが，それは，時代背景からいって，経済事情の変動が地価高騰に基因するものが多かったからである。それゆえ，地価が下落すれば，地代値下げ事案も考えられるので，借地法や借地借家法においては，「地代等増減請求権」とされているのである。

また，地代高騰の折にも，当事者間において，一定の期間地代等を増額しない旨の特約がある場合には，その定めに従うとされており（借地借家第11条1項ただし書），それゆえ，この場合には，土地所有者からの増額請求は認められない。

次に，この地代等増減請求権は，当事者の一方から他方に対する意思表示のみによってその効力を生ずる形成権であるとされる[112]。それゆえ，当事者の請求によって，地代の増減という効果は発生するが，相手方において争う関係となるので，通常は訴訟となり，結局は，判決確定によって，その訴え提起時に遡って，地代の増減が確定する。その結果，借地人からの地代減額請求の場合において，借地人が従前の地代を支払っていたときには，差額の返還となり，借地人が減額地代を供託していた場合には，土地所有者においてこれを受領させればよいので，あまり問題にはならない。

しかし，地代増額請求訴訟で土地所有者が勝訴した場合において，従前の地代を支払っていたに過ぎないときには，借地権者が敗訴したことにより，訴え提起時に遡って，地代債務の一部不履行となると同時に，これによって借地権の消滅請求が許されるのかという問題にも発展する。

この問題について，判例は，地代増額請求により，従前の地代が変更されるものと解しており[113]，そうすると，請求時から地代債務の一部不履行の効力が生ずる

---

(111)　我妻榮『債権各論上巻』26-27頁。

(112)　大判昭和7年1月13日民集11巻7頁：「借地法第12条によりその当事者のなす地代または借賃の増減の請求はその請求者の一方的意思表示によってこれをなすべきものにして，敢えて相手方の承諾を必要とするものではない。蓋し，借地関係の当事者は同条により地代または借賃の増減を請求する権利を有するものであるから，これを行使するにつき相手方の承諾を要すべき理由はないからである。」

643

という解釈になりうる。しかしながら，従前の学説はこの解釈に反対するという姿勢を貫いていた[114]。

このような経緯により，昭和41年の借地法改正時においては，この学説の主張が容れられ，地代または借賃の増額につき当事者間に協議が調わないときには，その請求を受けた者は，増額を正当とする裁判が確定するに至るまでは，相当と認める地代または借賃を支払えば足りる旨が規定された（借地第12条2項。その後，借地借家第11条2項）。ただし，その裁判が確定した場合において，既に支払った額に不足があるときには，その不足額に年1割の割合による支払期後の利息を付してこれを支払わなければならないとされ（借地第12条2項但書，借地借家第11条2項ただし書），当事者間における利害の調整がなされている。

5　地代支払の特則

次に，地代の支払を約定した有償地上権の場合には，永小作権に関する第274条（永小作料の減免），第275条（永小作権の放棄），第276条（永小作権の消滅請求）が準用され（第266条1項），その他，地代については，賃借権の規定が準用される（同条2項）。

しかし，この準用に関しては注意すべき点がある。

第一に，原則として永小作権に関する第274条ないし第276条の規定が準用され，第二次的に賃借権に関する規定が準用されるので，竹木の植栽のような，収益を目的とする地上権者が不可抗力により地代より少ない収益しか得られなかった場合には，その収益額に至るまで地代の減額を請求することができるという第609条は，第274条の準用によって排除される。それゆえ，地代の減免は請求することができない（第266条1項，第274条）[115]。

同様に，地上権者が不可抗力により引き続き2年以上地代より少ない収益しか得られなかった場合における契約解除権に関する第610条も，第275条の準用によって排除されるので，3年以上無収益または5年以上地代より少ない収益しか得られなかったときには，地上権を放棄しうるに過ぎない（第266条1項，第275条）[116]。

この第274条，第275条の準用については，地上権は土地の使用権であるという理由から，収益について準用を認めることは正当ではないという反対説がある

---

(113)　大判昭和17年4月30日民集21巻472頁：「賃料値上げの請求は畢竟借地法第12条による請求に外ならない。而して同条により賃料地上請求の意思表示をなすときは，これに定めた値上賃料額の範囲内において客観的に値上げを相当とする額につき将来に向かって値上げの効力を発生するものである。……賃料値上げの請求権は一種の形成権にして，これが行使としてなされた値上げの意思表示により，その当時賃料値上げを相当とする事由の存するときは，法律上当然に従前の賃料を変更する効力を生ずる」

(114)　我妻259頁は，裁判によって決定するまでは増額部分については地代支払を怠ったと見るべきではないとし，その理由は，実際に増減額が決定されるまでは，地上権者に遅滞の責任を負わせることは妥当ではないからであると主張していた。

(115)　我妻＝有泉379頁ほか通説である。

(116)　我妻＝有泉382頁ほか通説である。

が⁽¹¹⁷⁾，永小作権の準用を収益目的の地上権に限定すれば，何ら問題はないであろう⁽¹¹⁸⁾。

以上から，第266条2項による賃借権規定の地上権への準用は，地上権者に帰責事由のない土地の一部滅失による地代減額請求に関する規定となる第611条，地代の支払時期に関する第614条，そして，地代債権に関して，地上権者の所有する地上物（動産）の上に発生する先取特権に関する第312条以下が主なところとなる。

この不動産賃貸先取特権の目的物は，工作物または竹木の所有を目的とするという地上権の性質と，この先取特権の目的である「地上権者所有の動産」（第312条）との関係上，不動産である建物には及ばない。しかし，土地及び地上建物に備え付けられた動産という意味において（第313条1項），土地の設備などに限定する必要はなく，建物以外の地上物全般，ならびに建物を含む地上物の中に備え付けられた動産（常用される機械，備品など）について広く及ぶものと解してよい⁽¹¹⁹⁾。なお，借地借家法の適用ある場合には，同様に，借地権設定者たる土地所有者の先取特権（借地借家第12条）が適用される。

第5款　地上権の消滅

第1項　消滅事由

地上権は物権であるから，物権一般の消滅原因である土地の滅失，存続期間の満了，物権の混同（第179条），消滅時効（第167条2項），所有権の取得時効（第162条。取得時効は原始取得であるため，制限物権は全て消滅する。），地上権に優先する担保権の実行による競売（民執法第59条2項参照），土地収用（土地収用法第5条1項1号）によって消滅することに関しては，何ら問題はない。

その他，土地所有者からの地上権消滅請求，地上権の放棄，地上権消滅の約定によって消滅するが，これらについては問題があるので，以下において考察する。

第2項　土地所有者の消滅請求

1　地代の滞納

定期の地代を支払うべき地上権者が引き続き2年以上地代の支払を怠ったときには，設定者たる土地所有者は地上権の消滅を請求することができる（第266条1項，第276条）。

この規定の趣旨は，継続的な土地使用関係である地上権については，地代の不払いが僅少である場合には解除されず，長期にわたって不払いが継続した場合に，初

---

(117)　舟橋406頁。

(118)　川島武宜編『注釈民法(7)物権(2)〔鈴木禄彌〕』422頁参照。

(119)　梅謙次郎『民法要義巻之二物権編』（和仏法律学校，初版，1896）307-308頁は，地上建物内の動産は「賃借地に備え付けられた動産」であるとして，先取特権の目的物の範囲を広く解している。

645

第4章　用益物権

めてその消滅請求が許されるというものである⁽¹²⁰⁾。

次にその要件について説明する。

まず,「引き続き2年以上」の意味であるが,これは特定の年や月の地代を2年以上支払わないということではなく,例えば,年払い地代や月々の地代を継続して2年分以上支払わないという意味である⁽¹²¹⁾。それゆえ,飛び飛びで不払いが発生している場合には,たとえそれが累計2年分以上になったとしても,本条の規定は適用されない。

次に,怠るというのは,履行遅滞のことであり,地代の支払遅滞について,地上権者に帰責事由のある場合である。それゆえ,地上権者に帰責事由のない場合には,適用されない。判例を掲げる。

〔判例68〕最判昭和56年3月20日民集35巻2号219頁
【事実】

(1) 本件土地及びその地上の甲建物及び乙建物は,Y₁の父Aの所有であり,本件土地と甲建物につき,Aは抵当権を設定し登記した。その後,抵当権が実行され,Xが本件土地を買い受け,その所有権を取得したので,甲・乙建物のため,その敷地で本件土地の一部でもあるa土地,b土地そしてc土地に,Aを権利者とする法定地上権が成立した。

(2) Y₁は,甲建物を買い受け,また,Aから乙建物の贈与を受けて所有権を取得したので,a・b・c各土地について法定地上権を取得した。Xは,Y₁との間において,a・b・c各土地(合計約30坪)の法定地上権の地代を月額金3,000円,毎月末日払いとする旨を合意し,Y₁は,1か月分の地代を支払った。

(3) その後,Y₁はc土地上の建物を取り壊した。Xは,c土地を目的として,Y₁の占有を解いて執行官保管の仮処分を得てこれを執行し,かつ,c土地とa・b各土地との境界に板塀を設置して,Y₁によるa・b各土地以外の土地使用を不可能にした。そのため,Y₁は,板塀撤去の仮処分命令を得て,これを執行した。

---

(120) 起草者である梅謙次郎博士は,第276条の制度趣旨として,以下の諸点を掲げている。まず,永小作権は存続期間が長いので,永小作人は土地に莫大な費用を投じて土地の改良を施すものであり,このような事情の下では,単なる履行遅滞により永小作が解除されては,そのような投下費用が水泡に帰することになるので,賃貸借の解除と同一の規定を適用しないこととしたと説明している。次に,永小作人は天災や凶作に見舞われても容易に小作料の減免を得られないので,真にやむを得ない事情がなければ怠納はないものとしたと述べている。そして最後に,従来の慣習も永小作を容易に解除していないという理由も述べている。この点に関しては,梅・前掲書(『民法要義物権編』)223-224頁参照。

(121) 大連判明治43年11月26日民録16輯759頁:「民法第266条によって地上権に準用すべき同法第276条の規定中に引き続き2年以上小作料の支払を怠りとあるのは,小作料(地上権にあっては地代)の支払を怠ることが継続して2年分以上に及ぶという意味であり,例えば,1年分の小作料支払を怠ること2年以上に及ぶというような,または前に1年分の小作料支払を怠ったことのある小作人が後年再び1年分の小作料支払を怠るような場合にあっては,これを理由として地主は永小作権の消滅を請求することができず,必ずや連続して2年以上の小作料支払を怠ったという事実があって初めて永小作権消滅の理由となるべきものである。」

第 1 節　地　上　権

(4)　Xは，Y1に対し，b・c各土地の明渡訴訟（以下「前訴」という。）を提起した。Y1は，訴訟係属中，Xに対し，3か月分の地代9,000円を現実に提供したが，Xはその受領を拒絶した。この前訴は，休止満了により訴えを取り下げたものとみなされて終了した。

(5)　その後，甲建物は，Y1からCに，次いで，CからY2に，順次売り渡されたため，a土地上の法定地上権も，Cを経てY2に承継取得された。

(6)　a・b・c各土地の地代は，Y1が当初1か月分の支払をし，また，その後3か月分について弁済の提供をした以外に，Y1は弁済の提供をせず，Y1，C及びY2はその支払をしていない。

そこで，Xは，Y1・Y2に対し，引き続き2年以上約定地代の支払をしないとして，民法第266条，第276条に基づき，Xから両名に対する書面による地上権消滅請求によって法定地上権が消滅したとして，建物の収去とa・b各土地の明渡しを求め，延滞した約定地代及び土地明渡し済みまでの地代額相当の遅延損害金の支払を求めて，本訴を提起した。

【原審】

原審は，土地所有者が受領拒絶の態度を表明した後，相当長期間を経過し，あるいはその態度の変更と目される徴候が認められるなどの事情の変更により，土地所有者の受領拒絶の意思が不明確となり，受領の可能性が生じている場合には，信義則に照らし，地上権者は，遅滞なくその態度に即応する程度の履行の提供をすべきであり，これをしないときには，その時点以降履行遅滞の責めを免れないなどと判示して，Xの本訴請求を認容した。

Yらは上告し，Xは受領遅滞に陥っているので，Yらには履行遅滞の責任はないなどと主張した。

【判旨】破棄差戻

「地代債務の支払につき土地所有者が受領遅滞にあるか，又は受領遅滞とはいえなくても，契約の存在を否定する等弁済を受領しない意思が明確であると認められるため地上権者が地代債務につき言語上の提供をするまでもなく債務不履行の責を免れるという状況のもとで，土地所有者が民法第266条，第276条に基づき地上権を消滅せしめるためには，単に地上権者が引き続き2年以上地代の支払をしなかったということだけでは足りず，その前提として，土地所有者が受領拒絶の態度を改めて，以後地代を提供されればこれを確実に受領すべき旨を明らかにし，その後相当期間を経た場合であるか，又は相当の期間を定めて催告をしたにもかかわらず地上権者がこれに応じないまま右期間を徒過した場合である等，自己の受領遅滞又はこれに準ずるような事態を解消させる措置を講じたのちであることを要すると解するのが相当である。けだし，前記法条に基づき地上権消滅請求の意思表示をするためには，継続して2年分以上の地代の不払があるというだけでは足りず，右不払につき地上権者の責に帰すべき事由がなければならないからである。」

最高裁は，Xの地代受領拒絶の意思について再審理を命じて，原判決を破棄し，本件を原審に差し戻した。

《問題点》

　土地所有者が地代の受領を拒絶し，またはこれを受領しないという意思が明確であるため，地上権者において地代を提供するまでもなく債務不履行の責めを免れるという事情がある場合でも，土地の所有者は，民法第266条1項，第276条に基づいて，地上権の消滅を請求しうるのか。

《分析》

　このような問題について，本判決は，土地所有者は，自ら受領拒絶の態度を改め，以後地代を提供されればこれを確実に受領すべき旨を明らかにした後に相当期間を経過したか，または相当期間を定めて催告したにもかかわらず地上権者が右期間を徒過した等，自己の受領遅滞またはこれに準ずる事態を解消させる措置を講じた後でなければ，民法第266条1項，第276条に基づく地上権消滅請求の意思表示をすることはできないものと判示した（賃料の受領拒絶と賃借人の賃料不払いによる賃貸人からの解除との関係に関する最判昭和45年8月20日民集24巻9号1243頁を適用）。

　本判決により，土地所有者が地代債権の受領遅滞もしくはこれに準ずる状況にあるときには，地代の支払遅滞に関して地上権者には帰責事由がないので，地上権者は遅滞責任を負わないことになる。それゆえ，土地所有者が受領遅滞等の状況を自ら脱するような行動を取らない限り，地上権者には遅滞責任という状況は生じない。したがって，地上権消滅請求の要件は，①2年以上継続した地代の不払いという法定要件（第266条1項，第276条）のほか，②支払遅滞について地上権者に帰責事由があること，となる。

2　消滅請求の性質

　次に，地上権消滅請求は，土地所有者から地上権者に対して行使する単独の意思表示によって効力を生ずる解約告知であり[122]，したがって，一種の解除である。しかし，履行遅滞による解除権の行使（第541条）とは異なり，地代支払の催告は不要であるとともに，将来に向かって消滅の効力を生ずるものである（遡及効はない）[123]。

---

(122)　大連判明治40年4月29日民録13輯452頁：この請求の意義は，この場合においては，地主のためにのみ永小作権を消滅させる原因が発生したので，地主において永小作権を継続させることを欲しないときは，単にその意思表示をすることで足り，相手方たる永小作人をしてこれを承認させ，もしくは永小作人が任意上承認することを承諾しないときは，これを訴求することを要しない。何となれば，この場合においては，永小作人より何ら行為または不行為の求めるべきものはなく，換言すれば，永小作人の意思表示を待つべき何らの必要もないことは，契約関係において解除権を有する当事者の一方が相手方の承諾を待たずに一方の意思表示のみによって契約を解除することができるのと何ら選ぶ所がないからである。

(123)　我妻＝有泉381頁，舟橋407頁，石田穣448頁など通説である。地上権消滅請求の要件として催告が不要とされる理由は，既に支払遅滞が2年以上にわたっているからであるとされる（石田穣同頁）。

第1節　地上権

3　義務違反による消滅請求

更に，地上権者は土地に永久の損害を生ずべき変更を加えてはならないが，この義務に違反した場合には，履行遅滞による解除に関する第541条により，その変更の停止ならびに土地の原状回復を請求（催告）し，地上権者がこれに応じないときには，地上権の消滅を請求しうるものと解されている[124]。ただ，この場合による地上権の消滅にも遡及効はない。

4　強行規定か任意規定か

最後に，地上権（永小作権）の消滅請求権に関する第276条は強行規定か否か，即ち，2年分以上の地代怠納という要件を特約によって排除しうるかという問題がある。

この問題について，起草者（梅謙次郎博士）は第276条は強行規定と解していたが[125]，別の起草委員（富井政章博士）は任意規定と解しており[126]，また，判例は任意規定と解し[127]，従来の通説は強行規定と解してきた[128]。ただ，2年分未満の怠納でも，信頼関係を破壊する程度のものであれば，特約により，消滅請求の対象となると解する有力説もある[129]。

継続的な土地利用権を保護しようという本条の立法趣旨から判断すると，強行規定と解するのが正当であると思われる一方で，他方，建物の所有を目的とする借地権たる地上権の場合には，近時の賃借権解除の要件としての信頼関係破壊の法理を採り入れた上で，条件付で任意規定と解することにも，正当性を見いだしうる。ただ，不動産市場においては，建物の所有を目的とする土地賃借権の設定行為が新規に行われることはほとんどなく，通常，借地権（旧法賃借権）の売買という形で行われている（土地所有者には地代徴収権としての底地権しか残っていない。）。このような実体関係から考えると，「解除」という考え方がそもそも借地権に適合するのかという点に関して，疑問を覚える。

---

(124)　富井・前掲書（『民法原論物権編』）217頁（消滅請求の意義が解除と同様であると論じている点については239頁以下参照）。我妻＝有泉382頁，舟橋408頁。我妻＝有泉，舟橋・前掲書ともに，永小作権に関してこの理論を認めた大判大正9年5月8日民録26輯636頁を引用しつつ，この消滅請求を肯定している。

(125)　前述したように，梅・前掲書（『民法要義物権編』）223頁は，①永小作権者の投下費用が大きいので，やむを得ない事情がなければ小作料の怠納は考えられないこと，②永小作権を容易に解除しないという慣習の存在から，容易に解除しうる賃貸借とは異なり，2年以上の地代怠納があった場合に限り，永小作権の消滅請求を認めることとしたと述べている。

(126)　富井・前掲書（『民法原論物権編』）238-239頁は，大判明治37年3月11日が任意規定と解したことに賛意を示し，賃貸借の解除と同じく，1回の怠納による解除を正当視している。

(127)　大判明治37年3月11日民録10輯264頁：「永小作の設定に関しても，ある条件を以てその設定の契約を解除すべき特約をなすが如きは固より当事者の自由にして，敢えて法律の禁ずるところではない。」

(128)　我妻＝有泉381頁，舟橋408頁，末川347頁など。

(129)　石田穣447頁。なお，廣中・前掲書（『物権法』）460頁以下参照。

第4章 用益物権

　地上権も土地賃借権も，共に建物や樹木などを所有する目的を有するので，土地の利用は半永久的なものとなる。それゆえ，立法論としては，借地契約の解除，地上権消滅請求というよりは，借地権の買取権や競売権を土地所有者に認めるのが適切である。このような意味において，借地権の更新拒絶に伴う借地権者から土地所有者に対する建物買取請求制度（借地借家第13条）は，概ね適切な制度である。

第3項　地上権の放棄

　地上権は物権であるから，物権変動の一種である放棄の意思表示によって消滅するが，この意思表示は，現在の地上権負担者である土地所有者に対してしなければ，効力を生じない[130]。

　地代支払の約定のない地上権は，放棄の有無によって当事者の利害に何らの影響も生じないから，放棄は自由である。しかし，地代支払の約定のある地上権は，地代収受権者である土地所有者の利害に大きく影響を及ぼすので，民法は，次のような制限規定を置いている。即ち，設定行為によって存続期間を定めない地上権において，別段の慣習がないときには，地上権者はいつでもこれを放棄することができるが，この場合には，1年前に予告をするか，または，まだ期限の到来しない1年分の地代を支払わなければならない（第268条1項）。

　しかし，地上権者が不可抗力によって引き続き3年以上全く収益を得ていないか，または，5年以上地代より少ない収益しか得られなかった場合には，予告も1年分の地代支払もしないで放棄することができる（第266条1項，第275条）。

　なお，いずれの場合においても，地上権の放棄は，登記をしなければ第三者に対抗しえず（第177条），また，たとえ登記をしたとしても，地上権に抵当権が設定されている場合には，地上権の放棄をもって抵当権者に対抗しえない（第398条）。判例は，この規定を借地上の抵当建物の事案において類推適用している[131]。借地上の建物を抵当権の目的とするということは，抵当建物の従たる権利である借地権を担保に取っているということにほかならないからである。したがって，借地権を放棄しても，建物抵当権者及び抵当建物の競売による買受人には対抗しえない。

第4項　約定消滅事由

　地上権の消滅に関しては当事者間で約定することができるが，地代怠納による

---

(130)　大判明治44年4月26日民録17輯234頁：本件放棄による地上権の抹消登記は地上権の目的たる地所の所有者に対してなしたものではなく，その前所有者に対してなしたものである。このように，地所につき所有権を有しない者に対してなした地上権の放棄はその真の所有者との間においては何等の効力も生じないものである。

(131)　大判大正11年11月24日民集1巻738頁：借地権の放棄は地上建物の抵当権者に対抗しえない。なぜなら，借地権あればこそ地上の建物はその相当価額を保有することができるので，もし，この借地権の放棄にして絶対に有効なるものとすると，建物の価額は激落を来し，抵当権をしてほとんど有名無実に終わらせるに至るからである。

消滅については，消滅請求に関する第276条が強行規定であると解する立場からは，同条の要件よりも地上権者に不利益な約定は無効であるとされる[132]。

また，借地借家法の適用を受ける場合には，借地権の消滅に関して約定しても，同法も強行規定であるから，借地権者にとって不利な特約は無効とされる（借地借家第9条）。しかし，同法の適用のない場合，即ち，建物の所有を目的としない地上権に関して，当事者間の約定によってその消滅事由を合意した場合には，そのような約款は有効であるかが問題となる。

この問題について，借地法施行前の判例は，3か月や6か月といった土地所有者からの一方的な予告期間をもってする解除約款について，これを有効と判示していた[133]。しかし，当時の下級審裁判例は，そのような約定は例文であり，何ら効力はないものと判示していた[134]。

学説には，後者の裁判例の示した例文解釈をめぐって争いが生じた。しかし，有力説は，この例文解釈は約款についての明確な承諾がないという理由によって生じたところ，今日では，信義誠実の原則に適合するかどうかを解釈の標準とするのでなければ妥当な解決に達することはできないとして，この判例法理を批判している[135]。

第5項　地上権消滅の効果

地上権が消滅した場合には，地上権者は，土地を設定者である所有者に返還すべき義務を負う。そして，土地の返還に伴う権利・義務として，①地上権者による地上物の収去・原状回復義務（第269条），②地上権者の有益費償還請求権（第606条，第608条），③土地所有者の地上物買受け請求権（第269条1項ただし書，2項），④借地

---

(132)　我妻＝有泉382頁，舟橋408頁など。

(133)　大判明治34年4月17日民録7輯4巻45頁：本件3か月という予告期間に明け渡すべき契約の如きは予め一定の存続期間を定めたものではないが，法律が短期につき特に制限をしていない以上は，この種の契約は賃貸借のみならず地上権設定についても当事者の随意を以てなしうべきことは論を俟たない所であり，決してこれを以て地上権の本質に反する行為とすることはできない。

大判明治34年6月19日民録7輯6巻44頁：「地上権の設定については本件の如く6か月の予告期間に解約をなしうべき旨，即ち地主の意思のみにて自由に権利を消滅させることができる契約をしても，当事者の随意にして法律上毫も制限される所はない。」

大判明治34年10月23日民録7輯9巻106頁：前掲同年4月17日判決と同様の事案において，前掲同年6月19日判決とほぼ同一の判示内容である。

(134)　東京控判明治38年12月20日新聞329号6頁：東京市内において，借地証に『地主入用ノ節ハ談示ノ時ヨリ三ケ月若クハ之ヨリ少シ長期間内ニ無異議明渡可申』と記載するのは証書作成上の例文であり，当事者を拘束するものではない。そのような記載をする慣習があるという事実は認められない。本件契約は普通市中において販売されている借地契約用紙を使用して締結されたものであり，当事者は3か月という点に重きを置かず，慣習に従うという意思であり，慣習に反して特約したものではないと認めるのを相当とする。

(135)　我妻・前掲書（『新訂民法總則』）256-257頁，我妻＝有泉383頁。

借家法上の地上権者の契約更新請求権（借地借家第5条），ならびに更新拒絶時における地上権者の建物買取請求権（同法第6条，第13条），がある。しかし，これらについては，すべて前述したので，再論しない。

第6款　区分地上権（地下権・空中権）

第1項　区分地上権の意義

〔設例〕

A市は，都市再開発事業の一環として，駅前にデパートを誘致するとともに，地上においては，駅とデパートとをペデストリアンデッキで結び，地下においては，地下道を建設した上で，駅から接続して名店街を作り，また，地下道とデパートの地下催事場兼食品売場とを結ぼうと考えている。A市は地権者との間において，どのような契約を締結したらよいのだろうか。

地下または空間は，上下の範囲を定め，工作物を所有するため，これを地上権の目的とすることができる（第269条の2，不登第78条5号）。これを区分地上権という。

土地所有権の範囲は，法令の制限内においてその土地の上下に及ぶが（第207条），地上権については，昭和41(1966)年に第269条の2が追加規定されるまでは規定がなかった。もっとも，地上権は所有権に準じて考えればよいのであるから，地上権の範囲も土地の上下に及ぶものと解することはできる。しかし，区分地上権は，地表を中心として，その目的に応じて地上または地下に権利を設定するという意味になるので，例えば，地下鉄や地下道を敷設ないし建設する場合には地上の権利は不要であり，反対に，モノレールや高速道路の場合には地下の権利は不要である。このような場合には，地下や空中の一定の範囲を区切って権利の目的として工作物を建設すれば，土地の半分の利用で目的が達成されるので，他方は異なる目的のために土地の有効利用が可能となる。

区分地上権が創設されるまでは，例えば，高圧電力の送電線に関しては，発電所・変電所・鉄塔の所在地の所有権または地上権を取得し，これを要役地とし，送電線の下の土地について，これを承役地として，地役権を設定し，承役地には工作物等を設置しない旨を約定していた[136]。しかし，地役権は，相隣関係（相隣地間の利用の調整）を約定で解決する方法を規定した制度であり，しかも，承役地の負担を比較的軽微なものと予定する制度である。それゆえ，要役地と承役地とが必ずしも近接しておらず，しかも，半永久的な工作物である送電線やモノレールの設置を目的とする地役権の設定という形では，地役権本来の姿を反映するものとはいえない[137]。

---

(136)　農地解放に際して国が買収した土地に電気事業者が地上権等の権利を有する場合には，このような地役権が設定されたものとみなされた（農地法第54条2項）。

第1節　地　上　権

　それでは，土地賃借権の設定ではどうかという問題がある。土地賃借権の設定で
あっても，一応利用目的は達成することができる。しかし，賃借権は存続期間が短
く（第604条），また，登記請求権が予定されていないことから，対抗力（第605条）
を得るのが難しく，更に，譲渡制限があるなど（第612条），半永久的な工作物の設
置には適切さを欠く(138)。

　このような見地から，民法に第269条の2が追加規定され，地下または空間は上
下の範囲を定め，工作物を所有するため，これを地上権の目的とすることができる
とされ，また，不動産登記法にも，地上権の目的となる地下または空間の上下の範
囲を申請書に記載して，これらを登記申請する旨規定されるに至ったのである（不
登第78条5号）。

　以上のような意味において，区分地上権制度の存在意義がある。したがって，設
例のA市は，土地所有者との間において，地下および空中の一定の区間を区切り，
区分地上権設定契約を締結するのが最も効果的である。

第2項　区分地上権の取得

　区分地上権は，通常は設定契約によって取得されるが，遺言や取得時効によって
も取得しうるものと解されている(139)。

　区分地上権の範囲は，対象となる土地の地下または空間の上下の範囲を明確にし
た部分である。この範囲を登記する場合の記載については，例えば，「東京湾平均
海面の上（または下）何メートルから上（または下）何メートルの間」というように，
区分地上権の客体として限定された空間層を明示することが求められる(140)。

　区分地上権の目的は，工作物を所有するという点に限定されている（第269条の2
第1項）。工作物を何にするかは自由であり，高架鉄道，高速道路，モノレール，地
下鉄，地下道など，それぞれを限定し，それぞれ登記すれば，第三者にも対抗する
ことができる（不登第78条5号，第177条）。

　区分地上権は，第三者が土地の使用権または収益権（賃借権を含む用益権及び担保権）
を有する場合であっても，その権利またはこれを目的とする権利を有する者（用益
権者，担保権者）全員が承諾することを条件として，設定することができ，この場合
には，土地の使用権者または収益権者は，区分地上権の行使を妨げてはならない
（第269条の2第2項）。また，この場合における第三者の権利は何らかの対抗要件を

---

(137)　川島編・前掲『注釈民法(7)〔鈴木禄彌〕』430頁，我妻=有泉384-385頁。

(138)　我妻=有泉384-385頁。

(139)　我妻=有泉385-386頁。我妻=有泉博士は，他人の所有する土地の地下にトンネルや
　　　野菜栽培室を設け，これを長年使用し，その範囲が明確であれば，区分地上権を時効取得し
　　　うるという。

(140)　幾代通『不動産登記法』276頁。詳細は，我妻=有泉386頁，川島編・前掲『注釈民法
　　　(7)〔鈴木禄彌〕』431-432頁，香川保一「区分地上権とその登記(2)」登記研究229号（1966）
　　　1頁（3頁）参照。

備えていなければならず，対抗要件を備えていない権利者に対しては，承諾は不要である[141]。

更に，地下駐車場が建物として認められる場合において，土地の抵当権が実行され，土地と地下駐車場の所有者が別々になったときには，法定区分地上権が設定されたものとみなされるものと解されている（第388条，民執第81条参照）[142]。特に否定すべき理由はないであろう。

第3項　区分地上権の効力

前述したように，区分地上権は，工作物を所有するため，地下または空間について，その上下の範囲を定めて使用・収益することができるのであるが，この場合には，設定行為で，地上権の行使のためにその土地の使用に制限を加えることができる（第269条の2第1項）。この制限は，登記することによって，第三者にも対抗することができる（不登第78条5号，第177条）。

また，区分地上権も地上権であるから，地上権について論じてきた内容がそのまま当てはまる。例えば，土地の所有者や他の用益権者との間の相隣関係については，所有者相互間の相隣関係の規定が準用され（第267条），また，土地に永久の損害を生ずるような（原状回復ができない程度の）変更を加えることもできない（第271条類推）。更に，区分地上権者がその権限に基づいて地下に工作物を設置した場合には，付合の例外を構成し，土地に付合しない（第242条ただし書）。

区分地上権者も，設定者に対して登記請求権を有し，登記をすれば第三者に対する対抗力を取得する。この場合において，工作物である地下道などが建物として取り扱われれば，借地借家法の適用を受けるので，当該建物としての工作物の登記をすれば，区分地上権の登記がなくとも，第三者に対抗することができる（借地借家第10条）。

最後に，区分地上権の存続期間に関しても，一般に地上権において述べたことがそのまま適用され，工作物が建物に該当すれば，借地借家法の適用を受けることもまた同じである。

---

(141)　我妻＝有泉 387頁。
(142)　我妻＝有泉 388頁。

第2節　永小作権

第1款　総　説

第1項　永小作権の意義・沿革

〔設例〕

　Aはかねてより農地を所有し，農業を営んできたところ，より大規模経営を行おうと意気込み，近隣の遊休農地の所有者BやCに売買による譲渡をかけ合ったが，いずれも断られたので，取得を諦め，借りることにした。

　他人の農地を借りて使う法律関係として，「永小作権」，「農地賃貸借」という種類があるが，Aはいずれの法律関係によって農地の利用権を取得すればよいのだろうか。

　永小作権とは，土地所有者（地主）に小作料（地代）を支払い，地主の所有する土地で農耕や牧畜を自由に行うことを目的とする権利である（第270条）。物権であるから，性質は地上権と類似しているが，地主・小作人という関係上，若干の特殊性がある。例えば，永小作権の譲渡，小作地の賃貸については，設定契約でこれを禁止することができる（第272条）。この意味においては，賃借権に近い。ちなみに，永小作人の義務に関しては，賃借権の規定が準用されている（第273条）。

　永小作関係は，江戸徳川時代後期に成立したものが多く，性質としては，用益権，分割所有権，負担付所有権といった，それぞれの性質ごとに分類ができるものであった。

　第一に，用益権の性質を有する「開墾永小作」は，地主が開墾者に永代占有，永代居住の権利を与え，水利費は地主負担であり，開墾者は地主に対して永世にわたって小作料を支払うというものであった。

　第二に，分割所有権の性質を有する「土地分け永小作」は，藩主から土地開発を認められた郷士が自ら開墾せず，小作人を募り，小作人から禄米を徴収する上級所持人となるものであった。

　第三に，負担付所有権の性質を有する「土地持ち永小作」は，土地の所持を認められた農民が金貸しから金融（融通）を受けた場合において，その弁済の方法として，毎年一定の加地子（かじし）という小作料を金貸しに支払うという権利関係であった。この金貸しは地主に見えるが，土地の所持人は農民であり，小作料収納権と土地所持権とが分離し，別々に処分権が認められていたものである（土地分け・土地持ち永小作ともに土佐藩の慣行とされる）。

　その他，存続期間を定め，その期間内は，作徳（さくとく。「作得」ともいう。）という小作料の不納がなければ，地主であっても小作株（小作権）を取り上げることが

655

第4章　用益物権

できない「年期小作」や，地主が適宜に小作株を取り上げることができる「普通小作」があった[143]。

このような旧慣習による永小作（旧慣永小作）関係は，明治4 (1872)年12月に開始された明治政府の地租改正・土地官民有区分政策に伴い，被地券発給者を土地所有者とするという取扱いにおいて問題が生じた。

明治政府は，土地所有権の絶対化制度を導入するにあたり，所有権に近い永小作関係があっては支障が出るという思惑から，旧慣永小作の消滅を企図した。まず，開墾永小作については，地主と小作人との間において小作地の売買を奨励し，普通小作で20年以上経過したものは20年を限度として消滅するという方針を立てた。また，土地売買の協議が調わない場合には，小作米の収取権者である「原主」に地券を発給することとしたので，各地で永小作地を普通小作地とするなど，地主と小作人との間で争いが生じた[144]。

その後，民法の制定に際して，永小作権の存続期間は20年以上50年以下に制限され（第278条），民法施行の日（明治31〔1898〕年7月16日）より前から存在する永小作権については，その存続期間が50年より長い期間であっても効力を有するが，民法施行の日から起算して50年を超えるものはこれを50年に短縮し（民施第47条1項），期間の定めなき永小作権は最長期でも民法施行の日から50年と規定され（同条2項），永久存続の永小作権について何らの考慮も示さなかったので，各地で騒擾が発生した。この一連の騒動の中で，民法施行法改正運動が起こり，明治32 (1899)年に，所有権と類似する永小作権の多かった高知県や兵庫県選出の衆議院議員を中心として，民法施行法第47条に3項を追加するという法案が衆議院に提出された[145]。

政府は，一応これを受けた形で民法施行法の改正案を衆議院で審議したが，所有権とならんで，これと類似する永久の権利を認めることはできないという考え方（旧慣永小作の廃止）により，民法施行前に永久存続するものとして設定された永小作権は，民法施行の日から50年を経過した後1年以内に所有者が相当の償金を支払って，その消滅を請求することができ，もし，所有者がその権利を放棄し，または1年以内にその権利を行使しないときには，その後1年以内に永小作人は相当の代価を支払って所有権を買い取ることを要する旨の規定（民施第47条3項）を追加したに過ぎなかった[146]。

---

(143)　以上，川島編・前掲『注釈民法(7)〔潮見俊隆〕』445頁参照。現行の永小作権の元となった旧民法の永借権に関する規定とその説明に関しては，地上権の箇所において述べたところを参照されたい。なお，永小作関係の詳細に関しては，舟橋410頁以下，川島・川井編『新版注釈民法(7)物権(2)〔高橋寿一〕』904頁以下も参照。

(144)　川島編・前掲『注釈民法(7)〔潮見俊隆〕』443-446頁。

(145)　詳細は，廣中俊雄『物権法』466頁，川島編・前掲『注釈民法(7)〔潮見俊隆〕』447-448頁参照。

第2節　永小作権

その後，昭和13(1938)年に小作人の地位向上と農業生産力の維持・増進を図ることを目的とした農地調整法が制定され，民法第605条を修正し，農地の引渡しによる対抗力の付与（農地調整第8条）などの改革が企図された。また，昭和20(1945)年には，更にこの目的を一歩前進させ，小作人の申し出があれば，小作人に小作地を解放しようとした。しかし，この改革は地主から小作人に対する圧力が強く，実効性がなかったので，昭和21(1946)年に自作農創設特別措置法を制定し，国が強制的に小作地を買収して，これを小作人に廉価で売却するという方式を採用したため，小作地は激減した。その後，これら二つの法律は昭和27(1952)年に農地法に統合された。

農地法は，農地はその耕作者が自ら所有することが最も適切であるという精神から，耕作者の農地の取得を促進し，その権利を擁護し，ならびに，土地の農業上の効率的な利用を図るため，その利用関係を調整し，これにより，耕作者の地位の安定と農業生産力の増進とを図ることを目的として制定されたものであり（農地第1条），その結果，わが国の小作関係は，農地賃貸借・永小作権を含めて，法律的には一応解決されたものと解されている[147]。

永小作権の設定・移転等の件数は，昭和29(1954)年から昭和37(1962)年の農水省統計において，既に年間2件から9件程度しか存在していない[148]。また，近時の登記件数統計でも，平成15年に18件，同16年に16件，同17年に11件あったが，その後は，一桁が続き，平成22，23，24年度はいずれも0件である[149]。この点を顧慮すると，現在では，永小作権はほとんど設定されておらず[150]，小作関係は，そのほとんどが農地または採草放牧地の賃貸借（以下，「農地賃貸借」という。）に過ぎないものと思われる。それゆえ，民法の永小作権の規定が原則的に適用される場面はほとんど存在せず，小作関係については，第一に農地法が適用され，同法に規定のない部分に限って民法の永小作権に関する規定（第273条の指示する賃貸借規定の準用を含む。）が，いわば補充的に適用ないし準用されるに過ぎない。

したがって，〔設例〕のAは，現代においては，農地賃貸借契約を締結し，農地の賃借人として，他人の農地を使用することになるであろう。

---

(146)　原案と審議の経過については，廣中・前掲書（『物権法』）466頁に詳細に説明されている。

(147)　我妻＝有泉394頁。

(148)　川島編・前掲『注釈民法(7)〔潮見俊隆〕』449-450頁。なお，1962年までは永小作権の統計資料があるが，翌1963年からは永小作権単独の資料は農水省の統計から消えている。

(149)　法務省・登記統計・統計表年報2012年度「第4表，種類別土地に関する登記の件数及び個数（平成15年～24年）」及び2013年度を参照。なお，http://www.moj.go.jp/housei/toukei/toukei_ichiran_touki.html から2006年度以降の年報により，10年分の登記件数などを参照することができる。ちなみに平成25年は5件あった。

(150)　稲本洋之助『民法Ⅱ物権法』362頁は，近親者間で所有権に代わる耕作権付与の方法として用いられているだけであるという。

657

第4章　用益物権

第2項　永小作権の法的性質

永小作権は，他人の所有する土地を使用・収益する物権である。他人の所有地を全面的に支配するという意味では地上権と同じであるが，地上権と異なる各種の制限がある。

まず，一筆の土地の一部に永小作権を設定しうるかという問題がある。地上権の場合には，元々，「範囲」を登記する方法があり，これが不動産登記法の改正（1960年）によってなくなったに過ぎないので，所有権の一部処分や時効取得の場合と同様に認めてもよいとされる。しかし，永小作権の場合には，元々，一筆の土地に限定されており，「範囲」は登記事項ではなかったので（改正前不登第112条，現行不登第79条参照），認められないと解する学説がある一方で[151]，他方，登記は永小作権の成立要件ではないので，一部分の土地の上に永小作権の成立を認めても差し支えないと解する学説がある[152]。

次に，永小作権の目的は，耕作または牧畜である（第270条）。耕作とは，土地に人工の労力を施して植物を栽培することをいい，特に田畑において作物を採取することに限られないが[153]，竹木，即ち植林は地上権の目的であるから（第265条），永小作権からは除外される[154]。ただし，耕作または牧畜という目的を達成するために必要とされる附属的な建物・工作物の設置，及び竹木の植栽については，この限りではなく，これらを設置・植栽しても，特に永小作権の目的・範囲とは抵触しない（通説）。

更に，永小作権は，土地の使用権であるから，地上権と同様，占有すべき権利，即ち本権を内包する。地上権と異なり，相隣関係の準用規定はないが，準用すべきものと解されている（通説）。

更にまた，永小作権は，相続性及び譲渡性を有するが，後述するように，譲渡については，地上権と異なり，その目的との関係から，物権的に制限される。

最後に，永小作権は小作料の支払を成立要件としている。この点は，地上権が必ずしも有償でなくともよいとされているのとは異なる。しかし，成立後，小作料を

---

(151)　我妻＝有泉 396-397 頁。

(152)　末川 341 頁，舟橋 415 頁。ただし，不動産登記法との関係上，登記をするためには，分筆して一筆の土地とすることが必要であるという。

(153)　大判明治36年7月6日民録7輯861頁：「耕作とは，植物を栽培するため土地に人工を施すことをいうものである。……草山をそのままにしておき，人工，即ち耕作を施し，良草を播種し，肥料を収めることは，田畑に人工，即ち耕作を施し，他の果実を収めるのと敢えて異なるところはない。既にこの点において同一であるから，山林たると田畑たるとの差異は永小作と認めるに妨げない。」

(154)　大判明治39年11月12日民録12輯1514頁：「民法第270条の耕作の目的物は五穀蔬菜に限るとの法規または慣習がないのはもちろん，また，その条理もないので，五穀蔬菜はもちろん，諸草，即ち薬草・草花・馬草・肥草等，竹木を除き，苟も，耕作により価値を生ずる物は総て同条耕作の目的物となしうるものとしなければならない。」

658

第2節 永小作権

免除することは差し支えない（通説）。しかしながら，小作料が登記事項とされている一方で（不登第79条1号），他方，免除を登記する方法がないので，小作料の免除は第三者に対抗しえない。

第2款 永小作権の取得

永小作権は，地上権と同様，設定契約のほか，遺言，譲渡，相続，取得時効などによっても取得することができる。ただし，農地及び採草放牧地について所有権を移転し，または，地上権，永小作権，質権，使用貸借による権利，賃借権，もしくはその他の使用及び収益を目的とする権利を設定し，もしくは移転する場合には，当事者は，農業委員会の許可（当該住所地以外の農地等に権利を取得する場合には都道府県知事の許可）を要するものとされ（農地第3条1項本文），許可を受けずに行った行為は無効である（同条7項）。そして，これら権利の取得者は，遅滞なく，その農地等の存する市町村の農業委員会にその旨を届け出なければならない（同法第3条の3第1項）。農地に関する権利取得の特則である。

また，農地賃貸借については，当事者は，書面により，その存続期間，借賃等の額及び支払条件その他その契約，ならびにこれに付随する契約の内容を明らかにしなければならない（農地第21条）。しかし，この規制は農地賃貸借に対してのみであり，永小作権に関しては規制がない。

永小作権は物権であるから，登記をしなければ，その設定または移転などの物権変動を第三者に対抗することができない（第177条）。農地賃貸借については，その登記がなくとも，農地または採草放牧地の引渡しがあれば，その後，当該農地等について物権を取得した第三者に対抗することができる旨の規定があるが（農地第16条1項），この規定は，解釈上，永小作権には適用されない[155]。

農地に設定された利用権の種類が永小作権か農地賃借権かに関して争いがある場合には，設定契約の内容，当該地方の慣習などによって使用権の内容を審査して決定するほかはないとされる[156]。また，判例は，対価のある耕地の貸借は原則として賃貸借であるとしている[157]。前述したような永小作権の現状を顧慮すると，原則として農地賃貸借と認定され，契約書面において永小作権であることを明確にしていなければ，永小作権とは認定されないであろう。

---

(155) 我妻＝有泉398頁，舟橋414頁等。しかし，末川346頁は，永小作権についても類推適用して，引渡しが登記に代わりうるということを認めてもよいという。

(156) 我妻＝有泉398頁，舟橋416頁，大判昭和11年4月24日民集15巻790頁。

(157) 大判昭和13年5月27日新聞4291号17頁：凡そ他人の所有に属する土地を対価を支払って耕作する場合に特に物権たる永小作権に因るものであることを認めるに足りる資料の存しない限り，賃貸借の関係に因るものと推断すべきは当然である。

659

第4章 用益物権

第3款 永小作権の存続期間

設定行為によって永小作権の存続期間を定める場合には，20年以上50年以下である（第278条1項）。ただ，50年以上の期間を設定した場合でも，全体が無効となるのではなく，50年に短縮されるに過ぎない（同項後段）。また，この期間は更新することもできるが，更新時から50年を超えることはできない（同条2項）。この規定構造から考えると，20年未満の約定では永小作権ではなく，賃借権と解すべきである。起草者は，20年を超えない短期の借地権は土地に改良を加えてその収益を増殖すべき経営をすることが少ないので，その場合には，賃借権（第604条）として保護すれば足りると認めたからに外ならないという[158]。

他方，農地賃貸借の存続期間も50年を超えることができない（農地第19条）。この規定は，賃貸借の存続期間に関する民法第604条の特則であり，同条所定の20年を50年に読み替えるものである。また，その当事者は，期間満了の1年前から6か月前までの間に，相手方に対して更新しない旨を通知しなければ，従前の賃貸借と同一の条件で更に賃貸借したものとみなす旨の法定更新規定がある（農地第17条本文）。また，その当事者が，解除，解約申入れ，合意による解約，更新をするには，原則として，都道府県知事の許可を受けなければならない（同法第18条1項）。ただ，この解除・更新等に関する制限規定も永小作権には適用されない[159]。

次に，設定行為によって永小作権の存続期間を定めない場合には，その期間は原則として慣習によってこれを定め，慣習がないときには30年とされる（第278条3項）。なお，民法制定前に設定された永小作権の存続期間については前述したので（「第1款第1項 永小作権の意義・沿革」，民施第47条参照），再説しない。

第4款 永小作権の効力

第1項 永小作権者の使用収益権

永小作人は，多くは設定行為により，時効取得の場合には占有の目的の範囲内において，土地の使用収益権を有する。その目的は，耕作または牧畜であるが，耕作または牧畜に必要な範囲内であれば，これに附属するものとして，工作物や竹木を所有することも差し支えない[160]。ただし，農地を農地以外のものにして（例えば，宅地として）利用し，農地または採草放牧地をこれら以外の目的に利用するために，所有権を移転し，または，地上権，永小作権，質権，使用借権，賃借権等の権利を

---

(158) 富井・前掲書（『民法原論第二巻物権』）226頁。

(159) 最判昭和34年12月18日民集13巻13号1647頁：「農地法の構造，賃借権と永小作権の性質の相異等を合わせ考えれば，同法19条，20条（当時，筆者註）が永小作権に適用又は準用されるべきものと解し難い。」

(160) 我妻＝有泉400頁。

660

設定し，または移転する者は，都道府県知事の許可を受けなければならない（農地第4条1項本文，第5条1項本文。いずれの場合でも，4ヘクタールを超える大規模転用のときには，農林水産大臣の許可を要する）。所謂「農地転用の許可」である。

また，永小作人は，土地に永久の損害を生ずるような変更を加えてはならない（第271条）。ただし，これと異なる慣習があれば，その慣習に従う（第277条）。

また，前述したように，永小作権の対抗力はすべて登記によるのであり（第177条），農地の引渡しによる農地賃借権の対抗力に関する農地法の規定（第16条1項）は，永小作権には適用されない。

永小作権は物権であるから，第三者から土地の利用関係につき妨害を受けたような場合には，所有権や地上権と同様，物権的請求権によって，占有を回復し，妨害を排除し，妨害を予防することができる。

第2項　投下資本の回収

永小作人は，その権利を他人に譲渡し，または，その権利の存続期間内において，土地を賃貸することができる（第272条本文）。ただし，設定行為により，譲渡・転貸を禁ずることができ（同条ただし書。禁止特約を登記することもできる〔不登第79条〕。），譲渡・転貸につき，別段の慣習がある場合には，その慣習に従う（第277条）。また，農地及び採草放牧地の権利変動に対する規制は，永小作人が自己の権利を譲渡し，または農地を賃貸する場合にも適用される（農地第3条）。

永小作人は，地上権者と同様，永小作権の上に抵当権を設定することができるが（第369条2項），この担保差入れ権も，処分行為として，譲渡権と同様，禁止特約を付けることができ，登記することによって対抗力を取得する[161]。

また，地上権における地上物の収去権及び買取権に関する民法第269条の規定が永小作権に準用されているので，永小作権の消滅時には，永小作人は土地を原状に復して地上物を収去することができ，地主は時価を提供して地上物の買受けを請求することができる（第279条，第269条）。

なお，永小作人が土地の改良のために支出した必要費及び有益費の償還請求権についても，地上権の場合と同様に解すべきであるとされるので[162]，賃借人の費用償還請求権に関する規定が適用される（第608条2項，第196条2項）。

第3項　永小作料支払義務

永小作料は，永小作権設定契約の要素であり，契約により定められ，登記を経由することによって第三者に対抗することができる（第177条，不登第79条）。民法には永小作料に関する規定はないが，農地法には小作料に関する規定がある。

小作料など，借賃の額が農産物の価格若しくは生産費の上昇もしくは低下その他

---

(161)　我妻＝有泉401頁，舟橋419頁。
(162)　我妻＝有泉402頁，舟橋420頁。

の経済事情の変動により，または近傍類似の農地の借賃等の額に比較して不相当となったときには，契約の条件にかかわらず，当事者は，将来に向かって借賃等の額の増減を請求することができる（農地第20条1項）。ただし，一定の期間借賃等の額を増加しない旨の特約があるときには，その定めに従う（同項ただし書）。

借賃等の増額について当事者間に協議が調わないときには，その請求を受けた者は，増額を正当とする裁判が確定するまでは，相当と認める額の借賃等を支払うことをもって足りる。ただし，その裁判が確定した場合において，既に支払った額に不足があるときには，その不足額に年10パーセントの割合による支払期後の利息を付してこれを支払わなければならない（同条2項）。

他方，借賃等の減額について当事者間に協議が調わないときには，その請求を受けた者は，減額を正当とする裁判が確定するまでは，相当と認める額の借賃等の支払を請求することができる。ただし，その裁判が確定した場合において，既に支払を受けた額が正当とされた借賃等の額を超えるときには，その超過額に年10パーセントの割合による受領の時からの利息を付してこれを返還しなければならない（同条3項）。

次に，永小作人は不可抗力により収益につき損失を受けたときであっても小作料の免除または減額を請求することはできない（第274条）。ただし，減額請求については，農地法の適用を受ける。

次に，永小作人が不可抗力により引き続き3年以上全く収益を得ず，または，5年以上小作料より少ない収益しか得られないときには，その権利を放棄することができる（第275条）。

これらの規定は，従前の農地法において，かなり修正を受けており，農地については民法規定は適用されなかったが，改正法（平成21年6月24日法律第57号）により，農地等の賃貸借に対する規制が緩和され，条文数が減ったので，従前の解釈及び民法の規定によることとなった。

その他，永小作人の義務については，民法の諸規定と異なる慣習があれば，その慣習に従う（第277条）ほか，賃借権の規定が準用されており（第273条），永小作料の支払時期（第614条），土地の一部滅失による小作料の減額請求（第611条），土地の用法に従った使用収益義務（第616条，第594条1項），小作料に関する地主の先取特権（第312条以下）などは，当該規定によって定められる。

なお，従前，農地賃貸借では小作料は金銭に限られていたが（農地旧第23条は「定額金納小作料」と規定していた。），昭和55(1980)年の農地法改正で，農業委員会の承認を受けた場合には，小作料を米などの物で納めることができるようになり，更に，平成12(2000)年の改正により，定額金納制が廃止され，農業委員会の承認を受けることなく小作料の物納ができるようになった。現行農地法では「小作料」を「借賃等」と改めたので（平成21年改正農地法第20条，第21条等参照），民法上の賃貸借に関

第2節　永小作権

する解釈と同様，物納でも差し支えない。

第4項　賃貸借規定の準用

　永小作人の義務については，永小作権に特有の規定，設定行為の規定，慣習以外で，永小作権の性質に関しない限り，賃貸借に関する規定が準用される（第273条，第277条）。既に述べた永小作料（賃料）支払義務関係の規定以外では，土地について権利を主張する者がある場合における賃借人の賃貸人への通知義務（第615条），目的物の用法に従った使用・収益義務（第616条，第594条1項），などが適用される（通説）[163]。

第5款　永小作権の消滅

第1項　永小作権の消滅事由

　永小作権は，物権一般の消滅事由である土地の滅失，存続期間の満了，物権の混同（第179条），消滅時効（第167条2項），所有権の取得時効（第162条），永小作権に優先する担保権の実行による競売（民執第59条2項参照），土地収用（土地収用法第5条1項1号）などによって消滅し，その他，永小作権に関して規定されている消滅事由として，土地所有者の消滅請求，永小作権の放棄による消滅がある。

第2項　土地所有者の消滅請求

　永小作人が引き続き2年以上小作料の支払を怠った場合には，土地所有者は永小作権の消滅を請求することができる（第276条）。地上権の当該箇所において述べたように，「引き続き」とは，2年以上の継続を意味しており，飛び飛びの怠納で通算2年となった場合には適用しない。長期の継続的使用権であり，簡単には契約解除を許さないという趣旨である。また，この取扱いは地代の支払を約定した地上権の場合と同様であるが，ただ，永小作権の場合には，この法律要件と異なる慣習があるときには，その慣習に従うこととされている点において（第277条），地上権とは異なる。

　また，永小作人が土地に永久の損害を生ずべき変更を加えることはできないという義務（第271条）に違反した場合にも，土地所有者は，履行遅滞による解除権に関する第541条により，そのような義務違反的な使用をやめるよう請求し，これに応じなければ，消滅請求をすることができる[164]。この点は，地上権において述べたところと同じである。

　なお，農地賃貸借の当事者は，政令で定めるところにより，都道府県知事の許可

（163）　ただ，永小作権の場合には，永小作権者は小作料支払義務以外は賃借人のような積極的義務を負わないとして，第615条の通知義務のような規定の準用については疑問とする学説もある。舟橋421頁参照。

（164）　大判大正9年5月8日民録26輯636頁。

を受けなければ，賃貸借の解除をし，解約の申入れをし，合意による解約をし，または賃貸借の更新をしない旨の通知をしてはならない（農地第18条1項）。

第3項　放棄による消滅

永小作人は，不可抗力により引き続き3年以上全く収益を得ないか，または，5年以上小作料より少ない収益しか得られなかった場合には，永小作権を放棄することができる（第275条）。

この規定は，永小作人が不可抗力により収益につき損失を受けたときであっても，小作料の免除または減額請求をすることができず（第274条），この凶作の状況が続く場合には，蓄えも底をついてしまい，それでも小作料を払い続けなければならないという点において，甚だ過酷に失することが明らかであるから，同条の制限として規定されたものである[165]。

この意味において，第275条は永小作人に対する保護規定である。しかし，永小作人が直接農耕者である場合には，その生活の糧を得る手段を放棄することになり，必ずしもその保護になるとはいえず，その保護になるといえるのは，永小作人が中間地主であるような場合に過ぎない[166]。なお，永小作権の放棄について，別段の慣習があるときには，その慣習に従う（第277条）。

---

(165)　富井・前掲書（『民法原論第二巻物権』）236頁。
(166)　舟橋423頁。

第3節　地役権

第3節　　地役権

第1款　総　説

第1項　地役権の意義と機能

1　地役権の沿革

　地役権は，設定行為で定めた目的に従い，他人の土地を自己の土地の便益のために利用する権利である（第280条）。地役権は，ローマ法の「役権（servitus）」にその起源を有する制度である。役権とは，一定の目的のために他人の物を使用・収益する権利であり，主として人役権と地役権とに分けられていた[167]。人役権は，例えば，特定の人が隣地の庭園を散歩し，近隣の池沼で魚釣りをし，あるいは山林や草原で狩猟をするというように，特定の人の便益のために他人の物を利用する権利である[168]。地役権は，これと異なり，特定の土地の便益のために他人の土地を利用する権利である。それゆえ，人役権のような特定個人の便益を目的とする地役権は認めることができない[169]。しかし，地役権の現代的意義を考えると，例えば，電力会社など，電気事業者が送電線を他人の土地の空間に設置するために地役権の設

---

[167]　古代ローマ法においては，役権が唯一の用益物権であり，役権は地役権と人役権とで構成されていた。地役権は田野地役と市街地役とに分けられ，人役権は使用権，用益権，住居権，奴隷及び動物使役権に分けられていた。また，地役権以外に建物役権も存在したとされ，これと地役権との総称として，物的役権という分類もされる（後掲『注釈民法(7)』469頁参照）。

　わが旧民法も無制限的人役権として用益権を認め，制限的人役権として使用権及び住居権を認めていた（財産編第110条〜第114条）。しかし，現行民法の起草過程において，梅謙次郎博士は，人役権は欧州の慣習上認められるが，わが国の慣習にはないので，敢えて認める必要はないという理由から，人役権は廃止すべきものと論じ，そのまま廃止となった。この点については，石田（文）585-586頁，廣中・前掲書（『物権法』）478-480頁，川島編・前掲書（『注釈民法(7)物権(2)〔中尾英俊〕』）469-470頁を参照。なお，ローマ法の役権に関しては，船田亨二『羅馬法第二巻』348頁以下，原田慶吉『ローマ法上巻』123頁以下も参照。

[168]　ドイツ民法（BGB）第1030条は，「一般人役権」について，物は，自己のために負担を実現する者（ここでは人役権者の意〔筆者註〕）が，物の使用・収益を収受する権利を有するという方法で，負担を受けうる（人役権〔Nießbrauch〕）と規定し（1項），人役権は，個別の使用・収益を排除することによって，制限されうると規定する（2項）。この1項の規定は分かりにくいが，要するに，「物は一般人役権の目的とすることができ，一般人役権者は物の使用・収益を享受する権利を有する」という意味である。また，同第1090条1項は，「制限的人役権（beschränkte persöhnliche Dienstbarkeit）」について，土地は，ある者が，自己のために個別的な関係において土地を使用・収益する権利を有し，または，地役権（Grunddienstbarkeit）の内容を構成しうるその他の権能を有するという方法で負担を受けうると規定する。この規定も分かりにくいが，要するに，①土地は制限的人役権の目的とすることができ，②制限的人役権者は，個別的な関係において土地を使用・収益する権利を有し，または，地役権の内容を構成しうるその他の権能を有するという意味である。

[169]　富井・前掲書（『民法原論第二巻物権』）250-251頁，我妻＝有泉410頁。

665

第 4 章　用益物権

定を受けるという類型は，電気事業者が事業を遂行するために地役権の設定を受けるというに等しいので，実質的には，人役権の観を呈している。

　地役権は，旧民法にも規定されており，地役とはある不動産の便益のため他の所有者に属する不動産の上に設けた負担をいうものとされ（財産編第 214 条 1 項），地役は法律または人為をもってこれを設定するものとされていた（同条 2 項）。現行民法は，このうち，法律上の地役（いわば法定地役権）を所有権の限界（相隣関係）の箇所に規定し，人為による地役（約定地役権）のみを地役権の箇所に規定した[170]。この意味において，我々は，隣地立入権（第 209 条），囲繞地通行権（第 210 条以下）など，土地に関する相隣関係の各規定が何故に地役権と類似の内容及び効力を有するのかを理解しうるのである。人為による地役とは，相隣者がその不動産の利益または負担にて諸種の地役を設定することができるというものであるが（財産編第 266 条本文），ただし，その地役は公の秩序に反しないものであることを要すると規定されていた（同条但書）。

　旧民法上，地役の種類は 3 種類とされ，①継続または不継続の地役，②表見または不表見の地役，③有的または無的の地役と規定されていた（財産編第 271 条）。まず，①は，地役が場所の位置のみにより人の所為を要せずに間断なく要役地に便を与え承役地に累をなすときには継続地役であると規定され，地役が要役地の便益のため時々人の所為を要するときには不継続地役であると規定されていた（財産編第 272 条）。次に，②は，地役が外見の工作または形跡によって顕露するときには表見地役であり，これに反するときには不表見地役であると規定されていた（財産編第 273 条）。更に，③の有的地役とは，1）不動産所有者が他人の不動産よりある便益を取り得るとき，2）不動産所有者が相隣便益のため法律の普通に制禁するある工作を自己の不動産になしうるときのことであると規定され，無的地役とは，1）不動産所有者が普通に所有者に許されるべき所為を隣人が自己の不動産になすことを禁じうるとき，2）不動産所有者が普通法に従い自己の不動産において相隣便益のためになすべく，または許すべき所為をなさず，または許さないことができるときのことであると規定されていた（財産編第 274 条）。

　しかし，これらの分類のうち，地役の定義及び性質を定める①と②は，例えば，

───────────

(170)　現行民法の起草者である梅謙次郎博士は，その理由として，法律上の地役というものは所有権の作用であり，互いに隣り合う甲土地と乙土地との間に法律上の地役を考えると，例えば，甲土地が少し乙土地のほうにまで及ぶものとすると，甲土地はいくらか広くなり，乙土地はいくらか狭くなるところ，これは法律で甲土地を要役地とし，乙土地を承役地とするものであるが，これは所有権の効力の及ぶ限界を画するものであることから，これは地役とは呼ばず，所有権の箇所に規定する立法例（ドイツ，スイス，スペイン，モンテネグロなど）が多いので，この所有権の効力と思しきものについては，所有権（相隣関係）の箇所に規定することにしたと述べている。この点については，前掲『法典調査会民法議事速記録一』739 頁参照。

666

第3節 地役権

この地役はどの地役の定義にあてはまるのかというように、その適用において大変難しい点があり、到底一つ一つの地役について定義及び性質を掲げることは、その適用面における難しさから、これは不要とされた。また、③は、外国ではこのような分類をするが、わが国ではその必要を見いだしえないとされ、不要であるとされた結果として、旧民法において地役権の意義及び性質を定めていた諸規定は削除されたのである(171)。

2 地役権の機能

前段で述べた理由により、現行民法においては、地役権の種類としては規定はないが、一般的に、通行地役権、用水地役権、観望・眺望地役権などがあるとされる。地役という意味は、「便益」との関係において、通行の便宜、用水の便宜、観望・眺望の便宜、といった具合に、これらの便宜を必要とする土地に対して一定の便宜を与えることをいう。この場合における「自己の土地」を要役地（地役を必要とする土地）といい、「他人の土地」を承役地（地役を承服する土地）という。要するに、地役権とは、要役地の利用価値を増すために、承役地の上に一定の支配を及ぼす権利である(172)。

土地は、公道に通じる一定幅の通路が存在しない場合には、建築行為をなしえないので(173)、この基準を満たさない土地は、宅地としての存在価値はない。したがって、宅地には、公道に通じる通路が必要となる。この土地が所謂「袋地」であれば、周囲の土地に対して通行権（囲繞地通行権）を有する（第210条以下）。また、用水を必要とする農地に用水路がなければ、農地としての利用に大変な困難を伴い、また、自然流水の利用に関しては河川法の規定や慣習法の存在により、比較的広い範囲の人々にその利用を許しているが（前掲「相隣関係」の箇所を参照）、他人の設置した用水ないし給水設備を利用するための相隣関係規定は整備されていない(174)。

しかし、囲繞地通行権その他の相隣関係の利用に関しては、たとえ整備されていたとしても、それは所有権の作用として、法律上、確かに権利はあるものの、その

---

(171) 前掲『法典調査会民法議事速記録二』253頁における梅謙次郎委員の説明を参照。

(172) 我妻＝有泉406頁。

(173) 建築基準法上、建築可能な敷地は「道路」に2メートル以上接していなければならず（建基法第43条1項本文）、また、同法上、「道路」とは、原則として幅員が4メートル以上のものをいうので（同法第42条1項）、幅員4メートル以上の道路に2メートル以上接していることが建物建築の最低条件となる。したがって、原則として、土地がこの基準を満たさなければ、建物の建築はできないので、利用価値がない土地となる。

(174) 近時、判例は、宅地に必要な給排水設備に関して、宅地の所有者は、他の土地を経由しなければ、水道事業者の敷設した配水管から当該宅地に給水を受け、その下水を公流、下水道等まで排出することができない場合において、他人の設置した給排水設備を当該宅地の給排水のため使用することが他の方法に比べて合理的であるときは、その使用により当該給排水設備に予定される効用を著しく害するなどの特段の事情のない限り、民法第220条、第221条を類推して、当該他人の設置した給排水設備を使用することができるものと判示した（最判平成14年10月15日民集56巻8号1791頁）。

667

権利の内容については，袋地所有者の通行にとって必要最小限の範囲にとどまるとともに(175)，周囲の土地所有者との情宜にもより，事実上の障碍があって，その利用には困難が伴う。また，権利は認められていても，訴訟によって初めてその行使が認められるような権利は，使い勝手が悪い。

そこで，これも一定の情宜によることにはなるが，周囲の土地所有者に働きかけて，「地役権設定契約」という形で正式に約定による通行権等の設定が可能であるならば，権利関係について選択の幅が広がり，便利である。しかも，地役権は用益物権の設定であるから，設定者である承役地の所有者に登記義務がある。それゆえ，同様の目的を達することのできる賃借権などと比べても，権利者としては将来に向かって安定した通路を確保することができる。

また，地役権は，隣地ではなく，飛び地や遠隔の土地に対しても（極端な話をいうと，日本全国を股にかけての）設定が可能なので，賃貸借や相隣関係よりも遙かに便利である。これは要役地から見た場合における利点であるが，承役地から見た場合でも，賃借権の設定によれば，原則として，承役地全体の利用ができなくなるが，地役権の設定であれば，承役地の一部分を区切って設定することができるので（通行地役権の設定はこれが通常の姿である。），承役地所有者にとっても都合がよい。

このように，地役権の設定は，要役地と承役地との利用調整を可能とするという点に特色がある。

〔設例〕
Aの所有地は，BとCの土地にふさがれているような土地であり，公道に通じる私道がなく，家屋が建築できないどころか，土地に利用価値さえないような状況にある。Aはどうしたらよいだろうか。

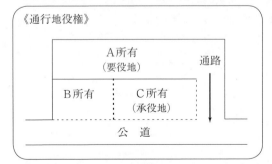

Aの所有する土地は公道に通じていない袋地であり，このままでは建物の建築さえもできず，大変不便なので，とにかく公道に通じるための通路が必要となる。ここでは，Aは，Cとの地役権設定契約により（別に，Bとの間においてもよいのだが，Cの土地のほうが広い

---

(175) 前述したように，建築可能な土地とするためには，建築基準法第43条の接道要件があるところ，囲繞地通行権は公道に抜けるための通行に必要不可欠な最小限の範囲にとどまり，建築基準法第43条の接道要件を満たすような幅員の通行権が認められるわけではない（最判平成11年7月13日判時1687号75頁参照）。それゆえ，設定契約による地役権の有用性がある。

668

ようなので），Ｃの土地の一部を通路として使用することとしてみよう。

この場合には，地役権の設定契約後，Ａは，Ｃの協力を得て（不登第60条），地役権の設定登記を経由することにより（第177条，不登第80条），第三者に対し，地役権を対抗することができる。

地役権の設定と同様の効果を得るためには，土地賃借権の設定でも可能である。例えば，この設例では，ＡがＣの所有地の一部を賃借して通路を設ければよいのである。賃貸借契約のほうが当事者にとっては簡便ではあるが，通路の設置とその保存のためには，地役権のほうが，より便利であり，かつ安全・確実である。

地役権の設定により，地役権はＡの要役地所有権に従たる物権として，所有権と一体を成し，要役地（Ａの土地）の価値は増加する。その反面，承役地（Ｃの土地）は地役権の設定及び行使により，土地使用に関して拘束（負担）を受けるが，その拘束は当事者の約定によるので，最小限にとどめることが可能である。

土地賃借権の場合には，開設された通路等はＡの独占的使用に帰するが，地役権の場合にはその共同利用も可能である。例えば，設例が通行地役権ではなく，引水地役権であれば，引水の相互利用が可能であり，承役地所有者Ｃの便益にもつながってくる。

また，賃借権は債権であるから，対人的な信頼関係でのみ結合している関係上，当事者関係のみならず，第三者との関係においても脆弱な権利であるが，地役権は物権であるから，賃借権よりも安定した権利となる。

また，前述したように，隣地所有権相互間の利用調整として，民法は相隣関係の規定を置いており，地役権の作用は相隣関係の作用と同様である。ただ，相隣関係は所有権それ自体の作用であるのに対して，地役権は所有権に従たる用益物権であり，要役地所有権の価値を高めるものである。また，相隣関係と異なり，隣地である必要もない。このような点において，地役権の存在価値を見いだすことができる。

更に，地役権の設定は，同じく制限物権である区分地上権でも同様の効果を取得しうる（第269条の２第１項前段）。例えば，前述したような電気事業者が他人の所有地上に電線を通すような場合がこれに該当する。しかし，区分地上権の設定に際しては，その設定すべき土地の使用権や収益権を有する者，またはこれを目的とする権利を有する者の全員から承諾を得なければ，これを設定しえないので（同条２項前段），やはり，地役権設定のほうが便利である。

もっとも，区分地上権設定時における用益権者や担保物権者のような利害関係人の承諾が必要という理由が，区分地上権の設定によって従前の用益権や担保権行使の障害になりうるということであれば，同様に，地役権の設定もまたその障害になりうるのではないだろうか。しかし，区分地上権の場合には，従前の用益権との関係においては，従前の用益権を休眠状態としてしまうこともあり[176]，また，担保権の場合には，売却基準価額など，土地評価額の下落という決定的な障害となり

669

うる[177]のに対して，地役権の場合には，既存の用益権や担保権に若干の障害とは
なったとしても，決定的な障害とはならないものと解される。それゆえ，区分地上
権設定時のような「全員の承諾」規定は存在しないのである。この意味においても，
地役権設定のほうが有用性が高いということが分かる。

第2項　地役権の法的性質

1　地役権の本質

(1)　使用価値の増進

　地役権は，要役地の使用価値を増進させるため，承役地の上に通路を設け，用水
路を設けることを当事者間で約定し，あるいは，眺望を確保するため，承役地の上
に植林をせず，建物等の工作物を建設しないことなどを当事者間で約定すること
によって成立する（第280条）。そして，その内容を登記することによって，第三者
に対しても地役権の存在を対抗することができることとした制度である。それゆえ，
前述したように，個人の利益のために地役権を設定することはできない。

　地役権の設定には要役地と承役地が存在すればよいのであるから，相互に隣接し
ている必要はない[178]。しかし，例えば，電話線，インターネットの中継点，高圧
電力の送電線，そして高速道路等の建設及び利用のため，通信基地，発電所・変電
所や鉄塔，あるいは橋桁の土地を要役地とし，その間の土地を承役地として地役権
を設定するという場合のように，地理的にあまり離れ過ぎているのでは，地役権本
来の趣旨である契約による相隣関係の処理という目的と符合しないので妥当ではな
い。この点は，区分地上権の項で述べたとおりである。

(2)　地的役権

　次に，地役権は，要役地の使用価値を増進することを目的とする「地的役権」で
あるから，要役地それ自体の使用価値を増進するような内容を約定しなければなら
ない。前述したように，特定個人の欲求を満たすような内容の約定は，「人役権」
になるので，わが民法の認める地役権の設定にはならない。

(3)　土地の便益・相隣関係

　地上権や永小作権がその内容を限定するのに対して，地役権においては，その内
容である土地の便益には制限がない。この点は，地上権（第265条）や永小作権（第
270条）が利用目的を限定していることと比較して，広汎な内容を目的とすること
ができるので，大変便利である。代表的な便益として，通行地役権，用水地役権，
観望・眺望地役権，日照地役権などがあるが，近時の判例に現れる便益は通行地役
権がほとんどである。

---

(176)　川島編・前掲書（『注釈民法(7)〔鈴木禄彌〕』）436頁。

(177)　松尾・古積・前掲書（『物権・担保物権』〔松尾〕）217頁。

(178)　我妻＝有泉410頁，舟橋425頁。

670

第3節　地　役　権

また，地役権は，元々，相隣地間の利用の調整を当事者間の約定によって実現する制度として設計されているので，この点において，その多くは，相隣関係の規定を拡張し，または，制限するものとなる。そのため，相隣関係に関する規定との抵触が考えられる。他方，相隣関係の規定には強行規定が多い。そこで，地役権の設定にあたっては，相隣関係規定（第209条～第238条）における強行規定（「公の秩序に関するもの」。例えば，第209条〔隣地立入権〕，第210条〔公道に至るまでの他の土地の通行権〕，第214条〔自然水流に対する妨害の禁止〕，第220条〔排水のための低地通水権〕，第223条〔境界標の設置〕など。）に反しないようにしなければならない（第280条ただし書）。したがって，たとえ，ここに掲げた強行規定である隣地立入権や囲繞地通行権を妨害するものでなくとも，これらを制限するような地役権を設定することは許されない。

(4)　承役地利用者の義務

承役地は，要役地の便益に供せられる限りにおいて，使用上の拘束を受けるが，これにより，承役地の所有者及びその他の利用者（承役地の所有者等）は，一定の義務を負担することとなる。

承役地の所有者等は，まず，通行や引水といった地役権者の積極的な行為に応じ，これを忍容すべき義務を負い（忍容義務），また，地役権の目的である眺望・日照を妨げるような建物・工作物の建設や植樹など，使用目的に反する行為をしてはならないという義務（不作為義務）を負担する。この忍容義務と不作為義務が承役地利用者の基本的な義務である。

次に，それでは一歩進んで，地役権は，承役地の利用者に一定の行為をさせるべき積極的な義務を負担させることを内容としうるであろうか。即ち，承役地の利用者は，地役権の行使に必要な設備の設置（通路や排水路の開設など）及びその修繕の義務を負うものであろうかという問題である。

この問題については，否定説[179]と肯定説[180]とが存在する。

否定説は，地役権は物権であり，承役地に対して排他的支配を及ぼしうる権利ではあるが，積極的に他人に行為を請求する内容を有しえないので，承役地利用者も，何ら作為の義務を負うことはないものと主張する。

これに対して，肯定説は，地役権の本質が2個の土地相互間の利用調節機能であるならば，一方の負担で他方が利用し，あるいは，共同で負担して共同で利用するという関係を認めるべきことは当然であると主張する。また，肯定説は，相隣関係の内容においても付随的に他人の行為を要求しうる場合があること[181]，そして，

---

(179)　末川359頁，柚木・前掲書（『判例物権法各論』）92頁など。

(180)　我妻＝有泉411頁，舟橋426頁，石田穣470頁など。

(181)　我妻＝有泉411頁の引用指示する275頁は，共同の費用で界標を設置し（第223条），囲障を設置する（第225条）義務が相互扶助という色彩の鮮やかなものであり，また，流水の共同利用義務（第219条），同一設備の共同利用とその費用の共同負担義務（第221条，第222条）は，相互扶助義務とまでは行かなくとも，その思想の萌芽として認められるとい

ローマ法では，物権と債権との区別が厳格であったので，他人の土地に支柱を立てるときにのみ，その保存という積極的な行為をさせることを地役権の効力となしうるという制度があり，更に，ドイツ民法（第1020条～第1022条[182]）ではこれがかなり拡張されているといった理由から，承役地の利用者にこのような付随的義務を課し，地役権の内容として成立させることができるものと解している[183]。

肯定説は，承役地の所有者を始めとする利用者は，この付随的義務を当然に負担するという趣旨ではなく，「地役権の内容として成立しうる」[184]，つまり，約定しうるという趣旨であるから[185]，特にこの考え方を否定する必要はない。しかし，約定のない場合，即ち，当事者間の約定にない場合，及び地役権の時効取得の場合には，それぞれ，地役権設定契約の解釈や承役地の利用態様から，その内容を合理的に導くことになろう[186]。

(5) 有償性

次に，地役権は有償か，それとも無償かという問題がある。

この問題について，現行民法の起草者は，地役権を設定する場合には，多くは有

う。また，石田穣470頁は，そもそも，承役地所有者の工作物設置義務（第286条）が作為義務であるという。

(182) BGB 第1020条（配慮行使〔schonende Ausübung〕）

第1文　地役権を行使する際には，地役権者は可能な限り承役地所有者の利益に配慮しなければならない。

第2文　地役権者が地役権を行使するため，承役地上に工作物（Anlage）を保有するときは，地役権者は，秩序に従った状況を維持しなければならない。ただし，所有者の利益にとって必要でないときは，この限りではない。

BGB 第1021条（合意による保存義務）

第1項第1文　承役地上の工作物が地役権の行使に附属するときは，土地の所有者が工作物を保存すべき旨を定めることができる。ただし，地役権者の利益にとって必要でないときは，この限りではない。

同項2文　工作物の共同使用・収益権が所有者に与えられたときは，地役権者が工作物を保存すべき旨を定めることができる。ただし，所有者の使用・収益権にとって必要でないときは，この限りではない。

第2項　前項の保存義務には，物的負担に関する諸規定を準用する。

BGB 第1022条（建築工作物上の工作物）

第1文　地役権が，承役地の建築工作物の上に建築工作物を保有することを目的とする場合において，別段の定めのないときは，承役地所有者は，自己の工作物を保存しなければならない。ただし，地役権者の利益にとって必要でないときは，この限りではない。

第2文　第1021条2項の規定は，この保存義務についても適用する。

(183) 我妻＝有泉411頁。

(184) 我妻＝有泉411頁。

(185) 川島編・前掲書（『注釈民法(7)〔稲本洋之助〕』）475頁は，フランス法の立場から，承役地所有者は利用受忍義務と不作為義務を負うに過ぎないが，特別の作為義務を承役地所有者に負わせる特約は有効であるとし，これは，受忍・不作為義務と同様，承役地の物権的負担であり，地役権設定者の債権的義務ではないという。

(186) 近江・講義Ⅱ286頁。

償であり，無償で設定することはないものと解していた[187]。しかし，判例は，地役権は承役地を無償にて要役地の便益に供する土地使用権であると解していた[188]。また，旧来の通説は，有償・無償を問わないが，対価は地役権の内容を構成しうるものと解しつつ，ただ，登記の方法がないので（不登第80条参照），第三者に対抗しえないだけだと解している[189]。

この問題については，旧来の通説が顧慮した土地改良法第60条の規定や，相隣関係（囲繞地通行権）の原則類型（第210条）において，囲繞地の所有者において損害が発生することを予定し，通行権を有する袋地所有者に償金支払を義務づけている規定（第212条）を顧慮すると，地役権においても，通常は有償と解すべきであろう。

2 利用権者による設定

地役権は，要役地と承役地との間における利用権を調整するための物権であるから，地役権の設定後，要役地の地上権者など，その利用権者が地役権を行使し，承役地の地上権者など，利用権者が地役権の拘束を受けることには，何ら問題はない。

では，この場合において，要役地・承役地の利用権者（地上権者，永小作権者，賃借権者など）は，自らの借地のために，または自らの借地の負担において，地役権の設定行為をすることができるのかという問題がある。

---

(187)　梅謙次郎博士は，『法典調査会民法議事速記録二』273-274頁において，有償であるからこそ，地役権設定者たる承役地所有者は，自分のほうからその権利を妨げることはできないから，特別の契約でもない限り，そのために自分のほうの所有権の行使が幾分かは狭められることを免れないと説明している。

(188)　大判昭和12年3月10日民集16巻255頁：「およそ地役権そのものは，設定行為によって定めた目的に従い，承役地を無償にて要役地の便益に供する土地使用権であるから，地役権者としては，土地使用の対価として承役地の所有者に対し定期の地代その他報酬の支払をすることを要するものではない。従って，たとえ設定行為と同時に，当事者がかかる報酬支払の特約をしても，その特約は地役権の内容を構成することなく，単に債権的効力を有するに過ぎないものと解するを相当とする。」

(189)　我妻＝有泉412頁，舟橋426-427頁，川島編・前掲書（『注釈民法(7)〔中尾英俊〕』）468頁。
　　　　我妻＝有泉博士及び舟橋博士は，土地改良法の規定（第60条以下）を引き合いに出し，同法の当該規定は，地役権に対価の定めのある場合を予定しているという。ちなみに，土地改良法第60条は，「土地改良事業によって地上権，永小作権，地役権，賃借権又はその他の使用若しくは収益を目的とする権利（これらに係る対価を徴しないものを除く。）の目的である土地の利用を妨げられるに至った場合には，その土地（地役権者の場合にあっては当該承役地）に関しこれらの権利を有する者で組合員でないものは，地代，小作料，地役権の対価，賃借料若しくはその他の使用若しくは収益を目的とする権利の対価の相当の減額又は前払した地代，小作料，地役権の対価，賃借料若しくはその他の使用若しくは収益を目的とする権利の対価の相当の払戻を請求することができる」と規定している。
　　　　なお，近時の学説は，地役権には随伴性があることから，要役地の譲受人は内容の同一性を保ちながら地役権を譲り受けるものと解し，同人は，地役権の内容となった地代支払特約を承継すべきものと解している。この点については，松尾・古積・前掲書（『物権・担保物権〔松尾〕』）222-223頁参照。また，河上・前掲書（『物権法講義』）367頁は，地役権の対価について登記方法がないだけであるから，物権的負担を甘受する承役地譲受人は，登記なくして対価の支払を請求しうるものと解している。

第4章 用益物権

この問題については，かつては反対説もあったが[190]，地上権者や永小作権者は
それぞれの利用権限内において土地の利用調整を必要とする場合が考えられ，また，
物権である以上，これを肯定して差し支えない[191]。

特に，賃借権については，かつては否定する学説があり，判例も，賃借人が自己
の賃借地と他の部分とを往復するために他の部分を継続して通行していたとしても，
地役権を時効で取得することはできないものと解していた[192]。

しかし，近時の通説は，賃借権の物権化傾向に応じ，地役権に関しても，賃借権
を地上権と同一に取り扱うべきであるという理由から[193]，あるいは，賃借人も既
に設定してある地役権を行使しうること，また，地役権設定行為が所有者による旨
が規定されているのは，所有権が土地利用の基本的な権利であるからにほかならな
いという理由から[194]，所有者以外の土地利用者も地役権を設定することができる
ものと解している。

また，地役権設定の事案ではないが，近時の判例は，農地を賃借して引渡しを受
けた者と農地の所有者との間において，第213条（土地の分筆によって生じた袋地所有
者の囲繞残余地に対する無償通行権）の適用（準用）を肯定している[195]。

---

(190)　三潴信三『物権法提要上巻』（全訂21版，1927年）208-209頁，横田秀雄『物権法』
　　　495-496頁。三潴，横田両博士は，民法の地役権規定は所有者のみを眼中において規定して
　　　いるという理由から，また，三潴博士は，相隣関係の規定を地上権に準用する旨の規定があ
　　　るが（第267条），地役権にはその旨の規定がないという理由から，地上権者を始めとする
　　　利用権者による地役権設定行為を否定している。ただ，横田博士は，立法論としては，一定
　　　の条件の下に，地上権者を所有者に準じて扱うこともできると論じているが，その内容につ
　　　いては論じていない。

(191)　我妻＝有泉412頁，舟橋427頁，川島・前掲書（『民法1』）245頁。

(192)　大判昭和2年4月22日民集6巻198頁：「地役権者は他人の土地を自己の土地の便益
　　　に供する者であることを要し，他人の土地の一部を賃借する者が他の部分を自己の借地の便
　　　益に供するような場合は，他人の土地を自己の土地の便益に供する者ということができない
　　　のは勿論であるから，かかる賃借人がその賃借部分と他の場所との間を往復するため，他の
　　　部分を継続して通行するも，そのために時効によって他の部分の上に通行地役権を取得する
　　　ことができないのは言うを俟たない。」

(193)　我妻＝有泉412頁，舟橋427頁，川島・前掲書（『民法1』）245頁，川島編・前掲書
　　　（『注釈民法(7)〔中尾英俊〕』）484頁など多数。舟橋，川島両博士は，賃借人に地役権を認め
　　　ると，一種の人役権を承認する結果となるのではないかという疑問が生ずるが，土地賃借権
　　　の物権化傾向に着目すれば，これも許されるものと解している。

(194)　末川354頁。

(195)　最判昭和36年3月24日民集15巻3号542頁：最高裁は，原判決が，「172番19の農
　　　地はX₁の先代が明治年間から賃借して耕作し来り，X₁においてこれを承継し，現に賃借権
　　　を有するものであるが，172番7，19，20はいずれもA所有の同番3の土地から分筆された
　　　もので，Yが172番20，7の土地の所有権を取得した結果，X₁が賃借権を有する172番19
　　　は袋地となり，172番20及び7の土地を通行しなければ他に公道に出ずることができなく
　　　なったものであるから，X₁は民法213条によりY所有の172番7の土地につき通行権があり，
　　　かつ，これを妨害する板垣の撤去を求める権利がある」と判示した点を支持したが，農地賃
　　　貸借について農地法所定の許可を受けていないX₂は賃借権を有しないので，通行権も認め

第3節　地役権

これら学説及び判例により，現在では賃借人にも地役権の設定行為が許されているものといいうる。ただ，地役権設定登記には承役地登記簿の乙区に要役地の表示（所在・地番）が必要であり，要役地が所有権ではなく，地上権の場合には，登記申請書に「何市何町何番順位1番の地上権」と表示することになるから，土地賃借権の場合でも必ず登記がなければならず（第605条），代用的対抗要件（借地借家第10条，農地第16条1項）があるだけでは，地役権設定登記をすることはできない[196]。

3　付従性・随伴性

地役権は，要役地の所有権とは別に設定される物権であるから，要役地所有権の内容ではなく，独立した物権である。

地役権が成立し存続するためには，要役地と承役地の存在が必要である。それゆえ，地役権は，要役地から分離してこれを譲渡し，または，要役地とは別に他の権利（賃借権，質権，抵当権など）の目的とすることはできない（第281条2項）。この性質を，地役権の要役地及び承役地に対する付従性という。

また，要役地の所有権が移転したときには，地役権は所有権に従たる権利として移転し，また，要役地が他の権利の目的となったとき，例えば，要役地に抵当権が設定されたときには，その所有権とともに抵当権の目的となる（第281条1項本文）。つまり，地役権は，要役地所有権に対して随伴性を有する。ただし，この随伴性は設定行為によって排除することができ（同項ただし書），この特約を登記することによって（不登第80条1項3号），第三者に対抗することができる（第177条）。

4　地役権の不可分性

(1)　地役権不可分の意義

地役権は不可分の権利であるとされ，これは，ローマ法以来の性質であり，各国法制の認めるところであるとされる[197]。例えば，ドイツ民法は，要役地が分割されたときには，地役権はその各個において存続するものと規定し（BGB第1025条1文），スイス民法もまた同様の規定を置いている[198]。要役地が分割されたとしても，通常，各部分において地役権の必要不可欠性がなくなるはずがないからである。

られないと判示し，この点までも認めた原判決を一部破棄し，自判した。

(196)　幾代通『不動産登記法』283-284頁，川島編・前掲書（『注釈民法(7)〔中尾英俊〕』）484頁，昭和39年7月31日民事甲第2700号民事局長回答・先例集追Ⅳ155頁参照。この登記先例は，土地賃借権が登記されていれば，土地賃借人のためにも，その存続期間内において，その賃借地を要役地とする地役権の設定登記をすることができるとしたものである。それゆえ，我妻＝有泉413頁は，この限りにおいて，前掲大判昭和2年4月22日は修正されたものと解すべきであるという。

(197)　石田（文）599頁参照。

(198)　ZGB第743条（土地の分割）

　　第1項　要役地または承役地が分割されたときは，地役権はそのすべての部分の上に存続する。

　　第2項　各個の部分における証拠または事情により，地役権の行使が制限されるときは，地役権は，関係のない部分において消滅する。

第4章 用 益 物 権

しかし，ドイツ民法は，承役地が分割された場合において，地役権の行使が承役地の特定の一部分に限られるときには，その行使の範囲外にある部分は，地役権を免れるものと規定する（BGB 第 1026 条）。承役地が分割されたことにより，従前より地役権を負担していた部分で要役地の要求を満たすことができるのであれば，他の部分の負担を除去しても，差し支えないからである。

わが民法の地役権規定のうち，第 282 条は「地役権の不可分性」と称され，また，要役地共有者の一人による地役権の時効取得，要役地の各共有者に対する時効の中断・停止に関する第 284 条，そして，共有要役地についての地役権の消滅時効中断・停止に関する第 292 条もまた，地役権不可分性の現れだといわれてきた[199]。

しかし，地役権の不可分性と称される性質は，必ずしも地役権に特有の性質ではなく，また，前記した地役権の不可分性と称される各規定には特別な立法理由があり，これらを一括して地役権の不可分性と称しつつ，統一的に説明するのは無意味であるとされる[200]。それゆえ，地役権の不可分性に関する以下の論述ないし説明は，地役権の性質を理解するための便宜としての意味を有するに過ぎない[201]。

(2) 地役権の不可分性

まず，地役権は要役地全体の物質的利用のために，承役地全体を物質的に利用する権利であるから，要役地が分割され，または，一部譲渡された場合でも，地役権はその各々の部分のために存続し，承役地が分割され，または，一部譲渡された場合でも，その各々の部分につき地役権が存続する（第 282 条 2 項本文）。ただ，例えば，承役地の東側何平方メートルというように，範囲を指定して，その部分に建物等の工作物を建設しないと約定した場合のように，地役権の内容が，要役地や承役地の一部を指定して設定された場合には，地役権は，もはや，残りの部分には及ばなくなる（同項ただし書）。

次に，地役権は，要役地全体の利用価値を増進するための権利であるから，要役地が共有の場合でも，共有者の各持分のために存在させることはできず，共有者の一人の意思によって，自己の持分につき要役地のために存する地役権を消滅させる

---

(199) 梅・前掲書（『民法要義巻之二』）274，279 頁，富井・前掲書（『民法原論第二巻』）259
頁以下，三潴・前掲書（『物権法提要』）209 頁以下など参照。
(200) 末弘 634 頁，舟橋 428-429 頁。
　　末弘博士は，地役権の不可分性と称する学説（前掲した梅，富井，三潴博士の見解）は，
必ずしもその原則の根拠及び意義について一致するものではないとして，学説を批判し，ま
た，地役権は他の用益物権とは異なり，要役地と承役地という 2 個の土地の存在が必要であ
り，これらの土地の共有，一部ないし複数分割等に関連して，他の場合にはない特別な関係
が発生するだけのことであり，これを一括して不可分性と称し，統一的に説明するようなこ
とは無用であると同時に，却って誤解を惹起する原因になると主張している。
(201) 我妻 283 頁，我妻＝有泉 414 頁も，末弘博士による学説への批判と同様の趣旨を述べ
ており，その上で，地役権の法律的性質を理解する便宜として，第 282 条などの内容を地役
権の不可分性とするのが適当だとされる。

676

ことはできない（第282条1項）。また，同様の趣旨から，承役地が共有の場合でも，共有者の一人の意思によって，自己の持分につき承役地上に存する地役権を消滅させることはできない（同条同項）。

(3) 共有要役地と取得時効との関係

前段の考え方は，要役地のために地役権を時効取得する場合にもあてはまり，共有者の一人が地役権を時効取得した場合には，他の共有者も地役権を取得する（第284条1項）。

それゆえ，反対に，共有者に対する地役権の取得時効の中断行為は，その地役権を行使する各共有者に対してしなければ，その効力を生じない（同条2項）。

また，地役権を行使する共有者の一人に時効停止の原因が生じても，取得時効は各共有者のために進行を続けることになる（同条3項）。

(4) 共有要役地と消滅時効との関係

また，同様に，共有要役地の地役権がその不使用により時効消滅の危機に瀕している場合でも，共有者の一人につき時効の中断または停止事由が発生したときには，その中断または停止は，各共有者のためにもその効力を生ずる（第292条）。共有者一人一人に相対的に消滅時効の中断や停止事由が生ずること，ひいては，地役権が共有者のうちいずれかについて消滅し，いずれかについて存続するという状況は，地役権の性質上認めることができないからである。

(5) 土地の一部分に対する地役権の設定

最後に，一筆の土地（要役地）の一部分の便益のために地役権を設定することができるかという問題がある。この点は，登記との関係では無理であろう。しかし，反対に，一筆の土地（承役地）の一部分の上に地役権を設定することはできる（第282条2項，不登第80条1項2号）。地役権の設定は承役地になされ，通行地役権なら，その一部を限定して設定されるであろうから，むしろ，当然のことである。

承役地の一部に関する地役権設定の登記は，承役地の登記簿中権利部乙区に登記され（不登規第4条4項），地役権設定の目的とともに，その範囲が登記される（不登第80条1項2号，不登規第159条1項3号）。そして，承役地の一部における地役権の範囲は，申請時に添付された地役権図面によって明らかにされ，地役権図面番号を付され，これが登記される（不登規第160条）。

第3項　地役権の存続期間

地役権には，地上権と同様，存続期間に関する規定がない。前述したように，地上権については，任意に存続期間を定めることができるものと解されている。そうすると，地上権よりも一層所有権を制限する程度が軽い地役権の場合にも，任意に存続期間を定めることが許されよう[(202)]。

---

(202) 旧民法財産編第287条1項1号は，存続期間の満了を地役権の消滅事由と規定しており，

第4章 用益物権

それでは，一歩進んで，地上権において認められた永久の地役権も認められるであろうか。学説は，何らの規定もないこと，所有権を制限する程度が少ないこと，また，その制限の範囲内においても所有権の利用を全く奪うものではないことを理由として，これを承認している[203]。

なお，この存続期間の定めを登記して第三者に対抗することができるか否かについて，不動産登記法第80条からは必ずしも明らかではないが[204]，従来の学説は一般にこれを肯定してきた[205]。しかし，形式的に登記事項として法定されていない以上，地役権の存続期間を記載して登記申請しても，受理されないものと思われる。

第4項 地役権の態様

1 作為地役権と不作為地役権

この分類は，地役権の内容によるものである。その内容として，地役権者が一定の行為と，これに対する承役地の利用者の忍容義務となるものが作為地役権であり，承役地の利用者に一定の利用をしない義務を負担させるものが不作為地役権である。

2 継続地役権と不継続地役権

例えば，通路が開設されている場合のように，地役権の内容を実現するに際し，常に間断なく継続しているものを継続地役権といい，井戸から水を汲み上げる地役権や通路を設けない地役権のように，その実現に際し，その都度，地役権者の行為を要し，間断あるものを不継続地役権という。なお，不継続地役権は取得時効の対

起草者である梅謙次郎博士は，このような規定は権利消滅一般の規定であり，当然のことであるから，削除することとしたと述べていることから解すると，梅博士も，存続期間の定めがその念頭にあったようである。前掲『法典調査会議事速記録二』297頁参照。また，富井・前掲書（『民法原論第二巻物権』）252頁も参照。

(203) 石田（文）590頁，我妻＝有泉416頁，舟橋429頁，川島・前掲書（『民法1』）248頁など多数。しかし，河上・前掲書（『物権法講義』）367頁は，この点を含めて，存続期間が対価と同様に登記事項とされていない点について，第三取得者保護の観点からは問題であると指摘する。

(204) 不動産登記法第80条1項（登記事項）の2号には，「地役権設定の目的及び範囲」という文言しかない。この文言は旧法第113条1項においても同様のものであった。

(205) 我妻＝有泉417頁，舟橋430頁。

我妻＝有泉417頁は，当事者が存続期間を定めることができるのはもちろんのことであるが，公示の原則に従い，登記した場合にのみ，これをもって第三者に対抗しうるものと解しており，（旧）不動産登記法第113条（現行第80条）1項は，このような登記を許す趣旨と解しうるものと論じている。この点は，末川・前掲書（『物権法』）357頁も同旨である。

不動産登記法第80条1項は，地役権の目的及び範囲を登記申請書に記載して登記申請すべき旨の規定であることから，学説は，この「目的及び範囲」という点において，存続期間も登記しうるものと解したのであろう。しかし，この場合における地役権の目的は通行や引水などを指しているということは明らかであり，また，その範囲は承役地の全体か，あるいは一部分であるか，一部分の場合には承役地のどの部分であるかといったものであることもまた明らかであるから，そもそも，存続期間は登記事項ではない。それゆえ，これら従来の学説は立法論にとどまるものと解する向きもある（近江・講義II 287頁）。

678

象にならない（第283条）。

3 表現地役権と不表現地役権

　例えば，通行地役権や用水地役権のように，地役権の内容を実現するに際し，その外観から認識可能な状況にある地役権を表現地役権といい，観望地役権など，その外観からは認識しえない状況にある地役権を不表現地役権という。この意味において，不作為地役権は不表現地役権でもある。なお，不表現地役権も取得時効の対象にならない（第283条）。

第2款　地役権の取得

第1項　地役権の取得事由

　地役権は設定契約によって設定されることが多いが，遺言によって設定することもでき，譲渡，相続，時効によって取得することもできる。しかし，これらの事由によって地役権を取得しても，登記を経由しなければ，第三者に対抗することはできないように思われる（第177条）。

　しかし，地役権のうち，通行地役権や用水地役権のように，通路や用水路が承役地に現存し，要役地所有者等が日常生活や事業の用に供する施設としてこれを利用しているという状況は，現地を確認すれば容易に知りうる事柄である。それゆえ，このような表現地役権の存在を容易に認識しうる場合には，当該地役権が未登記のときでも，承役地の取得者が地役権の存在を否定することは信義則上許されず，その負担を引き受けるべきものと解することができる[206]。そして，承役地の取得者が，そのような未登記地役権の存在を熟知しているときには，地役権の存在を否定して，その通行を妨害するような行為は，権利濫用として許されないものと構成することができよう[207]。地役権は，制限物権とはいえ，約定の相隣関係であるから，

---

[206]　夙に我妻＝有泉博士は，継続かつ表現の要件を充たす通行地役権については，その行使が継続する限り，未登記であっても，承役地取得者に対し，（同人がこれを否定するときは）背信的悪意者であるという主張が認められる可能性が高いものと解していた（我妻＝有泉419頁）。また，『不動産物権変動の法理〔沢井裕〕』（有斐閣，1983）147頁は，通路の存在は囲繞地の客観的負担の公示となりうるものと解している。そして，旧農地法（昭和27年7月15日法律第229号）第54条4項は，電気事業者の「地役権の設定は，その登記がなくても，その承役地が電線路の施設の用に供されている限り，その承役地の所有権を取得した者にこれをもって対抗することができる」と規定されていた。つまり，この限りにおいて，表現地役権は登記なくしてその対抗力を認められていたものということができる。

[207]　関連事案として，既に借地権について，最判昭和38年5月24日民集17巻5号639頁は，第三者Cが借地上に借地権者Bの所有する建物があることを知りながら，借地権の対抗要件を具備していないことを奇貨として，土地所有者Aから土地を買い受け，所有権移転登記を経由した上で，Bに対し，建物収去・土地明渡しを請求したという事案において，この取得者Cの行為は権利濫用に当たり，許されないものと判示している。この点については，「第2章 物権の変動，第8款 民法第177条の第三者，第1項 民法第177条における「第三者」の範囲，4「善意悪意不問説」と「悪意者排除説」」で既に解説済みであるから，参照されたい。

このような解釈が許されて然るべきである。

　近時，判例は，通行地役権が未登記であり，通行地役権の承役地が譲渡されたという事案において，その譲渡時に，当該承役地が要役地の所有者によって継続的に通路として使用されていることが，その位置，形状，構造等の物理的状況から客観的に明らかであり，かつ，譲受人がこれを認識していたか，または，認識可能であったときには，譲受人が通行地役権の設定を知らなかったとしても，譲受人が地役権者の言動から無権原でなされているものと認識していたといった特段の事情のない限り，当該譲受人は地役権設定登記の欠缺を主張するにつき正当な利益を有する第三者ではないとし（最判平成10年2月13日民集52巻1号65頁），この場合には，地役権者は，承役地の譲受人に対して，地役権設定登記手続を請求することができるものと判示した（最判平成10年12月18日民集52巻9号1975頁）。以下，これらの判例について，検討する。

〔判例69〕承役地譲受人に対する未登記地役権の対抗力：最判平成10年2月13日
　　　　　民集52巻1号65頁

【事実】

　(1)　本件分筆前の3604番1の土地所有者Aは，これを6区画の宅地及び東西3区画ずつの中央を南北に貫く幅員約4メートルの通路として造成した。この通路は，その北端で，この土地の北側に接している公道に通じていた。また，この土地の西側に里道があるが，その有効幅員は1メートルもなかった。

　(2)　Aは，6区画のうち西側中央の本件土地二をXに売り渡した。その際，AとXは，黙示的に，本件通路部分の北側半分に相当する本件係争地に，要役地を本件土地二とする無償かつ無期限の通行地役権の設定を合意し，Xは，以後，これを本件土地二のための通路として継続的に使用していた。

　(3)　Aは，6区画のうち東側中央，南東側及び南西側の3区画ならびに通路部分をBに売り渡し，これらの土地は，その後，分合筆を経て本件土地一となった。AとBは，売買の際に，黙示的に，BがAから本件通行地役権の設定者の地位を承継することを合意した。Bは，売買後直ちに本件係争地を除いた部分に自宅を建築し，本件係争地にはアスファルト舗装をして，自宅から公道に出入りするための通路とした。

　(4)　Xは，本件土地二に，東側に駐車スペースを設け，玄関が北東寄りの自宅を建築し，本件係争地を通行して公道に出入りしていたが，Bはこれに異議を述べていない。

　(5)　Bは，本件土地一をYに売り渡したが，YはBから本件通行地役権の設定者の地位を承継するとの合意はしていない。Yは，本件土地一を買い受けるに際し，現にXが本件係争地を通路として利用していることを認識していたが，Xに対し，通行権の有無について確認しなかった。その後，Yは，Xの通行地役権を否定し，バリケードを張るなどして，その通行を妨害した。

　そこで，Xは，Yに対し，主位的請求として，①Xが，本件土地一のうち，本件通路の北側半分につき，無償，無期限の通行地役権を有することの確認，②本件通路につき，

第3節　地　役　権

A・X間の約定に基づく通行地役権の設定登記手続をすること，③本件通路上の妨害工作物を除去すること，④係争地の通行使用を妨害してはならないという判決を求め，予備的請求として，本件土地一のうち，本件通路のうちの北側半分につき，Xが囲繞地通行権を有することの確認を求め，本訴を提起した。

【原審】

　原審は，(1)本件係争地が通路として必要不可欠であることはその形状や利用状況から一見して明白である，(2)Yは，Xによる本件係争地の通路としての利用を知っており，これが利用できなくなれば，Xが多大な費用をかけて別に通路を設けなければならないことも知っており，Xに予想外の損害が生じることを認識している，(3)(2)の事情があるのに，Xの通行地役権に登記がないことを奇貨として，通路を閉鎖し，Xの無権利を主張するYは背信的悪意者であると認定し，Xの通行地役権確認及び通行使用妨害禁止請求は認容したが，地役権設定登記手続請求は棄却した。Yから上告。

【判旨】棄却

　最高裁は，「通行地役権（通行を目的とする地役権）の承役地が譲渡された場合において，譲渡の時に，右承役地が要役地の所有者によって継続的に通路として使用されていることがその位置，形状，構造等の物理的状況から客観的に明らかであり，かつ，譲受人がそのことを認識していたか又は認識することが可能であったときは，譲受人は，通行地役権が設定されていることを知らなかったとしても，特段の事情がない限り，地役権設定登記の欠缺を主張するについて正当な利益を有する第三者に当たらないと」した。

　また，最高裁は，そのようなときには，譲受人は，要役地の所有者が承役地について通行地役権その他の何らかの通行権を有していることを容易に推認することができ，また，要役地の所有者に照会するなどして通行権の有無，内容を容易に調査することができるから，承役地の「譲受人は，通行地役権が設定されていることを知らないで承役地を譲り受けた場合であっても，何らかの通行権の負担のあるものとしてこれを譲り受けたものというべきであって，譲受人が地役権者に対して地役権設定登記の欠缺を主張することは，通常は信義に反するものというべきである。ただし，例えば，承役地の譲受人が通路としての使用は無権原でされているものと認識し，かつ，そのように認識するについては地役権者の言動がその原因の一半を成しているといった特段の事情がある場合には，地役権設定登記の欠缺を主張することが信義に反するものということはできない」とした。

　それゆえ，「譲受人は，特段の事情がない限り，地役権設定登記の欠缺を主張するについて正当な利益を有する第三者に当たらないものというべきである」が，「なお，このように解するのは，譲受人がいわゆる背信的悪意者であることを理由とするものではないから，譲受人が承役地を譲り受けた時に地役権の設定を知っていたことを要するものではない」とした。

《問題点》

　土地の売主Aと買主Xが黙示的に通行地役権を合意したが，未登記の場合において，Aが承役地をBに売り渡し，Bは地役権設定者の地位を承継したが，この承役

681

地を更にYがBから転得したところ，YはXの地役権を認識しつつも，これを顧慮せず，Xに確認していないときには，XはYに対し通行地役権を対抗することができるか。

《分析》

このような問題について，本判決は，①承役地の譲渡時に，承役地が要役地の所有者によって継続的に通路として使用されていることがその位置，形状，構造等の物理的状況から客観的に明らかであり，かつ，譲受人がそのことを認識していたか又は認識することが可能であったときには，譲受人は，通行地役権が設定されていることを知らなかったとしても，特段の事情がない限り，地役権設定登記の欠缺を主張するについて正当な利益を有する第三者に当たらないと判示した。また，②①の場合には，譲受人は，要役地の所有者が承役地について通行地役権その他の何らかの通行権を有していることを容易に推認することができ，また，要役地の所有者に照会するなどして通行権の有無，内容を容易に調査することができるので，譲受人は，通行地役権が設定されていることを知らないで承役地を譲り受けた場合であっても，何らかの通行権の負担のあるものとしてこれを譲り受けたものというべきであって，譲受人が地役権者に対して地役権設定登記の欠缺を主張することは，通常は信義に反するものと判示した。

つまり，簡単に本判決における事案のポイントを整理すると，①黙示的に設定された未登記地役権と承役地譲受人との関係はどのようにして決するのか，②承役地譲受人が未登記地役権を否定しえなくなる場合とその理由，である。

そして，本件のような場合には，承役地の譲受人は，当該土地が地役権の目的であることを知らなかったとしても，簡単に調査することによって知ることができるという理由によって，信義則上，地役権登記の欠缺を主張して，地役権の存在を否定することはできないと判示したのである。

本件は，承役地の譲受人がその譲り受け時に背信的悪意者に該当するか否かを問わず（つまり，悪意を前提とせずに），地役権の存在を容易に推認しうる場合には，承役地の譲受人において地役権の存在を知らなかったとしても，その存在を否定することが信義則違反に該当し許されない場合があるということを明らかにした事案として，重要性が高い判例である。

本判決は，「第2章 不動産に関する物権変動」の「第7款 第177条各論〔3〕取得時効と登記」において詳細に論じた最判平成18年1月17日（民集60巻1号27頁）と大変関係の深い判決である。両判決の詳細な検討は既に論じたので，再論はしない。

第 3 節　地 役 権

〔判例 70〕　未登記地役権取得の効力：最判平成 10 年 12 月 18 日民集 52 巻 9 号 1975
　　　　　　頁
【事実】

　(1)　Aは，土地 1107 番 3（宅地，約 333 平方メートル）を所有していた。Aは，土地の
宅地分譲を計画し，右土地を，1107 番 3 の土地，同番 19 の土地及び本件土地に分筆する
旨の登記手続をし，B会社に対し，1107 番 19 の土地及び近隣の住民のための公道に通ず
る通路の一部である本件土地を売却し，所有権移転登記を経由した。その際，A・B間に
おいて，黙示的に，A所有の 1107 番 3 の土地を要役地とし，Bが取得した本件土地を承
役地として，通行地役権を設定する旨の本件合意がなされた。

　(2)　Aは，1107 番 3 の土地（要役地）を，4 筆（同番 3，21，22，23）に分筆する旨の登
記手続をし，各土地上に各 1 棟の建物を建てた。その後，これらの土地は，地上建物とと
もにCらに順次に，しかも転々と売却され，最終的にXらがそれぞれ取得した。X1 は同
番 21 の土地を，X2 は同番 22 の土地を，X3 は同番 23 の土地をそれぞれ取得し，その旨
の各所有権移転登記を経由した。この間，本件土地は，各土地の所有者らにより通路とし
て利用されていた。

　(3)　D工務店は，Bから本件土地及び 1107 番 19 の土地（承役地）を購入し，所有権移
転登記を経由した。Dは，1107 番 19 の土地を 3 筆（同番 19，25，26）に分筆する旨の登
記手続をした。そして，Dは，同番 19，25 の各土地上に建物を建築し，同番 26 の土地の
各持分をYらに売却し（Y1 に 3 分の 2，Y2 に 3 分の 1），同番 25 の土地をY1 に，同番 19
の土地をY2 に，それぞれ売却し，これによりYらは，各自がそれぞれ取得した宅地とと
もに，これら宅地に接して存在する本件通路の敷地たる土地の所有権（共有持分）をも取
得した。この際，Yらは，Dから，本件土地は公衆用の通路である旨の説明を受け，Xの
取得した各土地を含む近隣土地の所有者らのための通路としての使用を認識し，この点に
ついて了解していた。

　(4)　Xらは，主位的請求として，本件合意に基づく通行地役権の承継取得を，予備的請
求として，右と同内容の通行地役権の時効取得を原因として，Yらに対し，Xらの通行地
役権の確認と，本件土地への地役権設定登記手続を求め，本訴を提起した。

【原審】

　原審は，次のように判示し，Xらの通行地役権確認請求は認容すべきものとしたが，地
役権設定登記手続請求は棄却した。

　(1)　一般に通行地役権の時効取得が認められるには，当該通行地役権が継続かつ表現の
ものであるものに限られる（民法 283 条）ところ，通行地役権が「継続」の要件を満たす
には，要役地の所有者によって承役地となる土地の上に通路が開設されることを要する。

　(2)　本件通行地役権の設定を合意し通路が開設されたのは，AとBの所有当時であり，
承役地たる本件通路の土地は，Xらにより取得されるまでは要役地の所有権取得者が通路
の設置，管理，保存等をしておらず，単に，要役地から市道方向へ出るための通路として
通行利用してきたにすぎないのであるから，Xらは，本件通行地役権を時効取得する要件

683

第4章　用益物権

を具備しておらず，XらはYに対する登記原因を有しないので，地役権の設定ないし移転登記を請求することはできない。Xらから上告。

【判旨】 破棄（登記請求の部分）自判

最高裁は，原審の判断のうち，(1)は是認しうるが，(2)は是認しえないとして，「通行地役権の承役地の譲受人が地役権設定登記の欠缺を主張するについて正当な利益を有する第三者に当たらず，通行地役権者が譲受人に対し登記なくして通行地役権を対抗できる場合には，通行地役権者は，譲受人に対し，同権利に基づいて地役権設定登記手続を請求することができ，譲受人はこれに応ずる義務を負うものと解すべきである」とし，その理由は，「譲受人は通行地役権者との関係において通行地役権の負担の存在を否定し得ないのであるから，このように解しても譲受人に不当な不利益を課するものであるとまではいえず，また，このように解さない限り，通行地役権者の権利を十分に保護することができず，承役地の転得者等との関係における取引の安全を確保することもできない」として，未登記の通行地役権者に地役権の確認のみならず，登記請求権まで認めた。

《問題点》

(1)　未登記通行地役権の取得者と承役地の承継人との関係。

(2)　未登記地役権者には承役地の承継人に対する登記請求権があるか。

《分析》

このような問題について，本判決は，黙示的に約定された地役権に基づいて通路を長らく継続して通行してきた者（A）から通行地役権を承継取得した者（X）は，承役地の承継取得者（Y）に対し，通行地役権の取得を対抗することができ，このような場合には，Xは，Yに対し，地役権の設定登記請求権を有すると判示した。

本件において通行地役権の承継取得が認められた理由は，要役地の原所有者Aによる本件通路の開設と長年の通行という事実によって，地役権の時効取得の要件である「継続かつ表現」という第283条旧規定の要件を充たすということが挙げられる。第283条現行規定では，「継続的行使，かつ外形上認識可能」が要件となっているが，意味は同じである。その反面，承役地の承継所有者YらがA，Xら，その他周辺住民による通行の事実を知っていたということから，YらはXらの地役権登記の欠缺を主張する正当の利益を有する第三者ではない，即ち，地役権関係の当事者であると認められたのである。

このように，未登記地役権の効力の有無という問題は，「通路」の位置，形状，構造等の物理的状況から判断される客観的な明確性，そして，承役地譲受人の認識可能性によって判断されている。したがって，設定行為と通路，そして，継続的通行という地役の実態が存在していれば，未登記であっても，地役権は保護される。そして，この点は，本件のような売買による取得のみならず，競売による売却手続においても，同様の解釈は維持される。ただし，地役権の存在認識の基準時は，売却手続時ではなく，最先順位の抵当権設定時である[208]。この点は，抵当権者及び

684

第3節　地役権

買受人の負担という意味において，妥当である。

　次に，地役権設定登記の方法は，まず，承役地について登記され（不登第80条），その際，登記権利者たる地役権者の氏名または名称及び住所は記載する必要はない（同法第80条2項）。あくまでも，「地役」であり，「人役」ではないからであって，また，要役地の所有権のために設定され（第280条），要役地所有権との付従性を有する（第281条）ことからも明らかである。所有者以外の用益権者も設定者になることができるが，この場合には，承役地の乙区に，当該用益権の登記に対する付記登記によって行われる（例えば，「壱番地上権地役権設定」と記載される）。

　次に，要役地にも地役権の表示を行う（不登第80条4項）。この場合にも乙区に，「要役地地役権」という標題が付せられ，承役地の表示を行い，要役地についての地役権の登記である旨（不登規第159条1項1号），承役地に係る不動産所在事項及び当該土地が承役地である旨（同項2号），地役権設定の目的及び範囲（同項3号）が登記される。

　要役地が他の登記所の管轄である場合には，当該登記所へ通知し（不登規第159条2項），通知を受けた登記所の登記官は，遅滞なく，要役地の登記記録の乙区に通知を受けた事項を記録し，または抹消しなければならない（同条5号）。

　なお，要役地の登記簿にもそのような記載がなされる関係上，要役地について，所有権の登記がされていない場合には，地役権の登記をすることはできない（不登第80条3号）。

第2項　時効による地役権の取得

　地役権を時効によって取得する場合には，所有権以外の財産権の取得時効として，地役権を自己のためにする意思をもって平穏かつ公然に行使することによって，原則として20年で時効取得し，地役権行使時に善意かつ無過失であるときには，10年で地役権を時効取得しそうである（第163条）。しかし，地役権の取得時効には，更に特則があり，当該地役権が「継続的に行使され，かつ，外形上認識することができるもの（平成16年の民法現代語化の前は「継続かつ表現」であった。）」に限り，時効によって取得することができると規定されている（第283条）。

　この規定の意義について，判例は，通行地役権の場合には，通路を開設することが必要であり，これなくしては，地役権を時効取得しえないものと解してきた[209]。

---

(208)　最判平成25年2月26日民集67巻2号297頁：「通行地役権の承役地が担保不動産競売により売却された場合において，最先順位の抵当権の設定時に，既に設定されている通行地役権に係る承役地が要役地の所有者によって継続的に通路として使用されていることがその位置，形状，構造等の物理的状況から客観的に明らかであり，かつ，上記抵当権の抵当権者がそのことを認識していたか又は認識することが可能であったときは，特段の事情がない限り，登記がなくとも，通行地役権は上記の売却によっては消滅せず，通行地役権者は，買受人に対し，当該通行地役権を主張することができる」。

通路が開設されていない土地を近隣の住民が通行しているうちに自然に通路化したとしても，その通行は，土地所有者が親切心から黙認している場合が多く，それにもかかわらず，時効による通行地役権を認定することは，土地所有者に過大な負担をかけることになり，到底是認しえないからである。

　では，この通路は誰が開設してもよいのかという点が問題となり，また，要役地所有者と承役地所有者とが協力して開設した場合でも，地役権の時効取得は認められるのかという点が問題となる。

〔判例71〕最判平成6年12月16日判時1521号37頁
【事実】

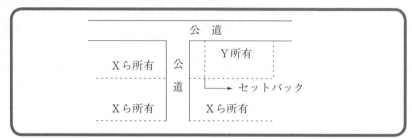

　(1)　Yは，宅地（以下「Y所有地」という。）を所有している。Y所有地は，北側及び西側がいずれも公道に接しており，本件土地は，Y所有地の一部で，西側の公道（以下「西側道路」という。）に接する東西の幅員約0.9メートルの南北に細長い形状の土地である。Xらは，西側道路のうち，本件土地と接する部分より南の部分の両側に土地を所有する者であり，各自の所有地から北側の公道へ出るために西側道路を通行している。

　(2)　Yは，Yの所有地と西側道路との境界線に沿ってフェンスを設置しようとした際，Xらから，道路拡幅のためにY所有地の一部を提供するよう強く働きかけられたため，西側道路との境界より東寄りに引き込んで，本件土地の東端線に沿ってフェンスを設置した。

　(3)　Xらは，フェンスが設置されたのとほぼ同じ時期に，西側道路のうちXらの所有地と接する部分について，各自が所有地の一部を提供しまたは費用の一部を負担するなどして，共同して拡幅を行った。その結果，西側道路は幅員約3.6メートルに拡幅され，本件土地は拡幅部分の一部となった。Xらは，その後，西側道路及びその拡幅部分について，土砂を入れたり除草をしたりするなどして維持管理をするとともに，20年以上にわたって通行のためにその使用を継続した。

　Xらは，Yに対し，地役権の確認などを求め，本訴を提起した。

---

(209)　大判明治31年6月17日民録4輯6巻81頁は，通行地役権は本来不継続の性質を有するので，時効取得しえないものであり，かかる通行地役権を時効取得するには，法律の設定がなければならないと判示したが，次の判例は，この明治31年大判を引用しつつ，次のように判示している。

　大判昭和2年9月19日民集6巻510頁：「地役権は継続且表現のものに限り時効により取得しうるものにして，通行権は特に通路を設けなければ継続のものとならない（大判明治31年6月17日参照）。従って，通路の設備なき一定の場所を永年間通行した事実によっては，未だ以て時効により地役権を取得するに由なきものとする」。

686

第3節　地役権

　原審は，Xらの行為により通路が開設されたとして，20年以上の利用を認め，地役権の時効取得を認めた。Yから上告。

【判旨】棄却

　「(1)　地役権は継続かつ表現のものに限って時効取得が認められるが（民法283条），通行地役権について右「継続」の要件を満たすには，要役地の所有者によって承役地となる土地の上に通路が開設されたものであることを要すると解される（最判昭和30年12月26日民集9巻14号2097頁，最判昭和33年2月14日民集12巻2号268頁）。

　(2)　Xらは，西側道路を拡幅するため，Y所有地の一部を拡幅用地として提供するようYに働きかける一方，自らも，各自その所有地の一部を同用地として提供するなどの負担をしたものであり，Xらのこれら行為の結果として，西側道路の全体が拡幅され，本件土地はその一部として通行の用に供されるようになったというのであるから，本件土地については，要役地の所有者であるXらによって通路が開設されたものというべきである。

　(3)　そうすると，Xらは，開設後20年以上本件土地を通行のために使用したことにより，本件土地につき通行地役権を時効取得したということができるのであって，これと同旨の原審の判断は，正当として是認することができる。」

《問題点》

　公道に面した土地の所有者が自己の土地と公道との間にフェンスを設ける際に，近隣住民より，道路拡幅の必要から少し下げて設置してほしいという要望を受け，好意から要望を受け入れるとともに，近隣住民らも各自が道路拡幅に協力して，所有地の一部を提供して，道路を拡幅した場合において，その後，20年以上，道路用地として近隣住民が使用してきたときには，通行地役権の時効取得の要件である「継続かつ外形上認識しうるもの」（第283条）に該当するのか。

《分析》

　このような問題について，本判決は，Xら近隣住民の一連の行動によって，本件土地については，要役地の所有者であるXらによって通路が開設されたものというべきであると判示し，Xらに通行地役権の時効取得を認めた。

　通行地役権の時効取得の要件である「継続」の意義について，従来の判例は，通行地役権の場合には，承役地の上に通路を開設することを要し，その開設は要役地の所有者によって行われる必要があるものと判示してきたが，学説はこれに異議を唱えていた[210]。

---

(210)　この点を要件化している判例として，最判昭和30年12月26日民集9巻14号2097頁，最判昭和33年2月14日民集12巻2号268頁，及び本件最判平成6年12月16日がある。この判例法理を明確に支持する学説として，近江・講義Ⅱ285頁がある。しかし，従前の学説は，判例の示す要件については，通路を何人が開設したかは時効制度の趣旨からいって問題とすべきではないとし（末川356頁，舟橋432頁），要役地所有者による通路の準占有が成立しているかどうかによって決すべきものとして（我妻＝有泉421頁），判例の解釈に疑問を呈してきた。

687

第4章 用 益 物 権

　また，学説は，たとえ「継続かつ表現の（外形上認識しうる）もの」であっても，空き地を長年の間通行し，自然に通路ができたという場合のように，当該土地の所有者が近隣の情誼によりこれを黙認していたような場合には，地役権の時効取得を認めるべきではないと解してきた[211]。この点については，判例も，承役地の所有者が隣地（要役地）所有者のために好意的に通路を開設したという事案や[212]，承役地の所有者が開設し使用していた通路を隣地（要役地）所有者も使用していたという事案において[213]，いずれも，要役地所有者による地役権の時効取得を否定している。

　本件平成6年判決は，公道に接する土地（要役地）の所有者Xが，Yに対して公道拡幅のため土地の一部を提供するよう働きかけた上で，自らも土地の一部を提供し，その結果，公道全体が拡幅され，Yの所有地（承役地）も拡幅部分の一部として通行の用に供されたという事案において，Yの承役地につき，要役地所有者Xによって通路が開設されたものとして，通行地役権の時効取得を認めている。

　本件は，元々，公道に接する土地でありながら，公道全体の拡幅という目的のために他人の土地についても働き掛けをして，共同して拡幅工事を行ったという事案であるにもかかわらず，要役地所有者の地役権時効取得を認めたものであり，この点において，判例法理はまさに拡張されたものといえよう。

　なお，前述したように，最高裁の判例法理は，「要役地所有者自身による通路の開設」を通行地役権の時効取得の要件として位置づけているが，この点について，学説は，要役地所有者による通路の準占有が成立しているか否かを要件と解すべきであるとし[214]，あるいは，通路の開設者を要役地所有者として要件化することは時効制度の趣旨からして妥当ではなく[215]，通路の開設者が何人であっても，要役地所有者が自らの費用や労力をもって通路を維持管理していれば足りるものと主張している[216]。

---

(211)　我妻＝有泉420頁，舟橋432頁など。

(212)　前掲最判昭和30年12月26日：「民法283条による通行地役権の時効取得については，いわゆる「継続」の要件として，承役地たるべき他人所有の土地の上に通路の開設を要し，その開設は要役地所有者によってなされることを要する」。

(213)　前掲最判昭和33年2月14日：前掲最判昭和30年12月26日を引用しつつ，判例を踏襲している。ただ，本件には小谷判事の補足意見があり，小谷判事は，たとえ当該通路が要役地所有者によって開設された場合でなくとも，要役地所有者が自己のためにする意思をもって自ら当該通路の維持管理をし（自らの労力または自らの費用をもって），かつ引き続き通行して来た場合には，「継続」の要件を備えているものと主張している。

(214)　我妻＝有泉421頁。

(215)　舟橋432頁，末川356-357頁。

(216)　川島編・前掲書（『注釈民法(7)〔中尾英俊〕』）491頁（新版955頁）。前掲最判昭和33年2月14日の小谷判事の補足意見はこの学説に依拠している。この学説の考え方は，近時でも，石田穣476頁，松尾・古積・前掲書（『物権・担保物権』〔松尾〕）223頁，河上・前掲書（『物権法講義』）362頁が主張している。

しかし，学説の中には，自ら開設した通路を通行する者のみが継続的に土地を利用するに値するという判例の考え方に賛意を表明し，通行地役権の多くは承役地所有者の行為から与えられた無償通行権であり，これが取得時効によって地役権という物権に転化することは好意性に悖ること，他方，時効完成の不利益を受ける側には，時効完成を阻止する対抗手段が与えられなければならないのであるが，通路開設行為がなければ，時効中断が難しいという理由から，判例に全面的に賛成するものもある[217]。

第3項　慣習による地役権の取得

民法は，地役権の取得に関して，設定行為による場合と（第280条），取得時効による場合（第283条）のみを規定しているが，慣習による地役権の取得は認められるのかという問題がある。即ち，我妻＝有泉博士は，第175条の規定があるにもかかわらず，判例が，慣習上の水利権を認めたこととの比較において[218]，慣習による地役権または地役権類似の権利の取得を否定すべき理由はないと主張した[219]。

この問題は，継続かつ表現の（外形上認識しうる）ものでないために，時効取得が認められない近隣原野における自家用肥料のための採草，落ち葉の採取，木材搬出のための通行などについて，農地法や森林法等の措置を俟たずに，これを目的とする一種の慣習上の地役権が存在するものと認められる場合があるのではないかという問題提起から発したものである。

しかし，この問題については，そもそも，そのような入会権的な土地利用形態が現在でも残存するのかという点，また，仮に，そのような生活をしている個人または集落があったとしても，その場合には，承役地とされる土地の全体を継続的に利用しているのであるから，この点において，「継続かつ外形上認識しうる」程度に土地を利用しているものと解されるので，要役地のための取得時効が適用されるのではないかと思われる。ただ，判例の認めた慣習上の水利権との比較においては，特に否定すべきものではないであろう。

第3款　地役権の効力

第1項　地役権者の権能

地役権の内容は，設定行為や時効取得の基礎となった準占有（第205条）によって定まり，地役権者は，地役権の内容に従って承役地を利用する。地役権の内容は，

---

(217)　近江・講義Ⅱ 285頁。

(218)　大判大正6年2月6日民録23輯202頁：「他人の所有地より湧出する流水を永年自己の田地に灌漑するという慣行あるときは，これによってその田地所有者に流水使用権を生じ，水源地の所有者と雖も，これを侵すことのできないことは古来本邦の一般に認められた慣習法である。」

(219)　我妻＝有泉 421-422頁。

689

地役権の目的を達するのに必要であり，かつ，承役地の利用者にとって最も負担の少ない範囲に限るものと解されている[220]。地役権は，元々，相隣関係の一種であることからして，妥当性ある考え方である。

この考え方の現れとして，民法は２つの規定を置いている。

まず，用水地役権の承役地において水が要役地と承役地の需要のために不足する場合には，その各土地の需要に応じて，まず，水を家用に供し，残余を他の用に供するものとする（第285条１項本文）。起草者は，この場合において，水を各土地の平等利用としたのは，多くは有償地役権であり，有償でありながら，承役地の所有者が要役地の所有者の権利行使を妨げることはできないからであると説明している[221]。

この用水地役権の原則は，設定行為によってこれを任意に変えることができる（同項ただし書）。しかし，その特約は，登記をしなければ第三者に対抗することができない（第177条，不登第80条１項３号）。

次に，承役地の所有者は，地役権の行使を妨げない範囲内において，その行使のために承役地の上に設けた工作物を使用することができ（第288条１項），その場合には，承役地の所有者は，その利益を受ける割合に応じて，工作物の設置及び保存の費用を分担することを要する（同条２項）。この点は，地役権の相互利用という精神が現れているということができる。

ただ，地役権は排他性のある物権であるから，承役地の上に数個の地役権が設定された場合には，物権の順位に関する原則上，先に設定され登記された地役権は，それより後に設定され登記された地役権に当然に優先する。したがって，用水地役権者相互間において，後の地役権者は前の地役権者の水の使用を妨げることができないというのは（第285条２項），物権の順位に関する原則を注意的に規定したものにほかならない。

第２項　承役地利用者の義務

承役地の利用者は，地役権者の行為を忍容し，または，一定の利用をしないという不作為義務を負担する。民法は，このような義務を更に一歩進め，設定行為または特別契約により，承役地の所有者がその費用をもって地役権の行使のために工作物を設け，または，修繕すべき義務を負担した場合には，その義務は，承役地の所有者の特定承継人もまたこれを負担するものとした（第286条）。

前述したように，このような付随的義務は，地役権の内容を構成するものと解されている関係上，設定契約で定めることができ，この負担を承役地の特定承継人（買主等，契約による譲受人）にも負担させることとしたのである。しかし，学説の中

---

(220)　我妻＝有泉422頁，末川358頁，舟橋432頁など。
(221)　前掲『法典調査会民法議事速記録二』273-274頁における梅謙次郎発言参照。

には，このような義務は契約に基づく債務であり，地役権の内容を構成するものではないと解しつつも，それでは地役権の実質を失わしめることになるとして，民法は特にこのような義務が承役地所有者の特定承継人によって承継されることを認めたものと解するものもある[222]。

しかし，この点は特約事項であるから，いずれの考え方によるにせよ，特定承継人に対抗するためには，登記をしなければならない（第177条，不登第80条1項3号）。

ただ，承役地の所有者がこの付随的義務を免れるのは自由であるから，承役地の所有者は，いつでも地役権に必要な土地の部分を地役権者に放棄して，その付随的義務を免れることができる（第287条）。この放棄とは，承役地所有権の放棄であり，地役権者に対する一方的な意思表示によって，所有権移転の効力を生ずる。また，地役権者に承役地の所有権が移転したときには，地役権は混同によって消滅するものと解されている[223]。

第3項　物権的請求権

地役権は物権であるから，承役地の利用を妨げられ，または，妨げられるおそれのあるときには，物権的妨害排除請求権及び妨害予防請求権を有する。しかし，地役権は，承役地を直接占有すべき権利ではないから，物権的返還請求権はないものと解される[224]。

地役権が承役地を直接占有する権利ではないとしても，地役権者は「自己のためにする意思をもって財産権の行使をする」者であるから，承役地を準占有しており（第205条），この意味において，占有訴権（第197条）を有する（第205条による準用）。ただ，物権的請求権の場合と同様，地役権者には，占有保持の訴え（第198条）と占有保全の訴え（第199条）を認めれば足り，占有回収の訴え（第200条）を認める必要はない。

次に，地役権に基づいて妨害を排除するといっても，地役権は，通行，流水の利用，観望・眺望など，その目的によって，妨害及び利用権保護の程度も変わってくる。例えば，通行地役権の妨害に関して，判例は，「通行地役権は，承役地を通行の目的の範囲内において使用することのできる権利に過ぎない」という観点から，通路に無断駐車するという場合のように，特定の通行地役権妨害については，その

---

(222)　末川359頁，柚木・前掲書（『判例物権法各論』）93頁など。

(223)　我妻＝有泉424頁，末川360頁，柚木・前掲書（『判例物権法各論』）93頁など通説である。

(224)　我妻＝有泉424-425頁，舟橋434頁など通説である。これら通説に対して，石田穣469-470頁は，確かに日照地役権や観望地役権は占有すべき権利を含まないが，通行地役権は他人の土地に通路を開設し，常時通路を通行し，その通路の維持・補修に当たっているので，地役権者は自己のためにする意思で通行部分を占有・支配しているものと解し，この意味において，地役権者は，妨害排除・予防請求権のみならず，返還請求権をも有すると主張している（同書93頁も参照）。

第4章　用益物権

妨害の程度や地役権侵害の態様に応じて，個別的に判断すべきだという姿勢を示しており，一般的に目的外使用禁止というような妨害排除・予防的な請求をすることはできないものと判示している(225)。

第4款　地役権の消滅

第1項　地役権の消滅事由

　地役権は，要役地または承役地の消滅，地役権の放棄，混同（第179条），約定存続期間の満了，約定消滅事由の発生，地役権の収用（土地収用法第5条1項1号）などによって消滅するほか，承役地の時効取得に伴う消滅，地役権の消滅時効によって消滅する。

第2項　承役地の時効取得による消滅

　承役地の占有者が取得時効に必要な条件を具備して占有していた場合には，時効の完成によって，地役権は消滅する（第289条）。

　所有権の取得時効は原始取得であるから，負担のない所有権の取得であり，この意味において，所有権の原始取得と抵触する権利はすべて消滅するのである。しかし，その占有者が，例えば，継続かつ外形上認識しうる地役権を認識していたという場合のように，地役権の存在を前提として占有していたときには，時効取得された承役地所有権は地役権の負担付で取得されるので，地役権は消滅しない。また，その占有期間中に地役権者が地役権を行使していたという場合にも地役権は消滅しない。この時効期間中における地役権の行使は，地役権の消滅時効を中断させる（第290条）。このような意味において，承役地の時効取得による地役権の消滅は，単純に，所有権の取得時効（第162条）の効果とはいえない。むしろ，第289条の効果といえよう。

　ただ，第289条は，承役地の占有者が承役地所有権を時効取得する反射的効果に

---

(225)　最判平成17年3月29日判時1895号56頁：本件は，分譲地内から公道に抜ける唯一の道路（建基法第42条1項5号の位置指定道路）にYが恒常的に自動車を駐車していたので，XがYに対し，本件係争地を道路の目的外に使用する行為の禁止等を求めたという事案である。なお，本件通路の幅員は，公道と接する箇所は2.8メートルしかなく，Yの駐車している位置は5.8メートル程度ある。原審がXの請求を棄却したので，Xから上告。
　　一部棄却，一部破棄自判。「本件地役権の内容は，通行の目的の限度において，本件通路土地全体を自由に使用できるというものであると解するのが相当である。そうすると，本件車両を本件通路土地に恒常的に駐車させることによって同土地の一部を独占的に使用することは，この部分をXが通行することを妨げ，本件地役権を侵害するものというべきであって，Xは，地役権に基づく妨害排除ないし妨害予防請求権に基づき，Yに対し，このような行為の禁止を求めることができると解すべきである。」
　　しかし，「通行地役権は，承役地を通行の目的の範囲内において使用することのできる権利にすぎないから，通行地役権に基づき，通行妨害行為の禁止を超えて，承役地の目的外使用一般の禁止を求めることはできない」。

第3節　地役権

よる地役権の消滅であり，「時効消滅」という表現は適切ではない。

第3項　地役権の時効消滅

　次に，地役権は，その行使をしなければ，20年で時効消滅する（第167条2項）。これが地役権の消滅時効である。

　この消滅時効の起算点は，不継続地役権については最後の行使の時から起算し，継続地役権についてはその行使を妨げるべき事実の生じた時から起算する（第291条）。また，要役地が共有の場合には，そのうちの一人が行使すれば，時効が中断するので（第292条），全員について時効が完成しなければ，地役権は消滅しない。更に，約定された通路が4メートルであったが，実際はそれよりも狭い通路として使用していたという場合のように，行使しない部分が一部であるときには，その部分だけが時効によって消滅する（第293条）。

　地役権の時効消滅制度は，単なる権利不行使の継続によって，物権たる地役権を消滅させるというものである。前述したように，通路を通行する地役権者及び通路の利用権者が多数存在するのであれば，おそらく地役権の時効消滅などありえないであろう。しかし，今日，社会人口の高齢化が進行しており，一人暮らしの高齢者も多い。このような状況において，一人暮らしの高齢者が扶養義務者の元へ行き，あるいは病院などに長期入院し，元の住居への通路は通行権者が誰も通行せず，20年が経過したという場合には，要役地のために必要とされたからこそ約定によって設定された地役権が時効によって消滅するのである。当該土地が袋地であれば，所有権の効力として囲繞地通行権が残存するが，前述したように，囲繞地通行権は法定地役権として必要最小限の通行を認めるだけであり，当事者の約定により，要役地の便益を増進するという意味における約定地役権とは異なる。

　また，承役地の占有者が承役地を時効取得したことの反射的効果として，要役地のための地役権その他の利用権や担保物権までもが消滅するという点は，取得時効による土地の原始取得という効果によるものであるから，やむを得ない面もあり，また，債権が時効消滅した結果として，抵当権も付従性により時効消滅する場合（第396条）などとも軌を一にする。

　しかし，単なる権利不行使のみを要件とする地役権の時効消滅制度は，いくら囲繞地通行権制度が存在するとしても，説明がつきにくく，また，妥当性も低い。立法論としては，改正されるべきであろう[226]。

（226）　この点に関する同旨の見解として，松尾・古積・前掲書（『物権・担保物権』〔松尾〕）228頁がある。

第4章 用益物権

第4節 入 会 権

第1款 総　説

第1項　入会権の意義と分類

1　入会権の意義

　入会権とは，一定の村落団体の住民が一定の山林・原野（入会林野）を共同で管理し（団体的統制），そこで草木を採取するなど，山林・原野において使用・収益をする慣習上の権利，即ち，入会団体による総有的土地支配権（共有の類型としては総有または準総有）である[227]。入会林野とは，かつて部落あるいは組などと称された一定の地域で生活する人々が，集団的に共同で利用し管理している山林・原野のことをいう。その名称は地域によって異なり，部落有林，区有林，部落共有地，入会山，郷山，大字有林など，様々な名称が与えられている。これらの名称が示すように，古くは，村ないし村の組において，現在では，大字，字，小集落などの地域集団において，共同で管理されている林野が入会林野である[228]。

　入会林野は遅くとも江戸・徳川時代から共同で管理されてきており，領主が農民の農業生産及び生活に不可欠である山林・原野の利用を保護したことが起源であると解されている[229]。明治以降も村の農民は共同で入会林野の管理を継続し，田畑の肥料・牛馬の飼料である秣，薪・薪炭用原木，萱その他の建築資材などを採取し，あるいは，牛馬の放牧のために利用してきた。このように，入会権は地方の慣習的な集団的土地管理及びその利用の下で推移しており，民法制定時において，起草者が入会慣習に関して各地の裁判所ならびに行政庁に問い合わせを行ったところ，その内容は複雑多様であり，条文化することが難しいものと判断されたくらいである。その結果，入会権の内容に関しては，原則として，各地の慣習に従うこととされたのである（第263条，第294条）[230]。

2　入会権の種類

　入会権の種類には，①入会地の帰属主体による分類と，②入会権の主体による分

---

[227]　我妻297頁，末川364頁，舟橋448頁，川島編・前掲『注釈民法(7)〔川島武宜〕』510-511頁など参照。また，判例（最判昭和41年11月25日民集20巻9号1921頁）も，裁判所の職権によって調査した結果として，「入会権は権利者である一定の部落民に総有的に帰属するものであるから，入会権の確認を求める訴は，権利者全員が共同してのみ提起しうる固有必要的共同訴訟というべきである」と判示している。

[228]　中尾英俊『入会林野の法律問題』1頁。

[229]　中尾・前掲書（『入会林野』）2頁。

[230]　前掲『法典調査会民法議事速記録二』132-133頁の富井政章発言，同書254-255頁の梅謙次郎発言を参照。

694

第4節　入　会　権

類とがある。

　①入会地の帰属主体による分類は，更に，1）入会地所有権の帰属主体が入会権者である場合と（「共有の性質を有する入会権」，「共有の性質を有しない入会権」），2）そうではない場合（国有地入会(231)，公有地入会〔県有地入会権，町村有地入会権〕，私有地入会〔ただし，多くの場合は，入会団体所有の自村入会であったが，他村入会の場合もあった。〕）とに分類される。

　②入会権の主体による分類は，更に，1）一個の村落が所有地を入会的に利用する村中入会（一村入会）と，2）数個の村落が一つの入会地盤を共同で入会的に利用する数村入会とに分類される(232)。この入会権の主体による分類には，その他，3）自己の村落所有地に入会権を持つ自村入会と，4）他の村落所有地に入会権を持つ他村入会という分類もあり，後者は，入会権行使の範囲に差がある差等入会となることがあった(233)。

---

(231)　国有地（官有地）入会は，地租改正（明治5年）による土地官民有区分の強制実施（明治7年）により，それまで周辺住民が自由に入り会って草木の採集などをしていた土地について，これが強制的に官有地に編入された結果，本来は権利が消滅するところを，使用・収益が認められた地域もあり，そのために発生した入会権である。
　　しかし，この点について，大判大正4年3月16日民録21輯328頁は，「明治7年乃至9年の地租改正処分……においては，一般の土地を官有と民有とに区分し，その区分を実行するため従前人民が土地について入会利用進退してきた状況を考査し，その状況により，民有に帰属させる……べき実跡あるものは総てこれを民有地に編入し，そうでないものは慣行上村民の入会利用してきた土地と雖も皆これを官有地に編入し，官有地に編入したものは従前これに対し慣行上村民の入会利用してきた関係は編入と同時に当然廃止させ，斯くの如き私権関係の存続を全然認許しない趣旨で改租処分の行われたことは明白であ（る）。殊に明治8年6月地租改正事務局乙第3号達には，従来数村入会または一村持積年の慣行が存在する地所は，たとえ簿冊に明記なきも，その慣行を以て民有の証と認め，これを民有地に編入すべき旨を規定し，明治9年1月地租改正事務局議定山林原野等官民所有区分処分方法第1条には，「口碑ト雖何村持ト唱ヘ樹木草茅等其村ニテ自由ニシ来リタルカ如キ山野ノ類ハ旧慣ニ依リ其村持ト」定め，民有地に編入すべき旨規定し，……（その他の規定によると，）従来，村民入会利用の慣行のあった土地もまた総てこれを官民有に区分し，その慣行の証跡に照らして実質上これを村の所有地と同視するに足りるもの，または村民が樹木等を自由にすることが土地の所有者と異ならないような重い関係を有したものは悉くこれを民有地と定め，村民が単に天生草木等の伐採のみをするような軽い関係を有したものは皆これを官有地と定めて編入したときは，従前その土地において慣行上村民が草木等を伐採してきた関係は当然廃止されるので，……，その法意を推尋すれば，……入会権なると否とを問わず，改租処分により編入と同時に当然消滅させ，一切私権関係の存続を認めないもの」と位置づけ，入会権のような私権関係は官有地編入と同時に当然消滅に帰し，その存続は法律上全く認められないものとして，国有地上の入会権を否定した。
　　しかし，この判例は，官有地における共有の性質を有する入会権を否定したものであり，共有の性質を有しない入会権まで否定したものではないとして，学説は一般に土地官民有区分の実施によっても入会権が消滅したものとはいえないと主張してきた。この点については，舟橋440頁参照。
(232)　川島編・前掲『注釈民法(7)〔川島武宜〕』525-534頁参照。
(233)　中尾・前掲書（『入会林野』）5頁。

695

なお，数村入会は，特に戦後，入会地を分割して，一村入会に転化した例が甚だ多かったようである[234]。

3　入会権の利用内容

入会権は，いかなる利用内容を設定するものかという問題がある。判例に現れた事案を見ると，古くは山林原野の柴草等の採取[235]，山林の天然物である雑木林または石灰石等の採取[236]などと解されていたが，これらはその当時の生活様式をそのまま反映したものであり，それらに限定するのは妥当ではない。現に，入会権の目的については民法に制限がないという理由から，確かに山林原野から薪・柴草等を採集することを入会権の目的とするものが最も多いが，石材採取を目的とする入会権の存在も妨げないと解する判例がある[237]。

したがって，入会権の目的については制限はなく，村落等，団体において制限を設けない限り，自由に入会林野を利用することができるものと解すべきである。

もっとも，商品交換経済の発達に伴い，農業生産の形態も進歩し，化学肥料や飼料が導入され，また，人々の生活様式も発展して，燃料も電気やガスを中心とし，薪や木炭の類は，備長炭のような一部のブランド品を除いて，ほとんどその需要がなくなったと思しき現代社会においては，上記のような自給的な利用から，造林や草地造成による畜産等への利用形態の変化が生じており[238]，このような都市化の波を受けた村落共同体の規制弱体化現象がこの変化の促進に対して決定的な影響を与えている[239]。

4　入会権の利用形態の変化

(1)　古典的利用形態

当初の入会権は，入会林野を各構成員に個別に割り当てることなく，入会権者が同一の時期に共同して入会林野に入り，山林の天然産物等を中心として，採取活動

---

(234)　川島編・前掲『注釈民法(7)〔川島武宜〕』534頁。

(235)　大判明治39年2月5日民録12輯165頁：「町村の住民が各自山林原野の樹木柴草等を収益する権利，即ち民法上の入会権はその山林原野が他の町村の所有に属すると，自己の住する町村の所有なるとを問わず，これを取得することができ，往古よりあるいは他村の山林に対しあるいは自村の山林に対して入会して来たものであり，自村の山林と雖も固より入会権を設定し得べきものである。而して町村制に掲げる町村または区の営造物その他の財産に対する行政法上の共用または使用の権利に関する規定中には住民がその山林の天産物，即ち樹木柴草等を各自採取する権利はこれを包含しない。然れば，上告人等が原院において主張した請求の原因たる事実，即ち上告人等所属の白川村大字白木の住民一般に往古より係争山林においてその樹木柴草等を採取してきた事実があるとすれば，上告人等の請求は正当にして，入会権ありと認むべく，町村制の規定によりその権利を失うべきものではない。」

　　　なお，本判決は，入会権確認訴訟は固有必要的共同訴訟であると判示した最初の判例として有名なものであり，前掲最判昭和41年11月25日も引用しているものである。

(236)　大判昭和9年2月3日法学3巻6号88頁。

(237)　大判大正6年11月28日民録23輯2018頁。

(238)　中尾英俊『叢書民法総合判例研究第9巻⑫Ⅰ入会権(1)』22頁。

(239)　我妻＝有泉436頁。

を行う原始的な利用形態であった。採取物は個人所有物となり，主として自給用となる。

(2)　直轄利用形態（留山利用）

　この類型は，入会団体が各構成員の自由な山入りを差し止め，入会団体が全体として入会林野の産物を取得する形態であり，入会団体それ自体が植林・造林といった事業を行っていたものである。産物である原木等は入会団体の所有物となるが，これを自給せず，売却処分して現金収入を得ることを目的とする。この収益は，共同体の共益費（道路の開設・補修・改善，消防などの防災施設，学校施設などの設置費用）となったり，あるいは，構成員に配分されたりする。このような全面的な団体統制の下における利用形態であるところから，「留山」と称される。

(3)　分割利用形態（割山利用）

　この類型は，入会林野を区分して各構成員に割り当て，その個別的利用を許す利用形態である。各構成員の個別利用であるから，土地に家屋を建てて居住し，あるいは草地として畜産事業をするなど，入会団体の構成員が私的に植林などをするものである。事業収益は各人に個別に帰属するが，土地の利用内容は入会団体によって規制されることが多く，また，一定の利用期間をもって割替という利用者の交替も行われていた。この割替を伴う形態は江戸・徳川時代から行われていたようであり，古典的な利用形態ともいえるが，近代以降は割替制度は行われていない。

　この形態による利用は無償であることが多く，また，各構成員は，それぞれ割り当てられた入会地における独占的な支配権を有していた。しかし，その他の入会地には立ち入ることができず，更に，割り当てられた土地であっても，入会団体の統制下に置かれ，売買などの譲渡行為をすることはできなかった。このような団体の統制下に置かれるものの，個人に私的な利用権を認めるという意味において，「割山」と称される。

　割山があっても，入会地の総有権は入会団体にあるので，この理由だけでは入会権の消滅にはつながらない。入会林野を各構成員個人に割り当てることを「分け地」ともいうが，分け地は一般に個人所有への移行を指す用語として用いるべきであり，割山とは区別すべきである(240)。

---

(240)　最高裁の判例は，割山と分け地とを区別していない。例えば，入会団体が，共有林の大部分を各組に割当配分し，各組において，その割当区域中一部を組持の共同使用収益区域に残した上で，残余をすべて組所属の各住民に分け地として配分したが，柴草の採取のためには分け地の制限はなく，毎年一定の禁止期間の終了を待って，住民一同はどこにでも自由に立入ることができ，住民が集落外に転出したときは分け地はもとより共有林に対する一切の権利を喪失し，反対に他から集落に転入し又は新たに分家して集落に一戸を構えたものは，組入りすることにより共有林について平等の権利を取得するならわしであったこと，そして，分け地の再分配を行った後も，共有林自体に対する住民の前記権利について他の住民又は住民以外の者に対する売買譲渡その他の処分行為がなされた事例はないという場合には，分け地の分配によって入会権の性格を失っていないと判示している（最判昭和40年5月20日民

第4章 用益物権

(4) 契約利用形態

　この類型は，入会団体が入札等により利用希望者を募り，入会権者個人や非入会権者と契約を締結して入会地の利用を許すという利用形態であり，留山利用と割山利用とが考えられる。

　留山利用型は，入会団体それ自体が植林等の行為をせず，第三者に入会林野等を有償で利用させるといった場合であり，その対価を前述したような共益費などに充てるものである。

　割山利用型は，入会地に余裕があるなどの事情から，団体構成員以外の者に有償で割山利用をさせるものである。ただ，この場合には，純然たる第三者のほか，転出によって入会権を失った者が植栽木等を有する場合には，その植栽木等の所有権を認め，入会地の利用契約を締結するといったケースも考えられる。

　また，割山利用型の契約利用は，本来の割山と何ら変わるところはないように思われるが，第三者は，入会地の利用にあたり，団体的統制を受けないので，この点において割山とは異なる。しかし，入会団体の構成員であっても，契約によって団体的統制から離れることが可能であれば，やはり割山とは相当異なる地位を獲得しうる。更に，この利用形態の場合でも，入会地の総有権は入会団体にあるので，やはり，この理由だけでは入会権の消滅にはつながらない(241)。

第2項　入会権の法的性質

　民法は，共有の性質を有する入会権については，第一義的な法源として，各地方の慣習に従い，二義的な法源として，共有の規定を適用するものと規定している（第263条）。また，共有の性質を有しない入会権についても，同様に，まず各地方の慣習に従い，二義的に地役権の規定を準用するものと規定している（第294条）。

　両者の区別について，判例は，当初，共有の性質を有する入会権とは地盤及び毛上（植物など土地の生育物）ともに入会権者に属する場合を指すものではなく，地盤は第三者もしくは入会権者中一二の者に属し，その毛上のみ入会権者が共有して，共同収益する場合を指すものと判示していた(242)。しかし，その後，大審院の連合部でこれを改め，共有の性質を有する入会権とそうでないものとの区別の標準は，入会権者の権利がその共有の地盤を目的とするか，もしくは他の所有に属する地盤を目的とするかに存するものとした(243)。

　　集19巻4号822頁）。しかし，いずれにしても，入会団体自体が入会地及び入会権の管理を継続している限り，入会権が消滅したり，通常の共同所有や個人所有になったりすることはありえない。

(241)　なお，以上の諸利用形態の変遷については，川島編・前掲『注釈民法(7)〔川島武宜〕』520-522頁，中尾・前掲書（『入会林野』）24-33頁，同・前掲書（『叢書・入会権(1)』）32-33頁参照。

(242)　大判明治37年12月26日民録10輯1682頁，大判明治39年1月19日民録12輯57頁ほか。

698

第4節　入　会　権

　また，起草者も，土地の所有者が入り会っているものを共有の性質を有する入会権，土地所有権が一私人または団体に属しており，その地上に地役権を有しているものを性質上地役といって差し支えないと解しており[244]，それぞれ民法の当該規定を二義的に適用ないし準用するという考え方を採っていた。

　しかし，近時の学説は，入会関係は旧来の慣習等の法社会規範によって成立し維持され，その変遷や解体等も慣習に淵源しつつ，これに代わる入会団体内部の制定にかかる法社会規範に基づいて行われていること[245]，あるいは，民法の共有及び地役権に関する規定は仲間的共同体の総有的法律関係を全く含んでおらず，入会権に関しては，総有的権利関係の一般原則や多くの入会権に共通する一般的な慣習等を顧慮して判断すべきであることを理由として[246]，いずれも民法の当該規定を適用ないし準用する余地は全くないと明言している。

　入会権は，そもそも権利の帰属主体が入会団体それ自体であり，個人には入会権に基づく使用・収益権能が与えられているだけである[247]。この点において，土地所有権の共有持分権あるいは入会権の準共有持分権という概念を入れる余地がないのであれば，少なくとも共有の規定を「適用」することは妥当性を欠いており，元々，二義的な法源が役割を演ずる場面はほとんどない。

　次に，入会権は物権とされているから，その登記が予定されるべきであるところ，不動産登記法には列挙されていない（不登第3条参照）。登記すべき権利として予定されていなかったからである[248]。それゆえ，登記できない権利という取扱いを受け，判例法上，登記がなくとも第三者に対抗できるものと解されてきた[249]。

　しかし，登記がないと，国（土地官民有区分〔地所名称区別（明治6年3月25日太政官布告第114号及び翌年の同・改訂により開始〕による官有地への編入）・県（官有林野からの編入）・市町村（市制，町村制〔明治21年4月17日法律第1号〕への移行による土地の管理，村

---

(243)　大連判大正9年6月26日民録26輯933頁。

(244)　前掲『法典調査会民法議事速記録二』137頁（梅謙次郎発言）。

(245)　舟橋・前掲書（『物権法』）447頁。

(246)　川島編・前掲『注釈民法(7)〔川島武宜〕』525頁。

(247)　判例（最判昭和57年7月1日民集36巻6号891頁）は，「入会部落の構成員が入会権の対象である山林原野において入会権の内容である使用収益を行う権能は，入会部落の構成員たる資格に基づいて個別的に認められる権能であって，入会権そのものについての管理処分の権能とは異なり，部落内で定められた規律に従わなければならないという拘束を受けるものであるとはいえ，本来，各自が単独で行使することができるものであるから，使用収益権を争い又はその行使を妨害する者がある場合には，その者が入会部落の構成員であるかどうかを問わず，各自が単独で，その者を相手方として自己の使用収益権の確認又は妨害の排除を請求することができるものと」解している。つまり，入会権自体の管理・処分権能は入会団体に属するが，入会権の内容を構成する使用・収益権能は個々の構成員に帰属するとしている。

(248)　我妻＝有泉448頁参照。

(249)　大判明治36年6月19日民録9輯759頁，大判大正10年11月28日民録27輯2045頁。

699

有地等への編入），あるいは，売買等による土地の取得者から入会権を否定されてしまうことがあるので，入会団体が土地を所有している場合には，当初は「何々部落所有」などと登記していた。しかし，司法省や法務省から部落名義の登記をやめるよう指導されたので，入会団体は，やむを得ず，記名共有名義の登記をしていた[250]。

しかしながら，公示性を要求する登記制度の目的から考察すると，記名共有名義では入会権が明示されないので，法人格のない部落名義の入会権登記を認めるべきであると主張されてきた[251]。

第2款　入会権の効力

第1項　古典的入会権における共同収益関係

1　共同収益権の範囲

入会権における共同収益の範囲は多種多様であり，入会林野における秣や薪炭原木などの採集に尽きるものではない。各地方の慣習によって定められるものであれば何でもよい。

2　収益権の差異

村中入会においては各構成員の収益権は平等であり，数村入会においては，多少地元に有利な取り決めがなされることはあっても，基本的にはやはり平等であった。しかし，他村入会においては，地盤所有団体の構成員とそれ以外の団体の構成員とでは，使用・収益権に差異ある取扱いがなされていたようである。しかしながら，判例は，入会権の内容を制限する場合には，地方の慣習や当事者間の規約などがない限り，その制限は認められないものとした[252]。

第2項　近代的利用形態における収益関係

前述したように，古典的な入会団体の共同による使用収益関係は，商品交換社会の発達に伴って消滅を来し，これに代わって，直轄利用形態である留山や分割利用形態である割山が行われ，また，それぞれにおいて契約の方法によって利用関係を設定する形態が現れた。

これらの利用形態の変容は時代の流れに伴うものではあるが，入会権の帰属形態

---

(250)　川島編・前掲『注釈民法(7)〔川島武宜〕』533頁。
(251)　川島編・前掲『注釈民法(7)〔潮見俊隆〕』590頁。
(252)　大判明治34年2月1日民録7輯2巻1頁：X区は，その共有に属する山林にY区のために入会権を認めたが，Yが山林の松・栗などの喬木伐採などを自由に行ったので，XはYに対し，本件入会権は秣・薪・炭を目的とするものという制限があると主張し，この入会権の内容確定を求め，本訴を提起した。これに対して，Yは，入会権というものは，通常，山林伐採権などをも制限なく認めるものであると主張した。
　　　この事案において，大審院は，入会権はその内容を制限するのが普通であり，無制限が変わったものという一般の慣行はないものと解し，内容の制限を主張するXは，地方の慣行または当事者間の規約を挙げて，その制限の根拠を立証する責任があるとして，これを立証しないXの請求に関する上告を棄却した。

700

第4節　入 会 権

は入会団体の総有であるから，利用形態関係の変更は構成員全員の同意を要する(253)。

　しかし，利用形態は変わっても，入会団体に帰属する収益は，共益費として利用され，あるいは各構成員に分配されるべきものであるから，古典的利用形態とあまり差異はない。

第3項　入会権の処分

　入会権の処分については，入会本権自体は団体に帰属しており，各構成員は，入会権に基づく使用・収益権（入会収益権。ある意味，「処分権なき支分権」ともいいうる。）を有するに過ぎない。また，入会権の内容に関しては，各地方の慣習に委ねられているので，法律で一様に定めることはできない。ひいては，入会権の処分に関しても慣習によって定められることになる。この論点に関する最近の判例を確認する。

〔判例72〕入会権の処分の限界と慣習：最判平成20年4月14日民集62巻5号909頁

【事実】

　(1)　本件土地1を始めとする各土地は，明治24年10月の時点では，A組の入会地としてその構成員であるA部落の世帯主全員の総有に属し，A部落の世帯主が有していた本件各土地の入会権は，共有の性質を有するもの（民法第263条）であった。A部落には，A組と同じく，A部落の世帯主で構成される「A区」という団体が存在する。A区は，村会の区会条例により，権利能力なき社団として成立し，固有の財産を有し，その管理処分をしている。A区の財産はすべて構成員全員の総有に属する。A区の構成員はA組の構成員と一致しており，A組の所有財産は，A区の財産とされていた。

　(2)　本件土地1～3は，海産加工品の生産，薪炭用雑木を採取するなど，入会地として利用されていたが，昭和40年代以降は徐々に利用されなくなり，遅くとも昭和50年ころには使用収益する者はいなくなった。

　(3)　A区の代表者区長であるY₁は，上関原子力発電所の建設を計画し，平成10年11月30日付けで，A区の財産の管理処分に関する慣行を含むA区の運営に係る慣行を明文化したA区規約を作成した。その当時，A区の財産の処分については，A区の役員会の全員一致の決議による旨の慣行があり，A区規約には，A区の財産の処分はA区役員の総意により決する旨記載された。

　(4)　Y₁は，A区の代表者区長として，役員会全員一致の決議に基づき，Y₂との間で，本件各土地を何らの権利の負担のないものとしてY₂所有の土地（山林）と交換する旨の本件交換契約を締結した。本件各土地は，不動産登記簿の表題部の所有者欄が「A組」からY₁の住所氏名に変更した上でY₁の所有権保存登記を経由し，同人からY₂に対し，交換を原因とする所有権移転登記手続がなされた。

　A部落以来の世帯主であり，上関原発の建設に反対するXらは，本件各土地の処分には

(253)　我妻＝有泉443頁。

第4章 用益物権

入会権者全員の同意が必要であり，Ｘらの同意なしにされた本件交換契約は無効であるとして，(1)Ｙらに対し，第１次的にＸらが本件土地１～３について共有の性質を有する本件入会権に基づく使用収益権の確認を求め，第２次的にＸらが本件土地１～３について総有集団の構成員として使用収益権を有することの確認を求め，(2)Ｙ2 に対し，(1)で確認された使用収益権に基づき，本件各土地の所有権移転登記の抹消登記手続，本件土地１～３地上の立木伐採及び現状変更の禁止を求めるため，本訴を提起した。

　原審は，次のように判示して，Ｘらの請求をいずれも棄却すべきものとした。

　(1)　本件各土地に存在した共有の性質を有する入会権は，Ａ区成立の際に，共有の性質を有しない入会権（民法第 294 条）へと変化したが，利用者がいないことから，現在では時効により消滅した。

　(2)　権利能力なき社団の所有財産は社団構成員の総有に属するが，当該財産について，その管理処分方法を定めた規約や慣行が存在する場合には，当該財産の管理処分はそれによる。Ａ区には，所有財産の処分についてＡ区役員会の全員一致の決議による旨の慣行があるから，本件各土地は，本件交換契約によって有効に処分され，Ｙ2 は何ら権利の負担のない本件各土地の所有権を取得した。

　Ｘらから上告受理申立て。

【判旨】棄却

　「4　原審の上記(1)の判断は是認することができないが，上記(2)の判断は結論において是認することができる。その理由は，次のとおりである。

(1)　本件入会権の性質

　Ａ区は権利能力なき社団であり，本件各土地がＡ部落の世帯主の総有に属するものであることは，Ａ区の成立の前後を通じて変わりがないことが明らかであるから，……Ａ区の成立後も，本件入会権は共有の性質を有するものであったというべきであり，原審の上記(1)の消滅時効の判断は，前提を欠くことになる。

(2)　本件入会権の処分についての慣習

　……Ａ区の成立後も，本件各土地がＡ部落の世帯主全員の総有に属し，共有の性質を有する本件入会権が存続していた……が，その管理はＡ区の成立後は他の旧Ａ組財産と同じくＡ区にゆだねられ，その処分も，遅くとも平成８年ころまでには，他の旧Ａ組財産と同じくＡ区の役員会の全員一致の決議にゆだねられていたものと解される。そして，Ａ部落の世帯主の総有に帰属する本件各土地の処分は，当然に共有の性質を有する本件入会権の処分を意味することになる。そうすると，Ａ部落においては，本件各土地の管理形態や利用状況の変化等を経て，Ｙ2 がＡ区規約を作成した平成 10 年ころには，既に本件各土地の処分，すなわち，本件入会権の処分については，他の旧Ａ組財産と同じくＡ区の役員会の全員一致の決議にゆだねる旨の慣習が成立していたものと解するのが相当である。

　……慣習の効力は，入会権の処分についても及び，慣習が入会権の処分につき入会集団の構成員全員の同意を要件としないものであっても，公序良俗に反するなどその効力を否定すべき特段の事情が認められない限り，その効力を有するものと解すべきである。

702

第4節　入　会　権

(3)　本件入会権の喪失等

　……本件各土地については，……A区の役員会の全員一致の決議に基づいて本件交換契約が締結され，同契約を登記原因としてY2に対して所有権移転登記手続がされたというのであるから，本件交換契約は本件慣習に基づくものとして有効であり，Y2は何らの権利の負担のない本件各土地の所有権を取得し，A部落の世帯主はY2所有の土地と引き換えに本件入会権を喪失したものというべきである。」

【横尾判事，泉判事の反対意見】

　総有に属する土地について，構成員の総有権そのものを失わせてしまうような処分行為は，本来，構成員全員の特別な合意がなければならないものであり（最判昭和55年2月8日裁判集民事129号173頁参照），同処分行為を役員会の決議にゆだねるというのは例外的事柄に属するから，その旨の慣行が存在するというためには，これを相当として首肯するに足りる合理的根拠を必要とする。原判決がその挙示する事実から前記慣行が存在するとした認定は，経験則に違反する不合理なものといわざるを得ない。したがって，A部落において，本件慣習が成立していたとすることはできない。

《問題点》

(1)　旧部落から町村制への移行に伴い，入会権の帰属主体が「組」から「区」（非財産区）となっても，入会権の性質に変わりはないか。

(2)　入会権の処分は「区」の役員会の全員一致の決議によるものと定められている場合には，この決議方法は地方の慣習によるものとして有効か。

(3)　入会地の処分行為が完了したときには，入会権を喪失するのか。

《分析》

　このような事案において，本判決は，(1)旧組時代の入会権はそのまま承継され，共有の性質を有することに変わりはない，(2)「区」の役員会全員一致の決議によって入会権の処分を決する旨の定めは，地方の慣習であり，公序良俗違反等，特段の事由がある場合以外は有効である，(3)役員会全員一致の同意で処分行為が完了した場合には，これとともに，入会権を喪失すると判示した。

　本判決は，本件訴訟における原告Xらが，入会権は総有であり，構成員全員の同意を得ない処分行為はすることができないと主張した点につき，原判決が，入会権の時効消滅を理由として排斥した部分については，その前提を欠くとしたが，入会権自体は役員会全員一致の同意による交換契約の成立によって消滅したものと判示した。

　前述したように，入会権は構成員全員の総有として存在する物権であるところ，民法は，その意義・内容などのすべてを地方の慣習に委ねている（第263条，第294条）。そこで，その管理・処分権についても，基本的に慣習に委ねられる。つまり，入会権は第一義的に入会団体に総有的に帰属するのであるから，その処分については，団体の総意，即ち，総会の決議に基づくことになる。しかし，本件のように，

703

第4章　用益物権

総会の決議によらず，役員会全員一致の同意を総会決議に代える旨の慣習があるのか否かが問題となる。本判決は，そのような慣習があったということを認めたものである。

そこで次に，本件において，横尾判事，泉判事の反対意見がその論拠の一つとして掲げた昭和55年2月8日の最高裁判決「沖縄門中事件」を確認する。「沖縄門中事件」は，血縁団体である「門中」が権利能力なき社団に該当するか否かが争われた事案（昭和50年〔オ〕第701号・民集34巻2号138頁）と，もう1件，総有権確認請求事件（昭和50年〔オ〕第702号）とがあり，次に示す事案は後者の事件である。

〔判例73〕最判昭和55年2月8日判時961号69頁

【事実】

(1) 本件各土地は，元祖Z門中（Z門中とは，琉球王察度の時代—明朝の初期—に福建省から移住してきた，いわゆる36姓の一人甲を始祖とする血族団体である。）の3世女子Aの所有であった。Aは，1473年（成化8年），その子孫に永く礼譲と親睦の美風を伝えるために，私財を投じ，本件土地に本件し（祠）堂を創建し，その頃，本件土地とともに，本件し堂をZ門中に寄付した。

(2) Z門中は，Aの遺志を受け継ぎ，し堂には，祖先ならびに同門中の物故者を合祀して，これを忠尽堂と呼び，本件各土地ならびにし堂その他の付属施設を，その所有財産として共同で管理し，祭祀を執行してきたが，後世になって，門中構成員中の貧困者に対する救済，門中の子弟に対する学術奨励事業などをもあわせて行なうこととなり，これに要する経費は専ら本件不動産収入から賄われてきた。門中の実体は，当初，血族の少ない間は組合的存在で，本件各土地は，組合目的のための共有（合有）財産であったが，年を経て血族が増加するに伴い，代表者を選出し，財産の維持管理及び事業運営に必要な機関を置くことが慣行となるに及んで，社団的な性格を具有するようになった。

Z門中の事業運営の諸業務は，遅くとも明治時代には，毎年恒例の彼岸祭に参集した門中員の総意によって選任された3人のアタイ（当番員）がこれにあたり，書記，会計その他の雑務を分担し，重要な事項については，門中員の長老の集りで決定し，更に対外的な代表者として，大宗家（E家）および中宗家三家（B家，C家，D家）の当主がこれに任じ，その任期は，特別の事情のない限り，その生存期間中とするとの慣行が確立した。

(3) Xの先代亡Bは，明治32年頃，亡C，Dらとともに，いずれも中宗として，その後，Y_1の3代目の先祖である亡Eが大宗（本家）として，Z門中の代表者に選任され，門中財産たる本件各土地の共有名義人となった。Xは，昭和6年1月12日，亡Bの家督相続人として，Y_1先代亡F，Y_2先代亡G，Y_3先代Hらとともに門中から代表者として選任され，本件各土地につき，持分を相等しくする共有の保存登記をし，本件各土地は，Xを含む4名に信託的に帰属して戦後を迎えた。

(4) Xは，Y_1及びY_4両名は，戦災によりXほか3名の登記の記載された登記簿が滅失した後の1957年4月12日，両人名義に保存登記を経由し，Y_5は，何ら法律上の原因なくして，本件各土地に対する軍用地使用料を受領し，Z門中の損失において不当に利得

704

第4節　入　会　権

し，Y2，Y3は，G，Hの各家督相続人であるのに，本件各土地がZ門中の所有であることを争っていると主張した。

Xは，Yらに対し，本件各土地がZ門中の所有であることの確認を求め，Y1及びY4に対し，本件各土地について所有権保存登記の抹消登記手続を求め，本件各土地についてXとZ門中に対して持分各2分の1の共有の保存登記手続を求めるため，また，Y5に対し，不当利得金及び遅延損害金の支払を求めるため，本訴を提起した。原審は，Y1及びY4名義の各所有権登記の抹消登記手続請求のみを認めたので，X・Z（参加人）から上告。

【判旨】棄却

「㈠　本件各土地は，権利能力なき社団であるZ門中の祠堂の敷地等に利用されたものであってZにとって重要な資産というべきものであるが，私法上は構成員の総有に属するものであり，かつて信託的に代表者たる4名の当主の共有名義による登記がされていたことが，明らかである。

……総有権確認請求は，その請求についてされる確定判決の効力が構成員に及ぶものであり，代表者が敗訴すると構成員の総有権を失わせる処分をしたのと同じ結果を招くことになる点において，本件各土地についての構成員の総有権そのものを失わせてしまう実体上の処分行為と同視すべきものであるところ，……Z門中の各代表者が構成員から信託的に委ねられた財産管理権限に基づいて本件各土地についてなしうるのは，本件各土地の価値を維持，増加するための保存，管理行為，本件各土地を利用して収益をはかる行為など，代表者に委ねられた通常の業務運営の範囲に属し又はこれに準ずる行為（第一審判決が認容した無効の所有権登記の抹消登記手続請求，又は本件各土地に対する侵害の排除若しくはその侵害によって生じた被害の回復，賠償請求などは，右行為のうちに含まれる。）に限られるものであり，Z門中にとって重要な資産である本件各土地についての構成員の総有権そのものを失わせてしまうような処分行為は，本来，構成員全員の特別の合意がなければこれをすることができず，仮にその行為をする権限まで代表者に委ねられているとしても，本件各土地についてされた前記登記が代表者4名の共有名義のものであって登記上各代表者単独では有効に売却その他の重要な処分行為をすることができないようにされていたことなどからみて，代表者4名全員の合意に基づくのでなければこれをすることができないものと解するのが相当であるから，Xは自己のみの意思に基づくだけでは右請求をする権限を有しないというべきである。……

【塚本重頼判事の反対意見及び意見】

(1)　Z門中は代表者の定めがある権利能力のない社団であり，その設立以来の長期間にわたるZ運営の実態に徴し，Zの構成員は，Zの存立及び運営に関する基本的事項を除き，Zの日常業務の管理運営を大宗家，中宗家の当主たるZの代表者に一任していること，(2)不当利得金返還請求権は，その金額などに徴し，Zの存立，運営の基本に触れる程の重要な資産ではなく，各代表者が右金額程度の金員の回収を図ることは，代表者に一任された日常業務の運営の範囲内であることが，それぞれ明らかである。

したがって，Zの請求は，不当利得金返還請求権が，私法上，Zの構成員全員の総有に

705

属することを前提としながら，代表者であるＸが構成員から委ねられた財産管理権限に基づいて，Ｚ門中の名でこれをしているものと解するのが相当である。

本件各土地がＺ門中の構成員の総有に属することの確認請求は，少なくとも代表者全員がこの請求に合意していなければなし得ない。それは右請求がＺの存立及び運営の基本に触れる程の重要な資産処分行為と同視すべきものであるため，本来，構成員全員の特別の授権がなければなし得ないものだからであり，各代表者がＺの名で本件不当利得金返還請求をする権限を有すると解することと何ら矛盾しない。

《問題点》

沖縄の血縁団体である「門中」は，所謂「権利能力なき社団」であるところ(254)，その代表者の一人は，構成員の総有に属する不動産について構成員から信託的に与えられた財産管理権限に基づいて，総有権確認請求をすることができるか。

《分析》

この問題について，本判決は，本件門中の各代表者がその構成員から信託的に委ねられた財産管理権限に基づいて本件各土地についてなしうるのは，本件各土地の価値を維持，増加するための保存，管理行為，本件各土地を利用して収益を図る行為など，代表者に委ねられた通常の業務運営の範囲に属し，またはこれに準ずる行為に限られるものと解し，その内容は，無効の所有権登記の抹消登記手続請求，本件各土地に対する侵害の排除，その侵害によって生じた被害の回復，損害賠償請求などであると解している。

本件は，Ｚ門中の代表者Ｘによる総有権確認訴訟である。この訴訟の効果は構成員全員に帰属するところ，この訴訟においてＸが敗訴すると，その敗訴の効果もまた構成員全員に帰属する。本判決は，この意味において，総有権確認訴訟は処分行為の一種であるものと解し，処分行為については，構成員全員の特別の合意が必要であるところ，本件門中は，代表者が４人おり，これらは構成員から財産管理権限を委譲されているのであるから，処分行為は，代表者全員の合意によって行わなければならないものであると判示して，Ｘが単独で提起した本件総有権確認請求に関する上告を棄却した。

しかし，塚本判事の反対意見は，Ｘの総有権確認訴訟については法廷意見のとおりであるが，Ｚ門中の不当利得返還請求権は，Ｚの存立，運営の基本に触れる程の重要な資産ではなく，Ｚの日常業務に当たるものと解し，Ｘは代表者の一人として

---

(254) 最判昭和55年2月8日民集34巻2号138頁：沖縄における血縁団体であるいわゆる門中が，家譜記録等によって構成員の範囲を特定することができ，慣行により，有力家の当主を代表機関とし，かつ，毎年一定の時期に構成員の総意によって選任される当番員を日堂業務の執行機関として定め，また，祖先の一人によって寄附された土地等の財産を門中財産として有し，これを管理利用して得た収益によって祖先の祭祀等の行事，門中模合（頼母子講の一種）その他の相互扶助事業を行ってきたなど，判示のような実態を有する場合には，その門中は権利能力なき社団にあたる。

第4節　入　会　権

Zの日常業務に関する運営を一任されているので、Zの請求は、不当利得返還請求権が、私法上、Zの構成員全員の総有に属することを前提としながら、代表者であるXが構成員から委ねられた財産管理権限に基づいて、Z門中の名で行うものであるから、このZ門中による不当利得返還請求については理由があるとして、この部分をも棄却した原判決は一部破棄差戻とすべきであると主張した。

しかしながら、本判決は、この不当利得返還請求についても、Z門中が請求主体であり、その効果は構成員全員に帰属するものであって、敗訴すれば、構成員全員が不利益を被るという総有権確認の訴えと同じ理由から、不当利得返還請求に関する上告も棄却した。

前掲し解説した最判平成20年4月14日〔判例72〕も、本件最判昭和55年2月8日と同様、入会地の処分行為は、その効果が構成員全員に総有的に帰属するので、全員の総意を要件とするものと判示し、ただ、構成員全員から全権を委任された代表者が存在するときには、その代表者全員の総意によって、処分行為をすることができるものと判示している。この点は、最高裁の判例法理として確立したものということができよう。そして、本件昭和55年最判の判例法理からは、入会地の売却によって取得した代金についても、入会団体が残存する限りは、そのまま構成員全員に総有的に帰属するものと考えられるが、この点もまた、その後、最高裁において確認されている(255)。しかし、この場合においても、入会地の売却によって入会権が消滅し、入会団体も解体されたと見られる場合には、入会地の売却代金については、残余財産の分配ということで、入会団体の構成員全員に権利の割合に応じ

---

(255)　最判平成15年4月11日判時1823号55頁：33名の入会権者で組織されているA管理会が地元B町に本件入会地を売却した。A管理会の代表者Yがその代金額をXら10名に分配しないので、Xらは、Yに対し、不法行為に基づく損害賠償を求め、本訴を提起した。原審は、総会での入会地売却決議により入会権は放棄され、通常の共有関係に転化し、本件入会地の売却代金は分割債権関係になるので、Xらに分配しないことにより、Xらは損害を被ったとして、Xらの請求を認めた。Yから上告。
　　破棄自判。「本件入会地は、上記老人ホームの敷地として売却されたというのであるから、その目的達成のために、本件入会地について、本件権利者らが入会権の放棄をしたものと認めるのが相当である。しかしながら、本件入会地が従前から本件権利者らの総有に属し、本件権利者らが本件入会地を含む入会地の管理運営等のために本件管理会を結成し、その規約において入会地の処分等をも本件管理会の事業とし（7条）、本件入会地の売却が本件管理会の決議に基づいて行われ、売却後も本件権利者らの有する他の入会地が残存し、本件管理会も存続しているという事実関係の下においては、本件管理会の事業として行われた本件入会地の売却を前提として、上記の趣旨で行われた上記入会権の放棄によって本件管理会の本件入会地に対する管理が失われたということはできないから、放棄によって本件入会地に対する本件権利者らの権利関係が総有から通常の共有に変化したものと解する根拠はない。そして、本件管理会の規約7条は、入会地の売却代金の管理運営を本件管理会の事業とする旨を定めており、本件管理会においては、規約上、入会地の売却代金が本件権利者らの総有に属することを当然の前提としていたということができる。そうすると、本件入会地の売却代金債権は、本件権利者らに総有的に帰属するものと解すべきであり、Xらが同代金債権について持分に応じた分割債権を取得したということはできない。」

707

て平等に分配されるべきものである。

第4項　入会権の侵害に対する効力

　入会権は慣習による権利ではあるが，民法上は物権として位置付けられているので，入会権者である入会団体には物権的請求権が認められる（使用収益権者たる各構成員が占有者であれば，占有訴権が認められる）。もっとも，入会権は総有であるから，元々，物権的請求権の帰属主体は入会団体それ自体である。

　したがって，入会団体の一構成員が使用収益権限を超えて不当な収益行為をなし，他の構成員の使用収益権を侵害した場合には，入会団体がその統制機能によって，不当な利用を差し止め，もし，損害が発生していれば，その賠償を請求することになる。また，第三者が入会地を不法に占拠し，構成員の利用を妨害し，あるいは，妨害のおそれがある場合には，入会団体の名の下にそれぞれ返還，妨害排除，妨害予防の請求権を行使することになる。

　しかし，入会地の使用収益権は各構成員に帰属するのであるから，「使用収益権」の侵害として，各構成員も物権的請求権を行使することができる[256]。

　次に，裁判所に訴えを提起する場合には，団体自体に当事者能力があるか否かという問題があるが，代表者の定めがあれば，その名において訴訟を遂行することが認められている（民訴第29条）。つまり，この場合には法人格のない社団（権利能力なき社団）という取扱いを受けることになる。また，代表者の定めがない場合でも，構成員の中から一人または数人を選定して訴訟当事者（選定当事者）とすることができる（同法第30条1項）。

　しかし，入会権確認訴訟においては，総有という形態上，既判力が問題となり，固有必要的共同訴訟と解された結果，構成員全員が共同してでなければ，訴訟を提起することはできないものと解されてきた[257]。

　これに対して，学説は批判的である[258]。ただ，判例も，各構成員の有する使用収益権の確認，または，これに基づく妨害排除請求訴訟においては，各構成員に当事者適格を認めている[259]。

---

(256)　大判大正6年11月28日民録23輯2018頁，東京地判昭和41年4月27日下民集17巻
　　3号353頁。我妻＝有泉445頁。

(257)　前掲最判昭和41年11月25日参照。

(258)　我妻＝有泉446頁，中尾英俊『叢書民法総合判例研究第9巻⑫Ⅱ入会権(2)』117-118頁。
　　我妻＝有泉博士は，昭和41年最判を掲げて，ただ一言「訴訟との関係では問題が多い」と
　　述べるに過ぎない。しかし，中尾教授は，構成員の全員が共同して訴えを提起しなければな
　　らないとすると，入会地を収奪せんとする観光・開発業者や国家権力が入会権者中の一人を
　　買収して，訴訟に参加させないことにより，訴え提起を防止することができてしまい，妥当
　　ではないという。また，中尾教授は，脱農化の進行や権利者の変動，あるいは，入会権者の
　　職業や階層の多様化により，全員で訴え提起をなしえない場合もあり，このようなことでは，
　　入会権の保全は不可能に近いという。

(259)　前掲最判昭和57年7月1日参照。

第4節　入　会　権

第3款　入会権の取得

第1項　団体による入会権の取得

　入会権は，地域団体の総有権または総有的収益権である。それゆえ，団体による入会権の取得と，その構成員として享受する固有の使用・収益権の取得とは，区別して考えなければならない[260]。入会権は第一義的に団体によって取得される。といっても，当初はまず入会地があり，そこに地域結合的な団体が発生し，入会林野等に立ち入って（まさに入り会って）使用収益する権利として，慣習によって，入会権が成立するのが普通である。それゆえ，本来は「入会権の発生」が正しく，「取得」という後発的な意味における成立は，他村入会か，契約による入会権の取得の場合に存在するに過ぎない。

　ただ，実質的には入会権が存在していたが，そのような慣習の存在が立証できない場合には，時効によって取得することも認められるべきである。民法上の理論によっても，入会団体による自己のためにする占有（第180条）や使用・収益権の行使（第205条）によって，土地の総有または入会権の準総有の状況が10年ないし20年継続した場合には（第162条，第163条），入会地や入会権の時効取得は可能である[261]。

第2項　構成員の入会収益権の取得

　構成員の使用・収益権について考察する場合にも入会権の取得と称されることが多い。しかし，入会権は，入会団体がその管理主体であるから，厳密にいうと，構成員の権利は入会権ではなく，「入会権に基づく使用収益権（入会収益権[262]）」と称するべき物権である。ただし，これらの権利を総称する概念（総称名詞）としては，「入会権」と称して差し支えない。

　この構成員による入会収益権の取得及び権利の内容に関しても，入会権と同様，すべて各地方の慣習及び入会団体内部の管理規範による。それゆえ，入会収益権の取得は，原則として，団体構成員たる資格の取得に伴うものと解されてきた[263]。

---

(260) 我妻＝有泉446頁。ここでは，団体による取得は団体それ自体の対外的関係であり，構成員の使用・収益権としての入会権（入会収益権）は団体の内部的統制の関係として位置づけられている。

(261) 我妻＝有泉447頁。

(262) 舟橋458頁は，「入会収益権」という用語を用いている。前述したように，従来の学説は，入会権は総有的権利であり，管理・処分権能は団体に帰属し，収益権能は構成員に帰属するものと解してきた。

(263) 大判明治33年6月29日民録6輯6巻168頁：「我が国における秣山等の入会権は住民としてその土地に住居するに附従して有する所の一種の権利にして，その住居を転ずれば権利を喪失し，他より移転して住民となればその権利を取得すべきを常とすれども，なお住民等個人がその地上に対する権利として入会権を有することあるは我が国の慣習として認める所である。既に斯くの如き古来の慣習上入会権はその土地の住居に随伴する一種の土地を利用

709

第4章　用益物権

しかし，別段の慣習により，居住地は集落外でも，集落内に田畑を所有している者には入会収益権を認める場合もあり，反対に，集落内居住者であっても，他から移住してきた者または分家した者を除外し，あるいは，一定の共同義務（一定期間の居住，賦役の履行，金品の供与など）を果たしたことを条件として，入会収益権を認める場合もあったと解されている[264]。

第3項　入会権と対抗問題

「入会権の法的性質」の箇所において略述したが，入会権は，これを入会団体が取得する場合でも，その構成員が取得する場合でも，登記なくして第三者に対抗しうる権利として位置づけられている[265]。その理由について，判例は，入会権は当初から不動産登記法にも予定されず，条文中に列挙されなかったので（旧不登第1条，現行不登第3条），登記しえない物権であるとされ，しかも，物権でありながら，登記をしなければ第三者に対抗しえないという第177条の大原則の適用を除外するという「解釈」により，かつ，その根拠として，不動産登記法施行前において，既に入会権には「戸長の公証を不要とする第三者に対する対抗力」があったことを挙げている[266]。

する役権関係にして，その住居の去就により権利の得喪に消長を来すを通例とするものであるから，この権利の得喪に消長を来すを根拠として住民たる上告人等に本件の入会権なしと判定したるは不当にして結局原判決は理由を具備せざる違法の裁判たるを免れない。」

　　大審院は，このように判示して，原判決が，地上に対する入会権は部落がこれを有し，住民はその部落に対する人権（債権）を有するに過ぎないと解していた点について解釈の誤りを指摘し，破棄差戻とした。

　　本判決が「入会権」と称する権利が入会収益権の意味であることは，入会権を人役権類似の権利関係であると解している点，ならびに本件の判旨全体から明らかである。しかし，学説の中には，管理権能と収益権能の分離を否定し，入会権の管理権能は入会権者の全員一致の原則の下に行使されているので，管理権能は入会権者に帰属するものと解する見解もある（石田穣485頁）。しかしながら，自持入会の場合には，入会地及び入会権が団体に総有的に帰属することは明らかであり，石田助教授は，この団体的総有を構成員全員の総有と構成するに過ぎない。結局，この点は，権利能力なき社団の法的構成をどのように解するかという点における解釈の相違に帰するに過ぎない。

(264)　我妻＝有泉448頁，舟橋458頁参照。

(265)　判例を含む通説である。我妻＝有泉448頁など参照。

(266)　大判明治36年6月19日民録9輯759頁：「不動産登記法第1条は列記法であり例示法ではないことにより，他にこれを適用すべき特別の規定のない限りは登記法に列挙していない入会権はこれを登記してはならない。然るに民法第294条は入会権につき地方慣習に従うほか地役権に関する第六章中の規定を準用するに止まり，登記法をも準用すべきことを包含しない。その他入会権につき登記に関する規定は存しないので，登記法はこれを適用しえない。
　　而して民法第177条は登記法に列記した物権については登記をしなければ第三者に対抗しえないと規定したに過ぎず，登記なき物権は絶対に対抗力なしとした法意ではない。然れば，民法において既に入会権を物権と認めた以上はその権利の性質上登記なきも当然第三者に対抗しうるものとしなければならない。のみならず，登記法施行以前にあっても，他の物権たる所有権もしくは抵当権等と異なり，戸長の公証を要せずして，第三者に対抗しえたという慣習があったので，民法施行法第37条の法意によるもまた入会権の如き登記の規定なき物

第4節　入　会　権

確かに，当初は，特定の集落の有する山林原野に入会権が存在するということは周知の事実であったであろう。しかし，前述したように，入会権の利用形態は変化し，分割利用形態や契約利用形態が出現するに及んでは，集落全体による入会収益権の利用が行われず，入会団体の活動それ自体が変化し，構成員の変動などもあり，もはや，その外観からは入会権の存在が分からないという場面もあった。そして，外観から入会権の存在が不明といった場合には，これを理由として入会権の消滅が認定されかねない。このような意味において，やはり，入会権とはいえ，登記がなければ対抗しえない権利と解すべきである。それゆえ，前述したように，入会権を公示するため，種々，登記の方法が試行錯誤されてきたのである[267]。しかし，なかなか名案がないため，最終的には，戦前の司法省や戦後の法務省の指導によって，部落名義の登記をやめ，記名共有名義，あるいは，代表者や会計責任者個人名義による登記をしていたというのが実情である[268]。

第4款　入会権の消滅・喪失

第1項　団体の有する入会権の消滅

例えば，ダムの建設に伴う土地の水没という事態が生じた場合には，入会地の滅失を来すから，入会権もまた消滅する。しかし，ここでは，そのような土地の物理的滅失という一般的な物権の消滅事由について問題とするのではない。本段においては，入会権に特有の消滅事由について考察する。

まず，団体の意思による入会権の廃止が問題となるが，この場合には，入会権が総有である関係上，構成員全員の同意を必要とする。他物権としての入会権でも総有（準総有）であることに違いはないから，入会地を団体が所有している場合（村中入会・自村入会）と，そうではない場合（他村入会）とで区別する必要はない。

権は登記なきにかかわらず，第三者に対抗しうるものとするを当然とする。」

また，大判大正10年11月28日民録27輯2045頁は，この明治36年大判を承けて，入会権は登記なくして第三者に対抗しうるものであるから，民事訴訟法（現行民事執行法）においても入会権の存する山林を競売するにあたり，その権利の存在を公告すべきことを規定していないので，その山林が競落により第三者の所有に帰した場合においても，入会権は消滅することなく依然山林の上に存在するものと解すべきであり，競落の要件たる価額の程度は競買人が予めこれを監査するほかはないと解するを相当とすると判示した。

(267)　前掲大判明治36年6月19日では，その判旨冒頭において，旧時には山林原野等その附近村駅の各住民に属する入会権に関し，契約のような法律行為をするにあたり，その村駅の庄屋もしくは用掛において各住民を代表し，または村駅の名をもって結約する一般の慣習のあったことは当時の裁許状等に散見する所であるから，原裁判所が一村の住民全体を表示するに村名をもってする慣習ありと説明したのは違法ではないとしている。このような古来の慣行から，その後，入会権を登記するにあたっても，村名表記とされたであろうことは想像に難くない。

(268)　川島編・前掲『注釈民法(7)〔川島武宜〕』533頁。実際に，入会山林と思しき土地の登記簿を見ると，所有者の表記については，一般的に「何某外〇〇名」という表記となっている。

第4章　用益物権

　また，入会林野が国有地に編入された場合には入会権は消滅するかという問題がある。明治4年12月の地券制度の導入に始まる一連の土地政策に伴う明治7年の地所官民有区分政策によって官有地に編入された土地に入会権が残っているかという問題について，判例は，当初，その編入によって当然に入会権は消滅したものと判示していたが(269)，最高裁は，これを変更し，官有地への編入によっても，入会権は当然には消滅していないものと判示した(270)。

　また，前述したように，入会権の個人使用ともいうべき割山ないし分け地がなされても，入会地の管理を入会団体が行使している限り，入会権は消滅しない。

　更に，入会林野の開発によって入会権は消滅するかという問題がある。前述したように，入会権は近代化の波を受け，次第に利用形態が変化していったが，それだけでは入会権の存在は失われない。しかし，旧慣習によって成立した入会権をいたずらに放置しておくことは，入会地が村有地となって管理処分され，あるいは，村当局の監督の下で村民に利用されると，従前の入会団体による共同体的統制の不存在という入会権消滅の根拠を与えてしまいかねない。行政当局が，入会団体による入会地の利用統制が行われていないのであれば，もはや入会権は消滅に帰したものという評価を下すと，入会権の解体・消滅が認定されかねない(271)。そこで，従来，入会権は，漸次，他の近代的権利関係に変更し，その効力を保全する必要があるものと解されてきた。このような考え方から，昭和41(1966)年制定にかかる「入会林野等に係る権利関係の近代化の助長に関する法律（入会権近代化法）」が制定されるに至った。

　同法は，入会林野または旧慣使用林野の権利関係を近代化し，これによって農林業経営の健全な発展に資するという目的を掲げている（同法第1条）。また，入会権に基づく使用収益権者（法文では「入会権者」とされる。）全員の合意により，整備計画

(269)　前掲大判大正4年3月16日参照。
(270)　最判昭和48年3月13日民集27巻2号271頁：「官民有区分処分は，従来地租が土地の年間収穫量を標準とした租税であったのを地価を標準とする租税に改め，民有地である耕宅地や山林原野に従前に引き続きまたは新たに課税するため，その課税の基礎となる地盤の所有権の帰属を明確にし，その租税負担者を確定する必要上，地租改正事業の基本政策として行なわれたもので，民有地に編入された土地上に従前入会慣行があった場合には，その入会権は，所有権の確定とは関係なく従前どおり存続することを当然の前提としていたのであるから，官有地に編入された土地についても，入会権の消滅が明文をもって規定されていないかぎり，その編入によって，入会権が当然に消滅したものと解することはできないというべきである。」
(271)　このような理由から入会権を否定した判例として，最判昭和57年1月22日裁判集〔民事〕135号83頁がある。本判決によると，山林原野が村民の選挙による代議制をとった村寄合，村会，村議会等における多数決による議決に基づいて村有財産として管理処分され，あるいは村当局の監督下において村民に利用されてきたなど，山林原野の管理利用について部落による共同体的統制の存在が認められない諸事情がある場合には，山林原野の所有権は行政主体である村に帰属し，これに対する共有の性質を有する入会権はもとより，共有の性質を有しない入会権の存在も認め難いと解されている。

712

第4節　入 会 権

を作成し，林野に関する権利者があればその同意を得た上で（同法第5条），所定の手続を経て知事に整備計画書を提出して認可を申請し（同法第3条），認可された日に入会権は消滅し，他の権利に置き換えられる（同法第2条2号，4号）。つまり，整備計画書の内容に従って，入会権は，所有権，地上権，賃借権などに置き換えられ，共有または準共有という権利関係になる。もっとも，入会地が世帯に個別に割り当てられていた場合には，入会地が分割され，個別所有の道が開かれることもありうる。

　このような手続を経て，前近代的な記名共有または代表者などの個人名義，あるいは，代表者数名の共有登記となっていた入会権も，あるいは，登記されていない入会権（他物権としての共有の性質を有しない入会権に多い。）も，現代的な権利の登記に置き換えられ，あるいは，新たに登記され，現行制度の下で権利を保全されるのである。このような方法によって，旧来の入会集落による総有としての権利形態を有する入会権は解体され，新たな現代的権利関係へと再構築されるのである。

　しかし，入会権近代化法の適用にあたっては，批判もある。即ち，近年は，地域の環境や自然資源を保全する目的で，入会地保存運動（里山保全運動）が展開されており(272)，また，入会団体の有する市民社会の形成機能が重視されていることから，入会権は私的土地所有制度と十分併存が可能であり，性急に個人や法人の所有に転換する必要はないという批判である(273)。この批判は，十分傾聴に値するものであるが，むしろ，バブル経済期のような無秩序な乱開発行為こそが批判されるべきであり，関係当局の横の連携こそが自然環境の保護に繋がるのであって，入会権の管理・保護は自然環境保護の一端を担うに過ぎないものと解される。休眠中の入会権を如何にして保全すべきかという問題は，国有地や公有地への編入防止とともに，私的利益を目論む開発業者に対する規制強化をも顧慮すべきものと思われる。

第2項　構成員の有する入会収益権の喪失

　入会団体の構成員は，各入会団体の制定する慣習的な法社会規範によって各々の使用収益権を取得するから，その喪失に関しても，地域の慣習的な法社会規範によるものと解すべきである。

　判例によると，村落共同体から他へ転出した場合には入会地に関する一切の権利を喪失するといった慣習の存在が認められている(274)。このような慣習が存在する

---

(272)　松尾・古積・前掲書（『物権・担保物権』〔松尾〕）232頁参照。また，里山保全運動に関しては，環境省自然環境局のホームページで「里地・里山の保全・活用」として紹介されている。URL は，http://www.env.go.jp/nature/satoyama/info.html　である。

(273)　松尾・古積・前掲書（『物権・担保物権』〔松尾〕）232頁参照。松尾教授は，このような性急な転換は，却って環境破壊や社会的資源の喪失に繋がりかねないと批判する。

(274)　前掲最判昭和40年5月20日は，「部落民が部落外に転出したときは分け地はもとより右共有林に対する一切の権利を喪失し，反対に他から部落に転入し又は新たに分家して部落に一戸を構えたものは，組入りすることにより右共有林について平等の権利を取得するなら

713

第4章 用益物権

場合において，権利者が死亡したときには，一応民法の規定に従って共同相続が開始するが（第882条，第898条），入会団体の中に相続人がいない場合には，相続による承継を認めないという取扱いになるであろう。したがって，この場合には，当該入会団体の慣習により，入会収益権が構成員によって承継取得されることになる。

第3項 入会権の時効消滅

　入会地の地盤が入会集団に帰属する場合には，総有そのものである[275]。それゆえ，共有の性質を有する入会権と称される。この場合には，入会権の原権利は「所有権」であるから，消滅時効にかからない（第167条2項）。入会地盤の総有権が時効にかからないのであるから，入会権ないし入会収益権も時効消滅しない。したがって，従来，入会権の時効消滅は，体系書の俎上に上ってこなかった。しかし，他村入会の場合や，入会地盤が国有地や公有地に編入された場合には，「共有の性質を有しない入会権」であり，他の入会集団あるいは法人（国・地方公共団体）の総有地または所有地である地盤を借りて入会権の目的としているのであるから，特殊な用益物権と解することが許される。このような状況から，近時，入会権の時効消滅が取り沙汰されるようになってきた。

　入会権の時効消滅に関して，下級審の裁判例には，従前は部落の所有であった入会地が村の村会の議決によって作られた権利能力なき社団である区の所有となったという事案において，この場合には，共有の性質を有する入会権がその性質を有しない入会権に変化して存続していたものと認定し，この入会権は地役権の性質を有する入会権であるとして，その住民が40年以上も使用・収益してこなかったことを理由として，入会権の時効消滅を認めたものがある[276]。

　確かに，このような構成を可能とする解釈もあろう。しかし，この裁判例の事実関係からは，旧部落の管理主体と新しい区の管理主体とが同一性を維持して存続しているので，入会権の性質が変わる理由はない。それゆえ，最高裁は，「本件各土地を管理処分する権能が区に帰属することになったとしても，部落の世帯主が有していた本件入会権が共有の性質を有しないもの，すなわち，他人の所有に属する土地を目的とするものになったということはできない」として，控訴審における入会権の性質変更による時効消滅という解釈については否定したのである[277]。

　しかしながら，この事案においても，入会地・入会権の管理主体に変更があった場合には，共有の性質を有しない入会権に変化しつつ存続してきたという認定がなされた可能性がある。そして，そのような認定がなされれば，入会権の時効消滅を

　　わし」の存在を認めている。

（275）　我妻＝有泉441頁。

（276）　広島高判平成17年10月20日判時1933号84頁（民集62巻5号984頁。前掲最判平成20年4月14日の原審）。

（277）　前掲最判平成20年4月14日を参照。

第4節　入　会　権

認めた可能性もある。この点からして，元々，共有の性質を有しない入会権であった場合には，使用・収益権の不行使期間が20年を経過することによって，入会権の時効消滅もありうるものと解される（第294条，第291条以下，第167条2項参照）。

　だが，これまで論じてきたように，入会権に基づく使用・収益関係は，薪炭から電気・ガスへという国民の生活環境の変化に伴って変化し，また，入会林野それ自体の利用から，ゴルフ場やリゾート開発会社への土地賃貸などへと，入会権が形を変えて存続してきたというケースもある。それゆえ，旧来の薪炭材の採集など，入会権に特有の使用・収益行為が行われていないからといって，一概に，「入会権の不行使」と認定することは妥当性を欠くものと評価される場合もあろう。

　したがって，地役権の場合における承役地の時効取得による消滅（第289条）は別として，本来の「地役権の不行使」による時効消滅の場合（第291条）と同様，入会権の時効消滅という判断も，よりいっそう慎重に行われるべきである[278]。

　そこで，結論としては，いくら世の中が進化し，社会の生活様式が変容を来したとしても，地域の小集団たる「むら社会」が残存する限り，また，そのような小集団の中で人々が生きている限り，入会権は残存しているのだという認識が必要である。

---

(278)　松尾・古積・前掲書（『物権・担保物権』〔松尾〕）234頁は，対象となる入会権の内容や入会地の現実的利用状況，とりわけ，他の占有者が時効取得に必要な占有を継続しているかどうか（第294条，第289条）などを十分に吟味した上で，慎重に解釈される必要があるという。しかし，承役地の取得時効による入会権の消滅は，共有の性質を有する入会権の場合であり，この場合でも，利用関係が残存している限り，共有の性質を有しない入会権として残存することはありうるのであり，また，本来の入会権の時効消滅は，「権利の不行使」のみに起因するので，やはり，この点に関して十分吟味する必要がある。

判 例 索 引

◇大審院◇

大判明 28・11・7 民録 1 輯 4 巻 28 頁 ········ *125*

大判明 29・3・27 民録 2 輯 3 巻 111 頁 ····· *491*

大判明 30・6・7 民録 3 輯 6 巻 25 頁 ········ *126*

大判明 31・6・17 民録 4 輯 6 巻 81 頁········ *686*

大判明 32・1・22 民録 5 輯 1 巻 31 頁

　　　　　　··············· *605, 617, 632*

大判明 32・12・22 民録 5 輯 11 巻 99 頁····· *610*

大判明 33・3・9 民録 6 輯 3 巻 48 頁 ······· *632*

大判明 33・6・29 民録 6 輯 6 巻 168 頁 ····· *709*

大判明 33・7・9 民録 6 輯 7 巻 31 頁〔33 頁〕

　　　　　　　　　　　　　　·········· *302*

大判明 33・10・5 民録 6 輯 26 頁············· *223*

大判明 33・10・29 民録 6 輯 9 巻 97 頁

　　　　　　　　　　 ··········· *606, 637*

大判明 34・2・1 民録 7 輯 2 巻 1 頁··········· *700*

大判明 34・2・22 民録 7 輯 2 巻 101 頁 ····· *311*

大判明 34・4・17 民録 7 輯 4 巻 45 頁········ *651*

大判明 34・6・19 民録 7 輯 6 巻 44 頁········ *651*

大判明 34・6・24 民録 7 輯 6 巻 60 頁········ *632*

大判明 34・10・28 民録 7 輯 9 巻 162 頁····· *603*

大判明 34・10・23 民録 7 輯 9 巻 106 頁····· *651*

大判明 35・6・13 民録 8 輯 6 巻 68 頁 ······· *642*

大判明 36・3・5 民録 9 輯 234 頁············· *438*

大判明 36・6・19 民録 9 輯 759 頁 ···*699, 710, 711*

大判明 36・7・6 民録 7 輯 861 頁············· *658*

大判明 36・11・16 民録 9 輯 1244 頁 ········ *608*

大判明 37・3・11 民録 10 輯 264 頁··········· *469*

大判明 37・6・22 民録 10 輯 861 頁············ *282*

大判明 37・6・24 民録 10 輯 880 頁··········· *618*

大判明 37・9・21 民録 10 輯 1136 頁········· *185*

大判明 37・10・28 民録 10 輯 1309 頁········ *142*

大判明 37・11・2 民録 10 輯 1389 頁

　　　　　　　　··············· *603, 606, 617*

大判明 37・12・19 民録 10 輯 1641 頁 ······· *33*

大判明 37・12・13 民録 10 輯 1600 頁········ *633*

大判明 37・12・26 民録 10 輯 1682 頁········ *698*

大判明 38・5・11 民録 11 輯 701 頁 ·········· *446*

大判明 38・6・16 民録 11 輯 975 頁·········· *187*

大判明 38・10・20 民録 11 輯 1374 頁········ *290*

大判明 38・12・18 民録 11 輯 1772 頁········ *178*

大判明 38・12・20 民録 11 輯 1702 頁········ *491*

大判明 39・1・19 民録 12 輯 57 頁············ *698*

大判明 39・1・29 民録 12 輯 76 頁 ·········· *382*

大判明 39・2・5 民録 12 輯 165 頁············ *696*

大判明 39・4・16 刑録 12 輯 472 頁·········· *439*

大判明 39・5・11 民録 12 輯 744 頁·········· *280*

大判明 39・6・1 民録 12 輯 893 頁 ·········· *194*

大判明 39・10・10 民録 12 輯 1219 頁········ *316*

大判明 39・11・12 民録 12 輯 1514 頁········ *658*

大判明 40・2・27 民録 13 輯 188 頁·········· *292*

大判明 40・3・6 民録 13 輯 229 頁············ *642*

大判明 40・3・12 民録 13 輯 272 頁·········· *641*

大連判明 40・4・29 民録 13 輯 452 頁········ *648*

大判明 40・7・9 民録 13 輯 811 頁············ *641*

大判明 41・9・22 民録 14 輯 907 頁·········· *141*

大判明 41・9・25 民録 14 輯 931 頁·········· *546*

大連判明 41・12・15 民録 14 輯 1276 頁

　　　　　　　　　　　　　·········· *199, 293*

大連判明 41・12・15 民録 14 輯 1301 頁

　　　　　　　　　　　　　·········· *199, 248*

大判明 42・2・25 民録 15 輯 158 頁·········· *541*

大判明 42・5・3 民録 15 輯 451 頁············ *641*

大判明 42・10・22 刑録 15 輯 1433 頁··· *221, 311*

大判明 43・1・24 民録 6 輯 1 頁 ············ *302*

大判明 43・2・25 民録 16 輯 153 頁·········· *339*

大判明 43・3・15 民録 16 輯 212 頁·········· *642*

大判明 43・7・6 民録 16 輯 537 頁············ *71*

大連判明 43・11・26 民録 16 輯 759 頁······ *646*

大判明 44・4・7 民録 17 輯 187 頁 ·········· *442*

大判明 44・4・26 民録 17 輯 234 頁·········· *650*

大判明 44・12・22 民録 17 輯 877 頁 ········ *175*

大判明 45・6・1 民録 18 輯 569 頁 ·········· *302*

大判明 45・6・28 民録 18 輯 670 頁·········· *307*

大判大元・10・30 民録 18 輯 931 頁········· *432*

大判大 2・4・12 民録 19 輯 224 頁 ·········· *478*

大判大 2・10・25 民録 19 輯 857 頁·········· *135*

大判大 3・5・9 民録 20 輯 373 頁············· *639*

大判大 3・12・1 民録 20 輯 1019 頁·········· *246*

大判大 3・12・23 民録 20 輯 1160 頁········· *642*

717

大判大 3・12・26 民録 20 輯 1208 頁 …282, 524

大判大 4・3・10 刑録 21 輯 279 頁 …………66

大判大 4・3・16 民録 21 輯 328 頁 …………695

大判大 4・3・20 民録 21 輯 395 頁 …………67

大判大 4・4・27 民録 21 輯 590 頁 …………445

大判大 4・5・5 民録 21 輯 658 頁 …………472

大判大 4・5・24 民録 21 輯 803 頁 …………282

大判大 4・6・3 民録 21 輯 886 頁 …………491

大判大 4・6・8 民録 21 輯 910 頁 …………642

大判大 4・7・12 民録 21 輯 1126 頁…………299

大判大 4・9・20 民録 21 輯 1481 頁 …461, 470

大判大 4・9・29 民録 21 輯 1532 頁 …………437

大判大 4・10・16 民録 21 輯 1705 頁 …………149

大判大 4・10・23 民録 21 輯 1755 頁 …………149

大判大 4・12・2 民録 21 輯 1965 頁 …………34

大判大 5・2・2 民録 22 輯 74 頁 …………175

大判大 5・2・16 民録 22 輯 134 頁 …………47

大判大 5・4・11 民録 22 輯 691 頁 …………187

大判大 5・5・16 民録 22 輯 961 頁 …………350

大判大 5・6・12 民録 22 輯 1189 頁 …640, 641

大判大 5・6・13 民録 22 輯 1200 頁…………544

大判大 5・6・23 民録 22 輯 1161 頁 …………34

大判大 5・7・22 民録 22 輯 1585 頁 …………464

大判大 5・9・12 民録 22 輯 1702 頁 …………176

大判大 5・9・20 民録 22 輯 1440 頁…………387

大判大 5・11・8 民録 22 輯 2078 頁…………138

大判大 5・11・28 民録 22 輯 2320 頁 …………427

大判大 5・11・29 民録 22 輯 2333 頁……520, 561

大判大 5・12・2 民録 22 輯 2341 頁…………504

大判大 5・12・13 民録 22 輯 2411 頁 …………188

大判大 5・12・13 民録 22 輯 2417 頁 …………282

大判大 5・12・25 民録 22 輯 2504 頁 …………309

大判大 6・2・6 民録 23 輯 202 頁 …22, 491, 689

大判大 6・2・10 民録 23 輯 138 頁 …………487

大判大 6・3・23 民録 23 輯 560 頁 …………34

大判大 6・9・6 民録 23 輯 1250 頁 …603, 618

大判大 6・9・19 民録 23 輯 1352 頁…………637

大判大 6・10・22 民録 23 輯 1674 頁…………53

大判大 6・11・3 民録 23 輯 1875 頁…………289

大判大 6・11・8 民録 23 輯 1772 頁…………441

大判大 6・11・1023 輯 1955 頁 …………379

大判大 6・11・13 民録 23 輯 1776 頁…………446

大判大 6・11・28 民録 23 輯 2018 頁 …696, 708

大判大 7・3・2 民録 24 輯 423 頁…………248

大判大 7・4・19 民録 24 輯 731 頁 …………539

大判大 7・5・13 民録 24 輯 957 頁 …………191

大連判大 7・5・18 民録 24 輯 976 頁 ………453

大判大 7・6・18 民録 24 輯 1185 頁 …………193

大判大 7・9・11 民録 24 輯 1675 頁…………142

大判大 7・9・16 民録 24 輯 1699 頁…………138

大判大 7・11・8 民録 24 輯 2138 頁…………348

大判大 7・11・14 民録 24 輯 2178 頁…………308

大判大 8・2・6 民録 25 輯 68 頁…………185

大判大 8・4・8 民録 25 輯 657 頁…………473

大判大 8・5・5 新聞 1583 号 15 頁…………434

大判大 8・5・16 民録 25 輯 776 頁…………183

大判大 8・5・26 民録 25 輯 892 頁…………386

大判大 8・6・23 民録 25 輯 1090 頁…………280

大判大 8・7・5 民録 25 輯 1258 頁…………148

大判大 8・9・1 民録 25 輯 1548 頁…………187

大判大 8・9・27 民録 25 輯 1644 頁…………540

大判大 8・10・13 民録 25 輯 1863 頁………425

大判大 8・11・3 民録 25 輯 1944 頁…………536

大判大 9・5・8 民録 26 輯 636 頁…………663

大連判大 9・6・26 民録 26 輯 933 頁…………699

大判大 9・7・16 民録 26 輯 1108 頁…………270

大判大 9・7・26 民録 26 輯 1259 頁…………478

大判大 9・10・14 民録 26 輯 1485 頁…………412

大判大 9・11・11 民録 26 輯 1701 頁 …………68

大判大 9・12・27 民録 26 輯 2087 頁 …435, 436

大判大 10・1・24 民録 27 輯 221 頁…………502

大判大 10・2・17 民録 27 輯 321 頁…………68

大判大 10・2・17 民録 27 輯 329 頁…………348

大決大正 10・3・4 民録 27 輯 404 頁…………287

大判大 10・4・12 民録 27 輯 703 頁…………191

大判大 10・4・14 民録 27 輯 732 頁…………376

大判大 10・5・17 民録 27 輯 929 頁 …149, 221

大判大 10・5・30 民録 27 輯 983 頁…………138

大判大 10・5・30 民録 27 輯 1013 頁…………629

大判大 10・6・1 民録 27 輯 1032 頁…………518

大判大 10・6・13 民録 27 輯 1155 頁…………195

大判大 10・7・8 民録 27 輯 1373 頁…………364

大判大 10・7・11 民録 27 輯 1378 頁…………620

大判大 10・7・18 民録 27 輯 1392 頁…………539

大判大 10・10・15 民録 27 輯 1788 頁 …67, 108

大判大 10・10・27 民録 27 輯 2040 頁…………543

大判大 10・11・3 民録 27 輯 1875 頁…………430

大判大 10・11・28 民録 27 輯 2045 頁 …699, 711

判 例 索 引

大判大 10・11・28 民録 27 輯 2070 頁 ……… *633*
大判大 11・3・25 民集 1 巻 130 頁 ………… *183*
大判大 11・5・4 民集 1 巻 235 頁 ………… *68*
大判大 11・7・10 民集 1 巻 386 頁 ……… *542*
大判大 11・8・21 民集 1 巻 493 頁 ……… *36*
大判大 11・10・25 民集 1 巻 604 頁 … *443, 431*
大判大 11・11・24 民集 1 巻 738 頁 … *393, 650*
大判大 11・11・27 民集 1 巻 692 頁 … *431, 467*
大判大 11・12・28 民集 1 巻 865 頁 ……… *288*
大判大 12・4・14 民集 2 巻 237 頁 ……… *68*
大判大 12・7・27 民集 2 巻 572 頁 ……… *558*
大判大 12・12・17 民集 2 巻 684 頁 ……… *547*
大判大 13・4・21 民集 3 巻 191 頁 ……… *287*
大判大 13・5・19 民集 3 巻 211 頁 ……… *542*
大判大 13・5・22 民集 3 巻 224 頁 ……… *467*
大判大 13・9・25 新聞 2323 号 15 頁 ……… *446*
大連判大 13・10・7 民集 3 巻 476 頁 ……… *11*
大連判大 13・10・7 民集 3 巻 509 頁 ……… *10*
大判大 13・11・20 民集 3 巻 516 頁 ……… *547*
大判大 14・1・20 民集 4 巻 1 頁 ……… *451*
大(刑)判大 14・6・9 刑集 4 巻 378 頁 ……… *434*
大判大 14・6・9 刑集 4 巻 378 頁 ……… *510*
大連判大 14・7・8 民集 4 巻 412 頁 ……… *255*
大判大 14・12・21 民集 4 巻 723 頁 ……… *180*
大判大 15・2・1 民集 5 巻 44 頁 ……… *312*
大判大 15・4・30 民集 5 巻 344 頁 … *186, 193*
大判大 15・6・23 民集 5 巻 536 頁 ……… *194*
大判大 15・10・12 法律学説判例評論
　　全集 16 巻民法 129 頁 ……… *455*
大判大 15・10・12 民集 5 巻 726 頁 ……… *635*
大判大 15・11・3 新聞 2636 号 13 頁 ……… *546*
大判大 15・12・20 民集 5 巻 873 頁 ……… *629*
大判昭 2・2・16 法律学説判例評論
　　全集 16 巻商法 485 頁 ……… *454*
大判昭 2・4・22 民集 6 巻 198 頁 ……… *674*
大判昭 2・6・30 新聞 2744 号 12 頁 ……… *178*
大判昭 2・9・19 民集 6 巻 510 頁 ……… *686*
大判昭 2・12・17 新聞 1211 号 15 頁 ……… *436*
大判昭 3・5・25 新聞 2876 号 9 頁 ……… *171*
大判昭 3・6・11 新聞 2890 号 13 頁 ……… *476*
大判昭 3・7・3 大審院裁判例(民事)
　　2 巻 44 頁 ……… *177*
大判昭 3・10・11 民集 7 巻 903 頁 ……… *142*
大判昭 3・11・8 民集 7 巻 970 頁 ……… *34*

大判昭 4・2・20 民集 8 巻 59 頁 ……… *205*
大判昭 4・2・23 新聞 2957 号 13 頁 ……… *288*
大判昭 4・4・6 民集 8 巻 384 頁 ……… *178*
大判昭 4・12・11 民集 8 巻 923 頁 ……… *366*
大判昭 4・12・16 民集 8 巻 944 頁 ……… *70*
大判昭 5・4・26 法律学説判例評論
　　全集 19 巻民法 131 頁 ……… *455*
大判昭 5・5・6 新聞 3126 号 16 頁 ……… *475*
大判昭 5・5・10 新聞 3145 号 12 頁 ……… *348*
大判昭 5・6・16 民集 9 巻 550 頁 ……… *285*
大判昭 6・3・31 民集 10 巻 150 頁 ……… *412*
大判昭 6・7・22 民集 10 巻 593 頁 ……… *380*
大判昭 6・8・7 民集 10 巻 763 頁 ……… *419*
大判昭 6・8・7 民集 10 巻 875 頁 ……… *181*
大判昭 7・1・13 民集 11 巻 7 頁 ……… *643*
大判昭 7・1・26 民集 11 巻 169 頁 ……… *141*
大判昭 7・2・16 民集 11 巻 138 頁 ……… *457*
大判昭 7・3・18 民集 11 巻 327 頁 ……… *212*
大判昭 7・4・13 新聞 3400 号 14 頁 ……… *462*
大判昭 7・5・19 新聞 3429 号 12 頁 ……… *524*
大決昭和 7・7・19 新聞 3452 号 16 頁 ……… *288*
大判昭 7・8・10 新聞 3453 号 15 頁 ……… *492*
大判昭 7・9・27 法学 2 巻 470 頁 ……… *180*
大判昭 7・10・14 大審院裁判例 6 巻
　　民事 277 頁 ……… *433*
大判昭 7・11・9 民集 11 巻 2277 頁 ……… *51*
大判昭 7・12・9 大審院裁判例 6 巻
　　民法 334 頁 ……… *455*
大判昭 7・12・20 新聞 3511 号 14 頁 ……… *48*
大判昭 8・2・8 民集 12 巻 60 頁 ……… *523*
大判昭 8・3・15 民集 12 巻 366 頁 ……… *183*
大判昭 8・5・24 民集 12 巻 1565 頁 ……… *343*
大判昭 8・12・28 大審院判決全集
　　1 輯 3 号 13 頁 ……… *421*
大判昭 9・2・3 法学 3 巻 6 号 88 頁 ……… *696*
大判昭 9・4・6 民集 13 巻 492 頁 ……… *345*
大判昭 9・6・2 民集 13 巻 931 頁 ……… *438*
大判昭 9・6・15 民集 13 巻 1164 頁 ……… *41*
大判昭 9・10・19 民集 13 巻 1940 頁 ……… *464*
大判昭 10・1・17 新聞 3800 号 11 頁 ……… *177*
大判昭 10・2・16 新聞 3812 号 7 頁 ……… *467*
大判昭 10・2・25 民集 14 巻 226 頁 ……… *173*
大判昭 10・5・31 民集 14 巻 1220 頁 ……… *213*
大判昭 10・7・9 大審院判決全集

719

判例索引

1 輯 20 号 13 頁 ·················· *348*
大判昭 10・9・3 民集 14 巻 1640 頁 ········ *434*
大判昭 10・9・14 民集 14 巻 1617 頁 ········ *546*
大判昭 10・10・1 民集 14 巻 1671 頁 ····· *11, 178*
大判昭 10・10・5 民集 14 巻 1965 頁 ······ *322, 45*
大判昭 10・11・14 新聞 3922 号 8 頁 ········ *204*
大判昭 10・12・24 民集 14 巻 2096 頁 ······· *269*
大判昭 11・1・14 民集 15 巻 89 頁 ·········· *181*
大判昭 11・7・10 民集 15 巻 1481 頁 ········ *47*
大判昭 11・7・31 民集 15 巻 1587 頁 ········ *299*
大判昭 12・1・23 法律評論 26 巻民法 297 頁
　　　·································· *639*
大判昭 12・3・10 民集 16 巻 255 頁·········· *673*
大判昭 12・7・23 大審院判決全集
　　　4 輯 17 号 4 頁 ····················· *524*
大判昭 12・11・19 民集 16 巻 1881 頁 ········ *50*
大判昭 12・11・26 民集 16 巻 1665 頁 ······· *478*
大判昭 12・12・21 大審院判決全集
　　　5 集 1 号 6 頁 ····················· *504*
大判昭 13・1・28 民集 17 巻 1 頁············ *361*
大判昭 13・4・12 民集 17 巻 675 頁·········· *427*
大判昭 13・4・30 新聞 4276 号 8 頁·········· *547*
大判昭 13・5・27 新聞 4291 号 17 頁·········· *659*
大判昭 13・5・31 大審院判決全集
　　　5 輯 12 号 3 頁····················· *432*
大判昭 13・12・2 民集 17 巻 2269 頁·········· *52*
大判昭 13・12・26 民集 17 巻 2835 頁 ······· *470*
大判昭 14・7・7 民集 18 巻 748 頁 ·········· *221*
大判昭 14・7・19 民集 18 巻 856 頁·········· *262*
大判昭 15・6・1 民集 19 巻 944 頁 ·········· *186*
大判昭 15・6・26 民集 19 巻 1033 頁 ········ *609*
大判昭 15・9・9 新聞 4622 号 7 頁 ·········· *467*
大判昭 15・9・18 民集 19 巻 1611 頁 ········ *22*
大判昭 15・10・24 新聞 4637 号 10 頁 ········ *464*
大判昭 15・11・8 新聞 4642 号 9 頁·········· *414*
大判昭 15・11・19 大審院判決全集
　　　8 輯 1 号 3 頁 ····················· *618*
大判昭 15・11・20 新聞 4646 号 10 頁 ········ *274*
大判昭 15・11・26 民集 19 巻 2100 頁 ········ *269*
大判昭 16・8・14 民集 20 巻 1074 頁 ········ *609*
大判昭 16・9・11 新聞 4749 号 11 頁 ········ *609*
大判昭 16・10・1 新聞 4738 号 9 頁 ········· *635*
大判昭 16・12・12 新聞 4753 号 9 頁 ········ *406*
大判昭 17・2・24 民集 21 巻 151 頁·· *12, 383, 522*

大判昭 17・4・24 民集 21 巻 447 頁·········· *557*
大判昭 17・4・30 民集 21 巻 472 頁·········· *644*
大判昭 17・5・12 民集 21 巻 533 頁·········· *635*
大判昭 17・9・30 民集 21 巻 911 頁·········· *218*
大判昭 18・1・29 民集 22 巻 1 頁············ *172*
大判昭 18・5・25 民集 22 巻 411 頁·········· *524*
大判昭 18・7・20 民集 22 巻 660 頁·········· *282*
大判昭 19・2・8 新聞 4898 号 2 頁·········· *346*
大判昭 19・2・18 民集 23 巻 64 頁·········· *470*

　　◇最高裁判所◇

最判昭 24・10・20 刑集 3 巻 10 号 1660 頁··· *525*
最判昭 25・12・19 民集 4 巻 12 号 660 頁 ··· *69*
最判昭 26・11・27 民集 5 巻 13 号 775 頁 ··· *365*
最判昭 27・2・19 民集 6 巻 2 号 95 頁··· *406, 412*
最判昭 28・1・23 民集 7 巻 1 号 78 頁········ *518*
最判昭 28・7・3 裁判集民事 9 号 631 頁 ··· *437*
最判昭 28・12・14 民集 7 巻 12 号 1401 頁 ··· *70*
最判昭 28・12・18 民集 7 巻 12 号 1515 頁 ··· *69*
最判昭 29・3・12 民集 8 巻 3 号 696 頁 ······ *539*
最判昭 29・6・17 民集 8 巻 6 号 1121 頁 ····· *70*
最判昭 29・7・20 民集 8 巻 7 号 1408 頁 ····· *70*
最判昭 29・11・5 刑集 8 巻 11 号 1675 頁 ··· *345*
最判昭 29・12・24 民集 8 巻 12 号 2292 頁···· *186*
最判昭 30・2・18 民集 9 巻 2 号 195 頁 ····· *70*
最判昭 30・5・31 民集 9 巻 6 号 774 頁 ····· *323*
最判昭 30・5・31 民集 9 巻 6 号 793 頁··· *548, 551*
最判昭 30・6・2 民集 9 巻 7 号 855 頁··· *339, 437*
最判昭 30・6・24 民集 9 巻 7 号 919 頁····· *11*
最判昭 30・7・5 民集 9 巻 9 号 1002 頁 ····· *195*
最判昭 30・9・23 民集 9 巻 10 号 1376 頁 ··· *383*
最判昭 30・11・18 裁判集民事 20 号 443 頁
　　　·································· *475*
最判昭 30・11・22 民集 9 巻 12 号 1781 頁 ··· *38*
最判昭 30・12・26 民集 9 巻 14 号 2097 頁··· *687*
最判昭 31・4・24 民集 10 巻 4 号 417 頁······ *320*
最判昭 31・5・10 民集 10 巻 5 号 487 頁······ *543*
最判昭 31・6・19 民集 10 巻 6 号 678 頁······ *518*
最判昭 31・7・20 民集 10 巻 8 号 1045 頁 ··· *179*
最判昭 31・7・27 民集 10 巻 8 号 1122 頁 ··· *172*
最判昭 31・12・18 民集 10 巻 12 号 1559 頁
　　　·································· *431*
最判昭 31・12・27 裁判集民事 24 号 661 頁
　　　·································· *407*

判例索引

最判昭 32・1・31 民集 11 巻 1 号 170 頁……*450*
最判昭 32・2・15 民集 11 巻 2 号 270 頁……*407*
最判昭 32・6・18 民集 11 巻 6 号 1081 頁 …*160*
最判昭 32・12・27 民集 11 巻 14 号 2485 頁
　　　　　　　　　　　　　　　　　　……*351*
最判昭 33・2・14 民集 12 巻 2 号 268 頁……*687*
最判昭 33・6・14 民集 12 巻 9 号 1449 頁 …*221*
最判昭 33・6・20 民集 12 巻 10 号 1585 頁 *136*
最判昭 33・7・29 民集 12 巻 12 号 1879 頁 …*386*
最判昭 33・10・14 民集 12 巻 14 号 3111 頁
　　　　　　　　　　　　　　　　　　……*313*
最判昭 34・1・8 民集 13 巻 1 号 1 頁 ……*444*
最判昭 34・2・12 民集 13 巻 2 号 91 頁 …*195*
最判昭 34・2・5 民集 13 巻 1 号 51 頁……*523*
最決昭和 34・2・9 刑集 13 巻 1 号 76 頁……*364*
最判昭 34・4・15 訟務・報 5 巻 6 号 733 頁
　　　　　　　　　　　　　　　　　　……*411*
最判昭 34・7・14 民集 13 巻 7 号 1005 頁 …*171*
最判昭 34・7・24 民集 13 巻 8 号 1196 頁 …*166*
最判昭 34・8・7 民集 13 巻 10 号 1223 頁 …*381*
最判昭 34・11・26 民集 13 巻 12 号 1550 頁
　　　　　　　　　　　　　　　　　　……*541*
最判昭 34・12・18 民集 13 巻 13 号 1647 頁
　　　　　　　　　　　　　　　　　　……*660*
最判昭 35・2・11 民集 14 巻 2 号 168 頁……*353*
最判昭 35・3・1 民集 14 巻 3 号 307 頁……*375, 522*
最判昭 35・3・1 民集 14 巻 3 号 327 頁 ……*447*
最判昭 35・3・22 民集 14 巻 4 号 501 頁……*145*
最判昭 35・3・31 民集 14 巻 4 号 663 頁……*320*
最判昭 35・4・21 民集 14 巻 6 号 963 頁……*157*
最判昭 35・4・21 民集 14 巻 6 号 946 頁……*183*
最判昭 35・6・17 民集 14 巻 8 号 1396 頁……*54*
最判昭 35・6・24 民集 14 巻 8 号 1528 頁 …*146*
最判昭 35・7・27 民集 14 巻 10 号 1871 頁 …*250*
最判昭 35・10・4 判時 244 号 48 頁…………*523*
最判昭 35・11・29 民集 14 巻 13 号 2869 頁
　　　　　　　　　　　　　　　　　　……*302*
最判昭 36・3・24 民集 15 巻 3 号 542 頁
　　　　　　　　　　　　　　　　　　……*493, 674*
最判昭 36・4・27 民集 15 巻 4 号 901 頁 …*304*
最判昭 36・4・28 民集 15 巻 4 号 1230 頁 …*191*
最判昭 36・5・4 民集 15 巻 5 号 1253 頁 …*378*
最判昭 36・6・16 民集 15 巻 6 号 1592 頁 …*196*
最判昭 36・7・20 民集 15 巻 7 号 1903 頁

　　　　　　　　　　　　　　　　　　……*263, 263*
最判昭 36・9・15 民集 15 巻 8 号 2172 頁 …*343*
最判昭 37・3・15 民集 16 巻 3 号 556 頁……*496*
最判昭 37・4・10 民集 16 巻 4 号 699 頁……*504*
最判昭 37・5・18 民集 16 巻 5 号 1073 頁 …*441*
最判昭 37・5・24 民集 16 巻 7 号 1251 頁 …*172*
最判昭 37・6・1 訟務・報 8 巻 6 号 1005 頁
　　　　　　　　　　　　　　　　　　……*513*
最大判昭 37・6・6 民集 16 巻 7 号 1265 頁
　　　　　　　　　　　　　　　……*612, 613, 614*
最判昭 37・6・22 民集 16 巻 7 号 1374 頁 …*384*
最判昭 37・8・21 民集 16 巻 9 号 1809 頁 …*477*
最判昭 37・10・30 民集 16 巻 10 号 2182 頁
　　　　　　　　　　　　　　　　　　……*500*
最判昭 38・1・25 民集 17 巻 1 号 41 頁 …*467*
最判昭 38・2・22 民集 17 巻 1 号 235 頁
　　　　　　　　　　　　　　　　　……*229, 543*
最判昭 37・3・16 民集 16 巻 3 号 567 頁……*171*
最判昭 38・4・19 民集 17 巻 3 号 518 頁……*538*
最判昭 38・5・21 民集 17 巻 4 号 545 頁……*614*
最判昭 38・5・24 民集 17 巻 5 号 639 頁
　　　　　　　　　　　　　　　　　……*303, 679*
最判昭 38・5・31 民集 17 巻 4 号 588 頁……*519*
最判昭 38・10・8 民集 17 巻 9 号 1182 頁 …*159*
最判昭 38・10・15 民集 17 巻 11 号 1497 頁
　　　　　　　　　　　　　　　　　　……*448*
最判昭 38・10・29 民集 17 巻 9 号 1236 頁 …*519*
最判昭 38・12・13 民集 17 巻 12 号 1696 頁
　　　　　　　　　　　　　　　　　　……*518*
最判昭 39・1・16 民集 18 巻 1 号 1 頁 ……*83*
最判昭 39・1・24 判時 365 号 26 頁……*338, 345*
最判昭 39・2・25 民集 18 巻 2 号 329 頁……*539*
最判昭 39・3・6 民集 18 巻 3 号 437 頁 …*235*
最判昭 39・10・15 民集 18 巻 8 号 1671 頁 …*180*
最判昭 40・2・23 判時 403 号 31 頁 …………*11*
最判昭 40・3・4 民集 19 巻 2 号 197 頁 ……*473*
最判昭 40・3・17 民集 19 巻 2 号 453 頁
　　　　　　　　　　　　　　　　　……*178, 622*
最判昭 40・4・6 民集 19 巻 3 号 564 頁……*38*
最判昭 40・5・4 民集 19 巻 4 号 797 頁……*179*
最判昭 40・5・20 民集 19 巻 4 号 859 頁……*543*
最判昭 40・5・20 民集 19 巻 4 号 822 頁
　　　　　　　　　　　　　　　　　……*697, 713*
最判昭 40・9・21 民集 19 巻 6 号 1560 頁 …*184*

721

判例索引

最判昭 40・11・19 民集 19 巻 8 号 2003 頁 …*139*
最判昭 40・12・7 民集 19 巻 9 号 2101 頁 …*459*
最判昭 40・12・21 民集 19 巻 9 号 2221 頁…*320*
最大判昭 41・4・27 民集 20 巻 4 号 870 頁
　　　　　　　　　　　　　　　　…*624, 627*
最判昭 41・6・9 民集 20 巻 5 号 1011 頁
　　　　　　　　　　　　　　　　…*344, 426*
最判昭 41・10・7 民集 20 巻 8 号 1615 頁 …*511*
最判昭 41・11・18 民集 20 巻 9 号 1827 頁…*174*
最判昭 41・11・25 民集 20 巻 9 号 1921 頁…*694*
最判昭 42・1・20 民集 21 巻 1 号 16 頁 ……*244*
最判昭 42・4・7 民集 21 巻 3 号 551 頁 ……*234*
最判昭 42・4・27 判時 492 号 55 頁…………*349*
最判昭 42・7・21 民集 21 巻 6 号 1643 頁
　　　　　　　　　　　　　　　　…*252, 268*
最判昭 42・7・21 民集 21 巻 6 号 1653 頁 …*254*
最判昭 42・8・25 民集 21 巻 7 号 1740 頁 …*545*
最判昭 42・9・1 民集 21 巻 7 号 1755 頁……*165*
最判昭 42・10・27 民集 21 巻 8 号 2136 頁…*173*
最判昭 43・6・13 民集 22 巻 6 号 1183 頁 …*517*
最判昭 43・8・2 民集 22 巻 8 号 1571 頁……*318*
最判昭 43・9・3 民集 22 巻 9 号 1817 頁……*304*
最判昭 43・10・31 民集 22 巻 10 号 2350 頁
　　　　　　　　　　　　　　　　…*288*
最判昭 43・11・28 民集 22 巻 12 号 2833 頁
　　　　　　　　　　　　　　　　…*620*
最大判昭 43・12・4 民集 22 巻 13 号 2855 頁
　　　　　　　　　　　　　　　　…*165*
最判昭 43・12・19 裁判集民事 93 号 707 頁
　　　　　　　　　　　　　　　　…*433*
最判昭 44・5・20 民集 23 巻 6 号 974 頁……*617*
最判昭 44・5・27 民集 23 巻 6 号 998 頁……*213*
最判昭 44・7・25 民集 23 巻 8 号 1627 頁
　　　　　　　　　　　　　　　…*520, 563*
最判昭 44・9・12 判時 572 号 25 頁…………*282*
最判昭 44・10・30 民集 23 巻 10 号 1881 頁
　　　　　　　　　　　　　　　　…*439*
最判昭 44・12・2 民集 23 巻 12 号 2333 頁…*475*
最判昭 44・12・4 民集 23 巻 12 号 2407 頁…*332*
最判昭 45・6・18 判時 600 号 83 頁…………*415*
最判昭 45・7・24 民集 24 巻 7 号 1116 頁 …*329*
最判昭 45・8・20 民集 24 巻 9 号 1243 頁…*648*
最判昭 45・11・6 民集 24 巻 12 号 1803 頁…*550*
最判昭 45・12・4 民集 24 巻 13 号 1987 頁…*344*

最判昭 46・1・26 民集 25 巻 1 号 90 頁 ……*229*
最判昭 46・3・5 判時 628 号 48 頁 …………*282*
最判昭 46・4・23 民集 25 巻 3 号 388 頁……*300*
最判昭 46・10・7 民集 25 巻 7 号 885 頁……*544*
最判昭 46・10・14 民集 25 巻 7 号 933 頁 …*394*
最判昭 46・11・30 民集 25 巻 8 号 1437 頁…*419*
最判昭 57・1・22 裁判集〔民事〕135 号 83 頁
　　　　　　　　　　　　　　　　…*712*
最判昭 47・6・22 民集 26 巻 5 号 1051 頁 …*627*
最判昭 47・7・13 判時 682 号 23 頁…………*627*
最判昭 48・3・13 民集 27 巻 2 号 271 頁……*712*
最判昭 49・3・19 民集 28 巻 2 号 325 頁……*301*
最判昭 49・9・26 民集 28 巻 6 号 1213 頁 …*213*
最判昭 49・12・24 民集 28 巻 10 号 2117 頁
　　　　　　　　　　　　　　　　…*181*
最判昭 50・2・13 民集 29 巻 2 号 83 頁 ……*623*
最判昭 50・11・7 民集 29 巻 10 号 1525 頁…*553*
最判昭 51・4・23 民集 30 巻 3 号 306 頁 …*38*
最判昭 52・3・3 民集 31 巻 2 号 157 頁 ……*415*
最判昭 52・3・15 判時 852 号 60 頁…………*615*
最判昭 53・3・6 民集 32 巻 2 号 135 頁 ……*442*
最判昭 54・1・25 民集 33 巻 1 号 26 頁 ……*527*
最判昭 54・7・31 判時 942 号 39 頁…………*432*
最判昭 54・9・7 民集 33 巻 5 号 640 頁 ……*406*
最判昭 54・9・11 判時 944 号 52 頁…………*162*
最判昭 55・2・8 判時 961 号 69 頁…………*704*
最判昭 55・2・8 民集 34 巻 2 号 138 頁 ……*706*
最判昭 56・3・19 民集 35 巻 2 号 171 頁……*470*
最判昭 56・3・20 民集 35 巻 2 号 219 頁……*646*
最判昭 56・6・18 民集 35 巻 4 号 798 頁……*561*
最判昭 56・6・18 判時 1009 号 63 頁 ………*563*
最判昭 56・7・17 民集 35 巻 5 号 977 頁……*565*
最判昭 57・2・18 判時 1036 号 68 頁 ………*256*
最判昭 57・3・30 判時 1039 号 61 頁…………*408*
最判昭 57・7・1 民集 36 巻 6 号 891 頁…*699, 708*
最判昭 57・9・7 民集 36 巻 8 号 1527 頁……*358*
最判昭 57・9・9 民集 39 巻 9 号 1679 頁 …*87*
最判昭 58・1・20 民集 37 巻 1 号 1 頁………*613*
最判昭 58・3・24 民集 37 巻 2 号 131 頁……*411*
最判昭 58・4・14 判時 1077 号 62 頁 ………*627*
最判昭 61・3・17 民集 40 巻 2 号 420 頁……*269*
最判昭 61・4・25 判時 1199 号 67 頁 ………*566*
最大判昭 61・6・11 民集 40 巻 4 号 872 頁…*76*
最判昭 61・12・16 民集 40 巻 7 号 1236 頁…*392*

判例索引

最判昭 62・4・10 刑集 41 巻 3 号 221 頁……*510*
最大判昭 62・4・22 民集 41 巻 3 号 408 頁*550*
最判昭 62・4・23 民集 41 巻 3 号 474 頁……*285*
最判昭 62・7・17 判時 1243 号 28 頁 ……*579*
最判昭 62・9・4 家裁・報 40 巻 1 号 161 頁
　　　　　　　　　　　　　　　　……*554*
最判昭 62・11・10 民集 41 巻 8 号 1559 頁 ‥*10*
最判昭 63・12・1 民集 42 巻 10 号 719 頁 ‥*162*
最判平元・2・7 判時 1319 号 102 頁 ………*626*
最判平元・9・19 民集 43 巻 8 号 955 頁……*508*
最判平 2・11・20 民集 44 巻 8 号 1037 頁 ‥*497*
最判平 3・3・22 民集 45 巻 3 号 268 頁 ……*41*
最判平 3・4・19 金融商事 872 号 42 頁 ……*82*
最判平 3・4・19 民集 45 巻 4 号 477 頁……*237*
最判平 3・7・18 判時 1395 号 63 頁………*167*
最判平 3・10・1 判時 1404 号 79 頁………*640*
最判平 4・1・24 家裁月報 44 巻 7 号 51 頁 ‥*551*
最判平 5・2・12 民集 47 巻 2 号 393 頁 ……*564*
最判平 5・7・19 家裁月報 46 巻 5 号 23 頁 ‥*239*
最判平 5・10・19 民集 47 巻 8 号 5061 頁 ‥*529*
最判平 5・11・26 判時 1502 号 89 頁……*82*
最判平 5・12・17 判時 1480 号 69 頁 ……*500*
最判平 6・1・25 民集 48 巻 1 号 18 頁……*530*
最判平 6・2・8 民集 48 巻 2 号 373 頁……*56*
最判平 6・5・12 民集 48 巻 4 号 1005 頁……*169*
最判平 6・10・25 民集 48 巻 7 号 1303 頁 ‥*613*
最判平 6・12・16 判時 1521 号 37 頁 ……*686*
最判平 7・12・15 民集 49 巻 10 号 3088 頁‥*416*
最判平 8・1・26 民集 50 巻 1 号 132 頁……*554*
最判平 8・10・29 民集 50 巻 9 号 2506 頁 ‥*330*
最判平 8・10・31 民集 50 巻 9 号 2563 頁‥*548*
最判平 8・10・31 判時 1592 号 55 頁 ……*552*
最判平 8・11・12 民集 50 巻 10 号 2591 頁
　　　　　　　　　　　　　　‥*419, 422*
最判平 9・4・25 判時 1608 号 91 頁…………*552*
最判平 9・7・1 民集 51 巻 6 号 2251 頁 ……*305*
最判平 9・12・18 民集 51 巻 10 号 4241 頁
　　　　　　　　　　　　　　　　‥*80, 495*
最判平 10・2・13 民集 52 巻 1 号 65 頁
　　　　　　　　　　　　　　　‥*297, 680*
最判平 10・2・27 判時 1641 号 84 頁 ……*552*
最判平 10・3・10 判時 1683 号 95 頁 ……*408*
最判平 10・12・18 民集 52 巻 9 号 1975 頁
　　　　　　　　　　　　　‥*297, 680, 683*

最判平 11・4・22 判時 1675 号 76 頁 ………*553*
最判平 11・7・13 判時 1687 号 75 頁 ……*496, 668*
最判平 11・11・9 民集 53 巻 8 号 1421 頁 …*545*
最大判平 11・11・24 民集 53 巻 8 号 1899 頁
　　　　　　　　　　　　　　　　　　41
最判平 12・1・27 判時 1703 号 13 頁 ……*84*
最判平 12・1・31 判時 1708 号 94 頁 ……*410*
最判平 12・3・21 判時 1715 号 20 頁 ……*569*
最判平 12・6・27 民集 54 巻 5 号 1737 頁 …*367*
最大判平 14・2・13 民集 56 巻 2 号 331 頁…*592*
最判平 14・6・10 家裁月報 55 巻 1 号 77 頁
　　　　　　　　　　　　　　　　　239
最判平 14・9・24 判時 1802 号 60 頁 ……*78*
最判平 14・10・15 民集 56 巻 8 号 1791 頁
　　　　　　　　　　　　　　‥*503, 667*
最判平 15・2・21 民集 57 巻 2 号 95 頁 ……*345*
最判平 15・4・11 判時 1823 号 55 頁 ……*707*
最判平 15・7・11 民集 57 巻 7 号 787 頁 ……*543*
最判平 15・10・31 判時 1846 号 7 頁 ………*266*
最判平 17・3・10 民集 59 巻 2 号 356 頁 ……*41*
最判平 17・3・29 判時 1895 号 56 頁 ……*692*
最大判平 17・12・7 民集 59 巻 10 号 2645 頁
　　　　　　　　　　　　　　‥*84, 103*
最判平 18・1・17 民集 60 巻 1 号 27 頁 ……*256*
最判平 18・3・16 民集 60 巻 3 号 735 頁 ……*495*
最判平 18・3・30 民集 60 巻 3 号 948 頁
　　　　　　　　　　　　　　‥*88, 103*
最判平 20・4・14 民集 62 巻 5 号 909 頁 …*701*
最判平 21・4・23 判時 2045 号 116 頁………*590*
最判平 22・12・16 民集 64 巻 8 号 2050 頁…*189*
最判平 23・2・22 民集 65 巻 2 号 699 頁……*240*
最判平 24・3・16 民集 66 巻 5 号 2321 頁 …*270*
最判平 25・2・26 民集 67 巻 2 号 297 頁
　　　　　　　　　　　　　‥*297, 685*

◇高等裁判所◇
東京控判明 38・12・20 新聞 329 号 6 頁……*651*
大阪控判明 39・12・4 新聞 403 号 10 頁……*638*
東京高判昭 23・3・26 高民集 1 巻 1 号
　　78 頁 ……………………………………*148*
東京高判昭 27・1・28 高民集 5 巻 9 号
　　353 頁 ………………………………*180*
東京高判昭 30・12・24 高民集 8 巻 10 号
　　739 頁 ……………………………………*394*

723

判 例 索 引

東京高判昭 31・10・30 高民集 9 巻 10 号
　626 頁 ·························· *469*
大阪高判昭 39・7・15 判時 384 号 34 頁 ····· *39*
大阪高判昭 50・11・27 判時 797 号 36 頁 ··· *74*
東京高判昭 57・8・31 下民集
　33 巻 5 ～ 8 号 968 頁 ············· *329*
東京高判平 8・12・11 判タ 955 号 174 頁 ··· *30*
東京高判平 13・6・7 判時 1758 号 46 頁 ····· *93*
東京高判平 16・10・27 判時 1877 号 40 頁 ··· *93*
東京高判平 18・6・29 判時 1949 号 34 頁 ··· *243*
東京高判平 19・9・13 判タ 1258 号 228 頁 ··· *495*
東京高判平 20・3・27 平成 19・（行コ）
　第 234 号裁判所ウェブサイト掲載 ········ *189*

◇地方裁判所◇
大阪地判明 44（月日不詳）新聞 779 号 21 頁
　··································· *389*
東京地判大 5・7・7 新聞 1187 号 21 頁 ····· *464*
東京地判大 13・10・14 新聞 2329 号 19 頁 ··· *508*
水戸地判昭 25・6・22 下民集 1 巻 6 号 969 頁
　··································· *407*
横浜地横須賀支判昭 26・4・9 下民集 2 巻
　4 号 485 頁 ······················· *469*
大阪地決昭和 30・4・5 下民集 6 巻 4 号
　631 頁 ··························· *463*
東京地判昭 31・11・29 新聞 33 号 12 頁 ····· *466*
佐賀地判昭 32・7・29 下民集 8 巻 7 号
　1355 頁 ·························· *466*
東京地判昭 33・3・22 下民集 9 巻 3 号
　476 頁 ··························· *464*

東京地判昭 34・2・17 下民集 10 巻 2 号
　296 頁 ··························· *529*
東京地判昭 36・11・30 下民集 12 巻 11 号
　2895 頁 ·························· *508*
東京地判昭 41・4・27 下民集 17 巻 3 号
　353 頁 ··························· *708*
大阪地判昭 41・4・27 判タ 191 号 121 頁 ··· *564*
東京地判昭 45・5・2 下民集 31 巻
　5 － 8 号 546 頁 ··················· *564*
鹿児島地判昭 51・3・31 判時 816 号 12 頁··· *392*
京都地決平成 4・8・6 判時 1432 号 125 頁 ··· *92*
和歌山地判平 6・11・30 判例地方
　自治 145 号 36 頁 ··················· *92*
東京地判平 7・11・21 判タ 912 号 188 頁 ··· *581*
東京地判平 8・5・13 判タ 953 号 287 頁····· *582*
東京地判平 14・12・18 判時 1829 号 36 頁 ··· *92*
名古屋地決平成 15・3・31 判タ 1119 号
　278 頁 ··························· *92*
広島高判平 17・10・20 判時 1933 号 84 頁··· *714*
東京地判平 19・10・23 判タ 1285 号 176 頁··· *93*
東京地判（中間判決）平成 20・11・18
　判タ 1297 号 307 頁················· *554*
大阪地判平 21・7・16 判タ 1323 号 199 頁 ··· *30*
広島地判平 21・10・1 判時 2060 号 3 頁 ····· *94*
東京地判平 21・11・26 判時 2066 号 74 頁··· *244*
東京地判平 24・11・8
　（判例集ほか未公表。TKC）················· *244*

事 項 索 引

あ 行

アウフラッスング（Auflassung）………… *121*
悪　意 ……………………………………… *370*
悪意者排除説 …………………………… *301, 321*
悪意占有 ………………………………… *424*
悪意占有者の返還義務 ………………… *452*
予めの占有改定
　〔antizipiertes Besitzkonstitut〕………… *428*
新たな物の発生 ………………………… *526*
遺産分割協議 …………………………… *226*
　――の遡及効 ………………………… *226*
遺産分割方法の指定 …………………… *236*
意思主義・対抗要件主義 …………… *113, 118*
一時使用目的の借地権 ………………… *616*
遺失物拾得 …………………………… *111, 511*
「石に泳ぐ魚」事件 …………………… *78*
意思表示による停止条件の遡及効 ……… *200*
意思表示による物権変動 ……………… *197*
囲障設置権 ……………………………… *506*
囲繞地通行権 …………………………… *494*
　――と建築基準法との関係 ………… *495*
遺贈説 …………………………………… *236*
遺贈と登記 ……………………………… *234*
一元的構成 ……………………………… *191*
一元的構成説 …………………………… *191*
一村入会 ………………………………… *695*
一部共用部分 …………………………… *569*
一物一権主義 ………………………… *8, 16*
一不動産一登記用紙主義 ……………… *153*
1個の建造物 …………………………… *11*
1棟の建物の表題部 …………………… *573*
1筆の土地 …………………………… *10, 16*
稲立毛……………………………… *11, 12, 383*
違法侵害説 ……………………………… *106*
入会慣習 ………………………………… *694*
入会権 ………………………………… *595, 596*
　――と対抗問題 ……………………… *710*
　――に基づく使用収益権 …………… *709*
　――に基づく使用・収益権能 ……… *699*

　――の意義……………………………… *694*
　――の効力……………………………… *700*
　――の時効取得………………………… *709*
　――の時効消滅………………………… *714*
　――の取得……………………………… *709*
　――の種類……………………………… *694*
　――の消滅……………………………… *711*
　――の処分……………………………… *701*
　――の侵害に対する効力 …………… *708*
　――の発生……………………………… *709*
　――の法的性質………………………… *698*
　――の目的……………………………… *696*
　――の利用形態………………………… *696*
　――の利用内容………………………… *696*
　共有の性質を有しない―― ……… *21, 695*
　共有の性質を有する―― ………… *21, 695*
入会権確認訴訟 ………………………… *708*
入会権近代化法 ………………………… *712*
入会収益権 …………………………… *701, 709*
　――の喪失 …………………………… *713*
入会団体 ………………………………… *699*
入会地保存運動 ………………………… *713*
入会林野 ……………………………… *596, 694*
入会林野等に係る権利関係の近代化
　の助長に関する法律 ………………… *712*
遺留分 …………………………………… *241*
引水地役権 ……………………………… *669*
請負建物の所有権帰属 ………………… *282*
請負建物の登記 ………………………… *283*
請負人帰属説 …………………………… *282*
受戻権 …………………………………… *133*
宇奈月温泉事件 ………………………… *45*
上土権 …………………………………… *487*
　永久の借地権 ………………………… *611*
　永久の地上権 ………………………… *608*
永小作権 ………………………………… *595*
　――の意義・沿革 …………………… *655*
　――の効力……………………………… *660*
　――の取得……………………………… *659*
　――の消滅……………………………… *663*

725

事項索引

――の消滅事由 …………………… 663
――の存続期間 …………………… 660
――の法的性質 …………………… 658
――の目的 ………………………… 658
永小作権者の使用収益権 ………… 660
永小作料支払義務 ………………… 661
永借権 ……………………………… 597
役権（servitus） …………………… 665
大阪空港騒音公害訴訟 …………… 74
沖縄門中事件 ……………………… 704
温泉権 ……………………………… 596
温泉源 ……………………………… 492
温泉専用権 ………………………… 22
温泉法 ……………………………… 492

か 行

開墾永小作 ………………………… 655
解 除 ……………………………… 220
概念上の物〔Sachinbegriff〕 ……… 16
界標設置権 ………………………… 505
回復請求と代価の弁償 …………… 366
買戻特約 …………………………… 224
価格賠償による分割 ……………… 546
下級所有権〔Untereigentum〕 …… 487
加工（Verarbeitung） ……… 526, III
加工物の所有権帰属 ……………… 526
過失者排除説 ……………………… 326
果実収取権 …………………… 371, 399
河川区域内の土地 ………………… 391
価値権ドグマ ……………………… 41
貨物引換証 ………………………… 142
仮登記 ………………………… 23, 157
――仮処分 ………………………… 620
――に基づく本登記 ……………… 200
――の効力 ………………………… 158
――の順位保全効 ………… 29, 158
――の申請 ………………………… 158
1号―― …………………………… 157
2号―― …………………………… 158
仮登記権利者 ……………………… 158
換価のためにする競売（形式的競売） … 547
環境権 ……………………………… 74
環境権説 …………………………… 107
関係的所有権説 …………………… 312

慣習上の用益物権 ………………… 596
慣習による地役権の取得 ………… 689
慣習法 ……………………………… 14
慣習法上の物権 …………………… 14, 22
慣習法説 …………………………… 15
間接効果・折衷説 ………………… 223
間接占有 …………………………… 428
完全権（Vollrecht） ……………… 4
観念上のゲヴェーレ（Ideelle Gewere） …… 399
観望・眺望地役権 ………………… 40, 667
官有地への編入 …………………… 712
管理組合 …………………………… 574
管理組合法人 ……………… 575, 578
管理行為 …………………………… 538
管理者の権限 ……………………… 575
期間的な所有権（zeitliches Eigentum） …… 131
危険予防義務 ……………………… 51
起算点任意選択説 ………………… 273
偽造文書による登記 ……………… 173
記名共有名義 ……………………… 711
規 約 ……………………………… 576
規約共用部分 ……………………… 570
客観主義 …………………………… 402
旧慣習による永小作（旧慣永小作） … 656
境界線 ……………………………… 3
境界線上の工作物の所有関係 …… 506
境界線付近 ………………………… 3
――の掘削 ………………………… 490
――の工作物建造に関する相隣関係 … 508
境界に関する相隣関係 …………… 505
境界紛争類型 ……………………… 278
協議による分割 …………………… 546
狭義の表見法理 …………………… 342
狭義の共有（Miteigentum） ……… 532
強制執行 …………………………… 29
共同財産（gemeinschaftliches Vermögen）… 533
共同所有 …………………………… 531
共同所有関係 ……………………… 531
共同申請 …………………………… 190
――の原則 ………………………… 5, 155
共同相続開始後の物権変動と登記 … 227
共同相続財産 ……………… 533, 534
共同相続登記 ……………………… 228
共同の利益に反する行為の停止等の請求 … 579

事項索引

競売開始決定 ……………………285
競売・公売 ………………………279
競売申立権 ………………………132
共　有 ……………………………20
　　──の内部関係 ………………536
共有関係の対外的主張 …………544
共有権確認の訴え ………………544
共有者間の担保責任 ……………555
共有建物の買取請求権 …………540
共有弾力性説 ……………………231
共有物
　　──に関して生じた債権 ……541
　　──の管理 ……………………538
　　──の負担 ……………………540
　　──の分割 ……………………545
　　──の変更 ……………………539
　　──の利用関係 ………………537
共有物分割協議 …………………553
共有物分割の訴え ………………547
共有持分 …………………………536
共有持分上の担保物権 …………557
共有要役地 ………………………677
共用部分 …………………………569
虚偽登記の防止 …………………157
共同占有 …………………………414
虚有権 (nuda proprietas) ……488
金　銭 ………………………338, 344
金銭債権 …………………………5
金銭所有権 …………………345, 483
金銭所有権の移転 ………………338
金銭賠償による原状回復 ………49
金融資本 …………………………486
掘削地下水 ………………………491
国立市景観訴訟 …………………88
区分所有権
　　──の競売請求 ………………582
　　──の成立要件 ………………561
　　──等の売渡し請求 …………585
区分所有建物の敷地 ……………571
区分所有建物の所有関係 ………568
区分所有建物の登記 ……………573
区分建物の表題部 ………………573
区分地上権（地下権・空中権）…652
　　──の効力 ……………………654

　　──の取得 ……………………653
組合財産 ……………………533, 534
景観権 ……………………………99
　　──に基づく差止訴訟 ………103
景観利益 ………………………74, 92
　　──の保護要件 ………………96
形式主義 ……………………113, 120
形式的審査主義 …………………156
継続推定 …………………………433
継続地役権と不継続地役権 ……678
契約関係転換説 …………………223
契約利用形態 ……………………698
ゲヴェーレ (Gewere) ………397, 398
ゲノッセンシャフト (Genossenschaft：
　実在的総合人) ………………532
ゲルマン法体系 ……………398, 399
権原ある者 ………………………521
現在の所有者 ……………………55
現実の引渡し ……………………435
原始取得 …………………………361
原状回復不能論 …………………49
原所有者帰属説 …………………364
建築基準法第43条の接道要件 …496
建築途中の「建前」への工作と加工の成否
　　…………………………………527
現地検分 …………………………326
現物分割 …………………………546
権利外観法理 ……………………216
権利確定機能 ……………………313
権利金 ……………………………635
権利失効の原則 (Grundsatz der
　Rechtsverwirkung) …………38
権利能力なき社団 ………………706
権利部 ……………………………155
　　──（甲区） …………………155
　　──（乙区） …………………155
権利不可侵理論 …………………66
権利保護資格要件としての登記 …202
権利濫用法理 ……………………46
行為請求権 ………………………5
行為請求権説 ……………………59
公用徴収 …………………………III
交換価値 …………………………5, 338
公共の福祉 ………………………4

727

事 項 索 引

工作物 …………………………… 4, 597
──・竹木の処分と地上権の帰趨 ……… 632
公示の原則（Publizitätsprinzip）…………… 112
公証制度 ……………………………… 121
公証人による公示 …………………… 119
更新期間と法定更新 ………………… 613
更新請求と更新拒絶 ………………… 612
公信の原則（Prinzip des öffentlichen
Glaubens）……………………… 115
公信力 ……………………… 25, 118
公信力説 ……………………………… 306
公正証書 ……………………………… 119
更正登記 ……………………………… 178
構造上の独立性…………………… 521, 561
合有（Eigentum zur gesamten Hand）…… 533
合有財産（Gesamtgut）………………… 533
公有地入会 …………………………… 695
公用徴収 ……………………… 280, 396
国有地入会 …………………………… 695
固定資産課税台帳 ……………… 56, 153
古典的入会権における共同収益関係 ……… 700
古典的利用形態 ……………………… 696
小丸船事件 …………………………… 467
互 有 ………………………………… 535
固有必要的共同訴訟 ………………… 544
渾一性 ………………………………… 488
混 同………………………… 111, 393
コンピューター庁 …………………… 154
混和（Vermischung）………… 525, 111

さ 行

債権契約 ……………………………… 123
債権者代位権の転用………………… 70
債権侵害 ……………………………… 66
債権説 ………………………………… 34
債権的合意 …………………………… 123
債権的効果説 ………………………… 311
債権に基づく物権的請求権 ………… 66
債権の準占有者への弁済 …………… 479
在庫商品 ……………………………… 17
財産の保護管理者（Betreuer）………… 428
再度の時効完成 ……………………… 263
再売買予約 …………………………… 225
裁判規範説 …………………………… 314

裁判所による分割 …………………… 547
作為地役権と不作為地役権 ………… 678
差押登記 ……………………………… 285
指図による占有移転 ……… 340, 438
──と即時取得 …………………… 357
差止請求 ……………………… 44, 74
差等入会 ……………………………… 695
里山保全運動 ………………………… 713
残余地に対する通行権 ……………… 499
敷地権 ………………………………… 572
──である旨の登記 ……………… 574
敷地利用権 ………………… 568, 571
──の登記 ………………………… 573
事業用借地権 ………………………… 616
時効援用時基準説 …………………… 276
時効完成後の第三者 ………………… 249
時効完成後の第三取得者 …………… 259
時効完成前の第三者 ………………… 253
時効期間逆算説 ……………………… 273
時効消滅の有無 ……………………… 36
時効による地役権の取得 …………… 685
時効の起算点 ……………… 251, 262
自己借地権 …………………………… 607
自己占有（直接占有）……………… 427
──の消滅事由 …………………… 475
自己地上権 …………………………… 607
自己賃借権 …………………………… 607
自己のためにする意思 ……………… 397
自己のためにする意思説 …………… 403
自作農創設特別措置法 ……………… 657
事実たる慣習 ………………………… 642
自主占有 ……………………………… 415
自主占有者 …………………………… 415
事情変更の原則 ……………………… 643
地所官民有区分政策 ………………… 712
地所質入書入規則 …………………… 151
地震売買 …………………… 6, 599
自然災害（自然力）………………… 43
事前通知制度 ………………………… 156
事前の所有者と事後の所有者 ……… 131
自然排水 ……………………………… 502
自村入会 ……………………………… 695
実質的無権利者 ……………………… 334
実体法上の登記義務 ………………… 190

728

事項索引

実体法上の登記請求権 ……………………190
私的自治の原則 …………………………130
支配者意思説 ……………………………402
支配性 ………………………………………5, 7
借地契約の更新 …………………………612
借地権 …………………………7, 595, 600, 605
　　——の売買 …………………………538
借地権者の建物買取請求権 ……………635
借地権者名義の建物登記 ………………627
借地権の対抗力 ………………………8, 69, 621
借家権の対抗力 ……………………………8
借家人による増築と付合の成否 ………519
集　会 ……………………………………577
　　——の決議 …………………………578
重過失者排除説 …………………………326
自由競争原理 ……………………………303
自由競争原理説への批判 ………………323
集合動産 ……………………………………10
集合（流動）動産譲渡担保………………17
集合物（個別動産の集合体
　〔Sachgesamtheit〕）………………10, 16
私有財産権 ………………………………490
自由な所有権（freies Eigentum）…………484
従物（Zubehör）……………………16, 517
主観主義 …………………………………402
取得時効と登記 …………………………247
取得時効の当事者 ………………………248
取得者帰属説 ……………………………364
主　物 ……………………………………16
種類物 ………………………………………9
準共有 …………………………………20, 558
準債権説 ……………………………………35
準占有の意義 ……………………………476
準占有の効果 ……………………………480
準占有の成立要件 ………………………477
承役地 …………………………………260, 667
　　——の時効取得による消滅 ………692
承役地登記簿 ……………………………675
承役地利用者の義務 …………………671, 690
上級所有権〔Obereigentum〕…………487
使用禁止の請求 …………………………582
償金請求 …………………………………531
使用・収益・処分権 ……………………595
消除主義 ……………………………………28

証書の保存 ………………………………556
状態責任 ……………………………………64
承諾に代わる許可の裁判 ………………603
譲渡担保権の即時取得 …………………356
商品交換経済社会 ………………………483
商品所有権 ………………………………483
剰余主義………………………………………13
使用利益 …………………………………370
所持（detentio）……………401, 402, 405
所持機関 …………………………………407
除斥期間 …………………………………465
職権登記 …………………………………155
職権抹消 …………………………………169
処分禁止の仮処分 ………………………286
処分権能 …………………………………134
処分行為 …………………………………538
処分制限 …………………………………284
書面申請 …………………………………155
所有権概念の限界づけ …………………482
所有権的構成 ……………………………360
所有権
　　——とは何か ………………………481
　　——に対する金銭債権の優位性 …486
　　——に基づく物権的請求権 ……17, 40
　　——に基づく妨害排除請求権
　　（否認訴権 actio negatoria）………31
　　——の恒久性…………………………488
　　——の社会的作用……………………483
　　——の取得 …………………………509
　　——の人的関係………………………483
　　——の弾力性…………………………488
　　——の立証 …………………………432
所有権保存登記 …………………………177
所有権留保売買 ……………………………23
所有者意思説 ……………………………402
所有物返還請求権
　　（返還訴権 rei vindicatio）………31, 44
所有物妨害排除請求権 ……………………42
所有物妨害予防請求権 ……………………43
自力救済の禁止 …………………………458
人為による地役 …………………………666
人役権 ………………………………………665, 74
　　——に基づく物権的請求権…………104
　　——の侵害……………………………74

729

事 項 索 引

人格権説 ……………………………… *107*
人格権的権利 ……………………… *82*
人格権的利益 ……………………… *80*
人格権的通行権…………………… *83*
人格的利益 ………………………… *98*
信義誠実の原則（信義則）… *116*
信義則適用・悪意者排除説 … *321*
親権者の同意情報 ……………… *171*
人工排水 …………………………… *502*
真正所有権（echtes Eigentum）… *132*
申請却下事由……………………… *156, 175*
申請情報 …………………………… *174*
真正な登記名義の回復 ……… *188*
申請人の権限・能力上の瑕疵 … *172*
心素〔animus〕……………… *402*
信託的譲渡 ………………………… *133*
信用状（Letter of Credit〔L/C〕
　代金支払の担保証書 ……… *144*
水利権 ……………………………… *596*
水流変更権 ………………………… *505*
数村入会 …………………………… *695*
末弘改説 …………………………… *108*
生活妨害 …………………………… *74*
制限説 ……………………………… *69, 199, 293*
制限物権 …………………………… *4, 17, 595*
生産設備所有権 ………………… *483*
生前相続 …………………………… *198*
正当な原因（iusta causa）…… *114*
責任説 ……………………………… *61*
責任要件説 ………………………… *62*
堰の設置及び利用 ……………… *505*
積極的債権侵害理論 ………… *66*
折衷説 ……………………………… *354*
設定者留保権説 ………………… *132*
善意・悪意不問説 ……………… *233*
善意占有 …………………………… *424*
善意占有者 ………………………… *370*
　——の果実取得権 ………… *449*
善意第三者保護規定 ………… *217*
潜在的な所有物返還請求権
　（latentes Vindikationsanspruch）……… *37*
潜在的な土地利用権の顕在化 … *607*
先　占 ……………………………… *III*
選択の遡及効 ……………………… *200*

全面的価格賠償 ………………… *549*
占　有 ……………………………… *401*
　——すべき権利………………… *401*
　——における瑕疵……………… *427*
　——における過失の有無…… *425*
　——に関する推定……………… *431*
　——による家畜以外の動物の取得…… *456*
　——の選択による取得時効の成否…… *442*
占有意思論（Der Besitzwille）…… *403*
占有回収の訴え …………………… *32, 466*
占有改定（constitutum possessorium）
　……………………………………… *340, 437*
　——による即時取得…………… *349*
占有改定肯定説 ………………… *353*
占有改定否定説 ………………… *353*
占有権 ……………………………… *401*
　——の取得……………………… *434*
　——の譲渡……………………… *435*
　——の消滅事由………………… *474*
　——の相続……………………… *439*
　——の二面性…………………… *440*
占有権原 …………………………… *37, 415*
占有者 ……………………………… *370*
　——の権利適法推定…………… *447*
　——の自力救済………………… *458*
　——の善意・悪意と使用利益…… *370*
占有訴権 …………………………… *17, 31, 457*
　——と本権の訴えとの関係…… *471*
　——の相手方…………………… *462*
　——の意義……………………… *457*
　——の主体……………………… *462*
　——の性質……………………… *460*
　——の当事者…………………… *462*
占有媒介関係
　（Besitzmittlungsverhältnis）…… *428*
占有物の滅失・損傷の責任 … *454*
専有部分 …………………………… *568*
占有保持の訴え …………………… *32, 463*
占有補助者 ………………………… *407*
占有保全の訴え …………………… *32, 465*
造　作 ……………………………… *517*
相続開始前における物権行為 … *227*
「相続させる」趣旨の遺言…… *238*
相続と登記 ………………………… *226*

事項索引

相続による新権原の取得 ……………… 422
相続の欠格・廃除と第三者 …………… 246
相続の放棄と第三者 …………………… 244
相続分の指定 …………………………… 236
相対的効力構成説 ……………………… 332
相対的所有権移転説 …………………… 129
相対的無効説 …………………………… 311
総有（Gesamteigentum）……………… 532
総有権 …………………………………… 709
総有権確認訴訟 ………………………… 706
総有的収益権 …………………………… 709
相隣関係 ……………………… 3, 19, 482
相隣関係的な安全配慮・保護義務 …… 51
遡及効貫徹説 …………………………… 207
遡及効のある物権変動 ………………… 200
遡及効の制限 …………………………… 212
属具（Inventar）……………………… 517
即時取得 ………………………………… 340
　──の効果 …………………………… 359
即時取得制度 …………………………… 117
訴　権 …………………………………… 31
底土権 …………………………………… 487

た 行

対価的牽連関係説 …………………… 126, 127
大規模な災害の被災地における
　借地借家に関する特別措置法 ……… 601, 629
第94条2項類推適用 ………………… 211
第94条2項類推適用説 ……………… 233, 327
第96条3項の立法趣旨 ……………… 205
第177条の「第三者」 ……………… 69, 289
第185条にいう新権原 ……………… 418
第213条適用説 ……………………… 500
第213条不適用説 …………………… 501
代金分割 ………………………………… 546
対抗関係説 ……………………………… 208
対抗要件としての登記 ………………… 217
対抗力 …………………………………… 12
第三者異議の訴え ……………………… 30
第三者からする「承認」 ……………… 315
第三者主張説 …………………………… 307
第三者による債権侵害に基づく妨害排除
　請求 …………………………………… 67
第三者保護規定 ………………………… 217

代襲相続 ………………………………… 242
大深度地下の公共的使用に関する
　特別措置法 …………………………… 490
体素（corpus）としての所持 ………… 402
代表者や会計責任者個人名義による登記 … 711
代理権限証明情報 ……………………… 171
代理占有（間接占有）…………… 1337, 427
　──の効果 …………………………… 430
　──の消滅事由 ……………………… 476
　──の成立要件 ……………………… 429
多元的構成 …………………………… 191, 192
他主占有 ………………………………… 415
　──から自主占有への転換 ………… 418
他主占有事情 ………………………… 416, 417
他主占有者 ……………………………… 415
他村入会 ………………………………… 695
他村持地入会 …………………………… 21
建替え決議 ……………………………… 584
建物買取請求権 ………………………… 603
建物譲渡特約付借地権 ………………… 616
建物登記の過誤 ………………………… 622
建物の登記名義 ………………………… 324
建物の区分所有 ………………………… 559
建物の朽廃 ……………………………… 610
建物保護法 ……………………………… 599
他物権 …………………………… 4, 595
段階的所有権移転説 …………………… 129
団　地 …………………………………… 586
団地管理組合法人 ……………………… 587
団地共用部分 …………………………… 587
団地建物所有者 ……………………… 586, 587
団地内建物の一括建替え決議 ………… 589
団地内建物の建替え承認決議 ………… 588
単独占有 ………………………………… 414
担保権の構成説 ………………………… 360
担保所有権（Sicherungseigentum）…… 133
　──の移転 …………………………… 132
担保のためにする所有権移転
　（Sicherungsübereignung）………… 356
地役権 …………………………… 595, 665
　──の意義と機能 …………………… 665
　──の効力 …………………………… 689
　──の時効消滅 ……………………… 693
　──の取得 …………………………… 679

731

事項索引

――の取得事由 ………………… 679
――の設定登記請求権 ………… 684
――の存続期間 ………………… 677
――の不可分性 ………………… 675
――の法的性質 ………………… 670
地役権者の権能 …………………… 689
地役権図面 ………………………… 677
地役権設定契約 …………………… 668
地役権設定行為 …………………… 674
地役権設定登記 …………………… 675
――の方法 ……………………… 685
竹　木 ……………………… 597, 600
竹木切除の相隣関係 ……………… 507
地券制度 …………… 113, 151, 712
地上権 ……………………… 595, 597
――と相隣関係 ………………… 618
――と地代 ……………………… 634
――と賃借権 …………………… 602
――の効力 ……………………… 617
――の最短期 …………………… 609
――の最長期 …………………… 608
――の取得事由 ………………… 605
――の譲渡 ……………………… 638
――の消滅 ……………………… 645
――の処分 ……………………… 631
――の存続期間 ………………… 608
――の対抗力 …………………… 619
――の登記 ……………………… 619
――の放棄 ……………………… 650
――の法的性質 ………………… 603
――の目的 ……………………… 604
地上権者の投下資本の回収 ……… 631
地上権者の土地使用権 …………… 617
地上権消滅請求 …………………… 648
地上権設定登記 ………… 602, 619
地上建物の登記 …………… 7, 621
地上物の買取請求権 ……………… 634
地上物の収去権 …………………… 634
地上物はすべて土地に属する
（superficies solo cedit.）……… 605
地代値上げ慣習 …………………… 641
地代の決定方法 …………………… 641
地代の怠納 ………………………… 645
地的役権 ………………… 595, 670

地表湧出地下水 …………………… 491
中間省略登記 …………… 176, 182
注文者帰属説 ……………………… 284
直接効果説 ………………………… 223
直接的・排他的支配 ……………… 43
直轄利用形態（留山利用）……… 697
賃借権の登記 ……………………… 6
賃借権の物権化現象 …… 7, 69, 600
賃貸借の解除請求 ………………… 582
賃貸人の地位の移転 ……………… 300
賃料増減請求権 …………………… 642
追及効 ……………………………… 26
追認の遡及効 ……………………… 200
通行地役権 ………………… 21, 667
――の時効取得 ……… 82, 260, 687
通行の自由権 ……………………… 83
定期借地権 ………………………… 615
抵当権価値権説 …………………… 41
抵当権設定登記の流用 …………… 181
抵当権に基づく物権的請求権 …… 41
抵当権の消滅 ……………………… 268
出来形部分 ………………………… 529
電磁記録 …………………… 153, 154
電子申請 …………………………… 155
天然果実 …………………………… 450
添　付 ………………………… 20, 514
――の効果 ……………………… 530
統一譲渡証明書 …………………… 30
投下資本の回収 …………………… 661
登　記 ………………………… 220, 313
――なくして対抗しうる第三者 … 316
――による権利推定力 ………… 445
――の形式的要件 ……………… 164
――の権利確定機能 …………… 311
――の効力 ……………………… 188
――の実質的要件 ……………… 174
――の先占的効力 ……………… 167
――の不法抹消 ………………… 195
――の有効要件 ………………… 164
謄記〔transcription〕…………… 114
登記官による審査 ………………… 156
登記官の調査権 …………………… 174
登記記録 …………………………… 154
登記協力義務 ……………………… 190

事 項 索 引

登記協力請求権 …………………………… *190*
登記義務者 ……………………………… *5, 155*
登記欠缺を主張しえない第三者 ………… *304*
登記欠缺を主張するにつき正当の利益
　を有する者 　　　　　　　　　　*199*
登記原因証明情報 ………………………… *156*
登記権利者 ……………………………… *5, 155*
登記識別情報 ……………………………… *156*
登記事項証明書 …………………………… *164*
登記時効中断説 …………………………… *275*
登記所 …………………………………… *10, 154*
登記情報（旧法の書面）の瑕疵 ………… *171*
登記上利害関係を有する第三者 ………… *184*
登記申請 …………………………………… *155*
登記請求権 ……………………………… *5, 190*
　　――の発生類型 ……………………… *192*
登記制度 …………………………………… *5*
謄記制度 …………………………………… *119*
登記手続の瑕疵 …………………………… *170*
登記必要説 ………………………………… *213*
登記不要説 ………………………………… *213*
登記簿 ……………………………………… *154*
　　――の滅失による回復登記 ………… *196*
登記法 ……………………………………… *152*
登記法上の登記請求権 …………………… *190*
登記名義人 ……………………………… *56, 58*
登録免許税 ………………………………… *174*
登記流用 …………………………………… *182*
動産譲渡登記制度 ……………………… *5, 114*
動産抵当制度 …………………………… *5, 114*
動産の付合 ………………………………… *524*
動産は追及を許さない
　（Meubles n'ont pas de suite）………… *116*
盗品・遺失物の回復請求権 ……………… *362*
道路通行権 ………………………………… *82*
特定遺贈 …………………………………… *235*
特定性 ……………………………………… *9*
特定物売買 ………………………………… *134*
特約による任意売却権 …………………… *132*
独立所有権説 ……………………………… *535*
独立性 ……………………………………… *10*
土地所有権 ………………………………… *19*
　　――の範囲 …………………………… *490*
土地台帳・家屋台帳制度 ………………… *153*

土地持ち永小作 …………………………… *655*
土地分け永小作 …………………………… *655*
留　山 ……………………………………… *697*
鞆の浦埋立・架橋事業差止訴訟 ………… *94*
取消と登記 ………………………………… *203*
取消の前後不問説 ………………………… *208*
取引安全の保護 …………………………… *116*
取引上の独立性 …………………………… *521*
取引の安全 ………………………………… *112*
取戻権 ……………………………………… *30*
取戻受忍請求 ……………………………… *60*

な　行

長沼ナイキ基地訴訟 ……………………… *87*
荷為替 …………………………………… *142, 144*
二重登記 …………………………………… *166*
日照地役権 ………………………………… *670*
二分説 ……………………………………… *62*
忍容請求権説 ……………………………… *60*
年期小作 …………………………………… *656*
農業委員会の許可 ………………………… *659*
農地賃借権 ………………………………… *20*
　　――の対抗力 ………………………… *8*
農地賃貸借 ………………………………… *657*
　　――の存続期間 ……………………… *660*
　　――の対抗要件 ……………………… *376*
農地に関する権利取得 …………………… *659*
農地の引渡しによる対抗力の付与 ……… *657*
農地法 ……………………………………… *657*

は　行

売却基準価額 ……………………………… *28*
背信的悪意者 ……………………………… *317*
　　――からの転得者 …………………… *328*
　　――の認定基準 ……………………… *320*
背信的悪意者排除説 …………………… *73, 321*
排他性 …………………………………… *5, 8, 26*
配当手続 …………………………………… *30*
判決確定時基準説 ………………………… *276*
播　種 ……………………………………… *517*
反対事実主張説 …………………………… *309*
Hand wahre Hand〔手が手を保障する〕
　の原則 …………………………………… *115*
判例5準則 ………………………………… *248*

733

事項索引

非オンライン庁 …………………… *154*
引渡し（traditio）………………… *114*
　簡易の――（traditio brevi manu）… *339, 436*
被災地短期借地権 ………………… *631*
必要費の償還請求 ………………… *455*
否認権説 …………………………… *307*
表現地役権と不表現地役権 ……… *679*
費用償還請求権 ………… *399, 634*
表題部 ……………………………… *154*
表題部所有者 ……………………… *170*
費用負担の問題 ……………… *42, 59*
夫婦共有財産 ……………………… *533*
不可抗力（自然力）…………… *59, 64*
不可分債権 ………………………… *545*
不完全物権変動説 ………………… *313*
付記登記 …………………… *23, 163*
袋地所有者の囲繞地通行権……… *21, 494*
付合（Verbindung）…… *II, 12, III, 516*
付合物 ……………………………… *376*
不実登記への意思的関与 ………… *234*
付従性 ……………………………… *134*
　　　・随伴性 …………………… *675*
普通小作 …………………………… *656*
復帰的物権変動説 ………………… *207*
復旧及び建替え …………………… *583*
復旧決議 …………………………… *583*
ブック庁 …………………………… *154*
物権機能説………………………… *35*
物権行為独自性説 ………… *125, 127*
物権行為独自性否定説 …………… *125*
物権行為の独自性 ………………… *121*
物権行為の無因性 ………………… *122*
物権効力説 …………………… *34, 35*
物権的期待権（dingliche
　Anwartschaftsrecht）…………… *23*
物権的合意（dingliche Einigung）………… *120*
物権的請求権………… *17, 26, 31, 619, 691*
物権的請求権行使の相手方 ……… *52*
物権的独立請求権説 ……………… *35*
物権の混同 ………………………… *393*
物権の放棄 ………………………… *392*
物権の優先的効力 ………………… *26*
物権変動の時期確定不要説 ……… *128*
物権変動の発生要件 ……………… *124*

物権法定主義 ……………………… *12*
不動産賃貸借 ……………………… *6*
不動産の付合 ……………………… *516*
不動産物権の消滅 ………………… *287*
不当利得の返還義務 ……………… *361*
不特定物 …………………………… *9*
　――の売買 ……………………… *147*
不分割特約 ………………………… *545*
船荷証券 …………………………… *144*
不法行為者 ………………………… *335*
不法行為的物権的請求権 ………… *109*
分割所有権〔geteiltes Eigentum〕… *131, 487, 487*
分割請求 …………………………… *546*
分割の不遡及 ……………………… *556*
分割利用形態（割山利用）……… *697*
分有説 ……………………………… *535*
分離処分の禁止 …………………… *570*
法益侵害 …………………………… *83*
包括遺贈 …………………………… *234*
法規不適用説 ……………………… *14*
封建的所有権（feudalistisches Eigentum）… *484*
法定果実 …………………………… *450*
法定共用部分 ……………………… *569*
法定取得――失権説 ……………… *309*
法定証拠説 ………………… *37, 315*
法定地役権 ………………………… *666*
法定地上権の成立 ………………… *606*
法適用通則第3条適用説 ……… *14, 15*
法適用通則第第175条適用説 …… *14*
冒頭省略登記 ……………………… *185*
法律上の地役 ……………………… *666*
法令上の制限 ……………………… *489*
没収 ………………………………… *III*
ポッセッシオ（possessio）……… *397, 398*
北方ジャーナル事件 ……………… *76*
本権 ………………………………… *17*
　――に基づく物権的請求権 …… *33*
　――の訴え ……………………… *450*
　――の推定 ……………………… *399*
　――の適法推定 ………………… *444*
本登記 ……………………………… *23*

ま行

埋蔵物の発見 ……………………… *513*

事項索引

埋蔵物発見 ……………………… *111*
埋蔵文化財 ……………………… *513*
抹消登記に代わる所有権移転登記 ……… *187*
マンションの建替えの円滑化等に
　関する法律 ……………………… *584*
水に関する相隣関係 ……………… *502*
未登記家屋の売買 ………………… *194*
未登記地役権 ……………………… *260*
　——の対抗力 …………………… *680*
未登記地役権取得の効力 ………… *683*
未分離の果実 ……………………… *387*
「無過失」推定 …………………… *433*
無記名債権 ………………………… *338*
無権利構成説 ……………………… *210*
無権利者からの善意取得 ………… *346*
無権利の法理 ……………………… *305*
無主物の帰属（無主物先占）……… *510*
無制限説 …………………………… *290*
村中入会 ……………………… *21, 700*
明治 41 年連合部判決 …………… *293*
明認方法 …………………………… *375*
　——の意義 ……………………… *375*
　——の機能 ……………………… *375*
　——の効力 ……………………… *375*
　——の対抗要件 ………………… *375*
名誉毀損 …………………………… *74*
黙示的に約定された地役権 ……… *684*
目的物の滅失 ……………………… *391*
持分権確認の訴え ………………… *542*
持分権譲渡の自由と効果 ………… *543*
持分権の対外的主張 ……………… *543*
持分に応じた使用・収益 ………… *537*

や 行

約定地役権 ………………………… *666*

有益費の償還請求 ………………… *455*
有効・未登型の二重譲渡事案 …… *272*
有体物 …………………………… *9, 338*
要役地 …………………………… *261, 667*
　——の表示 ……………………… *675*
要役地所有者自身による通路の開設 …… *688*
要役地地役権 ……………………… *685*
用益物権 …………………………… *595*
容仮占有 …………………………… *133*
用水地役権 ………………………… *667*

ら 行

罹災（被災）地処理立法 ………… *601*
罹災都市借地借家臨時処理法 …… *601*
離脱型一部分割 …………………… *550*
流水地 ……………………………… *391*
流水の利用 ………………………… *503*
流水利用権 ………………………… *22*
留保買主の期待権 ………………… *131*
立木登記 …………………………… *374*
立木法 ……………………………… *374*
良好な景観 ………………………… *100*
利用上の独立性（用途への適合性）…… *563, 564*
隣地立入権 ………………………… *493*
類型説 ……………………………… *277*
ローマ法体系 …………………… *398, 399*

わ 行

分け地 ……………………………… *697*
割　山 ……………………………… *697*

〈著者紹介〉

石 口 修（いしぐち・おさむ）
　1986年　中央大学法学部卒業
　2008年　広島大学より博士（法学）の学位を取得
　現　在　愛知大学教授

〈主要著書〉
　ドイツ債務法改正委員会草案の研究（共著，法政大学出版会，1996）
　民法Ⅱ（物権）（共著，青林書院，2002）
　ブリッジブック商法（共著，信山社，2002）
　学びの新世紀─生活と文化（共著，九州大学出版会，2003）
　プログラム民法〔第2版〕（共著，酒井書店，2005）
　所有権留保の現代的課題（単著，成文堂，2006）
　民法改正を考える（共著，日本評論社，2008）
　判例プラクティス民法Ⅰ（総則・物権）（共著，信山社，2010）
　基本レクチャー民法Ⅰ民法総則・物権〔初版増訂3刷〕（単著，全農中央会，2012）
　基本レクチャー民法Ⅱ担保物権・債権総論〔初版増訂3刷〕（単著，全農中央会，2012）

民法講論2　物権法

2015（平成27）年5月25日　第1版第1刷発行
7002：P768　¥6800-012：020-045-005

著　者　石　口　　　修
発行者　今井　貴　稲葉文子
発行所　株式会社　信 山 社
編集第2部

〒113-0033　東京都文京区本郷 6-2-9-102
Tel 03-3818-1019　Fax 03-3818-0344
henshu@shinzansha.co.jp
笠間才木支店　〒309-1611　茨城県笠間市笠間 515-3
Tel 0296-71-9081　Fax 0296-71-9082
笠間来栖支店　〒309-1625　茨城県笠間市来栖 2345-1
Tel 0296-71-0215　Fax 0296-72-5410
出版契約 2015-7002-0-01011 Printed in Japan

© 石口修，2015　印刷・製本／ワイズ書籍・牧製本 40K
ISBN978-4-7972-7002-0 C3332　分類324.201-b022 物権法

JCOPY 《（社）出版者著作権管理機構　委託出版物》
本書の無断複写は著作権法上での例外を除き禁じられています。複写される場合は，
そのつど事前に，（社）出版者著作権管理機構（電話03-3513-6969，FAX03-3513-6979，
e-mail: info@jcopy.or.jp）の許諾を得てください。

● 判例プラクティスシリーズ ●

判例プラクティス憲法【増補版】

憲法判例研究会 編

浅野博宣・尾形健・小島慎司・宍戸常寿・曽我部真裕・中林暁生・山本龍彦

判例プラクティス民法Ⅰ〔総則・物権〕
判例プラクティス民法Ⅱ〔債権〕
判例プラクティス民法Ⅲ〔親族・相続〕

松本恒雄・潮見佳男 編

判例プラクティス刑法Ⅰ〔総論〕

成瀬幸典・安田拓人 編

判例プラクティス刑法Ⅱ〔各論〕

成瀬幸典・安田拓人・島田聡一郎 編

信山社

法学六法

¥1,050(税込)

編集代表

石川明・池田真朗・宮島司・安冨潔・
三上威彦・大森正仁・三木浩一・小山剛

司法新時代の法学に対応した新時代の六法。充実の編集陣により、専門
分野での入門授業の成果を結実し、一般市民教育と専門教育を見据え、
「生活の中の法」と「紛争解決手段としての法」双方の学習を初期段階
から最大限にバックアップ。最新版も、ご好評の"脅威の薄さ"はその
ままに、主要法令を厳選、凝縮。2色刷・横組で、入門者だけでなく、
プロフェッショナルの携帯にも利便な新感覚薄型六法。

信山社

大村敦志 解題

穂積重遠 法教育著作集
われらの法 〔全3巻〕

来栖三郎著作集 〔全3巻〕

我妻洋・唄孝一 編

我妻栄先生の人と足跡

藤岡康宏 著

民法講義Ⅴ　不法行為法

潮見佳男 著

民事過失の帰責構造
債務不履行の救済法理

古賀正義 著

現代社会と弁護士

信山社

商法学通論シリーズ

淺木愼一 著

私たちの生きる経済社会と、歴史的な経緯を意識し、
より良い未来の展望を拓く、商法全般を広く検討したテキスト

商法学通論 I

◆第1帖 「商」の概念
- 第1章 商法の意義
- 第2章 商法の法源
- 第3章 商人の概念
- 第4章 会社の概念
- 第5章 株式の概念

◆第2帖 「商」への参入
- 第1章 企業形態の選択
- 第2章 企業の立上げ─総論
- 第3章 株式会社の設立

商法学通論 II

◆第2帖 「商」への参入（『商法学通論 I』より続く）
- 第4章 持分会社の設立
- 第5章 企業施設の整備
- 第6章 企業情報の公示

◆第3帖 「商」の管理・運営
- 第1章 会社を除く商人の営業の管理・運営
- 第2章 株式会社による株式・株主の管理

商法学通論 III

◆第3帖 「商」の管理・運営（『商法学通論 II』より続く）
- 第3章 会社の機関──総説
- 第4章 株主総会および株主による会社運営の監視
- 第5章 株式会社（委員会設置会社を除く）の業務執行およびその自浄化の体制

商法学通論 IV

◆第3帖 「商」の管理・運営（『商法学通論 III』より続く）
- 第6章 株式会社（委員会設置会社を除く）の社内監査の体制
- 第7章 株式会社の計算数値の正確性を期する体制
- 第8章 委員会設置会社の体制
- 第9章 株式会社の計算
- 第10章 持分会社・外国会社の管理・運営

◆第4帖 「商」の取引（上の巻：商行為編）
- 第1章 商行為法総論
- 第2章 商事売買の規整
- 第3章 交互計算という決済制度
- 第4章 物の流れ・人の流れ
- 第5章 場屋営業者の責任

商法学通論 V

◆第4帖 「商」の取引（下の巻：有価証券編）
- 第1章 有価証券序論
- 第2章 商行為あ偏各論および会社法上の有価証券
- 第3章 手形法序説
- 第4章 手形行為および手形理論
- 第5章 約束手形の振出し

（資料 手形法旧法令集）
【第1部】商法（明治32年(1899年)法律第48号）
第4編手形（明治44年(1911年)法律第73号付記）
【第2部】為替手形約束手形条例（明治15年(1882年)太政官布告第57号）
【第3部】旧商法（明治23年(1890年)法律第32号）
第1編第12章手形並びに小切手（明治26年(1893年)出張第9号告示付記）

商法学通論 VI

◆第4帖 「商」の取引（下の巻：有価証券編）（『商法学通論 V』より続く）
- 第6章 約束手形の流通
- 第7章 約束手形の支払い
- 第8章 約束手形の遡求
- 第9章 約束手形の喪失
- 第10章 約束手形の実質関係
- 第11章 約束手形の時効
- 第12章 利得償還請求権

（資料 旧銀行取引約定書（ひな型））

信山社

現代の知的ガイドマップ
現代選書シリーズ

【最新刊】
中村民雄 著 EUとはなにか
1,800 円

森井裕一 著 現代ドイツの外交と政治
2,000 円
三井康壽 著 大地震から都市をまもる
1,800 円
三井康壽 著 首都直下大地震から会社をまもる
2,000 円
林 陽子 編 女性差別撤廃条約と私たち
1,800 円
黒澤 満 著 核軍縮入門
1,800 円
森本正崇 著 武器輸出三原則入門
1,800 円
高 翔龍 著 韓国社会と法
2,800 円
加納雄大 著 環境外交
2,800 円
初川 満 編 国際テロリズム入門
2,000 円
初川 満 編 緊急事態の法的コントロール
2,000 円
森宏一郎 著 人にやさしい医療の経済学
2,000 円
石崎 浩 著 年金改革の基礎知識
2,000 円

本体価格（税別）

信山社

◇ 法律学講座 ◇

憲法講義（人権）
赤坂正浩

行政救済法
神橋一彦

信 託 法
星野 豊

防 災 法
生田長人

国際労働法
小西國友

実践国際法
小松一郎

外国法概論
田島 裕

アメリカ契約法
田島 裕

国 会 法
白井 誠

信山社

法律学の森シリーズ
変化の激しい時代に向けた独創的体系書

新　正幸　憲法訴訟論〔第2版〕

大村敦志　フランス民法

潮見佳男　債権総論 I〔第2版〕

潮見佳男　債権総論 II〔第3版〕

小野秀誠　債権総論

潮見佳男　契約各論 I

潮見佳男　契約各論 II

潮見佳男　不法行為法 I〔第2版〕

潮見佳男　不法行為法 II〔第2版〕

潮見佳男　不法行為法 III（続刊）

藤原正則　不当利得法

青竹正一　新会社法〔第3版〕

泉田栄一　会社法論

小宮文人　イギリス労働法

高　翔龍　韓国法〔第2版〕

信山社